제3판

조세법개론

이중교 저

SAMIL | 삼일인포마인

머리말

2024년에는 계엄이라는 엄청난 사건이 발생하였습니다. 그동안 헌법교과서의 귀퉁이를 차지하고 있다고 여겨왔던 계엄이 발령되는 비현실적인 일이 일어났습니다. 정치의 실종과 과잉은 조세제도에 각각 다른 모습으로 영향을 미쳤습니다. 연말에 통과되는 세법 개정안 중 2024년에는 「상속세 및 증여세법」이 통째로 빠졌습니다. 상속세 및 증여세의 최고세율 인하, 과세표준 구간의 설정, 상속공제의 조정 등에 대하여 여야가 합의를 이루지 못하여 시행령의 소폭개정에 그치고 말았습니다. 이에 비해 한 번의 시행 연기를 거쳐 2025년 시행을 앞두고 있던 금융투자소득세는 빛을 보지 못하고 역사의 뒤안길로 사라졌습니다. 가상자산에 대한 과세는 이번에도 시행되지 못하고 2027년으로 연기되었습니다. 정치논리에 의해 조세제도가 왜곡되어 씁쓸합니다.

이번 제3판에서는 2024년과 2025년에 개정된 조세법령의 내용과 2024년에 선고된 새로운 대법원판례 등을 충실하게 소개하면서 그밖에도 수정이 필요하거나 부족한 내용을 일부 보완하였습니다.

첫째, 조세법령의 개정사항 중 중요한 내용을 추려보면 제2차 납세의무를 부담하는 출자자의 범위에 과점조합원 추가(국세기본법 제39조), 세액공제액에 대한 경정청구 인정(국세기본법 제45조의2 제1항), 거주자 판정기준 보완(소득세법 시행령 제2조), 기업의 출산지원금 비과세(소득세법 제12조 제3호), 종업원 할인금액에 대한 근로소득 비과세 기준 마련(소득세법 제12조 제3호, 제20조 제1항), 조각투자상품 이익에 대한 과세분류 규정 마련(소득세법 제17조 제1항), 양도소득세 이월과세 적용대상 자산에 주식 추가(소득세법 제97조의2) 등이 있습니다.

둘째, 대법원판례 중에는 선례적 가치가 있거나 의미있는 판결이 다수 선고되었습니다. 대표적으로 부과과세방식 세목의 세무조사 대상자 선정에 대한 판결(대법원 2024. 3. 12. 선고 2021두32088 판결), 횡령금 상당액을 피해법인에 지급한 경우 후발적 경정청구사유 해당여부에 대한 판결(대법원 2024. 6. 17. 선고 2021두35346 판결), 당초신고에 대한 경정청구거부처분 취소소송에서 불복기간이 도과된 증액경정처분의 위법사유를 주장할 수 있는지 여부에 대한 판결(대법원 2024. 6. 27. 선고 2021두39997 판결), 복지포인트의 근로소득 해당여부에 대한 판결(대법원 2024. 12. 24. 선고 2024두34122 판결), 불법행위로 인한 손해배상금의 손금산입 여부에 대한 판결(대법원 2024. 9. 12. 선고 2021두35308 판결), 이동전화 단말기 위약금이 부가가치세 과세대상에 해당하는지 여부에 대한 판결(대법원 2024. 12. 26. 선고 2022두49984, 49991 판결), 상속세 및 증여세법 제4조 제1항 제6호의 법적 성질에 대한 판결(대법원 2024. 4. 12. 선고 2020두53224 판결) 등이 있습니다.

점점 어려워지는 출판시장의 상황에도 불구하고 개정판의 출판을 허락해주신 이희태 대표이사님, 김동원 이사님, 성심성의껏 편집작업을 해주신 임연혁 차장님 등 삼일피더블유씨솔루션 관계자 여러분께 감사드립니다.

2025년 3월

저 자

초판 서문

언제부턴가 학교강의는 책보다는 핵심내용을 간추린 파워포인트(PPT) 강의안 중심으로 이루어지고 있습니다. 책은 그저 강의안을 보완하는 정도의 취급을 받고 있습니다. 파워포인트(PPT)에 기반한 강의가 효과적이고 내용전달 측면에서도 우수함은 분명하나, 수강생들이 강의안만으로 내용을 충분히 이해하기 어려울 때가 있습니다. 이때 저자는 다른 분들이 쓴 책을 추천해주곤 하였으나, 강의안과 책의 내용이 다른 체계로 되어 있어 늘 미안한 마음이 있었습니다. 본서는 1차적으로는 저자의 강의를 듣는 수강생들의 편의를 위해서 강의안, 논문 등을 바탕으로 집필하였습니다. 이미 시중에 여러 권의 조세법 교과서가 나와 있음에도 본서의 출간을 결심하게 된 주된 이유입니다. 그러나 저자가 변호사협회, 법무법인, 회계법인, 법원, 검찰 등 학교 밖에서 실무가들을 대상으로 강의할 때에도 조세법 책을 추천해달라는 요구를 여러 번 받았기 때문에 실무가들의 공부를 위한 목적도 아울러 가지고 있음을 밝혀둡니다.

조세법은 분량이 방대하고 내용이 어렵다는 인식이 널리 퍼져 있습니다. 조세법의 빈번한 개정은 조세법을 공부하고 연구하는 사람들 및 조세실무가들의 어려움을 가중시킵니다. 여기에다 민법, 상법, 행정법 등 기본법의 지식뿐 아니라 회계학, 재정학 등 인접학문의 지식까지 광범위하게 요구됩니다. 이는 조세법을 처음 공부하려는 사람들에게 일종의 진입장벽으로 작용하므로 조세법은 변호사시험 준비에 바쁜 로스쿨 학생들로부터 점점 외면받는 현상이 심화되고 있습니다. 사회에 진출하여 조세업무를 시작하는 실무가들도 조세법을 공부하는데 어려움을 느끼기는 마찬가지입니다. 이러한 어려움을 조금이라도 덜어드리고자 본서는 체계성과 논리성 외에 특별히 쉽게 기술하려고 노력하였습니다.

본서의 독자들에게 도움을 드리고자 집필 시 고려한 몇 가지 사항을 말씀드리면 다음과 같습니다.

첫째, 본서는 조세법의 전반적인 내용을 다루는 개론서지만 구체적으로는 국세기본법(조세소송 포함), 법인세법, 소득세법, 부가가치세법, 상속세 및 증여세법 등 5가지 법을 범위로 하였습니다. 최근 국제조세와 지방세의 중요성이 날로 커지고 있지만 국세와는 체계 및 내용을 달리하며 국제조세와 지방세까지 포함하면 분량이 지나치게 많아지므로 범위에서 제외하였습니다.

둘째, 위 5가지 법의 순서는 총칙에 해당하는 국세기본법을 가장 앞에 놓고 그 다음에 법인세법, 소득세법, 부가가치세법, 상속세 및 증여세법 등의 순서로 배치하였습니다. 소득세법보다 법인세법을 앞서 배치한 것은 법인세의 각 사업연도소득과 소득세의 사업소득이 내용상 중복되는 부분이 많으나, 법인세법의 내용이 자세하므로 법인세법에서 먼저 소개하고 사업소득에서는 중복부분을 생략하는 형태로 기술하는 것이 효율적이기 때문입니다. 또한 각 세법 내에서는 조문을 쉽게 찾아볼 수 있도록 조문 순서에 따라 기술하는 것을 원칙으로 하되, 체계상 필요한 경우에만 예외를 두었습니다.

셋째, 조세법 공부에서 법령과 판례의 중요성은 아무리 강조해도 지나치지 않습니다. 조세법령은 수시로 개정되므로 개정연혁을 추적하여 개정내용과 개정취지를 파악하는 것이 중요합니다. 이를 소홀히 하면 구체적인 사안에서 법령을 잘못 적용하는 경우도 생길 수 있습니다. 본서에서는 현행 법령을 기준으로 기술하지만 과거의 의미있는 개정은 현재 시행되지 않더라도 내용에 포함시켰습니다. 또한 그동안 축적된 대법원 판결의 숫자가 상당히 많으나, 그중 의미 있는 대법원 판결을 가급적 많이 소개하였습니다.

큰 용기를 내서 본서를 집필하였으나, 저자의 능력이 부족하여 독자들에게 유익한 책이 될 수 있을지 걱정이 앞섭니다. 독자 여러분들의 비판과 질책을 열린 마음으로 받아들여 향후 더 나은 내용으로 보완해 나가겠습니다.

나날이 어려워지는 출판시장의 어려움에도 불구하고 흔쾌히 출판을 허락해주신 이희태 대표이사님과 조원오 전무님, 김동원 이사님, 묵묵히 편집작업을 해주신 임연혁 차장님 등 삼일인포마인 관계자 여러분께 감사드립니다. 전체적인 집필방향에 대하여 조언을 해준 송동진 변호사님께도 감사드립니다.

2023년 3월
저 자

차 례

차례

차례

차례

차례

차례

차례

제3편   소득세법

차례

차례

차례

차례

차례

차례

차례

책의 약어

1. 강석규, 「조세법쟁론」, 삼일인포마인, 2023
   → 강석규, 조세법쟁론(2023)

2. 김두형, 「부가가치세법론」, 피앤씨미디어, 2016
   → 김두형, 부가가치세법론(2016)

3. 김완석·박종수·이중교·황남석, 「주석 국세기본법」, 삼일인포마인, 2023
   → 김완석외 3인, 주석 국세기본법(2023)

4. 김완석·황남석, 「법인세법론」, 삼일인포마인, 2021
   → 김완석·황남석, 법인세법론(2021)

5. 김완석·정지선, 「소득세법론」, 삼일인포마인, 2021
   → 김완석·정지선, 소득세법론(2021)

6. 박훈·채현석·허원, 「상속·증여세 실무 해설」, 삼일인포마인, 2020
   → 박훈외 2인, 상속·증여세 실무 해설(2020)

7. 소순무·윤지현, 「조세소송」, 영화조세통람, 2020
   → 소순무·윤지현, 조세소송(2020)

8. 송동진, 「법인세법」, 삼일인포마인, 2023
   → 송동진, 법인세법(2023)

9. 이동식, 「일반조세법」, 준커뮤니케이션즈, 2022
   → 이동식, 일반조세법(2022)

10. 이준봉, 「조세법총론」, 삼일인포마인, 2023
    → 이준봉, 조세법총론(2023)

11. 이창희, 「세법강의」, 박영사, 2021
    → 이창희, 세법강의(2021)

12. 이태로·한만수, 「조세법강의」, 박영사, 2020
    → 이태로·한만수, 조세법강의(2020)

13. 임승순, 「조세법」, 박영사, 2021
    → 임승순, 조세법(2021)

제1편

조세법 총론

제1장 조세의 기본내용

제1절 조세의 개요

1. 조세의 의의

가. 조세의 개념

우리 헌법이나 국기법 기타 세법에서는 조세의 개념을 정의하고 있지 않다. 국기법 제2조 제1호는 "국세란 국가가 부과하는 조세 중 다음 각 목의 것을 말한다."고 규정하면서 소득세부터 종합부동산세까지 세목들을 열거하고 있을 뿐이다. 외국도 법률에서 조세를 정의한 경우는 드문 편인데, 독일이 법률에서 조세의 개념을 정의하고 있다. 독일의 조세기본법 (Abgabenordnung, AO) 제3조 제1항은 "조세는 특별한 급부에 대한 반대급부로서가 아니라 공법상의 단체가 재원조달을 목적으로 법률이 정하는 요건에 해당하는 모든 구성원에게 부과하는 금전급부를 말한다. 조세에서 재원조달은 부차적인 목적일 수 있다."라고 규정하고 있다. 헌법재판소는 구 국기법(1974. 12. 21. 개정) 제35조 제1항 제3호에 대한 위헌심판사건에서 조세를 다음과 같이 정의하였다.[1]

> 국가 또는 지방자치단체가 재정수요를 충족시키거나 경제적·사회적 특수정책의 실현을 위하여 국민 또는 주민에 대하여 아무런 특별한 반대급부없이 강제적으로 부과징수하는 과징금

위와 같은 정의는 모든 조세를 포괄하지는 못한다. 예를 들어, 비거주자나 외국법인은 우리나라에서 소득이 발생하면 국민이나 주민이 아니지만 조세를 납부하는 경우가 있다.[2] 그럼에도 헌법재판소의 정의와 같이 세금의 개념을 파악하는 것이 일반적이므로 아래에서는 헌법재판소의 정의를 바탕으로 조세의 개념요소를 살펴보기로 한다.

---

1) 헌재 1990. 9. 3. 선고 89헌가95 결정
2) 비거주자나 외국법인이 국내에서 소득을 얻게 되면 소득세나 법인세 납세의무가 있다(소득법 제119조, 법인법 제93조). 헌법 제38조는 국민에 대하여만 납세의무를 규정하고 있으나, 세법은 외국인에게 납세의무를 부과한다. 이에 대해 이준봉, 조세법총론(2023), 65~70면에 의하면 외국인에게 기본권 주체성을 인정하므로 납세의무를 인정한다.

나. 조세의 개념요소

① 부과주체의 기준에서 조세는 국가 또는 지방자치단체가 부과징수하는 금전급부이다. 따라서 국가 또는 지방자치단체 이외의 기관이 부과징수하는 금전급부는 조세가 아니다.

② 부과목적의 기준에서 조세는 재정수요를 충족시키거나 경제적·사회적 특수정책의 실현을 위하여 부과징수한다. 조세는 전통적으로 재정수요의 충당이라는 목적을 위하여 부과징수하였으나, 현대사회에서는 경제적·사회적 특수정책의 실현이라는 목적을 위하여 부과징수하는 경우가 늘고 있다. 독일의 조세기본법(Abgabenordnung, AO) 제3조 제1항은 재원조달이 부차적 목적일 수 있음을 명시하고 있다.

③ 반대급부 여부의 기준에서 조세는 국민 또는 주민에 대하여 특별한 반대급부 없이 강제적으로 부과징수한다. 따라서 국민 또는 주민에게 재화나 용역을 제공하고 그 대가로 받는 금전급부는 조세가 아니다.

④ 금전급부의 기준에서 조세는 원칙적으로 금전으로 납부하여야 한다. 다만, 상속세의 경우 상속재산 중 금전 이외의 비중이 높은 경우 예외적으로 금전 이외의 재산으로 납부하는 물납(物納)을 허용한다.

다. 다른 개념과의 구별

(1) 공과금

공과금이란 국세징수법에서 규정하는 강제징수[3]의 예에 따라 징수할 수 있는 채권 중 국세, 관세, 임시수입부가세, 지방세와 이에 관계되는 강제징수비를 제외한 것을 말한다(국기법 제2조 제8호). 예를 들면, 국민건강보험공단이 부과징수하는 건강보험료, 국민연금관리공단이 부과징수하는 국민연금보험료 등이 이에 해당한다. 공과금은 강제징수의 절차에 따라 징수할 수 있다는 점에서 조세와 유사하나 부과주체, 부과목적 등에서 차이가 있다. 부담금도 공과금의 일종이나, 일반적인 공과금보다 조세와 더 유사하므로 아래에서 별도로 설명하기로 한다.

(2) 부담금

부담금의 설치, 관리 및 운용에 관한 기본적인 사항을 규정하는 부담금관리기본법 제2조는 부담금을 "중앙행정기관의 장, 지방자치단체의 장, 행정권한을 위탁받은 공공단체 또는 법인의 장 등 법률에 따라 금전적 부담의 부과권한을 부여받은 자가 분담금, 부과금, 기여금, 그 밖의 명칭에도 불구하고 재화 또는 용역의 제공과 관계없이 특정 공익사업과 관련하여 법률에서 정하는 바에 따라 부과하는 조세 외의 금전지급의무"를 의미하는 것으로 규정하고 있다. 부담금관리기본법 별표에는 「개발이익 환수에 관한 법률」에 따른 개발부담금 등 다양한 부담금을 열거하고 있다. 부담금은 전통적으로 수익자부담금, 원인자부담금, 손괴자부담금 등 발

---

3) 2019. 12. 31. 국세징수법을 개정하여 기존의 "체납처분"이라는 용어를 "강제징수"로 바꾸었다(국징법 제24조).

생원인에 따라 분류하였으나, 현대국가의 새로운 행정수요에 대처하기 위하여 특별부담금이라는 새로운 부담금이 출현하였다. 특별부담금은 특별한 과제를 위한 재정에 충당할 목적으로 특정집단에게 과업과의 관계 등을 기준으로 부과되고 공적기관에 의한 반대급부가 보장되지 않는 금전급부의무를 말한다.[4]

부담금은 부과목적, 부과대상 등에서 개념적으로 조세와 구별되나, 그 차이는 상대적이다. 특히 특별부담금은 조세와 매우 유사한 특징을 가지고 있다. 예를 들어, 개발부담금은 사업시행자가 개발사업을 시행한 결과 지가(地價)가 많이 상승한 경우 정상지가 상승 초과분을 환수하기 위하여 부과하는 것으로 공익사업 경비를 충당하기 위하여 부과하는 전통적인 부담금과 차이가 있고, 오히려 조세와 더 유사하다. 이러한 이유로 헌법재판소는 개발부담금과 같이 조세의 특징을 지닌 부담금에 대하여 조세법의 기본원리 및 이론이 유추적용되는 것으로 해석한다.[5]

(3) 수수료 또는 사용료

수수료는 국가, 지방자치단체, 공공기관 등이 특정사무나 서비스를 제공하고 그 대가로 받는 금액을 의미한다. 가령, 행정청이 민원인에게 주민등록등본 등 각종 증명서를 발급하면서 받는 금액이 이에 해당한다. 사용료는 국가, 지방자치단체, 공공기관 등이 물건 또는 권리의 사용대가로서 받는 금액을 의미한다. 가령, 전기요금, 수도요금 등이 이에 해당한다. 수수료나 사용료는 대가성이 있다는 점에서 반대급부 없이 부과징수되는 조세와 차이가 있다.

라. 조세의 부과가 국민의 재산권을 침해하는지 여부

국민에게 조세가 부과되면 국민의 재산이 감소하므로 조세는 국민의 재산권을 침해하는 속성을 지닌다. 그러나 조세는 국가운영의 물적·재정적 기초를 제공하여 국가의 존립과 유지에 필수불가결한 역할을 하므로 헌법 제38조는 국민에게 납세의무를 부과하고 있다.

헌법재판소는 조세부과는 국민의 납세의무에 기초하므로 원칙적으로 재산권을 침해하는 것으로 볼 수 없고, 다만 조세부과로 인하여 납세자의 사유재산에 관한 이용·수익·처분권이 중대한 제한을 받게 되는 경우 예외적으로 재산권 침해가 될 수 있다고 판시하였다.[6] 조세부과가 국민의 재산권을 침해하는지에 대한 위헌성 판단기준으로는 평등원칙, 실질적 법치주의, 비례의 원칙(과잉금지원칙) 등이 주로 활용된다. 이 중 헌법 제37조 제2항에 따른 비례의 원칙은 ① 목적의 정당성, ② 수단의 적합성, ③ 피해의 최소성, ④ 법익의 비례성 등 4가지 기준에서 판단한다.

---

4) 헌재 1999. 10. 21. 선고 97헌바84 결정
5) 헌재 2001. 4. 26. 선고 99헌바39 결정
6) 헌재 1992. 2. 25. 선고 90헌가69 결정, 헌재 1992. 12. 24. 선고 90헌바21 결정

2. 조세의 기능

가. 재정수요 충족

조세는 국가나 지방자치단체를 운영하기 위한 재원으로 사용되므로 재정수요의 물적 기초를 제공한다. 예를 들어, 국가는 국민으로부터 조세를 거둬서 공무원 급여를 지급하고, 국방, 경찰, 교육 등의 서비스를 제공하며 도로, 항만, 학교 등의 시설을 건설한다. 현대국가를 조세국가라고 부르는 것은 국가가 수입의 대부분을 조세로 조달하기 때문이다. 자본주의국가에서 국가는 개인, 기업 등 경제주체들의 경제활동을 보조하고 시장이 효율적으로 작동하지 않는 시장실패(market failure)를 교정하는 역할을 한다. 국가는 스스로 경제활동의 주체가 아니어서 특별한 수입원이 없으므로 국가의 과업을 수행하기 위하여 주로 조세에 의존한다.[7]

나. 부(富)의 재분배

헌법 제119조 제2항은 "국가는 균형있는 국민경제의 성장 및 안정과 적정한 소득의 분배를 유지하고,…"라고 규정하여 국가가 부의 재분배를 위하여 노력할 것을 요구하고 있다. 부의 재분배를 실현하기 위한 주요수단 중 하나가 조세이다. 부의 재분배를 실현하기 위한 대표적인 조세제도가 누진세(progressive tax)이다. 누진세는 과세표준이 커질수록 더 높은 세율을 적용하므로 납세자 사이의 경제력 격차를 줄이는 데 기여한다.

다. 경제적ㆍ사회적 특수정책의 실현

사회가 복잡다단해짐에 따라 조세는 경제적ㆍ사회적 특수정책을 실현하는 기능을 수행하기도 한다. 국가사회를 일정한 방향으로 유도하고 형성하는 정책기능을 수행하는 조세를 "유도적ㆍ조정적 조세"라고 한다. 현대사회에서 유도적ㆍ조정적 조세의 기능은 점점 중요해지고 있으며, 헌법재판소는 유도적ㆍ조정적 조세의 헌법적 정당성을 인정하고 있다.[8] 특히 조세특례제한법에는 고용지원, 기업구조조정, 지역 간 균형발전, 공익사업지원 등 경제적ㆍ사회적 특수정책 실현을 위한 규정들이 다수 포함되어 있다. 그 밖에 경제적ㆍ사회적 특수정책을 실현하기 위한 조세의 예로는 부동산 투기를 억제하여 부동산 가격을 안정시키기 위한 1세대 다주택 보유자에 대한 양도소득세 중과, 사치ㆍ향락적 소비시설의 취득 및 소비를 억제하기 위한 사치시설에 대한 취득세 및 재산세 중과 등을 들 수 있다.

---

7) 이동식, 일반조세법(2022), 11면
8) 헌재 1994. 7. 29. 선고 92헌바49 결정, 헌재 2003. 12. 18. 선고 2002헌바16 결정

제2절) 조세의 분류

1. 부과주체를 기준으로 한 분류(국세와 지방세)

조세는 부과주체를 기준으로 국세와 지방세로 구분한다. 국세는 국가가 부과주체인 국세로서 수입물품에 부과되는 관세와 관세 이외의 내국세로 구분된다. 이 중 내국세에는 소득세, 법인세, 상속세, 증여세, 부가가치세, 개별소비세, 주세, 인지세, 증권거래세, 교육세, 농어촌특별세, 종합부동산세 등이 있다(국기법 제2조 제1호).

지방세는 지방자치단체가 부과주체인 조세로서 지방세에는 취득세, 등록면허세, 레저세, 담배소비세, 지방소비세, 주민세, 지방소득세, 재산세, 자동차세, 지역자원시설세, 지방교육세 등이 있다(지기법 제7조). 지방세는 다시 부과주체에 따라 특별시세, 광역시세, 도세, 구세, 시군세, 특별자치시세와 특별자치도세로 나눈다(지기법 제8조).

2. 전가(轉嫁) 여부를 기준으로 한 분류(직접세와 간접세)

조세는 전가 여부를 기준으로 직접세와 간접세로 구분한다. 직접세는 납세자에게 직접 부과하는 조세로서 납세자의 경제적 능력을 고려하여 세금의 크기를 정한다. 소득세, 법인세, 상속세, 증여세 등이 직접세이다. 이에 비해 간접세는 상품이나 경제활동에 부과하는 조세로서 일반적으로 가격에 간접세를 포함시켜 거래하므로 궁극적으로 최종소비자에게 세금을 전가한다. 부가가치세, 개별소비세, 주세 등이 간접세이다.

위와 같이 전가 여부를 기준으로 직접세와 간접세를 구분하는 것은 어디까지나 이론적인 논의이고, 실제 조세를 전가하는지 여부는 거래당사자의 협상력, 시장상황 등에 따라 달라질 수 있다. 즉 법인세, 소득세 등과 같은 직접세도 거래과정에서 다른 경제주체에게 세부담을 전가시킬 수 있고, 부가가치세 등과 같은 간접세도 거래과정에서 협상에 의하여 거래상대방에게 세부담을 전가시키지 않을 수도 있다.

3. 사용목적을 기준으로 한 분류(목적세와 보통세)

조세는 사용목적을 기준으로 목적세와 보통세로 구분한다. 목적세는 사용목적이 특정되어 있는 조세이다. 국세 중에는 교육세, 농어촌특별세가 목적세이고, 지방세 중에는 지역자원시설세, 지방교육세가 목적세이다. 보통세는 사용목적이 특정되어 있지 않은 조세로서 목적세 이외의 세금이 보통세이다. 소득세, 법인세, 부가가치세 등 대부분의 세목이 보통세에 해당한다.

4. 과세대상을 기준으로 한 분류(인세와 물세)

조세는 과세대상을 기준으로 인세(人稅)와 물세(物稅)로 구분한다. 인세는 납세자의 인적 사항을 과세대상으로 하여 부과하는 세금으로서 소득세, 상속세, 증여세 등이 인세에 해당한다. 물세는 납세자의 인적 사항과 관계없이 물건을 과세대상으로 하여 부과하는 세금으로서 부가가치세, 개별소비세 등이 물세에 해당한다.

5. 과세표준 계산단위를 기준으로 한 분류(종가세와 종량세)

조세는 과세표준 계산단위를 기준으로 종가세(從價稅)와 종량세(從量稅)로 구분한다. 종가세는 가격을 과세표준의 계산단위로 하는 조세이다. 소득세, 법인세, 부가가치세 등 대부분의 세목이 종가세에 해당한다. 종량세는 수량을 과세표준 계산단위로 하는 조세이다. 국세 중에는 유류에 대한 개별소비세가 종량세이고, 지방세 중에는 담배소비세가 종량세이다. 예를 들어, 휘발유에 대한 개별소비세의 세율은 리터(ℓ)당 475원이고(개별소비세법 제1조 제2항 제4호), 제1종 궐련에 대한 담배소비세의 세율은 20개비당 1,007원이다(지방세법 제52조 제1항 제1호). 주세 중 맥주와 탁주(막걸리)는 당초 종가세였다가 2019. 12. 31. 주세법 개정 시 종량세로 전환하였다. 맥주와 탁주를 제조장에서 반출하는 경우 반출수량을 과세표준으로 하고 맥주와 탁주를 수입하는 경우 수입수량을 과세표준으로 하여 맥주의 경우 1킬로리터(kℓ)당 885,700원 등과 같은 방법으로 세금을 매긴다(주세법 제7조 제1항, 제8조 제1항 제2호). 맥주에 대하여 종가세를 적용하면 수입맥주는 신고가에 주세를 매기고, 국산맥주는 판매관리비 등이 포함된 투입원가에 세금이 가산된 가격을 기준으로 주세를 매기게 되어 국산맥주의 가격경쟁력이 떨어지므로 국산맥주와 수입맥주의 공정한 경쟁을 보장하기 위하여 종량세로 전환하였다. 종량세의 경우 물가변동이 자동적으로 세율에 반영되지 않으므로 세율의 조정이 필요하다. 당초에는 매년 소비자물가상승률의 30% 범위 내에서 조정하다가 코로나 시기의 고물가 현상으로 세율 인상이 가파르자 2023. 12. 31. 주세법 개정 시 기본세율의 30% 범위 내에서 비정기적으로 조정하도록 바꾸었다(주세법 제8조 제1항, 제2항).

6. 담세력을 표창하는 과세물건을 기준으로 한 분류(수득세, 자산세, 소비세, 유통세)

조세는 담세력을 표창하는 과세물건을 기준으로 수득세(收得稅), 자산세, 소비세, 유통세로 구분한다. 수득세는 납세의무자가 일정 기간에 얻은 소득에 대하여 부과하는 조세로서 소득세, 법인세 등이 수득세에 해당한다. 자산세는 자산을 보유하는 사실에 착안하여 부과하는 조세로서 종합부동산세, 재산세 등이 자산세에 해당한다. 소비세는 재화나 용역의 소비행위에 부과하는 조세로서 부가가치세, 개별소비세, 주세 등이 소비세에 해당한다. 유통세는 권리의 취득과 변경, 재화의 이전이라는 사실 자체를 포착하여 부과하는 조세로서 취득세, 등록면허세, 증권거래세 등이 유통세에 해당한다. 취득세에 대하여 판례는 재화의 취득자가 재화를 사용, 수익, 처분함으로써 얻어질 이익을 포착하여 부과하는 것이 아니라 재화의 이전이라는 사실 자체를 포착하여 거기에 담세력을 인정하여 부과하는 유통세의 일종이라고 판시하였다.[9]

---

9) 대법원 2017. 6. 8. 선고 2015두60808 판결

제2장

조세법의 체계 및 법원(法源)

제1절 조세법의 체계

1. 개요

조세법은 조세에 관한 법을 총칭한다. 국기법은 조세법의 범위를 국세의 종목과 세율을 정하고 있는 법률, 국세징수법, 조세특례제한법, 국제조세조정에 관한 법률, 조세범처벌법 및 조세범처벌절차법으로 정하고 있다(국기법 제2조 제2호). 여기서 국세의 종목과 세율을 정하고 있는 법률이란 소득세법, 법인세법, 부가세법, 상속세 및 증여세법 등 각 개별세법을 의미한다.

2. 조세법의 분야

조세법의 분야는 크게 조세기본법, 조세실체법, 조세절차법, 조세쟁송법, 조세형사법으로 구분할 수 있다.

① 조세기본법은 각 세목에 공통적으로 적용되는 조세법의 총칙, 조세부과 및 세법적용의 원칙 등을 다루는 법 분야이다. 국기법, 지방세기본법이 조세기본법에 해당한다.

② 조세실체법은 납세의무의 성립, 확정, 내용, 소멸 등을 다루는 법 분야이다. 소득세법, 법인세법, 부가세법, 상속세 및 증여세법 등 각 개별세법이 조세실체법에 해당한다.

③ 조세절차법은 조세의 납부, 징수 등을 다루는 법 분야이다. 국세징수법, 지방세징수법이 조세절차법에 해당한다.

④ 조세쟁송법은 과세처분에 대한 납세자의 권리구제를 다루는 법 분야이다. 국기법과 지방세기본법의 불복절차를 규정한 부분, 행정소송법 등이 조세쟁송법에 해당한다.

⑤ 조세형사법은 조세범의 성립과 처벌을 다루는 법 분야이다. 조세범처벌법, 조세범처벌절차법 등이 조세형사법에 해당한다.

제2절 조세법과 다른 법률 또는 다른 학문분야의 관계

1. 조세법과 다른 법률의 관계

가. 조세법과 헌법의 관계

조세법은 헌법을 정점으로 하는 법질서의 일부를 구성한다. 조세법은 최고법인 헌법의 하위법률이므로 조세법 규정이 헌법에 위반되면 위헌법률심판, 헌법소원의 대상이 된다. 조세법 규정의 위헌심판기준으로 주로 활용되는 헌법원리는 조세법률주의, 평등권, 재산권 보호, 비례의 원칙(과잉금지원칙) 등이다.

나. 조세법과 행정법의 관계

과세관청은 행정청에 해당하고 과세처분은 행정처분의 일종이므로 조세법은 넓게 보아 행정법의 일부이다. 따라서 조세법에 대하여는 신뢰보호원칙, 비례의 원칙 등 행정법의 일반원칙이 적용되고, 과세처분 취소소송, 무효 등 확인소송 등에 대하여는 행정소송법이 적용된다.

다. 조세법과 사법(私法)의 관계

(1) 의의

세법은 국민의 경제활동에서 발생하는 소득, 거래 등을 과세계기로 삼는다. 그런데 국민의 경제활동을 1차적으로 규율하는 것은 사법(私法)이다. 따라서 세법상 과세요건은 민법상 법률요건을 기초로 형성되고 민법상 법률행위나 법률효과를 바탕으로 세법상 효과가 발생한다. 이와 같이 조세법의 해석과 적용은 사법상 거래에 대한 법률관계를 기반으로 하므로 민법, 상법 등 사법과 밀접한 관계를 맺는다.

(2) 차용개념(借用槪念)과 고유개념(固有槪念)

(가) 의의

조세법에서 사법의 용어를 가져와서 사용할 때 그 개념을 차용개념이라 하고, 세법이 독자적으로 창설하여 사용하는 개념을 고유개념이라 한다. 제척기간, 소멸시효, 상속, 증여, 법인, 합병, 분할 등은 민법, 상법 등에서 사용하는 개념이므로 이 개념을 세법에서 사용하면 차용개념이고, 소득, 원천징수, 가산세, 거주자, 비거주자 등은 세법에서 독자적으로 사용하는 개념이므로 고유개념이다.

(나) 차용개념의 해석

① 학설(통일설 vs 독립설)

통일설은 민법 등 사법에서 차용한 개념은 사법에서의 의미 및 내용대로 해석하여야 한다고 보는 견해이다. 사법과 세법의 통일성을 중시하는 입장으로서 같은 용어를 사법과 세법에서 다른 의미로 해석하면 법질서의 혼란을 초래한다고 비판한다. 반면, 독립설은 민법 등 사법에서 빌려온 차용개념이라 할지라도 조세법의 목적이 사법과 다르므로 조세법의 독자적인 의미 및 내용으로 해석할 수 있다고 보는 견해이다. 세법의 독자성을 중시하는 입장으로서 조세법과 사법이 추구하는 목적이 다르다는 점을 강조한다.

② 판례

통일설과 독립설이 첨예하게 대립한 사건이 토지거래허가를 잠탈한 거래에 대한 양도소득세 부과처분 관련 전원합의체 판결이었다.[1] 다수의견은 세법의 독자성을 중시하여 사법상 무효인 거래도 세법상 양도소득세 과세대상이 될 수 있다는 의견을 냈고, 반대의견은 사법과 세법의 통일성을 중시하여 사법상 무효인 거래는 세법상 양도소득세 과세대상이 될 수 없다고 주장하였다. 결론적으로 다수의견은 토지거래허가를 받지 못한 거래는 사법상 무효이므로 원칙적으로 양도소득세 과세대상이 될 수 없으나, 예외적으로 증여를 원인으로 소유권이전등기한 경우, 미등기 전매의 경우에는 예외적으로 양도소득세 과세대상이 될 수 있다고 하여 절충적인 입장을 취하였다.

반면 사법과 세법의 통일성을 중시한 판결도 있다. 법인세법 제15조 제1항의 "자본 또는 출자의 납입"은 상법상 회사 설립 또는 설립 후 신주 발행 시 이루어지는 납입행위만을 가리키는지 다투어진 사안에서 대법원은 "자본 또는 출자의 납입"의 의미에 대하여 법인세법이 별도의 정의 규정을 두고 있지 않은 이상, 상법상 의미와 동일하게 해석하는 것이 법적안정성이나 조세법률주의가 요구하는 엄격해석원칙에 부합하므로 상법상 회사 설립 또는 설립 후 신주 발행 시 이루어지는 납입행위만을 가리킨다고 해석하였다.[2]

③ 검토

조세법 영역에서 차용개념을 사용할 때 세법과 사법의 통일적 해석을 위하여 원칙적으로는 사법의 개념과 동일하게 사용하는 것이 바람직하나, 조세의 공익적 특성을 반영할 필요가 있는 경우에는 예외적으로 사법과 다른 의미로 사용할 수 있다고 본다.

(다) 세법에서 별도의 정의규정을 둔 경우

세법에서 사법과 다른 별도의 정의규정을 둔 경우로는 상속인, 증여, 양도 등이 있다.

① 상증세법상 상속인에는 상속포기자가 포함된다(상증법 제2조 제4호). 상속인이 피상속인으로부터 사전증여를 받고 상속을 포기하는 방법으로 상속세를 회피하는 행위를 방지할 필요가 있기 때문이다.

---

1) 대법원 2011. 7. 21. 선고 2010두23644 전원합의체 판결
2) 대법원 2023. 11. 30. 선고 2019두58445 판결

② 상증세법상 증여는 민법상 증여 이외에 직접 또는 간접적인 방법으로 타인에게 무상으로 유형·무형의 재산이나 이익을 이전하거나 타인의 재산가치를 증가시키는 것을 포함한다(상증법 제2조 제4호, 제6호). 민법상 증여계약 이외의 방법으로 부를 이전하는 변칙증여에 효과적으로 대처할 필요가 있기 때문이다.

③ 소득세법상 양도는 민법상 매매와 달리 자산에 대한 등기 또는 등록과 관계없이 자산을 유상으로 사실상 이전하는 것을 말한다(소득법 제88조 제1호). 세법은 등기 또는 등록과 같은 형식보다는 대금의 지급과 같은 경제적 실질을 중시하기 때문이다.

2. 조세법과 다른 학문분야의 관계

가. 조세법과 세무회계의 관계

세무회계는 기업회계에 따른 당기순이익에서 출발하여 세법과의 차이를 조정하고 과세소득을 측정하는 것을 연구하는 학문분야이다. 이와 같이 세무회계는 기업회계와 세법의 차이를 조정하는 것을 내용으로 하므로 조세법과 밀접한 관련을 갖는다. 특히 법인세와 소득세 중 사업소득의 경우 세무회계가 차지하는 비중이 크다.

나. 조세법과 재정학의 관계

재정학은 국가의 재정활동이 국민경제 및 국민후생에 미치는 효과를 경제학적 방법으로 분석하는 학문분야를 말한다. 재정학은 정부의 수입인 조세와 지출인 예산에 대한 분석으로 구분되고, 이 중 조세에 대한 분석을 다루는 분야가 조세법과 밀접한 관련을 갖는다.

제3절 조세법률관계의 의의 및 성질

1. 조세법률관계의 의의

조세법률관계는 과세주체인 국가 또는 지방자치단체와 납세의무자인 국민 또는 주민 사이의 조세에 대한 법률관계를 의미한다. 당사자 사이에 법률관계가 형성된다는 것은 상호 간에 권리와 의무가 생긴다는 뜻이다. 납세자는 국가 또는 지방자치단체에 세금을 납부해야 하므로 주로 국가 또는 지방자치단체가 채권자, 납세자가 채무자의 지위에 있으나, 납부한 세금을 환급받는 경우에는 거꾸로 납세자가 채권자, 국가 또는 지방자치단체가 채무자의 지위에 서게 된다.

2. 조세법률관계의 성질

가. 학설

(1) 조세권력관계설

조세법률관계를 과세관청이 납세자보다 우월한 지위를 가지는 권력관계로 보는 견해이다. 오토 마이어(Otto Mayer)를 중심으로 한 전통적인 견해이다. 이 견해에 의하면 과세관청은 우월적 지위에서 납세자에게 조세를 부과하고, 납세자가 조세를 납부하지 않으면 강제력을 동원하여 실현할 수 있는 것으로 본다.

(2) 조세채무관계설

조세법률관계를 과세관청과 납세자가 서로 대등한 지위를 가진다고 보는 견해이다. 1919년 독일 조세기본법 제정을 계기로 알버트 헨젤(Albert Hensel)에 의해 주장된 견해이다. 이 견해에 의하면 과세주체는 조세채권자이고 납세자는 조세채무자로서 법률에 근거하여 채권채무관계가 생기는 것에 불과하다고 본다.

나. 검토

민주화가 진전되고 납세자의 권익이 향상됨에 따라 과세관청과 납세자를 대등한 관계로 파악하는 조세채무관계설의 입지가 점점 강해지고 있다. 판례는 조세채권 성립 후에 조세포탈 범행을 설계하고 실행하여 조세의 부과징수를 불가능하게 하거나 현저히 곤란하게 한 경우 불법행위자에게 조세채권 상당액의 손해배상채무를 인정한다.[3] 국가에게 조세채권자의 지위를 부여하고 있는 것이다. 그러나 세무조사권, 자력집행권 등에 대하여는 전통적인 권력관계에 의하지 않고 채권채무관계만으로는 설명하기 어렵다. 따라서 조세법률관계의 성질을 일률적으로 규명하기보다 실체법관계와 절차법관계를 구분하여 실체법관계는 조세채무관계설로 파악하고 절차법관계는 조세권력관계설로 파악하는 것이 타당하다.[4]

---

3) 대법원 2021. 10. 28. 선고 2019다293814 판결
4) 임승순, 조세법(2021), 13면

1. 의의

법원(法源)은 법이 어떤 모습으로 존재하는지, 즉 법이 존재하는 형식을 의미한다. 일반적으로 법은 문서의 형식으로 된 성문법(成文法)과 그렇지 않은 불문법(不文法)으로 구분하는데, 조세법에 대하여는 조세법률주의가 적용되기 때문에 기본적으로 성문법의 형태를 띤다.

2. 종류

가. 헌법

헌법은 국가의 최고법으로서 조세법의 법원이 된다. 그중 납세의무를 규정한 헌법 제38조(모든 국민은 법률이 정하는 바에 의하여 납세의 의무를 진다)와 조세법률주의를 규정한 헌법 제59조(조세의 종목과 세율은 법률로 정한다)가 중요한 내용을 이룬다. 그 밖에 평등권을 규정한 헌법 제11조, 재산권 보장을 규정한 헌법 제23조, 비례의 원칙(과잉금지원칙)을 규정한 헌법 제37조 제2항 등은 조세법의 위헌심판기준으로 이용된다.

나. 법률

헌법은 납세의무(제38조)와 조세법률주의(제59조)의 내용을 법률에 위임하고 있으므로 법률은 납세의무와 조세법률주의의 구체적인 내용을 규정하는 조세법의 핵심적인 법원에 해당한다. 국세에 대한 법률에는 모든 세목에 공통적으로 적용되는 일반법인 국기법, 국세징수법, 조세범처벌법, 조세범처벌절차법, 국제조세 조정에 관한 법률, 조세특례제한법 등이 있다. 또한 세목별로 개별 세법이 존재하는 1세목 1세법 원칙이 적용되므로 세목별로 소득세법, 법인세법, 상속세 및 증여세법, 부가세법, 개별소비세법, 주세법, 인지세법, 증권거래세법, 교육세법, 농어촌특별세법, 종부세법 등이 있다. 지방세에 대한 법률에는 지방세기본법, 지방세징수법, 지방세특례제한법, 지방세법이 있다.[5] 국세와 비교하면 세목별로 개별 세법이 있는 것이 아니라 지방세법에서 취득세, 재산세, 등록면허세 등 모든 세목을 한꺼번에 규정하고 있다.

다. 조약과 국제법규

헌법에 의하여 체결·공포된 조약과 일반적으로 승인된 국제법규는 국내법과 같은 효력을 가진다(헌법 제6조 제1항). 세계 각국은 국제거래에서 생기는 이중과세를 조정하고 역외탈세에 대처하기 위하여 조세조약을 체결한다. 국회의 동의를 얻어 체결된 조세조약은 헌법 제6조 제1항에 따라 국내법과 동등한 효력이 있으므로 조세법의 법원으로 편입된다.

---

5) 지방세법은 원래 1개의 단행법이었으나, 2010. 3. 31. 지방세기본법과 지방세특례제한법이 분법(分法)되고, 2016. 12. 27. 다시 지방세징수법이 분법되어 현재의 법체계를 갖추게 되었다.

조세조약의 내용과 국내 세법의 내용이 서로 충돌하는 경우 조세조약이 국내 세법의 특별법적인 지위에 있으므로 일반적으로 조세조약이 국내 세법보다 우선하여 적용된다.[6]

라. 행정명령

(1) 대통령령(시행령)

대통령은 법률에서 구체적으로 범위를 정하여 위임받은 사항과 법률을 집행하기 위하여 필요한 사항에 관하여 대통령령을 발할 수 있다(헌법 제75조). 법률에서 구체적으로 범위를 정하여 위임받은 사항을 정하는 대통령령을 "위임명령"이라 하고, 법률을 집행하기 위하여 필요한 사항을 정하는 대통령령을 "집행명령"이라고 한다. 대통령령은 시행령이라고 부르기도 한다. 세법은 변화하는 경제현상을 규율하고 전문적·기술적 내용이 많아서 법률에 직접 규정하지 않고 대통령령에 위임하는 경우가 많으므로 다른 법 분야보다 대통령령의 중요성이 큰 특징이 있다. 대통령령 중 위임명령은 법률의 위임을 받아 규정하여야 하므로 법률의 위임에 어긋나는 내용을 규정하거나(법률우위의 원칙) 법률의 위임 없이 새로운 내용을 규정할 수 없다(법률유보의 원칙).

(2) 총리령 또는 부령(시행규칙)

국무총리 또는 행정 각부의 장은 소관사무에 관하여 법률이나 대통령령의 위임 또는 직권으로 총리령 또는 부령을 발할 수 있다(헌법 제95조). 대통령령이 법률의 위임범위를 벗어난 사항을 규정할 수 없는 것과 마찬가지로 총리령 또는 부령도 법률이나 대통령령의 위임범위를 벗어난 내용을 규정할 수 없다. 총리령 또는 부령을 시행규칙이라고 부르기도 한다.

마. 조례와 규칙

(1) 조례

지방자치단체는 법령의 범위 안에서 자치에 관한 규정을 제정할 수 있다(헌법 제117조 제1항). 지방의회가 제정하는 규정을 조례라고 한다. 지방자치단체는 지방세 관계법에서 정하는 범위에서 조례로 지방세의 세목, 과세대상, 과세표준, 세율, 그 밖에 지방세의 부과·징수에 필요한 사항을 정할 수 있다(지기법 제5조 제1항). 예를 들어, 지방세법은 지역자원시설세를 부과할 지역과 부과징수에 필요한 사항은 지방자치단체의 조례로 정하는 바에 따르도록 규정하고 있으므로(지방세법 제147조 제6항), 지역자원시설세를 부과하기 위하여는 지방자치단체의 조례로 지역자원시설세의 부과징수에 필요한 사항을 규정하여야 한다. 지방자치가 활성화됨에 따라 지방자치단체가 조례에 의하여 지방세를 직접 부과할 수 있어야 한다는 이른바 지방세조례주의가 필요하다는 의견이 제기되나,[7] 헌법은 "법령의 범위 안에서"라는 제한을 두고

---

6) 서울고등법원 2010. 2. 12. 선고 2009누8016 판결
7) 일본의 경우 지방세는 지방세법에서 구체적으로 세목을 정한 법정지방세와 지방자치단체가 조례에 의하여

있으므르 지방세법의 근거 없이 조례에 의하여 지방세를 규율하는 것은 허용되지 않는다.

(2) 규칙

지방자치단체장은 조례 시행에 따르는 절차와 그 밖에 조례 시행에 필요한 사항을 규칙으로 정할 수 있다(지기법 제5조 제2항). 지방자치단체장이 제정하는 규정을 규칙이라고 한다. 자치법규인 조례와 규칙의 관계는 법률과 대통령령의 관계와 유사하므로 규칙은 조례에 어긋나는 내용을 규정할 수 없다.

3. 행정규칙, 기본통칙, 집행기준과 관습법의 법원성 여부

가. 행정규칙

(1) 대외적 구속력이 없는 경우(원칙)

행정규칙은 행정조직 내부에서의 조직이나 활동을 규율하는 일반적·추상적 규정이다. 행정규칙은 형식에 따라 행정기관이 일정한 내용을 불특정다수의 국민에게 알리는 고시(告示)나 공고, 상급행정기관이 하급행정기관이나 소속공무원에게 일정한 기준을 시달하는 훈령이나 예규 등이 있다. 행정규칙은 행정기관 내부에서만 효력이 있고 대외적인 구속력이 없으므로 원칙적으로 법원(法源)이 될 수 없다. 그러나 세무공무원은 업무를 처리할 때 행정규칙에 의존하는 경향이 있기 때문에 실무적 영향력은 법령 못지 않게 큰 편이다.

(2) 대외적 구속력이 있는 경우(예외)

법령에서 특정행정기관에게 법령 내용의 구체적 사항을 정할 수 있는 권한을 부여함으로써 행정규칙이 법령 내용을 보충하는 기능을 가질 경우에는 그 형식과 상관없이 법령 규정과 결합하여 대외적 구속력이 있는 법규명령의 효력을 가지므로 법원이 될 수 있다.[8] 이러한 취지에서 판례는 국세청의 행정규칙인 재산제세조사사무처리규정에 대하여 법규명령의 효력을 인정하였다.[9]

나. 기본통칙과 집행기준

국세청은 국기법 등 일반세법, 소득세법, 법인세법 등 개별세법에 대하여 과세관청 내부의 행정기준을 통일하기 위하여 기본통칙을 제정하여 운용하고 있다. 기본통칙이란 각 세법의 해석 및 집행기준을 법조문 형식으로 체계화하여 기획재정부장관의 승인을 얻은 것을 말한다(국세청 법령사무처리규정 제2조 제8호). 국기법 기본통칙을 예로 들면, 40−21…1 등과 같이 세 자리 조문 형식으로 되어 있는데, 순서대로 법률 관련 조문, 시행령 관련 조문, 일련번호를

창설하는 법정외 지방세가 있다. 법정외 지방세는 지방자치단체가 독자적으로 지방세의 세목, 세율, 과세대상 등을 정할 수 있다.

8) 대법원 1999. 11. 26. 선고 97누13474 판결
9) 대법원 1987. 9. 29. 선고 86누484 판결, 대법원 1988. 10. 25. 선고 86누639 판결

표시한 것이다. 국세청 기본통칙은 과세관청 내부에서 세법의 해석 및 집행의 기준을 시달하는 것으로서 행정규칙이므로 법원이 될 수 없다.[10] 국세청이 기본통칙과 별도로 제정한 집행기준도 같은 이유로 법원이 될 수 없다. 집행기준은 납세자와 국세공무원이 세법령을 보다 쉽게 이해할 수 있도록 세법해석사례와 법원의 판결·심판청구 결정 등을 종합하여 작성한 실무기준이다(국세청 법령사무처리규정 제37조 제1항).

다. 관습법

민법의 경우 관습법이 법원이 될 수 있으나, 조세법률주의가 지배하는 조세법에서는 관습법이 법원이 될 수 없다.[11]

---

10) 대법원 1992. 12. 22. 선고 92누7580 판결
11) 대구고등법원 1970. 8. 25. 선고 70나108 판결

국세기본법 총칙

제3장

제1절 국세기본법과 세법의 관계

1. 개요

가. 국세기본법의 의의

국세기본법은 국세에 관한 기본적이고 공통적인 사항과 납세자의 권리의무 및 권리구제에 관한 사항을 규정하는 법을 의미한다(국기법 제1조). 지방세기본법, 행정기본법 등과 같이 다른 법 분야에서도 기본법을 두고 있는 경우가 있다.

나. 국세기본법과 다른 세법의 관계

(1) 2019. 12. 31. 국세기본법 개정 전(국세기본법 우선원칙)

2019. 12. 31. 개정 전 국기법 제3조 제1항은 "국세기본법은 세법에 우선하여 적용한다. 다만, 세법에서 국세기본법 중 다음 각호의 규정에 대한 특례규정을 두고 있는 경우에는 그 세법에서 정하는 바에 따른다."라고 하여 국세기본법 우선원칙을 규정하였다.

(2) 2019. 12. 31. 국세기본법 개정 후(개별세법 우선원칙)

2019. 12. 31. 개정된 국기법 제3조 제1항은 "국세에 관하여 세법에 별도의 규정이 있는 경우를 제외하고는 이 법에서 정하는 바에 따른다."라고 하여 개별세법 우선원칙을 규정하고 있다.

위와 같이 국기법이 개정되어 국세기본법 우선원칙에서 개별세법 우선원칙으로 변경되었으나 실질적으로 내용이 변한 것으로 보기는 어렵다. 개정 전에도 개별세법에 국기법과 다른 특례규정이 있는 경우에는 개별세법을 우선 적용하였기 때문이다. 다만, 개정 전에는 국기법보다 개별세법을 우선 적용할 수 있는 경우를 일일이 열거하였으나, 개정 후에는 그 열거 규정을 삭제하였으므로 개정 전에 열거된 사항 이외에 국세기본법과 개별세법이 다른 경우에도 개별세법이 적용된다.

2. 구체적인 내용

가. 세법에서 국세기본법과 다른 별도의 규정을 둔 경우

개별 세법에서 국기법과 다른 별도의 규정을 둔 경우에는 그 개별 세법 규정을 우선 적용한다. 예를 들어, 국기법 제25조 제1항은 공동사업자들의 연대납세의무를 규정하고 있으나, 소득세법 제2조의2 제1항은 공동사업자들의 개별적 납세의무를 규정하고 있으므로 소득세법 제2조의2 제1항이 국기법 제25조 제1항보다 우선 적용된다. 그 결과 공동사업자들의 소득세 납세의무에 대하여는 연대납세의무가 적용되지 않는다.

나. 세법에서 별도의 규정을 두지 않은 경우

개별 세법에서 별도의 규정을 두지 않은 경우에는 국기법을 적용한다. 예를 들어, 부가세법은 공동사업자들의 연대납세의무에 대하여 별도의 규정을 두고 있지 않으므로 국기법 제25조 제1항이 적용된다. 그 결과 공동사업자들의 부가가치세 납세의무에 대하여는 연대납세의무가 적용된다.

제2절 기한의 특례

1. 기한의 의의

기한은 법률행위의 효력발생과 소멸, 특정한 행위의 이행을 위하여 정해진 일시를 말한다. 예를 들어, 세법에서 신고기한을 정한 경우 납세자는 신고기한까지 신고의무를 이행하여야 하고, 납부기한을 정한 경우 납부기한까지 세금을 납부하여야 한다.

2. 기한의 특례가 적용되는 경우

가. 기한이 공휴일 등인 경우

국기법 또는 세법에서 규정하는 신고 등의 기한이 공휴일, 토요일이거나 근로자의 날일 때에는 그 다음 날을 기한으로 한다(국기법 제5조 제1항).

나. 기한 만료일에 국세정보통신망의 가동이 정지된 경우

신고기한 만료일 또는 납부기한 만료일에 국세정보통신망이 정전, 통신상 장애, 프로그램 오류 등의 사유로 국세정보통신망의 가동이 정지되어 전자신고나 전자납부를 할 수 없는 경우에는 장애가 복구되어 신고 또는 납부할 수 있게 된 날의 다음 날을 기한으로 한다(국기법 제5조 제3항, 국기령 제1조의3 제1항).

다. 우편신고와 전자신고의 특례

과세표준신고서, 경정청구서 등의 서류를 우편신고한 경우에는 우편법에 따른 우편날짜도장[1]이 찍힌 날에 신고되거나 청구된 것으로 본다(국기법 제5조의2 제1항). 우편신고의 경우 납세자의 이익을 위하여 발송주의를 적용하는 것이다. 다만, 우편날짜도장이 찍히지 않았거나 분명하지 않은 경우에는 통상 걸리는 배송일수를 기준으로 발송일로 인정되는 날에 신고되거나 청구된 것으로 본다(국기법 제5조의2 제1항 괄호부분). 과세표준신고서, 경정청구서 등의 서류를 국세정보통신망을 이용하여 전자신고한 경우에는 신고서 등이 국세청장에게 전송된 때에 신고되거나 청구된 것으로 본다(국기법 제5조의2 제2항).

라. 천재 등으로 인한 기한의 연장

납세자가 화재, 전화(戰禍), 그 밖의 재해를 입거나 도난을 당한 경우 등을 비롯하여 법령에서 정한 사유로 정해진 기한까지 신고 등을 할 수 없거나 납세자가 기한연장을 신청한 경우 세무서장은 기한을 연장할 수 있다(국기법 제6조, 국기령 제2조). 기한의 연장은 3개월 이내로 하되, 해당 기한연장의 사유가 소멸되지 않은 경우에는 1개월의 범위에서 재연장할 수 있으나, 신고 및 납부와 관련된 기한연장은 9개월을 초과할 수 없다(국기령 제2조의2 제1항, 제2항).

제3절 서류의 송달

1. 송달의 의의

송달이란 세법에 따른 행정처분의 내용을 납세자와 이해관계인에게 알리기 위하여 관련 서류를 법령이 정한 절차에 따라 교부하거나 전달하는 행위를 의미한다. 과세관청이 송달하는 서류는 많이 있으나, 그중 가장 대표적이고 중요한 서류는 납부고지서이다.

2. 송달명의인(송달받아야 할 자)

가. 일반적인 경우

송달명의인은 송달서류에 수신인으로 지정되어 있는 자를 의미한다(국기법 제8조 제1항). 일반적으로는 납세자가 송달명의인이 된다.

---

1) 과거에는 통신일부인(通信日附印)이라는 용어를 사용하였으나, 2014. 12. 23. 국기법 개정 시 우편날짜도장이라는 한글 표현으로 바꾸었다.

나. 연대납세의무의 경우

(1) 원칙(국기법 제8조 제2항 본문)

연대납세의무자에게 서류를 송달할 때에는 여러 명의 납세의무자 중 대표자를 명의인으로 하며, 대표자가 없을 때에는 연대납세의무자 중 국세를 징수하기에 유리한 자를 명의인으로 한다. 연대납세의무자 중 대표자를 명의인으로 하는 이상, 대표자에게 서류를 송달하면 다른 연대납세의무자 모두에게 송달의 효력이 있다. 연대납세의무자들은 일반적으로 긴밀한 관계가 있으므로 대표자에게 서류를 송달하면 나머지 연대납세의무자에게도 그 내용이 통지될 수 있다고 보는 것이다.[2]

(2) 예외(국기법 제8조 제2항 단서)

납부의 고지와 독촉에 관한 서류는 연대납세의무자 모두에게 각각 송달하여야 한다. 연대납세의무자 각자의 구체적 납세의무를 개별적으로 확정하기 위하여는 납세의무자 각자에게 송달하는 것이 필요하기 때문이다. 과거에는 연대납세의무자에게 서류를 송달할 때에는 그 대표자를 명의인으로 한다는 본문조항만 있었을 뿐 납부의 고지와 독촉에 관한 서류는 연대납세의무자 모두에게 각각 송달하여야 한다는 단서조항이 없었다.

그런데 판례가 부과과세방식의 조세에서 부과통지를 납세고지서에 의하여 하는 경우 또는 신고납세방식의 조세에서 무신고 시 부과통지를 납세고지서에 의하여 하는 경우의 납세고지는 연대납세의무자 각자에게 개별적으로 하여야 한다고 판시하였고,[3] 1996. 12. 20. 국기법 개정 시 판례의 입장을 반영하여 단서 조항을 신설하였다. 다만, 납세자가 신고 후 세금을 납부하지 아니하여 납부고지하는 것은 확정된 조세채무의 이행을 명하는 징수처분이므로 대표자에게 납부고지서를 송달할 수 있다.[4]

3. 송달장소

가. 일반적인 경우

송달장소는 송달명의인의 주소, 거소, 영업소, 사무소이고, 전자송달의 경우에는 명의인의 전자우편주소, 국세정보통신망의 저장장소이다(국기법 제8조 제1항). 국세청은 홈택스(hometax)라는 국세정보통신망을 운영한다. 주소는 생활의 근거가 되는 곳으로서 생계를 같이하는 가족 및 자산의 유무 등 생활관계의 객관적 사실에 따라 판정하되, 주소가 둘 이상인 때에는 주민등록법상 등록지를 주소로 한다.[5] 거소는 주소와 같이 밀접한 생활관계가 발생하지 않는 곳으로서 다소의 기간 계속하여 거주하는 장소를 말한다.[6]

---

2) 대법원 2002. 3. 15. 선고 99두7135 판결
3) 대법원 1985. 10. 22. 선고 85누81 판결
4) 대법원 1985. 10. 22. 선고 85누81 판결
5) 국기법 기본통칙 8-0…1

나. 송달명의인이 유치(留置)되어 있는 경우

송달명의인이 교정시설이나 경찰관서의 유치장에 체포, 구속 또는 유치된 경우에는 교정시설의 장 또는 경찰관서의 장에게 송달한다(국기법 제8조 제5항). 이 조항이 2018. 12. 31. 신설되기 이전에 판례는 국기법에는 민사소송법 제182조[7]와 같은 특별규정이나 민사소송법 중 송달에 관한 준용규정이 없으므로 구치소에 구속된 사람에 대한 납세고지서의 송달은 주소 등으로 하면 된다고 판시하였다.[8] 이 판례에 따르면 납세의무자가 교정시설에 유치되어 있고 과세관청이 납부고지서를 주소지에 송달하는 경우 납세의무자는 세금이 부과된 사실을 몰라서 불복의 기회를 놓치는 불합리한 경우가 발생할 수 있다. 이를 해결하기 위하여 민사소송법 규정을 참고하여 송달명의인이 유치되어 있는 경우의 특례규정을 신설하게 된 것이다.

4. 송달방법

가. 교부송달

(1) 송달명의인에 대한 송달장소에서의 송달

교부송달은 세무공무원이 송달장소에서 송달명의인에게 서류를 교부하는 방법으로 하는 송달이다(국기법 제10조 제3항 본문). 송달명의인이 주소나 영업소를 이전하였을 때에는 주민등록표 등으로 확인하고 이전한 장소에 송달한다(국기법 제10조 제5항).

(2) 송달장소 이외의 장소에서의 송달(조우송달)

교부송달은 송달장소에서 하는 것이 원칙이나, 송달명의인이 송달받기를 거부하지 않으면 송달장소 이외의 다른 장소에서 교부할 수 있다(국기법 제10조 제3항 단서). 이를 우연히 만난다는 의미를 가진 조우(遭遇)라는 용어를 사용하여 조우송달이라고 한다.

(3) 송달명의인 이외의 자에 대한 송달(보충송달)

교부송달은 송달명의인에게 하는 것이 원칙이나, 송달장소에서 송달명의인을 만나지 못하였을 때 사용인, 종업원, 동거인으로서 사리를 판별할 수 있는 사람에게 송달할 수 있다(국기법 제10조 제4항 전단). 이를 보충송달이라고 한다. 동거인은 송달명의인과 동일장소 내에서 공동생활을 하는 자를 말하나, 생계를 같이 할 필요까지는 없다.[9] 따라서 1세대 1주택 비과세에서의 동일세대원보다는 넓은 개념이다. 다만, 혼인하여 별도의 주소지에서 생활하면서 일시적으로 송달명의인의 주소지를 방문한 송달명의인의 아들은 동거인이라고 할 수 없다.[10]

---

6) 국기법 기본통칙 8-0…2
7) 민사소송법 제182조(구속된 사람 등에게 할 송달)는 "교도소·구치소 또는 국가경찰관서의 유치장에 체포·구속 또는 유치된 사람에게 할 송달은 교도소·구치소 또는 국가경찰관서의 장에게 한다."라고 규정하고 있다.
8) 대법원 2010. 5. 13. 선고 2009두3460 판결
9) 국기법 기본통칙 10-0…2
10) 대법원 1992. 10. 13. 선고 92누725 판결

보충송달은 사리를 판별할 수 있는 사람에게 하여야 하므로 송달받은 사람이 사리를 판별할 수 있는 사람에 해당하는지 여부에 대하여 다툼이 생긴다. 사리를 판별할 수 있다는 것은 서류의 내용을 이해한다는 의미가 아니라 서류의 송달취지를 이해하고, 수령한 서류를 송달명의인에게 교부할 것이라고 기대될 수 있는 정도의 능력을 의미한다.[11] 민사소송법 제186조 제1항에도 "근무장소 외의 송달할 장소에서 송달받을 사람을 만나지 못한 때에는 그 사무원, 피용자 또는 동거인으로서 사리를 분별할 지능이 있는 사람에게 서류를 교부할 수 있다."고 하여 보충송달을 규정하고 있는데, 이와 관련하여 판례는 초등학교 2학년에 재학 중인 만 8세 4개월 아이,[12] 초등학교 3학년에 재학 중인 만 8세 10개월 아이,[13] 문맹이고 거동이 불편한 사람[14] 등을 사리를 판별할 수 있는 자에 해당한다고 판시하였다.

(4) 교부 이외의 방법에 의한 송달(유치송달)

교부송달은 서류를 전해주는 방법으로 하는 것이 원칙이나, 송달명의인, 사용인, 종업원, 동거인으로서 사리를 판별할 수 있는 사람이 송달장소에서 정당한 사유 없이 수령을 거부할 때에는 송달장소에 서류를 두는 방법으로 송달할 수 있다(국기법 제10조 제4항 후단). 이를 서류를 놓고 온다는 의미를 가진 유치(遺置)라는 용어를 사용하여 유치송달이라고 한다. 여기서 "서류의 수령을 거부한 때"라 함은 적법한 방법으로 서류를 송달하고자 하였으나 고의로 수령을 거부한 때를 말한다.[15] 따라서 송달명의인 등이 서류의 수령을 회피하기 위하여 일부러 송달장소를 비워 세무공무원이 송달명의인 등을 만나지 못한 경우에는 송달장소에 서류를 두고 오더라도 유치송달의 효력이 발생하지 않는다.[16]

(5) 송달의 위임

송달명의인이 타인에게 송달받을 권한을 위임한 경우에는 그 수임자가 송달장소 이외의 장소에서 서류를 송달받아도 송달의 효력이 생긴다. 예를 들어, 납세의무자가 거주하던 아파트에서 통상 일반우편물은 집배원이 세대별 우편함에 넣어 두면 아파트 거주자들이 이를 우편함에서 가져가고, 등기우편물 등 특수우편물의 경우에는 집배원이 아파트 경비원에게 주면 아파트 경비원이 거주자에게 전달하여 왔으며, 아파트 주민들은 이러한 우편물 배달방법에 별다른 이의를 제기하지 않았다면, 납세의무자는 등기우편물 등의 수령권한을 아파트 경비원에게 묵시적으로 위임한 것으로 볼 수 있다. 이러한 경우 아파트 경비원이 납세고지서를 수령하면 송달의 효력이 발생한다.[17]

---

11) 국기법 기본통칙 10-0···3
12) 대법원 1995. 8. 16. 선고 95모20 결정
13) 대법원 1968. 5. 7. 선고 68마336 결정
14) 대법원 2000. 2. 14. 선고 99모225 결정
15) 국기법 기본통칙 10-0···4
16) 대법원 2004. 4. 9. 선고 2003두13908 판결

나. 우편송달

우편송달은 우편집배원이 송달기관이 되어 하는 송달을 의미한다. 납부의 고지, 독촉, 강제징수 등은 중요한 서류이므로 우편송달할 때에는 안전한 송달을 위해 등기우편으로 하여야 한다(국기법 제10조 제2항 본문). 다만, 소득세법상 중간예납세액의 납부고지서, 부가세법상 예정고지세액을 징수하기 위한 납부고지서, 신고납세방식의 국세 중 50만 원 미만의 납부고지서는 비교적 가벼운 사안이므로 일반우편으로 송달할 수 있다(국기법 제10조 제2항 단서, 국기령 제5조의2). 우편송달은 교부송달과 같이 송달장소에서 송달명의인에게 하는 것이 원칙이나, 위 교부송달과 같이 같은 조우송달, 보충송달, 유치송달 등의 예외가 인정된다.

다. 전자송달

(1) 의의

전자송달은 전자적 방법으로 서류를 송달하는 것을 의미한다. 전자송달을 하려면 납세자가 컴퓨터, 휴대폰 등 전자장비를 보유하여야 하므로 송달명의인이 전자송달을 신청한 경우에만 할 수 있다(국기법 제10조 제8항). 납세자가 전자송달을 신청한 경우에도 국세정보통신망의 장애로 전자송달을 할 수 없는 경우 등의 사유가 있는 경우에는 전자송달 대신 교부송달 또는 우편송달을 할 수 있다(국기법 제10조 제9항, 국기령 제6조의3).

(2) 송달방법

(가) 국세정보통신망(홈택스)을 통한 송달

국세정보통신망을 통한 송달은 납부고지서, 독촉장, 국세환급금통지서를 전자송달하는 경우에 이용한다. 위 서류들은 과세정보가 포함되어 보안이 중요하므로 납세자로 하여금 직접 국세정보통신망에 접속하여 서류를 열람하게 하는 방법으로 송달한다(국기령 제6조의4 제2항). 납세자가 3회 연속하여 전자송달된 서류를 열람하지 않은 경우에는 전자송달의 신청을 철회한 것으로 본다(국기법 제10조 제9항).

(나) 전자우편주소(이메일)를 통한 송달

전자우편주소, 즉 이메일을 통한 송달은 납세고지서, 독촉장, 국세환급금통지서 이외의 서류를 전자송달하는 경우에 이용한다(국기령 제6조의4 제3항). 전자우편주소는 국세정보통신망보다 보안에 취약하므로 민감한 과세정보가 포함되지 않은 서류의 송달에 적용한다.

라. 공시송달

(1) 의의

공시송달(公示送達)은 송달명의인의 주소불명 등의 사유로 서류를 전달하기 어려운 경우

---

17) 대법원 1998. 5. 15. 선고 98두3679 판결

서류를 게시판에 공고하는 등의 방법으로 송달의 효력을 발생시키는 송달을 의미한다. 과세관청이 납세자에게 서류를 전달할 수 없다고 하여 송달의 효력을 인정하지 않는다면 법률관계가 장기간 불안정한 상태에 놓이므로 일정한 요건하에 송달의 효력을 인정하는 것이다. 다만, 공시송달 사유를 지나치게 확대하면 납세의무자의 귀책사유 없이 불복기간이 경과하여 헌법 제27조 제1항이 정한 재판을 받을 권리를 침해할 수 있으므로 요건을 엄격히 해석할 필요가 있다.

(2) 요건(국기법 제11조 제1항)

(가) 납세의무자의 주소나 영업소가 국외에 있고 송달하기 곤란한 경우

문언상 납세의무자의 주소나 영업소가 국외에 있고 송달하기 곤란한 경우이어야 하므로 주소나 영업소가 국외에 있는 것만으로는 부족하고 그에 더하여 송달하기 곤란한 사정이 인정되어야 한다. 따라서 납세의무자의 주소가 국외에 있는 경우 국외송달을 시도하지 않고 바로 서류를 공시송달하는 것은 위법하다.

(나) 납세의무자의 주소나 영업소가 분명하지 않은 경우

납세의무자의 주소나 영업소가 분명하지 않은 경우란 주민등록표, 법인등기부 등에 의해서도 주소 또는 영업소를 확인할 수 없는 경우를 말한다(국기령 제7조). 법인의 소재가 분명하지 않은 때에는 법인 대표자의 주소까지 확인하여 서류를 송달하고, 대표자의 주소도 분명하지 않아 송달이 불가능한 때에 한하여 공시송달을 할 수 있다.[18]

(다) 송달명의인과 보충송달을 받을 자가 송달장소에 없고 등기우편으로 송달하였으나 수취인 부재로 반송되어 납부기한 내에 송달이 곤란한 경우

수취인 부재(不在)라 함은 납세의무자가 단순히 송달장소에 없는 상태가 아니라 송달장소로부터 장기간 이탈하여 과세권 행사에 장애가 있는 경우를 의미한다.[19] 납세자의 송달장소가 여러 곳인 경우에는 각각의 장소에 송달을 시도하여야 한다. 여러 곳의 송달장소 중 일부 장소만 방문하여 수취인 부재 중인 경우에는 서류를 공시송달할 수 있는 경우에 해당하지 않는다.[20]

(라) 세무공무원이 2회 이상 납세자를 방문해 서류의 교부를 시도하였으나 수취인 부재로 납부기한까지 송달이 곤란한 경우

문언상 세무공무원이 2회 이상 납세자를 방문할 것이 요구되므로 1회 방문만으로는 공시송달을 할 수 없다. 처음 방문한 날과 마지막 방문한 날 사이의 기간이 3일 이상이어야 하고, 기간을 계산할 때 공휴일 및 토요일은 산입하지 않는다(국기령 제7조의2).

---

18) 국기법 기본통칙 8-0···3
19) 대법원 2000. 10. 6. 선고 98두18916 판결
20) 대법원 2015. 10. 29. 선고 2015두43599 판결

(3) 송달방법

공시송달은 서류의 주요내용을 공고하는 방법으로 한다. 국세정보통신망, 세무서의 게시판이나 그 밖의 적절한 장소, 서류의 송달장소를 관할하는 지자체의 홈페이지, 게시판이나 그 밖의 적절한 장소, 관보 또는 일간신문 중 어느 하나에 게시하거나 게재하여야 한다(국기법 제11조 제2항). 국세정보통신망을 이용하여 공시송달할 때에는 다른 공시송달 방법과 함께 하여야 한다.

5. 송달의 효력

가. 공시송달 이외의 송달의 효력(도달주의)

서류가 송달받아야 할 자에게 도달한 때부터 효력이 발생한다(국기법 제12조 본문). 서류가 도달하였다고 인정하려면 송달받을 사람의 지배권 내에 들어가 사회통념상 일반적으로 알 수 있는 상태에 있어야 한다. 예를 들어, 서류가 우편수신함에 투입되었으면 그때 송달의 효력이 발생한다.[21] 송달명의인이 여행으로 부재 중에 종업원이 서류를 수령하여 송달명의인에게 전달하였다면 서류송달의 효력은 종업원에게 송달된 날에 발생하고, 서류가 송달명의인에게 현실적으로 전달될 때 발생하는 것이 아니다.[22] 전자송달의 경우에는 송달받을 자가 지정한 전자우편주소에 입력된 때 또는 국세정보통신망에 저장된 때에 도달한 것으로 본다(국기법 제12조 단서). 납세고지서의 송달이 부적법하면 과세관청의 부과처분은 효력이 발생하지 않고 납세자가 객관적으로 부과처분의 존재를 인식할 수 있었더라도 송달의 하자가 치유되지 않는다.[23]

나. 공시송달의 효력

공시송달의 경우 서류를 공고한 날부터 14일이 지나면 송달된 것으로 간주하여 송달의 효력이 발생한다(국기법 제11조 제1항).

제4절 | 인격

1. 개요

가. 법인 아닌 단체의 의의

인격은 권리의무의 주체가 될 수 있는 지위 또는 자격을 의미한다. 민법상으로는 자연인과 법인이 인격을 가진다. 비영리법인의 경우 민법이 설립에 관한 허가주의를 채택하고 있으므

---

21) 국기법 기본통칙 12-0…1
22) 대법원 1987. 6. 9. 선고 87누219 판결
23) 대법원 1988. 3. 22. 선고 87누986 판결

로 주무관청의 허가를 얻은 후 설립등기까지 하여야 비로소 법인이 성립한다(민법 제32조, 제33조). 따라서 법인의 실체를 갖추고 있더라도 주무관청의 허가를 얻지 못하거나 주무관청의 허가를 얻었더라도 설립등기를 하지 않으면 민법상 법인이 될 수 없다. 법인의 실체를 갖추고 있다는 것은 규약 등에 근거한 단체의 조직성, 다수결원칙에 따른 의사결정과 업무집행, 단체의 항구성, 조직의 운영 및 관리의 체계성 등이 구비되어 있음을 의미한다. 법인의 실체를 갖추고 있으나 법인격을 취득하지 못한 단체를 세법에서는 '법인 아닌 단체'라고 한다. 종중, 교회, 공동주택의 입주자대표회의, 아파트부녀회 등이 이에 해당한다.

나. 법인 아닌 단체의 세법상 취급의 중요성

법인 아닌 단체는 법인의 실체를 갖추고 있어 사회·경제적으로 법인과 유사하게 활동하나, 법인 설립등기를 하지 않았으므로 사법상으로는 법인격이 인정되지 않는다. 민법에서는 법인격이 없는 단체의 재산 소유형태, 채무귀속 등과 관련한 논의가 주로 이루어진다.[24]

조세법 분야에서는 법인 아닌 단체를 구성원들과 독립된 납세의무자로 인정할 것인지 여부가 문제된다. 우리 세법은 법인 아닌 단체를 ① 법인으로 보는 단체(의제법인), ② 1거주자 또는 1비거주자로 보는 단체, ③ 공동사업을 하는 단체 등 3가지 중 하나로 취급한다. 이 중 어느 단체로 분류하느냐에 따라 법인세를 부담하는지 또는 소득세를 부담하는지, 소득세를 부담하는 경우 소득을 어떠한 방법으로 계산하는지 등에서 차이가 생긴다. 국기법은 법인 아닌 단체를 법인으로 보는 경우에 대하여 규정하고 있고, 소득세법은 법인 아닌 단체를 1거주자 또는 1비거주자로 보는 경우, 공동사업을 하는 것으로 보는 경우에 대하여 규정하고 있다.

2. 법인 아닌 단체의 세법상 취급

가. 국세기본법상 법인의제 요건을 갖춘 경우

(1) 당연의제법인(국기법 제13조 제1항)

(가) 사단인 경우

국기법 제13조 제1항에 따라 법인으로 보는 단체는 세법상 특별한 절차 없이 법인으로 의제되므로 당연의제법인이라고 한다. 법인 아닌 사단이 당연의제법인이 되려면 다음의 2가지 요건을 갖추어야 한다(국기법 제13조 제1항 제1호).

① 주무관청의 인허가를 받아 설립되거나 법령에 따라 주무관청에 등록한 사단, 재단 그 밖의 단체로서 등기되지 않을 것

② 수익을 구성원에게 분배하지 않을 것

위 "①"과 관련하여 처음에는 주무관청의 허가를 받은 경우만 규정하였다가 1993. 12. 31. 국기법 시행령 개정 시 주무관청의 인가를 받은 경우 및 등록한 경우를 추가하였다. 위 "②"

---

24) 민법은 법인이 아닌 사단의 사원이 집합체로서 물건을 소유할 때에는 총유로 한다.

의 요건은 2007. 12. 31. 국기법 개정 시 추가되었다. 그 전에는 위 "②"의 요건이 없었기 때문에 문언상 수익을 구성원에게 분배하는 영리단체도 당연의제법인의 범위에 포함된다고 해석할 여지가 있었으나, 그러한 해석은 의제법인의 범위를 비영리법인으로 제한하는 법인세법 및 상증세법과 상충되므로 영리단체를 제외하기 위하여 위 "②"의 요건을 추가하였다.[25]

위와 같이 주무관청의 인허가를 받아 설립되거나 법령에 따라 주무관청에 등록한 단체는 단체성은 갖추었다고 보아 별도의 절차 없이 당연히 법인으로 의제한다.

(나) 재단인 경우

법인 아닌 재단이 당연의제법인이 되려면 ① 공익을 목적으로 출연된 기본재산이 있는 재단으로서 등기되지 않을 것, ② 수익을 구성원에게 분배하지 않을 것 등 2가지 요건을 갖추어야 한다(국기법 제13조 제1항 제2호).

(다) 당연의제법인이 영리법인인지 또는 비영리법인인지 여부

당연의제법인이 되려면 사단이든 또는 재단이든 공통적으로 수익을 구성원에게 분배하지 않아야 한다는 요건이 요구되므로 수익을 구성원에게 분배하는 영리단체는 당연의제법인이 될 수 없다. 법인세법도 당연의제법인이 비영리법인에 해당하는 것으로 규정하고 있다(법인법 제2조 제2호 다목).

(2) 승인의제법인(국기법 제13조 제2항)

(가) 요건

국기법 제13조 제2항에 의하여 법인으로 보는 단체는 관할 세무서장의 승인에 의하여 법인으로 의제되므로 승인의제법인이라고 한다. 승인의제법인이 되려면 다음의 4가지 요건을 갖추어야 한다.

① 사단, 재단 기타 단체의 조직과 운영에 관한 규정을 가지고 대표자 또는 관리인을 선임하고 있을 것
② 자신의 계산과 명의로 수익과 재산을 독립적으로 소유·관리할 것
③ 수익을 구성원에게 분배하지 않을 것
④ 대표자 또는 관리인이 관할 세무서장에게 신청하여 승인을 얻을 것

승인의제법인은 법인 아닌 단체가 법인의 실체를 가지고 있다는 점을 고려하여 세법상 법인으로 취급받을 수 있는 길을 열어준 것이다.[26] 위 "①"부터 "③"까지의 요건을 갖춘 단체가 관할 세무서장의 승인을 얻으면 법인으로 취급되고, 승인을 얻지 않으면 개인으로 취급되므로 법인 아닌 단체의 지위가 그 단체의 선택에 맡겨져 있는 셈이다.

---

25) 기획재정부, 「2007 간추린 개정세법」, 2008, 18~19면
26) 이중교, "세법상 법인격 없는 단체의 고찰", 사법 제38호, 2016, 97면

(나) 승인 취소

승인의제법인이 관할 세무서장의 승인을 받은 후 그 요건을 갖추지 못하게 되었을 때에는 승인을 취소하여야 한다(국기령 제8조 제4항). 승인의제법인이 승인 취소를 받는 경우를 제외하고는 3년간 소득세법에 따른 거주자 또는 비거주자로 변경할 수 없다(국기법 제13조 제3항).

(다) 승인의제법인이 영리법인인지 또는 비영리법인인지 여부

승인의제법인이 되려면 수익을 구성원에게 분배하지 않아야 한다는 요건이 요구되므로 당연의제법인과 같이 비영리법인에 해당한다. 승인의제법인에 대해서는 승인과 동시에 부가세법 시행령에 따른 고유번호를 부여한다(국기령 제8조 제3항 본문). 부가세법령상 고유번호는 비영리법인에게 부여하므로 승인의제법인에게 고유번호를 부여한다는 것은 승인의제법인을 비영리법인으로 취급한다는 뜻이다.

나. 국세기본법상 법인의제 요건을 갖추지 못한 경우

(1) 1거주자 또는 1비거주자

의제법인에 해당하지 않는 법인 아닌 단체로서 구성원 간 이익의 분배방법이나 분배비율이 정하여져 있지 않거나 확인되지 않는 경우에는 법인 아닌 단체를 1명의 개인처럼 취급한다(소득법 제2조 제3항). 국내에 주사무소 또는 사업의 실질적 관리장소를 둔 경우에는 1거주자로, 그 밖의 경우에는 1비거주자로 본다.

(2) 공동사업

의제법인에 해당하지 않는 법인 아닌 단체가 다음 2가지 중 어느 하나에 해당하면 공동사업을 하는 것으로 보아 각 구성원별로 소득세 또는 법인세 납부의무를 진다(소득법 제2조 제3항 단서).

① 구성원 간 이익의 분배비율이 정하여져 있고 구성원별로 이익의 분배비율이 확인되는 경우

② 구성원 간 이익의 분배비율이 정하여져 있지 않으나, 사실상 구성원별로 이익이 분배되는 것으로 확인되는 경우

단체의 전체 구성원 중 일부 구성원의 분배비율만 확인되거나 일부 구성원에게만 이익이 분배되는 것으로 확인되는 경우에는 확인되는 부분과 그렇지 않은 부분을 구분하여 과세한다. 즉 분배비율이나 분배사실이 확인되는 부분은 공동사업으로 과세하고, 확인되지 않은 부분은 1거주자 또는 1비거주자로 보아 과세한다(소득법 제2조 제4항).

제4장 조세법의 지도원리

제1절 조세법률주의

1. 개요

가. 의의

조세법률주의는 국민의 납세의무에 관한 사항을 국민의 대표기관인 국회가 제정한 법률로 규정하고, 법률을 집행하는 경우에도 엄격하게 해석·적용하며 행정편의적인 확장해석이나 유추적용을 허용하지 않는 조세법의 원칙을 뜻한다.[1] 조세법률주의는 일본에서 만들어진 것으로 미국이나 독일에는 없는 개념이라고 비판하는 견해가 있으나,[2] 조세법률주의가 법치주의와 전혀 다른 개념이 아니므로 법치주의가 세법영역에서 적용되는 것을 의미하는 개념으로 이해할 수 있다.

조세법률주의의 연원은 역사적으로 영국의 1215년 대헌장, 1628년 권리청원, 1689년 권리장전과 1776년 미국의 독립선언 및 1789년 프랑스의 인권선언 등에서 찾을 수 있다. 그 당시에는 전제군주의 자의적 과세가 만연하였으므로 조세법률주의는 국민의 대표기관인 의회를 통하여 시민의 재산권을 보호한다는 의미가 강하였다. "대표 없으면 과세 없다(no taxation without representative)"는 격언이 이를 잘 표현한다. 그러나 입법부, 행정부, 사법부의 삼권분립이 제도화된 현대에서는 위와 같은 고전적 의미보다는 조세의 부과와 징수에 대한 법적 안정성과 예측가능성을 확보한다는 의미가 중요해졌다. 오늘날 어떠한 행위나 거래를 할 때에는 그에 따른 조세문제를 염두에 두어야 하므로 국민들이 세법에 규정된 내용에 의하여 어떠한 행위나 거래에 대해 조세가 부과되고 징수되는지 미리 알 수 있도록 하여 법적 안정성과 예측가능성을 확보하는 것이 필요하기 때문이다.

나. 형식적 조세법률주의와 실질적 조세법률주의

형식적 조세법률주의는 조세법률주의를 형식적으로 파악하는 것을 의미하는 개념으로 과

---

[1] 대법원 2021. 9. 9. 선고 2019두35695 전원합의체 판결
[2] 이창희, 세법강의(2021), 21~22면

세요건법정주의와 과세요건명확주의를 핵심내용으로 한다.[3] 이에 비해 실질적 조세법률주의는 조세법의 형식뿐 아니라 그 내용이 헌법에 합치될 것을 요구하는 개념이다. 오늘날의 법치주의는 단순히 형식적 법치주의에 그치지 않고 실질적 법치주의를 지향하므로 조세법률주의도 형식적 측면뿐 아니라 조세법의 목적이나 내용이 헌법이념과 원칙에 실질적으로 합치될 것을 요구한다.[4] 따라서 형식적으로 과세요건법정주의와 과세요건명확주의를 충족하더라도 재산권 보장, 평등의 원칙, 비례의 원칙(과잉금지원칙) 등에 어긋나면 실질적 조세법률주의의 위반이 될 수 있다.

2. 형식적 조세법률주의 내용

가. 과세요건법정주의

(1) 의의

과세요건법정주의는 납세의무자, 과세물건, 과세표준, 세율 등의 과세요건과 부과 및 징수 절차를 국민의 대표기관인 국회가 제정한 법률로 규정하여야 함을 의미한다. 과세요건 중 납세의무자는 조세법률관계의 채무자를 의미하고,[5] 과세물건은 조세법률관계의 성립에 필요한 물적 요소로서 소득세나 법인세의 소득, 부가가치세의 소비, 재산세의 재산 등을 의미한다. 과세표준은 세액산출의 기초가 되는 과세대상의 가액 또는 수량을 의미하고, 세율은 세액을 산정하기 위하여 과세표준에 곱하는 비율을 의미한다.

과세요건법정주의에 의하면 법률의 근거 없이 하위규범인 시행령, 시행규칙에서 새로운 과세요건을 창설할 수 없고(법률유보), 시행령, 시행규칙은 상위규범인 법률에 위반되어서는 안된다(법률의 우위).[6] 현실적으로 과세요건에 해당하는 모든 사항을 직접 법률에서 규정하는 것은 국회의 입법부담을 고려할 때 불가능하고, 경제현실의 변화나 전문기술에 기민하게 대응하기 위하여 세법의 신속한 법제화가 요구되기도 하므로 일정한 범위 내에서 시행령이나 시행규칙에 위임하는 것은 불가피하다. 그러나 위임입법을 허용하더라도 다음과 같은 한계가 있다.

① 조세법의 규율대상이 국민의 기본권 및 기본의무와 중요한 관련이 있고 그에 관한 공개 토론의 필요성, 상충하는 이익의 조정이 필요한 경우에는 시행령에 위임하지 말고 법률에 직접 규율하여야 한다. 이를 "의회유보원칙"이라고 한다. 대법원은 외부세무조정제도는 의회유보사항이므로 법률에서 직접 규정하여야 한다고 판시하였다.[7]

---

3) 헌재 1995. 7. 21. 선고 92헌바27 결정
4) 헌재 2001. 11. 29. 선고 2000헌바95 결정
5) 국기법은 납세의무자는 연대납세의무자, 제2차 납세의무자 및 보증인을 포함하나, 원천징수의무자를 제외한 개념이고, 납세자는 납세의무자 외에 원천징수의무자까지 포함하는 개념으로 규정한다(국기법 제2조 제9호, 제10호). 따라서 납세자가 납세의무자보다 넓은 개념이다.
6) 미국에서는 법률의 개별적·구체적 위임이 없어도 법률에 위반되지 않으면 무효로 보지 않으므로 법률의 우위가 있을 뿐 법률유보는 없다고 할 수 있다. 이창희, 세법강의(2021), 30면.

② 헌법 제75조는 위임입법을 허용하는 경우 구체적으로 범위를 정하여 위임할 것을 요구하므로 포괄위임 내지 백지위임(白紙委任)은 허용되지 않는다. 따라서 위임입법을 하는 경우 법률에서 시행령 등 하위법규에 규정될 내용 및 범위의 기본사항을 구체적이고 명확하게 규정하여 누구라도 당해 법률 그 자체로부터 시행령 등 하위법규에 규정될 내용의 대강을 예측할 수 있도록 하여야 한다.[8]

(2) 과세요건법정주의의 판단기준

조세법률은 국민의 기본권을 직접적으로 제한하거나 침해할 소지가 있으므로 급부행정보다 위임요건과 범위를 더 엄격하게 적용할 필요가 있다.[9] 그러나 다른 한편, 조세법률은 경제현실의 변화나 전문기술의 발달에 즉시 대응하여야 하는 경우가 많으므로 위임요건과 범위를 완화하여 적용할 필요도 있다. 이러한 2가지 상충되는 측면을 조화시키는 것이 매우 중요하다. 다만, 위임요건과 범위를 완화하여 적용하더라도 법률 그 자체로부터 대통령령 등 하위규범에 규정될 내용의 대강을 예측할 수 있어야 한다. 이러한 예측가능성의 유무는 당해 특정조항 하나가 아니라 관련 법조항 전체를 유기적이고 체계적으로 종합하여 판단하여야 한다.[10]

(3) 사례

조세법률 중에는 위임입법의 한계를 벗어나서 위헌이라고 판단된 경우가 많다. 대표적으로 1990. 12. 31. 개정 전 상속세법 제34조의4 위헌소원,[11] 1994. 12. 22. 개정 전 법인세법 제32조 제5항 등 위헌소원[12] 등을 들 수 있다. 그 중 1990. 12. 31. 개정 전 상속세법 제34조의4 위헌소원과 그 후 법률이 어떻게 개정되었는지 살펴보기로 한다. 위헌 여부가 문제된 규정은 "제32조 내지 제34조의3의 경우를 제외하고 대통령령이 정하는 특수관계에 있는 자로부터 현저히 저렴한 대가로써 대통령령이 정하는 이익을 받은 자는 당해 이익을 받은 때에 그 이익에 상당하는 금액을 증여받은 것으로 본다."이다. 이 조항은 "현저히 저렴한 대가로써 대통령령이 정하는 이익"을 받는 경우를 과세대상으로 삼으면서 구체적인 기준을 제시하지 않으므로 포괄위임에 해당한다. 그 후 1998. 12. 28. 개정된 법률은 대통령령에 위임될 내용을 구체적으로 정하여 위헌성을 제거하였다.

---

7) 대법원 2015. 8. 20. 선고 2012두23808 전원합의체 판결
8) 헌재 2000. 1. 27. 선고 98헌바6 결정
9) 헌재 1997. 2. 20. 선고 95헌바27 결정
10) 헌재 1996. 6. 26. 선고 93헌바2 결정, 헌재 2000. 1. 27. 선고 98헌바6 결정
11) 헌재 1998. 4. 30. 선고 95헌바55 결정
12) 헌재 1995. 11. 30. 선고 93헌바32 결정

1990. 12. 31. 개정 전 법률	1998. 12. 28. 개정된 법률
제34조의4(무상등으로 양도받은 경우 증여의제) 제32조내지 제34조의3의 경우를 제외하고 대통령령이 정하는 특수관계에 있는 자로부터 현저히 저렴한 대가로써 대통령령이 정하는 이익을 받은 자는 당해 이익을 받은 때에 그 이익에 상당하는 금액을 증여받은 것으로 본다.	제35조(저가고가양도 시의 증여의제) ① 다음 각호의 1에 해당하는 자에 대하여는 당해 재산을 양수 또는 양도한 때에 그 대가와 시가와의 차액에 상당하는 금액으로서 대통령령이 정하는 이익에 상당하는 금액을 증여받은 것으로 본다. 1. 특수관계에 있는 자로부터 시가보다 낮은 가액으로 재산을 양수하는 경우에는 그 재산의 양수자 2. 특수관계에 있는 자에게 시가보다 높은 가액으로 재산을 양도하는 경우에는 그 재산의 양도자

나. 과세요건명확주의

(1) 의의

과세요건명확주의는 조세법의 규정내용이 명확하고 하나의 의미로 해석될 수 있도록 일의적(一義的)이어야 함을 의미한다. 과세요건을 정한 법률규정의 내용이 지나치게 추상적이고 불명확하여 여러 가지 의미로 해석될 수 있고 그로 인해 과세관청의 자의적 해석이 가능하다면 과세요건을 법률로 규정하더라도 법적 안정성과 예측가능성을 확보하기 어렵다. 이러한 점에서 과세요건명확주의는 과세요건법정주의와 긴밀한 연관성을 갖는다.

과세요건명확주의는 입법기술상 불확정개념이나 개괄조항(概括條項)의 사용을 최소화하여야 한다는 요청으로 나타난다. 그러나 끊임없이 변화하는 경제현상을 규율하는 세법의 속성과 입법기술상 불확정개념이나 개괄조항의 사용을 완전히 없애는 것은 불가능하다. 그렇다고 "공익상 필요가 있는 때"와 같은 가치개념을 과세요건으로 규정하는 것은 법적 안정성과 예측가능성을 현저히 떨어뜨리므로 과세요건명확주의의 요청상 허용되지 않는다.[13]

(2) 과세요건명확주의의 판단기준

과세요건명확주의 위반 여부를 판단할 때에는 납세자의 입장에서 어떠한 행위가 당해 문구에 해당하여 과세대상이 되는지 예견할 수 있는가, 당해 문구의 불확정성이 행정청의 입장에서 자의적이고 차별적으로 법률을 적용할 가능성을 부여하는가, 입법기술상 더 확정적인 문구의 선택을 기대할 수 있는가 등의 기준을 종합적으로 고려하여 판단하여야 한다.[14] 그러나 규정 자체의 명확성과 함께 법률은 속성상 일반성과 추상성을 가지므로 법률규정에는 항상 법관의 법보충작용으로서의 해석의 여지가 있음을 아울러 고려하여야 한다. 조세법규가 조세법의 일반이론이나 체계 및 입법취지 등에 비추어 그 의미가 분명해질 수 있다면 명확성을 결여한 것으로 볼 수 없다.[15]

---

13) 임승순, 조세법(2021), 33~34면
14) 헌재 2002. 5. 30. 선고 2000헌바81 결정
15) 헌재 2010. 10. 28. 선고 2008헌바140 결정

(3) 사례

조세법률 중에는 과세요건명확주의를 위반하였다는 이유로 위헌이라고 판단된 경우가 많다. 대표적으로 1998. 12. 31. 개정 전 지방세법 제188조 제1항 제2호 (2)목 중 "고급오락장용 건축물" 부분 등 위헌제청,[16] 1994. 12. 22. 개정 전 소득세법 제23조 제1항 제5호 등 위헌[17] 등을 들 수 있다. 그 중 1994. 12. 22. 개정 전 소득세법 제23조 제1항 제5호 등 위헌사건과 그 후 법률이 어떻게 개정되었는지 살펴보기로 한다. 위헌여부가 문제된 규정은 "제1호 내지 제4호 외에 대통령령이 정하는 자산(이하 "기타 자산"이라 한다)의 양도로 인하여 발생하는 소득"이다. 이 조항에서 말하는 '자산'의 개념에 대하여는 법률상 아무런 규정이 없으므로 자산에 포함될 수 있는 경제적 가치를 지닌 유형·무형의 범위가 어느 범위까지 확장될 것인가 짐작하기 어려우므로 명확성이 결여된 것으로 볼 수 있다. 그 후 자산의 범위를 명확하게 규정하여 위헌성을 제거하였다.

1994. 12. 22. 개정 전 법률	1995. 12. 29. 개정된 법률
제23조(양도소득) ① 양도소득은 당해연도에 발생한 다음 각호의 소득으로 한다. 5. 제1호 내지 제4호 외에 대통령령이 정하는 자산(이하 "기타 자산"이라 한다)의 양도로 인하여 발생하는 소득	제94조(양도소득의 범위) ① 양도소득은 당해연도에 발생한 다음 각호의 소득으로 한다. 4. 주식 등의 주권 또는 출자증권을 발행한 법인의 주주의 구성, 특정자산의 보유현황 또는 사업의 종류 등을 감안하여 대통령령이 정하는 자산(이하 이 장에서 "기타자산"이라 한다)의 양도로 인하여 발생하는 소득

3. 그 밖의 조세법률주의의 내용

가. 엄격해석원칙

(1) 의의

법의 해석방법에는 문리해석, 체계적 해석, 역사적 해석, 목적론적 해석 등 4가지가 있고 세법도 법의 일종이므로 세법의 해석방법도 위 4가지로 구분할 수 있다.[18] 문리해석은 세법규정을 사전적 의미로 해석하는 것이고, 체계적 해석은 세법규정을 다른 조항 및 전체적인 연관성을 고려하여 해석하는 것이며, 역사적 해석은 해당 조항의 입법연혁, 역사적 배경 등을 참조하여 해석하는 것이고, 목적론적 해석은 해당 조항의 입법취지를 고려하여 해석하는 것이다.

세법은 전형적인 침해규범으로서 다른 어느 법 분야보다 법적 안정성 및 예측가능성의 확보가 요구되므로 엄격하게 해석할 필요가 있고, 이에 따라 문언대로 해석하는 문리해석을 원

---

16) 헌재 1999. 3. 25. 선고 98헌가11 등 결정
17) 헌재 2003. 4. 24. 선고 2002헌가6 결정
18) 이동식, "조세법상 엄격해석원칙의 타당성 검토", 조세법연구 제17권 제3호, 2011, 94면

칙으로 한다. 세법이 아닌 다른 행정법 영역에서의 국가권력 행사도 국민의 기본권을 침해하는 경우가 많은데, 유독 세법 분야에서만 엄격해석원칙을 요구하는 것에 대한 비판론이 있으나,[19] 세법이 기본적으로 납세자의 재산권을 침해하는 속성을 지니고 있으므로 납세자의 권리를 보호하기 위하여 특히 엄격하게 해석할 필요가 있다는 점을 강조한 것으로 이해할 수 있다.

판례도 조세법률주의의 원칙상 과세요건이거나 비과세요건 또는 조세감면요건을 막론하고 조세법규의 해석은 특별한 사정이 없는 한, 법문대로 해석하여야 하고 합리적 이유 없이 확장해석하거나 유추해석하는 것은 허용되지 않는다고 판시하여 문리해석이 원칙적인 해석방법임을 확인하고 있다.[20] 다만 세법의 해석을 언제나 문리해석에만 의존할 수는 없으므로 합리적 이유가 있는 경우에는 확장해석이나 유추해석이 허용된다. 조세법령의 문언이 다른 의미로 해석할 여지가 없을 정도로 명확하면 문리해석만으로 해결할 수 있겠지만 항상 일의적으로 해석되는 완벽한 법을 만드는 것은 입법기술상 불가능하고, 법령이 국가의 정책실현을 위한 수단이므로 어느 정도 입법취지를 고려한 해석이 불가피한 경우도 있다. 따라서 문언 자체가 불명확하여 문리해석이 어려운 경우에는 보충적으로 목적론적 해석을 할 수 있다. 판례도 법규 상호 간의 해석을 통하여 의미를 명백히 할 필요가 있는 경우에는 조세법률주의가 지향하는 법적 안정성 및 예측가능성을 해치지 않는 범위 내에서 입법취지 및 목적 등을 고려한 목적론적 해석을 하는 것이 허용된다고 판시하고 있다.[21] 목적론적 해석의 법적 근거로는 세법을 해석·적용할 때에는 과세형평과 해당 조항의 합목적성에 비추어 납세자의 재산권이 부당하게 침해되지 않도록 하여야 한다고 규정한 국기법 제18조를 들 수 있으나, 이 규정이 아니라도 조리법상의 법해석원칙으로 목적론적 해석은 허용된다.[22]

요컨대, 조세법을 해석할 때에는 문리해석을 원칙으로 하되, 법적 안정성 및 예측가능성을 해치지 않는 범위 내에서 예외적으로 목적론적 해석이 허용된다. 조세법의 해석도 일반적인 법해석과 마찬가지로 법적 안정성을 저해하지 않는 범위 내에서 구체적 타당성을 찾는데 목표를 두어야 하기 때문이다.[23]

(2) '의심스러울 때에는 납세자의 이익으로'에 의한 해석 여부

(가) 학설

문리해석은 물론 목적론적 해석도 어려운 경우 '의심스러울 때에는 납세자의 이익으로'를 법해석의 원리로 삼을 수 있는지에 대하여는 부정설과 긍정설의 대립이 있다.

---

19) 이동식, 일반조세법(2022), 157면
20) 대법원 1989. 4. 25. 선고 88누643 판결, 대법원 2004. 5. 28. 선고 2003두7392 판결
21) 대법원 2008. 2. 15. 선고 2007두4438 판결
22) 강석규, 조세법쟁론(2023), 56면
23) 대법원 2009. 4. 23. 선고 2006다81035 판결

부정설은 조세는 공평하게 부과하는 것이 중요하므로 세법을 어느 한쪽에 유리하게 해석하는 것은 정당하지 않다고 한다.[24] 반면, 긍정설은 해당 세법조항의 일의적(一義的) 의미를 파악하기 위한 노력을 거친 후에도 객관적으로 그 조항이 다의적(多義的)으로 해석되고 그 각각의 해석이 합리성이 있는 경우에는 납세자의 이익으로 하는 해석이 가능하다고 한다.[25]

(나) 검토

프랑스와 벨기에의 경우 '의심스러우면 과세관청에게 불리하게'라는 세법 해석원칙이 적용되나, 프랑스의 경우 그런 해석이 도전받고 있고 미국, 독일에서는 거부되었다고 한다.[26] 조세의 부과는 공평하여야 하므로 '의심스러울 때에는 납세자의 이익으로'를 일반적인 법률해석의 원리로 삼기에는 적절하지 않다. 문리해석과 목적론적 해석을 통하여 사안을 해결하는 것이 타당하다.

(3) 관련 판례

엄격해석의 원칙상 문리해석을 원칙으로 하고 목적론적 해석은 예외적으로 허용되므로 당연히 문리해석을 한 사례가 더 많다. 이하에서는 문리해석을 인정한 사례와 목적론적 해석을 인정한 대표적인 사례들을 살펴보기로 한다. 이와 관련하여 법령이 개정된 경우에는 그 개정 내용도 같이 살펴보기로 한다.

(가) 문리해석을 인정한 사례

① 취득세 중과세 대상인 고급주택에 대한 해석[27]

해석대상 조항인 구 지방세법(2007. 12. 31. 개정 전) 제112조 제2항 제3호는 취득세 중과세 대상인 고급주택에 관하여 "주거용 건축물 또는 그 부속토지의 면적과 가액이 대통령령이 정하는 기준을 초과하는 주거용 건축물과 그 부속토지"라고 규정하였고, 그 위임을 받은 구 지방세법 시행령(2007. 12. 31. 개정 전) 제84조의3 제3항 제4호는 "1구의 공동주택의 연면적(공용면적을 제외한다)이 245㎡(복층형의 경우에는 274㎡로 하되, 1개 층의 면적이 245㎡를 초과하는 것을 제외한다)를 초과하는 공동주택과 그 부속토지"라고 규정하였다.

대상판결은 전원합의체 판결이었는데, 다수의견은 위 법률규정은 고급주택의 요건으로 면적과 가액의 두 요소를 함께 반영하여 양자 모두 일정 기준을 초과할 것을 요구하였으나, 위 시행령 규정은 면적만 규정하고 있어서 법률조항보다 납세자에게 불리한 방향으로 취득세 중과세의 범위를 확장하였으므로 모법의 규정취지에 반한다고 판시하였다. 반면, 반대의견은 위

24) 이태로·한만수, 조세법강의(2020), 28면
25) 김시철, "헌법상 조세법률주의와 세법의 해석방법론−'의심스러운 경우 납세자의 이익으로'의 해석방법론을 중심으로−", 사법 제59호, 사법발전재단, 2022, 493∼540면
26) Reimert, Ekkehart, Rust, Alexander, Klaus Vogel on Double Taxation Conventions, Kluwer Law Internationa, 2022, p.45
27) 대법원 2009. 10. 22. 선고 2007두3480 전원합의체 판결

법률규정은 대통령령에 모든 종류의 주택에 관하여 반드시 면적과 가액을 함께 반영하여 고급주택 요건을 정하도록 위임한 것이 아니라 주택의 유형에 따라 합리적으로 판단하여 면적이나 가액 중 어느 하나만을 기준으로 고급주택 여부를 정하는 것도 위임한 것이라고 해석하여 위 시행령 규정이 모법의 위임범위를 벗어나지 않는다는 의견이었다. 다수의견은 구 지방세법 제112조 제2항 제3호에서 "면적과 가액"이라고 규정하고 있으므로 면적과 가액 2가지 기준을 모두 위임한 것이라고 문리해석한 것이고, 반대의견은 공동주택의 특성을 감안하여 면적기준만 위임한 것으로 볼 수 있다고 목적론적 해석을 한 것으로 평가할 수 있다. 2007. 12. 31. 개정된 지방세법 시행령 제84조의3 제3항 제4호는 "다만 제1호·제2호 및 제4호에 따른 주택은 법 제111조 제2항 제1호에 따른 시가표준액이 6억 원을 초과하는 경우로 한정한다."는 문구를 추가하여 면적과 가액 모두 일정 기준을 초과하여야 고급주택에 해당되는 것으로 개정하였다.

2007. 12. 31. 개정 전 시행령	2007. 12. 31. 개정된 시행령
제84조의3(별장 등의 범위와 적용기준) ③ 법 제112조 제2항 제3호의 규정에 의하여 고급주택으로 보는 "주거용 건축물 또는 그 부속토지의 면적과 가액이 대통령령이 정하는 기준을 초과하거나 당해 건축물에 67제곱미터 이상의 풀장 등 대통령령이 정하는 부대시설을 설치한 주거용 건축물과 그 부속토지"라 함은 다음 각호의 1에 해당하는 것을 말한다. 4. 1구의 공동주택(여러 가구가 한 건물에 거주할 수 있도록 건축된 다가구용주택을 포함하되, 이 경우 한 가구가 독립하여 거주할 수 있도록 구획된 부분을 각각 1구의 건물로 본다)의 <u>연면적(공용면적을 제외한다)이 245제곱미터(복층형의 경우에는 274제곱미터로 하되, 1개 층의 면적이 245제곱미터를 초과하는 것을 제외한다)를 초과하는 공동주택과 그 부속토지</u>	제84조의3(별장 등의 범위와 적용기준) ③ 법 제112조 제2항 제3호에 따라 고급주택으로 보는 "주거용 건축물 또는 그 부속토지의 면적과 가액이 대통령령이 정하는 기준을 초과하거나 당해 건축물에 67제곱미터 이상의 풀장 등 대통령령이 정하는 부대시설을 설치한 주거용 건축물과 그 부속토지"라 함은 다음 각호의 어느 하나에 해당하는 것을 말한다. 다만, 제1호·제2호 및 제4호에 따른 주택은 법 제111조 제2항 제1호에 따른 <u>시가표준액이 6억 원을 초과하는 경우로 한정한다.</u> 4. 1구의 공동주택(여러 가구가 한 건물에 거주할 수 있도록 건축된 다가구용주택을 포함하되, 이 경우 한 가구가 독립하여 거주할 수 있도록 구획된 부분을 각각 1구의 건물로 본다)의 <u>연면적(공용면적을 제외한다)이 245제곱미터(복층형의 경우에는 274제곱미터로 하되, 1개 층의 면적이 245제곱미터를 초과하는 것을 제외한다)를 초과하는 공동주택과 그 부속토지</u>

② 증빙불비가산세 부과대상에 대한 해석[28]

해석대상 조항인 구 소득세법(2001. 12. 31. 개정 전) 제81조 제8항은 복식부기의무자가 사업과 관련하여 "법인을 포함한 사업자로부터 재화 또는 용역을 공급받고 계산서, 세금계산서, 신용카드매출전표 등 법정증빙서류 외의 증빙을 수취한 경우"에 그 수취분 금액의 10%를 증빙불비가산세로 부과하도록 규정하였다. 판례는 "법정증빙서류 외의 증빙을 수취한 경우"에

---

28) 대법원 2007. 6. 28. 선고 2005두13537 판결

증빙을 수취하지 않은 경우가 포함된다고 해석하는 것은 문리해석에 반한다고 판시하였다. 2003. 12. 30. 개정 소득세법 제81조 제8항은 "증빙서류를 수취하지 아니하는 경우에는"으로 문구를 수정하여 법정증빙서류 아닌 증빙을 수취한 경우 외에 증빙을 수취하지 아니하는 경우도 포함되도록 하였다.

2001. 12. 31. 개정 전 법률	2003. 12. 30. 개정된 법률
제81조(가산세) ⑧ 복식부기의무자가 사업과 관련하여 사업자(법인을 포함한다)로부터 재화 또는 용역을 공급받고 제160조의2 제2항 각호의 1에 해당하는 <u>증빙서류외의 증빙을 수취한 경우에는</u> 그 수취분에 해당하는 금액의 100분의 10에 상당하는 금액을 결정세액에 가산한다. 다만, 제160조의2 제2항 단서의 규정을 적용받는 경우에는 그러하지 아니하다.	제81조(가산세) ⑧ 복식부기의무자가 사업과 관련하여 사업자(법인을 포함한다)로부터 재화 또는 용역을 공급받고 제160조의2 제2항 각호의 1에 해당하는 <u>증빙서류를 수취하지 아니한 경우에는</u> 그 수취하지 아니한 금액의 100분의 2에 상당하는 금액을 결정세액에 가산한다. 다만, 제160조의2 제2항 단서의 규정을 적용받는 경우에는 그러하지 아니하다.

③ 휴면법인(休眠法人) 인수가 법인의 설립에 해당하는지에 대한 해석[29]

해석대상 조항인 구 지방세법(2001. 12. 29. 개정 전) 제138조 제1항은 "대도시 안에서의 법인의 설립에 따른 등기, 법인의 설립 이후의 부동산 등기 등"에 대하여 등록세를 중과세하도록 규정하였고, 법인의 설립 후 5년 내에 부동산등기를 하는 경우 위 등록세 중과세 대상이었다. 그런데 설립된 후 5년이 지난 휴면법인을 인수한 후 변경등기하고 부동산을 취득하여 등록세 중과세를 회피한 사안에서, 판례는 민법과 상법상 설립등기 없는 법인의 설립은 있을 수 없고, 법인의 성립에 관한 규정은 강행규정이므로 구 지방세법에서 '법인의 설립'에 관하여 일반적 법리와 다른 별도의 정의규정을 두지 않은 이상, '법인의 설립' 역시 설립등기에 의한 설립을 뜻하는 것으로 해석하여야 하므로 휴면법인을 인수한 후 변경등기한 것을 법인의 설립으로 볼 수 없다고 판시하였다. 이 판례에 따르면 설립된 지 5년이 지난 휴면법인을 인수한 후 변경등기하고 부동산을 취득하면 등록세 중과세를 쉽게 회피할 수 있게 된다. 2010. 1. 1. 개정된 지방세법 제138조 제1항 제1호, 제3호는 "법인의 설립(설립 후 또는 대통령령으로 정하는 휴면법인을 인수한 후 5년 이내에 자본 또는 출자액을 증가하는 경우를 포함한다)."이라고 개정함으로써 법인의 설립 다음에 괄호를 추가하여 휴면법인 인수를 법인의 설립으로 간주하는 규정을 두었다.

---

29) 대법원 2009. 4. 9. 선고 2007두26629 판결

2001. 12. 29. 개정 전 법률	2010. 1. 1. 개정된 법률
제138조(대도시 지역 내 법인등기등의 중과) ① 생 략 1. 대도시 안에서의 법인의 설립(설립 후 5년 이내에 자본 또는 출자액을 증가하는 경우를 포함한다)과 지점 또는 분사무소의 설치에 따른 등기	제138조(대도시 지역 내 법인등기등의 중과) ① 생 략 1. 대도시에서 법인의 설립[설립 후 또는 대통령령으로 정하는 휴면법인(이하 이 항에서 "휴면법인"이라 한다)을 인수한 후 5년 이내에 자본 또는 출자액을 증가하는 경우를 포함한다]과 지점 또는 분사무소의 설치에 따른 등기

④ 비영리법인의 고정자산 처분에 따른 비과세요건에 대한 해석[30]

해석대상 조항인 구 법인세법 시행령(2012. 2. 2. 개정 전) 제2조 제2항은 "해당 고정자산의 처분일 현재 3년 이상 계속하여 법령 또는 정관에 규정된 고유목적사업(제1항에 따른 수익사업은 제외한다)에 직접 사용한 경우" 고정자산의 처분으로 생기는 수입에 대하여 법인세를 비과세한다고 규정하였다. 비영리법인이 토지의 처분일 현재 3년 이상 계속하여 고유목적사업에 직접 사용하지 못하였으나, 그에 대한 정당한 사유가 있다고 주장한 사안에서, 대법원은 고유목적사업에 직접 사용하지 못한 데 정당한 사유가 있는 경우에는 달리 본다는 규정을 특별히 두고 있지 않으므로 비영리법인이 토지를 고유목적사업에 직접 사용하지 못한데 정당한 사유가 있는지 여부는 따질 필요 없이 토지의 처분으로 생기는 수입에 대하여 법인세가 과세된다고 판시하였다.

⑤ 기타

그밖에 공유자지분에 설정된 담보권에 기초한 재산평가의 해석,[31] 주택법상 사업계획승인 대상이 아닌 토지가 분리과세대상인지에 대한 해석,[32] 소득금액변동통지가 납세고지에 해당하는지에 대한 해석[33] 등이 있다.

(나) 목적론적 해석을 인정한 사례

① 취득세가 경감되는 개인 간 유상거래에 경매가 포함되는지에 대한 해석[34]

해석대상 조항인 구 지방세법(2006. 9. 1. 개정 전) 제273조의2는 "개인 간에 유상거래를 원인으로 취득·등기하는 주택에 대한 취득세는 제112조 제1항의 규정에 의한 세율을 적용하여 산출한 세액의 25%를 경감하고, 등록세는 제131조 제1항 제3호 (2)목의 규정에 의한 세율을 적용하여 산출한 세액의 50%를 경감한다"고 규정하였다. 경매로 취득한 주택이 '개인 간

---

30) 대법원 2017. 7. 11. 선고 2016두64722 판결
31) 대법원 1993. 3. 23. 선고 92누12070 판결
32) 대법원 2015. 4. 16. 선고 2011두5551 전원합의체판결
33) 대법원 2021. 4. 29. 선고 2020두52689 판결
34) 대법원 2008. 2. 15. 선고 2007두4438 판결

에 유상거래를 원인으로 취득·등기하는 주택'으로서 위 조항에 의한 취득세와 등록세의 경감대상이 되는지 문제된 사안에서, 대법원은 위 경감조항은 부동산 실거래가 신고제도 시행 이후 세부담을 경감시켜주기 위한 것이므로 종전부터 사실상 취득가격을 취득세 등의 과세표준으로 하고 있던 경매로 인한 주택의 취득까지 위 경감조항의 적용대상에 포함시키기 위한 것은 아닌 점, 경매의 사법상 효력이 매매와 유사하나 매매가 당사자 사이의 의사합치에 의한 것인 반면, 경매는 매도인의 지위를 갖는 소유자의 의사와 무관하게 법원이 그 소유물을 매도하는 것이어서 경매가격의 형성에 소유자의 의사가 반영되지 않는 점, 구 지방세법은 취득세 등의 과세표준에 관한 규정에서 경매에 의한 주택의 취득을 일반적인 개인 간의 매매에 의한 주택의 취득과 구분하여 달리 규정하고 있어 취득세 등과 관련해서는 경매를 일반적인 개인 간의 매매와 동일하게 보기 어려운 점 등을 근거로 제시하며 위 조항의 '개인 간에 유상거래를 원인으로 취득·등기하는 주택'에는 경매로 인하여 취득·등기하는 주택은 포함되지 않는다고 판시하였다. 문리해석을 하면 경매가 개인 간의 유상거래에 포함된다고 볼 여지가 있으나, 위 감경조항의 입법취지에 비추어 목적론적 해석을 하여 경매가 개인 간의 유상거래에 포함되지 않는다고 판단한 것이다.

② 고급오락장 용도변경공사의 정당한 사유 인정에 대한 해석[35]

해석대상 조항인 구 지방세법(2016. 12. 27. 개정 전) 제13조 제5항 제4호는 고급오락장의 취득에 대하여 취득세를 중과하면서 "고급오락장용 건축물을 취득한 날부터 30일 이내에 고급오락장이 아닌 용도로 사용하거나 고급오락장이 아닌 용도로 사용하기 위하여 용도변경공사를 착공하는 경우"는 취득세 중과대상에서 제외하는 것으로 규정하였다. 고급오락장 이외의 용도로 사용할 의사는 명확히 확인되나 부득이한 사유로 건물취득일부터 30일 이내에 고급오락장 용도변경공사의 착공에 이르지 못하는 등 고급오락장 용도변경공사를 하지 못한데 정당한 사유가 있는 경우 취득세 중과대상에서 제외할 수 있는지 문제된 사안에서, 대법원은 고급오락장 취득자가 취득 후 바로 고급오락장이 아닌 다른 용도로 이용하고자 하였던 점, 그러나 취득자가 책임질 수 없는 장애로 인하여 취득 후 30일 이내에 용도변경공사를 착공하지 못하였고, 그 장애가 해소되는 즉시 용도변경공사를 착공하려는 의사가 명백하였던 점 등을 근거로 취득세 중과세율을 적용할 수 없는 정당한 사유가 있었으므로 취득세 중과대상에서 제외하는 것이 타당하다고 판시하였다. 고급오락장 용도변경공사를 하지 못한데 정당한 사유가 있는 경우 취득세 중과대상에서 제외한다는 명문의 규정이 없었으나, 취득자의 귀책사유 없이 용도변경공사를 하지 못한 경우에까지 일률적으로 중과세율을 적용하는 것은 고급오락장을 중과하는 입법취지에 반한다고 보아 목적론적 해석을 한 것이다.

과거 가산세 감면에 대하여 위와 유사하게 목적론적 해석을 한 판례가 있다. 당시 납세자가

---

35) 대법원 2017. 11. 29. 선고 2017두56681 판결

세법상 의무를 이행하지 아니한 데 정당한 사유가 있는 경우 가산세를 감면한다는 명문의 규정이 없었으나, 판례는 가산세가 의무불이행에 가하는 행정벌적 성격을 지니고 있다는 점을 근거로 그 의무를 게을리함에 정당한 사유가 있는 경우에는 가산세를 부과할 수 없다고 해석하였다.[36] 그 후 2006. 12. 30. 국기법 개정 시 위 판례의 입장을 반영하여 납세자의 의무불이행에 정당한 사유가 있는 때에는 가산세를 부과하지 않는 것으로 명문화하였다.

③ 주식의 포괄적 교환에 있어서 증여이익의 계산[37]

해석대상 조항인 구 상증세법 시행령(2008. 2. 22. 개정 전) 제31조의9 제2항 제5호 나목은 구 상증세법(2010. 1. 1. 개정 전) 제42조 제1항 제3호의 규정 중 제4호에 해당하지 아니하는 그 밖의 경우의 증여이익 계산방법에 대하여 "평가액이 변동된 경우 : 변동 전 가액 − 변동 후 가액"이라고 규정하였다. 대법원은 위 조항에 합병규정을 준용하여 평가한다는 문언이 없음에도 불구하고 주식의 포괄적 교환은 합병과 경제적 실질이 유사하므로 합병규정을 준용하여 평가하여야 한다고 판시하였다. 완전모회사가 되는 회사로부터 배정받은 신주의 가치와 완전모회사가 되는 회사에 이전한 완전자회사가 되는 회사의 주식 가치를 단순히 상증세법상 평가방법으로 평가하면 증여이익이 과다산출되어 불합리하므로 주식의 포괄적 교환과 경제적 실질이 유사한 합병의 평가방법을 준용하여 평가하여야 한다고 목적론적 해석을 한 것이다.

④ 종합부동산세 합산배제신고를 한 자가 경정청구할 수 있는지에 대한 해석[38]

해석대상 조항인 구 국기법(2015. 12. 15. 개정 전) 제45조의2 제1항은 과세표준신고서를 법정신고기한까지 제출한 자는 경정청구를 할 수 있다고 규정하였다. 종부세법에 의한 합산배제신고를 한 자가 국기법상 경정청구를 할 수 있는지 문제된 사안에서, 대법원은 과세관청이 정당한 세액을 특정할 수 있도록 종부세법에서 정한 법정신고기한까지 합산배제신고서를 제출한 납세의무자는 합산배제신고를 하지 않고 종합부동산세가 부과된 이후 합산배제 대상 주택을 반영하여 종합부동산세를 신고납부한 납세의무자와 마찬가지로 경정청구를 할 수 있다고 판시하였다. 원심은 합산배제신고를 한 것은 과세표준신고서를 제출한 것이 아니므로 경정청구를 할 수 없다고 문리해석을 하였으나, 대법원은 과세관청이 국토교통부, 지자체 등으로 제공받은 과세자료 등에 납세의무자의 합산배제신고내용을 반영하여 정당한 종합부동산세 과세표준과 세액을 산출할 수 있게 되는 과세구조에서 합산배제신고의 취지, 기능 등을 감안하여 합산배제신고에 대하여 과세표준신고에 준하는 효력을 부여함으로써 경정청구를 할 수 있다고 목적론적 해석을 한 것이다. 더 나아가 2022. 12. 31. 국기법 개정 시 종합부동산세를 부과·고지받은 자에 대하여도 경정청구를 허용하는 것으로 입법하였다.

---

36) 대법원 1976. 9. 14. 선고 75누255 판결
37) 대법원 2022. 12. 29. 선고 2019두19 판결
38) 대법원 2018. 6. 15. 선고 2017두73068 판결

⑤ 기타

그밖에 연말정산에 의하여 소득세를 납부한 경우 부과제척기간에 대한 해석,[39] 비영리사업자가 부동산을 2년 이상 공익사업에 직접 사용한 후 매각하거나 임대 등 다른 용도로 사용한 경우 비과세된 취득세 등을 부과할 수 있는지 등에 대한 해석[40] 등이 있다.

(4) 세법의 해석기준

세법을 해석하거나 적용할 때에는 과세의 형평과 해당 조항의 합목적성에 비추어 납세자의 재산권이 부당하게 침해되지 않도록 하여야 한다(국기법 제18조 제1항). 이 해석기준에 의하면 ① 과세의 형평을 고려하여야 하고, ② 해당 조항의 합목적성에 부합하여야 하며, ③ 납세자의 재산권이 부당히 침해되지 않도록 해야 한다.

국기법 제18조 제1항은 조세법의 해석기준을 선언한 추상적 의미의 규정으로 인식하는 것이 일반적이었으나, 이 규정의 재판규범성을 인정한 판례가 있어 눈길을 끈다. 행정자치부장관이 2003년경 전국 모든 지자체장에게 문화재로 지정된 상업용 부동산을 재산세와 종합토지세 감면대상에 포함시킬 것을 내용으로 하는 '지방세 감면조례표준안'을 시달하여 전국 대부분의 지자체들은 조례를 개정하였으나, 유독 부산시 강서구는 조례를 개정하지 않았다. 원고는 부산시 강서구 소재 토지에 대한 2005년분과 2006년분 종합부동산세를 신고납부했다가 조세평등주의에 반한다는 이유로 경정청구를 하였으나 거부당하였다.[41] 원고 소유의 문화재로 지정된 토지에 대하여 과세관청이 한 종합부동산세 부과처분이 위법한지 여부가 문제된 사안에서, 판례는 종합소득세 부과처분이 과세형평을 고려하지 않았다는 이유로 국기법 제18조 제1항 등에 위반하여 위법하다고 판시하였다.[42] 이 판결은 원고에게 종합부동산세를 감면할 수 있는 종부세법의 명시적 근거규정이 없음에도 국기법 제18조 제1항을 근거로 종합부동산세 부과처분이 위법하다고 판시하였다는데 의의가 있다.[43]

(5) 세법 해석에 관한 질의

납세자는 세법의 해석과 관련된 사항에 대하여 기재부장관 및 국세청장에게 질의할 수 있다(국기령 제10조 제1항). 국세청장이 납세자로부터 세법의 해석에 관한 질의를 받으면 일반적인 질문에 대하여는 대부분 소관과와 소관국에서 직접 답변한다. 그러나 기존의 세법해석이 없어 새로운 세법해석이 필요한 사항, 기존의 세법해석이 대법원 판례, 심판결정례 등과 다르

---

39) 대법원 2013. 7. 11. 선고 2013두5555 판결
40) 대법원 2013. 3. 28. 선고 2012두26678 판결
41) 2005. 1. 5. 지방세법 개정 시 기존의 종합토지세를 폐지하고, 종부세법을 제정하여 종합부동산세를 부과하기 시작하였다.
42) 대법원 2016. 12. 29. 선고 2010두3138 판결
43) 곽태훈, "국기법 제18조 제1항의 재판규범성 : 대법원 2016. 12. 29. 선고 2010두3138 판결을 중심으로", 조세법연구 제25권 제1호, 2019. 4., 7~32면

거나 현저히 불합리하여 변경이 필요한 사항, 국세행정에 미치는 영향이 중대한 사항 등에 대하여는 국세청 훈령에 의하여 설치된 국세청 내의 국세법령해석심의위원회의 심의를 거쳐 답변한다(국세청 법령사무처리규정 제31조). 다만, 국세청장은 납세자의 질의가 세법 및 이와 관련되는 국기법의 입법취지에 따른 해석이 필요한 사항 등 법령에 정한 사항에 해당하는 경우에는 기재부장관에게 의견을 첨부하여 해석을 요청한다(국기령 제10조 제3항).

기재부장관이 납세자로부터 세법의 해석에 관한 질의를 받으면 국세청장에게 이송한다(국기령 제10조 제5항 본문). 다만, 국세예규심사위원회의 심의를 거쳐야 하는 질의, 국세청장의 세법해석에 대하여 다시 질의한 사항으로서 국세청장의 회신문이 첨부된 경우의 질의, 세법이 새로 제정되거나 개정되어 이에 대한 기재부장관의 해석이 필요한 경우, 그 밖에 세법의 입법취지에 따른 해석이 필요한 경우로서 납세자의 권리보호를 위하여 필요하다고 기재부장관이 인정하는 경우에는 기재부장관이 직접 회신할 수 있다(국기령 제10조 제5항 단서). 특히 세법 및 이와 관련되는 국기법의 입법취지에 따른 해석이 필요한 사항, 기존의 세법 및 이와 관련되는 국기법의 해석 또는 일반화된 국세행정의 관행을 변경하는 사항에 대하여는 기재부에 설치된 국세예규심사위원회의 심의를 거쳐 답변한다(국기법 제18조의2 제1항).

나. 조세법령 불소급 원칙

(1) 의의

헌법 제13조 제1항은 "모든 국민은 소급입법에 의하여 재산권을 박탈당하지 아니한다."고 하여 소급입법에 의한 재산권 박탈을 금지하고 있고, 국기법 제18조 제2항은 "국세를 납부할 의무가 성립한 소득, 수익, 재산, 행위 또는 거래에 대해서는 그 성립 후의 새로운 세법에 따라 소급하여 과세하지 아니한다."고 하여 조세법령 불소급 원칙을 규정하고 있다.

이미 과거에 행해진 행위에 대하여 그 당시에는 과세대상이 아니었으나 사후에 세법 규정을 만들어 과세하는 것은 국민의 신뢰를 파괴하고, 국민의 법적 지위에 대한 불안을 초래하므로 원칙적으로 허용되지 않는다.[44] 다만 납세자에게 유리한 소급입법은 국민의 신뢰보호에 반하지 않으므로 허용된다.[45] 조세법령 불소급 원칙은 조세법령의 제정 또는 개정이 있는 경우 그 효력 발생 전에 이미 종결하여 과세할 수 없는 사실에 대하여 새로운 법령 등을 적용하여 과세할 수 없음을 의미한다. 그러나 이전부터 계속되어 오던 사실이나 그 이후에 발생한 과세요건사실에 대한 새로운 법령 등의 적용을 제한하는 것은 아니다.[46]

(2) 소급과세금지원칙과의 관계

소급과세금지원칙은 조세법령의 제정이나 개정, 과세관청의 법령해석 등의 변경이 있는 경

---

44) 대법원 1983. 4. 26. 선고 81누423 판결
45) 대법원 2008. 2. 1. 선고 2004두1834 판결
46) 대법원 1996. 10. 29. 선고 96누9423 판결

우 그 효력 발생 전에 종결한 과세요건사실에 대하여 당해 법령을 소급하여 적용할 수 없다는 원칙이다.[47] 소급과세는 세법의 제정이나 개정에 따라 이루어지는 경우가 있는가 하면 과세관청의 세법해석 변경에 따라 이루어지는 경우도 있다. 소급과세가 세법의 제정이나 개정에 따라 이루어지는 경우 소급과세금지원칙은 조세법령 불소급의 원칙과 중복된다.

그러나 소급과세가 과세관청의 세법해석 변경에 따라 이루어지는 경우에는 조세법령 불소급의 원칙과 직접적인 관련이 없다. 국기법 제18조 제3항은 "세법의 해석이나 국세행정의 관행이 일반적으로 납세자에게 받아들여진 후에는 그 해석이나 관행에 의한 행위 또는 계산은 정당한 것으로 보며, 새로운 해석이나 관행에 의하여 소급하여 과세되지 아니한다."라고 하여 과세관청의 세법해석 변경에 의한 소급과세금지원칙을 규정하고 있다. 국기법 제18조 제3항 소정의 소급과세금지원칙은 과세처분이 일반적으로 납세자에게 받아들여진 세법해석 또는 국세행정의 관행을 변경하여 행하여졌다는 사정만으로는 적용될 수 없고, 납세자가 세법해석 또는 국세행정의 관행을 신뢰하여 어떠한 행위나 계산을 하고, 나아가 과세처분의 결과 납세자에게 조세부담 등의 경제적 불이익이 발생한 경우에 한하여 적용될 수 있다.[48]

(3) 진정(眞正)소급입법과 부진정(不眞正)소급입법

(가) 의의

소급입법은 신법(新法)이 이미 종료된 사실관계에 적용하는지, 아니면 과거에 시작되었으나 아직 완성되지 않은 채로 현재 진행 중인 사실관계에 적용하는지에 따라 진정소급입법과 부진정소급입법으로 구분한다.[49] 진정소급입법은 개인의 신뢰보호와 법적 안정성을 심하게 해하므로 특단의 사정이 없는 한 허용되지 않으나, 국민이 소급입법을 예상할 수 있었던 경우, 법적 상태가 불확실하고 혼란스러워서 보호할 만한 신뢰이익이 적은 경우, 소급입법에 의한 당사자의 손실이 없거나 아주 경미한 경우, 신뢰보호의 요청에 우선하는 심히 중대한 공익상의 사유가 소급입법을 정당화하는 경우에는 극히 예외적으로 허용될 수 있다.[50] 그러나 이러한 예외 사유는 거의 이론으로만 존재하므로 실제 진정소급입법이 허용되는 경우는 거의 없다. 이에 비해 부진정소급입법은 원칙적으로 허용되지만 소급효를 요구하는 공익상의 사유와 신뢰보호 요청 사이의 형량과정에서 신뢰보호의 요청이 크면 입법이 제한되기도 한다.[51]

(나) 진정소급입법 사례

당해세 우선효를 정한 구 지방세법(1995. 12. 6. 개정) 제31조 제2항 제3호 개정 전에 이미 성립한 저당권 등에 대한 소급적용,[52] 중소기업 아닌 법인의 결손금 소급공제에 대한 환급세

---

47) 대법원 2004. 3. 26. 선고 2001두10790 판결
48) 대법원 1995. 7. 28. 선고 94누3629 판결
49) 헌재 1995. 10. 26. 선고 94헌바12 결정
50) 헌재 2011. 3. 31. 선고 2008헌바141 등 결정
51) 헌재 2003. 4. 24. 선고 2002헌바9 결정

액 징수를 규정한 구 법인세법(2008. 12. 26. 개정) 제72조 제5항 제2호의 소급적용,[53] 부과제 척기간이 경과된 행위에 대한 부과제척기간 연장을 규정한 구 국기법(2011. 12. 31. 개정) 부 칙규정의 소급적용[54] 등이 진정소급입법에 해당한다.

(다) 부진정소급입법 사례

기간과세세목의 과세기간 중 법령의 개정,[55] 1세대 1주택 비과세요건 중 거주요건 추가,[56] 보유하던 자산이 법령의 개정에 따라 비업무용 자산에 해당하는 경우[57] 등은 부진정소급입법 에 해당한다.

(4) 경과규정(經過規定)과의 구분

(가) 경과규정의 의의

조세법령 불소급원칙과 구별하여야 하는 개념으로 경과규정이 있다. 부칙(附則)에 규정되 는 경과규정은 법령이 납세의무자에게 불리하게 개정된 경우 납세의무자의 기득권이나 신뢰 보호를 위하여 납세의무자에게 유리한 종전 법령을 적용하는 것을 의미한다.[58] 법령이 개정 되었으므로 새로운 법령을 적용할 수 있음에도 종전 법령에 대한 납세의무자의 신뢰를 보호 하기 위하여 부칙에서 종전 법령을 적용하도록 한 것이다. 조세법령이 개정되면서 그 부칙에 서 별도의 경과규정을 두지 않은 경우에는 납세의무 성립 당시에 시행되는 법령을 적용하여 야 한다.[59] 그러나 개정된 부칙에서 예를 들어 "이 법 시행 당시 종전의 규정에 의하여 부과 또는 감면하여야 할 소득세에 대하여는 종전의 예에 의한다"와 같은 내용의 경과규정을 두었 다면 납세의무자에게 불리하게 개정된 경우에 구법을 적용할 수 있다.[60]

(나) 경과규정에 있는 "부과" 또는 "감면"의 해석

경과규정과 관련하여 "부과"로 규정한 경우 "감면"을 포함하는 것으로 볼 수 있는지에 대 하여는 대다수 판례들이 부정적이다.[61] 또한 경과규정에 "부과 및 감면에 대하여는 종전 규정 에 따른다"고 규정하였더라도 이를 근거로 유리한 종전 규정을 적용하려면 종전 규정에서 이 미 장래의 한정된 기간 동안 그 원인행위에 기초한 과세요건의 충족이 있는 경우에까지 특별 히 비과세 내지 면제한다거나 과세를 유예한다는 내용의 명시적 규정이 있어야 하고, 그러한

---

52) 대법원 1999. 3. 12. 선고 98다59125 판결
53) 헌재 2014. 7. 24. 선고 2012헌바105 결정
54) 대법원 2015. 10. 15.자 2015두45274 판결(심리불속행)
55) 대법원 2001. 11. 9. 선고 2000두8608 판결
56) 헌재 2014. 7. 24. 선고 2012헌바105 결정
57) 헌재 2002. 2. 28. 선고 99헌바4 결정, 대법원 1998. 12. 23. 선고 97누6476 판결
58) 부칙은 일반적으로 시행일, 일반적 적용례, 개별적 적용례, 경과규정 등의 순서로 규정된다.
59) 대법원 2005. 4. 15. 선고 2003두13083 판결
60) 대법원 1994. 5. 24. 선고 93누5666 전원합의체 판결, 대법원 2010. 11. 11. 선고 2008두5773 판결
61) 대법원 2001. 5. 29. 선고 98두13713 판결

규정이 없는 한, 납세의무자가 종전 규정에 의한 조세감면, 비과세 등을 신뢰하였더라도 단순한 기대에 불과한 것으로 본다.[62] 다만 대법원 1989. 6. 13. 선고 88누1509 판결은 감면에 대한 명시적 규정이 없음에도 감면을 긍정한 예외적인 판결이다.

(다) 법률이 개정된 경우 개정 전 법률 부칙의 경과규정의 효력

법령이 일부 개정된 경우에는 기존 법령 부칙의 경과규정을 개정 또는 삭제하거나 이를 대체하는 별도의 규정을 두는 등의 특별한 조치가 없는 한, 개정 법령에 다시 경과규정을 두지 않았다고 하여 기존 법령 부칙의 경과규정이 당연히 실효되지 않는다.[63] 반면, 법령이 전부 개정된 경우 개정 전 법률 부칙의 경과규정의 효력에 대하여는 대법원과 헌법재판소의 입장이 서로 다르다.

① 대법원 판례[64]

법령이 전부 개정되면 부칙 규정도 소멸하므로 원칙적으로 법률 부칙의 경과규정도 실효되지만, 특별한 사정이 있는 경우에는 그 효력이 상실되지 않는다. 여기서 특별한 사정은 전문 개정된 법률에서 종전의 법률 부칙의 경과규정에 관하여 계속 적용한다는 별도의 규정을 둔 경우 뿐만 아니라, 그러한 규정을 두지 않았더라도 종전의 경과규정이 실효되지 않고 계속 적용된다고 보아야 할 예외적인 사정이 있는 경우도 포함한다. 대법원은 이러한 법리에 따라 구 조세감면규제법 중 개정법률(1990. 12. 31. 개정) 부칙 제23조가 1993. 12. 31. 전문 개정된 조세감면규제법의 시행에 불구하고 실효되지 않았다고 볼 특별한 사정이 있는 경우에 해당한다고 판단하였다.

위 판결은 1990. 12. 31. 조감법 개정 시 재평가특례에 관한 경과규정을 둔 것에서 비롯된다. 그 내용은 5년 내에 법인의 상장(上場)을 조건으로 법인이 자산을 재평가하는 경우 재평가차익에 대한 법인세 대신 세율이 낮은 재평가세를 납부하도록 하는 것이다. 과세당국은 위 상장 기한을 2003. 12. 31.까지 계속 연장하였으나, 그 이후에는 연장을 불허함에 따라 여러 기업에게 법인세가 부과되었다. 그중 일부 기업들은 1993. 12. 31. 조감법이 전면개정되어 과세근거 조항인 구 조세감면규제법 중 개정법률(1990. 12. 31. 개정) 부칙 제23조가 실효되었으므로 법인세 부과처분이 위법하다는 주장을 하여 이것이 쟁점화되었다.

② 헌법재판소 결정[65]

구 조세감면규제법 중 개정법률(1990. 12. 31. 개정) 부칙 제23조가 전문개정법의 시행에도 불구하고 존속하려면 전문개정법에 그 적용이나 시행유예에 관한 명문의 근거가 있어야 하나, 그렇지 못한 이상 전문개정법 시행 이후에는 실효하였다. 위 부칙규정이 실효됨으로써 당

---

62) 대법원 2023. 12. 7. 선고 2020두42668 판결
63) 대법원 2014. 4. 30. 선고 2011두18229 판결
64) 대법원 2008. 11. 27. 선고 2006두19419 판결
65) 헌재 2012. 5. 31. 선고 2009헌바123 결정 등

사자가 공평에 반하는 이익을 얻을 가능성이 있다 하여 이미 실효된 법률조항을 유효한 것으로 해석하여 과세근거로 삼는 것은 헌법상 권력분립원칙과 조세법률주의의 원칙에 반한다. 이러한 근거로 헌법재판소는 구 조세감면규제법(1993. 12. 31. 전부 개정)의 시행에도 불구하고 구 조세감면규제법(1990. 12. 31. 개정) 부칙 제23조가 실효되지 않은 것으로 해석하는 것은 헌법에 위반된다는 한정위헌 결정을 하였다.

③ 그 이후의 진행상황

원고는 위 "②"의 헌법재판소 한정위헌 결정에 근거하여 대법원에 재심을 청구하였으나, 대법원은 헌법재판소의 한정위헌결정은 법원에 대한 기속력이 없어 재심사유가 될 수 없다는 이유로 위 "①"의 대법원 판례 입장을 유지하고 재심청구를 기각하였다.[66] 이에 대해 헌법재판소는 대법원의 재심청구 기각판결은 한정위헌결정의 기속력에 반하는 재판으로 헌법소원의 대상이 되고 청구인의 재판청구권을 침해하였다는 이유로 대법원의 재심청구 기각판결을 취소하는 결정을 하였다.[67] 이러한 사건흐름은 과거 양도소득세 사건에서 구 소득세법(1981. 12. 31. 개정된 후 1988. 12. 26. 개정되기 전) 제23조 제2항, 제23조 제4항 제1호 단서에 대한 헌법재판소의 한정위헌결정,[68] 한정위헌결정의 기속력을 부인하고 원고청구를 기각하는 대법원 판결,[69] 대법원 판결이 청구인의 재산권을 침해하였다는 이유로 대법원 판결을 취소하는 헌법재판소 결정[70] 등이 행해진 것과 상당히 유사하다. 다만, 과거 양도소득세 사건에서는 대법원 판결과 함께 원과세처분까지 취소하였으나, 조감법 사건에서는 대법원 판결을 취소하였을 뿐 원과세처분을 취소하지 않은 차이가 있다. 조감법 사건에서 헌법재판소는 재심기각판결은 원행정처분을 심판의 대상으로 삼지 않았으므로 원행정처분을 취소하지 아니하여 양도소득세 사건과 차이가 생긴 것이다. 이에 따라 납세의무자는 헌법재판소에서 위헌결정을 받았으나, 과세관청이 직권으로 과세처분을 취소하지 않는 한 권리구제를 받을 수 없는 기이한 현상이 발생하였다.

다. 합법성(合法性) 원칙

합법성 원칙은 과세관청이 법률이 정한 바에 따라 조세를 부과징수하여야 한다는 원칙을 의미한다. 과세관청의 과세권 행사는 법률에 근거하여야 한다는 뜻이다. 아무리 법률이 잘 구비되어 있더라도 그에 근거하여 과세처분이 이루어지지 않는다면 조세법률주의가 지향하는 법적 안정성과 예측가능성을 확보할 수 없다. 합법성원칙은 조세법률주의의 정신을 과세처분에 구현하기 위한 원칙이다.

---

66) 대법원 2013. 3. 28. 선고 2012재두299 판결
67) 헌재 2022. 7. 21. 선고 2013헌마242 결정
68) 헌재 1995. 11. 30. 선고 94헌바40 결정
69) 대법원 1996. 4. 9. 선고 95누11405 판결
70) 헌재 1997. 12. 24. 선고 96헌마172 결정 등

제2절 조세평등주의

1. 의의

우리 헌법은 제11조 제1항에서 "모든 국민은 법 앞에 평등하고, 누구든지 합리적 이유 없이 생활의 모든 영역에 있어서 차별받지 않는다."고 규정하여 평등원칙을 선언하고 있다. 조세평등주의는 평등원칙의 조세법적 표현으로서 국가는 조세입법을 할 때 조세부담이 공평하게 배분되도록 법을 제정하고, 조세법의 해석과 적용에서도 모든 국민을 평등하게 취급하여야 한다는 이념을 의미한다.[71] 그러나 조세평등주의는 일체의 차별적 대우를 부정하는 절대적 평등이 아니라 불합리한 차별을 하여서는 안된다는 상대적·실질적 평등을 뜻한다.[72] 조세평등주의의 이념을 구체적으로 실현하기 위한 과세원칙의 하나가 국기법 제14조의 실질과세원칙이다.

조세평등주의는 응능과세원칙과 깊은 관련이 있다.[73] 응능과세원칙은 납세자의 경제적 능력에 맞추어 세금을 부과징수해야 한다는 원칙으로서 경제적 능력은 소득, 소비, 재산 등 3개 척도에 의하여 측정한다. 헌법재판소도 조세평등주의는 응능과세원칙을 요구한다고 판시하고 있다.[74] 조세평등주의는 정당한 이유 없는 과세뿐 아니라 정당한 이유 없는 조세감면에도 적용된다. 조세평등주의가 조세감면에 적용되지 않으면 조세감면을 받는 특정 납세자군의 조세부담을 다른 납세자군이 떠맡게 되는 불평등한 결과를 초래하기 때문이다.[75]

2. 내용

가. 수평적 평등(horizontal equality)

수평적 평등은 경제적 능력이 동일한 사람들 사이에 적용되는 평등이다. 국가가 과세권을 행사할 때 같은 상황에 있는 것은 같게 취급하여야 하므로 동일한 경제적 능력에 대하여는 원칙적으로 동일한 과세가 요구된다.

나. 수직적 평등(vertical equality)

수직적 평등은 경제적 능력이 다른 사람들 사이에 적용되는 평등이다.[76] 수직적 평등에 의하면 경제적 능력이 높은 사람들은 더 많은 세금을 부담하고, 경제적 능력이 낮은 사람들은 더 적은 세금을 부담하는 것이 평등하다. 과세표준이 커질수록 더 높은 세율을 적용하는 누진세는 수직적 공평을 실현하기 위한 대표적인 제도이다.

---

71) 헌재 1989. 7. 21. 선고 89헌마38 결정
72) 헌재 1989. 5. 24. 선고 89헌가37 결정 등
73) 이동식, 일반조세법(2022), 127면
74) 헌재 1999. 11. 25. 선고 98헌마55 결정
75) 헌재 1996. 6. 26. 선고 93헌바2 결정
76) 헌재 1999. 11. 25. 선고 98헌마55 결정

3. 헌법상 평등심사의 기준

가. 엄격한 심사와 완화된 심사

헌법에서 특별히 평등을 요구하고 있는 경우와 차별적 취급으로 인하여 기본권에 중대한 제한을 초래하는 경우에는 엄격한 심사기준을 적용한다. 이 경우 차별취급의 목적과 수단 간에 엄격한 비례관계가 성립하는지 따져야 한다.[77] 반면, 엄격한 심사의 대상이 아닌 일반적인 경우에는 완화된 심사기준을 적용한다. 이 경우에는 엄격한 비례관계를 따지지 않고 차별취급을 정당화하는 객관적이고 합리적인 이유가 있는지 심사하는 것으로 충분하다.[78]

나. 조세의 경우

조세의 경우 대체로 헌법에서 특별히 평등을 요구하는 경우가 아니라 공익을 위하여 상대적으로 넓은 규제가 가능한 재산권의 일부 제한 여부가 문제되므로 완화된 심사기준이 적용된다.[79] 따라서 차별취급이 존재하는지 여부, 차별취급이 존재한다면 자의적이라고 할 수 있는지 여부를 위주로 심사하게 된다.

4. 사례

가. 조세평등주의에 위반된다고 본 사례

상속세 미신고 시 상속세 부과 당시를 기준으로 상속재산을 평가하는 구 상속세법(1988. 12. 26. 개정 전) 제9조 제2항,[80] 이혼 시 재산분할로 취득한 재산에 대하여 증여세를 부과하는 구 상속세법(1994. 12. 22. 개정 전) 제29조의2 제1항 제1호[81] 등은 조세평등주의에 위반된다.

나. 조세평등주의에 위반되지 않는다고 본 사례

부동산매매업자가 1세대 3주택 또는 비사업용 토지를 양도할 때 비교과세방식에 의하여 세액을 산출하는 규정은 조세평등주의에 위반되지 않는다.[82] 구 소득세법(2008. 12. 26. 개정 전) 제64조 제1항은 부동산매매업자가 1세대 3주택 또는 비사업용 토지를 양도한 경우 종합소득산출세액과 양도소득세율을 적용한 산출세액 중 많은 것을 종합소득산출세액으로 계산하는 비교과세방식을 규정하였다. 부동산매매업자의 계속적이고 반복적인 부동산 양도는 일반 거주자의 부동산 양도보다 투기방지의 필요성이 크므로 투기 위험성이 높은 부동산에 한해서는 중과된 양도소득세율을 적용할 필요가 있기 때문이다.

---

77) 헌재 1999. 12. 23. 선고 98헌바33 결정, 헌재 2001. 2. 22. 선고 2000헌마25 결정
78) 헌재 2001. 2. 22. 선고 2000헌마25 결정, 헌재 2003. 1. 30. 선고 2001헌바64 결정
79) 헌재 2010. 10. 28. 선고 2009헌바67 결정
80) 헌재 1992. 12. 24. 선고 90헌바21 결정
81) 헌재 1997. 10. 30. 선고 96헌바14 결정
82) 헌재 2017. 8. 31. 선고 2015헌바339 결정

제5장 국세부과의 원칙

제1절 실질과세원칙

1. 개요

가. 의의

국기법 제14조에 규정된 실질과세원칙은 과세관계에서 형식(form)보다 실질(substance)을 우위에 두는 과세원칙을 의미한다(substance over form). 납세의무자가 소득, 수익, 재산, 거래 등의 과세요건사실에 관하여 실질과 괴리되는 비합리적인 형식이나 외관을 취한 경우 형식이나 외관에 불구하고 뒤에 숨어 있는 실질에 따라 과세요건이 되는 소득이나 수익, 재산, 거래 등의 발생, 귀속과 내용 등을 포착하여 과세하여야 한다는 원칙이다. 실질과세원칙은 법률적 형식을 중시하는 민법, 상법 등 사법과의 차이가 두드러지게 나타나는 조세법의 핵심원칙에 해당한다. 조세법에서 실질과세원칙이 중요한 이유는 응능과세원칙의 실현과 조세회피의 방지 2가지에서 찾을 수 있다.

① 형식보다 실질을 중시하여 과세하여야 담세력에 의한 응능과세원칙을 실현할 수 있다. 만약 실질적으로 소득이 귀속된 자를 제쳐두고 사법적 효과를 좇아 형식적 명의자에게 과세하면 세금을 납부할 경제적 능력이 없는 자에게 과세하게 되어 응능과세원칙에 반하는 결과가 초래된다.

② 형식보다 실질을 중시하여 과세하여야 납세자의 조세회피행위에 대응할 수 있다. 납세자가 조세를 줄일 수 있는 비정상적인 A형식을 만들어서 거래한 경우 그것이 정상적인 B형식과 외형만 다를 뿐 거래의 실질이 동일하다면 조세법상 양자를 동일하게 취급하여야 조세회피행위를 방지할 수 있다. 만약 납세자가 조세를 회피하기 위하여 선택한 A형식을 세법상 그대로 용인하면 납세자의 조세회피행위를 정당화해주는 결과가 된다.

나. 이념적 근거

실질과세원칙은 조세평등주의에 기초한 법 원칙이다.[1] 실질적으로 동일한 거래임에도 불구

---

1) 헌재 2015. 9. 24. 선고 2012헌가5 등 결정

하고 형식이 다르다는 이유로 서로 다른 내용으로 과세하면 납세자들 사이의 과세형평이 침해되기 때문이다. 실질과세원칙은 일반적으로 과세관청의 과세논리로 이용된다. 흔히 납세자는 법률에 과세처분의 근거가 없으므로 과세처분은 조세법률주의를 위반하여 위법하다고 주장하고, 이에 맞서 과세관청은 실질과세원칙에 근거하여 과세처분이 적법하다고 주장하여 서로 대립하는 양상을 띠는 경우가 많다. 납세자는 여러 법 형식 중 가장 마음에 드는 것을 선택할 자유가 있으므로 본인이 선택한 형식을 인정받아야 한다고 주장하고, 과세관청은 납세자가 선택한 형식을 그대로 인정하면 다른 납세자들과의 과세형평이 침해되므로 납세자가 선택한 형식을 무시하고 실질에 따라 거래를 재구성하여 과세하는 것이 타당하다고 주장하며 대립한다.

다. 적용단계

실질과세원칙은 어떠한 사실이 과세요건 사실에 해당하는지 사실관계를 확정하는 단계에서 적용된다. 나아가 조세법을 해석할 때에도 실질과세원칙이 적용되는데, 이 경우 실질과세원칙은 목적론적 해석의 한 방법으로 활용된다.[2]

라. 납세자의 실질과세원칙 주장 여부

(1) 학설

납세자가 자신이 선택한 거래나 법형식을 부정하고 실질과세원칙을 주장할 수 있는지에 대하여는 부정설과 긍정설의 대립이 있다.[3]

부정설에는 납세자가 실질과세원칙을 주장하는 것은 신의칙에 위반하므로 허용되지 않는다는 견해,[4] 실질과세원칙의 수범자는 과세관청이므로 납세자가 실질과세원칙을 주장하는 것은 허용되지 않는다는 견해[5] 등이 있다. 반면, 긍정설은 실질과세원칙의 수범자를 과세당국으로 제한할 이유가 없으므로 납세자도 실질과세원칙을 주장할 수 있다고 한다.[6]

(2) 판례

판례 중에는 납세자의 실질과세원칙 주장을 인정한 사안이 있는가 하면[7] 신의칙 위반을 근거로 납세자의 실질과세원칙 주장을 배척한 사안도 있다.[8] 판례 중 납세자의 실질과세원칙 주장을 인정한 사안이 있다는 것은 판례가 기본적으로 긍정설을 취하고 있음을 의미한다. 다

---

2) 장석조, "세법상 실질과세원칙의 적용한계 : 실질의 의미에 관한 판례이론의 분석과 재해석", 사법논집 제33집, 2001, 564면에 의하면 실질과세원칙은 입법, 위헌법률심사, 조세법의 해석, 조세법의 적용 등 각 단계에서 적용될 수 있다.
3) 납세의무자에 대한 실질과세원칙 주장가능성을 조망한 논문으로는 이승재·양인준, "납세의무자에 의한 실질과세원칙 주장가능성에 관한 소고", 조세법연구 제30권 제3호, 2024, 5~50면 참조
4) 이태로·한만수, 조세법강의(2020), 47~48면
5) 이준봉, 조세법총론(2023), 172면
6) 이동식, 일반조세법(2022), 184면
7) 대법원 2014. 5. 16. 선고 2011두9935 판결
8) 대법원 2009. 4. 23. 선고 2006두14865 판결

만, 긍정설을 취하더라도 납세자의 실질과세원칙 주장을 항상 받아들인다는 의미는 아니고 개별 사안에서는 신의칙과 충돌하여 납세자의 실질과세원칙이 부인될 수 있다.

(3) 검토

실질과세원칙은 과세관청의 과세논리로 이용되는 것이 일반적이나, 법령에 납세자의 실질과세원칙 주장을 배제하는 특별한 규정이 없으므로 납세자의 실질과세원칙 주장이 그 자체로 제한된다고 볼 수는 없다. 다만, 납세자가 자신의 과세를 면하기 위하여 실질과세원칙을 주장하는 경우 일반적으로 신의칙과 충돌하므로 개별 사안에서 납세자의 배신의 정도가 무거우면 신의칙이 적용되어 실질과세원칙 주장이 받아들여지지 않을 가능성이 있다.

마. 조세조약과 실질과세원칙

(1) 조세조약에 대한 실질과세원칙 적용 여부

실질과세원칙은 법률과 같은 효력을 가지는 조세조약의 해석에도 적용된다.[9] 실질과세원칙은 조세평등주의의 헌법원리가 조세법에 반영된 것으로서 거주자와 비거주자 모두에게 공평하게 적용되므로 조세조약에도 적용되는 것이다.

(2) 국제거래에서 조세회피목적이 필요한지 여부

대법원 2012. 1. 19. 선고 2008두8499 전원합의체 판결(로담코 판결)이 국제거래에서 국기법 제14조 제1항의 귀속에 대한 실질과세원칙의 적용요건에 대하여 ① 명의와 실질이 괴리될 것, ② 명의와 실질의 괴리가 조세회피목적에서 비롯된 경우일 것 등 2가지를 제시한 이후 대부분의 국제거래에 대한 판례들은 위 "②"의 조세회피목적을 실질과세원칙의 적용요건으로 판시하고 있다. 이에 대하여는 국기법 제14조 제1항의 귀속에 관한 실질과세원칙의 조세조약 적용 시 명의와 실질의 괴리 외에 조세회피목적을 요구하는 것은 국내세법의 해석과 조세조약의 해석 사이의 불일치를 초래한다는 비판이 있다.[10] 생각건대, 국제거래에서 국기법 제14조 제1항이 적용되는 경우는 우회거래나 다단계거래의 성격도 아울러 가지고 있으므로 단순히 귀속만 따지지 않고 조세회피목적까지 요건에 포함시킨 것으로 보인다. 이러한 경우에는 국기법 제14조 제1항과 함께 제14조 제3항도 적용법조로 적시하는 것이 타당하다고 판단된다.

---

9) 대법원 2012. 4. 26. 선고 2010두11948 판결
10) 유철형, "조세조약상 실질과세의 원칙에 관한 연구 - 조세회피목적이 적용요건인지를 중심으로 -", 조세학술논집 제34집 제2호, 2018, 25~26면

2. 실질의 의미

가. 학설[11]

(1) 법적 실질설(법적 형식 vs 법적 실질)

법적 실질설은 형식과 실질을 법적 형식과 법적 실질로 이해하고, 양자 사이에 괴리가 발생한 경우 법적 실질을 기준으로 세법을 해석·적용해야 한다는 견해이다. 법적 실질설은 세법이 헌법을 정점으로 하는 법질서의 일부로서 사법상의 법률관계를 전제로 적용되므로 세법상 근거가 있는 경우를 제외하고는 사법상 법률관계를 무시하거나 이를 재구성하여 과세할 수 없다고 본다.

(2) 경제적 실질설(법적 형식 vs 경제적 실질)

경제적 실질설은 형식과 실질을 법적 형식과 경제적 실질로 이해하고, 양자 사이에 괴리가 발생한 경우 경제적 실질을 기준으로 세법을 해석·적용해야 한다는 견해이다. 경제적 실질설에 따르면 사법상의 법률관계에 대하여 세법상 구체적 근거가 없더라도 경제적 실질을 기준으로 사법상 법률관계를 무시하거나 재구성하여 세법상 과세할 수 있다고 본다. 경제적 실질설은 세법의 적용과 해석에서 경제적 의미를 고려하는 독일의 경제적 관찰방법(wirtschaftliche Betrachtungsweise)과 취지를 같이 한다.

나. 판례

판례는 전통적으로 법적 실질설의 입장이 강하였다. 법적 실질설을 대변하는 대표적인 판례의 판시는 "실질과세원칙에 의하여 납세의무자의 거래행위를 그 형식에 불구하고 조세회피행위라고 하여 효력을 부인하려면 조세법률주의 원칙상 법률에 개별적이고 구체적인 부인 규정이 마련되어야 한다."는 문구이다.[12] 납세의무자는 계약체결방식의 자유를 가지고 있으므로 여러 가지 행위형식 중 자신에게 가장 유리한 것을 선택할 수 있다.[13] 따라서 납세자가 선택한 법형식은 존중되어야 하고, 그에 대한 개별적이고 구체적인 부인규정이 없으면 그 효력을 임의로 부인할 수 없다는 것이다. 그러나 대법원 2012. 1. 19. 선고 2008두8499 전원합의체 판결(로담코 판결)은 모회사인 甲 외국법인이 100% 지분을 소유한 자회사들인 乙 외국법인과 丙 외국법인이 丁 내국법인의 지분 50%씩을 취득한 사안에서, 乙 외국법인과 丙 외국법인이 丁 내국법인의 지분을 취득한 행위를 부인할 개별적이고 구체적인 부인규정이 없음에도 乙 외국법인과 丙 외국법인이 아닌 甲 외국법인을 丁 내국법인의 과점주주로 인정함으로써 전통적인 법적 실질설의 입장에서 벗어나 경제적 실질설에 가까운 것으로 평가된다.[14]

---

11) 황남석, "실질과세원칙의 적용범위에 관한 최근 판례의 동향", 조세법연구 제23권 제1호, 2017, 64~65면
12) 대법원 2011. 4. 28. 선고 2010두3961 판결
13) 헌법재판소는 계약체결방식의 자유가 헌법 제10조의 행복추구권에 함축된 일반적 행동자유권으로부터 파생된 것으로 본다(헌재 1991. 6. 13. 선고 89헌마204 결정).
14) 로담코 판결의 반대의견은 불확정개념인 실질과세원칙을 내세워 납세의무자가 선택한 거래형식을 부인하고 법문언에 표현된 과세요건의 일반적 의미를 일탈하여 적용범위를 넓히면 조세법률주의가 형해화되므로 실

다. 검토

법적 실질설과 경제적 실질설의 대립은 납세자가 선택한 법형식을 세법상 그대로 인정할 것인지의 문제로 귀결된다. 법적 실질설은 납세자의 법적안정성과 예측가능성을 중시하므로 세법에 개별적이고 구체적인 부인규정이 없는 한, 납세자가 선택한 법형식을 존중하여야 한다는 입장이고, 경제적 실질설은 법률에 개별적이고 구체적인 부인규정이 없는 경우에도 경제적 관점에서 납세자가 선택한 법형식을 경제적 실질에 맞게 무시하거나 재구성할 수 있다고 보는 입장이다. 생각건대, 실질과세원칙은 담세력에 따라 과세해야 한다는 응능과세원칙에 기반하고 있으므로 조세법의 해석 및 적용에 있어서 사법상 형식보다 그 형식에 의하여 달성하려는 경제적 실질을 중시하는 것이 타당하다. 국기법 제14조 제3항이 '경제적 실질'이란 용어를 사용한 것도 경제적 실질설의 입장을 강하게 뒷받침한다. 다만, 경제적 실질설에 의하더라도 납세의무자는 경제활동의 자유가 있어 여러 법률관계 중 어느 하나를 선택할 수 있다는 점도 함께 고려하여야 하므로 경제적 실질에 따라 재구성할 수 있는 경우에 해당하는지 여부는 개별 사안에서 구체적인 사정들을 고려하여 판단할 수밖에 없다. 이에 대한 구체적인 사례는 뒤의 국기법 제14조 제3항에 대한 내용에서 살펴보기로 한다.

3. 조세법률주의와 실질과세원칙의 관계

가. 대립관계로 보는 입장

전통적으로 조세법률주의와 실질과세원칙은 긴장관계 내지 충돌관계에 있는 것으로 인식하였다. 납세의무자가 특정한 거래형식을 선택하고, 과세관청은 실질과세원칙에 근거하여 납세의무자가 선택한 거래형식을 부인하고 이를 재구성하여 과세하는 사안에서, 납세의무자는 거래형식을 부인하여 재구성할 수 있는 개별적이고 구체적인 규정이 없으므로 조세법률주의 원칙상 납세의무자가 선택한 거래형식이 그대로 인정되어야 한다고 주장하고, 과세관청은 개별적이고 구체적인 부인규정이 없더라도 실질과세원칙에 의하여 납세자가 선택한 거래형식을 부인할 수 있다고 주장하는 것이 조세법률주의와 실질과세원칙을 대립관계로 보는 입장의 전형적인 모습이다.

나. 보완관계로 보는 입장

대법원 2012. 1. 19. 선고 2008두8499 전원합의체 판결(로담코 판결)은 조세법률주의와 실질과세원칙을 보완관계에 있는 것으로 인식하였다. 조세법규를 다양하게 변화하는 경제생활관계에 적용할 때 예측가능성과 법적 안정성이 훼손되지 않는 범위 내에서 실질과세원칙에 의하여 합목적적이고 탄력적인 해석을 통하여 조세법률주의의 형해화를 막고 그 실효성을 확

질과세원칙을 이유로 함부로 납세의무자의 범위를 확장하거나 그 거래형식을 부인하여서는 안된다는 의견을 보였다.

보할 수 있으므로 조세법률주의 실질과세원칙은 상호 보완관계에 있다는 것이다.

다. 검토

조세법률주의와 실질과세원칙을 대립관계로 보면 실질과세원칙의 존재의의가 축소되어 조세률주의가 실질과세원칙의 적용을 배제하는 문제점이 나타난다.[15] 현대사회에서 조세법률주의는 국민의 권리의무에 관한 사항을 법률로 정해야 한다는 형식적 조세법률주의에 그치지 않고 그 목적과 내용이 기본권 보장의 헌법이념에 부합해야 한다는 실질적 조세법률주의로 이해된다.[16] 이와 같이 조세법률주의를 실질적 조세법률주의로 이해하면 실질과세원칙은 조세법률주의와 대립하는 개념이라기보다 실질적 조세법률주의의 핵심내용의 하나로서 조세법률주의와 조화를 이루는 개념으로 이해할 수 있다.[17] 따라서 조세법률주의와 실질과세원칙을 보완관계로 이해하는 것이 타당하다. 다만, 조세법률주의와 실질과세원칙이 보완관계라는 것은 어디까지나 이론적인 차원의 것이고, 실제 사안에서는 조세법률주의와 실질과세원칙 중 어느 하나를 우선시하여 과세처분의 적법 여부를 가려야 하는 경우가 많다. 이러한 경우 조세법률주의와 실질과세원칙 중 어느 것을 우선시할 것인지는 개별 사안의 구체적 사정을 고려하여 판단할 수밖에 없다.

4. 내용

가. 거래귀속에 대한 실질과세

(1) 의의

국기법 제14조 제1항은 "과세의 대상이 되는 소득, 수익, 재산, 행위 또는 거래의 귀속이 명의일 뿐이고 사실상 귀속되는 자가 따로 있을 때에는 사실상 귀속되는 자를 납세의무자로 하여 세법을 적용한다."라고 하여 거래귀속에 대한 실질과세를 규정하고 있다.

소득, 수익, 재산, 행위, 거래의 과세대상에 관하여 귀속 명의와 달리 실질적으로 귀속되는 자가 따로 있는 경우에는 귀속명의자가 아니라 실질귀속자를 납세의무자로 삼겠다는 것이다.

(2) 관련 판례

사업자 명의와 귀속이 다른 경우 명의자가 아닌 실질사업자가 납세의무자이고,[18] 명의신탁 부동산을 양도한 경우 원칙적으로 명의신탁자가 납세의무자이며,[19] 주택조합이 조합원들로부터 받은 아파트 분양대금으로 취득한 토지의 가치상승으로 인한 양도소득세의 납세의무

---

15) 김의석, "실질과세원칙의 적용에 관한 접근방식", 조세법연구 제18권 제2호, 2012, 7~43면
16) 헌재 1992. 3. 30. 선고 90헌가69 결정
17) 이중교, "취득세와 등록세의 회피에 관한 연구-'스타타워빌딩 사건'을 중심으로-", 법조 제57권 제9호, 2008., 165~166면
18) 대법원 1987. 5. 12. 선고 86누602 판결
19) 대법원 1993. 9. 24. 선고 93누517 판결

자는 조합원이다.[20] 다만 명의수탁자가 명의신탁자의 위임이나 승낙 없이 임의로 명의신탁재산을 양도한 후 그 양도소득이 명의신탁자에게 환원되지 않은 경우에는 명의신탁자를 납세의무자로 볼 수 없다.[21]

과점주주를 판정함에 있어서도 회사의 주식을 실질적으로 소유하고 있는 주주를 과점주주로 보아야지, 명의상 주주를 과점주주로 볼 수 없다.[22] 사법상 주주인지 여부를 판단함에 있어서 형식설의 입장을 취한 대법원 2017. 3. 23. 선고 2015다248342 전원합의체 판결[23]은 조세법상 과점주주에 해당하는지 여부를 판단할 때에는 적용되지 않는다.[24]

한편 국제거래에서 중간에 명목회사를 끼워넣은 경우 명목회사가 조세회피를 위해 설립된 회사에 불과하다면 그 명목회사를 실질귀속자로 볼 수 없다.[25] 물론 중간에 있는 회사가 기업그룹 내에서 실제 사업을 영위하는 중간지주회사인 경우에는 그 회사를 실질귀속자로 볼 수 있다.[26]

나. 거래내용에 대한 실질과세

(1) 의의

국기법 제14조 제2항은 "세법 중 과세표준의 계산에 관한 규정은 소득, 수익, 재산, 행위 또는 거래의 명칭이나 형식과 관계없이 그 실질 내용에 따라 적용한다."라고 하여 거래내용에 대한 실질과세를 규정하고 있다.

과세표준을 계산할 때 과세물건 자체를 실질적으로 인식하여야 하므로 당사자에 의하여 선택된 소득, 수익, 재산, 행위, 거래 등의 명칭이나 형식에 구애받지 않고 실질내용을 기준으로 세법을 해석하고 적용하여야 한다는 것이다. 예를 들어, 자금을 대여하고 원금과 이자 외에 추가로 사업이익금 명목으로 일정 금액을 지급받는 경우 그 사업이익금은 명목에 관계없이 이자소득에 해당한다.[27]

(2) 관련 판례

(가) 콘도미니엄 시설관리료

콘도미니엄의 건축분양회사가 수분양자로부터 공유지분의 매매계약과 별도로 시설관리운영계약에 기하여 시설관리료 명목으로 20년간의 시설관리료를 미리 받은 경우 그 시설관리료

---

20) 대법원 1999. 5. 28. 선고 97누13863 판결
21) 대법원 1999. 11. 26. 선고 98두7084 판결
22) 대법원 1991. 6. 11. 선고 90누7821 판결
23) 대법원 2017. 3. 23. 선고 2015다248342 전원합의체 판결은 사법상 주주의 판정에 있어서 종전의 실질설을 폐기하고 형식설을 취하였다.
24) 대법원 2018. 11. 9. 선고 2018두49376 판결
25) 대법원 2012. 4. 26. 선고 2010두11948 판결
26) 대법원 2016. 7. 14. 선고 2015두2451 판결
27) 국세청 서일 46011-10065(2004. 1. 8.)

는 명목에 관계없이 콘도미니엄 분양대금의 일부이다.[28)]

(나) 정보통신사업자가 휴대폰단말기 등을 할인제공받은 고객들로부터 수령한 위약금

정보통신사업자가 휴대폰단말기 등을 할인제공받았다가 중도해지한 고객들로부터 수령한 위약금 등이 부가가치세 과세표준에 포함되는지 문제된 사안에서, 판례는 위약금 등은 회사와 의무사용약정을 체결한 고객이 중도해지함으로써 할인받은 금액 중 일부를 추가납부하는 금액이므로 그중 일부의 명목이 위약금으로 되어 있더라도 회사의 재화나 용역의 공급에 대한 대가로서 부가가치세 과세표준에 해당한다고 판시하였다.[29)] 회사가 고객들로부터 위약금이란 이름으로 돈을 받았지만 그 실질은 재화 또는 용역의 공급에 대한 대가의 성격을 가지고 있다고 본 것이다. 다만, 대리점사업자가 정보통신사업자를 거치지 않고 단말기 제조사로부터 직접 매입한 단말기의 경우 의무사용약정을 어겨 중도해지한 이용자가 정보통신사업자에게 지급한 위약금은 정보통신사업자의 재화 공급과 대가관계에 있다고 볼 수 없으므로 부가가치세 과세표준이 되는 공급가액에 포함되지 않는다고 판시하였다.[30)] 단말기 유통은 크게 ① 단말기 제조사 → 통신사 → 대리점 → 이용자, ② 단말기 제조사 → 대리점 → 이용자 등 2가지의 경로가 있는데, 위 ①의 경로를 거친 경우에는 정보통신사업자가 위약금 명목의 돈을 반환받았으면 공급가액에 포함되는 것으로 보고, 위 ②의 경로를 거친 경우에는 정보통신사업자가 위약금 명목의 돈을 반환받았더라도 공급가액에 포함되지 않는 것으로 본 것이다.

(다) 자본감소에 따른 의제배당액을 사업양도대금으로 보아 과세한 사안(LG노텔사건)

甲 주식회사와 캐나다 소재 乙 법인이 합작투자계약 체결에 따라 내국법인인 丙 주식회사를 설립한 후, 출자양도계약에 따라 甲 회사가 네트워크 사업부문 전부를 丙 회사에 현물출자 방식으로 사업을 양도하여 그 대가로 丙 회사의 주식 등을 지급받았고, 또한 甲 회사와 乙 법인은 우선주약정을 체결하였는데, 우선주약정에 따라 丙 회사가 지급한 우선주 감자대금을 甲 회사가 자본감소에 따른 의제배당액으로 보아 수입배당금 중 일정액을 익금불산입하자, 과세관청이 위 우선주 감자대금의 실질은 네트워크 사업양도대금이라고 보아 익금불산입을 배제하고 과세한 사안에서, 판례는 우선주약정 체결에는 뚜렷한 사업목적이 인정되고, 그것이 조세회피목적에서 비롯한 것으로 보기 어렵다는 이유로 과세처분이 위법하다고 판시하였다.[31)] 과세관청은 甲 주식회사가 丙 회사로부터 지급받은 우선주 감자대금이 실질적으로는 네트워크 사업양도대금임에도 조세를 회피하기 위해 감자대금의 형식을 취한 것에 불과하다고 주장하였으나, 대법원은 우선주약정이 합작투자계약과 별도로 체결된 것이므로 우선주 감자대금을 네트워크 사업양도대금의 일부로 볼 수 없다고 판시한 것이다. 다만 2023. 12. 31.

---

28) 대법원 1993. 7. 27. 선고 90누10384 판결
29) 대법원 2019. 9. 10. 선고 2017두61119 판결
30) 대법원 2024. 12. 26. 선고 2022두49984, 49991 판결
31) 대법원 2023. 11. 30. 선고 2020두37857 판결

법인세법 개정으로 인하여 유상감자 시 취득가액을 초과하는 의제배당금액을 수입배당금 익금불산입에서 제외하는 법인세법 제19조의2 제2항 제8호가 신설되었으므로 그 이후에는 조세회피목적을 떠나서 위와 같은 거래에서 수입배당금 익금불산입 혜택을 누리기는 어려울 것으로 보인다.

다. 우회거래나 다단계거래에 대한 실질과세

(1) 의의

국기법 제14조 제3항은 "제3자를 통한 간접적인 방법이나 둘 이상의 행위 또는 거래를 거치는 방법으로 이 법 또는 세법의 혜택을 부당하게 받기 위한 것으로 인정되는 경우에는 그 경제적 실질 내용에 따라 당사자가 직접 거래를 한 것으로 보거나 연속된 하나의 행위 또는 거래를 한 것으로 보아 이 법 또는 세법을 적용한다."라고 하여 우회거래나 다단계거래에 대한 실질과세를 규정하고 있다.

위 규정에서 "제3자를 통한 간접적인 방법에 의한 거래"는 우회거래(迂廻去來)를 의미하고, "둘 이상의 행위 또는 거래를 거치는 방법에 의한 거래"는 다단계거래를 의미한다. 우회거래란 실제의 거래당사자가 직접 계약을 체결하거나 거래를 하는 것이 아니고 형식상 중간에 제3의 인격체를 끼워넣어 간접적으로 거래하는 것을 말하고, 다단계거래란 통상적으로 1개의 행위 또는 거래로 달성할 수 있는 일정한 경제적 성과를 합리적인 이유 없이 2개 이상의 행위 또는 거래로 분할하여 마치 여러 개의 독립된 행위 또는 거래가 존재하는 것처럼 거래하는 것을 말한다. 위 조항은 과세대상이 되는 행위 또는 거래를 우회하거나 변형하여 여러 단계의 거래를 거침으로써 부당하게 조세를 감소시키는 조세회피행위에 대처하기 위하여 2007. 12. 31. 신설되었다. 우회거래나 다단계거래를 거치는 방법으로 부당하게 조세를 회피한 경우에는 위 조항에 근거하여 경제적 실질 내용에 따라 당사자가 직접 거래를 한 것으로 보거나 연속된 하나의 행위 또는 거래를 한 것으로 보아 거래를 재구성하여 세법을 적용할 수 있다. 여기서 "거래의 재구성"이란 납세자가 선택한 거래의 민사법적 효력과 상관없이 세법상 경제적 실질에 맞게 거래를 변경하여 세법을 적용하는 것을 의미한다.

그러나 납세의무자가 여러 단계의 거래를 거치는 경우 각 단계별로 위험을 부담하고 각종 외부요인이나 행위 등이 개입될 수 있으므로 여러 단계의 거래를 거친 후의 결과만 가지고 그 실질이 1개의 행위 또는 거래라고 단정할 수 없다.[32] 결국 거래형식을 취한 목적, 제3사를 개입시키거나 단계별 거래과정을 거친 경위, 사업상 필요 등 다른 합리적인 이유, 거래 또는 행위 사이의 시간적 간격 등을 종합적으로 고려하여 개별 사안에서 구체적으로 납세의무자가 선택한 거래형식을 그대로 인정할지 또는 경제적 실질에 따라 1개의 행위 또는 거래로 재구성할지 여부를 판단하여야 한다. 아래에서는 거래의 재구성임을 인정한 대표적인 사례와 거

---

32) 대법원 2017. 12. 22. 선고 2017두57516 판결

래의 재구성을 부인한 대표적인 사례를 살펴보기로 한다.

(2) 거래의 재구성을 인정한 판례 등

(가) 교차증여[33]

甲회사의 주주들이며 남매 사이인 乙과 丙이 각자 소유 중인 甲회사 주식을 乙은 丙의 자녀들에게, 丙은 乙의 자녀들에게 교차증여하였다. 과세관청은 위 거래의 실질이 각자가 자신의 자녀들에게 직접 증여한 것으로 보아 乙과 丙의 자녀들에게 증여세를 부과하였다. 대법원은 국기법 제14조 제3항과 동일한 내용인 구 상증세법(2013. 1. 1. 개정 전) 제2조 제4항[34]을 적용하여 거래의 재구성을 인정하였다. 乙과 丙은 각각 자신의 자녀들에게 직접 증여를 하면 합산과세로 인한 누진세율 적용으로 증여세 부담이 증가하므로 이를 회피하기 위하여 교차증여를 한 것이고, 그 밖의 다른 합당한 이유를 찾을 수 없으므로 거래의 재구성을 인정한 것이다.

(나) 동일한 납세의무자가 지배·관리하는 양도인과 양수인 간의 양도거래[35]

아랍에미리트 법인인 A법인은 네덜란드의 도관회사인 B법인과 네덜란드 회사인 원고를 내세워 B법인이 원고에게 한국 회사인 甲회사의 주식을 양도하는 거래를 하였다. A법인이 B법인을 내세운 것은 한국-네덜란드 조세조약에 의하면 주식양도소득에 대하여 거주지국인 네덜란드에 과세권이 있고, 네덜란드는 주식양도소득에 대하여 비과세하여 세금을 줄일 수 있기 때문이다. B법인은 피고에게 한국-네덜란드 조세조약에 따라 甲회사의 주식양도 소득에 대하여 법인세 비과세·면제신청을 하였으나, 피고는 B법인은 도관회사이고 실질귀속자는 A법인이라고 보아 한국-네덜란드 조세조약의 적용을 부인하고 법인세법에 따라 법인세를 부과하였다. 대법원은 납세의무자가 자신의 지배관리하에 있는 양도인과 양수인을 거래당사자로 내세워 양도거래를 하였고, 납세의무자가 아닌 양도인을 내세운 것에는 조세회피목적이 있으나 양수인을 내세운 것에는 조세회피목적이 없으므로 양도인과 양수인 간의 양도거래를 제외하고 납세의무자와 양수인 간에 직접 양도거래를 한 것으로 거래의 재구성을 인정하였다. B법인이 아닌 A법인이 원고에게 甲회사의 주식을 양도한 것으로 본 것이다.

(다) 회사의 분할과 합병을 법인세를 줄이기 위한 방편으로 이용한 거래[36]

원고는 경영컨설팅업을 하는 비상장법인으로서 원고의 대주주가 지배하는 A회사는 부동산임대업과 대부업을 하는 회사이다. A회사는 그 소유의 부동산을 매도하기로 매매계약을 체결한 후 계약금과 중도금을 받은 상태에서 대부업 부분을 인적분할하고, 원고는 부동산임대업 부분을 흡수합병하였다. 이러한 일련의 거래과정에서 A회사가 보유한 부동산의 장부가액

---

33) 대법원 2017. 2. 15. 선고 2015두46963 판결
34) 국기법과 내용이 동일하므로 존치의 필요성이 없어져서 2013. 1. 1. 상증세법 개정 시 삭제하였다.
35) 대법원 2015. 7. 23. 선고 2013두21373 판결
36) 대법원 2022. 8. 25. 선고 2017두41313 판결

은 43억 원에서 339억 원으로 높아졌다. 피고가 국기법 제14조 제3항을 적용하여 부동산의 장부가액을 분할 전 A회사의 장부가액인 43억 원으로 보아 법인세를 부과한 사안에서, 대법원은 분할과 합병에 법인세 회피목적 외 사업상 필요 등 합리적인 이유가 없다고 보아 국기법 제14조 제3항에 따른 거래의 재구성을 인정하였다.

(3) 거래의 재구성을 부인한 판례

(가) 전환사채 발행과 행사 등[37]

甲회사의 최대주주이자 대표이사인 乙이 甲회사가 A금융기관에 발행한 전환사채에 대해 약정에 따른 조기상환권을 행사하여 양수한 후 전환권 행사로 수령한 우선주를 보통주로 전환취득하자, 피고는 乙이 보통주 중 乙의 지분율을 초과하여 인수취득한 부분에 대하여 주가와 전환가액의 차액을 증여받았다는 이유로 증여세를 부과하였다. 대법원은 전환사채의 발행부터 乙의 조기상환권 및 전환권 행사에 따른 甲회사 신주취득까지 시간적 간격이 있는 일련의 행위들이 별다른 사업상 목적 없이 증여세를 부당하게 회피하기 위하여 비정상적으로 이루어진 행위라고 단정하기 어렵다는 이유로 거래의 재구성을 인정하지 않았다. 이 판결의 쟁점은 ① A금융기관이 구 증권거래법에 따른 인수인에 해당하는지 여부,[38] ② 전환사채가 甲회사 → A금융기관 → 乙에게 이전되었는데, 구 상증세법(2010. 1. 1. 개정 전) 제2조 제4항을 적용하여 乙이 甲회사로부터 직접 전환사채를 취득한 것으로 볼 수 있는지 여부 등 2가지였다. 이 중 "②"에 관하여 거래의 재구성을 인정하지 않은 것이다. 위와 같은 거래형식을 취한 것이 사업상 목적 없이 오로지 조세회피목적에서 이루어진 것으로 볼 수 없고, 여러 단계의 거래를 거친 후의 결과에는 손실 등의 위험부담에 대한 보상 뿐아니라 외부적인 요인이나 행위 등이 개입될 수 있으므로 여러 단계의 거래를 거친 후의 결과만을 가지고 그 실질을 쉽게 단정할 수 없다고 본 것이다.

(나) 주식워런트증권(ELW)의 매도에 따른 대규모 손실의 조기 인식[39]

주식워런트증권(equity linked warrant, ELW)은 자산을 만기에 미리 정해진 가격에 사거나 팔 수 있는 권리를 나타내는 증권을 의미한다. 유동성 공급자(Liquidity Provider, LP)는 매매거래가 활발하지 않은 거래 종목의 유동성을 제공하기 위해 발행자와의 계약을 바탕으로 지속적으로 유동성을 공급하는 자를 의미한다. 국내증권사는 증권을 발행함과 동시에 유동성 공급자의 역할을 할 수 있었으나(발행자 LP), 외국증권사 국내지점은 법무부 유권해석에 따

---

37) 대법원 2017. 1. 25. 선고 2015두3270 판결
38) 구 상증세법 제40조 제1항 제1호 나목에 의하면 전환사채 발행법인의 최대주주 등이 구 증권거래법에 따른 인수인으로부터 전환사채를 인수취득한 경우도 과세요건사실에 해당하므로 A금융기관이 구 증권거래법에 따른 인수인에 해당하는지 여부가 다투어졌으나, 원심에서 인수인이 아니라고 판단하여 확정되었으므로 상고심에서는 이 부분을 다루지 않았다.
39) 대법원 2017. 3. 22. 선고 2016두51511 판결

라 증권을 발행할 수 없고 유동성 공급자의 역할만 할 수 있었다(제3자 LP).

외국증권업자 원고는 유동성 공급계약을 맺은 ELW 발행사로부터 ELW를 발행가격에 인수하여 투자자에게 매도하고 발행사에 증권과 동일한 내용의 장외파생상품(OTC)을 매도하는 반대거래를 하였다. 이러한 반대거래에 따라 원고는 ELW 가격변동의 위험을 이전받게 되어 실질적으로 발행자 LP와 유사한 지위를 가지게 되었다. 원고는 투자자에게 최초로 시가로 매도한 사업연도에 ELW의 인수가격과 매도가격의 차액을 손금산입하고 만기에 OTC의 매도가액과 취득가액의 차액을 익금산입하였다. 과세관청은 최초 매도 당시 원고가 인식한 손실 중 만기가 해당 사업연도에 도래하지 않는 ELW를 인수하여 매도함으로써 인식한 손실을 손금불산입하여야 한다면서 국기법 제14조 제2항, 제3항 등을 근거로 법인세를 부과하였다. 대법원은 甲이 대규모의 손실을 조기에 인식하여 조세부담을 회피하기 위해 과세요건사실에 관하여 실질과 괴리되는 비합리적인 형식이나 외관을 취하였다고 볼 수 없으므로 과세처분이 위법하다고 판시하였다. 그 근거로 원고는 ① 외국계 증권사로서 직접 ELW를 발행할 수 없어 LP로서 영업한 점, ② 해당 거래를 통해 기초자산 가격등락에 따른 이익은 LP인 원고에게 귀속되지만 발행사는 ELW 발행에 따른 확정 수수료를 받게 되므로 비합리적인 거래로 보기 어려운 점, ③ 한국거래소의 발행가액 규제로 인하여 시장참여자들이 발행가액을 시가보다 낮은 가액으로 결정할 수 없었던 점, ④ 원고가 ELW를 인수하고 매도한 사업연도에 처분손실만 반영되고 OTC에 대한 평가손익은 인정받지 못하는 것은 세법규정에 따른 것인 점 등을 제시하였다. 과세관청은 원고가 형식상 제3자 LP이면서도 실질상으로는 발행자 LP의 지위를 가진 것으로 보아 원고의 세무처리를 부인하였으나, 이 사건 ELW 거래에서 세무상 손익이 왜곡된 것은 한국거래소의 최저발행가액 규제와 파생상품에 대한 시가평가를 인정하지 않는 세법 규정에 기인한 것일뿐 甲의 조세회피행위로 인한 것이 아니므로 거래의 재구성을 인정할 수 없다고 본 것이다.[40]

(다) 의제배당소득을 줄이기 위해 배우자에 대한 증여를 활용하여 자기주식을 소각하는 거래[41]

A법인의 최대주주 甲이 A법인의 주식을 배우자 乙에게 증여하고, 그로부터 얼마 지나지 않아 A법인이 수증자인 乙로부터 자기주식을 취득하여 소각하자 피고가 수증자 乙이 아닌 증여자 甲이 A법인에게 주식을 양도한 것으로 보아 의제배당소득세를 과세한 사안에서, 대법원은 甲이 乙에게 A법인의 주식을 증여하여 실질적으로 B에게 귀속된 경우 증여자 甲이 A법인에게 주식을 양도한 것으로 거래를 재구성할 수 없다고 판시하였다.[42]

---

40) 이 사건 과세처분은 근본적으로 법인세법상 파생상품의 시가평가를 인정하지 않은 것에서 비롯한다. 기업회계에서는 파생상품의 시가평가를 인정함에 따라 ELW의 처분손실을 인식함과 동시에 같은 금액의 OTC 평가이익을 인정하므로 최초 사업연도에 손실이 발생하지 않고 만기에 OTC의 처분이익도 발생하지 않는다.
41) 대법원 2024. 9. 12.자 2024두42659 판결(심리불속행)
42) 이에 비해 주식의 수증자인 배우자가 법인으로부터 수령한 대금 전액을 즉시 증여자에게 지급하고, 증여자는 이를 곧바로 법인에 대한 가지급금의 상환에 사용한 사안에서는 증여자가 법인에게 직접 주식을 양도한

배우자에게 주식을 증여하고 회사가 그 주식을 취득하여 소각하면 배우자는 6억 원의 증여재산공제를 받아 증여세 부담을 줄일 수 있고, 주식의 취득가액을 높여서 주식소각으로 인한 의제배당소득도 줄일 수 있어서 조세를 줄이기 위한 방법으로 많이 활용되었다. 이에 과세관청이 주식 증여자에게 소득이 귀속된 것으로 보아 거래를 재구성하여 과세하였으나, 대법원이 거래의 재구성을 인정하지 않자 그 대응책으로 2024. 12. 31. 소득세법 개정 시 이월과세 대상자산에 양도일 전 1년 이내에 증여받은 주식을 추가하였다(소득법 제97조의2 제1항). 위 개정 이후에 배우자 또는 직계존비속이 주식을 증여받은 후 1년 이내에 그 주식을 양도한 경우에는 취득시기를 증여자의 취득시점으로 소급하여 적용할 수 있으므로 배우자에 대한 증여를 활용하여 의제배당소득을 줄이려는 시도는 상당히 감소할 것으로 보인다.

(4) 단일거래를 복수의 거래로 재구성할 수 있는지 여부

국기법 제14조 제3항은 우회거래나 다단계거래와 같은 복수의 거래를 단일거래로 재구성하는 것에 대하여 규정하고 있다. 이와 반대로 단일거래를 복수의 거래로 재구성할 수 있는지 문제된다. 예를 들어, A법인이 대표이사 B의 자녀인 C에게 금전을 증여한 경우 이를 A법인이 대표이사 B에게 상여를 지급하고, B가 C에게 금전을 증여한 것으로 재구성할 수 있는지, 아버지가 회사 지분의 50%, 아들이 10%를 보유하고 있는데 아버지에게 40%, 아들에게 20%를 배당하는 경우 아버지가 50%를 배당받아 그중 10%를 아들에게 증여한 것으로 재구성할 수 있는지 등이 이에 해당한다. 당사자의 의사와 거래의 실질을 고려하면, 위와 같은 재구성의 필요성이 있으나, 국기법 제14조 제3항은 1개의 거래나 행위를 복수의 거래나 행위로 재구성하는 것을 규정하고 있지 않으므로 현행 세법의 해석상으로는 인정하기 어렵다.[43]

5. 실질과세원칙과 조세회피의 규제

가. 조세회피의 의의

조세회피(tax avoidance)는 납세자가 경제인의 합리적인 거래형식에 의하지 않고 우회행위, 다단계행위 기타 비정상적인 거래형식을 취함으로써 통상적인 행위형식에 의한 것과 같은 경제적 목적을 달성하면서 조세부담을 부당히 감소시키는 것을 의미한다. 대개 납세자들의 세법의 흠결(loophole)을 이용하여 조세회피를 시도한다. 조세회피와 구별되는 개념으로 합법적인 절세(tax saving)와 불법적인 탈세(tax evasion)가 있다. 절세는 조세법규가 예정한 바에 따라 합법적으로 조세부담의 경감을 도모하는 것이다. 예를 들어, 신용카드를 일정 금액 이상 사용하면 소득공제를 해주므로 현금 대신 신용카드를 이용하여 지출하는 것은 절세에

것으로 거래를 재구성할 수 있다고 판시하였다(대법원 2024. 11. 14. 선고 2024두43430 판결). 결국 법인에 대한 주식양도대금이 실질적으로 증여자와 수증자 중 누구에게 귀속되었는지에 따라 실질과세원칙을 적용하여 거래를 재구성할 수 있는지 여부가 결정된다.

43) 임승순, 조세법(2021), 77면

해당한다. 탈세는 세법 규정에 정면으로 반하여 형사처벌의 대상이 되는 행위이다. 예를 들어, 장부를 조작하여 조세를 포탈하는 것은 탈세에 해당한다. 조세회피는 절세와 탈세의 중간영역에 위치한다고 볼 수 있다.

나. 조세회피의 부인과 거래의 재구성

(1) 개별적·구체적인 부인 규정이 있는 경우

조세회피에 대하여 개별적·구체적인 부인 규정(Special Anti-Avodance Rule, SAAR)이 있는 경우에는 그 부인 규정에 따라 거래를 재구성할 수 있다. 개별적·구체적인 부인 규정의 대표적인 예가 부당행위계산부인 규정이다. 양도소득의 부당행위계산부인 규정을 보면 "거주자의 행위 또는 계산이 그 특수관계인과의 거래로 인하여 소득에 대한 조세부담을 부당하게 감소시킨 것으로 인정되면 거주자의 행위 또는 계산과 관계없이 해당 과세기간의 소득금액을 계산할 수 있다."고 규정하고 있다(소득법 제101조 제1항). 그 밖에 종합소득, 법인세 등에 대하여도 역시 부당행위계산부인 규정을 두고 있다(소득법 제41조 제1항, 법인법 제52조 제1항).

(2) 개별적·구체적인 부인 규정이 없는 경우(가장행위의 법리)

(가) 의의

개별적·구체적인 부인 규정이 없는 경우에는 가장행위(假裝行爲)에 해당하지 않는 한, 납세자가 선택한 법형식을 부인할 수 없다는 것이 주류적인 판례이다.[44] 바꾸어 말하면 가장행위에 해당하면 조세회피행위를 부인할 수 있다는 의미이다. 여기서 조세회피를 부인할 수 있는 세법상 가장행위를 민법상 가장행위와 동일하게 보아야 한다는 견해가 있다.[45] 세법상 가장행위의 범위를 넓히면 조세법률주의가 형해화될 수 있다는 우려하에 가급적 세법상 가장행위의 범위를 좁혀 민법상 가장행위와 동일시하려는 것이다. 그러나 판례는 세법상 가장행위를 민법상 가장행위와 동일하게 보지 않고 그보다 넓게 파악한다.[46] 즉 민법상 가장행위의 정도에 이르지 못하나 외관과 실질이 괴리되어 있고 경제적 실질에 따라 과세할 필요가 있는 경우에는 세법상 가장행위에 해당하는 것으로 보아 실질과세원칙을 적용한다. 민법상 가장행위는 거래당사자들이 해당 행위를 할 내심의 의사가 없는 경우에 적용되나, 세법상 가장행위를 이유로 거래형식을 부인하는 경우는 거래당사자들이 조세를 회피하기 위하여 그 거래형식을 선택한 것일 뿐 해당 행위를 할 내심의 의사가 있는 경우에도 적용되므로 민법상 가장행위와 일치하지 않는다.

---

44) 대법원 2009. 4. 9. 선고 2007두26629 판결, 대법원 2011. 4. 28. 선고 2010두3961 판결
45) 대법원 2012. 1. 19. 선고 2008두8499 전원합의체 판결의 반대의견
46) 대법원 2012. 1. 19. 선고 2008두8499 전원합의체 판결의 다수의견

(나) 관련 판례

① 가장행위로 보아 거래의 재구성을 인정한 판례[47]

甲 소유의 토지에 관하여 乙 명의의 소유권이전등기를 거쳐 丙 회사 명의로 소유권이전등기가 경료된 사안에서, 판례는 실제로는 甲이 직접 丙 회사에 토지를 양도하여 대금을 지급받고도 양도소득세 중과를 피하기 위하여 형식적으로 乙을 거래의 중간에 끼워 넣은 것으로 인정하였다. 즉 甲과 乙 및 乙과 丙 회사 사이에 별도의 양도계약이 이루어진 것처럼 계약서를 꾸미고, 그 계약서에 따라 순차 소유권이전등기를 경료하였으나, 甲과 乙 및 乙과 丙 회사의 거래는 가장행위이고 甲이 丙 회사에게 직접 토지를 양도한 것이라고 본 것이다.

② 가장행위가 아니라고 보아 거래의 재구성을 부인한 판례[48]

A와 B가 서로의 토지를 교환하고 각자 교환취득한 토지를 다시 C은행에 양도한 사안에서, 판례는 위 교환행위가 양도소득세의 중과세를 회피하기 위한 행위라 하더라도 가장행위에 해당하는 것으로 볼 수 없다고 판단하였다.

(다) 검토

판례는 개별적·구체적인 부인규정이 없으나 납세의무자의 조세회피행위를 규제할 필요성이 있는 경우 가장행위의 법리를 동원하고 있으나, 우회거래나 다단계거래의 규제에 대하여는 국기법 제14조 제3항에 법적 근거가 있으므로 적어도 우회거래나 다단계거래에 대하여는 가장행위의 법리 대신 국기법 제14조 제3항을 적용하는 것이 타당하다. 그 밖의 조세회피행위에 대하여는 일반적 조세회피부인 규정(Ggeneral Anti‒Avodance Rule, GAAR)이 없으므로 가장행위이론을 활용하는 것이 불가피하다. 이 경우 세법상 가장행위는 거래의 형식을 부인하기 위한 것이므로 민법상 가장행위와 반드시 일치할 필요는 없다. 미국의 가장행위이론(sham transaction doctrine)도 사법상 유효하지만 세법상 용인하기 힘든 행위를 가장행위로 포섭하여 세법상 부인한다.[49]

(3) 국기법 제14조 제3항에 의한 조세회피의 부인 가능성

국기법 제14조 제3항의 입법취지나 문언으로 보면, 일반적인 조세회피행위부인 규정(Ggeneral Anti‒Avodance Rule, GAAR)으로 기능한다고 해석할 여지가 있다. 교차증여에 대한 거래의 재구성을 인정한 대법원 2017. 2. 15. 선고 2015두46963 판결은 그 가능성을 보여주었다.

---

47) 대법원 1992. 5. 22. 선고 91누12103 판결, 대법원 2015. 9. 10. 선고 2010두1385 판결
48) 대법원 1991. 5. 14. 선고 90누3027 판결
49) 미국에서 실질과세원칙의 내용은 ① 실질우위원칙(substance over form doctrine), ② 가장행위이론(sham transaction doctrine), ③ 사업목적원칙(business purpose doctrine), ④ 경제적 실질원칙(economic substance doctrine), ⑤ 단계거래원칙(step transaction doctrine) 등으로 구성된다. 이에 대한 자세한 내용은 이동식, 「실질과세원칙」, 경북대학교 출판부, 2021 참조

그러나 국기법 제14조 제3항에 의하여 조세회피행위를 부인할 수 있다고 하더라도 문언상 우회거래나 다단계거래에 대하여만 적용된다고 해석할 가능성이 있다. 또한 국기법 제14조 제3항은 우회거래나 다단계거래를 하나의 거래로 재구성하는 것을 규정하고 있을 뿐 그와 반대로 하나의 거래나 행위를 여러 개의 거래나 행위로 재구성하는 규정으로 보기는 어렵다. 따라서 국기법 제14조 제3항의 존재에도 불구하고 다양한 형식의 조세회피에 대응하기 위하여는 일반적 조세회피부인 규정이 필요하다.

6. 위법소득에 대한 과세

가. 위법소득의 의의

위법소득은 법률을 위반하여 얻은 소득을 의미한다. 위법소득은 담세력이 있으므로 과세하여야 한다는 점을 강조하면 위법소득에 대한 과세는 실질과세원칙과 연관성을 갖는다. 반면, 위법소득은 그 성격상 소득의 상실가능성이 내재되어 있으므로 확정적인 소득이 아니라는 점을 강조하면 과세의 필요성이 없다는 의견도 가능하다.

나. 위법소득의 종류

위법소득에는 형사상 위법소득, 사법상 위법소득, 행정상 위법소득이 있다.

① 형사상 위법소득은 범죄행위로 인하여 얻은 소득을 의미한다. 예를 들면, 뇌물, 알선수재, 배임수재 등으로 얻은 소득이 이에 해당한다. 형사상 위법소득은 당장 경제적 이익을 향유하더라도 추후 몰수나 추징 등에 의하여 소득을 상실할 가능성이 있다.

② 사법상 위법소득은 사법상 무효이거나 취소 또는 해제할 수 있는 행위로 얻은 소득을 말한다. 예를 들어, 토지거래허가구역 내에서 토지거래허가를 받지 않고 토지를 양도하면 민법상 무효이므로 그 과정에서 얻은 소득이 사법상 위법소득이다. 사법상 위법소득은 당장 경제적 이익을 향유하더라도 부당이득반환의무에 의하여 추후 상대방에게 이익을 반환하여야 하므로 소득을 상실할 가능성이 있다.

③ 행정상 위법소득은 행정법규를 위반한 거래로부터 얻은 소득을 의미한다. 예를 들어, 유흥주점을 무허가로 운영하여 얻은 소득이 이에 해당한다. 행정상 위법소득은 당장 경제적 이익을 향유하더라도 추후 과징금 등이 부과되면 소득을 상실할 가능성이 있다.

다. 위법소득의 과세 여부

(1) 학설

긍정설은 ① 현실적으로 경제적 이익을 향유하여 담세력이 있으므로 실질과세원칙에 따라 과세하는 것이 타당한 점, ② 위법소득에 대하여 과세하지 않으면 위법소득자를 우대하는 셈이 되어 불합리한 점, ③ 소득이 발생하였으므로 우선 과세하고 추후 소득을 상실하면 그때 조정하면 된다는 점 등을 근거로 한다.

반면, 부정설은 ① 위법소득에 대하여 과세하면 위법을 시인하는 결과가 되어 정의관념에 반하는 점, ② 형사상 위법소득에 대하여는 몰수나 추징을 하고, 사법상 위법소득에 대하여는 당사자 간 부당이득반환의무를 이행하며, 행정상 위법소득에 대하여는 과징금 부과 등으로 해결하면 되는 점 등을 근거로 한다.

(2) 입법

뇌물, 알선수재 및 배임수재로 얻은 금품, 위법한 사행행위로 얻은 소득에 대하여는 기타소득으로 명문화함으로써 입법적으로 해결하였다(소득법 제21조 제1항 제3호, 제23호, 제24호). 사행행위로 얻은 소득에 대하여는 소득세법 제21조 제1항 제3호에서 적법 또는 불법 여부는 고려하지 아니한다고 명시하고 있다. 또한 법인의 임직원이 법인의 재산을 횡령한 경우 소득처분에 의하여 인정상여로 되면 근로소득으로 과세할 수 있다(소득법 제20조 제1항 제3호).

(3) 판례

뇌물, 알선수재 및 배임수재 등과 같이 법률에 규정이 있는 경우에는 소득세를 과세할 수 있음이 명확하나, 세법상 위법소득의 과세 여부에 대한 명문의 규정이 없는 경우 그 소득의 과세 여부에 대한 해석은 판례와 학설에 맡겨져 있다.

(가) 양도소득 이외의 사법상 위법소득, 행정상 위법소득에 대한 과세

양도소득 이외의 사법상 위법소득, 행정상 위법소득에 대하여 판례는 일관되게 "과세소득은 이를 경제적 측면에서 보아 현실로 이득을 지배관리하면서 이를 향수하고 있어서 담세력이 있는 것으로 판단되면 족하고 그 소득을 얻게 된 원인관계에 대한 법률적 평가가 반드시 적법하고 유효한 것이어야 하는 것은 아니다."라고 판시하여 과세를 긍정한다.[50] 예를 들어, 법인과 이사 사이의 소비대차가 이익상반으로 사법상 무효라 하더라도 소비대차에서 발생한 이자소득에 대하여 과세할 수 있고,[51] 상호신용금고의 차입행위가 상호신용금고법의 절차를 위배하여 사법상 무효라 하더라도 그 상대계정인 현금이 일단 신용금고에 들어온 이상 법인의 수익에 대하여 과세할 수 있다.[52] 또한 대여인이 차용인 측의 기망을 이유로 대여계약을 적법하게 취소하였더라도, 차용인에게 각 대여계약에 따른 이자를 반환하지 않고 보유하고 있다면, 경제적인 측면에서 담세력이 있으므로 이자소득이 여전히 존재하는 것으로 취급하며,[53] 법인 간의 거래에서 계약이 해제되어 사법상으로는 수령금을 수령·보유할 법률상 권원이 없었다고 볼 여지가 있더라도, 그와 같이 현실로 받은 수령금을 상대방에게 반환하지 않은 채 계속 보유한 이상, 수령금 상당의 이득을 지배·관리하면서 이를 향수하고 있다고

---

50) 대법원 1983. 10. 25. 선고 81누136 판결
51) 대법원 1985. 5. 28. 선고 83누123 판결
52) 대법원 1991. 12. 10. 선고 91누5303 판결
53) 대법원 2020. 6. 25. 선고 2017두58991 판결

할 것이므로 그와 관련한 담세력을 인정할 수 있다.[54] 나아가 법인이 토지거래허가구역 내 토지를 허가 없이 매도한 경우에 양도차익에 대해 법인세를 부과할 수 있다.[55]

(나) 사법상 위법소득 중 양도소득에 대한 과세

자산의 양도가 무효인 경우에는 양도인이 양도대금을 수령하였다거나 매수인 명의로 소유권이전등기가 경료되었더라도 자산의 양도에 해당한다거나 자산의 양도로 인한 소득이 있다고 할 수 없으므로 양도소득세를 과세할 수 없다고 해석하는 것이 판례의 입장이다.[56] 사법상 무효인 거래를 세법상 양도라고 보는 것은 사법과 세법의 통일성에 반하므로 사법상 무효인 거래에 대하여는 양도소득세를 과세할 수 없다고 해석하는 것이다. 판례는 토지거래허가구역 내의 토지에 대하여 양도대금을 수령하였더라도 토지거래허가를 받지 않았으면 사법상 무효이므로 역시 양도소득세를 과세할 수 없다는 입장을 유지한다.[57] 이는 법인이 토지거래허가구역 내 토지를 허가 없이 양도한 경우 법인세를 부과할 수 있는 것과 대비된다. 다만 토지거래허가구역 내의 토지를 매도하고 대금을 수수하였으면서도 토지거래허가를 배제하거나 잠탈할 목적으로 ① 매수인 앞으로 증여를 원인으로 소유권이전등기를 마친 경우, ② 미등기로 전매하여 매매대금을 수수하고서도 최초 매도인이 제3자에게 직접 매도한 것처럼 매매계약서를 작성하고 토지거래허가를 받아 이전등기까지 마친 후 이전등기가 말소되지 않은 채 남아 있고 매도인 또는 중간 매도인이 수수한 매매대금도 매수인 또는 제3자에게 반환하지 않은 채 그대로 보유하고 있는 때 등 2가지 경우에는 사법상 무효이지만 세법의 독자성을 근거로 예외적으로 양도소득세 과세대상이 된다고 판시하였다.[58]

위 판결은 전원합의체 판결인데, 다수의견은 위 2가지 경우는 사법상 무효이지만 당사자 간 소득을 원상회복시킬 가능성이 매우 희박하므로 양도소득이 실현된 것으로 보아 예외적으로 양도소득세 과세대상이 된다고 판단하였다. 이에 비해 반대의견은 소득세법상 양도를 그 원인인 계약의 유무효와 관계없이 사실상의 이전이라고만 해석하는 것은 사법상 양도 개념과 세법상 양도 개념의 통일적 해석에 장애가 되므로 사법상 무효인 거래는 세법상 양도로 볼 수 없다는 입장이었다.[59]

---

54) 대법원 2023. 11. 30. 선고 2019두58445 판결
55) 대법원 2022. 8. 22.자 2022두41577 판결(심리불속행)
56) 대법원 1997. 1. 21. 선고 96누8901 판결
57) 대법원 2003. 7. 8. 선고 2001두9776 판결,
58) 대법원 2011. 7. 21. 선고 2010두23644 전원합의체 판결
59) 다수의견과 반대의견은 사법과 세법의 통일성이라는 기준 이외에 예정신고기한과 확정신고기한, 양도시기 등에 대하여도 상반된 의견을 보였다.
  ① 소득세법 제105조, 제110조는 토지거래허가구역 내의 토지를 양도할 때 토지거래허가를 받기 전에 대금을 청산한 경우에는 그 허가일이 속하는 달의 말일부터 예정신고기한과 확정신고기한을 기산하도록 규정되어 있다. 다수의견은 토지거래허가를 배제하거나 잠탈하는 거래는 토지거래허가를 예정하고 있지 않으므로 이 규정이 적용되지 않는다고 한다. 대신 최종매수인으로 소유권이전등기가 경료된 날이 속하는 달의 말일부터 예정신고기한과 확정신고기한을 기산하여야 한다고 본다. 반대의견은 위 소득세법 제

라. 위법소득의 상실에 따른 과세문제

(1) 뇌물, 배임수재 등

과거의 판례들은 뇌물, 배임수재 등 형사상 위법소득에 대하여 원귀속자에게 돌려주는 경우에는 과세에 영향을 미치나, 몰수나 추징은 과세에 영향을 미치지 않는다고 판시하였다.[60] 예를 들어, 공무원이 뇌물을 받은 경우 증뢰자에게 반환하면 납세자가 권리구제를 받을 수 있으나, 몰수나 추징되면 권리구제를 받을 수 없었다. 그러나 대법원 2015. 7. 16. 선고 2014두5514 전원합의체 판결은 위법소득을 얻은 후 몰수나 추징이 이루어진 경우 위법소득에 내재되어 있던 경제적 이익의 상실가능성이 현실화되어 담세력이 없으므로 후발적 경정청구를 하여 납세의무의 부담에서 벗어날 수 있다고 판시하였다. 위 전원합의체 판결에 의하면 형사상 위법소득에 대하여 몰수나 추징이 이루어진 경우 종국적으로는 과세할 수 없게 되나, 위법소득에 대한 납세의무가 성립한 후 소득의 상실을 후발적 경정청구사유로 삼아 과세할 수 없다는 것이므로 위법소득에 대한 과세 자체를 처음부터 부정하는 입장은 아니라는 점을 유의할 필요가 있다.

한편 위법소득의 속성상 납세의무자가 스스로 세금을 납부한 후 후발적 경정청구권을 행사하는 경우는 상정하기 어렵고, 과세관청이 판결 등의 자료를 입수하여 납세자가 위법소득을 얻은 사실을 사후에 인지한 후 부과처분을 하면 그 부과처분에 대하여 다투면서 몰수, 추징 등 후발적 경정청구사유를 주장하는 것이 일반적이다. 이 경우 납세자는 몰수나 추징 등의 후발적 경정청구사유를 부과처분의 위법사유로 주장하는 것도 가능하다.

(2) 횡령

법인의 실질적 경영자와 공모하여 법인의 자금을 횡령한 후 형사재판에서 횡령금 상당액을 피해법인에 지급한 경우에는 후발적 경정청구사유에 해당하지 않는다는 것이 판례의 입장이다.[61] 횡령금은 몰수·추징의 대상이 되지 않고, 그 반환 여부가 당사자의 의사에 좌우되는 점, 횡령금의 반환은 위법소득으로 인한 경제적 이익을 포기하는 대신 양형상 이익을 얻기 위한 행위인 점 등에 비추어 위법소득에 내재되어 있던 경제적 이익의 상실가능성이 현실화된 것이라고 볼 수 없으므로 뇌물 등과 동일시할 수 없다고 본 것이다.

105조, 제110조를 근거로 토지거래허가를 받지 않은 경우에는 양도소득세를 과세할 수 없다고 한다.
② 양도시기에 대하여 다수의견은 다른 거래와 마찬가지로 대금청산일을 양도시기로 보아야 한다고 주장하고, 반대의견은 토지거래허가를 받지 않았기 때문에 양도시기가 모호하다고 주장한다.
③ 다수의견은 미등기 전매를 한 자가 얻은 양도차익에 대하여 양도소득세를 과세하지 않으면 조세정의와 형평에 심히 어긋난다는 점을 강조하였고, 반대의견은 이 사건에 대해 납세의무가 있다고 하면 납세자는 양도소득세를 납부하여야 하는 것은 물론 조세포탈죄 등으로 처벌받게 되는데, 다수의견에 따른 과세요건의 창설은 형벌의 구성요건을 창설하는 것이나 다름없이 부당하다는 점을 부각하였다.

60) 대법원 1983. 10. 25. 선고 81누136 판결
61) 대법원 2024. 6. 17. 선고 2021두35346 판결

그 밖에 뇌물과 달리 횡령은 사외유출이라는 소득처분을 거쳐 소득세 과세가 이루어지므로 피해법인에 횡령금을 반환하였더라도, 법인세법 시행령 제106조 제4항에 따라 수정신고기한 내의 회수 등의 요건을 충족하지 못한 이상, 후발적 경정청구를 인정하기 어렵다는 점도 고려된 것으로 보인다.

제2절 신의성실원칙

1. 개요

가. 의의

국기법 제15조에 규정된 신의성실원칙은 상대방의 합리적인 기대나 신뢰를 배반할 수 없다는 법원칙이다. 신의성실원칙은 권리남용금지 원칙과 함께 민법에서 발전된 법의 일반원칙이지만 정의와 형평의 이념에 근거하고 있으므로 공법관계인 조세법률관계에도 적용된다. 과세관청의 행위뿐 아니라 납세자의 행위에 대하여도 신의성실원칙이 적용된다.

신의성실원칙과 유사한 법원칙으로 행정법에서 발전한 신뢰보호원칙이 있다. 신뢰보호원칙은 국가기관의 일정한 언동의 정당성 또는 존속성에 대한 개인의 신뢰를 보호해야 한다는 원칙이다. 신뢰보호원칙은 행정청에게 적용되고, 신의성실원칙은 행정청 이외에 납세자에게도 적용된다는 점에서 차이가 있다. 따라서 신의성실원칙이 행정청에게 적용될 때에는 신뢰보호원칙과 유사하다. 판례는 "조세법률관계에 있어서 과세관청의 행위에 대하여 신의성실원칙 내지 신뢰보호원칙이 적용되기 위한 요건으로는"이라고 하여 행정청 또는 과세관청에게 적용할 때에는 양자를 혼용하는 경향이 있다.[62]

나. 신의성실원칙과 조세법률주의의 관계

조세법 영역에서는 조세법률주의에 의하여 합법성의 요청이 강하게 요구되므로 조세실체법에 대한 신의성실원칙 적용은 합법성을 희생하여서라도 구체적 신뢰보호의 필요성이 인정되는 경우에 한하여 예외적으로 허용된다.[63] 과세관청의 행위에 대한 신의성실원칙의 적용과 관련하여 법령 규정에 의하면 과세관청이 납세자에게 과세할 수 있는 사안인데, 과세관청이 납세자에게 과세되지 않는다는 신뢰를 주었고, 이러한 납세자의 신뢰를 보호할 필요가 있을 때에는 법령 규정보다 납세자의 신뢰를 우선시하여 납세자에게 과세할 수 없게 된다.

또한 납세자의 행위에 대한 신의성실원칙의 적용과 관련하여 법령의 규정에 의하면 납세자

---

62) 대법원 2006. 5. 26. 선고 2003다18401 판결
63) 대법원 2008. 12. 24. 선고 2006두13497 판결

에게 과세할 수 없는데, 납세자가 과세관청에게 과세할 수 있다는 신뢰를 주었고, 이러한 과세관청의 신뢰를 보호할 필요가 있을 때에는 법령 규정보다 과세관청의 신뢰를 우위에 두어 납세자에게 과세할 수 있게 된다. 이와 같이 신의성실원칙은 조세법 규정과 다른 법효력을 부여하는 것으로서 조세법률주의와 충돌관계에 있으므로 엄격히 해석할 필요가 있다.

2. 과세관청의 행위에 대한 적용

가. 적용요건[64]

(1) 과세관청의 공적(公的)인 견해표명

과세관청이 납세자에게 신뢰의 대상이 되는 공적 견해표명을 하여야 한다. 공적 견해표명에 해당하려면 원칙적으로 일정한 책임있는 지위를 가진 세무공무원이 견해를 표명한 경우이어야 한다. 그러나 행정조직상의 형식적인 권한분장에 얽매일 것은 아니고 담당자의 조직상 지위와 임무, 당해 언동을 하게 된 경위 및 그에 대한 상대방의 신뢰가능성 등에 비추어 판단하여야 한다.[65] 이러한 기준에 의할 때 과세관청이 행정서비스 차원에서 제공하는 단순한 상담은 과세관청의 공적 견해표명이 될 수 없다.[66] 실무상 과세관청의 공적 견해표명을 확인할 수 있는 방법은 과세관청에 서면질의를 하여 예규를 받는 것이다.

(2) 납세자 신뢰의 보호가치

과세관청의 공적 견해표명이 정당하다고 신뢰한 데 대하여 납세의무자에게 귀책사유가 없어야 한다. 과세관청이 공적인 견해표명을 통하여 부여한 신뢰가 평균적인 납세자로 하여금 합리적이고 정당한 기대를 갖게 할 만한 것이어야 하므로 과세관청이 질의회신을 통하여 어떤 견해를 표명하였더라도 그것이 중요한 사실관계와 법적인 쟁점을 제대로 드러내지 않은 채 질의한데 따른 것이면 공적인 견해표명에 의하여 정당한 신뢰를 부여한 경우라고 볼 수 없다.[67] 실무에서 납세자가 사실관계를 정확히 밝히지 않은 채 과세관청에 질의한 경우 과세관청은 구체적 사실관계가 불분명하여 회신할 수 없다거나 답변을 하되 "귀 질의가 이에 해당하는지 여부는 사실관계에 따라 종합적으로 검토하여 판단하여야 한다."는 식으로 유보적인 답변을 하는 경우가 많다.[68] 납세자가 허위사실을 신고하여 과세관청이 잘못된 견해표명을 한 경우나 납세자가 조금만 주의를 기울였다면 과세관청의 잘못된 견해표명을 쉽게 알 수 있었던 경우에는 납세자에게 귀책사유가 있으므로 신의성실원칙이 적용되지 않는다.

---

64) 대법원 2002. 3. 29. 선고 99두1861 판결
65) 대법원 1997. 9. 12. 선고 96누18380 판결
66) 대법원 2009. 4. 23. 선고 2007두3107 판결
67) 대법원 2013. 12. 26. 선고 2011두5940 판결
68) 서면 인터넷방문상담2팀－1782(2007. 10. 5.), 서면 인터넷방문상담2팀－349(2006. 2. 15.)

(3) 신뢰에 기반한 납세자의 조치

납세자가 과세관청의 공적인 견해표명을 신뢰하고 이에 기반하여 일정한 행위를 하거나 하지 않아야 한다. 납세자의 조치에는 작위뿐 아니라 부작위가 포함되고, 과세관청의 공적인 견해표명과 이를 신뢰한 납세자의 조치 사이에 인과관계가 있어야 한다. 납세자의 행위에는 법률행위 이외에 사실행위도 포함된다. 납세자의 조치에 부작위가 포함되므로 과세관청의 공적 견해를 신뢰하여 재산을 처분하거나 취득하는 등의 행위를 한 경우는 물론 납세자가 과세표준과 세액의 신고의무가 없다는 과세관청의 공적 견해를 신뢰하여 신고의무를 이행하지 않은 경우에도 신의성실원칙이 적용된다. 과세관청의 공적인 견해표명이 있기 이전에 납세자가 어떠한 행위를 한 경우에는 공적인 견해표명과 납세자의 행위 사이에 인과관계가 없으므로 신의성실원칙이 적용되지 않는다.

(4) 과세관청의 공적 견해표명에 반하는 처분과 납세자의 이익 침해

과세관청이 공적 견해표명에 반하는 처분을 함으로써 납세자의 이익이 침해되어야 한다. 예를 들어, 과세관청이 특정 사안에 대하여 과세하지 않는다는 공적 견해표명을 한 후 이를 번복하여 납세자에게 과세처분을 함으로써 납세자의 이익이 침해되는 경우가 이에 해당한다. 그러나 신의성실원칙은 과세관청의 과거 언동에 반하는 처분을 금지하는 것이므로 과세관청이 과거 언동을 시정하여 장래에 향하여 처분하는 것은 신의성실원칙 위반으로 볼 수 없다.[69]

나. 신의성실원칙 위반의 효력

신의성실원칙에 위반한 과세처분은 법령에 과세의 근거가 있으므로 원칙적으로 과세할 수 있는 경우에 해당하나, 위와 같은 4가지 요건을 충족하면 납세자의 신뢰를 우선시하여 과세처분을 위법하다고 본다. 신의성실원칙에 위반되는 과세처분의 하자는 중대하고 명백하다고 볼 수 없으므로 취소할 수 있는 행위에 해당한다.[70]

다. 관련 판례

(1) 부정례

과세관청의 민원상담직원이 매매에 대하여 비과세될 것이라고 말한 경우,[71] 울산지방해운항만청장이 도세인 지역개발세를 면제한다고 말한 경우,[72] 과세관청이 허위작성된 자경확인서에 의해 비과세결정을 한 경우[73] 등에는 신의성실원칙의 적용을 부정하였다.

---

69) 대법원 1993. 2. 12. 선고 92누5478 판결
70) 대법원 1991. 1. 29. 선고 90누7449 판결
71) 대법원 1993. 2. 23. 선고 92누12919 판결
72) 대법원 1997. 11. 28. 선고 96누11495 판결
73) 대법원 1991. 10. 22. 선고 90누9360 전원합의체 판결

(2) 긍정례

구청장의 지시에 따라 그 소속직원이 취득세 면제를 제의한 경우,[74] 세무서 직원들이 부가가치세 면제대상이라고 세무지도를 한 경우,[75] 내무부장관이 취득세 등 면제에 대하여 비과세로 회신한 경우[76] 등에는 신의성실원칙의 적용을 긍정하였다.

라. 세법해석 사전답변(advance ruling)

세법해석 사전답변은 과세관청의 행위에 대한 신의성실원칙을 제도화한 것으로서 국세청 훈령인 법령사무처리규정에 근거하고 있다. 이에 의하면 세법해석 사전답변은 신청인이 본인의 특정한 거래나 행위에 관한 세법해석과 관련하여 실명(實名)과 구체적인 사실관계 등을 기재한 신청서를 법정신고기한 전에 제출하는 경우 국세청장이 명확히 답변하는 것을 말한다 (법령사무처리규정 제2조 제10호). 신청인이 과세관청의 답변내용을 정당하게 신뢰하고 신청한 사실대로 특정한 거래 등을 이행한 경우 과세관청은 해당 거래에 대한 답변에 구속되므로 답변과 다른 내용으로 과세할 수 없다(법령사무처리규정 제25조).

3. 납세자의 행위에 대한 적용

가. 의의

납세의무자가 과세관청에 대하여 자기의 과거 언동에 반하는 행위를 하였을 경우에는 세법상 조세감면 등 혜택의 박탈, 가산세의 제재, 세법상 벌칙 등 불이익처분을 받게 되는 점, 과세관청은 납세자에 대한 우월적 지위에서 실지조사권 등을 가지는 점, 과세처분의 적법성에 대한 증명책임은 원칙적으로 과세관청에 있는 점 등을 고려하면, 납세의무자에 대한 신의성실원칙의 적용은 극히 제한적으로 인정하여야 한다.[77] 기본적으로 과세관청이 납세자보다 우월한 지위에 있으므로 양자 사이의 힘의 균형을 유지하려면 납세자의 행위에 대한 신의성실원칙 적용은 신중해야 한다. 이러한 이유로 납세자에 대한 신의성실원칙은 과세관청에 대한 신의성실원칙보다 훨씬 엄격하게 적용하므로 실제 납세자에 대한 신의성실원칙이 인정된 판례는 드문 편이다.

나. 적용요건[78]

(1) 객관적으로 모순되는 행태의 존재

납세자에게 객관적으로 모순되는 행태가 존재하여야 한다. 객관적으로 모순되는 행태란 납세자가 과세관청에 대하여 자기의 과거의 언동에 반하는 행위를 하는 것을 의미한다.

---

74) 대법원 1995. 6. 16. 선고 94누12159 판결
75) 대법원 1990. 10. 10. 선고 88누5280 판결
76) 대법원 2008. 6. 12. 선고 2008두1115 판결
77) 대법원 2007. 6. 28. 선고 2005두2087 판결
78) 대법원 2006. 1. 26. 선고 2005두6300 판결

(2) 납세자의 심한 배신행위

납세자의 모순되는 행태가 납세자의 심한 배신행위에 기인하여야 한다. 배신행위란 상대방의 신뢰에 반하는 행위를 의미한다. 납세자의 심한 배신행위를 요구하므로 배신행위라 하더라도 그 정도가 심하지 않으면 납세자에게 신의성실원칙을 적용할 수 없다. 이 요건이 매우 엄격하므로 납세자에 대한 신의성실원칙이 인정되는 경우가 많지 않다.

(3) 과세관청의 보호가치 있는 신뢰

납세자의 심한 배신행위에 기하여 야기된 과세관청의 신뢰가 보호받을 가치가 있어야 한다. 과세관청의 신뢰가 보호가치가 있으려면 과세관청에게 귀책사유가 없어야 한다.

다. 신의성실원칙 위반의 효력

납세자에 대한 신의성실원칙의 요건을 충족하면 과세처분의 하자가 있더라도 치유된다. 따라서 납세자가 과세처분이 위법하다는 주장을 하더라도 받아들여지지 않는다.

라. 관련 판례

(1) 부정례

(가) 실질과 달리 증여등기를 한 후 그 실질이 매매라고 주장하는 경우[79]

매매계약을 체결한 후 토지거래허가가 나지 않으므로 증여를 원인으로 소유권이전등기를 하자 과세관청이 등기부의 기재를 신뢰하여 매수인에게 증여세를 부과한 사안에서, 판례는 매매계약은 확정적으로 무효가 되었고 그 소유권이전등기도 무효이어서 증여세 납부의무도 없으므로 무효등기의 원상복구 여부와 관계없이 납세자가 증여세 납부의무를 다툰다 하여 신의성실원칙에 위반되는 것으로 볼 수 없다고 판시하였다.

위 판결은 전원합의체 판결이었는데, 다수의견은 신의성실원칙의 적용요건 3가지에 대하여 ① 거래당사자가 법령상 제한 등의 이유로 실질과 달리 증여를 원인으로 등기를 한 후 소송에서 그 실질이 등기부상의 등기원인과 다른 것이라고 주장하더라도 모순되는 행태라고 하기 어렵고, ② 적절한 실지조사권을 행사하지 않은 과세관청에 대하여 납세의무자 스스로 등기원인을 달리하여 등기하였음을 사전에 알리지 않고 부과처분이 있은 후 뒤늦게 다툰다는 것만으로 심한 배신행위라고 할 수 없으며, ③ 과세관청이 등기부상의 등기원인만을 보고 이를 신뢰하였

---

79) 대법원 1997. 3. 20. 선고 95누18383 전원합의체 판결. 이 판결 선고 당시에는 주류적인 판례가 토지거래허가구역 내에서 토지를 매매하고 매매대금을 수령하였더라도 토지거래허가를 받지 않은 경우 양도인에게 양도소득세를 과세할 수 없다는 입장이었으므로 과세관청이 외형대로 양수인에게 증여세를 과세하여 분쟁이 생겼으나, 그 후 대법원 2011. 7. 21. 선고 2010두23644 전원합의체 판결이 토지거래허가구역 내에서 토지거래허가를 받지 않고 증여를 원인으로 소유권이전등기한 경우에는 양도인에게 양도소득세를 과세할 수 있다고 판시하였으므로 더 이상 양수인에게 증여세를 부과할 필요성이 없어졌다. 대법원 1997. 3. 20. 선고 95누18383 전원합의체 판결이 대법원 2011. 7. 21. 선고 2010두23644 전원합의체 판결에 의하여 폐기된 이유이다.

더라도 보호가치 있는 신뢰라고 할 수 없다고 판단하였다. 이에 비하여 반대의견은 증여세 납부의무를 다투는 자의 주장은 조세법상 납세의무자에 대하여 신의성실원칙을 적용하기 위한 요건에 모두 해당하고, 그 모순의 정도와 주관적 귀책가능성의 정도 및 신뢰의 보호가치 정도, 국토이용관리법의 입법취지 등을 고려할 때 신의성실원칙에 위반된다는 입장이었다.

(나) 피합병법인이 대손충당금 설정을 회피하고 합병법인이 대손충당금을 설정한 경우[80]

구 법인세법(2008. 12. 26. 개정 전) 제45조 제1항 제2호에 따라 이월결손금을 승계하지 못하는 합병법인인 은행이 이를 회피하고자 피합병법인인 카드회사로 하여금 결산 이전에 대손충당금을 설정하지 않게 함으로써 카드회사의 금전채권을 장부가액으로 승계하고, 합병 후 합병법인이 대손충당금을 설정하여 합병법인의 손금으로 인식한 사안에서,[81] 판례는 납세자의 행위가 신의성실원칙에 위반되지 않는다고 판시하였다. 대손충당금의 설정은 결산조정사항이므로 법인이 대손사유가 현실로 발생하였을 때에 손금으로 인식할 것인지 아니면 대손충당금을 설정하는 방법으로 대손사유가 현실화되기 전에 미리 손금으로 인식할 것인지 여부는 법인의 선택에 달려 있다는 점을 중시하여 조세를 줄이기 위하여 피합병법인이 대손충당금을 설정하지 않고 합병법인이 피합병법인을 합병한 후 대손충당금을 설정하였더라도 신의성실원칙에 반하지 않는다고 판단한 것이다.

(다) 기타

장부를 허위기장한 후 부외인건비(簿外人件費)의 공제를 주장하는 경우,[82] 분식결산에 따라 과다신고한 법인세의 취소를 주장하는 경우[83] 등에서는 신의성실원칙의 적용을 부정하였다.

(2) 긍정례

(가) 변칙적 거래의 사슬에 있는 금지금 수출업자가 매입세액공제를 주장하는 경우[84]

금지금은 '외국업체 → 수입업체 → 면세 도관업체 → 폭탄업체(악의적 사업자) → 과세도관업체 → 수출업체 → 외국업체'의 단계를 거쳐 유통된다.[85] 수출업체가 영세율사업자로서 전단계에서 거래징수당한 매입세액의 환급을 청구한 사안에서, 판례는 수출업자가 그 전단계

---

80) 대법원 2015. 1. 15. 선고 2012두4111 판결
81) 구 법인세법 제45조 제1항 제2호는 '피합병법인의 주주 등이 합병법인으로부터 받은 주식 등이 합병법인의 합병등기일 현재 10% 이상'이라는 요건을 충족하지 못하는 경우 합병법인이 피합병법인의 이월결손금을 승계할 수 없다고 규정하였다. 이 사건의 경우 합병법인이 피합병법인의 주주 등에게 교부한 주식은 합병등기일 현재 발행주식총수의 2.4%에 불과하여 피합병법인의 이월결손금을 승계할 수 없었다.
82) 대법원 1993. 9. 24. 선고 93누6232 판결
83) 대법원 2006. 1. 26. 선고 2005두6300 판결
84) 대법원 2011. 1. 20. 선고 2009두13474 전원합의체 판결
85) 매입세액공제의 남용은 유럽연합(EU) 역내에서는 고가치, 저용량 소비재인 휴대폰, 컴퓨터칩 등의 거래에서 자주 발생하였는데, 이를 회전목마형 사기거래(carousel fraud)라고 부른다(김완석, 이중교, "면세금지금 변칙거래의 매입세액공제에 관한 연구 – 유럽지역 회전목마형 사기거래(carousel fraud)와의 비교법적 고찰을 중심으로–, 조세연구 제10권 제1호, 2010., 9면).

에 악의적 사업자(폭탄업체)[86]가 포함된 부정거래가 있음을 알면서도 자신의 이익을 도모하고자 거래에 나섰고, 그의 거래이익은 앞단계의 부정거래로부터 연유하는 것이며, 그의 거래 참여가 부정거래의 판로를 확보해 줌으로써 궁극적으로 부정거래를 가능하게 한 결정적인 요인이 된 경우, 이는 매입세액공제제도를 악용하여 부당한 이득을 추구하는 행위이므로 수출업자가 매입세액의 공제·환급을 구하는 것은 보편적인 정의관과 윤리관에 비추어 용납될 수 없다는 이유로 신의성실원칙에 위반된다고 판시하였다.

위 판결은 전원합의체 판결이었는데, 별개의견은 신의성실원칙에 의하여 수출업자의 매입세액공제 주장을 제한하기 위해서는 그가 악의적 사업자(폭탄업체)의 부정거래사실 등을 알았거나 중대한 과실로 알지 못한 것만으로는 부족하고 부정거래를 통하여 매출세액을 포탈하는 악의적 사업자의 범죄행위에 적극적으로 가담하고 그 대가로 악의적 사업자가 포탈한 매출세액의 일부를 매매차익의 형태로 분배받은 정도에 이르러야 한다는 입장으로서 다수의견보다 매입세액공제가 부인되는 범위를 좁게 해석하였다. 반대의견은 면세사업자가 면세제도를 악용할 소지가 있더라도 법률을 개정하여 해결하여야 하고 특별규정 없이 매입세액공제를 부인하는 것은 조세법률주의의 근간을 훼손한다는 이유로 부가가치세 부과처분이 위법하다는 입장이었다.

위 판결은 신의성실원칙의 3가지 적용요건을 기준으로 판단하지 않고 보편적인 정의관과 윤리관에 어긋난다는 점을 근거로 신의성실원칙 위반을 판단하였다는 점에 특징이 있다. 이러한 점에서 위 전원합의체 판결은 종래의 모순금지 원칙에서 권리남용금지 원칙으로 납세자의 신의성실원칙 적용을 확대하였다는 점에서 의의가 있다.[87]

(나) 명의신탁받은 부동산에 대한 매입세액 환급을 받은 후 임대차계약의 무효를 주장하는 경우[88]

납세의무자가 명의신탁받은 부동산을 명의신탁자에게 임대한 것처럼 가장하여 사업자등록을 마치고 그 중 건물 취득가액에 대한 매입세액까지 환급받은 후 임대사업의 폐업신고를 하고 이에 대하여 과세관청이 폐업 시 잔존재화의 공급의제규정에 따라 부가가치세 부과처분을 하자 납세의무자가 그 부동산은 명의신탁된 것이므로 임대차계약이 통정허위표시로서 무효라고 주장하는 사안에서, 판례는 납세자의 행위가 신의성실원칙에 위반된다고 판시하였다. 부동산의 명의수탁자가 건물 등의 취득가액에 대한 매입세액을 환급받아 국고손실을 초래한 후 부가가치세가 과세되자 기존의 태도를 바꾸어 명의신탁이라고 주장하는 것은 심한 배신행위에 해당한다고 판단한 것이다.

---

86) 악의적 사업자는 폐업하고 사라진다고 해서 폭탄업체라고 부르며, 영어로는 "missing trader"라고 한다.
87) 강석규, 조세법쟁론(2023), 69~73면
88) 대법원 2009. 4. 23. 선고 2006두14865 판결

(다) 증여세를 회피하기 위하여 농지 소유권 이전등기가 무효라고 주장하는 경우[89]

농지의 명의수탁자가 적극적으로 자경의사가 있는 것처럼 소재지 관서의 증명을 받아 그 명의로 소유권이전등기를 마치고 농지 소유자로 행세하면서, 한편으로 증여세 등의 부과를 면하기 위하여 농가가 아니고 자경의사도 없었음을 들어 농지개혁법에 저촉되기 때문에 그 등기가 무효라고 주장하는 사안에서, 판례는 전에 스스로 한 행위와 모순되는 행위를 함으로써 자기에게 유리한 법지위를 악용하는 것이므로 신의성실원칙에 위반된다고 판시하였다.

4. 비과세관행

가. 의의

비과세관행은 국세행정상 과세하지 않는 관행이 일반적으로 납세자에게 받아들여진 후에 이에 반하는 과세처분을 하는 경우 그 과세처분은 위법함을 의미한다. 국세행정에 대한 납세자의 신뢰를 보호하는 것이므로 넓게 보면 과세관청의 행위에 대한 신의성실원칙의 일종으로 볼 수 있다. 판례도 "조세법률관계에서 과세관청의 행위에 대하여 신의칙 내지 비과세관행이 성립되었다고 하려면"이라고 하여 신의성실원칙과 비과세관행을 혼용하는 경향이 있다.[90] 양자를 구별하면 신의성실원칙은 과세관청과 납세자의 개별적 사정을 기초로 하여 적용하나, 비과세관행은 일반적 사정을 기초로 하여 적용한다는 점에서 차이가 있다. 국기법 제18조 제3항에서 "세법의 해석 또는 국세행정의 관행이 일반적으로 납세자에게 받아들여진 후"라고 함은 성문화 여부에 관계없이 행정처분의 선례가 반복됨으로써 납세자가 그 존재를 일반적으로 확신하게 된 것을 말한다. 비록 잘못된 해석이나 관행이라도 일반납세자에게 정당한 것으로 이의없이 받아들여져 납세자가 그와 같은 해석 또는 관행을 신뢰하는 정도에 이르면 그에 반하는 과세처분은 위법하게 된다는 의미이다.[91] 다만 세법의 해석 또는 국세행정의 관행이 일반적으로 납세자에게 받아들여졌더라도 명백히 법령에 위반된 경우에는 비과세관행을 적용하지 않는다.[92]

나. 적용요건[93]

(1) 장기간 비과세사실의 존재

장기간에 걸쳐 어떤 사항에 대하여 과세하지 않은 객관적 사실이 존재하여야 한다. 비과세관행이란 현행법 규정에 부합하지 않지만 납세자에게 유리한 내용으로 과세관청의 법령해석이나 관행이 존재함을 의미한다.

---

89) 대법원 1990. 7. 24. 선고 89누8224 판결
90) 대법원 2010. 4. 15. 선고 2007두19294 판결
91) 대법원 1992. 3. 31. 선고 91누9824 판결
92) 국기법 기본통칙 18-0…1
93) 대법원 2010. 4. 15. 선고 2007두19294 판결

(2) 과세관청의 비과세 의사 및 표시

과세관청이 어떤 사항에 대하여 과세할 수 있음을 알면서도 특별한 사정에 의하여 과세하지 않는다는 의사가 있어야 한다. 과세관청이 과세요건사실을 인식하였으면서도 법령의 해석을 그르쳐서 과세할 수 없었다거나 과세하지 않아도 된다고 판단하여 관행으로 굳어진 경우 등을 의미한다. 나아가 위와 같은 과세관청의 의사가 명시적 또는 묵시적으로 표시되어야 한다. 묵시적 의사표시가 있다고 하려면 과세관청이 상당 기간 과세하지 않은 상태에 대하여 과세하지 않겠다는 의사표시를 한 것으로 볼 수 있는 사정이 있어야 한다.[94]

(3) 납세자의 일반적 수용

과세관청의 비과세관행이 일반적으로 납세자에게 받아들여져야 한다. 과세관청의 비과세에 관한 해석이나 관행이 불특정 일반납세자에게 이의없이 받아들여지고 납세자가 그 해석 또는 관행을 신뢰하는 것이 무리가 아니라고 할 정도에 이르러야 한다.

다. 비과세관행 위반의 효력

비과세관행이 성립되면 이에 반하는 과세처분은 위법하다. 비과세관행의 존재에 대한 증명책임은 이를 주장하는 납세자에게 있다.[95]

라. 관련 판례

(1) 부정례

소프트웨어 도입에 관하여 과세대상 확인이 어려워 과세에서 누락된 사례가 많았던 경우,[96] 타인 명의로 사업자등록을 한 자가 발행한 세금계산서를 사실과 다른 세금계산서로 보아 거래상대방에게 부가가치세를 과세한 사례가 거의 없었던 경우[97] 등의 사안에서 비과세관행을 부정하였다.

(2) 긍정례

(가) 부가세법 기본통칙에 따라 외화획득거래로 보아 영세율을 적용한 경우[98]

구 부가세법 시행령(2000. 12. 29. 개정 전 및 2001. 12. 31. 개정 전) 제26조 제1항 제1호는 "국내에서 국내사업장이 없는 비거주자 또는 외국법인에게 공급되는 다음 각 목의 어느 하나에 해당하는 재화 또는 용역으로서 그 대금을 외국환은행에서 원화로 받는 것"에 대하여 부가가치세 영세율 적용대상으로 규정하였다. 국내회사가 국내사업장이 없는 외국법인과의 공

---

94) 대법원 2003. 9. 5. 선고 2001두7855 판결
95) 대법원 2002. 2. 8. 선고 2000두1652 판결
96) 대법원 2000. 1. 21. 선고 97누11065 판결
97) 대법원 2016. 10. 13. 선고 2016두43077 판결
98) 대법원 2010. 4. 15. 선고 2007두19294 판결

급계약에 따라 그 법인이 지정하는 자에게 서비스를 제공하고 그 대가를 그 법인에게 지급하여야 할 금액에서 차감하는 방식으로 지급받는 거래에 대하여 과세관청은 영세율을 적용하지 않고 부가세 부과처분을 하였다. 국내회사는 재화 또는 용역의 대금을 외국환은행에서 원화로 받아야 한다는 요건과 외국법인에게 직접 재화 또는 용역을 공급하여야 한다는 요건을 충족하지 못하였다고 본 것이다. 판례는 국내사업장이 없는 비거주자 또는 외국법인에게 재화나 용역을 제공하고 그 대가를 당해 비거주자나 외국법인에게 지급할 금액에서 차감하고 받는 경우 영세율 적용대상으로 규정한 부가세법 기본통칙(11-26-3)과 국내사업장이 없는 외국법인 등이 지정한 자에게 국내에서 용역 등을 제공하는 경우도 영세율 적용대상으로 규정한 부가세법 기본통칙(11-26-3)은 각 구 부가세법 시행령 제26조 제1항 제1호의 취지 등에 부합하는 해석으로 볼 수 있어 영세율이 적용되어 온 비과세관행에 포섭될 수 있다고 판시하였다. 부가세법 기본통칙에 의하여 장기간 영세율을 적용한 경우 비과세관행이 성립된 것으로 볼 수 있다고 판시한 것이다.

(나) 기타

그밖에 간호전문대학 운영자가 경영하는 병원에 대한 사업소세 비과세,[99] 커튼월 공법에 따른 발코니 면적의 바닥 제외[100] 등의 사안에서 비과세관행을 긍정하였다.

마. 비과세관행의 소멸

비과세관행이 소멸하면 그 후에 이루어진 과세처분은 위법하다고 할 수 없다. 그렇다면 비과세관행이 언제 소멸한 것으로 볼 수 있을까? 판례는 비과세관행이 더 이상 유효하지 않다고 하려면 종전의 비과세관행을 시정하여 앞으로 당해 과세물건에 대하여 과세하겠다는 과세관청의 확정적인 의사표시가 있어야 하며, 그러한 의사표시는 과세관청이 공적인 견해표명을 하여 납세자가 더 이상 종전의 비과세관행을 신뢰하는 것이 무리라고 여겨질 정도가 되어야 한다고 판시하고 있다.[101] 비과세관행에 대한 소멸의 의사표시는 과거에 비과세하던 사항에 대하여 과세처분을 하는 경우가 전형적이나, 그 밖에도 납세자에 대한 과세예고통지, 세무행정지도, 언론보도 등 다양한 방법으로 이루어질 수 있다.[102]

---

99) 대법원 2009. 12. 24. 선고 2008두15350 판결
100) 대법원 2010. 9. 9. 선고 2009두23419 판결
101) 대법원 2011. 5. 13. 선고 2008두18250 판결
102) 강석규, 조세법쟁론(2023), 92면

제**3**절 근거과세원칙

1. 개요

국기법 제16조에 규정된 근거과세원칙은 과세관청이 납세자가 비치기장한 장부와 증거자료에 따라 과세하여야 한다는 원칙을 의미한다. 장부와 증거자료에 의한 과세를 확립함으로써 과세관청의 자의에 의한 과세를 방지하고 납세자의 권리를 보장하기 위함이다.

납세자에게 과세표준을 계산하는데 필요한 장부와 증빙서류가 없거나 중요한 부분이 미비 또는 허위인 경우에는 장부와 증거자료에 의하여 과세할 수 없다. 그렇다고 근거과세원칙만을 고집하면 소득이 있는 납세자에게 과세할 수 없어 불합리하므로 이러한 경우에는 예외적으로 법령에서 정한 방법에 따라 추계결정할 수 있다.[103] 소득세법, 법인세법, 부가세법 등은 장부와 증빙서류가 없거나 허위인 경우에 대비하여 추계결정에 대하여 상세한 규정을 두고 있다(소득법 제80조 제3항 등).

2. 정부가 조사결정한 경우 결정근거 부기의무(附記義務)

가. 결정근거 부기제도의 취지

부기(附記)는 사전적으로 원문에 덧붙여서 적는 것을 의미한다. 행정절차법은 행정청이 행정처분을 할 때 원칙적으로 근거와 이유에 대한 부기를 하도록 규정하고 있다(행정절차법 제23조 제1항). 이와 같이 결정근거를 부기하도록 하는 것은 ① 처분의 공정성 및 신중성을 보상하고, ② 처분의 적법성을 설득하기 용이하며, ③ 행정쟁송에 있어서의 편의를 제공하기 위한 것이다.[104]

나. 국기법상 결정근거 부기제도

과세관청이 국세를 조사하여 결정할 때 장부의 기록내용이 사실과 다르거나 장부의 기록에 누락이 있을 때에는 그 부분에 대해서만 조사한 사실에 따라 결정할 수 있다(국기법 제16조 제2항). 이 경우 정부가 조사한 사실과 결정의 근거를 결정서에 부기(附記)하여야 한다(국기법 제16조 제3항). 결정근거 부기의무는 문언상 납세의무자가 장부를 비치·기장한 경우에 적용되므로 납세의무자가 장부를 비치·기장하지 않은 경우에는 부기의무가 적용되지 않는다.[105]

---

103) 대법원 1985. 11. 26. 선고 83누400 판결
104) 김완석외 3인, 주석 국세기본법(2023), 409~410면
105) 대법원 2013. 6. 13. 선고 2012두11577 판결

3. 수사단계 내지 세무조사단계에서 작성된 서류에 근거한 과세처분의 적법 여부

가. 수사단계에서 작성된 서류

수사기관에서 당사자나 관계인의 자유로운 의사에 반하여 작성된 서류는 과세처분의 근거로 사용할 수 없다. 형사상 불이익이 두려워 수사관의 일방적인 강요에 따라 작성된 확인서는 내용이 진정한 과세자료라고 볼 수 없으므로 이에 근거한 과세처분은 위법하다.[106]

수사기관이 수사과정에서 작성한 서류는 수사자료로 사용하기 위한 것이고 과세자료 수집을 목적으로 한 것이 아니므로 수사자료에 과세근거가 될 수 있는 사유가 기재되어 있다고 바로 과세자료로 삼을 수 없으나, 그 내용이 과세자료로서 합리적이고 진실성이 있는 경우에는 그 서류를 과세처분의 근거로 사용할 수 있다.[107]

나. 세무조사단계에서 작성된 서류

납세자가 세무조사단계에서 매출누락사실 등을 시인하는 확인서를 작성하고 그 확인서가 사실에 근거한 것이면 납세자가 매출누락사실 등을 부인할 경우에 고발 등의 조치가 있을 것을 두려워하여 작성하였더라도 과세관청은 위 확인서를 과세처분의 자료로 삼을 수 있다.[108] 그러나 납세자가 제출한 매출누락사실을 자인하는 확인서에 매출의 구체적 내용이 포함되어 있지 않아 증거가치에 대한 신빙성이 인정되지 않으면 납세의무자의 확인서라고 하더라도 과세처분의 근거로 사용할 수 없다.[109]

제4절 세법과 기업회계의 관계

1. 의의

기업회계는 기업의 재무상태, 영업성과 등을 파악하고, 기간의 손익을 확정하기 위하여 기업의 경영활동을 화폐금액으로 기록한 것을 의미한다. 기업회계는 주주, 채권자 등 이해관계인에게 기업의 경영정보를 제공하기 위한 목적을 가지고 있다는 점에서 정확한 과세소득 산정을 목적으로 하는 세무회계와 차이가 있다. 소득세 중 사업소득과 법인세의 경우 기업회계의 당기순이익을 바탕으로 세법과의 차이를 조정하는 세무조정을 거쳐 세액을 산정하므로 기업회계와 밀접한 관련을 갖는다.

---

106) 대법원 1986. 10. 28. 선고 86누442 판결
107) 대법원 1991. 12. 10. 선고 91누4997 판결
108) 대법원 1986. 9. 23. 선고 86누314, 86누315, 86누316 판결
109) 대법원 1998. 7. 10. 선고 96누14227 판결, 대법원 2003. 6. 24. 선고 2001두7770 판결

2. 기업회계기준의 종류와 법적 성질

가. 기업회계기준의 종류

회사의 회계는 일반적으로 공정하고 타당한 회계관행을 따라 작성하여야 한다(상법 제446조의2). 이러한 회계관행을 규정화한 것을 기업회계기준이라고 하는바, 기업회계기준에는 크게 한국채택 국제회계기준(K-IFRS), 일반기업회계기준(K-GAAP), 중소기업회계기준 등 3가지가 있다.

① 한국채택 국제회계기준(K-IFRS)은 상장법인, 금융회사 등에게 적용된다. 회계기준위원회가 국제회계기준(IFRS)을 근거로 제정한 회계기준으로서 2011년부터 의무적으로 적용하고 있다. 원칙중심의 회계기준, 공정가치의 평가 확대, 연결재무제표 중심, 경제적 실질 강조 등의 특징이 있다.

② 일반기업회계기준(K-GAAP)은 비상장 외부회계감사 대상법인에게 적용된다. 외부회계감사대상법인은 직전 사업연도 말 자산총액이 500억 원 이상인 회사, 직전 사업연도 매출액이 500억 원 이상인 회사 등이다(외부감사법 제4조 제1항 제3호, 동 시행령 제5조 제1항). 과거 유한회사는 외부감사법의 적용대상이 아니어서 외국계 회사들이 외부감사를 피하기 위하여 유한회사로 전환하자 2018년 6월 외부감사법을 개정하여 2020년부터는 일정 규모 이상의 유한회사에 대하여도 외부감사법을 적용한다. 그 후 일부 외국계 회사들은 다시 외부감사를 피하기 위하여 유한책임회사로 전환하는 경우가 나타나고 있다.

③ 중소기업회계기준은 한국채택 국제회계기준(K-IFRS), 일반기업회계기준(K-GAAP)의 적용대상이 아닌 중소기업에게 적용된다. 회계입무의 편의성을 높이기 위해 분량 최소회, 회계처리방식의 단순화, 재무제표 작성방식의 완화 등의 특례가 인정된다.

나. 기업회계기준의 법적 성질

기업회계기준의 법적 성질에 대하여는 기업회계기준을 정립하는 한국회계기준원이 민간단체이므로 기업회계기준의 법규성을 인정하면 국회의 입법권을 침해하는 점,[110] 기업회계기준은 한국회계기준원이 외부감사법의 위임명령에 따라 기업회계와 감사의 통일성 및 객관성을 확보하기 위해 작성한 지침에 불과한 점[111] 등을 들어 법규성을 부인하는 견해가 있지만, 외부감사법 체계의 일부로 보아 법규성을 인정하는 것이 일반적이다.[112]

---

110) 황남석, "기업회계기준의 법규성 재고", 상사법연구 제31권 제1호, 2012, 279면
111) 왕순모, "기업회계법의 구축과 전망(1) - 기업회계기준의 법적 지위 -", 상사법연구 제21권 제4호, 2003, 137면
112) 이태로 · 한만수, 조세법강의(2020), 63면

3. 세법과 기업회계의 관계

가. 국세기본법과 기업회계의 관계

국기법 제20조는 "세무공무원이 국세의 과세표준을 조사·결정할 때에는 해당 납세의무자가 계속하여 적용하고 있는 기업회계의 기준 또는 관행으로서 일반적으로 공정·타당하다고 인정되는 것은 존중하여야 한다. 다만, 세법에 특별한 규정이 있는 것은 그러하지 아니하다." 라고 하여 기업회계 존중원칙을 규정하고 있다. 이에 따르면 세법이 기본적으로 기업회계기준을 존중하되, 세법규정과 기업회계기준 또는 관행이 불일치할 경우 세법규정을 우선적으로 적용하므로 기업회계기준은 세법과의 관계에서 보충적 효력을 가진다.

나. 법인세법, 소득세법과 기업회계의 관계

(1) 입법연혁

1994. 12. 22. 개정 전 법인세법은 손익귀속시기 등을 정할 때 기업회계기준을 적용할 수 있는지에 대하여 아무런 규정을 두지 않았다. 판례는 권리의무확정주의에 대한 법인세법 규정은 현대사회의 모든 거래유형을 예측하여 완결적으로 손익의 귀속을 정한 규정이라고 할 수 없으므로 법인세법 조항으로 손익의 귀속을 정하는 것이 어려운 경우에는 법인세법에 반하지 않는 한 기업회계기준상의 손익발생기준으로 손익의 귀속을 정할 수 있다고 판시하여 세법이 기업회계기준보다 우선적 효력이 있다고 판시하였다.[113]

그 후 구 법인세법(1994. 12. 22. 개정) 제17조 제3항은 손익귀속시기 등 기업회계와 세무회계간 일시적 차이에 대하여 기업회계기준에 따라 회계처리를 하여온 경우에는 기업회계기준을 세법규정보다 우위에 두는 것으로 규정하였다. 당시 기업들이 재무제표의 상당 부분을 기업회계기준보다 세법에 따라 작성하여 재무제표가 왜곡되는 현상이 발생하자 기업회계기준의 효력을 세법보다 우선시하는 규정을 두게 된 것이다.[114] 그러나 세법보다 기업회계기준의 효력을 우위에 두는 것은 문제가 있으므로 1998. 12. 28. 법인세법을 개정하여 세법이 기업회계기준보다 우선적 효력을 갖도록 규정하였다.

(2) 법인세법, 소득세법과 기업회계기준의 관계

법인세법과 소득세법에 의하면 세법에서 달리 규정한 경우를 제외하고는 기업회계기준을 적용하도록 규정하고 있으므로 기업회계기준은 세법과의 관계에서 보충적 효력을 지닌다. 그런데 법인세법과 소득세법은 기업회계기준의 적용범위에 대하여 익금과 손금의 귀속사업연도(총수입금액 및 필요경비의 귀속연도), 자산과 부채의 취득 및 평가로 특정하고 있다(법인법 제43조, 소득법 제39조 제5항). 따라서 손익의 귀속시기, 자산과 부채의 취득 및 평가에 대하여

---

113) 대법원 1992. 10. 23. 선고 92누2936, 2943 판결
114) 이창희, 세법강의(2021), 835면

법인세법, 소득세법과 기업회계기준의 내용이 다른 경우에는 법인세법, 소득세법 규정에 따라 판단하여야 한다.

그렇다고 손익의 귀속시기에 대한 세법 규정이 없다고 하여 바로 기업회계기준의 내용을 적용할 수 있는 것은 아니다. 기업회계기준의 도입경위와 성격, 관련 과세실무 관행과 합리성, 수익비용대응 등 일반적인 회계원칙과의 관계, 과세소득의 자의적 조작가능성, 연관된 세법규정의 내용과 체계 등을 고려하여, 법인세법과 소득세법에 적용될 수 있는 기업회계기준이나 관행에 한하여 기업회계기준의 내용을 적용할 수 있다.[115] 이러한 취지에서 판례는 보험계약 체결과 관련하여 보험모집인의 모집수당, 점포운영비 등으로 지출된 신계약비를 보험업 관련 기업회계기준인 보험업회계처리준칙에서 기타자산으로 보아 해당 계약의 유지기간(7년을 초과할 경우에는 7년)에 걸쳐 균등상각하여 비용처리하도록 규정한 것은 기업회계기준이나 관행에 해당하므로 신계약비는 지출된 사업연도에 전액 손금으로 산입하는 것이 아니라 위 회계기준에 따라 보험료 납입기간에 안분하여 손금산입하는 것이 타당하다고 판시하였다.

---

115) 대법원 2017. 12. 22. 선고 2014두44847 판결

납세의무

제6장

제1절 납세의무의 성립

1. 의의

납세의무의 성립이란 국가와 납세자 사이에 조세채권채무관계가 이루어지는 것을 의미한다. 다시 말하면 법률이 정하는 과세요건을 충족하여 납세의무가 추상적으로 발생한 상태를 의미한다(국기법 제21조 제1항). 이로써 국가는 조세채권자의 지위, 납세자는 조세채무자의 지위를 갖게 된다.

사법상의 채권은 불법행위, 사무관리, 부당이득 등과 같이 법률에 근거하여 발생하는 경우를 제외하고 일반적으로 당사자 사이의 계약에 의하여 성립한다. 이와 달리 조세채권은 과세관청이나 납세의무자의 특별한 행위를 요하지 않고 법률이 정하는 과세요건을 충족하는 때에 성립한다.[1] 납세의무가 성립하더라도 과세표준과 세액이 구체적으로 확정되지 않으면 납세의무자는 세액의 납부 등 조세채무를 이행할 수 없고, 과세관청도 조세를 징수할 수 없다. 따라서 성립한 납세의무의 이행이나 징수를 위해서는 과세표준과 세액을 구체적으로 확정하는 절차가 필요하다. 세법은 빈번히 개정되는데, 원칙적으로 납세의무의 성립 당시에 시행되는 법령이 적용된다. 따라서 납세의무의 성립시기를 언제로 보느냐에 따라 세율, 신고납부기한, 부과제척기간, 이월결손금 공제기간, 조세포탈죄의 기수시기 등이 영향을 받는다. 이와 같이 납세의무의 성립시기를 정하는 것이 중요하므로 국기법은 세목 등에 따라 납세의무의 성립시기를 규정하고 있다.

2. 납세의무의 성립시기

가. 세목별 납세의무의 성립시기(국기법 제21조 제2항)

(1) 소득세와 법인세

소득세와 법인세는 일정기간을 과세단위로 하여 과세하는 기간과세세목으로서 과세기간이 끝나는 때 납세의무가 성립한다. 과세기간이란 세법에 따라 국세의 과세표준 계산의 기초가 되는 기간을 말한다(국기법 제2조 제13호). 기간과세는 과세의 편의 및 기술적 필요뿐 아니라

---

1) 대법원 1985. 1. 22. 선고 83누279 판결

납세의무의 성립시기를 명확히 하고 납세의무자를 공평하게 대우하기 위한 것이다.

소득세의 과세기간은 1. 1.부터 12. 31.까지이므로 소득세 납세의무는 과세기간이 끝나는 12. 31. 성립하고, 법인세의 과세기간은 사업연도인 1회계기간이므로 법인세 납세의무는 1회계기간이 끝나는 때 성립한다(소득법 제5조, 법인법 제6조). 다만, 청산소득에 대한 법인세는 법인이 해산하는 때 납세의무가 성립한다.

(2) 상속세와 증여세

상속세는 상속이 개시되는 때, 즉 피상속인이 사망한 날 납세의무가 성립한다. 증여세는 증여에 의하여 재산을 취득하는 때 납세의무가 성립한다. 증여재산의 등기 등이 필요한 경우에는 등기 등을 마쳐야 증여세 납세의무가 성립한다.

(3) 부가가치세

부가가치세는 소득세, 법인세 등과 같이 기간과세세목이므로 과세기간이 끝나는 때 납세의무가 성립한다. 일반과세자의 부가가치세 과세기간은 1기의 경우 1. 1.부터 6. 30.까지, 2기의 경우 7. 1.부터 12. 31.까지이므로 1기의 경우 6. 30., 2기의 경우 12. 31. 각 부가가치세 납세의무가 성립한다(부가법 제5조). 다만, 수입재화의 경우에는 세관장에게 수입신고를 하는 때 납세의무가 성립한다.

(4) 개별소비세와 주세

개별소비세와 주세는 과세물품을 제조장으로부터 반출하거나 판매장에서 판매하는 때, 과세장소에 입장하거나 과세유흥장소에서 유흥음식행위를 하는 때, 과세영업장소에서 영업행위를 하는 때 납세의무가 성립한다. 다만, 수입물품의 경우에는 세관장에게 수입신고를 하는 때 납세의무가 성립한다.

(5) 인지세와 증권거래세

인지세는 과세문서를 작성한 때 납세의무가 성립하고, 증권거래세는 해당 매매거래가 확정되는 때 납세의무가 성립한다.

(6) 교육세

교육세의 납세의무자는 개별소비세, 교통에너지환경세, 주세의 납세의무자와 금융보험업자이다(교육세법 제3조). 개별소비세, 교통에너지환경세, 주세의 납세의무자에게 부과되는 교육세는 본세를 전제로 하는 부가세(surtax)이고, 금융보험업자에게 부과되는 교육세는 금융보험용역에 대하여 부가가치세가 면제되는 대신 부과된다.

개별소비세, 교통에너지환경세, 주세의 납세의무자에게 부과되는 교육세는 본세인 개별소비세, 교통에너지환경세, 주세의 납세의무가 성립하는 때 납세의무가 성립한다. 이에 비해 금융보험업자의 수익금액에 부과되는 교육세는 과세기간이 끝나는 때 납세의무가 성립한다. 교육세의 과세기간은 납세의무자가 법인인 경우 법인세의 과세기간과 같고, 납세의무자가 개인인 경우 소득세의 과세기간과 같다(교육세법 제8조).

(7) 농어촌특별세와 종합부동산세

농어촌특별세의 납세의무자는 개별소비세, 종합부동산세, 증권거래세, 취득세, 레저세 등의 납세의무자이다(농어촌특별세법 제3조). 농어촌특별세는 본세를 전제로 하는 부가세(surtax)이므로 본세의 납세의무가 성립하는 때 납세의무가 성립한다.

종합부동산세는 과세기준일에 납세의무가 성립하는데, 종합부동산세의 과세기준일은 재산세와 같이 매년 6. 1.이다(종부세법 제3조, 지방세법 제114조). 따라서 6. 1. 이전에 부동산을 양도하면 그 해에는 종합부동산세 납세의무가 없으나, 6. 1. 이후에 부동산을 양도하면 종합부동산세 납세의무를 지게 된다.

(8) 가산세

① 무신고가산세, 과소신고·초과환급신고가산세는 납세자가 법정신고기한 내에 신고를 하지 않거나 과소신고하면 법정신고기한이 경과하는 때 납세의무가 성립한다.

② 납부지연가산세 및 원천징수 납부지연가산세 중 법정납부기한까지 납부하지 않은 금액[2]의 경우 법정납부기한이 경과한 후 1일마다 그날이 경과하는 때 납세의무가 성립한다.

③ 납부지연가산세 중 지정납부기한까지 납부하지 않은 금액에 대하여 붙는 3% 금액[3]의 경우 납세고지서에 의한 지정납부기한이 경과하는 때 납세의무가 성립한다.

④ 원천징수 납부지연가산세 중 법정납부기한까지 납부하지 않은 금액에 대하여 붙는 3% 금액의 경우 법정납부기한이 경과하는 때 납세의무가 성립한다.

⑤ 그 밖의 가산세에 대하여 국기법은 가산할 국세의 납세의무가 성립하는 때 납세의무가 성립하는 것으로 규정하고 있다. 과거에는 가산세별로 구분하지 않고 일괄적으로 가산할 국세의 납세의무가 성립하는 때 가산세의 납세의무가 성립하는 것으로 규정하였다. 그러나 무신고가산세를 예로 들면, 본세의 법정신고기한까지 과세표준과 세액을 신고하지 않아야 가산세납세의무가 성립하는데, 본세의 납세의무가 성립하는 시점에 바로 가산세 납세의무가 성립한다는 것은 논리에 맞지 않는다. 이러한 비판에 따라 2019. 12. 31. 국기법 개정 시 신고 및 납부와 관련된 가산세에 대하여 법정신고기한, 법정납부기한, 지정납부기한이 경과하는 때 납세의무가 성립하는 것으로 규정하고, 그 밖의 가산세에 대하여만 본세의 납세의무가 성립하는 때 납세의무가 성립하는 것으로 규정하였다. 그러나 그 밖의 가산세에 대하여도 본세의 납세의무가 성립하는 때 바로 납세의무가 성립한다고 볼 수는 없다. 따라서 세법상 의무를

---

2) 2018. 12. 31. 국기법 개정으로 납부지연가산세가 도입되기 전의 납부불성실가산세와 중가산금에 해당하는 부분이다. 다만, 종전의 중가산금에 적용되는 지연이자율을 납부불성실가산세의 지연이자율 수준으로 낮추었다.
3) 2018. 12. 31. 국기법 개정으로 납부지연가산세가 도입되기 전의 가산금에 해당하는 부분이다.

위반하는 때에 가산세의 납세의무가 성립하는데, 다만 그 성립시기를 본세의 납세의무 성립시기로 소급시키는 것으로 해석함이 합리적이다.[4]

나. 특별한 경우(국기법 제21조 제3항)

(1) 원천징수하는 소득세와 법인세

원천징수하는 소득세와 법인세는 소득금액이나 수입금액을 지급하는 때 납세의무가 성립한다. 원천징수는 세법에 따라 원천징수의무자가 국세를 징수하는 것을 말한다(국기법 제2조 제3호). 법인세법상 소득처분에 의하여 원천징수를 하는 경우에는 소득금액변동통지서가 당해 법인에게 송달된 날에 소득금액을 지급한 것으로 의제되므로 그때 원천징수의무가 성립한다(소득법 제135조 제4항, 소득령 제192조 제2항, 국기법 제21조 제2항 제1호).

(2) 납세조합이 징수하는 소득세 또는 예정신고납부하는 소득세

납세조합이 징수하는 소득세 또는 예정신고납부하는 소득세는 과세표준이 되는 금액이 발생한 달의 말일에 납세의무가 성립한다. 납세조합은 해당 구성원의 소득세 등을 징수하여 납부하기 위하여 납세자들이 스스로 결성한 단체이다(소득법 제149조). 예정신고납부하는 소득세는 부동산매매업자의 토지 등 매매차익과 양도소득 등이 있다(소득법 제69조, 제105조). 예를 들어, 납세자가 토지를 2021. 7. 25. 양도한 경우 그 말일인 2021. 7. 31. 납세의무가 성립한다.

(3) 중간예납하는 소득세, 법인세 또는 예정신고기간, 예정부과기간에 대한 부가가치세

중간예납하는 소득세, 법인세 또는 예정신고기간, 예정부과기간에 대한 부가가치세는 중간예납기간, 예정신고기간, 예정부과기간이 끝나는 때 납세의무가 성립한다. 중간예납기간은 소득세의 경우 1. 1.부터 6. 30.까지이고(소득법 제65조 제1항), 법인세의 경우 해당 사업연도 개시일부터 6개월이 되는 날까지이다(법인법 제63조 제2항). 부가가치세의 예정신고기간은 제1기의 경우 1. 1.부터 3. 31.까지, 제2기의 경우 7. 1.부터 9. 30.까지이고(부가법 제48조 제1항), 간이과세자에게 적용되는 예정부과기간은 1. 1.부터 6. 30.까지이다(부가법 제66조 제1항). 따라서 중간예납하는 소득세의 납세의무 성립시기는 중간예납기간이 끝나는 6. 30.이고, 부가가치세 제1기 예정신고기간에 대한 납세의무 성립시기는 예정신고기간이 끝나는 3. 31.이며, 부가가치세 제2기 예정신고기간에 대한 납세의무 성립시기는 예정신고기간이 끝나는 9. 30.이다.

(4) 수시부과하여 징수하는 국세

수시부과하여 징수하는 국세는 수시부과 사유가 발생한 때 납세의무가 성립한다. 소득세의 경우 수시부과 사유는 사업부진이나 그 밖의 사유로 장기간 휴업 또는 폐업상태에 있는 때로서 소득세를 포탈할 우려가 있다고 인정되는 경우, 그 밖에 조세를 포탈할 우려가 있다고 인

---

4) 강석규, 조세법쟁론(2023), 144면

정되는 상당한 이유가 있는 경우이다(소득법 제82조). 법인세의 수시부과사유도 소득세와 유사하다(법인법 제69조). 2024. 12. 31. 부가세법 개정으로 부가가치세에 대하여도 수시부과결정이 가능해졌다(부가법 제57조의2).

다. 국세기본법 제21조 제2항과 제3항의 관계

국기법 제21조 제3항은 제2항의 특별규정이므로 원천징수 등 위 4가지 특별한 경우는 일반적인 경우보다 우선적으로 적용된다. 예를 들어, 국기법 제21조 제2항에 의하면 부가가치세 제1기인 1. 1.부터 6. 30.까지의 부가가치세 납세의무는 과세기간이 끝나는 6. 30. 성립하나, 국기법 제21조 제3항에 의하면 제1기 중 예정신고기간인 1. 1.부터 3. 31.까지의 부가가치세 납세의무는 예정신고기간이 끝나는 3. 31. 성립한다. 이 경우 1. 1.부터 3. 31.까지의 납세의무에 대하여는 국기법 제21조 제3항이 제2항보다 우선 적용되므로 3. 31. 납세의무가 성립한다.

라. 회생절차에서 조세채권의 구분과 납세의무의 성립

(1) 회생채권과 공익채권

기업회생절차의 채권은 회생채권과 공익채권으로 구분한다. 회생채권은 원칙적으로 회생절차개시결정 전에 발생한 재산상청구권으로 회생절차에서만 변제받을 수 있는 채권이고(채무자회생법 제118조), 공익채권은 원칙적으로 회생절차개시결정 후의 원인에 기하여 생긴 채권으로 회생절차의 수행에 필요한 비용을 지출하기 위하여 인정된 채권이다(채무자회생법 제179조). 공익채권은 회생채권과 달리 회생절차에 의하지 않고 회생채권에 우선하여 수시로 변제받을 수 있다.

(2) 조세채권의 회생채권과 공익채권 구분

(가) 일반적인 경우

조세채권이 회생채권에 해당하는지 여부는 납세의무의 성립시기에 따라 정해진다. 회생절차 개시결정 전에 성립한 조세채권은 회생채권이다.[5] 회생절차개시결정 후 성립한 조세채권 중에는 회생절차개시 후 채무자의 업무 및 재산의 관리와 처분에 관한 비용청구권, 채무자의 업무 및 재산에 관하여 관리인이 회생절차개시 후에 한 자금의 차입 그밖의 행위로 인하여 생긴 청구권 등 법령에 열거되어 있는 채권만 공익채권에 해당한다(채무자회생법 제179조 제1항).[6]

(나) 특별한 경우

회생절차개시 전에 성립한 조세는 원칙적으로 회생채권이지만 예외적으로 원천징수하는 조세, 부가가치세, 개별소비세 및 주세 등 법령 소정의 조세 중 회생절차 개시 당시 아직 납부기

---

5) 대법원 1994. 3. 25. 선고 93누14417 판결
6) 회생절차개시결정 후 성립한 조세채권 중 공익채권에 해당하지 않는 것은 개시 후 기타채권에 해당한다(채무자회생법 제181조).

한이 도래하지 않은 것은 공익채권에 해당한다(채무자회생법 제179조 제1항 제9호). 원천징수하는 조세, 부가가치세 등의 징수의무자는 실질적인 담세자로부터 세금을 징수하여 보관하다가 징수권자에 납부하는 것으로 본래 납세의무자나 징수의무자의 재산이 아니므로 징수권자에게 환취권자와 비슷한 지위를 인정하여 공익채권으로 규정한 것이다. 그중 회생절차개시 당시 아직 납부기한이 도래하지 않은 것을 공익채권으로 규정한 것은 납부기한이 도래하지 않은 세금을 납세자 스스로 신고납부하거나 과세관청이 징수하는 것을 기대하기 어렵기 때문이다.[7]

채무자회생법 제179조 제1항 제9호에서 볼 수 있듯이 납부기한의 도래는 회생채권과 공익채권을 구분하는 기준이 된다. 판례는 위 납부기한은 다수 이해관계인의 법률관계를 조정하는 회생절차의 특성상 객관적이고 명확하여야 하므로 법정납부기한을 의미하는 것으로 해석한다.[8] 납부기한을 법정납부기한이 아닌 지정납부기한으로 보면 회생절차에서 과세관청의 의사에 따라 공익채권 해당 여부가 좌우되어 불합리하기 때문이다. 이 판결은 전원합의체 판결로서 반대의견은 신고납세방식의 조세에 관하여 법정납부기한 내에 신고가 있는 경우와 자동확정방식의 조세의 경우에는 법정납부기한을 뜻하지만, 신고납세방식의 조세에 관하여 법정납부기한 내에 신고가 없거나 신고내용에 오류나 탈루가 있어 과세관청이 결정·경정하는 경우에는 지정납부기한을 뜻한다고 하여 절충적 지정납부기한설의 입장을 취하였다. 신고납세방식의 조세에 관하여 법정납부기한 내에 신고한 경우와 자동확정방식의 조세의 경우에는 회생절차개시 당시 이미 구체적인 조세채무가 확정되어 있고 법정납부기한도 도래한 이상 별도의 납세고지 없이 강제징수가 가능하므로 법정납부기한을 뜻하는 것으로 볼 수 있지만, 신고납세방식의 조세에 관하여 납세의무자가 법정납부기한 내에 신고하지 않거나 신고내용에 오류나 탈루가 있어 과세관청이 결정·경정하여야 하는 경우에는 회생절차개시 당시 법정납부기한의 도래만으로는 구체적인 조세채무가 확정되어 있다고 할 수 없고 강제징수를 하기 위해 별도로 납부기한을 정한 납세고지가 필요하므로 이때의 납부기한은 지정납부기한을 뜻하는 것으로 보아야 한다는 것이다.

제2절 | 납세의무의 확정

1. 의의

계약에 의해 성립하는 사법상 채무의 경우에는 채무가 성립하면 바로 그 금액을 알 수 있는 것이 일반적이므로 특별한 사정이 없는 한, 별도로 사법상 채무의 확정이라는 개념을 상정하지 않는다. 그러나 조세채무는 납세의무가 성립한 경우 그 시점에서 바로 과세표준과 세액을

---

7) 이중교, "통합도산법상 도산절차에서의 조세우선권에 관한 검토", 조세법연구 제15권 제1호, 2009, 133면
8) 대법원 2012. 3. 22. 선고 2010두27523 전원합의체 판결

알 수 없는 경우가 많다. 예를 들어, 피상속인이 사망하면 그 날 상속세 납세의무가 성립하는데, 그때 바로 상속세의 과세표준과 세액을 알 수 없고, 소득세는 과세기간이 종료하면 그때 납세의무가 성립하는데, 그 시점에서 소득세의 과세표준과 세액을 알 수 없는 경우가 많다. 그래서 조세채무에 대하여는 납세의무가 성립한 후 일정 기간을 두어 과세표준과 세액을 구체적으로 확정하는 절차를 거치도록 한다.

납세의무의 확정이란 위와 같이 추상적으로 성립한 납세의무의 내용과 범위, 즉 과세표준과 세액을 구체적으로 정하는 것을 의미한다(국기법 제22조 제1항). 납세의무의 성립은 추상적인 개념이므로 그 상태에서는 세금을 납부하거나 징수할 수 없고, 과세표준과 세액이 구체적으로 확정되어야 비로소 납세자가 세금을 납부하고, 과세관청이 세금을 징수할 수 있다. 따라서 납세의무의 확정은 납세의무의 성립과 징수 사이에 있는 개념이라고 할 수 있다.

2. 납세의무의 확정방식

가. 신고납세방식(자기부과방식)

(1) 일반적인 신고(예정신고 이외의 신고)

신고납세방식은 납세의무자가 과세표준과 세액을 정부에 신고할 때에 납세의무가 확정되는 방식을 말한다. 납세자의 신고는 사인(私人)의 공법행위로서 과세관청의 수리(受理)를 기다리지 않고 신고행위 그 자체로서 바로 조세채무의 확정이라는 법적 효과가 발생하는 자기완결적 신고이다.[9] 납세자의 신고의 법적 성질은 관념의 통지로서 준법률행위에 해당한다.[10] 납세의무자의 신고는 스스로 과세표준과 세액을 확정하는 효력을 가지므로 '자기부과방식'이라고도 한다. 납세의무자가 자신의 세금에 대하여 가장 잘 알 수 있는 위치에 있으므로 납세의무자에게 1차적으로 납세의무의 확정권한을 부여하는 것이다. 다만, 납세의무자가 과세표준과 세액을 신고하지 않거나 신고한 과세표준과 세액이 부정확한 경우에는 정부가 보충적으로 과세표준과 세액을 결정하거나 경정하는 때에 납세의무가 확정된다. 소득세, 법인세, 부가가치세, 개별소비세, 주세, 증권거래세, 교육세, 교통에너지환경세 등 대부분의 세목이 신고납세방식이다(국기법 제22조 제2항). 법인세는 1980년부터, 종합소득세는 1995년부터, 양도소득세는 2000년부터 각 신고납세방식으로 전환하였고, 종합부동산세는 부과과세방식이나 신고납세방식에 의한 확정도 인정하는 선택적 신고납세방식의 세목이다.[11]

대표적인 신고납세방식 세목의 법정신고납부기한을 살펴보면 종합소득세의 신고납부기한은 과세기간 다음 연도 5. 1.부터 5. 31.까지이다(소득법 제70조 제1항). 법인세의 신고납부기한은 사업연도 종료일이 속하는 달의 말일로부터 3개월이므로 사업연도가 1. 1.부터 12. 31.까지

---

9) 김완석외 3인, 주석 국세기본법(2023), 574~575면
10) 이창희, 세법강의(2021), 144면
11) 종합부동산세는 처음 신고납세방식으로 입법하였으나, 2007. 1. 11. 종부세법 개정 시 선택적 신고납세방식으로 전환하였다.

인 법인의 신고납부기한은 다음 연도 3. 31.까지이다(법인법 제60조 제1항). 부가가치세의 신고납부기한은 과세기간 다음 달 25일까지이므로 1기의 신고납부기한은 7. 25.까지이고, 2기의 신고납부기한은 다음 연도 1. 25.까지이다(부가법 제48조, 제49조).

(2) 예정신고

(가) 학설

확정신고에 과세표준과 세액을 확정하는 효력이 있음은 의문의 여지가 없으나, 예정신고의 경우 과세표준과 세액을 확정하는 효력이 있는지에 대하여는 학설의 대립이 있다.[12]

① 긍정설은 예정신고기간에 대한 소득세 납세의무는 예정신고에 의하여 확정된다고 한다. 예정신고에 대하여도 신고의무를 부여하고 있고, 신고하지 않으면 징수처분에 나아갈 수 있으므로 예정신고에 의하여도 확정의 효력이 있다는 것이다.

② 부정설은 소득세 납세의무는 확정신고에 의하여 확정되므로 예정신고에는 과세표준과 세액을 확정하는 효력이 없다고 한다. 예정신고는 예납적 성격이 있어 확정신고를 통한 세액의 정산절차를 유보하고 있으므로 예정신고로는 납세의무가 확정되지 않는다는 것이다.

③ 잠정적 효력설은 예정신고에 의하여 소득세 납세의무가 확정되나, 이는 확정신고에 의하여 바뀔 수 있으므로 그 확정의 효력은 잠정적이라고 한다.

(나) 판례

판례는 양도소득세 사안에서 예정신고에 의하여 납세의무가 확정된다고 판시하였고,[13] 부가가치세 사안에서도 동일한 입장을 취하였다.[14] 그런데 이러한 확정의 효력은 납세자가 예정신고와 다른 내용으로 확정신고를 하면 소멸하므로 잠정적인 것이다. 판례도 납세자가 예정신고를 한 후 그와 다른 내용으로 확정신고를 하면 예정신고에 의하여 잠정적으로 확정된 과세표준과 세액은 확정신고에 의하여 확정된 과세표준과 세액에 흡수되어 소멸하고, 예정신고를 기초로 이루어진 징수처분 및 증액경정처분도 효력을 상실한다고 판시하였다.[15] 이러한 판시내용에 의하면 판례는 잠정적 효력설의 입장에 있다고 볼 수 있다. 다만, 납세의무자가 예정신고를 한 후 그와 같은 내용으로 다시 확정신고를 한 경우에는 예정신고에 의하여 잠정적으로 확정된 과세표준과 세액은 그대로 유지된다.[16] 이 경우 확정신고는 예정신고의 내용을 추인함으로써 예정신고에 의하여 잠정적으로 확정된 과세표준과 세액을 종국적으로 확정하는 의미를 갖는다.

---

12) 전규규, "양도소득과세표준의 예정신고·확정신고와 관련된 법률상의 쟁점들", 재판자료 제121집, 법원도서관, 2010, 353~357면
13) 대법원 2004. 9. 3. 선고 2003두8180 판결
14) 대법원 2011. 12. 8. 선고 2010두3428 판결
15) 대법원 2008. 5. 29. 선고 2006두1609 판결, 대법원 2021. 12. 30. 선고 2017두73297 판결
16) 대법원 2011. 9. 29. 선고 2009두22850 판결

나. 부과과세방식(정부부과방식)

(1) 본세

부과과세방식은 정부가 해당 국세의 과세표준과 세액을 결정하는 때에 납세의무가 확정되는 방식을 말한다. 정부가 과세표준과 세액을 확정한다고 하여 '정부부과방식'이라고 한다. 이러한 의미에서 정부가 과세표준과 세액을 확정하기 위하여 납세자에게 고지하는 것을 부과처분이라고 하는데, 부과처분의 법적 성질은 이미 성립한 조세채무의 내용을 확인하는 준법률행위이다.[17] 부과처분은 행정처분의 일종이므로 공정력, 집행력, 불가쟁력 등 일반행정처분의 효력이 인정된다. 그중 공정력은 행정처분에 하자가 있는 경우에도 그 하자가 당연무효가 아닌 한, 행정청, 법원 등 권한있는 기관에 의하여 취소될 때까지 유효한 것으로 통용되는 효력을 의미한다.[18]

신고납세방식 이외의 국세가 부과과세방식에 해당하는데, 상속세, 증여세, 재산세, 종합부동산세 등이 부과과세방식 세목에 해당한다(국기법 제22조 제3항). 이 중 종합부동산세는 원칙적으로 부과과세방식이나, 신고납세방식에 의한 확정도 인정하는 선택적 신고납부방식의 세목이다. 재산세, 종합부동산세 등은 과세관청이 세액을 계산하는 것이 더 효율적이어서 부과과세방식으로 정한 것이고, 상속세, 증여세 등은 납세자의 자진신고를 기대하기 어려워서 부과과세방식으로 정한 것이다. 부과과세방식의 세목인 상속세, 증여세의 경우에도 납세의무자에게 신고의무를 부과하고 있으나, 부과과세방식에서 납세자의 신고는 신고납세방식에서의 그것과 달리 확정의 효력이 없으므로 일종의 협력의무이다. 즉 납세의무자의 과세표준과 세액의 신고는 정부가 과세표준과 세액을 확정하는 데 도움을 주기 위한 것이다.[19] 부과과세방식의 세목에 대하여 과세관청은 납세자의 신고가 있는 경우에는 신고에 따라 과세표준과 세액을 확정하고, 납세자의 신고가 없는 경우에는 과세표준과 세액을 조사하여 과세표준과 세액을 결정한다. 대표적인 부과과세방식 세목의 법정신고납부기한을 살펴보면 상속세의 신고납부기한은 상속일이 속하는 달의 말일부터 6개월 이내이고(상증법 제67조 제1항), 증여세의 신고납부기한은 상속세보다 짧아서 증여일이 속하는 달의 말일부터 3개월 이내이다(상증법 제68조 제1항).

---

17) 이창희, 세법강의(2021), 146면
18) 대법원 1994. 4. 12. 선고 93누21088 판결
19) 상증세법 제67조 제1항에 의하면 납세자는 상속세 신고의무가 있다. 그리고 제76조에 의하면 과세관청은 납세자가 신고를 한 경우에는 신고에 의하여 과세표준과 세액을 결정하고, 신고를 하지 않았거나 신고한 과세표준이나 세액에 탈루 또는 오류가 있는 경우에는 그 과세표준과 세액을 조사하여 결정한다. 신고납세방식의 국세와 달리 납세자가 상속세 신고를 하든지 또는 하지 않든지 과세관청이 과세표준과 세액을 결정하므로 납세자의 신고는 확정의 효력이 없고 과세관청의 부과처분에 의하여 과세표준과 세액이 확정된다고 볼 수 있다.

(2) 가산세

무신고가산세, 과소신고가산세 등 일반적인 가산세는 납세의무 확정을 위하여 과세관청의 부과처분이 필요하므로 부과과세방식이다.[20] 납부지연가산세 중 지정납부기한 후에 붙는 금액을 제외한 나머지 부분 역시 부과과세방식에 해당한다. 다만, 아래 "다."에서 보는 바와 같이 납부지연가산세 중 지정납부기한 후에 붙는 금액 부분은 자동확정방식에 해당한다.

다. 자동확정방식

자동확정방식은 납세의무가 성립하는 때에 특별한 절차 없이 세액이 확정되는 방식을 의미한다(국기법 제22조 제4항). 자동확정방식의 조세의 경우 납세자의 신고나 과세관청의 부과처분 등과 같은 특별한 절차 없이 납세의무가 성립하는 때 자동적으로 과세표준과 세액이 확정된다. 자동확정방식의 세목은 인지세, 원천징수하는 소득세나 법인세, 납세조합이 징수하는 소득세, 중간예납하는 법인세(세법에 따라 정부가 조사 · 결정하는 경우는 제외), 납부지연가산세 및 원천징수 등 납부지연가산세 중 지정납부기한 후에 붙는 금액 부분이다.[21] 특이한 점은 중간예납하는 종합소득세는 부과과세방식이고, 중간예납하는 법인세만 자동확정방식인데, 이는 법인세의 세수를 효율적으로 확보하기 위한 취지로 보인다.

3. 결정과 경정

가. 신고납세방식

(1) 결정(決定)

신고납세방식의 국세에 대하여 납세자가 탈루나 오류 없이 과세표준과 세액을 전액 신고하면 과세관청은 별도의 부과처분을 할 필요가 없다. 그러나 납세자가 과세표준과 세액을 신고하지 않으면 과세관청은 과세표준과 세액을 확정하기 위하여 세금을 부과하는데, 이를 결정이라고 한다. 예를 들어, 소득세법 제80조 제1항은 "납세지 관할 세무서장 또는 지방국세청장은 제70조, 제70조의2, 제71조 및 제74조에 따른 과세표준확정신고를 하여야 할 자가 그 신고를 하지 아니한 경우에는 해당 거주자의 해당 과세기간 과세표준과 세액을 결정한다."고 규정하고 있다. 법인세법, 부가세법 등도 같은 내용의 규정을 두고 있다.

(2) 경정(更正)

납세자가 과세표준과 세액을 신고하였으나 일부 탈루나 오류가 있는 경우에는 과세관청이 이를 바로잡기 위하여 세금을 부과하는데, 이를 경정이라고 한다. 예를 들어, 소득세법 제80조

---

20) 대법원 1998. 3. 24. 선고 95누15704 판결
21) 납부지연가산세 도입 전의 가산금에 해당하는 부분이다. 판례는 가산금은 납세고지서에 의한 납부기한이 지나면 별도의 확정절차 없이 확정된다고 하여 자동확정방식에 해당한다고 판시하였다(대법원 1998. 9. 8. 선고 97다12037 판결, 대법원 2002. 2. 8. 선고 2001다74018 판결).

제2항은 "납세지 관할 세무서장 또는 지방국세청장은 제70조, 제70조의2, 제71조 및 제74조에 따른 과세표준확정신고를 한 자(제2호 및 제3호의 경우에는 제73조에 따라 과세표준확정신고를 하지 아니한 자를 포함한다)가 다음 각호의 어느 하나에 해당하는 경우에는 해당 과세기간의 과세표준과 세액을 경정한다."고 규정하면서 제1호에서 "신고 내용에 탈루 또는 오류가 있는 경우"를 열거하고 있다. 또한 납세의무자가 과세표준을 신고하지 아니하여 과세관청이 결정을 하였는데, 그 결정에 잘못이 있는 경우 이를 바로잡는 것도 경정이라고 한다. 경정에 잘못이 있으면 과세관청은 부과제척기간 내에서 재경정, 3차 경정, 4차 경정 등을 할 수 있다. 사안이 복잡한 경우에는 한 번의 경정에 그치지 않고 여러 차례의 경정이 이루어질 수 있다.

나. 부과과세방식

부과과세방식의 국세에서 납세자의 신고는 과세표준과 세액을 확정하는 효력이 없으므로 납세자가 과세표준과 세액을 신고하였는지 여부에 상관없이 과세관청은 과세표준과 세액을 확정하기 위하여 세금을 부과하는데, 이를 결정이라고 한다. 예를 들어, 상증세법 제76조 제1항은 "세무서장 등은 제67조나 제68조에 따른 신고에 의하여 과세표준과 세액을 결정한다. 다만, 신고를 하지 아니하였거나 그 신고한 과세표준이나 세액에 탈루 또는 오류가 있는 경우에는 그 과세표준과 세액을 조사하여 결정한다."고 규정하고 있다. 과세관청의 결정에 잘못이 있으면 과세관청은 부과제척기간 내에서 경정, 재경정, 3차 경정, 4차 경정 등을 할 수 있다. 즉 부과과세방식의 세목은 납세자가 과세표준과 세액을 신고하였는지 또는 신고하지 않았는지 상관없이 '결정 → 경정 → 재경정' 등의 과정을 거친다.

4. 부과처분과 징수처분

가. 부과처분과 징수처분의 의의

납세의무가 법률에 규정된 과세요건 등을 충족하여 추상적으로 성립하고 그 후 납세의무자의 신고나 과세관청의 부과처분에 의하여 구체적으로 확정되면 납세의무자가 세금을 자진납부하거나 과세관청이 징수할 수 있게 된다. 이때 과세관청이 과세표준과 세액을 구체적으로 확정하는 처분을 부과처분이라고 하고, 납세의무자의 신고나 과세관청의 부과처분에 의하여 확정된 세액의 납부나 이행을 구하는 처분을 징수처분이라고 한다.

나. 납부고지의 성질

(1) 부과과세방식의 세목에 대하여 납부고지하는 경우와 신고납세방식의 세목에 대하여 납세의무자가 신고하지 아니하여 납부고지하는 경우

부과과세방식의 세목에 대하여 과세관청이 과세표준과 세액을 결정하고 납부고지서에 의하여 행하는 납부고지 또는 신고납세방식 세목에 대하여 납세자가 신고하지 않아 과세관청이 과세표준과 세액을 결정하고 납부고지서에 의하여 행하는 납부고지는 과세표준과 세액을 확정하는 부과처분의 성질과 확정된 세액의 납부나 이행을 구하는 징수처분의 성질을 아울러 갖는다.[22] 납부고지를 하는 것은 납세자에게 과세표준과 세액이 얼마인지 알려주는 의미와 함께 그와 같이 확정된 세액을 납부하라고 요구하는 의미를 모두 갖기 때문이다. 따라서 납부고지에 하자가 있으면 부과처분과 징수처분 모두 하자가 있는 것이 된다.[23]

(2) 신고납세방식의 세목에 대하여 신고만 하고 납부하지 아니하여 납부고지하는 경우

신고납세방식의 세목에 대하여 납세의무자가 과세표준과 세액을 신고하였으나 세금을 납부하지 않은 경우 신고에 의하여 납세의무는 확정되고, 그 확정된 세금을 납부하지 않은 것이 된다. 이때 과세관청이 하는 납부고지는 이미 납세의무자의 신고에 의하여 과세표준과 세액이 확정되어 있으므로 부과처분의 성질은 없고 확정된 세액의 납부를 요구하는 징수처분의 성질만 갖는다.

다. 국세환급금 환수처분과 부당 결손금 소급공제 환수처분의 성격

(1) 국세환급금 환수처분

과세관청이 일정한 사유로 납세의무자에게 세금을 돌려준 후 국세환급금 결정을 취소하면 납세의무자에게 돌려준 금액의 반환을 청구할 수 있다(국기법 제51조 제9항). 이 경우 국세징수법의 고지·독촉 및 강제징수 규정을 준용하므로 위 국기법에 의한 환수처분은 징수처분의 성질을 갖는다.

(2) 부당 결손금 소급공제 환수처분

결손금 소급공제란 당기의 결손금이 발생한 경우 이전의 사업연도로 소급하여 공제함으로써 납부세액에서 환급하는 제도로서 중소기업에게만 인정된다. 납세자가 결손금 소급공제에 따라 환급받은 후 결손금이 감소된 경우, 환급세액이 감소된 경우, 중소기업 아닌 법인이 법인세를 환급받은 경우 등의 사유가 있는 경우에는 세액의 환급사유가 소멸한 것이므로 결손금을 해당 결손금이 발생한 사업연도의 법인세로서 징수한다(법인법 제72조 제5항).

위 법인세법 제72조 제5항의 부당 결손금 소급공제 환수처분의 법적 성격이 문제된 사안에서, 대법원은 부과처분과 징수처분의 성격을 아울러 갖는다고 판시하였다.[24] 과세관청은 결손금 소급공제로 인하여 과다환급한 세액에 이자를 붙여서 법인세로서 징수하는데, 이 경우 납세의무자의 법인세 납부의무는 법인세법 제72조 제5항에 따라 과세관청이 환급세액을 재결정한 후 세액을 확정하는 절차를 거쳐야 확정되므로 부과처분과 징수처분의 성격을 갖는다고 본 것이다. 법인세법 제72조 제5항에 중소기업 아닌 법인이 법인세를 환급받은 경우의 징

---

22) 대법원 1985. 10. 22. 선고 85누81 판결
23) 대법원 1984. 2. 28. 선고 83누674 판결
24) 대법원 2022. 11. 17. 선고 2019두51512 판결

수규정이 신설되기 전에는 결손금 소급공제 환수처분이 구 국기법(2006. 12. 30. 개정 전) 제51조 제7항(현행 국기법 제51조 제9항)에 의한 징수처분이라고 판시한 판례가 있었으나,[25] 2008. 12. 26. 중소기업 아닌 법인이 법인세를 환급받은 경우의 징수규정이 신설된 이후에는 법인세법 제72조 제5항의 부당 결손금 소급공제 환수처분이 국기법 제51조 제9항의 국세환급금 환수처분과 세액의 계산방법, 환수절차 등에서 차이가 있으므로 성격을 다르게 본 것이다.

제3절 경정 등의 효력

1. 의의

부과과세방식의 세목에서 과세관청이 과세표준과 세액을 확정하는 결정을 했으나, 오류가 있는 경우 과세관청은 부과제척기간 경과 전까지 과세표준과 세액을 바로잡는 경정, 재경정 등을 할 수 있다. 또한 신고납세방식의 세목에서 납세자가 신고한 과세표준과 세액에 오류가 있는 경우 과세관청은 역시 부과제척기간 경과 전까지 과세표준과 세액을 바로잡는 경정, 재경정 등을 할 수 있다. 과세표준과 세액을 바로잡는 경정에는 금액을 늘리는 증액경정(增額更正)과 금액을 줄이는 감액경정(減額更正)이 있다. 이와 같이 경정을 하는 경우 당초처분(신고납세방식의 신고 포함)과 증액경정처분 또는 당초처분과 감액경정처분의 관계를 어떻게 파악해야 하는지 문제된다. 이 중 특히 증액경정처분에 대하여 논의가 많이 된다.

2. 증액경정의 효력

가. 당초처분(신고)과 증액경정처분의 관계

(1) 2002. 12. 18. 국세기본법 개정 이전

(가) 학설

2002. 12. 18. 국기법 개정 이전에 당초처분과 증액경정처분의 관계에 대하여 흡수설, 병존설, 역흡수설, 병존적 흡수설, 역흡수병존설 등 다양한 학설이 대립하였다.[26] 그중 가장 대표적인 두 가지 학설은 흡수설과 병존설이다.

---

25) 대법원 2016. 2. 18. 선고 2013다206610 판결
26) 역흡수설은 경정처분이 당초처분에 흡수되어 소멸하고 당초처분에 의하여 확정된 과세표준과 세액이 경정내용에 따라 증감된다고 보는 견해이고, 병존적 흡수설은 당초처분이 경정처분에 흡수되어 소멸하나 그 효력은 그대로 존속하며 경정의 효력은 이에 의해 증감된 과세표준과 세액에만 미친다고 보는 견해이며, 역흡수병존설은 경정처분이 당초처분과 결합되어 일체로서 존재하며 당초처분에 의해 확정된 과세표준과 세액을 증감시킨다고 보는 견해이다(정해남, "세액을 증감하는 경정처분의 효력" 조세판례백선, 2005., 61~62면).

① 흡수설

흡수설은 당초처분이 증액경정처분에 흡수되어 소멸하고, 증액경정처분만이 존재한다고 보는 견해를 말한다. 예를 들어, 과세관청이 납세의무자에게 종합소득세 2억 원의 부과처분을 하였다가 1억 원을 증액하는 경정처분을 한 경우 당초처분 2억 원이 증액경정처분 1억 원에 흡수되어 소멸하고 3억 원의 증액경정처분이 남는다고 본다. 흡수설은 납세자의 신고와 과세관청의 증액경정 사이에도 적용된다.[27] 따라서 납세자가 종합소득세 2억 원을 신고한 후 과세관청이 1억 원을 증액경정한 경우 신고한 2억 원은 1억 원의 증액경정처분에 흡수되므로 3억 원의 증액경정처분만 남는다.

그러나 원천징수의무자에 대하여 납세의무의 단위를 달리하여 순차로 이루어진 2개의 징수처분은 별개의 처분이므로 당초처분과 증액경정처분의 법리가 적용되지 않는다.[28] 예를 들어, 외국법인이 내국법인 A의 주식과 내국법인 B의 주식을 내국법인 甲에게 양도한 경우 내국법인 A의 주식 양도소득에 대한 징수처분과 그 후 이루어진 내국법인 B의 주식 양도소득에 대한 징수처분은 납세의무의 단위를 달리하는 별개의 처분이므로 내국법인 A의 주식 양도소득에 대한 징수처분이 내국법인 B의 주식 양도소득에 대한 징수처분에 흡수되어 소멸한다고 볼 수 없다. 또한 1차 처분 중 토지의 승계취득에 대한 취득세 과세표준 및 세액을 증액하지 않은 채 건축물의 취득 또는 지목변경에 의한 간주취득 등에 관한 취득세 과세표준 및 세액만을 증액하는 2차 처분을 한 경우 2차 처분이 1차 처분 중 토지의 승계취득에 대한 취득세 부과처분까지 포함하는 증액경정처분이라고 할 수 없다.[29]

② 병존설

병존설은 당초처분과 증액경정처분이 병존한다고 보는 견해를 말한다. 위 "①"의 사례에서 당초처분 2억 원과 증액경정처분 1억 원, 당초의 신고 2억 원과 증액경정처분 1억 원이 각각 별개로 존재한다고 본다.

(나) 흡수설과 병존설의 차이

흡수설과 병존설 중 어느 견해를 취하는지에 따라 다음과 같은 차이가 생긴다.

① 흡수설에 의하면 여러 차례 증액경정이 있더라도 마지막 행해지는 증액경정처분에 흡수되어 결국 1개의 처분만 존재한다. 그러나 병존설에 의하면 증액된 부분이 각각 별개의 처분이 되므로 여러 개의 처분이 존재한다.

② 흡수설에 의하면 당초처분이 증액경정처분에 흡수되므로 당초처분의 하자를 이유로 증액경정처분에 대하여 다툴 수 있다. 그러나 병존설에 의하면 당초처분과 증액경정처분이 별

---

27) 대법원 1991. 7. 26. 선고 90누8244 판결
28) 대법원 2013. 7. 11. 선고 2011두7311 판결
29) 대법원 1999. 9. 3. 선고 97누2245 판결

개의 처분이므로 당초처분의 하자를 이유로 증액경정처분에 대하여 다툴 수 없다.

예를 들어, 과세관청이 2019. 4. 1. 상속세 3억 원의 부과처분을 하였다가 2020. 5. 1. 상속세 1억 원을 증액경정한 경우 당초처분에 대하여 불복청구기간이 경과하지 않아 불가쟁력이 발생하지 않은 경우 흡수설과 병존설의 입장에서 청구취지를 기재하면 그 차이가 명확해진다. 흡수설의 입장에서 청구취지는 "피고가 2020. 5. 1. 원고에 대하여 한 상속세 4억 원의 부과처분을 취소한다."가 되고, 병존설의 입장에서 청구취지는 "피고가 2019. 4. 1. 원고에 대하여 한 상속세 3억 원의 부과처분 및 2020. 5. 1. 원고에 대하여 한 상속세 1억 원의 부과처분을 각 취소한다."라고 기재한다. 흡수설의 입장에서는 취소를 구하는 처분이 1개이나, 병존설의 입장에서는 2개이다.

(다) 판례

판례는 증액경정처분이 있은 경우 당초처분은 증액경정처분에 흡수되어 소멸하고 증액경정처분만이 쟁송의 대상이 된다고 하여 흡수설의 입장을 취하였다.[30] 따라서 당초처분의 하자를 이유로 증액경정처분에 대하여 다툴 수 있다. 그러나 이는 실체적 하자에 국한되고 당초처분의 절차적 하자는 증액경정처분에 승계되지 않으므로 당초처분의 절차적 하자를 이유로 증액경정처분의 위법성을 다툴 수는 없다.[31]

위와 같이 판례가 흡수설을 취하였으나, 과세관청은 증액경정처분을 할 때 전체 세액을 납부세액으로 하여 납부고지서를 발부하지 않고 당초의 세액은 그대로 둔 채 증액경정처분에 의하여 증액된 세액만을 납부세액으로 하여 납세고지서를 발부하여 병존설의 입장에서 실무를 운영하였다.

(2) 2002. 12. 18. 국세기본법 제22조의2 신설[32]

(가) 흡수설의 문제점

흡수설은 여러 차례 증액경정이 있더라도 1개의 처분이 존재하는 것으로 간주하므로 법률관계가 간명한 장점이 있으나, 다음과 같은 문제점이 있었다.[33]

① 증액경정처분이 있게 되면 당초처분에 근거한 납부지연가산세(과거의 가산금) 결정, 강제징수(과거의 체납처분) 등의 선행절차가 모두 무효가 된다. 따라서 당초처분을 전제로 하여 진행한 절차가 모두 무위로 돌아가게 되어 조세채권 확보를 어렵게 할 수 있다.

② 납세자가 고의로 소액의 경정사유를 제공한 후 증액경정처분을 받아 이미 불복청구기간이나 경정청구기간이 경과하여 불가쟁력이 발생한 당초처분이나 신고에 대하여도 불복청구

---

30) 대법원 1987. 12. 22. 선고 85누599 판결, 대법원 1999. 5. 28. 선고 97누16329 판결
31) 대법원 2010. 6. 24. 선고 2007두16493 판결
32) 2018. 12. 31. 국기법이 개정되면서 국기법 제22조의3으로 조문번호가 변경되었다.
33) 재정경제부, 「2002년 간추린 개정세법」, 2003, 25면

를 할 수 있다. 이 경우 불가쟁력이 발생한 당초처분이나 신고에 대하여 납세자로 하여금 다시 다툴 수 있는 빌미를 제공한다.

(나) 입법취지

위와 같은 흡수설의 문제점을 해결하기 위하여 2002. 12. 18. 국기법 제22조의2 제1항을 다음과 같이 신설하였다.

> 국기법(2002. 12. 18. 개정) 제22조의2(경정등의 효력)
> ① 세법에 따라 당초 확정된 세액을 증가시키는 경정은 당초 확정된 세액에 관한 이 법 또는 세법에서 규정하는 권리·의무관계에 영향을 미치지 아니한다.

위 규정에서 "확정"은 불가쟁력을 의미하므로 당초처분이나 신고에 불가쟁력이 발생한 경우에는 그 후 증액경정처분이 있더라도 불가쟁력이 발생한 세액을 변경할 수 없음을 의미한다. 재정경제부의 개정세법 해설에 의하면 "당초처분과 경정처분을 별개의 처분으로 보아 불복청구 등 세법규정 적용"이라고 입법취지를 설명하고 있으므로 병존설을 의도한 것으로 보인다. 증액경정을 할 때 당초처분과의 차액만 추가고지하는 과세실무도 병존설에 더 가까웠다.

(3) 2002. 12. 18. 국세기본법 개정 이후

(가) 학설

국기법 제22조의2 신설 이후에도 흡수설, 병존설 등의 대립은 계속되었다. 그러나 위 규정 신설 이후에는 문언에 맞추어 법률을 해석할 수밖에 없는 한계가 있다.[34] 흡수설의 입장에서 당초처분이 증액경정처분에 흡수된다는 내용을 유지하더라도 국기법 제22조의2의 문언에 따라야 하므로 당초처분이나 신고에 불가쟁력이 발생한 경우 그 불가쟁력이 발생한 세액을 변경할 수 없다고 해석할 수밖에 없게 되었다. 이러한 의미에서 국기법 제22조의2 신설 이후의 흡수설을 "수정된 흡수설"이라고 부르기도 한다.

(나) 조세심판원 결정과 판례

① 조세심판원 결정

조세심판원은 증액경정은 당초의 확정된 세액을 포함하여 당해 조세채무 전체에 대하여 최종적이고 통일적인 확인을 하는 것이므로 증액경정처분이 있으면 당해 경정처분이 있기 전의 신고나 결정의 하자를 다툴 수 있으나, 국기법 제22조의2 제1항에서 당초 확정된 세액에 그 효력이 미치지 못하도록 규정하고 있으므로 증액경정처분으로 증액된 세액의 범위 내에서 다

---

34) 이전오, "당초 과세처분과 증액경정처분의 관계에 대한 연구 : 대법원 2009. 5. 14. 선고 2006두17390 판결 평석", 성균관법학 제21권 제2호, 2009, 671∼672면

툴 수 있다고 판단하였다.[35] 기본적으로 흡수설의 입장을 유지하면서 당초처분이나 신고에 불가쟁력이 생긴 경우 증액된 세액의 범위 내에서 다툴 수 있다고 하여 흡수설을 국기법 제22 조의2 제1항의 문언에 맞추어 일부 수정한 것이다.

② 판례

판례도 조세심판원 결정과 동일한 입장을 취하였다. 즉 국기법 제22조의2 시행 이후에도 당초 신고나 결정은 증액경정처분에 흡수되어 원칙적으로 증액경정처분만이 항고소송의 심 판대상이 되고, 납세의무자는 그 항고소송에서 당초 신고나 결정에 대한 위법사유도 함께 주 장할 수 있다고 하여 흡수설을 유지하였다.[36] 여기서 흡수설을 유지한다는 것은 다음의 2가 지 의미를 갖는다.

첫째, 당초처분과 증액경정처분이 있는 경우 당초처분은 소멸하므로 증액경정처분이 불복 의 대상이 된다. 증액경정처분이 있더라도 1개의 처분만 존재한다는 흡수설의 핵심요소는 유 지한 것이다. 둘째, 증액경정처분에 대한 불복에서 증액경정처분의 위법사유뿐 아니라 당초처 분의 위법사유도 주장할 수 있다. 당초처분이 증액경정처분에 흡수되는 이상, 증액경정처분에 불복하더라도 당초처분의 위법사유를 다툴 수 있도록 한 것이다. 같은 논리로 납세자가 세금 을 신고한 후 과세관청이 증액경정한 경우 납세의무자는 증액경정처분의 위법사유뿐 아니라 당초신고에 관한 과다신고사유도 함께 주장하여 다툴 수 있다.[37]

국기법 제22조의2 제1항의 입법취지가 흡수설의 문제점을 극복하기 위한 것이었으나, 판 례가 여전히 흡수설을 고수한 것은 증액경정이 있더라도 종국적으로 처분은 1개라는 인식이 강하기 때문이다.

(다) 불가쟁력 발생 여부에 따른 차이

① 불가쟁력이 발생한 경우

국기법 제22조의3의 문구상 경정청구기간이나 불복청구기간이 경과하여 불가쟁력이 발생 한 경우에는 증액경정처분이 있더라도 확정된 세액은 변경되지 않는다. 따라서 흡수설을 유 지하더라도 위 문언에 의하면 불가쟁력이 발생하여 확정된 세액에 관하여는 취소를 구할 수 없고 증액된 세액을 한도로 취소를 구할 수 있다.[38] 이미 불가쟁력이 발생하여 확정된 세액의 취소를 구하는 경우에는 소송상 부적법하므로 각하된다.[39]

증액경정처분에 대하여 다투면서 당초처분의 위법사유를 주장할 수 있다는 점에서는 흡수 설의 입장이 유지되나, 문언상 불가쟁력이 발생하여 확정된 세액에 영향을 미칠 수 없으므로

---

35) 국심 2003. 10. 18.자 2003중0556 결정
36) 대법원 2009. 5. 14. 선고 2006두17390 판결
37) 대법원 2013. 4. 18. 선고 2010두11733 전원합의체 판결
38) 대법원 2011. 4. 14. 선고 2008두22280 판결
39) 대법원 2020. 4. 9. 선고 2018두57490 판결

증액된 금액에 대하여만 취소를 구할 수 있다고 본 것이다. 예를 들어, 납세자가 3억 원을 신고하였고 경정청구기간이 지나서 불가쟁력이 발생한 후에 과세관청이 1억 원을 증액경정한 경우 당초 신고분의 위법사유를 다툴 수 있으나, 당초 신고분 3억 원은 불가쟁력이 발생하였으므로 변경할 수 없고 증액된 1억 원 의 한도 내에서 취소를 구할 수 있다. 다만, 과세관청이 증액경정처분 후에 당초신고나 처분에 위법사유가 있다는 이유로 쟁송절차와 무관하게 직권으로 일부 감액경정을 한 사안에서, 판례는 증액된 세액을 다시 감액한 것이 아니라 당초신고나 처분의 세액을 감액한 것으로 보아 납세자가 증액경정처분에 의하여 증액된 세액의 취소를 구할 수 있다고 판시하였다.[40] 예를 들어, 납세자가 3억 원을 신고하였고 경정청구기간이 지나서 불가쟁력이 발생한 후에 과세관청이 1억 원을 증액경정하였다가 쟁송절차와 무관하게 1억 원을 감액경정한 경우 판례에 의하면 위 1억 원이 당초신고나 결정에서 감액한 것으로 보게 되므로 증액된 1억 원의 범위 내에서 다툴 수 있게 된다. 이 판결은 병존설로 회귀한다는 비판에 불구하고 납세자의 권익구제를 위하여 구체적 타당성을 추구한 것으로 평가된다.[41] 만약 위 사안에서 과세관청이 위 1억 원을 증액경정처분에서 감액한 것으로 보게 되면 납세자는 당초 신고분에 위법사유가 있더라도 증액된 1억 원의 취소를 구할 수 없어 구제받을 수 없기 때문이다.

② 불가쟁력이 발생하지 않은 경우

당초처분이나 신고에 불가쟁력이 발생하지 않은 경우에는 당초처분이나 신고에 위법사유가 있으면 증액경정처분에 의하여 증액된 세액뿐만 아니라 당초처분이나 신고의 세액에 대해서도 취소를 구할 수 있다.[42] 예를 들어, 납세자가 3억 원을 신고하였고 경정청구기간이 지나지 않은 상태에서 과세관청이 1억 원을 증액경정한 경우 당초 신고분에 위법사유가 있으면 3억 원 부분에 대하여도 취소를 구할 수 있다. 물론 증액경정한 1억 원에도 위법사유가 있으면 4억 원 전부에 대하여 취소를 구할 수 있다.

(라) 흡수설의 예외

① 납세자가 신고 후 경정청구를 하고 과세관청이 증액경정한 경우

납세자가 과세표준과 세액을 신고하고 경정청구를 한 후 과세관청이 증액경정한 경우 납세자의 신고는 과세관청의 증액경정처분에 흡수되지 않는다.[43] 이 경우 과세관청의 증액경정처분이 있다고 해서 납세자의 당초신고가 증액경정처분에 흡수되어 소멸된다고 하면 경정청구제도는 무의미해지기 때문이다. 이와 같이 경정청구의 실효성을 확보하기 위하여 흡수설의

---

40) 대법원 2011. 4. 14. 선고 2010두9808 판결
41) 강석규, 조세법쟁론(2023), 408면
42) 대법원 2012. 3. 29. 선고 2011두4855 판결
43) 대법원 1987. 1. 20. 선고 83누571 판결

예외를 인정한다.[44)]

② 당초처분에 대한 청구기각판결이 확정된 후 과세관청이 증액경정한 경우

당초처분에 대한 취소소송에서 청구기각판결이 확정된 후 과세관청이 증액경정처분을 한 경우 당초처분은 증액경정처분에 흡수되지 않는다.[45)] 당초처분은 청구기각판결에 따라 기판력이 발생하였으므로 증액경정처분이 있더라도 당초처분을 다툴 수 없도록 흡수설의 예외를 인정한 것이다.

3. 감액경정의 효력

가. 당초처분과 감액경정처분의 관계

(1) 2002. 12. 18. 국세기본법 개정 이전

판례는 과세관청이 당초처분의 일부를 감액경정한 경우 당초처분의 일부를 취소하는 것이라고 하여 일부취소설의 입장을 취하였다.[46)] 따라서 당초처분을 감액경정한 경우 항고소송의 대상이 되는 것은 당초처분 중 감액경정에 의하여 취소되지 않고 남아 있는 부분이다. 예를 들어, 납세자가 2019. 3. 31.에 2018년도분 법인세 3억 원을 신고하였고, 과세관청이 2020. 5. 1. 직권으로 1억 원을 감액경정한 경우 취소되지 않고 남아 있는 2억 원이 불복의 대상이다. 이때 청구취지는 "피고가 2019. 3. 31. 원고에 대하여 한 2018년도분 법인세 2억 원의 부과처분을 취소한다"라고 기재한다.

(2) 2002. 12. 18. 국세기본법 개정 이후

2002. 12. 18. 당초처분과 증액경정처분의 관계에 대한 개정과 함께 당초처분과 감액경정처분의 관계에 대한 개정도 같이 이루어졌다. 과세관청의 감액경정이 있더라도 취소되지 않고 남아 있는 부분 중 불가쟁력이 발생한 부분에 대하여는 불복할 수 없으므로 위 국기법 규정은 당연한 법리를 확인한 것이다. 만약 납세자가 감액경정된 부분에 대해 취소를 구하면 소익이 없으므로 각하해야 하고, 감액경정인지 여부는 총액주의에 따라 납세자가 부담할 세액이 증가하였는지를 기준으로 판단하므로 과세관청이 직권으로 경정결정을 함에 있어 일부 항목에 대한 증액과 다른 항목에 대한 감액을 동시에 한 결과 전체로서 세액이 감소된 때에는 감액경정에 해당한다.[47)]

---

44) 이중교, "부가가치세 환급세액에 대한 구제방법", 법조 통권 제685호, 2013, 138~139면
45) 대법원 2004. 12. 9. 선고 2003두4034 판결
46) 대법원 1991. 9. 13. 선고 91누391 판결
47) 대법원 1996. 11. 15. 선고 95누8904 판결, 대법원 2024. 10. 31. 선고 2022두65160 판결

1. 납세의무의 승계

가. 의의

국기법 제23조, 제24조에 규정된 납세의무의 승계는 본래의 납세자로부터 제3자에게 납세의무가 이전되는 것을 말한다. 사법상 금전채무는 일반적으로 자유롭게 승계할 수 있지만 납세의무는 개인의 담세력 등을 고려하여 부과되는 등 인적 요소가 중시되므로 사인(私人) 사이의 계약 등에 의하여 임의로 이전할 수 없다. 만약 사인 사이의 계약에 의한 납세의무의 승계를 허용하면 납부능력이 있는 납세자가 납부능력이 없는 제3자에게 납세의무를 이전하는 경우 국가의 조세채권 확보가 어려워진다. 따라서 국기법은 포괄적으로 권리의무가 이전되는 법인의 합병이나 상속에 한하여 예외적으로 납세의무의 승계를 인정한다.

나. 납세의무의 승계사유

(1) 법인의 합병

법인이 합병하면 피합병법인이 소멸한다. 이 경우 피합병법인에 부과되거나 피합병법인이 납부할 국세 및 강제징수비에 대하여는 존속법인 또는 합병신설법인이 납세의무를 승계한다 (국기법 제23조). 여기서 '피합병법인에 부과되거나 피합병법인이 납부할 국세 및 강제징수비'는 합병등기일 현재 과세요건이 충족되어 납세의무가 성립하였지만 아직 확정되지 않은 국세 등과 납세의무가 확정되었지만 아직 납부나 징수가 이루어지지 않은 국세 등을 말한다.[48] 구체적으로는 ① 합병으로 피합병법인에게 귀속되는 국세 및 강제징수비, ② 납세의무 확정절차에 따라 장차 부과되거나 납부하여야 할 국세 및 강제징수비를 말한다.[49] 합병 시 피합병법인에게 부과되는 자산의 양도차익에 대한 법인세는 위 "①"에 해당하고, 피합병법인의 납세의무는 성립하였으나 아직 확정되지 않았거나 확정되었으나 아직 납부하지 않은 세금은 위 "②"에 해당한다.

(2) 상속

(가) 상속인 등

상속이 개시된 때에 상속인, 수유자, 상속재산관리인은 피상속인에게 부과되거나 그 피상속인이 납부할 국세 및 강제징수비에 대하여 상속재산의 한도에서 납부의무를 진다(국기법 제24조 제1항). 수유자에는 사인증여를 받는 자가 포함된다.[50] 여기서 '피상속인에게 부과되거나

---

48) 대법원 2011. 3. 24. 선고 2008두10904 판결
49) 국기법 기본통칙 23−0···2
50) 국기법 기본통칙 24−0···3

피상속인이 납부할 국세 등'이란 상속개시일 현재 과세요건이 충족되어 납세의무가 성립하였지만 확정되지 않은 국세 등과 납세의무가 확정되었지만 납부나 징수가 이루어지지 않은 국세 등을 의미한다. 상속으로 인한 납세의무에는 피상속인이 부담할 제2차 납세의무도 포함된다.[51] 상속재산은 상속자산 총액에서 상속부채와 상속세를 공제하여 산정한다(국기령 제11조 제1항). 상속인은 피상속인의 납세의무를 승계하지만 상속재산의 한도에서 납부의무가 있으므로 자신의 고유재산으로 납세의무를 이행할 필요는 없다.

상속인이 2명 이상일 때에는 각 상속인은 상속분에 따라 상속재산의 한도에서 연대납부의무를 진다(국기법 제24조 제3항). 상속인 중에 수유자, 상속포기자, 유류분을 청구하여 상속재산을 취득한 자가 있거나 상속으로 받은 재산에 보험금이 포함되어 있는 경우에는 전체 상속인이 상속으로 받은 재산의 가액을 개별 상속인이 상속으로 받은 재산 가액으로 나눈 비율에 따라 연대납세의무의 범위를 정한다(국기령 제11조 제4항).

(나) 피상속인의 사망으로 상속인이 수령하는 보험금

① 상속재산을 전부 또는 일부 포기한 경우

상속포기자는 원칙적으로 납세의무를 승계하지 않는다. 그러나 예외적으로 피상속인이 상속인을 수익자로 하는 보험계약을 체결하고 상속인은 상속을 포기하여 보험수익자의 지위에서 상속인의 고유재산으로 보험금을 받는 때에는 상속포기자를 상속인으로 보고, 보험금을 상속재산으로 보아 납세의무를 승계하는 것으로 간주한다(국기법 제24조 제2항 제1호). 이 조항이 2014. 12. 23. 신설되기 전에 판례는 보험수익자의 보험금지급청구권은 상속재산이 아니라 상속인의 고유재산이므로 납세의무가 승계되는 상속재산에 포함되지 않는다고 판시하였으나,[52] 그 후 반대취지로 입법을 한 것이다.

② 국세 및 강제징수비를 체납한 피상속인이 보험료를 납부한 경우

피상속인이 국세 및 강제징수비를 체납하고 보험료를 납부한 경우 피상속인의 사망으로 상속인이 수령하는 보험금을 상속재산에 포함한다(국기법 제24조 제2항 제2호). 상속재산에 포함하는 보험금은 피상속인 체납기간의 비율로 안분계산한다.

2. 연대납세의무

가. 의의

민법상 연대채무는 수인의 채무자가 각각 독립하여 채무 전부를 변제할 의무를 가지며 그 중 채무자 1인이 채무를 이행하면 다른 채무자의 채무도 소멸하는 다수당사자의 채무를 말한다(민법 제413조). 연대납세의무는 기본적으로 연대채무의 일종이다. 따라서 국기법 제25조에

---

51) 국기법 기본통칙 24-0…1
52) 대법원 2013. 5. 23. 선고 2013두1041 판결

규정된 연대납세의무는 수인의 납세의무자가 동일한 내용의 납세의무에 관하여 각각 독립하여 그 전부 또는 일정 한도 내에서 채무를 부담하고, 그중 1인이 납세의무를 이행하면 다른 채무자의 납세의무가 소멸하게 되는 조세법률관계를 말한다. 민법상 연대채무가 채무자의 수를 늘려서 채권자를 두텁게 보호하는 것과 마찬가지로 연대납세의무도 납세의무자의 수를 늘려서 국가의 조세채권 확보를 강화하는 기능을 한다.

나. 종류

(1) 공유물, 공동사업 등의 연대납세의무

(가) 의의 및 취지

공유물, 공동사업 또는 그 공동사업에 속하는 재산에 관계되는 국세 및 강제징수비는 공유자 또는 공동사업자가 연대납부의무를 진다(국기법 제25조 제1항). 통상 공유물이나 공동사업에 관한 권리의무는 공동소유자나 공동사업자에게 실질적·경제적으로 공동귀속하므로 담세력도 공동으로 파악하는 것이 합리적이라는 점을 고려한 것이다.[53] 연대납세의무자는 특별한 규정이 없으면 원칙적으로 공유물과 공동사업 등에 관계된 국세 전부에 대하여 전원이 연대납세의무를 부담한다.

(나) 적용범위

① 공유물에 관계되는 국세

공유물에 관계되는 국세에는 인지세 및 증권거래세가 포함되나, 양도소득세, 증여세, 상속세는 제외된다.[54] 예를 들어, 공유하는 주식을 거래하는 경우 공유자는 증권거래세에 대하여 연대납세의무를 부담하나, 공유하는 부동산을 양도하는 경우 공유자는 각 자신의 지분에 대한 양도소득세 납세의무를 부담할 뿐 연대납세의무를 지지 않는다(소득법 제2조의2 제5항). 또한 1개의 물건을 2명이 증여에 의하여 취득하는 경우 수증자별로 증여세 납세의무를 부담할 뿐 연대납세의무를 지지 않는다. 상속의 경우에는 별도의 조항이 있으므로 국기법 제25조 제1항이 아닌 상증세법 제3조의2 제3항에 의하여 공동상속인이 연대납세의무를 부담한다. 상속세 연대납세의무는 상속인이 각자가 받았거나 받을 재산을 한도로 한다는 점에서 국기법상 연대납세의무와 차이가 있다.

② 공동사업에 관한 국세

공동사업에 관한 국세에는 부가가치세, 개별소비세, 주세, 인지세가 포함되나, 소득세는 제외된다. 소득세의 경우에는 국기법 제25조보다 소득세법 제2조의2 제1항이 우선 적용되므로

---

53) 대법원 1999. 7. 13. 선고 99두2222 판결
54) 김완석외 3인, 주석 국세기본법(2023), 639면, 지방세의 경우에는 공동주택의 공유물에 대하여 명시적으로 연대납세의무 적용을 배제한다(지방세기본법 제44조 제1항 괄호).

각 공동사업자가 그 지분 또는 손익분배비율에 따라 안분계산한 소득금액에 대하여 개별적으로 납세의무를 부담한다.[55] 부가가치세는 소비세의 일종으로서 부가가치를 창출하는 사업자가 납세의무자인 반면, 소득세는 수득세의 일종으로서 소득을 얻은 개인이 납세의무자이므로 연대납세의무에서 차이가 생긴다.[56] 이와 같이 소득세에 대하여 연대납세의무가 적용되지 않으므로 국기법상 연대납세의무가 적용되는 범위는 그다지 넓지 않다.

(2) 법인의 분할

(가) 분할법인이 존속하는 경우

법인이 분할되거나 분할합병된 후 분할법인이 존속하는 경우 분할법인, 분할신설법인, 분할합병의 상대방법인은 분할등기일 이전에 분할법인에 부과되거나 납세의무가 성립한 국세 및 강제징수비에 대하여 연대납부의무가 있다(국기법 제25조 제2항). 여기서 '분할법인에 부과되거나 납세의무가 성립한 국세 및 강제징수비'는 분할등기일 이전에 납세의무가 성립되거나 확정된 국세 등을 말한다. 분할합병의 상대방법인은 분할법인의 일부가 다른 법인과 합병하는 경우 그 합병의 상대방인 다른 법인을 말한다. 예를 들어, A법인의 b사업부가 분할되어 B법인이 신설되거나 A법인의 c사업부가 분할되어 C법인과 합병하는 경우 A법인은 분할법인, B법인은 분할신설법인, C법인은 분할합병의 상대방법인으로서 서로 연대납세의무를 부담한다. 이와 같이 분할당사법인에게 연대납세의무를 지우는 것은 분할로 인하여 분할법인의 책임재산에 변동이 생기는데 그로 인하여 조세채권의 담보력이 약화되는 것을 방지하기 위한 취지이다.[57]

(나) 분할법인이 소멸하는 경우

법인이 분할 또는 분할합병한 후 소멸하는 경우 분할신설법인, 분할합병의 상대방법인은 분할등기일 이전에 분할법인에 부과되거나 납세의무가 성립한 국세 및 강제징수비에 대하여 연대납부의무가 있다(국기법 제25조 제3항). 분할법인은 소멸하므로 연대납세의무를 부담하지 않는다. 예를 들어, A법인의 b사업부가 분할되어 B법인이 신설되거나 A법인의 c사업부가 분할되어 C법인과 합병하면서 A법인이 소멸하는 경우에는 B법인은 분할신설법인, C법인은 분할합병의 상대방법인으로서 서로 연대납세의무를 부담한다. 분할법인이 소멸하는 경우에는 책임재산이 분할신설법인이나 분할합병의 상대방법인에게 이전하므로 분할신설법인, 분할합병의 상대방법인에게 연대납세의무를 지우는 것이다.

---

55) 대법원 1995. 4. 11. 선고 94누13152 판결
56) 헌재 2006. 7. 27. 선고 2004헌바70 결정
57) 김완석외 3인, 주석 국세기본법(2023), 642면

(다) 연대납세의무의 한도

분할의 연대납세의무 규정이 처음 입법될 당시에는 연대납세의무의 한도가 규정되어 있지 않아 승계된 재산가액을 초과하는 부분에 대하여도 연대납세의무를 부담하였다. 그러나 분할신설법인, 분할합병의 상대방법인이 분할로 인하여 승계된 재산가액을 초과하는 부분까지 연대납세의무를 지는 것은 불합리하다. 이에 따라 2018. 12. 31. 국기법을 개정하여 분할로 승계된 재산가액을 한도로 연대납부의무를 부담하도록 변경하였다.

(3) 채무자회생법에 의한 신회사 설립

법인이 채무자회생법 제215조에 따라 신회사를 설립하는 경우 기존의 법인에 부과되거나 납세의무가 성립한 국세 및 강제징수비에 대하여는 신회사가 연대납부의무를 진다(국기법 제25조 제4항).

다. 연대납세의무에 관한 민법의 준용

연대납세의무는 연대채무의 일종이므로 연대채무에 관한 민법규정, 즉 민법 제413조부터 제416조까지, 제419조, 제421조, 제423조 및 제425조부터 제427조까지의 규정을 준용한다(국기법 제25조의2). 연대납세의무자의 1인에 대한 과세처분의 하자는 상대적 효력을 가지므로 연대납세의무자 1인에 대한 과세처분의 무효나 취소 등의 사유는 다른 연대납세의무자에게 효력이 미치지 않는다.[58] 2018. 12. 31. 상증세법 개정 전에는 명의수탁자를 증여세 납세의무자로 규정하면서 명의신탁자에게 증여세 연대납세의무를 지웠는데, 판례는 민법 제416조, 제419조, 제421조의 절대적 효력을 미치는 경우 이외에는 명의수탁자에 관한 사항이 명의신탁자의 증여세 연대납세의무에 영향을 미치지 않는다고 판시하였다.[59]

라. 연대납세의무의 확정

연대납세의무자의 상호연대관계는 이미 확정된 조세채무의 이행에 관한 것이지, 조세채무 자체의 확정에 관한 사항이 아니다. 연대납세의무자라 할지라도 각자의 구체적 납세의무는 개별적으로 확정하여야 하므로 연대납세의무자 각자에게 개별적으로 부과처분의 통지를 하여야 한다(국기법 제8조 제2항 단서).

마. 개별세법의 연대납세의무

개별세법에 규정되는 연대납세의무에는 연결법인의 법인세 연대납세의무(법인법 제3조 제3항), 공동상속인의 연대납세의무(상증법 제3조의2 제3항) 등이 있다.

---

58) 대법원 1999. 7. 13. 선고 99두2222 판결
59) 대법원 2017. 7. 18. 선고 2015두50290 판결

1. 개요

가. 의의

납세의무가 성립한 후 납부, 충당, 부과의 취소, 부과권의 제척기간 경과나 징수권의 소멸시효 완성 등의 사유가 발생하면 납세의무는 소멸한다(국기법 제26조). 과거에는 결손처분을 납세의무의 소멸사유로 규정하였으나, 1996. 12. 30. 국기법 개정 시 납세의무 소멸사유에서 제외하였다. 결손처분은 조세채권자가 조세의 징수가 불가능하다고 판단하는 경우 일시적으로 징수권을 스스로 유보하는 행위로서 재산이 발견되면 다시 징수할 수 있으므로 납세의무의 소멸사유에서 제외한 것이다. 결손처분이 납세의무의 소멸사유에서 제외됨으로써 결손처분은 단지 강제징수절차 종료의 의미만 가지게 되었고, 결손처분의 취소도 종료된 강제징수절차를 다시 시작하는 행정절차의 의미만 가지게 되었다.[60] 국세징수법과 국기법에서 결손처분 규정이 삭제된 후 국세청 훈령인 국세징수사무처리규정은 기존의 결손처분 대신에 정리보류(整理保留)라는 용어를 사용하여 체납자를 관리하고 있다.[61]

나. 납세의무의 소멸사유

납세의무의 소멸사유로는 납부, 충당, 부과의 취소, 부과권의 제척기간 경과 또는 징수권의 소멸시효 완성 등이 있다(국기법 제26조 제2호, 제3호).

2. 국세부과권의 제척기간

가. 의의 및 취지

민법상 제척기간은 권리를 행사할 수 있도록 법령에서 정해놓은 기간을 의미한다. 이와 유사하게 조세법상 제척기간은 법률이 정한 부과권의 존속기간을 의미한다. 과세관청이 아무런 기간의 제한 없이 무한정 부과권을 행사할 수 있다고 하면 장기간 조세법률관계를 불안정하게 하므로 제척기간을 설정한 것이다. 부과권의 제척기간은 과세표준과 세액을 확정할 수 있는 부과권을 대상으로 한다는 점에서 징수권을 대상으로 하는 소멸시효와 구별되고, 중단이나 정지가 없다는 점에서 중단이나 정지가 인정되는 소멸시효와 차이가 있다.

제척기간은 국기법 제26조의2라는 가지번호가 붙은 것에서 짐작할 수 있듯이 국기법 제정 당시에는 없었고 1984. 8. 7. 국기법 개정 시 도입되었다. 그 전에는 소멸시효 규정만 있었는데, 부과권을 언제까지 행사할 수 있는지에 대하여 판례가 통일되지 않았다. 일부 판례들은 소멸

---

60) 대법원 2002. 9. 24. 선고 2001두10066 판결
61) 국세징수사무처리규정 제141조 제1항

시효는 징수권에 적용되므로 부과권은 소멸시효의 대상이 되지 않는다고 판시하였다.[62] 이러한 판례를 따르면 부과권은 행사기간에 제한이 없다는 의미가 되나, 부과권을 무한정 행사할 수 있다는 것은 사회통념에 반하므로 부과권이 소멸시효 대상이 된다고 판시한 판례도 있었다.[63] 그 후 대법원 1984. 12. 26. 선고 84누572 전원합의체 판결은 조세채권의 소멸시효를 규정한 국기법 제27조 제1항 소정의 국세징수권은 궁극적으로 국세징수의 실현을 얻는 일련의 권리를 말하는 것으로서 부과권도 소멸시효의 대상이 된다고 판시하여 논란을 정리하였다. 이렇듯 부과권이 소멸시효의 대상인지를 둘러싼 논란이 커지자, 위 전원합의체 판결이 선고되기 전인 1984. 8. 7. 국기법을 개정하여 부과권에는 제척기간이, 징수권에는 소멸시효가 적용되는 것으로 규정함으로써 입법적으로 해결하였다.

나. 일반제척기간

(1) 세목별 부과제척기간

(가) 상속세와 증여세 이외의 국세

상속세와 증여세 이외의 국세에 대한 부과제척기간은 다음과 같이 행위유형별로 5년, 7년, 10년(역외거래의 경우에는 7년, 10년, 15년)이다(국기법 제26조의2 제1항, 제2항). 역외거래는 국제거래 및 거래 당사자 양쪽이 거주자(내국법인과 외국법인의 국내사업장 포함)인 거래로서 국외자산의 매매, 임대차, 국외제공 용역과 관련된 거래를 포함하므로 국제거래보다 넓은 개념이다. 당초 국제거래에 대하여 장기부과제척기간을 적용하다가 2018. 12. 31. 국기법 개정 시 역외거래로 확대하였다.

① 신고 유무에 따른 부과제척기간(5년, 7년, 10년)

첫째, 납세자가 법정신고기한까지 국세를 신고한 경우에는 부과제척기간이 5년(역외거래의 경우 7년)이다. 납세자가 과소신고한 경우에도 신고는 한 것이므로 5년의 제척기간이 적용된다.

둘째, 납세자가 법정신고기한까지 국세를 신고하지 않은 경우에는 부과제척기간이 7년(역외거래의 경우 10년)이다. 부가가치세 예정신고를 하고 확정신고를 하지 않은 경우에는 무신고이므로 부과제척기간 7년이 적용된다.[64] 그러나 양도소득세 예정신고에 의하여 확정신고가 면제되면 확정신고를 한 것으로 간주되므로 5년의 부과제척기간이 적용된다.

셋째, 납세자가 사기 기타 부정행위로 국세를 포탈하거나 환급·공제를 받은 경우에는 부과제척기간이 10년(역외거래의 경우 15년)이다. 사기 기타 부정행위로 포탈하거나 환급·공제받은 국세가 법인세이면 이와 관련하여 법인세법 제67조에 따라 소득처분된 금액에 대한 소득세나 법인세도 10년(역외거래의 경우 15년)의 제척기간을 적용한다. 법인의 대표자가 법

---

62) 대법원 1973. 10. 23. 선고 72누207 판결, 대법원 1980. 9. 30. 선고 80누323 판결
63) 대법원 1977. 4. 26. 선고 75누37 판결, 대법원 1982. 4. 27. 선고 81누417 판결
64) 징세과-585(2011. 6. 13.)

인의 자금을 횡령하면서 법인의 장부조작 등의 행위를 한 경우 소득처분으로 인하여 대표자에게 한 소득세부과처분의 제척기간이 문제된 사안에서, 대법원 2010. 1. 28. 선고 2007두20959 판결이 법인 대표자가 부정행위를 한 것은 횡령금을 빼돌린 사실을 은폐하기 위한 것일뿐 횡령금에 대하여 향후 과세관청의 소득처분이 이루어질 것까지 예상하여 자신에게 귀속될 상여에 대한 소득세를 포탈하기 위한 것으로 볼 수 없으므로 5년의 부과제척기간이 적용된다고 판시하자,[65] 2011. 12. 31. 국기법 개정 시 소득처분된 금액에 대한 소득세나 법인세 부과처분에 대하여도 장기부과제척기간을 규정하였다. 사기 기타 부정행위는 조세범처벌법 제3조 제6항에 해당하는 조세포탈죄를 구성하는 행위로서 조세의 부과와 징수를 불가능하게 하거나 현저히 곤란하게 하는 적극적 행위를 말한다. 구체적으로 ⅰ) 이중장부의 작성 등 장부의 거짓 기장, ⅱ) 거짓 증빙 또는 거짓 문서의 작성 및 수취, ⅲ) 장부와 기록의 파기, ⅳ) 재산의 은닉, 소득·수익·행위·거래의 조작 또는 은폐, ⅴ) 고의적으로 장부를 작성하지 아니하거나 비치하지 않는 행위 또는 계산서, 세금계산서 또는 계산서합계표, 세금계산서합계표의 조작, ⅵ) 전사적 기업자원 관리설비의 조작 또는 전자세금계산서의 조작, ⅶ) 그 밖에 위계에 의한 행위 또는 부정한 행위 등의 행위이다(국기령 제12조의2 제1항).

위와 같이 부과제척기간을 원칙적으로 5년(역외거래의 경우 7년)으로 하면서 과세관청의 부과권 행사를 어렵게 하는 무신고, 사기 기타 부정행위에 대하여 더 장기의 제척기간을 적용한다.[66] 역외거래에 대하여 장기의 제척기간을 적용하는 것도 부과권의 행사가 어렵다는 점을 반영한 것이다. 실무상으로는 장기부과제척기간이 적용되는 사기 기타 부정행위에 해당하는지 여부가 다투어지는 경우가 많다. 판례는 "사기 기타 부정행위"란 조세의 부과와 징수를 불가능하게 하거나 현저히 곤란하게 하는 위계 기타 부정한 적극적인 행위를 의미하고, 다른 어떤 행위를 수반함이 없이 단순히 세법상의 신고를 하지 않거나 허위신고를 하는 것은 사기 기타 부정한 행위에 해당하지 않는다는 입장이다.[67]

사기 기타 부정행위에는 납세의무자 본인의 행위뿐 아니라 납세자가 업무처리를 맡겨 행위 영역 확장의 이익을 얻게 되는 대리인이나 사용인, 그 밖의 종업원의 행위도 포함된다.[68] 따라서 사용인 등의 부정행위가 납세자 본인을 피해자로 하는 사기, 배임 등 범행수단으로 행하여졌더라도 사용인 등의 부정행위로써 포탈된 국세에 관하여 과세관청의 부과권 행사가 어렵게 된 경우에는 장기부과제척기간이 적용된다.[69] 사용인 등의 배임적 부정행위로 인해 과세

---

65) 판례와 달리 조세심판원은 귀속이 분명한 경우와 귀속이 불분명한 경우를 구분하여 전자의 경우에는 10년, 후자의 경우에는 5년의 부과제척기간을 적용하였다(조심 2014. 4. 30.자 2014서0297 결정 등). 귀속불분명의 경우에는 대표자가 사기 기타 부정한 행위를 하였더라도 대표자에게 조세포탈의 의도가 있었다고 보기 어렵다는 이유로 5년의 부과제척기간을 적용한 것이다.

66) 대법원 2013. 12. 12. 선고 2013두7667 판결

67) 대법원 2015. 9. 15. 선고 2014두2522 판결

68) 대법원 2015. 9. 10. 선고 2010두1385 판결

69) 대법원 2021. 2. 18. 선고 2017두38959 전원합의체 판결의 다수의견은 사용인의 부정행위를 이유로 범죄피해

관청의 부과권 행사가 어렵게 된 이상, 납세자에게 사용자에 대한 선임, 관리·감독상의 과실이 있었다면 부과권 행사를 어렵게 하는 데에 납세자의 책임이 없다고 할 수 없으므로 납세자에게 장기부과제척기간을 적용할 필요가 있다고 판단한 것이다. 다만, 납세자 본인이 사용인 등의 부정행위를 방지하기 위하여 상당한 주의 또는 관리감독을 게을리하지 않은 경우에는 납세자 본인에게 불이익을 주는 것이 부적절하므로 사용인의 부정행위를 이유로 장기부과제척기간을 적용할 수 없다.

② 부과제척기간 특례

첫째, 납세자가 사기 기타 부정행위를 하여 소득세법, 법인세법, 부가세법상 계산서 관련 가산세를 부과하는 경우 부과제척기간은 10년이다(국기법 제26조의2 제2항 제3호). 계산서 관련 가산세의 경우 가공세금계산서 등을 수수하는 경우 매입액과 매출액이 같아서 본세의 포탈이 없으므로 사기 기타 부정행위에 해당하더라도 10년의 부과제척기간을 적용하지 못하는 불합리를 해결하기 위하여 별도의 규정을 둔 것이다. 그 밖의 본세 납세의무와 무관하게 별도의 협력의무 위반 등에 대한 제재로서 부과되는 가산세의 부과제척기간은 5년이다.[70]

둘째, 부담부증여에 의하여 증여세와 함께 양도소득세가 과세되는 경우 양도소득세에 대하여는 증여세의 부과제척기간을 적용한다(국기법 제26조의2 제4항). 부담부증여의 경우 하나의 거래에서 증여자의 양도소득세와 수증자의 증여세 과세문제가 동시에 생기므로 양자의 통일적 적용을 위하여 양도소득세의 부과제척기간을 더 긴 증여세의 부과제척기간에 맞춘 것이다.

셋째, 조세조약에 따라 상호합의절차가 진행 중인 경우에는 국조법 제25조에 따른 부과제척기간 특례가 적용된다(국기법 제26조의2 제8항). 국조법 제25조에 의하면 체약상대국과 상호합의절차가 시작된 경우 상호합의절차의 종료일 다음 날부터 1년의 기간과 국기법에 따른 부과제척기간 중 나중에 도래하는 기간의 만료일까지 국세를 부과할 수 있도록 규정하고 있으므로 상호합의절차의 종료일 다음 날부터 1년의 기간이 국기법상 부과제척기간보다 더 긴 경우에는 상호합의절차의 종료일 다음 날부터 1년의 기간까지 국세를 부과할 수 있다. 상호합의절차란 조세조약의 적용·해석이나 부당한 과세처분 또는 과세소득의 조정에 대하여 우리나라의 권한 있는 당국과 체약상대국의 권한 있는 당국 간에 협의를 통하여 해결하는 절차를 말한다(국조법 제2조 제1항 제5호).

자의 지위에 있는 법인에 대하여 장기부과제척간은 적용된다고 보면서도, 납세자가 사용인 등의 부정행위를 쉽게 인식하거나 예상할 수 없었다면 부당과소신고가산세의 제재를 가할 수 없다고 판시하였다. 이에 대하여 반대의견은 장기부과제척기간과 부당과소신고가산세 모두 국기법에서 함께 규율하고 있는 제도로서 '납세자의 부정한 행위'라는 요건이 동일하게 규정되어 있으므로 사용인 등의 배임적 부정행위를 이유로 납세자에게 부당과소신고가산세를 부과할 수 없다면 장기부과제척기간도 적용할 수 없다고 해석하여야 한다는 입장이었다. 특히 반대의견은 배임적 부정행위를 기초로 범행의 피해자인 납세자에게 부당가산세를 적용하는 것은 자기책임의 원리 및 과잉금지원칙에 반한다는 점을 강조하였다.

70) 대법원 2019. 8. 30. 선고 2016두62726 판결, 2025. 2. 27. 선고 2024두57262 판결

(나) 상속세와 증여세

상속세와 증여세의 부과제척기간은 다음과 같이 행위유형별로 10년, 15년이다(국기법 제26조의2 제4항). 상속세와 증여세에 대하여 다른 세목보다 장기의 제척기간을 규정한 것은 세원 포착이 어렵고 조세면탈이 심한 특성이 있기 때문이다.[71]

① 납세자가 법정신고기한까지 신고한 경우(10년)

납세자가 법정신고기한까지 상속세와 증여세를 신고한 경우 부과제척기간은 10년이다. 납세자가 과소신고한 경우에도 신고는 한 것이므로 10년의 부과제척기간이 적용된다.

② 납세자가 법정신고기한까지 신고하지 않은 경우 등(15년)

납세자가 법정신고기한까지 상속세와 증여세를 신고하지 않은 경우, 납세자가 사기 기타 부정행위로 상속세와 증여세를 포탈하거나 환급·공제받은 경우, 납세자가 법정신고기한까지 신고하였으나 거짓신고 또는 누락신고인 경우에는 15년의 부과제척기간이 적용된다. 납세자가 일부에 대하여 거짓신고 또는 누락신고를 한 경우에는 그 부분에 대하여만 15년의 부과제척기간이 적용된다. 여기에서 거짓신고 또는 누락신고를 한 경우란 ⅰ) 상속재산가액 또는 증여재산가액에서 가공의 채무를 빼고 신고한 경우, ⅱ) 권리의 이전이나 그 행사에 등기 등이 필요한 재산을 상속인 또는 수증자의 명의로 등기 등을 하지 아니한 경우로서 그 재산을 상속재산 또는 증여재산의 신고에서 누락한 경우, ⅲ) 예금, 주식, 채권, 보험금, 그 밖의 금융자산을 상속재산 또는 증여재산의 신고에서 누락한 경우를 말한다(국기령 제12조의2 제2항).

위 "ⅱ)"의 "상속인 명의로 등기 등을 하지 아니한 경우"라 함은 상속개시 후 상속재산에 대하여 당해 상속을 원인으로 이전등기 등을 하지 않은 경우를 의미한다. 따라서 상속개시 이전에 상속 아닌 다른 사유를 원인으로 미리 상속인 명의의 이전등기가 이루어져 있었던 경우는 상속인 명의로 등기가 되었더라도 상속을 원인으로 이전등기를 한 경우가 아니므로 "상속인 명의로 등기 등을 하지 아니한 경우"에 해당한다.[72] 한편 피상속인이 보유한 해외금융계좌에서 피상속인이 사망하기 4개월 전에 인출된 거액의 외화가 상속세 신고대상에서 누락된 경우 위 "ⅲ)"의 "금융자산의 누락신고"에 해당하는지 다투어진 사안에서, 대법원은 위 인출된 외화는 추정상속재산에 해당하고, 이를 금융자산으로 간주·추정하는 별도의 규정이 없는 이상, 금융자산으로 인정할 수 없으므로 금융자산의 누락신고에 해당하지 않는다고 판시하였다.[73] 피상속인 사망 4개월 전에 인출되어 피상속인 사망 당시에는 금융자산의 형태로 존재하지 않았으므로 이를 신고하지 않았더라도 금융자산의 누락신고에 해당하지 않는다고 판시한 것이다.

---

71) 대법원 2002. 3. 29. 선고 2001두9431 판결
72) 대법원 2004. 9. 24. 선고 2002두12137 판결
73) 대법원 2024. 4. 16. 선고 2023두61912 판결

(다) 관련 판례 등

① 근로소득만 있는 거주자가 연말정산으로 소득세를 납부하였는데 연말정산에서 누락된 다른 근로소득이 있는 경우[74)]

소득세에서 7년의 부과제척기간이 적용되는 무신고는 과세표준확정신고 의무가 있음에도 신고를 하지 않은 경우이다. 거주자가 원천징수나 연말정산에 의하여 소득세를 납부한 경우에는 소득세 납부의 간이화와 과세편의를 위하여 과세표준확정신고의무를 면제한다. 따라서 연말정산에서 누락된 다른 근로소득이 있더라도 이를 무신고로 취급하기보다 과소신고한 경우와 마찬가지로 취급하는 것이 타당하므로 소득세의 부과제척기간은 5년이다.

② 소득처분에 따른 소득이 귀속된 과세기간에 다른 종합소득이 없는 자가 원래의 종합소득세 법정신고기한 내에 신고하지 않은 경우[75)]

소득처분에 따른 소득이 귀속된 과세기간에 다른 종합소득이 없는 자에게는 소득이 귀속되는 과세기간에 관한 종합소득세 신고의무가 소득금액변동통지서를 받은 날이 속하는 달의 다음다음 달 말일까지로 유예된다(소득령 제134조 제1항). 소득처분에 따른 소득은 사외유출된 시점에 소득세를 신고하는 것을 기대하기 힘들어 소득금액변동통지서를 받은 날이 속하는 달의 다음다음 달 말일까지로 신고기한을 유예한 것이다. 따라서 원래의 종합소득 과세표준 확정신고기한 내에 신고하지 않았음을 이유로 무신고로 간주하는 것은 타당하지 않으므로 5년의 부과제척기간을 적용한다.

③ 부당행위계산부인에 따른 납세의무에 대하여 신고기한 내에 신고하지 않은 경우[76)]

납세자가 특수관계자에게 부동산을 무상사용하도록 제공한 경우 부당행위계산부인 규정을 적용하여 종합소득세를 신고하여야 한다. 따라서 납세자가 종합소득세를 신고하지 않은 경우 무신고에 해당하므로 종합소득세 부과제척기간은 7년이다.

④ 법정신고기한 내에 신고한 납세자가 사기 기타 부정행위를 하였으나 국세포탈이 없는 경우[77)]

법정신고기한 내에 국세를 신고한 납세자가 사기 기타 부정행위를 하였으나 그로 인하여 국세를 포탈하거나 환급·공제받지 않은 경우에는 원칙으로 돌아가 5년의 부과제척기간이 적용된다. 사업자가 거래처로부터 가공매입세금계산서를 수취하고 그 가공매입세금계산서상 공급가액과 동일한 금액의 가공매출세금계산서를 발행한 후 이를 다른 거래처에 교부하지 않은 채 부가가치세 신고에만 활용한 경우 부가가치세 포탈세액은 없으므로 매출처 및 매입처

---

74) 대법원 2013. 7. 11. 선고 2013두5555 판결
75) 대법원 2014. 4. 10. 선고 2013두22109 판결
76) 대법원 2010. 9. 30. 선고 2008두12160 판결
77) 대법원 2009. 12. 24. 선고 2007두16974 판결

별 세금계산서합계표 불성실가산세의 부과제척기간은 5년이다.

　납세자가 허위계약서를 작성한 후 그에 따라 교부받은 허위세금계산서에 의하여 매입세액공제 또는 환급을 받은 경우 그 행위가 '사기 기타 부정행위'에 해당하려면 ⅰ) 납세자에게 허위세금계산서에 의하여 매입세액공제 또는 환급을 받는다는 인식, ⅱ) 허위세금계산서를 발급한 자가 세금계산서상의 매출세액을 제외하고 부가가치세를 신고납부하거나 또는 세금계산서상의 매출세액 전부를 신고납부한 후 경정청구를 하여 환급받는 등의 방법으로 세금계산서상의 부가가치세 납부의무를 면탈함으로써 납세자가 매입세액공제를 받는 것이 국가의 조세수입 감소를 가져오게 될 것이라는 점에 대한 인식이 있어야 한다. 따라서 위 허위세금계산서를 교부받은 자가 위 "ⅰ)"의 인식만 있을 뿐 위 "ⅱ)"의 인식이 없는 경우에는 장기부과제척기간을 적용할 수 없다. 원심은 납세자가 종합건설업 면허 명의를 빌려 건축하면서 하도급업체들로부터 가공세금계산서를 발급받아 매입세액공제를 받았으므로 사기 기타 부정행위에 해당하여 10년의 부과제척기간이 적용된다고 판시하였으나, 대법원은 납세자가 매입세액공제를 받는 것이 결과적으로 국가의 조세수입 감소를 가져오게 될 것이라는 점에 대한 인식이 있었다고 보기 어렵다는 이유로 5년의 부과제척기간이 적용된다고 판시하였다.

　⑤ 납세자가 단순히 명의를 위장하여 소득을 얻는 경우[78]

　납세자가 명의를 위장하여 소득을 얻더라도 명의위장이 조세포탈의 목적에서 비롯되고 나아가 허위계약서 작성과 대금의 허위지급, 허위의 조세신고, 허위의 등기·등록, 허위의 회계장부 작성비치 등과 같은 적극적인 행위까지 더해지는 등의 특별한 사정이 없는 한, 명의위장 사실만으로 사기 기타 부정행위에 해당한다고 볼 수 없다. 판례는 甲이 乙 등에게 명의신탁한 비상장법인 丙회사의 주식 일부를 자신 명의로 보유하고 있던 주식과 함께 丁에게 양도하고 각 주식명의자들의 명의로 양도소득세를 신고하였는데, 과세관청이 명의신탁된 주식에 대하여 지급된 배당금이 실질적으로 甲에게 귀속되었다는 이유로 종합소득세 부과처분을, 甲이 양도주식의 가액을 과소신고하였다는 이유로 양도소득세 부과처분을 한 사안에서, 단순히 명의신탁이 있었다는 점만을 들어 甲이 장기간에 걸쳐 누진세율 회피 등과 같은 조세포탈의 목적을 일관되게 가지고 명의신탁하였다고 단정하기 어렵다면서 甲의 주식 명의신탁 행위와 이에 뒤따르는 부수행위를 조세포탈의 목적에서 비롯된 부정한 적극적인 행위로 볼 수 없다고 하여 위 종합소득세와 양도소득세의 부과제척기간은 5년이라고 판시하였다. 원심은 甲에게 누진세율 회피, 수입의 분산 등 조세회피의 목적이 있으므로 사기 기타 부정행위에 해당하여 10년의 부과제척기간이 적용된다고 판시하였으나, 대법원은 명의위장만으로는 조세포탈의 목적이 있다고 보기 어렵다는 이유로 5년의 부과제척기간은 적용된다고 판시한 것이다.

---

78) 대법원 2018. 3. 29. 선고 2017두69991 판결

⑥ 납세자가 미신고, 과소신고 등과 함께 매출 등을 장부에 기재하지 않은 경우[79]

납세자가 과세대상의 미신고나 과소신고와 더불어 매출 등을 고의로 장부에 기재하지 않는 행위 등 적극적 은닉의도가 나타나는 사정이 덧붙여진 경우에는 조세의 부과와 징수를 불능 또는 현저히 곤란하게 만든 것이므로 종합소득세의 부과제척기간은 10년이다.

⑦ 대표이사의 개인계좌를 통해 법인의 수입금액을 누락한 경우[80]

법인이 대표이사의 개인계좌를 통해 법인의 수입금액을 누락한 경우 과세관청은 대표이사의 개인계좌 등에 대한 금융계좌조회 등을 통해 차명계좌의 신고누락액을 어렵지 않게 포착할 수 있다. 따라서 조세의 부과와 징수를 불능 또는 현저히 곤란하게 만든 사기 기타 부정행위로 볼 수 없으므로 법인세의 부과제척기간은 5년이다. 과세관청이 법인의 세무조사를 하는 경우 대표이사의 개인계좌는 당연히 조사대상에 포함시키므로 대표이사의 개인계좌에 법인의 누락된 매출액을 입금한 경우에는 사기 기타 부정행위에 해당하지 않는다고 판단한 것이다.

⑧ 사업소득을 양도소득으로 잘못 신고한 경우[81]

부동산을 양도하고 발생한 소득이 양도소득인지 또는 사업소득인지 여부를 판정하려면 전문적인 세법지식이 필요하다. 따라서 납세자가 부동산을 양도하고 사업소득에 해당하는 소득을 양도소득으로 잘못 신고하였더라도 신고 자체를 하지 않은 무신고와 동일하게 취급할 수 없으므로 종합소득세의 제척기간은 5년이다.

(라) 판례의 경향

위 "②, ④, ⑤" 판결의 경우 원심판결은 미신고 내지 사기 기타 부정행위로 보아 7년 또는 10년의 부과제척기간이 적용된다고 판시하였으나, 대법원은 5년의 부과제척기간을 적용하였다. 대법원은 납세자의 신고를 기대할 수 없는 사정이 있으면 신고를 하지 않았더라도 무신고로 보지 않고, 납세자가 가공세금계산서를 사용하거나 명의를 위장하였더라도 그로 인해 국가세수의 감소가 없거나 경미한 경우에는 사기 기타 부정행위로 보지 않은 것이다. 요컨대, 대법원은 과세관청이 7년 또는 10년의 부과제척기간을 무분별하게 적용하는 것을 엄격하게 통제하는 입장이다.

(2) 부과제척기간의 기산일

(가) 일반적인 경우

부과제척기간은 부과권의 존속기간을 의미하므로 부과제척기간의 기산일은 국세를 부과할 수 있는 날이다. 구체적으로 국세를 부과할 수 있는 날은 다음과 같다(국기령 제12조의3 제1항).

---

79) 대법원 2015. 9. 15. 선고 2014두2522 판결
80) 조심 2018. 12. 26.자 2017중4706 결정
81) 국심 2002. 5. 30.자 2001중2457 결정

① 과세표준과 세액을 신고하는 국세

과세표준과 세액을 신고하는 국세의 부과제척기간 기산일은 해당 국세의 과세표준신고기한 다음 날이다. 과세관청은 과세표준신고기한까지 납세자가 신고하는지 기다려보고 그때까지 신고하지 않으면 부과권을 행사하므로 과세표준신고기한 다음 날이 부과제척기간 기산일이 된다. 과세표준과 세액을 신고하는 국세는 신고납세방식에 국한되지 않고 부과과세방식도 법정신고기한이 있는 경우에는 포함된다. 예를 들어, 상속세, 증여세 등은 부과과세방식의 조세이지만 법정신고기한이 있으므로 신고기한 다음 날부터 부과제척기간이 진행한다. 다만, 중간예납, 예정신고기한과 수정신고기한은 과세표준신고기한에 포함되지 않는다. 따라서 중간예납, 예정신고 및 수정신고기한이 있는 국세의 경우 확정신고기한 다음 날이 부과제척기간의 기산일이다.[82] 예정신고기한 다음 날을 부과제척기간에서 제외한 위 시행령 규정이 모법에 위반되는지 다투어진 사안에서, 판례는 모법이 예정하고 있는 범위 내에서 국세를 부과할 수 있는 날을 구체화한 것으로서 모법에 위반되지 않는다고 판시하였다.[83]

토지거래허가구역 내의 토지에 대하여 토지거래계약 허가를 받지 않은 거래는 무효이므로 토지를 양도하더라도 자산의 양도소득이 있다고 할 수 없다. 따라서 양도인은 토지거래허가를 받거나 토지거래허가구역에서 해제되는 등의 사유로 토지거래계약이 확정적으로 유효가 된 다음 연도 5. 1.부터 5. 31.까지 과세표준확정신고를 하여야 하므로 양도소득세의 부과제척기간은 그 다음 날부터 진행한다.[84] 토지거래계약이 확정적으로 유효가 된 다음 제척기간이 진행된다고 보는 것은 대금청산일로부터 오랜 기간이 지난 후에 토지거래허가를 받게 되는 경우 부과제척기간이 경과하여 양도소득세를 과세할 수 없게 되는 것을 방지하기 위한 취지이다. 다만, 토지거래허가를 받지 않았으나 매수인 앞으로 증여를 원인으로 소유권이전등기를 마치거나 미등기 전매를 하여 판례에 의하여 양도소득세 과세대상으로 보는 경우에는 애당초 토지거래허가를 받는 것을 전제로 한 규정이 적용될 수 없고 매수인에게 증여를 원인으로 소유권이전등기가 경료되거나 최종매수인으로의 이전등기가 경료된 다음 연도 5. 1.부터 5. 31.까지 과세표준확정신고를 해야 하는 것으로 봄이 타당하므로 양도소득세의 부과제척기간은 그 다음 날부터 진행한다.[85]

② 종합부동산세 및 인지세

종합부동산세 및 인지세의 경우 부과제척기간 기산일은 납세의무 성립일이다. 종합부동산세 및 인지세의 경우 납세의무가 성립하면 바로 부과권을 행사할 수 있으므로 납세의무 성립일이 부과제척기간의 기산일이다.

---

82) 국기법 기본통칙 26의2 - 12의3···1
83) 대법원 2020. 6. 11. 선고 2017두40235 판결
84) 대법원 2003. 7. 8. 선고 2001두9776 판결
85) 대법원 2011. 7. 21. 선고 2010두23644 전원합의체 판결

③ 신고 관련 가산세

신고 관련 가산세의 경우 부과제척기간의 기산일은 본세의 신고기한 다음 날이다.[86] 신고 관련 가산세는 납세자가 신고기한이 경과할 때까지 신고하지 않으면 성립하기 때문이다.

(나) 특별한 경우(국기령 제12조의3 제2항)

① 원천징수의무자 또는 납세조합에 대하여 부과하는 국세

원천징수의무자 또는 납세조합에 대하여 부과하는 국세의 경우 원천징수세액 또는 납세조합 징수세액의 법정납부기한 다음 날이 부과제척기간의 기산일이다. 원천징수의무자 또는 납세조합에 대하여 부과하는 국세의 법정납부기한은 징수일이 속하는 달의 다음 달 10일이므로 과세관청은 원천징수의무자가 당해 소득을 지급하는 때의 다음 달 10일이 경과한 날부터 원천징수세액에 대한 부과권을 행사할 수 있다.[87] 이 규정에 대하여는 원천징수하는 소득세는 자동확정방식의 국세로서 원천징수의무자가 세액을 원천징수하여 납부할 의무는 부과권에 의한 납세의무가 아니라 징수권에 기초한 징수의무이므로 제척기간이라는 용어에 불구하고 징수권을 행사할 수 있는 기간으로 이해하여야 한다는 견해,[88] 과세관청과 원천징수의무자 사이에 원천징수의무의 존부와 범위에 다툼이 있어 납세고지를 하는 경우 부과권의 행사로 볼 수 있고 이러한 부과권의 행사에 대한 규정으로 이해하여야 한다는 견해[89] 등이 제기된다. 생각건대, 원천징수하는 조세는 자동확정방식에 해당하므로 법리적으로는 부과권의 제척기간이라는 개념을 상정하기 어려우나, 국기법상 부과제척기간에 대한 규정을 두고 있으므로 이를 최대한 선해하여 법정납부기한의 다음 날부터 일정 기간이 경과하면 납세고지를 할 수 없는 제한을 받는 기간의 의미 정도로 새길 수 있을 것으로 보인다.[90]

② 과세표준신고기한 등이 연장되는 경우

과세표준신고기한, 원천징수세액, 납세조합징수세액의 법정납부기한이 연장되는 경우에는 그 연장된 기한의 다음 날을 부과제척기간의 기산일로 본다.

③ 공제 등에 따른 세액을 의무불이행 등의 사유로 징수하는 경우

공제, 면제, 비과세, 낮은 세율의 적용 등에 따른 세액을 의무불이행 등의 사유로 징수하는 경우 해당 공제세액 등을 징수할 수 있는 사유의 발생일을 부과제척기간의 기산일로 본다. 이 규정은 납세의무자가 일정한 의무를 이행할 것을 조건으로 세액공제 등의 혜택을 받은 후

---

86) 강석규, 조세법쟁론(2023), 216면
87) 대법원 1993. 8. 27. 선고 93누6058 판결
88) 임승순, 조세법(2021), 145면
89) 최원, "원천징수의무자의 경정청구권에 관한 해석", 조세법연구 제18권 제1호, 2012, 122면
90) 윤지현, "원천징수의무가 이행되지 않은 경우 과세관청이 취할 수 있는 조치에 대한 시간적 한계 – 부과제척기간과 징수권 소멸시효 –, 조세와 법 제10권 제2호, 2017, 285~287면

의무를 불이행하여 과세관청이 공제세액 등을 추징하는 경우나 이에 준하는 경우에만 적용된다.[91] 이에 관한 대표적인 판결을 살펴보기로 한다. 사실관계는 과세관청이 원고의 결손금 소급공제 신청에 따라 2007년 3월경 2005 사업연도 법인세 약 37억 원을 환급하고, 그 후 원고가 2016. 9. 1.에 이르러 법원의 화해권고결정을 이유로 2005 사업연도 법인세에 대한 후발적 경정청구를 하자, 과세관청이 2016년 10월경 후발적 경정청구를 받아들여 2005 사업연도 법인세에 환급가산금을 더한 약 40억 원을 환급하는 한편, 환급세액 계산의 기초가 된 2005 사업연도 법인세액이 달라져 환급세액이 과다환급되었다는 이유로 당초 환급세액과 이자상당액을 합한 약 75억 원을 2006 사업연도 법인세로 고지한 사안이다. 피고는 후발적 경정청구에 대하여 위 국기법 시행령 제12조의3 제2항 제3호가 적용된다는 전제하에 후발적 경정청구일을 부과제척기간의 기산일이라고 주장하였으나, 대법원은 원고의 의무불이행이 있었던 것이 아니므로 위 국기법 시행령 제12조의3 제2항 제3호가 적용되지 않는다는 이유로 피고의 주장을 배척하였다. 대법원 판결에 의하면 2006 사업연도 법인세의 신고기한 다음 날인 2007. 4. 1.이 부과제척기간의 기산일이다.

다. 특례제척기간

(1) 의의

일반제척기간이 경과한 후에도 추가로 제척기간을 인정하는 경우가 있다. 일반제척기간이 경과한 후 추가로 부과처분을 할 수 있도록 특별히 부여한 기간을 특례제척기간이라고 한다. 특례제척기간은 부과제척기간을 연장하여 납세자의 지위를 불안정하게 할 수 있으나, 그보다 납세자에게 세법에 규정된 세금을 납부하도록 하여 공평과세와 조세정의를 실현할 필요성이 강한 경우에 인정된다.

또한 과세관청이 납세자에게 유리한 처분을 하여야 함에도 일반제척기간이 지나서 납세자에게 유리한 처분을 할 수 없는 경우가 있으므로 이러한 불합리를 해결하기 위한 취지도 있다. 특례제척기간은 국세부과권을 대상으로 하므로 징수처분에 대하여는 원칙적으로 특례제척기간이 적용되지 않는다.[92]

(2) 종류

(가) 조세쟁송으로 인한 특례제척기간

① 의의

과세관청이 부과제척기간에 임박하여 과세처분을 한 경우 또는 부과제척기간을 충분히 남겨두고 과세처분을 하였으나 소송이 장기간 진행되는 경우에는 조세쟁송이 진행되는 도중에

---

91) 대법원 2022. 11. 17. 선고 2019두51512 판결
92) 대법원 2020. 11. 12. 선고 2017두36908 판결

제척기간이 경과할 수 있다. 그런데 제척기간에는 소멸시효와 달리 중단이나 정지제도가 없으므로 판결·결정 등의 취지를 반영하여 재처분을 하려고 하면 일반제척기간이 경과하여 재처분을 하지 못하는 경우가 발생할 수 있다. 이를 해결하기 위하여 불복청구에 대한 결정·판결 등이 있는 경우 일반제척기간이 경과하였더라도 판결·결정 등의 확정일로부터 1년간 특례제척기간을 인정한다(국기법 제26조의2 제6항 제1호). 특례제척기간이 소멸시효의 중단이나 정지와 유사한 기능을 수행하는 것이다.

② 적용범위

㉮ 학설(편면적용설 vs 양면적용설)[93]

편면적용설(片面適用說)은 특례제척기간이 납세자를 위하여 마련된 규정이므로 납세자에게 유리한 결정이나 판결을 이행하기 위한 경우에만 적용된다고 한다. 특례제척기간은 납세자의 세액을 줄이거나 공제를 늘리는 경우에만 적용된다고 보는 것이다. 그 논거로는 특례제척기간이 과세관청을 위하여 적용된다는 명시적 규정이 없으므로 납세자를 위해서만 적용된다고 해석하는 것이 타당한 점, 절차상 하자가 있는 과세처분 등에 대하여 특례제척기간에 의한 재처분을 허용하면 기간의 제한 없이 계속 부과처분을 할 수 있게 되어 부당한 점 등을 들고 있다.

반면, 양면적용설(兩面適用說)은 특례제척기간이 납세자에게 유리한 경우뿐 아니라 과세관청에게 유리한 경우에도 적용된다고 한다. 특례제척기간은 납세자의 세액을 늘리거나 공제를 줄이는 경우에도 적용된다고 보는 것이다. 그 논거로는 특례제척기간이 납세의무자에게 유리한 경우에만 적용된다는 명시적인 제한이 없는 점, 실체적으로는 하자가 없으나 절차적 위법사유만 있는 경우에는 하자를 보완하여 재처분을 할 수 있도록 하는 것이 결정·판결의 취지에 부합하는 점 등을 들고 있다.

㉯ 판례

판례는 특례제척기간이 납세자에게 유리한 경우뿐 아니라 불리한 경우에도 적용된다고 판시하여 양면적용설의 입장을 취하고 있다.[94] 헌법재판소도 특례제척기간 내에 판결 또는 결정의 이유에서 밝혀진 절차적 위법사유를 보완하여 동일한 내용으로 재처분하는 것을 허용하므로 역시 양면적용설의 입장이다.[95]

③ 재처분(再處分)의 허용범위

특례제척기간은 일반제척기간이 경과한 후 예외적으로 인정하는 것이므로 과세권자는 당해 판결 등에 따른 경정결정이나 그에 부수되는 처분만 할 수 있을 뿐 판결이나 결정에 따르

---

93) 이중교, "국기법상 특례제척기간에 관한 과세상 논점", 공법연구 제40집 제1호, 2011. 10., 470~471면
94) 대법원 1996. 5. 10. 선고 93누4885 판결, 대법원 2002. 7. 23. 선고 2000두6237 판결
95) 헌재 2002. 12. 18. 선고 2002헌바27 결정

지 않는 새로운 결정이나 증액경정을 할 수 없다.[96] 2016. 12. 20. 국기법 개정 시 '해당 결정·판결에 따라'라는 문구가 삭제되었으나, 그것이 판결이나 결정에 따르지 않는 새로운 결정이나 증액경정을 할 수 있다는 근거가 될 수는 없다. 또한 원고의 청구를 기각하는 판결이나 소를 각하하는 판결에 대하여는 특례제척기간이 적용되지 않는다.[97] 특례제척기간이 적용되는 판결·결정이란 그 판결·결정에 따라 경정결정 기타 필요한 처분을 하여야 하는 경우이므로 부과처분이나 경정거부처분을 취소하는 결정·판결 등을 의미한다.

판례는 확정된 결정이나 판결의 기판력이 미치는 범위는 쟁송의 대상이 되었던 과세단위로 제한된다는 점을 근거로 특례제척기간은 동일한 과세단위, 즉 납세의무자, 과세기간, 세목 등이 같은 범위 내에서 인정되는 것으로 해석하였으나,[98] 과세당국은 입법을 통해 과세단위가 다른 경우에도 일정 범위 내에서 특례제척기간을 적용할 수 있도록 그 범위를 확대해 나가고 있다.

㉮ 인적범위

특례제척기간은 원칙적으로 납세의무자가 동일한 경우에만 적용된다. 따라서 납세의무가 승계되는 등의 특별한 사정이 없는 한, 특례제척기간은 당해 판결 등을 받은 자에게만 적용되고 과세처분의 효력이 미치지 않는 제3자에게는 적용되지 않는다.[99] 이에 대한 대표적인 판례를 살펴보면 다음과 같다.

첫째, A가 B에게 부동산을 부담부증여하였는데 쟁송과정에서 수증자 B의 증여세가 일부 취소된 경우 과세관청이 B에 대한 판결이나 결정을 근거로 부과제척기간이 지난 A에 대한 양도소득세 증액의 재처분을 하는 것은 납세의무자가 달라져서 위법하다고 판시하였다.[100]

둘째, 상속세 총액은 일정하나 상속인별 부담액에 변동이 있고 공동상속인 중 1인에 대한 상속세부과처분이 판결에 의하여 취소된 경우 과세관청이 이 판결을 근거로 부과제척기간이 지난 다른 상속인에 대한 상속세 증액의 재처분을 하는 것은 납세의무자가 달라져서 위법하다고 판시하였다.[101]

셋째, 甲회사의 대표이사 乙이 자신이 보유한 甲회사 주식을 丙에게 양도하자 과세관청이 甲회사의 유일한 자산인 부동산이 丙에게 이전된 것으로 보아 甲회사에 부동산 양도가액을 익금산입하여 법인세 부과처분을 하고 그 양도가액을 乙에 대한 상여로 소득처분하여 甲회사와 乙에게 각각 소득금액변동통지를 하였는데, 甲회사가 법인세를 납부하지 않아 과세관청이 乙을 제2차 납세의무자로 지정하고 甲회사의 체납 법인세를 乙에게 납부통지한 부과처분이 관련 소송에서 취소되어 과세관청이 乙에게 주식양도와 관련하여 양도소득세 및 증권거래세

---

96) 대법원 2020. 8. 20. 선고 2017두30757 판결
97) 대법원 2005. 2. 25. 선고 2004두11459 판결
98) 대법원 2012. 10. 11. 선고 2012두6636 판결
99) 대법원 2004. 6. 10. 선고 2003두1752 판결, 대법원 2006. 2. 9. 선고 2005두1688 판결
100) 대법원 2005. 3. 24. 선고 2003두9473 판결
101) 대법원 2006. 2. 9. 선고 2005두1688 판결

부과처분을 한 사안에서, 대법원은 乙에 대한 양도소득세 등 부과처분은 선행 확정판결에 따른 경정결정이나 그에 부수하는 처분이라고 보기 어렵다는 이유로 선행 판결에 따른 특례제척기간이 적용되지 않는다고 판시하였다.[102] 선행판결은 甲회사에게 법인세를 부과한 처분에 대한 것인데, 乙에게 특례제척기간을 적용하여 양도소득세를 부과하는 것은 납세의무자및 세목 등이 달라져서 위법하다고 본 것이다. 이 판결은 특례제척기간의 인적범위를 엄격히 제한하는 기존 판례의 입장을 재확인한 것이나, 사실관계가 동일하고 법적 평가만 다른 사안에서 특례제척기간의 적용을 제한함으로써 乙의 주식양도소득에 대한 과세가 불가능해진 문제점이 있다.

㉯ 과세기간

특례제척기간은 원칙적으로 과세기간이 동일한 경우에만 적용되나, 결정이나 판결이 확정됨에 따라 그 결정이나 판결의 대상이 된 과세표준 또는 세액과 연동된 다른 과세기간의 과세표준 또는 세액의 조정이 필요한 경우에는 결정 또는 판결 확정일부터 1년간 특례제척기간이 인정된다(국기법 제26조의2 제6항 제1호의2). 당초 판례는 익금의 산입시기가 잘못되었다는 이유로 조세쟁송에서 종전 처분을 취소하는 경우 과세관청이 당해 익금을 이미 부과제척기간이 경과한 다른 사업연도의 익금에 산입하여 재처분을 하는 경우 특례제척기간이 적용되지 않는다고 판시하였다.[103] 예를 들어, 과세관청이 2020년도를 귀속시기로 하여 법인세를 부과하였다가 쟁송과정에서 귀속시기가 2019년이라고 하여 법인세 부과처분이 취소된 경우 과세관청이 부과제척기간이 경과한 2019년을 귀속시기로 하여 법인세를 부과할 수 없다는 것이다. 그러나 2016. 12. 20. 국기법을 개정하여 판결에 반대되는 입법을 하였으므로 그 이후에는 부과제척기간이 경과한 과세기간을 귀속시기로 하여 재처분할 수 있다.

㉰ 물적범위

특례제척기간은 원칙적으로 물적범위가 동일한 경우에만 적용되나, 결정이나 판결이 확정됨에 따라 그 결정이나 판결의 대상이 된 과세표준 또는 세액과 연동된 다른 세목의 과세표준 또는 세액의 조정이 필요한 경우 결정 또는 판결 확정일부터 1년간 특례제척기간이 인정된다(국기법 제26조의2 제6항 제1호의2). 과세관청이 이자소득으로 과세하였는데 쟁송과정에서 부동산임대소득에 해당한다는 이유로 과세처분이 전부 취소된 사안에서, 판례는 일반제척기간이 지났더라도 특례제척기간에 의하여 부동산임대소득으로 재처분할 수 있다고 판시하였다.[104] 이자소득과 부동산임대소득은 종합소득을 구성하므로 넓게 보면 세목이 동일한 경우로 볼 수있다. 그러나 과세관청이 양도소득으로 과세하였는데 쟁송과정에서 사업소득에 해당한다는

---

102) 대법원 2020. 8. 20. 선고 2017두30757 판결
103) 대법원 2004. 1. 27. 선고 2002두11011 판결
104) 대법원 2002. 7. 23. 선고 2000두6237 판결

이유로 과세처분이 전부 취소된 경우 과세관청은 특례제척기간에 의하여 사업소득으로 재처분할 수 있는지에 대하여는 견해가 갈릴 수 있다. 조세심판원은 사업소득으로 재처분하는 것은 '경정이나 그 밖에 필요한 처분'에 해당하고, 세목 등을 달리하더라도 납세자의 법적 안정성 보호보다 공평과세 또는 조세정의의 필요성이 크다는 이유로 긍정하는 입장이나,[105] 판례의 입장은 명확하지 않았다. 그 후 2021. 12. 21. 국기법을 개정하여 과세기간이 달라지는 경우뿐 아니라 세목이 달라지는 경우에도 특례제척기간이 적용된다는 점을 명시하였다. 양도소득과 사업소득의 구분은 동일한 사실관계에서 사업성 여부에 대한 법적 평가만 달리하는 것이므로 특례제척기간을 인정하는 것이 타당하다.[106]

　　㉣ 판결 확정

　최초의 신고, 결정, 경정에서 과세표준 및 세액의 계산근거가 된 거래 또는 행위 등이 그 거래·행위 등과 관련된 소송에 대한 판결(판결과 같은 효력을 가지는 화해나 그 밖의 행위 포함)에 의하여 다른 것으로 확정된 경우 판결확정일부터 1년간 특례제척기간이 인정된다(국기법 제26조의2 제6항 제5호). 이 조항은 2017. 12. 19. 국기법 개정 시 입법된 것으로 위 특례제척기간 사유가 국기법 제45조의2 제2항 제1호의 후발적 경정청구사유와 동일하므로 납세자가 판결을 받아 후발적 경정청구를 할 수 있는 경우에는 일반부과제척기간이 경과하였더라도 납세자의 권리를 보호하기 위하여 특례제척기간을 적용한다. 또한 판결에 의하여 세액이 증액되는 경우 과세권을 확보하기 위해서도 위 특례제척기간을 적용할 수 있다. 위 조항에서 규정한 판결의 범위는 후발적 경정청구사유로 규정된 판결의 범위와 같으므로 더 자세한 내용은 뒤의 경정청구에서 살펴보기로 한다. 한편, 형사판결이 확정되어 뇌물, 알선수재, 배임수재로 인한 소득이 발생한 것으로 확인된 경우 판결확정일부터 1년간 특례제척기간이 인정된다(국기법 제26조의2 제6항 제1호의3). 뇌물, 알선수재, 배임수재로 얻은 위법소득의 경우 소득의 성격상 과세관청이 소득발생사실을 바로 확인하기 어려우므로 과세권을 확보하기 위하여 2021. 12. 21. 국기법 개정 시 신설한 것이다.

(나) 상호합의, 정보교환 및 글로벌최저한세의 실효세율 변경

　조세조약에 부합하지 않는 과세의 원인이 되는 조치가 있어서 상호합의가 이루어진 경우에는 상호합의절차 종료일부터 1년간 특례제척기간이 인정된다(국기법 제26조의2 제6항 제2호). 역외거래와 관련하여 조세의 부과와 징수에 필요한 조세정보를 외국의 권한 있는 당국에 요청하여 조세정보를 받은 경우에는 조세정보를 받은 날부터 1년간 특례제척기간이 인정된다

---

105) 조심 2020. 10. 6.자 2020중1859 결정(과세관청이 증여세를 과세하였고, 조세심판원이 증여세 과세대상이 아니라 사업과 관련하여 무상으로 받은 자산으로서 사업소득에 해당한다고 결정하자, 과세관청이 특례제척기간을 적용하여 청구인에게 세목만 달리하여 종합소득세를 과세한 사안이다).
106) 이중교, "국기법상 특례제척기간에 대한 과세상 논점", 공법연구 제40권 제1호, 2011, 483~485면

(국기법 제26조의2 제6항 제6호). 글로벌최저한세의 국가별 실효세율이 변경된 경우에는 그와 같은 사실을 안 날부터 1년간 특례제척기간이 인정된다(국기법 제26조의2 제6항 제7호). 상호합의 및 정보교환이 있거나 글로벌최저한세의 실효세율이 변경된 경우 그에 따른 내용을 과세처분에 반영할 수 있도록 특례제척기간을 인정하는 것이다.

(다) 경정청구 및 조정권고

국기법에 의한 경정청구, 국조법에 의한 경정청구 또는 조정권고가 있는 경에는 경정청구일 또는 조정권고일부터 2개월간 특례제척기간이 인정된다(국기법 제26조의2 제6항 제3호). 과거 과세관청은 부과제척기간이 지나 후발적 경정청구를 하면 과세처분을 경정할 수 없다고 해석하였으나, 판례는 부과제척기간이 경과하였다고 하여 후발적 경정청구를 인정하지 않으면 후발적 경정청구제도의 취지가 퇴색하고 납세자의 권리구제가 어려워진다는 이유로 부과제척기간이 경과한 경우에도 후발적 경정청구를 할 수 있다고 판시하였다.[107] 이 판례의 입장을 입법화하여 2007. 12. 31. 국기법 개정 시 경정청구일부터 2개월간 특례제척기간을 부여하였다(국기법 제26조의2 제6항 제3호). 또한 위 경정청구 또는 조정권고의 대상이 된 과세표준 또는 세액과 연동된 다른 과세기간의 과세표준 또는 세액의 조정이 필요한 경우에도 역시 경정청구일 또는 조정권고일부터 2개월간 특례제척기간이 인정된다(국기법 제26조의2 제6항 제4호). 경정청구 또는 조정권고에 따라 해당 과세연도의 세금은 줄어들지만 그와 연동된 다른 과세연도의 세금이 늘어난 경우 과세권을 확보하기 위하여 2017. 12. 19. 국기법 개정 시 신설한 것이다.

(라) 명의대여 또는 형식과 실질의 괴리

쟁송과정에서 명의대여 사실이 확인되거나 실질귀속자가 확인되면 과세관청은 명의자에 대한 당초 부과처분을 취소하고 실제로 사업을 경영한 자 등에게 부과처분을 할 필요가 있다. 그러나 결정이나 판결에 기하여 실제로 사업을 경영한 자 등에게 부과처분을 하려고 하면 인적단위가 달라 특례제척기간을 적용할 수 없다. 이러한 불합리를 해결하기 위하여 위 결정이나 판결확정일부터 1년 이내에 특례제척기간을 적용할 수 있는 규정을 별도로 둔 것이다(국기법 제26조의2 제7항). 그 내용은 다음과 같다.

① 쟁송과정에서 명의대여 사실이 확인된 경우에는 실제로 사업을 경영한 자에게 재처분할 때 특례제척기간을 적용한다.

② 사실상 귀속자가 따로 있음이 밝혀진 경우에는 사실상 귀속자에게 재처분할 때 특례제척기간을 적용한다. 명의대여 이외에 명의자와 사실상 귀속자가 괴리되는 경우에도 특례제척기간을 적용할 필요성이 있으므로 2022. 12. 31. 국기법 개정 시 특례제척기간 사유로 추가하였다.

---

107) 대법원 2006. 1. 26. 선고 2005두7006 판결

③ 국내원천소득의 실질귀속자가 확인되면 국내원천소득의 실질귀속자 또는 그 원천징수의무자에게 특례제척기간을 적용한다. 그러나 원천징수의무자에 대한 납부고지는 징수권을 행사하는 것이므로 특례제척기간보다는 소멸시효 중단으로 해결하는 것이 법리에는 더 부합한다.

(마) 이월결손금과 이월세액공제

일반제척기간이 끝난 날이 속하는 과세기간 이후의 과세기간에 이월결손금을 공제하는 경우 그 결손금이 발생한 과세기간의 소득세 또는 법인세의 부과제척기간은 이월결손금을 공제한 과세기간의 법정신고기한으로부터 1년으로 한다(국기법 제26조의2 제3항 제1호). 일반제척기간이 만료된 과세기간 이후에 과세기간의 소득을 계산할 때 그 이전 과세기간에 발생한 결손금을 이월결손금으로 공제하는 경우 그 이월결손금을 공제한 과세기간의 법정신고기한으로부터 1년간 특례제척기간을 인정하는 것이다. 2008. 12. 26. 법인세법 및 소득세법의 개정으로 이월결손금 공제기간이 5년에서 10년으로 연장되어 부과제척기간 5년보다 길어짐에 따라 국기법을 개정하여 부과제척기간이 경과한 후에 이월결손금 공제를 받았으나 그와 관련하여 과세소득이 있는 경우에는 이월결손금 공제를 함과 동시에 과세처분을 할 수 있도록 특례제척기간을 인정하였다. 2020. 12. 22. 법인세법 및 소득세법의 개정으로 이월결손금 공제기간이 15년으로 연장됨에 따라 위 특례제척기간의 활용범위가 더 확대되었다.

또한 조특법 제144조 제1항에 의하면, 납부세액이 없거나 최저한세로 인해 공제받지 못한 금액을 10년 이내에 이월공제할 수 있는바, 세액공제액을 부과제척기간 만료 이후 이월하여 공제하는 경우 해당 세액공제 관련 부과제척기간은 이월공제한 과세기간으로부터 1년으로 한다(국기법 제26조의2 제3항 제2호). 2024. 12. 31. 국기법 개정 시 신설되었다.

(바) 상속세 및 증여세의 특례

납세자가 사기 기타 부정행위로 상속세나 증여세를 포탈하는 경우로서 재산가액이 50억 원을 초과하고 제3자의 명의로 되어 있는 피상속인 또는 증여자의 재산을 상속인이나 수증자가 취득한 경우, 비거주자인 피상속인의 국내재산을 상속인이 취득한 경우, 명의신탁재산의 증여의제에 해당하는 경우 등 법률에서 정하는 사유에 해당하는 경우 과세관청은 해당 재산의 상속 또는 증여가 있음을 안 날부터 1년 이내에 상속세 및 증여세를 부과할 수 있다(국기법 제26조의2 제5항). 특히 2019. 12. 31. 국기법 개정으로 명의신탁 증여의제에 대하여도 특례제척기간이 적용되므로 50억 원을 초과하는 고액재산의 명의신탁 증여의제에 대하여는 사실상 제척기간의 제한이 없어진 것과 같은 효과가 있다.

라. 부과제척기간을 경과한 부과처분의 효력

(1) 일반적 효력

부과제척기간이 경과한 후에 이루어진 과세처분은 무효이다.[108] 과세관청이 소송 중 처분사유를 변경하는 경우 부과제척기간이 경과하였는지 여부는 당초처분을 기준으로 판단한다.[109] 처분사유를 변경한 시점을 기준으로 부과제척기간 여부를 판단하면 소송 중 처분사유의 변경을 제한할 수 있기 때문이다.

(2) 부과제척기간 경과 후에 증액경정처분이 있는 경우

(가) 당초처분은 부과제척기간 경과 전에 있었던 경우

부과제척기간이 경과한 후에 증액경정처분이 있는 경우 당초처분이 부과제척기간 경과 전에 있었다면 증액경정처분이 전부 무효로 되는 것은 아니고 증액부분만 무효가 된다.[110] 흡수설의 논리를 관철하면 증액경정처분만 남게 되므로 증액경정처분이 전부 무효로 된다고 해석할 여지가 있으나, 부과제척기간 경과 후에 증액경정처분이 있다는 이유로 부과제척기간 경과 전에 있었던 처분까지 무효로 하는 것은 불합리하므로 증액부분만 무효가 된다고 해석한다. 이와 달리 부과제척기간 경과 후에 증액경정처분이 있으면 증액경정처분은 무효이므로 당초처분이 증액경정처분에 흡수되어 소멸되지 않고 당초처분이 남아 있는 것으로 법리를 구성할 수도 있다.[111]

(나) 당초처분이 부과제척기간 경과 전에 있었고 불가쟁력이 발생한 경우

부과제척기간이 경과한 후에 증액경정처분이 있고 부과제척기간 경과 전에 이루어진 당초처분에 대하여는 불가쟁력이 발생한 경우 납세의무자는 증액경정처분이 있었다는 이유만으로 당초처분에 의하여 이미 확정된 부분에 대하여 다시 위법 여부를 다툴 수는 없다.[112] 부과제척기간 경과 후에 증액경정처분이 있었다는 이유로 불가쟁력이 발생한 당초처분을 다툴 수 있도록 하는 것은 불합리하기 때문이다.

마. 부과제척기간 경과 후의 감액경정 여부

(1) 쟁송 중인 경우

과세관청이 쟁송 중 부과제척기간이 경과한 부과처분을 직권취소할 수 있는지에 대하여 판례는 납세자가 쟁송을 통해 당초처분을 다투고 있는 경우에 과세관청이 납세자의 불복내용을 받아들여 당초처분을 감액경정하거나 취소하는 것은 부과제척기간이 경과하였더라도 가능하다고 판시하고 있다.[113] 납세자가 쟁송을 제기하여 부과처분의 위법성을 다투는 중 과세관청이 부과처분을 직권취소하는 것은 쟁송의 일부로 볼 수 있으므로 부과제척기간의 경과 여부

---

108) 대법원 1999. 6. 22. 선고 99두3140 판결
109) 대법원 2002. 3. 12. 선고 2000두2181 판결
110) 대법원 1995. 5. 23. 선고 94누15189 판결
111) 강석규, 조세법쟁론(2023), 404~405면
112) 대법원 2004. 2. 13. 선고 2002두9971 판결
113) 대법원 2002. 9. 24. 선고 2000두6657 판결

와 상관없이 직권취소가 가능하다고 본 것이다.

(2) 쟁송 중이 아닌 경우

판례는 특례제척기간이 적용되는 경우가 아닌 한, 부과제척기간이 경과하면 과세권자는 증액경정은 물론 감액경정 등 어떠한 처분도 할 수 없다고 하여 직권취소가 허용되지 않는다는 입장이다.[114] 법령에서 부과제척기간이 지난 후 부과처분을 취소할 수 있는 경우를 특례제척기간이 적용되는 경우로 제한하고 있으므로 특례제척기간이 적용되지 않는 경우에는 부과제척기간이 경과하였더라도 과세관청이 직권취소를 할 수 없다고 해석하는 것으로 보인다. 그러나 부과제척기간이 경과하였다고 하여 과세관청 스스로 위법한 처분을 시정할 기회까지 원천봉쇄할 필요는 없으므로 부과처분을 직권취소할 수 있다고 해석하는 것이 타당하다.[115]

3. 국세징수권의 소멸시효

가. 의의 및 취지

민법상 시효는 사실상태가 장기간 계속된 경우에 그 사실상태가 진실한 권리관계에 합치되지 않더라도 이를 존중하여 권리관계를 인정하는 제도이다. 그중에서 권리를 행사하지 않는 상태가 일정 기간 계속된 경우에 권리의 소멸을 인정하는 제도가 소멸시효이다. 국기법상 징수권의 소멸시효는 확정된 납세의무의 이행을 구하는 징수권에 대한 것이므로 징수권을 일정 기간 행사하지 않으면 그 징수권의 효력을 소멸시키는 제도를 의미한다.

나. 소멸시효기간 및 그 기산일

(1) 소멸시효기간

국세징수권의 소멸시효기간은 금액을 기준으로 5억 원 이상 국세의 경우 10년, 5억 원 미만 국세의 경우 5년이다(국기법 제27조 제1항). 위 금액을 계산할 때 가산세는 제외한다. 과거에는 금액에 상관없이 소멸시효기간이 5년이었으나, 고액세금에 대한 징수권 확보를 강화하기 위하여 2013. 1. 1. 국기법 개정 시 5억 원 이상의 국세에 대하여 10년으로 늘렸다.

(2) 기산일

(가) 일반적인 경우

소멸시효는 국세징수권을 행사할 수 있는 기간이므로 소멸시효기간의 기산일은 국세징수권을 행사할 수 있는 날이다. 구체적으로 국세징수권을 행사할 수 있는 날은 다음과 같다(국기법 제27조 제3항).

---

114) 대법원 2002. 9. 24. 선고 2000두6657 판결
115) 이창희, 세법강의(2021), 163면, 이태로·한만수, 조세법강의(2020), 134면

① 신고납세방식의 세목

신고납세방식의 세목의 신고한 세액에 대한 소멸시효기간의 기산일은 신고납부기한의 다음 날이다. 과세관청은 납세자가 신고납부기한까지 세금을 신고납부하는 것을 기다렸다가 그때까지 신고납부하지 않으면 그 다음 날부터 세금을 징수할 수 있다. 선행소송에 의하여 소득의 실질귀속자와 법적 형태가 달리 확정되는 등 소득의 실질귀속자 파악이나 판단이 어려운 사정이 있었더라도 그러한 사정만으로 판결확정일이 소멸시효의 기산일이 된다고 볼 수는 없다.[116]

② 과세관청이 결정·경정 등을 하는 경우

과세표준과 세액을 정부가 결정·경정 또는 수시부과결정하는 경우 납세고지한 세액에 대해서는 고지에 따른 지정납부기한의 다음 날이 소멸시효기간의 기산일이다. 부과과세방식의 세목에 대하여 과세관청이 결정하는 경우뿐 아니라 신고납세방식의 세목에 대하여 납세자가 신고하지 않아 과세관청이 결정하는 경우에도 마찬가지이다. 과세관청은 납세자가 지정납부기한까지 세금을 납부하는 것을 기다렸다가 그때까지 납세자가 납부하지 않으면 그 다음 날부터 세금을 징수할 수 있기 때문이다.

(나) 특별한 경우(국기법 제27조 제4항)

① 원천징수의무자 또는 납세조합으로부터 징수하는 국세의 경우 납세고지한 원천징수세액 또는 납세조합 징수세액에 대해서는 고지에 따른 납부기한의 다음 날이 소멸시효기간의 기산일이다. 원천징수의무자에 대한 부과권의 제척기간은 법정납부기한의 다음 날부터 진행하고, 원천징수의무자에 대한 징수권의 소멸시효는 지정납부기한의 다음 날부터 진행하는 차이가 있다.

② 인지세의 경우 납세고지한 세액에 대해서는 지정납부기한의 다음 날이 소멸시효기간의 기산일이다.

③ 신고납세방식의 세목의 법정신고납부기한이 연장되는 경우 그 연장된 기한 다음 날이 소멸시효기간의 기산일이다.

다. 소멸시효의 중단과 정지

(1) 소멸시효의 중단

(가) 의의

소멸시효의 중단이란 소멸시효기간의 진행 중에 권리의 불행사를 중단시키는 권리자나 의무자의 일정한 행위가 있는 경우 이미 경과한 시효기간을 소멸시키고 그때부터 다시 소멸시효를 진행시키는 것을 의미한다. 소멸시효가 중단된 때에는 중단사유가 종료한 때부터 새로

---

116) 대법원 2020. 11. 12. 선고 2017두36908 판결

소멸시효가 진행한다.

(나) 중단사유(국기법 제28조 제1항)

① 납부고지

납부고지는 납세의무가 확정된 조세에 대하여 이행을 최고(催告)하는 의미의 징수고지를 가리킨다. 따라서 신고납세방식의 조세에서 납세자가 신고는 하고 세액은 납부하지 아니하여 과세관청이 납부고지하는 경우를 의미한다. 과세관청이 공동상속인들 중의 1인에 대하여만 납세고지하였다면 나머지 상속인들에 대하여는 납세고지 자체가 존재하지 않으므로 시효중단의 효력은 납세고지를 받지 못한 나머지 상속인들에게는 미치지 않는다.[117] 납부고지에 의하여 발생한 소멸시효중단의 효력은 그 부과처분이 취소되었다 하여 사라지지 않는다.[118]

② 독촉과 교부청구

독촉은 납세자가 조세를 지정납부기한까지 완납하지 않은 경우 세금의 납부를 최고하는 것을 의미한다(국징법 제10조). 교부청구는 다른 기관이 이미 납세자의 재산을 압류하여 강제환가절차를 실시하고 있을 때 그 선행절차에 참여하여 환가대금의 교부를 요구하는 것을 의미한다(국징법 제59조). 경매절차에서는 배당요구라고 하고, 공매절차에서는 교부청구라고 한다.

③ 압류

압류는 과세관청이 체납자 등의 재산에 대하여 처분이나 권리행사 등을 금지하는 행위를 의미한다. 세무공무원이 체납자의 가옥 등의 장소를 수색하였으나 압류목적물을 찾지 못하여 압류를 실행하지 못하고 수색조서를 작성하는 데 그친 경우에도 소멸시효 중단의 효력이 있다.[119] 이미 다른 기관에서 압류하고 있는 채권에 관하여 참가압류절차에 의하지 않고 다시 압류를 하더라도 교부청구 또는 참가압류의 효력이 인정된다.[120] 압류를 한 경우 납세고지에 의한 부과처분이 취소되어 소급하여 그 효력을 상실하였더라도 압류처분이 실효되어 당연무효가 되는 것은 아니다.[121] 다만 압류금지재산 또는 제3자의 재산을 압류한 경우에는 소멸시효가 중단되지 않는다.

(다) 중단사유의 해소와 소멸시효의 진행

위 "①"부터 "③"까지의 사유에 따라 중단된 소멸시효는 납부고지의 경우에는 고지한 납부기간, 독촉의 경우에는 독촉에 의한 납부기간, 교부청구의 경우에는 교부청구 중의 기간, 압류의 경우에는 압류해제까지의 기간이 지난 때부터 새로 진행한다(국기법 제28조 제2항).

---

117) 대법원 1989. 11. 28. 선고 89누4529 판결
118) 대법원 1986. 7. 8. 선고 85누686 판결
119) 대법원 2001. 8. 21. 선고 2000다12419 판결
120) 징세과-131(2010. 2. 4.)
121) 대법원 1986. 7. 8. 선고 85누686 판결

(2) 소멸시효의 정지

(가) 의의

소멸시효의 정지는 소멸시효기간의 진행 중에 권리의 불행사를 정지시키는 권리자나 의무자의 일정한 행위가 있는 경우 시효기간의 진행을 일시적으로 멈추게 하고 그 사정이 없어지면 나머지 시효기간을 진행시키는 것을 의미한다. 소멸시효의 정지는 소멸시효의 완성을 유예하는 것으로서 정지사유가 종료한 후 나머지 기간이 경과하면 소멸시효가 완성된다는 점에서 중단사유가 종료한 때부터 새로 소멸시효를 진행시키는 소멸시효의 중단과 차이가 있다.

(나) 정지사유 및 그 기간(국기법 제28조 제3항)

징수권의 소멸시효는 ① 세법에 따른 분납기간, ② 세법에 따른 납부고지의 유예, 지정납부기한·독촉장에서 정하는 기한의 연장, 징수 유예기간, ③ 세법에 따른 압류·매각의 유예기간, ④ 세법에 따른 연부연납기간, ⑤ 사해행위 취소소송이나 채권자대위 소송을 제기하여 그 소송이 진행 중인 기간, ⑥ 체납자가 국외에 6개월 이상 계속 체류하는 경우 해당 국외체류기간 동안 각 정지된다. 위 "⑥"의 사유는 2017. 12. 19. 국기법 개정 시 추가되었다.

위 "⑤"의 사해행위취소소송 또는 채권자대위소송의 제기로 인한 시효정지의 효력은 소송이 각하, 기각, 취하된 경우에는 효력이 없다(국기법 제28조 제4항). 사해행위 취소소송 또는 채권자대위소송은 국가가 제3채무자를 상대로 제기하는데, 소송이 진행되는 도중 징수권의 소멸시효가 진행하면 국가가 승소하여 체납자 명의로 재산을 돌려놓더라도 체납자의 재산에 대하여 강제징수할 수 없게 되므로 소송이 진행되는 도중 징수권의 소멸시효를 정지시키는 것이다. 사해행위취소소송 또는 채권자대위소송이 진행되는 도중에는 소멸시효가 정지되므로 국가가 소송에서 승소하면 체납자 명의로 돌려놓은 재산에 대하여 강제징수를 할 수 있게 된다. 과세전적부심 청구에 따른 심리기간은 소멸시효 정지사유로 규정되어 있지 않으므로 납세의무자가 과세전적부심을 청구하여 심리가 진행 중이더라도 그 심리기간 동안 국세징수권의 소멸시효가 정지되지 않는다.[122]

라. 민법규정의 준용

(1) 의의

국세징수권의 소멸시효에 관하여 세법에 특별한 규정이 있는 경우 외에는 민법규정에 따른다(국기법 제27조 제2항). 국기법은 민법에 따른 소멸시효 중단사유의 준용을 배제하지 않으며, 조세채권의 성질상 민법에 정한 소멸시효 중단사유의 준용을 배제할 이유도 없다. 따라서 민법 제168조 제1호가 소멸시효의 중단사유로 규정하고 있는 청구도 허용될 수 있는 경우에는

---

122) 대법원 2016. 12. 1. 선고 2014두8650 판결

위 준용규정에 따라 국세징수권의 소멸시효 중단사유가 될 수 있다.

(2) 재판상 청구

(가) 과세권자가 소를 제기한 경우

납세의무자가 무자력이거나 소재불명이어서 자력집행권을 행사할 수 없는 등 국기법 제28조 제1항이 규정한 사유들에 의해서는 조세채권의 소멸시효 중단이 불가능하고 조세채권자가 징수를 위하여 가능한 모든 조치를 취하였음에도 조세채권이 실현되지 않은 채 소멸시효기간의 경과가 임박하는 등의 특별한 사정이 있는 경우에는 시효중단을 위한 재판상 청구를 할 수 있다. 이 경우 과세주체가 조세채권의 소멸시효 중단을 위하여 납세의무자를 상대로 제기한 조세채권존재확인의 소는 공법상 당사자소송에 해당한다.[123]

(나) 과세권자가 응소한 경우

민사소송에서 시효중단 사유의 하나로 규정하고 있는 재판상의 청구는 권리자가 시효를 주장하는 자를 상대로 소로써 권리를 주장하는 경우뿐 아니라 시효를 주장하는 자가 원고가 되어 소를 제기한 데 대하여 피고로서 응소하여 적극적으로 권리를 주장하고 그것이 받아들여진 경우도 포함한다.[124] 이러한 법리를 과세처분 취소소송에 적용하면 납세의무자의 청구기각을 구한 과세관청의 응소행위를 시효중단 사유인 재판상의 청구를 볼 여지가 있다. 대법원 1988. 2. 23. 선고 85누688 판결은 "과세관청의 응소행위를 재판상청구에 준하는 권리의 주장으로 본다고 하더라도"라고 판시하여 직접적인 견해표명을 유보하고 있으나, 기본적으로 과세관청의 응소행위가 시효중단 사유가 된다는 입장에 있는 것으로 보인다. 다만, 선행 과세처분의 납세고지서에 세액산출근거를 명시하지 않은 과세절차상 하자가 있다 하여 과세처분의 취소를 구하는 소송에서 과세관청의 패소판결이 선고되고 그대로 확정되었다면 과세관청의 응소행위에 시효중단의 효력이 생길 수 없다.[125]

(3) 가압류, 가처분, 승인

국기법에는 민법상 시효중단사유와 비교할 때 가압류, 가처분, 승인이 빠져 있다. 국기법상 압류는 민법상 가압류와 유사한 기능을 수행하는 국세징수법상 확정 전 보전압류[126]를 포함하는 개념이고, 조세분쟁은 특정재산의 귀속권을 다투는 것이 아니어서 가처분이 적용될 여지가 없으나, 다만 승인은 국기법 제27조 제2항에 의한 준용규정이 적용될 수 있다.[127]

---

123) 대법원 2020. 3. 2. 선고 2017두41771 판결
124) 대법원 1993. 12. 21. 선고 92다47861 전원합의체 판결
125) 대법원 1988. 3. 22. 선고 86누269 판결
126) 납부기한 전 징수사유가 있는 경우 납세의무가 확정되기 전에 압류할 수 있다(국징법 제31조 제2항). 국세, 지방세 또는 공과금의 체납으로 강제징수 또는 체납처분이 시작된 경우, 민사집행법에 따른 강제집행 및 담보권 실행 등을 위한 경매가 시작되거나 채무자회생법에 따른 파산선고를 받은 경우 등 법령 소정의 사유가 있는 경우 납부기한 전 징수를 할 수 있다(국징법 제9조 제1항).

마. 소멸시효기간이 경과한 징수처분의 효력

국세징수권의 소멸시효기간이 경과하면 국세징수권이 소멸하므로 그 후에 이루어진 징수처분은 무효이다.[128] 민법상 시효이익을 포기할 수 있는 것과 달리 조세채권관계는 획일적으로 확정할 필요가 있으므로 시효이익의 포기는 허용되지 않는다.[129]

---

127) 이창희, 세법강의(2021), 171면
128) 대법원 1988. 3. 22. 선고 87누1018 판결
129) 이태로·한만수, 조세법강의(2020), 139면

국세우선권

제7장

1. 국세우선권

가. 의의

국기법 제35조에 규정된 국세우선권은 납세자의 재산에 대한 강제집행, 강제징수 등의 강제환가절차에서 국세에 부여하는 우선적 권리를 의미한다. 국세우선권이 인정되는 결과 강제환가절차에서 국세채권과 다른 채권이 경합하는 경우 국세채권은 원칙적으로 다른 채권보다 우선하여 변제받을 수 있다.

국세우선권은 국세채권이 다른 채권보다 우선권을 가진다는 점에서 담보권과 유사하나, 등기나 등록의 공시방법이 없다는 점에서 차이가 있다. 국세우선권은 절차적인 면에서는 자력집행권의 형태로 표출된다. 민사채권의 경우 원칙적으로 법원의 판단을 거쳐 판결 등의 집행권원을 얻어야 강제집행이 가능하나, 조세채권의 경우에는 납세자가 자발적으로 세금을 납부하지 않으면 국가 또는 지자체가 법원의 개입 없이 스스로 강제징수할 수 있다.

나. 국세우선권의 인정근거

국세우선권의 인정근거로는 조세의 공익성, 조세의 공시성, 조세의 무대가성, 조세의 우선공제성, 조세담보의 특수성 등 여러 가지가 거론되나, 조세는 국가나 지자체의 존립을 위한 재정적 기초가 된다는 공익성에서 그 근거를 찾는 것이 일반적이다. 판례도 조세의 공익성으로 인하여 그 징수확보를 위해 채권평등원칙의 예외인 조세우선권이 적용된다고 판시하고 있다.[1]

2. 국세우선권의 제한

국세우선권은 절대적인 것이 아니므로 강제환가절차의 진행, 사법상 거래의 안전, 경제적 약자 보호 등의 이유로 일정 범위에서 제한된다(국기법 제35조 제1항 단서).

---

1) 대법원 1983. 11. 22. 선고 83다카1105 판결

가. 강제징수비 및 공익비용

지방세나 공과금의 체납처분이나 강제징수를 할 때 그 체납처분이나 강제징수 금액 중에서 국세 및 체납처분비나 강제징수비를 징수하는 경우 그 지방세나 공과금의 체납처분비나 강제징수비는 국세보다 우선한다(국기법 제35조 제1항 제1호). 지방세 채권 등이 체납처분 또는 강제징수에 선착수하고 그 절차에서 국세채권이 교부청구를 하는 경우 지방세, 공과금 등의 체납처분비나 강제징수비가 국세보다 우선한다는 것이다. 강제징수비는 국세징수법 중 강제징수에 관한 규정에 따른 재산의 압류, 보관, 운반과 매각에 든 비용을 말한다(국기법 제2조 제6호). 또한 강제집행, 경매 또는 파산절차에 따라 재산을 매각할 때 그 매각금액 중에서 국세 및 강제징수비를 징수하는 경우 그 강제집행, 경매 또는 파산절차에 든 비용은 국세보다 우선한다(국기법 제35조 제1항 제2호). 당해 집행절차에서 든 비용을 공익비용이라고 하는데, 이러한 공익비용은 모든 채권자의 공동이익을 위하여 지출된 것이므로 국세보다 우선권을 부여하는 것이다.

나. 법정기일보다 앞서는 저당권의 피담보채권 등

(1) 법정기일(法定期日)의 의의

국세의 법정기일보다 앞서는 저당권 등에 의하여 담보된 채권 또는 대항요건과 확정일자를 갖춘 임대차보증금반환채권은 국세보다 우선한다(국기법 제35조 제1항 제3호). 법정기일은 법령에서 정한 기일이라는 뜻으로서 조세채권과 저당권 등에 의하여 담보된 채권 또는 대항요건과 확정일자를 갖춘 임대차보증금반환채권 사이의 우열을 비교하는 기준이 되는 날이다.[2] 법정기일은 담보권자 등이 조세채권의 존부 및 범위를 확인할 수 있고, 과세관청 등에 의하여 임의로 변경할 수 없는 날이어야 한다.[3] 국기법이 규정하고 있는 법정기일은 다음과 같다(국기법 제35조 제2항).

(가) 신고납세방식의 세목 중 신고한 경우

신고납세방식의 세목의 경우 신고한 세액은 신고일이 법정기일이다. 중간예납하는 법인세, 예정신고납부하는 부가가치세, 예정신고납부하는 양도소득세의 경우도 신고일이 법정기일이다. 부동산매매업자의 토지 등 매매차익 예정신고에 대하여는 양도소득과 달리 그 신고일을 법정기일로 보지 않는다(국기법 제35조 제2항 제1호 괄호 안). 양도소득의 예정신고와 부동산매매업자의 토지 등 매매차익의 예정신고를 달리 취급하는 것은 양도소득의 경우 예정신고를 하면 원칙적으로 확정신고의무가 면제되나, 부동산매매업자의 토지 등 매매차익의 경우 예정신고 여부와 상관없이 확정신고의무가 적용되기 때문이다.[4] 다만 신고납부기한이 지난 후에 기한 후 신고를 한 경우 그 기한후 신고일은 법정기일로 볼 수 없다.[5]

---

2) 국기법 기본통칙 35-0…3
3) 대법원 1996. 1. 23. 선고 95다39175 판결
4) 임승순, 조세법(2021), 181면
5) 대법원 2012. 8. 30. 선고 2010다88415 판결

신고납세방식의 세목의 경우 신고일을 법정기일로 정한 것은 신고일에 납세의무가 구체적으로 확정되어 담보권을 취득하려는 자도 그 존부 및 범위를 확인할 수 있다고 전제하는 것이다.[6] 그동안 담보권자가 담보권설정자의 납세의무를 확인하기 위한 제도적 장치가 제대로 구비되지 않았고, 헌법재판소는 담보권자가 담보권설정자의 국세체납 여부를 담보권 설정 전에 확인할 수 있도록 제도적 보완이 필요하다는 지적을 하였다.[7] 2022. 12. 31. 국세징수법 개정 시 임대차보증금이 1,000만 원을 초과하는 임대차계약을 체결한 임차인은 임대차기간 시작일까지 임대인의 동의 없이 과세관청에서 임대인의 체납국세가 있는지 열람할 수 있도록 하였으므로 일부 제도의 보완이 이루어졌다(국징법 제109조 제2항). 그러나 위 규정은 담보권자에게는 적용되지 않으므로 담보권자는 여전히 담보권설정자의 동의가 없으면 그 체납사실을 과세관청에서 확인하기 어렵다.

(나) 과세표준과 세액을 정부가 결정 · 경정하는 경우

과세표준과 세액을 정부가 결정 · 경정 또는 수시부과 결정하는 경우 고지한 해당 세액은 납세고지서 발송일이 법정기일이다. 부과과세방식의 세목과 신고납세방식의 세목이지만 납세자가 신고하지 않아 과세관청이 부과하는 경우에는 정부가 과세표준과 세액을 결정함으로써 납세의무가 구체적으로 확정되며, 이를 납부고지함으로써 확정의 효력이 발생하므로 납세고지서의 발송일을 법정기일로 정한 것이다. 납세고지서 도달일이 아니라 발송일을 법정기일로 정한 것은 객관적으로 확인이 가능한 날짜이기 때문이다.

헌법재판소는 납세고지서 발송일에는 이미 조세채권의 가액 및 납부기한 등이 구체적으로 확정되어 있고 납세의무의 존부 및 범위가 과세관청 등에 의하여 임의로 변경될 수 없으며, 담보권을 취득하려는 자는 납세의무자에게 납세증명서 등 발급을 요청하거나 납세의무자로부터 발급위임을 받아 조세채무의 존부와 범위를 확인할 수 있으므로 담보권자의 예측가능성을 어느 정도 보장할 수 있는 것으로 보고 있다.[8] 가산세도 납세고지서 발송일이 법정기일이고,[9] 납부지연가산세 중 지정납부기한 후의 납부지연가산세도 역시 납세고지서 발송일이 법정기일이다.[10] 송달의 종류별로 보면 실무상 교부송달의 경우에는 납부고지서 등의 교부를 위한 출장일, 우편송달의 경우에는 우편발송일, 전자송달의 경우에는 국세정보통신망에 저장된 때 등이 발송일이다.[11]

---

6) 헌재 1995. 7. 21. 선고 93헌바46 결정
7) 헌재 2001. 7. 19. 선고 2000헌바68 결정
8) 헌재 2012. 8. 23. 선고 2011헌바97 결정
9) 판례가 가산세의 법정기일은 납세고지서 발송일이라고 판시하였고(대법원 2001. 4. 24. 선고 2001다10076 판결), 이러한 판례의 입장을 입법화한 것이다.
10) 판례가 가산금의 법정기일은 납부고지에서 고지된 납부기한을 도과한 때라고 판시하였으나(대법원 2010. 12. 9. 선고 2010다70605 판결), 이와 달리 납세고지서 발송일을 법정기일로 규정하였다.
11) 국기법 기본통칙 35 - 0…3

(다) 기타

인지세와 원천징수하는 소득세, 법인세 등의 경우 납세의무의 확정일, 제2차 납세의무자와 보증인의 재산에서 징수하는 국세의 경우 납부고지서 발송일, 납세자의 재산을 압류하였는데, 그 압류와 관련하여 확정된 국세의 경우 압류등기일이나 등록일, 신탁재산에서 징수하는 부가가치세, 종합부동산세 등의 경우 납부고지서 발송일이 각 법정기일이다.

(2) 국세보다 우선하는 권리

저당권 등에 의하여 담보된 채권 등 권리의 설정일이 법정기일보다 빨라서 국세보다 우선하는 권리는 다음과 같다.

(가) 전세권, 질권, 저당권에 의한 피담보채권

전세권, 질권, 저당권의 설정일이 법정기일보다 빠른 경우 그에 의하여 담보된 채권은 국세채권보다 우선한다. 전세권, 질권, 저당권 등의 권리가 설정된 사실은 부동산등기부 등본, 공증인의 증명, 질권에 대한 증명, 공문서, 금융회사의 장부 등의 방법으로 증명한다(국기령 제18조 제2항). 질권의 경우 반드시 등기 또는 등록하는 질권의 피담보채권에 한정되는 것은 아니다.[12] 납세의무자가 신고납세방식인 국세의 과세표준과 세액을 신고한 후 매각재산에 저당권 등의 설정등기를 마치고 그 후 과세관청이 당초 신고한 세액을 증액경정한 경우 당초 신고한 세액은 피담보채권보다 선순위이고 증액된 세액은 피담보채권보다 후순위이다.[13] 당초 신고가 증액경정처분에 흡수되는 것은 소송물의 판단에 적용될뿐 배당이나 배분에 적용되는 것은 아니기 때문이다.

(나) 주택임대차보호법 등 대항요건과 확정일자를 갖춘 임차권

주택임대차보호법 또는 상가건물 임대차보호법에 따라 대항요건과 확정일자를 갖춘 임차권의 경우 그 대항요건과 확정일자를 갖춘 날이 법정기일보다 빠른 경우 임대차보증금채권은 국세채권보다 우선한다. 주택임대차의 경우 임차인이 주택의 인도와 주민등록을 마쳐야 하고(주택임대차보호법 제3조 제1항), 상가건물의 경우 임차인이 건물의 인도와 사업자등록을 신청하여야 한다(상가건물임대차보호법 제3조 제1항).

(다) 담보가등기

담보가등기일이 법정기일보다 빠른 경우 또는 담보가등기일이 법정기일보다 늦으나 조세채권에 기한 압류 이전에 가등기에 따른 본등기를 경료한 경우 국세채권보다 우선한다(국기법 제35조 제4항). 가등기일이 법정기일보다 늦고 조세채권에 기한 압류 이후에 가등기에 기한 본등기를 경료한 경우 그 가등기가 순위보전을 위한 가등기인 경우 가등기 이후 이루어진 등기

---

12) 대법원 2021. 10. 14. 선고 2019다242496 판결
13) 대법원 2018. 6. 28. 선고 2017다236978 판결

는 모두 직권말소되므로 압류는 효력을 잃는다.

(3) 법정기일과 담보권 설정일자 등을 비교하는 취지

법정기일과 담보권 설정일자 등을 비교하여 우열을 정하는 것은 국세와 피담보채권 중 어느 하나를 절대적으로 우선시하지 않고 거래의 안전을 보장하려는 사법적 요청과 조세채권의 실현을 확보하려는 공익적 요청을 조화시키기 위한 것이다.[14] 과거 구 국기법(1974. 12. 21. 제정) 제35조 제1항 제3호는 국세의 납부기한으로부터 1년 전에 설정된 저당권 등에 의하여 담보된 채권이 국세채권보다 우선하는 것으로 규정하였다. 바꾸어 말하면 피담보채권이 국세채권보다 우선하려면 국세의 납부기한보다 1년 전에 설정하여야 하는바, 이는 피담보채권보다 국세채권을 지나치게 우선시하여 재산권의 본질적 내용을 침해한다는 이유로 위헌결정을 받았다.[15] 이에 따라 1990. 12 .31. 국기법 개정 시 법정기일이 도입되었다.

(4) 당해세 우선특례
(가) 당해세의 의의 및 범위

당해세(當該稅)는 담보물권을 취득하는 사람이 장래 그 재산에 대하여 부과되리라고 상당한 정도 예측할 수 있는 것으로서 오로지 당해 재산을 소유하는 것 자체에 담세력을 인정하여 부과되는 국세를 의미한다.[16] 과거에는 당해세가 저당권 등에 의한 피담보채권보다 우선한다고 규정하였을 뿐 어떤 조세가 당해세에 해당하는지 법률에서 규정하지 않았다. 그런데 헌재 1999. 5. 27. 선고 97헌바8 결정이 당해세는 당해 재산의 소유 자체를 과세의 대상으로 하여 부과하는 이른바 강학상의 재산세라고 하면서 어떤 국세가 당해세에 해당되는지에 관한 판단은 법령의 해석·적용의 권한을 가진 법원의 영역이라고 판시하였다. 이에 대해 대법원은 증여세 및 상속세가 당해세에 해당한다고 판시하였다. 그 후 2003. 12. 30. 국기법 개정 시 상속세와 증여세가 당해세에 해당하는 것으로 규정하였고, 2005. 1. 5. 국기법 개정 시 종합부동산세를 추가하였다(국기법 제35조 제5항). 지방세 중에는 재산세, 자동차 소유에 대한 자동차세, 소방분에 대한 지역자원시설세가 당해세이다(지기법 제71조 제5항).

당해세는 담보권 등이 설정된 재산 자체에 부과된 세금이므로 재산의 취득자금을 증여받은 것으로 추정하여 재산의 취득자금에 부과하는 증여세는 당해세가 아니다.[17] 저가양도로 인한 증여에 의하여 부과되는 증여세도 같은 이유로 당해세에 해당하지 않는다.[18] 당해세가 저당권보다 우선한다는 것은 저당권 설정 당시의 저당권자와 설정자의 관계를 기본으로 그 설정자의 납세의무를 기준으로 하므로 저당권설정자가 저당권에 우선하여 징수당할 조세의 체납

---

14) 대법원 2002. 6. 14. 선고 2000다49534 판결
15) 헌재 1990. 9. 3. 선고 89헌가95 결정
16) 대법원 1999. 3. 18. 선고 96다23184 전원합의체 판결, 대법원 2002. 6. 14. 선고 2000다49534 판결
17) 대법원 1996. 3. 12. 선고 95다47831 판결
18) 대법원 2002. 6. 14. 선고 2000다49534 판결

이 없는 상태에서 사망하였는데, 그 상속으로 인하여 상속인에게 부과된 상속세는 당해세로 볼 수 없다.[19] 같은 법리로 저당권설정자가 저당권에 우선하여 징수당할 조세의 체납이 없는 상태에서 재산을 증여하였는데, 그 증여로 인하여 수증자에게 부과된 증여세는 당해세로 볼 수 없다.[20] 이와 달리 상속이나 증여의 경우 등기부상 등기원인에 상속이나 증여가 기재되어 있으면 담보권을 취득하는 사람은 그 재산에 대하여 상속세나 증여세가 부과되리라는 것을 충분히 예측할 수 있으므로 담보권을 설정한 사람에게 부과되는 상속세나 증여세는 당해세가 된다.[21]

(나) 당해세의 순위

당해세는 법정기일 후에 설정된 저당권 등에 의한 피담보채권뿐 아니라 법정기일 전에 설정된 저당권 등에 의한 피담보채권보다 우선한다(국기법 제35조 제3항). 헌법재판소는 당해세 우선특례는 담보권자의 예측가능성을 해치지 않으므로 위헌이 아니라고 판시하였다.[22] 종전에는 당해세 이외에 그 당해세의 가산금(현행 납부지연가산세)에 대하여도 우선특례가 인정되었으나, 2018. 12. 31. 국기법 개정 시 가산금에 대한 우선특례는 삭제하였다. 다만, 당해세의 법정기일보다 주택임차인의 임대차보증금반환채권의 확정일자나 전세권 설정일자가 빠른 경우에는 임대차보증금반환채권이나 전세권이 당해세보다 우선한다(국기법 제35조 제7항). 주택임차인이나 전세권자를 보호하기 위하여 당해세 우선특례의 예외를 인정한 것이다. 다만, 당해세가 주택임차인이나 전세권자에게 우선변제권을 양보하는 것일 뿐 임대인의 세금체납액이 소멸하는 것은 아니다.

가령, 공매절차에서 매각대금이 4.5억 원, 당해세가 1억 원, 저당권의 피담보채권이 3억 원, 주택임대차보증금이 2억 원이고 주택임대차보증금반환채권의 확정일자가 당해세보다 빠르고 저당권의 피담보채권보다 늦은 경우 종전에는 당해세 1억 원 → 저당권의 피담보채권이 3억 원 → 주택임대차보증금 0.5억 원 순으로 배분하지만, 개정 법령에 따르면 주택임대차보증금 1억 원(당해세 양보분) → 저당권의 피담보채권이 3억 원 → 주택임대차보증금 0.5억 원 순으로 배분하게 된다. 결국 당해세와 주택임차인의 배분액만 변경될 뿐 저당권자의 배분액은 동일하다.

(5) 소액임대차보증금채권

주택임대차보호법 제8조 또는 상가건물임대차보호법 제14조에 의한 소액임대차보증금채권은 국세채권보다 우선한다(국기법 제35조 제1항 제4호). 경제적 약자인 소액임차인을 국세채권보다 우선적으로 보호하기 위한 취지이다. 소액임대차보증금채권이 인정되기 위하여는 경매신청 등기 전에 대항요건을 갖추어야 한다. 주택임차인의 경우 경매신청 등기 전에 주택의

---

19) 대법원 1995. 4. 7. 선고 94다11835 판결
20) 대법원 1991. 10. 8. 선고 88다카105 판결
21) 대법원 2001. 1. 30. 선고 2000다47972 판결
22) 헌재 1999. 5. 27. 선고 97헌바8 결정, 헌재 2001. 2. 22. 선고 99헌바44 결정

인도와 주민등록을 마쳐야 하고, 상가임차인의 경우 건물의 인도와 사업자등록을 신청하여야 한다(주택임대차보호법 제3조 제1항, 상가건물임대차보호법 제3조 제1항).

(6) 임금채권

(가) 최우선임금채권

최종 3개월분의 임금, 재해보상금, 최종 3년간의 퇴직금은 사용자의 총재산에 대하여 질권, 저당권에 따라 담보된 채권, 조세, 공과금 및 다른 채권에 우선한다(국기법 제35조 제1항 제5호, 근로기준법 제38조 제2항, 근로자퇴직급여보장법 제12조 제2항). 최우선임금채권은 근로자의 생활안정을 위하여 필요한 최소한의 금액이므로 조세채권보다 우선권을 부여하는 것이다. 최우선임금채권은 소액임대차보증금채권과는 동순위이다.

(나) 일반임금채권

최우선임금채권을 제외한 일반임금채권은 원칙적으로 조세채권보다 우선하나, 당해세이거나 담보권 설정일보다 법정기일이 빨라서 저당권 등에 의한 피담보채권보다 우선하는 조세채권보다는 후순위이다(국기법 제35조 제1항 제5호, 근로기준법 제38조 제1항, 근로자퇴직급여보장법 제12조 제1항). 근로기준법 제38조 제1항, 근로자퇴직급여보장법 제12조 제1항에서 임금, 퇴직급여 등은 저당권 등에 의한 피담보 채권 외에는 조세, 공과금 및 다른 채권에 우선한다고 하면서 그 단서에서 예외적으로 저당권 등에 의한 피담보채권보다 우선하는 조세채권 등에 대하여는 우선하지 않는다고 규정하고 있기 때문이다.

위 규정의 의미를 새겨보면, 일반임금채권은 근로자 보호를 위하여 조세채권보다 우선하나, 사인들 사이에서는 거래의 안전이 우선시되므로 저당권 등에 의한 피담보채권보다 우선할 수는 없다. 그러나 조세채권 중에는 당해세이거나 법정기일이 저당권 설정일자보다 빨라서 피담보채권보다 우선하는 것이 있으므로 이러한 조세채권은 일반임금채권보다 우선한다고 규정한 것이다. 당해세를 제외한 조세채권, 저당권 등에 의한 피담보채권, 일반임금채권 3자 사이의 우선관계는 조세채권의 법정기일과 담보권 설정일의 선후에 따라 우선순위가 바뀌어 순환한다.

다. 소결

위에서 살펴본 내용에 따라 조세채권과 다른 채권 사이의 순위를 정리하면 다음과 같다.

(1) 피담보채권이 국세보다 우선하는 경우

강제징수비 및 공익비용 〉 소액임차보증금채권 및 최우선임금채권 〉 당해세 〉 저당권 등에 의한 피담보채권 〉 일반임금채권 〉 일반조세 〉 일반채권

(2) 국세가 피담보채권보다 우선하는 경우

강제징수비 및 공익비용 〉 소액임차보증금채권 및 최우선임금채권 〉 당해세 〉 일반조세 〉 저당권 등에 의한 피담보채권 〉 일반임금채권 〉 일반채권

3. 담보재산이 양도되는 경우

가. 직전 소유자에게 조세체납이 없었던 경우

담보재산이 양도된 경우 해당 담보재산에 대한 피담보채권과 국세 간의 우열관계는 종전의 담보재산 소유자를 기준으로 따진다. 양도인의 재산에 담보권이 설정된 피담보채권보다 우선하는 조세채권이 없는 상태에서 양도인이 담보재산을 양도한 경우 양수인에 대한 조세채권의 법정기일이 담보권 설정일보다 빠르더라도 양수인에 대한 조세채권이 피담채권보다 우선하지 않는다. 양수인에 대한 조세채권을 피담보채권보다 우선시하면 담보권자의 권리를 침해하기 때문이다. 이러한 취지에서 판례도 담보재산이 저당권설정자로부터 제3자에게 양도되고 저당권설정자에게 저당권에 우선하여 징수당할 조세의 체납이 없다면 양수인인 제3자에 대하여 부과한 국세를 법정기일이 앞선다거나 당해세라 하여 우선 징수할 수 없다고 판시하였다.[23]

나. 직전 소유자에게 조세체납이 있었던 경우 등

담보재산이 양도된 경우 원칙적으로 양수인에 대한 국세가 담보권이 설정된 피담보채권보다 우선할 수 없으나, 2022. 12. 31. 국기법 개정에 따라 예외적으로 ① 직전 소유자(양도인)가 저당권 등 설정 당시 체납한 국세 등이 있었던 경우, ② 소유자 변경 이후에 발생한 종합부동산세 등 2가지 경우에는 양수인에 대한 국세 등을 우선징수할 수 있다(국기법 제35조 제1항 제3호의2, 제3항). 이는 소유자가 바뀌더라도 일정 요건하에 조세우선권을 관철하는 것이므로 조세채권에 대하여 제한적으로 추급효를 인정하는 셈이다.

위 "①"의 경우에는 해당 재산에 설정된 저당권, 임대차보증금 등 채권 중 그 설정일이 가장 빠른 것보다 법정기일이 빠른 직전 소유자의 국세 체납액의 한도 내에서 적용된다(국기령 제18조의5). 위 ②의 경우 상속세나 증여세와 달리 종합부동산세에 대하여는 소유자가 변경되는 경우에도 당해세 우선원칙을 관철하는 결과가 된다.

4. 사해행위 취소

가. 의의 및 취지

사해행위(詐害行爲)는 채권자를 해하는 채무자의 재산권을 목적으로 하는 행위이다. 조세

---

23) 대법원 2005. 3. 10. 선고 2004다51153 판결

법률관계에서 채무자는 납세의무자이고 채권자는 국가이므로 납세의무자가 국세징수를 곤란하게 하는 행위를 말한다. 이러한 취지에서 국기법 제35조 제6항은 납세자가 제3자와 짜고 거짓으로 재산에 전세권, 질권 또는 저당권 설정계약, 임대차계약, 가등기 설정계약, 양도담보 설정계약 등을 하고 등기 등을 하거나 주택임대차보호법이나 상가건물 임대차보호법에 따른 대항요건과 확정일자를 갖춘 임대차계약을 체결함으로써 재산매각금액으로 국세를 징수하기 곤란한 경우에는 그 행위의 취소를 법원에 청구할 수 있다고 규정하고 있다.

위 조항은 국세의 납부기한으로부터 1년 전에 설정된 전세권 등에 의한 피담보채권이 국세채권보다 우선하도록 한 규정이 위헌결정을 받자 이를 대체하여 입법되었다.[24] 법정기일 전에 담보물권이 설정되면 피담보채권이 국세보다 우선하므로 세금이 부과될 것을 알고 있는 납세자가 이를 악용하는 것을 방지하기 위함이다. 납세자가 국세의 법정기일 전 1년 내에 특수관계인과 전세권의 설정계약 등을 하면 법률상 악의가 추정되므로 국가의 증명책임이 경감된다.

나. 요건

(1) 납세자와 제3자의 통모에 의한 거짓계약

납세자가 국세의 법정기일 전 1년 내에 특수관계인과 전세권, 질권 또는 저당권 설정계약 등을 경우에는 짜고 한 거짓 계약으로 추정한다(국기법 제35조 제6항). 납세자가 이 추정을 번복하기 위하여는 특수관계인과 짜고 한 거짓계약이 아니라는 점을 증명해야 한다.

(2) 국세징수의 곤란

납세자가 제3자와 짜고 한 거짓계약 등으로 인하여 그 재산의 매각금액으로 국세를 징수하기 곤란하여야 한다. 이는 납세자가 제3자와 짜고 한 거짓계약 등에 기한 채권이 조세채권보다 우선하여 조세채권의 배당액이나 배분액이 줄어들어 국세징수가 부족한 경우를 의미한다.

(3) 소송에 의한 청구

국가는 납세자와 제3자의 통모에 의한 거짓계약 등의 취소를 법원에 소로써 청구하여야 한다. 납세자와 제3자 사이에 체결된 계약을 취소하여야 하므로 소송의 제기가 요구된다.

다. 민법 제406조 및 국세징수법 제25조와의 관계

민법 제406조는 일반채권자의 채권을 해하는 사해행위취소의 소를 규정하고 있고, 국세징수법 제25조는 조세채권을 해하는 사해행위취소의 소를 규정하고 있다. 국세징수법 제25조의 사해행위취소의 소는 민법 제406조가 정하는 사해행위취소의 소의 일종이다.[25] 국기법 제35조 제6항에 의한 소송도 사해행위취소의 소의 일종이므로 민법 제406조, 국세징수법 제25조의 특

---

24) 이창희, 세법강의(2021), 189면
25) 대법원 1991. 11. 8. 선고 91다14079 판결

별규정이라고 할 수 있다. 그러나 국기법 제35조 제6항에 의한 소송은 법률상 추정규정을 두고 있다는 점에서 민법 제406조 및 국세징수법 제30조의 사해행위취소의 소와 차이가 있다.

제2절) 조세채권 상호 간의 관계

1. 원칙

조세채권 상호 간은 원칙적으로 평등하다. 따라서 조세채권 상호 간에는 경매나 공매절차에서 채권액에 비례하여 배당 또는 배분받게 된다. 다만, 다음과 같이 압류선착주의, 담보우선주의의 예외가 인정된다.

2. 예외

가. 압류선착주의

(1) 의의 및 취지

국기법 제36조에 규정된 압류선착주의는 조세채권 상호 간에 먼저 압류한 조세가 교부청구하거나 참가압류한 조세보다 우선한다는 원칙이다. 국세의 강제징수에 따라 세무서장이 납세자의 재산을 압류하면 그 이후에 교부청구하거나 참가압류한 다른 국세 및 강제징수비, 지방세보다 우선한다(국기법 제36조 제1항). 마찬가지로 지방세 체납처분에 따라 지자체가 납세자의 재산을 압류하면 국세 및 강제징수비는 압류에 관계되는 지방세의 다음 순위가 된다(국기법 제36조 제2항). 2019. 12. 31. 국기법 개정 시 교부청구 이외에 참가압류가 있는 경우에도 압류한 조세가 우선권이 있음을 명확히 규정하였다. 압류선착주의의 취지에 대하여는 ① 채무자의 재산이 이탈되거나 유실되는 것을 방지하는데 기여한 당해 조세채권에 대하여 우선권을 부여하기 위한 것이라는 견해, ② 다른 조세채권자보다 조세징수에 열의를 가진 징수권자에게 우선권을 부여하는 것이라는 견해 등이 있다. 판례는 위 "②"의 입장에서 다른 조세채권자보다 조세채무자의 자산상태에 주의를 기울이고 조세징수에 열의를 가지고 있는 징수권자에게 우선권을 부여하는 것이라고 판시하였다.[26]

압류선착주의는 압류와 교부청구 또는 압류와 참가압류 사이에 압류가 우선한다는 원칙이므로 1순위 압류는 우선권이 있다. 그러나 2순위 압류와 3순위 압류는 교부청구나 참가압류의 효력이 있을 뿐이므로 다른 조세채권자와 동순위로 안분배당 내지 안분배분을 받는다. 일본 국세징수법 제13조는 먼저 교부청구한 조세가 후에 교부청구한 조세보다 우선한다는 교부청

---

26) 대법원 2005. 11. 24. 선고 2005두9088 판결

구 선착수주의를 채택하고 있으나, 우리 국기법은 그와 같은 규정을 두지 않고 있으므로 교부청구를 먼저 하였다고 다른 조세채권보다 우선권이 인정되지는 않는다.

(2) 기준

압류선착주의는 당해세에 대하여는 적용되지 않으므로 당해세는 다른 조세보다 우선한다. 공시를 수반하는 담보물권이 설정된 부동산에 관하여 담보물권 설정일 이전에 법정기일이 도래한 당해세 아닌 조세채권과 담보물권 설정일 이후에 법정기일이 도래한 당해세 아닌 조세채권에 기한 압류가 모두 이루어진 경우 조세채권과 담보물권 사이의 우선순위는 1차적으로 법정기일과 담보물권 설정일의 선후에 의하여 매각대금을 배분하고, 2차적으로 조세채권 사이에서는 압류선착주의에 따라 우선순위를 결정한다.[27]

(3) 사례

甲 저당권, A 조세채권, B 조채채권의 권리관계는 다음과 같다. 공매절차에서 매각대금이 4억 원이며 A 조세채권과 B 조세채권이 당해세가 아닌 경우 甲 저당권, A 조세채권, B 조채채권의 배분액은?

---
(1) 甲 저당권: 피담보채권 1억 원, 설정일 2021. 6. 1
(2) A 조세채권: 2억 원, 법정기일 2021. 8. 1.(압류일 2021. 9. 1.)
(3) B 조세채권: 3억 원, 법정기일 2021. 4. 1.(압류 2021. 10. 1.)

→ (1) 1차적으로 법정기일과 담보물권 설정일의 선후에 의하여 B 조세채권 3억 원, 甲 저당권의 피담보채권 1억 원을 배분한다. (2) 2차적으로 조세채권 사이에서 압류의 선후에 의하여 A 조세채권 2억 원, B 조세채권 1억 원을 배분한다. (3) 최종적으로 甲 저당권의 피담보채권 1억 원, A 조세채권 2억 원, B 조세채권 1억 원을 배분한다.

나. 담보우선주의

(1) 의의 및 취지

국기법 제37조에 규정된 담보우선주의는 과세관청이 납세담보를 받으면 그 매각금액에서 다른 국세 및 강제징수비, 지방세보다 우선한다는 원칙이다. 위 조항이 '압류선착주의에 불구하고'라고 규정하고 있으므로 담보우선주의는 압류선착주의보다 우선하여 적용된다. 따라서 A시장이 지방세 체납에 근거하여 납세자의 재산을 압류하였더라도 B세무서장이 납세자로부터 담보를 제공받으면 B세무서장의 국세채권이 A시장의 지방세채권보다 우선권을 갖는다. 담보우선주의는 조세채권자가 납세담보를 제공받고 재산압류나 압류재산 매각유예 등을 하

---

27) 대법원 2005. 11. 24. 선고 2005두9088 판결

여 징수 또는 체납처분 절차를 진행할 수 없을 뿐 아니라 일정한 경우 이미 압류한 재산의 압류도 해제하여야 하는 사정 등을 감안하여, 납세담보물의 매각대금을 한도로 담보있는 조세를 다른 조세에 우선하여 징수하도록 함으로써 납세담보제도의 실효성을 확보하기 위한 취지이다.[28]

(2) 적용범위

담보우선주의는 물적담보에 대하여만 적용되며 보증 등 인적담보에 대하여는 적용되지 않는다. 또한, 납세담보를 특별히 납세의무자 소유의 재산으로 제한하지 않으므로 납세담보가 납세의무자가 아닌 제3자의 소유인 경우에도 적용된다.[29]

---

28) 대법원 2015. 4. 23. 선고 2013다204959 판결
29) 대법원 2015. 4. 23. 선고 2013다204959 판결

제8장

납세의무의 확장

제 1 절 제2차 납세의무

1. 개요

가. 의의 및 취지

제2차 납세의무는 조세징수의 확보를 위하여 주된 납세의무자의 재산에 대하여 강제징수를 하여도 징수할 조세에 부족한 경우에 주된 납세의무자와 일정한 관계에 있는 제3자에게 주된 납세의무자로부터 징수할 수 없는 세액을 한도로 보충적으로 납세의무를 부담시키는 제도이다. 이러한 취지를 반영하여 국기법은 제2차 납세의무자란 "납세자가 납세의무를 이행할 수 없는 경우에 납세자를 갈음하여 납세의무를 지는 자"라고 정의하고 있다(국기법 제2조 제11호).

제2차 납세의무는 주된 납세의무자로부터 징수하지 못하는 세액을 주된 납세의무자와 긴밀한 관계에 있는 제3자에게 부담시켜 징수절차의 합리화를 도모하는 제도이다. 그러나 제2차 납세의무는 주된 납세의무자 이외의 제3자에게 납부의무를 확장시키므로 제3자의 재산권 침해를 최소화하기 위하여 그 범위를 합리적으로 설정하는 것이 필요하다.

나. 성격

(1) 부종성(附從性)

제2차 납세의무는 주된 납세의무의 존재를 전제로 하므로 주된 납세의무에 발생한 사유는 원칙적으로 제2차 납세의무에 영향을 미치는 부종성을 가진다. 따라서 주된 납세의무가 납부, 충당 등의 사유로 소멸하면 제2차 납세의무도 소멸한다. 주된 납세의무가 시효로 소멸하면 제2차 납세의무자에게 효력이 미치고,[1] 주된 납세의무에 대한 시효의 중단은 제2차 납세의무에 대하여 효력이 있다.[2] 또한 제2차 납세의무자는 자신에 대한 부과처분의 취소소송에서 제2차 납세의무 부과처분의 하자뿐 아니라 주된 납세의무자에 대한 부과처분의 하자를 다툴 수 있다.[3]

---

1) 국기법 기본통칙 27 - 0…2.
2) 대법원 1985. 11. 12. 선고 85누488 판결
3) 대법원 2009. 1. 15. 선고 2006두14926 판결

(2) 보충성

제2차 납세의무가 성립하려면 주된 납세의무에 징수부족액이 있어야 한다. 징수부족액이 있다는 것은 반드시 주된 납세의무자에게 현실로 강제징수를 하여 부족액이 구체적으로 생길 것을 요구하는 것은 아니다. 주된 납세의무자가 세금을 체납하고 있고 주된 납세의무자에게 강제징수를 하더라도 객관적으로 징수부족액이 생길 것이라고 인정되면 충분하다.[4]

2. 제2차 납세의무자 상호 간의 관계

가. 분별의 이익(分別의 利益) 유무

민법 제408조에 의하면 채권자나 채무자가 수인인 경우에 특별한 의사표시가 없으면 각 채권자 또는 각 채무자는 균등한 비율로 권리가 있고 의무를 부담하는데, 이를 분별의 이익이 있다고 한다. 제2차 납세의무자가 여러 명인 경우에 그들은 분별의 이익이 있을까?

판례는 제2차 납세의무자가 여러 명인 경우에 그들은 다른 제2차 납세의무자와 독립적으로 제2차 납세의무를 부담하므로 분별의 이익이 없다고 판시하였다.[5] 예를 들어, 주된 납세의무자에 대한 징수부족액이 2억 원이고 제2차 납세의무자가 2명인 경우 제2차 납세의무자는 분별의 이익이 없으므로 자신이 부담할 제2차 납세의무가 징수부족액의 2분의 1인 1억 원이라고 주장할 수 없다.

나. 절대적 효력의 범위

제2차 납세의무자 1인에 대하여 발생한 납부, 충당 등 조세채무를 소멸시키는 사유는 다른 제2차 납세의무자에게도 영향을 미치나, 그 밖의 사유는 다른 제2차 납세의무자에게 영향을 미치지 않는다.[6] 납부, 충당 등 조세채무를 소멸시키는 사유는 절대적 효력이 있으나 그 밖의 사유는 상대적 효력이 있음을 의미한다.

3. 제2차 납세의무의 성립과 확정

가. 성립

제2차 납세의무가 성립하려면 주된 납세의무자의 체납 등의 요건사실이 발생하여야 하므로 그 성립시기는 적어도 주된 납세의무의 납부기한이 경과한 이후이다.[7] 제2차 납세의무는 주된 납세의무와 별개로 성립하므로 주된 납세의무와 별도로 부과제척기간이 진행한다. 제2차 납세의무는 주된 납세의무의 납부기한이 경과한 때 성립하므로 그때부터 제2차 납세의무의 부과제척기간이 진행한다.[8]

---

4) 대법원 1996. 2. 23. 선고 95누14756 판결
5) 대법원 1996. 12. 6. 선고 95누14770 판결
6) 국기법 기본통칙 38 - 0…10
7) 대법원 2005. 4. 15. 선고 2003두13083 판결
8) 대법원 2008. 10. 23. 선고 2006두11750 판결, 대법원 2012. 5. 9. 선고 2010두13234 판결

나. 확정

제2차 납세의무는 제2차 납세의무자에 대한 납부고지에 의하여 과세표준과 세액이 구체적으로 확정된다.[9] 제2차 납세의무자에 대한 납부고지는 형식적으로는 독립된 과세처분이지만, 실질적으로는 과세처분 등에 의하여 확정된 주된 납세의무에 대한 징수처분의 성격을 가지므로 제2차 납세의무자에게 납부고지를 하려면 먼저 주된 납세의무자에게 과세처분을 하여 그의 구체적인 납세의무를 확정하여야 한다. 주된 납세의무자에 대한 확정의 절차를 거치지 않고 바로 제2차 납세의무자에게 납부고지를 하면 위법하다.[10] 과세관청이 제2차 납세의무자로부터 세금을 징수하는 경우에는 징수하려는 체납액의 과세기간, 세목, 세액, 산출근거, 납부기한, 납부장소, 제2차 납세의무자 등으로부터 징수할 금액, 산출근거 등을 적은 납부고지서를 제2차 납세의무자 등에게 발급하여야 한다(국징법 제7조).

4. 종류

가. 청산인 등의 제2차 납세의무

(1) 의의

국기법 제38조에 규정된 청산인 등의 제2차 납세의무는 법인이 해산하여 청산하면서 세금을 납부하지 않는 경우에 청산인, 잔여재산을 분배받거나 인도받은 자에게 제2차 납세의무를 지우는 것이다. 다만, 주식회사 등이 해산하고 잔여재산을 분배한 후에 상법에 따라 회사를 계속하기로 특별결의를 하면 그에 의하여 잔여재산 분배의 효과는 장래에 향하여 소멸하므로 회사계속의 특별결의 후에는 제2차 납세의무를 부담시킬 수 없다.[11]

위 규정에서 "그 법인에게 부과되거나 그 법인이 납부할 국세"란 당해 법인이 납부할 모든 국세를 말하며, 해산할 때나 잔여재산을 분배 또는 인도하는 때에 이미 납세의무가 성립된 국세에 한정되지 않는다.[12]

(2) 취지

청산인 등의 제2차 납세의무자는 청산인, 잔여재산을 분배받거나 인도받은 자로 구성된다. 청산인은 납세의무를 이행한 후 잔여재산을 분배할 의무가 있음에도 납세의무를 이행하지 않은 채 잔여재산을 분배한 것에 대하여 제2차 납세의무를 통해 책임을 묻는 것이고, 잔여재산의 분배 또는 인도를 받은 자는 본래 청산인이 납세의무를 먼저 이행하였다면 받아갈 수 없었던 금액을 분배받은 것이므로 제2차 납세의무를 통해 부당이득을 반환하도록 하는 것이다.[13]

---

9) 대법원 1982. 8. 24. 선고 81누80 판결
10) 대법원 1998. 10. 27. 선고 98두4535 판결
11) 국기법 기본통칙 38-0…8
12) 국기법 기본통칙 38-0…3
13) 김완석, "제2차 납세의무제도의 문제점과 개선방안", 세무와 회계연구 제1권 제1호, 2012, 15~16면

(3) 한도

청산인은 분배하거나 인도한 재산의 가액을 한도로 하고, 잔여재산을 분배받거나 인도받은 자는 각자가 받은 재산의 가액을 한도로 한다(국기법 제38조 제2항).

나. 출자자의 제2차 납세의무

국기법 제39조의 출자자의 제2차 납세의무자는 무한책임사원, 과점주주, 과점조합원으로 구성된다.

(1) 무한책임사원의 제2차 납세의무

무한책임사원의 제2차 납세의무는 법인이 세금을 납부하지 않는 경우 합명회사의 사원, 합자회사의 무한책임사원에게 제2차 납세의무를 지우는 것이다(국기법 제39조 제1호). 무한책임사원은 본래 법인의 재산으로 법인의 채무를 변제할 수 없는 때 법인과 연대하여 변제책임이 있으므로 법인의 조세채무에 대하여도 제2차 납세의무를 부담시킨다.

(2) 과점주주의 제2차 납세의무

(가) 취지

과점주주의 제2차 납세의무는 법인이 세금을 납부하지 않는 경우 과점주주에게 제2차 납세의무를 지우는 것이다(국기법 제39조 제2호). 주주 또는 유한책임사원은 상법상 출자범위 내에서만 유한책임을 지는 것이 원칙이나, 과점주주의 경우 그 예외를 인정하여 법인의 조세채무에 대하여 제2차 납세의무를 지운다. 유한책임의 예외를 인정하는 것은 재산이 형식적으로는 법인에게 귀속되나 실질적으로 과점주주가 법인을 지배하므로 재산의 형식적 권리귀속을 부인함으로써 조세형평을 기하고 조세징수를 확보하기 위함이다.[14]

상장법인에 대하여 과점주주의 제2차 납세의무를 적용할 것인지에 대하여는 몇차례 법률의 개정이 있었다. 처음에는 비상장법인에만 적용하였다가 2014. 12. 23. 국기법 개정 시 상장법인에도 적용하였다가 다시 2020. 12. 22. 국기법을 개정하여 비상장법인에만 적용하는 것으로 제한하였다. 과거 상장법인의 과점주주에게 제2차 납세의무를 적용하지 아니하여 위헌 여부가 문제된 사안에서, 헌법재판소는 비상장법인의 과점주주에게만 제2차 납부의무를 부과하는 것은 주로 친족, 친지 등으로 구성된 폐쇄회사인 비상장법인의 특성을 고려한 합리적인 차별이므로 평등원칙에 위배되지 않는다고 판시하였다.[15]

---

14) 헌재 1997. 6. 26. 선고 93헌바49 결정 등
15) 헌재 2020. 5. 27. 선고 2018헌바465 결정

(나) 이론적 근거[16]

과점주주의 제2차 납세의무의 이론적 근거에 대하여는 법인격부인론에서 찾는 견해와 실질과세원칙에서 찾는 견해가 있다.

① 법인격부인론에서 찾는 견해는 과점주주의 제2차 납세의무는 껍데기에 불과한 주된 납세자의 법인격을 부인하고 그 배후에 있는 실체인 과점주주에게 법인이 체납한 조세 등의 납세의무를 지우는 것이므로 법인격 부인론이 그 이론적 근거가 될 수 있다고 한다.

② 실질과세원칙에서 찾는 견해는 제2차 납세의무는 형식적인 권리가 귀속되는 법인보다 실질적으로 권리가 귀속되는 과점주주에게 세법상 책임을 지우는 것이므로 실질과세원칙이 그 이론적 근거가 될 수 있다고 한다.

생각건대, 과점주주에 대한 제2차 납세의무제도의 이론적 근거를 법인격부인론에서 찾는 견해와 실질과세원칙에서 찾는 견해 모두 부분적으로 타당성이 있다. 넓게 보면 법인격부인론도 형식적 권리귀속보다 실질적 내용을 중시한다는 점에서 실질과세원칙과 다르지 않으므로 그 구별의 실익이 크지 않다.

(다) 과점주주의 의미 및 범위

① 과점주주의 개념

경제학에서 과점(寡占)이란 소수의 기업이 시장의 대부분을 지배하는 형태를 의미한다. 이와 유사하게 과점주주는 소수의 주주가 기업을 지배하는 경우를 일컫는 용어이다. 국기법 제39조 제2호는 과점주주를 "주주 또는 합자회사의 유한책임사원, 유한책임회사의 사원, 유한회사의 사원 1명과 그의 특수관계인 중 대통령령으로 정하는 자로서 그들의 소유주식 합계 또는 출자액 합계가 해당 법인의 발행 주식 총수 또는 출자총액의 100분의 50을 초과하면서 그 법인의 경영에 대하여 지배적인 영향력을 행사하는 자들"이라고 정의하고 있다. 이 규정에서 법인의 경영에 대하여 지배적인 영향력을 행사한다는 것은 임원에 대한 임면권 행사, 사업방침 결정 등 법인경영에 사실상 영향력을 행사하는 경우를 의미한다.

② 연혁

㉮ 1998. 12. 28. 국기법 개정 전

1998. 12. 28. 국기법 개정 전에는 과점주주 중 "① 주식을 가장 많이 소유하거나 출자를 가장 많이 한 자, ② 법인의 경영을 사실상 지배하는 자, ③ 위 "①, ②"의 자와 생계를 함께하는 자, ④ 대통령령으로 정하는 임원"이 제2차 납세의무자를 부담하는 것으로 규정하였다 (구 국기법 제39조 제1항, 제2항). 그런데 헌법재판소가 법인의 경영을 사실상 지배하는 자 또는 법인의 발행주식총액의 51% 이상의 주식에 관한 권리를 실질적으로 행사하는 자 이외의 과

---

16) 이중교, "세법상 과점주주의 지위와 과점주주제도의 개선방안에 관한 연구", 토지공법연구 제44집, 2009. 5., 290~291면

점주주에 대하여 제2차 납세의무를 부담하게 하는 범위내에서 헌법에 위반된다는 한정위헌 결정을 하였고,[17] 다시 과점주주 중 생계를 함께 하는 자 부분과 대통령령으로 정하는 임원 부분에 대하여 위헌결정을 하였다.[18]

㉯ 1998. 12. 28. 개정 국기법

위 "㉮"의 헌법재판소 결정에 따라 1998. 12. 28. 국기법 개정 시 과점주주의 개념에 실질적인 권리행사를 포함시켜 "① 당해 법인의 발행주식총수 또는 출자총액의 100분의 51 이상의 주식 또는 출자지분에 관한 권리를 실질적으로 행사하는 자, ② 명예회장·회장·사장·부사장·전무·상무·이사 기타 그 명칭에 불구하고 법인의 경영을 사실상 지배하는 자, ③ 위 "①, ②"에 규정하는 자의 배우자(사실상 혼인관계에 있는 자를 포함한다) 및 그와 생계를 같이하는 직계존비속"이라고 규정하는 한편, 책임범위를 각 과점주주의 지분율 내로 한정하였다. 위 규정은 과점주주 중 발행주식총수의 100분의 51 이상의 주식에 관한 권리를 실질적으로 행사하는 자들은 모두 제2차 납세의무를 부담하되, 책임범위는 자신의 지분율 내로 한정한다는 의미이다.[19] 예를 들어, 甲, 乙 丙이 특수관계인으로서 A법인의 주식을 각 50%, 20%, 10% 소유한 경우 A법인이 체납한 세금에 대하여 甲, 乙 丙이 각 50%, 20%, 10%의 범위 내에서 제2차 납세의무를 부담한다.

㉰ 2011. 12. 31. 개정 국기법

2011. 12. 31. 개정된 국기법은 위 "㉯의 ①"을 중심으로 과점주주의 개념을 재정립하여 과점주주를 "주주 또는 유한책임사원 1명과 그의 특수관계인 중 대통령령으로 정하는 자로서 그들의 소유주식 합계 또는 출자액 합계가 해당 법인의 발행주식 총수 또는 출자총액의 100분의 50을 초과하면서 그에 관한 권리를 실질적으로 행사하는 자들"이라고 규정하였다.

과점주주의 기준이 되는 지분율을 51% 이상에서 50% 초과로 변경한 것은 50%를 초과하면서 51% 미만의 지분율을 보유하는 주주도 법인에 대한 지배권을 행사할 수 있으므로 과점주주에 포함시키기 위한 취지이다.

㉱ 2020. 12. 22. 개정 국기법

2020. 12. 22. 개정된 국기법은 기존의 주식에 대한 실질적인 권리를 행사하는 자들에서 범위를 더 좁혀서 "주주 또는 다음 각 목의 어느 하나에 해당하는 사원 1명과 그의 특수관계인 중 대통령령으로 정하는 자로서 그들의 소유주식 합계 또는 출자액 합계가 해당 법인의 발행주식총수 또는 출자총액의 100분의 50을 초과하면서 그 법인의 경영에 대하여 지배적인 영향력을 행사하는 자들"이라고 규정하였다. 종전에 최대주주의 특수관계인이 주식을 소유한 경

---

17) 헌재 1997. 6. 26. 선고 93헌바49 결정
18) 헌재 1998. 5. 28. 선고 97헌가13 결정
19) 대법원 2008. 1. 10. 선고 2006두19105 판결

우 법인의 경영에 대하여 영향력을 행사하지 않더라도 과점주주로서 제2차 납세의무를 부담하는 것에 대한 비판이 있었는데, 이를 받아들여 과점주주의 범위를 합리화한 것이다.

③ 특수관계인

㉮ 의의

과점주주는 주주 1인 및 그와 특수관계에 있는 주주들의 집단을 의미한다. 특수관계인은 자산의 거래와 관련하여 이해관계가 상충되지 않는 관계 또는 당사자 쌍방의 이해관계가 대부분 서로 일치하는 관계에 있는 자를 의미한다.[20] 특수관계인에 해당하는지 여부를 판단할 때에는 본인을 기준으로 상대방이 특수관계에 있지 않더라도 그 상대방을 기준으로 본인이 특수관계에 있으면 그 상대방은 특수관계에 해당한다.

과거 특수관계인 해당 여부를 판단할 때 일방 당사자를 기준으로 그와 일정한 관계에 있어야만 특수관계인에 해당한다고 보는 일방관계설(一方關係說)과 양 당사자 중 어느 일방을 기준으로 상대방이 일정한 관계에 있으면 특수관계인에 해당한다고 보는 쌍방관계설(雙方關係說)이 대립하였고, 판례가 구 법인세법 시행령(2002. 12. 30. 개정 전) 제87조 제1항의 특수관계인의 범위에 대하여 일방관계설로 해석하자,[21] 2011. 12. 31. 국기법을 개정하여 쌍방관계설을 입법화하였다. A가 B와 거래할 때 A와 B가 특수관계인인지 문제되는 경우 일방관계설에 의하면 A를 기준으로 B가 일정한 관계에 있어야만 특수관계인이 되나, 쌍방관계설에 의하면 A를 기준으로 B가 일정한 관계에 있지 않더라도 B를 기준으로 A가 일정한 관계에 있으면 A와 B가 특수관계인이 되므로 쌍방관계설에 의할 때 특수관계인의 범위가 넓어진다.

㉯ 특수관계인의 범위

국기법은 특수관계인을 혈족·인척 등 친족관계에 있는 자, 임원·사용인 등 경제적 연관관계에 있는 자, 주주·출자자 등 경영지배관계에 있는 자 등 3가지로 나눈다(국기법 제2조 제20호, 국기령 제1조의2).

첫째, 혈족·인척 등 친족관계에 있는 자는 4촌 이내의 혈족, 3촌 이내의 인척, 배우자(사실혼 관계에 있는 자 포함), 친생자로서 다른 사람에게 친양자 입양된 자 및 그 배우자, 직계비속, 혼외출생자의 생부 및 생모 등이 포함된다. 산업구조의 개편과 도시화의 가속에 따라 핵가족화 현상이 확산되고 있는 추세를 고려하면, 친족의 범위가 지나치게 넓다는 비판이 많았는데,[22] 2023. 2. 28. 국기법 시행령 개정 시 6촌 이내의 혈족, 4촌 이내의 인척에서 4촌 이내의 혈족, 3촌 이내의 인척으로 친족의 범위를 다소 축소하였다.

둘째, 임원·사용인 등 경제적 연관관계에 있는 자는 ① 임원과 그 밖의 사용인, ② 본인의 금전이나 그 밖의 재산으로 생계를 유지하는 자, ③ 위 "①, ②"와 생계를 함께하는 친족 등이

---

20) 헌재 2017. 5. 25. 선고 2016헌바269 결정
21) 대법원 2011. 7. 21. 선고 2008두150 전원합의체 판결
22) 김완석, "세법상 특수관계인의 문제점과 개선방안", 중앙법학 제7권 제1호, 2005, 121면

포함된다.

셋째, 주주·출자자 등 경영지배관계에 있는 자는 내용이 복잡한데, 이를 정리하면 다음과 같다.

| 특수관계자 중 경영지배관계에 있는 자의 범위 |

본인이 개인인 경우	1. 본인이 직접 또는 그와 친족관계 또는 경제적 연관관계에 있는 자를 통하여 법인의 경영에 지배적인 영향력을 행사하고 있는 경우 그 법인 2. 본인이 직접 또는 그와 친족관계, 경제적 연관관계 또는 위 "1."의 관계에 있는 자를 통하여 법인의 경영에 지배적인 영향력을 행사하고 있는 경우 그 법인
본인이 법인인 경우	3. 개인 또는 법인이 직접 또는 그와 친족관계 또는 경제적 연관관계에 있는 자를 통하여 본인인 법인의 경영에 지배적인 영향력을 행사하고 있는 경우 그 개인 또는 법인 4. 본인이 직접 또는 그와 경제적 연관관계 또는 위 "3."의 관계에 있는 자를 통하여 어느 법인의 경영에 지배적인 영향력을 행사하고 있는 경우 그 법인 5. 본인이 직접 또는 그와 경제적 연관관계, 위 "3." 또는 "4."의 관계에 있는 자를 통하여 어느 법인의 경영에 대하여 지배적인 영향력을 행사하고 있는 그 법인 6. 본인이 공정거래법에 따른 기업집단에 속하는 경우 그 기업집단에 속하는 다른 계열회사 및 그 임원

위 "1."부터 "5."까지는 지배적인 영향력 행사를 요건으로 한다. 여기서 지배적인 영향력이라 함은 ① 영리법인인 경우 법인의 발행주식총수 등의 30% 이상을 출자한 경우 또는 임원의 임면권 행사, 사업방침 결정 등 법인의 경영에 대하여 사실상 영향력을 행사하고 있다고 인정되는 경우를 의미하고, ② 비영리법인인 경우 법위의 이사의 과반수를 차지하는 경우 또는 법인의 출연재산의 30% 이상을 출연하고 그중 1인이 설립자인 경우를 의미한다.

개인인 본인은 직접 출자하지 않은 채 그와 친족관계 또는 경제적 연관관계에 있는 자가 법인의 발행주식총수 등의 30% 이상을 출자한 경우 그 법인의 특수관계인이 될 수 있으나, 다만 본인이 해당 법인의 경영에 대하여 지배적인 영향력을 행사하는 관계이어야 한다.[23] 본인이 특수관계인을 통해 다른 법인의 경영에 지배적 영향력을 행사하는지 여부를 판단할 때, 특수관계인이 다른 법인의 지분 30%를 보유하는 것만으로 본인이 특수관계인을 통하여 다른 법인에 대하여 지배적인 영향력을 행사한다고 볼 수 없고, 추가적으로 본인이 해당 법인의 경영에 대하여 지배적인 영향력을 행사할 것을 요구한 것이다.

㉔ 과점주주들 중 일부만 특수관계가 있는 경우

과점주주들 사이에서는 과점주주 모두 서로 특수관계에 있어야 하는지 문제된다. 판례는 어느 특정주주와 특수관계에 있는 모든 주주들의 주식수를 합하여 50%를 초과하면 비록 그중 어느 주주들 사이에 특수관계가 없더라도 주주 전원이 과점주주가 된다고 판시하였다.[24]

---

23) 대법원 2024. 7. 25. 선고 2022두63386 판결
24) 대법원 1980. 10. 14. 선고 79누447 판결

예를 들어, 주주 A, B, C 중 A와 B, B와 C가 각 특수관계이면 A와 C가 특수관계가 아니더라도 A, B, C 모두 특수관계에 해당한다는 의미이다.

(라) 과점주주의 제2차 납세의무에 대한 판단

과점주주가 제2차 납세의무를 부담하는지 판단함에 있어 다음 사항을 유의하여야 한다.

① 주주인 사실은 과세관청이 1차적으로 주주명부나 주식이동상황명세서, 법인등기부등본 등의 자료에 의하여 증명한다. 다만, 주주명의를 도용당하였다거나 차명으로 등재된 사정이 있는 경우에는 주주가 아니라고 주장하는 명의자가 이를 증명하여야 한다.[25]

② 과점주주는 국세의 납세의무 성립일을 기준으로 판단한다. 예를 들어, A법인의 사업연도가 1. 1.부터 12. 31.까지인 경우 납세의무 성립일인 12. 31. 기준으로 과점주주인 자가 제2차 납세의무를 부담한다. 따라서 12. 15. 과점주주였더라도 12. 31. 과점주주가 아니면 제2차 납세의무를 부담하지 않고, 반대로 12. 15.까지 과점주주가 아니었더라도 12. 31. 과점주주이면 제2차 납세의무를 부담한다. 다만, 예외적으로 납부지연가산세의 경우에는 법정납부기한을 기준으로 과점주주에 해당하는지 여부를 판단한다(국기법 제21조 제1항 제11호 단서).[26] 소득처분에 의한 의제소득의 경우 소득의 귀속시기와 지급시기 사이에 시간적 간격이 있으므로 법인이 소득금액변동통지를 받고 원천징수의무를 이행하지 않은 경우 소득의 귀속시기인 사외유출이 속한 과세기간 말 당시의 과점주주와 소득의 지급시기인 소득금액변동통지가 있은 과세기간 말 당시의 과점주주 중 누구를 제2차 납세의무자로 할 것인지 문제된다. 형식적으로 해석하면 소득금액변동통지를 받은 때에 원천징수의무가 성립하므로 그 과세기간 말 당시의 과점주주가 제2차 납세의무를 부담하여야 한다. 그러나 입법론적으로 보면 사외유출에 대한 책임이 큰 주주에게 제2차 납세의무를 부담시키는 것이 정당하므로 사외유출이 속한 과세기간 말 당시의 과점주주에게 제2차 납세의무를 부담시키는 것이 타당하다.[27]

③ 2020. 12. 22. 개정 전 국기법이 적용되는 사안에서 판례는 과점주주에 해당하려면 현실적으로 주주권을 행사한 실적은 없더라도 적어도 납세의무 성립일 당시 주식에 관한 주주권을 행사할 수 있는 지위에 있어야 한다고 판시하였다.[28] 따라서 납세의무 성립일 당시 형식상 주주명부에 등재되어 있더라도 주주권을 행사할 가능성이 없었던 경우에는 제2차 납세의무를 부담하지 않는다. 실질적인 주주인지 여부는 주금을 납입하는 등 출자사실이 있는지, 주주총회에 참석하는 등 운영에 참여하였는지 등의 사실을 종합적으로 고려하여 판단한다. 사법상

---

25) 대법원 1994. 8. 12. 선고 94누6222 판결
26) 납부지연가산세의 납세의무 성립시기는 법정납부기한까지 납부하지 않은 금액은 법정납부기한 경과 후 1일마다 그 날이 경과하는 때이고, 법정납부기한까지 납부하지 않은 금액의 3% 부분은 지정납부기한이 경과하는 때이다.
27) 정태학, "소득금액변동통지의 경우 납세의무의 성립시기 – 원천징수납부의무에 대하여 제2차납세의무를 부담하는 과점주주와 관련하여 –", 법조 제55권 제5호, 2006, 55면
28) 대법원 2012. 12. 26. 선고 2011두9287 판결

주주인지 여부를 판단함에 있어서 형식설의 입장을 취한 대법원 2017. 3. 23. 선고 2015다248342 전원합의체 판결[29]은 실질을 중시하는 조세법상 과점주주에 해당하는지 여부를 판단할 때에는 적용되지 않는다.[30]

(마) 과점주주의 제2차 납세의무 확장 여부(단계적 제2차 납세의무의 인정 여부)

과점주주인 법인(이하 "1차 과점주주"라 한다)이 제2차 납세의무자로서 체납한 국세 등에 대하여 1차 과점주주의 과점주주(이하 "2차 과점주주"라 한다)가 또다시 제2차 납세의무를 부담하는 것으로 과점주주를 확장할 수 있는지 이른바 '단계적 제2차 납세의무'의 인정 여부가 문제된다. 예를 들어, A법인이 체납한 국세에 대하여 B법인이 과점주주인 경우 B법인이 2차 납세의무자로서 체납한 국세에 대하여 B법인의 과점주주인 C법인에 대하여 다시 제2차 납세의무를 부담시킬 수 있는지 여부이다. 판례는 2차 과점주주가 단지 1차 과점주주의 과점주주라는 사정만으로 1차 과점주주를 넘어 2차 과점주주에까지 보충적 납세의무를 확장하는 것은 엄격해석원칙상 허용되지 않는다고 판시하였다.[31] 과점주주의 과점주주에까지 제2차 납세의무를 확장하는 것은 헌법상 자기책임원칙에 반하고 법률관계의 불안정을 초래하며 부과제척기간이 과도하게 연장될 우려가 있다는 점 등을 고려한 것이다. 대법원 1993. 5. 11. 선고 92누10210 판결은 사업양수인의 과점주주에 대하여 제2차 납세의무를 인정하였으나, 이는 과점주주의 과점주주를 인정한 것이 아니므로 동일시할 수 없다.

(바) 과점주주의 제2차 납세의무 책임한도

과섬주수는 체납액에 대하여 자신의 지분율 한도 내에서 책임을 진다. 이때 의결권이 없는 주식은 계산에서 제외한다. 의결권이 없는 경우는 회사가 가지는 자기주식(상법 제369조 제2항), 상호주(상법 제369조 제3항), 특별이해관계가 있는 주주가 가지는 주식(상법 제368조 제4항), 의결권 없는 주식(상법 제370조 제1항) 등이 있다.

(사) 과점주주의 제2차 납세의무 조항이 위헌결정된 경우 그에 기한 강제징수의 효력

과거 과점주주의 제2차 납세의무는 주식의 소유 정도 및 주식에 대한 실질적 권리행사 등을 고려하지 않고 제2차 납세의무를 부과하였다는 이유로 위헌결정을 받았다.[32] 이와 관련하여 과세관청이 과점주주에게 제2차 납세의무에 기한 부과처분을 하였고, 과점주주가 부과처분에 대하여 불복하지 아니하여 부과처분이 확정된 후 부과처분의 근거조항에 대하여 위헌결정이 선고되었는데, 위 부과처분에 기하여 강제징수를 하는 것이 위법한지 여부가 다투어졌다. 판례는 위헌결정의 기속력과 헌법을 최고규범으로 하는 법질서의 체계적 요청상 국가기

---

29) 대법원 2017. 3. 23. 선고 2015다248342 전원합의체 판결은 사법상 주주의 판정에 있어서 종전의 실질설을 폐기하고 형식설을 취하였다.
30) 대법원 2018. 11. 9. 선고 2018두49376 판결
31) 대법원 2019. 5. 16. 선고 2018두36110 판결
32) 헌재 1998. 5. 28. 선고 97헌가13 결정

관 등은 위헌으로 선언된 법률규정에 근거하여 새로운 행정처분을 할 수 없고, 위헌결정 전에 이미 형성된 법률관계에 기한 후속처분이라도 새로운 위헌적 법률관계를 생성·확대하는 경우를 허용할 수 없다는 이유로 위헌결정의 효력에 위배하여 이루어진 강제징수는 당연무효라고 판시하였다.[33] 이 판결은 전원합의체 판결이었는데, 반대의견은 법률이 헌법에 위반된다는 사정은 하자가 명백하지 않으므로 처분의 취소사유인 점, 일정한 행정목적을 위하여 독립된 행위가 단계적으로 이루어진 경우 선행처분에 당연무효 또는 부존재인 하자가 있는 때를 제외하고 선행처분의 하자가 후속처분에 승계된다고 할 수 없는 점, 과세처분과 압류처분은 별개의 행정처분이므로 선행처분인 과세처분이 당연무효인 경우를 제외하고는 과세처분의 하자를 이유로 후속 압류처분의 효력을 다툴 수 없는 점, 독일의 경우 위헌결정이 선고된 법률조항에 따른 집행행위를 할 수 없다는 명문 규정을 두고 있으나, 우리는 그와 같은 규정이 없는 점 등을 이유로 강제징수가 위법하지 않다는 입장이었다.

위 전원합의체 판결 이전에는 부과처분뿐 아니라 압류처분의 근거조항까지 위헌결정이 선고된 경우에는 공매처분 등 후속 강제징수를 진행할 수 없다는 판결이 있었으나,[34] 부과처분의 근거조항만 위헌결정이 선고되고 강제징수의 근거조항은 존속하고 있는 경우에 대하여는 판례가 없었다. 위 전원합의체 판결이 이 점에 대한 법리를 명확히 하였다는 점에서 의의가 있다. 위 전원합의체 판결의 반대이론은 하자의 승계이론에 근거하고 있어 논리정연하나, 위헌결정에 위배된 강제징수의 효력을 인정하는 것은 정의관념에 반하므로 다수의견의 정당성을 인정할 수 있다.

(3) 과점조합원의 제2차 납세의무

영농조합법인 또는 영어조합법인의 조합원 1명과 그의 특수관계인으로서 그들의 출자액의 합계가 해당 조합의 출자총액의 50%를 초과하는 과점조합원은 제2차 납세의무가 있다(국기법 제39조 제3호). 다만 조합원 간에 손익분배비율을 정하였는데, 그 손익분배비율이 출자액의 비율과 다른 경우에는 손익분배비율을 우선시하여 손익분배비율의 합계가 50%를 초과하는 자들을 과점조합원으로 한다. 판례가 영어조합법인의 출자자는 상법상 주주나 유한책임사원이 아니므로 과점주주가 될 수 없다고 판시하자,[35] 2024. 12. 31. 국기법 개정 시 영농조합법인 또는 영어조합법인의 조합원에게 제2차 납세의무를 인정하는 규정을 신설하였다.

다. 법인의 제2차 납세의무

(1) 의의 및 취지

국기법 제40조 제1항에 규정된 법인의 제2차 납세의무는 출자자인 무한책임사원이나 과점주주가 세금을 납부하지 않는 경우 그 법인에게 제2차 납세의무를 지우는 것이다. 법인은 출

---

33) 대법원 2012. 2. 16. 선고 2010두10907 전원합의체 판결
34) 대법원 2002. 4. 12. 선고 2002다2294 판결
35) 대법원 2022. 5. 26. 선고 2019두60226 판결

자자인 무한책임사원이나 과점주주와 실질적으로 동일한 이해관계에 의해 지배되므로 보충적으로 제2차 납세의무를 부담시키는 것이다.

출자자의 제2차 납세의무가 법인으로부터 세금을 징수하지 못하는 경우에 출자자에게 제2차 납세의무를 부담시키는 것인 반면, 법인의 제2차 납세의무는 반대로 출자자로부터 세금을 징수하지 못하는 경우에 법인에게 제2차 납세의무를 부담시킨다. 출자자가 세금을 체납하는 경우에는 일반적으로 출자자가 보유한 주식을 강제징수하면 되나, 출자자가 보유한 주식이 시장성이 없고 출자자의 다른 재산도 없으면 출자자로부터 세금을 징수할 수 없으므로 출자자와 이해관계를 같이 하는 법인에게 제2차 납세의무를 지우는 것이다.

(2) 요건

(가) 출자자의 소유주식에 대한 매수희망자가 없는 경우

정부가 출자자의 소유주식 등을 재공매하거나 수의계약으로 매각하려고 해도 매수희망자가 없는 경우이다. 출자자의 소유주식이나 출자지분을 압류한 후 매각절차에 들어갔음에도 불구하고 매수희망자가 없어 매각되지 않는 경우에 법인의 제2차 납세의무가 발생한다. 주식 인도 요구에 불응하여 주식을 압류하지 못하였다는 사정만으로는 법인의 제2차 납세의무 요건을 갖추었다고 볼 수 없다.[36]

(나) 출자자의 소유주식 등에 대한 양도가 제한된 경우

법률 또는 법인의 정관에 의하여 출자자의 소유주식 등의 양도가 제한된 경우이다. 다만, 국세징수법 제66조 제4항에 심판청구 등이 계속 중이어서 공매할 수 없는 경우에는 심판청구의 기각이 확정되면 출자자의 소유주식에 대하여 강제징수할 수 있으므로 양도가 제한된 경우에 해당하지 않는다. 법인이 주권을 발행하지 않는 경우에는 주식의 양도가 제한된다고 볼 수 없으므로 상법 제335조 제3항 후단 소정의 회사성립 후 또는 신주의 납입기일 후 6월이 경과한 때 주식에 대한 매각절차를 진행하고 그 결과 매수희망자가 없는 경우 제2차 납세의무를 부담시킬 수 있다.[37]

출자자의 주식 등이 외국법인이 발행한 것으로서 그 양도 제한에 관한 외국법인의 정관 규정의 해석 및 효력이 문제되는 등 외국적 요소가 있는 법률관계에 해당하는 경우에는 해당 법인의 설립 준거법에 따라 주식의 양도 제한 여부를 판단한다.[38]

(다) 외국법인으로서 강제징수가 제한되는 경우

법인이 외국법인인 경우로서 출자자의 소유주식 등이 외국에 있어 압류 등 강제징수가 제한되는 경우에 법인의 제2차 납세의무가 성립한다. 이 조항이 입법되기 이전에 판례가 외국법

---

36) 대법원 1993. 3. 12. 선고 92누13219 판결
37) 국기법 기본통칙 40-0···2
38) 대법원 2024. 9. 12. 선고 2021두51881 판결

인으로서 강제징수가 제한되는 경우 위 "(나) 출자자의 소유주식 등에 대한 양도가 제한된 경우"에 해당하지 않는다고 판시하자,[39] 2022. 12. 31. 국기법 개정 시 제2차 납세의무를 지울 수 있는 근거조항을 신설하였다.

(3) 한도

법인의 제2차 납세의무는 법인의 자산총액에서 부채총액을 뺀 순자산총액에 출자자의 지분율을 곱한 금액을 한도로 한다(국기법 제40조 제2항).

라. 사업양수인의 제2차 납세의무

(1) 의의 및 취지

국기법 제41조 제1항에 규정된 사업양수인의 제2차 납세의무는 사업양도인이 세금을 납부하지 않는 경우 사업양수인에게 제2차 납세의무를 지우는 것이다. 타인의 재산을 양수하는 경우 일반적으로 양도인이 체납한 조세를 납부할 책임이 없으나, 사업 전체를 양수하는 경우에는 일정 요건하에 양수인으로 하여금 양도인이 체납한 조세에 대한 납부책임을 부과한다. 사업의 양도라 함은 독립한 경영단위로서의 기업체를 양수인과의 법률행위에 의하여 포괄적으로 이전하는 것이고, 포괄적으로 이전한다는 것은 사업시설뿐 아니라 영업권 및 사업에 관한 채권과 채무 등 일체의 인적·물적 권리와 의무를 모두 양도함으로써 양도인의 법률상 지위를 그대로 승계하는 것을 말한다.[40] 사업의 양도는 개인 간 및 법인 간은 물론 개인과 법인 사이에도 이루어질 수 있다. 사업의 양도계약이 사업장 내의 시설물, 비품, 재고상품, 건물 및 대지 등 대상목적에 따라 부분별로 시차를 두고 별도로 이루어졌더라도 결과적으로 사회통념상 사업 전부가 이전되면 사업의 양도에 해당한다.[41]

사업을 포괄양수하는 경우 그 사업에 기초하여 발생하는 조세는 사업 그 자체에 담세력이 있으므로 사업재산이 조세채무에 대한 담보기능을 한다고 본다.[42] 이와 같이 승계하는 사업 자체에 담세력이 있다고 보기 때문에 당해 사업용 부동산을 양도함으로써 납부하는 양도소득세는 당해 사업에 관한 국세에 해당하지 않는다.[43]

(2) 요건

(가) 사업양수인의 범위

사업양수인은 양도인과 특수관계에 있는 자 또는 양도인의 조세회피를 목적으로 사업을 양수한 자이어야 한다(국기령 제22조). 과거에는 양수인에 대한 제한이 없었으나, 2018. 12. 31.

---

39) 대법원 2020. 9. 24. 선고 2016두38112 판결
40) 대법원 1989. 12. 12. 선고 89누6327 판결
41) 국기법 기본통칙 41-0…1
42) 헌재 1997. 11. 27. 선고 95헌바38 결정
43) 국기법 기본통칙 41-0…3

국기법 개정 시 양수인의 범위를 제한하였다. 제2차 납세의무자를 사업양도인의 조세회피를 목적으로 사업을 양수한 사람으로 제한하는 것은 사업양수인을 사해행위 취소소송의 전득자와 비슷하게 취급하는 것이다.[44] 사업을 재차 양수한 자는 제2차 납세의무를 지지 않는다. 즉 법인의 사업을 甲이 양수하고, 甲이 다시 그 사업을 乙에게 양도한 경우에 乙은 사업양수인의 제2차 납세의무를 지지 않는다.[45] 이는 과점주주의 제2차 납세의무에서 2차 과점주주의 제2차 납세의무를 인정하지 않는 것과 마찬가지이다.

(나) 사업의 양도일 이전 양도인의 납세의무 확정

사업의 양도일 이전에 양도인의 납세의무가 구체적으로 확정되어 있어야 한다. 신고납세방식의 세목의 경우에는 양도인이 신고하여야 하고, 부과과세방식의 세목의 경우에는 과세관청이 양도인에게 부과처분을 하여야 한다. 신고납세방식의 세목의 경우 예정신고도 포함되므로 양도인이 사업양도일 이전에 부가가치세를 예정신고한 경우에는 납세의무가 확정된 경우에 해당한다.[46]

(다) 사업의 포괄승계

사업양수인은 사업장별로 미수금과 미지급금을 제외하고 사업에 관한 모든 권리와 의무를 포괄적으로 승계하여야 한다. 미수금과 미지급금을 포함시키지 않는 것은 미수금과 미지급금은 기업의 주된 상거래가 아닌 일시적·부수적 거래에서 발생한 대금채권과 채무를 의미하므로 미수금과 미지급금을 제외하더라도 사업양도의 본질을 훼손하지 않기 때문이다.[47]

사업의 양도에 해당하는지 여부는 사업장별로 판단히므로 사업자가 여러 장소에서 동일한 사업을 영위하다가 그중 일부 장소의 사업을 포괄양도한 경우에도 사업의 양도에 해당한다.[48]

(3) 사업양수인의 책임한도

1993. 12. 31. 개정 전 국기법에서는 제2차 납세의무자의 책임범위를 한정하지 않고 양수재산의 가액을 초과한 부분에 대하여도 양수인에게 제2차 납세의무를 부담시켰는데, 이에 대하여 한정위헌결정이 선고되었다.[49] 다만 헌법재판소의 결정이 있기 전인 1993. 12. 31. 국기법을 개정하여 양수한 재산의 가액을 한도로 제2차 납세의무를 부담하도록 변경하였다. 사업양수인은 양수한 재산의 가액을 한도로 제2차 납세의무를 진다. 여기서 "양수한 재산의 가액"이란 다음의 가액을 말한다(국기령 제23조 제2항).

---

44) 이창희, 세법강의(2021), 211면
45) 국기법 집행기준 41 - 0 - 6
46) 대법원 2011. 12. 8. 선고 2010두3428 판결
47) 이태로·한만수, 조세법강의(2020), 110면
48) 대법원 1998. 3. 13. 선고 97누17469 판결
49) 헌재 1997. 11. 27. 선고 95헌바38 결정

① 사업의 양수인이 양도인에게 지급하였거나 지급하여야 할 금액이 있는 경우에는 그 금액이다.

② 위 "①"의 금액이 없거나 불분명한 경우에는 양수한 자산 및 부채를 상증세법 규정을 준용하여 평가한 후 자산총액에서 부채총액을 뺀 가액이다. 다만, 위 "①"의 금액과 시가의 차액이 3억 원 이상이거나 시가의 30% 상당액 이상인 경우에는 위 "①"의 금액과 "②"의 금액 중 큰 금액으로 한다.

사업을 포괄양수하려는 의도로 양수인이 사업용 자산의 일부를 임의경매절차에 의하여 낙찰받아 취득하고, 나머지 사업용 자산 및 사업에 관한 모든 권리와 의무를 양도인과의 별도계약에 의하여 취득하여 결과적으로 양도인의 사업을 포괄승계한 때에는 사업의 경제적 가치에 대한 일괄평가가 결여되어 있으므로 경매가액이나 나머지 사업용 자산의 양도계약에서 정해진 각각의 양도대금이 '사업의 양수인이 지급하였거나 지급하여야 할 금액'이라고 할 수 없다. 이 경우 양수한 사업의 경제적 가치를 정확히 반영하기 위해서는 경매가액 중에서 사업양도인의 채무변제에 충당된 부분도 사업양수인이 양수한 부채에 포함시켜 양수한 재산의 가액을 산정하여야 한다.[50] 예를 들어, 100억 원의 담보권이 설정된 1부동산을 임의경매로 100억 원에 경매받고, 2부동산을 50억 원에 매수한 경우 제2차 납세의무의 한도인 양수한 재산의 가액은 1부동산의 경매가액 100억 원과 2부동산의 매매가액 50억 원을 단순합산한 150억 원이 아니라 150억 원에서 사업양도인의 채무변제에 충당된 100억 원을 공제한 50억 원(100억 원 + 50억 원 − 100억 원)이 된다.

(4) 관련 판례

(가) 긍정례

원고는 스테인리스 제품의 제조·판매 등을 목적으로 하는 A회사로부터 사업체를 매수하였다. 원고는 물적설비에 관한 권리(임차권)를 승계받고 사업상의 채무 중 일부를 인수하여 그 인수채무금과 매매대금을 상계하며, A회사가 제3자로부터 임차하여 사용하던 공장건물 및 기계기구, 전화가입권, 차량 1대 등을 그대로 임차하고, A회사의 근로자들을 신규채용 형식으로 고용하여 기계와 스테인리스 제품의 제조를 목적으로 하는 사업자로 등록하였다. 위 거래는 원고가 A회사로부터 사업을 포괄승계한 것이므로 사업의 양도에 해당한다.[51]

(나) 부정례

건축업 면허와 공사 관련된 채무의 일부 공사에 대한 하자보증책임만을 인수한 경우 사업을 포괄승계한 것으로 볼 수 없으므로 사업의 양도에 해당하지 않는다.[52] 또한 주조회사가

---

50) 대법원 2009. 12. 10. 선고 2009두11058 판결
51) 대법원 1990. 8. 28. 선고 90누1892 판결

주식을 원고에게 매각하고 주류면허취소 신청을 함에 따라 그 주조회사가 국세청으로부터 배정받던 주정량을 원고가 대신 배정받은 경우 사업을 포괄승계한 것이 아니므로 사업의 양도에 해당하지 않는다.[53]

제2절 물적 납세의무

1. 양도담보권자의 물적 납세의무

가. 의의

국기법 제42조 제1항에 규정된 양도담보권자의 물적 납세의무는 납세자가 국세 및 강제징수비를 체납하였는데 그 납세자에게 양도담보재산이 있고 납세자의 다른 재산으로 세금을 징수하지 못하는 경우 양도담보재산에서 납세자의 국세 및 강제징수비를 징수할 수 있도록 하는 제도를 의미한다. 양도담보재산이란 당사자 간의 계약에 의하여 납세자가 그 재산을 양도하였을 때에 실질적으로 양도인에 대한 채권담보의 목적이 된 재산을 말한다(국기법 제42조 제2항). 동산, 유가증권, 채권, 부동산, 무체재산권 등과 그 이외에 법률상으로 아직 권리로 인정되지 않은 것이라도 양도할 수 있는 것은 모두 양도담보의 목적물이 된다.[54]

양도담보는 형식적으로 소유권이 채권자에게 이전하지만 담보를 위한 것이므로 국세의 법정기일이 담보물권 설정일보다 앞선 경우 국세우선권을 인정하는 것과 같은 법리를 적용하여 국세의 우선권을 인정하는 것이다. 양도담보권자의 물적 납세의무는 납세의무자로부터 징수할 수 없는 세액을 양도담보권자로부터 징수하는 것이므로 제2차 납세의무와 마찬가지로 실질적으로는 납부책임에 해당한다. 다만, 양도담보권자는 양도담보재산으로만 납부책임을 부담하고 자신의 고유재산으로 납부책임을 지는 것은 아니다.

나. 요건

(1) 양도담보 설정자의 체납

양도담보재산이 있고 양도담보 설정자가 국세 등을 체납하여야 한다. 제2차 납세의무자도 납세자에 해당하므로 그 소유재산에 대한 양도담보권자는 물적 납세의무를 부담한다.[55]

양도담보권자가 납부고지를 받기 전에 양도담보권을 실행하여 소유권을 취득하고 양도담보권자의 대금채무와 양도담보 설정자의 피담보채무를 상계하였으면 양도담보권은 소멸하므

---

52) 대법원 1987. 2. 24. 선고 86누605 판결
53) 대법원 1981. 3. 24. 선고 80누500 판결
54) 국기법 기본통칙 42-0…2
55) 국기법 기본통칙 42-0…4

로 물적 납세의무를 지울 수 없다.[56] 판례도 물적 납세의무자로서 체납된 국세 등의 납부고지를 받을 당시 이미 가등기담보권을 귀속정산의 방법으로 실행하여 소유권을 취득함으로써 담보권이 소멸된 경우 그 부동산은 정산절차가 종료되어 양도담보재산이 아니므로 그 소유자에게 물적 납세의무를 지울 수 없다고 판시하였다.[57]

(2) 법정기일 이후의 양도담보 설정

양도담보 설정자가 체납한 국세의 법정기일 후에 양도담보권을 설정하여야 한다. 양도담보 설정일이 국세의 법정기일보다 빠르면 양도담보권자가 국세보다 우선하므로 물적 납세의무를 지울 수 없다.

(3) 징수부족액의 발생

양도담보 설정자의 다른 재산에 대하여 강제징수를 하였으나 징수부족액이 있어야 한다. 양도담보권자의 물적 납세의무는 보충성이 있으므로 양도담보 설정자의 재산으로부터 징수하지 못한 금액에 한하여 납부책임을 진다.

다. 절차

과세관청은 양도담보권자에게 납부금액을 고지하여야 한다. 과세관청은 납세자의 체납액을 양도담보권자로부터 징수하기 위하여 징수하려는 체납액의 과세기간, 세목, 세액, 산출 근거, 납부기한, 납부장소, 양도담보권자로부터 징수할 금액, 그 산출근거 등의 사항을 적은 납부고지서를 양도담보권자에게 발급하여야 한다(국징법 제7조).

2. 신탁의 물적 납세의무

가. 부가가치세

신탁재산과 관련된 재화 또는 용역을 공급하는 경우 원칙적으로 법률상 거래당사자인 수탁자를 부가가치세 납세의무자로 하되, 신탁재산과 관련된 재화나 용역을 위탁자 명의로 공급하는 경우, 위탁자가 신탁재산을 실질적으로 지배·통제하는 경우 등에는 예외적으로 위탁자를 부가가치세 납세의무자로 한다(부가법 제3조 제2항, 제3항). 위탁자를 부가가치세 납세의무자로 하는 경우 위탁자가 부가가치세 등을 체납하고 위탁자의 다른 재산에 대하여 강제징수를 하여도 징수할 금액에 못미칠 때에는 신탁재산의 수탁자는 물적 납세의무를 진다(부가법 제3조의2 제2항).

---

56) 국기법 기본통칙 42-0···5
57) 대법원 1990. 4. 24. 선고 89누2615 판결

나. 종합부동산세와 재산세

주택이나 토지를 사실상 소유하는 자는 주택이나 토지 합산금액이 법정기준금액을 초과한 경우 종합부동산세 납세의무가 있다. 주택이나 토지의 소유자가 신탁을 이용해서 자산을 분산하여 조세회피를 할 가능성이 있으므로 신탁재산의 보유에 대한 종합부동산세 납세의무자를 위탁자로 규정하고 있다(종부세법 제7조 제2항, 제12조 제2항). 위탁자를 종합부동산세 납세의무자로 하는 경우 위탁자가 종합부동산세 등을 체납하고 위탁자의 다른 재산에 대하여 강제징수를 하여도 징수할 금액에 못미칠 때에는 신탁재산의 수탁자는 물적 납세의무를 진다(종부세법 제7조의2 제2항, 제12조의2 제2항). 재산세의 경우에도 위 종합부동산세와 동일한 이유로 신탁재산의 보유에 대한 재산세 납세의무자를 위탁자로 규정하면서 수탁자에 대하여 물적 납세의무를 지우고 있다(지방세법 제119조의2 제1항).

신고와 과세

제 9 장

제1절 수정신고

1. 의의 및 취지

국기법 제45조 제1항에 규정된 수정신고는 납세의무자의 과세표준과 세액이 세법에 의하여 신고할 과세표준과 세액에 미달하는 때에 납세의무자 스스로 과세표준과 세액을 증액하여 신고하는 것을 말한다. 수정신고는 납세자가 세금을 적게 신고하는 등의 사유가 있는 경우에 신고납세방식의 세목이든 부과과세방식의 세목이든 그 오류를 바로잡을 수 있는 기회를 부여하는 것이다.

수정신고를 통하여 납세자는 가산세 감면혜택을 받을 수 있고, 과세관청은 과세자료를 용이하게 확보할 수 있다. 그렇더라도 수정신고를 하면 세액이 증가하므로 납세자가 자발적으로 수정신고를 하는 경우는 흔치 않고, 과세관청이 납세자의 신고내용을 확인하거나 세무조사 결과 납세자의 매출누락이나 비용의 과다계상이 적발되는 경우 과세관청의 권유에 따라 수정신고를 하는 경우가 많다.

2. 수정신고를 할 수 있는 납세자

가. 법정신고기한 내에 신고한 자

납세자가 법정신고기한 내에 과세표준과 세액을 신고한 경우에 수정신고를 할 수 있다. 과거에는 수정신고를 하면서 세액을 납부하여야만 적법한 수정신고로 인정하여 가산세를 감면받을 수 있었으나, 2014. 12. 23. 국기법 개정 시 수정신고한 금액을 납부하여야 수정신고로 인정하던 국기법 제46조 제2항을 삭제함으로써 수정신고만 하고 세액을 납부하지 않아도 가산세 감면혜택을 받을 수 있게 되었다. 과거에는 예정신고를 한 경우에도 수정신고를 할 수 있는 명시적 규정이 있었으므로 예정신고를 한 자도 수정신고가 가능하였으나, 1994. 12. 22. 국기법 개정 시 그 규정이 삭제되었으므로 예정신고를 한 자는 수정신고를 할 수 없다. 예정신고한 자는 예정신고 누락분을 확정신고에 반영하여 신고하면 된다.[1]

---

1) 법령해석과-3030(2021. 8. 31.)

나. 확정신고의무가 면제된 자

2007. 12. 31. 국기법 개정 시 소득세법 제73조 제1항 제1호부터 제7호까지의 어느 하나에 해당하여 과세표준 확정신고의무가 면제된 자에게도 수정신고를 허용하였다. 이에 따라 과세표준 확정신고의무가 면제된 근로소득, 퇴직소득, 연금소득 등만 있는 자는 원천징수의무자가 수정신고를 하지 않더라도 자신들이 직접 수정신고를 할 수 있다.

다. 기한후 신고를 한 자

2019. 12. 31. 국기법 개정 시 기한후 신고를 한 자에 대하여도 수정신고를 허용하였다. 기한후 신고를 자에게 수정신고의 기회를 부여함으로써 납세자의 권리구제를 강화함과 동시에 과세관청은 과세자료를 쉽게 확보할 수 있기 때문이다.

3. 수정신고 사유(국기법 제45조 제1항)

가. 과세표준 및 세액의 과소신고, 결손금액이나 환급세액의 과다신고

과세표준신고서에 기재된 과세표준 및 세액이 세법에 따라 신고할 과세표준 및 세액에 미치지 못할 때, 과세표준신고서에 기재된 결손금액 또는 환급세액이 세법에 따라 신고할 결손금액이나 환급세액을 초과할 때 수정신고를 할 수 있다.

나. 불완전한 신고

원천징수의무자의 정산과정에서의 누락, 세무조정과정에서의 누락 등의 사유로 불완전한 신고를 하였을 때 수정신고를 할 수 있다. 구체적으로 원천징수의무자가 정산과정에서 소득세법 제73조 제1항 제1호부터 제7호까지의 어느 하나에 해당하는 자의 소득을 누락한 경우, 세무조정 과정에서 법인세법 제36조 제1항에 따른 국고보조금 등과 제37조 제1항에 따른 공사부담금 상당액을 익금과 손금에 동시에 불산입한 경우 등이 이에 해당한다(국기령 제25조 제2항).

4. 수정신고 기한

과거에는 법인세 및 부가가치세의 경우에는 법정신고기한 경과 후 6월, 그 밖의 국세의 경우에는 법정신고기한 경과 후 1월 내에 수정신고를 하도록 규정하였다. 그 후 1994. 12. 22. 국기법 개정 시 세무서장이 해당 국세의 과세표준과 세액을 결정 또는 경정하여 납세자에게 통지하기 전까지로 변경하였고, 다시 2011. 12. 31. 부과제척기간이 끝나기 전이라는 제한을 붙였다(국기법 제45조 제1항). 따라서 과세관청이 해당 국세의 과세표준과 세액을 결정 또는 경정하여 납세자에게 통지하거나 부과제척기간이 경과하면 수정신고를 할 수 없다.

5. 효력

가. 과세표준과 세액의 확정

신고납세방식의 세목에 대하여 법정신고기한까지 세금을 신고한 납세자가 국세를 수정신고하면 과세표준과 세액을 증액하여 확정하는 효력이 있다(국기법 제22조의2 제1항). 수정신고는 세금을 증액하는 것이므로 경정청구와 달리 과세표준과 세액을 확정하는 효력을 인정하는 것이다. 해석상 인정되던 내용을 2018. 12. 31. 국기법 개정 시 명문화하였다.

나. 가산세 감면

(1) 원칙

수정신고는 세금을 증액할 사유가 있는 경우에 하기 때문에 아무런 혜택이 없으면 자발적 수정신고를 기대하기 어렵다. 따라서 수정신고를 유도하기 위하여 가산세 감면의 혜택을 부여한다. 과세표준신고서를 법정신고기한까지 제출한 자가 법정신고기한이 지난 후 수정신고를 한 경우 가급적 더 조기에 수정신고할 수 있도록 기간에 따라 감면율을 차등화하여 과소신고·초과환급신고 가산세를 감면한다(국기법 제48조 제2항 제1호).

2006. 12. 30. 국기법 개정 시 법정신고기한 경과 후 6개월 이내에 수정신고를 한 경우 가산세의 50%를 감면하는 규정을 두었으나, 2008. 12. 26. 개정 시 신고기간을 법정신고기한이 지난 후 1개월 이내에서 법정신고기한이 지난 후 2년 이내로 세분화하였고, 가산세 감면율도 신고기간에 대응하여 90~10%까지 차등화하였다. 예를 들어, 법정신고기한이 지난 후 1개월 이내에 수정신고하면 가산세의 90%를 감면하고, 법정신고기한이 지난 후 1년 6개월 초과 2년 이내에 수정신고하면 가산세의 10%를 감면한다.

(2) 배제

납세의무자가 과세표준과 세액을 경정할 것을 미리 알고 수정신고를 한 경우에는 자발적인 것으로 볼 수 없으므로 가산세 감면을 배제한다. 가령, 해당 국세에 관하여 세무공무원이 조사에 착수한 것을 알고 수정신고를 한 경우, 해당 국세에 관하여 과세관청으로부터 과세자료 해명통지를 받고 수정신고를 한 경우가 이에 해당한다(국기령 제29조).

1. 개요

가. 의의

국기법 제45조의2에 규정된 경정 등 청구는 신고, 결정, 경정된 과세표준과 세액이 세법에 따라 신고할 과세표준과 세액을 초과하는 경우에 납세의무자가 과세관청에 이를 바로잡아 결정 또는 경정하여 줄 것을 청구하는 제도이다. 경정 등 청구는 경정뿐 아니라 결정을 청구하는 것이지만 편의상 "경정청구"라고 부른다. 국기법 제45조의2의 조문명이 "경정 등의 청구"로 되어 있는 것은 "경정의 청구" 이외에 '결정의 청구'도 포함된다는 의미이다. 결정의 청구는 부과과세방식의 조세, 경정의 청구는 신고납세방식의 조세에 대하여 적용된다.[2] 경정청구는 세금을 감액할 사유가 있는 경우에 이용하는 제도라는 점에서 세금을 증액할 사유가 있는 경우에 하는 수정신고와 차이가 있다.

나. 취지

경정청구제도는 국기법 제45조의2라는 조문번호에서 알 수 있듯이 국기법 제정 당시에는 없었고 1994. 12. 22. 국기법 개정 시 도입되었다. 그 전에는 세금을 증액할 사유가 있는 경우와 감액할 사유가 있는 경우 모두 수정신고제도에 의하여 규율하였다. 그러나 수정신고기한이 법인세 및 부가가치세의 경우에는 법정신고기한 경과 후 6개월, 그 밖의 국세의 경우에는 법정신고기한 경과 후 1개월로 매우 짧아서 권리구제에 불충분하였고 증액수정신고와 감액수정신고는 효과가 다름에도 같이 규율하는 것은 체계적이지 않다는 비판이 제기되었다. 이에 1994. 12. 22. 국기법을 개정하여 수정신고제도와 경정청구제도를 이원화하여 세금을 증액할 사유가 있는 경우에는 수정신고제도를, 세금을 감액할 사유가 있는 경우에는 경정청구제도를 이용하도록 개정하고 경정청구기간도 늘렸다.

경정청구제도는 특히 신고납세방식의 조세에 대하여 신고납부를 잘못한 경우의 구제방법으로서 의미가 크다. 소득세, 법인세, 부가가치세 등 대부분의 세목이 신고납세방식인 점을 고려하면 더욱 그러하다. 부과과세방식의 조세는 과세관청이 부과처분을 하므로 부과처분에 대하여 쟁송을 제기할 수 있어서 경정청구제도가 필수적인 것은 아니다. 그러나 신고납세방식의 조세에 대하여는 납세자가 과다신고납부한 경우 과세관청이 따로 부과처분을 하지 않으므로 경정청구제도가 없으면 적절한 구제수단을 찾기 어렵다. 경정청구제도가 도입되기 전에는 납세자가 신고납부한 세금이 부당이득에 해당한다고 주장하면서 부당이득반환청구를 하는 방식으로 권리구제를 시도하였으나, 신고행위에 중대하고 명백한 하자가 있는 경우에만

---

2) 임승순, 조세법(2021), 191면

부당이득이 인정되므로 그 범위가 협소하여 납세자의 권리구제에 미흡하였다.[3] 이렇듯 경정청구제도는 신고납세방식의 조세에 대한 권리구제의 어려움을 해결하였다는 점에서 의의가 크다.

경정청구제도는 그 사유가 신고 시부터 원시적으로 존재하는 통상적 경정청구와 그 사유가 신고 후에 발생한 후발적 경정청구로 나뉜다. 특히 후발적 경정청구는 납세의무 성립 후 발생한 후발적 사유에 대하여 감액청구를 허용함으로써 납세자의 권리구제 확대에 크게 기여하였다.[4]

다. 조리에 의한 경정청구 인정 여부

1994. 12. 22. 경정청구제도가 신설되기 전에 조리에 의한 경정청구권이 인정되는지 여부가 문제된 사안에서, 판례는 법령상 근거가 없으므로 조리에 의한 경정청구권을 인정하지 않았다.[5] 헌법재판소는 헌재 2000. 2. 24. 선고 97헌마13 결정에서 다수견해의 입장으로 후발적 사유에 의한 경정청구권은 법률상 명문의 규정이 있는지 여부에 따라 좌우되는 것이 아니라 조세법률주의 및 재산권을 보장하고 있는 헌법 정신에 비추어 볼 때 조리상 당연히 인정되는 것이라고 확인하였다. 그러나 헌법소원 인용의견이 5인으로서 1인이 부족하여 법정의견으로는 채택되지 못하였다.

라. 경정청구의 배타성

위법한 부과처분은 무효가 아닌 한 항고소송의 절차를 통해서만 다투어야 한다는 것을 "항고소송의 배타성"이라고 한다. 이에 빗대어 신고를 잘못한 경우에는 그것이 무효가 아닌 한 경정청구의 절차를 통해서만 다투어야 한다는 것을 "경정청구의 배타성"이라고 한다. 이에 따르면 상속세, 증여세 등과 같이 부과과세방식에 의하여 과세표준과 세액이 확정되지만 신고를 필요로 하는 경우 부과처분이 행해지기 전에는 신고가 무효가 아닌 한, 경정청구를 통해서 다투어야 하고 부당이득반환청구를 할 수 없다.[6]

마. 부과처분에 대한 불복과의 관계

(1) 과세관청의 부과처분 후 후발적 경정사유가 발생한 경우

부과처분이 있은 후 해제 등의 후발적 경정사유가 발생한 경우 납세자는 후발적 경정청구를 하지 않고 과세처분 취소소송을 하여 후발적 경정사유를 과세처분의 위법사유로 주장할 수 있다.[7] 과세처분 취소소송이 계속 중인 상황에서 후발적 경정사유가 있는 경우에도 취소

---

3) 지방세의 경우 경정청구제도를 도입하기 이전에는 신고납부를 한 때 처분이 있었던 것으로 간주하는 규정을 두었다(2010. 12. 27. 개정 전 지방세법 제72조 제1항). 따라서 납세자는 신고행위의 하자를 이유로 과세의 위법성을 다툴 수 있었다. 그 후 2016. 12. 27. 지방세기본법을 개정할 때 지방세의 경우에도 경정청구제도를 도입하였다(지기법 제50조).
4) 대법원 2011. 7. 28. 선고 2009두22379 판결
5) 대법원 2001. 9. 28. 건고 2000두2730 판결
6) 이창희, 세법강의(2021), 242면

소송에서 후발적 경정사유를 과세처분의 위법사유로 주장할 수 있다. 그렇지 않으면 법원이 과세처분이 적법하다고 과세처분 취소소송을 기각하고 다시 납세자가 후발적 경정청구를 하면 경정거부처분 취소소송에서 취소판결을 하여야 하는 등 절차가 복잡해지고 납세자의 권리구제가 지연되는 문제가 있기 때문이다.

(2) 납세자의 신고 후 증액경정처분이 있는 경우

납세자가 법정신고기한 내에 세금을 신고한 후 과세관청이 증액경정처분을 한 경우 납세자는 경정청구를 하지 않고 증액경정처분에 대하여 불복을 제기할 수 있다.[8] 또한 후발적 경정사유가 존재함에도 불구하고 과세관청이 부과처분을 한 경우 납세자는 후발적 경정청구를 하지 않고 부과처분에 대하여 불복을 할 수 있다.[9] 납세자가 신고를 한 후 증액경정처분이 있으면 신고는 증액경정처분에 흡수되어 소멸하므로 납세자는 증액경정처분에 대한 취소소송에서 과세관청의 증액경정사유뿐 아니라 당초 신고에 관한 위법사유도 함께 주장하여 다툴 수 있다.[10]

한편, 납세자가 세금을 신고한 후 경정청구를 하고 과세관청이 이를 거부하자 감액경정청구 거부처분에 대한 취소소송을 제기한 후 증액경정처분이 이루어져서 다시 증액경정처분에 대하여도 취소소송을 제기한 경우에는 감액경정청구 거부처분에 대한 취소소송과 증액경정처분에 대한 취소소송에서 심리하는 사항이 동일하므로 두 소송을 같이 유지할 실익이 없다. 따라서 동일한 납세의무의 확정에 관한 심리의 중복과 판단의 저촉을 피하기 위하여 감액경정청구 거부처분의 취소를 구하는 소는 부적법한 것으로 본다.[11]

2. 청구권자

가. 통상적 경정청구

(1) 청구권자

법정신고기한 내에 과세표준과 세액을 신고한 자, 기한후 신고를 한 자는 통상적 경정청구를 할 수 있다(국기법 제45조의2 제1항). 최초 신고한 금액뿐 아니라 수정신고한 금액에 대하여도 경정청구를 할 수 있다. 2019. 12. 31. 국기법 개정 시 기한후 신고를 한 자에 대하여도 경정청구를 허용하여 청구권자의 범위를 확대하였다.

---

7) 대법원 2015. 2. 26. 선고 2014두44076 판결
8) 대법원 2002. 9. 27. 선고 2001두5989 판결
9) 대법원 2015. 7. 16. 선고 2014두5514 전원합의체 판결
10) 대법원 2013. 4. 18. 선고 2010두11733 전원합의체 판결
11) 대법원 2005. 10. 14. 선고 2004두8972 판결

(2) 예정신고한 경우

(가) 학설[12]

예정신고한 경우 경정청구를 할 수 있는지에 대하여는 부정설과 긍정설의 대립이 있다. 부정설은 예정신고의 내용에 오류나 탈루가 있더라도 추후 확정신고를 통하여 오류나 탈루를 정정할 수 있으므로 예정신고를 한 경우 경정청구가 허용되지 않는다고 한다. 반면, 긍정설은 예정신고의 경우에도 문언상 경정청구를 배제하고 있지 않으므로 경정청구가 허용된다고 한다.

(나) 검토

예정신고에 대하여도 확정의 효력을 인정하므로 이론적으로는 예정신고를 한 경우 경정청구를 할 수 있다고 볼 여지가 있으나, 확정신고 시 예정신고의 오류를 수정할 수 있는 점, 예정신고와 확정신고의 시간적 간격이 크지 않은 점 등에 비추어 예정신고에 대하여 경정청구를 인정할 실익은 크지 않다.

(3) 부과과세방식의 조세의 경우

부과과세방식의 조세의 경우에는 결정청구가 인정된다. 납세자가 부과과세방식의 조세에 대하여 신고를 하였는데, 과세관청이 한참동안 부과처분을 하지 않는 경우 납세자는 신고한 세액을 감액하여 부과처분을 해달라는 결정청구를 할 수 있다. 납세자는 과세관청의 부과처분을 기다렸다가 불복청구를 할 수도 있는데, 그렇게 하면 권리구제가 지체될 수 있으므로 결정청구는 신속한 권리구제를 가능하게 한다는 점에서 의미가 있다.

나아가 부과과세방식의 조세에 대하여 경정청구가 인정되는지에 대하여는 긍정설과 부정설의 대립이 있다. 부과과세방식의 조세에 있어서 납세자가 세액을 신고하고 과세관청이 부과처분을 하였는데, 납세자가 신고한 세액의 감액을 청구할 수 있는지에 대한 다툼이다. 부과처분에 대한 불복청구기간은 경과하였으나, 신고에 대한 경정청구기간은 남아있는 경우에 논의의 실익이 있다. 긍정설은 부과과세방식의 조세에 대하여 경정청구를 제한하는 명시적인 규정이 없다는 점을 논거로 들고, 부정설은 부과과세방식의 조세에 있어서 신고는 확정의 효력이 없으므로 이를 경정한다는 것은 이론상 불가능하다는 점을 논거로 든다.[13] 판례는 위 쟁점을 명시적으로 판단하지 않았지만 부과과세방식의 조세인 상속세에 있어서 납세자가 세액을 신고하고 과세관청이 부과처분을 한 후에도 경정청구를 하는 것이 가능함을 전제로 판단한 것이 있다.[14] 따라서 판례는 긍정설의 입장에 있다고 할 수 있다.

---

12) 임승순, 조세법(2021), 193면, 이준봉, 조세법총론(2023), 522~526면
13) 학설의 소개에 대하여는 황남석, "국세기본법 제45조의2 제1항 각 호 외의 부분 단서에 관한 해석상의 쟁점", 외법논집 제46권 제2호, 2022, 148~149면
14) 대법원 2014. 6. 26. 선고 2012두12822 판결

(4) 종합부동산세 특례

종합부동산세는 부과과세방식의 세목이지만 신고납세의 방법도 허용한다. 그러나 납세자가 신고납부하는 경우는 드물어 경정청구를 이용할 수 없었다. 다만, 판례는 종부세법 제8조 제3항에 의한 합산배제신고는 과세표준과 세액의 신고와 유사한 기능을 수행한다는 이유로 합산배제신고를 한 납세의무자는 경정청구를 할 수 있다고 판시하였다.[15] 종부세법에 의한 합산배제신고는 엄밀히 말하면 과세표준 및 세액의 신고는 아니지만 합산배제신고에 의하여 정당한 세액을 특정할 수 있다는 점에서 신고와 유사한 기능을 하므로 납세자의 권리구제를 확대하기 위하여 신고의 의미를 넓게 해석한 것이다. 나아가 2022. 12. 31. 국기법 개정 시 종합부동산세를 부과·고지받은 자에 대하여도 경정청구를 허용하였다. 종합부동산세에 대하여는 신고하지 않은 자에 대하여도 경정청구를 할 수 있는 특례를 인정한 것이다. 따라서 종합부동산세를 부과·고지받은 자는 납부기한 후 5년 이내에 경정청구를 할 수 있게 되었다.

나. 후발적 경정청구

후발적 경정사유는 법정신고기한이 지난 후에 발생할 수 있으므로 후발적 경정청구는 법정신고기한 내에 신고하였는지 여부와 상관없이 할 수 있다. 또한 신고납세방식의 조세이든 또는 부과과세방식의 조세이든 상관없이 후발적 경정사유가 발생하면 후발적 경정청구를 할 수 있다.

3. 사유

가. 통상적 경정청구(국기법 제45조의2 제1항)

(1) 과세표준 및 세액의 과다신고

과세표준신고서에 기재된 과세표준 및 세액이 세법에 따라 신고할 과세표준 및 세액을 초과할 때 경정청구를 할 수 있다. 결정 또는 경정이 있는 때에는 해당 결정 또는 경정 후의 과세표준 및 세액을 기준으로 판단한다.

(2) 결손금액, 환급세액, 세액공제액의 과소신고

과세표준신고서에 기재된 결손금액, 환급세액, 세액공제액이 세법에 따라 신고할 결손금액, 환급세액, 세액공제액에 못미칠 때 경정청구를 할 수 있다. 결손금에는 해당 연도의 결손금뿐 아니라 이월결손금이 포함되고, 납세자가 신고한 결손금뿐 아니라 과세관청이 결정 또는 경정한 결손금이 포함된다.[16] 세액공제액은 2024. 12. 31. 국기법 개정 시 추가되었다. 종전에 납세자가 이월된 세액공제액의 증액을 구하는 것이 국기법 제45조의2에서 정한 경정청구사유에 해당하는지 다투어진 사안에서, 대법원은 국세기본법에 근거규정이 없으므로 경정청구

---

15) 대법원 2018. 6. 15. 선고 2017두73068 판결
16) 강석규, 조세법쟁론(2023), 329면

사유가 되지 않는다고 판시하였다.[17] 이에 납세자의 권익을 확대하기 위하여 세액공제의 증액을 구하는 경정청구 조항을 신설한 것이다.

나. 후발적 경정청구

(1) 취지

후발적 경정청구는 납세의무 성립 후 일정한 후발적 사유의 발생으로 말미암아 담세력에 변경이 생긴 경우 최초의 신고 등을 유지하는 것이 부당하므로 경정청구의 기회를 부여하여 납세자의 권리구제를 도모하기 위한 취지에서 인정된다. 특히 통상적 경정청구기간이 지난 후에 후발적 사유가 발생하였을 때 그 실익이 크다.

(2) 사유(국기법 제45조의2 제2항, 국기령 제25조의2)

(가) 과세표준 및 세액의 계산근거가 된 거래 또는 행위 등이 판결 등에 의하여 다른 것으로 확정되었을 때

① 의의

최초의 신고 등이 이루어진 후 과세표준 및 세액의 계산근거가 된 거래 또는 행위 등에 관한 분쟁이 발생하여 그에 관한 소송에서 판결 등에 의하여 거래 또는 행위 등의 존부나 법률효과 등이 다른 내용으로 확정되어 최초의 신고 등이 정당하게 유지될 수 없게 된 경우 후발적 경정청구를 할 수 있다.[18] "계산근거가 된 거래 또는 행위"란 소송에 의해 특정된 요건사실이 되는 사법상의 법률관계를 말하고, 이는 결국 과세요건과 관련된 사실을 의미한다.[19] 확정은 판결에 의하여 과세표준 및 세액의 계산근거가 된 거래 또는 행위 등이 확정된 것을 의미한다. 미확정판결에 의해서는 과세표준 및 세액의 계산근거가 된 거래 또는 행위 등이 확정되었다고 볼 수 없다. 판결의 의미에 대하여는 구체적으로 종류를 특정하고 있지 않으므로 어떠한 종류의 판결을 의미하는지 논란이 있다.

② 판결의 종류에 따른 검토

㉮ 민사판결

민사판결에 의하여 과세표준 및 세액의 계산근거가 된 거래 또는 행위 등이 다른 것으로 확정된 경우 후발적 경정사유에 해당한다. 예를 들어, 피상속인의 연대보증채무를 상속한 상속인이 연대보증채무의 부담여부가 불확실하여 상속채무에서 공제하지 않았으나 그 후 연대보증채무의 이행을 명한 판결이 확정된 경우,[20] 의료보험청구업무에 관한 컴퓨터프로그램의

---

17) 대법원 2020. 4. 9.자 2019두62352 판결(심리불속행)
18) 대법원 2017. 9. 7. 선고 2017두41740 판결
19) 김두형, "후발적 경정청구 사유로서 소송에 대한 판결의 의미와 범위 - 일본에서의 해석론과 비교를 중심으로 -, 조세와 법 제8권 제2호, 2015, 12~13면
20) 대법원 2010. 12. 9. 선고 2008두10133 판결

저작권을 양도하여 종합소득세를 부과하였으나, 그 후 판결에 의하여 저작권의 양도계약이 무효로 확정된 경우[21] 등의 사유가 있으면 후발적 경정청구를 할 수 있다. 다만, 민사소송의 판결이라도 해당 판결에서 인정한 사실만으로는 과세표준 및 세액의 계산근거가 된 거래 또는 행위 등의 존부나 그 법률효과 등이 다른 내용의 것으로 확정되었다고 보기 미흡한 경우에는 당연히 위 판결에 해당하지 않는다.[22]

자백간주, 공시송달 등에 의한 판결이 후발적 경정사유가 되는 판결에 해당하는지에 대하여는 다툼이 있다. 이들 판결에 대하여는 판결의 내용에 대한 공정성과 객관성이 담보되지 않으므로 후발적 경정청구의 사유가 되는 판결로 인정할 수 없다는 부정설과 특별히 판결에 제한을 두고 있지 않으므로 후발적 경정사유가 되는 판결에 해당한다는 긍정설이 대립한다. 하급심판례 중에는 자백간주판결이나 임의조정, 강제조정, 재판상 화해 등과 같이 판결이나 결정문 자체로는 거래 또는 행위에 대한 판단을 알 수 없더라도 거래 또는 행위 등이 재판과정에서 투명하게 다투어졌고 결론에 이르게 된 경위가 조서 등에 의하여 쉽게 확정할 수 있으며, 조세회피목적이 없다고 인정되는 경우에는 후발적 경정사유에 해당한다고 판시한 것이 있다.[23] 생각건대, 자백간주나 공시송달에 의한 판결이라고 하여 무조건 후발적 경정사유가 될 수 없다고 부정할 것이 아니라 소송기록상 납세자의 주장을 뒷받침한 증거가 충분하여 해당 판결이 객관성과 합리성이 있다면 후발적 경정사유로 인정하는 것이 타당하다.[24]

㈏ 형사판결

판례는 형사소송은 국가형벌권의 존부 및 직정한 처벌범위를 획정하는 것을 목적으로 히여 그 확정판결만으로는 사법상 거래 또는 행위가 무효로 되거나 취소되지 않으므로 형사판결은 후발적 경정사유에 해당하지 않는다는 판시하고 있다.[25] 그러나 형사판결이라고 해서 일률적으로 후발적 경정사유에서 제외하는 것이 타당한지는 의문이다. 가령, 범죄의 성립 여부를 판단하기 위하여 판결이유에서 적극적으로 과세표준 및 세액의 계산근거가 되는 거래 또는 행위가 무효인지 또는 부존재하는지 판단하는 경우에는 후발적 경정사유로 해석하는 것이 타당하다.[26]

㈐ 조세판결

판례는 조세판결로 인하여 과세표준 및 세액의 계산근거가 된 거래 또는 행위 등이 다른

---

21) 대법원 2006. 1. 26. 선고 2005두7006 판결
22) 대법원 2011. 7. 28. 선고 2009두22379 판결
23) 서울행정법원 2009. 4. 2. 선고 2008구합39059 판결
24) 강석규, 조세법쟁론(2023), 348~349면
25) 대법원 2020. 1. 9. 선고 2018두61888 판결
26) 유철형, "후발적 경정청구사유인 '판결'의 범위에 관한 연구-대법원 2020. 1. 9. 선고 2018두61888 판결을 중심으로-", 조세법연구 제26권 제3호, 2020, 167~168면, 이전오, "2020년 조세법 중요판례평석", 인권과 정의 제497호, 2021, 159~160면

것으로 확정되는 것은 아니므로 조세판결은 후발적 경정사유에 해당하지 않는다고 판시하였다.[27] 이 판결에서 법인세 신고 당시의 사실관계를 바탕으로 손금귀속시기만을 달리 본 과세관청의 손금귀속방법이 위법하다는 이유로 특정 과세기간의 부과처분을 취소한 확정판결에 의하여 후발적 경정청구를 할 수 있는지가 다투어졌으나, 대법원은 이를 인정하지 않았다. 조세행정소송에 관한 판결은 과세처분이 위법하다고 소극적으로 확인하는 것에 불과하므로 후발적 사유에 해당하지 않는다고 본 것이다.[28] 이에 비해 조세심판원은 조세심판원 결정에 의하여 과세표준 및 세액의 계산 근거가 된 거래 또는 행위 등이 다른 것으로 확정될 수 있다고 보고 법원의 판결에 준하여 조세심판원 결정에 기한 후발적 경정청구를 인정하고 있다.[29] 조세심판원은 선행 조세심판원 결정으로 청구법인이 사업과 관련하여 지출한 인적용역비가 확정되었다는 이유로 그 결정에 의한 후발적 경정청구를 인정하여 청구법인의 과세표준 계산 시 위 인적용역비를 손금에 산입하여야 한다고 판단하였다.

㉱ 판결과 같은 효력을 가지는 화해나 그 밖의 행위

판결과 같은 효력을 가지는 화해란 소송상 화해, 제소전 화해, 화해권고결정 등을 모두 포함한다.

③ 심사·심판 결정의 추가

2022. 12. 31. 국기법 개정 시 심사·심판 결정에 의해 과세표준 및 세액의 계산근거가 된 거래 또는 행위 등이 다른 것으로 확정된 경우를 후발적 경정사유로 추가하였다. 위 "② ㉱"에서 살펴본 조심 2016. 6..23.자 2016중1104 결정의 입장을 입법화한 것이다.

위와 같이 입법으로 심사·심판 결정을 후발적 경정사유로 추가한 이상, 그보다 엄격한 과정과 절차를 거쳐 선고되는 조세판결, 형사판결에 대하여도 후발적 경정사유로 인정할 필요성이 커졌으나 법령의 근거가 없으므로 적극적으로 해석하기는 쉽지 않다.

(나) 소득이나 과세물건의 귀속을 제3자로 변경시키는 결정 등이 있을 때

소득이나 그 밖의 과세물건의 귀속을 제3자에게로 변경시키는 결정이나 경정이 있으면 후발적 경정청구를 할 수 있다. 예를 들어, 과세관청이 원래 甲에게 소득이 귀속된 것으로 결정하였다가 귀속자를 乙로 변경하는 결정을 한 경우 甲은 후발적 경정청구를 할 수 있다.

(다) 조세조약에 따른 상호합의가 최초의 신고 등의 내용과 다르게 이루어졌을 때

조세조약에 따른 상호합의가 최초의 신고·결정 또는 경정의 내용과 다르게 이루어졌을 때 후

---

27) 대법원 2008. 7. 24. 선고 2006두10023 판결
28) 이동식, "국기법상 후발적 경정청구제도", 천봉 석종현박사화갑기념논문집 현대공법이론의 제문제, 삼영사, 2003, 1302면
29) 조심 2016. 6. 23.자 2016중1104 결정

발적 경정청구를 할 수 있다. 납세자가 당초 신고한 내용과 다른 내용으로 조세조약에 따른 상호 합의가 이루어진 경우 납세의무의 범위가 달라지므로 납세자는 후발적 경정청구를 할 수 있다.

(라) 결정 또는 경정으로 인하여 그 결정 또는 경정의 대상이 된 과세표준 및 세액과 연동된 다른 세목(같은 과세기간으로 한정)이나 연동된 다른 과세기간(같은 세목으로 한정)의 과세표준 또는 세액이 세법에 따라 신고하여야 할 과세표준 또는 세액을 초과할 때

① 결정 또는 경정과 연동된 과세기간

손익귀속시기를 변경하는 경정으로 인하여 그 경정의 대상이 되는 과세기간 외의 과세기간에 대하여 세액이 감소하는 경우 후발적 경정청구를 할 수 있다. 이는 경정청구기간이 경과한 과세기간에 이미 과세금액에 포함된 금액을 과세관청이 그 귀속시기를 달리하여 다른 과세기간의 과세소득으로 경정하여 과세함으로써 이중으로 세금이 부과되는 경우 납세의무자가 본래 과세금액에 포함된 과세기간에 경정을 구할 수 있도록 한 것이다.[30] 예를 들어, 과세관청이 당초 소득의 귀속연도를 2018년으로 하였다가 2019년으로 변경하는 경정을 하였고, 그에 따라 2018년에 신고한 과세표준 및 세액이 과다하게 된 경우 납세자는 2018년의 소득에 대하여 후발적 경정청구를 할 수 있다. 그러나 법인이 특정 사업연도에 고의로 수익을 과다계상하거나 손비를 과소계상하는 방법으로 분식결산을 하고 법인세를 과다신고하였다가 분식결산의 효과를 상쇄시키기 위하여 차기 사업연도 이후부터 수익을 과소계상하거나 손비를 과다계상하는 방법으로 분식결산을 하고 법인세를 과소신고한 경우에 과세관청이 그 차기 사업연도 이후 과소계상한 수익에 대하여 법인세를 증액경정함으로써 특정 사업연도에 이루어진 분식결산의 효과를 상쇄시키지 못하게 되었다면 이 경우에는 후발적 경정청구가 허용되지 않는다.[31] 다만 단순히 회계추정의 오류에 의하여 납세자의 매출액을 과다계상하였을뿐 조직적인 회계분식행위를 한 것으로 보기 어려운 경우에는 과다계상한 사업연도에 대하여 후발적 경정청구를 할 수 있다.[32]

② 결정 또는 경정과 연동된 세목

2022. 12. 31. 국기법 개정 시 결정 또는 경정과 연동된 과세기간 이외에 결정 또는 경정과 연동된 세목에 대하여도 후발적 경정청구를 할 수 있도록 규정하였다. 따라서 납세자가 부동산을 매매한 것에 대하여 사업소득으로 과세하였다가 양도소득으로 바꾼 경우 사업소득으로 과세된 부분에 대하여 후발적 경정청구를 할 수 있다.

(마) 최초의 신고 등을 할 때 과세표준 및 세액의 계산 근거가 된 거래 또는 행위 등의 효력과 관계되는 관청의 허가나 그 밖의 처분이 취소된 경우

---

30) 조심 2021. 2. 17.자 2019서2414 결정
31) 대법원 2013. 7. 11. 선고 2011두16971 판결
32) 조심 2020. 10. 20.자 2019구1434 결정

최초의 신고·결정 또는 경정을 할 때 과세표준 및 세액의 계산 근거가 된 거래 또는 행위 등의 효력과 관계되는 관청의 허가나 그 밖의 처분이 취소된 경우 후발적 경정청구를 할 수 있다. 예를 들어, 납세자가 토지거래허가구역 내의 토지에 대하여 관할 관청으로부터 토지거 래허가를 받아 양도소득세를 신고하였는데, 그 후 토지거래허가가 취소되어 토지거래가 무효 로 된 경우 납세자는 후발적 경정청구를 할 수 있다.

(바) 최초의 신고 등을 할 때 과세표준 및 세액의 계산 근거가 된 거래 또는 행위 등의 효력과 관계되는 계약이 해제권의 행사에 의하여 해제되거나 부득이한 사유로 해제되거나 취소된 경우

① 계약이 해제권 행사에 의하여 해제된 경우

민법에 규정된 법정해제의 사유가 있어 해제권을 행사한 경우[33]와 계약에서 정한 약정해 제의 사유가 있어 해제권을 행사하는 경우 계약이 해제권의 행사에 의하여 해제된 경우에 해 당함은 이론의 여지가 없다. 계약이 해제권의 행사에 의하여 해제되었음이 증명된 이상, 판결 에 의하여 해제여부가 확정되지 않았더라도 후발적 경정사유에 해당한다.[34] 그러나 위 법정 해제와 약정해제 이외에 당사자가 합의해제한 경우 후발적 경정사유가 되는지에 대하여는 논 란이 있다. "계약의 성립 후 발생한 부득이한 사유로 인한 해제"에서 합의해제를 제외할 근거 는 없으나, 부득이한 사유로 해제되는 경우에만 후발적 경정사유로 규정하고 있으므로 사정 변경에 의하여 계약내용에 구속력을 인정하는 것이 부당한 경우 등과 같이 제한적으로 해석 할 필요가 있다.[35]

② 법인세에서 계약이 해제된 경우

법인세에서도 계약이 해제된 경우 원칙적으로 후발적 경정사유가 된다. 다만, 다음과 같은 2가 지 경우에는 해제일이 속하는 사업연도에 반영하여야 하므로 후발적 경정사유가 될 수 없다.[36]

첫째, 법인세법이나 관련 규정에서 계약의 해제로 말미암아 실현되지 않은 소득금액을 해 제일이 속하는 사업연도의 소득금액에 대한 차감사유 등으로 별도로 규정하고 있는 경우이 다. 대손금,[37] 작업진행률에 의한 용역제공[38] 등이 이에 해당한다.

둘째, 경상적·반복적으로 발생하는 상품판매계약 등의 해제에 대하여 납세의무자가 기업 회계의 기준이나 관행에 따라 해제일이 속한 사업연도의 소득금액을 차감하는 방식으로 법인

---

33) 민법 제544조는 이행지체로 인한 계약해제, 민법 제546조는 이행불능으로 인한 계약해제를 각 규정하고 있다.
34) 대법원 2020. 1. 30. 선고 2016두59188 판결
35) 헌재 1999. 5. 27. 선고 97헌바66, 98헌바11, 48 결정
36) 대법원 2014. 3. 13. 선고 2012두10611 판결, 대법원 2020. 1. 30. 선고 2016두59188 판결
37) 법인세법 시행령 제19조의2 제6항에 의하면 대손금은 해당 사유가 발생한 날 또는 해당 사유가 발생하여 손비로 계상한 날 손금에 산입하도록 규정하고 있다.
38) 2012. 2. 2. 신설된 법인세법 시행령 제69조 제3항은 작업진행률에 의한 익금 또는 손금이 공사계약의 해약으 로 인하여 확정된 금액과 차액이 발생된 경우에는 그 차액을 해약일이 속하는 사업연도의 익금 또는 손금에 산입하도록 규정하고 있다.

세를 신고하여 온 경우이다. 매출에누리가 이에 해당한다.

③ 취득세에서 계약이 해제된 경우

취득세는 취득행위를 과세객체로 하는 행위세라는 이유로 후발적 경정사유로 인정하지 않는 것이 판례의 입장이다.[39] 그러나 취득세와 같이 유통세의 일종인 증권거래세에 대하여 대금감액합의를 후발적 경정사유로 인정한 대법원 2018. 6. 15. 선고 2015두36003 판결 등과 조화되지 않는다는 비판이 가능하다.[40]

④ 금융당국의 시정요구에 의해 거래방법이 변경된 경우

우회대출거래의 당사자들 사이에 금융감독원의 시정요구에 따라 기존의 대출관계를 해소하는 내용의 합의를 한 경우 후발적 경정청구사유가 되지 않는다.[41] 이러한 합의만으로 기존 대출거래의 효력이 소급적으로 소멸한다고 볼 수 없으므로 당해 계약의 성립 후 부득이한 사유로 인하여 해제된 때에 해당하지 않기 때문이다.

(사) 최초의 신고 등을 할 때 장부 및 증거서류의 압수, 그 밖의 부득이한 사유로 과세표준 및 세액을 계산할 수 없었으나 그 후 해당 사유가 소멸한 경우

최초의 신고·결정 또는 경정을 할 때 장부 및 증거서류의 압수, 그 밖의 부득이한 사유로 과세표준 및 세액을 계산할 수 없었으나, 그 후 해당 사유가 소멸한 경우 후발적 경정청구를 할 수 있다. 예를 들어, 납세자의 장부와 증빙문서 등이 수사기관에 의하여 압수되어 과세표준 및 세액을 신고할 수 없었으나, 그 후 장부와 증빙문서 등을 반환받은 경우 납세자는 후발적 경정청구를 할 수 있다.

(아) 제1호부터 제3호까지의 규정과 유사한 사유가 있는 경우

국기법 시행령 제25조의2 제4호는 유형별 포괄주의와 유사한 입법방식으로 후발적 경정사유를 다소 확대하기 위한 규정이다. 국기법과 그 시행령에서 규정한 후발적 경정사유는 한정적인 것이므로 열거된 사유와 유사한 사유에 대하여도 후발적 경정사유로 인정하기 위함이다. 조리상의 경정청구권이 인정되지 않는 상황에서 경정사유를 넓힌 국기법 시행령 제25조의2 제4호를 통하여 사실상 조리상의 경정청구권을 인정한 것과 비슷한 결과를 가져올 수 있다는 평가도 있다.[42] 국기법 시행령 제25조의2 제4호의 적용 여부가 문제된 대표적인 판례는 다음과 같다.

---

39) 대법원 2018. 9. 13. 선고 2015두57345 판결
40) 강석규, 조세법쟁론(2023), 368~369면
41) 대법원 2005. 1. 27. 선고 2004두2332 판결
42) 김완석외 3인, 주석 국세기본법(2023), 854~855면

① 후발적 경정청구를 인정한 판례

㉠ 납세의무 성립 후 채무자의 도산으로 회수불능이 된 경우[43]

주택건설사업 등을 영위하던 A법인이 배당결의를 하였고 그 주주들인 원고들이 배당금을 지급받지 못한 상태에서 A법인이 도산하였다. 그런데 배당결의에 따라 원고들의 미수령 배당금에 대한 권리가 확정적으로 발생하였고 그 후 A법인의 도산 등으로 인하여 배당금의 수령이 회수불능되어 장래 그 소득이 실현될 가능성이 전혀 없게 된 것이 객관적으로 명백하게 되었다. 납세의무 성립 후 채무자의 도산으로 회수불능이 된 경우 국기법 시행령 제25조의2에 정확히 들어맞는 후발적 경정사유가 없으므로 후발적 경정사유로 인정할 수 있는지 여부가 다투어진 사안에서, 판례는 국기법 시행령 제25조의2 제2호에 준하는 사유로서 제25조의2 제4호가 규정한 후발적 경정사유에 해당한다고 하여 후발적 경정청구를 인정하였다. 그 후 급여와 퇴직금 채권이 확정적으로 발생한 후 이를 면제하는 내용의 회생계획이 인가됨으로써 회수불능이 되어 장래 그 소득이 실현될 가능성이 전혀 없음이 객관적으로 명백한 사안에서도 역시 국기법 시행령 제25조의2 제4호가 규정한 후발적 경정청구사유에 해당한다고 판시하였다.[44] 이 판결들에 대하여는 법인의 도산이 해제, 취소 등과 유사하지 않으므로 후발적 경정사유가 될 수 없다는 일부 비판이 있으나, 배당소득을 수령하지 않았고 장차 수령할 가능성도 없는 납세자에게 납세의무를 부담시키는 것은 조세정의상 도저히 받아들이기 어렵다는 점을 감안하여 법령의 문언보다 구체적 타당성을 앞세운 판결로 평가할 수 있다.

㉡ 형법상 뇌물 등의 범죄로 경제적 이익을 얻은 후 몰수나 추징된 경우[45]

형법상 뇌물, 알선수재, 배임수재 등의 범죄로 경제적 이익을 얻은 후 그 위법소득에 대하여 몰수나 추징이 이루어진 경우 후발적 경정사유가 되는지 다투어진 사안이다. 판례는 몰수나 추징으로 인하여 위법소득에 내재되어 있던 경제적 이익의 상실가능성이 현실화되었으므로 후발적 경정사유에 해당한다고 판시하였다. 판례공보는 국세기본법 제45조의2 제2항을 참조조문으로 제시하고 있으나, 그에 맞는 후발적 경정사유가 없으므로 국기법 시행령 제25조의2에서 근거조항을 찾아야 할 것으로 보인다. 그러나 형법상 뇌물 등이 몰수나 추징된 경우 국기법 시행령 제25조의2에 정확히 들어맞는 후발적 경정사유가 규정되어 있지 않다. 위 ㉠에서 살펴본 대법원 2014. 1. 29. 선고 2013두18810 판결을 참조하여 국세기본법 시행령 제25조의2 제2호에 준하는 사유로서 제25조의2 제4호가 규정한 후발적 경정청구사유에 해당한다고 해석하는 것이 타당하다고 본다.

---

43) 대법원 2014. 1. 29. 선고 2013두18810 판결
44) 대법원 2018. 5. 15. 선고 2018두30471 판결
45) 대법원 2015. 7. 16. 선고 2014두5514 전원합의체 판결

② 후발적 경정청구를 부인한 판례

㉮ 법령의 해석이 변경된 경우[46]

국세의 법정신고기한이 지난 후에 과세표준 및 세액의 산정기초가 되는 거래 또는 행위의 존재 여부나 법률효과가 달라지는 것은 후발적 경정사유에 해당하지만, 법령에 대한 해석이 최초의 신고·결정 또는 경정 당시와 달라진 것은 후발적 경정사유에 해당하지 않는다. 이러한 법리에 따르면 판례의 변경은 법령의 해석이 달라진 것이므로 후발적 경정사유가 될 수 없다. 일본은 우리나라와 달리 2006년 국세통칙법 시행령 제6조 제1항 제5호를 신설하여 국세청장관의 법령해석이 납세의무자에게 유리하게 변경된 경우 경정청구를 인정하고 있다.

㉯ 채권자취소권의 행사로 사해행위가 취소된 경우[47]

채권자취소권의 행사로 사해행위가 취소되고 일탈재산이 원상회복된 경우 수익자가 후발적 경정청구를 할 수 있는지 논란이 있다. 판례는 사해행위 취소로 인하여 채무자가 일탈재산에 대한 권리를 직접 취득하는 것이 아니고 사해행위 취소의 효력이 소급하여 채무자의 책임재산으로 회복되는 것도 아니므로 후발적 경정청구를 할 수 없다고 판시하였다. 민사법상 사해행위 취소의 효력은 채권자와 수익자 또는 전득자 사이에서 발생하고, 채무자와 수익자 또는 전득자 사이의 법률관계에는 영향이 없다. 판례는 이러한 사해행위 취소의 민사법적 효력을 조세법률관계에도 적용하여 수익자 또는 수익자의 상속인의 후발적 경정청구를 인정하지 않았다. 그러나 수익자는 사해행위 취소소송에 의하여 책임재산을 채무자에게 원상회복함으로써 담세력을 상실하였음에도 불구하고 후발적 경정청구를 인정하지 않는 것은 조세법상 응능부담의 원칙에 반한다는 비판을 면할 수 없다.[48]

㉰ 물상보증인이 담보제공한 부동산이 경락된 후 채무자의 파산 등으로 물상보증인의 구상권 행사가 불가능하게 된 경우[49]

물상보증인이 담보제공한 부동산이 경매절차에서 매각된 후 채무자의 파산 등으로 물상보증인의 채무자에 대한 구상권 행사가 불가능하게 된 경우 이는 목적부동산의 매각에 따른 물상보증인의 양도소득 성립 여부에 영향을 미치지 않으므로 후발적 경정사유에 해당하지 않는다. 채무자의 파산은 양도소득세 과세표준 및 세액과 직접적인 관련이 없으므로 후발적 경정사유가 아니라고 판단한 것이다.

---

46) 대법원 2014. 11. 27. 선고 2012두28254 판결, 대법원 2017. 8. 23. 선고 2017두38812 판결
47) 대법원 2020. 11. 26. 선고 2014두46485 판결
48) 윤지현, "채권자 취소권과 후발적 경정청구", 조세법연구 제22권 제2호, 2016, 78면
49) 대법원 2021. 4. 8. 선고 2020두53699 판결

㉑ 법인의 실질적 경영자와 공모하여 법인의 자금을 횡령한 자가 횡령금 상당액을 피해법인에 지급한 경우[50]

법인의 실질적 경영자와 공모하여 법인의 자금을 횡령한 경우 과세관청이 횡령금 상당액이 사외유출되었다고 보아 소득처분을 하여 그 귀속자에게 소득세 납세의무가 성립한 이상, 사후에 그 귀속자가 형사재판에서 횡령금 상당액을 피해법인에 지급하였다고 하더라도, 후발적 경정청구사유에 해당하지 않는다. 횡령금은 뇌물 등과 달리 몰수·추징의 대상이 되지 않고, 그 반환 여부가 당사자의 의사에 좌우되는 점, 횡령금의 반환은 위법소득으로 인한 경제적 이익을 포기하는 대신 양형상 이익을 얻기 위한 행위인 점 등에 비추어 위법소득에 내재되어 있던 경제적 이익의 상실가능성이 현실화된 것으로 볼 수 없다고 판단한 것이다.

㉤ 과세근거가 된 법률이 위헌결정된 경우

과세의 근거가 된 법률에 대하여 위헌결정된 경우 후발적 경정사유가 될 것인지에 대한 판례는 아직 없는 것으로 보인다. 이에 대하여는 견해가 대립할 수 있으나, 법령에서 후발적 경정사유로 열거하고 있지 않으므로 후발적 경정사유로 인정하기는 어렵다.[51]

(3) 후발적 경정청구를 제한하는 규정의 효력

후발적 경정청구를 제한하는 규정은 적용시기를 명시하고 있는 등의 특별한 사정이 없는 한, 그 규정의 시행 전에 이루어진 당초의 과세에 대한 후발적 경정청구권에 영향을 미치지 않는다.[52] 예를 들어, 작업진행률에 의한 익금 또는 손금이 공사계약의 해약으로 인하여 확정된 금액과 차액이 발생된 경우 그 차액을 해약일이 속하는 사업연도의 익금 또는 손금에 산입하도록 한 법인세법 시행령 제69조 제3항은 2012. 1. 1. 이후부터 개시하는 사업연도의 과세에 대한 후발적 경정청구를 제한하고, 그 이전 사업연도분의 과세에 대하여는 비록 그 이후에 후발적 경정사유가 발생하였더라도 후발적 경정청구를 제한할 수 없다.

4. 경정청구기간

가. 통상적 경정청구

(1) 연혁

(가) 경정청구기간의 연장

경정청구기간은 입법 이후 지속적으로 연장되었다. 입법 당시에는 경정청구기간이 1년이었으나 2000. 12. 29. 개정 시 2년, 2005. 7. 13. 개정 시 3년으로 각 연장되었다가 2014. 12. 23. 개정 시 부과제척기간에 맞추어 5년으로 연장되었다.

---

50) 대법원 2024. 6. 17. 선고 2021두35346 판결
51) 김완석, "법인세의 후발적 경정청구", 세무와 회계연구 제2권 제1호, 2013, 14면
52) 대법원 2017. 9. 21. 선고 2016두60201 판결

(나) 납세자의 신고 후 결정 · 경정이 있는 경우

① 2007. 12. 31. 국기법 개정 전

2007. 12. 31. 국기법 개정 전에는 법정신고기한 후 3년이라고 규정하였다. 이 경우 납세자의 신고 후 과세관청의 결정 · 경정이 있으면 결정 · 경정에 의한 증액분도 경정청구기간이 3년으로 해석되므로 90일의 불복청구기간 제한을 받는 불복청구와 균형이 맞지 않는다는 비판이 제기되었다.

② 2007. 12. 31. 국기법 개정 후

2007. 12. 31. 국기법 개정 시 결정 · 경정이 있는 경우에는 당초 신고분에 대하여도 불복청구기간인 90일 내에 경정청구를 하도록 바꾸었다. 그러나 결정 · 경정이 있다고 당초 신고분에 대하여까지 90일로 경정청구기간을 제한하는 것은 불합리하다는 비판이 제기되었다.

위 "②"의 법률이 적용된 사안에서, 판례는 법정신고기한 내에 신고한 납세자가 그 후 이루어진 과세관청의 결정이나 경정으로 인한 처분에 대하여 90일의 불복기간 내에 다투지 않았더라도 당초 신고한 세액에 대하여는 3년의 경정청구기간 내에서 경정청구권을 행사할 수 있다고 해석하였다.[53] 법문언에 의하면 90일의 경정청구기간이 적용되어야 하나, 과세관청의 결정 · 경정에 의하여 당초 납세자가 신고한 금액에 대한 경정청구권이 침해되는 것은 불합리하므로 법문언에 불구하고 3년의 경정청구기간이 적용된다고 해석한 것이다.

③ 2010. 12. 27. 국기법 개정 후

2010. 12. 27. 국기법 개정 시 당초 신고분에 대하여는 법정신고기한 후 3년, 결정 · 경정에 의한 증액분에 대하여는 90일을 각 경정청구기간으로 규정하였다. 그 후 당초 신고분에 대하여는 2014. 12. 23. 개정 시 5년으로 늘어났다.

(2) 내용

통상적 경정청구는 법정신고기한 경과 후 5년 이내에 할 수 있다. 다만, 결정 · 경정에 의한 증액분에 대하여는 해당 처분이 있음을 안 날부터 3개월 이내에 경정청구를 할 수 있으나, 3개월이 지나기 전에 법정신고기한으로부터 5년이 되면 그 5년이 되는 날까지 경정청구를 할 수 있다(국기법 제45조의2 제1항). 경정에 의한 증액분에 대하여 불복기간 내에 다투지 아니하여 불가쟁력이 발생한 사안에서, 판례는 당초 신고분은 법정신고기한 경과 후 5년, 경정에 의한 증액분은 처분이 있음을 안 날로부터 3개월 이내에 경정청구가 가능한 것으로 해석하지 않고 5년의 경정청구기간 내에서 당초 신고에 대한 과다신고사유뿐만 아니라 증액경정사유도 함께 주장하여 다툴 수 있으며, 다만 경정에 의한 증액분에 관하여는 취소를 구할 수 없고, 당초 신고한 세액을 한도로만 취소를 구할 수 있다고 판시하였다.[54] 납세자로 하여금 과세관청의 증액경정사유에 대하여는 취소소송으로써, 과다신고사유에 대하여는 경정청구로써 각

---

53) 대법원 2014. 6. 26. 선고 2012두12822 판결
54) 대법원 2024. 6. 27. 선고 2021두39997 판결

각 다투게 하는 것은 납세자의 권익보호나 소송경제에 부합하지 않으므로 과다신고사유와 증액경정사유를 한 절차 내에서 다툴 수 있다고 본 것이다. 예를 들어, 당초 신고분이 100억 원이고 과세관청이 30억 원을 증액경정하였는데, 납세자가 불복기간 내에 30억 원에 대해 다투지 않은 경우 당초 신고한 100억 원에 대하여는 법정신고기한 경과 후 5년 이내에 경정청구를 할 수 있고, 증액경정한 30억 원에 대하여는 경정청구를 할 수 없다고 해석하는 것이 아니라 경정청구기간인 5년 내에 당초 신고분 100억 원과 증액경정한 30억 원의 위법사유를 모두 주장할 수 있으나, 양쪽 모두 위법사유가 인정된다고 하더라도 당초 신고한 세액인 100억 원을 한도로 취소를 구할 수 있다고 해석한다. 이러한 해석은 납세자의 권리를 강화할 수 있으나, 국기법 제45조의2 제1항 단서의 문언에는 맞지 않는다는 비판을 피하기 어렵다.

(3) 소득금액변동통지에 의한 소득세의 경우

종합소득 과세표준 확정신고기한이 경과한 후에 소득처분에 의하여 소득금액의 변동이 발생하는 경우 납세자는 소득세법 시행령 제134조 제1항에 따라 과세표준 및 세액을 추가신고하고 자진납부하여야 한다. 이 경우 경정청구기간은 소득세법 시행령 제134조 제1항에서 정하는 추가신고·자진납부의 기한 다음 날부터 기산된다.[55] 소득세법 시행령 제134조 제1항은 과세표준 확정신고 및 납부기한을 유예하기 위한 규정이므로 그 유예된 기한의 다음 날부터 경정청구를 할 수 있다고 보는 것이 타당하기 때문이다.

나. 후발적 경정청구

(1) 연혁

후발적 경정청구기간에 대하여도 입법 이후 몇 차례 법률의 개정이 있었다. 처음에는 후발적 경정사유가 발생한 날부터 2월 이내라고 규정하였다. 그런데 후발적 경정사유가 발생한 날은 납세자의 인식 여부와 상관없이 객관적으로 후발적 경정사유가 발생한 날을 가리키므로 후발적 경정사유가 발생하였으나, 납세자가 이를 알지 못하는 사이에 경정청구기간을 경과하는 경우가 발생하였다. 그래서 2000. 12. 29. 국기법 개정 시 납세자가 후발적 경정사유가 발생한 것을 안 날부터 2월 이내로 변경하였고, 다시 2015. 12. 15. 개정 시 3월 이내로 경정청구기간을 연장하였다.

후발적 경정청구기간의 기산점인 "후발적 경정사유가 발생한 것을 안 날"이란 해당 사유가 발생한 사실을 안 날을 의미하는 것이지, 해당 사유가 후발적 경정사유에 해당한다는 사실을 안 날을 의미하는 것은 아니다.[56] 따라서 배임수재로 얻은 소득에 대하여 추징금을 납부한 경우 그로부터 3개월의 기간이 경과한 후에 제기한 후발적 경정청구는 부적법하다.

---

55) 대법원 2011. 11. 24. 선고 2009두20274 판결
56) 대법원 2017. 8. 23. 선고 2017두38812 판결

(2) 내용

후발적 경정청구는 후발적 사유발생을 안 날부터 3개월 이내에 경정청구를 할 수 있다(국기법 제45조의2 제2항). 과거 과세관청은 부과제척기간이 지나 후발적 경정청구를 하면 경정할 수 없다고 해석하였으나, 판례는 부과제척기간이 경과하였다고 하여 후발적 경정청구를 인정하지 않으면 후발적 경정청구제도의 취지가 퇴색한다는 이유로 부과제척기간이 경과한 경우에도 후발적 경정청구를 할 수 있다고 판시하였다.[57] 이러한 판례의 입장을 입법화하여 경정청구일부터 2개월간 특례제척기간을 허용한다(국기법 제26조의2 제6항 제3호).

5. 통상적 경정청구와 후발적 경정청구의 관계

가. 후발적 경정청구기간이 지났으나 통상적 경정청구기간이 남아 있는 경우

(1) 학설

후발적 경정사유가 발생한 후 후발적 경정청구기간이 지났으나 통상적 경정청구기간은 남아 있는 경우 경정청구를 할 수 있는지 여부에 대하여는 부정설과 긍정설의 대립이 있다.

부정설은 통상적 경정청구와 후발적 경정청구가 별도로 규정되어 있고, 각 경정청구사유와 경정청구기간이 다르므로 후발적 경정사유에 대하여는 통상적 경정청구를 할 수 없다고 한다. 반면, 긍정설은 통상적 경정청구와 후발적 경정청구 모두 과다납부한 세금을 돌려받기 위한 수단이므로 후발적 경정사유에 대하여 통상적 경정청구를 할 수 있다고 한다.

(2) 판례

판례는 양도소득세 과세표준 신고 이후에 비로소 매매대금 감액의 사정이 발생한 경우 당초의 신고가 정당한 과세표준 및 세액을 초과한 경우 통상적 경정청구를 할 수 있다고 판시하여 긍정설의 입장을 취하였다.[58]

(3) 검토

과세표준 신고 이후에 매매대금 감액의 사정이 발생한 경우 후발적 경정사유에 해당하고 통상적 경정청구사유와 후발적 경정청구사유를 준별하면 통상적 경정청구가 불가능하다고 해석할 여지도 있다. 그러나 통상적 경정청구와 후발적 경정청구 모두 납세자의 권리구제를 위한 제도이므로 후발적 경정사유가 발생하여 그 기간이 지났으나 통상적 경정청구기간이 아직 남아 있다면 통상적 경정청구를 인정하는 긍정설이 타당하다.

---

57) 대법원 2006. 1. 26. 선고 2005두7006 판결
58) 대법원 2018. 6. 15. 선고 2015두36003 판결

나. 통상적 경정청구사유와 후발적 경정청구사유가 중복된 경우

(1) 학설

통상적 경정사유와 후발적 경정사유가 중복된 경우, 예를 들어 당초 법정신고기한 내에 신고한 납세의무자가 선고받은 판결이 법정신고기한이 지난 후 5년 내에 확정되었고 그 사유발생을 안 날로부터 3개월 이내인 경우 통상적 경정청구를 해야 하는지 또는 후발적 경정청구를 해야 하는지 문제된다. 이에 대하여는 통상적 경정청구권설과 후발적 경정청구권설의 대립이 있다.[59]

통상적 경정청구권설은 후발적 경정청구기간은 통상적 경정청구기간이 경과한 후에 후발적 사유가 발생한 경우에 대비하여 납세자의 권리를 보호하기 위한 특별규정이므로 후발적 사유가 통상적 경정청구기간 내에 발생한 경우에는 통상적 경정청구를 하는 것이 타당하다고 한다. 반면, 후발적 경정청구권설은 후발적 경정사유가 발생하였으므로 후발적 경정청구를 우선적으로 행사하는 것이 타당하다고 한다.

(2) 판례

판례는 최초 신고 등에서 과세표준 및 세액의 계산근거가 된 거래 또는 행위 등을 다른 내용의 것으로 확정하는 판결이 있었는데, 납세의무자가 그 판결에서 확정된 내용을 통상의 경정사유로 다툴 수 있었다는 사정이 있었더라도 후발적 경정청구를 할 수 있다고 판시하였다.[60] 이는 통상적 경정청구와 후발적 경정청구 어느 것이든 할 수 있다는 입장으로 해석된다.

(3) 검토

일본의 경우 국세통칙법 제23조 제2항 본문 괄호에서 후발적 경정청구는 통상적 경정청구기간인 5년을 경과한 후에만 적용한다고 규정하고 있으므로 후발적 경정사유에 해당하더라도 통상적 경정청구기간 내에는 통상적 경정청구를 하여야 한다고 해석된다. 그러나 우리나라의 경우 위 일본과 같이 통상적 경정청구를 먼저 행사하여야 한다는 규정이 없는 점, 통상적 경정청구와 후발적 경정청구 모두 납세자의 권리구제를 위한 제도인 점 등에 비추어, 통상적 경정사유와 후발적 경정사유가 중복된 경우 통상적 경정청구와 후발적 경정청구의 선후 없이 어느 것이든 행사할 수 있다고 해석함이 타당하다.

6. 경정통지와 불복

가. 경정통지

과세관청은 경정청구를 받은 날로부터 2개월 내에 청구인에게 그 결과를 통지하여야 한다

---

59) 김두형, "후발적 경정청구 사유로서 소송에 대한 판결의 의미와 범위 - 일본에서의 해석론과 비교를 중심으로-, 조세와 법 제8권 제2호, 2015. 12~13면
60) 대법원 2017. 9. 7. 선고 2017두41740 판결

(국기법 제45조의2 제3항). 과세관청이 2개월 내에 과세표준 및 세액의 결정 또는 경정을 하는 것이 곤란한 경우에는 관련 진행상황 및 불복절차 안내를 통지하여야 한다(국기법 제45조의2 제4항). 과세관청이 납세자의 경정청구를 받아들여 과세표준이나 세액 등을 결정 또는 경정하였더라도 거기에 오류나 누락이 있는 경우에는 다시 이를 바로잡는 처분을 할 수 있다.[61]

나. 불복

납세자가 경정청구를 하였으나 2개월 이내에 과세관청의 통지가 없으면 경정을 거부한 것으로 간주한다(국기법 제45조의2 제3항). 따라서 청구인은 경정청구를 한 후 2개월 이내에 과세관청으로부터 아무런 통지를 받지 못한 경우 통지를 받기 전이라도 그 2개월이 되는 날의 다음 날부터 불복청구를 할 수 있다. 납세자의 경정청구에 대하여 과세관청이 거부처분을 한 경우 납세자가 경정거부처분에 대하여 불복하지 않았더라도 경정청구기간이 남아 있으면 다시 경정청구를 할 수 있다.[62]

7. 원천징수와 경정청구

가. 원천징수의무자

원천징수의무자의 경정청구권은 2003. 12. 30. 국기법 개정 시 도입되었다. 자동확정방식인 원천징수제도의 본질상 경정청구가 불필요하고, 원천징수의무자에게 다른 권리구제수단인 부당이득반환청구소송이 존재하므로 원천징수의무자에 대한 경정청구권을 인정하지 않았으나,[63] 원천징수의무자에 대한 권리를 강화하는 차원에서 경정청구를 인정하였다.

원천징수의무자가 연말정산 또는 원천징수에 의하여 소득세나 법인세를 납부하고 지급명세서를 제출기한까지 제출한 경우에는 경정청구를 할 수 있다(국기법 제45조의2 제5항). 원천징수의무자가 지급명세서를 제출기한까지 제출한 경우에는 납세자가 법정신고기한 내에 세금을 신고한 경우와 마찬가지로 취급하여 경정청구의 기회를 부여하는 것이다.

나. 원천납세의무자

(1) 거주자 및 내국법인

원천납세의무자의 경정청구권은 2003. 12. 30. 국기법 개정 시 원천징수의무자의 경정청구권과 함께 도입되었다. 원천징수의무자가 연말정산 또는 원천징수에 의하여 소득세나 법인세를 납부하고 지급명세서를 제출기한까지 제출한 경우 원천징수의무자 외에 원천납세의무자도 경

---

61) 대법원 2015. 12. 23. 선고 2013두22475 판결
62) 대구고법 2016. 6. 24. 선고 2015누7419 판결
63) 원천징수의무자의 경정청구권이 입법되기 이전에 원천징수의무자에게 경정청구권을 인정하지 않은 것은 위헌이라는 주장이 있었으나, 헌법재판소는 원천징수하는 소득세 등에 있어서 경정청구권을 인정하지 않은 것은 원천징수제도의 본질상 불필요하고, 원천징수의무자에게 다른 권리구제수단인 부당이득반환청구소송이 존재하므로 위헌이 아니라고 판시하였다(헌재 2009. 5. 28. 선고 2006헌바104 결정).

정청구를 할 수 있다. 원천징수의무자 외에 원천납세의무자에게도 경정청구를 인정하는 것은 근로소득, 퇴직소득, 연금소득 등 원천징수대상소득만 있어 연말정산으로 납세의무가 종결되고 과세표준 확정신고의무가 면제되는 납세자는 통상의 경정청구가 불가능하므로 스스로 자신들의 권익을 보호할 수 있도록 하기 위함이다.[64] 특히 원천징수의무자가 경정청구를 하지 않을 경우 직접적인 이해관계인인 원천납세의무자가 스스로 권리구제를 할 수 있다는 점에서 의의가 있다. 예납적 원천징수의 원천납세의무자뿐 아니라 분리과세 이자소득 등 완납적 원천징수의 원천납세의무자도 경정청구를 할 수 있다. 당초 완납적 원천징수의 원천납세의무자는 경정청구가 허용되지 않았으나, 2019. 12. 31. 국기법 개정 시 경정청구를 인정하였다.

(2) 비거주자 및 외국법인

2006. 12. 30. 국기법 개정 시 비거주자 및 외국법인에게도 제한없이 경정청구를 인정하였으나, 2019. 12. 31. 국기법 개정 시 원천징수의무자의 부도, 폐업 등의 사유가 있는 경우, 원천납세의무자가 정당한 사유로 원천징수의무자에게 경정청구를 요청했으나 원천징수의무자가 이에 응하지 않은 경우 등의 사유가 발생하여 원천징수의무자가 경정청구권을 행사하기 어렵다고 인정되는 경우에만 예외적으로 경정청구를 할 수 있도록 제한하였다(국기령 제25조의3 제2항). 비거주자 및 외국법인에게 조세조약 적용과 관련된 경정청구권 이외에 국기법상 경정청구권까지 인정하는 것은 과도하다는 비판을 일부 수용한 것이다.[65] 원천징수의무자는 실질과세원칙에 따라 국내원천소득의 실질귀속자를 기준으로 법인세를 원천징수할 의무가 있으므로 소득의 실질귀속자는 원천납세의무자로서 경정청구를 할 수 있다.[66]

다. 소득처분에 따른 원천징수의 경정청구

소득처분에 의하여 소득금액의 지급이 의제되어 원천징수의무가 발생되는 경우에도 원천징수의무자와 원천납세의무자의 경정청구가 인정되는지 문제된다. 판례는 연말정산이 있은 후에 상여로 소득처분된 금액에 대하여 소득금액변동통지를 받은 법인이 납부기한 내에 다시 연말정산을 거쳐 그에 따른 소득세를 원천징수하여 납부하고 지급조서를 제출한 사안에서, 원천징수의무자는 경정청구권을 행사할 수 있고 경정청구기간은 소득금액변동통지에 따른 소득세 납부기한(소득금액변동통지서를 받은 날이 속하는 달의 다음 달 10일) 다음 날부터 기산된다고 판시하였다.[67]

---

64) 재정경제부, 「2003 간추린 개정세법」, 2004, 33면
65) 강남규 · 김성준, "비거주자인 원천납세의무자의 경정청구와 입증책임" - 실무상 문제 개선방안 -, 조세법연구 제20권 제3호, 2014. 11., 163~200면
66) 대법원 2022. 2. 10. 선고 2019두50946 판결
67) 대법원 2011. 11. 24. 선고 2009두23587 판결

8. 경정청구의 특례

가. 사실과 다른 회계처리로 인한 경정청구

분식회계를 한 납세자가 자신이 분식회계하였음을 주장하여 경정청구하는 것이 신의칙을 위반한 것이 아닌지 다투어졌으나, 판례는 신의칙 위반이 아니라고 판시하였다.[68] 이에 따라 납세자는 분식회계(粉飾會計)로 인하여 세액을 과다납부한 경우 경정청구를 할 수 있다(법인법 제58조의3). 내국법인이 다음 2가지 요건을 충족하는 사실과 다른 회계처리, 즉 분식회계를 하여 과세표준 및 세액을 과다계상하여야 한다.

① 자본시장법에 따른 사업보고서 및 주식회사 외부감사법에 따른 감사보고서를 제출할 때 수익 또는 자산을 과다계상하거나 손비 또는 부채를 과소계상할 것

② 내국법인, 감사인 또는 그에 소속된 공인회계사가 법령 소정의 경고·주의 등의 조치를 받을 것

납세자가 사실과 다른 회계처리로 인한 경정청구를 하여 경정을 받은 경우에는 과다납부한 세액을 바로 환급하지 않고 경정일이 속하는 사업연도부터 과다납부한 세액을 공제한다(법인법 제58조의3 제1항). 과다납부한 세액의 경정이 납세자의 잘못에 기인한 것이므로 과다납부한 세액을 일시에 환급하지 않고 분할하여 환급한다. 즉 각 사업연도별로 공제하는 금액은 과다납부세액의 20%를 한도로 하고, 공제 후 남은 과다납부세액은 이후 사업연도에 이월하여 공제한다. 이와 같이 과다납부세액의 20%를 한도로 환급하므로 5년에 걸쳐 환급받을 수 있다. 종전에는 5년간 법인세액에서 과다납부세액을 차례로 공제하고 공제 후 남은 과다납부세액은 환급가산금과 함께 지급하도록 규정하였으나, 2016. 12. 20. 법인세법 개정 시 매년 과다납부한 세액의 20%를 한도로 세액공제하고 환급금 및 환급가산금은 지급하지 않는 것으로 변경하였다. 다만, 법인이 청산하는 경우에는 청산소득에 대한 법인세 납부세액을 빼고 잔액을 즉시 환급한다(법인법 제58조의3 제3항 제2호).

나. 상증세법에 의한 경정청구

(1) 의의

상증세법에서는 상속세와 증여세의 후발적 경정사유가 발생한 경우 그 사유발생일로부터 일정 기간 이내에 경정청구할 수 있는 특례를 인정하고 있다(상증법 제79조 제1항, 제2항). 상증세법상 경정청구는 국기법상 경정청구의 특별규정이므로 국기법에 우선하여 적용된다.

(2) 상속세의 경정청구

상속세를 신고한 자 또는 상속세의 결정이나 경정을 받은 자에게 다음의 사유가 발생한 경우에는 사유발생일부터 6개월 이내에 경정청구를 할 수 있다(상증법 제79조 제1항).

---

68) 대법원 2006. 1. 26. 선고 2005두6300 판결

① 상속재산에 대한 상속회복청구소송 등의 사유로 상속개시일 현재 상속인 간에 상속재산 가액이 변동된 경우

② 상속개시 후 1년이 되는 날까지 상속재산의 수용 등의 사유로 상속재산의 가액이 크게 하락한 경우 등 법령에서 정한 사유가 발생한 경우

위 경정청구사유 중 "상속회복청구소송 등의 사유"란 피상속인 또는 상속인과 그 외의 제3자와의 분쟁으로 인한 상속회복청구소송 또는 유류분반환청구소송의 확정판결이 있는 경우를 말한다(상증령 제81조 제2항). 여기서 상속회복청구소송은 민법 제999조 소정의 상속회복의 소를 의미한다. 상속회복의 소는 상속권이 참칭상속인으로 인하여 침해된 때에 진정한 상속권리자가 그 회복을 청구하는 소를 가리키나, 진정한 상속인임을 전제로 상속으로 인한 소유권 또는 지분권 등 재산권의 귀속을 주장하고, 참칭상속인 또는 자기들만이 재산상속을 하였다는 일부 공동상속인들을 상대로 상속재산인 부동산에 관한 등기말소 등을 청구하는 경우도 그 소유권 또는 지분권이 귀속되었다는 주장이 상속을 원인으로 하면 상속회복청구의 소에 해당한다.[69] 상증세법 시행령 제81조 제2항은 판결로 인한 경정청구로서 상속회복청구권과 유류분청구권 두 가지만 규정하고 있으므로 다른 소송에 의하여 상속재산의 변동을 초래하는 경우 상증세법상 경정청구가 가능한지 불확실하다. 인지청구소송이 확정되어 상속인 수가 증가한 경우 또는 상속재산분할심판청구의 판결이 확정된 경우 등도 상속세의 경정이 필요하므로 후발적 경정청구사유로 추가할 필요가 있다.[70]

(3) 증여세의 경정청구

증여자와 수증자에게 다음 어느 하나에 해당하는 사유가 발생한 경우에는 그 사유발생일부터 3개월 이내에 경정청구를 할 수 있다(상증법 제79조 제2항).

① 부동산 무상사용기간 중 부동산소유자로부터 해당 부동산을 상속 또는 증여받거나 법령 소정의 사유로 해당 부동산을 무상사용하지 않게 되는 경우

② 대출기간 중에 대부자로부터 해당 금전을 상속 또는 증여받거나 법령 소정의 사유로 해당 금전을 무상으로 또는 적정이자율보다 낮은 이자율로 대출받지 않게 되는 경우

③ 타인의 재산을 무상으로 담보제공하고 금전 등을 차입함에 따라 증여세를 결정 또는 경정받은 자가 재산의 사용기간 중에 재산 제공자로부터 해당 재산을 상속 또는 증여받거나 법령 소정의 사유로 무상으로 또는 적정이자율보다 낮은 이자율로 차입하지 않게 되는 경우

위 후발적 경정청구사유는 모두 증여의 원인이 되는 재산을 수증자가 취득하거나 증여행위가 중단된 경우로서 계속 증여세를 부과하는 것이 부적절하므로 경정청구를 인정한다.

---

69) 대법원 2007. 11. 29. 선고 2005두10743 판결
70) 김두형, "후발적 경정청구 사유로서 소송에 대한 판결의 의미와 범위 – 일본에서의 해석론과 비교를 중심으로 –", 조세와 법 제8권 제2호, 2015, 41~42면

제3절 기한후 신고

1. 의의

국세기본법 제45조의3에 규정된 기한후 신고는 법정신고기한 내에 과세표준과 세액을 신고하지 않은 자가 법정신고기한 후 과세표준과 세액을 신고하는 것을 말한다. 법정신고기한 내에 과세표준과 세액을 신고하지 않은 납세자에게 굳이 다시 신고의 기회를 부여할 필요가 있는지 의문이 들 수 있으나, 과세관청은 법정신고기한이 지난 후라도 과세자료를 확보할 수 있으므로 기한후 신고를 인정한다. 다만, 아무런 기간의 제한 없이 기한후 신고를 인정하면 법률관계를 장기간 불안정한 상태에 놓이게 할 수 있으므로 기간의 제한을 두고 있으며, 납세자의 기한후 신고를 유도하기 위하여 가산세 감면 혜택이라는 유인을 제공하고 있다.

처음에는 납부세액이 있는 경우에만 기한후 신고를 인정하였으나, 2006. 12. 30. 국기법 개정 시 환급세액이 있는 경우에도 기한후 신고를 허용하였다.

2. 청구권자

법정신고기한 내에 과세표준을 신고하지 않은 자는 과세관청이 해당 국세의 과세표준과 세액을 결정하여 통지하기 전까지 기한후 신고를 할 수 있다(국기법 제45조의3 제1항). 과세관청이 과세표준과 세액을 결정하여 통지하면 납세의무가 확정되므로 과세관청이 과세표준과 세액을 결정하여 통지하기 전까지만 기한후 신고를 할 수 있는 제한이 따른다.

과거에는 기한후 신고를 할 때 세액까지 납부하여야 했으나, 기한후 신고를 활성화하기 위하여 2014. 12. 23. 국기법 개정 시 일단 기한후 신고를 하고 추후에 세액을 납부하는 것도 가능하도록 완화하였다(국기법 제45조의3 제2항). 따라서 기한후 신고서만 제출하고 세액을 납부하지 않더라도 기한후 신고의 효력이 인정되어 가산세 감면혜택을 받을 수 있다.

3. 효력

가. 과세표준과 세액의 결정의무

과세관청은 납세자가 기한후 신고를 하거나 기한후 신고를 한 후 수정신고를 하면 그로부터 3개월 내에 과세표준과 세액을 결정하여야 한다(국기법 제45조의3 제3항). 과세표준과 세액을 결정할 때 조사 등에 장기간이 걸리는 등 부득이한 사유로 신고일부터 3개월 이내에 결정 또는 경정할 수 없는 경우에는 그 사유를 신고인에게 통지하여야 한다. 기한후 신고에 의하여 과세관청이 과세표준과 세액을 결정하면 납세자는 그 결정에 대하여 불복을 제기할 수 있다. 납세자가 기한후 신고를 하고 세금을 자진납부하였는데, 과세관청이 납세자가 세액을 이미 납부하여 별도로 고지세액이 없다는 내용의 신고시인결정 통지를 한 경우 그 신고시인결정

통지는 항고소송의 대상이 되는 행정처분에 해당하므로 납세자는 이에 대하여 불복을 제기할 수 있다.[71]

2019. 12. 31. 국기법 개정 시 기한후 신고를 한 자에게도 수정신고나 경정청구를 인정하고 있으므로 납세자는 법정신고기한 내에 신고를 하지 않은 경우에도 기한후 신고를 한 후 경정청구를 할 수 있다. 수정신고와 달리 기한후 신고를 하더라도 세액을 확정하는 효력은 인정되지 않는다(국기법 제22조의2 제1항).

나. 가산세 감면

(1) 원칙

기한후 신고를 유도하기 위하여 일정 기간까지 기한후 신고를 한 납세자에게 가산세 감면 혜택을 부여한다. 납세자가 기한후 신고를 한 경우 그 기간에 따라 감면율을 달리하여 과소신고·초과환급신고 가산세를 감면한다(국기법 제48조 제2항 제2호). 법정신고기한이 지난 후 1개월 이내인 경우 가산세액의 90%를 감면하고, 법정신고기한이 지난 후 1개월 초과 3개월 이내인 경우 가산세액의 30%를 감면하며, 법정신고기한이 지난 후 3개월 초과 6개월 이내인 경우 가산세액의 20%를 감면한다. 따라서 법정신고기한이 지난 후 6개월이 지나 기한 후 신고를 하면 가산세 감면을 받지 못한다.

(2) 예외

납세의무자가 과세표준과 세액을 경정할 것을 미리 알고 기한후 신고를 한 경우는 가산세 감면을 배제한다. 가령, 해당 국세에 관하여 세무공무원이 조사에 착수한 것을 알고 기한후 신고를 한 경우, 해당 국세에 관하여 관할 세무서장으로부터 과세자료 해명통지를 받고 수정신고를 한 경우에는 가산세를 감면받을 수 없다(국기령 제29조).

제4절 가산세

1. 개요

가. 의의

세법은 납세자에게 신고납부의무 등을 비롯한 각종 의무를 부과하고 있다. 가산세는 세법에서 규정하는 각종 의무의 성실한 이행을 확보하기 위하여 세법에 따라 산출한 세액에 가산하여 징수하는 금액을 의미한다(국기법 제2조 제4호). 납세자의 의무불이행에 대하여 아무런 제

---

71) 대법원 2014. 10. 27. 선고 2013두6633 판결

재를 하지 않으면 납세자의 자발적인 의무이행을 기대하기 어렵다. 예를 들어, 납세자가 세금을 신고하지 않거나 납부하지 않더라도 아무런 불이익이 없다면 납세자는 세금을 신고하거나 납부하지 않고 있다가 과세관청이 세금을 부과하면 그때서야 세금을 납부하면 되므로 굳이 세금을 신고하거나 납부하려 하지 않을 것이다. 따라서 납세자의 의무이행을 확보하기 위한 수단으로 세법상 의무를 이행하지 않을 경우 가산세를 부과한다.

나. 가산세의 성질

(1) 행정상 제재의 일종

가산세는 행정상 제재(penalty)의 일종이므로 납세자의 고의나 과실은 고려되지 않고 법령의 부지나 착오 등이 있더라도 가산세가 부과된다.[72] 헌법재판소도 가산세는 납세의무자에게 부여된 협력의무 위반에 대한 책임을 묻는 행정적 제재를 조세의 형태로 구성한 것으로서 형식만 조세일 뿐이고 본질은 본세의 징수확보수단으로 판시하였다.[73] 다만 뒤에서 보는 바와 같이 세법상 의무를 이행하지 못한 데에 정당한 사유가 있는 경우에는 가산세가 감면된다.

(2) 세금의 일종

가산세는 명칭에 "세(稅)"가 붙어있는 것에서 알 수 있듯이 세금의 일종이다. 따라서 가산세를 부과할 때 납세고지서에 그 산출근거 등을 기재하여야 한다. 판례는 가산세의 산출근거 등을 기재하지 않은 것은 헌법상 적법절차 원칙을 어긴 것이므로 위법하다고 판시하였다.[74] 그 후 국세청은 국세징수법 시행규칙 별지 제6호 납부고지서 서식을 변경하여 가산세의 산출근거를 기재하도록 보완하였다.

다. 가산세와 형사처벌의 이중제재

납세자가 사기 기타 부정행위로 인하여 세금을 신고하지 아니하여 조세를 포탈한 경우에는 국기법상 가산세를 부과하고 조세범처벌법상 조세포탈죄로 형사처벌을 한다. 이 경우 가산세와 형사처벌은 동일한 사안에 대한 이중제재로서 허용될 수 있는지 문제된다. 이에 대하여 헌법재판소는 가산세는 세법상 의무위반에 대하여 조세의 형식으로 과징하는 것인 반면, 조세형벌은 세법상 의무위반에 대하여 형벌의 형식으로 과하는 제재라는 점에서 차이가 있으므로 양자를 병과하는 것은 이중제재가 아니라고 판시하였다.[75]

그렇더라도 동일한 의무위반에 대하여 형사처벌을 하고 그에 더하여 가산세까지 부과하는 것이 바람직하다고 할 수는 없다. 이러한 취지에서 형사처벌과 행정상 제재의 중복을 조정하는 입법례도 있다. 예를 들어, 해외금융계좌 신고의무 불이행에 대하여 원래 과태료를 부과하나,

---

72) 대법원 2004. 6. 24. 선고 2002두10780 판결
73) 헌재 2003. 9. 25. 선고 2003헌바16 결정
74) 대법원 2012. 10. 18. 선고 2010두12347 전원합의체 판결
75) 헌재 2006. 7. 27. 선고 2004헌가13 결정

조세범처벌법에 따라 형사처벌되는 경우에는 과태료를 부과하지 않는다(국조법 제62조 제4항).

라. 규정체계

과거에는 개별세법에서 신고·납부 등을 비롯한 각종 가산세에 대하여 규정하였다. 그 후 2006. 12. 30. 국기법을 개정하여 신고·납부 등 각 세목에 공통으로 적용되는 가산세는 국기법에서 규정하고, 소득세, 법인세, 부가세, 상속세, 증여세 등 각 개별세목에 특유한 가산세들은 각 개별세법에서 별도로 규정하였다. 예를 들어, 소득세법에는 지급명세서 보고불성실가산세, 무기장가산세 등을 규정하고 있고(소득법 제81조), 법인세법에는 주식 등 변동상황명세서 불성실제출가산세, 무기장가산세 등을 규정하고 있으며(법인법 제76조), 부가세법에는 사업자미등록가산세, 세금계산서 관련 각종 가산세 등을 규정하고 있고(부가법 제60조), 상증세법에는 공익법인의 보고서 제출의무 위반 가산세 등을 규정하고 있다(상증법 제78조 제3항).

2. 본세와 가산세의 관계

가산세는 본세 납세의무의 영향을 받지 않는 경우(독립성)와 본세 납세의무의 영향을 받는 경우(연계성)가 있다.

가. 독립성

가산세 중에는 본세 납세의무와 무관하게 별도의 협력의무 위반에 대한 제재로서 부과되는 가산세가 있다. 예를 들어, 소득세법 제81조의11 제1항에 의한 지급명세서 등 제출불성실가산세는 본세의 납세의무와 무관하게 별도의 협력의무 위반에 대한 제재로서 부과되는 독립된 조세이므로 본세 부과처분이 취소되더라도 가산세 부과처분은 영향을 받지 않는다.

가산세는 해당 의무가 규정된 세법의 해당 국세의 세목으로 한다(국기법 제47조 제2항). 징수절차의 편의를 위하여 가산세를 당해 세법이 정하는 국세의 세목으로 하여 본세의 세액에 가산하여 함께 징수하는 것이다. 그러나 가산세는 본세와 본질적으로 성질이 다르므로 가산세 부과처분은 본세 부과처분과 별개의 과세처분이다.[76] 따라서 본세에 감면사유가 인정된다고 하여 가산세도 감면대상에 포함되는 것이 아니고, 반면에 그 의무를 이행하지 않은데 대한 정당한 사유가 있는 경우에는 본세 납세의무가 있더라도 가산세는 부과하지 않는다.[77]

나. 연계성

가산세 중에는 본세의 세액이 유효하게 확정되어 있을 것을 전제로 부과되는 가산세가 있다. 예를 들어, 국기법 제47조의2 무신고가산세, 제47조의3 과소신고·초과환급신고가산세, 제47조의4 납부지연가산세 등은 납세의무자가 법정기한까지 과세표준과 세액을 신고하거나

---

76) 대법원 1998. 7. 10. 선고 97누10895 판결, 대법원 2005. 9. 30. 선고 2004두2356 판결
77) 대법원 2018. 11. 29. 선고 2015두56120 판결

납부하지 않는 것을 요건으로 부과되므로 신고납부할 본세의 납세의무가 인정되지 않으면 따로 가산세를 부과할 수 없다.[78] 따라서 본세 부과처분이 취소되면 그에 따라 가산세부과처분도 효력을 상실한다.

3. 가산세의 종류

가. 무신고가산세

국기법 제47조의2에 규정된 무신고가산세는 납세의무자가 법정신고기한까지 과세표준을 신고하지 않는 경우 부과되는 가산세이다.

(1) 일반가산세

(가) 내용

① 복식부기의무자[79]와 법인이 아닌 경우

납세의무자가 법정신고기한까지 과세표준을 신고하지 않는 경우 납부세액의 20%를 가산세로 부과한다(국기법 제47조의2 제1항 제2호). 과거에는 산출세액을 기준으로 가산세를 산정하였으나, 공제액이나 감면액이 고려되지 않아 납세자의 부담이 증가하였다. 이를 해결하기 위하여 2000. 12. 27. 국기법 개정 시 양도소득세, 상속세, 증여세에 대한 결정·경정 시 가산세액을 제외한 추가 납부세액이 없는 경우에는 신고불성실가산세 부과대상에서 제외하였고, 2014. 12. 23. 개정 시 그 밖의 세목에 대하여도 세액공제, 감면세액, 기납부세액이 반영된 납부세액을 기준으로 가산세를 산정하는 깃으로 변경하였다. 가산세 산정의 기준이 되는 납부세액에서 가산세는 제외한다.

② 복식부기의무자와 법인

복식부기의무자와 법인은 납부세액의 20%와 수입금액의 7/10,000 중 큰 금액을 가산세로 산정한다. 복식부기의무자와 법인은 기장의무가 있으므로 적정 수준의 가산세를 정하기 위하여 납부세액과 수입금액의 비교방식을 사용한다. 예를 들어, 납부세액이 없으나 수입금액이 있는 경우 복식부기의무자와 법인이 아닌 납세의무자는 무신고가산세가 없으나, 복식부기의무자와 법인은 납부세액과 수입금액의 비교방식을 사용하므로 무신고가산세가 나온다.

③ 부가가치세 영세율 사업자

부가가치세의 영세율 과세표준이 적용되는 경우에는 납부세액의 20%와 영세율 과세표준의 5/1,000를 더한 금액을 가산세로 계산한다(국기법 제47조의2 제2항). 영세율이 적용되면 납부

---

78) 대법원 2019. 2. 14. 선고 2015두52616 판결, 대법원 2018. 11. 29. 선고 2016두53180 판결
79) 복식부기의무자는 복식부기에 따라 장부를 기장할 의무가 있는 자로서 업종별로 수입금액이 일정 금액 이상인 사업자를 의미한다(소득령 제208조 제5항). 복식부기(bookkeeping by double entry)는 기업의 자산, 부채 및 자본의 증감을 차변과 대변으로 구분하여 이중기록 및 계산이 되도록 하는 것을 말한다.

세액이 적어질 수 있으므로 적정 수준의 가산세를 정하기 위하여 영세율 과세표준 일부를 더하는 방식을 사용한다.

(나) 중복적용 배제

① 예정신고, 중간신고 불이행과 확정신고 불이행

신고는 예정신고 및 중간신고를 포함하므로 예정신고 및 중간신고를 하지 않는 경우에도 무신고가산세를 부과한다. 그러나 예정신고 및 중간신고를 하지 아니하여 가산세를 부과하면 확정신고를 하지 않은 경우에 재차 가산세를 부과하지는 않는다(국기법 제47조의2 제5항).

② 무신고가산세와 무기장가산세

무신고가산세와 무기장가산세가 동시에 적용되는 경우에는 그중 큰 가산세만 적용하고, 가산세액이 같은 경우에는 무신고가산세만 적용한다(국기법 제47조의2 제6항).

(다) 관련 판례

① 법정신고기한 내에 증여세를 신고하였으나 증여자를 잘못 신고한 경우[80]

증여세 납세의무자가 법정신고기한 내에 증여세를 신고한 경우에는 설령 증여자를 잘못 신고하였더라도 무신고로 볼 수 없다. 납세자가 신고 자체를 한 경우에는 그 내용이 다소 부정확하더라도 무신고가산세를 부과할 수 없다고 해석한 것이다.

② 고용의사가 자신 명의로 병원의 사업자등록을 마친 후 사업소득으로 신고한 경우[81]

고용의사가 법정신고기한 내에 종합소득세를 신고한 이상, 근로소득을 사업소득에 포함하여 신고한 것이므로 무신고로 볼 수 없다고 판시하였다. 납세자가 신고 자체를 하였으므로 소득구분이 잘못되었더라도 무신고가산세를 부과할 수 없다고 해석한 것이다.

③ 명의신탁 부동산을 양도하고 명의수탁자 명의로 신고납부한 경우

명의신탁 부동산의 양도로 인한 신고납부 의무자는 명의신탁자이므로 명의수탁자의 명의로 신고납부한 것에 대하여 무신고가산세를 부과할 수 있다.[82]

(2) 부당가산세

(가) 내용

사기 기타 부정행위로 법정신고기한까지 과세표준 신고를 하지 않은 경우 납부세액의 40%(역외거래의 경우에는 60%)를 가산세로 부과한다(국기법 제47조의2 제1항 제1호). 복식부

---

80) 대법원 2019. 7. 11. 선고 2017두68417 판결
81) 대법원 2019. 5. 16. 선고 2018두34848 판결
82) 대법원 1997. 10. 10. 선고 96누6387 판결

기의무자와 법인의 경우에는 납부세액의 40%와 수입금액의 14/10,000 중 큰 금액으로 한다. 부가가치세의 영세율 과세표준이 적용되는 경우에는 납부세액의 40%와 영세율 과세표준의 5/1,000를 더한 금액으로 한다(국기법 제47조의2 제2항). 일반가산세와 비교하여 납부세액의 비율은 높아지나 영세율 과세표준의 비율은 동일하다.

(나) 사기 기타 부정행위

① 의의

부당가산세는 국세의 과세표준이나 세액계산의 기초가 되는 사실의 발견을 곤란하게 하거나 허위사실을 작출하는 등의 부정행위가 있는 경우에 납세자를 더 무겁게 제재하는 것이다. 사기 기타 부정행위는 조세의 부과와 징수를 불가능하게 하거나 현저히 곤란하게 하는 위계 기타 부정한 적극적인 행위를 말하고, 과세대상의 미신고와 아울러 수입이나 매출 등을 고의로 장부에 기재하지 않은 행위 등 적극적 은닉의도가 나타나는 사정이 덧붙여지지 않은 채 단순히 세법상 신고를 하지 않은 것은 사기 기타 부정행위에 해당하지 않는다.[83]

명의신탁 증여의제의 경우 명의신탁자가 명의수탁자에게 주식을 명의신탁하면서 주식의 매매 등이 있었던 것과 같은 외관을 형성하여 그 형식에 따른 계약서나 계좌거래내역 등을 토대로 과세관청에 신고하는 것은 주식의 명의신탁에 통상 뒤따르는 부수행위에 불과하므로 특별한 사정이 없는 한, 사기 기타 부정행위에 해당한다고 볼 수 없다.[84] 또한 명의수탁자에게 증여세에 관한 부당무신고가산세를 부과하기 위해서는 그 무신고와 관련하여 본래의 증여세 납세의무자인 명의수탁자가 부정행위를 하였다고 평가할 수 있어야 한다.[85] 사기 기타 부정행위에 대하여는 주관적 요건으로서 부정행위에 대한 인식이 필요하나, 일반적으로 그 인식은 부정행위에 내포되어 있으므로 부정행위의 태양을 증명하면 부정행위에 대한 인식도 증명된 것으로 보는 것이 일반적이다.[86]

② 장기부과제척기간, 조세포탈죄의 사기 기타 부정행위와의 관계

㉮ 원칙

과거 장기부과제척기간은 "사기나 그 밖의 부정한 행위", 조세포탈죄는 "사기 기타 부정한 행위", 부당가산세는 "부당한 방법"이라고 규정되어 있었으므로 위 3가지가 동일한 것인지 문제되었으나, 위 3가지를 동일하게 해석하는 것이 다수설이었다.[87] 그 후 2010. 1. 1. 개정된

---

83) 대법원 2016. 2. 18. 선고 2015두1243 판결
84) 대법원 2021. 7. 8. 선고 2017두69977 판결, 대법원 2021. 7. 8. 선고 2017두69977 판결
85) 대법원 2022. 9. 15. 선고 2018두37755 판결
86) 강석규, 조세법쟁론(2023), 236~237면. 다만, 구 국기법 시행령(2012. 2. 2. 개정 전) 제27조 제2항 제3호는 부당한 방법으로 "거짓증명 등의 수취"를 열거하면서 괄호 안에 "거짓임을 알고 수취한 경우만 해당한다"는 문구를 규정하였으므로 이러한 경우에는 이를 별도로 증명하는 것이 요구된다.
87) 부정행위에 대하여 국세부과제척기간을 10년으로 연장하거나 가산세를 가중하는 것은 책임주의에 의거하여 형사처벌을 하는 문제와는 그 달성하고자 하는 목적 등이 상이하므로 적용요건을 다르게 파악하는 것이 타

조세범처벌법 제6조 제3항은 "사기 기타 부정한 행위"에 대한 정의규정을 두고 장기부과제척기간 규정과 부당가산세 규정에서 이를 차용함으로써 위 3가지는 문언상 통일성을 확보하였다. 따라서 장기부과제척기간, 부당가산세, 조세포탈죄의 사기 기타 부정행위는 원칙적으로 동일하게 해석하여야 한다. 조세범처벌법 제6조 제3항은 사기 기타 부정한 행위란 조세의 부과와 징수를 불가능하게 하거나 현저히 곤란하게 하는 적극적 행위로서 구체적으로 이중장부의 작성 등 장부의 거짓 기장, 거짓 증빙 또는 거짓 문서의 작성 및 수취, 장부와 기록의 파기, 재산의 은닉, 소득·수익·행위·거래의 조작 또는 은폐, 고의적으로 장부를 작성하지 아니하거나 비치하지 아니하는 행위 또는 계산서, 세금계산서 또는 계산서합계표, 세금계산서합계표의 조작, 전사적 기업자원 관리설비의 조작 또는 전자세금계산서의 조작, 그 밖에 위계에 의한 행위 또는 부정한 행위를 가리킨다.

㉯ 예외

사용인이 법인에 대하여 사기, 배임 등 범행을 저지르는 과정에서 법인소득을 은닉하는 등 적극적으로 부정행위를 한 경우 대법원 2021. 2. 18. 선고 2017두38959 전원합의체 판결은 사용인 등의 부정행위로써 포탈된 국세에 관하여 과세관청의 부과권 행사가 어렵게 되었으므로 장기부과제척기간은 적용된다고 보면서도, 법인이 사용인 등의 부정행위를 쉽게 인식하거나 예상할 수 없었다면 부당가산세의 제재를 가할 수 없다고 판시하였다. 다만, 반대의견은 장기부과제척기간과 부당가산세의 사기 기타 부정행위는 동일하게 해석하여야 하므로 납세자에게 부당과소신고가산세를 부과할 수 없다면 장기부과제척기간도 적용할 수 없다고 해석하는 것이 옳다는 입장을 밝혔다. 위 전원합의체 판결은 장기부과제척기간과 부당가산세의 "사기 기타 부정행위"를 달리 해석하였는데, 이는 사용인이 법인에 대하여 사기, 배임 등의 범행을 저지른 사안에서 예외적으로 적용된다.

(3) 무신고가산세의 적용배제

(가) 교육세, 농어촌특별세

교육세 중 금융보험업자가 아닌 자의 신고와 농어촌특별세의 신고에 대하여는 무신고가산세를 적용하지 않는다. 2011. 12. 31. 국기법 개정 시 교육세, 농어촌특별세와 같은 부가세(surtax)에 대해서는 본세의 과세표준과 세액 등을 기준으로 부과되는 특성을 감안하여 신고불성실가산세를 적용하지 않고 납부불성실가산세(현행 납부지연가산세)만 적용하도록 규정한 것이다. 다만, 금융보험업자는 본세의 과세표준을 기준으로 교육세를 신고하는 등 부가세(surtax)의 특성이 결여되어 있으므로 2016. 12. 20. 국기법 개정 시 신고불성실가산세 대상에 포함시켰다.

당하다는 소수설이 있었다(이용우, "국기법 제26조의2 제1항 제1호에 따른 국세의 부과제척기간에 관한 연구," 조세법연구, 제20권 제2호(2014. 8.), 84면).

(나) 종합부동산세

종합부동산세는 본래 부과과세방식의 세목이나 선택적으로 신고납세를 허용하므로 무신고가산세를 적용하지 않는다.

(다) 간이과세자로서 납부의무가 면제되는 경우

간이과세자 중 공급대가의 합계액이 4,800만 원 미만이면 납부의무를 면제한다(부가법 제69조 제1항). 2020. 12. 22. 부가세법 개정 시 납부의무 면제기준을 3,000만 원에서 4,800만 원으로 상향하였다. 납부의무가 면제되는 경우에는 무신고가산세를 부과하지 않는다.

(라) 부가세법 제45조 제3항 단서의 대손세액에 해당하는 경우

재화나 용역을 공급받은 사업자가 대손세액의 전부 또는 일부를 매입세액으로 공제받았는데, 공급자의 대손이 확정된 때에는 이에 대응하여 대손 관련 매입세액을 차감하여 신고하여야 한다. 사업자가 매입세액을 차감하여 신고하지 않으면 과세관청이 부가세법 제45조 제3항 단서에 따라 부가가치세를 경정하는데, 이때 무신고가산세를 적용하지 않는다. 재화나 용역을 공급받은 자가 매입세액을 차감하여 부가가치세를 납부해야 하는 상황인데, 거기에 가산세까지 부과하는 것은 가혹하므로 가산세를 부과하지 않는 것이다.

(마) 종합소득세를 수시부과결정한 경우

종합소득세를 수시부과결정한 경우 해당 세액 및 수입금액에 대해서는 무신고가산세와 과소신고가산세를 적용하지 않는다(소득법 제82조 제3항). 수시부과결정은 신고납부기한 전에 과세하므로 무신고가산세를 적용하는 것이 부적절하기 때문이다. 다만, 법인세의 경우에는 수시부과결정하더라도 법인세 신고를 해야 하기 때문에 무신고가산세와 과소신고가산세를 적용한다(법인법 제69조 제1항).

나. 과소신고 · 초과환급신고가산세

국기법 제47조의3에 규정된 과소신고 · 초과환급신고가산세 납세의무자가 납부세액을 과소신고하거나 환급세액을 과다신고한 경우 부과되는 가산세이다.

(1) 일반가산세

(가) 복식부기의무자와 법인이 아닌 경우

납세의무자가 법정신고기한까지 납부세액을 과소신고하거나 환급세액을 초과신고한 경우에는 과소신고한 납부세액과 초과신고한 환급세액을 합한 금액의 10%를 가산세로 부과한다(국기법 제47조의3 제1항 제2호). 납세의무자가 신고는 하였으므로 무신고가산세보다 낮은 세율로 과세한다. 과소신고가산세의 부과기준이 되는 금액은 무신고가산세와 같이 산출세액이 아니라 공제, 감면 등이 적용된 납부세액이므로 내국법인이 과세표준을 신고하면서 간접외국납부세액 공제와 이를 위한 익금산입을 하지 아니하여 신고한 과세표준이 정당하게 계산된 과세표준에 미달한 경우 그 미달액은 과소신고가산세의 부과대상이 된다.[88]

상속재산 중 일부에 대하여 과소신고하고 다른 상속재산에 대하여 과다신고한 경우 과소신고액을 한도로 하여 그 범위 내에서는 과다신고 부분도 신고한 과세표준에 포함시켜 과소신고가산세를 산출한다.[89] 전체로는 정당한 세액을 초과하는데, 과다신고한 부분은 제외하고 과소신고한 부분에 대하여만 과소신고가산세를 부과하는 것은 불합리하기 때문이다.

(나) 복식부기의무자와 법인

무신고가산세와 달리 납부세액과 수입금액을 비교하여 가산세를 부과하는 방법을 적용하지 않는다. 따라서 복식부기의무자의 경우 다른 납세자와 마찬가지로 납부세액 기준의 가산세를 적용받는다.

(다) 부가가치세 영세율 사업자

부가가치세의 영세율 과세표준이 적용되는 경우에는 납부세액의 10%와 영세율 과세표준의 5/1,000를 더한 금액으로 한다(국기법 제47조의3 제2항 제2호). 일반가산세와 비교하여 납부세액의 비율은 낮아지나 영세율 과세표준의 비율은 동일하다.

(라) 가산세의 중복적용 배제

가산세의 중복적용 배제에 대하여는 무신고가산세에서 살펴본 내용을 참고한다(가. (1) (나)).

(2) 부당가산세
(가) 복식부기의무자와 법인이 아닌 경우

사기 기타 부정행위로 법정신고기한까지 납부세액을 과소신고하거나 환급세액을 초과신고한 경우에는 납부세액의 40%(역외거래의 경우에는 60%)를 가산세로 부과한다(국기법 제47조의3 제1항 제1호). 부당과소신고납부세액과 일반과소신고납부세액이 섞여 있어서 양자를 구분하기 곤란한 경우에는 다음과 같이 부당과소신고납부세액은 과소신고한 과세표준에서 부정행위로 인하여 과소신고한 과세표준이 차지하는 비율에 따라 계산한다(국기령 제27조의2 제3항).

> 부당과소신고납부세액 등 = 과소신고납부세액 등 ×
> 부정행위로 인해 과소신고한 과세표준/과소신고한 과세표준

---

88) 대법원 2004. 2. 26. 선고 2002두10643 판결
89) 대법원 2004. 10. 15. 선고 2003두7064 판결

(나) 복식부기의무자와 법인

복식부기의무자와 법인이 사기 기타 부정행위로 법정신고기한까지 납부세액을 과소신고하거나 환급세액을 초과신고한 경우에는 납부세액의 40%(역외거래의 경우 60%)와 수입금액의 14/10,000 중 큰 금액을 가산세로 한다(국기법 제47조의3 제2항).

(다) 부가가치세의 영세율 사업자

부가가치세 영세율 과세표준이 적용되는 경우에는 부당과소신고납부세액 등의 40%(역외거래의 경우 60%)에 과소신고되거나 무신고된 영세율 과세표준의 5/1,000를 더한 금액을 가산세로 한다(국기법 제47조의3 제2항).

(3) 과소신고 · 초과환급신고가산세의 적용배제

다음의 경우에는 과소신고 · 초과환급신고가산세를 적용하지 않는다(국기법 제47조의2 제3항, 제47조의3 제3항 · 제4항).

(가) 교육세, 농어촌특별세, 간이과세자로서 납부의무가 면제되는 경우, 부가세법 제45조 제3항 단서에 따른 대손세액에 해당하는 경우, 수시부과결정한 경우

앞서 무신고가산세에서 살펴본 내용을 참고한다{가. (3)}. 다만, 종합부동산세의 경우 무신고가산세는 적용되지 않으나 과소신고 · 초과환급신고가산세는 적용된다. 종합부동산세는 선택적 신고납세방식을 채택하므로 신고를 하지 않은 경우에는 가산세를 부과하지 않으나, 신고를 하였는데 과소신고하거나 초과환급신고를 한 경우에는 가산세를 부과한다. 2016. 12. 20. 국기법 개정 시 종합부동산세를 과소신고 · 초과환급신고가산세 대상에서 제외하였다가 2017. 12. 19. 개정 시 다시 포함시켰다.

(나) 법령에 정한 사유로 상속세와 증여세 과세표준을 과소신고한 경우

다음 어느 하나에 해당하는 사유로 상속세와 증여세 과세표준을 과소신고한 경우에는 과소신고 · 초과환급신고가산세의 적용을 배제한다.

① 신고 당시 소유권에 대한 소송 등의 사유로 상속재산 또는 증여재산으로 확정되지 않았던 경우

② 상증세법상 상속공제와 증여재산공제의 적용에 착오가 있었던 경우

③ 상증세법상 시가 또는 보충적 평가방법 등에 따라 평가한 가액으로 과세표준을 결정한 경우(다만 부정행위로 상속세 · 증여세의 과세표준 및 세액을 신고한 경우는 제외)

④ 법인세법상 과세표준 및 세액의 결정 · 경정으로 특수관계법인과의 거래를 통한 이익의 증여의제, 특수관계법인으로부터 제공받은 사업기회로 발생한 이익의 증여의제, 특정법인과의 거래를 통한 이익의 증여의제 규정에 따른 증여의제이익이 변경되는 경우(다만 부정행위로 인하여 법인세의 과세표준 및 세액을 결정 · 경정하는 경우는 제외)

⑤ 부담부증여에 의한 양도소득세 과세표준을 과소신고한 경우(다만 부정행위로 양도소득

세의 과세표준을 과소신고한 경우는 제외)

특히 위 "③"의 경우 상속재산을 누락하지 않고 상속재산을 신고하였으나 평가방법의 차이나 어려움으로 인하여 상속재산 가액을 정확하게 확정하는 것이 현실적으로 곤란하므로 가산세 부과의 예외를 인정하는 것이다.[90]

(다) 위 "(나) ④"의 사유로 주식 등의 취득가액이 감소된 경우

위 "(나) ④"의 증여의제이익에 대하여 과소신고·초과환급신고가산세를 적용하지 않으므로 그와 연관된 주식 등의 취득가액 감소에 대하여도 가산세의 적용을 배제한다.

(라) 통합투자세액공제[91]를 먼저 받은 후 요건을 충족하지 못하게 된 경우

조특법 제24조의 통합투자세액공제를 먼저 적용받은 후 부득이한 사유로 해당 세액공제 요건을 충족하지 못하게 된 경우 납세자의 부담을 완화하기 위하여 가산세의 적용을 배제한다.

다. 납부지연가산세

(1) 의의

국기법 제47조의4에 규정된 납부지연가산세는 납세자가 법정납부기한이나 지정납부기한까지 세금을 납부하지 않는 경우에 부과하는 가산세이다. 납부지연가산세는 미납기간 동안의 이익을 박탈한다는 목적과 함께 조세의 성실납부의무의 이행을 확보한다는 목적도 있다. 2018. 12. 31. 국기법을 개정하여 종전의 국기법상 납부불성실가산세와 국세징수법상 가산금을 통합하여 납부지연가산세를 신설하였다.

종전의 납부불성실가산세는 법정납부기한까지 세금을 납부하지 않는 경우 법정납부기한 다음 날부터 납부일 또는 납부고지일까지 법령 소정의 이자율에 따라 계산한 금액을 부과하였고 (2018. 12. 31. 개정 전 국기법 제47조의2 제1항), 종전의 가산금은 납세고지서의 납부기한(지정납부기한)까지 세금을 납부하지 않는 경우 미납액의 3%(가산금) 및 지정납부기한 다음 날부터 납부일까지 월 1.2%의 이자율에 따라 계산한 금액(중가산금)을 부과하였다(2018. 12. 31. 개정 전 국징법 제21조). 중가산금은 60개월까지 부과하였으므로 가산금 3%와 중가산금 72%(월 1.2% ×60개월)를 합하면 최고 75%의 가산금이 부과되었다. 납부불성실가산세는 납부고지 전에 붙고, 가산금은 납부고지 후에 붙는다는 점에서 차이가 있으나 모두 세금을 납부기한 내에 납부하지 않을 때 붙는다는 점에서 공통점이 있으므로 납부불성실가산세와 가산금을 통합하여 일원화한 것이다. 종전에는 납부고지 후에 붙는 중가산금의 이율이 납부고지 전에 붙는 납부불성실가산세의 이율보다 높았으나, 납부지연가산세로 일원화되면서 양자의 이율이 같아졌다.

---

90) 대법원 2016. 4. 28. 선고 2015두59259 판결
91) 통합투자세액공제는 2020. 12. 29. 조특법 개정 시 에너지절약시설, 환경보전시설, 안전시설, 생산성향상시설 등 다기화된 기업투자 관련 세액공제제도를 통합하여 단순화한 제도이다.

(2) 계산

세금을 납부하지 않거나 과소납부한 경우의 납부지연가산세는 다음과 같이 2부분으로 구성된다(국기법 제47조의4 제1항, 제7항).

> ① 미납세액 또는 부족세액 × 법정납부기한 다음 날부터 납부일까지의 기간(납세고지일부터 지정납부기한까지의 기간 제외) × 이자율(다만 지정납부기한 다음 날부터 납부일까지의 기간은 5년까지 제한)
> ② 지정납부기한까지 납부하지 않은 세액 또는 과소납부세액 × 3%

위 "①" 중 법정납부기한 다음 날부터 납부일 또는 납세고지일까지 붙는 금액이 종전의 납부불성실가산세에 해당하고, 지정납부기한 다음 날부터 납부일까지 붙는 금액이 종전의 중가산금에 해당한다. 납세자가 납부고지 전에 세금을 납부한 경우에는 지정납부기한 다음 날부터 납부일까지 붙는 금액은 존재하지 않는다. 납세고지일부터 지정납부기한까지의 기간에 해당하는 금액은 종전에도 가산세를 부과하지 않았으므로 제외한다. 위 "②"의 금액은 종전의 가산금에 해당하는 부분이다. 현재 납부지연가산세의 계산에 적용되는 이자율은 1일 10만분의 22이다(국기령 제27조의4). 종전에는 지정납부기한이 경과한 이후에 부담하는 중가산금이 월 1.2%에 달하였으므로 이와 비교하면 납세자의 경제적 부담이 상당히 경감된다.

체납국세의 납세고지서별·세목별 세액이 150만 원 미만인 경우에는 위 "①" 부분의 가산세를 적용하지 않는다(국기법 제47조의4 제8항). 중간예납, 예정신고납부 및 중간신고납부와 관련하여 가산세를 부과하면 확정신고납부와 관련하여서는 재차 가산세를 부과하지는 않는다(국기법 제47조의4 제5항). 그러나 사업자 아닌 자가 부가가치세액을 환급받은 경우에도 위 납부지연가산세를 적용한다(국기법 제47조의4 제2항).

(3) 원천징수 등 납부지연가산세와의 관계

원천징수 등 납부지연가산세가 부과되는 부분에 대해서는 위 납부지연가산세를 부과하지 않는다(국기법 제47조의4 제4항).

(4) 인지세의 특칙

인지세를 납부하지 않거나 과소납부한 경우에는 미납세액 또는 과소납부 세액에 대하여 3개월 이내의 납부분은 100%, 3개월 초과 6개월 이내의 납부분은 200%, 6개월 초과 납부분은 300%에 상당하는 금액을 가산세로 부과한다(국기법 제47조의4 제9항). 종전에 일률적으로 300%로 부과하던 가산세를 2020. 12. 22. 국기법 개정 시 지연기간에 따라 100%부터 300%까지로 차등화하였다. 다만, 부동산의 소유권 이전에 관한 증서에 대하여는 납부지연가산세를 적용하지 않는다.

(5) 가산세의 적용배제

다음의 경우에는 법정납부기한의 다음 날부터 납세고지일까지의 기간에 대하여 가산세를 적용하지 않는다(국기법 제47조의4 제3항, 제6항). 종전의 납부불성실가산세의 적용배제 부분을 규정한 것이다.

(가) 사업장별 납부를 잘못한 경우

부가세법상 여러 사업장을 운영하는 사업자가 납부기한까지 어느 사업장에 대한 부가가치세를 다른 사업장에 대한 부가가치세에 더하여 신고납부한 경우이다. 이 경우 한 사업장에 대하여는 부가가치세를 과소신고하고, 다른 사업장에 대하여는 과다신고한 것이므로 한 사업장에 대하여는 납부지연가산세를 부담하고, 다른 사업장에 대하여는 환급가산금을 받아야 한다. 그런데 납부지연가산세의 이자율이 환급가산금의 이자율보다 높으므로 납세자의 경제적 부담이 늘어난다. 따라서 납세자 기준으로 세금을 모두 납부하였다면 과소신고한 부분에 대하여 납부지연가산세를 부과하지 않고, 과다납부한 부분에 대하여 환급가산금을 지급하지 않도록 한 것이다.

(나) 부가세법 제45조 제3항 단서에 따른 대손세액에 해당하는 경우

무신고가산세, 과소신고가산세 등을 부과하지 않는 것과 같은 이유로 납부지연가산세도 부과하지 않는다.

(다) 법인세 결정·경정으로 증여의제이익이 증가하거나 주식취득가액이 감소한 경우

법인세 결정·경정으로 수혜법인의 세후영업이익이 감소함에 따라 일감몰아주기 증여의제이익이 감소하여 양도주식 등의 취득가액이 감소된 경우 과소신고가산세를 부과하지 않는 것과 같은 이유로 납부지연가산세도 부과하지 않는다. 다만, 부정행위로 인하여 법인세의 과세표준 및 세액을 결정·경정하는 경우는 납부지연가산세를 부과한다.

(라) 과세기간을 잘못 적용한 경우

납세자가 소득세, 법인세 및 부가가치세의 과세기간을 잘못 적용하여 신고납부한 경우에는 납부지연가산세를 적용할 때 실제 신고납부한 날에 그 신고납부한 금액의 범위에서 당초 신고납부하였어야 할 과세기간에 대한 국세를 자진납부한 것으로 본다. 과세기간을 통틀어 보면 세금을 모두 납부하였으나 과세기간별로 구분하면 과다신고한 부분과 과소신고한 부분이 있으므로 위 "(가)"와 마찬가지로 납세자의 경제적 부담을 덜어주기 위하여 과소신고한 부분에 대한 가산세 적용을 배제하는 것이다. 다만, 부정행위로 무신고하거나 과소신고한 경우에는 자진납부한 것으로 보지 않는다.

(마) 상속세와 증여세 신고납부 후 평가심의위원회의 평가액으로 과세표준을 결정·경정하는 경우

납세자가 상속세와 증여세를 법정신고기한 내에 신고납부하였으나, 그 후 과세관청이 평가심의위원회의 평가액으로 과세표준을 결정·경정하는 경우에는 납부지연가산세를 부과하지 않는다. 납세자가 상속세와 증여세를 신고하였고, 과세관청이 과세표준을 결정·경정하는 것은 평가액의 차이로 인한 것으로서 납세자의 잘못을 탓하기 어려우므로 납부지연가산세의 적용을 배제한 것이다.

(바) 부담부증여의 양도소득세 납부지연이 발생한 경우

증여재산의 평가 차이로 인한 것으로서 납세자의 잘못을 탓하기 어려우므로 납부지연가산세의 적용을 배제한다.

라. 원천징수 등 납부지연가산세

(1) 의의

국기법 제47조의5에 규정된 원천징수 등 납부지연가산세는 원천징수의무자 등이 원천징수의무 등을 게을리한 경우에 부과하는 가산세이다. 원천징수의무자가 징수할 세액이나 징수한 세액을 법정납부기한까지 납부하지 않거나 과소납부한 경우에 적용된다. 원천징수 등 납부지연가산세의 적용을 받는 대상자는 ① 소득세법 또는 법인세법에 따른 원천징수의무자, ② 소득세법에 따른 납세조합, ③ 부가세법상 비거주자 또는 외국법인으로부터 용역 등을 공급받는 대리납부자 등이다.

(2) 계산

원천징수 등 납부지연가산세는 다음 2부분으로 구성된다(국기법 제47조의5 제1항, 제4항).

---

① 법정납부기한까지 납부하지 않은 세액 또는 과소납부분 세액 × 3%
② 미납세액 또는 부족세액 × 납부기한 다음 날부터 납부일까지의 기간(납세고지일부터 지정납부기한까지의 기간 제외) × 이자율(다만 지정납부기한 다음 날부터 납부일까지의 기간은 5년까지 제한)

미납세액 또는 부족세액의 50% 금액을 한도로 하되, 법정납부기한의 다음 날부터 납세고지일까지의 기간에 해당하는 금액을 합한 금액은 10% 금액을 한도로 한다. 체납국세의 납세고지서별·세목별 세액이 100만 원 미만인 경우에는 위 "②" 부분의 가산세를 적용하지 않는다(국기법 제47조의5 제5항).

(3) 가산세의 적용배제

다음의 경우에는 원천징수 등 납부지연가산세를 부과하지 않는다(국기법 제47조의5 제3항).

① 소득세법에 따른 원천징수의무자가 우리나라에 주둔하는 미군인 경우

② 소득세법에 따른 원천징수의무자가 공적연금 관련법에 따라 받는 각종 연금 또는 일시금을 지급하는 경우

③ 소득세법 또는 법인세법에 따른 원천징수의무자가 국가, 지방자치단체, 지방자치단체조합인 경우

위 "③"의 경우에 국가 등으로부터 근로소득을 받는 사람이 소득공제신고서와 세액공제신고서를 사실과 다르게 기재하여 부당하게 소득공제 또는 세액공제를 받아 국가 등이 원천징수할 세액을 정해진 기간에 납부하지 않거나 미달하게 납부한 경우에는 국가 등은 납부지연가산세를 근로소득자로부터 징수하여 납부하여야 한다(소득법 제128조의2). 근로소득자가 허위공제를 통해 세금을 줄이는 것을 방지하기 위한 취지이다.

4. 가산세의 감면

가. 감면사유

(1) 기한연장 사유에 해당하는 경우

국기법 제6조에 따른 기한연장사유, 즉 천재지변 등의 사유가 있는 경우에는 가산세를 감면한다(국기법 제48조 제1항 제1호).

(2) 납세자의 의무불이행에 정당한 사유가 있는 경우

납세자가 의무를 불이행한 데에 정당한 사유가 있는 경우에는 가산세를 감면한다(국기법 제48조 제1항 제2호). 여기서 정당한 사유는 의무를 알지 못한 것을 정당화할 수 있는 사정이 있거나 의무이행을 당사자에게 기대하는 것이 무리인 사정이 있을 때 등 의무의 불이행을 탓할 수 없는 사유가 있는 경우를 의미한다.[92] 단순한 법률의 부지나 오해의 범위를 넘어 세법해석상 의의(疑意)로 인한 견해 대립 등 납세의무자가 의무를 알지 못한 것에 책임을 귀속시킬 수 없는 합리적인 이유가 있을 때에도 정당한 사유가 있는 것으로 본다.[93] 특히 대법원 판결에 의하여 비로소 과세 법리가 명확해진 경우 그 이전 기간에 대하여는 신고납부의무의 불이행을 탓할 수 없는 정당한 사유가 있는 것으로 인정한다.[94]

가산세를 면제할 정당한 사유가 있는지는 특별한 사정이 없는 한, 납세의무자가 세법상 각종 의무를 위반한 시점을 기준으로 하므로 신고납부기한을 기준으로 판단한다.[95] 가산세는

---

92) 대법원 1992. 10. 23. 선고 92누2936, 2943 판결, 대법원 2005. 4. 15. 선고 2003두4089 판결
93) 대법원 2017. 7. 11. 선고 2017두36885 판결, 대법원 2022. 1. 14. 선고 2017두41108 판결
94) 대법원 2016. 10. 27. 선고 2016두44711 판결

납세자가 세법상 의무를 위반하는 경우에 부과하므로 가산세를 면제할 정당한 사유의 유무도 세법상 의무 위반시점을 기준으로 판단하는 것이 논리적이다.[96] 이 기준을 적용하면 종업원들이 사업자 몰래 횡령한 금액에 대하여 매출을 누락하고 신고납부기한 후에 비로소 종업원의 횡령사실을 알게 된 경우 가산세를 면제할 정당한 사유가 있는지 여부는 종업원의 횡령사실을 알게 된 때가 아니라 신고납부기한을 기준으로 판단하여야 한다.

(가) 관련 판례

① 정당한 사유를 인정한 판례

㉮ 파산관재인의 보수에 대한 소득을 잘못 신고한 경우[97]

납세자가 변호사로서 2002년부터 2014년까지 다수의 법인파산사건에 대한 파산관재업무를 수행하고 지급받은 보수를 줄곧 기타소득으로 신고하였는데, 과세관청이 이를 사업소득으로 보아 부과제척기간이 경과하지 않은 2009년 내지 2013년 귀속 종합소득세 부과처분을 하면서 가산세까지 부과한 사안에서, 대법원은 파산관재인의 보수가 사업소득으로 과세될 수 있는지에 관하여 세법 해석상 견해의 대립이 있었던 점, 과세관청 역시 2015년에 이르러 비로소 부과처분을 하는 등 그에 대한 확실한 견해를 가지지 못하였던 점, 종합소득세의 부과경위를 감안할 때 가산세까지 부과하는 것은 가혹한 점 등에 비추어, 위 보수를 사업소득으로 신고납부하지 않았더라도 그 의무를 게을리하였다고 비난할 수 없는 정당한 사유가 있다고 판시하였다.

㉯ 온실가스 감축실적을 판매하고 부가가치세 과세대상이 아니라고 믿은 경우[98]

납세자가 온실가스 감축실적에 대한 지급금을 받을 당시 온실가스 감축실적의 판매가 부가가치세 과세대상인 재화의 공급에 해당한다는 점을 판단하기 어려웠고, 주관부처로부터 사업을 위탁받아 수행하는 에너지관리공단이 위 지급금이 부가가치세 과세대상인 재화의 공급인지에 관하여 적법한 판단을 내리지 못한 사안에서, 대법원은 납세자가 온실가스 감축실적의 판매가 부가가치세 과세대상인 것을 알지 못한 데에 정당한 사유가 있다고 판시하였다.

㉰ 대법원 판결에 의하여 비로소 법리가 명확해진 경우[99]

甲회사가 자신의 토지에 회원제 골프장을 건설하면서 부동산신탁회사인 乙회사 앞으로 신탁등기를 마친 후 토지의 지목변경으로 인한 취득세를 신고하였고 관할 관청이 甲회사에 취득세를 부과하였는데, '신탁법에 의한 신탁으로 수탁자에게 소유권이 이전된 토지에 있어 지

---

95) 대법원 2022. 1. 14. 선고 2017두41108 판결
96) 납세자가 신고납부의무를 이행하지 않은 경우에 가산세를 부과하는 규정만 있을 뿐, 납세자가 신고납부기한 이후에 비로소 과소신고나 무신고 사실을 알게 된 경우 협력의무를 부과하면서 그에 관한 의무 위반을 이유로 가산세를 부과할 수 있다는 규정은 없다.
97) 대법원 2017. 7. 11. 선고 2017두36885 판결
98) 대법원 2018. 4. 12. 선고 2017두65524 판결
99) 대법원 2016. 10. 27. 선고 2016두44711 판결

목의 변경으로 인한 취득세 납세의무자는 수탁자로 본다'는 취지의 대법원판결이 선고되자, 관할 관청이 甲회사에 대한 부과처분을 직권취소하고 乙회사에 취득세 및 가산세를 부과한 사안에서, 대법원은 乙회사가 취득세를 신고납부하지 않더라도 대법원판결이 선고되기 전까지는 의무불이행을 탓할 수 없는 정당한 사유가 있다고 판시하였다.

이와 유사하게 공부상의 용도가 업무시설인 오피스텔의 공급이 국민주택의 공급에 해당하여 부가가치세 면제가 적용되는지 다투어진 사안에서, 조세심판원은 조세심판관합동회의의 결정에서 국민주택의 공급이 아니라고 명확하게 결정함으로써 세법해석상 견해의 대립이 해소된 것으로 보아 조세심판관합동회의의 결정이 있기 전의 과세기간에 대하여는 의무의 불이행을 탓할 수 없는 정당한 사유가 있다고 판단하였다.[100] 그러나 대법원은 조세심판관합동회의 결정이 있기 전까지 조세심판원 결정이 일관되지 않았다는 사정만으로 세법해석상 견해의 대립이 있었다고 인정할 수 없다고 하여 조세심판원과는 다른 입장을 보인다.[101]

㉣ 신고납부기한 후에 종업원의 횡령사실을 알게 된 경우[102]

원고들은 클럽을 운영하는 사업자인데, 종업원들이 클럽의 입장권을 위조판매하는 방법으로 대금을 빼돌렸다. 원고들은 종업원들의 횡령사실을 몰랐으므로 종업원의 횡령금에 대한 매출을 누락하였고, 그 매출에 관한 종합소득세, 부가가치세 등의 신고납부기한 후인 2013. 2. 6.경에 이르러서야 종업원들의 횡령사실을 알게 되었다. 원고들의 가산세를 면제할 정당한 사유가 있는지 다투어진 사안에서, 대법원은 가산세를 면제할 정당한 사유가 있는지 여부는 신고납부기한을 기준으로 판단하여야 한다고 전제한 후, 신고납부기한 당시 원고들에게는 가산세를 면제할 정당한 사유가 있다고 판시하였다. 이와 달리 원심판결은 원고가 종업원들의 횡령사실을 알게 된 2013. 2. 6.경을 기준으로 그 이전의 매출누락에 대하여는 정당한 사유가 있지만 그 이후의 매출누락에 대하여는 정당한 사유가 없다고 판시하였다.

㉤ 기타

납세자의 신고에 필요한 장부와 증빙서류가 압수된 경우,[103] 납부기한 전에 과세제외결정을 하였다가 다시 과세처분을 한 경우,[104] 상속세 신고가 유언집행자들에 의하여 행해진 경우,[105] 소송 중인 권리에 대해 납세자가 판결 확정 전까지 납세의무를 이행하지 않은 경우[106] 등에 대하여도 정당한 사유를 인정하였다.

---

100) 조심 2019. 6. 18.자 2019중1301 결정
101) 대법원 2021. 1. 28. 선고 2020두44725 판결
102) 대법원 2022. 1. 14. 선고 2017두41108 판결
103) 대법원 1987. 2. 24. 선고 85누229 판결
104) 서울행정법원 2011. 10. 5. 선고 2011구단1668 판결
105) 대법원 2005. 11. 25. 선고 2004두930 판결
106) 대법원 2024. 5. 9. 선고 2021두36080 판결

② 정당한 사유를 부인한 판례

㉮ 납세자가 인터넷 국세종합상담센터의 답변에 따라 과소신고한 경우[107]

납세자가 과세관청의 인터넷 국세종합상담센터의 답변에 따라 세액을 과소신고하게 되었더라도 그 답변은 과세관청의 공식적인 견해표명이 아니라 상담직원의 단순한 상담에 불과하므로 납세자에게 신고납세의무의 위반을 탓할 수 없는 정당한 사유가 있다고 볼 수 없다.

㉯ 납세자가 종합소득으로 신고납부할 것을 권고받고 양도소득세로 신고납부한 경우[108]

납세자가 과세관청으로부터 종합소득으로 신고납부할 것을 권고받고도 양도소득세로 신고납부한 경우 납세자가 세법을 몰라서 종합소득세에 해당되지 않는 것으로 오인하였다고 볼 수 없고, 설령 납세자의 신고납부가 오인에 기인한 것이라 하더라도 이는 세법을 숙지하지 못한 것에 불과하므로 가산세를 부과할 수 없는 정당한 사유가 있다고 할 수 없다.

㉰ 납세자가 세무공무원의 잘못된 설명을 믿고 신고납부의무를 이행하지 않은 경우[109]

납세자가 세무공무원의 잘못된 설명을 믿고 신고납부의무를 이행하지 않았다 하더라도 그것이 관계 법령에 어긋남이 명백한 때에는 그러한 사유만으로 정당한 사유가 있다고 할 수 없다.

(3) 세법해석 회신에 따라 신고납부한 후 그와 다른 과세처분을 하는 경우, 토지수용 등으로 세법상 의무를 이행할 수 없는 경우

과세관청의 세법해석 회신에 따라 세금을 신고납부하였는데, 과세관청이 그와 다른 과세처분을 하는 경우 과세관청의 회신을 신뢰한 납세자를 보호하기 위해 가산세를 감면하고(국기령 제28조 제1항 제1호), 토지수용 등으로 세법상 의무를 이행할 수 없는 경우 부득이한 것이므로 가산세를 감면한다(국기령 제28조 제1항 제2호).

(4) 의료비 지출연도와 실손의료보험금 수령연도가 달라 보험금 수령 후 종전 의료비 세액공제를 수정신고하는 경우

의료비 지출연도와 실손의료보험금 수령연도가 달라서 보험금 수령 후 종전 의료비 세액공제를 수정신고하는 경우 가산세를 감면한다(국기령 제28조 제1항 제3호). 예를 들어, 2020년에 의료비를 지출하고 연말정산을 통해 세액공제를 받은 후 2021년에 실손의료보험금을 수령한 경우 실손의료보험금 수령액은 의료비 세액공제를 받은 2020년에 차감하여야 하므로 2020년의 세금이 많아져서 수정신고를 하여야 한다. 이와 같이 의료비 지출연도와 실손의료보험금 수령연도의 차이로 인하여 불가피하게 수정신고를 하는 경우 보험금 수령연도 귀속 종합소득 확정신고 시까지 수정신고하면 가산세를 감면한다.

---

107) 대법원 2009. 4. 23. 선고 2007두3107 판결
108) 대법원 1991. 11. 26. 선고 91누5341 판결
109) 대법원 2015. 10. 29. 선고 2013두14559 판결

(5) 수정신고와 기한후 신고

수정신고와 기한후 신고한 경우 각 가산세를 감면한다(국기법 제48조 제2항 제1호, 제2호). 그 자세한 내용에 대하여는 수정신고와 기한후 신고 부분에서 살펴본 내용을 참고한다(제9장 제1절 및 제3절). 다만, 과세표준 신고에서 필수적인 첨부서류 등을 제출하지 않아 미신고로 간주되어 가산세가 부과되는 경우에는 수정신고를 하더라도 가산세가 감면되지 않는다.[110]

(6) 가산세의 50%가 감면되는 경우

과세전적부심사 결정·통지가 지연된 경우, 세법에 따른 제출 등의 기한이 지난 후 1개월 이내에 의무를 이행하는 경우, 예정신고 등을 할 때 과소신고하고 확정신고 때 수정신고한 경우, 예정신고 등을 하지 않고 확정신고 때 수정신고한 경우 가산세의 50%를 감면한다(국기법 제48조 제2항 제3호).

5. 가산세의 한도

가. 의의

가산세는 위반행위의 건별로 부과하며, 위반한 세목의 산출세액이나 공급가액 등을 기준으로 일정비율을 곱하여 계산하므로 복수의 위반행위가 있는 경우 가산세가 과도한 수준이 될 가능성이 있다. 따라서 단순협력의무 등 경미한 의무위반을 대상으로 하는 특정 유형의 가산세에 대하여는 가산세의 제재효과를 적정 수준으로 유지하도록 한도를 정하였다.[111]

국기법 제49조 제1항에서 규정하고 있는 소득세법, 법인세법, 부가세법, 상증세법, 조특법의 가산세에 대해서는 의무위반 종류별로 각각 중소기업은 5,000만 원, 중소기업이 아닌 기업은 1억 원을 한도로 가산세를 부과한다. 다만, 해당 의무를 고의적으로 위반한 경우에는 한도를 적용하지 않는다. 즉 중소기업은 5,000만 원, 중소기업이 아닌 기업은 1억 원을 초과하는 가산세가 부과될 수 있다. 소득세법, 법인세법 및 부가세법에 따른 가산세는 과세기간 단위, 상증세법에 따른 가산세는 상증세법에 따라 의무를 이행할 기간 단위로 가산세 한도를 적용한다(국기령 제29조의2 제2항). 법인세는 과세기간 단위로 한도를 적용하므로 3월말 결산법인에 대한 가산세 한도규정은 2021. 4. 1.~2022. 3. 31. 등과 같이 적용된다.[112]

나. 적용대상 가산세

소득세법에 규정된 가산세 중에는 소득세법 제81조(영수증 수취명세서 제출·작성 불성실가산세), 제81조의3(사업장 현황신고 불성실가산세), 제81조의6(증명서류 수취 불성실가산세), 제81조의7(기부금영수증 발급·작성·보관 불성실가산세), 제81조의10(계산서 등 제출

---

110) 국기법 기본통칙 48-0···5
111) 김완석외 3인, 주석 국세기본법(2023), 952~953면
112) 기획재정부 조세정책과-428(2011. 4. 7.)

불성실가산세), 제81조의11(지급명세서 등 제출 불성실가산세), 제81조의13(특정외국법인의 유보소득 계산 명세서 제출 불성실가산세) 등에 대하여 한도가 적용된다. 법인세법, 부가세법, 상증세법, 조세특례제한법에 규정된 가산세 중 국기법 제49조 제1항에 열거된 가산세에 대하여도 한도가 적용된다.

국세환급금과 환급가산금

제10장

제**1**절 국세환급금

1. 국세환급금의 의의 및 종류

가. 의의

국기법 제51조 제1항에 규정된 국세환급금은 납세의무자가 국가에 납부하거나 징수당한 국세 및 강제징수비 중 돌려받을 사유가 발생하여 환급받을 금액을 의미한다. 납세자는 국세를 납부할 의무가 없다고 생각하더라도 압류, 가산세 등 국세를 납부하지 않을 경우의 불이익을 피하기 위하여 국세를 납부하게 되는데, 추후 불복, 소송 등의 과정을 거쳐 납세의무가 없음이 확인되거나 과세관청 스스로 직권취소를 하면 국가로부터 세금을 환급받게 된다.

나. 국세환급금의 종류

(1) 오납금(誤納金)

오납금은 잘못 납부된 금액이라는 의미로서 납부 또는 징수의 기초가 된 신고(신고납세방식의 경우) 또는 부과처분(부과과세방식의 경우)이 부존재하거나 당연무효임에도 불구하고 납부 또는 징수된 세액을 말한다. 신고 또는 부과처분이 부존재하거나 당연무효인 경우에 신고 또는 부과처분에 의하여 납세의무자가 납부하거나 징수당한 금액은 국가가 처음부터 법률상 원인 없이 부당이득한 것이므로 오납금에 해당한다.[1]

(2) 과납금(過納金)

과납금은 초과하여 납부된 금액이라는 의미로서 납부 또는 징수의 기초가 된 신고(신고납세방식의 경우) 또는 부과처분(부과과세방식의 경우)이 당연무효는 아니나 그 후 취소 또는 경정되어 전부 또는 일부가 감소된 세액을 말한다. 과납액은 공정력(公定力)과 밀접한 관련이 있다. 공정력은 부과처분이 위법하더라도 당연무효가 아닌 경우에는 과세관청, 법원 등 권한 있는 기관에 의하여 취소될 때까지 아무도 그 하자를 이유로 부인할 수 없는 효력을 의미

---

[1] 대법원 1992. 3. 31. 선고 91다32053 전원합의체 판결

한다.[2] 부과처분에는 공정력이 인정되므로 부과처분이 당연무효가 아닌 한, 법원, 재결청, 과세관청 등과 같이 권한 있는 기관에 의하여 취소되어야 비로소 환급의무가 발생한다.[3]

(3) 환급세액

환급세액은 적법하게 납부 또는 징수되었으나 그 후 국가가 보유할 정당한 이유가 소멸되어 각 개별세법에서 환급하기로 정한 세액을 말한다. 환급세액은 소득세법이나 법인세법의 예납세액 환급 등과 같이 부당이득의 성격을 가진 것이 있는가 하면 소득세법이나 법인세법의 중소기업 결손금소급공제 등과 같이 조세정책적인 요청에 따른 것도 있다.[4] 개별세법에서 규정하고 있는 환급세액의 예를 들면 중간예납, 토지 등 매매차익예정신고납부, 수시부과 및 원천징수한 세액이 종합소득 총결정세액의 합계액을 초과하는 경우의 환급(소득법 제85조 제4항), 근로소득세액의 연말정산에 따른 환급(소득법 제137조 제2항), 중소기업의 소득세 결손금소급공제의 환급(소득법 제85조의2), 부가가치세 매입세액이 매출세액을 초과하는 경우의 환급(부가법 제59조) 등이 있다.

2. 국세환급금의 법적 성질 및 구제수단

가. 국세환급금의 종류에 따른 법적 성질 및 구제수단

(1) 과오납금(過誤納金)

과오납금은 과납금과 오납금을 합한 금액으로서 국가가 법률상 원인 없이 수령하거나 보유한 금액이므로 부당이득에 해당한다.[5] 조세과오납으로 인한 부당이득의 법적 성질에 대하여는 공권설(公權說)과 사권설(私權說)이 대립한다.[6] 공권설은 공법상 원인에 기하여 발생한 금전급부의 조정을 위한 것이므로 그 반환청구권은 공권에 해당하는 것으로 보고, 사권설은 공법관계에서 발생한 것이라도 재산적 가치를 내용으로 하므로 그 반환청구권은 사권에 해당하는 것으로 본다. 학설은 공권설이 다수설이나, 판례는 부당이득을 반환받는 납세자가 과오납액의 지급을 청구하기 위하여는 민사소송으로서 부당이득반환청구소송을 제기하여야 한다고 하여 사권설을 취하고 있다.[7] 판례에 의하면 납세자가 과오납액을 환급받기 위해서는 국가를 상대로 민사상 부당이득반환청구소송을 제기하여야 한다.

(2) 환급세액

각 개별세법에 규정된 환급세액은 종류가 많고 법적 성질이 다양하다. 이 중 부가가치세

---

2) 대법원 1991. 4. 23. 선고 90누8756 판결
3) 대법원 1994. 11. 11. 선고 94다28000 판결, 대법원 2007. 3. 16. 선고 2006다83802 판결
4) 대법원 1992. 11. 27. 선고 92다20002 판결
5) 대법원 1995. 4. 28. 선고 94다55019 판결, 대법원 2015. 8. 27. 선고 2013다212639 판결
6) 소순무·윤지현, 조세소송(2020), 667~669면
7) 대법원 1995. 4. 28. 선고 94다55019 판결, 대법원 2015. 8. 27. 선고 2013다212639 판결

환급세액과 중소기업의 결손금소급공제에 따른 환급세액에 대하여 살펴보기로 한다.

(가) 부가가치세 환급세액

부가가치세 환급세액은 부가가치세의 매입세액이 매출세액을 초과하는 경우에 환급하여야 하는 금액이다. 환급세액 지급의무의 성질에 대하여 판례는 정의와 공평의 관념에서 수익자와 손실자 사이의 재산상태 조정을 위해 인정되는 부당이득반환의무가 아니라 부가세법에 의하여 존부나 범위가 구체적으로 확정되고 조세정책적 관점에서 특별히 인정되는 공법상 의무라고 판시하고 있다.[8] 부가가치세 환급세액 지급의무는 납세의무자로부터 어느 과세기간에 과다하게 거래징수된 세액 상당을 국가가 실제로 납부받았는지와 관계없이 발생한다는 점에서 실제로 발생한 이득을 반환하는 부당이득반환의무와 차이가 있다고 본 것이다.

과거에는 부가가치세 환급세액 지급의무의 법적 성질을 부당이득이라고 보았으나,[9] 대법원 2013. 3. 21. 선고 2011다95564 전원합의체 판결이 판례를 변경하여 공법상 의무라고 판시한 것이다. 따라서 납세자가 부가가치세 환급세액을 신고하여 세액이 마이너스(−)로 확정되었는데 과세관청이 환급을 거부하면 납세자는 환급세액을 지급받기 위하여 민사상 부당이득반환청구소송이 아니라 공법상 당사자소송을 제기하여야 한다. 다만, 납세자가 부가가치세 환급세액을 신고하였는데 과세관청이 그 환급세액을 인정하지 않고 감액경정한 경우에는 납세자가 신고한대로 환급세액이 확정되지 않으므로 납세자가 당초 신고한 환급세액을 지급받기 위해서는 과세관청의 환급감액경정처분에 불복하여 환급감액경정처분을 취소하는 결정이나 판결을 받아야 한다.[10] 예를 들어, 납세자가 환급세액을 △10억 원으로 신고하였는데, 과세관청이 환급세액 중 7억 원을 부인하여 △3억 원으로 감액경정하거나 환급세액 10억 원을 모두 부인하고 다른 탈루세액이 발견되어 오히려 4억 원의 부과처분을 한 경우 납세자가 신고한 환급세액 10억 원을 돌려받기 위하는 전자의 경우 환급세액감액경정거부처분에 불복하여 그 취소를 구하여야 하고, 후자의 경우에는 4억 원의 부과처분에 불복하여 그 취소를 구하여야 한다.

(나) 중소기업의 결손금 소급공제에 따른 소득세 및 법인세의 환급세액

중소기업의 결손금 소급공제에 따른 소득세 및 법인세의 환급세액은 중소기업을 보호하기 위한 정책목적에서 인정된 것이다.[11] 중소기업인 납세자가 결손금 소급공제 신청을 하였다가 거부당한 경우에는 부당이득반환청구소송이 아니라 그 거부처분에 대한 취소소송을 제기하여 구제받을 수 있다.

---

8) 대법원 2013. 3. 21. 선고 2011다95564 전원합의체 판결
9) 대법원 1997. 10. 10. 선고 97다26432 판결
10) 대법원 1996. 9. 6. 선고 95다4063 판결
11) 대법원 2016. 2. 18. 선고 2013다206610 판결

나. 국세기본법 제51조 제1항의 법적 성격

국기법 제51조 제1항에 의하면 과세관청은 오납액, 과납액, 환급세액 등 국세환급금이 발생한 경우 국세환급금으로 결정하여 환급하여야 한다고 규정하고 있다. 이 규정의 성격에 대하여 대법원은 일관되게 국기법 제51조 제1항의 국세환급금의 결정은 이미 납세의무자의 환급청구권이 확정된 국세환급금에 대하여 내부적 사무처리절차로서 과세관청의 환급절차를 규정한 것에 불과하고 위 규정에 따른 국세환급금 결정에 의하여 환급청구권이 확정되는 것은 아니므로 위 국세환급금의 결정이나 이 결정을 구하는 신청에 대한 환급거부결정 등은 납세의무자가 갖는 환급청구권의 존부나 범위에 구체적이고 직접적인 영향을 미치는 처분이라고 볼 수 없다는 입장이다.[12] 다시 말하면 국기법 제51조 제1항은 정의와 공평의 견지에서 국가는 부당이득으로서 그 존재와 범위가 확정된 과오납액이나 환급세액이 있는 때에 납세의무자의 환급신청을 기다릴 것 없이 즉시 납세의무자에게 반환하여야 한다는 법리를 선언하는 것일 뿐 납세의무자에게 과세관청에 대한 과오납금 및 환급세액에 대한 환급결정의 신청권을 인정하는 규정이 아니라는 것이다.[13]

이에 대하여 대법원 1989. 6. 15. 선고 88누6436 전원합의체 판결의 소수의견은 납세자의 신청에 대한 세무서장의 환급거부결정이 직접 환급청구권을 발생하게 하는 형성적 효과가 아니라 확인적 의미밖에 없다고 하더라도 국기법 제51조의 규정을 위반하여 납세자에게 환급할 돈을 환급하지 않아 납세자에게 손해를 끼치고 있다면 행정소송으로 그 결정의 부당성을 다툴 수 있도록 하여야 한다는 입장을 밝혔다.

3. 국세환급청구권자

가. 일반적인 경우

국세환급금은 원칙적으로 환급하여야 할 국세 등을 납부한 해당 납세자에게 환급하여야 한다. 따라서 해당 국세 등의 납세자는 국가를 상대로 환급금 청구를 할 수 있다.

나. 특별한 경우

(1) 명의대여

과거 국기법 기본통칙은 명의대여가 확인되어 국기법 제14조의 실질과세원칙에 따라 실질소득자에게 과세할 때 당초 신고한 명의자의 소득금액을 결정취소함에 따라 발생하는 환급금은 실질소득자의 기납부세액으로 공제하고 잔여 환급금이 있는 경우 실질소득자에게 환급하여야 한다는 입장이었다.[14] 그러나 판례는 사업명의자에 대한 과세처분에 관하여 실제 사업자가 명의자 이름으로 직접 납부행위를 하였거나 납부자금을 부담하였더라도 납부의 법률효

---

12) 대법원 1989. 6. 15. 선고 88누6436 전원합의체 판결, 대법원 2002. 11. 8. 선고 2001두8780 판결
13) 대법원 1988. 2. 23. 선고 87누438 판결
14) 국기법 기본통칙 51-0…1

과는 과세처분의 상대방인 명의자에게 귀속되므로 명의자에게 환급하여야 한다고 판시하였다.[15] 이와 같이 국기법 기본통칙과 달리 명의자에게 환급하여야 한다는 판결이 선고되자, 2019. 12. 31. 국기법을 개정하여 종전의 국기법 기본통칙의 입장을 입법화하였다. 즉 국기법 제51조 제11항은 명의대여 관계에서 명의대여자에 대한 과세를 취소하고 실질귀속자를 납세의무자로 하여 과세하는 경우 실질귀속자가 납부한 것으로 확인된 금액은 실질귀속자에게 환급하도록 규정하였다.

(2) 제2차 납세의무

제2차 납세의무에 관하여 환급사유가 생긴 경우는 주된 납세의무의 성립요건이 충족되지 않은 경우와 주된 납세의무의 성립요건은 충족하였으나 제2차 납세의무의 성립요건이 충족되지 않은 경우로 구분할 수 있다.

첫째, 주된 납세의무의 성립요건이 충족되지 않아 제2차 납세의무자가 납부한 국세가 과오납금이 된 경우 제2차 납세의무자는 국세환급청구권을 행사할 수 있다. 이 경우 국기법 기본통칙에 의하면 과세관청은 제2차 납세의무자가 주된 납세의무자에게 구상권을 행사하였는지 조사하여 제2차 납세의무자가 승계납부한 한도 내에서 환급할 수 있도록 규정하고 있다.[16] 그러나 국가가 사인 간의 구상권 행사에 개입할 권한이 없으므로 제2차 납세의무자가 주된 납세의무자에게 구상권을 행사하였는지 여부와 상관없이 제2차 납세의무자가 환급청구권을 행사할 수 있다고 해석하는 것이 간명하다.[17]

둘째, 주된 납세의무의 성립요건은 충족되나 제2차 납세의무의 성립요건이 충족되지 않은 경우 제2차 납세의무자는 국세환급금의 환급을 청구할 수 있다.

(3) 보증

국기법 기본통칙은 세법상 보증인이 납부한 국세 등에 대하여 국세환급금이 발생한 때에는 피보증인인 납세자에게 환급하되, 보증인이 보증채무액을 초과하여 납부함으로써 발생한 국세환급금은 보증인에게 환급하여야 한다고 규정하고 있다.[18] 보증인에게 국세환급청구권을 인정하면 보증인과 본인 사이의 구상관계에 혼선이 생길 수 있다는 점을 고려하여 원칙적으로 피보증인에게 환급청구권을 인정한 것이다. 그러나 국가가 사인 간의 구상권 행사에 개입할 권한이 없으므로 보증인이 피보증인을 상대로 구상권을 행사하였는지 여부와 상관없이 보증인이 환급청구권을 행사할 수 있다고 해석하는 것이 간명하다.[19]

---

15) 대법원 2015. 8. 27. 선고 2013다212639 판결
16) 국기법 기본통칙 51-0…2 제2항
17) 이태로·한만수, 조세법강의(2020), 167~168면
18) 국기법 기본통칙 51-0…4
19) 이태로·한만수, 조세법강의(2020), 168면

(4) 매입자납부특례

매입자납부특례제도에 따른 의무를 이행하기 위하여 스크랩 등의 매입자가 입금한 부가가치세액 중 과오납된 금액이 있는 경우 전용계좌에 해당 금액을 실제로 입금한 매입자에게 이를 환급해야 한다(조특법 제106조의9 제11항). 매입자가 입금한 과오납 부가가치세액을 매출자에게 환급한다면 당사자 간에 부당이득반환의 문제가 발생할 수 있으므로 부가가치세를 입금한 매입자에게 환급하도록 한 것이다.

4. 국세환급금의 충당

가. 의의 및 취지

국세환급금의 충당은 납세자의 국세환급금채권과 국가의 조세채권을 대등액에서 소멸시키는 과세관청의 조치를 말한다. 충당은 민법상 상계와 유사하나 과세관청 일방만이 행사할 수 있다는 점에서 채권자와 채무자 쌍방이 권리를 행사할 수 있는 민법상 상계와 차이가 있다. 충당을 인정하면 납세자가 국세를 납부하는 과정과 국가가 국세환급금을 지급하는 과정을 생략하여 절차가 단순해지고 과세권자 입장에서 국세채권을 안정적으로 확보할 수 있는 장점이 있다. 충당을 인정하지 않으면 납세자가 국세환급금을 지급받은 후 국세를 납부하지 않을 가능성이 있으므로 국세채권의 확보가 보장되지 않는다.

나. 법적 성격

판례는 일관되게 국세환급금의 충당은 납세의무자가 갖는 환급청구권의 존부나 범위 또는 소멸에 구체적이고 직접적인 영향을 미치는 처분이라기보다는 국가의 환급금채무와 국세채권을 대등액에서 소멸시키는 점에서 민법상 상계와 비슷하다고 하여 충당의 처분성을 부인한다.[20] 따라서 과세관청의 충당에 오류가 있는 경우 납세자는 취소소송으로 충당의 취소를 구할 것이 아니라 민사소송에 의하여 이미 결정된 국세환급금의 반환을 청구하는 방법으로 권리구제를 받아야 한다.

다. 충당의 종류

(1) 직권충당

직권충당은 과세관청이 납세자의 체납국세 등을 대상으로 납세자의 의사와 관계없이 직권으로 하는 충당이다(국기법 제51조 제2항 본문). 국세환급금 중 충당 후 잔액이 20만 원 이하의 소액이고 지급결정일부터 1년 이내에 환급이 이루어지지 않는 경우에는 미체납 고지분 국세에 충당할 수 있고, 이 경우 납세자의 동의가 있는 것으로 간주한다(국기법 제51조 제8항). 미체납 고지분 국세에 대하여 납세자의 청구나 동의가 없으면 원칙적으로 국세환급금을 충당할

---

20) 대법원 2004. 3. 25. 선고 2003다64435 판결, 대법원 2019. 6. 13. 선고 2016다239888 판결

수 없으나, 장기 미수령 소액 환급금에 대하여는 납세자의 동의를 의제하여 충당할 수 있도록 한 것이다.

(2) 임의충당

임의충당은 과세관청이 ① 납세고지에 의하여 납부하는 국세, ② 세법에 따라 자진납부하는 국세를 대상으로 납세자의 동의나 청구하에 하는 충당이다(국기법 제51조 제2항 단서). 다만, 납세고지에 의하여 납부하는 국세에서 국세징수법상 납부기한 전 징수의 사유가 있는 경우에는 납세자의 동의나 청구가 없어도 직권충당할 수 있다.

라. 충당의 순위

세무서장이 국세환급금을 국세 등에 충당하는 경우 강제징수비와 국세 상호 간에는 강제징수비, 국세의 순서로 충당한다. 국세징수법 제3조에 의하면 체납액의 징수순위는 강제징수비, 국세, 가산세의 순서로 규정되어 있기 때문이다. 국세채권 상호 간에는 체납국세와 미체납국세 중 체납국세에 우선 충당한다(국기령 제31조 제2항 본문). 다만, 납세자가 미체납국세에 충당하는 것에 동의하거나 신청한 경우에는 미체납국세에 우선 충당한다(국기령 제31조 제2항 단서). 충당할 환급금이 2건 이상인 경우에는 소멸시효가 먼저 도래하는 분부터 충당한다(국기령 제31조 제4항).

마. 충당의 효력

(1) 직권충당

과세관청이 납세자의 체납국세 등으로 직권충당을 한 경우 국세채권과 국세환급금채권은 체납국세의 법정납부기한과 국세환급금의 발생일 중 늦은 때로 소급하여 대등액에서 소멸한다(국기법 제51조 제3항). 체납된 국세의 법정납부기한과 국세환급금의 발생일 중 늦은 때 충당적상에 있는 것으로 보는 것이다. 과거에는 직권충당에 대하여 소급효를 인정하지 않았다. 당시 판례는 국세환급금의 충당이 있으면 국세환급금채무와 국세채권은 대등액에서 소멸하고, 충당의 효력은 장래에 향하여 발생한다고 판시하였다.[21] 그러나 충당의 소급효를 인정하지 않으면 ① 제3자가 과세관청의 충당조치 전에 국세환급금채권을 압류하는 경우 국가의 징수 노력에도 불구하고 제3자가 국세환급금채권에 대한 우선적 권리를 행사하여 국고의 손실이 생길 수 있는 점, ② 체납국세의 소멸시기가 소급하지 않아 체납자의 가산세 부담이 증가하는 점 등의 문제가 발생한다.[22] 그리하여 2010. 12. 27. 국기법을 개정하여 직권충당에 대한 소급효를 명문화하였다.

---

21) 대법원 2008. 7. 24. 선고 2008다19843 판결, 대법원 2010. 1. 14. 선고 2009다75055 판결
22) 기획재정부, 「2010 간추린 개정세법」, 2011, 26면

(2) 임의충당

임의충당은 직권충당과 달리 납세자가 기한의 이익을 포기하는 것이므로 충당동의를 한 날 또는 충당청구를 한 날에 세금납부의 효력이 발생한다(국기법 제51조 제4항). 임의충당은 직권충당과 달리 소급효가 인정되지 않는다.

바. 원천징수세액의 충당

원천징수의무자가 원천징수하여 납부한 금액에 대하여 발생한 환급금이 있는 경우 같은 세목의 원천징수세액은 앞으로 납부할 원천징수세액에 충당한다(국기법 제51조 제5항). 다만, 원천징수의무자가 즉시 환급을 요구하거나 납부세액이 없는 경우에는 즉시 환급한다. 반면, 다른 세목의 원천징수세액의 경우 원천징수의무자가 소득세법에 따른 원천징수이행상황신고서에 그 충당·조정내역을 기재하여 신고한 경우에 한하여 충당할 수 있다.

5. 국세환급금의 환수

가. 의의

국세환급금의 환수는 납세의무자에게 내준 돈을 거두어들이는 것을 말한다. 국세환급금의 결정과정에서 오류로 국세환급금을 과다결정하였거나 환급대상자가 아닌 자에게 환급결정하여 환급금을 잘못 지급한 경우 그 금액을 환수하여야 한다. 과거에는 국세환급금 결정을 취소하는 경우 국세징수법이 아닌 예산회계법을 준용하여 반납고지를 발부하였으나, 납세자가 반환하지 않는 경우 강제징수하기 곤란하였으므로 이를 해결하기 위하여 1996. 12. 30. 국기법 개정 시 국세환급금 환수규정을 마련하였다.[23]

나. 법적 성격

국세환급금을 환수하는 경우 국세징수법의 강제징수 규정을 준용한다(국기법 제51조 제9항). 따라서 국기법 제51조 제9항에 의한 국세환급금의 환수는 국세의 징수에 부수하는 절차로서 징수처분의 성격을 갖는다.[24] 반면, 법인세법 제72조 제5항의 부당 결손금 소급공제 환수처분은 과세관청이 환급세액을 재결정한 후 세액을 확정하는 절차를 거쳐야 확정되므로 부과처분과 징수처분의 성격을 갖는다.[25]

6. 국세환급금의 적용배제

국기법 제47조의4 제6항은 납세자가 소득세 등을 과세기간을 잘못 적용하여 신고납부한 경우에는 납세자의 납부지연가산세 부담을 줄여주기 위하여 실제 신고납부한 날에 그 금액의

---

23) 재정경제원, 「96 간추린 개정세법」, 1997, 36면
24) 대법원 2013. 10. 31. 선고 2012다200769 판결
25) 대법원 2022. 11. 17. 선고 2019두51512 판결

범위에서 당초 신고납부하였어야 할 과세기간에 대한 국세를 자진납부한 것으로 간주하는 내용을 규정하고 있다. 이에 대응하여 국기법 제47조의4 제6항이 적용되어 국세를 자진납부한 것으로 적용되는 범위에서는 국세를 환급하지 않는다(국기법 제51조 제10항).

7. 물납재산의 환급

가. 의의

국가가 물납받은 국세를 환급하는 경우에는 원칙적으로 해당 물납재산으로 환급한다(국기법 제51조의2). 과거에는 국세를 물납받았더라도 금전으로 환급하는 것으로 해석하였으나, 비상장주식 등과 같은 물건으로 국세를 납부받는 경우 물납 후 가치가 현저히 감소하였음에도 금전으로 환급하면 국고의 손실이 초래된다. 이에 따라 2002. 12. 18. 국기법 개정 시 원칙적으로 물납재산으로 환급하도록 바꾸었다.[26]

나. 물납재산의 환급순서

물납재산을 환급하는 경우 환급순서에 관하여 납세자의 신청이 있는 경우에는 신청에 따르고, 납세자의 신청이 없는 경우에는 상증세법 시행령 제74조 제2항에 따른 물납충당재산 허가 순서의 역순(逆順)으로 환급한다(국기법 제51조의2 제3항, 국기령 제43조의2 제1항). 국가가 물납재산을 환급하는 경우 물납재산을 유지 또는 관리하기 위하여 지출한 비용은 국가가 부담하되, 국가가 물납재산에 자본적 지출을 한 경우에는 납세자의 부담으로 한다(국기령 제43조의2 제3항). 물납재산의 수납 이후 발생한 법정과실 및 천연과실은 납세자에게 환급하지 않고 국가에 귀속시킨다(국기령 제43조의2 제4항).

다. 환급가산금 지급 여부 및 충당

물납재산으로 환급하는 경우 환급가산금을 지급하지 않는다. 과거 판례가 환급가산금은 납세자가 세액을 금전으로 납부하였다가 환급받는 경우에만 적용된다고 판시하였고,[27] 2002. 12. 18. 국기법 제51조의2를 신설하여 판례의 입장을 입법화하였다. 물납재산을 환급하는 경우에는 국가의 보유기간 중 발생한 가치증가분이 납세의무자에게 이전되는 점, 물납은 현금납부보다 수납절차가 복잡한 점, 국가는 재산의 통상적인 관리를 위하여 비용을 지출하는 점 등을 고려하여 물납재산의 환급에 대하여 국세환급가산금을 지급하지 않는 것이다.[28] 충당은 과세관청이 납세자에게 금전으로 환급하는 경우에만 할 수 있으므로 과세관청이 물납재산으로 환급하는 경우에는 납세자의 체납국세 등이 있더라도 충당할 수 없다.[29]

---

26) 기획재정부, 「2002 간추린 개정세법」, 2003, 27면
27) 대법원 2000. 11. 28. 선고 98다63278 판결
28) 헌재 2022. 1. 27. 선고 2020헌바239 결정
29) 법령해석기본－22282(2015. 3. 20.)

라. 금전환급의 예외

국세를 물납받은 후 환급사유가 발생하였으나, 물납재산이 매각되는 등 물납재산으로 환급할 수 없는 경우에는 부득이하게 금전으로 환급한다(국기법 제51조의2 제2항, 국기령 제43조의2 제2항). 위와 같은 사유로 금전으로 환급하는 경우에는 수납가액, 즉 과세가액을 기준으로 환급액을 산정한다. 같은 취지에서 판례는 원고가 주식을 증여받은 후 그 직전의 공매가액이었던 1주당 285,880원으로 평가하여 증여세를 신고납부하였으나, 과세관청이 그보다 큰 금액인 1주당 1,070,866원으로 평가하여 증여세를 증액경정하였고 증여세부과처분에 대한 취소소송에서 공매가액인 1주당 285,880원이 정당하다는 이유로 증여세부과처분이 취소된 사안에서, 과세가액으로 인정된 1주당 285,880원을 기준으로 환급액을 산정하여야 한다고 판시하였다.[30]

8. 국세환급금에 관한 권리의 양도와 충당

가. 국세환급금에 관한 권리의 양도

납세자는 국세환급금에 관한 권리를 타인에게 양도할 수 있다(국기법 제53조 제1항). 민사채권의 경우 장래의 채권에 대하여도 그 채권이 양도 당시 기본적 채권관계가 어느 정도 확정되어 있어 권리의 특정이 가능하고 가까운 장래에 발생할 것임이 상당 정도 기대되면 양도할 수 있다.[31] 이러한 법리를 국세환급금에 관한 권리에 적용하면 납세자가 과세처분에 대한 불복이나 소송을 제기하면서 그 결정이나 판결이 확정된 후 발생하는 장래의 국세환급금채권을 제3자에게 양도하는 것도 가능하다. 납세자가 국기법 시행규칙 소정의 국세환급금 양도요구서를 사용하지 않고 일반 채권양도 절차에 따라 국세환급금채권을 양도하고 양도통지를 한 경우에도 그 양도통지가 국기법 시행령에 정한 내용을 포함하고 있는 이상, 그 양도통지는 국기법에 따른 적법한 양도통지에 해당한다.[32]

나. 선충당권(先充當權)

(1) 의의

납세자가 국세환급금채권을 제3자에게 양도하여 권리가 양수인에게 이전되는 경우 국가는 국세환급금을 양수인의 체납국세 등에 충당하고 남은 금액은 양수인에게 환급하여야 한다.[33] 그 밖에 국가는 양도인의 체납국세 등에 대하여도 충당할 수 있는데, 이와 같이 국세환급금채권의 양도와 관련하여 과세관청이 양도인의 체납국세 등에 충당할 수 있는 권리를 선충당권이라고 한다(국기법 제53조 제2항). 선충당권은 조세를 능률적으로 확보하기 위하여 민법상 지

---

30) 대법원 2010. 8. 26. 선고 2010다25018 판결
31) 대법원 1996. 7. 30. 선고 95다7932 판결, 대법원 2010. 4. 8. 선고 2009다96069 판결
32) 대법원 2006. 8. 24. 선고 2006다33494 판결
33) 국기법 기본통칙 53-42…2

명채권 양도의 법리에 대한 예외를 인정하여 제3자인 양수인의 채권보다 국세채권을 우선하는 것이므로 그 이론적 근거는 국세우선권에서 찾을 수 있다.[34] 그러나 양수인의 입장에서는 국세환급금채권을 양수한 후 국가를 상대로 국세환급금을 청구하였는데, 국가가 양도인에 대한 체납국세에 충당하고 나머지 금액만 지급한다면 불측의 손해를 입을 수 있다. 이를 최소화하기 위하여 과세관청의 선충당권의 행사시기를 제한하고 있다.

(2) 행사시기

과세관청은 국세환급금채권이 확정된 시점과 국세환급금채권의 양도요구를 받은 시점 중 늦은 시점부터 선충당권을 행사할 수 있다. 선충당권을 언제까지 행사할 수 있는지, 즉 선충당권의 종기(終期)에 대하여 국기법 제53조 제2항은 "지체 없이"라고 규정하고 있어 그 시기를 구체적으로 특정하기 어렵다. 국기법 제51조 제6항이 국세환급금 중 충당 후 남은 금액은 국세환급금의 결정일부터 30일 내에 환급하여야 한다고 규정한 점을 근거로 선충당권의 행사시기를 기산일로부터 30일 내로 제한하는 것이 합리적이라는 견해,[35] 제3자의 신뢰보호와 법적 안정성을 위하여 7일 정도가 적당하다고 하는 견해[36] 등이 있으나, 국기법이 구체적으로 규정하고 있지 않으므로 해석론상 한계가 있다. 하급심 판례 중에는 국기법 제51조 제6항이 국세환급금 충당 후 남은 금액은 국세환급금 결정일로부터 30일 이내에 납세자에게 지급하도록 규정하고 있으므로 과세관청의 충당이 국세환급금채권의 양도요구를 받은 때 또는 국세환급금채권이 발생한 때로부터 30일 이내에 이루어진다면 지체 없는 충당에 해당한다고 판시한 것이 있다.[37]

9. 국세환급금의 소멸시효

가. 소멸시효 기간과 기산일

국세환급금채권은 민법상 부당이득반환청구권의 소멸시효기간인 10년보다 단기인 5년의 소멸시효를 규정하고 있다(국기법 제54조 제1항). 조세법률관계를 조기에 확정하기 위한 취지이다. 국세환급금과 국세환급가산금에 관한 권리는 행사할 수 있는 때부터 진행한다. 국세환급금과 국세환급가산금에 관한 권리를 행사할 수 있는 때는 원칙적으로 국기법 제52조 소정 국세환급가산금의 기산일과 일치하나, 납부 후 그 납부의 기초가 된 신고나 부과를 경정하거나 취소하는 경우에는 납부일이 아니라 경정결정일 또는 부과취소일이 기산일이다.[38] 국세환급금채권이 확정되기 전에는 국세환급금채권을 행사할 수 없으므로 국세환급금채권이 확정

---

34) 대법원 2009. 3. 26. 선고 2008다31768 판결
35) 성용우, "국세환급금의 충당 및 양도의 효력", 대법원 판례해설 49호, 2004, 491~492면
36) 김영순, 국세환급제도의 합리적 해석과 그 개선방안에 관한 연구, 서울시립대학교, 2011, 204~205면
37) 서울고등법원 2015. 7. 22. 선고 2015누32652 판결
38) 국기법 기본통칙 54−0…1

되는 시점인 경정결정일 또는 부과취소일이 소멸시효 기산일이 된다. 따라서 오납금은 납부일부터 소멸시효가 진행하나, 과납금은 과세처분의 취소나 경정이 확정된 때부터 소멸시효가 진행한다.

나. 소멸시효에 대한 민법규정 준용

(1) 과세처분의 취소 등 행정소송을 제기한 경우의 소멸시효 중단(국기법 제54조 제2항)

민법 제168조 제1호에 따르면 청구에 의하여 소멸시효가 중단된다. 과세처분에 취소사유의 하자가 있는 경우에는 취소판결 확정 후 국세환급금채권이 발생하고, 그때부터 소멸시효가 진행되기 때문에 소송 중에는 소멸시효가 완성되지 않는다. 그러나 과세처분에 무효사유의 하자가 있는 경우에는 납부일에 이미 국세환급금채권이 발생하고, 그때부터 소멸시효가 진행하므로 무효확인소송 또는 무효확인을 구하는 의미의 취소소송을 제기한 경우 소송이 지연되면 소송 중에 소멸시효가 완성되는 경우가 생길 수 있다. 실제 아래에서 살펴보는 대법원 1992. 3. 31. 선고 91다32053 전원합의체 판결에서는 무효확인을 구하는 의미의 취소소송 중 소송이 지연되어 소송 중에 소멸시효가 완성되는 경우가 발생하였다. 무효확인을 구하는 의미의 취소소송은 무효사유의 하자가 있음에도 취소소송을 제기한 경우로서 취소소송과 마찬가지로 취급한다.[39]

과세처분에 무효사유의 하자가 있는 경우 과세처분의 취소 또는 무효확인을 구하는 소를 제기한 것이 국세환급청구권의 소멸시효 중단사유인 청구에 해당하는지 여부가 다투어진 사안에서, 대법원 1992. 3. 31. 선고 91다32053 전원합의체 판결은 소멸시효 중단사유에 해당한다고 판시하였다. 다수의견은 일반적으로 위법한 과세처분의 취소를 구하는 행정소송은 국세환급청구권이라는 사권(私權)을 행사한 것으로 볼 수 없어 국세환급청구권에 대한 시효중단사유가 될 수 없음이 원칙이나, 오납한 조세에 대한 부당이득반환청구권을 실현하기 위한 수단이 되는 과세처분의 취소 또는 무효확인을 구하는 소는 소송물이 객관적인 조세채무의 존부확인으로서 실질적으로 민사소송인 채무부존재확인의 소와 유사한 점, 과세처분의 유효 여부는 그 과세처분으로 납부한 조세에 대한 환급청구권의 존부와 표리관계에 있어 실질적으로 동일 당사자인 조세부과권자와 납세의무자 사이의 양면적 법률관계로 볼 수 있는 점 등을 고려하여 과세처분의 취소 또는 무효확인청구의 소가 조세환급을 구하는 부당이득반환청구권의 소멸시효 중단사유인 재판상 청구에 해당한다고 판시하였다. 쉽게 말하면 납세자는 납부한 세금을 돌려받기 위하여 과세처분에 대한 취소소송을 제기한 것으로서 권리 위에 잠자는 자가 아니므로 과세처분 취소소송의 제기에 의하여 국세환급청구권의 소멸시효가 중단된 것으로 볼 수 있다는 것이다. 이에 대해 반대의견은 과세처분의 취소 또는 무효확인을 구하는 행정소송의 제기는 국세환급청구권을 행사하는 것으로 볼 수 없으므로 국세환급청구권의 소

---

39) 대법원 1993. 3. 12. 선고 92누11039 판결

멸시효를 중단시키는 재판상 청구에 해당하지 않는다는 입장이었다. 반대의견에 의하면 납세자는 과세처분의 취소 또는 무효확인을 구하는 행정소송과 함께 국세환급금의 지급을 구하는 소송을 병합하여 제기하여야 하는데, 이는 납세자에게 큰 부담을 주는 것이어서 불합리하다. 2014. 12. 23. 개정된 국기법 제54조 제2항은 뒤늦게나마 위 전원합의체 판결의 법리를 수용하여 국세환급금과 국세환급가산금을 과세처분의 취소 또는 무효확인청구의 소 등 행정소송으로 청구한 경우 소멸시효의 중단사유가 된다고 규정하였다.

(2) 소멸시효 항변

납세자가 국세환급금청구를 하는 경우 국가는 정의와 형평의 관념상 소멸시효가 완성되었다는 취지의 항변을 할 수 없다는 견해가 있으나,[40] 판례는 국세환급금채권을 사권으로 보기 때문에 원칙적으로 소멸시효 항변을 할 수 있다고 판시하였다.[41] 다만 채무자인 국가가 시효완성 전에 채권자의 권리행사나 시효중단을 불가능 또는 현저히 곤란하게 하거나 그러한 조치가 불필요하다고 믿게 하는 행동을 한 경우, 객관적으로 채권자가 권리를 행사할 수 없는 장애사유가 있었던 경우, 일단 시효완성 후에 채무자인 국가가 시효를 원용하지 않을 것과 같은 태도를 보여 채권자에게 그와 같이 신뢰하게 한 경우, 채권자보호의 필요성이 크고 같은 조건의 다른 채권자가 채무변제를 수령하는 등의 사정이 있어 채무이행의 거절을 인정함이 현저히 부당하거나 불공평하게 되는 경우 등에는 예외적으로 국가가 소멸시효의 완성을 주장하는 것이 신의성실원칙에 반하여 허용되지 않을 수 있다.

(3) 소멸시효 이익의 포기

국가가 소멸시효의 이익을 포기하는 것은 공익의 보호와 납세자 간 형평에 비추어 허용되지 않는다.[42] 이에 대해서는 조세법률주의원칙상 과세관청은 부과처분에 위법사유가 발견되면 불가쟁력이 발생한 후에도 직권취소하고 환급하는 것이 바람직하다는 이유로 소멸시효 이익의 포기를 허용하여야 한다는 반론이 있다.[43]

(4) 민법규정의 준용

소멸시효는 본래 민법에서 발전된 제도이므로 세법에 규정이 없으면 민법의 소멸시효 규정을 준용한다. 따라서 국세환급금 및 국세환급가산금의 소멸시효의 중단과 정지에 관하여는 민법 제168조 내지 제182조의 규정을 준용한다.[44]

---

40) 김백영, "과오납반환청구권의 소멸시효", 판례월보 제211호, 1988, 52면
41) 대법원 1994. 12. 9. 선고 93다27604 판결
42) 소순무 · 윤지현, 조세소송(2020), 709면
43) 김영순, "조세환급채권의 소멸시효에 관한 연구", 행정법연구 제36권, 2013.7., 207~208면
44) 국기법 기본통칙 54 - 0…2

(5) 세무서장이 환급청구를 안내·통지한 경우의 소멸시효 중단 여부(국기법 제54조 제3항)

민법 제168조 제3호에 의하면 승인에 의하여 소멸시효가 중단된다. 세무서장이 납세자의 환급청구를 촉구하기 위하여 납세자에게 하는 환급청구의 안내·통지 등이 소멸시효의 중단 사유인 채무의 승인으로 볼 수 있는지 문제된다. 환급청구의 안내·통지 등은 단순히 납세자에게 국세환급금이 있는 경우 청구할 것을 안내하는 것일뿐 국가의 채무를 승인하는 것이라고 볼 수 없다. 만약 환급청구의 안내·통지 등을 소멸시효의 중단사유로 보게 되면 국세환급 금을 안내할 때마다 소멸시효가 새로이 기산되고, 이를 피하기 위하여 과세관청이 국세환급 안내문을 보내지 않는 등 환급행정을 소극적으로 하여 오히려 납세자에게 불이익을 초래할 수 있다. 국기법 제54조 제3항은 납세자의 환급청구를 촉구하기 위하여 납세자에게 하는 환급 청구의 안내·통지 등은 소멸시효의 중단사유가 아님을 명확히 하였다.

제2절 국세환급가산금

1. 의의

국세환급가산금은 국세환급금을 충당 또는 지급할 때 국세환급금에 가산하여 지급하는 금 액을 의미한다. 국세환급가산금은 "국세환급금 × 이자율 × 기간"의 산식에 의하여 계산한다. 국세환급가산금의 이자율은 시중은행의 1년 만기 정기예금 평균 수신금리를 고려하여 기획재 정부령으로 정하는데, 2024. 3. 22. 이후 연 3.5%이다(국기칙 제19조의3). 다만, 국세환급금의 조속한 지급을 유도하기 위하여 조세불복 인용 확정일로부터 40일 이후에는 기본이자율의 1.5 배를 적용한다(국기령 제43조의3 제2항).

국세환급가산금의 계산에서 그 대상이 되는 금액에는 본세, 강제징수비 및 연부연납이자세 액이 포함된다.[45] 국기법에서 국세환급가산금이 붙는 대상으로 가산세를 명시하고 있지 않으나, 가산세도 포함된다.[46] 경정청구, 불복 결정·판결 없이 고충민원의 처리를 위해 국세환급 금을 충당·지급하는 경우에는 납세자의 민원해결 차원에서 국세를 환급하는 것이므로 국세 환급가산금을 지급하지 않는다(국기법 제52조 제3항).

2. 법적 성격

국세환급가산금은 국세환급금에 대한 법정이자에 해당한다.[47] 국세환급가산금의 지급에

---

45) 국기법 기본통칙 52-0…1
46) 대법원 2009. 9. 10. 선고 2009다11808 판결
47) 대법원 2008. 1. 10. 선고 2007다79534 판결

대한 국기법 규정은 부당이득의 반환범위에 대한 민법 제748조의 특칙이므로 수익자인 국가의 선의와 악의를 불문하고 국세환급가산금 규정에서 정한 기산일과 비율에 의하여 확정된다. 판례는 납세자가 국세환급금에 대하여 이행청구를 한 후에는 법정이자의 성질을 가지는 환급가산금청구권 및 이행지체로 인한 지연손해금청구권이 경합적으로 발생하고, 납세자는 선택에 따라 그중 하나의 청구권을 행사할 수 있다고 판시하였다.[48] 이에 대하여는 국세환급금에 관하여 민사상 손해배상청구권을 경합적으로 인정함으로써 납세자의 선택에 따라 국가의 재정부담이 변동되는 문제가 있다는 비판이 있다.[49] 또한 환급가산금에 대하여 다시 지연손해금을 청구할 수 있다는 취지의 2008. 1. 10. 선고 2007다79534 판결, 법정이자 및 그 이자에 대한 지연손해금을 인정하는 취지의 2003. 11. 14. 선고 2001다61869 판결과 조화되지 않는다는 비판이 있다.[50]

3. 기산일(국기령 제43조의3)
가. 착오납부, 이중납부 등
(1) 의의

착오납부, 이중납부, 납부 후 그 납부의 기초가 된 신고나 부과를 경정하거나 취소함에 따라 국세환급금이 발생한 경우 그 기산일은 국세납부일의 다음 날이다. 국기법상 경정청구에 따라 환급하는 경우에도 마찬가지이다. 경정청구를 한 경우 국세환급가산금의 기산일에 대하여는 몇 차례 개정이 있었다. 과거에는 경정청구에 의하여 환급금이 발생한 경우 과세관청에 귀책사유가 없으므로 경정청구일 다음 날부터 국세환급가산금이 붙는 것으로 규정하였다. 경정청구에 의하여 국세를 환급하는 경우 국가는 선의의 수익자와 비슷한 지위를 가진다고 본 것이다. 그 후 2021. 2. 17. 국기법 시행령 개정 시 경정청구하는 경우에도 납부일 다음 날부터 국세환급가산금이 붙도록 규정하였다. 이로써 납세자는 국세납부일부터 경정청구일 전날까지의 국세환급가산금을 더 지급받을 수 있게 되었다.

(2) 국세가 2회 이상 분할납부된 경우

국세가 2회 이상 분할납부된 경우에는 마지막 납부일로 하되, 국세환급금이 마지막에 납부된 금액을 초과하는 경우에는 그 금액이 될 때까지 납부일의 순서로 소급하여 계산한 국세의 각 납부일로 한다. 예를 들어, 국세 3억 원을 2022. 2. 1.에 1억 원, 2022. 4. 1.에 1억 원, 2022. 6. 1.에 1억 원 등 3회에 걸쳐 분할납부하였는데, 2억 원을 환급하게 된 경우 환급금 2억 원이 마지막 납부금 1억 원을 초과하므로 이를 납부일의 순서로 소급하여 계산하면 2022. 6. 1.의 1억 원과 2022. 4. 1.의 1억 원 합계 2억 원이 된다. 따라서 2022. 4. 1.이 납부일이 되므로 그

---

48) 대법원 2009. 9. 10. 선고 2009다11808 판결
49) 황남석, "과오납금 환급 시 국세환급금에 적용할 이자율에 관한 연구", 사법 제52호, 2020, 711~734면
50) 강석규, 조세법쟁론(2023), 284~285면

다음 날부터 국세환급가산금이 붙는다. 동일한 과세기간 및 세목의 국세에 대하여 당초 신고 또는 부과에 따른 납부 이후에 증액경정처분 및 그에 따른 납부가 이루어진 경우에는 분할납부에 해당하지 않으므로 국세환급가산금의 기산일은 각각의 국세환급금이 발생한 국세 납부일의 다음 날이다.[51] 개별세법에서 정한 분할납부 요건에 해당하지 않는 이상, 과세관청의 증액경정처분에 따라 국세 등을 몇 회에 걸쳐 납부했다고 하더라도 분할납부라고 할 수 없기 때문이다.

(3) 중간예납 또는 원천징수에 의하여 납부된 경우

세법에 따른 중간예납 또는 원천징수에 의하여 납부된 경우에는 실제 납부일이 아니라 해당 세목의 법정신고기한 만료일에 납부된 것으로 본다. 세법에 따른 중간예납액 또는 원천징수에 의한 납부액은 일단 세금이 납부되었지만 최종 확정절차가 남아 있으므로 해당 세목의 법정신고기한 만료일에 납부된 것으로 보는 것이다.[52]

(4) 관련 판례

보험업을 영위하는 비상장법인 甲회사가 구 조세감면규제법(1998. 12. 28. 개정 전) 제56조의2 제1항에 따라 주식상장을 전제로 자산재평가를 실시하고 과세관청의 재평가세 부과처분에 따라 재평가세를 납부하였는데, 그 후 甲 회사가 상장기한인 2003. 12. 31.까지 주식을 상장하지 않자 과세관청이 재평가세 부과처분을 취소하고 재평가세를 환급하면서 납부일 다음 날부터 환급일까지의 환급가산금을 지급하였다가 그것이 착오에 의한 것이라는 이유로 환수처분을 한 사안에서, 판례는 甲회사가 2003. 12. 31.까지 주식을 상장하지 아니하여 위 재평가는 자산재평가법에 의한 재평가에 해당하지 않게 되었고, 이에 따라 과세관청이 재평가세 부과처분을 취소하고 재평가세를 환급한 이상, 과세관청은 비상장법인이 재평가세를 납부한 다음 날부터 환급가산금을 지급할 의무가 있다고 판시하였다.[53]

나. 적법하게 납부된 국세의 감면으로 국세환급금이 발생한 경우, 적법하게 납부된 후 법률 개정으로 국세환급금이 발생한 경우

적법하게 납부된 국세의 감면으로 국세환급금이 발생한 경우에는 감면결정일의 다음 날이 국세환급가산금의 기산일이고(국기령 제43조의3 제2호), 적법하게 납부된 후 법률 개정으로 국세환급금이 발생한 경우에는 개정된 법률 시행일의 다음 날이 국세환급가산금의 기산일이다(국기령 제43조의3 제3호).

다. 소득세법 등에 따른 환급세액 신고 등으로 인하여 환급하는 경우

국세환급가산금의 기산일은 환급세액 신고를 한 경우에는 신고일(신고일이 법정신고기일

---

51) 대법원 2020. 3. 12. 선고 2018다264161 판결
52) 김완석외 3인, 주석 국세기본법(2023), 1017면
53) 대법원 2011. 5. 26. 선고 2009두4074 판결

전인 경우에는 해당 법정신고기일)부터 30일이 지난 날이고, 환급세액을 신고하지 아니하여 결정으로 인해 발생한 환급세액을 환급할 때에는 해당 결정일부터 30일이 지난 날이다. 행정적으로 과세관청이 즉시 환급세액을 환급하기 어려우므로 30일의 시간적 여유를 부여한 것이다. 세법에서 별도로 환급기한을 정한 경우에는 그 환급기한이 지난 날이 국세환급가산금의 기산일이 된다. 예를 들어, 부가가치세 조기환급의 경우 신고기한 이후 15일이 지난 날, 원료용 주류에 대한 환급의 경우 납부기한 이후 10일이 지난 날이 각 기산일이다(부가법 제59조 제1항, 주세법 시행령 제18조 제3항).

제11장 국세 전심절차

제1절 개관

1. 국세 전심절차의 의의 및 종류

가. 의의 및 취지

헌법 제107조 제3항은 "재판의 전심절차로서 행정심판을 할 수 있고, 행정심판의 절차에 대하여는 사법절차를 준용한다."고 규정하고 있다. 행정심판의 준사법화를 위하여는 심판기관의 독립성과 공정성의 확보, 심리절차의 대심구조화(對審構造化), 당사자의 절차적 권리보장 등이 요구된다.[1] 헌법재판소는 과거 지방세 부과처분에 대한 이의신청 및 심사청구의 심의의결기관인 지방세심의위원회의 심리절차에 사법절차적 요소가 미흡하고 당사자의 절차적 권리보장이 결여되어 있는 등 헌법 제107조 제3항이 요구하는 사법절차 준용의 요청을 외면하고 있다는 이유로 위헌이라고 결정하였다.[2] 그 후 지방세 불복절차를 임의절차로 운영하다가 2019. 12. 31. 지방세기본법 개정 시 필수절차화하여 원칙적으로 심판청구를 거쳐야 행정소송을 제기하도록 변경하였다(지기법 제98조 제3항).

헌법 제107조 제3항에 근거한 행정심판전치주의는 행정청으로 하여금 스스로의 재고(再考) 및 시정의 기회를 부여하기 위한 제도이다.[3] 행정심판은 소송보다 간편한 절차를 통하여 시간과 비용을 절약하면서 신속하고 효율적인 권리구제를 꾀할 수 있고 행정기관의 전문성을 활용할 수 있으며 법원의 부담을 덜어준다는 점 등에서 존재의의가 있다.[4] 특히 국세불복과 같은 특별행정심판의 경우에는 일반행정심판보다 고도의 전문성이 요구되므로 전심절차의 필요성이 더 크다.

---

1) 신봉기, "특별행정심판의 개념과 허용요건", 경북대학교 법학논고 제32집, 2010, 485면
2) 헌재 2001. 6. 28. 선고 2000헌바30 결정
3) 대법원 1996. 7. 30. 선고 95누6328 판결
4) 헌재 2002. 10. 31. 선고 2001헌바40 결정

나. 종류

(1) 이의신청

이의신청은 처분청인 세무서장이나 그 직근상급기관인 지방국세청창에 제기하는 불복청구이다. 이의신청은 그 제기에 엄격한 형식을 요구하지 않으므로 국기법 시행령 소정의 이의신청서와 명칭과 서식을 달리 하지만 그 내용이 과세처분의 취소를 구하는 것인 경우에는 이의신청으로 볼 수 있다.[5] 세법에 의한 처분 중 수입물품에 부과하는 부가가치세의 부과 등 세관장의 처분에 대하여 불복을 제기하는 경우에는 세관장에게 이의신청을 하고 그 결과에 따라 관세청장에게 심사청구를 하거나 조세심판원장에게 심판청구를 할 수 있다.[6]

(2) 국세청 심사청구와 감사원 심사청구

국세청 심사청구는 처분청의 상급기관인 국세청창에 제기하는 불복청구이고, 감사원 심사청구는 감사기관인 감사원에 제기하는 불복청구이다. 감사원의 감사를 받는 자의 직무에 관한 처분 기타 행위에 관하여 이해관계 있는 자는 감사원에 심사청구를 할 수 있는데(감사원법 제43조 제1항), 국기법은 감사원 심사청구에 대하여 국세심판의 전심절차로서의 효력을 부여하고 있다(국기법 제55조 제5항).

(3) 조세심판원 심판청구

조세심판원 심판청구는 국무총리 소속 조세심판원에 제기하는 불복청구이다.

다. 불복청구 사이의 관계

이의신청은 임의절차이므로 납세자의 선택에 따라 생략할 수 있고, 심사청구와 심판청구는 필수절차이나 그중 하나의 절차만 거쳐야 한다. 따라서 납세자는 행정소송을 제기하기 전에 이의신청을 거쳐 국세청 심사청구, 감사원 심사청구, 심판청구 중 하나를 거칠 수 있고, 이의신청을 거치지 않고 국세청 심사청구, 감사원 심사청구, 심판청구 중 하나를 거칠 수도 있다. 동일한 처분에 대한 이의신청을 세무서장과 지방국세청장에게 중복제기한 경우에는 상급기관인 지방국세청장에게 이의신청을 제기한 것으로 보고, 이의신청과 심사청구를 중복제기한 경우에는 상급기관인 국세청장에게 심사청구를 제기한 것으로 보며, 이의신청 또는 심사청구와 감사원 심사청구를 중복제기한 경우에는 감사원 심사청구를 제기한 것으로 본다.[7]

2. 국세심판절차의 연혁

1974. 12. 21. 제정 국기법에서는 재무부장관 아래 실치된 국세심판소가 국세심판업무를 담

---

5) 대법원 1986. 10. 28. 선고 86누540 판결
6) 국기법 기본통칙 55-0…2
7) 국기법 기본통칙 55-0…5

당하였다. 납세자는 행정소송을 제기하기에 앞서 국세청 심사청구를 하고 다시 심판청구를 거쳐야 하나, 이의신청은 납세자의 선택에 따라 임의로 선택할 수 있었다. 즉 이의신청, 심사청구, 심판청구의 3단계 구조로 되어 있었다. 1998. 3. 1. 서울행정법원이 출범하면서 행정소송이 종래의 고등법원, 대법원의 2심제에서 행정법원, 고등법원, 대법원의 3심제로 변경됨에 따라 국세전심절차의 단계를 줄여야 한다는 요구가 강해졌다.[8] 이에 1999. 8. 31. 국기법을 개정하여 국세심판소의 명칭을 국세심판원으로 바꾸고, 심사청구와 심판청구 중 하나만 거치면 행정소송을 제기할 수 있도록 전심절차를 줄였다. 국세심판을 담당하는 국세심판원은 정부조직 개편에 따라 지방세 심사청구를 담당하는 행정자치부 지방세심의위원회를 통합하면서 국무총리 소속의 조세심판원으로 확대개편되었다. 2008. 2. 29. 국기법의 개정으로 조세심판원은 국세, 관세, 지방세 불복을 아우르는 조세불복기관이 되었다.

제2절 통칙

1. 불복의 대상

가. 개괄주의

불복의 대상인 처분을 규율하는 방식에는 개괄주의(概括主義)와 열거주의(列擧主義)가 있다. 개괄주의는 위법하기나 부당한 처분에 의하여 권리와 이익을 침해받은 경우 그 위법하거나 부당한 처분을 모두 불복의 대상으로 하는 것이고, 열거주의는 불복의 대상을 법령에 구체적으로 열거하고 그 사항만 불복의 대상으로 하는 것이다. 국기법 제55조 제1항은 불복의 대상을 "위법 또는 부당한 처분"이라고 규정하여 개괄주의를 채택하였다. 개괄주의는 불복의 대상이 광범위하므로 열거주의보다 국민의 권익을 넓게 보호할 수 있다.

나. 불복의 대상인 경우

(1) 처분

국기법은 처분의 개념을 별도로 규정하지 않으므로 행정심판법에 규정된 처분의 개념을 따른다. 행정심판법에 의하면 처분이란 "행정청이 행하는 구체적 사실에 관한 법집행으로서의 공권력의 행사 또는 그 거부, 그 밖에 이에 준하는 행정작용"을 말한다(행정심판법 제2조 제1호). 이를 풀어서 설명하면 처분은 행정청의 공법상 행위로서 특정 사항에 대하여 법규에 의한 권리의 설정 또는 의무의 부담을 명하거나 기타 법률상 효과를 발생하게 하는 등 국민의 권리의무에 직접 관계가 있는 행위를 의미한다.[9] 따라서 불복의 대상인 처분이 되려면 ① 행

---

8) 행정법원은 서울에만 설치되었고, 서울 이외의 지역에서는 지방법원 본원이 행정사건을 담당한다.

정청의 권력적 행위이고, ② 국민의 권리의무에 직접 영향을 미치는 행위이며, ③ 개별적·구체적인 행위이어야 한다.[10)]

국기법 제55조 제1항은 "위법 또는 부당한 처분"을 불복의 대상으로 규정하여 법규를 위반한 위법한 처분 이외에 행정상 합목적성을 그르친 부당한 처분도 불복의 대상으로 삼고 있다는 점에서 위법한 처분을 대상으로 하는 행정소송보다 처분의 범위가 넓다. 국기법상 불복의 대상이 되는 처분은 국기법 또는 세법에 따른 처분이다. 주류제조면허 등의 행정처분은 과세처분이 아니지만 세법의 일종인 주세법에 따른 처분이고, 달리 불복의 대상에서 제외하는 규정이 없으므로 국기법에 의한 불복의 대상이 된다.[11)] 그러나 주류행정처분은 일반행정처분의 성격이 강하므로 국기법에 의한 불복보다 일반행정심판절차를 통하여 다투도록 하는 것이 타당하다.[12)]

(2) 필요한 처분을 받지 못한 경우

필요한 처분을 받지 못한 경우에는 거부처분과 부작위가 있다. 거부처분은 과세관청이 당사자의 신청이나 청구를 받아들이지 않겠다는 의사를 표현한 처분을 의미한다. 납세자의 신청이나 청구에 대한 과세관청의 거부행위가 불복의 대상인 처분이 되려면 납세자가 과세관청에 대하여 그 신청이나 청구에 따른 행정행위를 하여 줄 것을 요구할 수 있는 법규상 또는 조리상의 권리가 있어야 한다.[13)] 부작위는 납세자의 신청에 대하여 과세관청이 법률상 처분의무가 있음에도 불구하고 상당한 기간이 지나도록 아무런 처분을 하지 않는 것이다. 상당한 기간이 어느 정도의 기간인지는 사회통념에 비추어 판단할 수밖에 없다.

거부처분과 부작위는 당사자의 신청을 받아들이지 않는다는 점에서 동일하나, 거부처분은 당사자의 신청에 대하여 거부의사를 표시한 것이므로 처분이 존재하고, 부작위는 아무런 의사표시를 하지 않는 것이므로 처분이 존재하지 않는다는 차이가 있다. 실무상 필요한 처분을 받지 못한 경우로서 주로 불복의 대상이 되는 경우는 국기법 제45조의2의 경정 등 청구에 대한 거부처분이다. 그 밖에 공제·감면신청, 압류해제, 사업자등록신청 등에 대한 거부 등을 들 수 있다.[14)]

다. 불복의 대상에서 제외되는 경우

(1) 조세범처벌절차법에 따른 통고처분

통고처분이란 일반적인 형사절차에 갈음하여 행정기관이 일정한 벌금이나 과료에 상당하는 금액의 납부를 명하고 범칙자가 이를 이행하면 그것으로 사건이 종결되고 범칙자가 이행하지

---

9) 대법원 1996. 3. 22. 선고 96누433 판결, 대법원 2002. 12. 27. 선고 2001두2799 판결
10) 소순무·윤지현, 조세소송(2020), 214면
11) 대법원 2002. 9. 24. 선고 2001두1727 판결
12) 이영동, "주류면허와 필요적 전체주의", 조세법연구 제12권 제1호, 2006, 308면
13) 대법원 1999. 12. 7. 선고 97누17568 판결
14) 국기법 기본통칙 55-0…3

않거나 불복하면 일반 형사소송절차로 이행하는 제도를 말한다.[15] 조세범처벌절차법 제15조 제3항은 통고처분을 받은 자가 통고대로 이행하였을 때에는 동일 사건에 대하여 다시 조세범칙조사를 받거나 처벌받지 않는다고 규정하고 있다. 납세자가 통고처분에 불복하는 경우에는 일반 형사소송절차로 이행하여 형사소송절차에서 유무죄를 가리게 된다.[16] 이와 같이 조세범처벌절차법에 따른 통고처분에 대하여는 형사소송절차에서 다툴 수 있으므로 국기법상 불복의 대상에서 제외한다(국기법 제55조 제1항 제1호). 같은 논리로 범칙행위에 대하여 과세관청이 조세범처벌법 제21조 및 조세범처벌절차법 제13조에 의하여 한 고발 역시 불복의 대상이 되지 않는다.[17]

헌법재판소는 통고처분에 대하여 형사절차와 별도의 행정쟁송절차를 두는 것은 신속한 사건 처리를 저해할 수 있어 통고처분 제도의 취지와 맞지 않는 점, 통고처분에 대하여 별도의 행정쟁송을 허용할 경우 통고처분 대상자는 행정쟁송을 통하여 통고처분을 다툰 후, 다시 이에 불복하여 형사재판절차에서 동일한 조세범칙사건을 다툴 수 있게 되어 절차의 중복과 비효율을 초래하는 점 등을 근거로 통고처분을 행정쟁송의 대상에서 제외하더라도 납세자의 재판청구권을 침해하는 것이 아니라고 판시하고 있다.[18]

(2) 국세청 심사청구, 감사원 심사청구, 심판청구에 대한 처분

국기법상 국세청 심사청구, 감사원 심사청구 또는 심판청구에 대한 처분에 대하여는 불복을 제기할 수 없다(국기법 제55조 제1항 제2호, 제5항, 제6항). 이는 납세자가 재결청의 처분, 즉 재결에 대하여 불복하지 말고 원처분에 대하여 불복하여야 한다는 의미이다. 행정소송법 제19조가 원칙적으로 재결이 아니라 원처분을 취소소송의 대상으로 규정하고 있는 것과 같은 취지이다. 다만, 예외적으로 이의신청의 재결에 대하여 심사청구나 심판청구를 하는 것은 허용된다. 이의신청의 상급심에 불복하는 것이므로 예외적으로 원처분 이외에 이의신청의 재결에 대한 불복도 허용하는 것이다.

(3) 세법에 따른 과태료부과처분

세법에 따른 과태료부과처분에 대하여는 비송사건절차법에 의한 과태료재판에서 다툴 수 있으므로 국기법상 불복이 제한된다(국기법 제55조 제1항 제3호, 제5항).

2. 불복청구인과 대리인

가. 불복청구인

(1) 권리나 이익을 침해당한 자

세법에 따른 처분으로서 위법 또는 부당한 처분을 받거나 필요한 처분을 받지 못하여 권리

---

15) 오영근 외 2인, 「조세범처벌법 개정방향에 관한 연구」, 한국조세연구원, 2008, 199~200면
16) 대법원 1980. 10. 14. 선고 80누380 판결
17) 법무과-3089(2005. 8. 5.)
18) 헌재 2024. 4. 25. 선고 2022헌마251 결정

나 이익을 침해당한 자는 불복을 제기할 수 있다(국기법 제55조 제1항). 불복청구인의 범위에 관하여 처분이나 부작위의 상대방은 처분이나 부작위로 인하여 권리나 이익을 침해당하기 때문에 당연히 청구권자가 된다. 세금의 납부 여부는 불복청구에 영향을 미치지 않으므로 세금을 납부하지 않더라도 불복을 제기할 수 있다.

(2) 이해관계인

처분이나 부작위의 직접 상대방이 아니라 하더라도 처분이나 부작위로 인하여 권리나 이익을 침해당하는 이해관계인도 불복청구를 할 수 있다. 불복청구인의 범위에 포함되는 이해관계인에는 제2차 납세의무자, 물적 납세의무자, 보증인 등이 있다(국기법 제55조 제2항).

나. 대리인

(1) 일반대리인

변호사, 세무사, 공인회계사는 불복청구인의 대리인이 될 수 있다(국기법 제59조). 다만, 불복의 대상이 5,000만 원(지방세의 경우는 2,000만 원) 미만인 소액사건의 경우에는 배우자, 4촌 이내의 혈족, 그 배우자의 4촌 이내의 혈족을 대리인으로 선임할 수 있다.

(2) 국선대리인

법령이 정하는 영세납세자는 국선대리인을 선임할 수 있다. 청구인이 국선대리인을 선정하려면 다음의 요건을 갖추어야 한다(국기법 제59조의2, 국기령 제48조의2 제2항·제3항).
① 종합소득금액이 5,000만 원 이하이고 부동산 등 소유 재산의 가액이 5억 원 이하일 것
② 신청인이 법인인 경우에는 수입금액이 3억 원 이하이고, 자산가액이 5억 원 이하일 것
③ 5,000만 원 이하인 신청 또는 청구일 것
④ 상속세, 증여세 및 종합부동산세가 아닌 세목에 대한 신청 또는 청구일 것
종전에 법인은 국선대리인을 선정할 수 없었으나, 2023. 12. 31. 국기법을 개정하여 영세법인도 국선대리인을 선정할 수 있도록 바꾸었다.

제3절 국기법과 다른 법의 관계

1. 국세기본법과 행정심판법의 관계

가. 원칙(행정심판법의 배제)

행정심판은 행정청의 위법 또는 부당한 처분이나 부작위로 침해된 국민의 권리 또는 이익을 구제하는 절차이다(행정심판법 제1조). 과세관청은 행정청의 일종이므로 과세관청의 위법

또는 부당한 처분이나 부작위로 인한 납세자의 권리 또는 이익의 구제를 목적으로 하는 이의
신청, 국세심사, 국세심판도 행정심판의 일종이다. 그런데 국기법 제56조 제1항은 국세의 불
복에 대해 원칙적으로 행정심판법의 적용을 배제하고 있다. 조세처분은 일반행정처분과 비교
할 때 대량으로 반복적으로 이루어지고 전문성·기술성이 강하게 요구되므로 국기법에서 특
별한 불복절차를 규정하고 행정심판법의 적용을 배제한 것이다.

나. 예외(행정심판법의 준용)

국기법은 국세의 불복에 대하여 원칙적으로 행정심판법의 적용을 배제하나, 국세심사와 국
세심판의 성격에 반하지 않는 범위 내에서 행정심판법의 규정을 준용한다(국기법 제56조 제1
항). 이와 달리 이의신청에 대하여는 행정심판법의 준용규정을 두고 있지 않다. 이의신청은
처분청을 재결청으로 한 불복절차이고 결정기간이 심사청구와 심판청구보다 단기인 점 등이
고려된 것으로 보이나, 이의신청도 불복절차의 일종이므로 행정심판법 규정을 준용하는 것이
타당하다.

2. 국세기본법과 행정소송법의 관계(행정심판전치주의)

가. 원칙

국기법 제56조 제2항에 의하면 과세처분 등에 대하여 행정소송을 제기하려면 원칙적으로
심사나 심판의 전심절차를 거쳐야 한다. 이를 '행정심판전치주의'라고 한다. 행정소송 제기에
앞서 과세관청의 전문적인 지식과 경험을 활용함으로써 남소를 방지하고 상급청의 감독을 통
하여 통일적인 조세행정을 기하기 위하여 전심절차를 요구하는 것이다.[19] 행정심판전치주의
는 과세처분에 대한 취소소송은 물론 과세처분의 당연무효를 선언하는 의미의 취소소송에도
적용된다.[20] 그러나 무효확인소송에 대하여는 행정심판전치주의가 적용되지 않는다(행정소송
법 제38조 제1항).

나. 예외

(1) 취지

행정심판전치주의는 행정행위의 특수성, 전문성 등에 비추어 행정청으로 하여금 그 스스로
의 재고(再考), 시정의 기회를 부여하기 위한 것이다. 따라서 납세의무자로 하여금 전심절차
를 거치게 하는 것이 가혹하다고 보이는 등 정당한 사유가 있는 때에는 전심절차를 거치지
않고 과세처분의 취소를 청구하는 행정소송을 제기할 수 있다.[21] 국기법 제56조 제2항은 행
정심판전치주의의 예외를 인정하는 행정소송법 제18조 제2항 및 제3항의 적용을 배제하고 있

---

19) 대법원 2001. 11. 13. 선고 2000두536 판결
20) 대법원 1987. 6. 9. 선고 87누219 판결
21) 대법원 2014. 12. 11. 선고 2012두20618 판결

으므로 문언상으로는 국세심판에 대하여 전치주의의 예외가 인정되지 않는다고 해석할 여지가 있으나, 판례는 전치주의의 예외를 인정하고 있다. 국기법 제56조 제2항은 조세소송에서 전심절차의 예외를 인정하지 않겠다는 뜻이 아니라 행정소송법상의 예외사유가 광범위하므로 그와 같은 광범위한 예외를 인정하지 않겠다는 뜻으로 해석하는 것이 타당하다.[22]

(2) 재조사결정에 따른 후속처분

국기법상 재조사결정에 따른 후속처분에 대하여는 전심절차를 경유하지 않고 바로 행정소송을 제기할 수 있다. 전심절차의 재조사결정에 따라 후속처분이 행해졌는데, 그 후속처분에 대하여 반드시 전심절차를 거치도록 요구하는 것은 납세자에게 가혹하므로 필수적 전치의 예외를 인정한 것이다(국기법 제56조 제2항 단서). 과거에는 재조사결정에 따른 후속처분에 대하여 국세심사 또는 심판청구를 허용하지 않았는데, 2016. 12. 20. 국기법 개정 시 재조사결정을 한 당해 재결청에 대한 심사청구 또는 심판청구를 허용하였다. 따라서 납세자는 재조사결정을 한 재결청에 심사청구 또는 심판청구를 할 것인지 또는 전심절차를 거치지 않고 바로 행정소송을 제기할 것인지 선택할 수 있다.

(3) 처분의 변경으로 인하여 소를 변경한 경우

행정소송법상 취소소송의 계속 중 소송의 대상인 처분이 변경된 때에는 그 변경된 처분에 따라 소의 변경이 허용된다. 이와 같이 처분의 변경으로 소를 변경한 때에는 변경된 소에 대하여 전심절차를 거친 것으로 간주하므로 별도로 전심절차를 거치지 않아도 된다(행정소송법 제22조 제1항, 제3항). 과세관청이 의도적으로 소송을 지연시키거나 방해하는 것을 방지하고 납세자의 소송절차상 편의를 도모하기 위한 취지이다. 소변경의 신청은 처분의 변경이 있음을 안 날로부터 60일 내에 하여야 한다(행정소송법 제22조 제2항).

다. 관련 판례
(1) 완화를 인정한 경우
(가) 2개 이상 같은 목적의 행정처분이 단계적 · 발전적 과정에서 이루어진 경우[23]

본세 부과처분에 대하여 전심절차를 거친 경우 가산금(납부지연가산세) 징수처분 또는 가산세 부과처분에 대하여 전심절차를 거치지 않아도 된다. 또한 과세관청이 본세의 부과처분 취소소송 계속 중 이를 취소하고 동일한 과세표준에 대하여 본세 및 그 부가세(sur tax)로 변경한 경우 역시 별도의 전심절차를 거칠 필요가 없다.[24]

---

22) 최병철, "조세심판전치주의의 완화 : 대법원 판례를 중심으로", 특별법연구 제6권, 2001, 156~157면
23) 대법원 1986. 7. 22. 선고 85누297 판결
24) 대법원 1997. 4. 8. 선고 96누2200 판결

(나) 조세소송 계속 중 과세처분이 변경되었는데 위법사유가 공통된 경우[25]

과세처분 후에 증액경정처분이 있었는데 그 위법사유가 공통된 경우 당초처분에 대하여 전심절차를 거쳤으면 증액경정처분에 대하여 전심절차를 거치지 않아도 된다. 당초처분 후에 증액경정처분이 있으면 당초처분은 증액경정처분에 흡수되어 소멸하므로 증액경정처분만이 항고소송의 대상이 되고, 증액경정처분에 대하여는 전심절차를 거치지 않은 것이 된다. 그러나 당초처분과 증액경정처분의 위법사유가 공통되고 당초처분에 대하여 전심절차를 거쳤는데 증액경정처분에 대하여 다시 전심절차를 거치라고 요구하는 것은 납세자에게 불필요한 부담을 지우는 것이므로 그 부담을 경감시켜 주기 위하여 증액경정처분에 대하여 전심절차를 거치지 않도록 하는 것이다. 만약 당초처분과 증액경정처분의 사유가 서로 다르면 증액경정처분에 대하여 다시 전심절차를 거쳐야 한다.

(다) 동일한 처분에 의해 수인이 동일한 의무를 부담하는 경우[26]

공동상속의 경우 상속세부과처분에 대한 불복은 상속인 각자가 자신의 납부의무 있는 세액에 관하여 제기하는 것이 원칙이다. 그러나 심판청구 등 전심절차에서 공동상속인 중 1인이 전심절차를 거쳤으면 나머지 상속인들은 동일한 전심절차를 거칠 필요가 없다.

이와 유사하게 과점주주들이 제2차 납세의무자로서 회사가 납부할 세금에 관하여 동일 내용의 납부통지를 받은 경우 그 중 1인이 전심절차를 거친 때에는 다른 과점주주들은 별도로 전심절차를 거칠 필요가 없다.[27]

(라) 형식상 별개인 수개의 과세처분이 일련의 발전과정에서 이루어지는 경우[28]

동일한 계약관계에서 발생한 2년에 걸친 이자에 대한 원천징수의무 불이행을 이유로 2개의 가산세부과처분이 행해졌고 세목, 납세의무자, 납세자 주장의 위법사유가 동일한 경우 선행처분에 대하여 전심절차를 거쳤으면 후행처분에 대하여 별도로 전심절차를 거칠 필요가 없다.

(2) 완화를 부정한 경우

(가) 전심에서 가산세만 다투다가 소송에서 본세까지 다투는 경우[29]

종합소득세 부과처분에 대한 심판청구를 할 때 가산세 부과처분만 다투었다가 그 후 행정소송을 제기할 때 가산세 부과처분 이외에 본세 부과처분까지 취소를 구하는 경우 본세에 관한 취소청구는 전심절차를 거쳐야 한다. 이와 반대로 본세 부과처분에 대하여 전심절차를 거쳤는데 가산세 부과처분에 대하여 전심절차를 거치지 않은 경우 판례는 2개 이상 같은 목적

---

25) 대법원 1992. 8. 14. 선고 91누13229 판결
26) 대법원 1993. 5. 27. 선고 93누3387 판결, 대법원 1990. 1. 23. 선고 89누923 판결
27) 대법원 1988. 2. 23. 선고 87누704 판결, 대법원 2011. 1. 27. 선고 2009두13436 판결
28) 대법원 1991. 7. 26. 선고 91누117 판결
29) 대법원 1982. 12. 14. 선고 82누315 판결

의 행정처분이 단계적·발전적 과정에서 이루어진 것으로 보아 가산세 부과처분에 대하여 전심절차를 거칠 필요가 없다고 한다.[30] 이에 대하여는 납세자가 주장하는 위법사유가 공통되는지와 상관없이 주종관계에 근거하여 전치주의 예외 여부를 판단하는 것은 논리적 모순이라는 비판이 있다.[31]

(나) 동일한 법인소득에 근거한 법인세 부과처분과 종합소득세 부과처분[32]

법인세와 종합소득세는 세목뿐 아니라 과세관청과 납세의무자가 다르고, 손금불산입으로 법인소득이 발생하였더라도 그 소득이 반드시 대표자에게만 귀속된다고 볼 수 없는 등 각기 독립한 별개의 처분이다. 따라서 법인이 법인세 부과처분 및 인정상여처분에 대하여 전심절차를 거쳤다고 하여 인정상여의 귀속자에 대한 종합소득세 부과처분의 전심절차를 거친 것으로 볼 수 없다.[33]

(다) 동일한 소득에 근거한 부가가치세 부과처분과 종합소득세 부과처분[34]

판례는 부가가치세 부과처분과 종합소득세 부과처분은 각기 독립한 별개의 처분이므로 부가가치세 부과처분에 대한 전심절차를 거쳤다고 하여 종합소득세 부과처분에 대한 전심절차를 거친 것으로 볼 수 없다는 입장이다. 그러나 부가가치세 부과처분과 종합소득세 부과처분은 과세표준을 공유하는 관계이기 때문에 부가가치세 부과처분에 대한 전심절차를 거쳤다면 종합소득세 부과처분에 대한 전심절차를 거칠 필요가 없다고 해석하는 것이 타당하다.[35]

(라) 과세기간이 다른 법인세 부과처분[36]

판례는 납세자가 동일하더라도 과세기간이 다르면 별개의 과세처분이다. 따라서 2016년도 법인세 부과처분에 대하여 전심절차를 거쳤다고 하더라도 2017년 법인세 부과처분에 대하여 전심절차를 거친 것으로 볼 수 없다는 입장이다. 과세기간에 따라 위법사유가 다르면 당연히 별도로 전심절차를 거쳐야 할 것이나, 과세기간이 다르더라도 위법사유가 공통되면 납세자의 부담을 줄여주기 위하여 전심절차를 생략할 수 있다고 해석하는 것이 타당하다.

(마) 수증자에 대한 증여세부과처분과 증여자에 대한 연대납부과세처분[37]

수증자에 대한 증여세부과처분과 증여자로서 연대납부의무자에 대한 과세처분은 동일한 증여를 과세원인으로 한다는 점에서만 공통될 뿐 과세요건을 달리하고 독립된 별개의 처분이

---

30) 대법원 1989. 11. 10. 선고 88누7996 판결
31) 강석규, 조세법쟁론(2023), 391면
32) 대법원 2006. 12. 7. 선고 2005두4106 판결
33) 대법원 2007. 5. 10. 선고 2004두2837 판결
34) 대법원 2006. 12. 7. 선고 2005두4106 판결
35) 강석규, 조세법쟁론(2023), 386면
36) 대법원 2014. 9. 25. 선고 2014두37375 판결
37) 대법원 1992. 9. 8. 선고 92누4383 판결

므로 따로 전심절차를 거쳐야 한다.

(바) 별개의 증여에 대한 증여세부과처분[38]

A가 甲, 乙, 丙에게 각 B회사 주식을 명의신탁하여 증여의제로 증여세가 과세된 사안에서 甲이 전심절차를 거쳤다 하더라도 乙, 丙은 별도로 전심절차를 거쳐야 한다. B회사 주식을 증여한 것이라는 공통점만 있을 뿐 개별적으로 별개의 주식을 증여한 것을 과세원인으로 하고 있고 그 과세관청이 다르고 처분일, 납세의무자, 처분내용이 다르기 때문이다.

(사) 주된 납세의무자에 대한 부과처분과 제2차 납세의무자에 대한 부과처분[39]

제2차 납세의무의 성립에는 주된 납세의무의 성립 외에도 주된 납세의무자의 체납 등과 같은 별도의 요건이 필요하므로 제2차 납세의무자에 대한 부과처분은 주된 납세의무자에 대한 부과처분과는 독립된 부과처분에 해당하여 따로 전심절차를 거쳐야 한다.

제4절 집행부정지 원칙

1. 원칙(집행부정지)

납세자가 불복청구를 하여도 처분의 집행에 효력을 미치지 않는 것을 집행부정지(執行不停止)라고 한다. 국기법 제57조가 집행부정지원칙을 선언한 것은 불복청구로 처분의 집행이 정지되면 납세자가 집행을 정지시킬 의도로 불복청구를 남용할 수 있기 때문이다. 납세자의 불복에 대하여 집행부정지 원칙이 적용되므로 납세자가 국세를 납부하지 않고 불복을 제기하는 경우 납부지연가산세가 붙을 뿐 아니라 과세관청은 압류 등 강제징수를 할 수 있다.

2. 예외(집행정지)

가. 일반적인 경우

과거에는 재결청은 불복청구인이 심각한 재해를 입은 경우에 이를 정부가 조사하기 위하여 상당한 시일이 필요하다고 인정되는 경우 집행을 정지할 수 있는 것으로 규정하였다. 이러한 집행정지기준은 제한적이고 재결청의 재량에만 맡겨져 있어 활용되는 경우가 거의 없었다. 이에 따라 2018. 12. 31. 국기법 개정 시 행정심판법 제30조 제2항과 같이 "처분, 처분의 집행 또는 절차의 속행 때문에 중대한 손해가 생기는 것을 예방할 필요성이 긴급하다고 인정할 때" 집행정지를 결정할 수 있도록 규정하였다.

---

38) 대법원 1989. 11. 10. 선고 88누7996 판결
39) 대법원 2014. 12. 11. 선고 2012두20618 판결

나. 공매절차의 정지

국기법의 집행정지와 별개로 국세징수법은 불복청구가 제기된 경우 공매의 진행을 중지하는 규정을 두고 있다. 국세징수법 제66조 제4항에 의하면 심판청구 등이 계속 중인 국세의 체납으로 압류한 재산에 대하여는 원칙적으로 신청 또는 청구에 대한 결정이나 소에 대한 판결이 확정되기 전에는 공매할 수 없다. 강제징수에 의하여 압류된 재산을 공매하는 경우에는 나중에 불복청구가 인용되어 과세처분이 취소되더라도 납세자의 실효적인 권리구제가 어려워질 수 있으므로 공매절차 정지의 특칙을 둔 것이다. 다만, 재산이 부패·변질 또는 감량되기 쉬운 재산으로서 신속히 매각하지 않으면 재산가액이 줄어들 우려가 있는 경우에는 예외적으로 공매할 수 있다.

제5절 서류열람권 및 의견진술권

1. 의의

재결청의 충실한 심리를 위해서는 불복청구인과 처분청에게 상대방이 제출한 서류를 열람할 수 있는 권한과 심판정에서 의견을 진술할 수 있는 권한을 보장하는 것이 필요하다.

2. 내용

가. 서류열람권

불복청구인이 이의신청, 심사청구, 심판청구와 관계되는 서류를 열람하려면 구술로 재결청에 요구하여야 한다(국기법 제58조, 국기령 제46조 제1항). 심판청구는 중립기관인 조세심판원이 재결청이므로 처분청도 관계되는 서류의 열람을 요구할 수 있다. 실무상 불복청구인이나 처분청이 주로 열람하는 서류는 재결청의 담당조사관이 작성하는 사건조사서이다. 사건조사서는 사실관계 및 처분내용, 청구주장 및 처분청 의견, 관련법령·판례 등 선결정례, 사실관계 조사내용, 심리담당 의견 등으로 구성된다(심사사무처리규정 제26조 제2항, 조세심판원 운영규정 제15조 제1항). 불복청구인과 처분청은 서류열람권을 통하여 사건조사표 중 심리담당 의견을 제외한 나머지 부분을 열람할 수 있다(심사사무처리규정 제26조 제2항, 조세심판원 운영규정 제16조 제1항).

나. 의견진술권

불복청구인 또는 처분청이 의견진술을 하려면 문서로 재결청에 신청하여야 한다. 당초 불복청구인의 서류열람권과 의견진술권만 규정하였는데, 대심구조를 강화하기 위하여 2014. 12. 23. 국기법 개정 시 심판청구에 있어서 처분청의 서류열람권과 의견진술권을 추가하였다.

1. 청구기간

가. 이의신청

이의신청은 해당 처분이 있음을 안 날 또는 해당 처분의 통지를 받은 때부터 90일 이내에 제기하여야 한다(국기법 제66조 제1항, 제61조 제1항). 처분의 상대방이나 법령에 의하여 처분의 통지를 받도록 규정된 자는 해당 처분의 통지를 받은 때부터 90일 이내이고, 그 이외의 자는 해당 처분이 있음을 안 날부터 90일 이내이다.[40] 여기서 "해당 처분이 있음을 안 날"은 처분의 상대방이나 법령에 의하여 처분의 통지를 받도록 규정된 자 이외의 자가 통지, 공고, 기타의 방법에 의하여 당해 처분이 있었다는 사실을 현실적으로 안 날을 의미한다.[41]

처분의 통지는 처분의 상대방이 사회통념상 처분의 내용을 객관적으로 알 수 있는 상태에 놓인 때를 말하며, 반드시 상대방이 현실적으로 그 내용을 알 필요까지는 없다.[42] 부작위에 대한 불복의 경우에는 부작위가 계속되는 한 불복청구기간이 진행되지 않으므로 언제든지 불복할 수 있다.[43]

나. 심사청구와 심판청구

(1) 이의신청을 거치지 않고 심사청구나 심판청구를 하는 경우

해당 처분이 있음을 안 날 또는 해당 처분의 통지를 받은 때부터 90일 이내에 심사청구나 심판청구를 하여야 한다(국기법 제61조 제1항, 제68조 제1항).

(2) 이의신청을 거쳐 심사청구나 심판청구를 하는 경우

이의신청을 거친 후 심사청구나 심판청구를 하려면 이의신청에 대한 결정의 통지를 받은 날부터 90일 이내에 제기하여야 한다(국기법 제61조 제2항, 제68조 제2항). 심사청구인이나 심판청구인이 이의신청, 심사청구, 심판청구를 취하한 경우에도 청구기간 내에는 다시 심사청구나 심판청구를 할 수 있다.[44] 이의신청을 하였으나 결정기간 내에 결정의 통지를 받지 못한 경우에는 결정의 통지를 받기 전이라도 그 결정기간(30일 또는 60일)이 지난 날부터 심사청구나 심판청구를 할 수 있다. 이의신청에 대한 심리가 길어져서 심사청구나 심판청구가 지연되는 경우 납세자에게 이의신청에 대한 판단을 받지 않고 바로 심사청구나 심판청구를 할 수 있는 기회를 제공하기 위함이다.

---

40) 대법원 1998. 3. 13. 선고 97누8236 판결
41) 대법원 1999. 2. 12. 선고 98두16828 판결
42) 소순무·윤지현, 조세소송(2020), 222면
43) 조심 2009. 3. 10.자 2009부0114 결정, 조심 2017. 11. 24.자 2017중3023 결정
44) 국기법 기본통칙 62-0…1

(3) 재조사결정의 이의신청에 대하여 심사청구나 심판청구를 하는 경우

재결청의 재조사결정에 대하여 행정소송을 제기하는 경우에는 후속처분의 통지일로부터 제소기간을 기산한다. 재결청이 재조사결정을 한 경우 불복청구기간을 결정통지일로부터 기산할 것인지 또는 후속처분의 통지일로부터 기산할 것인지 다투어진 사안에서, 판례는 재조사결정은 처분청의 후속처분에 의하여 그 내용이 보완됨으로써 재결의 효력이 발생하는 변형결정이므로 재조사결정에 따른 불복청구기간은 후속처분의 통지일로부터 기산한다고 판단하였고,[45] 이러한 판례의 입장을 입법화한 것이다. 반면, 부과된 세액을 바로 취소하지 않고 과세표준이나 세액을 다시 산정하기 위한 기준을 제시하는 경정결정은 주문에 의하여 과세표준이나 세액을 알 수 있으므로 재조사결정과 달리 결정통지일로부터 불복청구기간을 기산한다.[46]

(4) 과세처분이 무효인 경우

행정심판법 제5조는 행정심판의 종류로 취소심판, 무효 등 확인심판, 의무이행심판을 인정하고 있다. 이 중 무효 등 확인심판은 행정청의 처분의 효력유무 또는 존재 여부를 확인하는 행정심판으로서 심판청구기간의 제한을 받지 않고 언제든지 제기할 수 있다(행정심판법 제27조 제7항). 그러나 국기법은 별도로 무효 등 확인심판을 인정하지 않으므로 납세자가 처분의 무효를 주장하는 경우 심판청구기간의 제한을 받는지 문제된다. 조세심판원 결정 중에는 무효인 처분의 경우 불복청구기간이 별도로 없으므로 각하하지 않고 본안심리를 하여야 한다고 결정한 것이 있으나,[47] 주류적인 결정은 심판청구기간의 제한을 받는다고 판시하고 있다.[48] 이는 과세처분의 무효를 주장하는 심판청구를 무효확인심판이 아니라 이른바 "무효선언적 의미의 취소심판"으로 보는 것으로 이해된다.

다. 청구기간의 추완

청구인이 귀책사유 없이 불변기간인 청구기간을 준수하지 못한 경우에는 추완(追完)이 인정된다(국기법 제61조 제4항). 추완이란 불변기간을 지키지 못한 경우 다시 그 행위를 할 수 있는 기회를 부여하는 것을 의미한다.

2. 청구절차

가. 이의신청

이의신청은 관할 세무서장이나 지방국세청장에게 할 수 있다(국기법 제66조 제1항). 세무서장에게 이의신청하는 경우 관할구역 변경으로 처분의 통지를 한 세무서장과 불복청구할 때의

---

45) 대법원 2010. 6. 25. 선고 2007두12514 전원합의체 판결
46) 대법원 1996. 7. 30. 선고 95누6328 판결
47) 국심 2001. 11. 26.자 1999전729 결정, 국심 2003. 8. 26.자 2003중1649 결정
48) 국심 2000. 7. 22.자 2000중326 결정, 국심 2005. 10. 28.자 2005서815 결정

세무서장이 다른 경우에는 불복청구할 때의 세무서장이 이의신청의 재결청이 된다.[49] 관할 지방국세청장에게 이의신청하는 경우에는 세무서장을 경유하여야 한다.

나. 심사청구와 심판청구

(1) 처분청 경유주의

청구인이 심사청구를 제기하려면 원칙적으로 처분청을 경유하여야 한다(국기법 제62조 제1항). 청구인의 이익을 위하여 처분청으로 하여금 재도(再度)의 기회를 주기 위한 것이므로 청구인이 스스로 이를 포기하고 바로 국세청장에게 심사청구를 할 수도 있다.[50] 청구인이 심판청구를 제기하려면 심판청구서를 처분청 또는 조세심판원장에게 제출하여야 한다(국기법 제69조 제1항). 심사청구가 원칙적으로 처분청 경유주의를 채택하고 있으나, 심판청구는 처분청 경유주의를 선택적으로 적용하고 있다. 그러나 국기법 시행령 제50조 제2항에 의하면 심사청구서가 국세청장에게 제출된 경우 그 심사청구서를 처분청에게 송부하도록 하고 있으므로 실질적으로는 심판청구와 차이가 없다.

(2) 처분청과 국세청장, 조세심판원장의 조치

심사청구서를 받은 세무서장은 심사청구 대상이 된 처분이 적법한 경우에는 이를 받은 날부터 7일 이내에 심사청구서에 처분의 근거·이유, 처분의 이유가 된 사실 등이 기재된 의견서를 첨부하여 국세청장에게 송부한다(국기법 제62조 제3항). 다만, 심사청구의 대상이 된 처분이 지방국세청장이 조사·결정 또는 처리하였거나 하였어야 할 것인 경우, 지방국세청장에게 이의신청을 한 자가 이의신청에 대한 결정에 이의가 있거나 그 결정을 받지 못한 경우에는 지방국세청장의 의견서를 첨부하여 국세청장에게 송부한다. 국세청장은 처분청이 제출한 의견서를 심사청구인에게 송부하여야 한다. 심판청구의 경우 청구서를 받은 세무서장은 그 받은 날부터 10일 이내에 답변서를 첨부하여 조세심판원장에게 송부한다(국기법 제69조 제1항). 처분청의 답변서가 제출되면 조세심판원장은 지체 없이 부본(副本)을 심판청구인에게 송부하여야 한다(국기법 제69조 제6항).

다. 청구서의 보정

이의신청, 심사청구의 내용이나 절차가 국기법, 세법에 적합하지 않지만 보정할 수 있으면 재결청은 20일 이내의 기간을 정하여 청구인에게 문서로 보정을 요구할 수 있다(국기법 제63조 제1항, 제66조, 국기령 제52조 제1항). 보정요구는 이의신청, 심사청구, 심판청구의 내용이나 절차가 국기법 또는 세법에 적합하지 아니하는 등 그 형식적 요건을 갖추지 않은 때로 제한되고, 실질적 요건을 심리하기 위하여 필요하다는 이유로 증빙자료의 제출 또는 보정을 요구하는

---

49) 국기법 기본통칙 66-0···1 제1항
50) 대법원 1985. 5. 28. 선고 83누435 판결

것은 포함하지는 않는다.[51] 심판청구의 경우에는 상당한 기간을 정하여 보정을 요구할 수 있다(국기법 제80조의2, 제63조 제1항). 상당한 기간은 불확정개념이므로 심사청구와 같이 기간을 특정하는 것이 바람직하다. 청구인이 보정기간에 필요한 보정을 하지 않은 경우 재결청은 청구를 각하한다. 보정요구에 불응하여 각하된 경우 적법한 전심절차를 거친 것으로 볼 수 없다.[52] 보정기간은 청구기간에 산입하지 않는다(국기법 제63조 제3항). 이는 보정을 한 경우에는 처음부터 적법하게 불복청구가 된 것으로 본다는 의미이다. 이 경우 청구기간에 산입되지 않는 보정기간이란 재결청이 보정요구를 할 때 미리 정하여 준 기간을 의미하고 보정요구를 받은 사람이 실제로 보정에 응한 때까지의 기간만을 의미하는 것이 아니다.[53]

3. 결정절차

가. 이의신청

이의신청을 받은 세무서장과 지방국세청장은 국세심사위원회의 심의를 거쳐 결정한다(국기법 제66조 제4항).

나. 심사청구

(1) 국세심사위원회의 의결에 따른 결정

국세청장은 원칙적으로 국세심사위원회의 의결에 따라 결정한다(국기법 제64조 제1항). 종전에는 국세청장이 국세심사위원회의 심의를 거쳐 결정하도록 규정하였고, 국세심사위원회 심의는 국세청장의 판단을 구속하지 않는 것으로 해석하였다. 다만, 국세심사위원회의 심의를 아예 거치지 않고 한 결정은 절차상 하자가 중대하고 명백하여 무효라고 보았다.[54] 그러나 2019. 12. 31. 국기법을 개정하여 국세청장은 국세심사위원회의 의결에 따라 결정하여야 하고 국세심사위원회의 의결은 원칙적으로 구속력이 있다. 국세청장은 국세심사위원회 의결이 법령에 명백히 위반된다고 판단하는 경우에는 구체적인 사유를 적어 서면으로 국세심사위원회로 하여금 재심의를 요청할 수 있다(국기법 제64조 제2항). 재심의 요청의 남용을 방지하기 위하여 재심의 요청은 1회에 한정한다. 국세심사위원회 회의는 원칙적으로 비공개하나 국세심사위원회 위원장이 필요하다고 인정할 때에는 공개할 수 있다(국기법 제64조 제3항).

(2) 국세심사위원회의 심의 없이 결정할 수 있는 경우

국세청장은 예외적으로 다음의 경우에는 국세심사위원회의 심의를 거치지 않고 결정할 수 있다(국기법 제64조 제1항 단서, 국기령 제53조 제14항, 국기칙 제23조의2 제1항).

---

51) 대법원 1988. 9. 27. 선고 88누3758 판결
52) 서울행정법원 2014. 12. 9. 선고 2014구합10592 판결
53) 대법원 1980. 11. 11. 선고 80누396 판결
54) 소순무 · 윤지현, 조세소송(2020), 241~242면

① 심사청구금액이 5,000만 원 미만으로서 사실판단과 관련된 사항이거나 유사한 심사청구에 대하여 국세심사위원회의 심의를 거쳐 결정된 사례가 있는 경우

② 국기법 제65조 제1항 제1호의 각하결정사유에 해당하는 경우

③ 심사청구가 그 청구기간이 지난 후에 제기된 경우

다만, 심사청구금액이 5,000만 원 미만이라도 심사청구의 내용이 국세심사위원회의 결정사항과 배치되는 새로운 조세심판, 법원판결, 기재부장관의 세법해석 등이 있는 경우, 국세심사위원회의 위원장이 국세심사위원회의 심의를 거쳐 결정할 필요가 있다고 인정하는 경우에는 국세심사위원회의 심의 및 의결을 거쳐야 한다(국기칙 제23조의2 제2항).

다. 심판청구

(1) 조세심판관회의

(가) 결정의 주체

조세심판원장은 심판청구를 받으면 조사와 심리를 담당할 주심조세심판관 1명과 배석조세심판관 2명 이상을 지정하여 조세심판관회의를 구성한다(국기법 제72조 제1항). 조세심판관은 국장급 공무원인 상임심판관과 외부 민간전문가인 비상임심판관으로 구성되는데, 현재는 상임심판관 2명과 비상임심판관 2명 총 4명이 조세심판관회의를 구성한다. 조세심판관회의는 담당조세심판관 3분의 2 이상의 출석으로 개의하고, 출석조세심판관 과반수의 찬성으로 의결한다(국기법 제72조 제3항). 국세심판은 원칙적으로 조세심판관회의가 심리를 거쳐 결정한다.

심사청구에 대한 결정의 주체가 국세심사위원회가 아니라 국세청장인 반면, 심판청구에 대한 결정의 주체는 조세심판원장이 아니라 조세심판관회의이다. 과거 국세심판소장을 결정의 주체로 규정하였으나, 1999. 8. 31. 국기법 개정 시 국세심판관회의가 심리를 거쳐 결정하는 것으로 변경하였다. 결정의 주체를 변경한 것은 국세심판소장 1인의 권한남용이나 판단의 오류를 배제하고 국세심판소장에게 업무가 집중되어 심판결정이 늦어지는 문제점을 해결하기 위함이다.[55]

(나) 결정의 재심리

주심조세심판관으로부터 조세심판관회의 의결내용을 통보받은 조세심판원장은 행정실장에게 조세심판관회의 의결내용에 대하여 종합조정 검토, 선결정례와 대법원 판례와의 저촉여부 등을 살피게 한다(조세심판원 운영규정 제23조 제1항). 이 조정검토를 통하여 조세심판원장은 주심조세심판관으로부터 의결내용을 통보받은 때로부터 30일 내에 조세심판관합동회의의 심리를 거칠지 문제가 되는 사건에 대하여 합동회의 상정심의위원회에 부의하여 그 의결에 따라 조세심판관 합동회의에의 상정 여부를 결정한다(국기령 제62조의2 제4항).

---

55) 국회 재정경제위원회, 국기법 중 개정법률안 심사보고서, 1999., 17면

조정검토 과정에서 중요한 사실관계를 누락하였거나 사실관계 판단이나 법령해석에 명백한 오류가 있는 경우, 심리내용이 종전의 헌법재판소 결정, 대법원 판결, 국세예규심사위원회의 심의를 거친 기재부장관의 질의회신이나 조세심판관합동회의의 결정에서 이루어진 해석과 다른 경우, 심판청구의 대상이 되는 처분의 직접적인 근거 법령이나 사실관계에 관하여 종전의 법원 판결 또는 조세심판원 결정과 다른 해석을 하거나 사실관계를 달리 판단한 경우에는 재심리 사유를 구체적으로 적시한 서면으로 주심조세심판관에게 재심리를 요청할 수 있다(국기령 제62조의2 제5항).

(다) 주심조세심판관이 결정할 수 있는 경우

주심조세심판관은 다음의 경우에는 예외적으로 조세심판관회의의 심리를 거치지 않고 결정할 수 있다(국기령 제62조).

① 각하사유에 해당하는 경우

② 심판청구의 대상이 5,000만 원(지방세의 경우는 2,000만 원) 미만인 것으로 청구사항이 법령의 해석에 관한 것이 아니거나 법령의 해석에 관한 것으로서 유사한 청구에 대하여 이미 조세심판관회의의 의결에 따라 결정된 사례가 있는 경우

③ 심판청구가 과세표준 또는 세액의 결정에 관한 것 외의 것으로서 유사한 청구에 대하여 이미 조세심판관회의의 의결에 따라 결정된 사례가 있는 경우

(2) 조세심판관합동회의

(가) 의의 및 구성

조세심판관합동회의는 특별히 신중한 결정을 요하는 사건을 심리하기 위하여 조세심판관회의보다 다수의 심판관으로 구성되는 회의체로서 대법원의 전원합의체와 유사한 역할을 수행한다. 조세심판관합동회의는 조세심판원장이 회의에 따라 지정하는 12~20명 이내의 심판관으로 구성하며 비상임조세심판관은 상임조세심판관과 같은 수 이상이어야 한다. 조세심판관회의는 담당 조세심판관 3분의 2 이상의 출석으로 개의하고, 출석조세심판관 과반수의 찬성으로 의결한다(국기법 제78조 제3항, 제72조 제3항).

(나) 조세심판관합동회의에서 결정하는 경우

조세심판관회의 의결이 다음의 어느 하나에 해당하는 경우 조세심판관합동회의에서 결정하여야 한다(국기법 제78조 제2항, 국기령 제62조의2 제2항).

① 해당 심판청구사건에 관하여 세법의 해석이 쟁점이 되는 경우로서 이에 관하여 종전의 조세심판원 결정이 없는 경우

② 종전에 조세심판원에서 한 세법의 해석·적용을 변경하는 경우

③ 조세심판관회의 간에 결정의 일관성을 유지하기 위한 경우

④ 해당 심판청구사건에 대한 결정이 다수의 납세자에게 동일하게 적용되는 등 국세행정에 중대한 영향을 미칠 것으로 예상되어 국세청장이 조세심판원장에게 조세심판관합동회의에서 심리하여 줄 것을 요청하는 경우

⑤ 그 밖에 해당 심판청구사건에 대한 결정이 국세행정이나 납세자의 권리·의무에 중대한 영향을 미칠 것으로 예상되는 경우

과거에는 조세심판관합동회의에서 결정할 사건을 조세심판원장이 혼자 결정하였는데, 신중한 판단을 위하여 2020. 2. 11. 국기법 시행령 개정 시 조세심판원장과 상임조세심판관으로 구성된 합동회의 상정심의위원회가 합동회의에 상정할 것인지 여부를 결정하도록 변경하였다(국기법 제78조 제2항, 국기령 제62조의2 제1항).

4. 결정

가. 의의

결정은 불복청구에 대하여 재결청이 행하는 판단을 의미하며 강학상 '재결(裁決)'이라고 한다. 결정은 재판의 판결에 대응하는 개념으로서 준사법행위의 성질을 갖는다.

나. 결정의 유형

(1) 각하(却下)

이의신청, 심사청구, 심판청구가 요건을 갖추지 못하여 부적법할 때에는 본안심리를 하지 않고 각하한다(국기법 제65조 제1항 제1호, 국기령 제52조의2). 구체적인 각하사유는 다음과 같다.

① 청구기간을 도과한 때

② 보정요구에 대하여 기간 내에 보정을 하지 아니한 때

③ 불복청구의 대상이 된 처분이 존재하지 않을 때(처분의 부존재)

④ 불복청구의 대상이 된 처분에 대하여 권리 또는 이익의 침해를 당하지 않은 자가 불복한 때(당사자 부적격)

⑤ 불복청구의 대상이 되지 않은 처분에 대하여 불복한 때

⑥ 대리권 없는 자가 불복한 때

(2) 기각(棄却)과 취소

심사청구나 심판청구가 요건을 갖추었으나 본안심리 결과 청구주장이 이유 없다고 인정되는 때에는 기각하고(국기법 제65조 제1항 제2호), 처분이 위법하거나 부당하면 불복의 대상이 된 처분을 취소한다(국기법 제65조 제1항 제3호).

(3) 경정(更定)

경정결정은 부과된 세액을 바로 취소하지 않고 과세표준이나 세액을 다시 산정하기 위한

기준을 제시하여 처분청으로 하여금 그에 따라 원처분을 취소하거나 변경하도록 하는 결정을 의미한다(국기법 제65조 제1항 제3호). 경정결정의 예를 들면 다음과 같다.[56)]

> "A세무서장이 2010. 7. 9. 청구법인에게 한 2008년 제1기 부가가치세 4,288,050원 및 2008 사업연도 법인세 8,440,560원의 부과처분은 25,050,000원을 공사원가에 산입하여 2008 사업연도 법인세 과세표준 및 세액을 경정한다."

경정결정이 있으면 처분청은 그 취지에 따라 즉시 필요한 처분을 하여야 한다(국기법 제80조 제2항). 경정결정은 과세표준이나 세액을 산정하기 위한 기준만을 제시하므로 경정결정만으로 원처분이 변경되지 않고 처분청이 경정결정의 취지에 따라 과세표준과 세액을 경정하는 후속처분을 하여 납세자에게 통지한 때에 비로소 원처분 변경의 효력이 발생한다.[57)]

(4) 재조사결정

재조사결정은 결정에서 지적된 사항에 관하여 처분청으로 하여금 재조사를 거쳐 후속처분을 하도록 하는 결정을 의미한다(국기법 제65조 제1항 제3호 단서). 재조사결정의 예를 들면 다음과 같다.[58)]

> "A세무서장이 2017. 8. 4. 청구인에게 한 2016년 귀속 양도소득세 ○○○원의 부과처분은 청구인이 전라북도 소재 답 820㎡ 및 같은 동 260-2 답 445㎡를 8년 이상 직접 경작하였는지 여부를 재조사하여 그 결과에 따라 과세표준 및 세액을 경정한다."

재조사결정이 있으면 처분청은 재조사 결정일로부터 60일 이내에 결정서 주문에 기재된 범위에 한정하여 조사하고, 그 결과에 따라 취소, 경정, 필요한 처분 등의 후속처분을 하여야 한다. 이때 청구인의 당초 주장이 재조사 과정에서 확인된 사실과 달라 당초 처분 유지가 불가피한 경우, 재조사 과정에서 취소·경정 등을 위한 사실관계 증명이 불가능한 경우에는 원처분을 유지하는 후속처분을 할 수 있다(국기법 제65조 제6항, 국기령 제52조의3).

다. 경정결정과 재조사결정의 구분

경정결정과 재조사결정은 후속처분을 예정하고 있다는 점에서 공통점이 있다. 그러나 경정결정은 주문에 의하여 과세표준과 세액을 특정할 수 있으므로 납세자 입장에서 불복의 목적을 달성하였는지 여부를 알 수 있고, 재조사결정은 주문에 의하여 과세표준과 세액을 알 수

---

56) 조심 2011. 4. 18.자 2010서3834 결정
57) 대법원 1982. 7. 27. 선고 82누91 판결, 대법원 1996. 7. 30. 선고 95누6328 판결
58) 조심 2014. 11. 24.자 2013서3606 결정

없으므로 납세자 입장에서 불복의 목적을 달성하였는지 여부를 알 수 없다는 차이가 있다. 과거 실무상 재조사결정과 경정결정을 주문에 '재조사'라는 문구를 사용하였는지 또는 '경정'이라는 문구를 사용하였는지에 따라 구분한 적이 있었다. 그러나 이러한 형식적인 기재보다 구체적인 경정기준이 제시되었는지 여부에 따라 재조사결정과 경정결정을 구분하는 것이 타당하다. 결정에 '재조사'라는 문구가 포함되어 있지 않더라도 구체적인 경정기준이 제시되지 않은 경우에는 재조사결정에 해당한다.[59] 예를 들어, "소득금액을 추계하여 과세표준 및 세액을 경정한다"는 결정의 경우 '경정'이란 표현을 사용하고 있으나, 구체적인 경정기준을 알 수 없으므로 재조사결정에 해당한다.

라. 결정기간

결정은 심사청구나 심판청구를 받은 날부터 90일 이내에 하여야 한다(국기법 제65조 제2항). 보정기간은 결정기간에 산입하지 않는다(국기법 제65조 제4항). 이는 보정기간만큼 결정기간이 연장됨을 의미한다. 현실적으로 재결청이 처리할 사건이 많아서 결정기간을 지키지 못하는 경우가 많다. 재결청이 위 결정기간을 지키지 않더라도 결정의 효력에 영향이 있는 것은 아니므로 위 규정은 훈시규정이다. 다만, 재결청이 90일 이내에 결정하지 못한 경우 납세자는 결정기간이 지난 날부터 행정소송을 제기할 수 있다(국기법 제56조 제3항 단서).[60] 재결청의 결정이 지연되는 경우 납세자로 하여금 행정소송을 통하여 구제받을 수 있는 길을 열어주기 위함이다. 한편, 이의신청의 결정은 심사청구와 달리 이의신청을 받은 날부터 30일 이내에 하여야 하고, 이의신청인이 결정기간 내에 항변하는 경우에는 이의신청을 받은 날부터 60일 이내에 하면 된다(국기법 제66조 제7항).

마. 불고불리원칙과 불이익변경금지원칙

(1) 불고불리(不告不理) 원칙

불고불리원칙은 청구인이 불복청구를 하지 않은 사항에 대하여는 심리할 수 없다는 원칙을 의미한다(국기법 제65조의3 제1항, 제79조 제1항). 청구인에게 예기치 못한 불이익이 발생하는 것을 방지하기 위한 취지이다.

---

59) 대법원 2016. 9. 28. 선고 2016두39382 판결
60) 과거 국기법은 결정기간 내에 결정의 통지가 없는 때에는 심사청구는 기각된 것으로 본다는 기각간주 규정을 두었다. 이에 대해 대법원 1990. 12. 21. 선고 90누5214 판결 등은 결정기간이 경과된 날로부터 행정소송의 제소기간이 진행된다고 해석하였고, 헌법재판소는 기산일이 불분명하다는 이유로 위헌결정하였다(헌법재판소 1992. 7. 23. 선고 90헌바2, 92헌바2, 92헌바25 결정). 그 후 1993. 12. 31. 국기법 개정 시 결정의 통지를 받은 날부터 일정 기간 이내에 행정소송을 제기하여야 하는 것으로 바꾸면서 행정소송 제기기간은 결정의 통지를 받은 날부터 기산하되, 결정기간 내에 결정의 통지를 받지 못한 경우에는 그 결정기간이 경과한 날부터 행정소송을 제기할 수 있도록 하였다.

(2) 불이익변경금지원칙

(가) 의의 및 취지

불이익변경금지원칙은 당초 처분보다 청구인에게 불이익한 내용으로 결정하지 못한다는 원칙이다(국기법 제65조의3 제2항, 제79조 제2항). 청구인의 불복권을 보장하기 위한 취지이다. 과거 훈령인 국세심사사무처리규정에서 불이익변경금지원칙을 규정하였으나, 2018. 12. 31. 국기법을 개정하여 법률로 상향하였다.

(나) 적용

① 재결청이 추계조사결정을 취소하여 과세관청이 실지조사결정한 경우

행정해석은 납세자가 소득금액 추계조사에 불복하고 재결정이 이를 인용하는 결정을 함에 따라 처분청이 당초처분을 취소하고 실지조사를 한 경우 실지조사에 따라 결정한 과세표준이 추계조사에 따라 결정한 과세표준을 초과하더라도 불이익변경금지 원칙에 위반되지 않는다고 한다.[61] 그러나 납세자의 불복이 없었다면 과세관청이 실지조사를 하지 않았을 것이고, 납세자의 불복으로 인하여 오히려 납세자가 불이익을 당하였으므로 불이익변경금지 원칙에 위반된다고 보는 것이 타당하다.[62]

② 재조사결정에 따라 과세관청이 후속처분을 한 경우

재조사결정은 처분청의 후속처분에 따라 내용이 보완됨으로써 결정의 효력이 발생하므로 재조사결정의 취지에 따른 후속처분이 심판청구를 한 당초처분보다 청구인에게 불리하면 불이익변경금지 원칙에 위반된다.[63] 따라서 후속처분 중 당초처분의 세액을 초과하는 부분은 위법하다.

③ 결정의 이유에서 밝혀진 내용에 근거하여 과세표준이나 세액을 증액하는 경우

불이익변경금지원칙은 결정의 주문내용이 불복의 대상인 과세처분보다 청구인에게 불이익한 경우에 적용되므로 과세관청이 결정의 이유에서 밝혀진 내용에 근거하여 탈루 또는 오류가 있는 과세표준이나 세액을 경정하는 경우에는 적용되지 않는다.[64] 이러한 이유로 불이익변경금지원칙은 절차만 번거롭게 하므로 불이익변경이 가능하도록 하여 심판단계에서 사안을 일거에 해결하는 것이 더 낫다는 의견도 제기된다.[65]

---

61) 국기법 기본통칙 79-0…1
62) 소순무·윤지현, 조세소송(2020), 241~242면
63) 대법원 2016. 9. 28. 선고 2016두39382 판결
64) 대법원 2007. 11. 16. 선고 2005두10675 판결
65) 이창희, 세법강의(2021), 233면

(다) 효력

불이익변경금지원칙을 위반한 결정에 따른 과세처분은 당연무효이다.[66]

바. 결정의 효력

(1) 기속력

(가) 의의

기속력은 관계 행정청이 재결의 취지에 따라야 하는 효력을 의미한다(국기법 제80조 제1항). 기속력으로 인하여 처분청은 재결청의 인용결정에 대하여 불복할 수 없다. 그러나 납세자의 청구를 기각하는 결정은 기속력이 문제되지 않으므로 재결청이 기각결정을 해도 과세관청은 과세처분을 취소할 수 있다.

(나) 내용(국기법 제80조 제2항)

① 소극적 효력(동일 내용의 재처분 금지)

처분청 및 관계행정청은 결정에 어긋나는 처분을 하지 않을 의무가 있다. 청구를 인용하는 결정이 내려진 경우 과세관청은 그 결정을 준수하여야 하므로 동일 사항에 관하여 특별한 사유 없이 다시 종전 처분을 되풀이할 수 없다.[67] 예를 들어, 조세심판원이 납세자가 창업벤처중소기업에 해당하므로 세액감면이 적용되어야 한다는 이유로 세액감면을 배제한 처분을 취소하는 결정을 하였는데, 그 기초가 되는 사정에 아무런 변경이 없음에도 과세관청이 지방청의 감사지적만을 내세워 세액감면을 배제한 것은 심판결정의 기속력에 위반된다. 종전 처분의 반복이 감사원의 시정요구에 의한 것이라 하더라도 결정의 기속력에 위반된다.[68] 나아가 판례는 과세처분에 관한 불복절차에서 과세관청이 불복사유가 옳다고 인정하여 과세처분을 직권취소함으로써 궁극적으로 결정이 없는 경우에도 기속력을 넓게 인정하여 동일 사항에 관하여 다시 종전 처분을 되풀이할 수 없다고 판시하고 있다.[69]

과세관청이 과세처분을 직권취소하여 결정이 내려지지 않은 경우까지 기속력을 인정하여야 하는지 논란이 될 수 있으나, 불복과정에서 행해진 직권취소에 한정하여 인정되고, 불복제도의 실효성을 확보하기 위한 것이므로 기속력을 인정하는 것이 타당하다. 다만, 납세자가 허위자료를 제출하는 등 부정한 방법에 기초하여 과세처분이 취소되었다는 등의 특별한 사유가 있는 경우에는 동일한 내용의 과세처분을 반복하여도 기속력에 위반되지 않는다.[70] 또한, 결정의 취지에 따라 그 결정에 적시된 위법사유를 시정·보완하여 새로 부과처분을 한 경우,

---

66) 대법원 2004. 12. 9. 선고 2003두278 판결
67) 대법원 2019. 1. 31. 선고 2017두75873 판결
68) 대법원 1986. 5. 27. 선고 86누127 판결
69) 대법원 2010. 6. 24. 선고 2007두18161 판결, 대법원 2019. 1. 31. 선고 2017두75873 판결
70) 대법원 2017. 3. 9. 선고 2016두56790 판결

불복청구에 대한 결정이 이루어진 후 새로운 사실관계에 관한 과세표준 및 세액을 경정한 경우 등은 기속력에 위반되지 않는다.[71]

② 적극적 효력(처분의무)

처분청 및 관계행정청은 결정에 따라 필요한 처분을 할 의무가 있다. 당사자의 신청을 거부하거나 부작위로 방치한 처분의 이행을 명하는 결정이 있으면 처분청 및 관계행정청은 결정의 취지에 따라 필요한 처분을 하여야 한다. 처분청의 물납거부처분에 대하여 청구인들이 상속세 전액을 금전으로 납부한 것은 일단 물납신청의 대상이 된 상속세를 납부하고 물납거부처분이 취소되면 현금으로 납부한 상속세를 돌려받기 위하여 편의상 납부한 것이므로 재결청이 물납거부처분을 취소하는 경우 과세관청은 기속력에 따라 청구인이 납부한 상속세를 환급하여야 한다.[72]

(다) 재조사결정의 경우

처분청은 재조사결정에서 지적된 사항을 재조사하여 그 결과에 따라 후속처분을 할 의무가 있다. 재조사결정이 후속처분의 내용까지 구속하지는 않는다. 다만, 처분청이 추가적인 조사나 노력을 전혀 하지 않고 당초처분을 그대로 유지하는 후속처분을 하였다면 그 후속처분은 기속력에 반하여 위법하다.[73] 이러한 취지에서 판례는 재결청이 '온라인 교재가 부가가치세 면세대상인 전자출판물에 해당하므로 그 공급가액을 과세표준에서 차감하여야 한다.'는 이유로 해당 가액을 재조사하여 과세표준에서 차감하고 세액을 경정하라는 재조사결정을 하였음에도 처분청이 온라인 교재의 공급가액을 산정하여 과세표준에서 차감하지 않은 채 당초처분을 그대로 유지하는 후속처분을 한 것은 재조사결정의 기속력에 위반된다고 판시하였다.[74]

다만, 자산의 취득가액을 관리처분계획인가일 기준으로 재조사하여 과세표준 및 세액을 경정하라는 취지의 재조사 결정을 하였을 뿐 재조사방법을 감정평가로 제한하지 않은 경우 처분청이 감정평가를 하지 않은 채 당초의 처분을 그대로 유지한 경우 재조사 결정의 기속력에 저촉되지 않는다고 판시하였다.[75]

(2) 그 밖의 효력

(가) 형성력

형성력은 과세처분 자체를 취소하거나 경정하여 처분을 변경하는 효력을 의미한다. 재결청이 과세처분을 취소하는 결정을 할 때에는 형성력으로 인해 과세처분은 별도의 절차를 기다

---

71) 대법원 2001. 9. 14. 선고 99두3324 판결. 조심 2012. 4. 17.자 2011중3598 결정
72) 심사상속 2005-0044(2005. 11. 7.)
73) 조심 2008. 11. 6.자 2008서2473 결정
74) 대법원 2017. 5. 11. 선고 2015두37549 판결
75) 대법원 2024. 7. 25. 선고 2022두60745 판결

릴 것 없이 당연히 취소된다.[76]

(나) 불가쟁력(不可爭力)

불가쟁력은 행정처분이나 결정이 불복기간의 경과로 형식적으로 확정되는 경우 그것이 당연무효가 아닌 한 청구인이 당해 처분이나 결정의 효력을 더 이상 불복절차에 의하여 다툴 수 없게 되는 효력을 말한다. 재결청의 결정에 대하여 청구인이 반복적으로 다툴 수 있다고 하면 쟁송제도를 유지할 수 없으므로 불복기간이 경과한 결정에 대하여 다툴 수 없게 하는 것이다.

(다) 불가변력(不可變力)

불가변력은 쟁송절차를 통하여 형성된 결정에 대하여 일반행정처분과 달리 특별한 규정이 없으면 하자가 있더라도 재결청 스스로 취소·변경할 수 없게 하는 효력을 말한다. 국민의 권리와 이익을 보호하고 법적 안정성을 도모하기 위하여 재결청이라도 자유롭게 취소·변경 및 철회할 수 없게 한 것이다. 그러나 행정행위의 불가변력은 당해 행정행위에 대하여만 인정되고, 동종의 행정행위라 하더라도 그 대상을 달리할 때에는 인정되지 않는다.[77]

---

76) 대법원 1997. 5. 30. 선고 96누14678 판결
77) 대법원 1974. 12. 10. 선고 73누129 판결

제12장 납세자의 권리

제1절 납세자의 권리에 대한 입법

1. 입법 배경

납세자의 권리라는 제목을 가진 국기법 제7장의2는 1996. 12. 30. 국기법 개정 시 신설되었다. 그전에는 세무공무원에게 세무조사를 실시할 수 있는 권한만 부여되어 있을 뿐 세무공무원에 대한 절차적 통제 규정이 미비하였다. 1996년 우리나라가 경제협력개발기구(OECD)에 가입하면서 OECD 납세자보호규범(Taxpayers' Rights and Obligations)을 입법화하기 위한 절차의 일환으로 국기법 제7장의2를 신설하게 된 것이다.

2. 국세기본법 제7장의2의 구성

납세자의 권리에는 여러 가지가 있으나 그중 세무조사가 납세자의 권리에 미치는 영향이 가장 크기 때문에 국기법 제7장의2는 세무조사를 중심으로 규정하고 있다. 특히 세무조사과정에서 납세자의 권리침해를 최소화하기 위하여 세무조사의 절차적 통제를 강화하는 방향으로 꾸준히 법령을 개정하였다.

제2절 세무조사에서의 납세자 보호

1. 세무조사의 개요

가. 세무조사의 의의

세무조사는 행정조사의 일종이나 다른 행정조사보다 국민의 권리에 미치는 영향이 크기 때문에 국기법에서 별도로 규정한다. 국기법 제2조 제21호는 세무조사를 "국세의 과세표준과 세액을 결정 또는 경정하기 위하여 질문을 하거나 해당 장부·서류 또는 그 밖의 물건을 검사·조사하거나 그 제출을 명하는 활동"이라고 정의하고 있다. 2018. 12. 31. 개정 전 세무조사정의규정과 비교하면 조세범처벌절차법에 따른 조세범칙조사가 세무조사의 범위에서 빠졌다. 일반세무조사는 과세권 행사를 위한 행정조사에 해당하는 반면, 조세범칙조사는 조세범처벌법 위반 여부를 조사하는 형사절차에 해당하므로 조세범칙조사를 국기법에 규정하는 것은 체계상 문제가 있다는 비판을 수용한 것이다.

나. 세무조사의 필요성

세무조사는 신고납세방식의 조세에 대하여는 납세자가 정확하게 신고하였는지 검증하고, 부과과세방식의 조세에 대하여는 과세표준과 세액을 확정하는데 필요한 자료를 확보하는 역할을 한다. 세무행정력의 한계로 인하여 전체 납세의무자 중 극히 일부에 대하여만 세무조사를 실시하나, 세무조사는 납세자의 성실신고에 대한 경각심을 불어넣어 성실신고를 유도하는 기능을 한다.

다. 다른 개념과의 구별

(1) 개별세법상 질문조사권 또는 질문검사권

국기법과 별개로 소득세법 제170조, 법인세법 제122조 등 각 개별세법은 과세관청의 질문조사권 또는 질문검사권에 대한 규정을 두고 있다. 각 개별세법에 의한 질문조사권 또는 질문검사권에 대하여는 국기법상 세무조사의 절차적 통제 규정이 적용되므로 세무조사의 일종으로 볼 수 있다. 판례는 세무조사 대상의 기준과 선정방식에 관한 구 국기법 제81조의5(현행 제81조의4)가 도입된 이후에는 각 개별세법이 정한 질문조사권은 구 국기법 제81조의5가 정한 요건과 한계 내에서만 허용된다고 하여 개별세법의 질문조사권이 세무조사에 해당함을 인정하고 있다.[1]

(2) 현장확인

(가) 현장확인의 개념

현장확인은 국기법상의 용어는 아니고, 훈령인 조사사무처리규정상에 근거한 개념이다. 조사사무처리규정은 현장확인이라 함은 "각 세법에 규정하는 질문조사권 또는 질문검사권에 따라 세원관리, 과세자료 처리 또는 세무조사 증거자료 수집 등 사업자에 대한 사업장현황 확인이나 기장확인 업무 등을 처리하기 위하여 납세자 또는 그 납세자와 거래가 있다고 인정되는 자 등을 상대로 세무조사에 의하지 아니하고 현장확인 계획에 따라 현장출장하여 사실관계를 확인하는 행위"라고 규정하고 있다(조사사무처리규정 제3조 제2호).

(나) 세무조사와 현장확인의 차이 및 구별

현장확인은 질문조사권 또는 질문검사권을 행사한다는 점에서 세무조사와 유사하나, 단순

---

1) 대법원 2014. 6. 26. 선고 2012두911 판결

한 사실관계 등 간단한 사실의 확인 등이 필요한 경우 현장확인 절차를 거쳐 행해진다는 점에서 세무조사와는 확인의 대상과 절차가 다르다. 세무조사와 현장확인은 형식적인 절차보다 조사의 실질에 따라 구별하여야 한다. 이러한 취지에서 판례는 형식적으로 현장확인의 절차를 거쳤다 하더라도 조사행위가 실질적으로 과세표준과 세액을 결정 또는 경정하기 위한 것으로서 납세자 등의 사무실·사업장·공장 또는 주소지 등에서 납세자 등을 직접 접촉하여 상당한 시일에 걸쳐 질문하거나 일정한 기간 동안의 장부·서류·물건 등을 검사·조사하는 경우에는 세무조사에 해당한다고 판시하였다.[2] 다만 세무공무원의 조사행위가 사업장의 현황 확인, 기장 여부의 단순 확인, 특정한 매출사실의 확인, 행정민원서류의 발급을 통한 확인, 납세자 등이 자발적으로 제출한 자료의 수령 등과 같이 단순한 사실관계의 확인이나 통상적으로 이에 수반되는 간단한 질문조사에 그치는 경우에는 현장확인에 해당한다는 취지로 판단하였다.

판례는 세무조사와 구별되는 개념으로서 현장확인을 인정하고 있는바, 현장확인도 질문조사권 또는 질문검사권을 행사한다는 이유로 세무조사라고 보게 되면 과세관청은 단순한 사실관계의 확인에 대하여 세무조사에 착수하여야 하고 납세자도 불필요하게 세무조사에 대응하여야 하므로 납세자와 과세관청 모두에게 도움이 되지 않는다는 점을 고려한 것이다.

(3) 신고내용 확인

신고내용 확인은 국기법의 용어는 아니고, 훈령인 법인세, 소득세 등 각 세목의 사무처리규정에 근거한 개념이다. 과거에는 "사후검증"이라는 용어를 사용하였으나, "신고내용 확인"으로 바꾸었다. 대표적으로 법인세사무처리규정에 의하면 신고내용 확인이란 "납세자의 자발적인 성실신고를 유도할 수 있도록 신고 안내자료의 반영 여부 등 법인세 신고내용을 검토하여 특정 항목이나 유형의 오류 또는 누락 혐의가 있는 법인을 확인 대상자로 선정하고, 서면으로 해명 및 수정신고를 안내하는 방법으로 신고내용의 적정 여부를 확인하는 업무"라고 규정하고 있다(법인세사무처리규정 제2조 제13호). 신고내용 확인은 납세자의 신고내용을 검토하여 누락이 발견되면 납세자가 수정신고 등의 방법을 통해 스스로 시정할 기회를 부여하는 것이므로 원칙적으로 세무조사라고 할 수 없다. 다만, 납세자가 수정신고 등을 하지 않으면 세무조사로 전환하는 경우가 많다.

2. 세무조사의 분류

가. 세무조사의 범위에 따른 분류(통합조사, 세목별 조사, 부분조사)

(1) 통합조사(국기법 제81조의11 제1항)

통합조사는 납세자가 여러 가지 세목에 대한 납세의무가 있는 경우 모든 세목을 한꺼번에 조사하는 것을 의미한다. 예를 들어, 개인사업자를 세무조사할 때 종합소득세, 부가가치세 등

---

2) 대법원 2017. 3. 16. 선고 2014두8360 판결

관련 세목을 함께 조사하고, 법인사업자를 세무조사 할 때 법인세, 부가가치세 등 관련 세목을 함께 조사하는 것이다. 국기법은 납세자의 부담을 줄여주기 위하여 통합조사 원칙을 규정하고 있다.

(2) 세목별 조사(국기법 제81조의11 제2항)

세목별 조사는 특정 세목만을 대상으로 실시하는 세무조사를 말한다(조사사무처리규정 제3조 제23호). 국기법은 통합조사를 원칙으로 하면서 세목의 특성, 납세자의 신고유형, 사업규모, 세금탈루 혐의 등을 고려하여 특정 세목만 조사할 필요가 있는 경우 등 일정한 사유가 있으면 세목별 조사를 할 수 있도록 규정하고 있다. 예를 들어, 개인사업자를 세무조사할 때 부가가치세만 조사하거나 종합소득세만 조사하는 것이다.

(3) 부분조사(국기법 제81조의11 제3항)

부분조사는 통합조사 또는 세목별 조사에 의하지 않고 특정 사업장, 특정 항목·부분 또는 거래 일부 등에 한정하여 적정 여부를 검증하는 세무조사를 말한다(조사사무처리규정 제3조 제25호). 국기법은 거래상대방에 대한 세무조사 중에 거래 일부의 확인이 필요한 경우, 납세자에 대한 구체적인 탈세제보가 있는 경우로서 해당 탈세혐의에 대한 확인이 필요한 경우 등 일정한 사유가 있는 경우에는 부분조사를 할 수 있도록 규정하고 있다(국기령 제63조의12).

나. 조사선정에 따른 분류

(1) 정기조사(국기법 제81조의6 제2항)

정기조사는 정기적으로 신고의 적정성을 검증하기 위하여 대상을 선정하여 실시하는 세무조사를 말한다. 정기조사 대상자는 신고성실도 분석결과 불성실 혐의가 인정되는 경우, 장기미조사자의 경우(순환조사), 무작위추출방식으로 선정한다. 다만 개인사업자로서 간편장부대상자일 것, 법인사업자로서 1년의 수입금액이 3억 원 이하일 것, 복식부기방식으로 장부를 기장할 것 등의 요건을 충족하는 소규모 성실사업자에 대하여는 객관적인 증거자료에 의하여 과소신고한 것이 명백한 경우를 제외하고는 세무조사를 면제할 수 있다(국기법 제81조의6 제5항).

(2) 비정기조사(국기법 제81조의6 제3항)

비정기조사는 세금을 탈루한 혐의가 있는 경우에 실시하는 세무조사를 말한다. 과거에는 '수시조사'라고 불렀다. 비정기조사 선정사유는 무자료거래, 위장·가공거래 등 거래 내용이 사실과 다른 혐의가 있는 경우, 납세자에 대한 구체적인 탈세 제보가 있는 경우, 신고 내용에 탈루나 오류의 혐의를 인정할 만한 명백한 자료가 있는 경우 등 법령에 규정되어 있다.

위와 같은 비정기조사 선정사유 없음에도 세무조사 대상자로 선정하여 과세자료를 수집하고 그에 기하여 과세처분을 한 경우 그 과세처분은 조사대상자 선정조항에 위반될 뿐 아니라

적법절차의 원칙을 위반한 것이므로 위법하다.[3]

(3) 과세표준과 세액을 결정하기 위한 세무조사(국기법 제81조의6 제4항)

세무공무원은 과세관청의 조사결정에 의하여 과세표준과 세액이 확정되는 세목의 경우 과세표준과 세액을 결정하기 위하여 세무조사를 할 수 있다. "과세관청의 조사결정에 의하여 과세표준과 세액이 확정되는 세목"에는 상속세, 증여세 등 부과과세방식의 세목뿐 아니라 신고납세방식이지만 납세자가 신고하지 아니하여 과세관청이 과세표준과 세액을 확정하는 경우도 포함한다. 위와 같이 부과과세방식의 세목의 경우에는 비정기조사 선정사유가 존재하지 않더라도 세무조사대상으로 선정할 수 있으나, 세무조사의 상대방이 되려면 적어도 개별 세법에서 정한 질문조사권 행사의 상대방이어야 한다.[4] 부과과세방식의 세목이라고 하여 제한 없이 세무조사를 할 수 있다고 하면 세무조사권을 남용할 우려가 있으므로 이를 적절히 통제하기 위한 취지로 보인다.

다. 조사장소에 따른 분류(사무실 간이조사와 현장조사)

(1) 사무실 간이조사

사무실 간이조사는 소규모 납세자에 대해 납세자 편의, 회계투명성 신고성실도 및 규모 등을 고려하여 현장조사에 의하지 않고도 조사의 목적을 달성할 수 있다고 판단되는 경우 납세자가 제출한 신고서류, 회계서류 및 증빙자료 등을 통해 조사기간의 대부분을 조사관서의 사무실에서 실시하는 세무조사를 말한다. 사무실조사는 현장조사와 비교하여 납세자의 부담을 덜어주기 위한 것이므로 간이조사를 통해서도 세무조사의 목적을 달성할 수 있는 경우에 실시한다.

(2) 현장조사

현장조사는 납세자의 사무실, 사업장, 공장, 주소지 등 현장에 출장하여 직접 해당 납세자 또는 관련인을 상대로 실시하는 세무조사를 말한다.

3. 세무조사권 남용금지

가. 세무조사 남용금지원칙

국기법 제81조의4 제1항은 "세무공무원은 적정하고 공평한 과세를 실현하기 위하여 필요한 최소한의 범위에서 세무조사(「조세범처벌절차법」에 따른 조세범칙조사를 포함한다. 이하 이 조에서 같다)를 하여야 하며, 다른 목적 등을 위하여 조사권을 남용해서는 아니된다."라고 하여 세무조사의 적법요건을 규정하고 있다. 이에 의하면 세무조사의 적법요건으로 ① 객관

---

3) 대법원 2014. 6. 26. 선고 2012두911 판결
4) 대법원 2024. 3. 12. 선고 2021두32088 판결

적 필요성, ② 최소성, ③ 권한남용의 금지 등 3가지를 들 수 있다. 이러한 세무조사 적법요건
은 납세의무자에 대한 질문조사 등 이외에 장부 등의 제출요구에도 적용된다(국기법 제81조의4
제3항). 위 세무조사의 적법요건은 법치국가의 원리를 조세절차법 영역에서도 관철하기 위한
것으로서 그 자체로서 구체적인 법규적 효력을 갖는다는 것이 판례의 입장이다.[5] 따라서 세
무조사가 위 적법요건을 위반하면 그 세무조사는 위법하다.

나. 재조사(중복조사)의 원칙적 금지와 예외적 허용

(1) 의의

재조사는 납세자의 영업의 자유나 법적 안정성 등을 심각하게 침해할 뿐 아니라 세무조사
권의 남용으로 이어질 우려가 있으므로 원칙적으로 금지하되, 재조사를 하지 않는 것이 오히
려 조세공평에 현저히 반하는 등의 사유가 있는 경우에는 재조사를 허용한다(국기법 제81조의4
제2항). 다만, 재조사는 예외적으로 허용하는 것이므로 엄격하게 해석하여야 한다.

(2) 원칙적 금지

(가) 세목과 과세기간이 같은 경우

세무공무원은 원칙적으로 같은 세목 및 같은 과세기간에 대하여 재조사를 할 수 없다(국기
법 제81조의4 제2항). 따라서 1차 세무조사와 2차 세무조사의 세목 및 과세기간이 같으면 원칙
적으로 재조사금지원칙에 위반되고,[6] 1차 세무조사와 2차 세무조사의 세목이 다르면 원칙적
으로 재조사금지원칙에 위반되지 않는다.[7]

그러나 세목이 다르더라도 종전 세무조사와 같은 과세요건사실을 조사하는 경우에는 실질
을 중시하여 재조사금지원칙에 위반되는 것으로 본다.[8] 甲이 乙회사의 주식을 취득하여 丙에
게 명의신탁하였고 이후 丙이 위 주식을 甲의 동생 丁 등에게 이전하였는데, 과세관청이 乙회
사의 주식변동에 대한 세무조사를 하여 丙에 대한 명의신탁 사실을 확인한 후 丁 등에 대해서
만 증여 또는 명의신탁에 따른 증여세가 과세되고 丙에게는 과세처분이 이루어지지 않았는
데, 그로부터 9년이 지나 과세관청이 위 주식변동조사보고서 등을 근거로 丙에 대하여 증여세
조사를 실시한 후 증여세부과처분을 한 사안에서, 대법원은 주식변동조사과정에서 세무공무
원이 乙회사의 명의상 주주인 丙을 상대로 주식의 양수 및 인수경위에 관하여 질문조사를 하
고 자료를 수집하는 등 명의신탁 사실 및 이에 따른 丙의 증여세에 대하여 세무조사가 이루어
졌음에도 불구하고, 그로부터 9년이 지나 명의신탁에 대하여 다시 세무조사를 하였으므로 재
조사금지원칙에 위반된다고 판시하였다.[9] 1차 세무조사는 법인의 주식이동 전반에 관한 법

---

5) 대법원 2016. 12. 15. 선고 2016두47659 판결
6) 대법원 2006. 6. 2. 선고 2004두12070 판결
7) 대법원 2006. 5. 25. 선고 2004두11718 판결
8) 대법원 2018. 6. 19. 선고 2016두1240 판결
9) 대법원 2017. 12. 13. 선고 2015두3805 판결

인세 조사이고, 2차 세무조사는 丙 개인에 대한 증여세 조사이므로 형식적으로 보면 세목과 조사대상이 다르다고 볼 수 있다. 그러나 1차 세무조사에서 실제 丙 개인에 대한 증여세 조사가 이루어진 실질을 중시하여 丙에 대한 증여세 조사는 위법한 재조사에 해당한다고 판단한 것이다.

(나) 부분조사의 경우

같은 세목 및 같은 과세기간의 일부 항목에 대하여 조사하고(1차 조사), 추후 1차 조사에서 조사하지 않은 다른 항목을 조사(2차 조사)한 경우 재조사 금지원칙에 위반되는지 문제된 사안에서, 판례는 세무조사의 내용이 중첩되지 않았더라도 세목과 과세기간이 같으므로 재조사 금지원칙에 위반된다고 판시하였다.[10] 이 판결로 인하여 실무상 부분조사의 활용이 어려워지자, 2017. 12. 19. 국기법 개정 시 거래상대방에 대한 세무조사 중에 거래 일부의 확인이 필요한 경우 등 일정한 사유가 있는 경우에는 부분조사를 할 수 있도록 입법화하였다(국기법 제81조의11 제3항, 국기령 제63조의12).

(다) 재조사 금지원칙에 위반한 과세처분의 효력

금지되는 재조사에 기하여 과세처분을 하는 것은 단순히 당초 과세처분의 오류를 경정하는 경우에 불과하다는 등의 특별한 사정이 없는 한 그 자체로 위법하다.[11] 납세자가 실체적으로 납세의무가 있다고 하더라도 절차적 위법사유가 있으므로 과세처분의 효력을 부인하는 방법으로 통제하는 것이다. 이는 형사절차에서 위법수집증거를 유죄판결의 증거로 사용할 수 없는 것과 유사하다. 나아가 판례는 과세관청이 위법한 재조사로 얻은 과세자료를 과세처분의 근거로 삼지 않았다거나 이를 배제하고서도 동일한 과세처분이 가능하였더라도 금지되는 재조사에 기한 과세처분은 위법하다고 판시하였다.[12] 그러나 금지되는 재조사를 하였다는 이유로 재조사에 의하여 수집하지 않은 과세자료, 즉 재조사 이외의 다른 방법으로 확보한 과세자료에 기하여 한 과세처분까지 위법하다고 보는 것은 과도한 측면이 있다.

---

10) 대법원 2015. 2. 26. 선고 2014두12062 판결. 다만, 당초의 세무조사가 다른 세목이나 다른 과세기간에 대한 세무조사 도중에 해당 세목이나 과세기간에도 동일한 잘못이나 세금탈루 혐의가 있다고 인정되어 관련 항목에 대하여 세무조사 범위가 확대됨에 따라 부분적으로만 이루어진 경우와 같이 당초 세무조사 당시 모든 항목에 걸쳐 세무조사를 하는 것이 무리였다는 등의 특별한 사정이 있는 경우에는 중복세무조사금지원칙에 위반되지 않는다고 판단하였다. 나아가 업무무관 가지급금 등 채권의 회수지연이 여러 과세기간에 걸쳐 계속되는 경우에는 당초 세무조사 당시 모든 항목에 걸쳐 세무조사를 하는 것이 무리였다는 등의 특별한 사정이 있는 것으로 보아 부분조사를 인정하였다(대법원 2015. 3. 26. 선고 2012두14224 판결).
11) 대법원 2017. 12. 13. 선고 2015두3805 판결
12) 대법원 2017. 12. 13. 선고 2016두55421 판결

(3) 재조사의 예외적 허용(국기법 제81조의4 제2항, 국기령 제63조의2)

(가) 조세탈루의 혐의를 인정할 명백한 자료가 있는 경우

재조사의 예외적 허용사유로 규정된 '조세탈루의 혐의를 인정할 만한 명백한 자료가 있는 경우'란 조세의 탈루사실이 확인될 상당한 정도의 개연성이 객관성과 합리성이 뒷받침되는 자료에 의하여 인정되는 경우로 엄격히 해석한다.[13] 납세자의 성실성 추정이 배제되어 비정기선정사유가 되는 경우로서 '신고내용에 탈루나 오류의 혐의를 인정할 만한 명백한 자료가 있는 경우' 등이 규정되어 있는바(국기법 제81조의3, 제81조의6 제3항 제3호, 제4호), 비정기선정사유와 재조사가 예외적으로 허용되는 경우를 비교하면, 법문의 표현이나 내용, 중복조사금지의 취지 등에 비추어 재조사가 허용되는 경우를 더 엄격히 해석하여야 한다.[14]

판례는 2차 세무조사의 계기가 된 탈세제보가 내용이 구체적일 뿐 아니라 내용증명과 입금증 및 영수증, 사건수임내역, 차명계좌의 입금내역 등 관련 자료들이 함께 제출된 사안에서, 조세탈루의 혐의를 인정할 만한 명백한 자료에 해당한다고 판시하였다.[15] 그러나 상가의 분양계약자, 분양가액 등이 구체적으로 기재된 탈세사실에 관한 자료가 제공된 사안에서, 탈세제보가 구체적이지만 첨부자료의 출처가 어디인지 객관성과 진실성을 뒷받침할 사정이 없다고 하여 조세탈루의 혐의를 인정할 만한 명백한 자료에 해당하지 않는다고 판시하였다.[16]

(나) 거래상대방에 대한 조사가 필요한 경우

① 학설

제1설은 납세자 본인에 대한 세무조사를 할 때 거래상대방에게 협력의무가 있으므로 본인에게 세금을 부과하기 위하여 거래상대방에 대한 세무조사가 필요한 경우에는 본인에 대한 재조사를 할 수 있다고 해석하는 견해이다.

제2설은 거래상대방에 대한 세무조사를 할 때 납세자 본인에게 협력의무가 있으므로 거래상대방에게 세금을 부과하기 위하여 본인에 대한 세무조사가 필요한 경우에는 본인에 대한 재조사를 할 수 있다고 해석하는 견해이다.

제3설은 납세자 본인에 대한 1차 세무조사에서 거래상대방에 대한 조사를 하지 않고 종결하였다가 나중에 그 거래상대방에 대한 세무조사를 할 수 있다는 의미로 해석하는 견해이다.[17]

---

13) 대법원 2010. 12. 23. 선고 2008두10461 판결
14) 이예슬, "우선적 세무조사 대상자 선정에 관한 구 국기법(2006. 12. 30. 법률 제8139호로 개정되기 전의 것) 제81조의5 제2항의 해석", 대법원 판례해설 제100호(2014년상), 법원도서관, 2014, 14~15면
15) 대법원 2018. 2. 28. 선고 2017두52337 판결
16) 대법원 2011. 5. 26. 선고 2008두1146 판결
17) 강석규, 조세법쟁론(2023), 497~498면

② 판례 및 검토

하급심 판례 중에는 거래상대방에 대한 세무조사를 함에 있어 본인에게 협력의무가 있음을 이유로 본인에 대한 재조사가 허용된다는 의미라고 하여 제2설을 취한 것이 있다.[18]

제1설과 같이 해석하면 거래상대방을 조사하는 방법으로 재조사금지를 우회할 수 있으므로 부당하고, 제3설과 같이 해석하면 거래상대방에 대한 조사는 당연히 납세의무자에 대한 조사에 포함되는데, 거래상대방에 대한 조사를 이유로 중복세무조사를 허용하는 것은 불합리하다. 문언상으로는 의미가 명확하지는 않으나 세무조사의 남용을 방지하기 위하여 제2설과 같이 해석하는 것이 타당하다고 본다.[19]

(다) 2개 이상의 과세기간과 관련하여 잘못이 있는 경우(국기법 제81조의4 제2항 제3호)

① 학설[20]

제1설은 어느 사업연도의 잘못을 시정하는 기회에 다른 사업연도의 잘못도 함께 시정할 수 있는 경우로 넓게 해석하는 견해이다.

제2설은 둘 이상의 사업연도와 관련하여 발생한 잘못이 불가분의 일체를 이루고 있어 한 사업연도에 대한 세무조정이 다른 사업연도에 대한 세무조정에 영향을 미치는 경우로 제한적으로 해석하는 견해이다.

② 판례

판례는 같은 종류의 잘못이 매 사업연도 단순히 되풀이되는 것은 '2개 이상의 사업연도와 관련하여 잘못이 있는 경우'에 해당하지 않는다고 명확히 하였다. 판례는 '2개 이상의 사업연도와 관련하여 잘못이 있는 경우'라 함은 하나의 원인으로 인하여 2개 이상의 사업연도에 걸쳐 과세표준 및 세액의 산정에 관한 오류 또는 누락이 발생한 경우를 의미한다고 밝히면서, 그 범위에 대하여 완결적인 하나의 행위가 원인이 되어 같은 잘못이 2개 이상의 사업연도에 걸쳐 자동적으로 반복되는 경우는 물론, 완결적이지 않은 행위라 하더라도 그로 인해 과세표준 및 세액의 산정에 관한 오류 또는 누락의 원인이 되는 원칙이 결정되고, 이후에 2개 이상의 사업연도에 걸쳐 내용이 구체화되는 후속조치가 이루어지는 경우도 재조사 사유에 해당한다고 판시하였다.[21]

대법원 2017. 4. 27. 선고 2014두6562 판결의 사안을 살펴보면 甲회사가 창업주이자 이사회 의장인 乙에게 매년 임대수입의 10% 이내에서 성과상여금을 지급하기로 이사회결의를 한 후이에 기초하여 5년에 걸쳐 해당 사업연도별로 개최되었던 주주총회와 이사회 등에서 구체적

---

18) 광주고등법원 2015. 11. 5. 선고 2015누5329 판결
19) 이중교, "법원판결을 통해 살펴본 세무조사의 절차적 통제", 조세법연구 제23권 제2호, 2017, 129면
20) 이중교, 상계논문, 129~130면
21) 대법원 2017. 4. 27. 선고 2014두6562 판결, 대법원 2020. 4. 9. 선고 2017두50492 판결

인 액수를 확정하여 乙에게 성과상여금을 지급하였다. 대법원은 이사회결의에서 성과상여금을 지급하기로 결정한 후 그에 따라 각 사업연도별로 후속절차로서 주주총회와 이사회 등에서 구체적인 액수를 확정하여 지급한 것이므로 이러한 경우는 '2개 이상의 과세기간과 관련하여 잘못이 있는 경우'에 해당한다고 판시하였다. 다만 사건이 원심으로 환송된 후 재조사가 허용된다고 판시하였고, 이에 대해 원고가 상고하였는데, 대법원이 "하나의 원인으로 인하여 2개 이상의 사업연도에 걸쳐 과세표준 및 세액의 산정에 관한 오류 또는 누락이 발생한 경우"임을 뒷받침할 만한 구체적인 자료에 의하여 재조사를 개시한 경우에 해당하지 않는다는 이유로 다시 파기하였다.[22] 대법원 2017. 4. 27. 선고 2014두6562 판결은 '2개 이상의 과세기간과 관련하여 잘못이 있는 경우'의 의미를 해석한 것이고 그 후속소송(대법원 2020. 4. 9. 선고 2017두50492 판결)에서는 그것을 증명할 수 있는 구체적인 자료가 있는지 여부에 초점을 맞추어 심리를 한 것이다.

(라) 재결청의 재조사결정에 따라 재조사를 하는 경우(국기법 제81조의4 제2항 제4호)

과세전적부심, 이의신청, 심사청구, 심판청구 등의 절차에서 재조사결정에 따라 재조사를 하는 것은 납세자의 권리구제를 위한 것으로 납세자에게 유리하므로 허용된다. 다만, 재조사는 결정서 주문에 기재된 범위의 조사에 한정된다.

(마) 부분조사 후 해당 조사에 포함되지 않은 부분에 대하여 재조사하는 경우(국기법 제81조의4 제2항 제6호)

부분조사를 실시한 후 해당 조사에 포함되지 않은 부분에 대하여 재조사하는 것은 재조사의 남용을 막기 위하여 경정 등의 청구에 대한 처리 또는 국세환급금의 결정을 위하여 확인이 필요한 경우, 재조사 결정에 따라 사실관계의 확인 등이 필요한 경우, 거래상대방에 대한 세무조사 중에 거래 일부의 확인이 필요한 경우, 납세자에 대한 구체적인 탈세 제보가 있는 경우로서 해당 탈세 혐의에 대한 확인이 필요한 경우, 명의위장, 차명계좌의 이용을 통하여 세금을 탈루한 혐의에 대한 확인이 필요한 경우 등 법령에서 정한 사유로 제한하고 있다.

대법원 2015. 2. 26. 선고 2014두12062 판결이 부분조사도 같은 세목 및 같은 과세기간에 대하여는 원칙적으로 금지되는 재조사에 해당한다고 판시하자, 2017. 12. 19. 국기법 개정 시 위 법령에 규정된 사유에 한하여 부분조사가 가능하도록 입법하였다. 다만, 부분조사의 남용을 막기 위하여 납세자에게 불리한 부분조사는 횟수를 2회로 제한하였다(국기법 제81조의11 제4항).

(바) 과세관청 외의 기관이 직무상 목적을 위해 작성하거나 취득해 과세관청에 제공한 자료의 처리를 위해 조사하는 경우(국기령 제63조의2 제2호)

종전에는 "과세자료의 처리를 위한 재조사"라고 규정하였고, 그 범위에 대하여 논란이 있

---

22) 대법원 2018. 7. 12. 선고 2017두534 판결

었다. 판례는 세무조사권을 남용하거나 자의적으로 행사할 우려가 없는 과세관청 외의 기관이 직무상 목적을 위하여 작성하거나 취득하여 과세관청에 제공한 과세자료를 의미한다고 그 범위를 좁게 해석하였다.[23] 다른 과세관청으로부터 제공받은 과세자료도 재조사에 의하여 처리할 수 있는 과세자료에 해당한다고 해석하면 다른 과세관청이 제1차 세무조사를 하여 확보하고 있는 과세자료를 넘겨받는 방법으로 재조사를 할 수 있어 재조사의 범위가 지나치게 확대될 우려가 있기 때문이다. 이러한 판례의 입장을 반영하여 2019. 2. 12. 국기법 시행령 개정 시 재조사 허용사유를 명확히 규정하였다. 감사원의 감사결과 처분요구가 새로운 진술이나 자료에 기초한 것이 아니라 과세관청이 종전 세무조사에서 이미 작성하거나 취득한 자료를 토대로 하면서 사실관계 인정 여부에 대한 판단만을 달리하여 이루어진 경우 재조사 허용사유에 해당하지 않는다.[24] 과세관청이 감사원으로부터 넘겨받은 자료는 과세관청이 종전 세무조사에서 취득하였던 자료이므로 과세관청 외의 기관으로부터 제공받은 자료라고 볼 수 없기 때문이다.

(사) 국세환급금의 결정을 위한 확인조사를 하는 경우(국기령 제63조의2 제3호)

과세관청이 납세자에게 국세환급금 결정을 위하여 확인조사를 하는 것은 납세자에게 유리하므로 당연히 중복세무조사를 허용한다.

4. 기타 납세자보호를 위한 조치

가. 납세자권리헌장의 교부(국기법 제81조의2)

세무공무원은 세무조사를 할 때 조사원증을 납세자 또는 관련인에게 제시한 후 납세자권리헌장을 교부하고 그 요지를 직접 낭독해 주어야 하며, 조사사유, 조사기간, 납세자보호위원회에 대한 심의요청사항, 절차 및 권리구제 절차 등을 설명하여야 한다(국기법 제81조의2 제3항). 사업자등록증을 발급하는 경우에도 납세자권리헌장을 교부하여야 한다.

나. 납세자의 성실성 추정(국기법 제81조의3)

세무공무원은 납세자가 성실하며 납세자가 제출한 신고서 등이 진실한 것으로 추정하여야 한다. 납세자의 성실성 추정은 납세자에게 비정기조사 선정사유가 있으면 깨진다.

다. 세무조사 시 조력을 받을 권리(국기법 제81조의5)

납세자는 세무조사 시 조력을 받을 권리가 있으므로 세무조사를 받는 경우에 변호사, 공인회계사, 세무사로 하여금 조사에 참여하게 하거나 의견을 진술하게 할 수 있다. 납세자는 세무지식의 부족으로 세무조사에 적절히 대응하기 어려우므로 세무전문가의 도움을 받을 수 있도록 보장하는 것이다.

---

23) 대법원 2015. 5. 28. 선고 2014두43257 판결
24) 대법원 2018. 6. 19. 선고 2016두1240 판결

라. 세무조사의 사전통지와 연기신청

(1) 사전통지

세무공무원은 세무조사를 하는 경우 조사대상자에게 조사 시작 20일 전에 조사대상 세목, 과세기간, 조사기간 및 조사사유 등을 통지하여야 한다(국기법 제81조의7 제1항 본문). 납세자로 하여금 세무조사 전에 시간적 여유를 가지고 세무조사에 대비할 수 있도록 하기 위함이다. 과거에는 10일 전에 통지하도록 규정되어 있었으나, 납세자에게 준비기간을 더 부여하기 위하여 2017년 국기법 개정 시 15일로, 2024. 12. 31. 국기법 개정 시 20일로 늘렸다. 불복청구 등의 재조사결정에 따른 재조사의 경우에는 많은 준비기간이 필요하지 않으므로 7일 전 통지하면 된다. 다만, 사전통지를 하면 증거인멸 등으로 조사목적을 달성할 수 없다고 인정되는 경우에는 통지를 생략할 수 있다(국기법 제81조의7 제1항 단서). 실무상 대개 비정기조사 선정사유에 해당하는 경우에는 사전통지를 생략한다.

세무조사의 사전통지 제외사유가 없음에도 불구하고 세무조사 사전통지를 하지 않은 채 세무조사를 하고 그에 기하여 한 과세처분은 적법절차의 원칙에 어긋나서 위법하다.[25]

(2) 연기신청

사전통지를 받은 납세자가 천재지변 등 법령에서 정하는 사유가 있을 때에는 세무조사에 대한 연기신청을 할 수 있다(국기법 제81조의7 제2항, 국기령 제63조의7).

마. 세무조사기간

(1) 세무조사기간의 최소화

세무공무원은 조사대상 세목, 업종, 규모, 조사 난이도 등을 고려하여 세무조사기간을 최소화하여야 한다(국기법 제81조의8 제1항). 특히 중소규모 납세자의 세무조사 부담을 줄여주기 위하여 중소규모 납세자에 대한 세무조사기간은 20일 이내로 제한한다(국기법 제81조의8 제2항). 중소규모납세자는 연간 수입금액 또는 양도가액이 100억 원 미만인 납세자이다.

(2) 세무조사기간의 연장

(가) 연장 사유

과세관청은 납세자가 장부, 서류 등을 은닉하거나 제출을 지연하거나 거부하는 등 조사를 기피하는 행위가 명백한 경우, 거래처 조사, 거래처 현지확인 또는 금융거래 현지확인이 필요한 경우 등 법령에서 정한 사유에 해당하는 경우에는 세무조사기간을 연장할 수 있다(국기법 제81조의8 제1항 단서).

---

25) 대법원 2019. 7. 25.자 2019두40567 판결(심리불속행)

(나) 연장 절차

① 중소규모 납세자

20일의 세무조사기간 제한을 받는 중소규모 납세자의 경우 세무조사기간을 최초로 연장하는 때에는 세무관서장의 승인을 받아 20일 이내에서 연장할 수 있고, 2회 이후 연장하는 경우에는 상급 세무관서장의 승인을 받아 20일 이내에서 연장할 수 있다(국기법 제81조의8 제3항 본문). 이 규정에 의하면, 세무서의 조사부서가 중소규모 납세자를 세무조사하는 경우 최초에는 세무서장의 승인을 받아 연장하고, 2회 이후 연장하는 경우에는 지방국세청장의 승인을 받아야 한다. 지방국세청의 조사부서가 중소규모 납세자를 세무조사하는 경우 최초에는 지방국세청장의 승인을 받아 연장하고, 2회 이후 연장하는 경우에는 국세청장의 승인을 받아야 한다.

② 대규모 납세자

중소규모 납세자 이외의 납세자, 즉 대규모 납세자의 경우 관할 납세자보호위원회의 심의를 받아 세무조사기간을 연장할 수 있다(국기법 제81조의18 제2항 제1호). 중소규모 납세자의 경우 이미 20일의 세무조사기간 제한이 있으므로 세무관서장이나 상급 세무관서장의 승인으로 통제하고, 세무조사기간의 제한이 없는 대규모 납세자의 경우 더 엄격한 통제를 위하여 납세자보호위원회의 심의를 거치도록 한 것이다.

(다) 세무조사기간의 제한을 받지 않는 경우

무자료거래, 위장·가공거래 등 거래내용이 사실과 다른 혐의가 있어 실제 거래 내용에 대한 조사가 필요한 경우, 역외거래를 이용하여 세금을 탈루하거나 국내 탈루소득을 해외로 변칙유출한 혐의로 조사하는 경우 등 법령에서 정한 사유에 해당하는 경우에는 세무조사기간의 제한 및 세무조사 연장기간의 제한을 받지 않는다(국기법 제81조의8 제3항 단서).

(3) 세무조사의 중지

(가) 중지 사유

세무공무원은 세무조사 연기신청 사유에 해당하는 사유가 있어 납세자가 조사중지를 신청한 경우, 국외자료의 수집·제출 또는 상호합의절차 개시에 따라 외국 과세기관과의 협의가 필요한 경우, 납세자의 소재불명, 해외출국, 장부, 서류 등을 은닉하거나 그 제출을 지연 또는 거부하는 경우 등 법령에서 정한 사유에 해당하는 경우에는 세무조사를 중지할 수 있다(국기법 제81조의8 제4항). 세무조사는 납세자의 필요에 의하여 중지되는 경우와 과세관청의 필요에 의하여 중지되는 경우가 있다. 특히 과세관청이 세무조사기간의 연장을 우회하는 수단으로 세무조사 중지를 이용하지 않도록 하여야 한다.

(나) 중지의 효력

세무조사 중지 중에는 납세자에게 질문을 하거나 장부 등의 검사·조사 또는 제출을 요구할 수 없다(국기법 제81조의8 제5항). 과거 세무조사 중지 중 질문검사권 등을 행사하여 세무조사기간 연장의 효과를 거두는 경우가 있었으나, 이는 위법한 세무조사에 해당하므로 허용되지 않는다. 세무조사 중지기간은 세무조사기간 및 세무조사 연장기간에 산입하지 않는다(국기법 제81조의8 제4항). 세무조사 중지기간이 종료된 경우에는 즉시 세무조사를 재개하여야 한다. 세무조사 중지기간이 종료되기 전이라도 중지사유가 소멸되거나 조세채권의 확보 등으로 긴급히 세무조사를 재개할 필요가 있는 경우에는 세무조사를 재개할 수 있다(국기법 제81조의8 제6항).

(다) 세무조사 중지기간 중 실시한 세무조사의 위법성

과세공무원이 세무조사 중지기간 중 납세자의 사업장에서 전산망을 열람하는 등의 방법으로 세무조사를 한 경우 중대한 절차적 하자에 해당하므로 이 세무조사에 기하여 한 과세처분은 위법하다.[26]

바. 세무조사범위 확대의 제한

세무공무원은 임의로 세무조사의 범위를 확대할 수 없고, 다른 과세기간, 세목 또는 항목에 대한 구체적인 세금탈루 증거자료가 확인되어 다른 과세기간, 세목 또는 항목에 대한 조사가 필요한 경우 등 법령에서 정한 사유가 있는 경우 예외적으로 세무조사의 범위를 확대할 수 있다(국기법 제81조의9 제1항). 세무공무원이 세무조사의 범위를 확대하는 경우에는 사유와 범위를 납세자에게 문서로 통지하여야 한다(국기법 제81조의9 제2항). 세무조사의 범위를 확대하고 납세자에게 통지하지 않은 채 세무조사를 하고 그에 기하여 한 과세처분은 위법하다.[27]

세무조사범위를 확대하는 경우에는 세무조사기간의 연장이 수반되므로 중소규모 납세자의 세무조사범위를 확대하는 경우에는 세무관서장의 승인을 받고, 2회 이후 연장하는 경우에는 상급 세무관서장의 승인을 받아야 한다. 대규모 납세자의 세무조사범위를 확대하는 경우에는 세무조사기간의 연장과 마찬가지로 관할 납세자보호위원회의 심의를 받아야 한다(국기법 제81조의18 제2항 제2호).

사. 장부 등의 보관 금지

세무공무원은 세무조사의 목적으로 납세자의 장부 등을 세무관서에 임의로 보관할 수 없다(국기법 제81조의10 제1항). 세무공무원이 납세자의 장부 등을 보관하는 것을 실무상 예치(預置) 또는 영치(領置)라고 한다. 다만, 비정기조사 선정사유에 해당하는 경우에는 조사목적에 필요한 최소한의 범위에서 납세자, 소지자, 보관자 등 정당한 권한이 있는 자가 임의로 제출한

---

26) 대법원 2023. 6. 1.자 2023두33870 판결(심리불속행)
27) 대법원 2023. 11. 9. 선고 2020두51181 판결

장부 등을 납세자의 동의를 받아 세무관서에 일시 보관할 수 있다(국기법 제81조의10 제2항). 세무공무원은 일시 보관하고 있는 장부 등에 대하여 납세자가 반환을 요청한 경우에는 반환 요청일부터 14일 이내에 장부 등을 반환하여야 한다(국기법 제81조의10 제4항). 다만, 조사목적 을 달성하기 위하여 필요한 경우에는 납세자보호위원회의 심의를 거쳐 14일 이내에서 1회에 한하여 보관기간을 연장할 수 있다(국기법 제81조의18 제2항 제5호).

아. 세무조사의 결과통지

(1) 원칙

세무공무원이 세무조사를 마쳤을 때에는 조사를 마친 날부터 20일 이내에 조사결과를 납세 자에게 설명하고, 서면으로 통지하여야 한다(국기법 제81조의12 제1항). 다만, 공시송달의 사유가 있는 경우에는 40일 이내에 통지한다. 과거에는 세무조사 결과 통지기한을 규정하지 아니하여 세무조사를 받은 납세자는 언제 세무조사 결과통지를 수령할지 불확실하였으나, 2017. 12. 19. 국기법 개정 시 세무조사 결과통지 기한을 명확히 규정함으로써 납세자의 예측가능성을 높였 다. 국기법에서 세무조사 결과 통지기한을 규정하지 않았던 때에는 훈령인 조사사무처리규정 에서 조사기간이 종료한 날로부터 20일 이내에 세무조사결과를 통지하도록 규정하였는바, 판 례는 위 규정은 훈시규정이므로 과세과청이 세무조사를 마친 이후 20일 이내에 조사결과를 통지하지 않았더라도 과세처분을 취소할 사유에 해당하지 않는다고 판시하였다.[28] 위 판례는 훈령에서 세무조사 결과 통지기한을 규정한 사안이었으나, 국기법에서 세무조사 결과 통지기 한을 규정하더라도, 기존의 판례가 소득세법 시행령에 규정된 소득금액변동통지기간을 훈시 규정으로 해석한 점에 비추어 볼 때,[29] 여전히 훈시규정으로 해석할 가능성이 높다.

세무조사 결과통지에는 세무조사 내용, 결정 또는 경정할 과세표준, 세액 및 산출근거, 세무 조사 대상 세목 및 과세기간, 과세표준 및 세액을 결정 또는 경정하는 경우 그 사유, 근거법령 및 조항, 과세표준 및 세액 계산의 기초가 되는 구체적 사실 등 포함, 가산세 종류, 금액 및 산출근거 등이 포함된다(국기법 제81조의12 제1항, 국기령 제63조의13 제1항). 납세자가 세무조사 결과통지를 받고 그에 대한 불복 여부를 결정할 수 있도록 통지내용을 구체적으로 기재하여 야 한다.

(2) 예외

세무공무원은 해당 세무조사와 관련하여 세법의 해석 또는 사실관계 확정을 위하여 기획재 정부장관 또는 국세청장에 대한 질의 절차가 진행 중이거나 국조법 및 조세조약에 따른 국외 자료의 수집·제출 또는 상호합의절차 개시에 따라 외국 과세기관과의 협의가 진행 중이어서 법정기간 이내에 조사결과를 통지할 수 없는 부분이 있는 경우에는 납세자의 동의하에 조사

---

28) 대법원 2023. 11. 9. 선고 2020두51181 판결
29) 대법원 1991. 2. 26. 선고 90누4631 판결

결과를 통지할 수 없는 부분을 제외한 조사결과를 납세자에게 설명하고, 서면으로 통지할 수 있다(국기법 제81조의12 제2항). 나아가 납세자가 폐업한 경우, 납세자가 납세관리인을 정하지 않고 국내에 주소나 거소를 두지 않은 경우, 납세자나 납세관리인이 세무조사통지서의 수령을 거부하거나 회피하는 경우 등의 사유가 있는 경우에는 세무조사 결과통지를 생략할 수 있다(국기법 제81조의12 제1항 단서, 국기령 제63조의6 제2항).

자. 비밀유지와 정보제공

세무공무원은 납세자가 세법에서 정한 납세의무를 이행하기 위하여 제출한 자료나 국세의 부과징수를 위하여 업무상 취득한 자료 등을 타인에게 제공 또는 누설하거나 목적 외의 용도로 사용해서는 안된다(국기법 제81조의13 제1항). 과세정보는 개인에게 중요한 민감정보이므로 세무공무원의 비밀유지의무를 규정한 것이다. 다만, 국가행정기관, 지방자치단체 등이 법률에서 정하는 조세, 과징금의 부과·징수 등을 위하여 사용할 목적으로 과세정보를 요구하는 경우, 다른 법률의 규정에 따라 과세정보를 요구하는 경우 등 법령에서 정하는 사유에 해당하는 경우에는 그 사용목적에 맞는 범위에서 납세자의 과세정보를 제공할 수 있다. 이 중 "다른 법률의 규정에 따라 과세정보를 요구하는 경우(국기법 제81조의13 제1항 제9호)"와 관련하여 "다른 법률의 규정"이란 과세정보가 세무관서 외의 관계 행정기관에 제공되어 징세 외의 목적으로 사용될 수 있음을 예측할 수 있도록 "세무관서에 과세정보를 요청할 수 있다"는 내용이 해당 법령에 명시적으로 규정된 경우만 의미한다.[30] 따라서 과세관청 이외의 다른 기관은 해당 법령에서 세무관서에 과세정보를 요청할 수 있다는 명시적 근거 없이 국기법 제81조의13 제1항 제9호에 근거하여 과세정보를 요청할 수 없다.

5. 세무조사의 절차상 하자와 과세처분의 위법성

가. 세무조사의 절차상 하자와 과세처분의 효력의 관계

(1) 의의

세무조사의 절차상 하자가 있는 경우 그에 터잡아 이루어진 과세처분의 효력에 영향을 미칠까? 이는 세무조사의 절차적 하자가 있는 경우에 과세처분의 효력을 부인하는 방법으로 세무조사의 절차적 통제를 할 것인지의 문제이다.

(2) 학설[31]

(가) 긍정설

긍정설은 세무조사의 절차상 하자가 있으면 과세처분은 위법하다고 한다. 국가는 어떠한 경우라도 적법하고 정당한 절차를 거쳐야 하고 헌법 제12조 제1항의 적법절차 원칙은 조세분

---

30) 법제처 2009. 11. 27. 회신 09-0365 해석례
31) 이중교, "법원판결을 통해 살펴본 세무조사의 절차적 통제", 조세법연구 제23권 제2호, 2017, 137~138면

야에도 적용되므로 세무공무원이 적법절차 원칙을 위반하여 과세권을 행사하는 경우 그 과세처분은 위법하다는 것이다.

(나) 부정설

부정설은 세무조사의 절차상 하자가 있더라도 과세처분은 위법하지 않다고 한다. 세무조사의 절차상 하자를 과세처분의 위법사유로 인정하더라도 절차의 하자를 보완하여 다시 동일한 처분을 할 수 있으므로 행정비용과 소송경제 측면에서 세무조사의 절차상 하자를 과세처분의 위법사유로 하는 것은 합리적이지 않다는 것이다.

(다) 절충설

세무조사의 절차상 하자는 원칙적으로 과세처분의 위법사유가 되지 않지만 예외적으로 중대한 하자가 있는 경우에는 과세처분의 위법사유가 된다고 한다. 모든 절차상 하자를 과세처분의 위법사유로 하는 것은 비효율적이고, 조세탈루자에 대한 공평과세를 확립하는 것은 절차적 정의에 못지 않게 중요하므로 중대한 하자가 있는 경우에만 과세처분의 위법사유로 삼는 것이 합리적이라고 한다.

(3) 판례

판례는 중복세무조사 금지를 위반한 경우,[32] 세무조사대상 선정사유 없이 세무조사대상자로 선정한 경우[33], 세무조사 중지기간 중 세무조사를 실시한 경우,[34] 세무조사 범위를 확대하고 납세자에게 통지하지 않은 경우,[35] 세무조사 사전통지를 하지 않은 경우[36]에는 과세처분이 위법하다고 판시하였다. 다만, 하급심 판례 중에서는 납세자권리헌장을 교부하지 않은 경우,[37] 세무조사 결과 통지기한을 준수하지 않은 경우[38]에는 과세처분이 위법하지 않다고 판시한 것이 있다. 이를 종합하면 세무조사의 절차상 하자가 있더라도 과세처분 자체의 위법성에 영향을 미칠 만큼 중대한 경우에만 과세처분이 위법하다는 입장이므로 절충설에 가깝다고 할 수 있다. 이러한 판례의 태도는 적정과세의 실현과 납세자의 권익이라는 가치를 조화시키기 위한 취지로 이해할 수 있다. 다만 과거와 비교하면 세무조사의 절차상 하자가 과세처분 자체의 위법성에 영향을 미친다는 판결이 증가하고 있다.[39]

---

32) 대법원 2006. 6. 2. 선고 2004두12070 판결
33) 대법원 2014. 6. 26. 선고 2012두911 판결
34) 대법원 2023. 6. 1.자 2023두33870 판결(심리불속행)
35) 대법원 2023. 11. 9. 선고 2020두51181 판결
36) 대법원 2019. 7. 25.자 2019두40567 판결(심리불속행)
37) 서울고등법원 2008. 12. 19. 선고 2007누34707 판결
38) 대법원 2023. 11. 9. 선고 2020두51181 판결
39) 예를 들어, 세무조사 사전통지를 하지 않은 경우 과거의 하급심 판결은 과세처분 자체의 위법성에 영향을 미치지 않는다고 판시하였으나(서울고등법원 2013. 11. 22. 선고 2012누32835 판결), 최근에는 과세처분 자체의 위법성에 영향을 미친다고 판시하였다.

(4) 검토

법률에 규정된 세무조사의 절차는 그것이 중대한 것이든 아니든 과세관청은 준수할 의무가 있으므로 이를 어긴 경우 과세처분이 위법하다고 보는 긍정설이 타당하다고 판단된다.[40] 만약 국기법 제7장의2에 규정된 세무조사의 절차 중 과세처분의 위법성에 영향을 미치지 않는 것이 포함되어 있다면 그것은 국세청 훈령으로 옮겨서 규정하는 것이 체계적일 뿐 아니라 납세자의 법적 안정성과 예측가능성을 높일 수 있다.

나. 세무조사의 절차상 하자를 보완하여 다시 세무조사할 수 있는지 여부

일반적으로 과세처분의 절차나 형식에 위법이 있어 과세처분을 취소하는 판결이 확정되는 경우 과세관청은 그 위법사유를 보완하여 다시 재처분을 할 수 있다는 것이 판례의 입장이다.[41] 예를 들어, 납부고지서의 형식에 하자가 있어 과세처분이 취소되는 경우 과세관청은 그 하자를 보완하여 재처분을 할 수 있다. 그러나 세무조사의 절차상 하자에 대하여는 납부고지의 절차상 하자와 달리 보아야 한다. 세무조사의 절차상 하자로 위법성이 인정되는 경우 처음부터 다시 세무조사를 할 수 있다고 하면 납세자의 권익을 중대하게 침해하므로 허용될 수 없다.[42]

제3절 │ 납세자보호위원회

1. 의의

납세자보호위원회는 납세자의 권리보호에 관한 사항을 심의하기 위한 기구로서 세무서, 지방국세청 및 국세청에 설치한다(국기법 제81조의18). 2017. 12. 19. 국기법 개정 시 본청에 납세자보호위원회를 설치하여 납세자 권리구제 기능을 대폭 강화하였다. 특히 납세자보호위원장은 공무원이 아닌 사람 중에서 위촉하고 납세자보호담당관 또는 납세자보호관을 제외하고 전부 외부위원으로 구성하여 독립성을 두텁게 보장하고 있다.

2. 심의사항

가. 세무서 및 지방국세청 납세자보호위원회

세무서 및 지방국세청 납세자보호위원회는 다음의 사항을 심의한다(국기법 제81조의18 제2항).
① 대규모 납세자에 대한 세무조사기간 연장, 세무조사범위 확대

---

40) 이중교, "법원판결을 통해 살펴본 세무조사의 절차적 통제", 조세법연구 제23권 제2호, 2017, 142면
41) 대법원 1987. 12. 8. 선고 87누382 판결
42) 김해마중, "중복세무조사금지 규정의 적용범위 및 한계", 조세실무연구7, KIM & CHANG, 2016, 169면

② 세무조사기간 연장 및 세무조사범위 확대에 대한 중소규모 납세자의 세무조사 일시중지 및 중지 요청

③ 위법·부당한 세무조사 및 세무조사 중 세무공무원의 위법·부당한 행위에 대한 납세자의 세무조사 일시중지 및 중지 요청

④ 장부 등의 일시보관기간 연장

⑤ 그 밖에 납세자의 권리보호를 위하여 납세자보호담당관이 심의가 필요하다고 인정하는 안건

나. 국세청 납세자보호위원회

국세청 납세자보호위원회는 다음 사항을 심의한다(국기법 제81조의18 제3항).

① 위 "가."의 "①, ②, ③"의 심의를 거친 세무서장 또는 지방국세청장의 결정에 대한 납세자의 취소 또는 변경 요청, ② 납세자의 권리보호를 위한 국세행정의 제도 및 절차개선 등으로서 납세자보호위원회의 위원장 또는 납세자보호관이 심의가 필요하다고 인정하는 사항

위 "①"은 국세청 납세자보호위원회가 세무서 또는 지방국세청 납세자보호위원회의 심의에 대한 불복기관으로서의 기능을 수행하는 것이고, 위 "②"는 납세자권리보호를 위한 제도개선업무를 수행하는 것이다.

3. 납세자의 심의요청 및 결과통지

가. 세무서 및 지방국세청 납세자보호위원회

중소규모 납세자는 세무조사기간이 끝나는 날까지 세무서장 또는 지방국세청장에게 세무조사기간 연장 및 세무조사 범위확대에 대한 세무조사 일시중지 및 중지 요청(위 "2. 가. ②")에 대한 심의를 요청할 수 있다. 또한 중소규모 납세자와 그 이외의 납세자는 위법·부당한 세무조사 및 세무조사 중 세무공무원의 위법·부당한 행위에 대한 납세자의 세무조사 일시중지 및 중지 요청(위 "2. 가. ③")에 대한 심의를 요청할 수 있다(국기법 제81조의19 제1항). 이 경우 납세자보호담당관은 납세자가 세무조사를 기피하려는 것이 명백한 경우 등을 제외하고 납세자보호위원회의 심의 전까지 세무공무원에게 세무조사의 일시중지 등을 요구할 수 있고, 납세자보호위원회는 의결로 세무조사의 일시중지 및 중지를 세무공무원에게 요구할 수 있다(국기법 제81조의19 제5항). 세무서장 또는 지방국세청장은 위 각 심의사항에 대하여 세무서 또는 지방국세청 납세자보호위원회의 심의를 거쳐 결정을 하고, 심의요청을 받은 날부터 20일 이내에 납세자에게 심의결과를 통지하여야 한다(국기법 제81조의19 제2항).

나. 국세청 납세자보호위원회

납세자는 세무서 또는 지방국세청 납세자보호위원회의 심의를 거친 세무서장 또는 지방국세청장의 결정에 대하여 통지를 받은 날부터 7일 이내에 국세청장에게 취소 또는 변경을 요

청할 수 있다(국기법 제81조의19 제3항). 이 경우 납세자보호관은 납세자가 세무조사를 기피하려는 것이 명백한 경우 등을 제외하고 납세자보호위원회의 심의 전까지 세무공무원에게 세무조사의 일시중지 등을 요구할 수 있다(국기법 제81조의19 제5항). 국세청 납세자보호위원회는 위와 같은 납세자의 취소 또는 변경요청을 심의하고 이유있다고 의결하면 국세청장은 세무서장 및 지방국세청장의 결정을 취소하거나 변경할 수 있다(국기법 제81조의18 제3항 제1호, 제81조의19 제3항). 이 경우 국세청장은 요청받은 날부터 20일 이내에 그 결과를 납세자에게 통지하여야 한다(국기법 제81조의19 제4항).

제4절 과세전적부심사

1. 의의

과세처분에 대한 납세자의 권리구제에는 과세처분 이전 단계의 사전적 구제제도와 과세처분 이후 단계의 사후적 구제제도가 있다. 이의신청, 심사청구, 심판청구 등은 과세처분 이후 단계의 구제제도이므로 사후적 구제제도이다. 이에 비해 국기법 제81조의15에 규정된 과세전적부심사제도는 과세처분 이전 단계의 구제제도이므로 사전적 구제제도에 해당한다.

과세처분이 행해지면 납세자는 가산세 등을 부담할 뿐 아니라 압류 등 강제징수의 위험에 노출된다. 따라서 과세전적부심사와 같은 사전적 구제제도는 납세자에게는 가장 이상적인 권리구제제도로서 기능할 수 있다.[43]

2. 청구인 및 청구기간

가. 청구인

(1) 세무조사결과에 대한 서면통지나 과세예고통지를 받은 자

세무조사결과에 대한 서면통지나 과세예고통지를 받은 자는 과세전적부심사를 청구할 수 있다(국기법 제81조의15 제2항). 과세관청은 세무조사를 받은 자에게 세무조사결과에 대한 서면통지를 하여야 하고, 다음 사유에 해당하는 경우 과세예고통지를 하여야 한다(국기법 제81조의15 제1항).

① 세무서 또는 지방국세청에 대한 지방국세청장 또는 국세청장의 업무감사 결과에 따라 세무서장 또는 지방국세청장이 과세하는 경우

② 세무조사에서 확인된 것으로 조사대상자 외의 자에 대한 과세자료 및 현지 확인조사에

---

43) 과세전적부심사제도는 과세처분이 행해지기 전에 납세자에게 의견제출의 기회를 보장한다는 점에서 청문절차와 유사한 성격이 있으나, 납세자의 절차적 참여에 머무르지 않고 궁극적으로 과세처분이 행해지지 않도록 하는 것을 목표로 하는 점에서 불복절차의 성격이 더 강하다고 볼 수 있다(이중교, "과세전적부심사제도의 운영현황 및 개선방안", 저스티스 통권 제199호, 2023, 280~281면).

따라 세무서장 또는 지방국세청장이 과세하는 경우

　③ 납세고지하려는 세액이 100만 원 이상인 경우

위 "③"의 경우 ⅰ) 감사원법 제33조에 의한 시정요구에 따라 세무서장 또는 지방국세청장이 과세처분하는 경우로서 시정요구 전에 과세처분 대상자가 감사원의 지적사항에 대한 소명안내를 받은 경우, ⅱ) 과세관청이 납세자의 기한 후 신고와 동일하게 결정하는 경우는 과세예고통지를 생략할 수 있다.

(2) 판례

(가) 과세예고통지를 하지 않고 과세처분을 한 경우[44]

과세예고통지의 대상으로 삼고 있지 않다거나 과세전적부심사를 거치지 않고 곧바로 과세처분을 할 수 있는 예외사유로 정하고 있는 등의 특별한 사정이 없는 한, 과세관청이 과세처분에 앞서 필수적으로 행하여야 할 과세예고통지를 하지 않아 납세자에게 과세전적부심사의 기회를 부여하지 않고 과세처분을 하는 경우 중대한 절차적 하자가 존재하므로 그 과세처분은 위법하다.

(나) 과세예고통지를 한 후 과세전적부심사 결정 전에 과세처분을 한 경우[45]

과세전적부심사를 거치지 않고 곧바로 과세처분을 할 수 있거나 과세전적부심사에 대한 결정이 있기 전이라도 과세처분을 할 수 있는 예외사유로 정하고 있다는 등의 특별한 사정이 없는 한, 과세예고통지 후 과세전적부심사 청구나 그에 대한 결정이 있기 전에 과세처분을 하는 것은 과세전적부심사제도를 형해화시킬 뿐 아니라 과세전적부심사 결정과 과세처분 사이의 관계 및 불복절차를 불분명하게 할 우려가 있으므로 절차상 하자가 중대하고도 명백하여 무효이다.

(다) 소득금액변동통지를 받은 납세자가 과세전적부심사를 청구할 수 있는지

원천징수의무자인 법인에 대한 소득금액변동통지는 납세고지에 해당하지 않으므로 이에 대한 과세예고통지를 하지 않더라도 납세자의 권리를 침해한 것으로 볼 수 없다.[46] 따라서 소득금액변동통지를 받은 납세자는 과세전적부심사를 청구할 수 없다. 판례는 국기법 제81조의15 제1항 제3호의 '납세고지'를 문언대로 해석하여 소득금액변동통지가 납세고지에 해당하지 않는다고 해석한 것이나, 소득금액변동통지는 실질적으로 납세고지와 유사한 역할을 하므로 입법론상으로는 소득금액변동통지에 대하여도 과세예고통지를 하여 과세전적부심사를 청구할 수는 기회를 부여하는 것이 타당하다.

---

44) 대법원 2016. 4. 15. 선고 2015두52326 판결
45) 대법원 2016. 12. 27. 선고 2016두49228 판결, 대법원 2020. 4. 9. 선고 2018두57490 판결
46) 대법원 2021. 4. 29. 선고 2020두52689 판결

나. 청구기간

과세전적부심사 청구는 세무조사 결과에 대하여 서면통지나 과세예고통지를 받은 날부터 30일 이내에 하여야 한다(국기법 제81조의15 제2항).

3. 심의기관

가. 세무서 또는 지방국세청 국세심사위원회

청구인이 세무서장이나 지방국세청장에게 통지내용의 적법성에 관한 심사를 청구하면 세무서장이나 지방국세청장은 국세심사위원회의 심의를 거쳐 결정한다(국기법 제81조의15 제2항). 과거에는 이의신청이나 심사청구를 심의하는 국세심사위원회와 별도로 과세전적부심사 청구를 심의하는 과세전적부심사위원회가 설치되었으나, 2008. 12. 26. 국기법 개정 시 과세전적부심사위원회를 국세심사위원회에 통합하여 국세심사위원회가 과세전적부심사를 심의한다.

나. 국세청 국세심사위원회

법령과 관련하여 국세청장의 유권해석을 변경하거나 새로운 해석이 필요한 경우, 국세청장의 훈령, 예규, 고시 등과 관련하여 새로운 해석이 필요한 경우, 세무서 또는 지방국세청에 대한 국세청장의 업무감사 결과에 따라 세무서장 또는 지방국세청장이 하는 과세예고통지에 관한 경우, 과세전적부심사 청구금액이 5억 원 이상인 경우 등에 있어서는 더 신중한 심의를 위하여 국세청장이 국세청 국세심사위원회의 심의를 거쳐 결정한다(국기법 제81조의15 제2항 단서, 국기령 제63조의15 제1항).

4. 과세전적부심사청구의 효력

가. 과세처분 유보의무

과세전적부심사청구를 받은 과세관청은 과세전적부심사결정을 할 때까지 과세처분을 유보하여야 한다(국기령 제63조의15 제4항). 납세자가 과세전적부심사청구를 하였음에도 과세관청이 이를 무시하고 과세처분을 하면 납세자는 과세전적부심사청구를 통해 권리구제를 받을 수 없기 때문이다.

나. 조기결정 신청의 특례

세무조사결과통지를 받은 자나 과세예고통지를 받은 자는 과세전적부심사청구를 할 의사가 없는 경우에는 과세관청에 조기에 과세처분을 해달라고 신청할 수 있다. 이 경우 해당 과세관청은 신청받은 내용대로 즉시 과세처분을 해야 한다(국기법 제81조의15 제7항).

5. 적용배제(국기법 제81조의15 제3항)

가. 납부기한 전 징수 사유가 있거나 수시부과 사유가 있는 경우

납부기한 전 징수 사유[47]가 있거나 수시부과 사유가 있는 경우에는 국가의 세수(稅收)를 적시에 확보하기 위하여 과세전적부심사를 제한한다. 이 중 납부기한 전 징수 사유의 하나인 '국세를 포탈하려는 행위가 있다고 인정될 때'란 조세의 부과징수를 불가능 또는 현저히 곤란하게 할 만한 객관적인 상황이 드러나는 납세자의 적극적인 행위가 있고, 그로 인하여 납세의무를 조기에 확정시키지 않으면 해당 조세를 징수할 수 없다고 인정되는 등 긴급한 과세처분의 필요가 있는 경우를 의미한다.[48] 과세관청이 납세자의 조세포탈에 관한 정황사실을 제시하는 것만으로는 긴급한 과세처분의 필요성이 있다고 볼 수 없다.

한편 과세전적부심사청구 당시에는 납부기한 전 징수의 사유가 발생하지 않아 과세전적부심사청구가 허용되었더라도 그 후 납부기한 전 징수의 사유가 발생하였으면 과세관청은 과세전적부심사에 대한 결정이 있기 전에 과세처분을 할 수 있고, 과세관청이 과세전적부심사청구에 대한 결정 및 통지의 기한을 넘겨 그 결정이나 통지를 하지 않던 중 납부기한 전 징수의 사유가 발생하였더라도 마찬가지이다.[49]

나. 조세범처벌법 위반으로 고발 또는 통고처분하는 경우

조세범처벌법 위반으로 고발 또는 통고처분하는 경우에는 사안이 중대하므로 과세전적부심사를 제한한다. 다만 고발 또는 통고처분과 관련 없는 세목이나 세액에 대하여는 과세전적부심사청구를 제한할 수 없다. 대법원이 고발 및 통고처분의 효력이 미치는 범위는 고발 또는 통고처분의 대상이 된 해당 조세범칙행위 자체 및 그 범칙행위와 동일성이 인정되는 범칙행위로 한정되므로 동일성이 인정되지 않는 부분에 대해서는 과세전적부심사를 제한할 수 없다고 판시하였고,[50] 2023. 12. 31. 국기법 개정 시 위 판결의 법리를 입법화하였다.

세무조사결과 통지 시 법인세 포탈에 대해 고발 또는 통고처분을 한 경우 소득처분에 따른 소득금액변동통지와 관련된 조세포탈에 대하여까지 과세전적부심사의 예외사유인 고발 또는 통고처분을 한 것으로 볼 수 없으므로 세무조사결과 통지 후 과세전적부심사청구 또는 그에 대한 결정이 있기 전에 이루어진 소득금액변동통지는 하자가 중대하고 명백하여 무효이다.[51]

---

47) 국세징수법 제9조에 따른 납부기한 전 징수사유는 ① 국세, 지방세 또는 공과금의 체납으로 강제징수 또는 체납처분이 시작된 경우, ② 민사집행법에 따른 강제집행 및 담보권 실행 등을 위한 경매가 시작되거나 채무자회생법에 따른 파산선고를 받은 경우, ③ 어음법 및 수표법에 따른 어음교환소에서 거래정지처분을 받은 경우, ④ 법인이 해산한 경우, ⑤ 국세를 포탈하려는 행위가 있다고 인정되는 경우, ⑥ 납세관리인을 정하지 아니하고 국내에 주소 또는 거소를 두지 아니하게 된 경우 등 6가지이다.
48) 대법원 2023. 11. 2. 선고 2021두37748 판결
49) 대법원 2012. 10. 11. 선고 2010두19713 판결
50) 대법원 2023. 12. 7. 선고 2022두45968 판결
51) 대법원 2020. 10. 29. 선고 2017두51174 판결

다. 부과제척기간 만료일까지의 기간이 3개월 이하인 경우

세무조사 결과통지 및 과세예고통지를 하는 날부터 부과제척기간 만료일까지의 기간이 3개월 이하인 경우에는 긴급한 과세처분의 필요성이 있으므로 과세전적부심사를 제한한다. 다만 과세관청이 상당기간 전에 과세자료를 통보받은 후 특별한 사유 없이 장기간 처리하지 않다가 부과제척기간 만료일이 임박한 경우에는 긴급한 과세처분의 필요성이 있다고 볼 수 없으므로 과세전적부심사를 제한할 수 없다.[52] 과세관청이 업무를 게을리하여 부과제척기간이 임박한 경우까지 납세자의 과세전적부심사청구권을 제한하는 것은 불합리하기 때문이다.

한편 위 규정을 과세전적부심사를 넘어 과세예고통지에 대한 예외사유로까지 확장해석할 수는 없으므로 과세예고통지 대상에 해당하는 경우에는 국세부과 제척기간 만료일까지 기간이 3개월 이하인 때에도 과세예고통지를 하여야 하고, 과세예고통지 없이 이루어진 과세처분은 이로 인하여 절차적 정당성이 상실되지 않았다고 볼 만한 특별한 사정이 없는 한 위법하다.[53]

라. 조세조약을 체결한 상대국이 상호합의절차의 개시를 요청한 경우

조세조약을 체결한 상대국이 상호합의절차의 개시를 요청한 경우에는 상호합의절차를 통하여 권리구제를 도모하는 것이 타당하므로 과세전적부심사를 제한한다.

마. 재조사 결정에 따라 조사를 하는 경우

재조사 결정에 따라 조사를 하는 경우에는 후속처분을 통해 권리구제를 도모하는 것이 타당하므로 과세전적부심사를 제한한다.

바. 기타

그밖에 국세청 훈령인 과세전적부심사사무처리규정 제5조는 감사원의 처분지시 또는 시정요구에 따라 고지하는 경우 과세전적부심사청구를 제한하는 규정을 두고 있다. 그러나 판례는 과세관청이 감사원의 감사결과 처분지시 또는 시정요구에 따라 과세처분을 하는 경우라도 국가기관 간의 사정만으로는 납세자의 절차적 권리의 침해를 용인할 수 없고, 감사원의 처분지시나 시정요구가 납세자의 절차적 권리를 무시하면서까지 긴급히 과세처분을 하라는 취지도 아니므로 위 사유만으로 과세전적부심사청구를 제한할 수 없다고 판시하였다.[54] 다만 관세법은 "감사원법 제33조에 따른 감사원의 시정요구에 따라 징수하는 경우"를 과세전적부심사청구를 할 수 없는 경우로 규정하고 있으므로(관세법 시행령 제142조 제2호), 입법론으로는 국세에서도 감사원의 처분지시 또는 시정요구에 따라 고지하는 경우 과세전적부심사청구를 제한할 필요가 있다.

---

52) 조심 2022. 9. 29.자 2022서1817 결정
53) 대법원 2025. 2. 13. 선고 2023두41659 판결
54) 대법원 2016. 4. 15. 선고 2015두52326 판결

6. 과세전적부심사 청구에 대한 결정

가. 결정의 종류(국기법 제81조의15 제5항)

과세전적부심사의 청구기간이 지났거나 보정기간에 보정하지 않거나 청구가 부적법한 경우에는 불심사 결정을 하고, 과세전적부심사 청구가 이유 없는 경우에는 불채택 결정을 한다. 과세전적부심사 청구가 이유 있는 경우에는 채택이나 일부 채택 결정을 한다. 심사청구나 심판청구의 인용에 해당하는 결정이다. 다만, 구체적인 채택의 범위를 정하기 위하여 사실관계 확인 등 추가조사가 필요한 경우에는 재조사결정을 할 수 있다.

나. 결정의 통지

과세전적부심사 청구를 받은 세무서장, 지방국세청장, 국세청장은 국세심사위원회의 심사를 거쳐 결정을 하고 청구일부터 30일 이내에 청구인에게 결과를 통지하여야 한다(국기법 제81조의15 제4항). 과세전적부심사 결정·통지기간에 결과를 통지하지 아니하여 결정·통지가 지연되는 경우에는 해당 기간에 부과되는 납부지연가산세의 50%를 감면한다(국기법 제48조 제2항 제3호 가목).

다. 결정의 기속력 여부

과세전적부심사 청구에 대한 결정은 과세관청에 대하여 사실상의 구속력을 가질 수 있으나, 과세전적부심사는 과세처분 이전 단계에서 위법한 과세처분을 사전에 방지하기 위한 제도이므로 법적 구속력은 없다.[55] 이로 인해 납세자가 과세전적부심사 청구를 하여 인용결정을 받았음에도 불구하고 과세관청이 감사원의 감사지적에 따라 과세처분을 하는 경우가 발생한다. 입법론으로는 과세전적부심사의 실효성을 높이기 위하여 과세전적부심사 결정의 기속력을 인정할 필요가 있다.

---

55) 서울고등법원 2009. 12. 17. 선고 2006누16214 판결

조세행정소송

제13장

제1절 조세행정소송의 개관

1. 개요

　조세행정소송은 납세자가 위법한 부과처분, 경정거부처분 등에 대하여 권리를 침해당하였을 때 권리구제를 받기 위한 핵심절차이다. 과세관청은 부과처분을 하면 자력집행권에 기하여 법원의 개입 없이 강제징수를 할 수 있으므로 조세행정소송은 납세자가 원고로서 과세관청을 피고로 하여 부과처분에 대하여 다투는 형태를 띠는 경우가 많다. 최근에는 납세자들이 경정청구를 하는 경우가 늘어나서 부과처분 이외에 경정거부처분에 대하여 다투는 경우가 많아졌다. 조세행정소송은 일반행정소송과 다른 특징이 일부 있으나, 기본적으로 행정소송의 일종이므로 행정소송의 일반이론이 적용된다. 따라서 일반행정소송에 대한 내용을 살펴보면서 그에 덧붙여 조세행정소송에 적용되는 내용을 설명하기로 한다.

2. 행정소송의 의의 및 종류

가. 의의

　행정소송은 행정법규의 적용과 관련하여 위법하게 권리를 침해당한 자가 제기한 소송에 대해 법원이 심리하고 판단하는 행정쟁송이다. 행정소송은 국민의 권리나 이익을 구제하고, 나아가 행정권을 통제하여 행정의 적법성을 확보하는 기능을 한다.

나. 행정소송의 종류

　행정소송에는 항고소송, 당사자소송, 민중소송, 기관소송 등 4가지가 있다(행정소송법 제3조). 이 중 항고소송과 당사자소송은 당사자의 권리구제를 위한 것이므로 주관적 소송이라 하고, 민중소송과 기관소송은 행정의 적법성 확보를 위한 것이므로 객관적 소송이라고 한다.

(1) 항고소송

　항고소송은 행정청의 공권력 행사 내지 불행사와 관련한 위법상태를 제거하여 국민의 권익을 구제하기 위한 소송으로 취소소송, 무효 등 확인소송, 부작위위법확인소송 등 3가지가 있다(행정소송법 제4조).

① 취소소송은 행정청의 위법한 처분 등의 취소 또는 변경을 구하는 소송이다. 취소소송은 항고소송의 핵심이므로 행정소송법은 취소소송 중심으로 규정되어 있다. 행정청의 처분에 하자가 있는 경우 그 하자가 중대하고 명백하면 무효이고, 그렇지 않으면 취소할 수 있는데, 행정청의 처분이 무효인 경우는 드물기 때문이다.

② 무효 등 확인소송은 행정청의 처분 등의 효력 유무 또는 존재 여부를 확인하는 소송이다. 무효인 행정처분은 하자가 중대하고 명백하여 아무런 효과가 발생하지 않으므로 누구라도 언제나 무효를 주장할 수 있다. 그러나 무효인 행정처분이라도 외형상 존재하면 처분의 효력이 있는 것으로 오인될 가능성이 있고 행정처분이 무효인지 또는 취소인지 분간하기 어려우므로 쟁송에 의하여 그 효력을 부인할 필요가 있다.[1]

③ 부작위위법확인소송은 행정청의 부작위가 위법하다는 것을 확인하는 소송이다. 부작위위법확인소송은 권리보호가 간접적이므로 보다 직접적인 구제수단인 의무이행소송을 도입하여야 한다는 요구가 높다. 그동안 몇 차례 의무이행소송의 도입을 골자로 하는 행정소송법 개정안이 국회에 제출되었으나 입법에까지는 이르지 못하였다.

(2) 당사자소송

당사자소송은 행정청의 처분 등을 원인으로 하는 법률관계에 관한 소송 그 밖에 공법상의 법률관계에 관한 소송으로서 법률관계의 한쪽 당사자를 피고로 하는 소송으로 실질적 당사자소송과 형식적 당사자소송으로 구분된다.

① 실질적 당사자소송은 대등한 당사자 사이의 공법상 법률관계에 관한 소송이다. 처분 등을 원인으로 하는 법률관계에 관한 소송, 기타 공법상 법률관계에 관한 소송이 이에 해당한다. 예를 들어, 공무원이 면직처분을 당한 경우 국가를 상대로 공무원의 지위확인을 구하는 소송이 실질적 당사자 소송이다. 조세소송 중에는 납세의무부존재확인의 소송,[2] 조세채권의 소멸시효 중단을 위하여 국가가 납세의무자를 상대로 제기한 조세채권존재확인의 소송,[3] 확정된 부가가치세 환급세액의 지급을 청구하는 소송[4] 등이 실질적 당사자소송에 해당한다.

② 형식적 당사자소송은 실질적으로는 행정청의 처분, 재결 등을 다투는 것이나, 형식적으로는 처분 등으로 인하여 형성된 법률관계를 다투기 위하여 그 일방 당사자를 피고로 하여 제기한 소송이다. 형식적 당사자소송은 처분, 재결 등의 효력을 다투므로 항고소송의 실질을 가지고 있으나, 소송경제 등의 필요에 의하여 당사자소송의 형식을 취한다. 대표적으로 토지보상법 제85조의 보상금 증감소송이 이에 해당한다. 토지보상법 제85조 제2항은 "당해 소송

---

1) 대법원 1967. 3. 28. 선고 67누14 판결, 대법원 1969. 12. 9. 선고 66누71 판결
2) 대법원 2000. 9. 8. 선고 99두2765 판결
3) 대법원 2020. 3. 2. 선고 2017두41771 판결
4) 대법원 2013. 3. 21. 선고 2011다95564 전원합의체 판결

을 제기하는 자가 토지소유자 또는 관계인일 때에는 사업시행자를, 사업시행자일 때에는 토지소유자 또는 관계인을 각각 피고로 한다."고 규정함으로써 토지수용위원회를 피고로 하지 않고 토지소유자 또는 관계인과 사업시행자를 피고로 하도록 규정하고 있으므로 형식적 당사자소송에 해당한다.

(3) 민중소송

민중소송은 국가 또는 공공단체의 기관이 법률에 위반되는 행위를 한 때에 직접 자기의 법률상 이익과 관계없이 그 시정을 구하기 위하여 제기하는 소송이다.

(4) 기관소송

기관소송은 국가 또는 공공단체의 기관 상호 간에 권한의 존부 또는 행사에 관한 다툼이 있을 때에 제기하는 소송이다. 다만, 헌법재판소법 제2조의 규정에 의하여 헌법재판소의 관장사항으로 되어 있는 국가기관 상호 간, 국가기관과 지방자치단체 간 및 지방자치단체 상호 간의 권한쟁의에 관한 심판은 제외한다. 따라서 기관소송은 같은 기관 또는 같은 지자체 내에서의 다툼, 예를 들어 서울특별시장과 서울특별시의회 의장 간의 다툼 등이 주된 대상이 된다. 다만, 해당 법률에 기관소송에 대한 근거가 있는 경우에는 해당 법률이 적용된다. 대표적으로 지방자치법에 의하면 지방의회 의결이 법령에 위반되거나 공익을 현저히 해친다고 판단되면 시·도에 대해서는 주무부장관이, 시·군 및 자치구에 대해서는 시도지사가 해당 지방자치단체장에게 재의(再議)를 요구하게 할 수 있고, 지방의회 의결이 법령에 위반된다고 판단되어 주무부장관이나 시도지사로부터 재의요구 지시를 받은 해당 지자체장이 재의를 요구하지 않는 경우에는 주무부장관이나 시도지사는 대법원에 직접 제소 및 집행정지 결정을 신청할 수 있다(지방자치법 제192조).

실제 사안을 살펴보면, 서초구의회가 의결한 시가표준액 9억 원 이하의 1가구 1개 주택을 소유한 개인에 대하여 지방세법이 정한 재산세 세율을 표준세율의 50%로 감경하는 내용의 서초구 개정 조례안에 대하여 서울특별시장이 지방세법 위반의 소지가 있다는 이유로 재의 요구를 지시하였으나 서초구청장이 이에 따르지 않고 공포하자 서울특별시장이 조례안 의결의 효력 배제를 구하는 무효확인의 소를 제기하였다. 대법원은 위 조례안이 근거조항의 위임범위의 한계를 일탈하였다거나 조세법률주의, 포괄위임금지 원칙, 조세법률의 명확성 원칙, 지방세특례제한법의 절차, 조세평등주의 등에 위배되어 무효라고 볼 수 없다고 판시하였다.[5]

다. 행정소송과 민사소송의 관계

행정소송은 공법상 법률관계를 대상으로 하고 민사소송은 사법상 법률관계를 대상으로 한다는 점에서 차이가 있다. 국가 또는 공공단체가 순수한 사경제적 지위에서 행한 법률관계는

---

5) 대법원 2022. 4. 14. 선고 2020추5169 판결

사법상 법률관계에 속하므로 민사소송에 해당한다. 행정소송은 민사소송과 유사한 점이 있으므로 행정소송법에 특별한 규정이 없는 한, 민사소송법을 준용한다(행정소송법 제8조 제2항). 특히 당사자소송은 민사소송과 상당히 유사하다.

그러나 취소소송은 민사소송과 다른 점이 많아서 행정심판전치주의, 제소기간, 직권증거조사, 사정판결, 집행정지 등에 관한 특칙을 두고 있고, 당사자처분권주의, 부제소특약, 자백의 구속력, 화해, 인낙, 청구의 포기 등은 인정되지 않는다. 다만, 행정소송에 있어서도 행정소송법 제14조에 의하여 민사소송법 제188조가 준용되어 법원은 당사자가 신청하지 않은 사항에 대하여는 판결할 수 없다. 행정소송법 제26조에서 직권심리주의를 채용하고 있으나 이는 행정소송에서 원고의 청구범위를 넘어 청구를 인용할 수 있다는 의미가 아니라 원고의 청구범위를 유지하면서 그 범위 내에서 필요에 따라 주장 외의 사실에 관하여도 판단할 수 있다는 뜻이다.[6]

3. 취소소송과 무효확인소송의 관계

가. 취소와 무효의 구분

행정처분의 하자는 취소와 무효로 구분된다. 취소와 무효의 구별기준에 대하여는 중대명백설, 객관적 명백설(조사의무위반설), 중대설, 명백성보충요건설, 구체적 가치형량설 등 다양한 학설이 제기되고 있다. 판례는 부과처분이 당연무효라고 하기 위하여는 하자가 중요한 법규에 위반하고 객관적으로 명백하여야 한다고 판시하여 중대명백설을 취하고 있다.[7] 취소와 무효의 구분 등에 관한 더 자세한 논의는 뒤에서 자세히 살펴보기로 한다.

나. 취소소송과 무효확인소송의 차이

(1) 행정심판전치주의

행정소송법에 의하면 취소소송의 경우 원칙적으로 행정심판을 거치지 않아도 되나,[8] 다른 법률에서 행정심판의 재결을 거치도록 규정한 경우에는 행정심판의 재결을 거쳐야 한다(행정소송법 제18조 제1항). 그런데 국기법 제56조 제2항은 행정소송을 제기하기 위하여는 심사청구와 심판청구 중 하나를 거치도록 규정하고 있으므로 과세처분에 대한 취소소송에 대하여는 원칙적으로 심사청구와 심판청구 중 하나를 거쳐야 한다. 반면, 무효확인소송의 경우에는 행정심판 전치주의가 적용되지 않으므로 심사청구 내지 심판청구를 거치지 않고 바로 행정소송을 제기할 수 있다(행정소송법 제38조 제1항). 무효인 경우에까지 행정심판을 거치도록 요구하는 것은 권리구제에 대한 과도한 제한으로 여겨지기 때문이다.

---

6) 대법원 1987. 11. 10. 선고 86누491 판결
7) 대법원 2001. 7. 10. 선고 2000다24986 판결
8) 일반행정심판에 대하여 과거에는 필요적 전치주의를 취하였는데, 1994. 7. 27. 행정소송법 개정 시 필요적 전치주의를 폐지하고 임의적 전치주의로 전환하였다.

(2) 제소기간

취소소송의 경우 법률관계의 조속한 안정을 위하여 제소기간의 제한을 두고 있다(행정소송법 제20조). 그러나 무효확인소송의 경우에는 제소기간의 제한을 두지 않는다(행정소송법 제38조 제1항). 과세처분의 무효는 소송상 또는 소송 외에서 누구든지 어떠한 방법으로든 주장할 수 있으므로 제소기간의 제한을 두지 않는 것이다.

다. 양자의 관계

(1) 취소소송을 제기하였는데 취소가 인정되지 않는 경우

납세자가 취소소송을 제기하였는데 취소의 하자가 인정되지 않는 경우 그보다 요건이 더 엄격한 무효의 하자가 인정될 수는 없다. 따라서 과세처분의 취소청구에 그 무효확인을 구하는 취지가 포함되어 있다고 볼 수 없으므로 법원은 무효확인을 구하는지 여부를 석명할 의무가 없다.[9]

(2) 무효확인소송을 제기하였는데 무효가 인정되지 않고 취소가 인정될 여지가 있는 경우

납세자가 무효확인소송을 제기하였는데 무효의 하자가 인정되지 않는 경우 그보다 요건이 엄격하지 않은 취소의 하자가 인정될 가능성이 있다. 따라서 과세처분의 무효확인을 구하는 소에 대하여 원고가 처분의 취소를 구하지 않는다고 밝히지 않은 이상, 처분이 당연무효가 아니라면 취소를 구하는 취지가 포함된 것으로 본다.[10] 다만 취소소송은 제소기간의 제한이 있으므로 다시 취소소송을 제기하는 경우 제소기간을 경과하였을 가능성이 높다.

4. 행정소송의 관할

취소소송은 피고인 행정청의 소재지를 관할하는 행정법원에 제기한다(법원조직법 제40조의 4). 현재는 서울에만 행정법원이 설치되어 있고 다른 지역에는 행정법원이 설치되어 있지 아니하여 지방법원 본원이 행정사건을 관할한다. 관할권이 없는 법원에 행정소송이 제기되었으나, 다른 소송요건이 구비되어 있으면 소송을 각하하지 말고 관할법원에 이송하여야 한다(행정소송법 제10조 제1항). 따라서 행정사건을 민사법원에 잘못 제기한 경우 민사법원은 소송을 각하하는 대신 행정법원으로 이송하여야 한다. 민사사건을 행정법원에 잘못 제기한 경우에도 행정법원은 소송을 각하하지 말고 민사법원으로 이송하여야 한다.

5. 국가배상소송과의 관계

가. 의의

과세처분이 위법한 경우 과세처분에 대한 취소소송 이외에 국가배상소송을 제기할 수 있는지 문제된다. 국가배상법에 의하면 국가는 공무원이 직무를 집행하면서 고의 또는 과실로 법

---

9) 대법원 1983. 7. 27. 선고 82누546 판결
10) 대법원 1994. 12. 23. 선고 94누477 판결, 대법원 2023. 6. 29. 선고 2020두46073 판결

령을 위반하여 타인에게 손해를 입힌 경우 손해를 배상할 책임이 있다고 규정하고 있다(국가배상법 제2조 제1항). 따라서 세무공무원이 고의 또는 과실로 위법한 과세처분을 하여 과세처분 자체가 불법행위를 구성하는 경우 과세처분에 대한 취소소송과 별도로 국가배상소송을 제기할 수 있는 것으로 해석할 여지가 있다. 납세자는 위법한 과세처분에 대한 권리구제를 위하여 주로 취소소송에 의존하므로 위 논의는 취소소송의 제소기간이 경과되어 취소소송을 제기할 수 없는 경우 권리구제를 위하여 국가배상소송을 제기할 수 있는지 여부에 주된 실익이 있다.

나. 학설

취소소송의 제소기간이 경과한 경우 국가배상책임소송을 제기할 수 있는지에 대하여는 긍정설과 부정설의 대립이 있다.

긍정설은 과세처분 취소소송과 국가배상소송은 별개의 제도이므로 과세처분이 위법한 경우 취소소송 이외에 국가배상소송을 제기할 수 있다고 한다.[11] 부정설은 취소소송 이외에 국가배상소송을 제기할 수 있다고 하면 취소소송에 제소기간을 둔 취지에 반하고 판결 간 모순과 저촉이 생길 수 있으므로 취소소송 이외에 국가배상소송을 제기할 수 없다고 한다.[12]

다. 판례

판례는 세무공무원이 한국감정원의 상속재산가액 감정결과가 잘못된 것임을 알았거나 알 수 있었음에도 직무를 집행하면서 고의 또는 과실로 부실감정에 기초한 상속재산 평가액에 따라 상속세부과처분을 한 사안에서, 납세자는 공무원의 위법행위로 인하여 정당한 감정결과를 기초로 계산되는 세금을 초과하는 금액 상당의 손해를 입었으므로 그 손해를 배상하여야 한다고 판시하여 긍정설의 입장을 취하였다.[13]

라. 검토

납세자가 취소소송과 국가배상청구소송을 통해 달성하려는 목적은 양자 모두 이미 납부한 세금을 환급받는 것이다. 긍정설에 의하면 국가배상소송을 통하여 취소소송의 제소기간 제한을 우회할 수 있으므로 취소소송에 제소기간을 둔 취지가 퇴색될 수 있다. 그러나 국가배상법상 과세처분에 대한 국가배상청구를 제한하는 명시적 규정이 없으므로 현행법의 해석으로는 긍정설이 타당하다. 입법론으로는 과세처분의 제소기간이 경과된 경우에는 국가배상을 제한하는 규정을 두는 것이 타당하다.

---

11) 김완석, "위법과세처분에 대한 행정상의 손해배상청구", 한국조세연구 제8권, 1992, 281~282면
12) 이동식, "조세법영역에서 국가배상소송과 취소소송의 관계", 조세판례백선, 2005, 90면
13) 대법원 1991. 1. 25. 선고 87다카2569 판결

조세행정소송이 적법하여 본안심리를 하기 위해서는 원칙적으로 처분성, 원고적격과 피고적격, 권리보호의 필요(소익), 전심절차 경유, 제소기간 준수 등 5가지 소송요건을 구비하여야 한다. 이 요건을 구비하지 못하면 소송은 부적법하여 본안판단에 들어가지 못하고 각하된다.

1. 처분성

가. 의의

행정소송법에 의하면 처분은 행정청이 행하는 구체적 사실에 관한 법집행으로서의 공권력의 행사 또는 그 거부와 그 밖에 이에 준하는 행정작용을 말한다(행정소송법 제2조 제1항 제1호). 이는 강학상의 행정행위와 권력적 사실행위를 포함하는 개념이다. 판례는 항고소송의 대상이되는 행정처분을 풀어서 행정청의 공법상의 행위로서 특정 사항에 대하여 법규에 의한 권리의 설정 또는 의무의 부담을 명하거나 기타 법률상 효과를 발생하게 하는 등 국민의 권리의무에 직접 관계가 있는 행위를 가리키는 것이라고 판시하고 있다.[14]

행정소송법이 처분성을 요구하는 것은 불필요한 소송을 억제하여 법원과 당사자의 부담을 경감시켜 효율적인 재판제도를 구현하기 위함이다.[15] 국민의 적극적 신청에 대하여 행정청의 거부행위가 항고소송의 대상이 되는 행정처분에 해당하려면 ① 국민이 신청한 행위가 공권력의 행사 또는 이에 준하는 행정작용일 것, ② 거부행위가 신청인의 법률관계에 어떤 변동을 일으키는 것일 것, ③ 국민에게 그 행위발동을 요구할 법규상 또는 조리상의 신청권이 있을 것 등 3가지 요건을 충족하여야 한다.[16]

나. 관련 판례

(1) 처분성을 인정한 경우

(가) 법인에 대한 소득금액변동통지[17]

과세관청의 소득처분과 그에 따른 소득금액변동통지가 있는 경우 원천징수의무자인 법인은 소득금액변동통지서를 받은 날에 소득귀속자에게 당해 소득금액을 지급한 것으로 의제되어 그때 원천징수하는 소득세의 납세의무가 성립함과 동시에 확정되고, 원천징수의무자인 법인은 소득금액변동통지서에 기재된 소득처분의 내용에 따라 원천징수세액을 다음 달 10일까지 납부할 의무를 부담한다. 다수의견은 법인이 위 원천징수의무를 이행하지 않으면 가산세

---

14) 대법원 1996. 3. 22. 선고 96누433 판결
15) 헌재 2009. 4. 30. 선고 2006헌바66 결정
16) 대법원 2007. 10. 11. 선고 2007두1316 판결
17) 대법원 2006. 4. 20. 선고 2002두1878 전원합의체 판결

의 제재는 물론 형사처벌까지 받도록 규정되어 있으므로 소득금액변동통지는 원천징수의무자인 법인의 납세의무에 직접 영향을 미치는 행정처분에 해당한다고 판단하였다. 이에 비해 반대의견은 소득금액변동통지란 과세관청이 내부적으로 법인의 사외유출된 소득에 대하여 소득처분을 한 후 그 내용을 원천징수의무자에게 고지하는 절차로서 법인의 원천징수의무를 성립·확정시키기 위한 선행절차로서 행정처분이 아니라는 입장이다. 원천징수의무자인 법인이 소득금액변동통지서를 받은 후 원천징수세액을 납부하는 경우 과세관청이 납부고지를 하지 않는다. 이러한 이유로 다수의견은 소득금액변동통지의 처분성을 인정하여야 한다는 논리를 펴나, 반대의견은 과세관청이 납부고지를 하더라도 부당이득반환청구권을 행사하여 원천징수세액을 돌려받을 수 있다고 주장한다. 그러나 법인은 소득금액변동통지에 의하여 원천징수세액을 납부한 것으로서 국가가 아무런 법률상 원인 없이 세액을 보유하고 있다고 볼 수 없으므로 부당이득반환청구권을 행사할 수 있다고 보기 어렵다. 따라서 소득금액변동통지에 대한 처분성을 인정하는 다수의견이 타당하다.

법인에 대한 소득금액변동통지의 처분성을 인정한 대법원 2006. 4. 20. 선고 2002두1878 전원합의체 판결은 납세자에게 납부고지가 이루어지기 전단계에서 조기에 납세자에게 다툴 기회를 주어 납세자의 권리구제를 확대하였다는 점에서 의의가 있다. 이 전원합의체 판결 이후에는 과세관청의 소득금액변동통지가 있는 경우 원천징수의무의 존부 및 범위에 관하여는 소득금액변동통지에 대한 항고소송에서 다투어야 하고, 소득금액변동통지가 당연무효가 아닌한 납세고지에 대한 항고소송에서 다툴 수 없다.[18] 소득금액변동통지의 처분성을 인정함에 따라 소득금액변동통지와 후속하는 납부고지는 선행처분과 후행처분의 관계가 되므로 하자의 승계 이론에 따라 후행처분인 납부고지에 대한 항고소송에서는 선행처분인 소득금액변동통지가 당연무효가 아닌 한 소득금액변동통지의 하자를 다툴 수 없기 때문이다.

(나) 세무조사결정[19]

세무조사결정이 있는 경우 납세의무자는 세무공무원의 과세자료 수집을 위한 질문에 대답하고 검사를 수인할 법적 의무를 부담하는 점, 세무조사는 기본적으로 적정하고 공평한 과세의 실현을 위하여 필요한 최소한의 범위에서 행하여져야 하는 점, 세무조사는 납세자의 영업의 자유 등 권익을 침해하는 점, 납세의무자로 하여금 개개의 과태료 처분에 대하여 불복하거나 조사종료 후의 과세처분에 대하여 다툴 수 있도록 하는 것보다 그에 앞서 세무조사결정에 대하여 다툼으로써 분쟁을 조기에 근본적으로 해결할 수 있는 점 등을 종합하여 판례는 세무조사결정은 납세의무자의 권리와 의무에 직접 영향을 미치는 공권력의 행사에 따른 행정처분에 해당한다고 판시하였다. 한편, 세무조사기간이 경과하였다는 이유로 세무조사결정의 위법

---

18) 대법원 2012. 1. 26. 선고 2009두14439 판결
19) 대법원 2011. 3. 10. 선고 2009두23617, 23624 판결

성을 다투는 소송에 대하여 소익이 없다고 하면 과세관청이 재차 동일한 사유로 세무조사결정을 할 가능성이 있다. 따라서 세무조사기간이 경과하였더라도 세무조사결정의 위법성을 판단하는 것이 분쟁해결의 올바른 방안이므로 부과제척기간이 경과하여 과세처분을 할 수 없는 경우를 제외하고는 세무조사결정의 위법성을 다툴 수 있다.[20]

(다) 기한후 신고 시인결정 통지[21]

납세자가 기한후 신고를 한 경우 그 신고만으로 납세의무가 확정되지 않고 과세관청이 과세표준과 세액을 결정하는 때에 확정된다. 납세자가 기한후 신고를 하면서 세액을 납부하여 과세관청이 납세자에게 과세표준과 세액이 기한후 신고 당시 이미 자진납부한 금액과 동일하므로 별도로 고지세액이 없다는 내용의 신고시인결정 통지를 한 경우 이 신고시인결정 통지는 취소소송의 대상이 되는 행정처분에 해당한다.

(라) 개별공시지가 결정과 표준지공시지가 결정[22]

표준지는 토지가격 산정의 기준으로 활용하기 위하여 표본으로 선정한 토지를 말한다. 표준지공시지가는 국토교통부장관이 조사·평가하여 공시한 표준지의 매년 1. 1. 기준의 단위면적당 가격이고, 개별공시지가는 시장·군수·구청장이 표준지공시지가를 기준으로 산정한 개별토지의 단위면적당 가격이다. 판례는 개별공시지가 결정과 표준지공시지가 결정은 행정청이 행하는 구체적 사실에 관한 법집행으로서의 공권력행사로서 행정소송의 대상이 되는 행정처분이라고 판시하여 개별공시지가 결정과 표준지공시지가 결정의 처분성을 인정한다.[23]

나아가 판례는 조세소송에서 신행처분인 개별공시지가 결정의 위법성을 독립한 사유로 주장할 수 있다고 판시하고 있다.[24] 그 논거로 개별공시지가는 토지소유자나 이해관계인에게 개별적으로 고지하는 것이 아니어서 토지소유자 등이 개별공시지가 결정 내용을 알고 있었다고 보기 어려운 점, 개별공시지가가 자신에게 유리하게 작용할 것인지 또는 불이익하게 작용할 것인지 쉽사리 예견할 수 없는 점, 장차 어떠한 과세처분 등 구체적인 불이익이 현실적으로 나타나게 되었을 경우에 비로소 권리구제의 길을 찾는 것이 우리 국민의 권리의식인 점 등 3가지를 제시한다. 이를 '수인한도론'이라고 한다. 반면, 표준지공시지가 결정에 대하여는 개별공시지가와 목적, 대상, 결정기관, 결정절차, 금액 등 여러 면에서 다르다는 이유로 조세소송에서 표준지공시지가 결정의 위법성을 다툴 수 없다고 판시하였다.[25] 그러나 표준지공시지가는 표준지 이외의 다른 토지에 대하여는 개별공시지가의 산정기준을 제공하는 역할을 하

---

20) 대법원 2015. 2. 26. 선고 2014두12062 판결
21) 대법원 2014. 10. 27. 선고 2013두6633 판결
22) 대법원 1994. 10. 7. 선고 93누15588 판결, 대법원 2008. 8. 21. 선고 2007두13845 판결
23) 개별공시지가 결정의 처분성을 인정한 판례는 대법원 1993. 1. 15. 선고 92누12407 판결 등이 있고, 표준지공시지가 결정의 처분성을 인정한 판례는 대법원 1994. 3. 8. 선고 93누10828 판결 등이 있다.
24) 대법원 1994. 1. 25. 선고 93누8542 판결, 대법원 2022. 5. 13. 선고 2018두50147 판결
25) 대법원 1997. 9. 26. 선고 96누7649 판결

나, 당해 표준지에 대하여는 표준지공시지가가 바로 개별공시지가에 해당하는 점, 표준지공시지가도 토지소유자나 이해관계인에게 개별적으로 고지하지 않는 점 등에 비추어, 개별공시지가에 적용하는 수인한도론을 표준지공시지가에 대하여도 적용하여 조세소송에서 표준지공시지가의 위법성을 다툴 수 있도록 하는 것이 타당하다.[26]

(마) 결손금 감액경정

2010. 1. 1. 개정된 법인세법은 공제가능한 이월결손금의 범위를 신고·경정 등으로 확정된 결손금으로 축소하였다(법인법 제13조 제1항). 이 법인세법 개정 전에는 과세관청이 결손금을 감액경정한 사안에서, 판례는 납세의무자는 그 뒤 사업연도의 법인세부과처분의 효력을 다툴 때 종전의 과세표준 결정이 잘못되었다거나 이월결손금이 있다는 등의 주장을 할 수 있으므로 결손금 감액경정은 항고소송의 대상이 되지 않는다고 판시하였다.[27] 그러나 위 법인세법 개정 이후에는 과세관청의 결손금 감액경정은 이후 사업연도의 이월결손금 공제와 관련하여 법인의 납세의무에 직접 영향을 미치게 되므로 취소소송의 대상이 되는 행정처분에 해당한다고 판시하여 종전의 판례를 변경하였다.[28] 다만, 과세관청이 결손금 감액경정을 하면서 법인세법에서 정한 통지 등 절차를 준수하지 아니하여 납세의무자에게 방어권 행사 및 불복의 기회가 보장되지 않은 경우에는 납세의무자가 결손금 감액경정에 대하여 다투지 않았더라도 이후 사업연도의 법인세 부과처분에 대한 불복절차에서 선행하는 결손금 감액경정의 위법성을 다툴 수 있다.[29]

(2) 처분성을 부정한 경우

(가) 소득귀속자에 대한 소득금액변동통지[30]

판례는 소득귀속자에 대한 소득금액변동통지는 원천납세의무자인 소득귀속자의 법률상 지위에 직접적인 법률적 변동을 가져오는 것이 아니므로 취소소송의 대상인 행정처분이라고 볼 수 없다는 입장이다. 법인에 대한 소득금액변동통지와 달리 소득귀속자에 대한 소득금액변동통지의 처분성은 부인한다. 과세관청이 소득귀속자에게 소득금액변동통지를 하면 소득귀속자는 소득세법 시행령 제134조 제1항에 따라 소득금액변동통지서를 받은 날이 속하는 달의 다음다음 달 말일까지 소득금액을 추가신고할 의무가 생기는데, 납세자가 이 기간 내에 추가신고를 하지 않으면 과세관청이 부과처분을 할 것이므로 납세자는 그 부과처분에 대하여 다투면 된다고 보는 것이다.

---

26) 이중교, "부동산 공시가격의 과세상 활용과 권리구제", 조세법연구 제28권 제2호, 2022, 307~308면
27) 대법원 1996. 9. 24. 선고 95누12842 판결, 대법원 2002. 11. 26. 선고 2001두2652 판결
28) 대법원 2020. 7. 9. 선고 2017두63788 판결
29) 대법원 2024. 12. 12. 선고 2021두34688 판결
30) 대법원 2015. 3. 26. 선고 2013두9267 판결

(나) 국기법 제51조의 국세환급금결정 신청에 대한 거부[31]

판례는 국기법 제51조는 이미 납세의무자의 환급청구권이 확정된 국세환급금에 대하여 내부적 사무처리절차로서 과세관청의 환급절차를 규정한 것에 불과하고 위 규정에 의한 국세환급금결정에 의하여 비로소 환급청구권이 확정되는 것은 아니므로 위 국세환급금결정이나 이 결정을 구하는 신청에 대한 환급거부결정 등은 취소소송의 대상인 행정처분에 해당하지 않는다고 판시하고 있다.

(다) 기타

법인세 과세표준 결정이나 익금가산결정,[32] 제2차 납세의무자 지정통지,[33] 공매통지,[34] 사업자등록 시 사업자명의 변경행위,[35] 경정청구기간이 지난 후 경정청구를 한 자의 경정청구에 대한 거부[36] 등에 대하여는 처분성을 부정하였다.

다. 판례의 경향

판례는 과세처분 이전 단계의 과세관청의 행위에 대하여는 원칙적으로 처분성을 인정하지 않는다. 법인세 과세표준 결정이나 익금가산결정, 제2차 납세의무자 지정통지 등은 그 후속하는 과세처분에서 다투면 되므로 그 전단계의 행위에 대하여 처분성을 인정하지 않는다. 그러나 법인에 대한 소득금액변동통지, 세무조사결정 등은 과세처분 이전 단계의 행위이지만 과세처분이 행해지기 전에 다툴 수 있게 하면 납세자의 권리를 강화할 수 있으므로 처분성을 인정하였다. 법인에 대한 소득금액변동통지, 세무조사결정 등은 행정법상 중간행위에 해당하므로 중간행위의 처분성을 인정한 것으로 평가할 수 있다.[37]

2. 원고적격과 피고적격

가. 의의

원고적격은 원고로서 소송을 수행하고 본안판결을 받기에 적합한 자격을 의미한다. 이러한 취지로 행정소송법에서 취소소송은 처분 등의 취소를 구할 법률상 이익이 있는 자가 제기할 수 있다고 규정하고 있다(행정소송법 제12조). 취소소송을 제기할 수 있는 자는 처분의 상대방에 국한되지 않고 법률상 이익이 있는 제3자도 포함된다. 예를 들어, 제2차 납세의무자, 물적 납세의무자, 보증인 등은 처분의 직접 상대방이 아니지만 이해관계인으로서 납세의무자에 대

---

31) 대법원 1989. 6. 15. 선고 88누6436 전원합의체 판결, 대법원 2010. 2. 25. 선고 2007두18284 판결
32) 대법원 1985. 7. 23. 선고 85누335 판결
33) 대법원 1995. 9. 15. 선고 95누6632 판결
34) 대법원 2011. 3. 24. 선고 2010두25527 판결
35) 대법원 2011. 1. 27. 선고 2008두2200 판결
36) 대법원 2015. 3. 12. 선고 2014두44830 판결
37) 김영순·박재홍, "과세행정에 있어 중간행위의 '처분성'에 관한 연구-세무조사결정에 관한 대법원 2011. 3. 10. 선고 2009두23617, 23624(병합) 판결을 중심으로-", 저스티스 통권 제129호, 2012, 359~384면

한 과세처분에 대하여 취소소송을 제기할 원고적격이 인정된다.

피고적격은 피고가 될 수 있는 자격을 의미한다. 행정소송법은 취소소송, 무효 등 확인소송의 피고는 당해 처분 등을 한 행정청이 된다고 규정하고 있다(행정소송법 제13조 제1항). 과세처분의 경우에는 과세처분을 한 세무서장, 경정거부처분의 경우에는 경정거부처분을 한 세무서장이 피고가 된다. 피고적격에 대하여는 분쟁이 생기는 경우가 거의 없으므로 아래에서는 원고적격에 대하여 살펴보기로 한다.

나. 범위

(1) 학설

원고적격의 범위에 대하여는 권리구제설, 법률상 보호이익설, 법률상 보호가치이익설, 적법성보장설 등의 대립이 있다.

① 권리구제설은 행정처분에 의하여 권리가 침해된 자만이 행정소송을 제기할 수 있다고 본다. 원고적격의 범위를 가장 좁게 파악하는 견해이다.

② 법률상 보호이익설은 행정처분에 의하여 권리뿐 아니라 법률에 의하여 보호되는 이익이 침해된 경우에도 행정소송을 제기할 수 있다고 한다.

③ 법률상 보호가치이익설은 법률에 의하여 보호되는 이익이 아니라도 재판상 보호가치 있는 이익이 침해된 경우에는 행정소송을 제기할 수 있다고 본다. 이 견해에 의하면 사실상의 이익이 침해된 경우에도 행정소송을 제기할 수 있으므로 법률상 보호이익설보다 원고적격의 범위를 넓게 본다.

④ 적법성보장설은 당해 행정처분의 적법성을 확보하기 위하여 가장 이해관계가 큰 자가 행정소송을 제기할 수 있다고 본다.

(2) 판례

판례는 행정소송을 제기할 수 있는 법률상 이익이라 함은 당해 처분의 근거법률에 의하여 보호되는 직접적이고 구체적인 이익이 있는 경우를 가리키며, 간접적이거나 사실적·경제적 이해관계를 가지는데 불과한 경우는 제외된다고 판시하고 있다.[38] 판례는 원고적격을 권리를 침해받은 자에 한정하지 않고 법률상 이익을 침해받은 자까지 확대하고 있으나, 사실상 이익을 침해받는 자는 제외하므로 법률상 보호이익설에 가깝다고 볼 수 있다. 판례는 행정쟁송을 통해 구제되어야 할 이익이라는 의미로 '법률상 보호이익'이라는 개념을 사용하고, 행정소송법상 법률상 이익은 권리와 법률상 보호이익을 포함하는 개념으로 이해하는 것으로 보인다.[39] 법률상 이익의 범위에 관해서는 당해 처분의 근거가 되는 법률 규정과 취지, 기본권 규정까지 고려하여 판단하여야 한다.

---

38) 대법원 2001. 9. 28. 선고 99두8565 판결
39) 홍정선, 「행정법원론(상)」 박영사, 2018, 150면

다. 관련 판례

(1) 원고적격을 부정한 경우

(가) 연대납세의무자[40]

연대납세의무자 각자의 구체적 납세의무는 개별적으로 성립하여 확정되어야 하므로 연대납세의무자 각자에게 개별적으로 구체적 납세의무 확정의 효력발생요건인 부과결정이 있어야 한다. 과세관청이 부가가치세 경정고지를 연대납세의무자 중 1인에게만 한 경우에는 나머지 연대납세의무자들에게는 과세처분 자체가 존재하지 않으므로 그들은 위 과세처분에 대하여 사실상의 간접적 이해관계가 있을 뿐 법률상 직접적이고 구체적인 이해관계를 가진다고 볼 수 없어 과세처분의 취소를 구할 원고적격이 없다.

(나) 기타

증여세 부과처분에서의 증여자,[41] 법인에 대한 소득금액변동통지에서의 소득귀속자[42] 등의 경우 사실상의 간접적인 이해관계를 가진다고 보아 원고적격을 부정하였다.

(2) 원고적격을 긍정한 경우

(가) 공동상속인이 다른 공동상속인의 과세처분에 대하여 취소소송을 제기한 경우[43]

공동상속인의 경우 1인의 연대납부의무는 법률규정에 의하여 성립될 뿐 별도의 확정절차가 없고, 징수처분에 대한 쟁송단계에서도 다른 공동상속인들에 대한 과세처분 자체의 위법을 다툴 방법이 없다. 공동상속인들에 대한 납세고지의 경우 연대납세의무자별 고지세액명세서에 기재된 각자의 납부세액은 공동상속인 각자에 대한 부과세액이고 납세고지서에 기재된 총세액은 공동상속인들 각자의 상속세 납세의무가 확정됨에 따라 확정된 공동상속인들이 연대납부할 징수세액에 해당한다. 그런데 하자의 승계 이론을 적용하면 다른 상속인에 대한 부과처분이 무효가 아닌 한, 공동상속인이 자신에 대한 징수처분의 취소를 구하는 소송에서 다른 상속인에 대한 부과처분의 위법을 다툴 수 없다. 상속인이 다른 상속인에 대한 부과처분으로 인하여 징수책임을 부담하면서 이를 다툴 수 없는 것은 불합리하므로 공동상속인은 다른 공동상속인들에 대한 과세처분 자체의 취소를 구할 때 법률상 직접적이고 구체적인 이익을 가지는 것으로 보아 그 취소를 구할 원고적격을 인정하는 것이다.[44] 이 판결은 국기법 제25조 제1항에 따라 공유자 또는 공동사업자 등 연대납세의무자 중 1인은 다른 연대납세의무자에 대한 과세처분에 대하여 사실상의 간접적인 이해관계를 가질 뿐이어서 원고적격이 인정되지

---

40) 대법원 1988. 5. 10. 선고 88누11 판결
41) 대법원 1990. 4. 24. 선고 89누4277 판결
42) 대법원 2015. 3. 26. 선고 2013두9267 판결
43) 대법원 2001. 11. 27. 선고 98두9530 판결
44) 조인호, "공동상속인 중 1인이 다른 공동상속인에 대한 상속세부과처분의 취소를 구할 원고적격 여부", 조세판례백선 2005, 392~399면

않는 것과 차이가 있다.[45]

(나) 기타

압류등기 후 부동산 양수인이 압류해제신청을 하여 거부당한 경우,[46] 공매 시 매각대상물의 소유자[47] 등의 경우에는 원고적격을 인정하였다.

3. 권리보호의 필요(협의의 소익)

가. 의의

권리보호의 필요는 원고적격에서 말하는 법률상 이익을 실제 보호할 필요성을 의미하는 것으로 '협의의 소익(訴益)'이라고 부른다. 원고가 행정소송을 통해 현실적으로 구제받을 수 없다면 구태여 행정소송을 제기하도록 하는 것은 무의미하므로 권리보호의 필요가 없다. 이와 같이 권리보호의 필요란 본안판결을 구할 정도의 구체적 이익을 의미한다. 행정소송법상 권리보호의 필요가 명시적으로 규정되어 있지 않음에도 이를 요구하는 것은 납세자의 남소를 방지하고 사법부의 자원과 역량을 효율적으로 활용하기 위함이다.

나. 관련 판례

(1) 세금납부 후 무효확인소송을 구하는 경우[48]

과거 판례는 세액을 이미 납부한 납세의무자는 부과처분에 따른 현재의 조세채무를 부담하지 않으므로 부과처분이 무효라는 이유로 납부한 세금에 대한 부당이득금반환청구를 할 수 있어도 부과처분의 무효확인소송을 제기하는 것은 확인의 이익이 없다고 판시하였다.[49] 그러나 대법원 2008. 3. 20. 선고 2007두6342 전원합의체 판결은 ① 행정소송은 민사소송과 목적, 취지 및 기능 등을 달리하는 점, ② 행정소송법 제4조에서 무효확인소송을 항고소송의 일종으로 규정하고 있고, 행정소송법 제38조 제1항에서 취소소송의 확정판결의 기속력 및 행정청의 재처분의무에 관한 행정소송법 제30조를 무효확인소송에도 준용하므로 무효확인판결 자체만으로도 실효성을 확보할 수 있는 점, ③ 무효확인소송의 보충성[50]을 규정하고 있는 외국의 일부 입법례와 달리 우리 행정소송법은 무효확인소송의 보충성을 규정하고 있지 않은 점 등을 종합하여 행정처분의 근거법률에 의하여 보호되는 직접적이고 구체적인 이익이 있는 경우

---

45) 대법원 1988. 5. 10. 선고 88누11 판결
46) 대법원 1993. 4. 27. 선고 92누15055 판결
47) 대법원 2016. 11. 25. 선고 2014두5316 판결
48) 대법원 2008. 3. 20. 선고 2007두6342 전원합의체 판결
49) 대법원 1976. 2. 10. 선고 74누159 전원합의체 판결
50) 무효확인소송의 보충성은 다른 구제수단에 의하여 분쟁이 해결되지 않는 경우에 무효확인소송이 보충적으로 인정된다는 것이다. 무효확인소송의 보충성이 있다고 하면 세금을 이미 납부한 경우 부당이득반환청구소송의 구제수단이 있으므로 무효확인소송은 인정될 수 없다. 독일에서는 명문의 규정에 의하여 무효확인소송의 보충성이 부정되고, 일본에서는 명문의 규정에 의하여 무효확인소송의 보충성이 인정된다.

에는 행정소송법 제35조에 규정된 '무효확인을 구할 법률상 이익'이 있다고 판시하여 종전의 판례를 변경하였다. 이 판결에 의하면 과세처분이 무효인 경우 세액을 납부한 납세의무자는 납부세액을 돌려받기 위하여 부당이득반환청구소송 이외에 과세처분무효확인소송을 제기할 수 있다. 그만큼 납세자의 선택의 폭이 넓어졌다고 할 수 있다.

(2) 과세처분 감액에 대하여 취소를 구하는 경우[51]

과세표준 및 세액을 감액경정한 처분은 당초 처분의 일부를 취소하는 효력을 가지므로 납세자는 감액된 부분에 대하여는 취소를 구할 소익이 인정되지 않는다.

4. 행정심판전치주의

행정심판전치주의는 과세처분 등에 대하여 행정소송을 제기하려면 원칙적으로 전심절차를 거쳐야 함을 의미한다. 자세한 내용은 앞서 "조세불복" 편을 참고한다(제11장 제3절).

5. 제소기간

가. 규정내용 및 취지

취소소송에 대한 행정소송은 전심통지를 받은 날로부터 90일 내에 제기하여야 한다(행정소송법 제20조 제1항). 심사청구나 심판청구가 제기되면 재결청은 90일 이내에 결정하도록 규정되어 있는바, 이 기간이 경과하였음에도 전심통지를 받지 못한 경우에는 결정기간이 경과한 날부터 행정소송을 제기할 수 있다(국기법 제56조 제3항 단서). 제소기간의 제한을 둔 것은 공법상 법률관계의 조속한 안정을 도모하기 위한 것이다.

나. 적용범위

(1) 취소소송

제소기간의 제한은 취소소송에 적용된다. 무효 등 확인소송의 경우에는 제소기간의 제한을 받지 않는다(행정소송법 제38조 제1항).

(2) 재조사결정

재조사결정의 경우에는 후속처분의 통지를 받은 날부터 기산한다(국기법 제56조 제4항). 대법원 2010. 6. 25. 선고 2007두12514 전원합의체 판결에서 재조사결정에 따른 행정소송의 제소기간은 결정의 통지를 받은 날부터 기산된다는 종전의 판례를 변경하여 후속처분의 통지를 받은 날부터 기산된다고 변경하였고,[52] 이를 입법화한 것이다.

---

51) 대법원 1982. 9. 14. 선고 82누55 판결
52) 대법원 2010. 6. 25. 선고 2007두12514 전원합의체 판결은 재조사결정은 당해 결정에서 지적된 사항에 관해서는 처분청의 재조사결과를 기다려 그에 따른 후속처분의 내용을 불복청구에 대한 결정의 일부분으로 삼겠다는 의사가 내포된 변형결정에 해당하므로 재조사결정은 처분청의 후속처분에 의하여 그 내용이 보완됨

(3) 행정심판전치주의의 예외로 인정된 경우

행정심판전치주의의 예외로 인정된 경우에는 전심절차를 거치지 않으므로 전심의 통지를 받지 않는다. 이 경우 납세의무자는 행정소송법 제20조 제1항에서 정한 바에 따라 처분 등이 있음을 안 날부터 90일 이내에 취소소송을 제기하여야 한다.[53]

다. 청구취지의 변경이 있는 경우

청구취지의 변경을 전후하여 위법사유가 공통되면 당초 소송 제기 시를 기준으로 제소기간 준수 여부를 판단하고, 위법사유가 달라지면 청구취지 변경 시를 기준으로 제소기간 준수 여부를 판단한다.[54] 판례는 조세소송 제기 전에 당초 처분에 대한 증액경정처분이 이루어졌음에도 불구하고 당초 처분의 취소를 구하는 것으로 청구취지를 기재하였다가 소송 도중 증액경정처분의 취소를 구하는 것으로 청구취지를 변경한 사안에서, 당초 처분과 증액경정처분의 위법사유가 공통되므로 제소기간의 준수 여부는 청구취지 변경 시가 아니라 당초의 소 제기 시를 기준으로 판단하여야 한다고 판시하였다.[55]

반면, 당초 본세 부과처분의 취소를 구하다가 가산세 부과처분의 취소를 구하는 경우 본세 부과처분과 가산세부과처분은 별개의 독립된 처분이므로 가산세부과처분 취소에 관한 제소기간의 준수 여부는 청구취지 변경 시를 기준으로 판단한다.[56]

으로써 불복청구에 대한 결정으로서의 효력이 발생한다고 보고 재조사결정에 따른 불복기간은 불복청구인이 후속처분의 통지를 받은 날부터 기산된다고 판시하였다. 이에 대해 별개의견은 재조사결정은 처분청에 재조사를 지시하는 사실상의 내부적 명령이므로 그로써 불복청구에 대한 결정이 있었다고 할 수 없고, 후속처분에 의하여 그 효력이 발생한다고 의제할 수도 없다고 하면서 그 후 다시 재결청이 국기법에 규정된 유형의 결정을 하여 불복청구인에게 통지할 때까지는 불복청구기간이 진행하지 않는다는 입장을 제시하였다. 별개의견은 후속처분만으로는 국기법상 결정이 있었다고 볼 수 없다는 입장이므로 다수의견보다 불복청구의 기산일을 더 늦은 시점으로 본다.

53) 대법원 2015. 12. 23. 선고 2015두47607 판결
54) 강석규, 조세법쟁론(2023), 422면
55) 대법원 2013. 2. 14. 선고 2011두25005 판결
56) 강석규, 조세법쟁론(2023), 422면

1. 소송물(소송의 대상)

가. 소송물(訴訟物)의 의의

소송물은 소송에서 법원의 심리 및 판단의 대상이 되는 소송의 객체, 즉 소송의 대상을 의미한다. 행정소송에서 소송물의 의미에 대하여는 여러 학설이 있으나, 대표적인 학설을 소개하면 다음과 같다.[57]

(1) 행정처분을 소송물로 보는 견해

행정처분을 소송물로 보는 견해는 다툼 있는 행정처분 자체를 소송물로 본다. 이 견해에 의하면 조세행정소송의 경우 1개의 과세단위가 1개의 과세처분으로서 1개의 소송물이다. 즉 1개의 과세단위 = 1개의 과세처분 = 1개의 소송물이 된다. 과세단위는 인적요소와 물적요소로 구분된다. 물적요소로서의 과세단위는 다시 과세기간, 장소, 소득원천 등으로 나누어진다. 따라서 납세자가 다르면 과세단위가 달라지고, 소득세, 법인세, 부가가치세 등 기간과세세목의 과세기간이 다르면 과세단위가 달라지며 부가가치세의 경우 사업장이 다르면 과세단위가 달라진다. 종합소득, 양도소득, 퇴직소득 등 소득의 원천이 다르면 과세단위가 달라지나, 종합소득을 구성하는 이자소득, 배당소득, 사업소득, 근로소득, 연금소득, 기타소득은 동일한 과세단위를 이룬다.

(2) 원고의 소송상 청구를 소송물로 보는 견해

원고의 소송상 청구를 소송물로 보는 견해는 행정처분의 취소를 구하는 원고의 소송상 청구를 소송물로 본다. 법원은 원고의 소송상 청구에 대하여 심리하고 판단하므로 원고의 소송상 청구를 소송물로 보아야 한다는 것이다.

(3) 행정처분의 위법성을 소송물로 보는 견해

행정처분의 위법성을 소송물로 보는 견해는 행정처분의 위법성 일반을 소송물로 본다. 행정소송은 행정처분의 위법성을 판단하므로 행정처분의 위법성을 소송물로 보아야 한다는 것이다.

나. 판례

(1) 과세처분 취소소송

판례는 과세처분 취소소송의 소송물을 그 취소원인이 되는 위법성 일반이라고 하여 행정처

---

57) 홍정선(2018), 1022~1023면

분의 위법성을 소송물로 보고 있다.[58] 과세처분의 위법성은 실체적 위법성뿐 아니라 절차적 위법성도 포함된다.[59] 과세처분의 위법성을 판단하기 위해서는 과세처분에 의하여 확인된 조세채무인 과세표준 및 세액의 객관적 존부를 심리하고 판단해야 하므로 납세자의 실제의 과세표준이나 세액 자체가 심판의 대상은 아니다.[60] 통상의 과세처분 취소소송에서와 마찬가지로 경정청구 거부처분에 대한 취소소송 역시 거부처분의 실체적·절차적 위법사유를 취소원인으로 하므로 심판의 대상은 과세표준 및 세액의 객관적인 존부이다.[61] 따라서 동일 과세기간 및 세목에 관한 부과처분 취소소송과 경정청구 거부처분 취소소송의 소송물은 동일하다.[62]

(2) 과세처분 무효확인소송과 부존재확인소송

과세처분 무효확인소송의 소송물은 권리 또는 법률관계의 존부확인을 구하는 것이며,[63] 과세처분 부존재확인소송의 소송물은 부존재를 주장하는 부과처분의 결과로 생긴 조세채무의 부존재확인이라는 것이 판례의 입장이다.[64] 판례는 과세처분 무효확인소송과 과세처분 부존재확인소송의 소송물을 다르게 보나, 과세처분 부존재확인소송도 과세처분 무효확인소송과 같이 존부에 다툼이 있는 처분에 의하여 권리이익이 침해되거나 위협받는 상황에서 처분의 부존재 확인을 구하는 소송이라고 이해하는 것이 일관성이 있다.

2. 심판의 범위(총액주의 vs 쟁점주의)

가. 의의

일반행정소송에서는 심판의 범위가 별로 논의되지 않으나, 조세행정소송에서는 심판의 범위가 중요하게 다루어진다. 과세처분의 실체적 위법성은 세법에 의한 정당한 세액과 과세처분에 의하여 부과된 세액을 비교하는 방식으로 판단한다. 과세처분에 의하여 부과된 세액이 세법에 의한 정당한 세액과 같거나 그보다 적으면 과세처분은 위법하지 않으나, 과세처분에 의하여 부과된 세액이 세법에 의한 정당한 세액을 초과하면 과세처분은 정당한 세액을 초과하는 범위 내에서 위법하다. 이와 같이 과세처분에 의한 세액과 세법에 의한 정당한 세액을 비교할 때 심리와 판단의 범위를 좁게 인정하는 쟁점주의와 넓게 인정하는 총액주의의 대립이 있다. 쟁점주의는 납세자의 방어권 보장에 초점을 맞추고, 총액주의는 분쟁의 1회적 해결을 강조한다.

---

58) 대법원 1990. 3. 23. 선고 89누5386 판결
59) 대법원 1994. 5. 24. 선고 92누9265 판결
60) 대법원 1987. 11. 10. 선고 86누491 판결
61) 대법원 2004. 8. 16. 선고 2002두9261 판결
62) 대법원 2020. 6. 25. 선고 2017두58991 판결
63) 대법원 1992. 2. 25. 선고 91누6108 판결
64) 대법원 1982. 3. 23. 선고 80누476 전원합의체 판결

나. 총액주의와 쟁점주의의 개념 및 차이

(1) 개념

총액주의는 과세처분에 의해 확정된 세액이 세법에 의한 정당한 세액을 초과하는지 여부를 심판의 범위로 보는 입장이고, 쟁점주의는 과세처분에 의해 확정된 세액이 과세관청이 내세우는 처분이유와 관계되는 정당한 세액을 초과하는지 여부, 즉 쟁점이 되는 부분을 심판의 범위로 보는 입장이다. 세법상 총액주의와 쟁점주의의 대립은 민사소송법상 구소송물이론과 신소송물이론의 대립과 유사하다. 소송물의 범위를 넓게 보는 총액주의는 신소송물이론과 비슷하고, 소송물의 범위를 좁게 보는 쟁점주의는 구소송물이론과 유사하다. 쟁점주의에서 처분이유는 사실상의 기초와 법률상의 근거로 구성된다. 총액주의와 쟁점주의는 모두 동일한 과세단위를 전제로 인정되는 개념이라는 점에 유의할 필요가 있다. 분쟁의 1회적 해결을 지향하는 총액주의의 이념을 과세단위와 관계없이 적용하면 실체법상 조세채권에 불구하고 납세자의 정당한 세액과 과세처분에 의해 확정된 세액을 비교하는 방식으로 심리하는 것도 고려할 수 있다. 이를 관철하면 과세관청이 납세자에게 사업소득으로 과세하였으나 법원의 심리결과 양도소득이라고 인정되는 경우 양도소득에 해당하는 경우의 세액을 계산하여 그 초과액만 취소하는 판결을 할 수 있다. 법원이 사업소득이 아니라고 하여 과세처분을 전부취소하면 과세관청은 다시 양도소득으로 과세처분을 하고 납세자는 다시 소송을 제기하여야 하므로 분쟁의 1회적 해결을 달성하기 어려워진다. 그러나 실체법상 조세채권과 상관없이 납세자의 정당한 세액을 구하는 것으로 심리의 범위를 넓히면 법원과 납세자의 부담이 지나치게 증가하므로 실무상 실체법상 조세채권을 기준으로 총액주의를 적용하고 있다.[65]

종합소득세 부과처분이 위법하다는 이유로 그 취소를 구하는 사안에서, 판례는 종합소득세 부과처분의 위법 여부만을 심리하여야 하고 아직 과세되지 않은 양도소득의 과세표준과 세액을 산출하여 종합소득세 과세처분 중 양도소득세의 범위 내의 것은 적법하다고 판시한 것은 처분권주의를 위배한 것이라고 판시하였다.[66] 이와 같이 총액주의를 다소 좁게 과세단위 내에서 파악하면 과세처분 내에서 과세근거로 삼은 사유를 추가하거나 제외하는 정도의 범위에서 총액주의가 적용된다. 예를 들어, 납세자가 종합소득세 부과처분 취소소송에서 A거래처에 대한 매출액을 과세표준에서 제외하여야 한다고 주장하였는데, 이 주장이 사실로 확인되었으나, 또 다른 거래처인 B거래처에 대한 매출액을 누락하였음이 밝혀진 경우 A거래처에 대한 매출액을 과세표준에서 제외함과 동시에 B거래처에 매출액을 과세표준에 포함시킬 수 있다. 만약 이를 허용하지 않으면 납세자는 A거래처 매출액 부분에 대하여 승소할 수 있으나, 과세관청이 B거래처 매출액 부분에 대하여 다시 과세할 것이므로 재차 소송을 제기하여야 하는 부담을 안게 된다. 그러나 A거래처 매출과 B거래처 매출을 모두 심리범위에 포함시키면 이

---

65) 이창희, 세법강의(2021), 257면
66) 대법원 1987. 11. 10. 선고 86누491 판결

범위에서 분쟁을 1회에 해결할 수 있다. 결국 실무상 총액주의는 1개의 과세처분에 대한 소송에서 그 처분에 대한 모든 주장과 증거를 모아 한번에 재판을 끝내는 것을 목표로 한다고 볼 수 있다. 쟁점주의가 심판의 범위를 제한하는 것은 법원의 심리부담과 더불어 당사자의 방어권 보장을 중시하기 때문이다. 위 사안에서 심판범위를 A거래처에 대한 매출에 한정하면 납세자는 이 부분에 대하여만 방어하면 되는데, B거래처에 매출도 심판범위에 포함시키면 B거래처에 대한 매출에 관하여도 방어해야 하므로 납세자의 부담이 늘어난다. 이러한 이유로 분쟁의 1회적 해결이라는 가치를 다소 양보하여 동일한 과세단위 내에서 총액주의를 인정하는 것이다.

(2) 차이

총액주의와 쟁점주의는 공격방어방법, 기판력 등 여러 가지 점에서 차이를 보인다.

① 총액주의는 과세관청의 처분이유가 공격방어방법에 해당하나, 쟁점주의에서는 심판의 대상이다. 총액주의는 실체적 세액의 존부를 심판의 범위로 파악하므로 실체적 세액을 정당화하는 사실상·법률상의 주장은 공격방어방법이 된다.

② 총액주의는 심판의 범위가 넓으므로 그에 따라 기판력의 범위도 넓다. 기판력이 넓다는 것은 분쟁이 반복될 가능성을 줄이므로 분쟁의 1회적 해결에 더 가까워진다. 반면, 쟁점주의는 심판의 범위가 처분이유로 한정되므로 기판력의 범위가 총액주의보다 좁다.

③ 총액주의는 여러 개의 처분이유를 모두 심판의 범위로 파악하므로 처분을 1개로 보는 흡수설과 결합한다. 반면, 쟁점주의는 각각의 처분이유를 별개의 심판범위로 보므로 여러 개의 처분이 병존하는 것으로 보는 병존설과 일맥상통한다.

다. 판례

(1) 기본입장

판례는 기본적으로 총액주의 입장에 있다고 해석하는 것이 다수설이다.[67] 과세처분 취소소송의 소송물을 위법성 일반으로 파악하므로 당사자는 처분의 적법 또는 위법에 대해 어떠한 주장이나 증명도 할 수 있다. 그러나 총액주의를 취한다고 하여 법원이 과세요건사실을 직권조사하여야 하는 것은 아니다.[68] 총액주의의 입장을 대변한다고 볼 수 있는 대표적인 판결은 다음과 같다.

(가) 대법원 1980. 10. 14. 선고 78누345 판결

과세처분 취소소송의 심리대상은 과세관청이 결정한 소득금액의 존부로시 과세관청은 변론종결 시까지 과세처분에서 인정한 과세표준과 세액 등이 객관적으로 존재함을 인정할 수

---

67) 이창희, 세법강의(2021), 258면
68) 이태로·한만수, 조세법강의(2020), 217면

있는 모든 자료를 제출하여 그에 의하여 소득금액의 존부를 판단할 것을 주장할 수 있다.[69] 따라서 부과처분 당시의 처분이유뿐 아니라 처분이유로 되지 않은 사실도 주장할 수 있다.

(나) 대법원 1990. 3. 23. 선고 89누5386 판결

과세관청이 법인세의 과세표준과 세액을 결정 또는 경정함에 있어서 납세의무자인 법인이 손금으로 계상한 손비가 구 법인세법(1099. 12. 26. 개정 전) 제16조 제4호(벌금, 과료, 과태료, 가산금과 체납처분비)에 해당하는 것으로 법률해석을 잘못하여 손금을 부인하였더라도 그 손비가 같은 조 제5호(공과금)에 해당하여 어차피 손금에 산입하지 않는 손비로 판단되는 이상, 과세관청의 결정 또는 경정처분을 위법한 것으로 볼 수 없다.

(다) 대법원 2008. 12. 24. 선고 2006두13497 판결

경정청구 거부처분 취소소송에서 경정청구가 이유 없다고 내세우는 개개의 거부는 과세표준 및 세액이 세법에 의한 정당한 과세표준 및 세액을 초과하는 것이 아니라고 주장하는 공격 방어방법이다. 따라서 과세관청은 당초 내세웠던 거부 이외의 사유도 그 거부처분 취소소송에서 새로 주장할 수 있다.

(라) 대법원 2022. 2. 10. 선고 2019두50946 판결

과세관청은 소송 도중이라도 사실심 변론종결 시까지는 해당 처분에서 인정한 과세표준 또는 세액의 정당성을 뒷받침할 수 있는 새로운 자료를 제출하거나 처분의 동일성이 유지되는 범위에서 그 사유를 교환·변경할 수 있고, 반드시 처분 당시의 자료만으로 처분의 적법 여부를 판단하여야 하거나 당초의 처분사유만을 주장할 수 있는 것은 아니다.

(2) 쟁점주의적 경향의 판례

모든 증거와 자료를 모아 재판을 한번에 끝낸다는 총액주의의 철저한 관철은 납세자의 방어권에 지장을 주고 법원의 심리부담도 가중시키므로 쟁점주의적 경향을 띤 판례도 선고되고 있다. 특히 기판력과 관련하여 쟁점주의적 요소가 강한 판례가 나오고 있다. 기판력의 범위를 과세관청이 내세운 부분에만 미친다고 하면 과세관청이 다른 처분이유를 내세워 재처분하는 것이 가능하고, 재처분에 대하여 또 소송을 제기하면 분쟁이 계속되므로 분쟁의 1회적 해결을 추구하는 총액주의와는 멀어진다. 쟁점주의의 입장에 있다고 할 수 있는 대표적인 판결은 다음과 같다.

---

69) 과세처분 취소소송의 소송물은 정당한 세액의 객관적 존부이므로 사실심 변론종결 시까지 제출된 자료에 의하여 정당한 세액이 산출되는 경우에는 그 정당한 세액을 초과하는 부분만 취소해야 하고 그 전부를 취소할 것은 아니라고 판시한 판례도 같은 취지이다(대법원 1997. 3. 28. 선고 96누15022 판결, 대법원 2024. 12. 12. 선고 2024두49469 판결 등).

(가) 대법원 1989. 11. 14. 선고 89누1520 판결

이자소득과 사업소득이 소득세법상 합산과세되는 종합소득세라고 하여도 사업소득은 손익통산이 인정되고 사업장별 총수입금액의 신고의무와 조사결정제도가 있으며, 소득계산에 있어서도 필요경비가 인정되는 등 이자소득과 다른 점이 있으므로 납세의무자의 소득이 이자소득으로 과세된 경우에 그것이 이자소득이 아니라 사업소득이라 하여 당해 과세처분이 위법한 것으로 판단될 경우 당해 처분 전부를 취소해야지, 재판대상이 아닌 다른 소득에 관하여 조사결정권도 없는 법원이 세액을 결정하여 그 초과부분을 취소할 수는 없다. 이자소득과 사업소득은 종합소득을 구성하는 소득임에도 위 판례에 따르면 납세의무자의 소득을 이자소득으로 과세한 처분은 취소되지만 과세관청은 다시 사업소득으로 과세하고, 원고가 이에 대하여 소송을 제기하면 분쟁이 1회적으로 종결되지 않으므로 순수한 의미의 총액주의라고 보기는 어렵다.

(나) 대법원 2002. 7. 23. 선고 2000두6237 판결

과세관청이 부과한 처분의 대상소득이 부동산임대소득이 아니라 이자소득이라는 이유로 종합소득세 등 부과처분이 확정판결에 의하여 전부 취소된 후 과세관청이 그 소득을 이자소득으로 보고 종전처분의 부과세액을 한도로 다시 종합소득세 등 부과처분을 한 사안에서, 판례는 재처분은 종전처분에 대한 확정판결에서 나온 위법사유를 보완하여 한 새로운 과세처분으로서 종전처분과 그 과세원인을 달리하여 확정판결의 기속력 내지 기판력에 어긋나지 않는다고 판시하였다. 이자소득과 부동산임대소득은 종합소득을 구성하는 소득임에도 위 판례에 따르면 재처분은 적법하므로 분쟁의 1회적 해결을 추구하는 순수한 의미의 총액주의와는 거리가 있다.

(3) 정당한 세액에 대한 법원의 심리범위

과세처분 취소소송에서 처분의 적법 여부는 정당한 세액을 초과하는지 여부에 따라 판단하므로 법원에 제출된 자료에 의하여 정당한 세액이 산출되는 때에는 그 정당한 세액을 초과하는 부분만 취소하여야 한다. 그러나 정당한 세액을 산출할 수 없을 때에는 과세처분 전부를 취소할 수밖에 없으며, 법원이 직권으로 정당한 세액을 계산할 의무까지 지는 것은 아니다.[70]

3. 처분사유의 추가 및 변경

가. 의의

조세소송에서 소송 진행 중 당초처분의 근거로 삼았던 사유가 허위로 밝혀지거나 새로운 사실관계가 나타나면 과세관청이 처분사유를 추가하거나 변경하여야 하는 경우가 있다. 그러나 아무런 제한 없이 처분사유의 추가나 변경을 허용하면 당초 처분사유의 위법성을 밝혀낸

---

70) 대법원 1995. 4. 28. 선고 94누13527 판결, 대법원 2015. 9. 10. 선고 2015두622 판결

납세자의 노력을 무위로 돌리고 방어권 행사에 지장을 초래할 수 있다. 이와 반대로 처분사유의 추가나 변경을 일체 허용하지 않으면 과세관청은 별도로 새로운 처분사유에 기하여 재처분을 하여야 하고, 이에 대해 납세자는 다시 소송을 제기하여야 하므로 납세자와 과세관청의 부담이 모두 증가할 수 있다. 현실의 제도는 양자의 입장을 절충하여 일정한 범위 내에서 처분사유의 추가나 변경을 허용한다.

나. 처분사유의 추가나 변경의 한계

판례는 소송 도중 과세관청의 처분사유 추가나 변경을 허용하지만 처분의 동일성이 유지되는 범위 내라는 한계를 설정한다.[71] 일반행정처분의 추가 및 변경의 한계에 대하여 판례는 "기본적 사실관계의 동일성"을 제시하고, 그 의미에 대하여 처분사유를 법률적으로 평가하기 이전의 구체적인 사실에 착안하여 그 기초인 사회적 사실관계가 기본적인 점에서 동일한 경우를 의미하는 것으로 해석한다.[72] 과세처분의 경우에는 일반행정처분과 달리 "처분의 동일성"이라는 용어를 사용하고 있으나, 과세에 대한 기초사실의 동일성 여부에 따라 처분의 동일성 여부를 판단하므로 일반행정처분의 추가 및 변경의 한계인 "기본적 사실관계의 동일성"과 본질적으로 다르지 않다.

다. 관련 판례

(1) 처분의 동일성을 인정한 경우

(가) 주식의 양도에 대하여 저가양도로 과세하였다가 고가매입으로 변경한 경우[73]

법인이 보유주식을 처분하고 그 손실액을 처분한 사업연도의 손비로 계상한 것에 대하여 과세관청이 법인세법상 저가양도에 해당한다고 보아 부당행위계산 부인규정에 따라 손금부인하여 과세처분을 하였는데, 그 과세처분취소소송에서 주식양도가 저가양도에 해당하지 않으면 그 매입이 고가매입에 해당한다고 주장을 변경한 경우 고가매입이든 또는 저가양도이든 처분손실액의 부인을 통한 법인세의 귀속연도는 달라지지 않는다. 이때 매입 및 양도의 각 상대방 중 어느 한편은 특수관계자에 해당하고 다른 한편은 특수관계자에 해당하지 않는다면 특수관계자가 아닌 상대방과의 거래에 관하여는 비지정기부금으로 처리하게 되어 손금부인액의 범위가 달라지나 이는 부담할 정당한 세액의 범위의 차이에 불과하므로 과세관청의 위 주장변경은 거래상대방이 특수관계자에 해당하는지의 여부를 떠나 처분내용의 동일성을 해한다고 볼 수 없다.

---

71) 대법원 1997. 10. 24. 선고 97누2429 판결
72) 대법원 2009. 11. 26. 선고 2009두15586 판결
73) 대법원 1992. 9. 22. 선고 91누13205 판결

(나) 취득자금 증여추정에 명의신탁 증여의제를 처분사유로 추가한 경우[74]

甲이 乙회사 주식을 취득함에 있어 취득자금을 증여받은 것으로 추정된다는 사유로 甲에게 증여세 부과처분을 하였다가, 乙회사의 실질적인 운영자 丙이 甲에게 명의신탁함으로써 甲이 위 주식을 증여받은 것으로 의제된다는 점을 예비적 처분사유로 추가하는 경우 처분의 동일성이 유지된다. 원심은 과세관청이 예비적 처분사유를 추가한 것은 기본적 사실관계의 동일성이 인정되는 범위를 벗어났다고 판단하였으나, 대법원은 당초 처분사유와 예비적으로 추가된 처분사유는 주식에 관하여 甲 앞으로 명의개서가 이루어진 하나의 객관적 사실관계에 관하여 과세요건의 구성과 법적 평가만을 달리할 뿐 과세원인이 되는 기초사실을 달리한 것은 아니라는 이유로 처분의 동일성이 유지된다고 판단하였다.

(다) 기타

그밖에 처분의 동일성을 인정한 경우로는 양도소득세 부과처분에서 양도자산은 동일하고 양도 상대방을 변경한 경우,[75] 합산과세되는 종합소득의 범위 안에서 소득의 원천만을 달리 주장하는 경우,[76] 원천징수하는 법인세에서 소득금액 또는 수입금액의 수령자를 변경하는 경우,[77] 저가양수에 의한 증여세 부과처분에서 양도인을 추가한 경우,[78] 헌법재판소의 위헌결정으로 소득처분에 의한 의제소득에 대하여 종합소득세를 부과하는 처분에서 같은 금액의 소득이 현실적으로 귀속되었음을 이유로 과세근거 규정을 달리 주장하는 경우[79] 등이 있다.

(2) 처분의 동일성을 부정한 경우

(가) 증여자를 1인으로 본 증여세 부과처분을 증여자를 2인 이상으로 바꾸는 경우[80]

수인으로부터 재산을 증여받은 경우에는 증여자별로 과세단위가 성립하므로 각 증여자별로 세율을 적용하여 각각의 증여세액을 산출하여야 한다. 따라서 증여자를 1인으로 보고 증여세 부과처분을 하였는데 실제 증여자가 2인 또는 그 이상으로 밝혀진 경우와 같이 증여자의 수에 차이가 있으면 과세단위가 달라지므로 당초처분의 동일성이 유지되지 않는다.

(나) 분류과세되는 양도소득을 종합과세되는 사업소득으로 바꾸는 경우[81]

같은 소득을 과세대상으로 하더라도 분류과세되는 양도소득과 종합과세되는 사업소득은 과세단위가 다르므로 양도소득을 사업소득으로 추가하거나 변경하는 것은 처분의 동일성이

---

74) 대법원 2012. 5. 24. 선고 2010두7277 판결
75) 대법원 1994. 5. 24. 선고 92누9265 판결
76) 대법원 2002. 3. 12. 선고 2000두2181 판결
77) 대법원 2013. 7. 11. 선고 2011두7311 판결
78) 대법원 2011. 1. 27. 선고 2009두1617 판결
79) 대법원 2023. 6. 29. 선고 2020두46073 판결
80) 대법원 2006. 4. 27. 선고 2005두17058 판결
81) 대법원 2001. 4. 24. 선고 99두5412 판결

유지되지 않는다.

(다) 원천징수하는 세금의 세목을 변경하는 경우[82]

당초의 징수처분에서와 다른 세목으로 처분사유를 변경하는 경우 처분의 동일성이 유지되지 않는다.

라. 소의 변경

(1) 처분의 변경에 따른 소의 변경

행정소송법 제22조에 의하면 원고는 처분변경이 있음을 안 날로부터 60일 이내에 청구취지를 변경할 수 있다. 과세관청이 부과한 세액보다 실체법상 정당한 세액이 많으면 과세관청은 추가로 부과처분을 하는 방법으로 처분을 변경하는데, 이 경우 원고는 과세관청의 처분변경에 따라 청구취지나 청구원인을 변경할 수 있다. 처분의 변경에 따른 소의 변경은 청구의 기초가 바뀌어도 가능하다.

(2) 민사소송법상 소의 변경

행정소송법 제22조에 의한 소의 변경이 규정되어 있다고 하여 민사소송법상 소의 변경을 배제하지 않는다. 따라서 행정소송의 원고는 행정소송법 제8조 제2항에 의하여 준용되는 민사소송법 제262조에 따라 청구의 기초에 변경이 없는 한도에서 청구취지 또는 원인을 변경할 수 있다.[83] 청구의 기초에 변경이 없는 한도에서 소의 변경이 허용되므로 청구의 기초가 바뀌어도 허용되는 처분의 변경에 따른 소의 변경과 차이가 있다.

당초의 과세처분에 대하여 적법한 취소소송 계속 중 동일한 과세목적물에 대하여 당초의 부과처분에 대한 증액경정이 있는 경우 당초 부과처분과 증액경정처분의 위법사유가 공통된 경우 원고는 증액경정에 대하여 따로 전심절차를 거칠 필요 없이 민사소송법상 청구취지를 변경하여 증액경정의 취소를 구할 수 있다.[84] 그러나 A세무서장의 甲에 대한 소득금액변동통지 취소청구와 B세무서장의 乙에 대한 소득세경정거부처분 취소청구는 행정처분이 서로 다를 뿐 아니라 처분청도 달라서 청구의 기초에 변경이 있으므로 민사소송법상 소의 변경은 허용되지 않는다.[85]

4. 위법성 판단시기

가. 의의

행정소송은 과세처분의 위법성을 소송물로 하여 판단한다. 이 경우 어느 시점을 기준으로

---

82) 대법원 2020. 11. 12. 선고 2017두36908 판결
83) 대법원 2013. 4. 26. 선고 2012두27954 판결
84) 대법원 2012. 11. 29. 선고 2010두7796 판결
85) 대법원 2013. 4. 26. 선고 2012두27954 판결

판단하느냐에 따라 위법성 여부가 달라질 수 있으므로 위법성의 판단시기를 정하는 것은 중요하다.

나. 학설(처분시설 vs 판결시설)

위법성 판단시기에 대하여는 처분시설과 판결시설의 대립이 있다.

① 처분시설은 법원은 객관적인 입장에서 처분 등의 위법 여부를 사후심사하는 것이므로 처분 시를 기준으로 위법성을 판단해야 한다는 견해이다. 처분시설은 개인의 권익구제에 충실하다.

② 판결시설은 항고소송은 행정처분이 행정법규에 적합한지 여부를 판단하는 것이므로 판결 시의 법령이나 사실관계를 기준으로 위법성을 판단해야 한다는 견해이다. 판결시설은 행정법규의 정당한 적용과 실현을 중시한다.

다. 판례

판례는 조세소송에서 과세처분의 위법성이 있는지 여부를 판단하는 기준시점은 처분 당시라고 하여 처분시설을 취하고 있다.[86] 다만 처분을 뒷받침하는 자료는 변론종결 시까지 제출할 수 있으므로 위법성 판단의 기준시점과 자료의 제출시기는 구별하여야 한다.[87] 법원은 처분 당시의 사실관계와 법령을 기준으로 과세처분의 위법성을 판단하되, 그 판단에 필요한 자료는 변론종결 시까지 제출받을 수 있다.

라. 검토

기본적으로 위법성의 판단시기에 대하여는 처분시설이 적용되나, 후발적 경정사유가 문제되는 경우에는 과세처분 후에 발생하는 후발적 사유까지 포함시켜 위법성을 판단하여야 하므로 예외적으로 판결시설이 적용된다.[88]

5. 증명책임

가. 의의

재판은 사실관계를 확정하여 이를 소전제로 하고 여기에 대전제인 법령을 적용한 후 일정한 결론을 도출하는 삼단논법의 작용이다. 이때 사실관계가 불분명한 경우 누구의 불이익으로 돌릴 것인지가 증명책임의 문제이다. 증명책임은 소송상 어느 요건사실의 존부에 관하여 증명이 없거나 부족한 경우 일방 당사자가 최종적으로 받게 되는 위험 또는 불이익을 의미한다. 증명책임과 구별되는 개념으로 주장책임이 있다. 주장책임은 변론주의하에서 자신에게 유

---

86) 대법원 1992. 2. 25. 선고 91누12776 판결
87) 소순무·윤지현, 조세소송(2020), 509면
88) 윤지현, "과세처분과 납세의무 신고의 위법, 그리고 후발적 경정청구의 사유 간 관계", 사법 제60호, 2022, 178면

리한 사실관계와 법리를 주장하지 아니하여 당사자가 입게 되는 불이익을 말한다. 행정소송법 제26조에서 직권주의를 규정하고 있지만 조세소송에서도 주장책임이 적용된다.

나. 증명책임의 분배

(1) 취소소송

(가) 학설

증명책임의 분배에 대하여는 원고책임설, 피고책임설, 법률요건분류설의 대립이 있다.

① 원고책임설은 과세처분에는 공정력이 있어 적법성이 추정되므로 원고가 과세처분의 위법성을 증명해야 한다는 견해이다.

② 피고책임설은 법치행정의 원리상 국가가 행정의 적법성을 담보하여야 하므로 피고인 과세관청이 과세처분의 적법성을 증명해야 한다는 견해이다.

③ 법률요건분류설은 민사소송에서 인정되는 법률요건분류설에 따라 증명책임을 분배하여야 한다는 견해이다. 법률요건분류설에 의하면 당사자는 자신에게 유리한 요건사실의 존재를 증명할 책임을 부담한다.

(나) 판례

판례는 민사소송법의 규정이 준용되는 행정소송에서 증명책임은 원칙적으로 민사소송의 일반원칙에 따라 당사자 간에 분배된다고 하여 법률요건분류설의 입장을 취한다.[89] 법률요건분류설에 의하면 조세채권의 존재를 주장하는 과세관청은 과세처분의 근거인 조세채권의 존재사실(권리발생사실)에 관하여 증명책임을 지고, 납세자는 조세채권의 발생을 방해하는 특별한 사정이나 조세채권의 소멸사실(권리장애사실이나 권리소멸사실)에 관하여 증명책임을 지게 된다.

(다) 구체적 사례

① 부외채무가 있는 경우[90]

양도일 현재 법인의 순자산가액을 산정함에 있어서 법인의 대차대조표에 계상되지 않은 부외채무가 존재한다는 사실은 양도소득세 과세가액 결정에서 예외적인 사유이므로 이러한 특별한 사유에 대한 증명책임은 이를 다투는 납세의무자에게 있다.

② 직계존속으로부터 부담부증여를 받은 경우[91]

일반적으로 제3자 앞으로 근저당권이 설정된 부동산을 직계존속으로부터 증여받은 경우 바로 근저당권부 채무를 면책적으로 인수한 것으로 볼 수 없으므로 수증자가 근저당권부 채

---

89) 대법원 1984. 7. 24. 선고 84누124 판결
90) 대법원 2003. 5. 13. 선고 2002두12458 판결
91) 대법원 2000. 3. 24. 선고 99두12168 판결

무를 면책적으로 인수하였다거나 그 후 수증자 자신의 출재에 의하여 변제하였다는 점에 대한 증명책임을 부담한다.

③ 매출이나 수입

납세의무자의 금융기관 계좌에 입금된 금액이 매출에 해당하고, 그것이 신고에서 누락된 금액이라는 과세요건사실은 과세관청이 증명하여야 한다. 다만 과세관청은 항상 직접증거에 의하여 증명하여야 하는 것은 아니고 경험칙상 추정사실이나 간접사실을 밝히는 방법으로도 증명할 수 있다.[92]

④ 손비의 요건

과세처분취소소송에서 과세처분의 적법성과 과세요건사실의 존재에 대한 증명책임은 과세관청에 있고, 과세표준의 기초가 되는 각 사업연도의 익금과 손금에 대한 증명책임도 과세관청에 있으므로 납세의무자가 손금으로 신고한 금액이 손비의 요건을 갖추지 못하였다는 사정도 원칙적으로 과세관청이 증명해야 한다.[93]

⑤ 영세율 적용

어떠한 거래에 대하여 영세율 적용여부의 다툼이 있는 경우 영세율 적용요건에 관한 증명책임은 영세율 적용을 주장하는 자에게 있다.[94]

(2) 무효확인소송

행정처분의 무효확인을 구하는 소송에서는 원고가 행정처분에 존재하는 하자가 중대하고 명백하다는 점에 대한 증명책임이 있다.[95] 무효확인을 구하는 뜻에서 행정처분의 취소를 구하는 소송에 있어서도 무효사유는 원고에게 증명책임이 있다.[96] 부당이득금반환청구소송의 경우에도 과세처분의 무효를 주장하는 원고가 그 무효사유에 대한 증명책임이 있다.[97]

다. 증명책임의 전환

(1) 의의

증명책임의 전환이란 입법에 의하여 증명책임 분배의 일반원칙에 대한 예외를 인정하여 상대방이 반대사실에 대한 증명책임을 지도록 하는 것을 의미한다. 증명책임이 상대방에게 전환되므로 본래 증명책임을 부담하는 자의 부담이 경감된다. 증명책임을 전환하기 위하여 법률상 추정의 방법이 사용된다.

---

92) 대법원 2017. 6. 29. 선고 2016두1035 판결
93) 대법원 2021. 9. 16. 선고 2017두68813 판결
94) 대법원 2024. 4. 12. 선고 2023두58701 판결
95) 대법원 1984. 2. 28. 선고 82누154 판결
96) 대법원 2023. 6. 29. 선고 2020두46073 판결
97) 대법원 2021. 4. 29. 선고 2020다287761 판결

(2) 법률상 추정

법률상 추정은 법률상 규정에 의하여 과세요건사실을 추정하는 것을 의미한다. 법률상 추정규정이 있으면 납세자는 법률상 추정을 깨뜨리기 위하여 반대사실에 대한 본증을 하여야 한다. 법률상 추정규정은 주로 과세관청이 과세요건사실을 직접 증명하기 어려운 상속세나 증여세의 경우에 적용된다.

(가) 추정상속재산

상증세법 제15조 제1항 제1호는 피상속인이 재산을 처분하여 받은 금액이나 피상속인의 재산에서 인출한 금액이 상속개시일 전 1년 이내에 재산종류별로 2억 원 이상인 경우와 상속개시일 전 2년 이내에 재산 종류별로 5억 원 이상인 경우로서 용도가 객관적으로 명백하지 않은 경우에는 이를 상속받은 것으로 추정한다. 이 경우 상속인은 피상속인의 처분대금이나 인출금의 용도가 객관적으로 명백하다는 점을 증명하여 위 추정을 깨뜨릴 수 있다.

(나) 배우자 등에게 양도한 재산의 증여추정

상증세법 제44조 제1항은 배우자 또는 직계존비속에게 양도한 재산은 양도자가 그 재산을 양도한 때에 그 재산가액을 배우자 또는 직계존비속이 증여받은 것으로 추정한다. 이 경우 재산의 양수인은 재산을 유상으로 취득하였다는 점을 증명하여 위 추정을 깨뜨릴 수 있다.

(다) 재산취득자금 등의 증여추정

상증세법 제45조 제1항은 재산취득자의 직업, 연령, 소득 및 재산상태 등으로 볼 때 재산을 자력으로 취득하였다고 인정하기 어려운 경우에는 그 재산을 취득한 때에 그 재산의 취득자금을 재산취득자가 증여받은 것으로 추정한다. 이 경우 재산을 취득한 자는 해당 재산을 자력으로 취득하였다는 점, 즉 이른바 자금출처를 증명하여 위 추정을 깨뜨릴 수 있다.

(3) 법률상 추정과 법률상 의제의 차이

법률상 추정과 구별하여야 하는 개념으로 법률상 의제가 있다. 법률상 의제는 상대방의 증명에 의한 번복이 불가능하다는 점에서 추정과 차이가 있다. 법률상 의제로는 상증세법 제45조의2의 명의신탁 증여의제, 제45조의3의 특수관계법인과의 거래를 통한 이익의 증여의제, 제45조의4의 특수관계법인으로부터 제공받은 사업기회로 발생한 이익의 증여의제, 제45조의5의 특정법인과의 거래를 통한 이익의 증여의제 등이 있다. 증여의제는 원칙적으로 상대방의 증명에 의한 번복이 불가능하다. 다만, 상증세법 제45조의2의 명의신탁 증여의제의 경우 조세회피목적이 없는 경우 그 적용이 배제되므로 납세의무자는 조세회피목적이 없었다는 점을 증명하여 과세에서 벗어날 수 있다.

라. 증명책임의 완화

(1) 의의

조세소송에서 과세요건사실을 뒷받침하는 과세자료들은 대부분 납세자가 직접 지배하는 생활영역 안에 있다. 이와 같이 증거가 납세자에게 편재되어 있어 납세자의 협력 없이 과세관청이 과세자료를 찾아내는 것이 극히 어려운 상황에서 조세소송에서도 일반행정소송에서 요구되는 정도의 증명을 요구하면 현실적으로 과세관청이 증명책임을 이행하기 어렵게 된다. 따라서 조세소송에서는 과세관청의 증명책임을 완화하기 위하여 일응의 입증 내지 사실상의 추정, 부존재의 추정 등의 방법을 활용한다.

(2) 방법

(가) 일응의 입증 또는 사실상의 추정

① 의의

일응의 입증은 고도의 개연성이 있는 경험칙을 이용하여 간접사실로부터 주요사실을 추정하는 것이고, 사실상의 추정은 어떤 간접사실로부터 일반 경험칙을 적용하여 주요사실을 추정하는 것이다. 일응의 입증이나 사실상의 추정 모두 경험칙을 이용한 추정이라는 점에서 본질적으로 다르지 않다. 과세처분 취소소송에서 경험칙에 비추어 과세요건사실이 추정되는 사실이 밝혀진 경우 납세자는 문제된 사실이 경험칙을 적용하기에 적절하지 않다거나 그와 같은 경험칙의 적용을 배제할 만한 특별한 사정이 있다는 점 등을 증명하여야 한다. 납세자가 이러한 사정을 증명하지 않는 한, 당해 과세처분을 위법하다고 볼 수 없다.[98]

② 관련 판례

㉮ 긍정례

원고가 성형외과 운영에 의한 의료수입 외에 다른 수입이 전혀 없는 경우 원고의 예금계좌에 입금된 금액은 경험칙상 의료수입이라는 사실이 추정되므로 실제로 원고의 의료수입이 아니라는 점은 원고가 증명할 필요가 있다.[99]

㉯ 부정례

부부 사이에서 일방 배우자 명의의 예금이 인출되어 타방 배우자 명의의 예금계좌로 입금되는 경우에는 증여 외에도 단순한 공동생활의 편의, 일방 배우자 자금의 위탁관리, 가족을 위한 생활비 지급 등 여러 원인이 있을 수 있으므로, 그와 같은 예금의 인출 및 입금 사실이 밝혀졌다는 사정만으로는 경험칙에 비추어 해당 예금이 타방 배우자에게 증여되었다는 과세요건사실이 추정된다고 할 수 없다.[100]

---

98) 대법원 2012. 10. 25. 선고 2012두7899 판결
99) 대법원 1998. 3. 24. 선고 97누9895 판결

(나) 부존재의 추정

① 의의 및 취지

필요경비는 납세의무자에게 유리한 것이고 필요경비를 발생시키는 사실관계의 대부분은 납세의무자의 지배영역 안에 있어서 과세관청이 증명하기 곤란한 경우가 있으므로 당사자 사이의 형평 등을 고려하여 납세의무자로 하여금 증명하게 하는 것이 합리적인 경우에는 납세의무자에게 증명의 필요성을 인정하는 것이 공평의 관념에 부합한다.[101] 여기서 증명의 필요성을 인정한다는 것은 증명책임 자체를 전환시키는 것은 아니고 증명의 필요를 납세의무자에게 돌리는 것이라고 해석하는 것이 일반적이다.[102] 증명의 필요성이 인정되는 경우 증명책임을 부담하는 경우보다 증명의 정도는 완화되나, 납세의무자가 증명을 해야 하므로 증명책임을 지는 것과 실질적으로 큰 차이가 있다고 보기는 어렵다.

② 부존재의 추정의 적용

납세의무자가 필요경비를 신고한 경우에는 과세관청에 의하여 납세의무자가 신고한 비용의 용도와 지급의 상대방이 허위임이 상당한 정도로 증명된 경우에 한하여 납세의무자에게 증명의 필요를 돌릴 수 있고, 그러한 증명이 전혀 없는 경우에는 납세의무자에게 증명의 필요를 돌릴 수 없으므로 과세관청이 그러한 증명을 하지 못한 경우에는 납세의무자가 신고한 비용을 부인할 수 없다.[103] 그러나 납세의무자가 필요경비에 관한 증명활동을 하지 않고 있는 경우에는 부존재의 추정에 따라 납세의무자에게 증명의 필요성을 인정할 수 있다.[104]

위와 같은 기준을 적용하면, 과세연도의 제품매출액, 기초제품재고액 및 기말제품재고액에 비추어 제품제조원가가 존재함이 분명한 경우 실지조사나 추계조사의 방법에 의하여 산정가능한 범위 내에서는 제품제조원가에 대한 증명책임이 과세관청에게 있고, 이보다 큰 제품제조원가를 주장하는 경우에만 납세의무자에게 증명의 필요가 있다.[105]

---

100) 대법원 2015. 9. 10. 선고 2015두41937 판결
101) 대법원 1992. 7. 28. 선고 91누10909 판결, 대법원 2009. 3. 26. 선고 2007두22955 판결
102) 김세진, "과세처분취소소송에 있어서 손비에 대한 입증의 필요가 납세의무자에게 돌아가기 위한 요건", 대법원 판례해설 제32호, 99, 613면
103) 대법원 2015. 6. 23. 선고 2012두7776 판결, 대법원 1999. 1. 15. 선고 97누15463 판결
104) 대법원 1988. 5. 24. 선고 86누121 판결
105) 대법원 1999. 1. 15. 선고 97누15463 판결

1. 의의

과세처분의 하자란 과세처분이 법령에서 요구하는 적법요건을 구비하지 못한 위법과 재량행사를 그르친 부당을 아우르는 개념이다. 과세처분이 하자가 있는 경우에는 당해 법령이 예정하고 있는 효력이 생기지 않을 수 있다. 하자 있는 과세처분은 일반적으로 부존재, 무효, 취소 등으로 나누는데 그중 무효와 취소의 구분이 중요하다.

2. 무효와 취소의 구별

가. 구별실익

(1) 의의

행정처분이 위법하면 그 효력을 인정하지 않는 것이 타당할 것이나, 행정처분의 상대방이 다수인 경우 일률적으로 무효로 하면 거래의 안전과 상대방의 신뢰를 해할 수 있다. 따라서 행정처분에 하자가 있더라도 원칙적으로 취소할 수 있는 것으로 하고, 특별히 효력을 부인할 필요가 있는 경우에 무효로 한다.

(2) 구체적인 구별실익

(가) 쟁송의 방법

무효의 경우에는 무효확인소송을 제기하여야 하는 반면, 취소의 경우에는 취소소송을 제기하여야 한다. 무효확인소송의 경우에는 행정심판전치주의가 적용되지 않고, 제소기간의 제한을 받지 않는다.

(나) 하자의 승계

행정법상 하자의 승계이론에 의하면 선행행위와 후행행위가 서로 독립하여 별개의 법률효과를 목적으로 하는 때에는 선행행위의 하자가 무효인 경우를 제외하고 선행행위의 하자를 이유로 후행행위의 효력을 다툴 수 없다. 즉 선행행위에 무효사유의 하자가 있는 경우에는 그 하자가 모두 후행행위에 승계되지만 선행행위에 취소사유의 하자가 있는 경우에는 원칙적으로 후행행위에 하자가 승계되지 않고, 예외적으로 선행행위와 후행행위가 하나의 효과를 목적으로 하는 경우에만 하자가 승계된다.[106] 조세의 부과처분과 징수처분은 조세법률관계의 형성과 소멸이라는 서로 다른 효과를 목적으로 하는 별개의 처분이므로 선행행위인 부과처분의 하자가 당연무효가 아닌 한, 후행행위인 징수처분에 승계되지 않는다.

---

106) 대법원 1994. 1. 25. 선고 93누8542 판결

나. 무효와 취소의 구별에 대한 학설

(1) 무효와 취소의 구별기준

(가) 중대명백설

과세처분의 하자가 중대하고 명백한 경우에는 무효이고 그렇지 않은 경우, 즉 과세처분의 하자가 중대하지 않은 경우, 중대하지만 명백하지 않은 경우에는 취소에 해당한다는 견해이다. 국민의 권리구제 요청과 법질서의 안정을 조화시키기 위하여 무효의 요건으로 중대성과 명백성을 모두 요구한다.

(나) 객관적 명백설(조사의무위반설)

기본적으로 중대명백설을 취하면서 명백성요건을 완화하여 무효사유를 넓게 보려는 견해이다. 명백성 인정의 주체를 행정관청으로 본다는 점에서 중대명백설보다 무효사유의 범위가 넓다.

(다) 중대설

하자의 중대성만을 무효의 요건으로 하는 견해이다. 하자가 중대하고 명백한 경우는 부존재에 해당하는 것으로 본다. 국민의 권리구제를 확대하기 위하여 중대명백설보다 무효사유를 넓게 인정한다.

(라) 명백성보충요건설

하자의 중대성은 언제나 요구되지만 명백성요건은 보충적으로 인정된다는 견해이다. 명백성요건은 법질서의 안정을 위하여 요구되므로 그러한 필요성이 없는 경우에는 요구되지 않는다고 본다.

(마) 구체적 가치형량설

구체적인 사안에 따라 국민의 권리구제, 법질서의 안정성, 제3자의 이익 등을 종합적으로 형량하여 무효와 취소를 구별하여야 한다는 견해이다.

(2) 명백성의 기준

(가) 외관상 일견명백설

행정처분의 외관상 누가 보더라도 일응 쉽게 하자를 인정할 수 있으면 명백한 것으로 보는 견해이다.

(나) 객관적 명백설(조사의무위반설)

행정청의 직무수행으로 요구되는 조사에 의하여 판명되는 사실관계에 기초하여 하자의 명백성을 판단하여야 한다는 견해이다.

다. 판례

(1) 원칙(중대명백설)

(가) 중대성과 명백성 판단기준

판례는 부과처분이 당연무효라고 하려면 하자가 중요한 법규에 위반하고 객관적으로 명백하여야 한다고 하여 중대명백설의 입장을 취하고 있다.[107] 하자가 중대하다는 것은 중요한 법규에 위반함을 의미하고, 하자가 명백하다는 것은 하자가 의심할 바 없이 명확함을 의미한다. 부과처분이나 신고행위의 하자가 중대하고 명백한지 여부를 판단할 때에는 법규의 목적, 의미, 기능 등을 목적론적으로 고찰함과 동시에 구체적 사안 자체의 특수성에 관하여도 합리적으로 고찰할 것이 요구된다.[108] 과세관청이 조세를 부과할 때에는 해당 조세법규가 규정하는 조사방법에 따라 얻은 정확한 근거를 바탕으로 과세표준을 결정하고 세액을 산출하여야 하며, 이러한 조사방법 등을 완전히 무시하고 아무런 근거도 없이 막연한 방법으로 과세표준과 세액을 결정, 부과한 경우에는 하자가 중대하고 명백하여 당연무효이지만, 그와 같은 조사결정절차에 단순한 과세대상의 오인, 조사방법의 잘못된 선택, 세액산출의 잘못 등의 위법이 있는 경우에는 취소사유가 된다.[109]

(나) 신고행위의 중대명백성 판단

신고납세방식의 조세에서 신고내용에 의하더라도 과세대상이 되는 법률관계나 사실관계가 전혀 없어서 납세의무 자체가 성립하지 않는 경우 그 하자는 중대하고 명백하여 무효이다.[110] 과거 국기법에서 경정청구권을 입법하기 이전에는 납세자가 신고납세방식의 세금을 신고납부한 경우 부당이득반환청구권에 따라 구제받을 수밖에 없었다. 납세자가 세금을 신고납부한 경우 신고행위의 하자가 중대하고 명백한 경우에만 무효로서 부당이득반환청권의 행사가 가능하였다. 대법원은 납세자가 자진납부를 해야만 하는 특별한 사정이 있는 경우에는 신고행위에 하자가 있는 것으로 인정하여 권리구제를 도모하였다. 예를 들어, 납세의무자가 자진신고납부에 앞서 취득세가 조례에 의한 면제대상임을 주장하여 면제신청을 하였으나, 과세관청이 그 면제를 거부함에 따라 납세의무자는 자진신고납부 해태에 따른 부가세의 부담회피와 신속한 소유권보존등기의 필요성에 의하여 부득이 자진신고납부를 한 사안에서, 판례는 신고행위에 중대하고 명백한 하자가 있는 것으로 보아 당연무효에 해당한다고 판시하였다.[111] 그러나 1994. 12. 22. 국기법 개정으로 경정청구제도가 입법화되어 신고납세방식의 세금에 대한 권리구제가 강화됨으로써 신고행위의 무효를 직접 주장하는 경우는 대폭 감소하였다.

---

107) 대법원 2001. 7. 10. 선고 2000다24986 판결
108) 대법원 1995. 2. 28. 선고 94다31419 판결, 대법원 2016. 12. 29. 선고 2014두2980 판결
109) 대법원 2024. 3. 12. 선고 2021다224408 판결
110) 대법원 2017. 11. 14. 선고 2014두47099 판결
111) 대법원 1995. 2. 28. 선고 94다31419 판결

(2) 예외(명백성보충요건설)

취득세 신고행위는 납세의무자와 과세관청 사이에 이루어지는 것으로서 취득세 신고행위의 존재를 신뢰하는 제3자의 보호가 특별히 문제되지 아니하여 그 신고행위를 당연무효로 보더라도 법적 안정성이 크게 저해되지 않는다. 판례는 취득세 사안에서 납세의무자의 권익구제 등의 필요성이 큰 경우에는 예외적으로 하자 있는 신고행위가 당연무효가 된다고 하여 명백성요건을 보충적으로 요구하고 있다.[112] 이 판례는 명백성보충요건설의 입장을 취한 것으로 평가된다.[113]

(3) 명백성의 판단

실무상 중대성과 명백성 중 많이 다투어지는 것은 명백성이다. 이에 대하여 판례는 다음과 같은 2가지 기준을 제시하고 있다.

① 행정처분에 사실관계를 오인한 하자가 있는 경우 하자가 명백하다고 하려면 사실관계 오인의 근거가 된 자료가 외형상 상태성을 결여하거나 객관적으로 그 성립이나 내용의 진정을 인정할 수 없는 것이 명백하여야 하고, 사실관계의 자료를 정확히 조사하여야 비로소 그 하자 유무가 밝혀질 수 있으면 외관상 명백하다고 할 수 없다.[114] 이는 판례가 명백성의 기준 중 외관상 일견명백설의 입장을 취하고 있음을 뒷받침한다.

② 행정청이 어느 법률관계나 사실관계에 대하여 어느 법률의 규정을 적용하여 행정처분을 한 경우에 그 법률관계나 사실관계에 대하여는 그 법률의 규정을 적용할 수 없다는 법리가 명백히 밝혀졌음에도 행정청이 위 규정을 적용하여 처분을 한 때에는 하자가 명백한 것이나, 그 법률의 규정을 적용할 수 없다는 법리가 명백히 밝혀지지 않아 해석에 다툼의 여지가 있는 때에는 하자가 명백하다고 할 수 없다.[115] 이와 같은 취지에서 판례는 원고가 종합부동산세 부과처분에 따라 2009~2015년 귀속 종합부동산세를 납부하였는데, 그 후 2015년 6월 관련사건의 대법원 판결이 선고되어 종합부동산세 계산식에 관한 법리가 밝혀졌고, 그 법리에 의하면 원고가 납부한 종합부동산세가 정당한 세액을 초과하는 금액이었음이 드러난 사안에서, 대법원 판결 선고 전인 2009~2014년 귀속 종합부동산세 과세처분은 하자가 명백하지 않다고 판시하였다. 위 판결은 전원합의체 판결이었는데, 반대의견은 과세처분에 적용된 과세법리가 납세의무에 관한 법령을 잘못 해석·적용한 결과 정당한 세액을 초과하는 세금이 부과·납부된 경우 그러한 법리를 선언한 대법원 판결 선고 이전의 사안에 대하여도 무효사유가 된다는 입장이었다.

---

112) 대법원 2009. 2. 12. 선고 2008두11716 판결
113) 김석환, "조세부과처분의 무효 판단기준으로서 명백성보충요건설", 홍익법학 16권 1호, 2015, 967면
114) 대법원 1985. 5. 28. 선고 84누289 판결, 대법원 1985. 11. 12. 선고 84누250 판결, 대법원 1992. 4. 28. 선고 91누6863 판결
115) 대법원 2018. 7. 19. 선고 2017다242409 전원합의체 판결

라. 검토

판례가 취하고 있는 중대명백설은 국민의 권리구제 요청과 법질서의 안정을 조화시키기 위한 취지를 가지고 있다. 행정처분의 하자가 중대하다는 이유만으로 무효라고 한다면 행정처분을 유효라고 믿고 법률관계를 맺은 다수의 제3자들에게 영향을 미칠 수 있다고 보는 것이다. 그러나 조세법률관계는 납세의무자와 과세관청 사이에서 형성되고 제3자에 대한 신뢰보호의 중요성이 다른 분야보다 낮으므로 납세자의 권리구제를 확대하기 위하여 명백성의 기준을 완화할 필요가 있다.

3. 관련 판례

가. 무효사유

등기부등본상 토지 소유자가 아닌 자에 대하여 한 종합토지세 부과처분,[116] 납세고지서가 납세의무자에게 제대로 송달되지 못한 경우의 과세처분,[117] 부과제척기간이 경과된 후에 이루어진 과세처분,[118] 불이익변경금지원칙에 위배된 과세처분,[119] 과세예고 통지 후 과세전적부심사 청구나 그에 대한 결정 전에 한 과세처분,[120] 과세처분 이후 조세부과의 근거가 되었던 법률규정에 대하여 위헌결정이 내려진 경우 그 조세채권의 집행을 위한 체납처분(강제징수)[121] 등은 하자가 중대하고 명백하여 무효이다.

나. 취소사유

증여사실이 없는데 증여사실을 오인하여 한 증여세 부과처분,[122] 부동산의 명의수탁자에 대하여 한 양도소득세 부과처분,[123] 자산의 무상양도에 대하여 한 양도소득세 부과처분,[124] 1세대 1주택으로 간주되는 아파트분양권에 대하여 한 양도소득세 부과처분,[125] 납세고지서에 세액산출근거 등 기재사항을 누락한 과세처분,[126] 납세지를 관할하는 세무서장이 아닌 다른 세무서장의 과세처분,[127] 헌법재판소의 위헌결정이 전에 그 법률에 근거하여 행해진 과세처분,[128] 양도담보권자에 대한 양도소득세 부과처분[129] 등은 취소사유에 해당한다. 다만, 납

---

116) 대법원 1999. 10. 12. 선고 98두13140 판결
117) 대법원 1979. 8. 31. 선고 79누168 판결
118) 대법원 2015. 7. 9. 선고 2013두16975 판결
119) 대법원 2004. 12. 9. 선고 2003두278 판결
120) 대법원 2016. 12. 27. 선고 2016두49228 판결
121) 대법원 2012. 2. 16. 선고 2010두10907 전원합의체 판결
122) 대법원 1974. 11. 26. 선고 74누76 판결
123) 대법원 1999. 8. 20. 선고 99다20179 판결
124) 대법원 1992. 12. 11. 선고 92누13127 판결
125) 대법원 1993. 1. 15. 선고 91누10305 판결
126) 대법원 1988. 2. 9. 선고 83누404 판결
127) 대법원 2001. 6. 1. 선고 99다1260 판결
128) 대법원 2000. 6. 9. 선고 2000다16329 판결, 대법원 2001. 3. 23. 선고 98두5583 판결
129) 대법원 1994. 8. 26. 선고 93다15267 판결

세고지서의 하자와 관련하여서는 납세고지서의 세율이 잘못 기재되었더라도 납세고지서에 기재된 문언내용 등에 비추어 원천징수의무자 등 납세자가 세율이 명백히 오기임을 알 수 있고 납세고지서에 기재된 다른 문언과 종합하여 정당한 세율에 따른 세액의 산출근거를 쉽게 알 수 있어 납세자의 불복 여부의 결정이나 불복신청에 지장을 초래하지 않을 정도인 경우에는 납세고지서의 세율이 잘못 기재되었다는 사정만으로 그에 관한 징수처분을 위법하다고 볼 수 없다는 판례가 있다.[130]

제5절 조세소송판결의 효력

1. 기판력

가. 의의

기판력(旣判力)은 판결이 확정되면 동일한 사항에 대하여 당사자가 이에 어긋나는 주장을 할 수 없고, 법원도 이에 어긋나는 판단을 할 수 없는 효력을 의미한다. 기판(旣判)은 이미 판단했다는 뜻이므로 판결을 하여 확정되었으면 다시 다투거나 판단하지 말라는 의미이다. 기판력을 인정하는 것은 소송절차의 의미없는 반복 및 판결의 모순과 저촉을 방지하기 위함이다. 행정소송법은 직접 기판력에 대하여 규정하지 않으나, 민사소송법의 기판력 규정이 준용되고 소송의 본질상 행정소송의 판결에도 기판력이 인정된다. 확정판결의 기판력 존부는 직권조사사항이므로 당사자의 주장이 없더라도 법원이 직권으로 조사할 수 있다.[131]

나. 범위

(1) 주관적 범위

기판력은 당사자 및 이와 동일시할 수 있는 승계인에게 미친다. 과세처분 취소소송의 피고는 처분청이므로 행정청을 피고로 하는 취소소송의 기판력은 당해 처분이 귀속하는 국가 또는 지자체에 미친다.[132]

(2) 객관적 범위

기판력이 미치는 객관적 범위는 심판의 범위와 밀접한 연관이 있다. 판례는 기판력의 객관적 범위를 좁게 파악하여 과세처분을 취소하는 판결이 확정된 경우 그 확정판결의 기판력은 확정판결에 적시된 위법사유에 한하여 미친다고 본다. 이에 의하면 과세관청이 확정판결에

---

130) 대법원 2019. 7. 4. 선고 2017두38645 판결
131) 대법원 1990. 10. 23. 선고 89다카23329 판결, 대법원 1992. 5. 22. 선고 92다3892 판결
132) 대법원 1998. 7. 24. 선고 98다10854 판결

적시된 위법사유를 보완하여 재처분을 할 수 있다.[133] 과세처분이 절차상 하자를 이유로 취소된 경우 그 확정판결의 기판력은 절차상 위법사유에 미치므로 절차상 하자를 보완하여 재처분을 하는 것도 기판력에 어긋나지 않는 것으로 본다.[134]

한편, 과세처분 취소소송에서 청구기각판결의 기판력은 과세처분 무효확인소송에 미친다.[135] 취소가 인정되지 않으면 그보다 더 엄격한 무효가 인정될 수 없으므로 취소소송에서 패소한 납세자는 다시 무효확인소송을 제기할 수 없다. 그러나 과세처분 무효확인소송에서 청구기각판결의 기판력은 과세처분 취소소송에 미치지 않는다. 무효가 인정되지 않더라도 그보다 엄격하지 않은 취소가 인정될 여지가 있기 때문이다. 다만, 과세처분 무효확인소송에서 패소한 납세자가 다시 취소소송을 제기하려면 제소기간이 지나서 각하될 가능성이 크다.

(3) 시적(時的) 범위

확정판결의 기판력은 전소(前訴)의 변론종결 전에 당사자가 주장하였거나 주장할 수 있었던 모든 공격방어방법에 미친다. 따라서 당사자는 사실심의 변론종결 시를 기준으로 그때까지 제출하지 않은 공격방어방법을 그 뒤 다시 동일한 소송을 제기하여 주장할 수 없다.[136]

다. 관련 판례

(1) 이자소득이라는 이유로 종합소득세 부과처분이 취소된 후 이자소득으로 보아 재처분한 경우[137]

과세대상 소득에 대하여 부동산임대소득으로 과세처분하였는데, 소송에서 부동산임대소득이 아니라 이자소득이라고 판단한 경우 과세대상소득을 이자소득으로 보고 한 재처분은 종전처분에 대한 확정판결에서 나온 위법사유를 보완하여 한 재처분으로서 종전처분과 그 과세원인을 달리하므로 확정판결의 기판력에 어긋나지 않는다.

(2) 무상양도가 아니라는 이유로 증여세부과처분이 취소된 후 저가양도에 의한 증여세부과처분을 한 경우[138]

종전처분은 무상양도에 기한 것이고 재처분은 저가양도에 기한 것으로서 서로 과세원인을 달리하므로 저가양도에 의한 증여세부과처분은 확정판결의 기판력에 어긋나지 않는다.

---

133) 대법원 1992. 9. 25. 선고 92누794 판결, 대법원 1992. 11. 24. 선고 91누10275 판결
134) 대법원 1986. 11. 11. 선고 85누231 판결
135) 대법원 1998. 7. 24. 선고 98다10854 판결
136) 대법원 2020. 6. 25. 선고 2017두58991 판결
137) 대법원 2002. 7. 23. 선고 2000두6237 판결
138) 대법원 2002. 5. 31. 선고 2000두4408 판결

2. 기속력

가. 의의

기속력은 납세자의 청구를 인용하는 판결이 확정된 경우 당해 과세관청과 관계기관이 판결의 내용을 존중하고 그에 따라 행동하도록 구속하는 효력을 의미한다. 기속력은 납세자의 청구를 인용하는 판결의 실효성을 확보하기 위하여 인정된다. 납세자의 청구를 인용하는 판결이 선고되었음에도 과세관청이 그 내용을 따르지 않으면 소송의 존재이유가 없어지기 때문이다.

나. 성질

기속력의 성질에 대하여는 기판력과 동일하다는 기판력설과 취소판결의 실효성을 확보하기 위하여 특별히 인정된 효력이라는 특수효력설이 대립한다. 판결은 기속력이 기판력과 다르다고 보아 특수효력설의 입장을 취하고 있다.[139]

다. 범위

(1) 주관적 범위

취소판결은 피고인 행정청, 취소판결의 대상이 된 처분 또는 재결에 관계되는 권한을 가진 모든 행정청에 미친다.

(2) 객관적 범위

기속력이 미치는 범위는 소송물의 범위와 일치하므로 기판력의 객관적 범위와 같다.

라. 효력

판결의 기속력은 소극적 효력으로서 동일 내용의 재처분 금지의무가 있고, 적극적 효력으로서 판결의 취지에 따른 처분의무가 있다. 이에 대한 자세한 내용은 재결의 기속력에서 살펴본 내용을 참고한다(제11장 제6절).

3. 형성력

형성력은 판결의 취지에 따라 기존의 법률관계에 변동을 가져오는 효력으로서 행정의 합법성을 확보하기 위하여 인정된다. 행정처분을 취소하는 확정판결이 있으면 그 취소판결의 형성력에 의하여 당해 행정처분의 취소나 취소통지 등의 별도의 절차를 요하지 않고 당연히 취소의 효과가 발생한다.[140] 행정소송법 제29조 제1항은 "처분 등을 취소하는 확정판결은 제3자에 대하여도 효력이 있다."라고 규정하여 대세효(對世效)를 인정하고 있다. 다만, 조세행정소송에서 과세처분은 당해 납세자 및 이해관계인 이외에 제3자와 직접적인 이해관계가 있는

---

139) 대법원 1982. 3. 23. 선고 81도1450 판결
140) 대법원 1991. 10. 11. 선고 90누5443 판결

경우가 거의 없으므로 대세효를 인정하는 것이 큰 의미가 없다.

4. 판결확정 후 재처분과 종전처분의 관계

가. 청구기각판결 확정 후 재처분

당초처분에 대한 취소소송에서 청구기각판결이 확정되면 당초처분은 그 적법성이 확정되어 효력을 유지한다. 그 후 과세관청이 납세자의 탈루소득을 발견하였음을 이유로 당초처분에서 인정된 과세표준과 세액을 포함하여 전체의 과세표준과 세액을 새로 결정한 후 당초처분의 세액을 공제한 나머지를 추가고지하는 내용의 재처분을 하는 것은 기판력이나 기속력에 저촉되지 않는다.[141] 이때 납세자가 추가된 재처분 외에 다시 당초처분의 취소를 구하는 것은 확정판결의 기판력에 저촉되어 허용될 수 없다.[142] 기판력으로 인하여 당초처분이 증액경정처분에 흡수되지 않으므로 흡수설의 예외에 해당한다.

나. 청구인용판결 확정 후 재처분

당초처분에 대한 취소소송에서 처분을 취소하는 판결이 확정되면 재처분은 당초처분과의 관계에서 새로운 처분이 되므로 재처분의 효력은 기속력에 따라 결정된다. 재처분이 기속력에 위반되면 그 재처분은 위법하고, 기속력에 위반되지 않으면 그 재처분은 적법하다.

---

141) 임승순, 조세법(2021), 340면
142) 대법원 2004. 12. 9. 선고 2003두4034 판결

제 **2** 편

법인세법

법인세 총론

제**1**장

제1절 법인세 개관

1. 법인세의 의의 및 찬반논쟁

가. 법인세의 의의

법인세는 법인의 소득에 대하여 과세하는 조세이다. 이 점에서 개인의 소득에 대하여 과세하는 소득세와 구별된다. 소득세가 개인의 인적 사정을 고려하여 부담세액을 결정하는 등 공평을 중시하는 세금인 반면, 법인세는 공평보다 효율을 중시하는 세금이다. 20세기에 이르러 화폐경제가 발달하고 법인의 회계처리가 투명해지면서 본격적으로 법인세가 도입되기 시작하였다. 우리나라 법인세는 일제시대에는 소득세의 일종으로 과세되었으나, 정부수립 이후인 1949년 법인세법이 제정되면서 독립적인 세목으로 자리잡게 되었다. 법인세는 소득세, 부가가치세와 더불어 전체 세수(稅收)에서 차지하는 비중이 높은 핵심적인 세목이다.

나. 법인세에 대한 찬반논쟁

(1) 의의

법인은 법률의 규정에 의하여 권리능력이 인정된 단체 또는 재산을 의미한다. 사람들이 사회생활을 하면서 일정한 목적을 달성하기 위하여 단체를 결성하게 되는데, 법률관계의 편의상 권리와 의무의 주체로서의 지위를 인정하면서 법인제도가 생겨났다. 민사법상으로는 법인의 본질에 대하여 법인실재설, 법인의제설 등의 다툼이 있었다. 그러나 민사법상의 논의에 불구하고 법인은 자연인과 같이 실체가 있다기보다는 사람들이 사회생활을 하면서 필요에 따라 만들어낸 관념으로서의 성격이 강하다.[1] 법인은 구성원들의 총합체로서 법인이 경제적 이익을 창출하더라도 궁극적으로 개인에게 배분될 것이므로 개인에게 소득세를 부과하는 외에 법인세를 별도로 존치시킬 필요가 있는지 논란이 된다.

---

1) 김준호, 「민법강의」, 법문사, 2021, 105～106면에 의하면, 민사법학계에서도 법인의 능력이나 책임 등의 해석문제가 입법, 해석법학, 판례 등을 통해 해결되고 있어 법인학설을 논의하는 실익은 거의 없어졌다고 한다.

(2) 찬반론

(가) 법인세 찬성론(독립과세론)

법인이 사회에서 엄연히 개인과 독립된 법적·경제적 실체로서 활동하고 있으며, 법인세를 과세하지 않으면 법인을 이용하여 개인의 소득세를 회피할 수 있으므로 소득세와 별도로 법인세를 존치시킬 필요가 있다고 한다.

(나) 법인세 반대론(통합과세론)

법인이 경제적 활동을 하여 소득을 얻더라도 최종적으로 세부담을 지는 것은 개인이므로 소득세와 별도로 법인세를 존치시킬 근거가 약하다고 한다. 법인의 소득은 주주들에게 배분될 것이므로 법인단계에서 법인세를 과세하지 않고 주주단계에서 소득세를 과세하면 된다는 것이다.

(3) 검토

현실적으로 법인이 법적·경제적 실체를 가지고 활동하는 상황에서 법인세 반대론과 같이 법인세를 과세하지 않는다면 법인이 소득을 배당하지 않고 사내에 유보하는 경우 주주들에게 소득세를 과세할 수 없어서 수직적 공평성을 침해하는 문제가 있다. 그렇다고 법인이 소득을 배당하지 않고 사내에 유보하고 있는 상태에서 주주들에게 소득세를 과세하는 것은 담세력이 뒷받침되지 않으므로 제도화하기에 어려움이 있다. 국가 입장에서도 법인세는 소득세의 선납(先納)으로서의 성격을 가지므로 주주단계에서 소득세를 과세하는 것보다 그에 앞서 법인 단계에서 법인세를 과세하면 세수를 효율적으로 확보할 수 있는 장점이 있다.

그러나 법인세 찬성론과 같이 법인세를 과세하는 경우 법인단계에서 법인세를 납부하고 다시 주주단계에서 소득세(개인주주) 또는 법인세(법인주주)를 납부하여야 하므로 이중과세의 문제가 생긴다. 이를 해결하기 위하여 법인단계에서만 과세하고 주주단계에서 과세하지 않는 방안을 생각할 수 있으나, 개인주주들에게 소득세를 과세하지 않으면 수직적 공평이 침해되므로 채택하기 어렵다. 법인세는 주주, 근로자, 채권자 등에게 소득이 분배되기 전단계에서 세금을 징수하므로 국가 입장에서 세금을 효율적으로 확보할 수 있다. 따라서 현실에서는 법인단계와 주주단계에서 모두 과세하되, 이중과세를 조정하는 방법을 사용하는데, 이에 대하여는 아래에서 설명하기로 한다.

2. 법인단계와 주주단계의 이중과세 조정

가. 의의

법인단계와 주주단계의 이중과세를 조정하는 방법에는 법인단계에서 조정하는 방법과 주주단계에서 조정하는 방법이 있다.

첫째, 법인단계에서 조정하는 방법에는 ① 법인세를 폐지하는 방법, ② 법인을 조합처럼 도관으로 취급하여 법인세를 과세하지 않는 조합과세법, ③ 법인의 소득 중 배당으로 지급하는 금액을 손금산입하는 지급배당손금산입법 등이 있다.

둘째, 주주단계에서 조정하는 방법에는 ① 법인세를 소득세의 선납으로 보아 주주의 세금에서 공제하는 법인세주주귀속법(임퓨테이션, imputation), ② 법인세가 과세된 소득을 배당하는 경우 그 배당금을 과세소득에서 제외하는 수입배당금불산입법 등이 있다.

나. 현행 세법상 이중과세조정

(1) 일반법인

(가) 개인주주

일반법인의 개인주주에 대하여는 법인세주주귀속법(임퓨테이션)으로 이중과세를 조정한다. 법인세를 소득세의 선납이라고 보고 출자자의 배당소득세를 과세할 때 법인단계에서 납부한 귀속법인세를 공제한다. 이때 주주의 배당소득을 계산할 때 귀속법인세를 납부하기 전의 소득금액을 계산하기 위하여 귀속법인세를 배당소득에 가산하는바(소득법 제17조 제3항), 이를 그로스업(gross up)이라고 한다. 배당소득을 계산할 때 가산하는 비율은 법인세율 9%를 기준으로 산정한 것이나, 현행 법인세율은 9%, 19%, 21%, 24% 등 4단계이므로 9%보다 높은 법인세율이 적용되는 경우에는 완벽한 이중과세 조정이 안되는 한계가 있다.

(나) 법인주주

일반법인의 법인주주에 대하여는 수입배당금불산입법으로 이중과세를 조정한다. 지분율이 많을수록 익금불산입률이 높다.

(2) 특수목적법인 등

(가) 유동화전문회사 등 특수목적회사(SPC, Special Purpose Company)

유동화전문회사 등 특수목적회사(SPC)에 대하여는 지급배당손금산입법으로 이중과세를 조정한다. 특수목적회사가 배당가능이익의 90% 이상을 배당한 경우에는 배당액을 소득공제하는 방법으로 법인단계에서 법인세가 과세되지 않도록 이중과세를 조정한다(법인법 제51조의2 제1항). 위 특수목적회사들은 부실채권 매각, 부동산 개발, 해외자원 개발 등 특수목적을 달성하기 위한 수단으로 일시적으로 설립되었다가 그 목적이 달성되면 소멸되는 등 도관의 성격이 강하므로 배당가능이익의 대부분을 배당하는 경우에는 법인세가 과세되지 않게끔 하는 것이다.

(나) 동업기업과세특례 적용기업

합명회사, 합자회사, 법무법인 등 특정유형의 회사 중 동업기업과세특례를 적용한 경우에는 조합과세법으로 이중과세를 조정한다. 동업기업과세특례는 미국, 영국 등의 파트너십(partnership) 과세를 참고하여 인적회사(人的會社)의 성격이 있는 기업에 대하여 사법상의 법인격 유무에 불구하고 법인세를 과세하지 않고 구성원들에게 과세하는 제도로서 우리나라는 2007. 12. 31. 조세특례제한법을 개정하여 도입하였다.[2] 동업기업을 도관으로 보아 동업기업 단계에서는 과세하지 않고, 동업자 단계에서만 과세한다. 다만, 소득계산 및 신고에 있어서는 동업기업을 실체로 인정한다.

요컨대, 동업기업을 형식적 측면에서는 실체로, 실질적 측면에서는 도관으로 취급하는 것이다. 동업기업과세특례를 적용받는 경우 동업기업은 납세의무가 없고 동업자만 납세의무가 있으므로 이중과세가 조정된다(조특법 제100조의15, 제100조의16).

제2절 납세의무자

1. 법인세 납세의무자

가. 법인의 의의

법인세의 납세의무자는 법인이다. 국기법 제13조에 따른 당연의제법인과 승인의제법인도 법인으로 간주되므로 법인세 납세의무를 진다. 법인세법에서 특별히 법인을 정의하고 있지 않으므로 민법상 법인의 규정에 따라 법인을 정의한다. 따라서 자연인이 아니면서 민법에 따라 권리능력이 인정된 법적 주체는 법인세법상 법인에 해당한다.

법인은 법인격이 인정된다는 점에서 법인격이 없는 조합과 구별된다. 조합이란 2인 이상이 서로 출자하여 공동사업을 경영할 목적으로 결합된 단체이다(민법 제703조 제1항). 동일한 목적을 달성하기 위해 법인을 설립하여 영업을 하는 경우에는 법인이 법인세 납세의무를 진다. 그러나 조합을 결성하여 사업을 하는 경우에는 조합은 실체가 없으므로 법인세 납세의무를 지지 않고, 그 구성원이 배분받은 소득에 대하여 소득세(개인) 또는 법인세(법인) 납세의무를 진다.

나. 법인격 없는 단체의 취급

(1) 국내의 법인격 없는 단체

국내의 법인격 없는 단체 중 국기법 제13조 제1항의 당연의제법인과 제13조 제2항의 승인의제법인은 법인세법상 법인으로 보고, 그 밖의 단체는 법인으로 보지 않는다.

---

2) 기획재정부, 「2007 간추린 개정세법」, 2008, 169면

(2) 외국의 법인격 없는 단체

(가) 학설(사법상 성질설 vs 세법상 취급설)

외국의 법인격 없는 단체를 국내 세법상 법인으로 취급할 것인지에 대하여는 사법상 성질설과 세법상 취급설의 대립이 있다.

① 사법상 성질설은 해당 외국단체가 국내사법상 법인의 성질을 가지고 있는지에 따라 법인인지 여부를 가려야 한다고 보는 견해이다. 해당 외국단체가 그 나라에서 어떻게 취급되는지보다 국내사법상 법인의 성질을 가지고 있는지 여부에 초점을 맞춘다.

② 세법상 취급설은 해당 외국단체가 해당 국가에서 세법상 법인으로 취급되는지에 따라 법인인지 여부를 가려야 한다고 보는 견해이다. 해당 외국단체가 국내사법상 법인의 성질을 가지고 있는지보다 그 나라에서 어떻게 취급되는지에 초점을 맞춘다. 미국의 유한책임회사(Limited Liability Company)는 법인(corporation)과 구별되고, 미국 세법상 납세주체 선택규정(check-the-box rule)에 따라 법인과세와 구성원과세 중 선택할 수 있으므로 세법상 취급설에 의하면 미국에서 법인과세와 구성원과세 중 어느 것을 선택하느냐에 따라 국내에서 법인에 해당하는지 여부가 결정된다.

(나) 판례

2013. 2. 15. 외국의 법인격 없는 단체의 취급에 대한 법령 규정이 신설되기 전의 사안에서, 판례는 외국의 법인격 없는 단체를 국내세법상 법인으로 볼 수 있는지에 대하여 그 외국단체가 설립된 국가의 법령 내용과 단체의 실질에 비추어 우리나라의 사법상 단체의 구성원으로부터 독립된 별개의 권리의무의 귀속주체로 볼 수 있는지에 따라 판단해야 한다고 판시함으로써 사법상 성질설을 취하였다.[3]

(다) 법령상 기준

외국의 법인격 없는 단체를 국내 세법상 어떻게 취급할 것인지에 대하여 판례에만 맡겨두기보다 법령에서 명확히 규정하는 것이 바람직하므로 2013. 2. 15. 법인세법 시행령 개정 시 외국의 법인격 없는 단체에 대한 규정을 신설하였다. 이에 의하면 다음과 같은 기준을 충족하는 외국단체는 국내 세법상 외국법인에 해당하는 것으로 취급하였다(구 법인령 제1조 제2항).

① 설립지국의 법에 따라 법인격이 부여된 단체(법인격 기준)

② 구성원이 유한책임사원으로만 구성된 단체(유한책임사원 기준)

③ 구성원과 독립하여 자산을 소유하거나 소송의 당사자가 되는 등 직접 권리의무의 주체가 되는 단체(권리의무주체 기준)

④ 그 밖에 해당 외국단체와 동종 또는 유사한 국내의 단체가 상법 등 국내의 법률에 따른

---

3) 대법원 2013. 9. 26. 선고 2011두12917 판결

법인인 경우의 그 외국단체(유사성 기준)

그 후 2019. 2. 12. 법인세법 시행령 개정 시 위 "③"의 권리의무 주체기준을 삭제하였다. 국외투자기구 등 설립지국에서 투과과세단체(transparent entity)로 분류되어 법인성이 부인된 외국단체가 국내세법상 외국법인으로 분류되어 국내원천소득에 대하여 법인세가 과세되는 문제가 발생하자 국외투자기구 등 법인성이 낮은 단체에 대해서는 그 실질에 따라 단체의 구성원에게 과세되도록 하기 위한 취지이다.[4] 따라서 2019. 2. 12. 법인세법 시행령 개정 이후에는 위 "①, ②, ④"의 기준을 충족하는 경우 외국법인에 해당한다(법인령 제2조 제2항).

2. 납세의무자의 구분

가. 내국법인과 외국법인

(1) 구분실익

내국법인은 각 사업연도소득, 청산소득, 토지 등 양도소득에 대하여 납세의무가 있다. 이 중 각 사업연도소득에 대하여는 국내 및 국외에서 발생한 소득에 대하여 무제한 납세의무가 있다(법인법 제3조 제1항, 제4조 제1항). 반면, 외국법인은 각 사업연도소득, 토지 등 양도소득에 대하여 납세의무가 있고, 청산소득에 대하여는 납세의무가 없다. 이 중 각 사업연도소득에 대하여는 국내에서 발생한 국내원천소득에 대하여만 제한적 납세의무가 있다(법인법 제3조 제1항, 제4조 제4항).

(2) 구분기준

내국법인과 외국법인을 구별하는 기준에는 ① 본점 또는 주사무소를 기준으로 하는 본점소재지주의, ② 사업의 실질적 관리장소를 기준으로 하는 관리지배지주의, ③ 법인설립의 준거법을 기준으로 하는 설립준거법주의가 있다. 법인세법에 의하면 내국법인은 본점, 주사무소 또는 사업의 실질적 관리장소가 국내에 있는 법인을 말하고, 외국법인은 내국법인이 아닌 단체로서 대통령령으로 정하는 기준에 해당하는 법인을 말한다(법인법 제2조 제1호, 제3호). 본점은 영리법인의 주된 사무소이고, 주사무소는 비영리법인의 사무를 총괄하는 사무소이다(상법 제171조, 민법 제36조). 과거에는 본점 및 주사무소 소재지라는 형식적 기준으로 내국법인과 외국법인을 구별하였으나, 이 기준에 의하면 조세피난처 등에 명목회사의 본점 또는 주사무소를 두고 실질적으로 국내에서 주된 업무를 수행하는 경우 외국법인이 되기 때문에 내국법인으로 보아 과세할 수 없는 문제점이 있었다. 이에 2005. 12. 31. 법인세법 개정 시 본점 및 주사무소 소재지 이외에 사업의 실질적 관리장소를 내국법인과 외국법인의 구별기준으로 추가하여 본점소재지주의와 관리지배지주의를 절충하였다.

사업의 실질적 관리장소는 법인의 장기적인 경영전략, 기본정책, 기업재무와 투자, 주요재

---

4) 국세청, 「2019 간추린 개정세법」, 2020, 152면

산의 관리·처분, 핵심적인 소득창출 활동 등 법인의 사업수행에 필요한 관리 및 상업적 결정이 실질적으로 이루어지는 장소를 의미한다.[5] 이사회 또는 그에 상당하는 의사결정기관의 회의가 통상 개최되는 장소, 최고경영자 및 다른 중요 임원들이 통상 업무를 수행하는 장소, 고위 관리자의 일상적 관리가 수행되는 장소, 회계서류가 일상적으로 기록·보관되는 장소 등이 법인의 실질적 관리장소에 해당한다.

나. 영리법인과 비영리법인

(1) 구분실익

영리법인은 각 사업연도소득, 청산소득, 토지 등 양도소득에 대하여 납세의무가 있다. 이 중 각 사업연도소득에 대하여는 무제한 납세의무가 있다(법인법 제4조 제1항). 반면, 비영리법인은 각 사업연도소득, 토지 등 양도소득에 대하여 납세의무가 있고, 청산소득에 대하여는 납세의무가 없다. 이 중 각 사업연도소득에 대하여는 수익사업에서 발생한 소득에 대하여만 납세의무가 있다(법인법 제4조 제1항, 제3항). 그 밖에 비영리법인에 대하여는 고유목적사업준비금의 손금산입 등 소득금액계산 시 특례가 인정되고, 자산양도소득 및 이자소득 등의 납세절차상 특례가 인정된다.

(2) 구분기준

영리법인은 영리를 목적으로 설립된 법인이고, 비영리법인은 영리를 목적으로 하지 않은 법인이다. 영리를 목적으로 한다는 것은 수익을 추구하고 그 수익을 구성원에게 분배한다는 의미이며, 수익을 분배한다는 것은 구성원에게 지분이 존재함을 전제로 한다. 따라서 구성원의 지분이 존재하고, 지분에 따라 수익을 분배하면 영리법인이고, 구성원의 지분이 존재하지 아니하여 수익을 분배하지 않으면 비영리법인이다. 이러한 영리성 유무는 기본적으로 법인의 정관을 통해 확인할 수 있다. 준거법적 측면에서는 영리법인은 상법 등에 설립근거를 두고 있고, 비영리법인은 민법이나 특별법 등에 설립근거를 둔다.

(3) 비영리법인의 범위

(가) 민법 제32조에 따라 설립된 법인(법인법 제2조 제2호 가목)

학술, 종교, 자선, 기예, 사교 기타 비영리 사업을 목적으로 하는 사단 또는 재단은 주무관청의 허가를 얻어 법인으로 할 수 있다(민법 제32조). 이와 같이 민법 제32조에 따라 설립된 법인은 세법상 비영리법인에 해당한다.

(나) 사립학교법이나 그 밖의 특별법에 따라 설립된 법인(법인법 제2조 제2호 나목)

사립학교법이나 그 밖의 특별법에 따라 설립되어 학술, 종교, 자선, 기예, 사교 기타 비영리 사업을 목적으로 하는 법인은 세법상 비영리법인에 해당한다. 다만, 농업협동조합, 수산업협

---

5) 헌재 2020. 2. 27. 선고 2017헌바159 결정, 대법원 2016. 1. 14. 선고 2014두8896 판결

동조합 등 법령에서 정한 조합법인 등이 아닌 법인으로서 출자자에게 이익을 배당할 수 있는 법인은 영리법인에 해당한다. 농업협동조합, 수산업협동조합 등 법령에서 정한 조합법인은 출자자에게 이익을 배당하더라도 비영리법인으로 간주한다.

(다) 국기법상 당연의제법인과 승인의제법인(법인법 제2조 제2호 다목)

국기법상 당연의제법인과 승인의제법인은 구성원에게 수익을 분배하지 못하도록 규정하고 있으므로 비영리법인에 해당한다.

(4) 수익사업에서 발생한 소득의 범위

(가) 비영리법인의 수익사업에서 발생한 소득에 대하여 과세하는 이유

비영리법인은 그 본질에 반하지 않는 범위 내에서 수익사업을 할 수 있다. 그러나 비영리법인은 그 성격상 수익사업에서 발생한 소득을 구성원에게 분배할 수 없고 고유목적사업에 지출하여야 한다. 비영리법인이 수익사업에서 발생한 소득을 고유목적사업에 지출하여야 한다면 비영리법인에게 군이 법인세를 과세할 필요가 있을까 생각할 수도 있다. 하지만 비영리법인이 수익사업을 하면 동일 업종의 영리법인과 경쟁을 피할 수 없으므로 공정한 경쟁을 보장하기 위하여 수익사업에서 생긴 소득에 대하여 법인세를 과세한다(법인법 제3조 제3항). 수익사업에서 생긴 소득이란 해당 사업에서 생긴 주된 수입금액 및 이와 직접 관련하여 생긴 부수수익의 합계액에서 해당 사업수익에 대응하는 손비를 공제한 소득을 말한다.

(나) 수익사업에 해당하는지 여부에 대한 판단기준

어느 사업이 수익사업에 해당하는지 여부는 그 사업에서 얻는 수익이 당해 법인의 고유목적을 달성하기 위한 것인지의 여부 등 목적사업과의 관련성을 고려할 것은 아니나, 그 사업이 수익사업에 해당하려면 적어도 그 사업 자체가 수익성을 가진 것이거나 수익을 목적으로 영위한 것이어야 한다.[6]

(다) 관련 판례

① 한국방송공사(KBS)가 영위하는 방송업 이외의 사업

한국방송공사가 영위하는 방송업은 무상의 용역제공이므로 그 자체로 수익사업으로 볼 수 없으나, 방송업 이외의 사업은 수익사업에 해당한다. 따라서 한국방송공사는 광고료 수입, 교향악단 수입 등의 수입에 대하여 법인세 납세의무가 있다.[7]

② 한국음악저작권협회가 회원들에게 신탁관리 용역을 제공하면서 수수료를 받는 경우

한국음악저작권협회가 회원들에게 음악저작권 신탁관리용역을 제공하면서 수수료를 받는

---

6) 대법원 1996. 6. 14. 선고 95누14435 판결
7) 대법원 2000. 2. 25. 선고 98다47184 판결

경우 법인의 관리업무는 주무부서의 지도감독하에 이루어지고 수수료의 비율도 저작권법이 정하는 절차를 거쳐 관계 장관의 승인으로 결정되는 점, 법인의 정관 및 저작권신탁계약 약관의 관련조항에 의하면 위와 같이 징수한 관리수수료를 필요경비로 사용한 후 발생하는 잔액은 전액 회원들에게 적정한 방법으로 추가분배하는 실비정산방식의 회계처리를 채택한 점 등에 비추어, 위 법인이 영위한 신탁관리업무는 한국표준산업분류표상의 대리·중개 또는 알선업 등의 서비스업에 해당하더라도 그 사업 자체가 수익성을 가진 것으로 볼 수 없다.[8]

(라) 수익사업에서 발생한 소득(법인법 제4조)

비영리법인에 대하여는 수익사업에서 발생한 소득에 대하여만 법인세를 과세하기 때문에 수익사업의 범위를 정하는 것이 중요하다. 법인세법과 그 시행령에서 정한 수익사업에서 생긴 소득의 범위는 다음과 같다(법인령 제3조).[9]

① 제조업 등 한국표준산업분류에 따른 사업으로서 법령 소정의 사업에서 생긴 소득

제조업, 건설업, 도소매업 등 한국표준산업분류에 따른 사업은 원칙적으로 수익사업에 해당한다. 다만, 법인세법 시행령 제3조 제1항은 정책적으로 수익사업에서 제외되는 사업을 열거하고 있는데, 축산업, 유치원, 학교 등의 교육서비스업, 사회복지사업, 국민연금사업, 의료보험사업, 산업재해보상보험사업, 대한적십자사의 혈액사업 등이 이에 해당한다.

사업활동이 각 사업연도의 전 기간 동안 계속되는 경우 외에 상당 기간 계속되거나 정기적 또는 부정기적으로 여러 차례에 걸쳐 되는 경우에도 수익사업에 해당한다(법인칙 제2조). 예를 들어, 하절기에만 행하는 해수욕장에서의 장소임대수입, 큰 행사에 있어서의 물품판매 등이 이에 해당한다.[10]

② 소득세법상 이자소득과 배당소득, 주식, 신주인수권 등의 양도로 인한 수입, 소득세법 제94조 제1항 제2호 및 제4호에 따른 자산의 양도로 인한 수입

③ 유형자산 및 무형자산의 처분으로 인한 수입

비영리법인이 유형자산 및 무형자산을 처분하여 얻는 수입은 수익사업에서 생긴 소득에 해당한다. 다만, 고유목적사업에 직접 사용하는 자산의 처분으로 인한 수입 중 처분일 현재 3년 이상 계속하여 고유목적사업에 직접 사용한 경우 수익사업에서 생긴 소득으로 보지 않는다(법인령 제3조 제2항). 비영리법인이 수익사업에 속하는 자산을 고유목적사업에 전입한 후 처분하는 경우에는 전입 시의 시가를 자산의 취득가액으로 하여 처분으로 인하여 생기는 수입을

---

8) 대법원 1996. 6. 14. 선고 95누14435 판결
9) 수익사업에서 발생한 소득은 그 사업활동에서 직접 발생한 소득을 의미하므로 타인으로부터 무상으로 이전받은 자산수증익은 법인세 과세대상이 아니라 증여세 과세대상이다(대법원 2025. 1. 23. 선고 2023두47893 판결).
10) 법인세법 기본통칙 4-3…2

계산한다. 해당 자산의 유지와 관리 등을 위한 관람료·입장료수입 등 부수수익이 있는 경우에는 이를 고유목적사업에 직접 사용한 자산으로 본다. 관람료·입장료수입 등은 원래는 수익사업에서 생긴 소득이나, 해당 자산의 유지와 관리 등을 위해 사용되는 경우에는 고유목적사업에 직접 사용한 것으로 간주하는 것이다. 고유목적사업에 직접 사용하지 못한데 정당한 사유가 있더라도 수익사업에서 생긴 소득에서 제외한다는 규정이 없으므로 수익사업에 해당한다.[11] 해당 유형자산 및 무형자산을 10년 이상 장기간 고유목적사업에 직접 사용한 경우에는 보유기간 대비 사용기간에 비례하여 자산의 처분수입을 수익사업의 범위에서 제외한다.

실무상 종중이 보유하던 선산을 처분하는 경우 수익사업에서 생긴 소득에 해당하는지 다투어지는 경우가 있는바, 조세심판원은 분묘가 있는 임야에서 장기간 제사를 지내고 선산으로서 기능을 유지하다가 임야를 양도한 경우에는 고유목적사업에 직접 사용한 것으로 판단한다.[12] 나아가 고유목적사업에 사용한 임야의 범위는 분묘가 있는 임야를 제사 이외에 다른 목적으로 사용하지 않았으면 해당 임야 전체를 고유목적사업에 직접 사용한 것으로 본다.[13]

④ 기타 대가를 얻는 계속적 행위로 인한 수입으로서 법령으로 정하는 소득

기타 대가를 얻는 계속적 행위로 인한 수입으로서 법령으로 정하는 소득은 수익사업에서 생긴 소득에 해당한다. 이에 해당하는 소득은 내국법인이 발행한 채권 또는 증권 등 매도가능 채권을 매도함에 따른 매매익이다. 다만, 금융 및 보험 관련서비스업에 귀속되는 채권 등의 매매익은 제외한다.

(마) 구분경리

비영리법인의 수익사업에서 생긴 소득에 대하여는 법인세가 과세되므로 수익사업에 속하는 계정과 비수익사업에 속하는 계정을 구분하여 경리하여야 한다. 즉 비영리법인이 수익사업을 하는 경우에는 자산·부채 및 손익을 수익사업에 속하는 것과 비수익사업에 속하는 것을 다른 회계로 구분하여 기록하여야 한다(법인법 제113조 제1항).

3. 신탁소득의 납세의무자

가. 의의

2020. 12. 29. 법인세법이 개정되어 신탁소득의 과세제도가 대폭 변경되었다. 기존의 신탁과세는 신탁이 경제적 실체로서 법인과 유사한 기능을 수행하는 경우가 있음에도 신탁을 오로지 도관으로만 인식하여 수익자를 납세의무자로 규정함으로써 법인과의 조세중립성을 해한다는 비판이 있었다. 더욱이 신탁법이 2011. 7. 25. 전면개정되면서 수익증권발행신탁, 유한책임신탁 등 새로운 유형의 신탁을 도입하였으나, 이를 뒷받침하는 과세제도를 정비하지 못하

---

11) 대법원 2017. 7. 11. 선고 2016두64722 판결
12) 조심 2021. 5. 6.자 2020광8698 결정
13) 조심 2021. 3. 30.자 2019광3203 결정

여 조세가 신탁제도의 활용에 걸림돌이 되었다. 이에 2020년 말 소득과세, 소비과세, 재산과세 등 세법 전반에 걸쳐 신탁세제를 개정하였다. 그 주요 내용은 기존의 수익자 과세 이외에 신탁의 종류에 따라 법인과세신탁을 도입하고, 위탁자과세를 확대하는 것이었다.

나. 신탁소득의 납세의무자

(1) 원칙(수익자과세신탁)

신탁관계에서 수익자가 법인인 경우 신탁재산에 귀속되는 소득에 대해서는 수익자가 그 신탁재산을 가진 것으로 보고 법인세를 과세한다(법인법 제5조 제1항).[14] 수익자를 납세의무자로 보는 것은 신탁의 실체를 인정하지 않는 것이므로 신탁도관설과 신탁실체설 중 신탁도관설을 입법화한 것으로 볼 수 있다.[15] 미국과 같이 신탁 자체를 납세의무자로 하여야 한다는 의견이 있으나,[16] 신탁이 수익자에게 단순히 소득을 분배하는 역할만 수행하는 경우에는 신탁을 도관으로 보아 수익자를 납세의무자로 정하는 것이 실질과세원칙에 부합하고, 신탁단계와 수익자단계의 이중과세를 조정할 필요가 없는 등 법률관계의 적용과 세무처리가 간명한 장점이 있으므로 수익자 과세를 원칙으로 규정하였다.

(2) 예외

(가) 법인과세신탁(수탁자과세신탁)

수탁자가 영리를 목적으로 운용하는 신탁으로서 신탁을 단순한 도관으로 볼 수 없고 법인과 유사한 기능을 수행하는 경우 또는 수익자에게 과세할 수 없거나 수익자에게 과세하는 것이 부적절한 경우에는 수탁자를 납세의무자로 정하는 것이 합리적이다. 이러한 취지에서 법인세법은 수익자가 없는 특정의 목적을 위한 목적신탁,[17] 수익증권발행신탁, 유한책임신탁 등으로서 위탁자가 신탁재산을 실질적으로 지배·통제하는 경우가 아니면 수탁자를 신탁소득의 납세의무자로 정하여 법인세를 과세할 수 있도록 하였다(법인법 제5조 제2항, 법인령 제3조의2 제1항).

종전에 수익자가 둘 이상이어야 한다는 요건이 있었으나 목적신탁은 수익자가 없는 신탁이어서 서로 모순되므로 2024년 법인세법 시행령 개정 시 삭제하였다. 또한 납세자에게 법인과세신탁과 수익자과세신탁 중 하나를 선택할 수 있도록 하였으나, 2023. 12. 31. 법인세법 개정 시 법인과세신탁의 요건을 충족하면 법인과세신탁을 적용하도록 의무화하였다. 수탁자가 내국법인 또는 거주자인 경우에만 수탁자 과세를 적용하므로 외국법인 또는 비거주자가 수탁자인 경우에는 수탁자 과세가 적용되지 않는다.

---

14) 수익자가 개인인 경우에는 소득세를 부과한다(소득법 제2조의3 제1항).
15) 신탁도관설과 신탁실체설에 대하여는 제3편 제1장 제4절 3. 다 참조.
16) 대표적으로 한원식, "신탁세제에 대한 연구 – 납세의무자를 중심으로 –", 서울시립대학교 박사학위논문, 2013., 168~173면.
17) 목적신탁은 특정의 목적을 위하여 설정되어 수익자가 없는 신탁을 의미한다.

한편 투자신탁은 그 성격상으로는 수탁자 과세에 적합하나, 투자신탁의 위축을 우려하여 수탁자과세에서 제외하였다. 이에 따라 투자신탁에 대하여는 법인과세신탁을 적용하지 않고 수익자 과세를 적용한다(법인법 제5조 제1항, 제2항). 비금전신탁 수익증권은 조각투자상품[18]인 수익증권을 발행한 신탁으로서 투자신탁과 유사하므로 역시 법인과세신탁을 적용하지 않고 수익자 과세를 적용한다.

(나) 위탁자과세신탁

① 의의

신탁에서 위탁자가 신탁에 대한 지배통제권을 가지고 있는 경우에는 위탁자가 다수의 신탁을 설정하여 누진세를 회피하는 등 신탁을 조세회피수단으로 이용할 수 있으므로 이를 방지하기 위하여 위탁자를 납세의무자로 정할 필요가 있다. 이러한 취지에서 법인세법은 수익자가 특별히 정하여지지 않거나 부존재하는 신탁 또는 위탁자가 신탁재산을 실질적으로 통제하는 신탁의 경우에는 위탁자에게 법인세 납부의무를 지우고 있다(법인법 제5조 제3항).

② 요건

위탁자가 신탁재산을 실질적으로 통제하는 신탁 중 법령 소정의 요건을 갖춘 경우에는 위탁자를 납세의무자로 한다. 즉 ⅰ) 위탁자가 신탁을 해지할 수 있는 권리, 수익자를 지정하거나 변경할 수 있는 권리, 신탁 종료 후 잔여재산을 귀속받을 권리를 보유하는 등 신탁재산을 실질적으로 지배·통제할 것, ⅱ) 원본수익권자는 위탁자로, 수입수익권자는 그 배우자 또는 같은 주소나 거소에서 생계를 같이하는 직계존비속 또는 배우자의 식계존비속으로 설정할 깃 등 2가지 요건 중 하나를 갖추면 위탁자가 납세의무자가 된다(소득법 제2조의3 제2항, 소득령 제4조의 2). 종전에는 위 "ⅰ)"과 "ⅱ)" 2가지 요건 모두 충족할 것을 요구하였으나, 2023년 소득세법 시행령 개정 시 요건을 완화하였다. "ⅰ)"과 "ⅱ)" 2가지 요건을 모두 충족하도록 요구하는 것은 까다로워 위탁자과세신탁의 적용범위를 지나치게 좁힌다는 비판을 반영한 것이다.

③ 수익자과세신탁, 법인과세신탁과의 관계

위탁자과세신탁은 수익자과세신탁, 법인과세신탁보다 우선적으로 적용된다. 따라서 위탁자과세신탁이 수익자과세신탁이나 법인과세신탁과 중복되는 경우 위탁자과세신탁을 적용한다.

---

18) 조각투자상품은 미술품, 저작권 등의 권리를 투자계약증권 또는 신탁수익증권 형태로 분할발행하여 다수 투자자가 투자하고 거래할 수 있는 신종투자상품이다.

제3절 과세대상소득

1. 각 사업연도소득

가. 각 사업연도소득의 계산

내국법인의 각 사업연도소득은 각 사업연도에 속하는 익금 총액에서 손금 총액을 뺀 금액이다(법인법 제14조 제1항). 내국법인의 익금 총액이 손금 총액을 초과하는 금액을 각 사업연도소득이라고 하며, 내국법인이 손해가 발생하여 반대로 손금 총액이 익금 총액을 초과하는 금액을 결손금이라고 한다(법인법 제14조 제2항).

익금(益金)은 자본 또는 출자의 납입 등을 제외하고 해당 법인의 순자산을 증가시키는 거래로 인하여 발생하는 이익 또는 수입의 금액이고(법인법 제15조 제1항), 손금(損金)은 자본 또는 출자의 환급 등을 제외하고 해당 법인의 순자산을 감소시키는 거래로 인하여 발생하는 손실 또는 비용의 금액이다(법인법 제19조 제1항).

나. 순자산증가설

익금과 손금의 정의에서 나오는 순자산은 자산에서 부채를 뺀 것을 의미한다. 법인세는 순자산의 증가 여부에 따라 과세 여부가 결정되는 순자산증가설에 근거하고 있으므로 소득원천설의 입장에 있는 소득세법과 대비된다. 법인은 공적 영역에 편입되어 개인과 달리 사생활 침해의 문제가 생기지 않으므로 순자산증가설을 취할 수 있다.[19] 이에 따라 수탁보증인이 개인인 경우 보증채무의 이행으로 취득한 구상권에 포함되는 법정이자에 대하여 소득세법에는 과세대상으로 열거되어 있지 않아 소득세를 과세할 수 없으나, 수탁보증인이 법인인 경우 보증채무의 이행으로 취득한 구상권에 포함되는 법정이자에 대하여는 특별히 익금으로 열거되어 있지 않더라도 순자산이 증가하므로 법인세를 과세할 수 있다.[20]

2. 청산소득

가. 의의

법인세법 제79조에 규정된 청산소득은 내국법인이 해산한 경우 잔여재산가액이 자기자본 총액을 초과하는 금액을 의미한다. 청산소득에 대한 과세는 잔여재산가액의 가치상승으로 인한 미실현이익이 해산을 계기로 실현된 것으로 보아 과세한다는 의미와 함께 각 사업연도소득에 대한 과세의 누락이나 오류 등을 최종적으로 정산하는 의미를 갖는다. 과거에는 합병이나 분할의 경우에도 청산소득을 부과하였으나, 2010년 법인세법 개정으로 인하여 합병이나 분할에 대한 과세가 자산의 양도차익 중심으로 변경됨에 따라 청산소득 과세대상에서 제외하

---

19) 이창희, 세법강의(2021), 535면
20) 대법원 2004. 2. 13. 선고 2002두5931 판결

였다. 현재는 내국법인의 해산에 따른 청산소득만 남아 있다.

나. 계산

내국법인이 해산한 경우 청산소득금액은 잔여재산가액에서 해산등기일 현재의 자기자본총액을 공제하여 계산한다(법인법 제79조 제1항). 잔여재산가액은 자산총액에서 부채총액을 공제하여 계산하고, 자기자본총액은 자본금에 잉여금을 더하여 계산한다. 잉여금은 이익잉여금과 자본잉여금을 모두 포함한다.[21] 자기자본총액을 계산할 때 법인세환급액을 더하고, 이월결손금은 잉여금을 한도로 뺀다(법인법 제79조 제3항, 제4항). 다만, 자기자본총액에서 이미 상계되었거나 상계된 것으로 보는 이월결손금은 공제하지 않고(법인령 제121조 제3항 단서), 해산등기일이 속하는 의제사업연도에 발생한 결손금은 이월결손금이 아니므로 자기자본총액에서 빼지 않는다.[22] 이월결손금을 잉여금에서 공제하는 것은 법인의 순자산규모를 정확하게 산정하기 위함이다.[23] 그러나 이월결손금을 청산소득에서 공제하지 않고 잉여금에서 공제하면 세무상 실질적으로 소득이 없음에도 청산소득에 대한 법인세가 과세되는 불합리한 경우가 생긴다.[24]

위에서 설명한 청산소득의 산정방법을 계산식으로 표현하면 다음과 같다.

> 청산소득 = (자산 − 부채) − {자본금 + (잉여금 − 이월결손금) + 법인세환급액}

해산등기일 전 2년 이내에 자본금 등에 전입한 잉여금은 자본금 등에 전입하지 않은 것으로 본다(법인법 제79조 제5항). 납세자가 해산등기일에 가까운 시기에 잉여금을 줄여서 청산소득을 줄이는 것을 방지하기 위한 취지이다. 이월결손금은 잉여금을 한도로 공제되므로 잉여금을 줄이면 그에 따라 공제되는 이월결손금을 줄여 청산소득을 축소할 수 있기 때문이다.

내국법인의 해산에 의한 청산소득을 계산할 때 그 청산기간에 생기는 각 사업연도의 소득금액은 그 법인의 해당 각 사업연도 소득금액에 산입한다(법인법 제79조 제6항).

다. 특례

내국법인이 상법의 규정에 따라 조직변경하는 경우 등에는 청산소득에 대한 법인세를 과세하지 않는다(법인법 제78조).

---

21) 제도 46012-12041(2001. 7. 10.)
22) 서이 46012-10452(2003. 3. 7.)
23) 헌재 2009. 12. 29. 선고 2007헌바78 결정, 헌재 2007. 4. 26. 선고 2005헌바83 결정
24) 이월결손금을 청산소득에서 공제하는 것이 타당하다는 이유로 이월결손금을 자기자본총액에서 공제하는 것에 반대하는 견해로는 이창희, 세법강의(2021), 642면 참조

3. 토지등 양도소득

가. 의의

토지등 양도소득은 법인의 부동산 양도차익에 대하여 법인세에 추가과세하던 과거의 특별부가세가 2001. 12. 31. 폐지됨에 따라 이를 대체하여 도입한 제도이다. 과거의 특별부가세는 법인의 부동산 양도차익 일반에 대하여 과세하였으나, 토지 등 양도소득은 투기성 부동산에 대하여 제한적으로 과세한다는 점에서 차이가 있다.

법인세법 제55조의2에 규정된 토지 등 양도소득은 내국법인이 법령에서 정하는 투기성 부동산, 조합원입주권 및 분양권 등을 양도함으로써 얻는 소득을 의미한다. 개인이 위 투기성 부동산 등을 양도하는 경우 양도소득세가 중과세되므로 소득세법상 양도소득에 대한 최고세율과 법인세법상 양도소득에 대한 최고세율을 비슷하게 맞춤으로써 토지 등에 대한 투기유인을 제거하고 법인과 개인 간의 조세형평을 달성하기 위한 취지이다.[25] 2020. 8. 18. 법인세법 개정 시 과세대상에 조합원입주권과 분양권을 추가하고 세율을 10%에서 20%로 높이는 등 과세를 강화하였다.

나. 과세대상자산과 과세방법

(1) 별장

주택 및 주거용 건축물로서 상시 주거용으로 사용하지 않고 휴양·피서·위락 등의 용도로 사용하는 별장을 양도한 경우에는 토지 등 양도소득의 20%를 법인세에 추가과세하되, 미등기의 경우에는 40%의 세액을 가산한다(법인법 제55조의2 제1항 제2호).

(2) 비사업용 토지

농지, 임야 등 비사업용 토지를 양도한 경우에는 토지 등 양도소득의 10%를 추가과세하되, 미등기의 경우에는 40%의 세액을 가산한다(법인법 제55조의2 제1항 제3호).

(3) 조합원입주권 및 분양권

조합원입주권 및 분양권을 양도한 경우에는 토지 등 양도소득의 20%를 추가과세한다(법인법 제55조의2 제1항 제4호).

다. 적용배제

파산선고에 의한 토지 등의 처분으로 발생하는 소득, 법인이 직접 경작하던 농지로서 농지의 교환 또는 분합(分合)으로 발생하는 소득, 도시정비법 등에 따른 환지처분, 적격분할·적격합병·적격물적분할·적격현물출자 등으로 인하여 발생하는 소득 등에 대하여는 적용을 배제한다(법인법 제55조의2 제4항, 법인령 제92조의2 제4항). 이러한 거래는 투기목적이 있다고 보

---

25) 헌재 2009. 3. 26. 선고 2006헌바102 결정

기 어렵기 때문이다.

4. 투자상생협력촉진세제

가. 의의

조특법 제100조의32에 규정된 투자상생협력촉진세제는 2017. 12. 29. 조특법 개정으로 기존의 기업소득환류세제를 대체하여 도입되었다.[26] 기업이 법령에서 정한 기준금액을 초과한 소득을 사내에 적립한 경우에 법인세를 추가과세함으로써 기업의 소득을 투자, 임금, 상생협력 등에 지출하도록 유도하기 위한 취지이다. 종전의 기업소득환류세제는 기업의 소득을 투자, 임금, 배당, 상생협력 등에 지출하도록 규정하였으나, 투자상생협력촉진세제는 배당을 제외하고 상생협력의 비중을 높였다는 점에서 차이가 있다. 즉 종전의 기업소득환류세제는 가중치를 투자 1, 임금증가 1.5, 배당 0.5, 상생협력 1로 하였으나, 투자상생협력촉진세제는 투자 1, 임금증가 1.5, 배당 0, 상생협력 3으로 하였다. 투자상생협력촉진세제는 한시법으로 운용되고 있다.

나. 적용대상법인

공정거래법상 상호출자제한 기업집단에 속하는 법인이 적용대상이다(조특법 제100조의32 제1항). 종전에는 각 사업연도 종료일 현재 자기자본이 500억 원을 초과하는 중견법인도 적용대상으로 하였으나, 2022. 12. 31. 법인세법 개정 시 적용대상을 공정거래법상 상호출자제한 기업집단으로 제한하였다.

다. 과세방법

기업은 다음 "①, ②"의 계산방법 중 하나를 선택하여 과세소득을 결정한다(조특법 제100조의32 제1항).

> ① [기업소득 × 70% − (투자 + 임금증가 + 상생)] × 20%
> ② [기업소득 × 15% − (임금증가 + 상생)] × 20%

기업은 기업소득의 70%에 해당하는 금액을 투자, 임금증가, 상생협력에 사용하든지 또는 기업소득의 15%에 해당하는 금액을 임금증가, 상생협력에 사용하면 투자상생협력촉진세제에 의한 과세를 피할 수 있다. 투자의 경우 토지에 대한 투자는 제외하고, 임금의 경우 총급여 8,000만 원 이상의 고소득자에 대한 임금증가는 제외한다.

---

26) 기업소득환류세제는 2014. 12. 23. 법인세법 제56조로 신설되어 2017. 12. 31.까지 한시적으로 적용되었다.

라. 각종 사내유보금 과세제도[27]

투자상생협력촉진세제는 사내유보금에 과세하는 제도 중 하나이다. 우리나라는 과거 투자상생협력촉진세제 이외에 법인 사내유보금 과세제도를 시행한 적이 있다. 대표적으로 지상배당제도와 적정유보초과소득 과세제도를 들 수 있다.

지상배당(紙上配當)제도는 비공개법인을 대상으로 개인주주가 법인소득을 배당받은 것으로 간주하여 주주에게 배당소득세를 부과하였다(1967. 11. 29. 개정, 소득법 제22조 제2항). 적정유보초과소득 과세제도는 자본금 50억 원이나 자기자본총액 100억 원을 초과하는 비상장법인과 대규모기업집단 소속 비상장법인이 초과유보소득을 보유하는 경우 그 초과유보소득의 25%를 일반법인세에 추가하여 과세하였다(1990. 12. 31. 개정, 법인법 제22조의2).

| 법인세 과세소득의 범위 |

구분		각 사업연도소득	토지등 양도소득	청산소득	미환류소득
내국법인	영리법인	국내 외 모든 소득	과세	과세	과세
	비영리법인	국내 외 수익사업소득	과세	제외	과세
외국법인	영리법인	국내 원천소득	과세	제외	과세
	비영리법인	국내 원천 수익사업소득	과세	제외	과세

제4절) 사업연도 및 납세지

1. 사업연도

가. 원칙

사업연도는 법인의 소득을 계산하는 1회계기간이다(법인법 제2조 제5호). 사업연도는 법령이나 법인의 정관 등에서 정하는 1회계기간으로 하되, 그 기간은 1년을 초과하지 못한다(법인법 제6조 제1항). 정관 등에 사업연도를 정하지 않은 경우에는 따로 사업연도를 정하여 신고하여야 한다(법인법 제6조 제2항). 법인이 신고를 하지 않은 경우에는 매년 1. 1.부터 12. 31.까지를 그 법인의 사업연도로 한다(법인법 제6조 제5항). 법인세는 위와 같이 일정 기간을 과세단위로 하는 기간과세 세목으로서 사업연도 종료 시에 과세요건이 완성하고, 그때 납세의무가 성립

---

27) 이중교, "개인유사법인 과세제도에 대한 소고 −배당간주제도와 법인세 추가과세제도의 비교를 중심으로−", 법조 제70권 제3호, 2021, 407∼409, 415∼420면

한다. 판례는 사업연도 중 세법이 개정되었을 때에도 그 사업연도 종료 시의 법에 의하여 납세의무의 범위가 결정되므로 사업연도 개시 시점부터 개정법을 적용하는 경우 소급과세라 할 수 없다는 입장이다.[28] 사업연도 중 개정된 세법을 사업연도 개시 시점으로 소급하는 것은 이른바 부진정소급과세로서 소급과세금지원칙에 위반되지 않는다고 해석한 것이다.

나. 사업연도의 변경

사업연도를 변경하려는 법인은 그 법인의 직전 사업연도 종료일부터 3개월 이내에 과세관청에 신고하여야 한다(법인법 제7조 제1항). 이 신고에 따라 사업연도가 변경된 경우에는 종전의 사업연도 개시일부터 변경된 사업연도 개시일 전날까지의 기간을 1사업연도로 하되, 그 기간이 1개월 미만인 경우에는 변경된 사업연도에 그 기간을 포함한다(법인법 제7조 제3항). 예를 들어, 사업연도가 1. 1.부터 12. 31.까지인 법인이 사업연도를 7. 1.부터 6. 30.까지 변경하려는 경우 3. 31.까지 변경신고를 하여야 한다. 신고기한 내에 변경신고를 마치면 1. 1.부터 6. 30.까지 하나의 사업연도로 간주되고, 7. 1.부터 다음 연도 6. 30.까지 새로운 사업연도가 된다.

다. 사업연도의 의제

해산, 합병, 분할 등의 거래가 발생한 경우에는 다음과 같이 사업연도를 의제한다.

① 사업연도 중 해산한 경우 사업연도 개시일부터 해산등기일까지의 기간과 해산등기일 다음 날부터 그 사업연도 종료일까지의 기간이 각 하나의 사업연도가 된다(법인법 제8조 제1항).

② 사업연도 중에 합병 또는 분할에 따라 해산한 경우 사업연도 개시일부터 합병등기일 또는 분할등기일까지의 기간을 그 해산한 법인의 사업연노로 본나(법인법 세8조 세2항).

③ 상법 등에 의한 조직변경을 한 경우 주식회사에서 유한회사 또는 유한회사에서 주식회사 등으로 조직을 변경하는 경우에는 조직변경 전의 사업연도가 조직변경 후에도 계속되는 것으로 본다(법인법 제8조 제3항).

④ 청산 중 잔여재산가액이 확정된 경우 사업연도 개시일부터 잔여재산가액 확정일까지의 기간이 하나의 사업연도가 된다(법인법 제8조 제4항 제1호).

⑤ 청산 중 법인이 사업을 계속하는 경우 사업연도 개시일부터 계속등기일까지의 기간, 그 다음 날부터 그 사업연도 종료일까지의 기간이 각 하나의 사업연도가 된다. 계속등기를 하지 않은 경우에는 사업연도 개시일부터 사실상의 사업계속일까지의 기간, 그 다음 날부터 그 사업연도 종료일까지의 기간이 각 하나의 사업연도가 된다(법인법 제8조 제4항 제2호).

⑥ 사업연도 중에 연결납세방식을 적용받는 경우 사업연도 개시일부터 연결사업연도 개시일 전날까지의 기간을 하나의 사업연도로 본다(법인법 제8조 제5항).

---

28) 대법원 1996. 7. 9. 선고 95누13067 판결

2. 납세지

가. 법인 유형별 기준

내국법인의 법인세 납세지는 법인의 등기부에 따른 본점이나 주사무소의 소재지로 하되, 국내에 본점 또는 주사무소가 없는 경우에는 사업을 실질적으로 관리하는 장소의 소재지로 한다(법인법 제9조 제1항). 법인으로 보는 단체의 경우 사업장이 있는 경우에는 단체의 사업장 소재지를 납세지로 하되, 주된 소득이 부동산임대소득인 단체의 경우에는 부동산의 소재지로 한다(법인령 제7조 제1항). 외국법인의 법인세 납세지는 국내사업장 소재지로 한다(법인법 제9조 제2항). 다만, 국내사업장이 없는 외국법인으로서 부동산소득 또는 자산양도소득이 있는 외국법인의 경우에는 각각 그 자산의 소재지로 한다.

나. 납세지의 지정 및 변경

관할 지방국세청장이나 국세청장은 ① 내국법인의 본점 등의 소재지가 등기된 주소와 동일하지 않은 경우, ② 내국법인의 본점 등 소재지가 자산 또는 사업장과 분리되어 있어 조세포탈의 우려가 있다고 인정되는 경우, ③ 둘 이상의 국내사업장을 가지고 있는 외국법인으로서 주된 사업장의 소재지를 판정할 수 없는 경우, ④ 둘 이상의 자산이 있는 외국법인으로서 신고 하지 않은 경우 등 납세지가 법인의 납세지로 적당하지 않다고 인정되는 경우에는 납세지를 지정할 수 있다(법인법 제10조 제1항, 법인령 제8조 제1항). 법인은 납세지가 변경된 경우에는 그 변경일부터 15일 이내에 변경 후의 납세지 관할 세무서장에게 신고하여야 한다(법인법 제11조 제1항).

제2장

내국법인의 각 사업연도소득

제1절 각 사업연도소득의 계산

1. 기업회계와 법인세법의 관계

가. 기업회계와 법인세법의 차이를 조정하는 방법

기업회계는 기업의 이해관계자에게 기업에 관한 경영정보를 제공하기 위한 목적을 가지고 있고, 법인세법은 정부의 조세정책을 반영하여 법인에게 세금을 부과하기 위한 목적을 가지고 있는 등 추구하는 목적이 다르므로 양자가 일치하지 않는다. 기업회계와 법인세법의 차이를 조정하는 방법에는 독립적 접근법, 의존적 접근법, 중도적 접근법 등 3가지가 있다.

① 독립적 접근법은 회계장부와 별도로 세무장부를 작성하고 세무장부에 근거하여 과세소득을 산정하는 방법이다.

② 의존적 접근법은 법인세법이 회계장부를 전면적으로 수용하여 회계장부에 기반하여 과세소득을 산정하는 방법이다.

③ 중도적 접근법은 회계장부를 과세소득 산정의 기초로 삼으면서 기업회계와 법인세법의 차이를 조정하는 방법이다.

나. 각 방법에 대한 평가

독립적 접근법은 납세자의 입장에서 회계장부와 세무장부를 별도로 작성해야 하므로 비용이 많이 소요되고, 의존적 접근법은 기업회계와 세법의 차이를 인정하지 않으므로 채택하기 곤란하다. 중도적 접근법은 기본적으로는 회계장부를 수용하면서 기업회계와 법인세법의 차이를 조정함으로써 의존적 접근법의 문제점을 해결하고 독립적 접근법보다 납세자의 비용을 줄일 수 있는 장점이 있다. 우리나라는 중도적 접근법을 채택하고 있으므로 법인세의 각 사업연도소득을 산정하기 위하여 기업회계의 당기순이익을 기초로 기업회계와 법인세법의 차이를 조정하는 세무조정의 절차가 필요하다.

2. 각 사업연도소득의 계산구조

가. 세무조정

(1) 의의

세무조정은 기업회계의 당기순이익을 기초로 기업회계와 법인세법의 차이를 조정하여 각 사업연도소득을 계산하는 것을 의미한다. 당기순이익과 각 사업연도소득의 차이는 매출누락, 가공경비 산입 등과 같이 법인의 의도적인 조세탈루행위에서 비롯되는 경우가 있는가 하면 손익귀속시기의 차이, 자산과 부채 평가방법의 차이, 조세정책목적에 의한 차이 등으로 인해 법인의 의도와 상관없이 발생하기도 한다. 이로 인해 기업회계에서는 수익에 해당하지만 법인세법에서는 익금에 해당하지 않는 경우가 있는가 하면 반대로 기업회계에서는 수익에 해당하지 않지만 법인세법에서는 익금에 해당하는 경우가 있다. 마찬가지로 기업회계에서는 비용에 해당하지만 법인세법에서는 손금에 해당하지 않는 경우가 있는가 하면 반대로 기업회계에서는 비용에 해당하지 않지만 법인세법에서는 손금에 해당하는 경우가 있다.

세무조정을 하기 위해서는 ① 기업회계의 계산금액 파악, ② 법인세법상 계산금액 파악, ③ 기업회계와 법인세법의 차이 조정이라는 3단계를 거친다.

(2) 세무조정의 종류

(가) 가산조정과 차감조정

기업의 수익이 세법상 익금보다 적은 경우에는 익금산입, 기업의 비용이 세법상 손금보다 큰 경우에는 손금불산입의 세무조정을 하는데, 이러한 세무조정은 각 사업연도소득을 증가시키므로 가산조정이라고 한다. 반면, 기업의 수익이 세법상 익금보다 큰 경우에는 익금불산입, 기업의 비용이 세법상 손금보다 적은 경우에는 손금산입의 세무조정을 하는데, 이러한 세무조정은 각 사업연도소득을 감소시키므로 차감조정이라고 한다.

(나) 신고조정과 결산조정

① 신고조정

신고조정은 기업의 회계장부에 비용으로 계상했는지 여부와 상관없이 법인세법상 손금으로 인정하는 세무조정을 의미한다. 신고조정에 해당하는 경우에는 회계장부의 결산에서 비용이 누락되었더라도 경정청구를 통하여 세법상 손금으로 인정받을 수 있다.[1]

② 결산조정

결산조정은 기업의 회계장부에 비용으로 계상한 경우에만 법인세법상 손금으로 인정하는 세무조정을 의미한다. 납세자에게 손금산입 여부에 대한 일종의 선택권이 부여되어 있으므로

---

1) 대법원 2009. 7. 9. 선고 2007두1781 판결

회계장부에서 비용으로 계상하지 않으면 경정청구를 통하여 세법상 손금으로 인정받을 수 없다. 결산조정의 경우 납세자 입장에서는 세무장부를 별도로 작성하는 수고를 줄일 수 있는 장점이 있고, 과세관청 입장에서는 세무신고를 검증하는 행정력을 절감할 수 있는 장점이 있으나, 세법이 기업회계를 왜곡하는 역기준성(reverse authoritativeness)의 폐해를 야기한다는 비판이 있다.[2] 예를 들어, 감가상각비의 경우 결산상 감가상각비를 20으로 인식하는 것이 적정함에도 불구하고 과세소득을 줄이기 위하여 세법상 감가상각 최대한도인 30으로 회계처리를 하는 현상이 발생할 수 있다.[3]

신고조정사항과 결산조정사항은 법령의 규정형식에 의하여 구별할 수 있다. 결산조정사항은 "내국법인이 ○○비용을 손비로 계상한 경우에 손금에 산입할 수 있다"는 문구를 포함하고 있다. 감가상각비, 대손충당금, 퇴직급여충당금, 구상채권상각충당금, 책임준비금, 비상위험준비금, 경과기간에 대응하는 이자 및 임대료 등이 결산조정사항에 해당한다. 이러한 결산조정항목은 대부분 법인의 내부행위에서 발생하는 항목이다.[4]

나. 각 사업연도소득의 계산

기업의 당기순이익을 기초로 익금산입 및 손금불산입의 가산조정과 익금불산입 및 손금산입의 차감조정의 세무조정을 거치면 각 사업연도소득이 계산된다.

제2절 소득처분

1. 의의 및 필요성

가. 의의

법인세법 제67조에 규정된 소득처분은 기업회계에서 당기순이익을 배당, 사내유보 등으로 이익처분하는 것과 같이 익금산입, 손금불산입 등의 세무조정항목에 대하여 그 분배와 귀속을 정하는 처분을 의미한다. 법인세법은 신고, 수정신고, 결정 등에 따라 익금산입이나 손금불산입 등 세무조정항목이 있는 경우 그에 대하여 사외유출, 사내유보 등의 소득처분을 하도록 규정하고 있다. 법인이 과세표준을 신고, 수정신고하는 경우에는 법인이 스스로 소득처분을 하고, 과세관청이 과세표준을 결정·경정할 때에는 과세관청이 소득처분을 한다.

---

2) 한국공인회계사회,「비영리법인 세무 회계가이드」, 2017, 176면
3) 김현동, "법인법상 영업권에 관한 문제의 고찰", 세무학연구 제28권 제3호, 2011.9., 98면
4) 이태로·한만수, 조세법강의(2020), 69면

나. 필요성

(1) 사외유출(社外流出)

법인의 소득이 세무계산상 자본의 증감에 영향을 미치지 않고 법인 밖으로 빠져나간 경우에는 사외유출의 소득처분을 한다(법인령 제106조 제1항 제1호). 익금산입이나 손금불산입 금액이 법인 밖으로 빠져나가 주주, 임원 등에게 귀속하면 사외유출에 해당한다. 사외유출의 소득처분은 주주, 임원 등 소득귀속자에게 소득세를 과세하기 위하여 이루어진다.

(2) 사내유보(社內留保)

법인의 소득이 법인 내에 머물러 있는 경우에는 사내유보의 소득처분을 한다(법인령 제106조 제1항 제2호). 감가상각부인액, 퇴직급여충당금 한도초과액 등과 같이 지출 없이 손비를 부인한 금액, 자산의 평가 차이에 따른 익금산입액, 손익의 귀속시기에 따른 익금산입액 등과 같이 기업회계와 법인세법상 일시적 차이가 생기면 사내유보에 해당한다. 사내유보의 소득처분은 기업회계상 자본과 세법상 자본의 차이를 관리하기 위하여 이루어진다. 사내유보의 관리를 위해 법인세법 시행규칙 별지 제50호 서식인 자본금과 적립금 조정명세서(을)를 작성하여야 한다.

2. 소득처분의 종류

가. 사외유출

(1) 귀속이 분명한 경우

익금산입액이나 손금불산입액의 귀속이 분명한 경우에는 귀속자에 따라 다음과 같이 소득처분한다(법인법 제67조, 법인령 제106조 제1항 제1호).

(가) 인정상여

귀속자가 임직원인 경우에는 귀속자에 대한 상여로 소득처분한다. 이 경우 법인이 임직원에게 상여를 지급한 것으로 의제하여 '인정상여'라 하고 임직원에게 근로소득을 과세한다. 임직원이 횡령한 돈을 근로소득으로 분류하는 것이 납득하기 어려운 면이 있는데, 횡령금 등은 명목 여하를 불문하고 은폐된 상여금일 가능성이 높기 때문이다.[5] 그러나 임직원의 횡령 등으로 사외유출된 금액은 엄밀히 보면 근로제공의 대가로 지급된 것이 아니어서 근로소득의 개념요소가 결여되어 있으므로 대표자가 지배주주라면 상여보다는 배당으로 의율하는 것이 실질에 부합한다.[6]

---

5) 헌재 2009. 2. 26. 선고 2006헌바65 결정
6) 송동진, 법인세법(2023), 628~629면은 국가 입장에서는 상여로 소득처분하는 것이 배당으로 소득처분하는 것보다 원천납세의무자로부터 별도로 세액을 징수하여야 하는 조세행정의 부담을 덜 수 있고, 원천납세의무자의 무자력을 피할 수 있어 징수상 유리하다는 점에서 상여로 소득처분하는 원인을 찾는다.

(나) 인정배당

귀속자가 주주인 경우에는 귀속자에 대한 배당으로 소득처분한다. 이 경우 법인이 주주에게 배당을 지급한 것으로 의제하여 '인정배당'이라 하고 주주에게 배당소득을 과세한다. 주주가 임직원이면서 주주인 경우에는 상여를 우선시하여 상여로 소득처분하고 배당으로 소득처분하지 않는다. 법인의 출자자가 사외유출된 법인의 소득을 확정적으로 자신에게 귀속시켰다면 주주총회 결의 여부, 배당가능이익의 존재 여부, 출자비율에 따라 지급된 것인지 등과 관계없이 출자자에 대한 배당소득에 해당하는 것으로 추인할 수 있다.[7]

(다) 기타 사외유출

귀속자가 법인이거나 개인사업자인 경우에는 기타 사외유출로 소득처분한다. 법인의 익금에 산입한 금액이 사외유출되었더라도 소득의 귀속자가 법인이거나 개인사업자이면 귀속자의 법인세나 소득세로 과세될 것이므로 유출사실만을 확정하기 위해 기타 사외유출로 소득처분하는 것이다. 이러한 이유로 기타 사외유출의 경우에는 다른 소득처분과 달리 원천징수의무도 없다. 법인의 경우에는 내국법인이거나 국내사업장이 있는 외국법인을 상대로 기타 사외유출로 소득처분할 수 있으므로 국내사업장이 없는 외국법인에게는 기타 사외유출로 소득처분할 수 없다.

(라) 인정 기타소득

귀속자가 인정상여, 인정배당, 기타 사외유출의 귀속자 외의 자인 경우에는 귀속자에 대한 기타소득으로 소득처분한다. 법인세법 제67조는 사외유출의 유형으로 상여, 배당, 기다 사외유출 3가지를 열거하고 있으나, 소득처분의 종류를 들면서 '등'이라는 표현을 사용한 점에 비추어 사외유출의 대표적인 3가지를 예시한 것이므로 법인세법 시행령 제106조 제1항 제1호 라목에서 기타소득으로 소득처분하도록 규정한 것은 법인세법의 위임범위를 벗어난 것으로 볼 수 없다.[8]

(2) 귀속이 불분명한 경우(대표자 인정상여)
(가) 의의

익금산입액이나 손금불산입액의 귀속이 불분명한 경우에는 대표자에게 귀속된 것으로 간주하여 상여로 소득처분한다(법인령 제106조 제1항 제1호). 사외유출된 금액이 누구에게 귀속되었는지 불분명한 경우에는 대표자에게 귀속된 것으로 간주한다는 의미로서 '대표자 인정상여'라고 한다. 대표자는 법인의 업무를 집행함으로써 내부사정을 누구보다 잘 알 수 있으므로 귀속이 불분명한 경우에는 그 불이익을 대표자에게 돌리는 것이다. 대표자 인정상여제도는

---

7) 대법원 2018. 12. 13. 선고 2018두128 판결
8) 대법원 2003. 4. 11. 선고 2002두1854 판결

대표자에게 소득이 발생한 사실에 근거한 것이 아니라 세법상의 부당행위를 방지하기 위하여 실질에 관계없이 무조건 대표자에 대한 상여로 간주하는 것이다.[9] 대표자가 소득의 귀속이 분명하다는 점을 증명하지 못하면 그 돈이 현실적으로 자신에게 귀속되지 않았더라도 해당 소득에 대한 세금을 납부할 의무가 있다.[10]

(나) 대표자의 요건

대표자는 다음의 요건 중 어느 하나를 갖춘 자를 의미한다.

① 법인등기부상 대표자로 등재된 자

법인등기부상 대표자로 등재된 자는 법인등기부상 대표자로 등재되어 있으면서 법인을 실질적으로 운영하는 자를 의미한다. 회사의 대표이사로 법인등기부상에 등재되어 있더라도 회사를 실질적으로 운영하지 않았으면 인정소득을 그 대표자에게 귀속시킬 수 없다.[11]

② 일정 지분을 소유하고 법인의 경영을 사실상 지배하는 자

법인등기부상 대표자로 등재되어 있지 않은 자 중 소액주주가 아닌 주주로서 임원 및 그 특수관계인이 소유하는 주식 등을 합하여 해당 법인 지분의 30% 이상을 소유하고 법인의 경영을 사실상 지배하는 자는 대표자에 해당한다. 법인등기부상 대표자로 등재되어 있지 않으면서 위 지분요건 및 경영지배 요건을 갖추지 못한 자는 대표자에 해당하지 않는다.[12]

대표자가 2명 이상인 경우에는 대외적으로 회사를 대표할 뿐 아니라 업무집행에서 이사회의 일원으로 의사결정에 참여하고 집행 및 대표권을 가지며 회사에 대하여 책임을 지는 사실상의 대표자가 대표자 인정상여의 대상이다.[13] 법원의 가처분결정으로 직무집행이 정지된 대표자는 정지기간 중에는 직무집행에서 배제되므로 대표자로 볼 수 없고, 사실상의 대표자로서 직무를 행사한 자를 대표자로 한다.[14] 여기서 대표자로 본다는 것은 추정의 의미이다.[15] 대표자가 다른 사람에게 소득이 귀속되었다는 점을 밝히면 그 실지귀속자에게 소득처분하여야 하기 때문이다.[16] 법인세법 제67조에서 익금산입액은 귀속자에 따라 소득처분하는 것으로 규정하고 있으나, 대통령령에 위임하는 소득처분의 종류와 내용에 익금산입액의 귀속이 불분명한 경우를 포함하고 있음은 충분히 예견가능하므로 법인세법 시행령 제106조 제1항 제1호 단서에서 귀속이 불분명한 경우에 대한 소득처분을 규정한 것이 법인세법의 위임범위를 벗어

---

9) 대법원 2008. 9. 18. 선고 2006다49789 전원합의체 판결
10) 대법원 2013. 3. 28. 선고 2010두20805 판결
11) 대법원 1988. 5. 24. 선고 86누121 판결
12) 대법원 2010. 10. 28. 선고 2010두11108 판결
13) 법인세법 기본통칙 67－106…17
14) 법인세법 기본통칙 67－106…18
15) 김완석·황남석, 법인세법론(2021), 164면
16) 대법원 1992. 8. 14. 선고 92누6747 판결

난 것으로 볼 수 없다.[17] 다만 귀속불분명의 경우 대표자에게 귀속된 것으로 간주하는 규정은 징세편의에 치우친 것이라는 비판을 면하기는 어렵다.[18] 일본의 경우에는 법인이 지출한 금액의 용도가 불분명하면 손금에 불산입하나, 거기서 더 나아가 그 금액이 대표자에게 귀속된 것으로 취급하지는 않는다.

(3) 귀속에 관계없이 기타 사외유출로 소득처분하는 경우

다음의 금액은 귀속자의 배당, 상여, 기타소득으로 과세하는 것이 부적합하므로 귀속에 관계없이 기타 사외유출로 소득처분한다(법인령 제106조 제1항 제3호).

① 기부금의 손금산입한도 초과액, 기업업무추진비 손금산입한도 초과액은 법인에게 손금불산입의 불이익 이외에 그 손금불산입한 금액에 대한 원천징수의무까지 부과하는 것은 과도하므로 기타 사외유출로 소득처분한다.

② 채권자가 불분명한 차입금의 이자는 대표자 인정상여로 소득처분하고, 동 이자에 대한 원천징수세액 상당액은 기타 사외유출로 소득처분한다.[19] 원천징수세액 상당액은 국가에 귀속하므로 기타 사외유출로 소득처분하는 것이다.

③ 법인이 대표자 인정상여에 따른 소득세 등을 대납하여 대표자에게 구상권을 취득한 후 구상권을 포기하고 손비로 계상한 경우 대표자에 대한 상여로 보아 원천징수의무까지 부과하는 것은 과도하므로 기타 사외유출로 소득처분한다.

④ 법인이 대표자의 특수관계 소멸할 때까지 대표자에 대한 구상금을 회수하지 않은 경우 대표자에 대한 상여로 보아 원천징수의무까지 부과하는 것은 과도하므로 기타 사외유출로 소득처분한다.

⑤ 자본거래에 기한 부당행위계산부인으로 익금산입한 금액에 대하여 귀속자에게 증여세가 과세되는 경우 증여세에 대하여 원천징수의무를 부과할 수는 없으므로 기타 사외유출로 소득처분한다.

⑥ 외국법인의 국내사업장의 각 사업연도소득에 대한 법인세의 과세표준을 신고하거나 결정·경정함에 있어서 익금산입한 금액이 외국법인 등에 귀속되거나 국조법에 따라 익금산입된 금액이 국외특수관계인으로부터 반환되지 않은 경우에는 기타 사외유출로 소득처분한다. 외국법인의 국내사업장에 대하여 익금산입 이외에 원천징수의무까지 부과하는 것은 과도하므로 기타 사외유출로 소득처분한다.

⑦ 법인이 임직원에게 부과된 벌금, 과료, 과태료 등을 대신 부담한 경우 벌금 등의 부과대상이 된 행위가 법인의 업무수행과 관련된 것일 때에는 법인에게 귀속된 금액으로 보아 손금불산입하고 기타 사외유출로 소득처분한다.[20] 손금불산입에 더하여 원천징수의무까지 부과

---

17) 대법원 2008. 4. 24. 선고 2006두187 판결
18) 송동진·박훈, "사외유출소득의 과세 및 반환에 관한 연구", 조세법연구 제23권 제3호, 2017. 11., 26~27면
19) 법인세법 기본통칙 67-106…3

하는 것은 과도하므로 기타 사외유출로 소득처분한다.

(4) 추계결정한 경우

추계결정한 경우에는 과세표준과 법인의 재무상태표상 당기순이익의 차액이 대표자에게 귀속된 것으로 간주하여 인정상여로 소득처분한다(법인령 제106조 제2항). 장부를 제대로 구비하지 못한 책임을 대표자에게 돌리는 것이다. 다만, 천재지변 등의 사유로 추계결정하는 경우에는 부득이한 사유에 기한 것이므로 기타 사외유출로 소득처분한다.

| 사외유출의 귀속자 및 소득처분 |

귀속자	소득처분	원천징수
주주	인정배당	○
임직원	인정상여	○
법인, 개인사업자	기타 사외유출	×
기타의 자	인정 기타소득	○

(5) 매출누락에 의한 소득처분 시 사외유출의 범위
(가) 의의

법인이 매출을 누락하고 그 매출누락금에 대한 대응경비가 밝혀진 경우 사외유출의 범위를 어떻게 파악할 것인지에 대하여는 논란이 있다. 예를 들어, 법인의 매출누락금이 3,000만 원이고 그에 대한 대응경비가 2,000만 원인 경우 사외유출금액을 3,000만 원으로 볼 것인지 또는 1,000만 원(3,000만 원 − 2,000만 원)으로 볼 것인지의 문제이다.

(나) 학설

① 매입비용제외설

매출누락금과 함께 그에 대한 대응경비도 누락된 것으로 보고 매출누락금에서 대응경비를 공제한 차액만 사외유출된 것으로 보는 견해이다. 법인세 과세표준이 되는 각 사업연도소득금액을 산정할 때 매출누락금에서 대응경비를 공제하므로 소득처분을 할 때에도 매입비용을 공제하는 것이 타당하다는 것이다.

② 매입비용포함설

매출누락금에 대한 대응경비가 밝혀졌더라도 특별한 사정이 없는 한, 대응경비를 포함한 매출누락금 전액이 사외유출된 것으로 보는 견해이다.[21] 대응경비가 장부상 누락되어 있더라

---

20) 법인세법 기본통칙 67−106···21
21) 오금석, "법인의 매출누락에 의한 소득처분 시 사외유출의 범위 및 이에 관한 입증책임의 소재", 조세판례백선, 2005, 354~355면

도 일반적으로 그 대응경비는 총비용에 이미 반영되어 있으므로 장부상 총비용과 별도로 대응경비가 지출된 사실을 증명하지 못하는 한 매입비용까지 포함하여 사외유출된 것으로 봄이 타당하다는 것이다.

(다) 판례

판례는 법인이 매출사실이 있음에도 불구하고 매출액을 장부에 기재하지 않았으면 매출누락금액뿐 아니라 그 대응경비까지 밝혀졌다고 하더라도 특별한 사정이 없는 한, 매출원가 등 대응경비가 포함된 매출누락금 전액이 사외유출된 것으로 보아야 한다고 하여 매입비용포함설을 취하였다.[22] 이 경우 매출누락금 전액이 사외유출된 것이 아니라고 볼 특별한 사정은 법인이 증명하여야 한다.

(라) 검토

매출누락금에 대한 대응경비가 밝혀졌더라도 납세자는 그 대응경비를 총비용에 반영하는 것이 일반적이다. 따라서 원칙적으로 매입비용까지 포함하여 매출누락한 것으로 보되, 납세자에게 매입비용을 누락하지 않았음을 증명할 기회를 부여하는 것이 타당하다. 이 경우 납세자는 매출누락금 전액이 사외유출된 것이 아니라고 볼 만한 특별한 사정, 즉 매출누락액에 대응하는 대응경비를 부외처리하여 법인의 손금으로 계상하지 않았음을 증명하여야 한다.[23] 다만 이를 증명하는 것은 쉽지 않으므로 사외유출의 범위에서 매입비용이 제외되는 경우는 드물다.

나. 사내유보

(1) 적극적 유보

(가) 의의

적극적 유보는 세법상 순자산가액이 회계상 순자산가액보다 큰 경우를 의미한다. 익금산입이나 손금불산입 등 가산조정을 할 때 적극적 유보를 한다.

(나) 세무처리

적극적 유보로 인한 세법상 순자산가액과 회계상 순자산가액의 차이는 일시적인 것이므로 장래 사업연도에 추인을 통하여 반대의 세무처리를 한다. 예를 들어, 세법상 감가상각비 한도액이 회계상 계상한 감가상각비보다 적은 경우 그 차액은 손금불산입(유보)으로 세무조정하고, 차기 이후 감가상각비 또는 자산의 매각 시 손금산입으로 추인한다. 기업회계에 따라 부채 내지 비용이 발생하였더라도 권리의무확정주의를 취하고 있는 세법과의 차이로 인하여 기업회계에 따른 비용을 손금불산입하고 부채를 유보로 세무조정 등을 한 경우에는 나중에 사업양도로 그 부채가 소멸되었더라도 세법상 부채로 볼 수 없는 이상 그 소멸의 효과를 부인하고

---

22) 대법원 1984. 2. 28. 선고 83누381 판결, 대법원 1999. 5. 25. 선고 97누19151 판결
23) 법인세법 기본통칙 67-106…11

해당 사업연도에 손금산입(△유보)으로 세무조정을 하여야 한다.[24] 이러한 세무조정을 거치지 않으면 사업양도에 따른 세법상 양도차익이 과다산정되기 때문이다.

(다) 사외유출 금액을 회수하는 경우

법인의 소득이 사외유출되었으나 내국법인이 수정신고기한 내에 매출누락, 가공경비 등 부당하게 사외유출된 금액을 회수하고 세무조정으로 익금산입하여 신고하는 경우에는 사내유보로 소득처분할 수 있다(법인령 제106조 제4항). 사외유출되었으나 법인이 소정의 기한 내에 자발적인 노력에 의하여 그 금액을 회수한 경우에는 그 금액이 사외유출되지 않은 것으로 보아 사내유보로 인정하겠다는 취지이다. 다만, ① 세무조사의 통지를 받은 경우, ② 세무조사가 착수된 것을 알게 된 경우, ③ 세무공무원이 과세자료의 수집 또는 민원 등을 처리하기 위하여 현지출장이나 확인업무에 착수한 경우, ④ 관할 세무서장으로부터 과세자료 해명통지를 받은 경우, ⑤ 수사기관의 수사 또는 재판 과정에서 사외유출 사실이 확인된 경우, ⑥ 그 밖에 위 "①"부터 "⑤"까지의 규정에 따른 사항과 유사한 경우로서 경정이 있을 것을 미리 안 것으로 인정되는 경우 등과 같이 경정이 있을 것을 미리 알고 사외유출된 금액을 익금산입하는 경우에는 사내유보로 소득처분할 수 없다(법인령 제106조 제4항 단서). 법인이 사외유출된 금액을 회수하더라도 법인의 자발적인 노력에 의한 것이 아닌 경우에는 원칙으로 돌아가 사외유출로 소득처분하겠다는 것이다.[25] 사외유출금 중 대표이사 또는 실질적 경영자 등에게 귀속된 부분에 관하여 일단 소득세 납세의무가 성립하면 사후에 귀속자가 소득금액을 법인에게 환원시켰다고 하더라도 이미 발생한 납세의무에 영향을 미칠 수 없다.[26]

(2) 소극적 유보

소극적 유보는 세법상 순자산가액이 회계상 순자산가액보다 적은 경우를 의미한다. 익금불산입이나 손금산입 등 차감조정을 할 때 소극적 유보를 한다.

다. 기타

자산과 부채항목에는 차이가 없고 자본항목의 구성내용에만 차이가 생기는 경우에는 소득처분을 하지 않는다. 예를 들어, 자기주식처분이익과 같이 기업회계상 잉여금으로 계상한 금액은 사외유출된 것이 아니고 기업회계와 법인세법 사이에 자본의 차이도 없기 때문에 소득처분을 하지 않는다.[27] 이와 같이 잉여금으로 계상하고 있는 금액으로서 익금산입하거나 손금불산입한 금액에 대한 소득처분은 기타(잉여금)로 표시한다.[28] 자기주식처분이익은 기업

---

24) 대법원 2017. 10. 12. 선고 2017두169 판결
25) 대법원 2016. 9. 23. 선고 2016두40573 판결
26) 대법원 2001. 9. 14. 선고 99두3324 판결
27) 김완석·황남석, 법인세법론(2021), 151면
28) 법인세법 시행규칙 제15호 서식 소득금액조정합계표 작성요령

회계에서는 자본잉여금에 해당하나, 세법에서는 익금에 해당하므로 익금산입의 세무조정을 한다. 반면, 국세환급가산금은 기업회계에서는 잡이익에 해당하나, 세법에서는 잉여금에 해당하므로 익금불산입의 세무조정을 한다.

라. 사외유출과 사내유보의 구분

(1) 법인의 실질적 경영자의 횡령

법인의 실질적 경영자인 대표이사 등이 법인의 자금을 유용하는 행위는 특별한 사정이 없는 한, 애당초 회수를 전제로 한 것이 아니어서 그 금액에 대한 지출 자체로서 이미 사외유출에 해당한다. 여기서 그 유용 당시부터 회수를 전제하지 않은 것으로 볼 수 없는 특별한 사정에 관하여는 횡령의 주체인 대표이사 등의 법인 내에서의 실질적인 지위 및 법인에 대한 지배 정도, 횡령행위에 이르게 된 경위 및 횡령 이후의 법인의 조치 등을 통하여 그 대표이사 등의 의사를 법인의 의사와 동일시하거나 대표이사 등과 법인의 경제적 이해관계가 사실상 일치하는 것으로 보기 어려운 경우인지 여부 등 제반 사정을 종합하여 판단하며, 이러한 특별한 사정은 법인이 증명하여야 한다.[29]

(2) 법인의 피용자의 횡령

법인의 피용자의 지위에 있는 자가 법인의 업무와는 무관하게 개인적 이익을 위해 법인의 자금을 횡령하는 등 불법행위를 함으로써 법인이 그 사람에 대하여 손해배상채권 등을 취득하는 경우에는 그 금원 상당액이 곧바로 사외유출된 것으로 볼 수 없고, 해당 법인이나 그 실질적 경영자 등의 사전 또는 사후의 묵인, 채권회수 포기 등 법인이 손해배상채권을 회수하지 않겠다는 의사를 객관적으로 나타낸 것으로 볼 수 있는 등의 사정이 있는 경우에만 사외유출로 볼 수 있다. 대표이사의 직위에 있는 자라도 실질상 피용자의 지위에 있는 경우에도 위 법리가 적용된다.[30]

마. 기타 소득처분

(1) 가공자산(架空資産)의 소득처분

(가) 가공자산의 의의

가공자산은 실제로는 법인에 존재하지 않고 법인장부에만 올라 있는 자산을 말한다. 가공자산은 실제로는 존재하지 않으므로 이를 제거하거나 감액하는 △유보의 세무조정이 필요하다. 다만, 자산을 특정인이 유용하고 있으나 회수할 것임이 객관적으로 증명되는 경우에는 자산이 존재하는 것이므로 가공자산이 아니라 가지급금(假支給金)으로 본다. 기업회계상 가지급금(假支給金)은 실제 현금이 지출되었지만 거래내용이 불분명하거나 거래가 종결되지 않

---

29) 대법원 2008. 11. 13. 선고 2007두23323 판결
30) 대법원 2004. 4. 9. 선고 2002두9254 판결

아 계정과목이나 금액이 확정되지 않은 경우에 일시적인 채권으로 표시하는 계정을 말한다.

(나) 가공자산의 소득처분

가공자산은 가공채권, 재고자산, 유형자산 등 종류에 따라 다음과 같이 소득처분한다.[31]

① 가공채권

외상매출금, 대여금 등 가공채권은 익금산입하여 그 귀속자에 따라 상여, 배당 등으로 처분하고 동 금액을 손금산입하여 사내유보로 처분하며 동 가공채권을 손비로 계상하는 때에는 손금불산입하여 사내유보로 처분한다. 이를 풀어서 3단계로 설명하면 다음과 같다.

1단계로 가공채권을 자산으로 인식하고 그 귀속에 따라 소득처분한다. 2단계로 세무상 순자산가액을 감액하기 위해 익금상당액을 손금산입하여 △유보로 처분한다. 3단계로 가공채권을 대손처리 등 손비로 계상하는 때에는 동 금액을 손금불산입하고 △유보와 상계한다.

② 재고자산

재고자산 부족액은 시가에 의한 매출액 상당액을 익금산입하여 대표자상여로 소득처분하고 동 가공자산을 손금산입하여 사내유보로 처분하며 이를 손비로 계상하는 때에는 손금불산입하여 사내유보로 처분한다. 이를 풀어서 3단계로 설명하면 다음과 같다.

1단계로 가공재고자산을 자산으로 인식하고 대표자상여로 소득처분한다. 가공재고자산은 귀속이 불분명한 경우에만 문제되므로 소득처분은 대표자상여로 한다.[32] 2단계로 세무상 순자산가액을 감액하기 위해 익금상당액을 손금산입하여 △유보로 처분한다. 3단계로 가공재고자산을 재고자산감모손실 등 손비로 계상하는 때에는 동 금액을 손금불산입하고 △유보와 상계한다.

③ 유형자산

가공계상된 유형자산은 처분 당시의 시가를 익금산입하여 그 귀속자에 따라 상여, 배당 등으로 소득처분하고, 당해 유형자산의 장부가액을 손금산입하여 사내유보로 처분한다. 그 후 사업연도에 있어서 동 가공자산을 손비로 계상하는 때에는 이를 익금산입하여 사내유보로 처분한다. 이를 풀어서 3단계로 설명하면 다음과 같다.

1단계로 가공유형자산을 자산으로 인식하고 그 귀속에 따라 소득처분한다. 2단계로 세무상 순자산가액을 감액하기 위해 익금상당액을 손금산입하여 △유보로 처분한다. 3단계로 가공유형자산을 감가상각비 등 손비로 계상하는 때에는 동 금액을 손금불산입하고 △유보와 상계한다.

---

31) 법인세법 기본통칙 67-106…12
32) 가공재고자산의 귀속이 분명한 경우에는 매출누락으로 처리한다.

(2) 가수금 계정 등을 이용한 매출누락의 소득처분

(가) 법인의 매출액이 가수금계정에 계상된 경우

가수금(假受金)은 법인에 현금이 들어온 내역은 있으나 계정과목이 확정되지 않은 경우 일시적으로 처리하는 계정이다. 법인의 매출액이 장부에 기재되지 않은 경우 매출누락액이 사외유출된 것으로 볼 수 있지만 가수금계정에 계상되어 있다면 단지 위 금원이 해당 사업연도의 손익계산서상 수입금액에 계상되지 않았다는 사실만으로 사외유출된 것으로 추정할 수 없으므로 이 경우 과세관청이 사외유출 사실을 증명해야 한다.[33] 법인의 매출액이 수입계정은 아니지만 가수금계정에 기재되어 있는 이상, 사내유보된 것으로 볼 여지가 있으므로 과세관청이 사외유출 사실을 증명해야 한다는 의미이다.

(나) 가수금계정의 내용이 대표이사로부터의 단기차입금 거래를 기재한 경우

법인의 자금사정이 어려워서 대표이사로부터 차입하는 경우 가수금 계정으로 처리한다. 이와 같이 가수금계정의 내용이 대표이사로부터의 단기차입금 거래를 기재한 것으로서 장차 이를 대표이사에게 반제해야 할 채무라는 것이 밝혀진 경우에는 그 가수금채무가 애당초 반제를 예정하지 않은 명목만의 가공채무라는 등의 특별한 사정이 없는 한, 장부에 법인의 수익으로 기재되었어야 할 매출누락액은 이미 사외유출되어 가수금 거래의 상대방인 대표이사에게 귀속된 것으로 볼 수 있다.[34] 가수금계정이 대표이사로부터의 차입금 거래를 기재한 것이라면 가수금계정에 기재된 금액을 매출누락액이라고 볼 수 없으므로 매출누락액은 이미 사외유출된 것으로 볼 수 있다는 의미이다.

(3) 가공비용의 소득처분

법인이 대표이사의 개인적 이익을 위해 비용을 지출하고 가공비용을 계상하면 사외유출에 해당한다. 그러나 법인이 법인세의 과세표준과 세액을 신고하면서 가공비용을 손금에 산입하였더라도 그에 대응하는 명목상의 채무를 대차대조표상 부채로 계상한 경우에는 당해 법인의 순자산에 변화가 없으므로 그 비용상당액이 사외유출된 것으로 볼 수 없다.[35] 또한 가공매출액에 직접 대응하는 가공비용으로 가공매입액을 계상하였다는 사실이 인정되면 가공매입액 상당액은 사외유출된 것으로 볼 수 없다.[36]

(4) 주금(株金)을 가장납입한 후 납입금을 인출하여 차입금을 변제한 경우

주금이 가장납입된 경우 현실의 납입이 있고, 설령 그것이 실제로는 주금납입의 가장수단으로 이용된 것이라 하더라도 주금을 가장납입한 후 납입금을 인출하여 차입금을 변제한 경

---

33) 대법원 1987. 6. 9. 선고 86누732 판결
34) 대법원 2002. 1. 11. 선고 2000두3726 판결
35) 대법원 2012. 7. 26. 선고 2010두382 판결
36) 대법원 2012. 11. 29. 선고 2011두4053 판결

우 특별한 사정이 없는 한, 납입금 상당액이 사외유출된 것으로 보아야 한다.[37]

3. 소득처분에 따른 소득세 납세의무

가. 소득처분과 귀속자의 소득세 납세의무

소득이 사외유출되어 배당, 상여, 기타소득으로 소득처분된 경우 그 귀속자는 배당소득, 근로소득, 기타소득을 얻는 것으로 보아 소득세 납세의무를 부담한다(소득법 제17조 제1항, 제20조 제1항 다목, 제21조 제1항).

한편, 법인은 법인세 과세표준을 결정 또는 경정하는 경우에는 소득금액변동통지서를 받은 날, 법인세 과세표준을 신고하는 경우에는 그 신고일 또는 수정신고일 해당소득을 지급한 것으로 의제되므로 원천징수의무를 부담한다(소득법 제131조 제2항, 제135조 제4항).

나. 소득의 추가신고의무 및 자진납부의무

종합소득 과세표준 확정신고기한이 지난 후에 법인이 법인세 과세표준을 신고하거나 과세관청이 법인세 과세표준을 결정 또는 경정하여 익금산입한 금액이 배당, 상여, 기타소득으로 처분됨으로써 소득금액에 변동이 발생함에 따라 종합소득 과세표준확정신고 의무가 없었던 자, 세법에 따라 과세표준확정신고를 하지 않아도 되는 자 및 과세표준확정신고를 한 자가 소득세를 추가납부하여야 하는 경우 해당 법인 또는 소득귀속자가 소득금액변동통지서를 받은 날이 속하는 달의 다음다음 달 말일까지 추가신고하여야 한다(소득령 제134조 제1항). 당초 사외유출이 있었던 때를 기준으로 한 종합소득 과세표준확정신고 기한 후에 소득처분으로 인하여 소득금액의 변동이 발생한 경우에는 추가적으로 종합소득을 신고하고 자진납부할 기회를 부여하는 것이다. 추가신고의 기회를 부여하는 이상, 경정청구기간도 그 유예한 기한 다음날부터 기산된다.[38]

제3절 소득금액변동통지

1. 개요

가. 의의 및 법적 성격

소득세법 시행령 제192조에 규정된 소득금액변동통지는 과세관청이 소득처분을 한 후 소득금액의 변동내역을 법인 또는 소득귀속자에게 통지하는 것을 의미한다. 과세관청은 법인소득

---

37) 대법원 2016. 9. 23. 선고 2016두40573 판결
38) 대법원 2011. 11. 24. 선고 2009두20274 판결

금액을 결정 또는 경정하는 날부터 15일 내에 원칙적으로 당해 법인에게 소득금액변동통지를 하되, 법인의 소재지가 분명하지 않거나 그 통지서를 송달할 수 없는 경우에는 소득귀속자에게 소득금액변동통지를 한다(소득령 제192조 제1항 단서). 원천징수의무자인 법인에 대한 소득금액변동통지는 원천징수하는 소득세 또는 법인세의 납세의무를 확정하는 효력이 있다는 점에서 부과고지의 효력을 갖는 납세고지와 유사한 점이 있다. 그러나 소득금액변동통지는 소득처분의 내용 중 법인의 원천징수의무 이행과 관련된 사항을 기재하여 원천징수의무자에게 통지하는 것으로서 과세관청이 세금을 징수하기 위하여 세액 등 세금의 납부와 관련된 사항을 납세자에게 알리는 납세고지에 해당하지 않는다.[39] 소득금액변동통지를 납세지 관할 세무서장이 아닌 다른 세무서장이 한 경우에는 관할 없는 과세관청의 통지로서 하자있는 통지가 된다.[40]

나. 기재사항

소득금액변동통지서의 기재사항은 소득자, 소득의 종류, 귀속연도, 금액 등이다(소득칙 제100조 제24호). 법인에 대한 소득금액변동통지를 서면에 의하도록 한 이유는 소득의 종류, 소득자, 소득금액 및 원천징수세액을 특정하여 원천징수에 따른 법률관계를 명확히 하고 원천징수의무자가 불복신청을 하는데 지장이 없도록 하기 위함이다.[41] 과세관청이 소득금액변동통지서에 소득귀속자나 소득귀속자별 소득금액을 특정하여 기재하지 않은 채 소득금액변동통지를 한 경우에는 특별한 사정이 없는 한 소득금액변동통지는 위법하다. 그러나 과세관청이 소득금액변동통지서에 기재할 사항을 일부 누락하거나 잘못 기재하였더라도 그것이 사소한 누락 또는 명백한 착오에 해당함이 분명하거나 소득금액변동통지에 앞서 이루어진 세무조사 결과통지 등에 의하여 원천징수의무자가 그러한 사정을 충분히 알 수 있어서 소득의 종류, 소득자, 소득금액 및 그에 따른 원천징수세액을 특정하고 원천징수의무자가 불복신청을 하는데 지장을 초래하지 않는 경우에는 소득금액변동통지는 위법하지 않다.

2. 종류

가. 법인에 대한 소득금액변동통지

(1) 효력

소득세법 제131조 제2항은 다음과 같이 법인에 대한 소득금액변동통지의 효력에 대하여 규정하고 있다.

---

39) 대법원 2021. 4. 29. 선고 2020두52689 판결
40) 대법원 2015. 1. 29. 선고 2013두4118 판결
41) 대법원 2014. 8. 20. 선고 2012두23341 판결

> 소득세법 제131조(이자소득 또는 배당소득 원천징수시기에 대한 특례)
> ② 「법인세법」 제67조에 따라 처분되는 배당에 대하여는 다음 각호의 어느 하나에 해당하는 날에 그 배당소득을 지급한 것으로 보아 소득세를 원천징수한다.
> 1. 법인세 과세표준을 결정 또는 경정하는 경우: 대통령령으로 정하는 소득금액변동통지서를 받은 날
> 2. 법인세 과세표준을 신고하는 경우: 그 신고일 또는 수정신고일

과세관청이 법인에게 소득금액변동통지를 하면 법인이 소득금액변동통지서를 받은 날에 소득금액을 지급한 것으로 의제하는 효력이 생긴다(소득법 제131조 제2항, 제135조 제4항, 제145조의2). 소득세법은 제131조 제2항에서 이자소득과 배당소득에 대하여 규정하고, 제135조 제4항과 제145조의2에서 근로소득과 기타소득에 준용하고 있다. 위 지급시기 의제규정은 지급시기를 실제지급일보다 이후인 소득금액변동통지서 수령일로 정함으로써 납세자에게 불리하지 않으므로 헌법재판소는 합헌으로 보고 있다.[42] 이와 같이 소득금액을 지급한 것으로 의제하는 효력이 생기므로 소득금액변동통지를 받은 법인은 원천징수한 소득세를 그 징수일이 속하는 달의 다음 달 10일까지 납부하여야 한다(소득법 제128조 제1항).

헌법재판소는 소득금액의 지급을 의제하여 원천징수를 의무화한 규정에 대하여 원천징수로 달성되는 공익이 법인이 입는 피해에 비하여 크다는 이유로 합헌이라는 입장이다.[43] 다만 과세관청이 내부적으로 소득처분을 하였더라도 그 내용을 소득금액변동통지를 통해 법인에게 고지하지 않거나 소득금액변동통지를 하였더라도 사후 이를 취소 또는 철회한 경우에는 법인에게 원천징수의무가 없다.[44] 대표자에 대한 인정상여로 소득처분되는 소득금액은 당해 법인이 소득금액변동통지서를 받은 날에 소득금액을 지급한 것으로 의제되므로 만약 소득금액변동통지서를 받은 때에 대표자가 이미 사망하였다면 원천납세의무가 성립할 여지가 없으므로 이를 전제로 한 법인의 원천징수의무도 성립하지 않는다.[45]

(2) 귀속자에 대한 통지

과세관청은 해당 법인에게 소득금액변동통지를 한 경우 그 통지사실을 귀속자에게 알려야 한다(소득령 제192조 제4항). 다만, 소득금액의 변동내용까지 알릴 필요는 없다. 법인에 대한 소득금액변동통지를 하면 귀속자의 소득금액이 영향을 받으므로 귀속자에게 통지사실을 알려주는 것이다. 이때 귀속자가 법인에 대한 소득금액변동통지로 인하여 소득세를 추가납부하여야 하는 경우 해당 법인이 소득금액변동통지서를 받은 날이 속하는 달의 다음다음 달 말일까

---

42) 헌재 1995. 11. 30. 선고 93헌바32 결정
43) 헌재 2009. 2. 26. 선고 2006헌바65 결정
44) 대법원 2006. 8. 25. 선고 2006두3803 판결
45) 대법원 1992. 3. 13. 선고 91누9527 판결

지 종합소득세 추가신고 및 자진납부의무를 이행하여야 한다(소득령 제134조 제1항). 법인에 대한 소득금액변동통지로 인하여 법인이 해당 소득에 대한 원천징수를 하지만 그 원천징수세액이 귀속자의 납부세액보다 적은 경우에는 귀속자에게 추가신고 및 자진납부를 할 기회를 부여하기 위함이다.

나. 귀속자에 대한 소득금액변동통지

소득세법 시행령 제134조 제1항은 귀속자에 대한 소득금액변동통지의 효력에 대하여 규정하고 있다.[46] 법인의 소재지가 분명하지 않거나 소득금액변동통지서를 송달할 수 없는 경우에는 귀속자에게 소득금액변동통지를 한다(소득령 제192조 제1항 단서). 과세관청이 귀속자에게 소득금액변동통지를 하면 귀속자는 소득금액변동통지서를 받은 날이 속하는 달의 다음다음 달 말일까지 종합소득세 추가신고 및 자진납부의무를 이행하여야 한다(소득령 제134조 제1항). 귀속자에 대한 소득금액변동통지는 소득의 귀속자에게 종합소득 과세표준의 추가신고 및 자진납부의 기회를 부여하기 위하여 마련된 것이다. 다만, 귀속자가 추가신고 및 자진납부하기 전에 부과제척기간이 경과한 경우에는 추가신고 및 자진납부를 할 필요가 없다.[47]

3. 소득금액변동통지의 시간적 한계

가. 원천납세의무 소멸 후 소득금액변동통지를 한 경우

과세관청이 인정상여로 소득처분을 한 경우 원천징수의무자인 법인에게 소득금액변동통지서가 당해 법인에게 송달된 날에 원천징수의무가 성립하는 것과 달리, 소득귀속자에 대하여는 법인에 대한 소득금액변동통지서가 송달되었는지 여부와 상관없이 소득세법 소정의 법인세법에 의하여 상여로 처분된 금액 해당하여 근로소득세의 과세대상이 되고, 소득귀속자의 근로소득세 납세의무는 당해 소득이 귀속된 과세기간이 종료하는 때에 성립한다.[48]

그런데 소득금액변동통지서를 받은 법인의 원천징수의무가 성립하려면 소득금액변동통지서를 받은 때에 원천납세의무자의 소득세 납세의무가 성립되어 있어야 한다. 따라서 원천납세의무자의 소득세 납세의무가 부과제척기간 경과 등으로 이미 소멸한 경우에는 법인의 원천징수의무도 성립할 수 없으므로 그 후에 이루어진 소득금액변동통지는 위법하다.[49]

나. 원천납세의무자 사망 후 소득금액변동통지를 한 경우

원천징수하는 소득세의 원천징수의무는 소득금액을 지급하는 때, 즉 소득금액변동통지를

---

46) 법인에 대한 소득금액변동통지로 인하여 그 귀속자의 소득세가 증가하는 경우에도 소득세법 시행령 제134조 제1항이 적용되나, 귀속자에 대한 소득금액변동통지가 있는 경우 소득세법 시행령 제134조 제1항이 적용되는 경우가 많다.
47) 대법원 2020. 8. 13. 선고 2019다300361 판결
48) 대법원 2008. 4. 24. 선고 2006두187 판결
49) 대법원 2010. 4. 29. 선고 2007두11382 판결

받은 날에 성립하므로 소득금액변동통지가 소득귀속자의 사망 후에 있는 경우에는 그 사망한 자의 원천납세의무가 발생할 여지가 없으며 그와 표리관계에 있는 원천징수의무자의 원천징수의무도 성립하지 않는다.[50]

4. 소득금액변동통지에 따른 원천징수의 경정청구

2003. 12. 30. 국기법 제45조의2 제4항(현행 제45조의2 제5항)[51]이 신설됨에 따라 근로소득 등의 원천징수의무자 또는 원천납세의무자가 경정청구를 할 수 있게 되었다. 그러나 소득처분에 따른 소득금액변동통지에 의하여 원천징수가 이루어진 경우 원천징수의무자와 원천납세의무자가 경정청구를 할 수 있는지에 대하여는 명문의 규정이 없다. 판례는 국기법 제45조의2 제5항이 원천징수에 따른 경정청구권을 규정하고 있으므로 소득금액변동통지에 의하여 원천징수가 이루어진 경우에도 경정청구권을 인정하여야 한다고 판시하였다.[52]

---

50) 대법원 1992. 7. 14. 선고 92누4048 판결
51) 2020. 12. 22. 국기법이 개정되면서 국기법 제45조의2 제5항으로 조문번호가 변경되었다.
52) 대법원 2011. 11. 24. 선고 2009두23587 판결

익금의 계산

제3장

제1절   의의

1. 익금(益金)의 개념

법인세법 제15조 제1항은 익금을 "자본 또는 출자의 납입 및 이 법에서 규정하는 것은 제외하고 해당 법인의 순자산을 증가시키는 거래로 인하여 발생하는 이익 또는 수입의 금액"이라고 정의하고 있다. 기업회계에서 사용되는 수익이라는 용어 대신 법인세법에서 익금이라는 용어를 사용하는 것은 법인세법의 익금이 기업회계의 수익과 일치하지 않기 때문이다.[1] 익금의 정의에 나오는 순자산은 자산에서 부채를 차감한 것이므로 익금은 자산과 부채의 증감을 동반한다.

익금은 기본적으로 법인의 순자산이 증가하는 것을 의미하나, 법인의 순자산이 증가하더라도 자본 또는 출자의 납입 등 자본거래에 의한 경우와 법인세법에서 특별히 익금이 아니라고 규정한 경우에는 익금에서 제외된다.

2. 손익거래와 자본거래

가. 의의

손익거래와 자본거래는 본래 기업회계에서 비롯된 개념으로서 상법 및 세법에서도 사용되고 있다. 일반기업회계기준이나 중소기업회계기준은 손익거래와 자본거래의 정의 없이 그 용어를 사용하고 있고, 상법 제459조 제1항은 "회사는 자본거래에서 발생한 잉여금을 대통령령으로 정하는 바에 따라 자본준비금으로 적립하여야 한다."고 규정하고 있으나 자본거래를 정의하고 있지 않다. 법인세법도 제17조(자본거래로 인한 수익의 익금불산입) 등 몇몇 조항에서 자본거래라는 용어를 사용하고 있으나 자본거래를 정의하고 있지는 않다.

위와 같이 회계와 상법에서 손익거래와 자본거래를 정의하고 있지 않으나, 자본거래는 사

---

[1] 회계에서 수익은 자산의 유입이나 증가 또는 부채의 감소에 따라 자본의 증가를 초래하는 특정 회계기간 동안에 발생한 경제적 효익의 증가로서 지분참여자에 의한 출자와 관련된 것은 제외한다(K-IFRS 개념체계 문단 BC4.1).

원이 사원의 자격에 기하여 회사에 출연하거나 회사로부터 분배받는 거래로 정의하고, 손익거래는 자본거래 이외에 회사의 순자산 증감을 가져오는 거래로 정의하는 것이 일반적이다.[2] 이러한 관점에서 세법상 자본거래와 손익거래를 알기쉽게 정의하면, 자본거래는 기업과 그 소유주인 주주 간 자산의 이전을 발생시켜 자본의 증감을 가져오는 거래를 의미하고, 손익거래는 기업이 영업활동을 통해 수익과 비용을 발생시키는 거래를 의미한다. 법인은 주주의 집합체이므로 주주 자격에서 이루어지는 단체법적 행위는 법인의 내부거래로서 자본거래에 해당하나, 특정주주가 개별적으로 법인과 거래하면 주주가 개입된 거래라 하더라도 손익거래에 해당한다.

나. 구별실익

손익거래로 인한 순자산의 증가는 영업활동에 의한 것이므로 익금에 산입된다. 그러나 자본거래는 법인의 내부거래로서 그로 인한 순자산의 증가는 익금에 산입되지 않는다. 법인은 주주들의 집합체로서 법인의 사업성과는 종국적으로 주주들에게 이전되므로 자본거래를 기업내부의 정산을 의미하는 것으로 보아 기업의 손익에 영향을 미치지 않는다고 보는 것이다. 납입자본은 소득을 발생시키는 원본에 해당하고 원본에 대한 과세는 자본의 잠식을 초래하여 법인의 존속을 위협하므로 과세에서 제외하는 측면도 있다.[3] 법인세법 제15조 제1항에서 자본 또는 출자의 납입에 의한 순자산 증가를 익금에서 제외하는 것은 자본거래에 의한 것이기 때문이다.

제2절 익금산입

1. 익금의 범위

가. 사업수입금액(법인령 제11조 제1호)

(1) 일반적인 경우

한국표준산업분류에 따른 각 사업에서 생기는 사업수입금액은 익금에 해당한다. 다만, 기업회계기준에 따른 매출에누리 및 매출할인은 익금에서 제외한다. 매출에누리는 물품의 판매에 있어서 그 품질·수량 및 인도·판매대금 기타 거래조건에 따라 그 물품의 판매 당시에 통상의 매출가액에서 일정액을 직접 공제하는 금액과 매출한 상품 또는 제품에 대한 부분적인 감량·변질·파손 등에 의하여 매출가액에서 직접 공제하는 금액을 말한다. 이에 비하여

---

2) 황남석, "자본거래와 손익거래: 개념과 한계", 상사법연구 제35권 제1호, 2016, 226면
3) 김완석·황남석, 법인세법론(2021), 192면

매출할인은 외상매출금을 약정기일 전에 회수함으로써 회수일로부터 그 기일까지의 일수에 따라 일정한 금액을 할인하는 것을 말한다. 매출에누리와 매출할인은 매출액의 차감항목이라는 점에서 공통점이 있으나, 매출에누리는 공급조건과 관련하여 깎아주는 금액이고 매출할인은 외상매출금의 조기결제로 인해 깎아주는 금액이라는 점에서 차이가 있다.

한편 법인이 공급하는 재화나 용역을 자사나 공정거래법상 계열사 임직원에게 할인하는 금액을 수익의 범위에 포함한다(법인령 제11조 제2항). 소득세법에서 종업원할인액을 근로소득으로 본다는 것은 기업이 시가로 종업원에게 재화 또는 용역을 공급하고 할인액 상당액을 인건비로 지급한다는 의미이므로 종업원할인액을 익금에 산입해야 체계에 맞기 때문이다.

(2) 추계하는 경우(법인령 제11조 제1호 단서)

부동산임대에 의한 전세금 또는 임대보증금에 대한 사업수입금액은 금융회사 등의 정기예금이자율을 고려하여 기획재정부령으로 정하는 이자율을 적용하여 계산한다(법인칙 제6조). 법인이 장부 등을 비치하지 않아 전세금 또는 임대보증금 등의 운용수익을 알 수 없는 경우 전세금 또는 임대보증금 등의 이자상당액을 수입금액으로 의제하는 것이다.

나. 자산의 양도금액(법인령 제11조 제2호, 제2호의2)

(1) 일반적인 자산의 경우

자산을 양도하고 받은 대가는 익금에 해당한다. 재고자산의 양도금액은 사업수입금액에 해당하므로 재고자산 이외의 자산의 양도금액을 의미한다.

(2) 교환의 경우

교환의 경우에는 교환으로 이전하는 자산이 아니라 교환으로 취득하는 자산의 취득 당시 시가를 익금으로 한다.[4] 교환의 경우 자산을 양도하고 대가로 취득하는 자산이 매매에서의 매매대금에 대응하기 때문이다.

(3) 자기주식의 경우

(가) 자기주식을 양도한 경우

자기주식의 본질에 대하여는 자산설과 미발행주식설의 2가지 입장이 대립한다. 자산설은 자기주식도 다른 주식과 같이 가치를 표창하며 거래의 대상이 되므로 자산성이 있다고 보는 견해이고, 미발행주식설은 자기주식의 취득은 이익배당, 자기주식의 처분은 신주발행과 실질적으로 동일하므로 자기주식은 미발행주식에 해당한다고 보는 견해이다. 기업회계는 미발행주식설의 입장에서 자기주식의 회계처리기준을 정하고 있으며,[5] 상법은 자산설과 미발행주

---

4) 대법원 2011. 7. 28. 선고 2008두5650 판결
5) 한국채택국제회계기준(K-IFRS)은 자기주식의 취득에 대하여 자본에서 차감하는 것으로 정하고 있고(1032

식설 중 어느 입장을 취하는지 명확히 규정하고 있지 않다.

　법인세법은 자산설의 입장에서 자기주식을 양도한 경우 그 양도금액은 익금에 산입한다고 규정하고 있다(법인령 제11조 제2호의2). 자기주식 양도금액이 익금에 해당한다는 규정은 1998. 12. 31. 신설되었는데, 그전에도 판례는 자기주식의 취득과 처분은 양도성과 자산성에 있어서 다른 회사의 주식과 본질적인 차이가 없고 순자산을 증감시키는 거래로서 자산의 손익거래에 해당하므로 자기주식 양도금액은 익금에 해당한다고 판시하였다.[6] 그러나 자기주식의 양도는 그 취득자가 주주가 된다는 점에서 증자와 본질이 다르지 않은 점, 자기주식 소각이익을 익금산입하지 않으면서 자기주식 처분이익을 익금산입하는 것은 일관성이 없는 점 등을 근거로 자기주식 양도금액을 기업회계와 달리 익금으로 규정한 것에 대한 비판의 목소리가 높다.[7] 특히 구 상법 제341조는 원칙적으로 자기주식의 취득을 금지하였으나, 2011. 4. 14. 개정 상법 제341조는 배당가능이익의 범위 내에서 자기주식을 자유롭게 취득할 수 있도록 규정한 점, 구 상법 제342조는 주식소각의 목적으로 자기주식을 취득하면 지체없이 소각절차를 밟도록 하였으나, 개정 상법 제342조는 자기주식의 소각에 대하여 특별한 기간이나 방법상 제한을 두고 있지 않은 점 등으로 인하여 비판론이 더 힘을 얻게 되었다.[8] 미국은 자기주식의 취득과 처분에서 손익이 발생하지 않는다는 명시적 규정을 두고 있다.[9]

(나) 합병법인이 합병으로 피합병법인이 보유한 합병법인 주식을 취득 후 양도하는 경우

　합병법인이 합병으로 인하여 피합병법인이 보유하던 합병법인의 발행주식(자기주식)을 승계취득하여 처분하는 경우 판례는 그 거래의 법적 성질을 자본의 환급이나 납입의 성질을 가지는 자본거래라고 보아 익금산입의 대상이 아니라고 판시하였다.[10] 그러나 2009. 2. 4. 법인세법 시행령 개정 시 합병법인이 합병에 따라 피합병법인이 보유하던 합병법인의 주식을 취득하게 된 경우 그 주식의 양도금액을 익금에 해당하는 것으로 규정함으로써 판례와 반대취지로 입법하였다. 이 시행령 규정이 자본거래로 인한 수익을 익금불산입하는 모법의 규정에 위반된다고 볼 소지가 있다는 의견이 있으나,[11] 판례는 자본거래로 인한 수익을 익금불산입하는 모법의 규정에 위반되지 않는다고 판시하였다.[12] 판례는 2010. 12. 30. 개정된 합병세제

호 문단 33), 일반기업회계기준은 자기주식처분이익을 자본잉여금의 예시로 규정하고 있다(2장 2.30).
6) 대법원 1992. 9. 8. 선고 91누13670 판결
7) 이태로·한만수, 조세법강의(2020), 465면
8) 본래 자기주식의 취득을 금지한 것은 자본충실원칙에 반하기 때문인데, 배당가능이익이 확보된 범위에서 자기주식을 취득하면 자본충실원칙에 반할 우려가 없는 점, 자기주식 취득의 본질은 이익배당과 마찬가지로 회사의 재산을 주주에게 반환하는 한 방법이므로 이익배당이 허용되는 이상 자기주식 취득을 금지할 이유가 없는 점 등을 고려하여 개정 상법은 배당가능이익의 범위 내에서 자기주식취득을 허용하였다. 상장법인의 경우에는 자기주식의 취득과 처분에 대한 제한을 두고 있지 않으므로(자본시장법 제165조의2, 제165조의3) 상법의 개정 규정은 비상장법인에 대하여 의미를 가진다.
9) 미국 IRC §1032
10) 대법원 2005. 6. 10. 선고 2004두3755 판결
11) 임승순, 조세법(2021), 595면

는 합병법인이 피합병법인의 자산을 양도받은 것으로 의제하므로 피합병법인이 보유하던 합병법인의 주식도 제3자로부터 취득한 자기주식과 동일하게 취급하여 그 양도금액을 익금에 산입함이 타당하다고 해석한 것이다.

(다) 자기주식교부형 주식매수선택권 행사로 양도하는 경우

법인이 임직원의 자기주식교부형 주식매수선택권 행사에 따라 자기주식을 임직원에게 양도하는 경우 종전에 과세당국은 주식매수선택권 행사가격을 자기주식의 양도가액이라고 해석하였다.[13] 그러나 주식매수선택권 행사에 따라 법인의 임직원은 자기주식의 시가와 매수가액의 차액 상당의 소득에 대하여 근로소득세를 납부하고(소득령 제38조 제1항 제17호), 법인은 임직원에게 자기주식을 교부함으로써 위 행사차액에 상당하는 금품의 지급의무를 면하므로 자기주식의 시가를 자기주식의 양도가액으로 보는 것이 타당하다는 비판이 제기되었다. 이를 받아들여 과세당국은 2023. 2. 28. 법인세법 시행령 개정 시 주식매수선택권 행사 당시의 시가를 양도금액으로 규정하였다. 이에 의하면 법인이 주식매수선택권 행사가격을 익금에 산입한 경우에는 법인은 추가적으로 주식의 시가와 주식매수선택권 행사가액의 차액을 익금에 산입하여야 한다.

다. 자산의 임대료와 간주임대료(법인령 제11조 제3호, 조특법 제138조 제1항)

(1) 임대료

법인이 자산을 임대하고 받은 대가는 익금에 산입한다. 임대업을 하는 법인이 받는 임대료는 사업수입금액에 해당하므로 법인세법 시행령 제11조 제3호의 임대료는 자산임대업을 하는 법인 이외의 법인이 받는 임대료를 의미한다.

(2) 간주임대료

차입금이 자기자본의 2배를 초과하고 부동산임대업을 주업으로 하는 법인이 주택을 제외한 부동산 또는 부동산에 관한 권리 등을 대여하고 보증금, 전세금 등을 받은 경우 그 이자상당액을 임대료로 간주하여 과세한다(조특법 제138조 제1항). 차입금에 대한 이자비용은 손금에 산입하면서 보증금의 운용수익은 익금에 산입하지 않는 경우 조세회피에 이용될 수 있고, 부동산 투기를 조장할 우려가 있기 때문이다. 간주임대료는 다음 산식에 의하여 계산한다(조특령 제132조 제5항).

$$\text{간주임대료} = (\text{보증금 등 적수} - \text{건설비상당액 적수}) \times 1/365 \times \text{정기예금이자율} - \text{운용수익}$$

---

12) 대법원 2022. 6. 30. 선고 2018두54323 판결
13) 기획재정부 법인세제과-387(2021. 8. 26.)

위 산식에서 적수(積數)는 매월 말 현재의 잔액에 경과일수를 곱하여 계산하고, 이중과세를 조정하기 위하여 운용수익을 공제한다. 부동산임대업을 주업으로 하는 법인은 당해 법인의 사업연도 종료일 현재 자산총액 중 임대사업에 사용된 자산가액이 50% 이상인 법인을 의미한다(조특령 제132조 제4항). 주택에 대하여 간주임대료의 적용을 배제하는 것은 주택임대를 정책적으로 지원하기 위한 취지가 있다.

라. 자산의 평가차익(법인령 제11조 제4호)

(1) 원칙(익금불산입)

자산의 평가차익은 법인의 소유 자산을 시가로 평가하는 경우에 평가액이 장부가액을 초과하는 금액을 말한다. 법인세법은 원칙적으로 자산의 평가차익을 익금으로 보지 않는다. 자산의 평가차익이 본질적으로 미실현이익으로서 확정적인 것이 아닌 점, 미실현이익에 대하여 과세하려면 과세기간 말 기준 자산의 시장가치를 정확히 평가하여야 하는데, 과세대상에 해당하는 모든 자산을 객관적·통일적으로 파악·평가하는 것이 과세기술상 어려운 점, 평가차익의 익금산입을 원칙적으로 허용하면 과세소득의 자의적인 조작수단으로 악용될 여지가 있는 점, 자산가치의 상승이 있다고 익금산입을 하면 조세저항을 부를 우려가 있는 점 등을 고려한 것이다.[14]

(2) 예외(익금산입)

가치의 객관적인 평가가 가능하고, 과세소득의 자의적인 조작수단으로 악용될 여지가 없는 경우에 한하여 평가의 대상자산, 방법, 절차 등에 대한 엄격한 요건을 전제로 예외적으로 자산의 평가차익을 익금에 산입한다. 이 기준에 의하여 자산의 평가차익 중 익금에 산입하는 항목은 ① 보험업법이나 그 밖의 법률에 따라 유형자산 및 무형자산 등을 평가증한 경우, ② 제품 및 상품, 반제품 및 재공품, 원재료, 저장품 등 재고자산을 평가증한 경우, ③ 주식, 채권, 집합투자재산, 변액보험 등의 유가증권을 평가증한 경우, ④ 기업회계기준에 따른 화폐성 외화자산과 부채를 평가증한 경우, ⑤ 금융회사 등이 보유하는 통화 관련 파생상품 중 통화선도 등을 평가증한 경우, ⑥ 금융회사 외의 법인이 화폐성 외화자산·부채의 환위험을 회피하기 위하여 보유하는 통화선도 등을 평가증한 경우이다(법인법 42조 제1항, 법인령 제73조).

(3) 부채의 현재가치할인차금

법인세법은 자산의 평가차익을 인정하지 않으므로 장래의 채무를 현재가치로 평가하여 평가손익을 계상하는 것도 인정하지 않는다. 따라서 현재가치로 평가한 금액으로 채무를 중도 상환하는 경우에도 채무의 장부가액에서 현재가치할인차금을 차감하기 전의 가액과 상환금

---

14) 헌재 2007. 3. 29. 선고 2005헌바53 결정

액을 비교하여 채무상환손익을 계상한다. 이러한 취지에서 판례는 과거 회사정리법이 시행되던 때에 회사정리계획 인가결정에 따라 정리채무의 이자율과 변제기가 유리하게 변경된 법인이 채무를 현재가치로 할인하여 평가한 금액으로 중도상환한 사안에서, 채무를 현재가치로 평가하기 전의 가액, 즉 현재가치할인차금을 차감하기 전의 장부가액을 기준으로 상환에 따른 소득금액을 계상하여야 하므로 채무의 장부가액과 상환액의 차액인 현재가치할인차금 미상각잔액을 채무면제이익으로 보아 익금산입할 수 있다고 판시하였다.[15] 법인세법령은 자산의 평가차익이나 평가차손을 인정하지 않을 뿐 채무상환손익은 인정하되, 채무상환손익을 계산할 때에는 채무의 장부가액과 상환액의 차액을 기준으로 삼아야 함을 명확히 한 것이다.

마. 자산수증익과 채무면제익(법인령 제11조 제6호, 제7호)

(1) 원칙(익금산입)

무상으로 받은 자산의 가액, 채무의 면제나 소멸로 생기는 부채의 감소액은 순자산의 증가를 가져오므로 원칙적으로 익금에 산입한다. 개인이 자산을 증여받거나 채무를 면제받는 경우에는 증여세가 과세되지만 법인의 경우에는 증여세가 과세되지 않고 법인세가 과세되는 것이다. 채무의 출자전환으로 주식 등을 발행할 때 주식 등의 시가를 초과하여 발행된 금액도 소멸하는 채권액보다 발행하는 주식의 시가가 적어서 채무면제익의 성질을 가지므로 역시 익금에 산입한다.

(2) 예외(익금불산입)

(가) 자산수증익과 채무면제익을 이월결손금 보전에 충당한 경우

기업의 재무구조 개선을 유도하기 위하여 자산수증익과 채무면제익을 이월결손금 보전에 충당한 경우에는 예외적으로 익금불산입한다. 이월결손금은 공제시한이 경과되지 않은 금액뿐 아니라 공제시한이 경과되어 그 후의 각 사업연도의 과세표준 계산에서 공제되지 않은 금액을 포함한다.[16] 자산수증익과 채무면제익을 이월결손금과 상계하는 것은 장래의 세금을 줄이는데 사용할 수 있는 이월결손금을 미리 당겨서 사용하는 것이므로 비과세가 아니라 과세이연에 해당한다. 다만, 자산수증익 중 국고보조금은 이월결손금의 보전에 충당하더라도 익금불산입의 적용을 배제한다. 국고보조금은 공익사업을 지원하기 위해 지급하는 것으로서 해당 사업자의 결손을 보전하기 위한 목적으로 지급되는 것이 아니기 때문이다(법인법 제18조 제6호).

(나) 회생법인이 채무를 출자전환하는 경우

채무자회생법에 따라 채무를 출자로 전환하는 내용이 포함된 회생계획인가 결정을 받은 법인이 채무를 출자전환하는 경우로서 해당 주식 등의 시가를 초과하여 발행된 금액은 해당 사

---

15) 대법원 2009. 12. 10. 선고 2007두19683 판결
16) 법인세법 기본통칙 18-18…1

업연도의 익금에 불산입하고 그 이후의 각 사업연도에 발생한 결손금의 보전에 충당할 수 있다(법인법 제18조 제2항, 법인령 제15조 제1항). 회생기업에 대하여는 기업의 회생을 지원하기 위하여 과세를 장래로 이연하는 혜택을 부여하는 것이다.

(다) 기업회계기준의 채무재조정에 따라 채무의 장부가액과 현재가치의 차액을 채무면제익으로 계상한 경우

기업회계기준에 의한 채무재조정에 따라 채무의 장부가액과 현재가치의 차액을 채무면제익으로 계상한 경우에는 익금에 불산입한다.[17] 이자율 인하 등 기업회계에 의한 채무조정에 따라 채무의 장부가액과 현재가치의 차액을 기업회계상 채무면제익으로 계상하더라도 법인세법은 자산의 평가차익을 인식하지 않으므로 익금으로 보지 않는 것이다.

(3) 기타

(가) 특수관계인이 인수포기한 비상장주식을 회사가 시가보다 저가로 인수한 경우

특수관계인이 인수포기한 비상장주식을 회사가 시가보다 저가로 인수한 경우의 평가차액이 무상으로 받은 자산의 가액에 해당한다는 취지의 판례가 있다.[18] 그러나 자본거래에서 회사와 주주 사이의 경제적 손익은 인식할 수 없으므로 자산수증익에 해당하지 않는다고 보는 것이 타당하다.

(나) 법인이 자산을 시가보다 저가로 매입한 경우

법인이 자산을 시가보다 저가로 매입한 경우 그 매입액과 시가의 차액을 무상으로 받은 자산의 가액으로 볼 수 있는지에 대하여는 명문의 규정이 없다. 법문언의 해석상 무상으로 받은 자산의 가액은 대가 없이 받은 것을 의미하는 점, 법인세법 제15조 제2항 제1호에서 유가증권을 특수관계 있는 개인으로부터 저가로 매입한 경우 익금으로 간주하는 규정을 둔 것은 그 이외의 저가매입으로 인한 이익은 익금에 포함되지 않음을 전제한 것으로 볼 수 있는 점 등을 고려하면 부정적으로 해석함이 타당하다.[19]

바. 손금산입액 중 환입된 금액(법인령 제11조 제7호)

지출 시 손금에 산입한 금액이 다시 법인으로 환입된 경우에는 익금에 산입한다. 그러나 지출 시 손금에 불산입한 금액은 다시 법인으로 환입되더라도 익금에 불산입한다. 예를 들어, 재산세를 납부하였다가 환급받는 경우에는 익금에 산입하나, 법인세를 납부하였다가 환급받는 경우에는 익금에 불산입한다.

---

17) 법인세법 기본통칙 19의2-19의2···9
18) 대법원 1995. 7. 28. 선고 94누3629 판결
19) 김완석·황남석, 법인세법론(2021), 201~202면

사. 자본거래로 인하여 특수관계인으로부터 분여받은 이익(법인령 제11조 제8호)

(1) 의의

합병비율 산정기준에서 벗어난 불공정 합병, 신주인수권 포기 및 신주의 고가인수, 주주의 지분비율에서 벗어난 불균등 감자 등의 자본거래를 하는 경우 한쪽 주주에서 다른 쪽 주주로 이익이 이전된다. 이러한 자본거래로 인하여 특수관계 있는 주주 사이에 이익이 이전되어 법인주주가 다른 주주로부터 이익을 분여받으면 그 이익을 익금에 산입한다. 그 밖의 증자, 감자, 합병, 전환사채 등에 의한 주식의 전환·인수·교환 등 자본거래를 통하여 다른 주주로부터 분여받은 이익도 익금에 산입한다. 이익을 분여한 주주가 법인주주로 한정되는지 아니면 개인주주를 포함하는지 문제되는바, 대법원은 법인주주 이외에 개인주주도 포함한다고 판시하였다.[20] 원심은 부당행위계산부인 규정이 이익을 분여하는 법인 주주를 대상으로 하므로 그에 대응하는 익금산입 규정도 법인 주주로부터 이익을 분여받는 경우만 대상으로 한다고 판시하였으나,[21] 대법원은 위 익금산입 규정이 이익을 분여한 특수관계인을 법인주주로 한정하지 않으므로 개인주주도 포함한다고 해석하였다.

위와 같은 자본거래로 인하여 다른 주주로부터 분여받은 이익은 평가이익의 성격을 가지고 있어서 당연히 익금의 정의에 포함되는 것은 아니므로 법률에서 의제익금의 형태로 규정하는 것이 타당하다는 견해가 있다.[22] 그러나 자본거래로 인하여 특정주주가 얻는 이익은 거래 전후의 주식평가액의 차이로 나타나고, 이러한 평가차익에 대하여는 평가차익의 익금불산입 규정(법인법 제18조 제1호)이 적용되지 않으므로 본래의 익금 개념에 포함된다고 볼 수 있다.[23] 만약 자본거래로 인하여 이익을 분여받은 주주가 법인이 아니라 개인인 경우에는 증여세가 부과된다.

(2) 제3자 배정방식으로 신주를 저가로 인수한 경우

법인세법 시행령 제11조 제8호에서 인용하고 있는 법인세법 시행령 제88조 제1항 제8호 나목은 법인의 증자에 있어서 신주인수권 포기만을 규정할고 있을 뿐 제3자의 신주배정에 관하여는 규정하고 있지 않으므로 제3자 배정방식으로 신주를 저가로 인수한 경우 법인세법 시행령 제88조 제1항 제8호는 적용되지 않고 같은 항 제8호의2가 적용된다.[24] 따라서 제3자 배정방식으로 신주를 저가로 인수하여 특수관계 있는 기존 주주들로부터 이익을 분여받은 경우에는 법인세법 시행령 제88조 제1항 제8호의2를 매개로 법인세법 시행령 제11조 제8호에서 정하는 익금에 해당한다.

---

20) 대법원 2024. 6. 13. 선고 2023두39809 판결
21) 서울고등법원 2023. 3. 21. 선고 2022누53299 판결
22) 김완석·황남석, 법인세법론(2021), 206면
23) 서울고등법원 2010. 12. 9. 선고 2010누18934 판결
24) 대법원 2012. 3. 29. 선고 2011두29779 판결, 대법원 2020. 12. 10. 선고 2018두34350 판결

(3) 이익을 분여한 주주의 세무처리

자본거래로 인하여 이익을 분여한 주주가 개인이면 그 주주에 대하여 별도로 세무처리를 하지 않는다. 그러나 이익을 분여한 주주가 법인이면 그 주주에 대하여는 법인세법 제52조의 부당행위계산부인 규정을 적용하여 분여한 이익을 익금에 산입한다. 이익을 분여한 주주가 개인인지 또는 법인인지에 따라 위와 같은 차이가 생기는 것은 법인세법은 자본거래로 인한 이익분여에 대하여 부당행위계산부인 규정을 두고 있으나, 소득세법은 자본거래로 인한 이익분여에 대하여 부당행위계산부인 규정을 두고 있지 않기 때문이다. 자본거래에 따라 주주들 사이에 이익이 이전하는 경우 이익을 분여한 주주와 이익을 분여받은 주주를 개인과 법인으로 구분하여 과세내용을 요약하면 다음 표와 같다.

| 자본거래에 따라 주주들 사이에 이익이 이전하는 경우 과세내용 |

이익을 분여한 주주		이익을 분여받은 주주	
개인	비과세	개인	증여세 과세
법인	법인세 과세 (부당행위계산 부인)	개인	증여세 과세
개인	비과세	법인	법인세 과세 (익금 산입)
법인	법인세 과세 (부당행위계산 부인)	법인	법인세 과세 (익금 산입)

(4) 동일법인이 불공정합병의 합병당사법인들의 주식을 함께 보유한 경우

어느 법인이 합병당사법인들의 주식을 함께 보유한 상태에서 불공정합병이 이루어지면 주가가 과소평가된 합병당사법인의 주주로서의 재산가치는 감소하지만 동시에 주가가 과대평가된 합병당사법인의 주주로서의 재산가치는 증가하므로 이러한 경우 주가가 과소평가된 합병당사법인의 주주로서 입은 손실과 주가가 과대평가된 합병당사법인의 주주로서 얻은 이익의 크기가 같은 범위에서는 부의 이전 효과가 발생하지 않는다. 따라서 동일법인이 불공정합병의 합병당사법인들의 주식을 함께 보유한 경우에는 주가가 과소평가된 합병당사법인의 주주로서 입은 손실과 주가가 과대평가된 합병당사법인의 주주로서 얻은 이익을 통산하여 그 결과에 따라 법인세법 제52조의 부당행위계산부인 규정과 법인세법 시행령 제11조 제8호의 익금 규정 중 어느 하나를 적용하여야 한다.[25]

---

25) 대법원 2022. 12. 29. 선고 2018두59182 판결

아. 특수관계인에 대한 미회수 가지급금 및 이자(법인령 제11조 제9호)

(1) 의의 및 취지

기업회계상 가지급금(假支給金)은 실제 현금이 지출되었지만 거래내용이 불분명하거나 거래가 종결되지 않아 계정과목이나 금액이 확정되지 않은 경우에 일시적인 채권으로 표시하는 계정을 말하나, 세법상 가지급금은 명칭 여하에 불구하고 당해 법인의 업무와 관련이 없는 자금의 대여액을 의미한다(법인령 제53조 제1항). 법인세법 시행령 제11조 제9호는 특수관계인에 대한 미회수 가지급금 및 이자를 수익의 한 유형으로 규정하고 있다. 법인이 가지급금 및 이자를 회수하지 않은 경우 순자산이 증가하지 않으므로 법인세법 제15조 제1항의 익금에 해당한다기보다 조세정책상 이유로 익금으로 간주하는 것이다. 이는 특수관계인이 법인의 자금을 마치 사금고처럼 임의로 사용하는 것을 방지하기 위함이다. 본래 법인세법 기본통칙에 규정되어 있던 것을 2010. 2. 18. 법인세법 시행령으로 입법하였다.

(2) 과세내용

(가) 특수관계가 소멸한 경우

법인이 특수관계가 소멸할 때까지 회수하지 않은 가지급금 및 그 이자에 대하여 익금산입한다. 세무상으로는 법인이 가지급금과 이자를 특수관계가 소멸한 시점에 회수한 후 특수관계인에게 사외유출한 것으로 처리한다.

(나) 특수관계가 소멸하지 않은 경우

법인이 특수관계인에 대한 가지급금의 이자를 이자발생일이 속하는 사업연도 종료일부터 1년이 되는 날까지 회수하지 않은 경우 그 이자를 익금산입한다. 세무상으로는 법인이 이자발생일이 속하는 사업연도 종료일부터 1년이 되는 날에 이자를 회수하여 특수관계인에게 사외유출한 것으로 처리한다.

(3) 미회수에 정당한 사유가 있는 경우

법인이 쟁송, 담보제공, 해당 채권과 상계할 수 있는 채무 보유 등의 사유로 가지급금이나 이자를 회수하지 않은 경우에는 그 미회수에 정당한 사유가 있으므로 익금불산입한다(법인칙 제6조의2).

(4) 법인세법 시행령 제11조 제9호의 무효 여부

법인세법 시행령 제11조 제9호의 위임법률조항이 있는지, 있다면 어느 조항인지 등이 논란이 될 수 있다. 구체적으로 살펴보면 "수익의 범위 및 구분 등에 필요한 사항은 대통령령으로 정한다."고 규정하고 있는 법인세법 제15조 제3항이 법인세법 시행령 제11조 제9호의 위임법률조항인지 다투어졌다. 대법원은 법인세법 제15조 제3항이 대통령령에 위임한 사항에는 법인세법 제15조 제1항이 정한 익금뿐 아니라 소득처분을 위한 조세정책상 이유 등으로 익금으로 간주하는 것도 포함된다고 하여 법인세법 시행령 제11조 제9호의 위임법률조항에 해당하는 것으로 판단하였다.[26]

자. 보험회사의 책임준비금 변동금액

보험회사의 책임준비금 감소액으로서 보험감독회계에 따라 수익으로 계상된 금액을 익금에 산입한다. 다만, 할인율 변동에 따른 금액은 제외한다.

차. 기타 수익으로서 그 법인에 귀속되었거나 귀속될 금액(법인령 제11조 제10호)

법인세법 시행령 제11조 10호는 기타 익금에 해당하는 사항을 일일이 열거하기 어려우므로 포괄적으로 규정하였다. 이에 해당하는 사항으로 법인세법 기본통칙은 손해배상청구권 또는 손실보상청구권에 의하여 받는 보상금[27] 등을 규정하고 있다.

한편 판례는 채무의 출자전환과정에서 채권자가 취득한 주식의 시가가 채권의 장부가액보다 큰 경우 출자전환이익을 익금에 산입할 수 있다고 판시하였다.[28] 채무의 출자전환은 자본거래와 손익거래의 성격을 모두 가지는데, 채무의 출자전환이 채권자가 주식을 취득하는 대가로 기존 대여금채권을 처분하는 교환의 성격이 있고, 주식의 취득가액이 대여금채권의 장부가액을 초과하는 이상 채권의 처분이익이 발생하여 순자산이 증가하였으므로 출자전환이익을 익금산입하는 것이 타당하다고 본 것이다.

2. 간주익금

가. 의의

법인세법 제15조 제2항에 규정된 간주익금(의제익금)이란 순자산 증가의 발생 여부를 묻지 않고 조세정책상의 이유로 법인세를 과세하기 위하여 법령에서 익금으로 간주하는 것을 의미한다.

나. 종류

(1) 특수관계 있는 개인으로부터 유가증권을 저가로 양수한 경우(법인법 제15조 제1항)

법인이 특수관계 있는 개인으로부터 유가증권을 시가보다 저가로 매입하는 경우 시가와 매입가액의 차액 상당액을 익금으로 간주한다. 법인이 자산을 저가로 취득하더라도 취득시점에는 과세하지 않고 자산의 처분시점에 과세하는 점을 이용하여 개인이 유가증권을 특수관계 있는 법인에게 저가양도함으로써 법인의 주주에게 이익을 분여하는 방법으로 상속세나 증여

---

26) 대법원 2021. 7. 29. 선고 2020두39655 판결
27) 법인세법 기본통칙 15-11…1
28) 대법원 2024. 5. 30.자 2024두34818 판결(심리불속행)

세 등을 회피하는 현상이 발생하자, 이에 대응하기 위하여 1998. 12. 28. 취득시점에 과세하는 내용으로 입법한 것이다.[29] 그러나 위 규정의 입법 당시와 달리 상증세법 제45조의5 소정 특정법인과의 거래를 통한 이익의 증여의제 규정이 신설되어 양수법인의 주주에게 증여세를 과세할 수 있다. 이로써 위 규정이 의도하는 입법목적이 어느 정도 달성되었으므로 일반원칙에 따라 유가증권 취득시점이 아닌 양도시점에 과세하는 것이 타당하다.

(2) 외국자회사의 간접외국납부세액(법인법 제15조 제2항)

법인의 각 사업연도소득에 외국자회사로부터 받는 수입배당금액이 포함되어 있는 경우 외국자회사의 소득에 대하여 외국에서 과세된 법인세액 중 수입배당금액에 대응하는 금액은 외국자회사의 소득으로 외국에서 법인세가 과세되고 다시 수입배당금으로 모회사에게 법인세가 과세된다. 이러한 이중과세를 조정하기 위하여 외국자회사가 외국에서 납부한 법인세상당액을 공제하는데, 이를 간접외국납부세액이라고 한다(법인법 제57조 제4항).

위와 같이 국내모회사의 법인세를 계산할 때 간접외국납부세액을 공제하므로 각 사업연도소득금액을 계산할 때에는 간접외국납부세액을 익금에 산입한다. 이는 배당소득세를 산정할 때 귀속법인세를 세액공제하면서 배당소득을 계산할 때 귀속법인세를 합산하는 그로스업(gross-up)과 같은 이치이다. 해외자회사 수입배당금 익금불산입(법인법 제18조의4)을 적용받는 법인은 간접외국납부세액공제가 적용되지 않으므로 법인세법 제15조 제2항이 적용되지 않는다.

(3) 동업기업의 동업자로서 배분받은 소득(조특법 제100조의18 제1항)

동업기업에 대한 조세특례를 적용받는 동업기업은 동업자군별 배분대상 소득금액 또는 결손금을 각 과세연도의 종료일에 해당 동업자군에 속하는 동업자들에게 동업자 간의 손익배분비율에 따라 배분한다. 이때 동업자가 동업기업으로부터 배분받은 소득금액은 동업자의 익금에 해당한다.

3. 의제배당

법인세법 제16조에 규정된 의제배당은 기업경영의 성과인 잉여금 중 사외에 유출되지 않고 법정적립금, 이익준비금 기타 임의적립금 등의 형식으로 사내유보된 이익이 일정한 사유로 주주나 출자자에게 환원되어 귀속되는 경우에 이러한 이익을 배당으로 의제하여 과세하는 것이다. 이때 주주가 개인인 경우에는 소득세가 과세되고, 주주가 법인인 경우에는 법인세가 과세된다. 법인에 대한 의제배당은 개인에 대한 의제배당과 기본적으로 동일하므로 더 자세한 내용은 "소득세법" 편을 참고한다(제3편 제2장 제2절).

---

29) 재정경제원, 「96 간추린 개정세법」, 1997, 175면

1. 자본거래로 인한 수익

가. 자본 또는 출자의 납입

자본 또는 출자의 납입은 전형적인 자본거래이므로 익금불산입한다(법인법 제15조 제1항). 자본은 상법상 주식회사, 유한회사, 유한책임회사의 자본금을 의미하고, 출자는 합명회사, 합자회사의 출자금을 의미한다. 여기서 자본 또는 출자의 납입의 의미에 대하여 법인세법이 별도의 정의 규정을 두고 있지 않은바, 대법원은 법적 안정성을 위하여 상법상 의미와 동일하게 해석하는 것이 타당하다는 이유로 상법상 회사 설립 또는 설립 후 신주 발행 시 이루어지는 납입행위만을 의미하는 것으로 해석하고 있다.[30] 이와 달리 원심은 본래 현물출자를 하기로 예정하였다가 사정이 있어 다른 경로로 법인에 귀속된 금전은 현물출자 예정 자산의 변형물이므로 출자의 납입에 준하여 익금에서 제외되어야 한다고 판단하였다.[31]

나. 주식발행액면초과액

(1) 의의

주식발행액면초과액은 액면금액 이상으로 주식을 발행한 경우 그 액면금액을 초과한 금액을 말한다. 경영사정이 양호한 회사는 액면금액 이상으로 주식을 발행하므로 일반적으로 주식발행액면초과액이 발생한다. 현물출자의 경우에는 출자받은 재산의 시가가 액면금액을 초과하는 금액이 주식발행액면초과액이다. 무액면주식은 액면금액이 없으나, 발행가액 중 자본금으로 계상한 금액을 초과하는 금액을 주식발행액면초과액으로 본다.

(2) 익금불산입 원칙

주식발행액면초과액은 순자산의 증가를 초래하지만 자본거래에 의한 것이므로 원칙적으로 익금불산입한다.

(3) 익금산입 예외(채무의 출자전환 시 주식 등 발행가액이 시가를 초과한 금액)

(가) 의의

채무의 출자전환(debt-equity swap)은 채무를 자본과 교환하는 것이다. 즉 채권자가 현실적 주금의 납입 없이 채권으로 출자에 갈음하는 것을 의미한다. 채무의 출자전환으로 주식 등을 발행할 때 주식 등의 시가를 초과하여 발행된 금액은 채무면제익의 성격을 가지므로 예외적으로 익금에 산입한다. 채무자 입장에서 소멸된 채권액보다 가치가 적은 주식을 채권자

---

30) 대법원 2023. 11. 30. 선고 2019두58445 판결
31) 서울고등법원 2019. 10. 16. 선고 2019누33509 판결

에게 발행하였으므로 그 차액만큼 채무면제의 효과가 생긴다.

2005. 12. 30. 개정 전 법인세법 제17조 제1항에 따르면 주식발행액면초과액은 액면금액을 초과하여 발행된 금액이라고 규정하였고, 2006. 2. 9. 개정 전 법인세법 시행령 제15조 제1항은 채무의 출자전환으로 주식을 발행하는 경우로서 당해 주식의 시가가 액면가액 이상이고 발행가액 이하인 경우 주식발행액면초과액은 시가에서 액면가액을 차감한 금액이라고 규정하였는바, 판례는 위 시행령 규정이 법률에서 규정한 주식발행액면초과액의 범위에서 주주가 납입한 주식의 인수가액과 시가의 차액 상당액을 제외하여 법인세의 과세대상을 확장하였으므로 모법에 어긋나서 무효라고 판시하였다.[32] 2005. 12. 31. 개정된 법인세법 제17조 제1항 제1호 단서는 발행가액과 시가의 차액을 주식발행액면초과액에서 제외한다고 명시하여 기존의 시행령에 규정된 사항을 법률로 상향입법함으로써 시행령의 위법사항을 해소하였다. 회생기업, 부실징후기업 등의 경우에는 기업회생을 지원하기 위해 채무면제익을 해당 사업연도의 익금에 산입하지 않고, 그 이후의 각 사업연도에 발생한 결손금 보전에 충당할 수 있는 특례가 인정된다(법인법 제17조 제2항, 법인령 제15조 제1항). 다만, 익금불산입금 전액을 결손금 보전에 충당하기 전에 사업을 폐지하거나 해산하는 경우에는 사유 발생일이 속하는 사업연도에서 결손금 보전에 충당하지 않은 금액의 전액을 한꺼번에 익금에 산입한다(법인령 제15조 제2항).

(나) 유형

채무의 출자전환 시 주식 등의 발행가액이 주식 등의 시가보다 큰 경우는 다음과 같이 2가지가 있다.

① 액면가액 〈 시가 〈 발행가액

경영사정이 양호한 회사는 주식의 시가나 발행가액이 액면가액보다 큰 것이 일반적이다. 주식 등의 발행가액이 주식 등의 시가보다 크고 시가가 액면가액보다 큰 경우 (시가 − 액면가액)은 주식발행액면초과액이므로 익금불산입하고, (발행가액 − 시가)는 채무면제익이므로 익금산입한다.

② 시가 〈 액면가액 〈 발행가액

경영사정이 어려운 회사는 주식의 시가가 액면가액보다 낮은 경우가 생길 수 있다. 발행가액이 주식 등의 시가보다 크지만 그 시가가 액면가액보다 적은 경우에는 (액면가액 − 시가)는 주식발행액면초과액에 해당하는 것으로 보아 익금불산입하고, (발행가액 − 액면가액)은 채무면제이익에 해당하는 것으로 보아 익금산입한다.

---

32) 대법원 2012. 11. 22. 선고 2010두17564 전원합의체 판결

다. 주식의 포괄적 교환차익과 포괄적 이전차익

(1) 주식의 포괄적 교환차익(법인법 제17조 제1항 제2호)

주식의 포괄적 교환은 이미 설립된 완전모회사가 다른 회사 주주로부터 발행주식총수를 이전받고 그 대가로 완전모회사의 주식을 교부하는 것을 의미한다(상법 제360조의2). 주식의 포괄적 교환을 하면 합병과 같은 효과를 거둘 수 있다. 대상회사의 주주는 취득회사의 주식을 교부받는 점에서 합병과 같으나, 취득회사는 대상회사의 자산과 부채를 승계하는 것이 아니라 주식을 받는다는 점에서 차이가 있다. 주식의 포괄적 교환차익은 자본금 증가 한도액(자회사의 순자산액)이 완전모회사의 증가한 자본금을 초과한 경우 그 초과액을 말한다.

(2) 주식의 포괄적 이전차익(법인법 제17조 제1항 제3호)

주식의 포괄적 이전은 새로 설립되는 완전모회사가 다른 회사 주주로부터 발행주식총수를 이전받고 그 대가로 완전모회사의 주식을 교부하는 것을 의미한다(상법 제360조의15). 주식의 포괄적 이전차익은 자본금의 한도액이 설립된 완전모회사의 자본금을 초과한 경우 그 초과액을 의미한다.

라. 감자차익(법인법 제17조 제1항 제4호)

감자차익은 자본감소액이 주금(株金)의 반환에 소요된 금액과 결손보전에 충당된 금액을 초과하는 경우 그 초과액을 말한다. 감자차익은 발행주식을 무상으로 취득하여 소각하거나 액면가액 이하의 대가를 지급하고 소각하는 경우 발생한다. 회사가 자기주식을 취득한 후 소각함으로써 발생하는 자기주식소각이익은 감자차익의 일종이다.

마. 합병차익과 분할차익(법인법 제17조 제1항 제5호, 제6호)

합병차익은 소멸된 회사로부터 승계한 재산의 가액이 그 회사로부터 승계한 채무액, 그 회사의 주주에게 지급한 금액과 합병 후 존속하는 회사의 자본금증가액 또는 합병에 따라 설립된 회사의 자본금을 초과한 경우 그 초과액을 의미한다. 2011. 4. 14. 개정 전 상법 제459조 제3호는 회사합병의 경우에 합병차익을 자본준비금으로 적립하도록 규정하였다. 이러한 상법의 영향을 받아 법인세법은 합병차익을 익금불산입하도록 규정하되, 법인세법에서 익금으로 규정한 금액은 제외한다. 예를 들어, 합병차익 중 합병매수차익은 과세되므로 합병차익에서 제외한다.

분할차익은 분할 또는 분할합병으로 설립된 회사 또는 존속하는 회사에 출자된 재산의 가액이 출자한 회사로부터 승계한 채무액, 출자한 회사의 주주에게 지급한 금액과 설립된 회사의 자본금 또는 존속하는 회사의 자본금증가액을 초과한 경우 그 초과액을 의미한다. 분할차익도 합병차익과 같이 원칙적으로 익금불산입하되 분할매수차익과 같이 법인세법에서 익금으로 규정한 금액은 제외한다.

바. 자본준비금 등 감액배당(법인법 제18조)

자본준비금과 이익준비금이 자본금의 1.5배를 초과하면 그 초과분을 감액하여 배당할 수 있다(상법 제461조의2). 이 중 자본준비금을 감액하여 받는 배당은 주주가 납입한 출자금을 반환하는 것이므로 익금불산입하되, 그만큼 주식의 취득가액에서 차감한다.[33] 당초에는 자본준비금을 감액하여 받는 배당금이 주식의 장부가액을 초과하는 경우에도 익금불산입한다고 해석하였다.[34] 그러나 자본준비금 감액배당을 이용한 조세회피가 나타나자 2022. 12. 31. 법인세법 개정 시 주식의 장부가액을 한도로 익금불산입하도록 바꾸었다. 이는 자본준비금 감액배당 중 주식의 장부가액 초과분을 배당으로 본다는 의미로 해석할 수 있다. 다만 채무의 출자전환 시 채무면제익, 자기주식 등 소각이익 등을 자본에 전입하는 경우 등 의제배당으로 과세되는 경우에는 익금산입한다.

2. 수입배당금 익금불산입

가. 국내자회사

(1) 의의 및 취지

법인이 주주로서 피출자법인으로부터 배당을 받는 경우 피출자법인이 이미 이익에 대한 법인세를 납부한 후의 금액을 지급받는 것이므로 주주인 법인이 받는 배당금에 대하여 다시 법인세를 부과하면 동일한 소득에 대한 이중과세의 문제가 발생한다. 이러한 이중과세를 조정하기 위하여 법인세법이 채택한 제도가 수입배당금 익금불산입제도이다. 종전에는 지주회사와 일반법인, 상장법인과 비상장법인을 구분하여 지주회사, 상장법인의 수입배당금 익금불산입률을 더 높게 규정하였다. 지주회사로의 전환, 법인의 상장을 유도하기 위한 취지가 반영된 것이었다. 그러나 2022. 12. 31. 법인세법 개정 시 회사형태를 구분하지 않는 국제기준에 맞추어 지주회사와 일반법인, 상장법인과 비상장법인의 구분없이 출자비율에 따라 익금불산입률을 정하는 것으로 단순화하였다(법인법 제18조의2).

(2) 적용범위

(가) 수입배당금의 범위

수입배당금액에는 자회사로부터 받는 금전배당 외에 주식배당, 의제배당, 중간배당이 모두 포함된다.[35]

---

33) 주식의 취득가액이 감소하므로 추후 주식을 양도할 때 익금에 산입된다. 결국 자본준비금 감액배당을 익금으로 인식하지 않는 것은 주식의 처분 시까지 손익인식을 이연하는 효과가 있다.
34) 기획재정부 법인세제과-740(2018. 6. 22.)
35) 국세청 2017-법령해석법인-0746(2017. 11. 29.), 국세청 2015-법령해석법인-1555(2015. 10. 18.)

(나) 비영리법인의 적용 여부

고유목적사업준비금을 손금에 산입하는 비영리법인은 내국법인의 범위에서 제외한다(법인법 제18조의2 제1항 괄호부분). 배당금의 일부라도 고유목적사업준비금을 설정한 비영리법인의 경우 수입배당금 익금불산입이 적용되지 않는다.[36] 비영리법인이 동일한 배당소득에 대하여 고유목적사업준비금 손금산입과 수입배당금 익금불산입을 동시에 적용받아 중복혜택을 누리는 것을 방지하기 위한 취지이다. 다만, 고유목적사업준비금을 설정할 수 없는 비영리법인은 중복혜택을 누릴 수 없으므로 수입배당금 익금불산입 규정을 적용한다.[37]

(다) 익명조합계약의 적용 여부

내국법인이 익명조합계약을 체결하여 익명조합원의 지위에 있는 내국법인이 영업자의 지위에 있는 다른 내국법인에 출자하여 영업자의 지위에 있는 다른 내국법인으로부터 지급받는 돈은 익명조합원의 지위에서 출자 당시 정한 손익분배약정에 따라 지급받는 것일 뿐 주주 등이 받는 배당에 해당하지 않는다. 따라서 익명조합원의 지위에 있는 내국법인이 영업자의 지위에 있는 다른 내국법인으로부터 지급받는 금액에 대하여는 수입배당금 익금불산입 규정을 적용할 수 없다.[38]

(3) 익금불산입률과 익금불산입액의 계산
(가) 익금불산입률

출자비율	익금불산입률
50% 이상	100%
20% 이상 50% 미만	80%
20% 미만	30%

익금불산입률 구간 중 출자비율 20%를 기준으로 익금불산입률 차이가 50%나 나는데, 출자비율 20%는 공정거래법상 지주회사의 상장 자회사·손자회사 의무지분율에 맞춘 것이다. 2021. 12. 30.부터 공정거래법의 지주회사 의무지분율이 기존 20%에서 30%로 상향되었으나, 상향된 지분율은 신규로 편입할 때에만 적용하고, 기존 지주회사 체제 내의 회사들은 20%의 지분율이 적용된다. 수입배당금 익금불산입률을 규정함에 있어서도 공정거래법의 지주회사 기존 지분율 20%에 맞추어 익금불산입률에 차등을 둔 것이다.

---

36) 조심 2019. 7. 4.자 2018중3033 결정
37) 기획재정부 법인세제과-0033(2009. 1. 16.)
38) 대법원 2017. 1. 12. 선고 2015두48693 판결

(나) 익금불산입액

익금불산입액 = (수입배당금액 × 익금불산입률) − 차감지급이자

* 차감지급이자 = 차입금 이자 × 피출자법인의 주식 등 장부가액 적수/재무상태표상 자산총액 적수
　　　　　　　　× 익금불산입률

① 지급이자의 차감

익금불산입액을 계산할 때 지급이자를 차감한다. 지주회사가 자금을 차입하여 자회사에 출자함으로써 차입금에 대한 지급이자 손금불산입과 수입배당금 익금불산입의 이중공제(double deduction) 혜택을 받는 것을 방지하기 위함이다. 이중과세를 방지하기 위하여 배당소득을 과세대상에서 제외하면서 그 수입에 대응하는 비용을 손금으로 인정하면 수익비용대응원칙에 반한다.[39] 2004. 12. 31. 법인세법 개정 전에는 "다른 내국법인에의 출자와 관련된 차입금의 이자"에 한하여 익금불산입액에서 차감하도록 규정하고 있어서 출자와 관련된 차입금의 이자만 차감하는 것으로 해석하였다.[40] 그러나 그 이후에는 "다른 내국법인에의 출자와 관련된" 부분을 삭제하였고, 이는 금전의 특성상 자금추적을 통하여 관련성을 판명하기 곤란한 점, 차입시기와 출자시기를 인위적으로 조작할 가능성이 있는 점 등의 문제점을 고려하여 실제 출자와의 관련성 여부를 따지지 않고 비율적 안분방식에 따라 계산하겠다는 취지가 반영된 것이다.[41]

② 차입금 이자의 범위

2004. 12. 31. 법인세법 개정으로 차입금 이자는 민법상 금전소비대차계약에 따른 채무의 이자나 출자주식과 개별적인 관련성을 가지는 차용금에 한정된다고 할 수 없고, 원칙적으로 손비의 항목으로 규정한 모든 차입금 이자를 의미하는 것으로 넓게 해석된다.[42] 금융회사가 예금계약 등에 근거하여 고객으로부터 예금을 맡아 관리하면서 지출하는 예수금 이자는 예금 유치에 따른 영업비용이므로 차입금 이자로 볼 수 없으나, 금융회사가 환매조건부 채권매도, 매출어음 할인, 금융채의 발행, 신탁계정으로부터의 자금차입 등 다양한 방식으로 타인으로부터 그 목적사업을 위한 운영자금을 조달하면서 지출하는 비용은 금융회사가 아닌 일반기업들과 마찬가지로 차입금 이자에 해당한다.[43] 다만 현재가치할인차금 상각액이나 연지급수입금액은 차입에서 발생한 이자가 아니라 매입활동 관련 이자이므로 차입금 이자의 범위에서 제외된다(법인령 제72조 제6항). 법인세법 시행령 제55조의 지급이자 손금불산입규정에 따라 이

---

[39] 이의영, "법인주주 수입배당금 중 익금불산입 산정의 취지와 방법", 대법원판례해설 제114호, 2017, 112면
[40] 대법원 2009. 7. 23. 선고 2007두21297 판결
[41] 이의영, 118면
[42] 대법원 2017. 7. 11. 선고 2015두49115 판결
[43] 대법원 2017. 7. 11. 선고 2015두49115 판결

406 | **제2편** 법인세법

미 손금불산입된 금액은 다시 차감하여 이중으로 불이익을 줄 필요가 없으므로 차감하는 지급이자에서 제외한다.

(4) 배제(법인법 제18조의2 제2항)

(가) 배당기준일 전 3개월 이내에 취득한 주식보유에서 발생하는 수입배당금액

배당기준일 전 3개월 이내에 취득한 주식 등을 보유함으로써 발생하는 수입배당금에 대하여는 수입배당금 익금불산입규정을 적용하지 않는다. 배당기준일 직전에 주식을 매입한 후 배당기준일 직후에 손해를 보고 매각함으로써 수입배당금을 익금불산입하고 주식양도차손을 손금산입하는 방법으로 조세회피하는 것을 방지하기 위한 취지이다. 이 경우 자회사의 동일종목의 주식 등을 계속하여 매매한 경우에는 먼저 취득한 주식 등을 먼저 양도한 것으로 본다(법인령 제17조의3 제8항). 자회사 주식의 취득시기 및 보유기간 등과 관련하여 선입선출법을 적용하는 것이다.

(나) 지급배당 소득공제를 적용받는 유동화전문회사, 신탁재산 등으로부터 받은 수입배당금액

법인세법 제51조의2의 소득공제를 적용받는 유동화전문회사 등의 법인, 제75조의14의 소득공제를 적용받는 법인과세 신탁재산으로부터 받은 수입배당금액에 대하여는 수입배당금 익금불산입규정을 적용하지 않는다. 법인세법 제51조의2의 소득공제를 적용받는 법인은 배당가능이익의 90% 이상 배당하는 경우 그 법인을 일종의 도관으로 보아 배당금 전액을 소득공제하여 법인세 부담을 제거한다. 이 경우 자회사가 법인세를 부담하지 아니하여 출자법인에게 법인세를 부과하더라도 이중과세의 문제가 없으므로 수입배당금 익금불산입의 적용을 배제하는 것이다. 또한 법인과세 신탁재산의 경우 배당금 전액을 소득공제하는 방법으로 법인세 부담을 제거하여 이중과세의 문제가 없으므로 수입배당금 익금불산입의 적용을 배제한다.

(다) 법인세를 비과세, 면제, 감면받는 법인으로부터 받은 수입배당금액

법인세법과 조특법에 따라 법인세를 비과세, 면제, 감면받는 법인으로부터 받은 수입배당금액에 대하여는 수입배당금 익금불산입규정을 적용하지 않는다. 자회사가 법인세를 부담하지 아니하여 출자법인에게 법인세를 부과하더라도 이중과세의 문제가 없으므로 수입배당금 익금불산입의 적용을 배제하는 것이다.

(라) 기타

유상감자 시 취득가액을 초과하는 의제배당금액, 자기주식이 있는 상태에서 자본잉여금의 자본전입으로 인해 발생하는 이익, 3% 재평가적립금을 감액하여 받은 배당, 합병차익 및 분할차익 중 승계된 금액을 감액하여 받은 배당 등은 피출자법인에게 법인세가 과세되지 아니하여 이중과세 조정의 필요성이 없으므로 수입배당금 익금불산입의 적용을 배제한다. 이 조항들은 2023. 12. 31. 법인세법 개정 시 신설되었는데, 특히 유상감자 시 취득가액을 초과하는 의제배당금액에 대하여 익금불산입을 배제하는 것은 다른 소득을 배당소득으로 전환시켜 수입배당금 익금불산입을 받는 경우를 방지하기 위한 취지를 가지고 있다.

나. 해외자회사

(1) 의의 및 취지

법인이 해외자회사로부터 배당을 받는 경우에도 국내자회사로부터 배당을 받는 경우와 마찬가지로 이중과세의 문제가 발생하므로 이를 조정하기 위하여 해외자회사로부터 받은 배당금을 익금불산입한다(법인법 제18조의4). 해외자회사 배당금에 대하여 대부분의 국가가 원천지국 과세를 채택하여 익금불산입하고 있으므로 2022. 12. 31. 법인세법 개정 시 국제기준을 수용한 것이다. 해외자회사 배당금의 원천지국 과세는 자본수입중립성이 보장되고, 그 밖에 기업의 경쟁력 확보, 국외소득의 국내환류 등에서 거주지국 과세보다 우위에 있는 것으로 평가된다.[44]

(2) 해외자회사 요건

해외자회사는 지분율 10% 이상이고, 배당기준일 현재 6개월 이상 보유하여야 한다. 해외자원개발사업을 하는 해외자회사는 지분율이 5% 이상이면 된다(법인법 제18조의4 제1항). 해외자회사의 자본준비금 감액으로 인한 배당은 지분율에 관계없이 익금불산입한다(법인법 제18조의4 제2항).

(3) 수입배당금의 범위

이익의 배당금, 잉여금의 분배금, 의제배당금이 모두 포함된다. 다만, 특정외국법인(CFC) 유보소득 과세제도가 적용되는 경우, 국내에서는 자본으로 보이 배당소득으로 취급하고, 상대국에서는 부채로 보아 이자비용으로 취급하는 혼성금융상품, 간접투자회사(기관전용 사모집합투자기구 제외) 등에 대하여는 적용하지 않는다(법인법 제18조의4 제3항, 제4항). 특정외국법인(CFC)의 유보소득에 대하여 해외자회사 수입배당금 익금불산입제도를 적용하면 특정외국법인(CFC) 유보소득 과세제도의 취지를 달성하기 어렵기 때문이다. 그러나 안정적 공급망 확보를 위해 해외자원개발사업에 투자나 출자한 경우에는 특정외국법인(CFC)유보소득 과세제도가 적용되는 경우에도 수입배당금의 익금불산입을 적용한다(법인령 제18조 제2항 단서).

(4) 익금불산입률

법인이 해외자회사로부터 받는 배당금에 대하여는 95% 익금불산입한다(법인법 제18조의4 제1항). 수취한 배당금수입을 익금불산입하는 것에 대응하여, 그 비용도 손금불산입하여야 하는데 그 비용을 배당소득의 5%로 의제하여 그 차이인 95%를 익금불산입하는 것이다.[45]

---

44) 그 밖에 거주지국 과세와 원천지국 과세의 장단점에 대하여는 황남석, "원천지국 과세원칙으로의 전환 필요성에 관한 고찰-배당소득을 중심으로-", 외법논집 제43권 제3호, 193~199면 참조
45) 이중교·황남석, "수입배당금 익금불산입제도의 개선방안 연구-비교법적 검토를 중심으로-", 세무와 회계연구 제10권 제2호, 2021, 256면

(5) 간접외국납부세액공제와의 관계

해외자회사 수입배당금 익금불산입제도가 적용되지 않는 경우에는 간접외국납부세액공제를 적용한다. 해외자회사 수입배당금 익금불산입제도가 적용되지 않으면 간접외국납부세액공제제도가 허용하는 범위 내에서 이중과세 조정을 허용하는 것이다.

3. 기타 익금불산입 항목

① 각 사업연도소득으로 이미 이전 사업연도에 과세된 소득, 법률에 따라 비과세되거나 면제되는 소득을 당해 사업연도의 소득으로 계산한 경우에는 이중과세를 방지하기 위하여 익금에 불산입한다(법인법 제18조 제2호).

② 법인세와 같이 손금불산입액 중 환입액은 익금에 불산입한다(법인법 제18조 제3호).

③ 국세환급금에 대한 이자는 과세관청의 잘못으로 발생한 것이므로 익금불산입한다(법인법 제18조 제4호).

④ 부가가치세 매출세액은 공급자가 상대방으로부터 거래징수해서 국가에 납부하여야 하는 금액으로 기업회계기준상 예수금, 즉 부채에 해당하므로 익금불산입한다(법인법 제18조 제5호).

⑤ 연결모법인이 연결자법인에게서 지급받았거나 지급받을 세액은 연결자법인 대신 납부해야 하는 세액이므로 익금에 불산입한다(법인법 제18조 제7호).

제4장 손금의 계산

제1절 의의

1. 손금(損金)의 개념

법인세법 제19조 제1항은 손금을 "자본 또는 출자의 환급, 잉여금의 처분 및 이 법에서 규정하는 것은 제외하고 해당 법인의 순자산을 감소시키는 거래로 인하여 발생하는 손실 또는 비용의 금액"이라고 정의하고 있다. 기업회계에서 사용되는 비용이라는 용어 대신 법인세법에서 손금이라는 용어를 사용하는 것은 법인세법의 손금이 기업회계의 비용과 일치하지 않기 때문이다.[1] 손금은 기본적으로 법인의 순자산이 감소하는 것을 의미하나, 법인의 순자산이 감소하더라도 자본 또는 출자의 환급 등 자본거래에 의한 경우와 법인세법에서 특별히 손금이 아니라고 규정한 경우에는 손금에서 제외된다.

2. 손금의 요건과 판단기준

가. 손금의 요건

(1) 규정

법인세법 제19조 제2항은 다음과 같이 손금의 요건을 규정하고 있다.

> 제19조(손금의 범위)
> ② 손비는 이 법 및 다른 법률에서 달리 정하고 있는 것을 제외하고는 그 법인의 사업과 관련하여 발생하거나 지출된 손실 또는 비용으로서 일반적으로 인정되는 통상적인 것이거나 수익과 직접 관련된 것으로 한다.

위 규정에 따르면 손금의 요건은 사업 관련성, 통상성, 수익관련성 등 3가지이다. 순자산이

---

1) 회계에서 비용은 자산의 유출이나 소멸 또는 부채의 증가에 따라 자본의 감소를 초래하는 특정 회계기간에 발생한 경제적 효익의 감소로서, 지분참여자에 대한 분배와 관련된 것은 제외한다(K-IFRS 개념체계 문단 BC4.1).

증가하면 특별한 예외가 없는 한 익금에 해당하나, 순자산이 감소한 경우에는 위 3가지 요건을 갖추어야 손금으로 인정된다.

(2) 요건

(가) 사업 관련성

손금은 법인의 사업과 관련하여 발생한 비용 또는 손실이어야 한다. "사업과 관련하여"의 범위에 관해서는 "사업에 필수불가결한"으로 좁게 해석하는 견해, "사업에 필요한" 정도로 해석하는 견해, "사업에 수반하는"으로 넓게 해석하는 견해 등이 있다. 손금으로 인정되려면 사업 관련성 이외에 통상성, 수익관련성의 요건도 갖추어야 하므로 "사업에 수반하는"으로 넓게 해석하는 것이 타당하다.[2] 사업 관련성이 없는 손비 중 업무무관비용, 업무무관자산의 취득 및 보유와 관련한 지급이자 등에 대하여는 별도의 규정을 두고 있다. 사업의 범위에 대하여는 법인등기부나 정관에 기재된 목적사업으로 한정할 것은 아니고, 목적사업의 수행에 직접 또는 간접적으로 필요한 행위까지 포함하는 것으로 넓게 인정하는 것이 타당하다.[3]

(나) 통상성

손금은 일반적으로 인정되는 통상적인 비용 또는 손실이어야 한다. 이는 납세의무자와 같은 종류의 사업을 영위하는 다른 법인도 동일한 상황 아래에서는 지출하였을 것으로 인정되는 비용을 의미한다.[4] 납세의무자가 속한 사업분야에서 흔히 발생하는 비용으로 그 지출이 적정하고 공서양속에 반하지 않는다는 의미까지 내포한다.[5] 이러한 취지에서 판례는 사회질서에 위반하여 지출된 비용은 통상성의 요건을 갖추지 못한 것으로 본다.[6]

(다) 수익관련성

손금은 수익과 직접 관련된 것이어야 한다. 수익과 무관하게 지출된 비용은 손금에 해당하지 않는다는 의미이다. 수익관련성은 수익비용대응 원칙으로 연결되어 손금은 채무의 확정과 무관하게 익금이 확정되는 사업연도의 손금에 산입한다. 판례 중에는 사회질서에 위반하여 지출된 비용은 수익과 직접 관련된 비용에 해당하지 않는 것으로 판시한 것이 있다.[7] 사회질서에 심히 위반하여 지출된 비용이 통상성의 요건을 갖추지 못한다는 점은 수긍할 수 있으나, 수익관련성까지 갖추지 못한 것으로 볼 수 있는지에 대하여는 의문이 있다.

---

2) 강석규, 조세법쟁론(2023), 595면
3) 김재승, "법인세법 제19조의 해석", 조세법연구 제17권 제2호, 2011, 72~73면
4) 대법원 2009. 11. 12. 선고 2007두12422 판결
5) 김재승, 전게논문, 68면
6) 대법원 2017. 10. 26. 선고 2017두51310 판결
7) 대법원 2017. 10. 26. 선고 2017두51310 판결

나. 손금의 판단기준

(1) 의의

사업과 무관하게 발생한 비용이지만 그것이 수익과 관련된 경우 손금에 해당하는지 문제된다. 이는 법인세법 제19조 제2항의 "그 법인의 사업과 관련하여 발생하거나 지출된 손실 또는 비용으로서"라는 문구가 "통상적인 것"만 수식하는지 또는 "통상적인 것" 외에 "수익과 직접 관련된 것"까지 수식하는지의 해석과 관련된다.

(2) 학설

제1설은 "그 법인의 사업과 관련하여 발생하거나 지출된 손실 또는 비용으로서"가 통상적인 것"만 수식한다고 보는 견해이다.[8] 이에 의하면 사업과 무관하게 발생한 비용도 수익과 관련된 것이면 손금에 산입할 수 있다.

제2설은 "그 법인의 사업과 관련하여 발생하거나 지출된 손실 또는 비용으로서"가 통상적인 것"과 "수익과 직접 관련된 것" 모두를 수식한다고 보는 견해이다.[9] 이에 의하면 사업과 무관하게 발생한 비용이 수익과 관련된 것이라도 손금에 산입할 수 없다.

(3) 판례

판례는 "기부금을 사업과 관련하여 발생하거나 지출된 손실 또는 비용으로서 일반적으로 인정되는 통상적인 것이거나 수익과 직접 관련된 것이라고 볼 수는 없다."거나,[10] "지출 자체가 사회질서에 반하는 것으로서 일반적으로 용인되는 통상적인 비용이나 수익과 직접 관련된 비용에 해당한다고 볼 수 없다."[11] 등과 같이 법인세법 제19조 제2항의 조문을 그대로 인용하므로 위 제1설과 제2설 중 어느 입장인지 명확하지 않다.

(4) 검토

법인세법 제19조 제2항의 문장구조 및 문언상 사업 관련성이 없더라도 법인의 수익과 직접 관련이 있는 것은 손금에 해당한다고 해석하는 제1설이 타당하다. 이에 따르면 법인이 비업무용 자산을 처분한 경우 그 취득가액은 사업 관련성이 없으나, 수익과 직접 관련된 비용이므로 손금에 해당하는 것으로 볼 수 있다.[12]

---

8) 김완석, "법인세법상 손금에 관한 연구" 세무학연구 제19권 제2호, 2002, 74면
9) 김재승, 전게논문, 68면
10) 대법원 2014. 8. 26. 선고 2014두4719 판결
11) 대법원 2017. 10. 26. 선고 2017두51310 판결
12) 김완석·황남석, 법인세법론(2021), 272면

다. 관련 판례 등

(1) 법인설립 전에 지출원인이 발생한 비용

법률자문용역 등 법인설립 전에 지출원인이 발생한 비용이라도 그 법인의 설립목적과 설립 후의 영업내용 등에 비추어 손금의 요건을 갖춘 경우에는 손금에 산입할 수 있다.[13]

(2) 직원의 업무상 불법행위로 인한 손해배상금

종전에 법인세법 기본통칙은 법인이 임원 또는 사용인의 행위 등으로 인하여 타인에게 손해를 끼침으로써 법인이 손해배상금을 지출한 경우에는 그 손해배상의 대상이 된 행위 등이 법인의 업무수행과 관련된 것이고 고의나 중과실로 인한 것이 아닌 경우에는 그 지출한 손해배상금은 손금에 산입한다고 규정하였다.[14] 법인이 직원을 고용하여 업무를 수행하면서 발생한 손실은 법인의 이익추구과정에서 불가피하게 발생하는 것이므로 원칙적으로 손금으로 인정하되, 고의나 중과실이 있는 경우에는 통상성을 갖추지 못한 것으로 보아 손금을 부인하는 취지로 보인다.[15] 그러나 2024. 3. 15. 위 법인세법 기본통칙을 삭제하였다. 대법원은 위 기본통칙이 삭제된 후에 선고한 판결에서 직원의 고의로 불법행위를 하여 법인이 확정판결에 따라 지출한 손해배상금을 손금산입할 수 있다고 판시하였다.[16] 이에 따르면 법인이 임원 또는 사용인의 행위 등으로 인하여 손해배상금을 지출한 경우에는 그것이 고의 또는 중과실에 의한 것이라도 손금산입할 수 있다고 해석된다. 이와 달리 소득세법 제33조 제15호는 고의 또는 중과실로 타인의 권리를 침해하여 손해배상금을 지급하는 경우에는 필요경비에 산입하지 않는다고 규정하여 법인세법과는 다른 입장을 취하고 있다.

3. 위법비용의 손금산입 여부

가. 판단기준

위법비용은 일반적으로 ① 위법소득을 얻기 위하여 지출한 비용, ② 지출 자체에 위법성이 있는 비용을 의미한다. 위법비용의 손금산입에 대하여는 법인세법에서 별도의 규정을 두고 있지 않으므로 해석에 맡겨져 있다. 1998. 12. 28. 법인세법 개정 전에는 손금은 법인의 순자산을 감소시키는 거래로 인하여 발생하는 손비의 금액이라고 규정하였을 뿐 손금의 요건에 대하여는 별도로 규정하지 않았다. 사업 관련성, 통상성, 수익관련성 등 손금의 요건에 대한 규정은 1998. 12. 28. 법인세법 개정 시 비로소 신설되었다. 국제기준에 따라 경비의 일반원칙과 기준을 규정하여 기업이 부당한 비용을 손비로 처리하는 것을 방지하고, 손비 인정 여부에 대한 다툼의 소지를 제거하기 위한 취지이다.[17]

---

13) 대법원 2013. 9. 26. 선고 2011두12917 판결
14) 2024. 3. 15. 개정 전 법인세법 기본통칙 19-19…14
15) 송동진, 법인세법(2023), 326면
16) 대법원 2024. 9. 12. 선고 2021두35308 판결
17) 재정경제부, 「98간추린 개정세법」, 1999, 180면

위 손금의 요건에 대한 규정이 신설되기 전에 판례는 위법비용의 손금산입에 대하여는 사회질서에 심히 반하지 않는 한 손금에 산입한다고 판시하였다.[18] 위 손금의 요건에 대한 규정이 신설된 이후에는 사회질서에 심히 위반하여 지출된 비용에 관하여 통상성의 요건을 갖추지 못하여 손금이 부인된다고 판시한 것이 있는가 하면[19] 통상성이나 수익관련성을 갖추지 못하여 손금이 부인된다고 판시한 것이 있다.[20]

나. 관련 판례

(1) 외환위기 상황에서 신탁겸영은행의 보전금 지출[21]

외환위기 상황에서 신탁겸영은행이 수탁고 격감, 기존 신탁계약 등의 대규모 해지 및 인출 사태 등을 방지하기 위하여 다른 시중은행들과 협의를 거쳐 고유계정에서 실적배당신탁계정으로 보전금을 지출한 사안에서, 판례는 사업상 필요하고 통상적인 것이었으므로 법인세법상 손금에 산입할 수 있다고 판시하였다. 고유계정에서 실적배당신탁계정으로 보전금을 지출한 것은 신탁업감독규정에 위반되고 이로 인해 감독기관의 기관경고를 받았더라도, 그것이 사업상 필요하고 다른 시중은행들도 동일하거나 유사한 방식으로 보전금을 지출한 점을 고려하여 보전금의 지출은 손금에 해당한다고 판시한 것이다.

(2) 의약품 리베이트[22]

의약품 도매상이 약국 등 개설자에게 의약품 판매촉진의 목적으로 이른바 '리베이트(rebate)' 라고 불리는 금전을 지급한 사안에서, 판례는 약사법 등 관계법령이 명시적으로 리베이트의 지급을 금지하고 있지 않더라도 사회질서에 위반하여 지출된 것으로서 그 비용은 손금에 산입할 수 없다고 판시하였다. 2008. 12. 14. 시행된 약사법 시행규칙 제62조 제1항 제5호는 의약품의 품목허가를 받은 자, 수입자 및 도매상은 의료인, 의료기관 개설자 또는 약국 등의 개설자에게 의약품 판매촉진의 목적으로 금전, 물품, 편익, 노무, 향응, 그 밖의 경제적 이익을 제공하지 못하도록 규정하였다. 위 판례는 위 규정이 개정되기 전의 사안으로서 법령에 리베이트의 수수를 금지하는 규정이 없었으나, 의약품 도매상이 약국 등 개설자에게 리베이트를 지급하는 것은 사회질서에 위반하는 행위로서 손금산입이 제한된다고 판시하였다.

(3) 담합사례금[23]

파이프를 설치하는 시공업체인 회사가 15개의 동종업체들과 입찰포기의 대가인 담합사례

---

18) 대법원 1998. 5. 8. 선고 96누6158 판결
19) 대법원 2009. 11. 12. 선고 2007두12422 판결
20) 대법원 2017. 10. 26. 선고 2017두51310 판결
21) 대법원 2009. 6. 23. 선고 2008두7779 판결
22) 대법원 2015. 1. 15. 선고 2012두7608 판결
23) 대법원 2017. 10. 26. 선고 2017두51310 판결

금을 가장 높게 제시한 업체가 보일러 파이프 공사를 낙찰받기로 결정한 후 낙찰예정업체가 나머지 업체들에게 공사대금의 일부를 담합사례금으로 분배하는 대신 나머지 업체들은 위 낙찰예정업체가 실제로 공사를 낙찰받을 수 있도록 낙찰예정업체의 투찰금액 이상으로 입찰에 참여하기로 합의하고 담합사례금을 수수하였는데, 위 담합행위가 적발되자 과세관청이 동종 업체들로부터 수령한 담합사례금을 익금산입하고, 동종업체들에게 지급한 담합사례금을 손금불산입하여 담합사례금을 지급한 회사에 법인세를 과세한 사안에서, 판례는 동종 업체들에게 지출한 담합사례금은 통상성이나 수익관련성을 갖추지 못하여 손금에 산입할 수 없다고 판시하였다. 담합사례금의 수수는 공정거래법에 위반되는 행위로서 통상성과 수익관련성을 갖추지 못하여 손금에 해당하지 않는다고 판시한 것이다.

(4) 금융지주회사의 손해배상금

은행이 공동불법행위를 원인으로 한 손해배상청구소송에서 패소하여 모법인인 금융지주회사가 확정판결에 따라 지급한 손해배상금의 손금산입 여부가 다투어진 사안에서, 판례는 은행의 사업과 관련하여 지출된 비용으로서 일반적으로 인정되는 통상적인 것이므로 손금에 해당한다고 판시하였다.[24] 손해배상금은 반사회질서 행위에 대한 손해배상책임에 따라 부담한 비용으로서 반사회질서 행위 자체에 들어간 비용과는 차이가 있다는 점을 고려한 것으로 보인다.

(5) 학원의 바이럴마케팅 용역비

인터넷 강의업체가 광고대행사로부터 바이럴마케팅(viral marketing) 관련 용역을 제공받고 그에 따라 지출한 용역비의 손금산입 여부가 다투어진 사안에서, 판례는 사회질서에 위반하여 지출한 비용이므로 손금에 산입할 수 없다고 판시하였다.[25]

---

24) 대법원 2024. 9. 12. 선고 2021두35308 판결
25) 대법원 2024. 10. 8.자 2024두46606 판결(심리불속행)

제2절 ▶ 손금산입

1. 손금의 범위

가. 매입가액과 그 부대비용(법인령 제19조 제1호)

판매한 상품이나 제품에 대한 원료의 매입가액과 그 부대비용은 사업수입금액에 대응하는 비용으로서 손금에 해당한다. 매입원가와 그 부대비용은 수익비용대응원칙에 따라 자산이 처분되어 처분대금을 익금산입할 때 원가로서 손금산입된다. 매입가액은 기업회계기준의 매출원가를 의미하고, 매출원가는 다음과 같이 기초재고액에 당기 상품매입액을 더한 후 기말재고액을 공제하여 산정한다. 다만, 매출에누리 및 매출할인을 익금에서 제외하는 것과 같은 이치로 매입에누리 및 매입할인은 손금에서 제외한다.

> 매출원가 = 기초 재고액 − 당기 상품매입액 + 기말재고액

나. 판매부대비용(법인령 제19조 제1호의2)

(1) 의의

판매한 상품이나 제품의 보관료, 포장비, 운반비, 판매장려금 및 판매수당 등 판매와 관련된 부대비용은 손금에 해당한다. 판매부대비용이란 기업회계기준에 따라 계상한 판매 관련 부대비용을 말한다(법인칙 제10조 제1항). 판매부대비용은 기간비용이므로 지출할 때 바로 손금에 산입하도록 하는 것이다.

(2) 사전약정 없이 지급한 경우

판매장려금 및 판매수당의 경우 사전약정 없이 지급하는 경우도 손금에 해당한다. 과거 법인세법 시행규칙에서 판매부대비용에 포함되는 것으로 판매장려금 등을 열거하면서 거래처와 사전약정이 있는 경우에 한하도록 규정하였으나, 판례는 그 문구에 얽매이지 않고 사전약정이 없는 판매장려금도 손금에 해당한다는 취지로 판시하였다.[26] 현행 규정은 판례의 입장을 받아들여 판매장려금 및 판매수당의 경우 사전약정 없이 지급하는 경우에도 손금에 해당한다고 명시하고 있다.

다. 양도한 자산의 양도 당시의 장부가액(법인령 제19조 제2호)

재고자산 이외의 고정자산을 양도한 경우에는 양도자산의 양도 당시의 장부가액이 양도가액에 대응하는 비용으로서 손금에 해당한다. 재고자산의 장부가액은 매출원가로서 손금에 산

---

26) 대법원 2003. 12. 12. 선고 2003두6559 판결

입되므로 이 조항에서 양도한 자산은 재고자산 이외의 자산이다. 양도 당시의 장부가액이므로 감가상각자산인 경우에는 감가상각비를 공제한 금액이 손금에 해당하고, 자본적 지출이 있었던 경우에는 자본적 지출을 더한 금액이 손금에 해당한다.

라. 인건비(법인령 제19조 제3호)

(1) 의의

인건비는 근로와 관련하여 근로자에게 지급하는 비용을 의미한다. 그중 판매비와 관리비에 해당하는 인건비만 당해 사업연도의 손금에 산입한다. 판매비와 관리비란 상품과 용역의 판매활동 또는 기업의 유지와 관리에서 발생하는 비용으로서 매출원가에 속하지 않는 모든 영업비용을 의미한다. 이와 달리 제품의 제조를 위한 노무비는 제조원가에 포함되어 제품을 판매할 때 매출원가로 손금산입되고, 고정자산 건설에 소요되는 인건비는 고정자산의 취득가액에 포함되어 고정자산의 감가상각 또는 처분을 통해 손금산입된다. 인건비는 원칙적으로 법인의 손금에 해당한다. 다만, 지배주주인 임원에게 지급하는 인건비로서 배당의 실질을 가지는 비용은 형식상 인건비로 지급되더라도 손금산입을 제한한다. 지배주주인 임원은 법인세를 줄이기 위하여 배당의 실질을 가진 금원을 인건비처럼 꾸미는 경우가 있기 때문이다. 중소기업이나 중견기업이 100% 직접 또는 간접출자한 해외현지법인에 파견된 임직원의 인건비로서 근로소득세를 원천징수한 경우에도 손금에 산입한다. 다만, 내국법인이 지급한 인건비가 해당 내국법인 및 해외출자법인이 지급한 인건비 합계의 50% 미만인 경우로 한정한다.

(2) 임원과 직원의 구분

법인세법은 직원의 인건비에 대하여는 별다른 규제를 하지 않으나 법인의 의사결정에 영향을 미칠 수 있는 임원의 인건비에 대하여는 엄격한 규제를 한다. 임원은 법인에서의 지위를 이용하여 스스로 인건비를 과다하게 산정할 가능성이 있기 때문이다. 이 점에서 임원과 직원의 구별실익이 있다. 법인세법상 임원은 ① 법인의 회장, 사장, 부사장, 이사장, 대표이사, 전무이사 및 상무이사 등 이사회의 구성원 전원과 청산인, ② 합명회사, 합자회사 및 유한회사의 업무집행사원 또는 이사, ③ 유한책임회사의 업무집행자, ④ 감사, ⑤ 그 밖에 위 각 규정에 준하는 다음 직무에 종사하는 자를 의미한다(법인령 제40조 제1항).

(3) 종류

(가) 급여

급여는 근로제공의 대가로 법인이 임직원에게 정기적으로 지급하는 인건비를 말한다. 법인이 임직원에게 지급한 급여는 원칙적으로 손금에 산입하나, 지배주주 및 그와 특수관계인인 임직원에게 과다지급한 인건비는 이익처분의 성격이 있으므로 손금불산입한다(법인령 제43조 제3항). 지배주주란 법인의 1% 이상의 지분을 소유한 주주 등으로서 그와 특수관계에 있는 자와의 지분율 합계가 해당 법인에서 가장 많은 주주를 의미한다(법인령 제43조 제7항). 급여를 과다지급하였는지의 기준은 일률적으로 정할 수 없고, 보수가 법인의 영업이익에서 차지하는 비중과 규모, 해당 법인내 다른 임원들 또는 동종업계 임원들의 보수와의 현저한 격차 유무, 정기적·계속적으로 지급될 가능성, 보수의 증감 추이 및 법인의 영업이익 변동과 의 연관성, 다른 주주들에 대한 배당금 지급 여부, 법인의 소득을 부당하게 감소시키려는 주관 적 의도 등 제반 사정을 종합적으로 고려하여야 한다. 해당 보수가 임원의 직무집행에 대한 정상적인 대가라기보다는 법인에 유보된 이익을 분여하기 위하여 보수의 형식을 취한 것이라 면, 이익처분으로서 손금불산입 대상이 되는 상여금과 실질이 동일하므로 손금불산입한다.[27] 이 경우 증명의 어려움이나 공평의 관념 등에 비추어, 위와 같은 사정이 상당한 정도로 증명 된 경우에는 보수금 전체를 손금불산입의 대상으로 보고, 보수금에 직무집행의 대가가 포함 되어 있어 그 부분이 손금산입 대상이 된다는 점은 보수금 산정경위나 구성내역 등에 관한 자료를 제출하기 용이한 납세의무자가 증명할 필요가 있다. 법인이 납세자에게 지급한 보수 금 중 급여와 이익처분이 혼재된 경우 과세관청의 증명의 어려움을 고려하여 납세의무자에게 증명의 필요를 돌린 것이다. 노무출자사원의 경우 인건비는 노무의 출자에 대한 급부로서 이 익처분에 의한 상여에 해당하므로 손금불산입한다(법인령 제43조 제1항).

(나) 상여금

상여금은 근로제공의 대가로 법인이 임직원에게 비정기적으로 지급하는 인건비를 말한다. 법인이 임직원에게 지급한 상여금은 원칙적으로 손금에 산입하나, 다음의 경우에는 손금불산 입한다.

① 법인이 임직원에게 이익처분에 따라 지급하는 상여금

법인이 임직원에게 이익처분에 의하여 지급하는 상여금은 손금불산입한다(법인령 제43조 제 1항). 이익처분에 의하여 지급하는 상여금이란 상여금이 이익잉여금처분계산서의 처분항목으 로 기재된 경우를 말한다. 이익처분은 결산을 마무리하여 법인세를 납부한 후 주주에게 이익 을 지급하는 것이므로 배당의 성질을 가지고 있어 손금산입할 수 없다. 다만, 우리나라 회사법 상 이익처분의 상대방은 주주에 국한되고 주주가 아닌 자에게 이익처분으로 상여를 지급하는 것은 허용되지 않는 점, 기업회계상 상여금은 이익처분이 아닌 비용으로 처리할 수 있으므로 상여금을 이익처분으로 처리할 필요가 없는 점 등으로 인하여 실무상 이익처분으로 상여금을 지급하는 예는 거의 없어 법인세법 시행령 제43조 제1항은 사실상 의미를 상실한 것으로 볼 수 있다.[28] 과거에는 성과급의 도입을 유도하기 위하여 성과급을 상여금에서 제외하였으나,

---

27) 대법원 2017. 9. 21. 선고 2015두60884 판결
28) 황남석, "법인세법상 이익처분에 의한 상여금의 손금불산입 재고", 조세법연구 제19권 제1호, 2013, 347~ 351면

2017. 12. 19. 법인세법 개정 시 해당 규정을 삭제하였다. 성과배분상여금 등을 이익처분이 아닌 당기비용으로 처리하는 기업회계기준과 일치시킬 필요가 있기 때문이다.

② 법인이 임원에게 지급하는 상여금 중 급여지급기준 초과액

법인이 임원에게 지급하는 상여금 중 정관·주주총회·사원총회 또는 이사회의 결의에 의하여 결정된 급여지급기준을 초과하여 지급한 금액은 손금불산입한다(법인령 43조 제2항). 임원은 법인의 업무를 집행하는 지위에 있어 스스로 과도하게 높은 수준의 상여금을 지급할 가능성이 있으므로 이를 규제하기 위함이다.

③ 법인이 지배주주 등인 임직원에게 동일직위 임직원보다 초과지급한 금액

법인이 지배주주 등인 임직원에게 정당한 사유 없이 동일직위에 있는 지배주주 등 외의 임직원에게 지급하는 금액을 초과하여 보수를 지급한 경우 그 초과액은 손금불산입한다(법인령 제43조 제3항). 동일직위 여부는 법인등기부상 직위 등에 관계없이 실제 종사하는 사실상의 직무를 기준으로 판단한다.[29] 법인의 지배주주의 자녀들은 합리적인 사유 없이 동일업무를 하는 다른 직원들보다 터무니없이 많은 보수를 받는 경우가 있는데, 위 규정을 근거로 적정수준을 초과하는 금액의 손금산입을 제한할 수 있다.

(다) 퇴직금

① 퇴직급여

법인이 임직원에게 지급하는 퇴직급여는 임직원이 현실적으로 퇴직하는 경우에 지급하는 것에 한하여 손금산입한다(법인령 제44조 제1항). 법인의 직원이 해당 법인의 임원으로 취임한 때, 법인의 임직원이 법인의 조직변경·합병·분할 또는 사업양도에 의하여 퇴직한 때, 퇴직급여를 중간정산하여 지급한 때 등이 현실적인 퇴직에 해당한다(법인령 제44조 제2항).

임원퇴직급여 한도초과액은 손금불산입한다(법인령 제44조 제4항). 한도액은 정관에 정한 경우에는 정관상의 금액에 따르고, 정관에 정하지 않은 경우에는 "퇴직 직전 1년간 총급여액 × 1/10 × 근속연수"에 의하여 계산한다. 임원퇴직급여규정이 근로 등의 대가로서 퇴직급여를 지급하려는 것이 아니라 퇴직급여의 형식을 빌려 특정임원에게 법인의 자금을 분여하기 위한 것이면 법령에서 정한 임원 퇴직급여규정에 해당하지 않으므로 법인세법 시행령에 따라 산정되는 금액을 초과하는 부분은 손금불산입한다.[30] 법인이 특정 임원에게 퇴직급여의 형식으로 법인의 자금을 분여하기 위하여 임원의 퇴직 직전에 퇴직급여의 산정기초가 되는 월 급여를 합리적인 이유 없이 인상한 경우에는 인상되기 전의 월 급여를 기초로 산정되는 퇴직급여만이 손금산입 대상이 된다.

---

29) 법인 46012-1526(1999. 4. 23.)
30) 대법원 2016. 2. 18. 선고 2015두50153 판결

② 퇴직연금

퇴직연금은 임직원의 퇴직금 지급을 보장하기 위하여 사외(社外)에 적립한 금액이다. 퇴직금을 사내에 적립하면 근로자에게 지급하지 못하는 경우가 발생하므로 근로자의 퇴직금을 안전하게 보호하기 위하여 2005년에 도입되었다. 퇴직연금의 종류로는 확정기여형, 확정급여형, 개인형 등 3가지가 있다.

첫째, 확정기여형(DC형, Defined Contribution)은 급여의 지급을 위하여 사용자가 부담할 부담금의 수준이 사전에 결정되어 있는 퇴직연금제도를 말한다(퇴직급여법 제2조 제9호). 회사의 부담금이 사전에 확정되고 근로자가 지급받을 퇴직급여는 근로자의 적립금 운용실적에 따라 결정된다.

둘째, 확정급여형(DB형, Defined Benefit)은 근로자가 받을 급여의 수준이 사전에 결정되어 있는 퇴직연금제도를 말한다(퇴직급여법 제2조 제8호). 근로자에게 지급될 연금급여가 근무기간과 평균임금에 의해 사전에 결정되고, 이를 보장하기 위하여 사용자가 매년 부담할 금액은 법인의 적립금 운용실적에 따라 결정된다.

셋째, 개인형(IRP, Individual Retirement Pension)은 가입자의 선택에 따라 가입자가 납입한 일시금이나 사용자 또는 가입자가 납입한 부담금을 적립·운용하기 위하여 설정한 퇴직연금제도로서 급여의 수준이나 부담금의 수준이 확정되지 않은 퇴직연금제도를 말한다(퇴직급여법 제2조 제10호). 근로자가 이직과정에서 퇴직연금을 매번 정산하지 않고 유지할 수 있도록 하기 위해 도입하였다.

확정기여형과 개인형 퇴직연금은 법인이 부담금을 납입하면 그 부담금이 근로자의 몫이 되고 법인은 퇴직 시 퇴직급여에 대한 지급의무가 없으므로 직원납입분은 전액 손금산입된다. 다만, 임원납입분은 퇴직 시까지 부담한 보험료 등 합계액을 퇴직급여로 보아 임원퇴직급여 한도 내에서 손금산입된다(법인령 제44조의2 제3항). 반면, 확정급여형 퇴직연금은 다음의 한도 내에서 손금산입된다(법인령 제44조의2 제4항).

> **손금한도액(Min ①, ②)**
> ① 추계액기준: 퇴직급여추계액 – 기말 퇴직급여충당금잔액
> ② 운용자산 기준: 기말 퇴직연금운용자산

③ 퇴직급여충당금

퇴직급여충당금은 임직원의 퇴직금을 지급하기 위하여 사내에 적립한 금액이다(법인법 제33조 제1항). 퇴직급여충당금의 추계액 한도를 2011년부터 매년 5%씩 단계적으로 축소하여 2016년 폐지하였다(법인령 제60조 제1항, 제2항).

(라) 종업원할인액

자사 직원에게 종업원 할인을 적용하는 경우, 공정거래법상 계열사에게 정산금을 지급하는 경우에는 종업원할인액을 인건비로 보아 손금에 산입한다(법인령 제19조 제3호 나목).

마. 유형자산의 수선비(법인령 제19조 제4호)

(1) 수익적 지출

수익적 지출은 유형자산의 현상태를 유지하기 위하여 지출한 수선비이다. 수익적 지출의 효과는 단기간에 종료되기 때문에 당해 기간의 손금으로 산입한다. 수익적 지출에 해당하는 것으로는 건물이나 벽의 도장(塗裝), 파손된 유리나 기와의 대체, 기계의 소모된 부속품 또는 벨트의 대체, 자동차 타이어의 대체, 재해를 입은 자산에 대한 외장의 복구·도장 및 유리의 삽입, 기타 조업가능한 상태의 유지 등이 있다(법인칙 제17조).

(2) 자본적 지출

자본적 지출은 유형자산의 내용연수를 증가시키거나 가치를 현실적으로 증가시키기 위하여 지출한 수선비를 의미한다(법인령 제31조 제2항). 자본적 지출의 효과는 당기뿐 아니라 그 이후에도 미치기 때문에 취득원가에 산입한 후 감가상각 또는 처분을 통하여 손금에 산입된다. 자본적 지출에 해당하는 것으로는 본래의 용도를 변경하기 위한 개조, 엘리베이터 또는 냉난방장치의 설치, 빌딩 등에 있어서 피난시설 등의 설치, 재해 등으로 인하여 멸실 또는 훼손되어 본래의 용도에 이용할 가치가 없는 건축물·기계·설비 등의 복구, 그 밖에 개량·확장·증설 등이 있다.

바. 자산의 평가차손(법인령 제19조 제9호)

(1) 원칙(손금불산입)

내국법인이 보유하는 자산의 평가손실은 각 사업연도의 소득금액을 계산할 때 원칙적으로 손금불산입한다(법인법 제22조). 자산의 평가차손은 본질적으로 미실현 손실로서 유동적 상태에 있어 확정적이지 않은 점, 미실현 손익에 과세하기 위하여는 과세기간 말 현재 자산의 시장가치를 정확하게 평가하여야 하는데, 과세대상에 해당하는 모든 자산을 객관적·통일적으로 평가하기는 과세기술상 어려운 점, 평가손익을 손금으로 산입하는 것을 허용하면, 과세소득의 자의적인 조작수단으로 악용될 여지가 있는 점 등을 고려하여 원칙적으로 자산의 평가차익을 익금에 산입하지 않는 것과 마찬가지 이유로 자산의 평가차손을 손금불산입한다.[31] 특히 주식 등 유가증권은 상장주식 등을 제외하면 평가손익의 정확한 반영이 어려우므로 기업회계와 달리 시가법을 적용하지 않고 원칙적으로 원가법만을 인정하여 유가증권의 처분 등

---

31) 헌재 2007. 3. 29. 선고 2005헌바53 결정

거래가 이루어지는 시점에서 그 실현손익을 익금 또는 손금에 반영한다.

(2) 예외(손금산입)

당해 자산가치의 회복이 현실적으로 불가능하여 그 손실이 확정적으로 발생한 경우로서 가치감소분의 객관적인 평가가 가능하고, 과세소득의 자의적인 조작수단으로 악용될 여지가 없는 경우에는 평가의 대상자산, 방법, 절차 등에 대한 엄격한 요건을 전제로 예외적으로 자산의 평가차손을 손금산입하는 것을 허용한다. 이 기준에 의하여 자산의 평가차손 중 손금에 산입하는 항목은 다음과 같다(법인법 제22조 단서, 제42조).

① 재고자산으로서 파손·부패 등의 사유로 인하여 정상가격으로 판매할 수 없는 경우

② 유형자산으로서 천재·지변·화재 등의 사유로 인하여 파손 또는 멸실된 경우

③ 주식 등의 유가증권으로서 발행법인이 부도가 발생한 경우

사. 주식매수선택권 행사 또는 지급비용(법인령 제19조, 제19조의2)

(1) 주식매수선택권의 의의 및 취지

주식매수선택권은 스톡옵션(stock option)이라고 부르는 것으로서 정관이 정하는 바에 따라 주주총회의 특별결의에 의하여 해당 법인의 설립, 경영, 해외영업, 기술혁신 등에 기여하거나 기여할 수 있는 해당 법인의 임직원에게 미리 정한 가격으로 해당 법인의 주식을 매수할 수 있도록 부여한 권리를 의미한다(상법 제340조의2 제1항). 상장회사는 해당 법인의 임직원 이외에 관계회사의 임직원에게도 주식매수선택권을 부여할 수 있다(상법 제542조의3 제1항). 주식매수선택권은 임직원의 근로의욕을 고취하고 초기 자본이 부족한 법인의 인력 유치수단으로 활용된다. 주택매수선택권은 옵션의 일종이므로 향후 주식의 시가가 행사가격보다 높으면 주식매수선택권을 행사하고, 주식의 시가가 행사가격보다 낮으면 행사하지 않으면 된다.

해당 법인의 10% 이상의 지분을 보유한 자, 법인의 주요경영에 대하여 영향력을 행사하는 자, 그 배우자와 직계존비속 등에게는 주식매수선택권을 부여할 수 없다(상법 제340조의2 제2항). 또한 주식매수선택권에 따라 발행할 신주 또는 양도할 자기주식은 지분의 10%를 초과할 수 없다(상법 제340조의2 제3항).

(2) 주식매수선택권의 부여방법

주식매수선택권의 부여방법에는 현금정산형, 자기주식 교부형, 신주발행형이 있다.

① 현금정산형은 행사가격보다 시가가 높은 경우 그 차액만큼 법인이 행사권자에게 현금이나 자기주식을 지급하는 방식이다.

② 자기주식 교부형은 법인이 이미 발행된 당해 법인의 주식을 교부하는 방식이다. 행사권자는 행사가격을 납입하여야 한다.

③ 신주발행형은 법인이 새로 주식을 발행하여 교부하는 방식이다. 행사권자는 행사가격

을 납입하여야 한다. 당초에는 현금정산형과 자기주식 교부형만 인정하였는데, 2014. 2. 21. 법인세법 시행령 개정 시 벤처기업 등의 우수인력 유치를 지원하기 위하여 신주발행형을 추가로 인정하였다.

(3) 손금산입

임직원이 상법 제340조의2 및 제542조의3에 따른 주식매수선택권, 근로복지기본법에 따른 우리사주매수선택권 등을 행사하는 경우 법인은 현금정산형, 자기주식 교부형, 신주발행형 모두 주식의 시가와 행사가격의 차액에 대하여 손금산입할 수 있다. 상법 제542조의3에 따른 주식매수선택권의 경우에는 해당 법인의 임직원에게 주식매수선택권을 부여하는 경우로 한정한다. 임직원 등이 주식매수선택권을 행사할 때 주식의 시가와 행사가격의 차액에 대하여 근로소득세를 납부하므로 그에 대응하여 법인에게는 그 금액을 손금산입할 수 있도록 하는 것이다.

다만, 근로복지기본법에 따라 부여받은 신주발행형 우리사주매수선택권을 행사하는 경우 손금산입할 수 있도록 한 규정은 2022. 2. 15. 법인세법 시행령 개정 시 신설되었는바, 대법원은 이 규정을 창설적 규정이라고 보아 개정 법인세법 시행령이 시행되기 전에 우리사주매수선택권을 행사한 경우에는 주식의 시가와 행사가액의 차액을 손금산입할 수 없다고 해석한다.[32] 신주발행형 우리사주매수선택권의 행사로 신주가 발행되는 경우에는 인수가액의 납입으로 법인의 자본이 증가할 뿐 순자산이 감소하지 않는다고 해석한 것이다. 다만 위 규정 신설 이후에는 주식의 시가와 행사가액의 차액을 손금산입할 수 있다.

아. 경비

(1) 복리후생비(법인령 제45조)

복리후생비는 법인이 임직원의 복리후생을 위하여 지출한 비용을 의미한다. 복리후생비 중 직장체육비, 직장문화비, 직장회식비, 우리사주조합의 운영비, 국민건강보험법 등에 따라 사용자로서 부담하는 보험료 및 부담금, 직장어린이집의 운영비, 그 밖에 임직원에게 사회통념상 타당하다고 인정되는 범위에서 지급하는 경조사비 등은 손금에 산입하고, 그 외의 비용은 손금불산입한다.

(2) 여비 및 교육훈련비(법인령 제46조)

법인이 임직원에게 지급하는 여비 및 교육훈련비는 손금에 산입한다. 그러나 임직원이 아닌 지배주주 등에게 지급한 여비 또는 교육훈련비는 손금불산입한다. 지배주주로서 실질적으로 법인의 경영에 관여하고 있으나 형식적으로는 임직원이 아닌 경우 그 지배주주에게 지급

---

32) 대법원 2023. 10. 12. 선고 2023두45736 판결

하는 여비나 교육훈련비는 법인의 사업을 위하여 지출한 것으로 단정할 수 없으므로 손금에 불산입하는 것이다.

자. 기타

(1) 유형자산 및 무형자산에 대한 감가상각비(법인령 제19조 제5호, 제5호의2)

유형자산 및 무형자산에 대한 감가상각비는 법령에서 정한 감가상각 한도액 범위 내에서 손금에 산입한다. 다만, 특수관계인으로부터 자산을 양수하면서 기업회계기준에 따라 계산한 장부가액이 시가에 미달하는 경우 실제 취득가액이 시가를 초과하면 시가와 장부가액과의 차이, 실제 취득가액이 시가에 미달하는 경우에는 실제 취득가액과 장부가액과의 차이에 대하여 감가상각비 상당액을 손금에 산입한다. 기업회계기준에서는 지배종속회사 간 사업양수도 시 손익을 인식하지 않도록 장부가액으로 계산하나, 세법에서는 시가로 계산하여 그 차액에 대하여 비용으로 계상할 수 없는 문제가 있으므로 이를 해소하기 위하여 시가와 장부가액의 차이 또는 실제 취득가액과 장부가액의 차이에 대하여 손금산입을 허용하는 것이다.

(2) 차입금에 대한 지급이자(법인령 제19조 제7호)

차입금에 대한 지급이자는 원칙적으로 손금산입한다. 다만, 법령 소정의 차입금에 대한 지급이자는 손금불산입하는바, 이에 대하여는 손금불산입 부분에서 자세히 살펴보기로 한다.

(3) 회수할 수 없는 부가가치세 매출세액 미수금(법인령 제19조 제8호)

회수할 수 없는 부가가치세 매출세액 미수금은 대손금의 일종으로서 손금산입할 수 있다. 다만 대손세액공제를 받지 않은 것에 한하여 손금산입한다. 대손금으로 손금산입한 금액에 대하여 대손세액공제까지 받음으로써 이중공제의 혜택을 누리는 것을 방지하기 위함이다.

(4) 제세공과금(법인령 제19조 제10호)

제세공과금은 국가, 지방자치단체, 공공단체가 부과하는 세금과 공공요금으로서 원칙적으로 손금에 산입한다. 법인세법 제57조 제1항에 따른 세액공제를 적용받지 못한 외국납부세액을 포함한다. 다만, 법령 소정의 제세공과금은 손금불산입하는바, 이에 대하여는 손금불산입 부분에서 자세히 살펴보기로 한다.

(5) 조합 또는 협회 회비(법인령 제19조 제11호)

과거에는 영업자가 조직한 단체로서 법인이거나 주무관청에 등록된 조합이나 협회 등 법정단체에 대한 일반회비는 손금산입하고, 법정단체에 대한 특별회비와 임의단체의 회비는 손금불산입하였다(2018. 2. 13. 개정 전 시행령 제19조 제11호, 제36조 제1항 제3호). 이때 일반회비와 특별회비는 정기적으로 지급하는지 또는 부정기적으로 지급하는지 여부에 따라 구분하였다. 그러나 2018. 2. 13. 법인세법 시행령 개정 이후에는 법정단체에 지급한 회비로서 법령 또는 정관에 따라 정상적인 회비징수 방식으로 경상경비 충당 등을 목적으로 부과하는 회비는 손금산입한다(법인칙 제10조 제2항). 따라서 법정단체가 법령 또는 정관이 정하는 바에 따라 경상경비 충당 등을 목적으로 조합원이나 회원에게 부과하는 회비는 정기적이든 부정기적이든 손금산입할 수 있다.[33]

(6) 업무와 관련있는 해외시찰·훈련비(법인령 제19조 제14호)

업무와 관련 있는 해외시찰·훈련비는 손금에 산입한다. 임직원의 해외여행에 지급하는 여비는 그 해외여행이 당해 법인의 업무수행상 통상 필요하다고 인정되는 금액에 한하여 손금으로 인정한다.[34] 임원이 법인의 업무수행상 필요하다고 인정되는 해외여행에 그 친족 또는 그 업무에 상시 종사하지 않는 자를 동반한 경우에 그 동반자와 관련된 여비를 법인이 부담하는 때 그 여비는 원칙적으로 손금불산입한다. 다만, 그 임원이 상시 보좌를 필요로 하는 신체장애자이므로 동반하는 경우, 국제회의의 참석 등에 배우자를 필수적으로 동반하도록 하는 경우, 여행의 목적을 수행하기 위하여 외국어에 능숙한 자 또는 고도의 전문지식을 가진 자를 필요로 하는 경우에 그러한 적임자가 법인의 임직원 가운데 없기 때문에 임시로 위촉한 자를 동반하는 경우 등 분명히 해외여행의 목적을 달성하기 위하여 필요한 동반이라고 인정되는 때에는 손금에 산입한다.[35]

(7) 미술품 구입비, 광고선전비(법인령 제19조 제17호, 제18호)

장식·환경미화 등의 목적으로 사무실과 복도 등 여러 사람이 볼 수 있는 공간에 항상 전시하는 미술품의 취득가액은 거래단위별로 1,000만 원 이하의 한도 내에서 손금산입한다.

또한 광고선전 목적으로 불특정다수인에게 기증한 물품의 구입비용은 손금산입한다. 그러나 특정인에게 기증한 개당 30,000원을 초과하는 물품의 경우 연간 50,000원 이내의 금액은 광고선전비로 손금산입하고, 그 초과액은 기업업무추진비로 처리한다.

(8) 기타

자산의 임차료(법인령 제19조 제6호), 광업의 탐광비(법인령 제19조 제12호), 무료진료 가액, 잉여식품 등의 기증가액(법인령 제19조 제13호, 제13호의2), 맞춤형 교육에 지출된 비용(법인령 제19조 제15호), 우리사주조합에 출연하는 자사주의 장부가액 또는 금품(법인령 제19조 제16호) 등은 손금에 산입한다.

---

33) 국세청 2018 – 법령해석법인 – 1291(2018. 6. 28.)
34) 법인세법 기본통칙 19 – 19…22
35) 법인세법 기본통칙 19 – 19…24

(9) 그 밖의 손비로서 그 법인에 귀속되었거나 귀속될 금액(법인령 제19조 제23호)

법인세법 시행령 제19조 제23호는 기타 손금에 해당하는 사항을 일일이 열거하기 어려우므로 포괄적인 내용으로 규정한 것이다. 이에 해당하는 항목으로는 임원의 순직과 관련하여 지급하는 장례비나 위로금 등으로서 사회통념상 타당하다고 인정되는 금액[36] 등이 있다.

2. 대손금

가. 의의

법인세법 제19조의2에 규정된 대손금은 외상매출금채권, 대여금채권 등과 같이 법인이 보유한 채권 중 회수할 수 없게 된 채권액을 의미한다. 법인이 채권을 회수할 수 없게 되면 순자산의 감소를 초래하므로 대손금은 원칙적으로 손금에 해당한다. 다만, 법인이 대손금을 손금산입한 후 대손금을 회수한 경우에는 회수일이 속하는 사업연도에 익금산입한다(법인법 제19조의2 제3항).

나. 주요 대손사유

(1) 채권이 법적으로 소멸한 경우

(가) 소멸시효가 완성된 경우(법인령 제19조의2 제1항 제1호부터 제4호)

상법에 따른 소멸시효가 완성된 외상매출금 및 미수금, 어음법이나 수표법에 따른 소멸시효가 완성된 어음이나 수표, 민법에 따른 소멸시효가 완성된 대여금 및 선급금은 대손금으로 손금산입할 수 있다. 소멸시효가 완성된 경우라 함은 법인이 채권회수를 위한 노력을 다한 경우를 전제로 한다. 따라서 법인이 채권회수를 위한 노력을 게을리하거나 소멸시효 중단을 위한 별다른 조치를 하지 아니하여 소멸시효가 완성된 경우는 실질적으로 채권을 포기한 것이나 다름 없으므로 손금에 산입할 수 없다.

(나) 회생계획인가 결정 등(법인령 제19조의2 제1항 제5호)

채무자회생법에 따른 회생계획인가 결정 또는 법원의 면책결정에 따라 회수불능으로 확정된 채권은 대손금으로 손금산입할 수 있다. 이와 관련하여 회생계획인가 결정에 따라 채권이 주식으로 출자전환된 경우 주식의 시가와 채권의 장부가액의 차액을 대손금으로 손금에 산입할 수 있는지 문제된다.

먼저 채권자가 법인인 경우 출자전환으로 취득한 주식의 가액을 평가할 때 법인세법 시행령 제72조 제2항 제4호의2가 적용되어 회생계획인가 결정에 따라 출자전환된 주식의 취득가액을 채권의 장부가액으로 규정하고 있으므로 출자전환으로 취득한 주식의 가치가 실제 주식의 가치와 상관없이 채권액과 동일한 것으로 의제된다. 따라서 주식의 가액과 채권액이 동일하여 대손금이 생기지 않으므로 주식의 시가와 채권의 장부가액의 차액을 손금에 산입할 수

---

36) 법인세법 기본통칙 19-19…13

없다. 반면 채권자가 개인인 경우 출자전환으로 취득한 주식의 가액을 평가할 때 소득세법 시행령 제89조 제1항은 법인세법 시행령 제72조 제2항 제4호의2와 같은 규정을 두고 있지 아니하여 출자전환으로 취득한 주식의 취득가액은 시가로 평가되므로 채권의 장부가액과 시가의 차액을 대손금으로 필요경비에 산입할 수 있다.[37]

(2) 채권이 법적으로 소멸하지 않았으나 회수불가능한 경우

(가) 채무자의 파산, 강제집행 등(법인령 제19조의2 제1항 제8호)

채무자의 파산, 강제집행, 형의 집행, 사업의 폐지, 사망, 실종 또는 행방불명으로 회수할 수 없는 채권은 대손금으로 손금산입할 수 있다. 채무자의 파산이란 채무자회생법에 따라 법원이 파산선고한 것이 아니라 파산폐지를 결정하거나 파산종결을 결정하여 공고한 경우를 말한다.[38] 채무자가 사망한 경우에 그러한 사실만으로 바로 대손처리를 할 수 없고, 사망한 채무자의 재산이 없을 뿐 아니라 그 상속인도 상속포기 신고를 하여 채권을 회수할 수 없음이 객관적으로 증명된 경우에 해당 금액을 대손처리할 수 있다.[39]

(나) 부도어음과 부도수표(법인령 제19조의2 제1항 제9호)

부도발생일부터 6개월 이상 지난 수표 또는 어음상의 채권 및 외상매출금은 대손금으로 손금에 산입할 수 있다. 수표 또는 어음의 부도발생일부터 6개월 이상 경과하였으면 채무자에 대한 재산확인절차를 거치지 않더라도 대손금으로 손금산입할 수 있다는 점에서 의미가 있다. 다만 채무자의 재산에 대하여 저당권을 설정한 경우에는 저당권에 의하여 채권을 확보할 수 있으므로 대손금으로 손금산입하는 것이 제한된다.

(다) 중소기업의 외상매출금 및 미수금(법인령 제19조의2 제1항 제9호의2)

중소기업의 외상매출금 및 미수금으로서 회수기일이 2년 이상 경과한 채권은 특수관계인과의 거래로 인하여 발생한 채권을 제외하고는 대손금으로 손금에 산입할 수 있다. 중소기업이 보유한 채권에 대하여는 회수기일이 2년 이상 경과한 경우 채무자가 사업을 계속 영위하는지 여부에 상관없이 대손금으로 인정함으로써 중소기업을 세제상 지원하는 것이다.

다. 대손시기

(1) 채권이 법적으로 소멸한 경우

법인세법 시행령 제19조의2 제1항 제1호부터 제6호까지 열거된 채권(가지번호 포함)은 법적으로 소멸한 것이므로 대손처리할 수 있다. 위 대손사유는 신고조정사항으로서 해당 사유가 발생한 날 대손처리할 수 있다(법인령 제19조의2 제3항 제1호). 대손금의 손금산입시기를 획

---

37) 기획재정부 소득세제과−279(2016. 7. 4.)
38) 법인세법 기본통칙 19의2−19의 2···1
39) 서면인터넷방문상담3팀−1653(2006. 7. 31.)

일적으로 정한 것은 해당 사유가 발생한 날 후의 사업연도에 손금에 산입할 수 있도록 하면 납세자가 기간손익을 조작할 우려가 있기 때문이다.[40] 법인이 기업회계상 비용으로 계상하지 않은 경우에는 사후에 경정청구하는 것도 가능하다.[41]

(2) 채권이 법적으로 소멸하지 않았으나 회수불가능한 객관적 사실이 존재하는 경우

법인세법 시행령 제19조의2 제1항 제8호부터 제13호까지 열거된 채권(가지번호 포함)은 법적으로 소멸하지 않았으나 회수불가능한 객관적 사실이 존재하므로 대손처리할 수 있다. 위 대손사유는 채권이 법적으로 소멸하지 않았으나 회수불가능한 객관적 사실이 존재하는 경우이므로 결산조정사항으로서 해당 사유가 발생하여 법인이 손비로 계상한 날 대손처리할 수 있다(법인령 제19조의2 제3항 제2호). 채무자의 파산 등의 사유가 발생한 경우에 반드시 그 사업연도에 손금산입해야 하는 것은 아니고 그때부터 채권의 소멸시효가 완성되기 전까지 사이에 언제든지 납세자가 기업회계상 비용으로 계상한 사업연도에 손금산입할 수 있다.[42] 법인이 기업회계상 비용으로 계상하지 않은 경우에는 사후에 경정청구가 허용되지 않는다.[43]

(3) 법인이 합병하거나 분할하는 경우

법인이 합병하거나 분할하는 경우로서 위 대손사유에 해당하는 대손금을 합병등기일 또는 분할등기일이 속하는 사업연도까지 손비로 계상하지 않은 경우 그 대손금은 해당 법인의 합병등기일 또는 분할등기일이 속하는 사업연도의 손비로 한다(법인령 제19조의2 제4항). 대손요건을 충족한 채권을 대손처리하지 않다가 합병이나 분할로 승계하여 대손처리함으로써 조세를 회피하는 것을 방지하기 위하여 합병등기일 또는 분할등기일이 속하는 사업연도의 손금에 산입하도록 강제하는 것이다.[44]

라. 시행령에 열거된 대손사유가 예시적인 것인지 또는 한정적인 것인지

법인세법 시행령 제19조의2 제1항에서 열거된 대손사유가 예시적인 것인지 또는 한정적인 것인지에 대하여는 논란이 있다. 대법원은 과거 법인세법 시행령 제19조의2 제1항과 유사한 형식으로 회수불능채권의 범위를 규정하였던 구 소득세법 시행규칙(1995. 5. 3. 개정 전의 것) 제24조에서 대손처리의 대상이 되는 회수불능 채권을 열거한 것을 한정적인 것이라고 판시하였다.[45] 반면 서울고등법원 2016. 12. 13. 선고 2016누59258 판결[46]은 대손금에 관한 법인세법 시행령이 구 소득세법 시행규칙과 규정형식이 다를 뿐 아니라 법인세법의 소득 개념이 소

---

40) 대법원 1990. 10. 30. 선고 90누325 판결
41) 대법원 1988. 9. 27. 선고 87누465 판결
42) 사전 – 2022 – 법규법인 – 0949, 2022. 11. 30.
43) 대법원 1988. 9. 27. 선고 87누465 판결
44) 대법원 2017. 9. 7. 선고 2017두36588 판결
45) 대법원 1998. 10. 27. 선고 98두10509 판결, 대법원 2000. 11. 24. 선고 99두3980 판결
46) 대법원에서 심리불속행 기각되었다(대법원 2017. 4. 27.자 2017두31637 판결).

득세법의 소득 개념과 다르다는 점을 들어 법인세법 시행령 제19조의2 제1항에 열거된 채권은 예시적인 것이라고 판시하였다. 위 고등법원 판결은 외국법에 따라 소멸한 채권을 대손금으로 인정한 것으로서 매우 이례적인 판결이므로 법인세법 시행령 제19조의2 제1항에 열거된 채권을 예시적인 것이라 하더라도 그 효용이 크다고 보기는 어렵다.

마. 채권재조정에 따른 대손금의 손금산입

(1) 채권재조정에 따른 대손금의 손금산입방법

채권재조정은 채무기업의 회생을 위하여 만기 연장, 이자율 완화, 원금의 일부 면제 등 채무자의 채무를 경감시켜 주는 조치를 의미한다.[47] 내국법인이 만기 연장이나 이자율 완화 등으로 인하여 기업회계기준에 따른 채권재조정에 의하여 채권의 장부가액과 현재가치의 차액을 대손금으로 계상한 경우에는 이를 손금산입하며, 손금산입액은 기업회계기준의 환입방법에 따라 익금산입한다(법인령 제19조의2 제5항).[48] 채권재조정에 따른 대손금 계상액을 손금산입하고, 동 손금산입액에 대하여 유효이자율법에 따라 그 환입액을 익금산입한다는 의미이다. 다만, 법인이 기업회계기준에 의한 채권의 조정과 관련하여 원금의 일부를 감면한 경우 동 원금감면분에 대하여는 약정에 의한 채권포기액의 대손금 처리 방식에 따른다.[49] 약정에 의한 채권포기액의 대손금 처리에 대하여는 원칙적으로 대손금으로 손금산입할 수 없고, 특수관계자 외의 자와의 거래에서 발생한 채권으로서 채무자의 부도발생 등으로 장래에 회수가 불확실한 어음수표상의 채권 등을 조기에 회수하기 위하여 당해 채권의 일부를 불가피하게 포기한 경우 채권의 일부를 포기하거나 면제한 행위에 객관적으로 정당한 사유가 있으면 이를 대손금에 해당하는 것으로 보아 채권포기액을 손금에 산입할 수 있다.[50]

(2) 한국채택 국제회계기준(K-IFRS)에 따라 회계처리한 경우

한국채택 국제회계기준(K-IFRS)은 채권재조정에 대하여 규정하지 않으므로 채권손상으로 처리한다. 따라서 채권손상이 발생한 경우에는 채권의 장부가액과 현재가치의 차이를 채권의 장부가액에서 직접 차감하거나 대손충당금으로 계상한다.[51] 이 경우 법인세법 시행령 제19조의2 제5항에 따른 대손금으로 계상할 수 없다.[52]

---

47) 일반기업회계기준에 의하면 채권·채무조정은 채무자의 현재 또는 장래의 채무변제능력이 크게 저하된 경우에 채권자와 채무자 간의 합의 또는 법원의 결정 등의 방법으로 채무자의 부담완화를 공식화하는 것을 말한다고 규정하고 있다(일반기업회계기준 6.84).
48) 채무재조정에 따른 채무조정이익은 익금불산입하고, 추후 현재할인차금을 상각하면서 이자비용으로 계상한 금액은 손금불산입한다.
49) 법인세법 기본통칙 19의2-19의2…8, 19의2-19의2…5
50) 법인세법 기본통칙 19의2-19의2…5
51) K-IFRS는 제1039호 문단63
52) 법인세과-573(2012. 9. 21.)

바. 손금산입의 제한

(1) 채무보증으로 인하여 발생한 구상채권의 대손금(법인법 제19조의2 제2항 제1호)

(가) 손금불산입 취지

채무보증으로 인하여 발생한 구상채권의 대손금은 원칙적으로 손금불산입하고, 법인세법 시행령에서 규정한 사유에 해당하는 경우에 한하여 예외적으로 손금산입한다(법인령 제19조의 2 제6항). 채무보증에 의한 과다차입으로 기업의 재무구조가 악화되고 연쇄도산으로 인한 사회비용이 증가하는 것을 억제하여 재무구조의 건실화를 유도하기 위한 취지이다.[53]

(나) 예외

법인 사업과 직접 관련이 있는 채무보증, 채무보증에 의한 과다차입을 억제하려는 입법목적에 위배되지 않는 채무보증, 기업의 경쟁력 강화에 기여하는 채무보증 등에 대하여는 손금산입을 제한할 이유가 없으므로 손금산입을 인정한다. 이러한 기준에 의하여 법인세법 시행령 제19조의2 제6항은 손금산입이 인정되는 채무보증을 다음과 같이 열거하고 있다.

① 독점규제법 제10조의2 제1항 각호의 어느 하나에 해당하는 채무보증, 즉 공정거래법에서 기업의 국제경쟁력 강화를 위하여 필요한 경우 등의 사유에 해당하여 예외적으로 인정하는 보증

② 금융회사 등이 행한 채무보증

③ 법률에 따라 신용보증사업을 영위하는 법인이 행한 채무보증

④ 「대·중소기업 상생협력 촉진에 관한 법률」에 따른 위탁기업이 수탁기업협의회의 구성원인 수탁기업에 대하여 행한 채무보증

⑤ 건설업 및 전기통신업을 영위하는 내국법인이 건설사업과 직접 관련하여 특수관계인에 해당하지 않는 자에 대한 채무보증

위 시행령에 열거된 채무보증은 한정적인 것이므로 위 유형에 해당하지 않는 경우에는 구상채권의 대손금을 손금산입할 수 없다.[54] 이에 따라 손금산입의 필요성이 있는 항목이 있는 경우에는 시행령을 개정하여 추가하고 있다. 예를 들어, 위 "⑤"는 건설업을 영위하는 법인이 사업과 관련된 거래대금을 지급받기 위하여 채무보증을 하였으나, 판례가 그 채무보증이 시행령 조항에서 열거한 유형에 해당하지 않는다는 이유로 구상채권의 대손금을 손금산입할 수 없다고 판시하자,[55] 2017. 2. 13. 법인세법 시행령 개정 시 손금에 산입할 수 있는 유형으로 추가하였다. 2023. 2. 28. 법인세법 시행령 개정 시에는 해외자원개발사업자(해외자원개발을 하는 해외건설사업자 포함)가 해외자원개발사업과 관련하여 해외 현지법인에 행한 채무보증을 또 추가하였다. 위와 같이 손금산입할 수 있는 채무보증을 그때그때 필요에 따라 추가하는 것은

---

53) 헌재 2009. 7. 30. 선고 2007헌바15 결정
54) 대법원 2016. 1. 14. 선고 2013두17534 판결
55) 대법원 2016. 1. 14. 선고 2013두17534 판결

한계가 있으므로 포지티브(positive) 규제방식에서 네거티브(negative) 규제방식으로 전환하는 것이 바람직하다. 즉 채무보증으로 인한 구상채권의 대손금을 원칙적으로 손금불산입하고, 예외적으로 일정한 경우에만 손금산입하는 방식에서 구상채권의 대손금을 원칙적으로 손금산입하고, 예외적으로 일정한 경우에만 손금불산입하는 방식으로의 전환이 필요하다.[56]

(2) 특수관계인에 대한 업무무관 가지급금의 대손금(법인법 제19조의2 제2항 제2호)

(가) 손금불산입 취지

내국법인이 특수관계인에게 해당 법인의 업무와 관련 없이 지급한 가지급금 등을 회수할 수 없는 경우 그 대손금은 손금불산입한다. 가지급금은 명칭여하에 불구하고 당해 법인의 업무와 관련이 없는 자금의 대여액을 말한다(법인령 제53조 제1항). 특수관계자에게 비정상적으로 업무와 관련없이 자금을 대여하는 것을 제한하고, 기업자금의 생산적 운용을 통한 기업의 건전한 경제활동을 유도하기 위한 취지이다.[57]

(나) 특수관계에 대한 판단 기준시점

업무무관 가지급금의 대손금을 손금불산입하기 위하여는 대여자와 차용자가 특수관계에 있을 것이 요구되는데, 대여시점과 대손사유 발생 시점 중 어느 시점을 기준으로 특수관계 여부를 판단할 것인지 문제된다. 이에 대한 규정이 없었던 때에 판례는 법인이 특수관계자에게 업무무관 가지급금을 제공한 후 대손사유가 발생하기 전에 특수관계가 소멸하였다면 업무무관 가지급금에 대한 세법적 규제를 가할 필요가 없다는 이유로 특수관계자 해당 여부는 대손사유 발생시점을 기준으로 하여야 한다고 판시하였다.[58] 그 후 2020. 12. 22. 법인세법을 개정하여 위 판례와 반대내용으로 대여시점을 기준으로 특수관계 해당여부를 판단하도록 명시하였다. 따라서 위 법인세법 개정 이후에는 대여시점을 기준으로 특수관계 해당 여부를 판단하여야 한다.

(3) 채권의 처분손실에 따른 손금 제한

채무보증으로 인하여 발생한 구상채권, 특수관계인에 대한 업무무관 가지급금채권을 처분하여 그 손실을 손금산입하면 이들 채권의 대손금 손금산입 제한을 회피할 수 있다. 따라서 위 채권들의 처분손실은 손금산입할 수 없다(법인령 제50조 제3항). 판례는 채권의 처분손실을 손금에 산입할 수 없는 특수관계자에 대한 업무무관 가지급금인지 여부는 그 채권을 처분할 당시를 기준으로 하여야 한다고 판시하였다.[59] 그러나 2020. 12. 22. 법인세법 개정 이후에는

---

56) 이중교, "법인세법상 채무보증으로 인한 대손금의 손금산입범위 조정에 관한 연구", 「조세와 법」 제10권 제2호, 2017, 152~159면
57) 대법원 2017. 12. 22. 선고 2014두2256 판결
58) 대법원 2014. 7. 24. 선고 2012두6247 판결
59) 대법원 2017. 12. 22. 선고 2014두2256 판결

대여시점을 기준으로 특수관계 해당 여부를 판단하여야 한다.

사. 대손금 처리 여부가 문제되는 경우

(1) 원천소득세 대납액의 대손처리

법인이 특수관계자에게 소득처분된 금액에 대한 소득세를 대납하고 이를 가지급금 등으로 계상한 경우 업무무관 가지급금에 해당하므로 대손금으로 손금산입할 수 없다.[60] 이 경우 소득세 대납액을 정당한 사유 없이 회수하지 않은 경우 그 특수관계자에게 소득처분한다.

(2) 사용인이 횡령한 금액의 대손처리

사용인이 법인의 공금을 횡령한 경우로서 사용인에게 횡령금의 회수를 위하여 법령에 의한 제반절차를 취하였음에도 무자력 등으로 회수할 수 없는 경우에는 그 횡령금을 대손금으로 손금산입할 수 있다.[61] 이 경우 대손처리한 금액에 대하여는 사용인의 근로소득으로 보지 않는다. 이를 근로소득으로 보게 되면 법인은 대손처리한 금액에 대하여 원천징수하여 납부할 의무를 부담하기 때문이다. 대손처리한 금액을 근로소득으로 보지 않는 것은 법인의 원천징수의무를 면제하는 의미를 갖는다.

제3절 손금불산입

1. 자본거래로 인한 비용

가. 배당지급액

법인이 주주에게 배당으로 지급한 금액은 자본의 환급으로서 자본거래에 기한 것이므로 손금불산입한다. 주주단계에서 이중과세를 조정하므로 배당지급액까지 손금산입하면 이중혜택이라는 점도 고려한 것이다.

나. 결산을 확정할 때 잉여금의 처분을 손비로 계상한 금액(법인법 제20조 제1호)

잉여금은 순자산이 자본금을 초과하는 금액이다. 법인의 결산을 확정할 때 잉여금의 처분을 손비로 계상한 금액은 손금불산입한다. 잉여금의 처분은 결산을 마무리하여 법인세를 납부한 후 주주에게 이익을 지급하는 것으로서 배당의 성질을 가지고 있으므로 손금불산입하는 것이다. 법인세법 제19조 제1항은 손금을 정의하면서 잉여금의 처분 등을 제외하고 있으므로 법인세법 제20조 제1호는 이를 다시 확인하는 의미이다. 법인이 잉여금을 주주총회 등의 결의

---

60) 법인세법 기본통칙 19의2 – 19의2…4
61) 법인세법 기본통칙 19의2 – 19의2…6

를 거쳐 배당으로 처분하지 않고 다른 명목으로 주주나 출자자에게 지급하였더라도 그 실질이 법인에 유보된 이익을 주주나 출자자에게 배분하는 것이라면 잉여금의 처분으로서 손금불산입 대상에 해당한다.[62]

다. 주식할인발행차금(법인법 제20조 제2호)

회사를 설립하는 경우 원칙적으로 액면미달의 발행이 금지된다. 그러나 신주발행에 있어서는 상법 제417조에 의하여 주식회사는 성립일로부터 2년 경과 후에 주식을 발행할 경우에는 주주총회의 특별결의와 법원의 인가를 얻어 주식을 액면미달로 발행할 수 있다. 주식을 액면미달로 발행하는 경우 액면미달금액과 신주발행비의 합계액을 주식할인발행차금이라고 한다. 주식할인발행차금은 자본거래에 의하여 발생한 것이므로 주식발행초과금을 익금에 산입하지 않는 것과 같은 법리로 손금불산입한다.

2. 제세공과금

가. 의의

제세공과금은 순자산의 감소를 가져오므로 원칙적으로 손금에 산입하나, 법령 소정의 제세공과금은 정책적인 목적 등으로 손금불산입한다.

나. 손금불산입하는 제세공과금

(1) 법인세와 법인지방소득세(법인법 제21조 제1호)

법인세는 기업회계의 당기순이익에서 법인세 차감 전 소득을 대상으로 산정한다. 이와 같이 법인세는 일종의 이익처분 항목이므로 각 사업연도소득을 계산할 때 손금불산입한다. 만약 법인세를 손금산입하면 과세소득과 세액계산이 순환하므로 이를 방지하기 위해서도 손금산입할 수 없다. 손금불산입하는 법인세에는 외국납부세액공제를 적용하는 경우의 외국납부세액이 포함된다.

(2) 가산세 등 세법상 의무불이행에 기한 세액(법인법 제21조 제1호)

세법에 규정된 의무불이행에는 간접세의 징수불이행·납부불이행과 기타 의무불이행의 경우를 포함한다(법인령 제21조). 가산세 등은 납세자의 귀책사유로 부과되므로 손금불산입한다.

(3) 부가가치세 매입세액(법인법 제21조 제1호)

부가가치세 매입세액은 매출세액에서 공제되는 금액으로 자산(선급금)의 성격을 가지고 있으므로 손금불산입한다. 그러나 부가가치세가 면제되는 경우, 비영업용 승용차의 구입과 임차 및 유지에 관한 매입세액, 기업업무추진비 및 이와 유사한 비용에 관한 매입세액 등은 매

---

62) 대법원 2022. 7. 28. 선고 2019두58346 판결

출세액에서 공제되지 않으므로 예외적으로 손금산입한다(법인령 제22조 제1항). 이러한 매입세액 불공제 이외에 해당 법인의 귀책사유에 의하여 불공제되는 것은 다시 원칙으로 돌아가 손금 불산입한다.

부가가치세 의제매입세액과 재활용폐자원 매입세액은 법인의 각 사업연도소득을 계산할 때 해당 원재료의 매입가액에서 공제한다(법인령 제22조 제2항). 의제매입세액과 재활용폐자원 매입세액으로 공제받은 금액을 원재료의 매입가격에서도 공제하여 이중으로 손금산입하는 것을 방지하기 위한 취지이다.

(4) 개별소비세, 주세, 교통에너지환경세(법인법 제21조 제2호)

판매하지 않은 제품에 대한 반출필의 개별소비세, 주세, 교통에너지환경세의 미납액은 손금불산입한다. 개별소비세, 주세, 교통에너지환경세는 간접세로서 공급받는 자에게 전가가 예정되어 있으므로 해당 법인이 부담하지 않는다. 제품가격에 세액상당액을 가산하지 않은 경우에 손금산입을 허용하면 세액을 납부하기 전에 손금산입할 수 있게 되어 불합리하다. 다만, 제품가격에 세액상당액을 가산한 경우에는 예외적으로 손금산입할 수 있다.

(5) 벌금, 과료, 과태료, 강제징수비(법인법 제21조 제3호)

벌금, 과료, 과태료, 강제징수비는 납세자의 귀책사유로 발생한 것이므로 손금불산입한다. 외국의 법률에 의하여 외국에서 납부한 벌과금 등에 대하여도 손금불산입한다.[63] 그러나 외국의 벌금이나 과료는 각국의 문화, 규범 등의 산물이므로 획일적으로 손금불산입하는 것이 타당한지에 대하여는 의문이 있다.[64] 사계약상의 의무불이행으로 인한 지체상금, 산업재해보상보험료의 연체금, 국유지 사용료의 납부지연으로 인한 연체료, 전기요금의 납부지연으로 인한 연체가산금은 위 손금불산입하는 벌금 등에 해당하지 않으므로 손금산입한다.[65]

(6) 법령에 따라 의무적으로 납부하는 것이 아닌 공과금(법인법 제21조 제4호)

공과금은 원칙적으로 손금산입하나, 법령에 따라 의무적으로 납부하는 것이 아닌 공과금은 손금불산입한다. 구 법인세법(1995. 12. 29. 개정 전) 제16조 제5호는 "대통령령이 정하는 것 이외의 공과금은 손금에 산입하지 아니한다"고 하여 공과금이 원칙적으로 손금불산입되고 예외적으로 손금산입되는 것과 같은 형식으로 규정하였으나, 헌법재판소는 공과금은 사업경비의 성격을 띠는 것으로 손금에 산입함이 원칙이고 예외적으로 그 성질상 비용성을 갖지 않거나 조세정책적 이유에 의하여 손금산입함이 바람직하지 않아 법률이 정한 경우에 한하여 손금산입을 부인하는 것이 법인세법의 본질 및 구조에 부합하므로 위 법률조항은 실질적 조세

---

63) 법인세법 기본통칙 21-0…3
64) 김완석·황남석, 법인세법론(2021), 352~353면
65) 법인세법 기본통칙 21-0…2

법률주의에 위배된다고 판시하였다.[66)

대법원은 구 법인세법(1998. 12. 28. 법률 제5581호로 전문 개정되기 전의 것) 제16조 제5호는 원칙적으로 공과금이 손금산입됨을 전제로 하고 예외적으로 손금에 산입되지 않는 공과금의 범위와 종류를 대통령령에서 정하도록 위임한 것인데, 그 위임에 따른 구 법인세법 시행령(1997. 12. 31. 개정 전) 제25조 제1항은 "법 제16조 제5호에서 대통령령이 정하는 공과금이라 함은 다음 각호의 것을 제외한 공과금을 말한다."고 규정하고, 손금산입되는 공과금의 종류를 열거하였는바, 이는 구체적으로 열거한 공과금만을 손금산입할 수 있도록 제한함으로써 공과금은 원칙적으로 손금에 산입되지 않는다고 규정한 것과 같으므로 모법의 입법취지 및 위임 범위를 벗어난 것이어서 무효라고 판시하였다.[67) 현행 법인세법은 위와 같은 체계상 문제를 해결하기 위하여 직접 법령에서 의무적으로 납부하는 것이 아닌 공과금에 한하여 손금불산입 하는 것으로 규정하고 있다.

(7) 의무불이행 등으로 부과되는 공과금(법인법 제21조 제5호)

종전에는 "법령에 따른 의무의 불이행 또는 금지·제한 등의 위반에 대한 제재로서 부과되는 공과금"에 대하여 손금에 불산입하는 것으로 규정하였다. 납세자의 의무불이행 등으로 인하여 그 제재로서 부과되는 공과금은 납세자의 귀책사유에 의한 것이므로 손금에 불산입한다고 규정한 것이다. 장애인고용부담금이 위 조항에 따른 손금불산입 대상인지 다투어진 사안에서, 하급심 판결은 장애인고용부담금이 재정적인 목적보다는 고용에 어려움을 겪는 장애인의 고용촉진을 주된 목적으로 하는 유도적·조정적 부담금의 성격이 강한 점, 사업주가 장애인 고용의무를 이행하지 않더라도 처벌규정이 존재하지 않는 점 등을 고려할 때 장애인고용부담금은 의무불이행 등에 대한 제재로서 부과된 것이 아니므로 손금불산입 대상이 아니라고 판시하였다.[68) 과거에는 손금으로 인정되는 공과금을 일일이 열거하였고 그 중에는 장애인고용부담금도 포함되어 있었다(1997. 12. 31. 개정 전 법인세법 시행령 제25조 제1항 제32호). 그 후 법인세법 시행령이 개정되면서 공과금의 범위를 포괄적으로 규정하였고, 기획재정부는 장애인고용부담금이 손금에 해당하지 않는 것으로 해석하였으나, 이와 달리 법원은 장애인고용부담금이 손금에 해당한다고 해석한 것이다.[69) 그런데 2024. 12. 31. 법인세법 개정 시 "법령에 따른 의무의 불이행 또는 금지·제한 등의 위반을 이유로 부과되는 공과금"이라고 규정하여 "제재"라는 문구를 삭제하였다. 이 규정을 문구대로 해석하면 제재로서 부과하지 않더라도 의무불이행 등을 이유로 부과하는 공과금이면 손금에 산입하지 않는다고 해석할 여지가 커졌다.

---

66) 헌재 1997. 7. 16. 선고 96헌바36 결정 등
67) 대법원 2004. 3. 18. 선고 2001두1949 전원합의체 판결
68) 서울행정법원 2023. 5. 2. 선고 2022구합65757 판결
69) 기획재정부 법인세제과-145(2018. 2. 21.)

(8) 연결모법인에 지급하였거나 지급할 금액(법인법 제21조 제6호)

연결모법인이 연결자법인으로부터 지급받은 세액에 대하여 익금산입하지 않는 것과 마찬가지로 연결자법인이 연결모법인에 지급하였거나 지급할 세액도 손금불산입한다.

다. 징벌적 목적의 손해배상금(법인법 제21조의2)

내국법인이 지급한 손해배상금 중 「가맹사업거래의 공정화에 관한 법률」 등 실제 발생한 손해액의 일정 배수를 한도로 손해배상 책임을 정하는 법률, 외국의 법령에 따라 지급한 손해배상액 중 실제 발생한 손해액을 초과하는 징벌적 목적의 금액은 손금불산입한다. 실제 발생한 손해액이 분명하지 않은 경우에는 다음 산식에 따라 계산한 금액을 손금불산입하는 손해배상금으로 본다(법인령 제23조 제2항).

$$손금불산입\ 대상\ 손해배상금\ =\ A \times \frac{B-1}{B}$$

A: 제1항의 규정에 따라 지급한 손해배상금
B: 제1항의 규정에 따른 실제 발생한 손해액 대비 손해배상액의 배수 상한

실제 발생한 손해액이 분명하지 않은 경우 납세자와 과세관청 사이에 분쟁이 생길 수 있으므로 이를 피하기 위하여 손해배상금의 일정 금액을 손금산입할 수 있도록 법령에 명시한 것이다. 종전에는 내국법인이 지급한 손해배상금에 3분의 2를 곱한 금액을 손금불산입 대상 손해배상금으로 규정하였으나, 2024년 법인세법 시행령 개정 시 너 정교하게 위 산식에 따라 산정하도록 바꾸었다.

3. 감가상각비

가. 의의

(1) 감가상각비의 개념 및 취지

법인세법 제23조에 규정된 감가상각비는 자산의 노후화 등으로 인한 자산의 가치감소를 내용연수(耐用年數)에 걸쳐 합리적 방법에 따라 비용으로 배분하는 것을 의미한다. 자산은 내용연수 동안 법인의 수익창출에 기여하므로 자산을 취득한 경우 취득가액을 일시에 손금산입하지 않고 자산의 감가액을 합리적으로 추정하여 배분하는 것이 수익비용대응원칙에 부합한다. 다만, 법인의 자의적인 손금산입을 통한 세액의 임의적인 계산을 방지하기 위하여 법령에서 상각방법, 내용연수 등을 정하고 있다.

감가상각비는 법인이 사업에 사용한 때부터 계산할 수 있다. 이러한 취지에서 판례는 발전소들에 대한 예비승인시험 기간 중 터빈을 가동한 것은 발전소의 설비를 정상적으로 사용하기에 앞서 설치과정의 일환으로 성능시험을 위한 시운전을 실시한 것이므로 그 과정에서 전

력을 소량 생산하여 생산공정에 투입하였더라도 그때부터가 아닌 정상 사용한 때 감가상각비를 계산하여야 한다고 판시하였다.[70]

(2) 결산조정 원칙 및 신고조정의 예외적 허용

감가상각제도는 임의상각제도로 운영되므로 감가상각비를 손금으로 계상할 것인지 여부는 기업의 선택에 맡겨져 있다. 따라서 감가상각비는 원칙적으로 각 사업연도의 결산에 반영하여야 세법상 손금에 산입할 수 있는 결산조정에 해당한다(법인법 제23조 제1항). 다만, 한국채택 국제회계기준(K-IFRS)을 도입할 때 감가상각비 감소에 따른 법인의 세부담 증가를 완화하기 위하여 한국채택 국제회계기준(K-IFRS)을 적용하는 법인의 유형자산과 무형자산 등에 대하여는 일부 신고조정을 허용하였다(법인법 제23조 제2항, 법인령 제24조 제2항, 법인칙 제12조 제2항). 그 밖에 특수관계인으로부터 양수한 자산의 장부가액이 시가에 미달하는 경우 감가상각비 손금산입특례, 감가상각의제가 적용되는 법인의 감가상각비, 2016. 1. 1. 이후 개시하는 사업연도에 취득한 업무용승용차의 감가상각비 등에 대하여는 결산 시 손금에 계상하지 않았더라도 경정청구에 의하여 손금산입할 수 있는 특례를 인정하였다.[71]

(3) 기업회계기준에 의한 손상차손과의 관계

감가상각자산이 진부화, 물리적 손상 등에 따라 시장가치가 급락하여 법인이 기업회계기준에 따라 손상차손을 계상한 경우에는 해당 금액을 감가상각비로서 손비로 계상한 것으로 간주하여 감가상각 규정을 적용한다(법인령 제31조 제8항). 한국채택 국제회계기준(K-IFRS)에서는 자산의 손상징후가 있으면 자산의 회수가능금액을 추정하는 손상검사를 하고 장부가액 대비 회수가능금액이 미달하는 경우 그 차액을 손상차손으로 반영하도록 하고 있다.[72] 이러한 기업회계기준에 따라 손상차손을 계상한 경우 법인세법상 감가상각한 것으로 간주한다는 의미이다.

나. 감가상각자산의 범위

(1) 감가상각자산인 경우

(가) 유형자산(법인령 제24조 제1항 제1호)

유형자산은 재화나 용역의 생산이나 제공, 타인에 대한 임대 또는 관리활동에 사용할 목적으로 보유하는 물리적 형태가 있는 자산으로서 1 회계기간을 초과하여 사용할 것이 예상되는 자산을 말한다.[73] 유형자산에는 건물 및 구축물, 차량 및 운반구, 공구, 기구 및 비품, 선박 및 항공기, 기계 및 장치, 동물 및 식물 등이 있다.

---

70) 대법원 2015. 9. 10. 선고 2013두6862 판결
71) 법인세법 기본통칙 23-0…1
72) K-IFRS 1036호
73) K-IFRS 1016호 문단 6

(나) 무형자산(법인령 제24조 제1항 제2호)

무형자산은 물리적 실체는 없지만 식별할 수 있는 비화폐성 자산을 말한다.[74] 무형자산에는 영업권, 디자인권, 실용신안권, 상표권, 특허권, 어업권, 양식업권, 채취권, 광업권, 개발비, 사용수익기부자산가액, 주파수이용권 및 공항시설관리권, 항만시설관리권 등이 있다. 이 중 실무상 자주 문제되는 영업권, 개발비, 사용수익기부자산가액에 대하여 간단히 설명하면 다음과 같다.

① 영업권

영업권은 사업을 포괄적으로 양수하면서 법률상의 지위 등 초과수익력의 원인이 되는 여러 요소를 감안하여 양도·양수하는 다른 자산에 대한 평가와는 별도의 적절한 평가방법에 따른 평가를 거친 후 유상취득한 금액을 의미한다.[75] 법령에서는 ⅰ) 사업의 양수도 과정에서 양도 및 양수자산과는 별도로 양도사업에 관한 인허가 등 법률상 지위, 사업상 편리한 지리적 여건, 영업상의 비법, 신용, 명성, 거래처 등 영업상의 이점 등을 감안하여 적절한 평가방법에 따라 유상으로 취득한 금액, ⅱ) 설립인가, 특정사업의 면허, 사업의 개시 등과 관련하여 부담한 기금, 입회금 등으로서 반환청구를 할 수 없는 금액과 기부금 등의 금액도 영업권으로 규정하고 있다(법인칙 제12조 제1항).[76] 2009. 12. 31. 법인세법 개정으로 합병 및 분할세제가 자산의 양도차익 중심의 과세로 개편됨에 따라 합병 또는 분할로 인하여 합병법인 등이 계상한 영업권은 감가상각 대상 영업권에서 제외되었다.

② 개발비

개발비는 상업적인 생산 또는 사용 전에 재료·장치·제품·공정·시스템 또는 용역을 창출하거나 현저히 개선하기 위한 계획 또는 설계를 위하여 연구결과 또는 관련 지식을 적용하는데 발생하는 비용으로서 기업회계기준상 개발비 요건을 충족한 것을 말한다. 종전에는 "법인이 개발비로 계상한 것"으로 규정하였으나, 2021. 2. 17. 법인세법 시행령 개정 시 "기업회계기준상 개발비 요건을 충족한 것"으로 바꾸었다.[77] 기업회계기준에 의하면 연구단계에서는 무형자산으로 인식하지 않고, 개발단계에 이르러야 무형자산으로 인식하므로 개발단계에 이

---

74) K-IFRS 1038호 문단 8
75) 대법원 2008. 11. 13. 선고 2006두12722 판결
76) K-IFRS에서는 영업권을 감가상각하지 않고 그 대신 손상검사를 하여 손상차손을 인식한다(1038호 문단 107, 108).
77) 기업회계기준상 개발비 요건은 ① 무형자산을 사용하거나 판매하기 위해 그 자산을 완성할 수 있는 기술적 실현가능성, ② 무형자산을 완성하여 사용하거나 판매하려는 기업의 의도, ③ 무형자산을 사용하거나 판매할 수 있는 기업의 능력, ④ 무형자산이 미래경제적효익을 창출하는 방법(그중에서도 특히 무형자산의 산출물이나 무형자산 자체를 거래하는 시장이 존재함을 제시할 수 있거나 또는 무형자산을 내부적으로 사용할 것이라면 그 유용성을 제시할 수 있다.), ⑤ 무형자산의 개발을 완료하고 그것을 판매하거나 사용하는데 필요한 기술적·재정적 자원 등의 입수가능성, ⑥ 개발과정에서 발생한 무형자산 관련 지출을 신뢰성 있게 측정할 수 있는 기업의 능력 등을 의미한다(K-IFRS 1038호 문단 57).

른 것만 개발비로서 감가상각의 대상이 될 수 있다.[78] 세법이 이러한 기업회계기준상 개발비 요건을 수용한 것이다.

③ 사용수익기부자산가액

사용수익기부자산가액은 금전 외의 자산을 국가 또는 지자체 등에게 기부한 후 그 자산을 사용하거나 그 자산으로부터 수익을 얻는 경우 해당 자산의 장부가액을 말한다. 기부한 자산은 국가 또는 지자체의 소유이고, 기부한 법인은 사용수익기부자산에 대하여 무형자산을 가진 것으로 보아 감가상각을 할 수 있다.

(2) 감가상각자산이 아닌 경우

(가) 사업에 사용하지 않는 자산

사업에 사용하지 않는 자산은 감가상각자산에서 제외된다. 다만, 유휴설비는 일시적으로 가동을 중단하는 것이므로 감가상각자산에 해당한다. 사용 중 철거하여 사업에 사용하지 않는 기계 및 장치, 취득 후 사용하지 않고 보관 중인 기계 및 장치 등은 유휴설비에 해당하지 않으므로 감가상각자산에 해당하지 않는다(법인칙 제12조 제3항).

(나) 건설 중인 자산

건설 중인 자산은 감가상각자산에서 제외된다. 건설 중인 자산에는 설치 중인 자산 또는 그 성능을 시험하기 위한 시운전기간에 있는 자산이 포함된다. 다만, 건설 중인 자산의 일부가 완성되어 당해 부분이 사업에 사용되는 경우 그 부분은 감가상각자산에 해당한다(법인칙 제12조 제4항).

(다) 시간의 경과에 따라 그 가치가 감소되지 않는 자산

토지, 서화, 골동품 등은 시간의 경과에 따라 가치가 감소하지 않으므로 감가상각자산에서 제외된다. 토지는 감가상각자산이 아니므로 골프장 사업계획변경승인 및 사도(私道)설치 허가의 조건에 따라 골프장 진입도로를 개설하여 지자체에 무상으로 공여한 경우 그 부지매입 비용 및 도로개설비용은 비상각자산인 골프장 부지에 대한 자본적 지출로서 감가상각에 의한 손금산입의 대상이 되지 않는다.[79]

(3) 특수한 거래의 감가상각자산

(가) 장기할부매입자산

장기할부조건 등으로 매입한 감가상각자산의 경우 법인이 해당 자산가액 전액을 자산으로 계상하고 사업에 사용하는 경우에는 대금의 청산 또는 소유권의 이전 여부에 관계없이 감가

---

78) K-IFRS는 을 연구단계와 개발단계로 구분하여 연구단계의 지출은 발생시점에 비용으로 처리하고 개발단계의 지출은 일정한 요건을 갖춘 경우 자산으로 인식한다(K-IFRS 1038호 문단 57).
79) 대법원 2008. 4. 11. 선고 2006두5502 판결

상각자산에 해당한다(법인령 제24조 제4항).

(나) 리스자산

리스자산의 경우 리스를 금융리스와 운용리스로 구분하여 금융리스의 자산은 리스이용자의 감가상각자산으로, 운용리스의 자산은 리스회사의 감가상각자산으로 한다(법인령 제24조 제5항). 기업회계기준상 금융리스와 운용리스는 기초자산의 소유에 따른 위험과 보상이 이전하는지 여부에 따라 구별한다. 즉 기초자산의 소유에 따른 위험과 보상의 대부분을 이전하는 리스는 금융리스이고, 기초자산의 소유에 따른 위험과 보상의 대부분을 이전하지 않는 리스는 운용리스이다.[80] 쉽게 말하면 금융리스는 할부거래에 가깝고, 운용리스는 임대차거래와 유사하다. 유동화전문회사가 자산유동화계획에 따라 금융리스의 자산을 양수한 경우 당해 자산에 대하여는 리스이용자의 감가상각자산으로 한다(법인령 제24조 제6항). 유동화전문회사가 리스회사 등으로부터 금융리스자산을 양도받아 유동화증권을 발행하는 경우에도 리스이용자가 계속 감가상각을 할 수 있도록 하여 자산유동화의 활성화를 지원하기 위한 취지이다.[81]

다. 감가상각비의 손금계산방법(법인령 제25조 제1항)

직접법은 감가상각자산의 장부가액을 직접 감액하는 방법이다. 간접법은 감가상각자산의 장부가액을 직접 감액하지 않고 감가상각누계액으로 계산하는 방법이다. 직접법은 신규취득한 자산과 감가상각 후 감소한 자산의 구분이 곤란하므로 간접법이 널리 사용된다.

라. 상각범위액 계산

(1) 취득가액

(가) 의의

자산의 취득가액은 일반적인 자산의 취득가액에 관한 규정에 따라 계산한다. 내국법인이 자산의 취득가액, 자본적 지출에 해당하는 금액이 있을 때에는 감가상각비를 통해 손금산입한다(법인법 제23조 제4항).

(나) 즉시상각의제(법인령 제31조)

소액수선비, 소액자산, 단기사용자산, 생산설비의 폐기손실 등의 경우에는 자산으로 처리하여 비용을 여러 사업연도에 배분하는 것보다 당해 연도의 비용으로 계상하는 것이 적합하므로 즉시상각한 것으로 의제한다. 당해 연도의 비용으로 처리하므로 상각범위액을 두지 않는 것과 같은 결과가 된다. 즉시상각의제의 적용대상은 다음과 같다.

---

80) K-IFRS 1116호 문단 62
81) 재정경제부, 「2000 간추린 개정세법」, 2001, 195면

① 소액수선비

소액수선비는 개별자산별로 수선비 지출금액이 600만 원 미만인 경우, 개별자산별로 수선비 지출금액이 직전 사업연도 종료일 현재 재무상태표상 자산가액의 5%에 미달하는 경우, 3년 미만의 기간마다 주기적인 수선을 위하여 지출하는 경우를 의미한다(법인령 제31조 제3항).

② 소액자산

소액자산은 취득가액이 거래단위별로 100만 원 이하인 경우를 의미한다(법인령 제31조 제4항). 거래단위는 법인이 취득한 자산을 독립적으로 사업에 직접 사용할 수 있는 것을 말한다(법인령 제31조 제5항). 다만, 고유업무의 성질상 대량으로 보유하는 자산, 사업의 개시 또는 확장을 위하여 취득한 자산은 제외한다.

③ 단기사용자산

단기사용자산은 어업에 사용되는 어구, 영화필름, 공구, 가구, 전기기구, 가스기기, 가정용기구·비품, 시계, 시험기기, 측정기기 및 간판, 대여사업용 비디오테이프 및 음악용 콤팩트디스크로서 개별자산의 취득가액이 30만 원 미만인 것, 전화기 및 개인용 컴퓨터 등을 의미한다(법인령 제31조 제6항).

④ 생산설비의 폐기손실

생산설비의 폐기손실은 시설의 개체 또는 기술의 낙후로 인하여 생산설비의 일부를 폐기한 경우, 사업의 폐지 또는 사업장의 이전으로 임대차계약에 따라 임차한 사업장의 원상회복을 위하여 시설물을 철거하는 경우를 의미한다. 이 경우 당해 자산의 장부가액에서 1,000원을 공제한 금액을 폐기일이 속하는 사업연도에 손금산입할 수 있다(법인령 제31조 제7항). 영세자영업자를 지원하기 위하여 2021. 2. 17. 법인세법 시행령 개정 시 사업의 폐지뿐 아니라 사업장 이전에 대하여도 즉시상각의제를 확대하였다.

(2) 내용연수(耐用年數)

(가) 의의

세법상 내용연수는 상각범위액을 계산하기 위한 상각률 계산기준으로서의 의미를 가진다. 따라서 내용연수가 경과한 후에도 미상각 잔액이 남아있는 경우에는 상각범위액 한도 내에서 감가상각할 수 있다. 내용연수보다 단기에 상각하는 것이 허용되지 않으나 내용연수보다 장기에 걸쳐 상각하는 것은 가능하다.

(나) 내용연수의 종류(법인령 제28조 제1항, 법인칙 제15조)

① 기준내용연수

기준내용연수는 자산, 구조, 업종별로 법령에서 정한 내용연수를 말한다. 예를 들어, 시험연구용자산 중 건물부속설비, 구축물, 기계장비는 5년, 광학기기, 시험기기 등은 3년이고, 무형자산 중 영업권, 디자인권, 실용신안권, 상표권은 5년, 특허권은 7년, 어업권은 10년, 광업권은 20년, 댐사용권은 50년이며, 건축물 등 중 차량 및 운반구는 5년, 선박 및 항공기는 12년, 연와조 건물은 20년, 철골조 건물은 40년 등이다.

② 신고내용연수

신고내용연수는 기준내용연수의 25%의 범위에서 납세자가 신고할 수 있는 내용연수를 말한다. 예를 들어, 선박 및 항공기는 기준내용연수가 12년이므로 신고내용연수는 25%를 가감한 9년에서 15년 사이에서 선택할 수 있다.

(다) 내용연수의 변경 및 수정

법인은 사업장의 특성으로 자산의 부식·마모 및 훼손의 정도가 현저한 경우, 영업개시 후 3년이 경과한 법인으로서 당해 사업연도의 생산설비 가동률이 직전 3개 사업연도의 평균가동률보다 현저히 증가한 경우, 새로운 생산기술 및 신제품의 개발·보급 등으로 기존 생산설비의 가속상각이 필요한 경우, 경제적 여건의 변동으로 조업을 중단하거나 생산설비의 가동률이 감소한 경우에는 기준내용연수에 50%를 가감하는 범위에서 사업장별로 납세지 관할 지방국세청장의 승인을 받아 내용연수범위와 달리 내용연수를 적용하거나 적용하던 내용연수를 변경할 수 있다(법인령 제29조 제1항). 감가상각자산에 대한 기준내용연수가 변경된 경우에는 기준내용연수에 25%를 가감하는 범위에서 내용연수를 변경할 수 있다.

내국법인이 기준내용연수의 50% 이상이 경과된 중고자산을 다른 법인 또는 사업자로부터 취득한 경우에는 그 자산의 기준내용연수의 50%에 상당하는 연수와 기준내용연수의 범위에서 선택하여 납세지 관할 세무서장에게 신고한 수정내용연수를 내용연수로 할 수 있다(법인령 제29조의2 제1항). 법인이 신고기한 내에 내용연수를 신고하지 않거나 임의로 내용연수범위를 벗어난 내용연수를 선택하여 신고한 후 적법절차를 거쳐 내용연수를 변경하지 않은 경우에는 기준내용연수를 계속 적용하여야 한다.[82]

(라) 상각률

정액법은 0, 정률법은 잔존가액의 5%를 적용하여 상각률을 정한다. 내용연수 5년까지의 상각률을 예시하면 다음과 같다. 정률법에 의하여 감가상각할 때 초기에 감가상각비를 많이 계상할 수 있다.

---

82) 대법원 2016. 1. 28. 선고 2013두7001 판결

내용연수	정액법의 상각률	정률법의 상각률
2년	0.500	0.777
3년	0.333	0.632
4년	0.250	0.528
5년	0.200	0.451

(3) 잔존가액

정액법의 잔존가액은 0이고, 정률법의 잔존가액은 취득가액의 5%에 상당하는 금액으로 하되, 그 금액은 당해 감가상각자산에 대한 미상각잔액이 최초로 취득가액의 5% 이하가 되는 사업연도의 상각범위액에 가산한다(법인령 제26조 제6항). 법인은 감가상각이 종료되는 감가상각자산에 대하여는 비망기록을 위하여 취득가액의 5%와 1,000원 중 적은 금액을 당해 감가상각자산의 장부가액으로 하고, 동 금액에 대하여는 손금산입하지 않는다(법인령 제26조 제7항). 비망기록가액은 처분 시 손금산입된다.

마. 감가상각방법

(1) 자산별 감가상각방법(법인령 제26조 제1항)

① 건축물과 개발비, 사용수익기부자산가액, 주파수이용권, 공항시설관리권, 항만시설관리권을 제외한 무형자산은 정액법으로 감가상각한다. 납세자가 상각방법을 신고하지 않은 경우에도 정액법을 사용한다.

② 건축물 외의 유형자산은 정률법 또는 정액법으로 감가상각한다. 납세자가 상각방법을 신고하지 않은 경우 정률법을 사용한다.

③ 광업권 또는 폐기물매립시설은 생산량비례법 또는 정액법으로 감가상각한다. 납세자가 상각방법을 신고하지 않은 경우 생산량비례법을 사용한다.

④ 광업용 유형자산은 생산량비례법, 정률법, 정액법으로 감가상각한다. 납세자가 상각방법을 신고하지 않은 경우 생산량비례법을 사용한다.

⑤ 개발비는 관련 제품의 판매 또는 사용이 가능한 시점부터 20년의 범위에서 연단위로 신고한 내용연수에 따라 매 사업연도별 경과월수에 비례하여 상각한다. 상각방법을 신고하지 않은 경우 관련 제품의 판매 또는 사용이 가능한 시점부터 5년 동안 매년 균등액을 상각한다. 법인이 개발비로 계상한 경우에 한하여 적용하므로 법인이 당해 개발비로 계상하지 않은 금액은 그 지급이 확정된 사업연도의 손금에 산입한다.[83] 개발비는 개발이 완료되어 관련 제품의 판매 또는 사용이 가능하게 된 시점부터 감가상각할 수 있다.[84]

---

83) 법인세법 기본통칙 23-26…9, 대법원 2022. 7. 28. 선고 2019두58346 판결

⑥ 사용수익기부자산가액은 해당 자산의 사용수익기간에 따라 균등하게 안분한 금액을 상각한다. 상각방법을 신고하지 않은 경우에도 위 방법으로 상각한다.

⑦ 주파수이용권, 공항시설관리권 및 항만시설관리권은 주무관청에서 고시하거나 주무관청에 등록한 기간 내에서 사용기간에 따라 균등액을 상각한다. 상각방법을 신고하지 않은 경우에도 위 방법으로 상각한다.

(2) 감가상각비 계산방법(법인령 제26조 제2항)

(가) 정액법

감가상각자산의 취득가액에 당해 자산의 내용연수에 따른 상각률을 곱하여 감가상각비를 계산한다. 이를 계산식으로 표현하면 "당기 상각범위액 = 취득가액 × 상각률"이다.

(나) 정률법

감가상각자산의 취득가액에서 이미 감가상각비로 손금에 산입한 금액을 공제한 미상각잔액에 해당 자산의 내용연수에 따른 상각률을 곱하여 감가상각비를 계산한다. 이를 계산식으로 표현하면 "당기 상각범위액 = (취득가액 − 기상각액) × 정률법에 의한 상각률"이다.

(다) 생산량비례법

감가상각자산의 취득가액을 그 자산이 속하는 광구의 총채굴예정량으로 나누어 계산한 금액에 해당 사업연도의 기간 중 그 광구에서 채굴한 양을 곱하여 계산하거나 해당 감가상각자산의 취득가액을 그 자산인 폐기물매립시설의 매립예정량으로 나누어 계산한다.

(3) 감가상각방법의 변경(법인령 제27조 제1항)

상각방법이 서로 다른 법인이 합병한 경우, 상각방법이 서로 다른 사업자의 사업을 인수 또는 승계한 경우, 외국인투자촉진법에 의하여 외국투자자가 내국법인의 주식 등을 20% 이상 인수 또는 보유하게 된 경우, 해외시장의 경기변동 또는 경제여건의 변동으로 인하여 종전의 상각방법을 변경할 필요가 있는 경우, 회계정책의 변경에 따라 결산상각방법이 변경된 경우에는 납세지 관할 세무서장의 승인을 얻어 상각방법을 변경할 수 있다.

바. 세무조정

(1) 기업회계상 감가상각비가 세법상 감가상각비보다 큰 경우(상각부인액)

세법상 상각범위액을 초과하는 상각부인액은 그 후의 사업연도에 해당 법인이 손비로 계상한 감가상각비가 상각범위액에 미달하는 경우에 그 미달하는 시인부족액을 한도로 손금산입한다(법인령 제32조 제1항). 법인이 감가상각비를 손비로 계상하지 않은 경우에도 상각범위액

---

84) 법인세과−424(2011. 6. 24.)

을 한도로 그 상각부인액을 손금산입한다.

(2) 기업회계상 감가상각비가 세법상 감가상각비보다 적은 경우(시인부족액)

시인부족액은 전기의 상각부인액이 있으면 손금산입하고, 전기의 상각부인액이 없으면 소멸한다(법인령 제32조 제2항).

사. 감가상각의제

각 사업연도소득에 대하여 법인세를 면제받거나 감면받은 경우에는 개별 자산에 대한 감가상각비가 상각범위액이 되도록 감가상각비를 손금산입한다(법인법 제23조 제3항, 법인령 제30조). 법인세가 면제되거나 감면되는 사업을 영위하는 법인이란 특정사업에서 생긴 소득에 대하여 법인세를 면제 또는 감면받은 법인을 말한다.[85] 조세감면을 받은 법인의 조세회피를 방지하기 위하여 감가상각을 의제하는 것이다. 법인세가 감면되는 사업연도에는 감가상각비를 계상하지 않고 그 후 사업연도에 감가상각비를 계상하여 감면받는 사업연도에 감면혜택을 증가시킴으로써 조세를 줄이는 것을 방지하기 위한 취지이다.

아. 자산평가와 감가상각

법인이 감가상각자산에 대하여 감가상각과 평가증을 병행한 경우에는 먼저 감가상각을 한 후 평가증을 한 것으로 보아 상각범위액을 계산한다(법인령 제32조 제4항). 세법상 원칙적으로 평가이익을 인정하지 않으므로 평가이익에 대한 감가상각을 배제하기 위한 취지이다. 평가증을 한 경우 상각부인액은 평가증의 한도까지 익금산입된 것으로 보아 손금산입하고, 평가증의 한도 초과액은 그 후의 사업연도에 이월하며, 시인부족액은 소멸한다. 상각부인액을 익금산입된 것으로 인정하는 것은 과대상각하여 부인된 금액은 이미 손금불산입되었으므로 다시 익금산입하면 이중과세가 되기 때문이다.

자. 자산양도 시 감가상각누계액과 상각부인액의 처리

감가상각자산을 양도한 경우 당해 자산의 상각부인액은 양도일이 속하는 사업연도의 손금에 산입한다(법인령 제32조 제5항). 감가상각자산의 일부를 양도한 경우 당해 양도자산에 대한 감가상각누계액 및 상각부인액 또는 시인부족액은 당해 감가상각자산 전체의 감가상각누계액 및 상각부인액 또는 시인부족액에 양도부분의 가액이 당해 감가상각자산의 전체가액에서 차지하는 비율을 곱하여 계산한 금액으로 한다(법인령 제32조 제6항).

4. 기부금

가. 의의

법인세법 제24조에 규정된 기부금은 내국법인이 사업과 직접적인 관계없이 무상으로 지출

---

85) 법인세법 기본통칙 23-30…1

하는 금액으로서 실질적으로 증여의 성질을 갖는다. 기업이 기부금을 지출하면 순자산이 감소하지만 사업과 직접적인 관련성이 없어 수익에 대응하는 비용이라고 할 수 없으므로 원칙적으로 손금의 요건을 충족하지 못한다. 그러나 공익목적에 사용되는 기부금의 지출은 국가적으로나 사회적으로 장려할 행위이므로 특별히 공익성이 있는 단체에 기부한 경우에는 일정한도를 정하여 손금산입을 인정한다.

기부금을 손금으로 인정한다는 것은 조세부담을 감소시켜 실질적으로 국고에서 기부금을 부담하는 결과가 되고 자본충실을 저해하여 주주 등 출자자나 일반채권자의 권익을 침해하므로 공공성의 정도에 따라 그 종류와 손금산입의 범위를 달리하고 있다.[86]

나. 범위

(1) 본래 기부금

본래 기부금은 법인이 사업과 직접 관계없이 무상으로 지출하는 재산적 증여의 가액을 말한다(법인법 제24조 제1항).

(2) 의제기부금

의제기부금은 법인이 특수관계인 외의 자에게 정당한 사유 없이 자산을 정상가액(正常價額)보다 저가로 양도하거나 특수관계인 외의 자로부터 정상가액보다 고가로 매입하는 것을 말한다. 여기서 정상가액은 시가에 30%를 더하거나 뺀 범위의 가액이다(법인법 제24조 제1항 괄호부분, 법인령 제35조). 예를 들어, 시가가 1억 원이면 정상가액은 7,000만 원부터 1억 3,000만 원까지이고, 7,000만 원보다 낮게 양도하거나 1억 3,000만 원보다 높게 매입하면 의제기부금이 생긴다. 정상가액보다 저가로 양도하거나 고가로 매입한 경우 정상가격과의 차액은 실질적으로 증여의 성질을 가지므로 기부금으로 의제하는 것이다. 법인이 특수관계인 외의 자에게 법인의 사업과 직접 관계없이 부동산을 무상으로 임대하거나 정당한 사유없이 정상가액보다 낮은 가액으로 임대하는 경우에도 의제기부금에 해당한다.[87] 자산을 저가양도하거나 고가매입하여 의제기부금에 해당하는지 여부는 정당한 사유의 유무에 따라 결정된다.

판례는 법인이 타회사로부터 주식을 매입한 가격이 정상가격보다 고가라고 하더라도 그 주식거래가 내국법인이 외국합작투자법인에게 투자금을 반환하고, 그 보유주식 전부를 일괄양수하여 경영권을 확보하려고 하는 특수상황에서 이루어진 거래인 경우 위 주식을 고가로 매입할 만한 정당한 사유가 있고,[88] 법인이 비상장법인을 인수할 목적으로 실제로는 현금의 투자 없이 상호 주식을 교환하는 방법을 통해 비상장법인의 발행주식을 정상가액보다 높은 가액으로 매입한 경우 비상장주식을 그 취득가액으로 매입한 데에 정당한 사유가 있다고 판시

---

86) 대법원 1992. 7. 14. 선고 91누11285 판결
87) 법인세법 기본통칙 24-35…1
88) 대법원 1997. 11. 14. 선고 97누195 판결

하였다.[89] 반면 법인이 농공단지 지구 내에 새로이 취득하여 이주하는 신공장에 빠른 시일 내에 이전하여야 할 사정이 있었다는 사정만으로 부동산을 빠른 시일 내에 저가로 매각하여야 할 정당한 사유가 있다고 볼 수 없다고 판시하였다.[90]

다. 종류

(1) 특례기부금(구 법정기부금)

(가) 범위(법인법 제24조 제2항)

특례기부금은 종전에 법정기부금 또는 50% 한도 기부금이라고 부르던 기부금으로서 공익성이 강한 기관에 지출하는 기부금이다. 2022. 12. 31. 법인세법 개정 시 명칭을 변경하였다. 특례기부금에 해당하는 것은 다음과 같다.

① 국가나 지자체에 무상으로 기증하는 금품

② 국방헌금과 국군장병 위문금품

③ 천재지변으로 생기는 이재민을 위한 구호금품 등 법률에 열거된 기부금

④ 사립학교 등 법률 및 시행령에 열거된 학교에 시설비, 교육비, 장학금, 연구비로 지출하는 기부금

⑤ 국립대학병원 등 법률 및 시행령에 열거된 학교에 시설비, 교육비, 연구비로 지출하는 기부금

⑥ 사회복지사업, 그 밖의 사회복지활동의 지원에 필요한 재원을 모집·배분하는 것을 주된 목적으로 하고, 기부금 모금액 및 활용실적을 공개할 수 있는 인터넷 홈페이지가 개설되어 있을 것, 주식회사 외부감사법에 따른 감사인에게 회계감사를 받을 것, 재무제표 등을 해당 비영리법인 및 국세청의 인터넷 홈페이지를 통하여 공시할 것, 전용계좌를 개설하여 사용할 것 등 시행령에서 정한 요건을 충족하는 비영리법인으로서 기획재정부장관이 지정·고시하는 법인에 지출하는 기부금

(나) 손금한도 및 이월공제

법인이 특례기부금으로 지출한 금액에 대하여는 해당 사업연도 소득금액에서 이월결손금을 뺀 금액의 50%를 한도로 손금산입한다. 이를 산식으로 표현하면 다음과 같다.

특례기부금 = (기준소득금액 − 이월결손금(기준소득금액의 80% 한도) × 50%

기준소득금액은 합병 시 양도손익을 제외하고 기부금을 손금산입하기 전의 소득금액을 말

---

89) 대법원 2010. 2. 25. 선고 2007두9839 판결
90) 대법원 1993. 5. 25. 선고 92누18320 판결

한다. 이월결손금은 과세표준 계산방법과 같이 기준소득금액의 80%를 한도로 한다. 위와 같은 손금한도를 초과한 기부금은 10년간 이월공제하되, 이월된 기부금을 우선적으로 공제하고, 남은 기부금 공제한도 내에서 각 사업연도에 지출한 기부금을 공제한다(법인법 제24조 제5항, 제6항). 종전에는 각 사업연도에 지출한 기부금을 우선 공제하고 남은 기부금 공제한도 내에서 이월된 기부금을 공제하였다. 그러나 이러한 방식으로 이월공제를 하면 이월공제기한 내에 기부금을 공제하지 못할 우려가 있으므로 2019. 12. 31. 법인세법 개정 시 납세자에게 유리하도록 이월된 기부금을 우선 공제하는 것으로 바꾸었다.

(2) 일반기부금(구 지정기부금)

(가) 범위(법인법 제24조 제3항)

일반기부금은 종전에 지정기부금 또는 10% 한도 기부금이라고 부르던 기부금으로서 특례기부금보다 공익성이 약한 기관에 지출하는 기부금이다. 2022. 12. 31. 법인세법 개정 시 명칭을 변경하였다. 구체적으로 일반기부금에 해당하는 것은 다음과 같다(법인령 제39조 제1항).

① 사회복지법인, 어린이집, 유치원, 의료법인, 종교법인 등 시행령에 열거된 공익법인 등[91]에 지출하는 기부금. 민법에 따라 주무관청의 허가를 받아 설립된 비영리법인, 비영리외국법인, 사회적협동조합, 공공기관, 법률에 따라 직접 설립 또는 등록된 기관 중 정관의 내용상 수입을 공익을 위하여 사용하고 사업의 직접 수혜자가 불특정다수일 것 등 시행령에서 정한 요건을 모두 충족한 것으로서 국세청장의 추천을 받아 기획재정부장관이 지정하여 고시한 법인에 대하여 해당 공익법인 등의 고유목적사업비로 지출하는 기부금

② 학교장 등이 추천하는 개인에게 교육비, 연구비, 장학금으로 지출하는 기부금, 공익신탁으로 신탁하는 기부금

③ 아동복지시설, 노인복지시설 등 시행령에서 열거하고 있는 사회복지시설 또는 기관 중 무료 또는 실비로 이용할 수 있는 시설 또는 기관에 기부하는 금품의 가액

④ 사회복지, 문화, 예술, 교육, 종교, 자선, 학술 등 공익을 위한 사업을 수행하고 우리나라가 회원국으로 가입한 국제기구로서 기획재정부장관이 지정하여 고시하는 국제기구에 지출하는 기부금

위 "①"의 공익법인 등의 지정·고시와 관련하여 종전에는 주무관청이 공익법인의 지정, 사후관리 등에 관여하였으나 2020. 2. 11. 법인세법 시행령 개정 시 국세청장이 그 역할을 맡게 됨으로써 국세청장이 명실상부한 공익법인 등의 관리감독기관이 되었다. 종전에는 주무관청이 공익법인 등의 신청을 받아 추천하면 기재부장관이 공익법인 등을 지정하였고, 공익법인 등이 주무관청에게 법령 소정의 이행여부를 보고하였으나, 위 개정 이후에는 국세청장이

---

91) 종전에 "기부금단체"라는 명칭을 사용하였으나, 2021. 2. 17. 법인세법 시행령 개정 시 상증세법에 맞추어 "공익법인"으로 바꾸었다.

공익법인 등의 신청을 받아 추천하면 기재부장관이 공익법인 등을 지정하고, 공익법인 등이 국세청장에게 법령 소정의 이행 여부를 보고하도록 변경되었다. 공익법인이 법령 소정의 의무를 이행하지 않는 경우 기재부장관에게 공익법인의 지정취소를 요청할 수 있는 기관도 주무관청에서 국세청장으로 바뀌었다

(나) 손금한도 및 이월공제

일반기부금으로 지출한 금액에 대하여는 해당 사업연도 소득금액에서 이월결손금과 특례기부금 손금산입액을 뺀 금액의 10%를 한도로 손금산입한다. 이를 산식으로 표현하면 다음과 같다.

일반기부금 = (기준소득금액 − 이월결손금(기준소득금액의 80% 한도) − 50% 한도 기부금 손금 산입액) × 10%

일반기부금의 손금산입 한도액은 각종 준비금을 먼저 손금산입한 후의 소득금액을 기준으로 계산한다.[92] 손금한도를 초과한 기부금은 10년간 이월공제한다(법인법 제24조 제5항).

(3) 비지정기부금

비지정기부금은 특례기부금 및 일반기부금이 아닌 기부금을 의미한다. 비지정기부금에 대하여는 손금불산입한다.

라. 현물기부의 평가 및 세무처리

(1) 현물기부의 평가

법인이 현물기부한 경우 특례기부금 및 일반기부금 중 특수관계 없는 자에 대한 기부는 장부가액으로 평가하고, 일반기부금 중 특수관계인에 대한 기부와 비지정기부금은 시가와 장부가액 중 큰 금액으로 평가한다(법인령 제36조 제1항). 과거에는 지정기부금(일반기부금)의 경우 시가와 장부가액 큰 금액으로 평가하였으나, 2011. 3. 31. 법인세법 시행령 개정 시 지정기부금에 대하여도 법정기부금(특례기부금)과 같이 장부가액으로 평가하도록 변경하였다. 지정기부금을 장부가액으로 평가하는 것은 현물기부를 유도하기 위한 취지이고, 특수관계자에게 현물제공한 경우 시가와 장부가액 중 큰 금액으로 평가하는 것은 특수관계자를 통한 편법상속이나 증여를 차단하기 위한 취지이다.[93] 특례기부금이나 일반기부금을 장부가액으로 평가하면 이를 기부받는 공익법인의 자산취득가액도 장부가액이 된다(법인령 제72조 제2항 제5호의3).

일반기부금으로 현물제공한 자산의 시가가 장부가액보다 큰 경우로서 법인의 영업이익이

---

92) 법인세법 기본통칙 24 − 39···1
93) 기획재정부, 「2010 간추린 개정세법」, 2011, 198면

100, 현물기부한 자산의 시가가 50이고 장부가액이 20, 기부금한도액이 10%라고 하면 기부금 손금산입 전 소득이 150이고 기부금 한도액은 15가 된다. 이 경우 장부가액으로 평가한 경우에는 기부금한도초과액이 5(20－15)이고, 시가로 평가한 경우는 기부금한도초과액이 35(50－15)이다. 법인이 현물제공한 기부자산의 평가액이 기부금한도를 초과한 경우 장부가액으로 평가하면 시가로 평가하는 것보다 한도초과액이 적어서 납세자에게 유리한 것이다.[94] 법인이 특례기부금을 지출한 경우에는 50%의 기부금한도가 적용되므로 기부금한도를 초과할 가능성이 낮으나, 일반기부금을 지출하는 경우에는 10%의 기부금한도가 적용되므로 기부금한도를 초과할 가능성이 상대적으로 높다.

(2) 세무처리

법인이 타인에게 자산을 무상양도하거나 시가보다 저가로 양도함으로써 기부금 요건에 해당되는 경우 상대방이 취득한 자산가액이나 그에 상응한 법인자산의 감소액은 자산의 시가상당액이다. 따라서 법인이 시가와 장부가액의 차액을 기업경리상 손비로 계상하지 않았더라도 세법상으로는 일단 시가와 장부가액의 차액 상당의 수익이 법인에 실현됨과 동시에 수익을 상대방에게 제공함에 따른 손실이 발생한 것으로 보아 그 손실을 기부금으로 처리한다.[95] 이와 달리 장부가액이 기부금이 된다고 해석하면 장부가액보다 시가가 높은 재산을 현물기부하여 양도차익에 대한 과세를 회피할 수 있어 불합리하다.[96]

위 판례에 따르면 A법인이 시가 10억 원, 장부가액 4억 원인 자산을 특수관계 없는 B법인에게 무상양도한 경우 세법상 시가와 장부가액의 차액 상당액인 6억 원(10억 원－4억 원)의 수익이 법인에 실현됨과 동시에 그 수익 6억 원을 기부한 것으로 처리한다. 따라서 자산을 현물기부한 경우 익금산입 6억 원, 손금산입 6억 원의 세무처리가 필요하다.

마. 현금기부의 귀속시기

(1) 현금주의

현금을 기부한 경우 그 귀속시기에 대하여는 현금주의가 적용되므로 현금의 지출이 있을 때에 비용으로 계상한다. 따라서 법인이 기부금을 가지급금 등으로 이연계상한 경우에는 그 지출한 사업연도의 기부금으로 보고, 법인이 기부금을 미지급금으로 계상한 경우 실제로 지출할 때까지는 기부금으로 보지 않는다(법인령 제36조 제2항, 제3항). 기부금의 지출을 위하여 어음을 발행하거나 배서한 경우에는 어음이 실제로 결제된 날에 지출한 것으로 보며, 수표를 발행한 경우에는 수표를 교부한 날에 지출한 것으로 본다(법인칙 제18조).

---

94) 이중교, "현물기부의 과세문제에 대한 소고", 세무와 회계연구 제12권 제3호, 30면
95) 대법원 1993. 5. 25. 선고 92누18320 판결
96) 이창희, 세법강의(2021), 999~1,000면

(2) 법인이 채무를 인수하는 경우

법인이 타인의 원금 및 이자채무를 인수한 경우 그것이 기부금에 해당하는지 여부 및 당해 기부금이 비지정기부금에 해당되어 손금불산입되는지 여부도 원금 및 이자가 각 지급되는 때를 기준으로 판단한다. 법인이 비지정기부금에 해당하는 타인의 원금채무를 인수한 경우에 그 후 이행한 이자지급채무가 법인 자신의 채무가 된다고 해서 기부금이 아니라고 할 수 없다.[97]

5. 기업업무추진비(구 접대비)

가. 의의

법인세법 제25조에 규정된 기업업무추진비는 종전에 접대비라고 부르던 것으로서 2022. 12. 31. 법인세법 개정 시 명칭을 변경하였다. 접대비라는 용어가 가지고 있는 부정적 이미지에서 탈피하기 위하여 기업업무추진비로 명칭만 변경한 것이므로 내용은 기존의 접대비와 동일하다. 즉 기업업무추진비는 접대, 교제, 사례 또는 그 밖에 어떠한 명목이든 상관없이 이와 유사한 목적으로 지출한 비용으로서 내국법인이 직접 또는 간접적으로 업무와 관련이 있는 자와 업무를 원활하게 진행하기 위하여 지출한 금액을 말한다(법인법 제25조 제1항). 기업업무추진비는 업무와 관련 있는 지출이라는 점에서는 손금의 성격을 일부 가지나, 지나친 소비지출을 조장할 수 있다는 이유로 한도를 설정하여 그 한도 내에서만 손금으로 인정한다.

기업업무추진비 중 유흥비를 지출하는 경우에는 접대행위자와 상대방이 모두 소비의 이익을 얻는다. 예를 들어, A사의 직원이 거래처인 B사의 직원과 함께 음식점과 주점에서 식사하고 100만 원을 A사 법인카드로 결제한 경우 사업경비와 A사 직원의 사적 편익이 섞인다. 이 경우 순수한 사업경비만 분리하는 것이 쉽지 않으므로 손금산입의 한도를 설정하였다는 설명도 가능하다. 현행 기업업무추진비의 범위에 대하여는 사적 편익을 추구하는 행위에 최대한 근접하게 규정하여야 한다는 견해,[98] 회사 돈으로 업무를 핑계삼아 술을 마시는 경우 회사는 기업업무추진비로 손금산입하고 직원에게는 소득세가 과세되지 않는 것은 부당하므로 기업업무추진비가 사용자의 근로소득으로 과세되지 않는 한 기업업무추진비는 손금이 아니라는 견해[99] 등이 있다. 우리나라의 경우 기업업무추진비의 범위가 넓고 모호해서 손금한도의 제한이 없는 일반손금과의 구별 등에 관한 분쟁이 많이 발생하고 있으므로 미국과 같이 유흥비와 선물비 정도로 접대비의 범위를 한정하는 것을 고려해 볼 필요가 있다.

---

97) 대법원 2004. 1. 29. 선고 2003두247 판결
98) 김현동, "세법상 접대비 규제의 본질", 조세법연구 제21권 제3호, 2015, 260면
99) 이창희, 세법강의(2021), 1001~1002면에 의하면 접대비는 놀고 즐기는 비용이고 그렇지 않은 비용은 접대비가 아니라는 입장이다.

나. 타 개념과의 구별

(1) 구별기준

기업업무추진비와 기부금, 광고선전비, 판매부대비용, 회의비 등은 다음 기준에 의하여 구별한다.

① 기업업무추진비와 기부금은 업무 관련성 유무에 의하여 구분한다. 기업업무추진비는 업무 관련성이 있는 지출이고, 기부금은 업무 관련성이 없는 지출이다.

② 기업업무추진비와 광고선전비는 지출상대방과 지출목적 등에 의하여 구분한다. 법인이 사업을 위하여 지출한 비용 중 상대방이 사업에 관련 있는 자들이고 지출의 목적이 접대 등의 행위에 의하여 사업관계자들과의 사이에 친목을 두텁게 하여 거래관계의 원활한 진행을 도모하는데 있다면 기업업무추진비이고, 지출의 상대방이 불특정다수인이고 지출의 목적이 법인의 이미지를 개선하여 구매의욕을 자극하는데 있다면 광고선전비이다.[100]

③ 기업업무추진비와 판매부대비용은 판매와의 관련성 등에 의하여 구분한다. 법인이 사업을 위하여 지출한 비용 중 상대방이 사업에 관련 있는 자들이고 지출의 목적이 접대 등의 행위에 의하여 사업관계자들과의 사이에 친목을 두텁게 하여 거래관계의 원활한 진행을 도모하는데 있다면 그 비용은 기업업무추진비이고, 그 지출경위나 성질, 액수 등을 건전한 사회통념이나 상관행에 비추어 볼 때 상품 또는 제품의 판매에 직접 관련하여 정상적으로 소요되는 비용은 판매부대비용에 해당한다.[101]

④ 정상적인 업무를 수행하기 위하여 지출하는 회의비로서 사내 또는 통상회의가 개최되는 장소에서 제공하는 다과 및 음식물 등의 가액 중 사회통념상 인정될 수 있는 범위 내의 금액은 회의비이고, 통상적인 범위를 초과하는 금액과 유흥을 위하여 지출하는 금액은 기업업무추진비이다.[102]

(2) 관련 판례 등

(가) 광고선전비와의 구별

① 콘도미니엄 원매자의 현지답사에 제공된 교통비 및 숙식비는 기업업무추진비가 아니고 광고선전비에 해당한다.[103]

② 신문사의 내방객 등에 대한 선물비는 그 내방객 등이 누구인지를 특정할 수 없어 신문사와 거래관계를 맺고 있는 특정인들이라고 보기 어려우므로 기업업무추진비가 아니라 광고선전비에 해당한다.[104]

---

100) 대법원 2010. 6. 24. 선고 2007두18000 판결
101) 대법원 2009. 11. 12. 선고 2007두12422 판결
102) 법인세법 기본통칙 25-0…4
103) 대법원 1987. 4. 14. 선고 86누378 판결
104) 대법원 2010. 6. 24. 선고 2007두18000 판결

③ 백화점 경영자가 판촉활동의 일환으로 거래실적이 우수한 불특정 고객에게 선물을 증정한다고 사전에 홍보하고 지급한 사은품은 소비자의 구매의욕을 자극함으로써 판매를 촉진하기 위한 것이므로 그 구입에 소요된 비용은 기업업무추진비가 아니라 상품의 판매를 위한 광고선전비에 해당한다.[105]

(나) 판매부대비용과의 구별

① 신문사가 지국 직원들에게 지급한 격려금 등은 판매부대비용이 아니라 기업업무추진비에 해당한다.[106]

② 수주업무를 공동수행하기 위한 용역계약의 상대방인 협력업체 직원들에게 지출한 야근식대나 간식비는 사업과 관련하여 지출한 통상적인 비용이므로 기업업무추진비가 아니라 판매부대비용에 해당한다.[107]

③ 치과용 의료기기의 제조와 판매업자가 일정 금액 이상의 치과용 임플란트 패키지 상품을 구매하는 병의원의 치과의사에게 해외여행경비를 지원하고, 해외워크숍을 진행하면서 본인과 가족의 참가경비 중 일부를 지원한 경우 판매부대비용이 아니라 기업업무추진비에 해당한다.[108]

④ 담배를 수입·판매하던 회사가 영업부진 때문에 영업을 중지하는 대리점에게 신규시장의 개척과 판매촉진을 위하여 지원한 인건비 및 차량구입비는 기업업무추진비가 아니라 판매부대비용에 해당한다.[109]

⑤ 甲 회사가 乙 회사와 하도급계약을 체결하면서 "甲 회사가 재해 발생 시 자기 비용으로 피해자와 합의하여 배상한다."는 약정을 체결하고 이에 따라 재해근로자에게 지급한 사고보상비 등은 甲 회사의 수익과 직접 관련된 비용으로서 기업업무추진비로 볼 수 없다.[110]

(다) 판례의 경향

판례는 특정 거래처가 아닌 불특정 다수인에게 지출한 비용은 기업업무추진비가 아니라고 보는 경향이 있다. 특정 거래처에게 지급하거나 지출한 비용 중에서는 판매와 직접 관련된 비용이 아니면 기업업무추진비로 보는 경향이 있다.

(3) 범위

법인이 지출한 다음의 금액은 법령으로 기업업무추진비 해당 여부에 대하여 명확히 규정하고 있다(법인령 제40조).

---

105) 대법원 2002. 4. 12. 선고 2000두2990 판결
106) 대법원 2008. 7. 10. 선고 2006두1098 판결
107) 대법원 2008. 7. 10. 선고 2007두26650 판결
108) 대법원 2016. 4. 15. 선고 2015두52326 판결
109) 대법원 2009. 11. 12. 선고 2007두12422 판결
110) 대법원 2012. 9. 27. 선고 2010두14329 판결

① 주주나 임직원이 개인적인 용도로 사용한 금액을 법인이 지출한 것은 기업업무추진비로 보지 않는다. 이러한 금액은 사업과 관련하여 지출한 비용이 아니므로 기업업무추진비에 해당하지 않는다. 회사의 주주나 임직원의 사적 편익을 추구하는데 사용한 금액은 일종의 소비일뿐 비용이 될 수 없기 때문이다.

② 직원단체에 복리시설비를 지출한 경우 해당 단체가 법인인 때에는 이를 기업업무추진비로 보며, 해당 단체가 법인이 아닌 때에는 그 법인의 경리의 일부로 본다. 복리시설비란 법인이 종업원을 위하여 지출한 복리후생의 시설비, 시설구입비 등을 말한다.[111]

다. 적격증빙 구비 여부에 따른 취급

(1) 적격증빙의 의의

적격증빙은 법인이 지출한 경비에 대하여 법령상 인정받기 위하여 구비하여야 하는 증빙을 의미한다. 신용카드, 직불카드, 선불카드, 현금영수증, 세금계산서, 원천징수영수증 등이 적격증빙에 해당한다(법인법 제25조 제2항, 법인령 제41조 제3항).

(2) 세무상 취급

경조금의 경우 20만 원을 초과한 지출, 경조금 이외의 경우 3만 원을 초과한 지출에 대하여는 적격증빙을 구비하지 않으면 손금불산입한다(법인법 제25조 제2항, 법인령 제41조 제1항). 다만, 국외지역에서의 지출, 농어민에 대한 지출은 적격증빙을 구비하기 어려우므로 적격증빙이 없더라도 지출사실이 객관적으로 명백한 경우에는 기업업무추진비로 인정한다(법인령 제41조 제2항).

라. 손금한도액

(1) 일반법인

기업업무추진비 손금한도액은 기본한도와 수입금액한도를 더하여 계산한다(법인법 제25조 제4항).

기본한도는 "1,200만 원 × 월수 × 1/12"의 산식으로 계산한다. 중소기업에 대하여는 한도를 늘려주기 위하여 1,200만 원보다 많은 3,600만 원을 적용한다. 2019. 12. 31. 법인세법을 개정하여 중소기업에 대한 기본한도를 2,400만 원에서 3,600만 원으로 상향하였다. 수입금액한도는 다음과 같이 수입금액에 적용률을 곱하여 계산한다. 수입금액은 기업회계기준에 따라 계산한 매출액을 의미한다(법인령 제42조 제1항).

수입금액	적용률
100억 원 이하	30/10,000
100억 원 초과 500억 원 이하	3,000만 원 + 100억 원 초과액의 20/10,000
500억 원 초과	1억 1,000만 원 + 500억 원 초과액의 3/10,000

---

111) 법인세법 기본통칙 25-40…1

(2) 부동산임대업을 주된 사업으로 하는 소규모법인 등

(가) 의의 및 취지

소수의 주주가 지배하는 부동산임대법인 등 가족회사에 대하여는 세원관리를 강화하기 위하여 일반법인보다 기업업무추진비 한도를 줄여서 적용한다.

(나) 적용법인

부동산임대업을 주된 사업으로 하는 등 다음 요건을 모두 갖춘 법인이다(법인령 제42조 제2항).

① 해당 사업연도 종료일 현재 내국법인의 지배주주 등이 보유한 주식 등의 합계가 해당 내국법인의 발행주식총수 등의 50%를 초과하여야 한다.

② 해당 사업연도에 부동산임대업을 주된 사업으로 하거나 부동산 또는 부동산상의 권리 대여로 발생하는 수입금액, 이자소득, 배당소득의 합계가 기업회계기준에 따라 계산한 매출액의 50% 이상이어야 한다. 수동소득(passive income)의 합계가 매출액의 50% 이상이어야 한다는 의미이다. 기존 70%에서 2022. 2. 15. 법인세법 시행령 개정 시 50%로 변경하여 과세를 강화하였다.

③ 해당 사업연도의 상시근로자 수가 5명 미만이어야 한다.

(다) 기업업무추진비 한도

기본한도와 수입금액한도 모두 일반법인의 50%만 인정한다(법인법 제25조 제5항). 부동산임대법인 등은 해당법인 소득의 상당 부분이 수동적 소득이므로 일반법인보다 기업업무추진비를 적게 인정하는 것이다. 그 밖에 성실신고 확인제를 적용받고, 업무용승용차 관련 비용 손금한도도 축소된다.

(3) 문화 관련 기업업무추진비의 손금산입

법인이 공연이나 전시회 입장권 구입 등 일정한 국내의 문화활동과 관련하여 기업업무추진비를 지출한 경우 법인세법상 한도액 이외에 추가로 손금산입할 수 있다(조특법 제136조 제3항, 조특령 제130조 제5항). 손금산입액은 기업업무추진비 한도액의 20%이다.

마. 현물기업업무추진비의 평가 및 세무처리

(1) 현물의 평가

법인이 현물로 기업업무추진비를 지출한 경우 기업업무추진비는 시가와 장부가액 중 큰 금액으로 평가한다(법인령 제42조 제6항, 제36조 제1항 제3호). 기업업무추진비는 현물을 시가에 판매한 후 그 현금을 기업업무추진비로 지출하는 것과 같으므로 시가로 평가하는 것이 원칙이나, 시가가 장부가액보다 적은 경우 기업업무추진비 한도초과액이 작아지는 것을 방지하기 위하여 장부가액을 기업업무추진비로 본다.

(2) 세무처리

법인이 현물로 기업업무추진비를 지출하는 경우 부가세법상 사업상 증여에 해당하므로 그 시가상당액을 공급으로 간주하여 부가가치세를 과세하고, 사업상 증여에 대한 부가가치세는 기업업무추진비에 해당하는 것으로 본다. 예를 들어, A법인이 시가 10억 원, 장부가액 4억 원인 자산을 거래처에 현물로 제공한 경우 세법상 시가와 장부가액의 차액 상당액인 6억 원의 수익이 법인에 실현됨과 동시에 그 수익 6억 원을 기업업무추진비로 지출한 것으로 보고, 시가 10억 원에 대한 부가가치세 1억 원도 기업업무추진비로 본다.

바. 기업업무추진비의 귀속시기 및 자산계상 기업업무추진비의 세무처리

(1) 귀속시기

기업업무추진비는 발생주의에 의하여 귀속시기를 판단한다. 따라서 기업업무추진비를 지급하지 않았더라도 기업업무추진비가 발생된 사업연도의 손금에 산입한다.

(2) 자산계상 기업업무추진비

건물준공을 위해 지출한 기업업무추진비를 건물원가에 가산한 경우와 같이 자산가액에 포함된 기업업무추진비도 세무조정 대상이다. 한도초과액 발생순서는 비용계상분, 건설 중 자산계상분, 유형 및 무형자산 계상분의 순서이다. 따라서 기업업무추진비 한도초과액이 당기에 손비로 계상한 기업업무추진비보다 많은 경우 당기에 손비로 계상한 기업업무추진비는 전액 손금불산입하고 그 차액은 건설 중 자산에서 감액하여 처리하며, 기업업무추진비 한도초과액이 당기에 손비로 계상한 기업업무추진비보다 적은 경우에는 기업업무추진비 한도초과액만 손금불산입한다.[112] 예를 들어, 자산계상 기업업무추진비가 6,500만 원, 비용계상분 기업업무추진비가 4,000만 원으로 기업업무추진비 합계액이 1억 500만 원이고 기업업무추진비 한도액이 6,000만 원이라고 할 경우 한도초과액 4,500만 원은 비용계상분 기업업무추진비 4,000만 원, 자산계상 기업업무추진비가 500만 원이 된다.

6. 공동경비 분담금 초과액

가. 의의

기업 간 경쟁이 치열해짐에 따라 기업들이 이윤을 극대화하기 위하여 공동으로 사업을 하는 경우가 증가하고 있다. 이때 기업이 공동으로 지출하는 비용을 세법상 어떻게 처리할 것인지 문제된다. 법인세법은 기업이 공동경영함에 따라 법인이 다른 법인과 동일한 조직 또는 사업 등을 공동운영하거나 영위함에 따라 발생하거나 지출된 손비 중 법령에서 정한 기준에 따른 분담액을 초과하는 금액은 손금불산입하도록 규정하고 있다(법인법 제26조 제4호, 법인령

---

112) 법인세법 기본통칙 25-0…2

제48조 제1항).

(1) 출자공동사업자

출자공동사업자는 특정사업을 공동영위하기 위하여 공동으로 출자한 자를 의미한다. 공동경비를 분담한 법인들이 출자공동사업자인 경우 출자비율에 따라 공동경비를 안분한다.

(2) 비출자공동사업자

비출자공동사업자는 출자공동사업자 이외의 법인을 의미한다. 공동경비를 분담한 법인들이 출자공동사업자가 아닌 경우에는 특수관계가 있는지 여부에 따라 다음과 같이 공동경비를 안분한다.

(가) 비출자공동사업자 사이에 특수관계가 있는 경우

① 원칙

비출자공동사업자 사이에 특수관계가 있는 경우에는 직전 사업연도 또는 해당 사업연도의 매출액 총액과 총자산가액 총액 중 매출액 총액을 선택한 경우에는 매출액 총액에서 해당 법인의 매출액이 차지하는 비율로 안분한다. 만약 법인이 총자산가액 총액을 선택한 경우에는 총자산가액 총액에서 해당 법인의 총자산가액이 차지하는 비율에 의하여 안분한다. 이와 같이 안분기준을 선택한 경우에는 선택한 사업연도부터 5년 동안 적용하여야 한다. 안분기준을 선택하지 않은 경우에는 직전 사업연도의 매출액 총액을 선택한 것으로 본다. 과거에는 직전 사업연도의 매출액 총액을 기준으로 안분하도록 규정하였는데 2010. 2. 18. 법인세법 시행령 개정 시 직전 사업연도 매출액 이외에 해당 사업연도의 매출액을 기준으로 안분할 수 있도록 변경하였고,[113] 2016. 2. 12. 개정 시 매출액 총액 이외에 총자산가액 총액 기준으로 안분할 수 있도록 추가하였다. 다만, 비출자공동사업자 중 어느 하나의 법인이 직전사업연도 매출액이 없는 경우에는 해당 사업연도의 매출액 총액 또는 총자산가액 총액 중 하나를 선택해야 하며, 선택하지 않으면 해당 사업연도의 매출액 총액을 선택한 것으로 본다(법인령 제48조 제2항).

② 예외

공동행사비 등 참석인원의 수에 비례하여 지출되는 손비에 대하여는 참석인원비율, 공동구매비 등 구매금액에 비례하여 지출되는 손비에 대하여는 구매금액비율, 국외 공동광고선전비에 대하여는 수출액, 국내 공동광고선전비에 대하여는 기업회계기준에 따른 매출액 중 국내

---

113) 위 시행령 조항이 이후 직전 사업연도 매출액 또는 해당 사업연도 매출액 중 분담기준을 선택할 수 있도록 개정되었더라도 소급적용할 수 없다(대법원 2017. 3. 9. 선고 2016두55605 판결).

제4장 손금의 계산 | 457

매출액, 무형자산의 공동사용료에 대하여는 해당 사업연도 개시일의 기업회계기준에 따른 자본의 총합계액에 따라 안분할 수 있다(법인칙 제25조 제2항).

(나) 비출자공동사업자 사이에 특수관계가 없는 경우

비출자공동사업자 사이에 특수관계가 없는 경우에는 비출자공동사업자 사이의 약정분담비율에 따라 안분한다. 약정분담비율이 없는 경우에는 위 특수관계가 있는 경우의 비율에 따라 안분한다.

7. 업무무관비용

가. 의의

법인세법 제27조에 규정된 업무무관비용은 ① 법인의 업무와 직접 관련이 없다고 인정되는 업무무관자산을 취득·관리함으로써 생기는 비용, 유지비, 수선비 및 이와 관련되는 비용, ② 해당 법인의 업무와 직접 관련이 없다고 인정되는 지출금액을 의미한다(법인법 제27조, 법인령 제49조 제3항). 업무무관비용은 법인의 업무와 연관성이 없으므로 손금불산입한다(법인법 제27조).

법인의 업무란 법령에서 업무를 정한 경우에는 그 법령에 규정된 업무, 그렇지 않은 경우에는 각 사업연도 종료일 현재의 법인등기부상의 목적사업으로 정하여진 업무를 말한다(법인칙 제26조 제2항). 이때 법인등기부상의 목적사업이 행정관청의 인허가 등을 요하는 경우에는 그 인허가 등을 받은 경우에 한한다.

나. 업무무관자산의 취득 및 관리비용(법인법 제27조 제1호)

(1) 업무무관자산의 범위

(가) 법인의 업무에 직접 사용하지 않는 부동산

법인의 업무에 직접 사용하지 않는 부동산은 업무무관자산에 해당하나, 예외적으로 다음 중 하나에 해당하는 부동산은 업무무관자산에서 제외한다.

① 유예기간 중에 있는 부동산

유예기간은 업무무관자산으로 보지 않는 기간으로서 건축물 또는 시설물 신축용 토지는 취득일부터 5년, 부동산매매업을 주업으로 하는 법인이 취득한 매매용 부동산은 취득일부터 5년, 그 밖의 부동산은 취득일부터 2년이다(법인칙 제26조 제1항). 법인이 부동산을 취득하여 유예기간이 지난 다음 법인등기부상의 업무 등에 직접 사용한 경우에는 유예기간을 빼고 유예기간이 종료한 다음 날부터 직접 사용하기 전까지의 기간만 업무무관기간에 해당한다(법인칙 제26조 제9항 제1호). 합병법인이 합병으로 취득한 부동산은 합병에 의한 소유권 이전일을 유예기간의 기산일로 한다.[114]

---

114) 법인세법 기본통칙 27-49…1

② 부동산 취득 후 법령에 의하여 사용이 금지 또는 제한된 부동산

부동산의 취득 후 법령에 의하여 사용이 금지 또는 제한된 부동산은 사용이 금지 또는 제한된 기간 동안 업무무관자산으로 보지 않는다(법인칙 제26조 제5항). 법령의 규정 자체에 의하여 직접 부동산의 사용이 금지 또는 제한되는 경우뿐 아니라 행정작용에 의하여 현실적으로 부동산의 사용이 금지 또는 제한되는 경우도 포함된다.[115] 따라서 법령의 규정 그 자체에 의하여 직접 토지의 사용이 금지되거나 제한된 것은 아니라고 하더라도 행정청이 행정작용의 일환으로 건축허가를 해주지 않기 때문에 현실적으로 토지의 사용이 금지되거나 제한된 경우도 포함된다.[116] 그러나 부동산의 취득 전에 이미 법령의 규정에 의하여 사용이 금지 또는 제한되어 있었던 경우에는 업무무관자산에 해당한다.[117]

토지를 취득하여 업무용으로 사용하기 위하여 건설에 착공한 경우, 매매용 부동산을 유예기간 내에 양도하는 경우에는 당해 부동산을 업무에 직접 사용한 것으로 본다(법인칙 제26조 제3항). 그 밖에 문화재보호법에 의하여 지정된 보호구역 안의 부동산, 유예기간이 경과되기 전에 법령에 따라 해당 사업과 관련된 인허가 등을 신청한 법인이 건축법 및 행정지도에 의하여 건축허가가 제한되어 건축할 수 없게 된 토지, 유예기간이 경과되기 전에 법령에 의하여 당해 사업과 관련된 인허가 등을 받았으나 건축자재의 수급조절을 위한 행정지도에 의하여 착공이 제한된 토지는 해당 기간 동안 업무무관자산으로 보지 않는다. 법인이 주주인 임원에게 거주용 주택을 무상 또는 유상으로 사용하도록 한 것은 사택제공에 해당하여 업무무관지출 규정이 적용될 수는 있어도 비업무용 부동산에 관한 규정이 적용되지는 않는다.[118]

(나) 유예기간 중에 당해 법인의 업무에 직접 사용하지 않고 양도하는 부동산

유예기간 중에 당해 법인의 업무에 직접 사용하지 않고 양도하는 부동산은 업무무관자산에 해당하나, 예외적으로 다음 중 하나에 해당하는 부동산은 업무무관자산에서 제외된다. 이 경우 유예기간이 지난 뒤까지도 계속해서 부동산을 업무에 사용하지 않다가 양도한 경우에는 그 취득일부터 양도일까지의 기간 전부가 업무무관기간에 해당한다(법인칙 제26조 제9항 제2호).

① 부동산매매업을 주업으로 영위하는 법인이 유예기간 중 부동산을 양도한 경우

부동산매매업을 주업으로 영위하는 법인은 부동산매매가 그 자체로 업무이므로 유예기간 중 양도하는 경우 업무무관자산으로 보지 않는다. 부동산매매업을 주업으로 하는 법인이 매매용부동산을 취득한 후 유예기간이 지난 다음 물적분할 등을 통하여 양도한 경우는 업무에 사용한 경우에 해당하므로 부동산 취득일부터 양도일까지의 기간 전부가 아니라 유예기간이 지난 다음 날부터 양도를 통하여 직접 사용하기 전까지의 기간만이 업무무관기간에 해당한

---

115) 대법원 2014. 2. 27. 선고 2013두12324 판결
116) 대법원 1995. 6. 13. 선고 95누1026 판결
117) 대법원 2007. 1. 25. 선고 2005두5598 판결
118) 대법원 2017. 12. 28. 선고 2017두56827 판결

다.[119] 물적분할에 의한 자산양도도 독립적인 자산의 양도라고 해석한 것이다. 위 판결에 따르면 부동산매매업체가 개발용 토지를 취득한 후 개발에 이르지 못하고 8년 후에 물적분할을 통해 양도한 경우 유예기간 5년을 뺀 3년의 기간 동안만 비업무용 부동산에 해당한다.

② 부동산 취득 후 법령에 의하여 사용이 금지 또는 제한된 부동산

부동산의 취득 후 법령에 의하여 사용이 금지 또는 제한된 부동산은 사용이 금지 또는 제한된 기간 동안 업무무관자산으로 보지 않는다(법인칙 제26조 제5항).

(다) 법인의 업무에 직접 사용하지 않는 동산(법인령 제49조 제1항 제2호)

① 서화 및 골동품

서화 및 골동품은 업무무관자산이다. 다만, 장식·환경미화 등의 목적으로 사무실, 복도 등 여러 사람이 볼 수 있는 공간에 상시적으로 비치하는 경우 업무무관자산에서 제외한다.

② 업무에 직접 사용하지 않는 자동차, 선박, 항공기

업무에 직접 사용하지 않는 자동차, 선박, 항공기는 업무무관자산에 해당한다. 다만, 저당권 실행 기타 채권을 변제받기 위하여 취득한 선박으로서 3년이 경과되지 않은 것 등 부득이한 사유가 있는 경우에는 업무무관자산에서 제외한다. 자동차의 경우 업무에 직접 사용하지 않는 것인지 여부는 법인의 목적사업 및 영업내용, 해당 자동차를 취득하게 된 경위 및 용도와 사용실태 등을 종합적으로 고려하여 객관적으로 판단한다.[120] 판례의 사실관계는 부동산임대업체가 2대의 승용차를 보유하면서 그중 1대를 최대주주이자 공동대표 甲에게 제공하였는데 甲이 사용한 승용차가 업무무관자산인지 다투어진 사안에서, 대법원은 甲이 서울지점에 근무하면서 사무실에 출퇴근하여 업무보고를 받고 새로운 임대용 부동산을 물색하는 업무를 수행하기 위하여 자동차를 사용할 업무상 필요성이 있었다는 등의 이유로 업무무관자산에 해당하지 않는다고 판시하였다.

③ 기타 당해 법인의 업무에 직접 사용하지 않는 동산

기타 당해 법인의 업무에 직접 사용하지 않는 동산은 업무무관자산에 해당한다.

다. 업무무관비용(법인법 제27조 제2호)

(1) 사용인, 비출자임원, 소액주주 외의 자가 사용하는 장소, 건물 유지비 등

해당 법인이 직접 사용하지 않고 사용인, 비출자임원, 소액주주 외의 자가 주로 사용하는 장소, 건축물, 물건 등의 유지비·관리비·사용료와 이와 관련되는 지출금은 업무무관비용에 해당한다. 소액주주는 지분율 1%에 미달하는 주식 등을 소유한 주주 등을 말한다(법인령 제50

---

119) 대법원 2018. 5. 11. 선고 2014두44342 판결
120) 대법원 2015. 2. 12. 선고 2014두43028 판결

조 제2항).

(2) 소액주주 이외의 주주인 임원이나 친족이 사용하는 사택의 유지비·관리비·사용료 등

법인의 소액주주 이외의 주주이거나 출연자인 임원 또는 그 친족이 사용하고 있는 사택의 유지비·관리비·사용료 등의 지출금은 업무무관비용에 해당한다. 법인의 사택에 대해서는 위 요건을 충족하는 경우에 업무무관비용에 관한 손금불산입 규정을 적용할 수 있을 뿐 비업무용 부동산에 관한 손금불산입규정을 적용할 수 없다.[121]

(3) 기타

업무무관자산을 취득하기 위하여 지출한 자금의 차입과 관련되는 비용, 해당 법인이 공여한 뇌물, 노동조합 및 노동관계조정법의 근로시간 면제한도를 초과하여 지급하는 급여 등은 업무무관비용에 해당한다.

라. 업무용승용차 관련비용

(1) 의의

법인세법 제27조의2에 규정된 업무용승용차 관련비용의 손금불산입 규정을 적용받는 승용차는 배기량이 1,000cc를 초과하는 승용차이고, 자동차판매업 등의 사업에 직접 사용하는 승용차와 을 목적으로 사용하는 승용차는 제외된다. 업무용승용차 관련비용은 업무용승용차에 대한 감가상각비, 임차료, 유류비, 보험료, 수선비, 자동차세, 통행료 및 금융리스부채에 대한 이자비용 등 업무용승용차의 취득과 유지를 위하여 지출한 비용을 말한다(법인령 제50조 제2항). 이 중 감가상각비는 800만 원을 한도로 하고 내용연수를 5년으로 하여 정액법으로 상각한 금액을 손금산입한다(법인령 제50조 제3항). 업무용승용차 관련비용 중 업무사용금액에 해당하지 않는 금액은 손금불산입한다(법인법 제27조의2 제2항).

업무용승용차 관련비용 특례규정은 법인 소유의 고가 승용차를 사적으로 이용하면서 조세회피에 이용한다는 사회적 비판이 높아지자 법인들이 업무용차량을 업무 외에 사용하는 것을 방지하기 위한 취지에서 2015. 12. 15. 법인세법 개정 시 입법되었다.

(2) 업무사용금액의 산정

(가) 업무전용 자동차보험에 가입한 경우

업무전용 자동차보험은 해당 법인의 임직원, 계약에 따라 해당 법인의 업무를 위하여 운전하는 사람 등이 운전하는 경우만 보상하는 자동차보험을 의미한다(법인령 제50조의2 제4항). 해당 사업연도 전체 기간 동안 업무전용 자동차보험에 가입한 경우 업무용승용차 관련비용에 업무사용비율을 곱한 금액을 업무사용금액으로 한다. 업무사용비율은 운행기록 등에 따라 확인

---

121) 대법원 2017. 8. 29. 선고 2014두43301 판결

되는 총 주행거리 중 업무용 사용거리가 차지하는 비율이다(법인령 제50조의2 제4항 제1호, 제5항). 해당 사업연도의 업무용승용차 관련비용이 1,500만 원 이하인 경우에는 운행기록 등을 작성·비치하지 않아도 전액 손금으로 인정하나, 1,500만 원을 초과하는 경우에는 운행기록 등에 의하여 업무와 관련된 비용으로 확인된 금액만 손금으로 인정한다(법인령 제50조의2 제7항).

(나) 업무전용 자동차보험에 가입하지 않은 경우

업무전용 자동차보험에 가입하지 않은 경우에는 전액 손금불산입한다(법인령 제50조 제4항 제2호).

(다) 법인업무용 자동차번호판을 부착하지 않은 경우

국토교통부의 「자동차 등록번호판 등의 기준에 관한 고시」에 따르면, 차량가액 8,000만 원 이상의 업무용 승용자동차에 대하여는 2024. 1. 1.부터 연녹색 번호판을 부착하여야 한다. 이를 위반하여 연녹색 번호판을 부착하지 않은 경우에는 업무용승용차 관련비용을 전액 손금불산입한다(법인령 제50조 제4항 제3호).

(3) 감가상각비의 세무처리

업무용 승용차별 감가상각비와 임차료 중 감가상각비 상당액은 연 800만 원을 한도로 손금산입하고, 그 초과액은 이월하여 손금산입한다(법인법 제27조의2 제3항). 따라서 4,000만 원을 넘지 않는 차량에 대하여는 감가상각비만으로 5년간 손금에 산입할 수 있다. 다만, 기부금 한도의 50%만 인정하는 부동산임대업을 주된 사업으로 하는 법인 등의 경우에는 일반법인의 50%인 400만 원을 한도로 한다(법인법 제27조의2 제6항).

8. 지급이자 손금불산입

가. 채권자 불분명 사채이자

(1) 의의 및 취지

채권자가 불분명한 사채의 이자는 손금불산입한다(법인법 제28조 제1항 제1호). 채무자로 하여금 채권자를 밝히게 함으로써 지하자금을 양성화하기 위한 취지이다. 채무자가 채권자를 밝히지 않으면 채권자에게는 이자소득에 대하여 세금을 부과하지 못하나, 채권자에게 이자를 지급한 법인은 지급이자를 손금에 산입하지 못한다.

(2) 범위

채권자 불분명 사채이자는 채권자의 주소 및 성명을 확인할 수 없는 차입금, 채권자의 능력 및 자산상태로 보아 금전을 대여한 것으로 인정할 수 없는 차입금, 채권자와의 금전거래사실 및 거래내용이 불분명한 차입금에서 발생한 이자를 말한다(법인령 제51조 제1항). 다만, 거래일 현재 주민등록표에 의하여 거주사실 등이 확인된 채권자가 차입금을 변제받은 후 소재불명이 된 경우에는 채권자 불분명 사채이자로 보지 않는다.

(3) 소득처분

원천징수한 이자소득세는 국가에 귀속하므로 기타사외유출로 소득처분하고(법인령 제106조 제1항 제3호 라목), 이자소득 중 원천징수한 이자소득세를 차감한 잔액은 채권자를 알 수 없어 귀속이 불분명하므로 대표자상여로 소득처분한다.

나. 비실명 채권 등 이자

(1) 의의 및 취지

비실명 채권 및 증권 등 이자는 손금불산입한다(법인법 제28조 제1항 제2호). 채권자 불분명 사채이자와 마찬가지로 채무자로 하여금 채권자의 실명을 밝히게 함으로써 지하자금을 양성화하기 위한 취지이다.

(2) 범위

비실명 채권 및 증권 등 이자는 채권 또는 증권의 이자·할인액 또는 차익을 당해 채권 또는 증권의 발행법인이 직접 지급하는 경우 그 지급사실이 객관적으로 인정되지 않는 이자·할인액 또는 차익을 말한다(법인령 제51조 제2항).

(3) 소득처분

원천징수한 이자소득세는 기타사외유출로 소득처분하고(법인령 제106조 제1항 제3호 라목), 이자소득 중 원천징수한 이자소득세를 차감한 잔액은 대표자상여로 소득처분한다.

다. 건설자금이자

(1) 의의

법인세법 제28조 제1항 제3호에 규정된 건설자금이자는 사업용 유형자산 및 무형자산의 매입, 제작, 건설에 소요되는 차입금에 대한 지급이자 또는 이와 유사한 성질의 지출금을 의미한다(법인령 제52조 제1항). 지급이자와 유사한 성질의 지출금에는 금융기관으로부터 차입할 때에 지급하는 지급보증료가 있다. 기업회계에서는 유형자산과 무형자산 외에 투자부동산과 일부 재고자산도 자본화대상 자산으로 정하고 있으나,[122] 법인세법에서는 유형자산과 무형자산에 대해서만 건설자금이자를 인정한다. 매매를 목적으로 매입 또는 건설하는 주택 및 아파트는 사업용 유형자산 및 무형자산이 아니므로 건설자금이자를 인정하지 않는다.[123]

---

122) K-IFRS 1023호 문단7, 재고자산 중 단기간 내에 제조되거나 다른 방법으로 생산되는 재고자산은 적격자산에 해당하지 않으므로 그 외의 재고자산만 적격자산에 해당한다. 적격자산은 의도된 용도로 사용(또는 판매) 가능하게 하는데 상당한 기간을 필요로 하는 자산을 의미한다(문단 5).
123) 법인세법 기본통칙 28-52…1

(2) 손금불산입의 이론적 근거

법인이 공장 등의 사업용 유형자산을 건설하기 위해서는 상당한 기간이 소요되므로 건설자금이자는 자산의 취득가액에 가산하고 이자를 지출하는 당기에는 손금불산입한다. 건설자금이자를 당기의 비용으로 처리하지 않고 취득원가에 포함시키는 것은 당기의 비용으로 계상하면 그 비용에 대응하는 수익이 없음에도 비용계산을 허용하게 되어 수익비용대응 원칙에 위반되기 때문이다.[124]

(3) 건설자금이자를 발생시키는 차입금

건설자금이자를 발생시키는 차입금은 그 용도가 정해져 있는지 여부에 따라 특정차입금과 일반차입금으로 분류할 수 있다.

① 특정차입금은 당초 건설자금으로 용도를 정하여 차입한 자금을 의미한다. 특정차입금의 이자는 반드시 자산의 취득가액에 가산하여 자본화하여야 한다(법인령 제52조 제2항).

② 일반차입금은 건설자금으로 용도를 정하지 않고 차입한 자금이다. 일반차입금의 이자는 법령이 정한 한도 내에서 납세자의 선택에 따라 자본화할 수도 있고 당기의 손금으로 계상할 수도 있다(법인령 제52조 제7항).

한국채택 국제회계기준(K-IFRS)은 특정차입금 외에 일반차입금에 대한 이자도 자본화하는 것으로 규정하고 있으나,[125] 법인세법은 기업의 부담을 경감시켜주기 위하여 그 선택에 따라 당기 손금으로 계상할 수 있도록 허용한다.

(4) 세무처리

건설자금이자는 자산의 건설 등에 지출된 날부터 건설 등이 준공된 날까지 자본적 지출로 하여 원본에 가산한다(법인령 제52조 제2항). 이와 같이 건설자금이자는 취득원가에 산입되므로 감가상각이나 처분을 통하여 손금산입한다. 준공일은 토지를 매입하는 경우에는 대금청산일과 토지사용일 중 빠른 날, 건축물의 경우에는 취득일과 사용개시일 중 빠른 날, 그 밖의 사업용 유형자산 및 무형자산의 경우에는 사용개시일이다(법인령 제52조 제6항). 토지사용일은 공장 등의 건설에 착공한 날 또는 해당 사업용 토지를 업무에 직접 사용한 날을 말하고, 사용개시일은 정상제품을 생산하기 위하여 실제로 가동되는 날을 말한다.[126]

자산을 매입함에 있어서 매입가격을 결정한 후 그 대금 중 일부 잔금의 지급지연으로 그

---

124) 대법원 1995. 8. 11. 선고 95누3121 판결
125) K-IFRS 1023호. 반면, 일반기업회계기준은 차입원가는 기간비용 처리를 원칙으로 하되, 유형자산, 무형자산, 투자부동산과 제조, 매입, 건설, 또는 개발이 개시된 날로부터 의도된 용도로 사용하거나 판매할 수 있는 상태가 될 때까지 1년 이상의 기간이 소요되는 재고자산의 취득을 위한 자금에 포함된 차입금에 대한 차입원가는 적격자산의 취득에 소요되는 원가로 회계처리 할 수 있다(18.4).
126) 법인세법 기본통칙 28-52⋯1

금액이 실질적으로 소비대차로 전환된 경우에 지급하는 이자는 건설 등이 준공된 날까지의 기간 중에는 건설자금이자로 보고, 건설 등이 준공된 날 이후의 이자는 각 사업연도의 소득금액 계산상 손금산입한다.[127]

(5) 계산

건설자금이자에서 특정차입금의 일시예금에서 생기는 수입이자, 특정차입금 중 운영자금에 전용한 부분에 상당하는 이자를 차감하여 계산한다(법인령 제52조 제2항, 제3항).

라. 업무무관자산 및 업무무관 가지급금 등에 대한 지급이자

(1) 의의 및 취지

업무무관자산 및 업무무관 가지급금 등에 대한 지급이자는 손금불산입한다(법인법 제28조 제1항 제4호). 타인 자본에 의존한 무리한 기업확장으로 기업의 재무구조가 악화되는 것을 방지하고, 대기업의 금융자산에 의한 부동산투기 및 비생산적인 업종에 대한 무분별한 기업확장을 억제하여 기업자금의 생산적 운용을 통한 기업의 건전한 경제활동을 유도하며, 국토의 효율적 이용을 도모하기 위한 취지이다.[128]

(2) 적용범위

(가) 업무무관자산

업무무관자산은 업무무관 부동산 및 동산이다. 법인세법 제27조 제1호에서 취득 및 관리비용을 손금불산입하는 업무무관자산을 의미한다.

(나) 업무무관 가지급금

업무무관 가지급금은 명칭여하에 불구하고 당해 법인의 업무와 관련이 없는 자금의 대여액을 말한다(법인령 제53조 제1항). 순수한 의미의 대여금은 물론 구상금 채권 등과 같이 채권의 성질상 대여금에 준하는 것도 포함되고, 적정한 이자율에 의하여 이자를 받으면서 가지급금을 제공한 경우도 포함된다.[129] 그러나 구상금 채권과 관련하여 지급이자 손금불산입이나 인정이자 익금산입을 하기 위해서는 당해 법인이 구상금채권을 보유하고 있어야 하므로 법인이 특수관계자에 대한 구상금채권을 포기하였다면 그 포기행위가 별도로 부당행위계산부인의 대상이 될 수 있음은 별론으로 하고, 그 후에는 더 이상 그 구상금채권의 보유를 전제로 한 지급이자 손금불산입을 할 수는 없다.[130] 법인이 특수관계자로부터 지급받아야 할 공사대금 등의 회수를 정당한 사유 없이 지연시키는 것은 실질적으로 공사대금 등이 계약상의 의무이

---

127) 법인세법 기본통칙 28 – 52…2
128) 대법원 2006. 2. 10. 선고 2005두12527 판결
129) 대법원 2007. 9. 20. 선고 2005두9415 판결, 대법원 2003. 3. 11. 선고 2002두4068 판결
130) 대법원 2009. 10. 29. 선고 2007두16561 판결

행기한 내에 전부 회수한 후 다시 가지급한 것과 같은 효과를 가져오므로 미회수 공사대금 등 상당액은 미회수에 정당한 사유가 없으면 업무무관 가지급금에 해당한다.[131]

업무무관 가지급금은 원칙적으로 법인이 특수관계자에게 대여하였거나 이에 준하는 행위를 한 것으로 볼 수 있는 경우에 한하여 적용할 수 있고, 법인이 특수관계 없는 자와 거래함으로써 당해 법인과 특수관계에 있는 자가 간접적으로 편익을 누린 경우에는 법인과 특수관계 없는 자 사이의 거래가 가장행위에 해당한다고 볼 특별한 사정이 있거나 법률에 마련된 개별적이고 구체적인 규정을 통해 이를 부인할 수 있는 경우가 아니면 법인이 특수관계 있는 자와 직접 거래를 한 것으로 보아 위 규정을 적용할 수 없다.[132]

(3) 업무무관 가지급금 관련 판례 등

(가) 업무무관 가지급금을 인정한 사안

도산위기에 몰린 계열회사들에게 대여금을 지급한 경우,[133] 해외현지법인에게 운영자금을 대여한 경우,[134] 특수관계에 있는 거래처에 대한 매출채권 회수지연에 정당한 사유가 없는 경우[135] 등의 사안에서 업무무관 가지급금을 인정하였다.

(나) 업무무관 가지급금을 부정한 사안

특수관계자의 공사비용 충당목적으로 자금을 대여한 경우,[136] 신발제조업 법인이 같은 업종의 특수관계자에게 고정자산 취득 등을 위한 자금을 대여한 경우,[137] 해외현지법인에 대한 매출채권 회수지연에 정당한 사유가 있는 경우[138] 등의 사안에서 업무무관 가지급금을 부정하였다.

(4) 업무무관 가지급금 지급이자 손금불산입과 부당행위계산부인의 관계

(가) 중복과세 여부

업무무관 가지급금 지급이자 손금불산입 규정이 부당행위계산부인 규정과 결합하는 경우 지급이자 상당액이 손금불산입됨과 동시에 인정이자 상당액이 익금산입됨으로써 이중의 부담을 지게 된다. 그러나 양 제도는 특수관계자에 대한 대여라는 점에서만 공통될 뿐, 전자가 비업무성을 요구하는데 반하여 후자는 이를 요구하지 않고, 전자가 차입금 보유를 전제로 함

---

131) 대법원 2010. 5. 27. 선고 2007두23309 판결
132) 대법원 2014. 4. 10. 선고 2013두20127 판결. 원고가 시행사들과 분양계약을 체결하여 분양대금을 지급하고 시행사들이 그 분양대금을 원고의 특수관계인인 시공사에 지급한 것을 두고 원고가 특수관계인인 시공사에 직접 자금을 대여한 것으로 보아 업무무관 가지급금 지급이자 손금불산입 규정을 적용할 수 없다.
133) 대법원 1992. 11. 10. 선고 91누8302 판결
134) 조심 2016. 8. 16.자 2015서5063 결정
135) 조심 2018. 8. 1.자 2018서168 결정
136) 조심 2016. 8. 16.자 2017전1420 결정
137) 조심 2017. 10. 20.자 2017부3313 결정
138) 조심 2019. 11. 14.자 2018부3604 결정

에 반하여 후자는 이를 전제로 하지 않는다. 반면, 후자가 정상 미만의 이자율을 전제로 하는 데 반하여 전자는 이자율과 무관하므로 법인이 특수관계자에게 대여하더라도 법인이 차입금을 보유하지 않거나 업무 관련성이 있으면 전자는 적용되지 않는다. 이와 같이 양 제도는 상이한 입법목적을 위해 서로 다른 적용요건을 가지고 있으므로 양자의 요건을 동시에 갖추어 두 제도가 함께 적용되더라도 중복과세라고 볼 수 없다.[139]

| 부당행위계산부인과 업무무관 가지급금의 관계 |

구분	부당행위계산부인 (인정이자 익금산입)	업무무관 가지급금 (지급이자 손금불산입)
업무무관 여부	업무와 관련되더라도 적용	업무와 관련되면 적용 불가
적정이자 여부	적정이자를 받으면 적용 불가	적정이자를 받아도 적용

(나) 관련 판례

① 특수관계인으로부터 공사대금 회수를 지연한 경우[140]

법인이 특수관계자로부터 공사대금 회수를 지연하는 경우 미회수 공사대금 등 상당액은 업무무관 가지급금에 해당한다. 따라서 차입금의 지급이자는 손금불산입되고, 그와 같은 공사대금 등의 회수지연이 경제적 합리성이 결여되어 조세부담을 부당하게 감소시킨 것으로 인정되는 경우에는 부당행위계산부인에 의하여 그에 대한 인정이자가 익금산입된다.

② 특수관계인의 대출을 위해 정기예금을 담보로 제공한 경우[141]

회사가 특수관계 법인들에 대한 은행대출을 위해 정기예금을 담보로 제공한 경우 자금을 빌려준 것이 아니므로 업무무관 가지급금에 해당하지 않는다. 그러나 회사가 높은 대출이자를 부담하고 있음에도 불구하고 그 차입금을 상환하지 않고 낮은 이율의 정기예금에 예치하여 특수관계 법인들의 대출금에 대한 담보로 제공한 행위는 경제적 합리성을 결여한 행위이므로 부당행위계산의 부인 대상인 이익 분여에 해당한다.

(5) 지급이자 손금불산입액의 계산

지급이자 손금불산입액은 다음 산식과 같이 지급이자에 업무무관자산과 업무무관 가지급금이 차입금에서 차지하는 비율을 곱하여 계산한다(법인령 제53조 제2항).

> 손금불산입액 = 지급이자 × (업무무관자산 적수 + 업무무관가지급금 적수)/차입금 적수)

139) 헌재 2007. 1. 17. 선고 2005헌바75 결정 등
140) 대법원 2010. 5. 27. 선고 2007두23309 판결
141) 대법원 2009. 4. 23. 선고 2006두19037 판결

마. 지급이자 손금불산입의 적용순위

지급이자의 손금불산입 규정이 동시에 적용되는 경우 지급이자 손금불산입은 ① 채권자가 불분명한 사채의 이자, ② 비실명 채권 및 증권 등 이자, ③ 건설자금이자, ④ 업무무관자산 및 업무무관 가지급금 지급이자 등의 순서로 적용된다(법인령 제55조).

제4절 준비금 및 충당금의 손금산입

1. 준비금

가. 의의

상법상 준비금은 회사의 순자산액에서 자본금을 공제한 금액 중 이익으로 배당하지 않고 회사에 유보하는 금액을 의미한다(상법 제451조 제2항). 이에 비하여 세법상 준비금은 법인세법상 준비금과 조특법상 준비금으로 구분되고, 양자의 성격이 다르다.

먼저 법인세법상 준비금 중 고유목적사업준비금을 제외한 준비금은 업종 특성상 정확한 기간손익을 계상하기 위하여 당해 연도의 비용으로 볼 수 있는 부담액을 추산하여 설정하는 것으로서 기업회계상 부채성충당금과 유사하다. 이에 비해 조특법상 준비금은 과세이연을 통해 특정산업을 지원하기 위하여 장래의 투자, 비용, 손실에 충당할 목적으로 미리 손금에 산입하는 준비금을 말한다.[142] 조특법상 준비금을 손금으로 계상한 경우에는 일정한 금액 범위 안에서 실제 지출 여부를 묻지 않고 그 사업연도의 소득금액 계산 시 손금에 산입하였다가 나중에 위 각 규정에서 정한 바에 따라 일정 과세기간에 걸쳐 균등하게 안분하여 환입하거나 일시에 환입한다. 법인세법상 고유목적사업준비금도 미리 손금산입을 허용함으로써 비영리법인의 고유목적사업 수행을 지원하기 위한 목적을 가지고 있다.

법인세법상 준비금은 원칙적으로 기업이 결산 시 비용으로 계상한 경우에만 손금에 산입할 수 있는 결산조정사항이나, 예외적으로 외부회계감사를 받는 비영리법인은 고유목적사업준비금을 신고조정할 수 있고, 한국채택 국제회계기준(K-IFRS)을 적용하는 내국법인은 비상위험준비금을 신고조정할 수 있는 특례가 인정된다.

---

142) 대표적으로 조세특례제한법 제104조의3에 의한 손실보전준비금 등을 들 수 있다.

나. 법인세법상 준비금

(1) 비영리내국법인의 고유목적사업준비금

(가) 의의 및 취지

비영리법인이 고유목적사업이나 일반기부금에 지출하기 위하여 고유목적사업준비금을 손금으로 계상한 경우 그 사업연도소득을 계산할 때 손금산입한다(법인법 제29조 제1항). 고유목적사업은 비영리법인의 법령 또는 정관에 규정된 설립목적을 직접 수행하는 사업을 의미한다. 비영리법인이 고유목적사업준비금으로 계상한 부분에 대하여 고유목적사업 등에 지출하기 전에 미리 손금에 산입할 수 있도록 허용하여 과세를 이연함으로써 비영리법인이 공익사업을 원활하게 수행할 수 있도록 지원하기 위한 취지이다.[143] 비영리법인이 고유목적사업준비금을 고유목적사업에 직접 지출하기 위한 경우 이외에 일반기부금에 지출하기 위한 경우까지 적용대상으로 삼는 것은 비영리법인이 일반기부금에 지출하면 그 공익법인이 공익목적에 지출할 것이기 때문이다.

고유목적사업준비금에 의한 손금산입은 과세특례에 해당하므로 비과세, 면제, 준비금의 손금산입, 소득공제, 세액감면 등과 중복적용할 수 없다(법인법 제29조 제6항, 법인령 제56조 제8항). 비영리법인 중 국기법에 의하여 법인으로 보는 단체는 일반기부금이 적용되는 공익법인, 법령에 의하여 설치된 기금, 공동주택의 입주자대표회의 등 공익성이 있는 단체에 한하여 고유목적사업준비금을 설정할 수 있다(법인령 제56조 제1항).

(나) 설정

법인세법상 고유목적사업준비금에 의한 손금산입은 결산조정사항이므로 원칙적으로 결산시 비용으로 계상한 경우에 한하여 손금산입할 수 있다. 다만, 외부회계감사를 받는 비영리법인은 고유목적사업준비금 상당액이 적립되어 있는 경우 신고조정으로 손금산입할 수 있는 특례가 인정된다(법인법 제61조). 기업회계기준상 고유목적사업준비금이 비용으로 인정되지 아니하여 결산조정에 의한 손금산입이 어렵다는 점을 고려한 것이다. 비영리법인이 고유목적사업준비금을 손금으로 계상하지 않은 채 수익사업에서 생긴 소득을 당해 법인의 고유목적사업이나 일반기부금에 지출한 경우 그 금액은 고유목적사업준비금을 계상하여 지출한 것으로 본다.

(다) 대상소득

비영리법인이 수익사업으로 얻은 소득은 그 유형에 따라 고유목적사업준비금의 설정한도에 차이가 있다(법인법 제29조 제1항).

① 이자소득과 배당소득

이자소득과 배당소득은 고유목적사업에 지출할 주된 소득원천이므로 소득의 100%를 고유

---

143) 대법원 2017. 3. 9. 선고 2016두59249 판결

목적사업준비금으로 설정할 수 있다. 따라서 이자소득과 배당소득에 대하여는 고유목적사업 준비금을 설정함으로써 100% 과세를 이연할 수 있다.

② 기타 수익사업에서 발생한 소득

기타 수익사업에서 발생한 소득에 대하여는 50%까지만 고유목적사업준비금으로 설정할 수 있다. 다만, 공익법인으로서 고유목적사업 등에 대한 지출액 중 50% 이상의 금액을 장학금으로 지출하는 법인의 경우에는 80%까지 고유목적사업준비금으로 설정할 수 있다. 사립학교법에 따른 학교법인, 사회복지사업법에 따른 사회복지법인 등에 대하여는 조세특례제한법상 특례규정에 따라 한시적으로 100%까지 고유목적사업준비금으로 설정할 수 있다(조특법 제74조 제1항). 따라서 소득의 50%까지만 고유목적사업준비금을 설정할 수 있는 수익사업의 경우에는 소득의 50%는 과세를 이연할 수 있으나, 나머지 50%는 해당 사업연도에 법인세가 과세된다.

비영리법인이 결산 시 고유목적사업준비금을 한도액에 미달하게 계상한 경우에는 과소계상한 금액을 국기법상 경정청구에 의하여 손금산입할 수 없다. 고유목적사업준비금에 의한 손금산입은 결산조정사항이므로 경정청구가 불가능하기 때문이다. 그러나 외부회계감사를 받는 비영리법인으로서 누적결손 등으로 해당 사업연도의 처분가능이익이 없어 손금산입 상당액을 이익처분하지 못한 경우에는 신고조정사항으로 보아 경정청구할 수 있다.

(라) 지출의무

① 실제 지출

비영리법인은 고유목적사업준비금으로 설정한 금액을 법률에서 정한 유예기간 내에 고유목적사업이나 일반기부금에 지출하는 것을 조건으로 미리 손금산입을 허용하는 것이므로 유예기간 내에 고유목적사업이나 일반기부금에 지출할 의무가 있다(법인법 제29조 제5항 제4호).

비영리법인이 이를 이행하지 않으면 법인세를 추징하므로 위 지출의무는 일종의 사후관리 규정이다. 비영리법인이 고유목적사업의 수행에 직접 소요되는 유형자산 및 무형자산 취득비용, 인건비 등 필요경비로 사용하면 고유목적사업에 지출한 것으로 본다(법인령 제56조 제6항 제1호). 다만, 비영리법인이 유형자산 및 무형자산 취득 후 고유목적사업에 3년 이상 자산을 직접 사용하지 않고 처분하는 경우에는 고유목적사업에 지출한 것으로 보지 않는다. 수익사업에서 발생한 소득의 50%를 초과하여 고유목적사업준비금으로 손금산입하는 비영리법인, 해당 사업연도와 직전 5개 사업연도 동안 수익사업에서 발생한 소득의 합계액 대비 동일기간 고유목적사업준비금으로 손금산입한 합계액의 비율이 50%를 초과하는 비영리법인의 경우에는 8,000만 원 내에서만 인건비를 인정한다(법인령 제56조 제11항).

비영리법인이 고유목적사업준비금을 고유목적사업이나 일반기부금에 지출한다는 것은 실제로 해당 금액을 지출하는 것을 의미한다. 법인세법 시행규칙 제76조 제4항이 "수익사업회계에 속하는 자산을 비영리사업 회계에 전입한 경우에는 이를 비영리사업에 지출한 것으로 한다."고 일종의 간주규정을 두고 있으나, 판례는 고유목적사업준비금을 수익사업회계에서 비영리사업회계로 전출한 것만으로는 고유목적사업에 지출한 것으로 보아 손금산입할 수 없다고 판시하고 있다.[144]

② 지출 유예기간

법인세법에서는 비영리법인이 고유목적사업준비금을 고유목적사업이나 일반기부금에 지출하여야 하는 유예기간을 5년으로 정하고 있다(법인법 제29조 제5항 제4호). 비영리법인이 고유목적사업준비금을 고유목적사업이나 일반기부금에 지출하면 먼저 계상한 사업연도의 고유목적사업준비금부터 순차로 상계한다. 비영리법인이 고유목적사업준비금을 설정하여 손금산입한 금액 중 유예기간인 5년 내에 고유목적사업이나 일반기부금에 지출하지 않으면 그 잔액에 대하여는 마지막 사업연도에 익금산입한다. 다만, 비영리법인에게 해산, 고유목적사업 전부 폐지 등의 사유가 발생하면 그 해당 사유가 발생한 날이 속하는 사업연도에 그 잔액을 익금산입한다(법인법 제29조 제5항).

판례는 비영리법인이 5년의 유예기간 중에 고유목적사업준비금을 고유목적사업이 아닌 다른 용도에 사용하여 더 이상 고유목적사업에 지출할 수 없음이 분명해진 경우에는 마지막 사업연도까지 기다릴 필요 없이 그 사유가 발생한 사업연도의 익금에 곧바로 산입할 수 있다.[145] 이러한 판례의 태도를 수용하여 2022. 12. 31. 법인세법 개정 시 환입사유로 "고유목적사업준비금을 고유목적사업 등이 아닌 용도에 사용한 경우"를 추가하였다.

③ 고유목적사업에 지출한 금액을 수익사업의 소득을 얻기 위하여 지출한 비용으로 볼 수 있는지

비영리법인이 수익사업에서 얻은 소득을 고유목적사업 등에 지출하더라도, 특별한 사정이 없는 한, 수익사업의 소득을 얻기 위하여 지출한 비용으로 볼 수 없으므로 고유목적사업준비금의 손금산입한도액 범위 안에서 손금에 산입할 수 있을 뿐 이와 별도로 비영리법인의 선택에 따라 그 지출금을 수익사업의 수익에 대응하는 비용으로 보아 손금산입할 수는 없다.[146] 이 판결은 대한지방행정공제회가 회원들로부터 수취한 부담금을 운용하여 부가금을 더하여 지급한 사안이다. 원심은 부가금이 회원들에게 이자소득이고 대한지방행정공제회에게는 이자비용이므로 그 이자비용을 그 수익사업에 관한 손금으로 산입할 수 있다고 판시하였으나, 대법원은 고유목적사업준비금의 손금산입 한도액 범위 안에서 손금에 산입할 수 있을 뿐 비영리법인의 선택에 따라 그 지출금을 수익사업의 수익에 대응하는 비용으로 보아 손금에 산입하는 것은 허용될 수 없다고 판시하였다.

---

144) 대법원 2013. 3. 28. 선고 2012두690 판결
145) 대법원 2017. 3. 9. 선고 2016두59249 판결
146) 대법원 2020. 5. 28. 선고 2018두32330 판결

(마) 특례기부금(구 법정기부금)과의 관계

고유목적사업준비금 손금산입한도액의 전제가 되는 '수익사업에서 발생한 소득'의 계산에 관한 구 법인세법 시행령(2016. 2. 12. 개정 전) 제56조 제3항 괄호 밖의 부분에서 말하는 '법 제24조 제2항에 따른 기부금'은 구 법인세법(2015. 12. 15. 개정 전) 제24조 제2항에 따라 손금에 산입되는 기부금인 '법정기부금의 손금산입한도액'이 아니라 '비영리법인이 법정기부금으로 지출한 금액'을 의미하는 것으로 보아야 한다는 것이 판례의 입장이다.[147]

또한 법정기부금 손금산입한도액 계산의 기초가 되는 구 법인세법 제24조 제1항 및 제2항의 '해당 사업연도의 소득금액'은 법정기부금과 지정기부금만을 손금산입하기 전의 소득금액을 의미하고, 법정기부금과 지정기부금 외에 고유목적사업준비금까지 손금산입하기 전의 소득금액으로 해석할 수 없다.[148] 해당 사업연도 소득금액을 구할 때 세무조정과정에서 손금산입된 법정기부금과 지정기부금을 제거하여 법정기부금과 지정기부금이 손금산입되기 이전의 소득으로 되돌리기 위하여 법정기부금과 지정기부금을 가산하는 것이므로 법인세법상 법정기부금 손금한도 산정기준이 되는 해당 사업연도 소득금액을 구할 때 고유목적사업준비금을 가산하지 않는 것이다.[149]

(바) 구분경리

비영리법인은 수익사업에서 생긴 소득에 대하여만 법인세를 납부하므로 수익사업에서 생긴 소득과 고유목적사업에서 생긴 소득을 구분경리한다(법인법 제113조 제1항). 수익사업회계와 고유목적사업회계는 과세소득을 구분하기 위한 기술적 분류에 불과하므로 양 회계 간 전입과 전출은 손익거래가 아닌 자본거래이다. 이러한 취지에서 사립학교법인이 부동산임대업에 사용하던 부동산을 학교운영시설로 사용하기 위하여 고유목적사업에 전입한 사안에서, 판례는 과세관청이 부동산의 시가와 장부가액의 평가차익을 고정자산처분이익으로 보아 법인세 부과처분을 한 것은 위법하다고 판시하였다.[150]

(2) 보험회사의 책임준비금과 비상위험준비금

(가) 의의 및 취지

법인세법 제30조에 규정된 책임준비금은 보험회사가 보험계약상의 책임을 완수하기 위하여 적립하는 준비금을 의미하고, 비상위험준비금은 예측할 수 없는 거대한 보험사고가 발생하여 예상사고율을 초과하는 경우에 그 보험금을 지급하기 위하여 적립하는 준비금을 의미한다. 비상위험준비금은 책임준비금으로 감당하기 어려운 비상위험에 대비하기 위하여 적립한다.

---

147) 대법원 2019. 12. 27. 선고 2018두37472 판결
148) 대법원 2019. 12. 27. 선고 2018두37472 판결
149) 이중교, 고유목적사업준비금에 대한 소고 - 고유목적사업준비금과 기부금의 관계를 중심으로 -, 세무화 회계연구 제8권 제1호, 2018, 332면
150) 대법원 2016. 8. 18. 선고 2016두31173 판결

2023년부터 보험업법상 보험회사에 대하여는 기존의 보험회계기준인 IFRS4를 대체하여 IFRS17이 시행됨에 따라 2022. 12. 31. 법인세법 개정 시 책임준비금에 대한 내용이 변경되었다. IFRS17은 다음과 같이 IFRS4와 다른 보험수익 인식과 보험부채 평가기준을 적용한다.

① 보험수익 인식의 경우 종전 현금주의에서 발생주의로 변경된다. 현금주의에서는 법인이 보험료를 수취하면 수취한 보험료를 보험수익으로 인식한다. 반면, 발생주의에서는 매 회계연도별로 보험회사가 계약자에게 제공한 서비스(보험보장)를 반영하여 수익을 인식한다.

② 보험부채 평가의 경우 종전 취득원가 평가에서 현재가치 평가로 변경된다. 취득원가 평가에서는 과거 정보(보험판매 시점의 금리)를 이용하여 보험부채를 측정한다. 반면, 현재가치 평가에서는 보험계약에 따른 모든 현금흐름을 추정하고 현재시점(보고시점)의 가정과 위험을 반영한 할인율을 사용하여 보험부채를 측정한다.

다만 IFRS17은 보험업법상 보험회사에 대하여만 적용되므로 공제조합 등과 같이 보험업법상 보험회사가 아니지만 보험사업을 하는 내국법인에 대하여는 기존의 책임준비금과 비상위험준비금에 대한 규정이 적용된다.

(나) 책임준비금의 세무처리

① 보험업법상 보험회사를 제외한 보험사업을 하는 내국법인

보험업법상 보험회사를 제외한 보험사업을 하는 내국법인은 각 사업연도의 결산을 확정할 때 책임준비금을 손비로 계상한 경우에는 해당 사업연도의 소득금액을 계산할 때 손금산입한다(법인법 제30조 제1항). 보험약관에 의하여 해당 사업연도 종료일 현재 모든 보험계약이 해약된 경우 계약자나 수익자에게 지급할 환급액, 해당 사업연도 종료일 현재 보험사고가 발생했으나 아직 지급할 보험금이 확정되지 않은 경우 그 손해액을 고려하여 추정한 보험금 상당액, 보험계약자에게 배당하기 위하여 적립한 배당준비금을 합한 범위 내에서 손금산입한다(법인령 제57조 제1항). 이때 각 사업연도의 계약자배당준비금 적립액이 손금산입의 대상이 될 수 있는지 여부는 해당 사업연도의 소득금액 계산에 적용되는 법인세법령이 정한 손금산입의 요건을 갖추었는지를 기준으로 판단한다.[151] 다만, 환급금과 추정상당액은 다음 사업연도의 소득금액을 계산할 때 익금산입하고, 배당준비금은 보험계약자에게 배당한 때에 먼저 계상한 것부터 배당금과 순차로 상계하되, 손금산입한 사업연도의 종료일 이후 3년이 되는 날까지 상계하고 남은 잔액은 3년이 되는 날이 속하는 사업연도의 소득금액을 계산할 때 익금산입한다(법인법 제30조 제2항, 법인령 제57조 제2항).

② 보험업법상 보험회사

보험업법상 보험회사는 책임준비금을 적립하는 방법 대신 다음 2가지 방법 중 하나를 선택

---

151) 대법원 2023. 4. 27. 선고 2018두62928 판결

할 수 있다(법인법 제32조, 제42조의3). IFRS17 시행에 따라 전환이익이 발생하여 세부담이 크게 증가할 수 있으므로 보험회사의 세부담을 완화하기 위한 취지이다.

첫째, 회계기준 전환이익 과세특례를 적용하는 방법이다. 직전 사업연도 기말 보험부채에서 IFRS17 최초 적용 사업연도의 기초 보험부채를 공제한 전환이익에 대하여 4년 거치하고 3년간 균등하게 익금에 산입하는 방법이다.

둘째, 해약환급금준비금을 손금에 산입하는 방법이다. 해약환급금준비금은 보험업법에 따라 재무건전성 유지를 위해 적립하는 준비금으로서 결산일 현재 보유계약에 대해 보험업법에 따른 보험부채가 해약환급금 및 미경과보험료 합계액보다 부족한 경우 그 부족액을 의미한다. 즉 해약환급금과 미경과보험료 합계액에서 책임준비금과 특별계정부채의 합계액을 공제한 금액이다(보험업법 시행령 제65조 제2항 제3호, 보험업 감독규정 제6-11조의6). 보험회사가 해당 사업연도 해약환급금준비금을 적립한 경우 적립금 한도 내에서 신고조정으로 손금산입할 수 있다.

(다) 비상위험준비금의 세무처리

보험업법인이 각 사업연도의 결산을 확정할 때 비상위험준비금을 손비로 계상한 경우에는 그 계상한 비상위험준비금을 해당 사업연도의 소득금액을 계산할 때 손금에 산입한다(법인법 제31조 제1항). 한국채택 국제회계기준(K-IFRS)을 적용하는 내국법인이 비상위험준비금을 세무조정계산서에 계상하고 그 금액 상당액을 해당 사업연도의 이익처분을 할 때 비상위험준비금으로 적립한 경우에는 그 금액의 90% 범위에서 결산을 확정할 때 손비로 계상한 것으로 본다(법인법 제31조 제2항, 법인령 제58조 제3항). 한국채택 국제회계기준(K-IFRS)은 비상위험준비금의 적립을 인정하지 않기 때문에 적립기준금의 90% 범위에서 잉여금 처분에 의한 신고조정으로 손금산입할 수 있도록 한 것이다.

2. 충당금

가. 의의

충당금은 장래 자산이 유출되거나 감소될 가능성이 높으므로 해당 연도의 비용으로 계산할 수 있는 부담액을 추산한 후 실제 손실이 발생할 경우를 대비하여 유보한 금액을 의미한다. 자산의 유출에 대비하여 유보하는 충당금을 부채성충당금이라 하고, 자산의 감소에 대비하여 유보하는 충당금을 평가성충당금이라고 한다. 퇴직급여충당금은 부채성충당금이고, 대손충당금은 평가성충당금에 해당한다.

충당금은 비용의 적절한 기간배분을 통하여 정확한 기간손익을 계산하기 위하여 설정한다. 예를 들어, 퇴직금 지급사유는 임직원의 전 재직기간에 걸쳐 연속적으로 발생하는데, 퇴직금을 퇴직한 사업연도에 한꺼번에 비용으로 계상하면 정확한 기간손익을 산정할 수 없으므로 충당금을 통해 전 기간에 걸쳐 배분한다. 충당금은 원칙적으로 법인이 결산에 반영하여야 손금으로 인정하는 결산조정사항이나, 일시상각충당금과 압축기장충당금에 대하여는 신고조정을 허용하고, 법령에서 정한 법인이 한국채택 국제회계기준(K-IFRS)을 적용하는 경우 구상채권상각충당금에 대하여도 신고조정을 허용한다.

나. 종류

(1) 대손충당금

(가) 의의

법인세법 제34조에 규정된 대손충당금은 대손예상액을 손비로 계상함으로써 채권액을 차감평가하기 위한 충당금을 의미한다. 개별채권이 전부 회수불능에 이르기 전에 이미 채권의 일부가 회수불능상태에 있는데 전부 회수불능된 시점에 손금에 산입한다면 기간손익이 왜곡될 수 있으므로 대손충당금을 설정하여 손비 계상을 허용하는 것이다. 대손충당금은 결산조정사항이므로 법인이 채권의 대손사유가 현실로 발생하였을 때에 비로소 손금으로 인식할 것인지 또는 추정손실에 따라 대손충당금을 설정하는 방법으로 대손사유가 현실화되기 전에 미리 손금으로 인식할 것인지 여부는 법인의 선택에 달려 있다.[152]

(나) 설정대상채권

대손충당금을 설정할 수 있는 채권은 외상매출금, 대여금 및 그 밖에 이에 준하는 채권으로 제한된다(법인법 제34조 제1항). 그 밖에 이에 준하는 채권은 어음상 채권, 기업회계기준에 따라 대손충당금 설정대상이 되는 채권을 의미한다(법인령 제61조 제1항). 따라서 횡령행위로 인한 손해배상채권에 대하여는 대손충당금을 설정할 수 없다.[153] 대손금으로 손금산입할 수 없는 채무보증으로 발생한 구상채권, 업무무관 가지급금채권 등에 대하여도 대손충당금을 설정할 수 없다(법인법 제34조 제2항).

(다) 설정한도액

① 일반기업

일반기업은 해당 사업연도 종료일 현재 채권잔액의 1% 상당액과 채권잔액에 대손실적률을 곱하여 계산한 금액 중 큰 금액을 한도로 대손충당금을 설정할 수 있다(법인령 제61조 제2항 본문). 대손실적률은 다음 산식에 따라 계산한다(법인령 제61조 제3항).

> 대손실적률 = 당해 사업연도 세무상 대손금/직전 사업연도 종료일 현재 세무상 채권잔액

---

152) 대법원 2015. 1. 15. 선고 2012두4111 판결
153) 대법원 2004. 4. 9. 선고 2002두9254 판결

② 금융회사

은행, 보험회사 등 법령에서 정한 금융회사의 경우에는 금융위원회가 기획재정부장관과 협의하여 정하는 대손충당금적립기준에 따라 적립하는 금액, 채권잔액의 1% 상당액,[154] 채권잔액에 대손실적률을 곱하여 계산한 금액 중 큰 금액을 한도로 한다(법인령 제61조 제2항 단서). 금융기관의 경우에는 일반기업의 대손충당금 설정한도 이외에 금융위원회의 대손충당금적립기준에 따른 대손충당금 설정한도를 적용할 수 있는 특례가 인정된다. 따라서 금융기관의 경우 결산 시 어떠한 방법을 적용하여 대손충당금을 적립하였는지에 관계없이 법인세 산정 시에는 가장 유리한 한도액을 선택하여 그 범위 내에서 결산 시 적립한 대손충당금액을 손금산입할 수 있다.[155]

(라) 손금산입방법

대손충당금의 손금산입방법에는 보충법(순액법)과 총액법이 있다. 보충법(순액법)은 기말 대손충당금잔액과 대손추산액을 비교하여 미달하는 금액을 추가로 설정하고 초과하는 금액을 환입하는 방법이다. 이에 비해 총액법은 기초 대손충당금 중 대손금과 미상계된 잔액을 전액 익금산입하고, 당해 사업연도 설정액을 전액 손금산입하는 방법이다. 기업회계기준은 보충법(순액법)을 사용하나, 법인세법은 총액법을 사용한다(법인법 제34조 제3항).

예를 들어, 대손충당금 잔액이 1억 원이고 당기 대손충당금 설정액이 1억 5,000만 원인 경우 총액법에 의하면 대손충당금 잔액 1억 원을 전액 환입하고 대손충당금 1억 5,000만 원을 설정한다. 이에 비해 보충법에 의하면 대손충당금 잔액 1억 원과 당기 대손충당금 설정액 1억 5,000만 원의 차액인 5,000만 원을 추가로 설정한다.

(마) 합병이나 분할 시 대손충당금의 승계

대손충당금을 손금에 산입한 내국법인이 합병하거나 분할하는 경우 그 법인의 합병등기일 또는 분할등기일 현재의 해당 대손충당금 중 합병법인 등이 승계받은 금액은 그 합병법인 등이 합병등기일 또는 분할등기일에 가지고 있는 대손충당금으로 본다(법인법 제34조 제4항). 합병의 경우 피합병법인의 권리와 의무가 합병법인으로 당연 승계되나, 분할의 경우에는 분할신설법인으로 해당 대손충당금에 대응하는 채권이 함께 승계되는 경우에만 분할존속법인의 대손충당금이 승계된다.

(2) 퇴직급여충당금
(가) 의의

법인세법 제33조에 규정된 퇴직급여충당금은 퇴직금의 지급에 충당하기 위하여 손비로 계상한 충당금을 의미한다. 각 사업연도 말 현재 임직원 전원이 일시에 퇴직할 경우 지급하여야

---

154) 종전에는 채권잔액의 2%였으나, 법인간 형평성을 제고하기 위하여 2013. 2. 15. 법인세법 시행령 개정 시 일반기업과 마찬가지로 채권잔액의 1%로 변경하였다.
155) 대법원 2012. 8. 17. 선고 2009두14965 판결

하는 퇴직금 상당액을 유보하여야 한다.

(나) 세무처리

퇴직급여충당금을 손금산입한 내국법인이 임직원에게 퇴직금을 지급하는 경우에는 그 퇴직급여충당금에서 먼저 지급한 것으로 본다(법인법 제33조 제2항). 퇴직급여충당금을 손금산입한 내국법인이 합병하거나 분할하는 경우 법인의 합병등기일 또는 분할등기일 현재의 해당 퇴직급여충당금 중 합병법인·분할신설법인 또는 분할합병의 상대방 법인이 승계받은 금액은 그 합병법인 등이 합병등기일 또는 분할등기일에 가지고 있는 퇴직급여충당금으로 본다(법인법 제33조 제3항). 사업자가 그 사업을 내국법인에게 포괄적으로 양도하는 경우에도 퇴직급여충당금을 승계한다(법인법 제33조 제4항).

(다) 한도

퇴직급여충당금은 다음 한도 내에서 손금산입된다(법인령 제60조 제1항, 제2항).

손금한도액 (Min ①, ②)
① 총급여액 기준: 퇴직급여 지급대상 임직원 총급여의 5%
② 퇴직급여추계액 기준: 퇴직급여추계액 × 0% + 퇴직전환금

(3) 구상채권상각충당금

(가) 의의

법인세법 제35조에 규정된 구상채권상각충당금은 신용보증기금, 기술신용보증기금 등과 같이 신용보증사업을 하는 내국법인이 구상채권에 충당하기 위하여 손비로 계상한 충당금을 의미한다. 구상채권상각충당금은 결산조정사항에 해당하나, 주택도시보증공사가 한국채택 국제회계기준(K-IFRS)을 적용하는 경우에는 구상채권상각충당금을 세무조정계산서에 계상하고 그 금액 상당액을 해당 사업연도의 이익처분을 할 때 구상채권상각충당금으로 적립하면 신고조정을 허용한다(법인법 제35조 제2항, 법인령 제63조 제2항).

(나) 세무처리

구상채권상각충당금을 손금산입한 내국법인은 신용보증사업으로 발생한 구상채권 중 대손금이 발생한 경우 그 대손금을 구상채권상각충당금과 먼저 상계하고, 상계하고 남은 구상채권상각충당금은 다음 사업연도의 소득금액을 계산할 때 익금산입한다(법인법 제35조 제3항).

(다) 설정한도액

사업연도 종료일 현재의 신용보증사업과 관련된 신용보증잔액에 1%와 구상채권발생률 중 낮은 비율을 곱하여 계산한 금액을 한도로 한다(법인령 제63조 제3항).

(4) 일시상각충당금과 압축기장충당금

(가) 의의

　법인세법은 순자산증가설에 의하여 원칙적으로 순자산 증가분에 대하여 과세한다. 그러나 국고보조금, 공사부담금, 보험차익 등으로 취득한 순자산 증가분에 대하여 법인세를 과세하면 순자산 증가분 중 일부가 국고로 회수되어 당초 국고보조금, 공사부담금, 보험차익 등을 지급할 때 의도한 목적을 달성하기 어렵다. 따라서 위 순자산 증가분에 대한 과세를 이연하기 위하여 순자산 증가분에 대한 손금산입이 가능하도록 충당금의 설정을 허용한다. 이러한 취지로 인정되는 충당금이 일시상각충당금과 압축기장충당금이다. 일시상각충당금은 감가상각자산을 대상으로 하고, 압축기장충당금은 비상각자산을 대상으로 한다.

　일시상각충당금과 압축기장충당금은 원칙적으로 결산조정사항이나, 신고조정을 허용한다 (법인령 제98조 제2항). 일시상각충당금과 압축기장충당금은 회계기준상 충당부채나 비용에 해당하지 않으므로 법인의 결산서에 계상할 수 없다는 점을 감안한 것이다.

(나) 설정대상

　① 법인이 국고보조금 등을 지급받아 사업용 자산의 취득, 개량에 사용한 경우(법인법 제36조)

　법인이 국고보조금 등을 지급받아 사업용 자산의 취득이나 개량에 사용한 경우 또는 사업용 자산을 취득하거나 개량하고 국고보조금 등을 지급받은 경우 당해 사업용 자산의 취득 또는 개량에 사용된 국고보조금 등 상당액을 손금산입한다. 국고보조금 등 상당액에 대하여 일시에 법인세를 과세하면 법인세 상당액만큼 자산 취득 또는 개량이 제한받으므로 손금산입을 허용하는 것이다.

　② 법인이 공사부담금 등을 제공받아 사업용 자산을 취득한 경우(법인법 제37조)

　전기사업, 도시가스사업 등을 하는 법인이 사업에 필요한 시설을 하기 위하여 해당 시설의 수요자 등으로부터 사업용 자산을 제공받은 경우 또는 공사부담금을 제공받아 사업용 자산의 취득에 사용하거나 사업용 자산을 취득하고 공사부담금을 제공받은 경우 사업용 자산의 가액을 손금산입한다. 수요자 편익을 위해 제공되는 공사부담금에 대하여 일시에 법인세를 과세하면 조세부담이 수요자에게 전가되므로 손금산입을 허용하는 것이다. 전기사업법상 전기사업을 영위하는 법인이 수요자 또는 편익을 받는 자로부터 금전 또는 자재 등을 교부받은 경우 교부받은 당해 사업연도에 이를 익금산입하고, 당해 사업연도에 그 금전 또는 자재로써 당해 시설을 구성하는 고정자산을 취득한 경우 그 교부받은 금전에 상당하는 가액을 당해 사업연도의 손금에 산입할 수 있다.[156]

　③ 법인이 보험금을 지급받아 자산을 대체취득한 경우(법인법 제38조)

　법인이 보험대상자산의 멸실이나 손괴로 인하여 보험금을 지급받아 멸실한 보험대상자산

---

156) 대법원 2002. 11. 13. 선고 2001두4689 판결

과 같은 종류의 자산을 대체취득하거나 손괴된 보험대상자산을 개량하는 경우에는 그 자산의 취득 또는 개량에 사용된 보험차익 상당액을 손금산입한다. 보험차익 상당액에 대하여 일시에 법인세를 과세하면 그만큼 유형자산 규모를 축소시키거나 성능을 떨어뜨려 피해복구를 저해하므로 손금산입을 허용하는 것이다.

(다) 세무처리

감가상각자산에 대하여는 일시상각충당금을 설정하고 당해 사업용 자산의 감가상각비와 상계한다. 비상각자산에 대하여는 압축기장충당금을 설정하고 당해 사업용 자산 처분 시 익금산입한다. 국고보조금, 공사부담금, 보험차익 등을 지급받은 날이 속하는 사업연도의 종료일까지 사업용 자산을 취득하거나 개량하지 않은 법인이 그 사업연도의 다음 사업연도 개시일부터 1년 이내에 사업용 자산을 취득하거나 개량하려는 경우에는 취득 또는 개량에 사용하려는 국고보조금 등의 금액을 손금산입할 수 있다(법인법 제36조 제2항, 제37조 제2항, 제38조 제2항).

국고보조금 등 상당액을 손금산입한 내국법인이 그 금액을 기한 내에 사업용 자산의 취득 또는 개량에 사용하지 않거나 그 전에 폐업 또는 해산하는 경우 그 사용하지 않은 금액은 해당 사유가 발생한 날이 속하는 사업연도의 소득금액을 계산할 때 익금산입한다(법인법 제36조 제3항, 제37조 제3항, 제38조 제3항). 다만, 합병하거나 분할하는 경우로서 합병법인 등이 그 금액을 승계한 경우는 제외한다.

제5장 손익의 귀속시기와 자산의 취득가액

제1절 손익의 귀속시기

1. 권리의무확정주의

가. 손익의 귀속시기 결정의 중요성

법인은 마치 생명체와 유사하여 설립 시부터 청산 시까지 계속적으로 영리활동을 수행한다. 법인세법은 법인의 소득을 일정한 기간으로 끊어 과세하는 기간과세방식을 채택하고 있으므로 법인의 소득이 어느 과세기간의 소득인지 결정할 필요가 있다. 손익의 귀속시기는 과세기간을 끊을 때 어느 과세기간의 소득에 속하는지 정하는 기준시점을 의미한다. 예를 들어, 기업이 제품을 만들어서 판매할 때 계약시점, 창고에서의 반출시점, 거래처에 인도하는 시점, 대금을 지급받은 시점 중 언제를 귀속시기로 할 것인지를 정하는 문제이다.

법인세와 같은 기간과세에서는 소득이 어느 과세기간에 귀속하는지에 따라 소득금액, 세율, 이월결손금 공제기간, 부과제척기간의 기산점, 조세포탈죄의 기수시기 등이 달라지므로 귀속시기를 결정하는 것이 중요한 의미를 갖는다.

나. 기업회계상 손익의 인식기준

(1) 현금주의와 발생주의

기업회계상 손익을 인식하는 기준은 크게 현금의 수입과 지출에 근거하여 손익을 인식하는 현금주의(Cash basis)와 수입과 비용의 발생사실에 근거하여 손익을 인식하는 발생주의(Accrual basis)가 있다.

발생이라 함은 기업이 제공할 재화나 용역의 전부 또는 상당 부분을 제공하여 수익획득과정이 실질적으로 완료된 것을 의미한다. 예를 들어, 매월 말일 임대료 100만 원을 받기로 계약을 체결한 경우 말일에 임대료를 받지 못하는 경우 현금주의에 의하면 수입으로 인식하지 않으나 발생주의에 의하면 수입이 발생하였으므로 100만 원의 수입이 생긴 것으로 인식한다. 현금주의는 손익의 귀속시기가 명확한 장점이 있으나, 거래당사자 사이에 현금의 수수시점을 임의로 정함으로써 손익의 귀속시기를 조작할 수 있고 현대의 신용거래제도와 조화되지 않는 문제점이 있다. 이에 비하여 발생주의는 기업의 재무상태를 정확히 나타내고 현금주의가 가지는 자의성을 어느 정도 배제할 수 있으나 손익의 귀속시기를 명확히 적용하기 어려운 문제점이 있다.

(2) 발생주의(실현주의)의 채택

한국채택 국제회계기준(K-IFRS), 일반기업회계기준(GAAP), 중소기업회계기준은 모두 손익의 귀속시기에 대하여 원칙적으로 발생주의를 적용한다.[1] 다만 수익의 귀속시기에 대하여는 수익의 인식에 대한 확실성과 객관성을 높이고 미실현이익을 수익에서 배제하기 위하여 발생주의를 수정한 실현주의를 채택한다.[2] 그러나 실현주의도 어디까지나 발생주의의 일종이다.

다. 법인세법상 손익의 인식기준

(1) 권리의무확정주의

법인세법 제40조 제1항은 "내국법인의 각 사업연도의 익금과 손금의 귀속사업연도는 그 익금과 손금이 확정된 날이 속하는 사업연도로 한다."라고 하여 권리의무확정주의를 규정하고 있다.

위 규정의 '확정'에 대하여는 법률적 관점에서 권리와 의무의 확정으로 이해하여 소득의 귀속시기에 관하여 권리의무확정주의를 채택한 것으로 해석하는 것이 일반적이다.[3] 권리의무확정주의는 소득의 귀속시기를 권리의 득실변경이라는 법적 기준에 의하여 인식하려는 것으로서 기업회계상 현금주의에 대비되므로 발생주의의 세법상 표현이다. 권리의무확정주의는 손익의 귀속시기를 명확하게 규정하여 납세자의 과세소득을 획일적으로 파악하여 법적 안정성을 도모하고 과세의 공평을 기함과 동시에 납세자의 자의를 배제하기 위한 것이다.[4] 일반적으로 권리가 확정되었다고 하려면 ① 권리가 발생할 것, ② 권리의 실행에 장애가 없을 것, ③ 권리의 금액을 객관적으로 측정할 수 있을 것 등 3가지 요건이 충족되어야 한다. 위 "②"에서 권리의 실행에 장애가 없다는 것은 법률상 장애가 없다는 뜻으로서 권리에 근거하여 강제집행에 착수할 수 있을 것까지 요구하는 것은 아니다.[5]

판례는 권리의무확정주의를 소득의 원인이 되는 권리의 확정시기와 소득의 실현시기 사이에 시간적 간격이 있을 때 소득이 실현된 때가 아닌 권리가 발생된 때를 기준으로 하여 그때

---

1) K-IFRS 제1001호 문단 27은 "기업은 현금흐름 정보를 제외하고는 발생기준 회계를 사용하여 재무제표를 작성한다."고 규정하고 있다. 일반기업회계기준 16.17은 재화의 판매, 용역의 제공, 이자, 배당금, 로열티로 분류할 수 없는 기타의 수익은 ① 수익가득과정이 완료되었거나 실질적으로 거의 완료되었을 것, ② 수익금액을 신뢰성 있게 측정할 수 있을 것, ③ 경제적 효익의 유입 가능성이 매우 높을 것 등 3가지 조건을 모두 충족할 때 발생기준에 따라 합리적인 방법으로 인식하도록 규정하고 있다. 중소기업회계기준 제23조 제3항 제1호는 "모든 수익과 비용은 그것이 발생한 회계연도에 배분되도록 회계처리한다."라고 규정하고 있다.
2) 일반기업회계기준 결16.1은 수익은 실현되었거나 또는 실현가능한 시점에서 인식된다고 규정한다.
3) 임승순, 조세법(2021), 449면
4) 대법원 2017. 3. 22. 선고 2016두51511 판결
5) 이태로 · 한만수, 조세법강의(2020), 556면

소득이 있는 것으로 보고 당해 연도의 소득을 산정하는 방식으로서 실질적으로는 불확실한 소득에 대하여 장래 그것이 실현될 것을 전제로 미리 과세하는 것을 허용하는 것이라고 판시하고 있다.[6] 즉 권리의무확정주의에 의하면 소득이 실현된 시점보다 먼저 소득을 인식하게 된다. 나아가 소득이 발생하였다고 하려면 소득이 실현될 것까지는 필요없더라도 적어도 소득이 발생할 권리가 그 실현의 가능성에 있어 상당히 높은 정도로 성숙, 확정되어야 한다.[7] 이러한 판례의 입장을 '성숙론'이라고 부른다. 개별 사안에서 권리의무의 확정 여부를 판단할 때에는 소득에 대한 관리·지배와 발생소득의 객관화 정도, 납세자금의 확보시기 등을 종합적으로 고려하여야 한다.[8]

(2) 수익비용대응 원칙

기업회계상 수익비용대응 원칙이란 비용은 그와 관련된 수익이 실현되는 기간과 같은 기간에 인식해야 한다는 원칙이다. 상품을 판매하기 위해 구입한 경우 그 상품의 구입비용을 구입시점이 아니라 그 상품을 판매한 시점에 인식한다는 것이다. 비용을 상품의 구입시점에 인식하고 수익을 상품의 판매시점에 인식하면 손익이 어긋나서 왜곡되므로 수익비용대응 원칙에 따라 비용을 인식하여야 한다. 이와 같이 수익비용대응 원칙은 관련된 수익과 비용을 대응시켜서 하나의 과세기간에 귀속시킴으로써 과세단위를 인위적으로 구분하는 기간과세의 문제점을 완화할 수 있다.

세법상으로도 기업회계상의 수익비용대응 원칙이 적용되므로 익금에 직접 대응하는 손금은 채무의 확정과 무관하게 익금이 확정하는 사업연도의 손금에 산입한다. 익금과 직접 대응하는 손금은 자의성이 개입하여 손익의 조작가능성이 낮으므로 회계기준상 수익비용대응 원칙을 세법이 수용한 것이다.[9] 이러한 취지에서 판례는 법인이 상품의 매입을 위하여 선급금을 지급하였으나 그 선급금 상당의 상품을 공급받지 못한 사안에서, 당해 상품의 판매로 인한 수익이 발생하지 않았으므로 그 수익에 대응하는 비용인 매입가액도 발생할 여지가 없어 선급금 상당액을 손금산입할 수 없다고 판시하였다.[10]

2. 권리의무확정주의의 적용 및 한계

가. 의의

법인세법상 손익의 귀속시기 결정은 권리의무확정주의로 설명되지 않는 부분이 있다. 예를 들어, 작업진행률에 의한 익금과 손금의 인식, 위법소득의 인식, 수익비용대응 원칙에 의한

---

6) 대법원 1984. 3. 13. 선고 83누720 판결, 대법원 2003. 12. 26. 선고 2001두7176 판결
7) 대법원 1980. 4. 22. 선고 79누296 판결, 대법원 1988. 9. 27. 선고 87누407 판결
8) 대법원 1981. 2. 10. 선고 79누441 판결, 대법원 1998. 6. 9. 선고 97누19144 판결
9) 김완석·황남석, 법인세법론(2021), 277면
10) 대법원 2009. 8. 20. 선고 2007두1439 판결

손금인식 등은 권리의무확정주의로 설명하기 곤란하다. 따라서 법인세법 제40조 제1항은 그 문언에 충실하게 손익확정주의라고 부르고, 손익을 확정하는 요소의 하나로 권리의무 확정을 고려하는 것이 타당하다.[11]

나. 관련 판례

(1) 사후에 회수불능된 경우

법인세법상 어떠한 채권이 발생하였을 경우 그 채권의 행사에 법률상 제한이 없다면 일단 권리가 확정된 것이므로 당해 사업연도에 익금산입하고, 그 후 채무자의 무자력 등으로 채권의 회수가능성이 없게 된 경우 그것은 대손금으로 처리할 수 있는 사유에 해당한다.[12] 이러한 법리에 의하면 장기렌탈계약 및 장기할부판매계약의 중도해지에 따른 손해배상채권의 익금산입시기는 해지일이 속하는 사업연도, 지연손해금채권의 익금산입시기는 해당 기간이 속하는 사업연도이다. 법인이 당해 사업연도에 채무자에 대한 구상금 및 대여금채권을 대손금으로 계상하여 손금처리하였으나, 그 사업연도에 채권의 회수불능 사실이 객관적으로 확정되었다고 보기 어려운 경우에는 당연히 그 사업연도에 대손금으로 처리할 수는 없다.[13] 이 경우 추후 채권의 회수불능 사실이 객관적으로 확정된 사업연도에 대손금으로 손금산입하면 된다.

(2) 주택건설사업자가 토지의 일부를 도로로 조성하여 기부채납한 경우

법인이 주택건설사업을 함에 있어서 그 사업을 위하여 취득한 토지의 일부를 사업의 승인조건에 따라 분양토지의 이용편의에 제공하기 위하여 도로로 조성하여 지자체에 기부채납한 경우 도로가액 상당의 비용은 수익의 발생에 직접 관련된 필요경비로서 수익의 발생이 확정된 때가 속한 사업연도에 손금산입할 수 있다.[14]

다. 권리의무확정주의와 후발적 경정청구의 관계

(1) 원칙

권리의무확정주의란 실질적으로는 수취가 불확실한 소득에 대하여 장래 그것이 실현될 것을 전제로 하여 미리 과세하는 것을 허용하는 것이므로 소득의 원인이 되는 권리가 확정적으로 발생하여 과세요건이 충족됨으로써 일단 납세의무가 성립하였더라도 후발적 사유의 발생으로 소득이 실현되지 않는다면, 당초 성립하였던 납세의무는 그 전제를 상실하여 원칙적으로 그에 따른 법인세를 부과할 수 없다.[15] 계약의 해제는 국기법 시행령 제25조의2에 규정된

---

11) 이중교, "소득세법상 권리확정주의의 위상에 대한 재정립", 저스티스 통권 제142호, 2014, 177~185면, 송동진, 법인세법(2023), 106~107면
12) 대법원 2005. 5. 13. 선고 2004두3328 판결
13) 대법원 2002. 9. 24. 선고 2001두489 판결
14) 대법원 2002. 11. 13. 선고 2001두1918 판결
15) 대법원 2014. 3. 13. 선고 2012두10611 판결

후발적 경정사유이므로 납세의무 성립 후 계약이 해제된 경우 납세자는 원칙적으로 국기법상 후발적 경정청구를 하여 당초 납부한 세금을 돌려받을 수 있다.

(2) 예외

다음의 2가지 경우에는 해제일이 속하는 사업연도에 반영하여야 하므로 후발적 경정청구가 제한된다.[16]

(가) 법인세법 등에서 별도의 규정을 둔 경우

법인세법이나 관련 규정에서 계약의 해제로 실현되지 않은 소득금액을 해제일이 속하는 사업연도의 소득금액에 대한 차감사유 등으로 별도로 규정하고 있는 경우이다. 이에 해당하는 예로는 대손금, 작업진행률에 의한 용역제공 등이 있다. 대손금의 경우 법인세법 시행령 제19조의2 제6항에서 대손금은 해당 사유가 발생한 날 또는 해당 사유가 발생하여 손비로 계상한 날 손금에 산입하도록 규정하고 있고, 작업진행률에 의한 용역제공의 경우 2012. 2. 2. 신설된 법인세법 시행령 제69조 제3항은 작업진행률에 의한 익금 또는 손금이 공사계약의 해약으로 인하여 확정된 금액과 차액이 발생된 경우에는 그 차액을 해약일이 속하는 사업연도의 익금 또는 손금에 산입하도록 규정하고 있다.

(나) 기업회계기준이나 관행에 따라 처리한 경우

경상적·반복적으로 발생하는 상품판매계약 등의 해제에 대하여 납세의무자가 기업회계의 기준이나 관행에 따라 해제일이 속한 사업연도의 소득금액을 차감하는 방식으로 법인세를 신고하여 온 경우이다. 이에 해당하는 예로는 매출에누리를 들 수 있다.

3. 유형별 수입시기

가. 의의

법인세법 시행령은 거래유형에 따른 수입시기를 규정하고 있다(법인령 제68조부터 제71조). 이러한 거래유형 등에 따른 세법상의 손익귀속에 관한 규정은 다종다양한 모든 거래유형을 예측하여 완결적으로 손익의 귀속을 정한 규정이라 할 수 없다. 따라서 위 열거된 조항으로 손익의 귀속을 정하는 것이 어려운 경우에는 법인세법상 권리의무확정주의에 반하지 않는 한, 일반적으로 공정타당한 회계관행으로 받아들여지는 기업회계기준상의 손익발생에 관한 기준을 채택하여 손익의 귀속을 정할 수 있다.[17]

---

16) 대법원 2014. 3. 13. 선고 2012두10611 판결
17) 대법원 1992. 10. 23. 선고 92누2936, 2943 판결

나. 재화

(1) 부동산을 제외한 상품·제품, 기타 생산품의 판매(법인령 제68조 제1호)

부동산을 제외한 상품·제품 등을 판매한 경우 상품 등의 인도일이 수입시기이다.[18] 상품(商品)은 판매목적으로 다른 기업이 만든 제품을 매입하여 보유하는 것이고, 제품(製品)은 판매목적으로 제조한 것으로서 재고자산에 해당한다. 따라서 상품, 제품 등의 수입시기가 인도일이라는 것은 재고자산의 수입시기에 대하여 인도기준을 적용하는 것이다. 인도는 현실의 인도 이외에 간이인도, 점유개정, 목적물반환청구권의 양도를 포함한다. 납품계약 또는 수탁가공계약에 의하여 물품을 납품하거나 가공하는 경우에는 당해 물품을 계약상 인도할 장소에 보관한 날로 하되, 계약에 따라 검사를 거쳐 인수 및 인도가 확정되는 물품의 경우에는 당해 검사가 완료된 날로 하고, 물품을 수출하는 경우에는 수출물품을 계약상 인도할 장소에 보관한 날로 한다(법인령 제68조 제7항, 법인칙 제33조). 부동산은 상품 등에서 제외되므로 법인세법 시행령 제68조 제1항 제3호(상품 등 외의 자산의 양도)가 적용된다. 민법상 부동산의 득실변경은 등기에 의하여 효력이 발생하고, 동산의 득실변경은 인도로 효력이 발생하므로 부동산이 재고자산에 해당하더라도 동산인 재고자산의 판매와는 다른 기준을 적용한다.[19]

한편, 제조법인이 대리점에게 제품을 공급하고 대리점이 소비자에게 제품을 공급하는 경우 일반적으로 제조법인이 대리점에게 제품을 인도한 때를 수입시기로 본다. 그러나 제조법인이 제품에 대한 소유권을 가지고 당해 법인의 브랜드만 취급하는 대리점에게 제품을 반출하고 대리점사업자가 당해 제조법인의 판매시점인식시스템(POS시스템)을 통하여 소비자에게 실제 판매한 제품에 대하여만 대금청구권을 가지며 제조법인이 전적으로 반출한 제품과 반입할 제품의 품목과 수량을 결정하고 대리점사업자는 주문에 대한 책임과 권한이 없는 거래의 경우에는 대리점사업자가 제품을 최종소비자에게 판매하는 시점이 그 상품 등을 인도한 날에 해당하여 판매손익 등의 귀속시기가 된다.[20]

(2) 상품 등의 시용판매(試用販賣)(법인령 제68조 제2호)

상품 등의 시용판매는 고객이 상품을 시험적으로 사용해 본 후 구입 여부를 결정하는 판매를 말한다. 상품 등의 시용판매의 경우에는 상대방이 그 상품 등에 대한 구입의사를 표시한 날이 수입시기이다. 다만, 일정기간 내에 반송하거나 거절의사를 표시하지 않으면 특약 등에 의하여 그 판매가 확정되는 경우에는 그 기간의 만료일이 수입시기이다.

---

18) 기업회계기준에서도 재화의 판매수익은 재화의 인도시점에 인식한다(일반기업회계기준 결16.8).
19) 김완석·황남석, 법인세법론(2021), 488면
20) 기획재정부 법인세제과-384(2016. 5. 2.)

(3) 상품 등 외의 자산의 양도(법인령 68조 제3호)

(가) 의의

상품 등 외의 자산을 양도한 경우에는 대금청산일이 수입시기이다. 다만, 대금을 청산하기 전에 소유권이전등기 등을 하거나 당해 자산을 인도하거나 상대방이 당해 자산을 사용수익하는 경우에는 그 이전등기일·인도일 또는 사용수익일 중 빠른 날로 한다. 이때 사용수익일이라 함은 계약에 의하여 사용수익을 하기로 약정한 날을 말하나, 별도의 약정이 없는 경우에는 자산을 양도하는 법인의 사용승낙으로 매수인이 해당 자산을 실질적으로 사용할 수 있게 된 날을 말한다.[21] 상품 등 외의 자산에는 재고자산인 부동산도 포함된다. 따라서 부동산매매업자가 부동산을 양도한 경우에는 대금청산일, 소유권이전등기일, 인도일 또는 사용수익일 중 빠른 날이 수입시기이다. 위 규정은 소득의 귀속시기를 획일적으로 정하기 위한 의제규정이므로 법률행위에 의한 이전이나 법률의 규정에 의한 이전을 불문하고 문언대로 소유권이전등기일을 소득의 귀속시기로 본다.[22]

(나) 관련 판례

건물신축판매업자가 토지 위에 건물을 신축하여 양도하는 계약을 체결한 후 양수인에게 토지에 관한 소유권이전등기를 먼저 마친 경우 토지와 건물의 양도로 인한 사업소득은 양수인이 토지와 건물을 일괄하여 사용·수익할 수 있었던 사업연도에 귀속된다.[23] 토지와 건물은 일괄양도하는 것이 거래관행에 부합하는 이상, 토지와 건물 등은 하나의 거래로 양도되었다고 보고 토지에 관하여 먼저 그 대금을 지급받고 소유권이전등기를 마쳤다고 하더라도, 토지 및 건물 등의 양도로 인한 사업소득은 토지와 건물 등을 일괄하여 사용·수익할 수 있었던 시기에 귀속된다고 판단한 것이다.

(4) 자산의 위탁매매(법인령 제68조 제4호)

자산을 위탁매매하는 경우에는 수탁자가 그 위탁자산을 매매한 날이 속하는 사업연도가 수입시기이다. 자산에는 상품 등은 물론 그 외의 자산도 포함된다. 이에 따르면 백화점사업자와 상품 등의 위탁판매계약을 체결하고 백화점사업자에게 판매를 위탁한 경우에는 수탁자인 백화점사업자가 해당 상품 등을 판매한 날이 속하는 사업연도가 수입시기이다.[24]

(5) 유가증권의 매매(법인령 제68조 제5호)

자본시장법에 따른 증권시장에서 증권시장업무규정에 따라 보통거래방식으로 유가증권을 매매한 경우에는 매매계약 체결일이 수입시기이다. 유가증권시장업무규정은 매매거래를 당

---

21) 법인세법 기본통칙 40-68…4
22) 대법원 1991. 11. 22. 선고 91누1691 판결
23) 대법원 2009. 4. 23. 선고 2007두337 판결
24) 법인세법 집행기준 40-68-3

일결제거래, 익일결제거래, 보통거래로 구분하는바, 보통거래는 매매계약을 체결한 날부터 기산하여 3일째 되는 날에 결제하는 매매거래를 의미한다.[25]

(6) 장기할부조건에 의한 상품 등의 판매(법인령 제68조 제2항)

(가) 장기할부조건의 의의

장기할부조건은 상품 등의 판매 또는 양도로서 판매금액 또는 수입금액을 월부·연부 기타의 지불방법에 따라 2회 이상 분할하여 수입하는 것 중 목적물의 인도일 다음 날부터 최종할부금의 지급기일까지의 기간이 1년 이상인 것을 말한다(법인령 제68조 제4항). 매매계약의 경우 계약 당시에 자산의 소유권이전등기 접수일·인도일 또는 사용수익일 중 빠른 날의 다음 날부터 최종 할부금의 지급기일까지의 기간이 1년 이상임이 확정되어 있어야만 장기할부조건부 매매에 해당하므로 계약이행과정에서 최종 할부금의 지급이 지연되어 결과적으로 소유권이전등기등기 접수일·인도일 또는 사용수익일 중 빠른 날의 다음 날부터 1년 이상이 경과된 후에 지급된 경우에는 장기할부조건부 매매에 해당하지 않는다.[26]

(나) 수입시기

① 원칙(명목가치 기준)

장기할부조건에 의한 상품 등 판매의 경우에는 원칙적으로 상품 등의 인도일이 수입시기이다. 이 경우 상품 등의 가격은 명목가치로 인식한다.

② 예외

법인세법은 명목가치 기준을 원칙으로 하면서도 다음과 같이 회수기준과 현재가치할인 기준을 수용하고 있다.

㉮ 회수기준

장기할부조건에 따라 수입하였거나 수입하기로 약정한 날이 속하는 과세기간에 당해 수입금액과 이에 대응하는 필요경비를 계상한 경우에는 그 장기할부조건에 따라 수입하였거나 수입하기로 약정된 날을 수입시기로 한다. 기업이 회수기준에 의하여 회계처리를 한 경우에는 세법이 회수기준을 인정하는 것이다.

㉯ 현재가치할인기준

기업회계기준이 정하는 바에 따라 현재가치로 평가하여 현재가치할인차금을 계상한 경우 당해 현재가치할인차금은 그 계상한 과세기간의 총수입금액에 산입하지 않으며, 당해 채권의 회수기간 동안 환입하였거나 환입할 금액은 이를 각 과세기간의 총수입금액에 산입한다.

---

25) 유가증권시장업무규정 제7조 제1항
26) 대법원 2014. 6. 12. 선고 2013두2037 판결

기업이 현재가치할인기준에 의하여 회계처리를 한 경우에는 세법이 이를 인정하는 것이다.

③ 사례

A기업이 2020년 상품을 2,000,000원에 판매하고 판매대금을 4년에 걸쳐 매기말 500,000원씩 할부금으로 받는 경우 이자율을 10%라고 가정하면 현재가치할인차금은 415,067원(2,000,000원-1,584,933원)이다. A기업은 2020년에 총수입금액 2,000,000원을 인식하는 방법(명목가액기준), 2020년부터 4년간 각 5,000,000원씩 인식하는 방법(회수기준), 2020년 1,584,933원을 인식하고 현재가치할인차금 415,067원은 4년간 상각하여 이자수익으로 인식하는 방법(현재가치할인기준) 중 하나를 선택할 수 있다.

(다) 중소기업 특례

중소기업이 장기할부조건으로 자산을 판매하거나 양도한 경우에는 그 장기할부조건에 따라 각 사업연도에 회수하였거나 회수할 금액과 이에 대응하는 비용을 각각 해당 사업연도의 익금과 손금에 산입할 수 있다.

다. 용역(법인령 제69조)

(1) 작업진행률을 계상할 수 있는 경우

(가) 일반적인 경우

① 작업진행률에 의한 계산방법

도급공사 및 예약매출[27]의 경우 완성물을 인도하려면 장기간이 소요되므로 완성물 인도시점에 손익을 인식하면 완성물 인도 전까지는 익금 및 손금을 전혀 반영하지 못하다가 완성물 인도시점에 한꺼번에 익금 및 손금을 산입하게 되어 기간손익이 왜곡될 수 있다. 이에 건설·제조 기타 용역의 작업진행률을 계상할 수 있는 경우에는 공사 등의 진행 정도에 맞추어 손익을 배분하기 위하여 다음과 같이 작업진행률에 따라 익금을 계상한다.[28]

> 익금 = 계약금액 × 작업진행률 − 직전 사업연도 말까지의 익금산입액
> 손금 = 해당 사업연도에 발생한 총비용

위 익금을 계산할 때 사용되는 작업진행률은 다음의 방법에 따라 계산한다.

---

27) 예약매출은 아직 제작·완성되지 않은 물건을 판매하고 대금을 미리 받은 후 그 물건을 제작·공급하기로 하는 조건의 계약으로서 아파트분양사업자가 장기간에 걸쳐 아파트를 건설하여 분양하는 것은 기업회계상 예약매출에 해당한다(대법원 1992. 10. 23. 선고 92누2936, 2943 판결).
28) 기업회계기준에서도 공사수익은 공사진행률을 적용하여 인식한다(일반기업회계기준 16.39).

> 작업진행률 = 해당 사업연도 말까지 발생한 총공사비 누적액 / 총공사예정비

위 작업진행률 산식에서 총공사예정비는 기업회계기준을 적용하여 계약 당시 추정한 공사원가에 해당 사업연도 말까지의 변동상황을 반영하여 합리적으로 추정한 공사원가를 의미한다(법인칙 제34조 제1항). 총공사비는 해당 공사원가의 구성요소가 되는 재료비, 노무비, 기타 공사경비를 말한다.[29] 예를 들어, 도급금액이 6억 원, 총공사예정비가 5억 4,000만 원, 총공사비 누적액이 3억 1,600만 원인 경우 작업진행률은 3억 1,600만 원/5억 4,000만 원 = 40%이다.

예약매출에 해당하는 아파트 분양사업을 하는 법인이 수급인에게 공사의 일부 또는 전부를 도급하여 아파트를 건설하는 경우 '해당 사업연도 말까지 발생한 총공사비 누적액'에 포함되는 공사비는 도급계약에 따라 지급의무가 확정된 공사비가 아니라 수급인의 실제 공사진행 정도에 따라 그 법인에 사실상 지급의무가 발생한 공사비(도급금액 × 수급인의 작업진행률)'이다.[30] 주택, 상가, 아파트 등의 예약매출로 인한 익금과 손금의 귀속사업연도를 작업진행률에 의하는 경우 해당 아파트 등의 부지로 사용될 토지의 취득원가는 작업진행률 계산 시 산입하지 않고, 작업진행률에 의하여 안분하여 손금산입한다.[31] 예를 들어, 시공사와 도급계약에 의해 아파트를 신축·분양하는 시행사가 예약매출로 인한 손익을 진행기준으로 인식하는 경우 시공사에 지급할 도급금액 중 해당 사업연도에 손금(분양원가)으로 계상할 금액은 시공사에 지급할 도급금액의 총액에 시공사의 작업진행률을 곱하고 분양계약률을 적용하여 계산한 금액에서 전기말까지 도급금액과 관련한 손금계상액을 차감하여 계산하고,[32] 토지취득비용은 시행사의 작업진행률로 안분하여 손금에 산입한다.

② 공사계약이 해약되는 경우

작업진행률 기준을 적용할 때 작업진행률에 의한 익금 또는 손금이 공사계약의 해약으로 인하여 확정된 금액과 차액이 발생된 경우에는 그 차액을 해약일이 속하는 사업연도의 익금 또는 손금에 산입한다(법인령 제69조 제3항). 이 조항은 2012. 2. 2. 법인세법 시행령이 개정되면서 신설되었고, 부칙에서 2012. 1. 1. 이후 개시하는 사업연도부터 적용되는 것으로 규정하였으므로 그 이전에는 당초 계약이 없었던 것으로 하여 세무처리를 하여야 한다.[33]

(나) 인도일 기준 적용의 특례

중소기업이 수행하는 계약기간이 1년 미만인 건설 등의 경우, 기업회계기준에 따라 인도일

---

29) 법인세법 기본통칙 40-69…3
30) 대법원 2014. 2. 27. 선고 2011두13842 판결
31) 법인세법 기본통칙 40-69…7
32) 사전-2015-법령해석법인-0037(2015. 7. 16.)
33) 대법원 2017. 9. 21. 선고 2016두60201 판결

이 속하는 사업연도의 수익과 비용으로 계상한 경우에는 인도일 기준을 적용할 수 있다.

(2) 작업진행률을 계상할 수 없는 경우

작업진행률을 계상할 수 없는 경우로서 법인이 비치 · 기장한 장부가 없거나 장부의 내용이 충분하지 아니하여 당해 사업연도 종료일까지 실제로 소요된 총공사비 누적액 또는 작업시간 등을 확인할 수 없는 경우에는 인도일 기준을 적용한다(법인령 제69조 제2항, 법인칙 제34조 제4항).

(3) 중간지급조건부 용역

중간지급조건으로 용역을 공급한 경우에는 법률상 그 권리를 행사할 수 있게 된 사업연도가 수입시기이다. 이에 따르면 조선회사가 중간지급조건으로 선박해체용역을 공급한 경우 익금의 귀속시기는 위 각 채권이 확정된 사업연도이다.[34]

라. 수입이자와 지급이자

(1) 수입이자(법인령 제70조 제1항)

(가) 일반법인

일반법인의 수입이자에 대하여는 소득세법 시행령 제45조에 따른 이자소득의 수입시기, 즉 실제 수입일 또는 약정일이 귀속시기이다(법인령 제70조 제1항 제1호). 원칙적으로 미수이자(未收利子)를 익금으로 인정하지 않으나, 예외적으로 결산을 확정할 때 기간경과분 이자수익을 회계장부에 계상한 경우에는 익금으로 인정한다(법인령 제70조 제1항 제1호 단서). 미수이자는 기간이 경과하였으나 아직 받지 않은 이자를 말한다. 예를 들어, 법인이 2020. 7. 1. 乙에게 1억 원을 이자율은 10%, 변제기는 1년 후, 이자지급시기는 매년 6. 30.로 정하여 대여한 경우 2020. 12. 31. 미수이자는 2020. 7. 1.부터 2020. 12. 31.까지의 기간에 상응하는 500만 원이다.

기업회계기준은 발생주의에 근거하고 있으므로 결산시점에서 실제로 이자를 지급받지 않은 경우에도 기간이 경과한 미수이자에 대해 이자가 발생한 것으로 보아 수익으로 처리한다. 이와 같이 기업회계기준에 따라 기간경과분 미수이자를 수익으로 계상한 경우에는 법인세법이 기업회계를 수용하여 익금으로 인정하는 것이다. 그럼에도 원천징수하는 이자소득은 원천징수 시기와 귀속시기를 일치시키기 위하여 미수이자를 소득으로 인정하지 않는다(법인령 제70조 제1항 제1호 단서 괄호부분). 그렇지 않으면 미수이자의 계상 여부에 따라 원천징수 금액이 달라져서 원천징수업무가 복잡해지기 때문이다. 일반법인이 국내에서 받는 이자수익은 모두 원천징수 대상이므로 국외에서 지급받은 이자수익에 대하여만 미수이자 특례가 적용된다.

(나) 금융보험업 법인

금융보험업 법인은 실제 수입일을 수입시기로 하되, 선수입이자 및 할인액은 제외한다(법인

---

34) 대법원 1992. 1. 21. 선고 91누1684 판결

령 제70조 제1항 제1호 괄호부분). 금융보험업 법인에 대하여는 현금주의를 적용하는 것이다. 이에 대해 괄호부분이 괄호 밖까지 걸리는 것으로 보아 선수입이자 및 할인액은 소득세법 시행령 제45조에 따른 수입시기에 따르지 않는다는 의미로서 발생주의에 따라야 한다는 취지로 해석하는 견해가 있으나,[35] 법문언상 선수입이자 및 할인액은 실제 수입일을 수입시기로 하지 않는다는 의미로 해석하는 것이 자연스러우므로 위 견해에 동의하기 어렵다. 원칙적으로 미수이자(未收利子)를 익금으로 인정하지 않으나, 예외적으로 결산을 확정할 때 기간경과분 이자수익을 회계장부에 계상한 경우에는 익금으로 인정한다(법인령 제70조 제1항 제1호 단서). 다만, 원천징수하는 이자소득은 원천징수 시기와 귀속시기를 일치시키기 위하여 미수이자를 소득으로 인정하지 않는다(법인령 제70조 제1항 제1호 단서 괄호부분). 금융보험업법인이 받는 이자수익은 거의 원천징수 대상이 아니므로 미수이자 특례가 적용된다.

(2) 지급이자

지급이자에 대하여는 소득세법 시행령 제45조에 따른 이자소득의 수입시기, 즉 상대방에게 이자를 지급한 날 또는 지급하기로 약정한 날이 귀속시기이다(법인령 제70조 제1항 제1호). 그러나 결산을 확정할 때 기간경과분 지급이자를 계상한 경우에는 법인세법이 기업회계를 수용하여 그 계상한 사업연도의 손금에 산입할 수 있다. 다만, 차입일부터 이자지급일이 1년을 초과하는 특수관계인 간 거래에 대하여는 조세회피를 방지하기 위하여 기간경과분 지급이자를 계상하지 못하도록 규정하고 있다.

마. 배당금 및 보험료 등

(1) 배당금(법인령 제70조 제2항)

법인이 수입하는 배당금은 소득세법 시행령 제46조에 따른 수입시기를 귀속시기로 하되, 은행 등의 금융회사 등이 금융채무 등 불이행자의 신용회복 지원과 채권의 공동추심을 위하여 공동출자하여 설립한 유동화전문회사로부터 수입하는 배당금은 실제로 지급받은 날을 귀속시기로 한다. 이 배당금은 그 성격상 배당결의 시점에 지급될 가능성이 낮기 때문이다.

반면, 법인세법 시행령 제70조 제2항 단서에 해당하지 않는 유동화전문회사에 대하여는 유동화전문회사 단계의 소득공제 시점과 구성원 단계의 소득과세 시점을 일치시킬 필요가 있으므로 유동화전문회사가 잉여금 처분에 의한 배당을 한 경우 배당소득의 수입시기는 배당소득의 귀속자가 배당금채권이 회수불능으로 확정된 때에 이를 대손금으로 처리할 수 없는 납세자라는 등의 특별한 사정이 없는 한, 잉여금처분결의일이다.[36] 만약 유동화전문회사의 구성원이 유동화자산을 직접 취득하였을 경우 그에 관한 소득이 귀속되는 시점에 과세될 것임에도 유동화전문회사를 통하였다는 이유만으로 배당금을 현실로 수령하는 시점에 과세한다면,

---

35) 강석규, 조세법쟁론(2023), 678~679면
36) 대법원 2015. 12. 23. 선고 2012두16299 판결

소득의 인식시기를 과도하게 이연시키는 결과를 초래하여 부당하기 때문이다. 분할등기일 후 주주총회 결의에 따라 배당이 확정되어 분할신설법인이 수령하는 배당금은 분할법인의 권리와 의무를 승계받은 분할신설법인의 익금으로 한다.[37]

(2) 보험료 등(법인령 제70조 제3항)

(가) 일반적인 경우

금융보험업을 영위하는 법인이 보험료 등을 수입하는 경우에는 실제 수입일을 귀속시기로 하되, 선수입보험료 등을 제외한다. 보험료 수입에 대하여 현금주의를 채택한 것이다. 다만, 결산을 확정할 때 이미 경과한 기간에 대응하는 보험료상당액 등을 해당 사업연도의 수익으로 계상한 경우에는 그 계상한 사업연도의 익금으로 한다. 또한 자본시장법상 투자매매업자 또는 투자중개업자가 정형화된 거래방식으로 증권을 매매하는 경우 그 수수료의 귀속사업연도는 매매계약 체결일이 속하는 사업연도로 한다.

보험사업을 영위하는 법인이 장기보험계약으로 인하여 발생한 모집수당, 점포운영비 등의 신계약비는 그 보험계약에 의한 보험료 납입기간(7년을 초과할 경우에는 7년)에 걸쳐 균등하게 손금산입하고, 계약의 유지·관리 등에 필요한 유지비는 지출한 당해 회계연도에 비용으로 처리한다.[38] 보험업에서 신계약비는 신규 계약을 체결할 때에 확정적으로 지급되고, 보험료수입은 보험료 기간에 나누어 실현되므로 신계약비를 한꺼번에 비용으로 처리하면 수익비용대응원칙에 어긋나기 때문이다.

(나) 해약환급준비금을 적립하는 경우

보험회사가 보험계약과 관련하여 받거나 지급한 이자, 보험료, 보험금 등은 보험감독회계기준에 따라 수익과 비용으로 계상한 경우 그 계상한 사업연도의 익금과 손금으로 한다(법인령 제70조 제6항).

(3) 기타

투자회사 등이 결산을 확정할 때 증권 등의 투자와 관련된 수익 중 이미 경과한 기간에 대응하는 이자 및 할인액과 배당소득을 해당 사업연도의 수익으로 계상한 경우에는 그 계상한 사업연도의 익금으로 한다(법인령 제70조 제4항).

또한 자본시장법상 신탁업자가 운용하는 신탁재산에 귀속되는 이자소득과 투자신탁이익의 귀속사업연도는 원천징수일이 속하는 사업연도로 한다(법인령 제70조 제5항).

---

37) 법인세법 기본통칙 40-70…2
38) 법인세법 기본통칙 40-71…23

바. 임대료 등 기타

(1) 임대료(법인령 제71조 제1항)

(가) 임대료 지급기간이 1년 이하인 경우

계약서상 지급일이 정해진 경우에는 계약서상 지급일을 수입시기로 하고, 계약서상 지급일이 정해지지 않은 경우는 실제 지급일을 수입시기로 한다. 원칙적으로 미수임대료를 익금으로 인정하지 않으나, 법인이 결산을 확정할 때 이미 경과한 기간에 대응하는 임대료상당액과 이에 대응하는 비용을 당해 사업연도의 수익과 손비로 계상한 경우에는 이를 수용하여 익금과 손금으로 인정한다.

(나) 임대료 지급기간이 1년을 초과하는 경우

① 일반적인 임대차

계약서상 지급일이 정해진 경우에는 계약서상 지급일을 수입시기로 하고, 계약서상 지급일이 정해지지 않은 경우는 실제 지급일을 수입시기로 한다. 임대료 지급기간이 1년을 초과하는 경우에는 임대료 지급기간이 1년 이하인 경우와 달리 기간 경과분 임대료를 결산에 반영하였는지 여부와 상관없이 당해 사업연도에 익금산입한다(법인령 제71조 제1항 단서). 이는 감가상각비 등 손비만 계상되고 수익이 계상되지 아니하여 과세가 이연되는 문제를 해결하기 위한 취지이다.[39]

② BTO와 BOT방식

민간투자 방식에는 BTO방식, BOT방식, BTL방식이 있다. BTO(build-transfer-operate)방식은 민간이 재원을 마련하여 시설을 건설(build)하고 상대방에게 기부채납(transfer)한 후 시설사용수익권(operate)을 부여받아 투자금을 회수하는 방식이다(민간투자법 제4조 제1호). BOT(build-operate-transfer)방식은 민간이 재원을 마련하여 시설을 건설(build)하고 일정기간 사용수익(operate)한 후 기간 만료 시 상대방에게 기부채납(transfer)하는 방식이다(민간투자법 제4조 제3호). BTL(build-transfer-lease)방식은 민간이 재원을 마련하여 시설을 건설(build)하고 상대방에게 기부채납(transfer)한 후 상대방으로부터 시설임대료(lease)를 지급받아 투자금을 회수하는 방식이다(민간투자법 제4조 제2호).

BOT방식은 시설을 준공하고 일정기간이 경과한 후 상대방에게 시설의 소유권을 이전한다는 점에서 시설 준공과 동시에 소유권을 이전하는 BTO방식 및 BTL방식과 구별된다. BOT방식으로 건축물을 설치하여 상대방에게 이전하는 것은 임대료를 후불로 지급하는 경우에 해당한다. 이 경우 익금에 산입할 임대료를 어떻게 계산할지 다투어진 사안에서, 대법원은 익금에 산입할 임대료는 토지사용기간 만료 시의 건축물의 시가를 전체 토지사용기간 중 해당 사업연도에 속하는 기간의 비율로 안분한 금액이라고 판시하였다.[40] 법인세법상 현재가치 평가

---

39) 대법원 2011. 10. 13. 선고 2008두21713 판결
40) 대법원 2022. 1. 27. 선고 2017두51983 판결

를 인정하는 규정이 없으므로 중간이자 공제를 통하여 해당 사업연도의 현재가치로 할인한 금액이 아니라 토지사용기간 만료시점의 건축물의 시가를 감정평가한 금액을 전체 토지사용기간으로 안분한 금액을 익금에 산입하여야 한다고 해석한 것이다. 다만, 2013. 6. 28. 개정된 부가세법 시행령이 BOT방식에 적용되는 별도의 공급시기와 과세표준을 규정한 후(부가령 제29조 제2항 제4호, 제61조 제2항 제7호)[41] 과세당국은 개정 규정에 따라 토지소유자의 임대수입금액은 시설물의 설치가액을 사업기간 동안 안분하여 익금산입하여야 한다는 예규를 내놓았다.[42] 이 예규에 의하면 BOT방식도 과 BTO방식과 마찬가지로 건물신축비용을 기간안분하게 되므로 양자가 통일성을 확보할 수 있게 된다.[43]

(2) 금전등록기 설치 사업자의 경우(법인령 제71조 제2항)

소득세법 제162조 및 부가세법 제36조 제4항을 적용받는 소매업 등을 영위하는 법인이 금전등록기를 설치하여 사용하는 경우 그 수입하는 물품대금과 용역대가의 귀속사업연도는 현금주의에 따라 그 금액이 실제로 수입된 사업연도로 할 수 있다.

(3) 사채할인발행차금(법인령 제71조 제3항)

법인이 회사채를 발행하는 것은 주식의 발행과 함께 대표적인 자금조달방법이다. 회사채를 액면발행, 할증발행, 할인발행 중 어느 방법으로 발행할지는 시장이자율과 액면이자율의 관계에 달려 있다. 액면이자율과 시장이자율이 같은 경우에는 액면발행하고, 액면이자율이 시장이자율보다 높은 경우에는 할증발행하며 액면이자율이 시장이자율보다 낮은 경우에는 할인발행한다.

액면이자율이 시장이자율보다 낮은 경우 법인은 투자자의 이자소득을 보전하기 위하여 회사채를 할인발행한다. 회사채를 할인발행하는 경우 액면가액과 발행가액의 차액을 사채할인발행차금이라고 하는데, 사채할인발행차금은 기업회계기준에 의한 사채할인발행차금의 상각방법에 따라 손금산입한다. 기업회계기준에 의하면 유효이자율법에 의하여 사채할인발행차금을 상각하는데, 유효이자율법은 상환시점에서 사채의 장부가액이 액면가액과 일치하도록 조정하는 방법이다.

---

41) 과세당국은 개정취지를 BOT방식의 사업수행 시 설치시점의 가액을 기준으로 과세표준을 산정하도록 하고 공급시기를 예정신고기간 또는 과세기간의 종료일로 명확히 규정하는 것이라고 밝히고 있다(국세청, 「개정세법 해설」, 2013, 265면).
42) 기재부 법인세과-316(2014. 5. 15.)
43) 대법원 판례를 따를 경우 BOT방식과 BTO방식의 임대료 금액이 달라지게 되는 문제 외에 임대인과 임차인의 부가가치세 과세표준이 달라지는 문제, 실제 부담한 매입세액 금액과 공제대상 매입세액 금액이 달라지는 문제, 법인세 과세표준과 부가가치세 과세표준이 달라지는 문제 등이 있다(이준엽, "토지 임대기간 종료시점에 임차인의 비용으로 건축한 건축물을 무상이전받기로 하는 경우, 후불임대료의 법인세법 및 부가가치세법에 따른 과세표준 산정방법", 대법원판례해설 제132호, 2023, 93~97면).

(4) 자산유동화법에 따른 자산양도 등(법인령 제71조 제4항)

자산유동화법에 따른 방법에 의하여 보유자산을 양도하는 경우 및 매출채권 또는 받을어음을 배서양도하는 경우 기업회계기준에 의한 손익인식방법에 따라 관련 손익의 귀속사업연도를 정한다. 기업회계기준에 의하면 일반적으로 매출채권(받을어음)을 금융기관 등에서 배서양도(할인)하는 경우 해당 금융자산의 미래 경제적 효익에 대한 양수인의 통제권에 특정한 제약이 없는 한, 매각거래로 회계처리한다.[44] 매각거래로 보는 경우 처분손실은 양도 시 일시에 손금산입하고, 차입거래로 보는 경우 이자비용은 차입기간에 안분하여 손금산입하는 차이가 있다.

(5) 개발비로 계상하였으나 개발을 취소한 경우(법인령 제71조 제5항)

개발비로 계상하였으나 개발을 취소한 경우에는 ① 해당 개발로부터 상업적인 생산 또는 사용을 위한 해당 재료·장치·제품·공정·시스템 또는 용역을 개선한 결과를 식별할 수 없을 것, ② 해당 개발비를 전액 손비로 계상하였을 것 등의 요건이 충족하는 사업연도에 손금산입한다.

(6) 파생상품의 거래로 인한 손익(법인령 제71조 제6항)

계약의 목적물을 인도하지 않고 목적물의 가액변동에 따른 차액을 금전으로 정산하는 파생상품의 거래로 인한 손익에 대하여는 그 거래에서 정하는 대금결제일이 속하는 사업연도의 익금과 손금으로 한다.

4. 전기오류수정손익

가. 의의

전기오류(前期誤謬)는 과거의 기간에 재무제표를 작성할 때 신뢰할 만한 정보를 이용하지 못하였거나 잘못 이용하여 발생한 재무제표에의 누락이나 왜곡 등의 표시를 의미한다. 회계 산술적 계산오류, 회계정책의 적용오류, 사실의 간과 또는 해석의 오류 및 부정 등이 전기오류에 해당한다.

나. 회계처리

한국채택 국제회계기준(K-IFRS)은 중요한 전기오류가 발견된 경우 원칙적으로 과거 재무제표를 소급하여 재작성하도록 하여 오류가 발견된 기간의 당기손익으로 인식하지 않도록 규정하고 있다.[45] 이른바 소급법을 적용하는 것이다.

일반기업회계기준(GAAP)은 원칙적으로 전기오류를 당기 손익계산서에 영업외손익으로 처리하되, 재무제표의 신뢰성을 심각하게 손상할 수 있는 중대한 오류인 경우에는 과거 재무

---

44) 일반기업회계기준 실6.9
45) K-IFRS 1008호 문단 42

제표를 소급하여 작성하도록 규정하고 있다.[46] 전진법을 원칙으로 하고 예외적으로 소급법을 적용하는 것이다.

다. 세무처리

(1) 1998. 12. 31. 개정 전 법인세법 시행령

1998. 12. 31. 개정 전 법인세법 시행령 제37조의2 제1항 제5호는 "기업회계기준에 의한 전기오류수정손익을 당해 사업연도의 익금과 손금에 산입함에 따라 그 익금과 손금의 귀속사업연도가 당초의 귀속사업연도와 다르게 된 경우"에는 법인세법상 권리의무확정주의에 따라 당해 익금과 손금이 확정된 날이 속하는 사업연도를 그 귀속시기로 보도록 규정하였다. 판례는 위 규정의 취지를 전기오류수정손익을 오류가 발견된 당해 사업연도에 특별손익으로 반영할 경우에는 자의에 의한 회계조작과 탈세가 가능해지므로 오류가 발생된 당해 사업연도에 이익잉여금으로 반영하는 것이라고 해석하였다.[47] 다시 말하면, 전기의 회계상 오류가 사후에 발견된 경우 법인세법상 권리의무확정주의에 따라 귀속시기를 정해야 한다는 의미이다.

(2) 1998. 12. 31. 개정 후 법인세법(현행 법인세법)

1998. 12. 31. 법인세법 시행령이 개정됨에 따라 전기오류수정손익에 대한 규정이 삭제되었다. 이에 따라 전기오류수정손익의 귀속시기를 어떻게 해석할지 논란이 되었다. 판례는 전기오류수정손익을 기업회계기준에 따라 당해 사업연도의 손금 또는 익금에 산입함으로써 그 귀속사업연도가 당초의 귀속사업연도와 다르게 된 경우에는 법인세법상 권리의무확정주의에 따라 당해 익금과 손금이 확정된 날이 속하는 사업연도를 그 귀속시기로 보아야 한다고 판시하였다.[48] 따라서 전기오류수정손익에 대한 규정이 삭제된 후에도 그 이전과 마찬가지로 법인세법상 권리의무확정주의에 따라 귀속시기를 정하는 입장을 유지하고 있는 것으로 평가할 수 있다.

(3) 세무조정

(가) 전진법을 적용한 경우

전기오류수정이익과 전기오류수정손실에 대하여 전진법을 적용한 경우에는 다음과 같이 세무처리한다.

① 법인이 전기오류수정이익을 당기수익으로 회계처리한 경우 법인세법상 당기의 익금인 경우에는 세무조정이 불필요하나, 법인세법상 당기의 익금이 아닌 경우에는 익금불산입의 세무조정이 필요하다.

---

46) 일반기업회계기준 5.18, 5.19
47) 대법원 2006. 9. 8. 선고 2005두50 판결
48) 대법원 2004. 9. 23. 선고 2003두6870 판결

② 법인이 전기오류수정손실을 당기비용으로 회계처리한 경우 법인세법상 당기의 손금인 경우에는 세무조정이 불필요하나, 법인세법상 당기의 손금이 아닌 경우에는 손금불산입의 세무조정이 필요하다.

(나) 소급법을 적용한 경우

전기오류수정이익과 전기오류수정손실에 대하여 소급법을 적용한 경우에는 다음과 같이 세무처리한다.

① 법인이 전기오류수정이익을 이월이익잉여금의 증가로 회계처리한 경우 1차로 전기오류수정이익을 익금산입하고 기타로 소득처분하며, 2차로 익금산입한 금액이 법인세법상 당기의 익금인 경우에는 세무조정이 불필요하나, 법인세법상 당기의 익금이 아닌 경우에는 익금불산입의 세무조정이 필요하다.

② 법인이 전기오류수정손실을 이월이익잉여금의 감소로 회계처리한 경우 1차로 전기오류수정손실을 손금산입하고 기타로 소득처분하며, 손금산입한 금액이 법인세법상 당기의 손금인 경우에는 세무조정이 불필요하나, 법인세법상 당기의 손금이 아닌 경우에는 손금불산입의 세무조정이 필요하다.

제2절 자산의 취득가액

1. 의의

법인이 자산을 취득하면 그 취득가액은 향후 수익에 대응하는 비용이나 원가로 인식하게 된다. 자산의 취득가액은 감가상각비, 매출원가 등 비용의 크기를 결정하는 요소로서 과세소득에 영향을 미친다. 법인세법 제41조 및 동 시행령 제72조에 의하면 자산의 취득가액을 역사적 원가(historical cost)[49]에 따라 산정하되, 몇 가지 예외를 인정하고 있다.

① 자산을 취득할 때 금전을 지급하는 등 반대급부로 제공한 가액이 명확히 확인되는 경우에는 그 지출액을 해당 자산의 취득가액으로 한다(법인령 제72조 제2항 제1호, 제2호).

② 자산을 취득할 때 금전 등의 반대급부를 제공한 것과 동일하게 평가할 수 있으나 그 가액을 명확하게 확인할 수 없거나 일정한 정책목적을 위해 필요한 경우에는 취득가액을 별도로 정한다(법인령 제72조 제2항 제3호부터 제6호).

③ 그 밖의 경우에는 취득 당시 시가를 취득가액으로 규정한다(법인령 제72조 제2항 제7호).

---

49) 역사적 원가란 과거에 자산을 처음 취득하였을 때의 최초원가를 의미한다.

2. 취득가액의 산정기준

가. 타인으로부터 매입한 자산(법인령 제72조 제2항 제1호)

타인으로부터 매입한 자산의 경우 매입가액에 취득세, 등록면허세, 그 밖의 부대비용을 합한 금액을 취득가액으로 한다. 취득에 소요된 부대비용을 취득가액에 포함시킨 것은 수익비용대응원칙에 따라 기간손익을 적정하게 계산하기 위한 취지이다.[50] 토지와 그 토지에 정착된 건물 및 그 밖의 구축물 등을 함께 취득하여 토지의 가액과 건물 등의 가액구분이 불분명한 경우에는 시가에 비례하여 안분계산한다. 기업회계기준에 따라 단기매매항목으로 분류된 금융자산 및 파생상품의 경우에는 매입가액을 취득가액으로 하고 취득관련 부대비용을 가산하지 않는다(법인령 제72조 제1항, 제2항 제5호의2).[51] 이들 금융자산 및 파생상품의 취득관련 부대비용은 당기 비용으로 처리하기 때문이다.

나. 제조, 생산, 건설 등의 방법으로 취득한 자산(법인령 제72조 제2항 제2호)

자기가 제조, 생산, 건설한 자산의 경우 제작원가에 부대비용을 더한 금액을 취득가액으로 한다. 따라서 원재료비·노무비·운임·하역비·보험료·수수료·공과금·설치비 기타 부대비용의 합계액이 취득가액이다.

다. 합병·분할에 따라 취득한 자산

(1) 적격합병·분할과 비적격합병·분할의 경우 취득가액(법인령 제72조 제2항 제3호)

적격합병 또는 적격분할에 따라 취득한 자산의 경우에는 장부가액, 비적격합병 또는 비적격분할에 따라 취득한 자산의 경우에는 자산의 시가를 취득가액으로 한다. 적격합병 또는 적격분할의 경우에는 합병 또는 분할 시 과세가 이연되도록 장부가액을 취득가액으로 정한 것이다.

(2) 물적분할에 따라 분할법인이 취득하는 주식(법인령 제72조 제2항 제3호의2)

물적분할에 따라 분할법인이 취득하는 주식 등의 경우에는 물적분할한 순자산의 시가를 취득가액으로 한다. 종전에는 적격물적분할과 비적격물적분할을 구분하여 적격물적분할의 경우에는 물적분할한 순자산의 장부가액, 비적격 물적분할의 경우에는 물적분할한 순자산의 시가를 취득가액으로 규정하였으나, 2014. 2. 21. 법인세법 시행령 개정 시 물적분할한 순자산의 시가로 일원화하였다. 물적분할한 법인은 해당 순자산의 시가로 주식 등의 가액을 계상하고, 순자산의 시가와 장부가액의 차액은 압축기장충당금으로 계상한 후 주식 등을 처분할 때 상계하도록 변경하였기 때문이다.[52]

---

50) 대법원 2014. 3. 27. 선고 2011두1719 판결
51) 금융자산이나 금융부채는 최초인식 시 공정가치로 측정한다. 다만, 최초인식 이후 공정가치로 측정하고 공정가치의 변동을 당기손익으로 인식하는 금융자산이나 금융부채(예: 단기매매증권, 파생상품(현금흐름위험회피회계에서 위험회피수단으로 지정되는 경우는 제외))가 아닌 경우 당해 금융자산(금융부채)의 취득(발행)과 직접 관련되는 거래원가는 최초인식하는 공정가치에 가산(차감)한다(일반기업회계기준 제6장 문단 6.12).

라. 현물출자에 따라 출자법인이 취득한 주식 등(법인령 제72조 제2항 제4호)

출자법인이 현물출자로 인하여 피출자법인을 새로 설립하면서 그 대가로 주식 등만 취득하는 경우에는 현물출자한 순자산의 시가를 취득가액으로 하고, 그 밖의 경우에는 해당 주식 등의 시가를 취득가액으로 한다. 종전에는 적격현물출자와 비적격현물출자를 구분하여 적격현물출자의 경우에는 현물출자한 순자산의 장부가액, 비적격현물출자로 피출자법인을 새로 설립한 경우에는 현물출자한 순자산의 시가, 그 밖의 현물출자의 경우에는 취득하는 주식의 시가를 취득가액으로 규정하였으나, 2014. 2. 21. 법인세법 시행령 개정 시 현물출자로 피출자법인을 새로 설립한 경우에는 적격이든 비적격이든 현물출자한 순자산의 시가로 일원화하였다. 현물출자한 법인은 해당 순자산 시가로 주식 등의 가액을 계상하고 순자산의 시가와 장부가액의 차액은 압축기장충당금으로 계상한 후 주식 등을 처분할 때 상계하도록 변경하였기 때문이다.[53]

마. 채무의 출자전환에 따라 취득한 주식 등(법인령 제72조 제2항 제4호의2)

채무의 출자전환에 따라 주식을 취득한 경우 원칙적으로 취득 당시의 주식 등의 시가를 취득가액으로 한다. 다만, 회생기업 등의 경우에는 출자전환된 채권의 장부가액을 취득가액으로 한다. 구조조정기업의 경우에는 기업가치가 떨어져서 주식 등의 시가가 장부가액보다 낮은 경우가 많은데, 주식 등의 시가를 취득가액으로 하면 채무자에게 채무면제익에 대한 법인세가 과세되어 기업회생에 장애가 될 수 있으므로 출자전환된 채권의 장부가액을 취득가액으로 규정한 것이다. 다만, 회생기업 등이라 하더라도 채무보증으로 발생한 구상채권, 업무무관 가지급금채권의 경우에는 원칙적으로 돌아가 주식 등의 시가를 취득가액으로 한다. 이 규정으로 인하여 채권자는 주식을 취득하는 시점에 대손처리를 할 수 없다. 채무의 출자전환으로 취득한 주식을 향후 처분할 때 채권의 장부가액이 취득가액이 되므로 주식을 처분할 때 법인세를 줄일 수 있다. 채권자 입장에서는 손금산입시기가 채무의 출자전환시점에서 주식의 처분시점으로 늦추어지는 것이다.

바. 합병 또는 인적분할에 따라 취득한 주식 등(법인령 제72조 제2항 제5호)

합병 또는 인적분할에 따라 주식 등을 취득한 경우 종전의 장부가액에 의제배당소득과 법인세법 시행령 제11조 제8호의 분여받은 이익을 가산하고 합병교부금 또는 분할교부금을 뺀 금액을 취득가액으로 한다. 이를 계산식으로 표현하면 다음과 같다.

> 주식 취득가액 = 종전의 장부가액 + 의제배당소득금액 + 법인세법 시행령 제11조 제8호의 분여받은 이익 − 합병교부금 또는 분할교부금

---

52) 국세청, 「개정세법 해설」, 2014, 130면
53) 국세청, 상게서, 131면

의제배당소득금액과 법인세법 시행령 제11조 제8호의 분여받은 이익을 가산하는 것은 이미 합병등기일이 속하는 사업연도의 익금에 산입되어 법인세가 과세되었으므로 이중과세를 방지하기 위함이고, 합병교부금 또는 분할교부금을 빼는 것은 의제배당소득 중 합병 또는 분할에 따라 취득한 주식 등에 대응하는 부분만을 취득가액으로 하기 위함이다.[54] 조특법의 적용으로 의제배당소득에 대한 법인세가 비과세된 경우 당해 의제배당소득금액을 합병신주의 취득가액에 가산하지 않으면 실질적으로 법인세의 비과세라는 효과가 발생하지 않으므로 합병신주의 취득가액은 의제배당소득에 대하여 법인세가 과세되었는지 여부를 불문하고 종전의 장부가액에 의제배당소득금액을 가산한 가액으로 산정한다.[55]

사. 공익법인 등이 기부받은 자산(법인령 제72조 제2항 제5호의3)

특수관계인 외의 자로부터 기부받은 일반기부금에 해당하는 자산은 기부자의 기부 당시 장부가액을 취득가액으로 한다. 2011. 3. 31. 법인세법 시행령 개정에 따라 지정기부금이 법정기부금과 동일하게 장부가액으로 평가됨에 따라 기부받은 공익법인 등의 자산 취득가액도 장부가액으로 일치시킨 것이다.[56] 이 규정은 법인의 취득가액과 기부자의 기부가액을 일치시키기 위함인데, 장부가 없는 개인의 경우 기부 당시 장부가액을 증명하기 어려우므로 실무상 최초 취득가액을 기준으로 취득가액을 정한다. 다만, 증여세 과세가액에 산입되지 않은 출연재산이 그 후에 과세요인이 발생하여 증여세 전액이 부과되는 경우에는 기부 당시의 시가를 취득가액으로 한다.

아. 온실가스 배출권법에 따라 무상할당받은 배출권(법인령 제72조 제2항 제6호)

온실가스 배출권법에 따라 정부로부터 무상할당받은 배출권의 취득가액은 0원으로 한다. 무상할당 배출권의 취득가액을 시가로 인식하여야 한다는 공정가치설과 0원으로 인식하여야 한다는 명목가치설이 대립하나, 그중 명목가치설을 입법화한 것이다. 공정가치설에 의하면 배출권의 할당시점에 순자산이 증가하므로 시가상당액을 익금산입하고, 배출권의 제출시점에 순자산이 감소하므로 시가상당액을 손금산입하게 된다. 반면, 명목가치설에 의하면 배출권의 할당시점에 순자산의 증가가 없어 익금산입하는 금액이 없고, 제출시점에 순자산의 감소가 없어 손금산입하는 금액도 없으므로 세무처리가 불필요하다.[57] 법인세법 시행령은 배출권의 무상할당 시점에 법인세가 과세되지 않도록 하여 배출권거래제의 활성화를 유도하기 위하여 명목가치설을 채택하였다. 일반기업회계기준도 정부에서 무상으로 할당받은 배출권은 영(0)으로 측정하여 인식한다.[58]

---

54) 김완석·황남석, 법인세법론(2021), 514면
55) 대법원 2005. 11. 10. 선고 2005두1022 판결
56) 기획재정부, 「2010 간추린 개정세법」, 2011, 198면
57) 이중교, "배출권 거래의 과세제도에 대한 연구 – 부가가치세와 법인세 과세의 주요 쟁점을 중심으로 –", 조세연구 제17권 제1집, 2017, 140~141면

자. 그 밖의 방법으로 취득한 자산(법인령 제72조 제2항 제7호)

(1) 일반적인 경우

그 밖의 방법으로 취득한 자산이란 반대급부로 제공한 자산의 가액이 분명하지 않거나 반대급부의 제공 여부가 불분명한 경우 등을 의미한다. 그 밖의 방법으로 취득한 자산의 경우 취득 당시의 시가를 취득가액으로 한다.

(2) 증여로 자산을 취득한 경우

증여로 자산을 취득한 경우 비용을 지출하지 않았으므로 취득가액을 0원으로 하는 것도 생각할 수 있으나, 위 법인세법 시행령 제72조 제2항 제7호에 따라 취득가액은 시가이다. 개인이 무상으로 자산을 증여받는 경우 자산을 시가로 평가하여 증여세를 과세하므로 법인이 증여로 취득한 자산도 시가로 평가하는 것이 타당하다.[59]

(3) 교환으로 자산을 취득한 경우

교환으로 자산을 취득한 경우 위 규정(법인령 제72조 제2항 제7호)에 따라 취득가액은 시가이다.[60]

3. 증자에 따라 취득한 주식의 취득가액

가. 유상증자한 경우

유상증자로 인수한 주식의 취득가액은 유상증자금액에 취득 관련 부대비용을 합한 금액이다.[61] 유상증자로 주식을 취득한 경우 타인으로부터 매입한 자산이라는 문언에 해당하는지 의문이 들 수 있으나, 반대급부로 제공한 자산의 가액이 명확히 확인되므로 법인세법 시행령 제72조 제2항 제1호를 적용한다. 그렇지 않고 법인세법 시행령 제72조 제2항 제7호를 적용하여 시가를 취득가액으로 하게 되면 주식의 취득가액이 인수가격임을 전제로 한 부당행위계산부인 규정인 법인세법 시행령 제88조 제1항 제8호 나목 및 자산의 취득가액에서 법인세법 제88조 제1항 제8호 나목의 규정에 의한 시가초과액을 제외하는 법인세법 시행령 제72조 제4항 제3호가 무의미해진다.

나. 무상증자한 경우

법인의 잉여금을 자본에 전입함에 따라 주주가 무상주를 취득한 경우 그 취득가액은 의제배당으로 과세되는지 여부에 따라 달라진다. 의제배당으로 과세된 경우의 취득가액은 액면가액이 되고, 의제배당으로 과세되지 않은 경우의 취득가액은 주식의 희석효과를 고려하여 감액조정된 장부가액이 된다(소득령 제27조 제1항, 제2항).

---

58) 일반기업회계기준 33.3
59) 송동진, 법인세법(2023), 57면
60) 대법원 2011. 7. 28. 선고 2008두5650 판결
61) 대법원 2020. 12. 10. 선고 2018두56602 판결

4. 취득가액에 포함하는 금액과 취득가액에서 제외하는 금액

가. 취득가액에 포함하는 금액(법인령 제72조 제3항)

(1) 특수관계 있는 개인으로부터 유가증권을 저가매입하는 경우 매입가액과 시가의 차액

법인이 특수관계 있는 개인으로부터 유가증권을 저가매입하는 경우 매입가액과 시가의 차액은 취득가액에 포함한다. 매입가액과 시가의 차액을 익금산입하므로 이 부분이 이중과세되지 않도록 취득가액에 포함시키는 것이다.

(2) 유형자산과 무형자산에 대한 건설자금이자

유형자산과 무형자산에 대한 건설자금이자는 당기 비용으로 처리하지 않고 자본화하므로 취득가액에 포함시킨다. 문언상 유형자산과 무형자산만 해당되므로 재고자산과 투자자산에 대한 건설자금이자는 취득가액에 포함되지 않는다.[62]

(3) 유형자산의 취득과 함께 국공채를 매입할 때 국공채의 매입가액과 현재가치의 차액

유형자산의 취득과 함께 국공채를 매입하는 경우 기업회계기준에 따라 국공채의 매입가액과 현재가치의 차액을 취득가액에 포함시킨다. 기업이 결산서에 국공채의 매입가액과 현재가치의 차액을 유형자산의 취득원가로 계상한 경우 법인세법이 이를 인정하는 것이다.

나. 취득가액에서 제외하는 금액(법인령 제72조 제4항)

(1) 현재가치할인차금

자산을 장기할부조건 등으로 취득하는 경우 발생한 채무를 기업회계기준이 정하는 바에 따라 현재가치로 평가하여 현재가치할인차금으로 계상한 경우 현재가치할인차금은 취득가액에서 제외한다. 법인세법은 장기할부조건 등의 거래에 대하여 명목가치로 평가하는 것을 원칙으로 하나, 기업이 결산서에서 현재가치로 평가하여 현재가치할인차금을 계상한 경우 이를 수용하여 취득가액에서 제외한다. 이 경우 현재가치할인차금은 이자의 성질을 가지고 있으므로 상각을 통하여 손금에 산입된다.

(2) 연지급(延支給) 수입이자

연지급(延支給)은 수입대금을 물품 또는 선적서류 영수일로부터 일정 기간 지난 후에 지급하는 것을 의미한다. 연지급수입이자는 물품 등을 수입할 때 은행이 먼저 수입대금을 결제하고 일정 기간 후에 수입업자가 수입대금에 이자를 합한 금액을 은행에 변제하는데, 그때 지급하는 이자이다(법인칙 제37조 제3항). 연지급수입이자를 지급할 때 취득가액과 구분하여 계상한 경우 그 이자를 취득가액에서 제외하는 것이다.

---

62) 대법원 1997. 7. 25. 선고 95누16950 판결

(3) 고가매입 등에 따른 시가초과액

특수관계자로부터 자산을 고가매입하거나 현물출자받은 경우, 불균등증자 시 신주를 고가배정받은 경우의 시가초과액은 취득가액에서 제외한다. 부당행위계산부인 규정에 의하여 시가에 의하여 취득가액을 계산하므로 그 초과액을 취득가액에서 제외하는 것이다.

5. 법인 보유자산에 대한 취득가액 특례(법인령 제72조 제5항)

가. 자산의 평가증(評價增)과 평가감(評價減)이 있는 경우

법인세법 제42조에 따라 자산을 평가증하거나 평가감한 경우에는 평가차익을 더하거나 평가차손을 뺀 금액을 취득가액으로 한다. 법인세법은 원칙적으로 자산의 평가증이나 평가감을 인정하지 않으나, 예외적으로 특별히 인정하는 경우에는 평가차익이나 평가차손을 반영하여 취득가액을 정하도록 한 것이다.

나. 자본적 지출이 있는 경우

자본적 지출이 있는 경우에는 자본적 지출을 가산한 금액을 취득가액으로 한다. 자본적 지출의 효과는 당기뿐 아니라 그 이후에도 미치기 때문에 취득가액에 산입하는 것이다.

다. 불공정 합병 등으로 특수관계인으로부터 분여받은 이익이 있는 경우

불공정 합병 등으로 인하여 특수관계인으로부터 이익을 분여받아 법인세법 시행령 제11조 제8호에 따른 이익이 있는 경우에는 그 이익을 가산한 금액을 취득가액으로 한다.

라. 자본준비금 감액배당을 받은 경우

내국법인이 자본준비금 감액으로 인한 배당을 받은 경우 종전 장부가액에서 감액배당받은 금액을 차감한 금액을 취득가액으로 한다.[63] 자본준비금 감액배당을 익금으로 인식하지 않지만 취득가액을 감액하여 주식의 처분 시에 과세되도록 하기 위한 취지이다.

마. 적격합병 시 합병대가를 지급하지 않는 경우(무증자 합병)

무증자 합병은 합병법인이 피합병법인을 합병하면서 합병대가를 지급하지 않는 합병을 의미한다. 완전자법인 간에 적격합병하는 경우 소멸하는 피합병법인 주식의 세무처리방법에 대하여는 합병등기일이 속하는 사업연도에 손금산입하는 방안(1안)과 피합병법인의 주주가 종전에 보유하던 합병법인의 주식가액에 가산하는 방안(2안)이 있다. 예규는 자본잠식상태에 있지 않은 내국법인의 완전자회사(피합병법인)가 해당 내국법인의 다른 완전자회사(합병법인)에 무증자 합병됨에 따라 해당 내국법인(모법인)이 보유한 피합병법인 주식이 전부 소멸된 경우 피합병법인 주식의 세무상 장부가액을 합병법인 주식의 장부가액에 가산하도록 세무

---

63) 기획재정부 법인세제과-740(2018. 6. 22.)

조정하여야 한다고 하여 2안으로 해석하였다.[64] 2024년 법인세법 시행령 개정 시 이러한 예규의 해석을 입법화하였다. 피합병법인의 주주 입장에서는 주식의 장부가액만큼 순자산이 감소한 것처럼 보이지만 합병법인의 주주 입장에서는 주식의 1주당 가치가 상승하여 주주의 실질적인 손해가 없으므로 합병법인 주식가액에 가산하여 추후 합병법인 주식을 양도할 때 손금산입될 수 있도록 한 것이다.

제3절 자산의 평가

1. 의의

자산의 평가는 자산의 취득 이후 그 가치를 정하는 것이다. 자산이 얼마로 평가되는지에 따라 평가시점 또는 처분시점의 과세소득에 영향을 미친다. 법인세법은 과세소득의 조작을 방지하기 위하여 획일적 평가에 중점을 두고 있다.

2. 평가원칙

가. 임의평가의 제한

법인세법은 원칙적으로 임의평가를 인정하지 않는다. 모든 자산의 시장가치를 객관적이고 통일적으로 평가하는 것은 과세기술상 불가능하고, 임의평가를 허용하면 과세소득의 자의적인 조작수단으로 악용될 가능성이 있기 때문이다. 그러나 가치의 객관적인 평가가 가능하고, 과세소득의 자의적인 조작수단으로 악용될 여지가 없는 경우에는 예외적으로 그 평가의 대상 자산, 방법, 절차 등에 대한 엄격한 요건을 전제로 자산의 평가를 인정한다.

나. 예외

(1) 평가증(評價增)(법인법 제42조 제1항)

(가) 보험업법이나 그 밖의 법률에 따라 유형자산 및 무형자산 등을 평가증한 경우

보험업법 제114조, 동 시행령 제58조 제1항은 보험회사가 자산의 취득, 처분 또는 대출 등을 위한 감정을 필요로 하는 경우 감정평가를 할 수 있도록 규정하고 있으므로 이러한 평가를 거쳐 이익이 발생한 경우에는 평가이익을 인정한다.

(나) 제품 및 상품 등 재고자산을 평가증한 경우

제품 및 상품, 반제품 및 재공품, 원재료, 저장품 등 재고자산을 평가증한 경우이다. 부동산

---

64) 사전-2022-법규법인-1013 [법규과-255] 2023. 1. 27.

매매업자가 매매를 목적으로 소유하는 부동산은 재고자산이므로 평가증이 가능하다.

(다) 기타

다음과 같이 가치의 객관적인 평가가 가능하고, 과세소득의 자의적인 조작수단으로 악용될 여지가 없는 경우에는 평가증이 가능하다.

① 주식, 채권, 집합투자재산, 변액보험 등의 유가증권을 평가증한 경우

② 기업회계기준에 따른 화폐성 외화자산과 부채를 평가증한 경우

③ 금융회사 등이 보유하는 통화 관련 파생상품 중 통화선도 등을 평가증한 경우

④ 금융회사 외의 법인이 화폐성 외화자산과 부채의 환위험을 회피하기 위하여 보유하는 통화선도 등을 평가증한 경우

(2) 평가감(評價減)(법인법 제42조 제3항)

다음과 같이 자산가치의 회복이 현실적으로 불가능하여 그 손실이 확정적으로 발생한 경우로서 가치감소분의 객관적인 평가가 가능하고, 과세소득의 자의적인 조작수단으로 악용될 여지가 없는 경우에는 평가감이 가능하다(법인령 제73조).

① 재고자산으로서 파손·부패 등으로 인하여 정상가격으로 판매할 수 없는 경우

② 유형자산으로서 천재·지변·화재 등으로 인하여 파손 또는 멸실된 경우

③ 주식 등의 유가증권으로서 발행법인이 부도가 발생한 경우

3. 재고자산의 평가

가. 의의

재고자산이란 정상적인 영업과정에서 판매를 위하여 보유하거나 생산과정에 있는 자산 및 생산 또는 서비스 제공과정에 투입될 원재료나 소모품의 형태로 존재하는 자산을 말한다.[65] 재고자산은 제품, 상품 이외에 완성된 제품은 아니지만 중간제품과 부분품으로 판매가 가능한 형태의 반제품(半製品), 생산공정 중에 있는 재공품(在工品), 제품을 만들기 위하여 구입한 원재료(原材料) 등을 포함한다. 일반회사가 보유한 부동산은 고정자산에 해당하나, 부동산 매매업을 하는 회사가 보유한 부동산은 판매용이므로 재고자산에 해당한다.

나. 평가방법

(1) 기업회계기준

(가) 한국채택 국제회계기준(K - IFRS)

재고자산의 단위원가는 개별법, 선입선출법, 가중평균법을 사용하여 결정한다.[66] 후입선출

---

65) 기업회계기준 7.3
66) K - IFRS 1002.25

법(後入先出法)은 실제의 재고자산흐름을 신뢰성있게 표시하지 않으므로 K-IFRS에서는 인정하지 않는다.[67] 물가가 상승할 경우 후입선출법은 다른 평가법보다 매출원가가 높게 산정되고 당기순이익은 낮게 산정되어 세금을 줄이기 위한 목적으로 사용되었다.

① 개별법은 재고자산을 개별적으로 그 취득가액에 따라 산출한 것을 그 자산의 평가액으로 하는 방법이다.

② 선입선출법(先入先出法)은 먼저 입고된 것부터 출고되고 재고자산은 사업연도 종료일부터 가장 가까운 날에 취득한 것이 재고로 되어 있는 것으로 하여 산출한 취득가액을 자산의 평가액으로 하는 방법이다. 물가가 상승할 경우 선입선출법은 다른 평가법보다 매출원가가 낮게 산정되고 당기순이익은 높게 산정된다.

③ 가중평균법은 기초 재고자산과 회계기간 중에 매입 또는 생산된 재고자산의 원가를 가중평균하여 재고항목의 단위원가를 결정하는 방법이다. 가중평균법에는 단가를 상품판매 시마다 계속기록하는 이동평균법과 기말에 일괄하여 기록하는 총평균법이 있다.

첫째, 이동평균법은 자산을 취득할 때마다 장부시재금액을 장부시재수량으로 나누어 평균단가를 산출하고 그 평균단가에 의하여 산출한 취득가액을 그 자산의 평가액으로 하는 방법으로서 다음과 같이 평균단가를 산정한다.

> 이동평균법 평균단가 = 매입 직전 잔액 + 이번 매입액 / 매입 직전 잔고 수량 + 이번 매입수량

둘째, 총평균법은 자산을 품종별, 종목별로 당해 사업연도 개시일 현재의 자산에 대한 취득가액의 합계액과 당해 사업연도 중에 취득한 자산의 취득가액의 합계액의 총액을 그 자산의 총수량으로 나눈 평균단가에 따라 산출한 취득가액을 그 자산의 평가액으로 하는 방법으로서 다음과 같이 평균단가를 산정한다.

> 총평균법 단가 = 기간 중 총매입액 / 기간 중 총매입수량

(나) 일반기업회계기준

재고자산의 단위원가는 개별법, 선입선출법, 가중평균법, 후입선출법을 사용하여 결정한다.[68]

(다) 각 평가법에 따른 평가사례

컴퓨터를 파는 A기업이 재고자산을 2017년에 100만 원씩 300개, 2018년에 200만 원씩 500개, 2019년 300만 원씩 200개를 구입했고, 2020년에 200개를 400만 원에 판매하였다고 가정하

---

67) K-IFRS 1002.BC9~21
68) 일반기업회계기준 7.12 및 7.13

는 경우 매출액은 8억 원(400만 원×200개)이 된다. 이 경우 A기업이 후입선출법을 적용하면 매출원가는 6억 원(300만 원×200개)이 되고, 선입선출법을 적용하면 2억 원(100만 원×200개)이 되며, 총평균법을 적용하면 3억 8,000만 원{200개 × (100만 원×300개 + 200만 원×500개 + 300만 원×200개/1000개)}이 된다.

(2) 법인세법

(가) 원가법

원가법은 재고자산의 취득가액을 그 자산의 평가액으로 하는 방법이다. 법인세법상 개별법, 선입선출법(先入先出法), 후입선출법(後入先出法), 총평균법, 이동평균법, 매출가격환원법 등이 인정된다(법인령 제74조 제1항 제1호). 매출가격환원법은 재고자산을 품종별로 당해 사업연도 종료일에 있어서 판매될 예정가격에서 판매예정차익금을 공제하여 산출한 취득가액을 그 자산의 평가액으로 하는 방법이다. 법인세법은 한국채택 국제회계기준(K–IFRS)에서 인정하지 않는 후입선출법(後入先出法)을 인정하고 있다.

(나) 저가법(低價法)

저가법은 재고자산을 원가법과 시가로 평가한 가액 중 낮은 가액으로 평가하는 방법이다(법인령 제74조 제1항 제2호). 시가가 원가보다 낮아 차손이 있는 경우 손금산입을 인정한다는 의미이다. 그러나 자산가치가 오른 경우에는 이익으로 인식하지 않고 자산가치가 하락한 경우에는 손금으로 인식할 수 있게 하면 담세력이 왜곡될 수 있다.[69]

다. 평가방법의 선택과 적용

법인은 재고자산을 평가할 때 자산별로 구분하여 종류별, 영업장별로 각각 다른 방법에 의하여 평가할 수 있다(법인령 제74조 제2항).

라. 평가방법의 신고

(1) 신고방법

법인은 재고자산의 평가방법을 법인세 과세표준 신고기한 내에 신고하되, 저가법을 신고하는 경우에는 시가와 비교되는 원가법을 함께 신고하여야 한다(법인령 제74조 제3항 제1호). 재고자산의 평가방법을 신고한 법인이 평가방법을 변경하려는 경우에는 변경할 평가방법을 적용하고자 하는 사업연도의 종료일 이전 3월이 되는 날 이내에 신고하여야 한다(법인령 제74조 제3항 제2호).

(2) 신고하지 않은 경우

법인이 신고기한 내에 재고자산의 평가방법을 신고하지 않은 경우, 신고한 평가방법 외의

---

69) 이창희, 세법강의(2021), 868면

방법으로 평가한 경우, 변경기한 내에 재고자산의 평가방법 변경신고를 하지 않고 그 방법을 변경한 경우에는 선입선출법(先入先出法)에 의하여 재고자산을 평가한다(법인령 제74조 제4항). 다만, 매매를 목적으로 소유하는 부동산의 경우에는 개별법으로 평가한다.

(3) 신고한 평가방법 외의 방법으로 평가한 경우 등

신고한 평가방법 외의 방법으로 평가한 경우, 변경기한 내에 재고자산의 평가방법 변경신고를 하지 않고 그 방법을 변경한 경우로서 신고한 평가방법에 의하여 평가한 가액이 선입선출법 또는 개별법(매매를 목적으로 소유하는 부동산)에 의하여 평가한 가액보다 큰 경우에는 신고한 평가방법에 의한다.

(4) 기한이 경과된 후에 신고한 경우

법인이 재고자산의 평가방법을 기한이 경과된 후에 신고한 경우에는 그 신고일이 속하는 사업연도까지는 신고하지 않은 경우 등의 규정을 준용하고, 그 후의 사업연도에서는 법인이 신고한 평가방법에 의한다(법인령 제74조 제5항). 법인이 재고자산의 평가방법을 신고하지 아니하여 신고하지 않은 경우 등의 평가방법을 적용받는 경우에 그 평가방법을 변경하려면 변경할 평가방법을 적용하려는 사업연도의 종료일 전 3개월이 되는 날까지 변경신고를 하여야 한다(법인령 제74조 제6항).

마. 한국채택 국제회계기준(K-IFRS) 적용 내국법인의 특례

한국채택 국제회계기준(K-IFRS)은 재고자산의 평가방법 중 후입선출법(後入先出法)이 재고자산의 흐름을 충실하게 표현하지 못한다는 이유로 인정하지 않는다.[70] 따라서 후입선출법을 적용하는 법인이 다른 평가방법으로 변경하는 과정에서 누적이익이 일시에 과세되면 기업에 큰 부담이 될 수 있으므로 이를 완화해주기 위하여 특례를 인정한다. 즉 내국법인이 한국채택 국제회계기준(K-IFRS)을 최초로 적용하는 사업연도에 후입선출법에서 다른 평가방법으로 변경신고한 경우에는 재고자산 평가차익을 익금산입하지 않고 한국채택 국제회계기준(K-IFRS)을 최초로 적용하는 사업연도의 다음 사업연도 개시일부터 5년이 되는 날이 속하는 사업연도까지 월할계산하여 5년간 균등하게 나누어 익금산입할 수 있다(법인법 제42조의2 제1항).

바. 재고자산의 누락과 가공계상

법인이 재고자산의 기장을 누락한 경우 매출누락한 것으로 보아 매출액 상당액을 시가로 환산하여 익금산입한다. 또한 재고자산을 장부상 가공으로 계상한 경우 재고자산의 시가상당액을 손금불산입한다.

---

70) K-IFRS 제1002호 문단 25

4. 유가증권의 평가

가. 평가방법

(1) 기업회계기준

유가증권은 기업이 자금운용 및 투자목적으로 보유하는 주식, 사채 등을 의미한다. 기업회계상 유가증권은 다음과 같이 단기매매증권, 만기보유증권, 매도가능증권으로 분류한다.[71]

① 단기매매증권은 주로 단기간 내의 매매차익을 목적으로 취득한 유가증권으로서 공정가치로 평가한다.

② 만기보유증권은 만기가 확정된 채무증권으로서 만기까지 보유할 것으로 예상되는 유가증권이다. 만기보유증권은 보유기간 중 공정가치의 변동이 의미가 없으므로 상각 후 원가로 평가한다.

③ 매도가능증권은 단기매매증권과 만기보유증권으로 분류할 수 없는 유가증권으로서 공정가치로 평가하되 측정할 수 없을 때에는 취득원가로 평가한다.

나. 법인세법

세법상 유가증권의 평가는 단기매매증권, 만기보유증권, 매도가능증권을 구분하지 않고 일괄적으로 평가한다. 채권의 경우에는 개별법, 총평균법, 이동평균법에 의하여 평가하고, 채권 이외의 유가증권의 경우에는 총평균법, 이동평균법에 의하여 평가한다(법인령 제75조 제1항). 다만, 투자회사 등이 보유한 유가증권의 경우에는 시가법에 따라 평가한다(법인령 제75조 제3항).

다. 신고

법인이 유가증권의 평가방법을 신고하는 때에는 법인세 과세표준 신고기한 내에 신고하여야 한다(법인령 제75조 제2항, 제74조 제3항 제1호). 법인이 신고기한 내에 유가증권의 평가방법을 신고하지 않은 경우, 신고한 평가방법 외의 방법으로 평가한 경우, 변경기한 내에 유가증권의 평가방법 변경신고를 하지 않고 그 방법을 변경한 경우에는 총평균법에 의하여 평가한다(법인령 제74조 제4항). 다만, 신고한 평가방법 외의 방법으로 평가한 경우, 변경기한 내에 재고자산의 평가방법 변경신고를 하지 않고 그 방법을 변경한 경우로서 신고한 평가방법에 의하여 평가한 가액이 총평균법에 의하여 평가한 가액보다 큰 경우에는 신고한 평가방법에 의한다.

5. 외화자산 및 부채 등의 평가

가. 금융회사가 보유하는 화폐성 외화자산·부채 등의 평가

(1) 화폐성 외화자산·부채의 평가

금융회사가 보유하는 화폐성 외화자산·부채는 사업연도 종료일 현재의 매매기준율 등으

---

71) 기업회계기준 6.22

로 평가한다. 사업연도 종료일을 기준으로 평가하므로 평가차익이나 평가차손을 익금이나 손금에 산입한다(법인령 제76조 제1항).

(2) 통화선도와 통화스왑

통화선도와 통화스왑에 대하여는 외화자산 및 부채를 계약체결일의 매매기준율 등으로 평가하는 방법과 사업연도 종료일 현재의 매매기준율 등으로 평가하는 방법 중 선택할 수 있다. 통화선도와 통화스왑의 평가차익이나 평가차손 인식 여부가 금융회사의 선택에 맡겨져 있는 것이다. 다만, 어느 방법을 선택하든 그 평가방법은 5년간 계속 적용하여야 한다(법인령 제76조 제3항). 위 "(1), (2)"의 내용을 표로 요약하면 금융회사는 아래 표의 "①, ②" 중 선택할 수 있다.

| 금융회사의 외화자산 평가방법 |

	화폐성 외화자산·부채	통화선도와 통화스왑
①	평가 ○	평가 ×
②	평가 ○	평가 ○

나. 비금융회사가 보유하는 화폐성 외화자산·부채 등의 평가

비금융회사가 화폐성 외화자산·부채 등을 보유하는 경우 화폐성 외화자산·부채와 통화선도 등의 계약내용 중 외화자산 및 부채를 취득일 또는 발생일 현재의 매매기준율 등으로 평가하는 방법과 사업연도 종료일 현재의 매매기준율 등으로 평가하는 방법 중 선택할 수 있다(법인령 제76조 제2항). 이는 헤지(hedge)대상자산의 평가손익과 헤지거래손익이 상쇄되는 경우에도 세법상 평가손익이 부인되고 거래손익만 인식되어 세부담이 발생하는 것을 방지할 수 있도록 하기 위함이다. 납세자가 선택한 평가방법은 5년간 계속해서 적용하여야 한다(법인령 제76조 제3항). 이를 요약하면 비금융회사는 아래 표의 "①, ②" 중 선택할 수 있다.

| 비금융회사의 외화자산 평가방법 |

	화폐성 외화자산·부채	통화선도와 통화스왑
①	평가 ×	평가 ×
②	평가 ○	평가 ○

다. 외환차손익

내국법인이 상환받거나 상환하는 외화채권·채무의 원화금액과 원화기장액의 차익 또는 차손은 당해 사업연도의 익금 또는 손금에 산입한다(법인령 제76조 제5항). 환차익과 환차손은 이미 실현된 손익이므로 해당 사업연도의 익금과 손금에 산입하는 것이다.

제6장 부당행위계산부인

제1절 개요

1. 의의 및 취지

가. 의의

법인세법 제52조 제1항은 "납세지 관할 세무서장 또는 관할 지방국세청장은 내국법인의 행위 또는 소득금액의 계산이 특수관계인과의 거래로 인하여 그 법인의 소득에 대한 조세의 부담을 부당하게 감소시킨 것으로 인정되는 경우에는 그 법인의 행위 또는 소득금액의 계산과 관계없이 그 법인의 각 사업연도의 소득금액을 계산한다."라고 하여 법인세의 부당행위계산부인을 규정하고 있다.

부당행위계산은 납세자가 정상적인 경제인의 합리적 거래형식에 의하지 않고 우회행위, 다단계행위, 그 밖의 이상한 거래형식을 취함으로써 통상의 합리적인 거래형식을 취할 때 생기는 조세부담을 경감 내지 배제시키는 행위계산을 의미한다. 부당행위계산에 있어서 행위는 법인의 대외적 관계에서의 법률행위를 의미하고, 계산은 대내적 관계에서의 회계처리를 의미한다.[1]

법인세법 제52조의 부당행위계산부인은 모든 법인에게 적용되므로 내국법인, 외국법인, 영리법인, 비영리법인을 가리지 않는다. 다만, 비영리법인의 경우 수익사업에 관한 거래에 한하여 적용된다.[2] 비영리법인이 고유목적사업에 사용하기 위하여 수익사업에 속하는 차입금을 특수관계자에게 무상으로 대여한 경우에는 수익사업에 관한 거래가 아니므로 부당행위계산부인 규정을 적용할 수 없다.

나. 취지

부당행위계산부인 규정을 둔 취지는 법인과 특수관계자와의 거래가 법령에서 정한 제반 거래형태를 빙자하여 남용함으로써 경제적 합리성을 무시하였다고 인정되어 조세법적인 측면에서 부당한 것이라고 보일 때 과세권자가 객관적으로 타당하다고 인정되는 소득이 있었던

---

[1] 김완석 · 황남석, 법인세법론(2021), 636면
[2] 대법원 2013. 11. 28. 선고 2013두12645 판결

것으로 의제하여 과세함으로써 과세공평을 기하고 조세회피행위를 방지하기 위함이다.[3] 조세부담을 회피하거나 경감시킬 의도가 있어야 하는 것은 아니다.[4] 1949. 11. 7. 제정된 법인세법 제33조에서는 "소득포탈의 목적"을 부당행위계산부인 요건으로 규정하였으나, 현행 법인세법은 조세회피의 목적이나 의도를 요구하지 않는다.

2. 본질

부당행위계산부인은 특수관계자 간의 이익분여를 본질로 한다. 납세자가 특수관계자에게 이익을 분여하면 이익을 분여하는 자의 소득은 감소하고 이익을 분여받는 자의 소득은 증가한다. 이 중 부당행위계산부인은 이익을 분여하여 소득이 감소하는 자에 초점을 맞추어 이익을 분여한 자가 시가에 따라 거래한 것으로 재구성함으로써 이익을 분여한 자의 소득을 늘리는 역할을 한다.

제2절 요건

1. 특수관계인과의 거래

가. 특수관계인의 범위

부당행위계산부인은 특수관계인 사이의 기래에 적용된다. 법인세 부담을 회피하기 위한 부당한 거래는 주로 특수관계인 사이에 이루어지기 때문이다. 특수관계인은 자산의 거래와 관련하여 이해관계가 상충되지 않는 관계 또는 당사자 쌍방의 이해관계가 대부분 서로 일치하는 관계에 있는 자를 의미한다.[5] 법인세법상 특수관계인은 법인과 경제적 연관관계 또는 경영지배관계에 있는 자를 의미한다(법인법 제2조 12호). 구체적으로 특수관계인의 범위는 다음과 같다.

| 특수관계인 범위 |

영향력 행사자	1. 임원의 임면권의 행사, 사업방침의 결정 등 해당 법인의 경영에 사실상 영향력을 행사하고 있다고 인정되는 자와 그 친족
주주 등	2. 소액주주 등이 아닌 주주 또는 출자자와 그 친족
임직원 및 생계유지자	3. 법인의 임원·직원 또는 비소액주주 등의 직원, 법인 또는 비소액주주 등의 금전이나 그 밖의 자산에 의해 생계를 유지하는자 및 이들과 생계를 함께하는 친족

---

3) 대법원 1979. 2. 27. 선고 78누457 판결, 대법원 2014. 4. 10. 선고 2013두20127 판결
4) 대법원 2006. 11. 10. 선고 2006두125 판결
5) 헌재 2017. 5. 25. 선고 2016헌바269 결정

지배적인 영향력 행사자	4. 해당 법인이 직접 또는 그와 "1."부터 "3."까지의 관계에 있는 자를 통해 어느 법인의 경영에 대해 지배적인 영향력을 행사하고 있는 경우 그 법인 5. 해당 법인이 직접 또는 그와 "1."부터 "4."까지의 관계에 있는 자를 통해 어느 법인의 경영에 대해 지배적인 영향력을 행사하고 있는 경우 그 법인
2차 출자법인	6. 해당 법인에 30% 이상을 출자하고 있는 법인에 30% 이상을 출자하고 있는 법인이나 개인
기타	7. 해당 법인이 독점규제법에 따른 기업집단에 속하는 법인인 경우에는 그 기업집단에 소속된 다른 계열회사 및 그 계열회사의 임원 등

위 "2."에서 '소액주주 등'이란 발행주식총수 또는 출자총액의 1%에 미달하는 주식 등을 소유한 주주 등을 말한다. 또한 위 "4."와 "5."에서 '지배적인 영향력'이란 영리법인의 경우에는 ① 법인의 발행주식총수 또는 출자총액의 30% 이상을 출자한 경우, ② 임원의 임면권의 행사, 사업방침의 결정 등 법인의 경영에 대하여 사실상 영향력을 행사하고 있다고 인정되는 경우를 말하고, 비영리법인의 경우에는 ① 법인의 이사의 과반수를 차지하는 경우, ② 법인의 출연재산의 30% 이상을 출연하고 그중 1인이 설립자인 경우를 말한다.

특수관계인에 해당하는지 판단할 때에는 본인을 기준으로 상대방이 특수관계에 있지 않더라도 그 상대방을 기준으로 본인이 특수관계에 있으면 그 상대방은 특수관계에 해당한다. 일방관계설과 쌍방관계설 중 쌍방관계설을 입법화한 것이다.

나. 특수관계인 해당 여부의 판단시기

특수관계인에 해당하는지 여부는 거래 당시를 기준으로 판단한다. 매매계약에서 거래 당시란 매매계약을 체결할 때이다.[6] 법인과 그 주주 사이에 특수관계가 있는 경우 그중 어느 일방에게 회생개시결정이나 파산선고결정이 있었다고 하여 곧 법인의 출자관계까지 소멸하는 것은 아니므로 그 법인과 주주 사이의 특수관계는 소멸하지 않는다.[7]

다. 특수관계인 이외의 자를 통하여 이루어진 경우

특수관계인과의 거래에는 특수관계인 외의 자를 통하여 이루어진 거래가 포함된다(법인령 제88조 제2항 괄호부분). 따라서 특수관계인 외의 자를 통하여 특수관계자가 경제적 이익을 얻는 경우 부당행위계산부인을 적용할 수 있다. 그러나 해당 거래가 경제적 합리성을 결여한 비정상적인 행위가 아니라면, 법인이 특수관계인 외의 자와 거래함으로써 법인과 특수관계에 있는 자가 경제적으로 이익을 얻었더라도 부당행위계산부인에 해당하지 않는다.[8] 특수관계인 외의 자를 통하여 이루어진 거래 중 부당행위계산부인을 인정한 판례와 부인한 판례 중

---

6) 대법원 1999. 1. 29. 선고 97누15821 판결, 대법원 2001. 6. 15. 선고 99두1731 판결
7) 대법원 2009. 12. 10. 선고 2007두15872 판결
8) 대법원 2019. 5. 30. 선고 2016두54213 판결, 대법원 2020. 12. 10. 선고 2017두35165 판결

대표적인 것을 살펴보기로 한다.

(1) 긍정례

(가) 경영권 프리미엄을 분여한 경우[9]

전자직접회로 제조업을 영위하는 원고회사와 그 이사인 乙 등은 원고회사가 보유한 코스닥 상장법인 丙회사 발행주식 전부 및 丙회사에 대한 경영권, 乙 등이 보유한 丙회사 주식 중 약 3분의 1을 1개의 계약으로 일괄하여 111억 원에 제3자에게 매도한 후, 이를 각자 양도한 주식의 비율대로 나누어 가졌다. 과세관청은 원고회사가 乙 등에게 원고회사가 받아야 할 경영권 프리미엄 상당이익을 분여한 것으로 보아 부당행위계산부인을 적용하였다. 판례는 乙 등이 받은 돈 중 그들이 양도한 주식의 한국거래소 종가를 넘는 부분이 부당행위계산부인의 대상이 된다고 판시하였다.

(나) 토지 매매대금을 분여한 경우[10]

원고들이 인접한 토지를 함께 매도하는 기회에 원고1, 원고2 소유 토지의 매매대금을 낮게 평가하고 원고3 소유 토지의 매매대금을 높이는 방식으로 매매계약을 체결하였다. 판례는 특수관계인인 원고들이 특수관계인 외의 자인 매수인에게 토지를 일괄매도하면서 그 대금을 각자가 소유하는 부동산의 시가에 따라 안분하지 않고, 원고1, 원고2에 지급되어야 할 대금 중 일부를 특수관계인인 원고3에게 분배하는 행위를 통하여 원고1, 원고2의 소득에 대한 조세부담을 부당히 감소시킨 것으로 인정되므로 부당행위계산부인의 대상이 된다고 판시하였다.

(다) 특수관계인의 대출을 위해 은행에 정기예금을 담보로 제공한 경우[11]

회사가 특수관계 법인들에 대한 은행대출을 위해 정기예금을 담보로 제공한 행위는 경제적 합리성을 결여한 행위이므로 부당행위계산의 부인 대상인 이익 분여에 해당한다.

(2) 부정례

(가) 강원랜드의 태백시에 대한 기부행위[12]

카지노업 등을 영위하는 주식회사 강원랜드(원고)가 태백관광개발공사의 정상화 유도를 통한 지역경제 활성화를 지정기탁사유로 하여 150억 원의 기부금을 태백시에 지급하였고, 태백관광개발공사가 태백시로부터 위 기부금을 교부받아 운영자금으로 사용하였다. 원고는 위

---

9) 대법원 2019. 5. 30. 선고 2016두54213 판결
10) 대구고등법원 2016. 1. 8. 선고 2014누6464 판결
11) 대법원 2009. 4. 23. 선고 2006두19037 판결
12) 강원랜드, 태백시, 태백관광개발공사 모두 특수관계인이므로 엄밀히 말하면 특수관계인 외의 자를 통하여 이루어진 거래라고 볼 수 없으나, 강원랜드가 태백시를 도관으로 삼아 특수관계인인 태백관광개발공사에게 자금을 우회지원한 것이라고 보아 부당행위계산부인규정을 적용한 것이므로 넓은 의미에서는 특수관계인 외의 자를 통하여 이루어진 거래로 볼 수 있다.

기부금이 지방자치단체에 무상으로 기증하는 금품에 해당한다고 보아 해당 사업연도에 손금산입한 후 법인세를 신고납부하였다. 그러나 과세관청은 원고가 특수관계에 있는 태백관광개발공사에 제3자인 태백시를 통하여 우회지원한 것이라고 보아 부당행위계산부인 규정을 적용하여 위 기부금 전액을 손금불산입하여 원고에게 법인세 부과처분을 하였다. 판례는 원고의 기부행위는 법률의 규정에 따라 공익목적을 달성하기 위하여 상대방 및 수혜자를 태백시로 하여 이루어진 것으로서 별다른 조세회피목적이 있었다고 보기 어려운 만큼, 위 기부금은 손금산입이 허용되는 기부금에 해당하고, 최종결과만을 내세워 위 기부행위와 태백시의 자금지원행위를 하나의 행위 또는 거래라고 단정하여 부당행위계산부인 대상으로 볼 수 없다고 판시하였다.[13] 중간에 국가기관을 거쳐 기부한 대법원 1990. 11. 27. 선고 90누5504 판결과 달리 태백시가 기부금품법의 규정에 따라 원고의 기부금을 처리한 점을 중시하여 부당행위계산부인 규정을 적용하지 않은 것으로 보인다.[14]

(나) 타인의 주식매수의무를 대신 이행하여 주식을 고가매입한 경우[15]

원고회사가 대표이사인 乙의 주식매수의무를 대신 이행하여 금융기관인 丙회사로부터 丁회사의 주식을 매수하였다. 과세관청은 원고회사가 乙 대신 주식을 시가보다 고가로 매수함으로써 특수관계에 있는 乙에게 시가초과액에 대한 이자비용만큼의 이익을 분여한 것으로 보아 시가초과액을 원고회사의 익금에 산입하여 乙에게 소득처분을 하는 한편, 원고회사에 소득금액변동통지를 하고 법인세를 부과하였다. 판례는 원고회사가 乙의 주식매수의무를 대신 이행하여 주식을 시가보다 고가로 매수하였더라도 건전한 사회통념이나 상관행에 비추어 경제적 합리성을 결여한 비정상적인 거래행위로서 부당행위계산부인 대상에 해당한다고 보기 어렵다고 판시하였다. 이 사건 거래 당시 丁회사 주식의 1주당 시가가 관계 법령상 20,000원이었으나, 거래시점을 기준으로 원고회사가 장기적 관점에서 丁회사 주식의 미래가치를 평가하여 그 양도차익 등을 기대하고 1주당 23,518원에 매수한 것이므로 이를 경제적 합리성이 없는 거래라고 단정할 수 없다고 본 것이다.

2. 조세부담의 부당한 감소

가. 부당의 의미

법인의 소득에 대한 조세부담을 부당히 감소시킨 것으로 인정되는 경우란 당해 법인이 행한 거래형태가 객관적으로 경제적 합리성을 무시한 비정상적인 것이어서 조세법적인 측면에

---

13) 대법원 2018. 3. 15. 선고 2017두63887 판결
14) 지방자치단체는 기부자가 자발적으로 기탁하는 금품이라도 이를 접수할 수 없음이 원칙이지만, 지방자치단체가 출자·출연하여 설립된 법인·단체가 행정목적을 수행하거나 해당 법인·단체의 설립목적을 수행하기 위하여 직접적으로 필요하고 기부심사위원회의 심의를 거친 경우에는 사용용도와 목적이 지정된 자발적인 기탁금품의 접수가 허용된다(기부금품법 제5조 제2항, 동 시행령 제14조).
15) 대법원 2020. 12. 10. 선고 2017두35165 판결

서 부당한 것이라고 인정되는 경우를 뜻한다. 부당한 거래가 되기 위하여는 합리적인 경제인의 입장에서 볼 때 부자연스럽고 불합리한 행위계산을 함으로써 경제적 합리성을 무시하였다고 인정되어야 한다. 따라서 법인세법 시행령 제88조 제1항 각호에 열거된 제반 거래형태에 해당하더라도, 경제적 합리성을 무시하였다고 인정되지 않으면 부당행위계산에 해당하지 않는다.[16] 경제적 합리성의 유무에 대한 판단은 거래행위의 여러 사정을 구체적으로 고려하여 그 거래행위가 건전한 사회통념이나 상관행에 비추어 경제적 합리성을 결한 비정상적인 것인지의 여부에 따라 판단하되, 비특수관계자 간의 거래가격, 거래 당시의 특별한 사정 등도 고려하여야 한다.[17] 부당행위계산부인에 있어서 납세자의 거래가 경제적 합리성이 없다는 점에 대한 증명책임은 과세관청에게 있으나, 과세관청이 납세자가 특수관계자와 사이에 시가와 다른 거래를 하였다는 점을 증명한 경우에는 일응 경제적 합리성이 없는 것으로 사실상 추정된다. 이 경우 경제적 합리성이 결여된 것으로 볼 수 없다는 점에 관하여 그 입증의 필요가 납세의무자에게 돌아간다고 볼 것이다.

나. 고가매입, 저가양도 등 특정 거래유형(3억 원 이상 또는 시가의 5% 이상)

자산의 고가매입, 저가양도, 금전이나 자산의 대여, 용역의 제공, 금전이나 자산의 차용 등의 거래에 대하여는 시가와 거래가액의 차액이 3억 원 이상이거나 시가의 5% 이상인 경우에 한하여 적용한다(법인령 제88조 제3항). 이들 거래에 대하여는 시가를 1개의 가격으로 정하지 않고 일정 범위로 정함으로써 거래의 안전을 보장하기 위한 취지이다. 다만, 상장주식을 장내거래한 경우에는 위 기준이 적용되지 않으므로 위 기준에 미달하더라도 부당행위계산부인을 적용한다. 상장주식을 장내거래한 경우에는 단일한 시가를 확인할 수 있으므로 위 기준을 적용할 필요가 없기 때문이다. 위 기준에서 3억 원은 상증세법상 고·저가 양도시 증여규정의 기준금액을 차용한 것이고, 5%는 통계학적으로 5% 범위 내 오차는 일반적으로 유의성이 없다고 보는 점을 고려한 것이다.[18]

3. 부당성 판정기준으로서의 시가

가. 시가의 의의

시가(市價)는 사전적 의미로는 시장가격을 뜻한다. 법인세법 제52조 제2항은 시가를 "건전한 사회통념 및 상거래 관행과 특수관계인이 아닌 자 간의 정상적인 거래에서 적용되거나 적용될 것으로 판단되는 가격"으로 정의하고 있다. 해당 거래와 유사한 상황에서 해당 법인이 특수관계인 외의 불특정다수인과 계속적으로 거래한 가격 또는 특수관계인이 아닌 제3자간에 일반적으로 거래된 가격이 있는 경우 그 가격을 시가로 볼 수 있다(법인령 제89조 제1항). 법인

---

16) 대법원 2004. 9. 23. 선고 2002두1588 판결
17) 대법원 2019. 5. 30. 선고 2016두54213 판결
18) 재정경제부, 「2006 간추린 개정세법」, 2007, 133면

세법 시행령 제89조 제1항에 의하면, 시가에는 해당 법인이 특수관계인 외의 불특정다수인과 거래한 가격과 해당 법인의 거래가격은 아니지만 특수관계인이 아닌 제3자간에 일반적으로 거래된 가격이 포함된다. 시가에 관하여는 부당행위계산부인을 주장하는 과세관청에게 주장·증명책임이 있다.[19] 거래가액이 시가에 해당하면 부당행위계산부인이 적용되지 않고, 거래가액이 시가가 아니면 거래행위의 제반 사정을 고려하여 부당행위 여부를 판단한다.

시가의 개념은 완전경쟁시장의 시장가격을 상정한 것이나, 현실에서는 거래시장이 제대로 형성되어 있지 아니하여 시가를 알 수 없는 경우가 많다. 이러한 경우를 대비하여 법인세법은 시가가 불분명한 경우 적용하는 가격에 대하여 규정하고 있다. 구체적으로 ① 감정가액(주식의 감정가액은 제외), ② 상증세법상 보충적 평가방법에 의해 평가한 가액의 순서로 적용한다 (법인령 제89조 제2항). 상법에 따라 법원이 선임한 검사인은 감정기관이 아니므로 현물출자자산에 대한 법원검사인의 감정가액은 시가로 볼 수 없다.[20]

나. 특정거래의 시가

(1) 상장주식의 거래

상장주식을 장중 매매거래시간에 거래한 경우에는 법인세법 시행령 제89조 제1항 본문규정이 적용되므로 그 거래가액 자체가 시가이다.[21] 그러나 상장주식을 대량매매하거나 장외거래한 경우에는 거래일의 한국거래소 종가(최종시세가액)를 시가로 하되, 사실상 경영권 이전을 수반하는 경우에는 경영권 프리미엄을 고려하여 20% 할증평가한다(법인령 제89조 제1항 단서). 대량매매나 장외거래는 장중 경쟁매매와 달리 상장주식의 매도자가 거래당사자를 임의로 선택할 수 있어 경영권 이전 수단으로 활용될 가능성이 있으므로 경영권이 이전되는 경우에는 할증평가를 적용하는 것이다. 사실상 경영권의 이전이 수반되는 경우란 최대주주 등이 변경되는 경우, 최대주주 등 간 거래에서 주식 등의 보유비율이 1% 이상 변동되는 경우를 말한다(법인칙 제42조의6 제1항). 다만, 중소기업, 중견기업(직전 3년 평균 매출액 5,000억 원 미만) 또는 직전 3년 동안 결손이 발생한 법인의 주식 등에 대하여는 경영권이 이전되는 경우에도 할증을 적용하지 않는다. 2007. 2. 28. 법인세법 시행령 개정 시 상장주식의 장내거래에 대한 시가평가 규정을 신설하였고, 2021. 2. 17. 법인세법 시행령 개정 시 대량매매와 장외거래에 대한 평가규정을 신설하였다.

---

19) 대법원 2014. 12. 11. 선고 2014두40517 판결
20) 법인세법 기본통칙 52-89…1
21) 법인이 장중에서 상장주식을 경쟁매매하는 경우에는 불특정 다수인이 참여하는 경쟁시장의 속성상 상대방을 특정하거나 선택할 수 없으므로 현실적으로 특수관계인과의 거래를 요건으로 하는 부당행위계산부인 규정이 적용될 가능성이 낮다. 그러나 특수관계인과 거래가 성사되어 부당행위계산부인 규정을 적용하는 경우 거래일의 거래소 종가를 시가로 본다면 장중에서 거래한 가액과 종가의 차액에 대하여 부당행위계산부인 규정을 적용하여야 하는 불합리한 결과가 발생하므로 법인의 거래가액 자체를 시가로 보는 것이 타당하다.

(2) 신주인수로 취득한 주식의 시가

신주인수행위는 취득 당시에 그 가치가 확정되어 있는 일반자산의 매입과는 달리 당해 주식대금의 납입 자체로 인하여 바로 발행법인의 주식가치가 변동함으로써 인수자가 신주를 취득할 때는 이미 그 가치가 변동한 상태가 된다. 따라서 신주의 저가인수 또는 고가인수로 인한 부당행위계산부인의 기준이 되는 주식의 시가는 증자대금 납입 직후의 주식가액이다.[22]

(3) 금전대여 및 차용거래

(가) 원칙(가중평균차입이자율)

금전대여 및 차용거래에는 원칙적으로 가중평균차입이자율을 시가로 한다(법인령 제89조 제3항). 가중평균차입이자율은 자금을 대여한 법인의 대여시점 현재 각각의 차입금 잔액에 차입 당시의 각각의 이자율을 곱한 금액의 합계액을 해당 차입금 잔액의 총액으로 나눈 비율을 의미한다(법인칙 제43조 제1항). 예를 들어, 甲법인의 A보험에 대한 대출잔액이 8억 원이고 이자율이 4%, B증권에 대한 대출잔액이 3억 원이고 이자율이 3.5%, C은행에 대한 대출잔액이 3억 원이고 이자율이 3.0%, D은행에 대한 대출잔액이 1억 원이고 이자율이 2.5%인 경우 가중평균차입이자율은 3.6%(5,400만 원/15억 원)이다.

(나) 예외(당좌대출이자율)

① 가중평균차입이자율의 적용이 불가능하거나 부적절한 경우

특수관계인이 아닌 자로부터 차입한 금액이 없는 경우, 차입금 전액이 채권자가 불분명한 사채 또는 매입자가 불분명한 채권의 발행으로 조달된 경우, 산출된 비율 또는 내어금리가 해당 대여시점 현재 자금을 차입한 법인의 각각의 차입금 잔액에 차입 당시의 각각의 이자율을 곱한 금액의 합계액을 해당 차입금 잔액의 총액으로 나눈 비율보다 높아서 해당 사업연도의 가중평균차입이자율이 없는 것으로 보는 경우, 대여기간이 5년을 초과하는 대여금이 있는 경우에는 가중평균차입이자율의 적용이 불가능하거나 부적절하므로 당좌대출이자율을 시가로 한다(법인령 제89조 제3항 단서). 다만 대여기간이 5년을 초과하는 대여금이 있는 경우에는 해당 대여금 또는 차입금에 한정하여 당좌대출이자율을 시가로 한다. 당좌대출이자율은 금융기관이 당좌대출을 할 때 적용하는 이자율을 감안하여 국세청장이 정하는 이자율이다. 현재 당좌대출이자율은 4.6%이다(법인칙 제43조 제2항).

② 법인이 법인세 신고와 함께 당좌대출이자율을 시가로 선택하는 경우

법인이 법인세 신고와 함께 당좌대출이자율을 시가로 선택하는 경우에는 당좌대출이자율을 시가로 한다. 이 경우에는 선택한 사업연도와 이후 2개 사업연도, 즉 3개 사업연도 계속 당좌대출이자율을 시가로 하여야 한다. 나아가 내국법인이 당좌대출이자율을 선택하여 3개

---

22) 대법원 2004. 2. 13. 선고 2002두7005 판결

사업연도 적용 후 4차 사업연도에도 당좌대출이자율을 신고한 경우에는 3개 사업연도가 지난 후 당좌대출이자율을 신규로 선택하여 신고한 것으로 보아 그 이후 2개 사업연도에 대해서도 계속 당좌대출이자율을 적용하여야 한다.[23]

(다) 민자유치사업에서 특수관계인 간 후순위차입금 이자율의 시가

원고는 선순위차입금 이자율 연 8.62%를 기준으로 만기프리미엄 1.53%, 후순위위험프리미엄 1.62%, 최소운영수입보장(MRG)감소프리미엄 2.59%, 최소운영수입보장 조기종료 프리미엄 2%, 지급시기 이연분 가산이자 1.64% 등을 가산할 경우 후순위차입금 이자율의 시가는 연 16%를 상회한다고 주장하고, 피고는 선순위차입금 이자율 연 8.62%를 기준으로 원고가 주장한 만기프리미엄, 후순위위험프리미엄, 지급시기 이연분 가산이자 관련 부분을 더한 연 13.41%를 후순위차입금 이자율의 시가로 주장한 사안에서, 법원은 과세관청이 시가로 결정한 연 13.21%가 시가에 해당한다는 점을 증명하지 못하였다는 이유로 과세처분을 취소하였다.[24] 부당행위계산부인의 적용기준이 되는 시가에 대한 주장·증명책임은 원칙적으로 과세관청에 있으므로 가중평균차입이자율, 당좌대출이자율 등을 시가로 볼 수 없는 사정이 인정되는 경우에는 과세관청이 정상적인 거래에서 적용되거나 적용될 것으로 판단되는 이자율의 시가를 증명하여야 하는바,[25] 위 판례 사안에서는 과세관청이 시가를 증명하지 못하였다고 판단한 것이다. 다만, 법원은 과세관청이 적용한 이자율이 시가에 해당하는지 여부만 판단할 뿐 과세관청이 적용한 이자율이 시가가 아니라고 하여 시가에 해당하는 이자율을 제시하지는 않으므로 과세관청은 시가에 해당하는 이자율을 계속 찾아야 하는 부담을 안게 된다. 만약 과세관청이 시가에 해당하는 이자율을 찾지 못하면 부당행위계산부인을 적용할 수 없게 된다.

(라) 장기차입금의 경우

차용금의 변제기가 장기(長期)인 경우에는 차용 당시의 높은 이자율을 유지하는 것이 정당하다고 인정될 수 있는 등의 특별한 사정이 없는 한, 최초로 금전을 차용한 당시뿐 아니라 그 이후 이자를 지급할 당시의 사정까지 고려하여 부당행위계산 여부를 판단할 수 있다.[26] 판례의 사안을 보면, 원고가 1999. 12. 3.경 주주인 군인공제회로부터 이자율 연 13.06%, 원금은 2002. 12.부터 2017. 9.까지 매 3개월 단위 말일에 상환하되, 영업성과에 따라 원금을 조기상환할 수 있도록 정하여 차용하였고, 차입의 약정기간 동안 시중금리나 당좌대출이자율이 대체로 하락하고 있었으며, 과세연도인 2009년부터 2012년까지 시중금리는 가장 높은 이자율이 연 5.81%이고, 2009년부터 2011년까지의 당좌대출이자율은 연 8.5%, 2012년의 당좌대출이자율은 연 6.9%를 초과하지 않았다. 이러한 사실관계하에서 법원은 이 사건 차입이자율 연

---

23) 대법원 2023. 10. 26. 선고 2023두44443 판결
24) 대법원 2018. 7. 20. 선고 2015두39842 판결
25) 대법원 2018. 7. 26. 선고 2016두40375 판결
26) 대법원 2018. 10. 25. 선고 2016두39573 판결

13.06%는 건전한 사회통념이나 상관행에 비추어 경제적 합리성을 결여한 것이라고 판단하였다. 합리적인 경제인이라면 시중금리가 장기간 낮게 형성되었을 때 다른 금융업자로부터 낮은 이율로 자금을 대여받아 조기상환을 하거나 이를 근거로 군인공제회를 상대로 이자율을 낮추었을 것인데, 원고가 그와 같이 하지 않고 높은 이자율을 계속 부담한 것은 경제적 합리성을 결여한 부당한 행위라고 본 것이다.

(4) 금전 외의 자산 또는 용역의 시가

(가) 자산 임대차

자산 임대차의 경우 시가와 감정가액 등이 없으면 당해 자산 시가의 50%에서 자산의 제공과 관련하여 받은 전세금 또는 보증금을 차감한 금액에 정기예금이자율을 곱하여 산출한 금액을 시가로 본다(법인령 제89조 제4항 제1호). 이를 산식으로 표현하면 다음과 같다.

> 시가 = (자산의 시가 × 50% − 전세금 또는 보증금) × 정기예금이자율(1.8%)

과세관청이 전대료 상당액을 임대용역의 시가로 보아 특수관계인에 대한 부동산 저가임대로 과세한 사안에서, 판례는 임대인이 임차인과 약정한 임대료에 임대인 대신 임차인이 부담하기로 한 각종 비용과 책임 등이 고려되어 있고, 임차인이 이러한 비용과 책임 등을 부담하였던 이상, 이에 대한 고려 없이 임차인이 전대료로 임대인이 종전에 받은 임대료와 같은 금액을 받았다는 사정만으로 그 전대료 상당액을 곧바로 임대인이 임차인에 제공한 임대용역의 시가로 단정할 수 없다고 판시하였다.[27] 임대차와 전대차는 그 조건이 다르므로 전대료가 종전 임대료와 같다고 하여 종전 임대료를 시가로 볼 수 없다고 판단한 것이다.

(나) 건설 기타 용역

자산은 동종의 대체물이 있기 때문에 특수관계 없는 자들 사이에서 이루어진 거래사례가 존재하는 경우가 있지만 용역은 개별성이 강하여 특수관계 없는 자들 사이에서 이루어진 거래사례를 찾기 쉽지 않다. 건설 기타 용역을 제공하거나 제공받는 경우에는 당해 용역의 제공에 소요된 원가와 원가에 해당 사업연도 중 특수관계인 외의 자에게 제공한 유사한 용역제공거래 또는 특수관계인이 아닌 제3자간의 일반적인 용역제공거래를 할 때의 수익률을 곱하여 계산한 금액을 합한 금액을 시가로 본다(법인령 제89조 제4항 제2호). 이를 산식으로 표현하면 다음과 같다.

> 시가 = 용역제공원가 × (1 + 특수관계인 외의 자에게 제공한 유사 거래 또는 특수관계 없는 제3자간의 거래에서의 수익률)

---

27) 대법원 2021. 7. 8. 선고 2017두69977 판결

(다) 상표권 사용료

법인세법령상 상표권 사용료를 산정하는 규정이 없으므로 모든 사안에 적용되는 가액을 일률적으로 정하기는 어렵다. 대법원 2023. 5. 18. 선고 2018두33005 판결은 감정평가액을 시가로 인정하였고, 대법원 2023. 5. 18. 선고 2022두31570 판결은 회계법인이 작성한 브랜드정책 검토보고서에 기초하여 "(순매출액 − 광고선전비) × 사용료율"을 시가로 인정하였다. 향후에도 상표권 사용료에 대한 다툼이 생길 수 있으므로 법인세법령에 상표권 사용료의 시가산정방법을 규정하는 것이 필요하다.

제3절 유형

1. 의의

법인세법 시행령 제88조 제1항은 부당행위계산의 유형을 열거하고 있다. 법인세법 시행령 제88조 제1항이 예시규정인지 또는 제한적 열거규정인지에 대하여는 논란이 있다. 판례 중에는 예시규정으로 해석한 것[28]이 있으나, 법인세법 시행령 제88조 제1항과 유사한 구조로 되어 있던 구 소득세법 시행령(1990. 12. 31. 개정 전) 제111조 제2항 제5호에 대하여는 제한적 열거규정으로 해석하기도 하였다.[29] 부당행위계산부인 제도의 취지 및 문언상 예시규정으로 보는 것이 합리적이라는 견해가 있으나,[30] 법인세법 시행령 제88조 제1항에서 "다음 각호의 어느 하나에 해당하는 경우를 말한다."라고 규정하고 있고, 법인세법 시행령 제88조 제1항 제9호는 포괄적인 규정으로 되어 있으므로 제한적 열거규정으로 해석하는 것이 타당하다.

2. 구체적 유형

가. 저가양도 또는 고가매입(법인령 제88조 제1항 제1호 전단, 제3호)

(1) 저가양도

자산을 특수관계인에게 시가보다 저가로 양도하면 시가로 양도한 경우와 비교하여 조세부담이 감소하므로 자산의 저가양도는 부당행위계산에 해당한다. 따라서 시가미달액을 익금산입하여 상여·배당 등으로 소득처분한다. 다만, 주식매수선택권의 행사나 지급에 따라 양도되는 주식을 매입하는 경우는 부당행위계산부인을 적용하지 않는다.

---

28) 대법원 1992. 10. 13. 선고 92누114 판결
29) 대법원 1999. 11. 9. 선고 98두14082 판결
30) 김완석·황남석, 법인세법론(2021), 654면

(2) 고가매입

(가) 의의

자산을 특수관계인으로부터 시가보다 고가로 매입하면 시가로 매입한 경우와 비교하여 취득가액이 높아져서 향후 조세부담이 감소하므로 고가매입은 부당행위계산에 해당한다. 따라서 시가초과액을 손금산입하고(장부가액 감액) 다시 동액을 손금불산입하여 상여·배당 등으로 소득처분한다. 과거에는 기타사외유출로 소득처분하고 증여세를 과세하였으나, 2009. 2. 4. 이후에는 상여·배당 등으로 소득처분하고 소득세를 과세하는 것으로 변경하였다.

(나) 고가매입 여부가 문제되는 사안

① 신주의 고가인수

주주인 법인이 특수관계자인 다른 법인으로부터 그 발행의 신주를 시가보다 고가로 인수한 경우 고가매입에 해당하는지 문제된다. 종래 대법원은 타 법인 발행의 신주인수는 투자자산의 매입에 해당한다는 이유로 고가매입을 적용할 수 있다는 취지로 판시하였다.[31] 그러나 법인이 주식을 고가나 저가로 발행하는 것은 자본거래이므로 발행법인과 주주의 관계에서 이익이나 손해가 발생하지 않는다. 따라서 주주인 법인이 특수관계자인 다른 법인으로부터 그 발행의 신주를 시가보다 고가로 인수한 경우 그로 인하여 이익을 분여받은 다른 주주가 특수관계자인 경우에 법인세법 시행령 제88조 제1항 제1호의 고가매입 규정을 적용할 수 없고 법인세법 시행령 제88조 제1항 제8호 나목의 자본거래 규정을 적용할 수 있을 뿐이다.[32]

② 주식의 포괄적 교환

주식의 포괄적 교환은 자산의 유상양도의 성격도 있기 때문에 주식의 포괄적 교환에 의하여 다른 회사의 발행주식총수를 소유하는 완전모회사가 되는 회사가 완전자회사가 되는 회사의 주식을 시가보다 고가로 양수한 경우에는 법인세법 시행령 제88조 제1항 제1호의 부당행위계산부인 규정이 적용된다.[33] 여러 자산을 포괄양수하는 경우에는 원칙적으로 개개의 자산별로 고가매입 등에 해당하는지 판단할 것이 아니라 그 자산들의 전체 거래가격과 시가를 비교하여 포괄거래 전체로서 고가매입에 해당하는지 판단하여야 한다.[34]

나. 고·저가 현물출자(법인령 제88조 제1항 제1호 후단, 제3호)

(1) 현물출자의 의의 및 성질

현물출자는 금전 대신 자산을 법인에 출자하는 것으로서 금전출자 후 자산을 양도하는 복잡

---

31) 대법원 1989. 12. 22. 선고 88누7255 판결
32) 대법원 2014. 6. 26. 선고 2012두23488 판결
33) 대법원 2014. 11. 27. 선고 2012두25248 판결
34) 대법원 2013. 9. 27. 선고 2013두10335 판결

한 절차를 생략할 수 있다. 개인의 영업을 법인으로 전환하는 경우에도 개인이 보유한 자산을 법인에 현물출자하는 방법을 많이 활용한다. 현물출자는 출자자산의 양도라는 손익거래와 신주발행이라는 자본거래가 혼재된 거래이다. 따라서 현물출자에 대한 부당행위계산부인 규정은 손익거래적 요소와 자본거래적 요소 중 어느 것을 기준으로 하느냐에 따라 다른 모습을 보일 수 있다. 현행 법인세법은 손익거래적 요소를 기준으로 부당행위계산부인을 규정하고 있다.

(2) 세무처리

법인이 특수관계인으로부터 시가보다 고가로 자산을 현물출자받은 경우에는 자산의 고가매입에 해당하는 것으로 처리하고, 법인이 특수관계자에게 시가보다 저가로 자산을 현물출자한 경우에는 자산의 저가양도에 해당하는 것으로 처리한다.

다. 무수익자산의 매입(법인령 제88조 제1항 제2호)

(1) 무수익자산(無收益資産)의 의미

무수익자산은 법인의 수익파생에 공헌하지 못하거나 법인의 수익과 관련없는 자산으로서 장래에도 그 자산의 운용으로 수익을 얻을 가능성이 희박한 자산을 말한다.[35] 무수익자산은 수익에 공헌하지 못하는 자산이므로 법인세법 제27조 등에서 규정한 업무무관자산과는 차이가 있다. 법인이 매입한 자산이 수익과 관련있는 자산에 해당하면, 법인이 특수관계 없는 자로부터 자산을 매입함으로써 법인과 특수관계에 있는 자가 경제적으로 이익을 얻었더라도 무수익자산의 매입에 해당하지 않는다.[36]

(2) 세무처리

(가) 학설

제1설은 무수익자산을 0원에 사고 그 구입대가를 배당이나 상여 등으로 지급한 것으로 재구성하는 견해이다.[37] 제2설은 무수익자산의 매입을 부인하고 그 대신 매입대금 상당액을 법인이 출자자 등에게 대여한 것으로 재구성하는 견해이다.[38]

(나) 판례

판례는 매입대금 상당액을 법인이 출자자 등에게 대여한 것으로 의제하여 그 인정이자를 익금산입하고 소득처분하여야 한다고 하여 제2설을 취하고 있다.[39]

---

35) 대법원 2006. 1. 13. 선고 2003두13267 판결
36) 대법원 2014. 4. 10. 선고 2013두20127 판결
37) 이창희, 세법강의(2021), 1029면
38) 김완석·황남석, 법인세법론(2021), 664면
39) 대법원 2000. 11. 10. 선고 98두12055 판결

(다) 무수익자산의 부당행위계산부인과 고가매입의 부당행위계산부인의 중복적용

무수익자산에 대한 부당행위계산과 고가매입에 대한 부당행위계산부인은 중복적용될 수 있다. 따라서 법인이 무수익자산을 시가보다 고가로 매입한 경우 매입가액과 시가의 차액에 대하여는 고가매입으로 부당행위계산부인을 하고, 시가상당액에 대하여는 무수익자산의 매입으로 부당행위계산부인을 할 수 있다.[40]

(3) 관련 판례

(가) 긍정례

甲 외국법인이 원고회사로부터 원고회사 발행의 제3자 배정 신주를 인수하면서 '풋백옵션(Put Back Option)'을 보장받았으나 이를 행사하지 않다가 풋백옵션 행사기간 만료 후 원고회사와 기간을 연장하기로 하는 추가약정서를 소급작성하였다. 이에 따라 원고회사가 甲 법인으로부터 위 주식을 풋백옵션 행사가액에 매입한 후 원고회사의 최대주주인 丙 회사에 양도하였다. 이에 대해 과세관청은 부당행위계산부인을 적용하여 주식의 매입대금에서 위 매입 당시 상증세법상 보충적 평가방법에 따른 가액을 뺀 시가초과액을 乙 회사의 익금에 산입하였다. 대법원은 원고회사의 위 주식 매입은 무수익 자산의 매입에 해당하므로 과세관청이 원고회사가 위 주식의 취득일로부터 이를 처분하여 매입대금을 회수할 때까지의 기간 동안 매입대금 상당액에 대한 인정이자 상당액을 익금산입하고 그에 따른 소득금액변동통지를 한 것은 정당하다고 판시하였다.[41] 원고회사가 자기주식인 이 사건 주식을 매입할 의무나 필요성이 없었고, 장래 이 사건 주식을 운용함으로써 수익을 얻을 가망성도 희박했으므로 원고의 자기주식 취득을 무수익자산의 매입에 해당한다고 판단한 것이다. 이 판결은 자기주식 취득이 무수익자산의 매입에 해당한다고 판시한 최초의 판례라는 점에서 의의가 있다. 다만 이 판결에 대하여는 자기주식 취득 거래는 해당 거래 자체로 특수관계를 소멸시키므로 취득가액의 적정성을 문제삼아 고가매입액 상당을 부인할 수 있을 뿐, 무수익자산의 매입으로 볼 수 없다는 비판이 있다.[42] 그 밖에 골프회원권을 매입한 것을 무수익자산의 매입에 해당한다고 판시한 것이 있다.[43]

(나) 부정례

원고가 특수관계자로부터 다른 회사의 주식을 매수한 후 이를 연대보증채무에 대한 담보로 제공한 사안에서, 대법원은 위 주식에 대한 담보권의 실행으로 원고도 연대보증채무를 면하게 되었고, 위 주식의 매도인이 매도대금을 원고의 계열사들의 운영자금 및 채무변제금 등으

---

40) 강석규, 조세법쟁론(2023), 711~712면
41) 대법원 2020. 8. 20. 선고 2017두44084 판결
42) 성수현, "자기주식 취득에 대한 부당행위계산 부인의 적용 – 대법원 2020. 8. 20. 선고 2017두44084 판결을 중심으로 –", 조세법연구 제27권 제3호, 2021, 307~354면
43) 대법원 2000. 11. 10. 선고 98두12055 판결

로 사용하여 원고의 연대보증채무가 감소하는 등의 경제적 이익을 얻었으므로 무수익자산에 해당하지 않는다고 판시하였다.[44] 그 밖에 기숙사로 사용하기 위해 아파트를 분양받은 것을 무수익자산에 해당하지 않는다고 판시한 것이 있다.[45]

라. 불공정한 분할·합병으로 인한 양도손익 감소(법인령 제88조 제1항 제3호의2)

특수관계법인 간 합병·분할에서 불공정한 비율로 합병·분할하여 합병·분할에 따른 양도손익을 감소시킨 경우 양도손익 감소액을 익금산입하고 소득처분한다. 합병이나 분할에 의하여 피합병법인이나 분할법인의 자산이 합병법인이나 분할신설법인에게 승계되는 경우 자산의 양도로 보아 과세하므로 합병법인 또는 분할법인의 합병대가 또는 분할대가가 피합병법인 또는 분할신설법인의 순자산가액보다 낮은 경우 자산을 저가양도한 것으로 보아 부당행위계산부인을 적용하는 것이다. 다만, ① 자본시장법 제165조의4에 따라 합병·분할하는 경우, ② 적격합병의 경우에는 부당행위계산부인을 적용하지 않는다.[46]

위 "①"의 경우 자본시장법에 따라 객관적으로 가치가 산정되기 때문이고, 위 "②"의 경우에는 불공정한 비율로 합병이 이루어졌더라도 피합병법인의 양도손익이 없는 것으로 하여 과세를 이연하기 때문이다.

마. 불량자산의 차환, 불량채권의 양수, 출연금의 대신 부담(법인령 제88조 제1항 제4호, 제5호)

(1) 불량자산의 차환(借換)

차환은 새로 빌려서 먼저 빌린 것을 반환하는 것으로서 교환의 의미를 갖는다. 불량자산은 차환에 따라 이전하는 자산보다 자산의 유지관리비 등이 많이 소요되어 수익력이 떨어지는 자산을 의미한다. 불량자산의 차환 등에 대하여는 불량자산의 차환행위 자체를 부인하는 견해(제1설)와 불량자산의 차환으로 인하여 증가된 비용과 차환한 두 자산가액의 차액을 세무조정하여야 한다는 견해(제2설) 등이 대립할 수 있다. 불량자산을 차환하여 받은 자산의 가치가 준 자산의 가치보다 낮은 경우 그 차액을 익금산입하고 소득처분하는 제2설이 타당하다.[47] 이는 교환하는 자산을 시가에 처분하고 그 대금 중 일부로 불량자산을 사들이면서 그 차액을 거래상대방에게 배당이나 상여 등으로 지급하는 것으로 의제하는 것이다.

(2) 불량채권의 양수

불량채권이란 채권의 전부 또는 일부를 회수할 수 없거나 회수에 상당 기간이 지체되는 이른바 부실채권을 의미한다. 불량채권의 양수에 대하여는 불량채권의 양수행위 자체를 부인하

---

44) 대법원 2006. 1. 13. 선고 2003두13267 판결
45) 대법원 2014. 4. 10. 선고 2013두20127 판결
46) 기획재정부 법인세제과-56(2016. 1. 21.)
47) 김완석·황남석, 법인세법론(2021), 666면

는 견해(제1설)와 불량채권의 회수에 비용이 들거나 대손이 발생한 때 손금불산입하여야 한다는 견해(제2설) 등이 대립할 수 있다. 불량채권의 회수로 인하여 추가적인 비용이 들거나 대손이 발생한 경우 손금불산입하고 그 귀속자에 따라 소득처분하는 제2설이 타당하다.[48]

(3) 출연금의 대신 부담

법인이 특수관계인을 위하여 출연금을 대신 부담한 경우 그 금액을 손금불산입하고 그 귀속자에 따라 소득처분한다.

바. 금전 등의 무상 또는 저율대부 등(법인령 제88조 제1항 제6호, 제7호)

(1) 금전, 자산, 용역 등의 무상 또는 저율대부

(가) 의의

금전 등을 무상 또는 시가보다 낮은 이율·요율이나 임대료로 대부하거나 제공한 경우 인정이자와 회사가 계상한 이자의 차액을 익금산입하고 소득처분한다. 법인세법은 금전의 대여행위 등으로 빌려준 돈을 가지급금(假支給金)이라고 부르고, 금전의 무상대여 또는 저리대여로 인하여 이자를 익금산입하는 것을 '가지급금 등의 인정이자'라고 한다.

특수관계자에 대한 채권의 회수지연이 건전한 사회통념이나 상관행에 비추어 경제적 합리성이 결여되어 조세부담을 부당하게 감소시킨 것으로 인정되는 경우에는 무상의 금전대부에 준하는 것으로서 그에 대한 인정이자를 익금산입할 수 있다. 특수관계인에게 채권을 가지고 있음에도 특수관계인이 아닌 거래처와의 통상결제기간이 지나도록 채권을 회수하지 않는 경우에는 채권을 전부 회수하여 다시 가지급한 것과 동일하게 취급하는 것이다. 다만, 인정이자를 익금산입하기 위해서는 당해 법인이 채권을 보유하고 있어야 하므로 소멸시효가 완성된 경우에는 인정이자 익금산입은 계속할 수 없다.[49] 동일인에 대한 가지급금 등과 가수금이 함께 있는 경우에는 이를 상계한 금액으로 한다(법인령 제53조 제3항).

부당행위계산의 유형으로서 금전대여에 해당하는지 또는 자산·용역 제공에 해당하는지는 거래의 내용이나 형식, 당사자 의사, 계약체결의 경위, 거래대금의 실질적·경제적 대가관계, 거래의 경과 등 거래의 형식과 실질을 종합적으로 고려하여 거래관념과 사회통념에 따라 합리적으로 판단한다.[50]

(나) 예외(법인령 제88조 제1항 제6호 단서, 법인칙 제42조의5, 제44조)

주식매수선택권 등의 행사 또는 지급에 따라 금전을 제공하는 경우, 주주 등이나 출연자가 아닌 임직원에게 사택을 제공하는 경우, 연결납세방식을 적용받는 연결법인 간에 연결법인세

---

48) 김완석·황남석, 법인세법론(2021), 666면
49) 대법원 2013. 10. 31. 선고 2010두4599 판결, 대법원 2022. 1. 27. 선고 2017두36045 판결
50) 대법원 2017. 8. 29. 선고 2014두43301 판결

액의 변동이 없고 해당 용역을 제공하기 시작한 날이 속하는 사업연도부터 그 용역의 제공을 완료한 날이 속하는 사업연도까지 연결납세방식을 적용하는 연결법인 간의 거래인 경우, 소득세법에 의하여 지급의제하는 배당소득 및 상여금에 대한 소득세를 법인이 납부하고 이를 가지급금 등으로 계상한 금액, 국외에 자본을 투자한 내국법인이 해당 국외투자법인에 종사하거나 종사할 자의 여비, 급료 기타 비용을 대신하여 부담하고 이를 가지급금 등으로 계상한 금액 등에 대하여는 부당행위계산부인의 적용을 배제한다.

연결법인 간 용역거래에 대하여는 2021. 2. 17. 법인세법 시행령 개정 시 부당행위계산부인 대상에서 제외하였다. 연결납세제도가 모자회사를 경제적 단일체로 취급하여 과세하는 제도이므로 각 기업의 개별성을 전제로 하는 부당행위계산부인을 적용하는 것이 적절하지 않기 때문이다. 다만 연결법인 간 용역거래만 부당행위계산부인에서 제외하고 있으므로 연결법인 간 금전대차거래, 자산임대 거래 등에 대하여는 부당행위계산부인 규정이 적용된다.

(2) 금전 등의 고율차용

금전, 그 밖의 자산 또는 용역을 시가보다 높은 이율·요율이나 임차료로 차용하거나 제공받은 경우 시가초과액을 손금불산입하여 소득처분한다.

(3) 관련 판례 등

(가) 긍정례

① 상표권 사용료를 지급받지 않은 것에 경제적 합리성이 없는 경우(문화방송사건 등)

상표권자가 상표 사용자로부터 상표권 사용료를 지급받지 않았다는 이유만으로 곧바로 그 행위가 경제적 합리성을 결여하였다고 단정할 것은 아니고, 상표권 사용의 법률상·계약상 근거와 그 내용, 상표권자와 상표 사용자의 관계, 양 당사자가 상표의 개발, 상표 가치의 향상, 유지, 보호 및 활용과 관련하여 수행한 기능 및 그 기능을 수행하면서 투여한 자본과 노력 등의 규모, 양 당사자가 수행한 기능이 상표를 통한 수익 창출에 기여하였는지 여부 및 그 정도, 해당 상표에 대한 일반 수요자들의 인식, 그 밖에 상표의 등록·사용을 둘러싼 제반 사정 등을 종합적으로 고려하여 상표권자가 상표권 사용료를 지급받지 않은 행위가 과연 경제적 합리성을 결여한 비정상적인 것인지 여부를 판단하여야 한다.[51] 자회사가 사용한 상표는 모회사가 등록한 상표의 일부이거나 유사한 상표에 해당하고, 자회사가 상표권 사용료의 가치를 넘어설 만큼 모회사가 등록한 상표의 가치상승에 기여하였다고 볼 수 없는 경우,[52] 상표권자가 상표를 영업에 이용하여 왔고, 상표의 신용 및 인지도를 형성하는 데 상당한 기여를 하였는데, 계열사들로부터 상표권 사용료를 지급받지 않은 경우[53] 등의 사안에서 대법원은

51) 대법원 2023. 5. 18. 선고 2018두33005 판결
52) 대법원 2023. 5. 18. 선고 2018두33005 판결
53) 대법원 2023. 5. 18. 선고 2022두31570 판결

상표권자가 상표권 사용료를 지급받지 않은 것은 경제적 합리성을 결여한 비정상적인 거래행위에 해당한다고 판시하였다.

② 채권회수 지연에 경제적 합리성이 없는 경우

특수관계자에 대한 채권을 회수함에 있어 다른 거래처에 대한 평균회수기간을 초과하여 회수하지 않은 경우 가지급금 인정이자를 익금산입하여야 한다.[54]

(나) 부정례

① 상표권 사용료를 지급받지 않은 것에 경제적 합리성이 있는 경우(롯데리아사건)

상표 사용자가 상표를 영업에 사용하면서 그 관리에 필요한 비용을 직접 지출하여 온 반면, 상표권자는 상표를 등록한 이후에도 상표를 영업에 사용하거나 가치를 높이기 위한 노력을 하지 않았고, 상표가 가지는 재산적인 가치는 대부분 상표 사용자에 의하여 형성되었으므로 상표권자가 상표 사용자로부터 상표권 사용료를 지급받지 않았다는 이유만으로 곧바로 그 행위가 경제적 합리성이 결여하였다고 볼 수는 없다.[55]

② 채권회수 지연에 경제적 합리성이 있는 경우

특수관계자에 대한 채권을 회수함에 있어 다른 거래처에 대한 평균회수 기간을 초과하여 회수하지 않은 것은 원칙적으로 부당행위계산부인 대상에 해당하나, 계열법인들이 자율협약에 따라 회생절차가 진행됨에 따라 모두 하나의 블록으로 묶어져서 관리됨으로써 특수관계 있는 개별기업에 대한 매출채권을 회수하는 것이 현실적으로 어려웠고, 유동성 위기 또는 회생절차가 진행 중인 관계사들에게 채권회수기일을 연장하는 것이 그룹 전체 측면에서 보아 경제적 합리성이 있는 사안에서, 조세심판원은 특수관계자에 대한 채권회수 지연에 대하여 부당행위계산부인 규정을 적용하는 것은 위법하다고 판시하였다.[56]

③ 무연고지 근무 직원들에게 사택보조금을 지급한 경우

청량음료 제조·판매회사가 무연고지에 근무하는 직원들에게 사택보조금을 지급한 것은 실질상 사택의 제공과 동일하므로 부당행위계산부인 대상이 적용되지 않는다.[57]

사. 파생상품을 이용한 이익분여(법인령 제88조 제1항 제7호의2)

파생상품에 근거한 권리를 행사하지 않거나 그 행사기간을 조정하는 등의 방법으로 이익을 분여하는 경우 분여한 이익상당액을 익금산입하고 소득처분한다. 내국법인이 국외 특수관계자와 함께 파생상품에 근거한 권리를 보유하다가 그 보유비율에 상응하는 권리를 행사하지

---

54) 대법원 2007. 9. 6. 선고 2006두18522 판결
55) 대법원 2023. 6. 1. 선고 2021두30679 판결
56) 조심 2019. 2. 8.자 2018부0703 결정
57) 대법원 2006. 5. 11. 선고 2004두7993 판결

않은 채 국외 특수관계자로 하여금 권리의 전부를 행사할 수 있게 하는 방법으로 국외 특수관계자에게 이익을 분여하는 행위는 구 국조법 시행령(2010. 1. 1. 개정 전) 제3조의2 제1호에서 정한 자산의 무상이전에 준하는 것으로서 법인세법 제52조 제1항, 법인세법 시행령 제88조 제1항 제7호의2에 따른 부당행위계산부인의 대상이 된다.[58]

아. 자본거래로 인한 이익분여(법인령 제88조 제1항 제8호, 제8호의2)

(1) 의의

자본거래로 인하여 주주 등인 법인이 특수관계자인 다른 주주 등에게 이익을 분여한 경우 분여한 이익상당액을 익금산입하고 소득처분한다. 법인세법 시행령 제88조 제1항 제8호의2는 2007. 2. 28. 법인세법 시행령 개정으로 추가되었다. 제8호의2는 제8호를 보완하여 자본거래를 통한 이익분여를 더 넓게 규율하기 위한 취지로 입법되었다.

(2) 자본거래의 유형

(가) 불공정합병

특수관계가 있는 법인 간 합병에서 주식 등을 시가보다 높거나 낮게 평가하여 불공정한 비율로 합병한 경우이다. 다만, 자본시장법 제165조의4에 따라 합병하는 경우는 제외한다. 이는 자본시장법에 따라 객관적으로 가치가 산정되기 때문이다.

(나) 증자거래 시 신주인수권의 포기 또는 고가인수

법인의 증자거래에서 신주인수권의 전부 또는 일부를 포기하거나 신주를 시가보다 고가로 인수하는 경우이다. 다만, 포기한 신주가 자본시장법에 따른 공모의 방법으로 배정되는 경우를 제외한다. 신주인수권의 전부 또는 일부를 포기한 경우는 실권주를 재배정하지 않거나 기존주주에게 실권주를 재배정하는 경우를 의미한다. 법인세법 시행령 제88조 제1항 제8호는 신주를 제3자에게 직접배정하는 경우를 규정하고 있지 않으므로 법인주주가 제3자 직접배정으로 신주를 저가인수한 경우에는 제8호의 부당행위계산부인을 적용할 수 없다.[59] 다만 뒤에서 보는 바와 같이 2007. 2. 28. 법인세법 시행령 개정으로 제8호의2가 입법된 이후에는 제8호의2를 적용할 수 있다.[60]

신주의 고가인수가 있더라도 이를 전후하여 실권주주가 보유하던 주식의 1주당 가액이 모두 음수(△)로 평가되고 단지 그 음수(△)의 수치가 감소한 경우에는 주식가액은 없는 것이므로 주식의 가액이 상승하였다고 할 수 없다. 이러한 경우는 신주의 고가인수로 신주 발행법인의 일반채권자들이 이익을 분여받았음은 별론으로 하고, 적어도 실권주주가 이익을 분여받

---

58) 대법원 2015. 11. 26. 선고 2014두335 판결
59) 대법원 2012. 3. 29. 선고 2011두29779 판결
60) 대법원 2020. 12. 10. 선고 2018두34350 판결

았다고 할 수 없으므로 제8호의 부당행위계산부인을 적용할 수 없다.[61]

(다) 불균등 감자

법인의 감자에 있어서 주주 등의 소유주식 등의 비율에 의하지 않고 일부 주주 등의 주식 등을 소각하는 경우이다.

(라) 기타 자본거래

그 밖의 경우로서 증자·감자, 합병·분할, 전환사채 등에 의한 주식의 전환·인수·교환 등 자본거래를 통해 법인의 이익을 분여하였다고 인정되는 경우이다. 다만, 주식매수선택권의 행사에 따라 주식을 발행하는 경우는 제외한다. 증자거래에서 신주를 제3자 배정방식으로 저가 인수한 경우에는 구주주가 신주주에게 이익을 분여한 것이므로 법인세법 시행령 제88조 제1항 제8호를 적용할 수 없더라도 제8호의2 소정의 부당행위계산부인 규정을 적용할 수 있다.[62]

(3) 관련 판례

甲 회사와 乙 회사가 합병 과정에서 甲 회사의 주식을 시가보다 높게 평가하고 乙 회사의 주식을 시가보다 낮게 평가하여 乙 회사 주식에 대하여 합병신주를 적게 배정하고, 그 과정에서 甲 회사가 보유한 乙 회사 주식(포합주식), 乙 회사가 보유한 乙 회사 주식(자기주식)에 대하여 합병신주가 적게 배정됨으로써 甲 회사의 주주에게 이익을 분여하였다고 볼 수 있는 사안에서, 대법원은 조세부담을 부당히 감소시킨 것으로 인정되므로 甲 회사와 乙 회사에게 부당행위계산부인 규정을 적용할 수 있다고 판시하였다.[63] 甲 회사의 주주는 甲 회사를 통해 乙 회사 주식을 간접소유하고 있다고 보면 甲 회사의 주주가 얻게 된 이익은 자기가 자기에게 분여한 이익에 해당한다고 볼 여지가 있으나, 이는 너무 의제적이므로 받아들여지지 않았다.

자. 주식매수선택권 관련 특례

상법 제340조의2 등의 요건을 갖춘 주식매수선택권 등의 행사 또는 지급에 따라 주식을 양도하는 경우, 주식을 저가로 발행하는 경우, 차액을 현금으로 지급하는 경우는 부당행위계산부인 규정을 적용하지 않는다. 당초 조특법에서 주식매수선택권 과세특례를 규정하였는데, 2009. 2. 4. 법인세법 시행령 개정 시 법인세법으로 이관하였다. 부당행위계산부인 규정을 적용하지 않는다는 것은 주식매수선택권 보상비용을 법인의 손금으로 인정한다는 의미이다.

다만 상법 제340조의2 등의 요건을 갖추지 못한 주식매수선택권의 부여에 대하여는 부당행위계산부인 규정이 적용된다. 따라서 법인이 임직원 등에게 주식매수선택권을 부여한 경우에 주식매수선택권의 부여가 저가양도로서 부당행위계산부인 대상이 되는지 여부는 주식매수선

---

61) 대법원 2010. 11. 11. 선고 2008두8994 판결
62) 대법원 2020. 12. 10. 선고 2018두34350 판결
63) 대법원 2021. 9. 30. 선고 2017두66244 판결

택권의 행사시기가 아니라 부여시기를 기준으로 한다고 판시한 대법원 2010. 5. 27. 선고 2010 두1484 판결은 상법 제340조의2 등의 요건을 갖추지 못한 주식매수선택권에 대하여 적용된다.

차. 그 밖에 이에 준하는 행위(법인령 제88조 제1항 제9호)

(1) 의의

개괄적인 행위유형을 규정하고 있는 법인세법 시행령 제88조 제1항 제9호는 "제1호부터 제3호까지, 제3호의2, 제4호부터 제7호까지, 제7호의2, 제8호 및 제8호의2에 준하는 행위 또는 계산으로 법인의 이익을 분여하였다고 인정되는 경우(전단)" 및 "그 외에 법인의 이익을 분여하였다고 인정되는 경우(후단)"로 구성되어 있다. 위 전단과 후단으로 구성된 법인세법 시행령 제88조 제1항 제9호가 1998. 12. 31. 법인세법 시행령 개정 시 신설되기 전의 구 법인세법 시행령 제46조 제2항 제9호는 "기타 출자자 등에게 법인의 이익을 분여하였다고 인정되는 것이 있을 때"로 규정하여 현재의 후단의 내용만 있었다.

구 법인세법 시행령 제46조 제2항 제9호의 의미에 대하여 판례는 앞서 열거된 거래행위 이외에 이에 준하는 행위로서 출자자 등에게 이익분여가 인정되는 경우를 의미하는 것으로 해석하였다.[64] 법인세법 시행령 제88조 제1항 제9호 전단은 해당 규정에서 열거하고 있는 조항의 행위에 준하는 행위 또는 계산으로 이익을 분여한 경우에 적용됨은 문언상 명확하다. 그러나 후단의 경우에도 앞서 열거된 규정에 준하는 행위 또는 계산일 것이 요구되는지에 대하여는 논란이 있다.

(2) 후단의 경우 제1호부터 제8호의2까지에 준하는 행위이어야 하는지 여부

(가) 학설

긍정설은 앞서 열거된 규정에 준하는 행위일 것을 요구하지 않으면 과세요건명확주의가 무너져서 납세자의 예측가능성과 법적안정성을 확보할 수 없으므로 앞서 열거된 규정과 유사성이 인정되는 경우를 의미한다고 해석한다.[65]

부정설은 법문상 앞서 열거된 규정에 준하는 행위일 것을 요구하지 않고 법인세법 제52조가 부당행위계산부인의 대상을 폐쇄적으로 시행령에 위임하는 구조로 되어 있지 않으므로 반드시 앞서 열거된 규정과 유사성이 인정되는 경우에 국한되는 것은 아니라고 해석한다.[66]

(나) 판례

판례는 납세자의 거래행위가 법인세법 시행령 제88조 제1항 각호 소정의 부당행위 유형 중 어느 하나와 제9호의 해당성 여부가 문제된 경우 그 거래행위가 그 제9호 이외의 어느 하나에 해당하지 않는 경우에는 특별한 사정이 없는 한, 위 제9호가 정하는 행위 유형에도 해당하지

---

64) 대법원 1997. 5. 28. 선고 95누18697 판결, 대법원 2005. 4. 29. 선고 2003두15249 판결
65) 강석규, 조세법쟁론(2023), 742~743면, 이태로·한만수, 조세법강의(2020), 616면
66) 김완석·황남석, 법인세법론(2021), 682~683면

않는다고 판시하여 긍정설의 입장에 있는 것으로 보인다.[67]

(다) 검토

법인세법 시행령 제88조 제1항 제9호의 전단에서 앞서 열거된 규정에 준하는 행위일 것을 요구하고 있는 점, 후단에 대하여도 앞서 열거된 규정에 준하는 행위일 것을 요구하면 전단과 차이가 없는 점 등에 비추어, 후단은 앞서 열거된 규정과 유사하지 않더라도 법인의 이익을 분여하였다고 인정되어 부당행위계산부인을 적용할 필요성이 있는 경우를 의미한다고 해석하는 부정설이 타당하다고 본다. 다만, 납세자의 예측가능성과 법적 안정성을 확보할 수 있도록 다소 엄격히 해석하는 것이 요구된다.

(3) 관련 판례

(가) 긍정례

회사가 고율의 차입금을 상환하지 않고 저율의 정기예금에 예치하여 특수관계 법인의 대출금에 대한 담보로 제공한 경우,[68] 특수관계 법인에게 주식을 액면가액에 양도한 지 2개월 후 그 특수관계 법인들이 회사의 주식을 경영권과 함께 액면가액보다 높은 가액에 제3자에게 양도한 경우[69] 등에서는 법인세법 시행령 제88조 제1항 제9호의 적용을 긍정하였다.

(나) 부정례

무상감자 및 무상증자를 통해 일부 주주의 주식을 다른 주주에게 이전한 경우,[70] 주식양도 후 불공정합병이 이루어진 경우[71] 등에서는 법인세법 시행령 제88조 제1항 제9호의 적용을 부정하였다.

---

67) 대법원 1996. 5. 10. 선고 95누5301 판결, 대법원 2019. 5. 30. 선고 2016두54213 판결
68) 대법원 2009. 4. 23. 선고 2006두19037 판결
69) 대법원 2003. 6. 13. 선고 2001두9394 판결
70) 대법원 1992. 9. 22. 선고 91누13571 판결
71) 대법원 1996. 5. 10. 선고 95누5301 판결

1. 이익을 분여한 법인

가. 익금산입과 소득처분

(1) 일반적인 경우

부당행위계산에 해당하는 경우에는 시가와의 차액 등을 익금산입 또는 손금불산입하여 당해 법인의 각 사업연도소득을 계산하고, 익금산입하거나 손금불산입한 금액을 그 귀속자에게 소득처분한다(법인령 제89조 제5항). 이와 관련하여 주식의 포괄적 교환에서 완전자회사 주식의 고가양도로 인한 이익에 대하여 완전자회사가 되는 회사의 주주가 얻은 이익은 상증세법에 따라 증여세가 과세되므로 기타 사외유출로 소득처분하여야 한다.[72]

(2) 자산의 매매계약 체결시기와 양도시기가 다른 경우

자산의 매매계약 체결시기와 양도시기가 다른 경우 자산의 양도가 부당행위계산에 해당하는지 여부는 그 대금을 확정짓는 거래 당시를 기준으로 판단하나, 익금산입하거나 손금불산입하여 소득처분할 금액은 취득시기를 기준으로 판단한다.[73] 즉 매매계약을 체결할 때 부당행위계산에 해당하는지 여부는 매매계약 체결 당시를 기준으로 판단하고 소득처분할 금액은 잔금지급 시를 기준으로 확정한다.

나. 취득가액의 조정

고가매입 등의 경우 시가초과액은 자산의 취득가액에서 제외한다(법인령 제72조 제4항 제3호). 시가초과액은 해당 법인이 상대방에게 분여한 금액으로서 이를 취득가액에서 감액하지 않으면 나중에 해당 자산을 처분할 때 손금산입하여 조세부담을 줄일 수 있으므로 취득가액에서 제외한다.

2. 대응조정 여부

가. 의의

부당행위계산부인 규정이 적용되면 시가에 의해 과세표준과 세액을 계산하나, 대응조정은 인정하지 않는다. 예를 들어, 시가 1억 원인 토지를 3,000만 원에 양도한 경우 양도인의 양도가액은 1억 원이 되나, 양수인의 매입가액은 3,000만 원이다. 또한 시가 1억 원인 토지를 1억 5,000만 원에 양수한 경우 양수인의 취득가액은 1억 원이나 양도인의 양도가액은 1억 5,000만

---

72) 대법원 2014. 11. 27. 선고 2012두25248 판결
73) 대법원 2010. 5. 13. 선고 2007두14978 판결

원이 된다. 이익을 분여한 법인의 이익에 과세하더라도 그 과세된 이익 상당액의 효과가 해당 거래와 관련된 자산이나 용역의 취득원가에 반영되지 않으므로 후속거래에서 다시 과세되는 결과가 된다. 대응조정을 인정하면 편법적 이익분여를 정상적 배당 등에 비하여 우대하는 결과가 되므로 불합리하다는 비판이 있을 수 있으나, 이중과세를 피하기 위하여 대응조정을 인정하는 것이 타당하다. 다만, 자회사가 모회사에게 이익을 분여한 경우에는 배당의 실질을 가지므로 양쪽 모두 과세하는 것이 불합리하다고 할 수 없다.[74]

나. 국제거래의 특례

내국법인이 국외 특수관계인과 거래하는 경우에는 국내거래와 달리 대응조정을 인정한다(국조법 제12조 제1항). 국제거래는 국가 간 세수의 분배와 연관되어 있으므로 국내의 부당행위계산부인과 달리 대응조정을 인정한다.

3. 사법상 효력과의 관계

부당행위계산부인은 세법상 행위나 계산을 부인하는 것이므로 사법상 효력에는 영향을 미치지 않는다. 따라서 특수관계자 사이에 시가 10억 원인 토지를 1억 원에 양도한 경우 세법상으로는 시가 10억 원에 양도한 것으로 재구성하나, 그에 대한 사법상 효력은 민법에 따라 규율된다.

---

74) 송동진, 법인세법(2023), 441면

제7장 구조조정세제

제1절 개요

기업은 생명체와 같아서 경기가 호황일 때에는 흑자를 내다가도 경기가 침체되면 적자를 내서 재정적 위기상황에 빠지기도 한다. 이러한 재정적 위기를 극복하면 다시 경쟁력을 회복하여 큰 수익을 올리기도 한다. 기업은 이윤창출을 목표로 하기 때문에 경제환경의 변화에 적극적으로 대응하고 기술개발 등 혁신의 노력을 하여야 경쟁력을 유지할 수 있다. 구조조정은 기업이 급변하는 경제환경의 변화에 적응하기 위하여 기업의 기존 사업구조나 조직구조를 효율적으로 개선하는 행위를 말한다. 기업은 경쟁력을 높이기 위하여 구조조정을 하는 경우가 있는가 하면, 때로는 재정적 어려움을 타개하기 위하여 구조조정을 하는 경우도 있다.

대표적인 구조조정방법에는 합병·분할 등이 있으나, 그 밖에 현물출자, 교환 등도 구조조정방법으로 활용된다. 기업의 구조조정 과정에서는 자산의 양도 등의 거래가 수반되는데, 이러한 거래를 과세의 계기로 삼아 법인세를 과세하면 세금이 원활한 구조조정을 가로막을 수 있다. 이에 따라 구조조정 과정에서 경제적 실질이 변하지 않는 등 법령이 정한 요건을 충족하는 경우에는 법인세 과세를 이연하는 방법으로 세제상 구조조정을 지원한다. 이하에서는 합병·분할 등을 비롯한 구조조정세제에 대하여 살펴보기로 한다.

제2절 합병

1. 의의

가. 합병의 의의

합병(合倂)은 둘 이상의 법인이 계약에 의해 상법 소정의 절차를 거쳐 하나의 법인으로 되는 것을 의미한다(상법 제174조). 합병의 법적 성격에 대하여 상법에서는 2개 이상의 회사가 단체법상 계약에 의하여 하나의 회사가 되는 것이라는 인격합일설과 소멸회사의 영업 전부를 현물출자하여 존속회사의 증자 또는 별도회사를 설립하는 것이라고 보는 현물출자설이 대립한다. 그러나 이러한 상법상의 논의를 세법에 그대로 적용하는 것은 큰 의미가 없다.[1] 세법에서는 합병을 계기로 미실현이익을 과세할 것인지 여부가 중요하므로 인격합일설을 근거로 합병에 대하여 과세할 수 없다고 하는 것은 논리적이지 않기 때문이다.[2]

나. 합병세제의 기본구조

(1) 의의

합병과정에서는 ① 피합병법인이 자산과 부채를 합병법인에게 이전하고 합병대가를 받는 거래에 대한 과세, ② 합병법인이 합병대가를 지급하고 피합병법인의 자산과 부채를 이전받는 거래에 대한 과세, ③ 피합병법인의 주주가 구주식의 대가로 신주식을 교부받거나 금품을 지급받는 거래에 대한 과세 등 3가지 과세계기가 생긴다.

합병세제에 대하여는 1998. 12. 28. 법인세법 개정 시와 2009. 12. 31. 법인세법 개정 시 큰 폭의 개편이 있었다. 1998. 12. 28. 법인세법 개정 이전에는 상법상 분할제도가 도입되기 전이어서 합병에 관한 규정만 있었다. 그 당시 합병을 미실현이득의 과세계기로 볼 수 없다는 입장에서 장부가액에 따라 승계자산을 평가하고 액면가액으로 합병대가를 산정하였다. 그 후 1998. 12. 28. 법인세법을 개정하여 상법에 새로 도입된 분할에 대한 과세를 규정하고, 미국세법상의 과세이연제도를 도입하여, 원칙적으로 합병과 분할을 미실현이득의 과세계기로 보되, 법령 소정의 과세이연 요건을 충족하는 경우에는 예외적으로 과세이연의 혜택을 부여하는 방식으로 세제를 정비하였다. 이는 합병을 통한 기업의 원활한 구조조정을 지원하되, 지원세제를 조세회피목적으로 악용하는 것을 방지하기 위한 것이었다. 또한 2009. 12. 31. 법인세법을 개정하여 합병·분할 세제를 간소화하기 위하여 청산소득에서 양도소득 과세로 전환하는 방식으로 세제를 개편하였다.

이하에서는 2009. 12. 31. 법인세법 개정 이전의 합병세제에 대하여 핵심내용을 요약하고, 2009. 12. 31. 법인세법 개정 시 변경되어 현재까지 유지되고 있는 합병세제의 큰 틀을 간단히 살펴보기로 한다.

(2) 2009. 12. 31. 법인세법 개정 이전

(가) 의의

피합병법인의 자산가치 상승분에 대하여 피합병법인의 청산소득과 함께 합병법인의 합병

---

1) 김석환, "분할·합병에 따른 자산 이전의 '양도' 여부 : 세법상 인격합일설의 종말? - 대법원 2013. 11. 28. 선고 2009다79736 판결 평석"은 외국법인의 분할·합병에 따라 내국법인 발행주식이 분할법인(존속법인)에서 분할신설법인(합병신설법인)으로 이전되는 경우 법인세법 제93조 제10호의 주식의 양도에 해당한다고 판시한 위 판결에 대하여 상법 분야의 합병(분할) 본질론을 벗어나 세법 독자적인 시각에서 분할·합병에 대한 법리를 전개함으로써 인격합일설의 종말 가능성을 보여준 판결로 평가하고 있다.
2) 이창희, 세법강의(2021), 657면

평가차익으로 과세하였고, 피합병법인의 주주에게는 의제배당소득을 과세하였다.

① 피합병법인에 대한 청산소득 과세

피합병법인의 청산소득은 피합병법인의 주주가 합병법인으로부터 받은 합병대가의 총액에서 피합병법인의 합병등기일 현재의 자기자본총액을 차감하여 계산하였다(구 법인법 제80조 제1항). 합병대가의 총액은 ㉮ 피합병법인의 주주가 합병법인으로부터 취득하는 주식의 가액과 금품의 합계액, ㉯ 합병법인이 합병등기일 전 2년 이내에 취득한 피합병법인의 주식, 즉 포합주식 가액, ㉰ 합병법인이 납부하는 피합병법인의 청산소득에 대한 법인세 등이 포함된다.

위 "㉮"와 관련하여 합병으로 취득하는 주식의 가액은 시가로 평가하되, ⅰ) 합병등기일 현재 1년 이상 계속하여 사업을 영위하던 내국법인 간의 합병일 것(사업목적성 요건), ⅱ) 피합병법인의 주주가 합병법인으로부터 받은 합병대가의 총 합계액 중 주식의 가액이 95% 이상일 것(지분연속성 요건) 등 2가지 요건을 충족하면 액면가액과 시가 중 낮은 가액으로 계산한다. 2000. 12. 29. 법인세법 시행령 제14조 제1항 제1호 개정 전에는 액면가액으로 계산하였으나, 위 개정 시 액면가액과 시가 중 낮은 가액으로 변경하였다.[3] 위 "㉯"와 관련하여 포합주식의 가액을 청산소득에 가산하는 것은 피합병법인의 주주가 합병 전 주식양도 대가로 합병신주를 취득하는 경우에는 합병시점에서 피합병법인의 주주가 합병대가로 합병신주를 교부받은 것과 사실상 차이가 없으므로 합병신주 가액을 계산에 포함시키는 것이다.[4]

② 합병법인에 대한 합병평가차익 과세

합병법인이 피합병회사로부터 승계한 재산의 가액이 피합병법인에게 지급한 합병대가를 초과하는 금액을 합병차익이라고 하는데, 합병차익은 자본준비금의 일종이므로 익금불산입하나, 합병을 계기로 자산을 평가증하는 경우 발생하는 합병평가차익은 익금산입한다. 다만, 토지, 건축물, 기계장치 등 유형고정자산의 경우에는 사업목적성 요건, 지분연속성 요건, 사업계속성 요건 등 3가지 과세이연요건을 충족하면 합병평가차익의 과세를 이연할 수 있다(구 법인법 제44조 제1항, 구 법인령 제80조 제1항).

③ 피합병법인 주주에 대한 의제배당소득 과세

피합병법인 주주의 의제배당소득은 피합병법인의 주주 등이 합병으로 취득하는 주식 등의 가액과 금전 기타 재산의 합계액에서 피합병법인의 주식 등 취득가액을 공제하여 계산한다.

---

3) 대법원 2004. 7. 8. 선고 2002두5573 판결은 2000. 12. 29. 법인세법 시행령 개정 전에 시가가 액면가액보다 더 낮은 사안에서 법인세법 시행령 규정대로 액면가액으로 평가하여야 한다고 판시하였다. 이에 대한 비판적 평석으로는 윤지현, "법인세법상 합병청산소득의 산정방법에 관한 고찰", 조세법연구 제15권 제1호, 2009, 207~261면

4) 대법원 2013. 2. 15. 선고 2010두10662 판결

(나) 피합병법인의 청산소득과 합병법인의 합병평가차익의 관계

피합병법인의 주주가 합병대가로 합병신주를 받는 경우 합병평가차익의 과세이연요건 3가지 중 사업목적성 요건과 지분연속성 요건 2가지를 충족하면 합병신주를 액면가액으로 계산하여 청산소득에 따른 법인세 부담을 줄일 수 있다. 사업계속성 요건을 요구하지 않는 것은 합병법인이 사업을 계속할지 여부는 피합병법인이 통제할 수 있는 사항이 아니기 때문이다.

합병평가차익은 합병법인이 피합병법인으로부터 자산을 평가하여 승계한 경우 그 평가액 중 피합병법인의 장부가액을 초과하는 금액을 말한다(구 법인법 제17조 제1항 제3호, 구 법인령 제15조 제2항). 피합병법인의 자산가치 상승분을 합병을 계기로 합병법인에게 과세하는 것이다. 다만, 사업목적성 요건, 지분연속성 요건, 사업계속성 요건 등 3가지 과세이연요건을 충족하는 경우 토지, 건물, 기계장치 등의 사업용 유형고정자산에 한하여 합병평가차익 상당액을 손금산입하도록 하여 과세이연을 허용하였다(구 법인법 제44조 제1항, 구 법인령 제80조 제1항). 위 과세이연요건을 충족하는 경우 합병신주를 액면가액으로 계산하여 의제배당소득의 부담도 줄여주었다.

그런데 피합병법인의 자산가치 상승분에 대하여 피합병법인에게 청산소득으로 과세하면서 합병법인에게 합병평가차익으로도 과세하면 이중과세가 되므로 이를 조정하기 위하여 합병평가차익 계산 시 청산소득금액을 공제한다(구 법인령 제12조 제1항). 이러한 이중과세 조정은 합병대가를 시가로 계산하는 경우에만 적용된다.

(3) 2009. 12. 31. 법인세법 개정 이후

기존의 합병세제는 피합병법인의 청산소득과 합병법인의 합병평가차익 과세로 이원화되어 있어 매우 복잡하였다. 이에 따라 2009. 12. 31. 자산양도차익 중심으로 합병세제를 개편하였다. 피합병법인이 합병대가를 받고 자산을 합병법인에게 양도한 것으로 보아 양도손익으로 과세하는 체계로 전환하고, 청산소득은 폐지하였다. 이에 따라 피합병법인은 순자산을 시가대로 합병법인에게 양도하고 합병법인은 피합병법인의 순자산을 시가대로 승계한 것으로 보도록 과세구조를 단순화하였다. 기존에는 피합병법인의 청산소득을 각 사업연도소득과 분리하여 과세하였으나, 개정 이후에는 피합병법인의 양도소득을 각 사업연도소득과 통합하여 과세하는 것으로 변경하였다. 그러나 합병을 과세의 계기로 삼아 합병법인, 피합병법인, 피합병법인의 주주에게 과세하면 세금이 구조조정에 장애가 될 수 있으므로 사업목적성 요건, 지분연속성 요건, 사업계속성 요건을 충족하는 적격합병의 경우에는 과세특례를 적용한다. 즉 합병이 과세의 계기가 되지 않도록 합병법인이 장부가액으로 피합병법인의 자산을 승계하도록 하여 과세이연을 허용하고, 합병신주를 액면가액으로 계산하여 의제배당소득의 부담을 줄여준다. 이하에서는 2009. 12. 31. 법인세법 개정 이후의 합병세제에 대하여 자세히 살펴보기로 한다.

2. 적격합병

가. 의의

합병에 대한 과세는 피합병법인의 자산가치 상승분이 합병을 계기로 실현된 것으로 보아 과세하는 것인데, 법인세법 제44조 제2항에 규정된 적격합병은 합병이 형식적인 조직개편에 불과하여 경제적 실질이 변하지 않은 경우에는 과세의 계기로 삼지 않는 것이다. 이와 같이 적격합병은 합병을 과세의 계기로 삼지 않는 요건을 갖추고 있는 합병을 의미한다.

나. 요건(법인법 제44조 제2항)

(1) 사업목적성(Business Purpose)

합병등기일 현재 1년 이상 사업을 계속하던 내국법인 간의 합병이어야 한다(법인법 제44조 제2항 제1호). 이는 합병등기일로부터 소급하여 1년 이상 휴업 등 사업을 중단하지 않고 법인등기부상의 목적사업을 영위한 경우를 말한다. 다만, 다른 법인과 합병하는 것을 유일한 목적으로 하는 기업인수목적회사(Special Purpose Acquisition Company, SPAC)는 기업의 성격상 사업목적성을 요구하지 않는다.

(2) 지분연속성(Continuity of Proprietary Interest)

(가) 의의

피합병법인의 주주 등이 합병으로 받은 합병대가의 총합계액 중 합병법인의 주식 또는 합병법인 모회사의 주식 등의 가액이 80% 이상인 경우로서 지분비율에 따라 합병신주 등이 배정되고, 피합병법인의 지배주주 등이 합병등기일이 속하는 사업연도 종료일까지 그 주식 등을 보유하여야 한다(법인법 제44조 제2항 제2호, 법인령 제80조의2 제5항).[5] 이는 합병대가를 대부분 주식으로 교부하고, 피합병법인의 지배주주가 합병법인의 주주로 머물러 있어야 한다는 의미이다. 지분비율에 따라 합병신주 등을 배정할 때 피합병법인의 자기주식에 대해 합병신주를 배정하지 않는 경우에는 피합병법인의 자기주식을 제외하고 지분비율을 산정한다(법인령 제80조의2 제4항).

당초 합병신주 등의 요구비율이 95%였으나, 2009. 12. 31. 법인세법 개정 시 80%로 완화하였다. 2011. 12. 31. 법인세법 개정 시에는 합병법인이 피합병법인에게 합병법인의 주식 이외에 합병법인의 모회사 주식을 교부하는 것도 허용하여 이른바 삼각합병(triangular merger)을 인정하였다. 2011. 4. 14. 상법 제523조의2로 삼각합병이 신설됨에 따라 법인세법도 삼각합병을 수용한 것이다. 다만, 자회사가 모회사의 주식을 미리 취득한 후에 교부하는 경우 외에 모회사가 직접 신주를 발행하는 것이 가능한지 여부는 현행 규정상 불확실하다.[6]

---

5) 친족 중 4촌 이상의 혈족 및 인척, 합병등기일 현재 피합병법인에 대한 지분비율이 1% 미만이면서 시가 평가한 지분가액이 10억 원 미만인 자, 기업인수목적회사(SPAC)와 합병하는 피합병법인의 지배주주 등인 자 등은 제외한다(법인령 제80조의2 제5항).

피합병법인의 지분연속성 충족 여부는 피합병법인의 주주별이 아니라 피합병법인의 주주 전체를 기준으로 판단한다. 일부 주주가 요건을 충족하지 못하더라도 주주 전체를 기준으로 요건을 충족하면 적격으로 인정해주는 것이다. 한편, 피합병법인의 주주 등이 합병에 반대하여 주식매수청구권을 행사함으로써 지급받은 주식매매대금은 합병대가에 포함되지 않는다.[7]

(나) 합병포합주식의 경우

합병포합주식은 합병법인이 합병등기일 이전에 취득한 피합병법인의 주식을 의미한다. 합병법인이 합병등기일 전 2년 내에 취득한 합병포합주식이 있는 경우에는 금전으로 교부한 것으로 본다(법인령 제80조의2 제3항). 합병포합주식 중 합병등기일 전 2년 내에 취득한 것은 합병의 목적으로 취득하였을 개연성이 높기 때문에 특별히 금전으로 교부한 것으로 간주하는 것이다.[8] 합병법인이 합병 전에 피합병법인의 주식을 미리 취득하고 그 포합주식에 대하여 합병법인의 주식을 교부하지 않는 방법으로 법인세를 회피하는 것을 방지하기 위한 취지이다.[9] 합병포합주식 등이 있는 경우 교부한 것으로 보는 금전의 가액은 합병법인이 피합병법인의 지배주주 등인지 여부에 따라 다음과 같이 계산한다.

① 합병법인이 피합병법인의 지배주주 등인 경우에는 합병등기일 전 2년 이내에 취득한 합병포합주식에 대하여 교부한 합병교부주식의 가액을 금전으로 교부한 것으로 본다.

② 합병법인이 피합병법인의 지배주주 등이 아닌 경우에는 합병법인이 합병등기일 전 2년 이내에 취득한 포합주식이 피합병법인의 지분율 20%를 초과하는 경우 그 초과하는 포합주식에 대하여 교부한 합병교부주식 등의 가액을 금전으로 교부한 것으로 본다.

종전에는 합병포합주식에 대하여 합병대가를 지급하는 경우와 지급하지 않는 경우 지분연속성 충족 여부가 달라지는 문제가 있었다. 이를 해결하기 위하여 2012. 2. 2. 법인세법 시행령 개정 시 합병포합주식에 대하여 합병대가를 지급하지 않더라도 합병대가를 지급한 것으로 간주하는 규정을 두었다(법인령 제80조 제1항 제2호 가목). 합병포합주식에 대하여 합병대가를 지급하지 않는 것은 합병대가를 지급한 후 자기주식을 소각한 것과 실질이 다르지 않다는 점을 감안한 것이다. 예를 들어, 합병법인이 피합병법인 주주에게 합병대가 150을 지급하였고, 그 중 피합병주주에게 100, 합병법인(포합주식 보유) 주주에게 50을 지급하였는데, 포합주식 중 합병일로부터 2년 이내 취득한 주식이 30, 2년 이전에 취득한 주식이 20인 경우 포합주식에 합병대가를 지급한 경우와 지급하지 않은 경우의 주식가액비율을 계산해보면 다음과 같이 동일하다.

㉮ 포합주식에 합병대가를 지급한 경우

(주식 150 - 2년 이내 포합주식 30)/합병대가 150 = 80%

---

6) 이창희, 세법강의(2021), 693면
7) 서면인터넷방문상담2팀 -1307(2005. 8. 16.)
8) 헌재 2007. 4. 26. 선고 2005헌바83 결정
9) 대법원 2013. 12. 12. 선고 2013두13204 판결

④ 포합주식에 합병대가를 지급하지 않은 경우

(주식 100+지급간주 50-2년 이내 포합주식 30)/(합병대가 100+지급간주 50)=80%

(3) 사업계속성(Continuity of Business Enterprise)

합병법인이 합병등기일이 속하는 사업연도 종료일까지 피합병법인으로부터 승계받은 사업을 계속하여야 한다(법인법 제44조 제2항 제3호). 합병법인이 합병등기일이 속하는 사업연도의 종료일 이전에 피합병법인으로부터 승계한 자산가액의 2분의 1 이상을 처분하거나 사업에 사용하지 않는 경우에는 사업계속성 요건을 충족하지 못하는 것으로 한다(법인령 제80조의2 제7항). 피합병법인이 보유하던 합병법인의 주식을 승계받아 자기주식을 소각하는 경우에는 해당 합병법인의 주식을 제외하고 피합병법인으로부터 승계받은 자산을 기준으로 사업의 계속성 여부를 판정하되, 승계받은 자산이 합병법인의 주식만 있는 경우에는 사업을 계속하는 것으로 본다. 다만, 기업인수목적회사(SPAC)와 합병한 합병법인은 사업계속성 요건을 요구하지 않는다. 한국거래소가 2021년 8월 상장규정을 개정하여 기업인수목적회사(SPAC)의 합병과 관련하여 기존의 존속방식 이외에 소멸방식도 허용함에 따라 법인세법이 이를 수용한 것이다.

(4) 고용승계 및 유지

합병등기일 1개월 전 당시 피합병법인에 종사하는 근로자 중 합병법인이 승계한 근로자의 비율이 80% 이상이고, 합병등기일이 속하는 사업연도의 종료일까지 그 비율을 유지하여야 한다(법인법 제44조 제2항 제4호).

다. 예외

(1) 모자회사 간 합병

완전모자회사 간 합병, 동일 모회사가 100% 지배하는 완전자회사 간 합병에 대하여는 적격합병 요건을 갖추지 않더라도 적격합병으로 간주한다(법인법 제44조 제3항 제1호, 제2호). 완전모자회사는 경제적으로 동일체이므로 적격합병요건을 요구하지 않는 것이다. 그러나 모회사와 손회사 간 합병은 적격합병으로 간주하지 않는다.[10]

(2) 부득이한 사유로 지분연속성 등의 요건을 갖추지 못한 경우(법인령 제80조의2 제1항)
(가) 지분연속성 요건에 대한 부득이한 사유

지분연속성 요건에 의하면 피합병법인의 주주 등이 합병으로 받은 합병대가의 총합계액 중 합병법인의 주식 또는 합병법인 모회사의 주식 등의 가액이 80% 이상이고, 이를 합병등기일이 속하는 사업연도 종료일까지 보유하여야 한다. 그러나 피합병법인의 지배주주 등이 합병으로 교부받은 주식의 2분의 1 미만을 처분한 경우, 해당 주주 등이 사망하거나 파산하여 주

---

10) 법인세과-2893(2020. 8. 21.)

식 등을 처분한 경우, 해당 주주 등이 적격합병, 적격분할, 적격물적분할 또는 적격현물출자에 따라 주식 등을 처분한 경우 등 법령에서 정한 사유가 있는 경우에는 지분연속성 요건을 충족하지 못하더라도 적격합병으로 인정한다.

피합병법인의 지배주주 등이 합병으로 교부받은 주식 등의 2분의 1 미만을 처분한 경우와 관련하여 처분하는 주식 등에는 의결권 없는 우선주가 포함된다.[11] 해당 주주 등이 합병으로 교부받은 주식 등을 상호 간에 처분하는 것은 해당 주주 등이 그 주식 등을 처분한 것으로 보지 않고, 해당 주주 등이 합병법인 주식 등을 처분하는 경우에는 합병법인이 선택한 주식 등을 처분하는 것으로 본다. 종전에는 모든 개별주주가 교부받은 주식의 2분의 1 이상을 보유해야 하는 것으로 해석하였으나, 일부 지배주주가 임의로 사후관리요건을 위반하면 합병법인의 과세이연이 배제되는 문제가 있으므로 이를 해결하기 위하여 2012. 2. 2. 법인세법 시행령 개정 시 지배주주 전체를 기준으로 교부받은 주식의 2분의 1 이상을 보유하여야 하는 것으로 규정하였다(법인령 제80조의2 제1항 제1호 가목).

(나) 사업계속성 요건에 대한 부득이한 사유

합병법인이 파산함에 따라 승계받은 자산을 처분한 경우, 합병법인이 적격합병, 적격분할, 적격물적분할 또는 적격현물출자에 따라 사업을 폐지한 경우, 합병법인이 조특법 시행령에 따른 기업개선계획의 이행을 위한 약정에 따라 승계받은 자산을 처분한 경우 등 법령에서 정한 사유가 있어 사업을 중단한 경우에는 사업계속성 요건을 충족하지 못하더라도 적격합병으로 인정한다.

(다) 고용승계 및 유지 요건에 대한 부득이한 사유

합병법인이 채무자회생법에 따른 회생계획을 이행 중인 경우, 합병법인이 파산함에 따라 근로자의 비율을 유지하지 못한 경우, 합병법인이 적격합병, 적격분할, 적격물적분할 또는 적격현물출자에 따라 근로자의 비율을 유지하지 못한 경우, 합병등기일 1개월 전 당시 피합병법인에 종사하는 근로기준법에 따라 근로계약을 체결한 내국인 근로자가 5명 미만인 경우 등의 사유가 있어 고용승계 및 유지 요건을 충족하지 못한 경우에는 적격합병으로 인정한다.

3. 합병거래의 과세

가. 피합병법인에 대한 과세

(1) 비적격합병

(가) 양도손익에 대한 과세

비적격합병의 경우 피합병법인이 자산을 합병법인에 양도한 것으로 보아 합병법인으로부

---

11) 사전－2020－법령해석법인－1258(2021. 4. 14.)

터 받은 양도가액에서 피합병법인의 순자산 장부가액을 뺀 금액을 익금산입한다(법인법 제44조 제1항). 피합병법인은 합병법인에 넘겨준 자산의 가액보다 합병법인으로부터 받은 금액이 더 크면 그 차액만큼 이익이 생기므로 이를 과세하기 위한 것이다.

(나) 양도가액의 계산

양도가액에는 피합병법인의 주주 등이 지급받는 합병교부주식의 가액 및 금전이나 그 밖의 재산가액의 합계액, 합병법인이 납부하는 피합병법인의 법인세 등 외에 포합주식의 취득가액도 포함한다(법인령 제80조 제1항). 합병법인이 합병등기일 전 취득한 합병포합주식이 있는 경우에는 그 합병포합주식에 대하여 합병교부주식 등을 교부하지 않더라도 그 지분율에 따라 합병교부주식을 교부한 것으로 보아 합병교부주식 등의 가액을 계산하여 양도가액에 더해야 한다.

(2) 적격합병

적격합병의 경우 피합병법인의 양도가액을 순자산 장부가액으로 보아 양도손익이 없는 것으로 하여 과세를 이연한다(법인법 제44조 제2항). 피합병법인의 양도가액 = 순자산 장부가액이 되므로 양도손익이 0원이 된다. 합병 당시에는 양도손익이 없으므로 손익으로 인식되지 않으나, 추후 합병법인이 승계한 자산을 처분하거나 감가상각하는 때에 손익을 인식한다.

나. 피합병법인의 주주에 대한 과세

(1) 비적격합병

피합병법인의 주주 등인 내국법인이 합병으로 얻은 이익을 의제배당으로 과세한다. 의제배당은 피합병법인의 주주 등인 내국법인이 취득하는 합병대가에서 피합병법인의 주식 등을 취득하기 위하여 사용한 금액을 공제하여 계산한다(법인법 제16조 제1항 제5호).

(2) 적격합병

피합병법인의 주주 등인 내국법인이 합병으로 얻은 이익을 의제배당으로 과세하되, 의제배당소득 계산 시 취득한 주식을 시가가 아닌 장부가액으로 평가한다. 다만, 주식 등을 시가로 평가한 가액이 장부가액보다 적은 경우에는 시가로 평가한다(법인령 제14조 제1항 제1호 나목).

다. 합병법인에 대한 과세

(1) 비적격합병

(가) 합병매수차익에 대한 과세

비적격합병의 경우 합병법인은 피합병법인의 자산을 시가로 승계한 것으로 간주한다(법인법 제44조의2 제1항). 합병법인이 피합병법인에 지급한 양도가액이 피합병법인의 순자산시가보다 적은 경우에는 그 합병매수차액을 5년간 균등하게 나누어 익금산입한다.

(나) 합병매수차손에 대한 과세

① 의의

합병법인이 피합병법인에 지급한 양도가액이 합병등기일 현재의 순자산시가를 초과하는 경우로서 합병법인이 피합병법인의 상호·거래관계, 그 밖의 영업상의 비밀 등에 대하여 사업상 가치가 있다고 보아 대가를 지급한 경우에는 그 합병매수차손을 합병등기일부터 5년간 균등하게 나누어 손금산입한다(법인령 제80조의3 제2항). 합병매수차손의 손금산입규정은 기업회계기준의 잔액개념에 근거한 것이 아니므로 합병법인이 피합병법인에 지급한 양도가액이 합병등기일 현재의 순자산시가를 초과한다고 하여 손금산입할 수 있는 것이 아니고 그에 더하여 사업상 가치가 있어 대가를 지급한 경우이어야 한다.

② 2009. 12. 31. 법인세법 개정 전

2009. 12. 31. 법인세법 개정 전에는 합병법인이 피합병법인에게 순자산가액보다 더 많은 합병대가를 지급한 경우 그 차액에 대하여 영업권으로서 감가상각하고,[12] 그와 함께 합병평가차익으로 과세할 수 있는 것으로 보았다.[13] 이와 관련하여 판례는 영업권에 대하여 감가상각비를 계산하고 합병평가차익으로 과세하기 위해서는 합병법인이 피합병법인의 상호 등을 장차 초과수익을 얻을 수 있는 무형의 재산적 가치로 인정하여 사업상 가치를 평가하여 대가를 지급하여야 하는 것으로 해석하였다.[14] 판례가 제시한 합병영업권의 합병평가차익 과세요건은 ⅰ) 합병법인이 피합병법인의 상호 등을 장차 초과수익을 얻을 수 있는 무형의 재산적 가치로 인정할 것(초과수익력 요건), ⅱ) 합병법인이 피합병법인의 사업상 가치를 평가하여 대가를 지급할 것(사업상 가치 평가 요건) 등 2가지이다. 2009. 12. 31. 법인세법 개정 전 영업권에 대한 법리는 현행 합병매수차손에 대하여도 적용되므로 2009. 12. 31. 법인세법 개정 전 영업권에 대한 대표적인 판례 사안을 살펴보기로 한다.

㉮ 대법원 2018. 5. 11. 선고 2015두41463 판결

상장법인 간 합병 사안으로 합병 무렵 피합병법인이 자본잠식 상태가 지속되어 당기순손실이 약 3,330억 원, 누적결손금이 약 3,438억 원에 달하고 도산의 우려가 있었다는 점 등을 근거로 영업권을 부인하였다.

㉯ 대법원 2018. 5. 11. 선고 2017두54791 판결

상장법인과 비상장법인 간 합병 사안으로 합병 무렵 피합병법인은 급격한 매출성장과 함께 각각 12.5%와 20.9%이라는 높은 영업이익률을 보인 점 등을 근거로 영업권을 인정하였다.

---

12) 대법원 2012. 5. 9. 선고 2012두1044 판결
13) 대법원 2018. 5. 11. 선고 2015두41463 판결, 대법원 2018. 5. 11. 선고 2017두54791 판결
14) 대법원 2018. 5. 11. 선고 2015두41463 판결

㉠ 대법원 2018. 5. 11. 선고 2017두43173 판결

비상장법인 간 합병 사안으로 합병 당시 피합병법인은 결손이 누적되어 자본잠식 상태에 있었던 점 등을 근거로 영업권을 부인하였다.

(2) 적격합병

(가) 장부가액에 의한 자산양수와 자산조정계정

① 세무처리

적격합병의 경우 합병법인은 피합병법인의 자산을 장부가액으로 양도받은 것으로 한다(법인법 제44조의3 제1항). 이때 법인은 자산별로 시가와 장부가액의 차액에 대하여 자산조정계정을 만들어 시가와 장부가액의 차액이 양수이면 익금산입하고 동 금액을 자산조정계정으로 손금산입하며, 시가와 장부가액의 차액이 음수이면 손금산입하고 동 금액을 자산조정계정으로 익금산입하되, 자산조정계정은 자산이 감가상각자산인지 여부에 따라 다음과 같이 세무처리한다(법인령 제80조의4 제1항).

첫째, 감가상각자산인 경우 자산조정계정으로 손금산입한 경우에는 해당 자산의 감가상각비와 상계하고, 자산조정계정으로 익금산입한 경우에는 감가상각비에 가산한다. 해당 자산을 처분하는 경우에는 상계 또는 더하고 남은 금액을 그 처분하는 사업연도에 전액 익금 또는 손금산입한다.

둘째, 감가상각자산 외의 자산인 경우 해당 자산을 처분하는 사업연도에 전액 익금 또는 손금산입한다. 다만, 자기주식을 소각하는 경우에는 익금 또는 손금산입하지 않고 소멸한다.

위와 같은 현행 세무처리는 합병법인이 피합병법인의 장부가액을 승계하여 취득가액으로 계산하고 추후 이연된 과세사유가 발생할 때 과세하는 방법(직접법)이 아니라 시가를 취득가액으로 계산함과 동시에 자산조정계정을 만들어 과세에 반영하는 방법(간접법)을 사용하고 있다. 장부가액을 그대로 승계하는 직접법과 자산조정계정을 활용하는 간접법은 효과가 동일함에도 간접법을 적용하는 것은 미실현이익을 효율적으로 관리하기 위한 취지로 보인다. 그러나 세제를 단순화하기 위해서는 장부가액을 승계하는 직접법으로 전환하는 것이 바람직하다.[15]

위와 같이 자산조정계정을 설정해야 하므로 합병법인이 적격합병으로 인하여 피합병법인이 보유하던 합병법인의 주식을 취득하고 그 후 이를 양도한 경우 양도차익은 양도금액에서 해당 주식의 합병등기일 당시의 시가를 차감한 가액에 합병 당시 자산조정계정으로 계상되었던 금액을 가감하는 방식으로 계산한다.[16]

---

15) 임상엽, "기업구조조정에 대한 과세이연 방식의 재검토 - 적격합병시의 자산조정계정에 대한 분석을 중심으로 -", 세무학연구 제31권 제2호, 2014., 199면
16) 대법원 2022. 6. 30. 선고 2018두54323 판결

② 사례

A자산은 취득가액(시가)이 150이고 장부가액이 100이며, B자산은 취득가액(시가)이 60이고 장부가액이 100이라고 하면 A자산의 자산조정계정은 50(150 - 100)이고 B자산의 자산조정계정은 △40(60 - 100)이다.

X자산의 경우 직접법에서는 합병법인이 100을 승계하여 나중에 100의 감가상각비를 손금에 산입한다. 이에 비해 간접법에서는 시가 150을 취득가액으로 하고 50을 자산조정계정으로 하며, 나중에 150의 감가상각비를 손금산입함과 아울러 50원의 자산조정계정을 익금산입한다. 150의 감가상각비와 50의 자산조정계정을 상계하면 100의 감가상각비를 손금산입하는 것이므로 직접법과 간접법은 결과가 동일하다. Y자산의 경우 직접법에서는 합병법인이 100을 승계하여 나중에 100의 감가상각비를 손금산입한다. 이에 비해 간접법에서는 시가 60을 취득가액으로 하고 △40을 자산조정계정으로 하며, 나중에 60의 감가상각비를 손금산입함과 아울러 △40의 자산조정계정을 손금산입한다. 60의 감가상각비와 40의 자산조정계정을 더하면 100의 감가상각비를 손금산입하는 것이므로 직접법과 간접법은 결과가 동일하다.

(나) 사후관리

합병법인이 2년 이내에 피합병법인으로부터 승계받은 사업을 폐지한 경우, 피합병법인의 지배주주 등이 합병법인으로부터 받은 주식 등을 처분하는 경우, 3년 이내에 각 사업연도 종료일 현재 합병법인에 종사하는 근로자 수가 합병등기일 1개월 전 당시 피합병법인과 합병법인에 각각 종사하는 근로자 수의 합의 80% 미만으로 하락하는 경우에는 그 사유발생일이 속하는 사업연도에 양도받은 자산의 장부가액과 시가의 차액, 승계받은 결손금 중 공제한 금액, 자산조정계정 잔액의 총합계액이 0보다 큰 경우 그 금액 등을 익금산입하고, 피합병법인으로부터 승계받아 공제한 감면·세액공제액 등의 적용을 배제한다(법인법 제44조의3 제3항, 법인령 제80조의4 제3항·제4항).

합병법인이 2년 이내에 피합병법인으로부터 승계받은 사업을 폐지한 경우와 관련하여 합병법인이 피합병법인으로부터 승계한 자산가액의 2분의 1 이상을 처분하거나 사업에 사용하지 않는 경우에는 피합병법인으로부터 승계받은 사업을 폐지한 것으로 본다. 다만, 피합병법인이 보유하던 합병법인의 주식을 승계받아 자기주식을 소각하는 경우에는 해당 합병법인의 주식을 제외하고 피합병법인으로부터 승계받은 자산을 기준으로 사업 계속 여부를 판정하되, 승계받은 자산이 합병법인의 주식만 있는 경우에는 사업을 계속하는 것으로 본다(법인령 제80조의4 제8항).

위와 같은 사후관리 위반이 있는 경우에는 당초부터 비적격이었던 것과 동일하게 과세되도록 한 것이다. 다만, 지분연속성, 사업계속성, 고용 승계 및 유지 등의 부득이한 사유가 있는 경우에는 위 사후관리 규정을 적용하지 않는다(법인령 제80조의4 제7항). 예를 들어, 해당 법인이 적격합병 후 해당 주주 등이 적격합병, 적격분할, 적격물적분할 또는 적격현물출자에 따라 사업을 폐지한 경우에는 사후관리 위반에 해당하지 않는다(법인령 제80조의4 제7항 제1호, 제80조의2 제1항 제2호 나목). 이 규정은 2010. 6. 8. 법인세법 시행령 개정시 신설되었는바, 그 전에 적격합병 후 적격분할한 경우 사후관리 위반에 해당하는지 다투어진 사안에서, 대법원은 사후관리 위반에 해당한다고 판시하였다.[17] 그 당시 구 법인세법(2009. 12. 31. 개정 전) 제46조 제2항[18]은 적격분할한 후 합병하는 경우 사업의 폐지에 해당하지 않는다는 명시적인 규정을 두었으나,[19] 적격합병 후 분할하는 경우에는 사업의 폐지에 해당하지 않는다는 규정을 두고 있지 않았으므로 문언에 충실하게 해석한 것이다. 그러나 적격합병 후 분할하는 경우에도 연속적인 기업의 구조조정을 정책적으로 지원할 필요성이 있으므로 사후관리 위반에서 제외하는 내용으로 법인세법 시행령을 개정하였다.

라. 이월결손금 및 세무조정사항 등의 승계

(1) 의의

피합병법인의 이월결손금은 승계하지 않는 것이 원칙이나, 적격합병의 경우에는 기업구조조정을 지원하기 위하여 이월결손금의 승계를 허용한다.

(2) 적격합병

(가) 이월결손금

합병법인은 피합병법인의 합병등기일 현재의 이월결손금을 승계한다(법인법 제44조의3 제2항, 법인령 제81조 제3항). 다만, 이월결손금의 공제에는 다음과 같은 제한이 따른다.

① 합병법인의 이월결손금

합병법인의 각 사업연도의 과세표준을 계산할 때 합병법인의 결손금은 피합병법인으로부터 승계받은 사업에서 발생한 소득금액의 범위에서는 공제하지 않는다(법인법 제45조 제1항). 쉽게 말하면 합병법인의 결손금은 합병법인의 사업에서 발생한 소득에서 공제할 수 있다는 의미이다. 결손법인이 흑자법인을 흡수합병하는 이른바 역합병(逆合倂)을 이용한 조세회피를 방지하기 위한 취지이다. 과거 2002년 하나은행이 서울은행을 합병하는 과정에서 흑자법인인 하나은행이 피합병법인이 되고 결손법인인 서울은행이 합병법인이 되어 서울은행의 이월결손금을 공제함으로써 법인세를 줄인 사례가 있었으므로 이러한 역합병 방식의 조세회피를 규제하기 위하여 입법되었다. 합병등기일 현재 이월결손금이 없는 합병법인이 피합병법인의 사업에서 발생한 이월결손금을 승계하고, 합병 이후 합병법인의 사업에서 결손금이 발생한 경우 피합

---

17) 대법원 2023. 11. 2. 선고 2020두56803 판결
18) 현행 법인세법 제46조의3 제3항 제1호
19) 판례는 적격분할 후 합병에 대하여는 법인세법상 사업의 폐지에서 제외하는 근거규정이 있다는 이유로 사업의 폐지에 해당하지 않는다고 판시하였다(대법원 2018. 10. 25. 선고 2018두42184 판결).

병법인으로부터 승계받은 이월결손금이 소멸되지 않았더라도 합병 이후에 합병법인의 사업에서 발생한 결손금은 기존사업에서 발생한 소득금액의 범위에서 공제할 수 있다.[20]

② 합병법인이 승계한 피합병법인의 결손금

합병법인이 승계한 피합병법인의 결손금은 피합병법인으로부터 승계받은 사업에서 발생한 소득금액의 범위에서 공제한다(법인법 제45조 제2항). 합병을 통해 피합병법인의 결손금을 이용하는 방법으로 조세를 회피하는 것을 방지하기 위한 취지이다.

③ 공제한도(법인법 제45조 제5항)

합병법인의 결손금은 합병법인의 소득금액에서 피합병법인으로부터 승계받은 사업에서 발생한 소득금액을 차감한 금액을 한도로 한다. 이는 피합병법인으로부터 승계받은 사업을 포함한 합병법인의 모든 사업에서 발생한 소득금액에서 피합병법인으로부터 승계받은 사업에서 발생한 소득금액을 제외한 합병법인의 사업에서 발생한 소득금액의 범위에서 공제할 수 있다는 의미이다. 합병법인이 승계한 피합병법인의 결손금은 피합병법인으로부터 승계받은 사업에서 발생한 소득금액의 각 80%를 한도로 한다. 일반법인의 경우 이월결손금 공제한도가 적용되므로 합병의 경우에도 동일하게 적용한다. 다만, 중소기업과 회생계획을 이행 중인 기업 등의 경우에는 100%를 한도로 한다.

④ 구분경리

자산, 부채 및 손익을 피합병법인으로부터 승계받은 사업에 속하는 것과 그 밖의 사업에 속하는 것으로 구분경리하여야 한다(법인법 제113조 제3항). 그래야 피합병법인의 결손금은 피합병법인의 사업에서 발생한 소득에서 공제할 수 있고, 합병법인의 결손금은 합병법인의 사업에서 발생한 소득에서 공제할 수 있기 때문이다. 다만, 중소기업 간 또는 동일사업을 하는 법인 간 합병에 해당하여 구분경리하지 않은 경우에는 사업용 자산가액 비율로 안분계산하여 적용한다.

(나) 자산의 처분손실(내재손실)의 손금산입 제한

내재손실(Built-in Loss)이란 경제적으로는 이미 손실이 발생하였으나 장부상 실현되지 않은 손실을 말한다. 합병법인과 피합병법인이 합병 전 보유하던 자산의 처분손실은 내재손실로서 향후 과세소득을 줄이는데 사용할 수 있으므로 이월결손금과 유사하다. 따라서 합병 후 일정 기간 이내에 자산의 처분손실이 생기면 이월결손금과 동일하게 보아 손금산입을 제한한다. 피합병법인의 합병 전 보유자산뿐 아니라 합병법인의 합병 전 보유자산에 대하여도 적용하는 것은 역합병 가능성을 차단하기 위함이다.

---

20) 서면-2019-법령해석법인-1757(2020. 10. 26.)

적격합병을 한 합병법인의 경우 합병법인과 피합병법인이 합병 전 보유하던 자산의 처분손실은 합병등기일 이후 5년 이내에 끝나는 사업연도에 발생한 것만 각각 합병 전 해당 법인의 사업에서 발생한 소득금액의 범위에서 손금산입한다(법인법 제45조 제3항). 이 경우 손금불산입하는 처분손실은 자산 처분 시 각각 합병 전 해당 법인의 사업에서 발생한 결손금으로 보아 공제를 제한한다. 비적격합병의 경우에는 합병 당시 피합병법인의 자산을 시가로 평가하여 내재손실이 피합병법인의 양도손익에 반영되고 합병 이후에 추가로 발생한 처분손실은 합병 이후에 발생한 것이므로 제한을 두지 않는다.

(다) 기부금한도초과액의 공제 제한

합병법인의 합병 당시 기부금한도초과액은 합병 전 해당 법인의 사업에서 발생한 소득을 기준으로 산출한 한도 내에서 손금산입하고, 피합병법인으로부터 승계되는 기부금한도초과액은 승계받은 사업에서 발생한 소득을 기준으로 산출한 한도 내에서 손금산입한다(법인법 제45조 제6항, 제7항). 기부금한도초과액은 향후 과세소득을 줄이는데 사용할 수 있으므로 이월결손금과 유사한 제한을 두는 것이다.

(라) 세무조정사항

세무조정사항은 모두 합병법인에 승계된다(법인령 제85조 제1호). 세무조정사항은 피합병법인의 각 사업연도의 소득금액 및 과세표준을 계산할 때 익금 또는 손금에 산입하거나 불산입한 금액을 의미한다(법인령 제85조).

(3) 비적격합병

퇴직급여충당금, 대손충당금을 합병법인이 승계한 경우에는 그와 관련된 세무조정사항을 승계한다. 이 경우 합병법인은 합병등기일 현재의 퇴직급여충당금과 대손충당금 중 합병법인이 승계받은 금액은 합병법인이 합병등기일에 가지고 있는 퇴직급여충당금과 대손충당금으로 본다(법인법 제33조 제3항, 제34조 제4항). 유보사항의 추인을 위하여 퇴직급여충당금, 대손충당금과 관련된 세무조정사항을 승계하도록 한 것이다.[21] 그 밖의 세무조정사항은 합병법인에 승계되지 않는다(법인령 제85조 제2호).

(4) 사업양수인의 이월결손금 공제제한

사업양수를 통한 조세회피를 방지하기 위하여 사업양수도 시 양수법인의 기존 이월결손금은 양수법인의 기존 사업부문에서 발생한 소득금액의 범위에서 공제한다(법인법 제50조의2). 양수자산이 사업양수일 현재 양도법인의 자산총액의 70% 이상이고, 양도법인의 자산총액에서 부채총액을 뺀 순자산금액의 90% 이상인 경우에 적용한다(법인령 제86조의2 제1항).

---

21) 김완석·황남석, 법인세법론(2021), 566면

구분	적격합병	비적격합병
피합병법인	• (양도가액－피합병법인 순자산 장부가액)에서 양도가액을 순자산 장부가액으로 계상하므로 양도손익 없음(과세이연).	• (양도가액 － 피합병법인 순자산 장부가액) 〉 0이면 양도차익 익금산입 • (양도가액 － 피합병법인 순자산 장부가액) 〈 0이면 양도차손 손금산입
피합병법인 주주	• 합병대가를 장부가액으로 계산	• 합병대가를 시가로 계산
합병법인	• 피합병법인의 자산을 시가로 계상하고 피합병법인 장부가액과의 차액을 자산조정계정으로 계상 • 자산조정계정은 추후 감가상각비와 상계하거나 가산, 처분 시 잔액은 익금 또는 손금산입 • 세무조정사항 모두 승계	• (피합병법인 순자산시가 － 양도가액) 〉 0이면 합병매수차익 5년간 균등 익금산입 • (피합병법인 순자산시가 － 양도가액) 〈 0이면 합병매수차손 5년간 균등 손금산입 • 퇴직급여충당금 및 대손충당금에 대한 세무조정사항만 승계

제3절 분할

1. 의의 및 유형

가. 분할의 의의

분할제도는 외환위기 당시 기업의 구조조정을 지원하기 위하여 1998. 12. 28. 상법 개정을 통해 도입되었다(상법 제530조의2 이하). 분할은 1개의 회사를 여러 개의 회사로 나누는 것을 말한다. 법인의 일부 사업부문을 분리하여 새로운 회사를 설립하기 위하여 활용한다. 예를 들면, A회사에 백화점 사업부와 할인점 사업부가 있는데, 이 중 할인점 사업부를 분리하여 B회사를 설립하고, A회사는 백화점 사업부만 남기는 식이다. 재산과 사원이 분리되는 회사를 분할법인이라 하고, 분할법인으로부터 재산을 승계받고 주식을 교부하는 회사를 분할신설법인이라고 하며 분할신설법인과 합병하는 법인을 분할합병의 상대방법인이라고 한다.

현물출자, 재산인수 등의 방법으로도 회사의 사업부를 법인으로 만들 수 있으나, 현물출자의 경우 법원이 선임한 검사인의 조사를 거쳐야 하는 부담이 있고, 재산인수의 경우 개개의 자산과 부채에 대하여 일일이 이전절차를 거쳐야 하는 번거로움이 있으므로 분할이 절차상 장점이 있다. 분할은 비대한 조직을 쪼개어 효율성과 수익성을 높이기 위한 목적, 부실한 사업부를 분리하여 사업구조를 건실화하기 위한 목적, 지주회사로 전환하기 위한 목적 등 다양한 목적으로 이용된다.

나. 분할의 유형

(1) 분할법인의 존속 및 합병 여부에 따른 구분

분할은 분할법인의 존속 및 합병 여부에 따라 존속분할, 흡수분할, 흡수분할합병, 신설분할합병 등으로 구분한다. 존속분할은 분할법인이 존속하는 것이고, 소멸분할은 분할법인이 소멸하는 것이며, 흡수분할합병은 분할신설법인이 다른 법인에 흡수합병되는 것이고, 신설분할합병은 분할신설법인이 다른 법인과 합병되어 법인이 신설되는 것이다.

(2) 분할신설법인의 주식취득에 따른 구분(인적분할과 물적분할)

(가) 인적분할(人的分割)

분할신설법인의 주식을 분할법인의 주주가 취득하므로 기존의 주주는 분할법인과 분할신설법인의 주주가 된다. A회사의 할인점 사업부가 분할되어 B회사가 설립된 경우 A회사의 주주 甲의 지분이 20%였으면 분할 후 甲은 A회사의 지분 20%와 B회사의 지분 20%를 각 보유하게 된다. 인적분할은 주주의 구성은 바뀌지 않고 회사를 나누어 갖는 수평적 분할이다.

분할법인이 자기주식을 보유하고 있는 경우에는 인적분할을 지배주주의 지배력을 강화하는 수단으로 활용하기도 한다. 과거 회사분할 시 분할법인이 보유한 자기주식에 대해 분할신주를 배정할 수 없도록 하는 명시적인 규정이 없으므로 실무상 인적 분할을 하면서 자기주식에 대하여 분할신주를 배정하여 분할신설법인에 대한 분할법인 지배주주의 지배력을 강화하는 이른바 '자사주의 마법'을 많이 활용하였다.[22] 이로 인해 자기주식이 대주주 지배력을 높이기 위해 활용된다는 비판이 강해지자 대주주 등의 자기주식을 이용한 편법적인 지배력 확대를 방지하기 위하여 2024. 12. 31. 자본시장법 시행령 개정 시 자기주식에 대한 신주배정을 금지하였다(자본시장법 시행령 제176조의6 제3항). 이러한 자기주식에 대한 신주배정 금지는 상장법인에 대하여만 적용된다.

(나) 물적분할(物的分割)

분할신설법인의 주식을 분할법인이 취득하므로 분할법인과 분할신설법인 사이에 모자관계가 성립한다. 즉 분할법인은 분할신설법인의 100% 모회사가 되고, 분할신설법인은 분할법인의 자회사가 되는 수직적 분할이다. 물적분할은 상법상 자본감소 절차 및 주식매수청구 절차를 거치지 않아도 되므로 인적분할과 비교하여 절차가 간소한 장점이 있다. 그러나 소액주주는 분할신설법인에 대한 주식을 보유하지 못하므로 소액주주의 이익이 훼손된다는 비판이 많

---

22) 자사주 마법은 인적분할 과정에서 지배주주의 추가적인 출연 없이 신설회사에 대한 지배력이 강화되는 현상을 일컫는다. 인적분할을 추진하는 회사가 자기주식을 보유한 경우 회사를 주주로 간주하여 신설회사의 신주를 배정할 수 있는데, 배정된 지분만큼 신설회사에 대한 지배주주의 지배력이 강화되는 결과가 나타난다. 지배주주의 비용이 아닌 회사의 자기주식 보유를 통해 지배주주의 지배력이 강화되므로 자사주 마법의 활용은 외부주주의 이익을 침해하는 행위라는 비판이 지속적으로 제기되어 왔다(김준석, "인적분할과 자사주 마법", 자본시장연구원 이슈보고서 23-06, 2023.).

았다. 상장법인의 경우에는 물적분할에 반대하는 주주의 이익을 보호하기 위하여 2022. 12. 27. 자본시장법 시행령을 개정하여 주식매수청구권을 부여하였다(자본시장법 시행령 제176조의7 제1항 제2호).

다. 분할세제 개관

인적분할의 세제는 기본적으로 합병세제와 동일한 구조이다. 따라서 분할법인의 자산양도 차익 과세, 분할법인 주주의 의제배당 과세, 분할신설법인의 분할매수차손익 과세 등으로 짜여져 있다.

2. 인적분할의 적격분할

가. 요건

(1) 사업목적성(Business Purpose)

분할등기일 현재 5년 이상 사업을 계속하던 내국법인이 다음 요건을 갖추어 분할하여야 한다(법인법 제46조 제2항 제1호). 분할합병의 경우에는 소멸한 분할합병의 상대방법인 및 분할합병의 상대방법인이 분할등기일 현재 1년 이상 사업을 계속하던 내국법인이어야 한다. 분할합병의 경우 합병의 기준에 따라 1년 이상 사업의 요건을 적용하는 것이다. 5년 이상의 기간은 분할대상사업의 영위기간이 아니라 분할법인의 사업영위기간을 의미하므로 분할대상사업의 영위기간이 5년 미만이라도 분할법인의 분할 전 사업영위기간이 5년 이상이면 위 요건을 충족한다.[23]

(가) 분리가능한 독립된 사업부문의 분할

분리하여 사업이 가능한 독립된 사업부문을 분할하여야 한다. 이는 기능적 관점에서 독립된 사업활동이 불가능한 개별자산만을 이전하여 사실상 양도차익을 실현한 경우와 구별하기 위한 것이므로 분할 이후 기존의 사업활동을 독립하여 영위할 수 있는 사업부문이 분할되어야 하고, 독립적으로 사업이 가능하면 단일 사업부문의 일부를 분할하는 것도 가능하다.[24]

승계하는 자산총액 중 부동산임대업의 자산가액이 50% 이상인 부동산임대업을 주업으로 하는 사업부문, 분할하는 사업부문이 승계한 사업용 자산가액 중 부동산 및 부동산에 관한 권리가 80% 이상인 사업부문, 주식 등과 그와 관련된 자산·부채만으로 구성된 사업부문은 분리하여 사업이 가능한 독립된 사업부문을 분할한 것으로 보지 않는다(법인법 제46조 제3항, 법인령 제82조의2 제2항, 법인칙 제41조). 부동산업 또는 주식 관련 사업과 그 이외의 사업을 주업으로 하는 법인이 부동산업 또는 주식 관련 사업부를 떼어내는 것은 적격분할로 보지 않겠다는 의미이다. 그러나 부동산임대업과 부동산개발 및 공급업을 영위하던 내국법인이 인적분할

---

23) 서면인터넷방문상담2팀 −1759(2005. 11. 3.)
24) 대법원 2018. 6. 28. 선고 2016두40986 판결

에 따라 부동산개발 및 공급 사업부문을 분할하여 분할신설법인에게 이전하고, 분할법인은 부동산임대사업부문을 계속 영위하는 경우 해당 분할은 분리하여 사업이 가능한 독립된 사업 부문을 분할한 것으로 본다.[25] 이 경우에는 부동산업을 주업으로 하는 법인이 부동산업 내의 사업부서를 분리하는 것이므로 부동산업 이외의 사업을 하는 법인이 부동산업을 떼어내는 것 과 구별되기 때문이다. 또한 분할하는 사업부문이 주식 등과 그와 관련된 자산·부채만으로 구성된 사업부문이라도 분할법인이 분할등기일 전일 보유한 모든 지배목적 보유주식 등과 그 와 관련된 자산·부채만으로 구성된 사업부문, 공정거래법 및 금융지주회사법에 따른 지주회 사를 설립하는 사업부문 등인 경우에는 분리하여 사업이 가능한 독립된 사업부문으로 본다 (법인령 제82조의2 제3항). 지배목적 보유주식이란 지배주주 등이 3년 이상 보유한 주식 등을 말한다(법인칙 제41조 제3항). 주식을 지배목적으로 보유하는 경우에는 분리가능한 독립된 사 업부문의 분할로 보겠다는 의미이다.

(나) 분할하는 사업부문의 자산 및 부채의 포괄적 승계

분할하는 사업부문의 자산 및 부채를 포괄적으로 승계하여야 한다. 독립된 사업부문 요건 을 보완하는 것으로서 해당 사업활동에 필요한 자산·부채가 분할신설법인에 한꺼번에 이전 되어야 함을 뜻한다.[26] 다만 공동사용 자산, 채무자의 변경이 불가능한 부채 등 분할하기 어 려운 자산과 부채 등은 승계하지 않더라도 기업의 실질적 동일성을 해하지 않는다. 이에 해당 하는 자산으로는 변전시설·폐수처리시설·전력시설·용수시설·증기시설, 사무실·창고· 식당·연수원·사택·사내교육시설, 물리적으로 분할이 불가능한 공동의 생산시설, 사업지원 시설과 그 부속토지 및 자산 등이 있고, 부채는 지급어음, 차입조건상 차입자의 명의변경이 제한된 차입금, 분할로 인하여 약정상 차입자의 차입조건이 불리하게 변경되는 차입금, 분할 하는 사업부문에 직접 사용되지 않은 공동차입금 등이 있으며 분할하는 사업부문이 승계하여 야 하는 자산·부채로서 분할 당시 시가로 평가한 총자산가액 및 총부채가액의 각각 20% 이 하인 자산·부채 등이 있다(법인령 제82조의2 제4항). 분할하는 사업부문이 주식 등을 승계하는 경우에는 분할하는 사업부문의 자산·부채가 포괄적으로 승계된 것으로 보지 않는다(법인령 제82조의2 제5항). 적격분할을 이용하여 조세를 회피하는 것을 방지하기 위한 취지이다. 다만, 분할법인이 분할등기일 전일 현재 보유한 모든 지배목적 보유주식 등과 그와 관련된 자산· 부채만으로 구성된 사업부문 등을 비롯하여 분리가능한 독립된 사업부문의 분할로 보는 주식 등을 승계하는 경우에는 예외적으로 포괄승계로 본다.

(다) 분할법인 등만의 출자에 의한 분할

분할법인 등만의 출자에 의하여 분할하여야 한다.

---

25) 서면법규과-786(2014. 7. 24.)
26) 대법원 2018. 6. 28. 선고 2016두40986 판결

(2) 지분연속성(Continuity of Proprietary Interest)

분할법인 등의 주주가 분할신설법인 등으로부터 받은 분할대가의 전액이 주식으로서 그 주식이 분할법인 등의 주주가 소유하던 주식의 비율에 따라 배정되고 분할법인 등의 지배주주가 분할등기일이 속하는 사업연도의 종료일까지 그 주식을 보유하여야 한다(법인법 제46조 제2항 제2호). 2025년 법인세법 시행령 개정 시 분할법인 등의 자기주식에 대해 분할신설법인 등의 주식을 배정하지 않는 경우 지분비율 산정시 분할법인 등이 보유한 자기주식은 제외하도록 규정하였다(법인령 제82조의2 제7항). 분할합병의 경우에는 합병의 기준에 맞추어 분할대가의 80% 이상이 분할신설법인 등의 주식인 경우 또는 분할합병의 상대방법인의 발행주식총수를 소유하고 있는 내국법인의 주식이어야 한다. 분할합병의 경우 분할대가의 총합계액 중 주식 등의 가액이 80% 이상인지 판정할 때 분할합병의 상대방법인이 분할등기일 전 2년 내에 취득한 분할법인의 분할합병포합주식이 있으면 합병포합주식과 같은 방법으로 지배주주인 경우와 지배주주가 아닌 경우로 나누어 법령 소정의 금액을 금전으로 교부한 것으로 본다(법인령 제82조의2 제6항).

(3) 사업계속성(Continuity of Business Enterprise)

분할신설법인 등이 분할등기일이 속하는 사업연도의 종료일까지 분할법인 등으로부터 승계받은 사업을 계속하여야 한다(법인법 제46조 제2항 제3호). 분할 전후 사업의 실질적 동일성이 유지되도록 하기 위한 것으로서 분할등기일이 속하는 사업연도 종료일 전에 승계한 고정자산 가액의 2분의 1 이상을 처분하거나 승계한 사업에 직접 사용하지 않는 경우에는 사업을 폐지한 것으로 본다.

(4) 고용승계 및 유지

분할등기일 1개월 전 당시 분할하는 사업부문에 종사하는 근로자 중 분할신설법인 등이 승계한 근로자의 비율이 80% 이상이고, 분할등기일이 속하는 사업연도의 종료일까지 그 비율을 유지하여야 한다(법인법 제46조 제2항 제4호).

나. 부득이한 사유가 있어 적격분할로 보는 경우

지분연속성 요건, 사업계속성 요건, 고용승계 및 유지 요건에 대하여 합병에서 인정하는 부득이한 사유가 있는 경우에는 적격분할로 인정한다(법인령 제82조의2 제1항).

3. 인적분할의 과세

가. 분할법인에 대한 과세

(1) 비적격분할

(가) 양도손익에 대한 과세

내국법인이 분할로 해산하는 경우에는 분할법인이 자산을 분할신설법인 등에 양도한 것으로 보아 분할법인이 분할신설법인으로부터 받은 양도가액에서 분할법인의 순자산 장부가액을 뺀 금액을 익금에 산입한다(법인법 제46조 제1항).

(나) 양도가액의 계산

양도가액은 분할법인의 주주 등이 지급받는 분할신설법인 등의 주식 가액 및 금전이나 그 밖의 재산가액의 합계액을 말하되, 분할합병 등의 경우에는 분할신설법인 등이 납부하는 분할법인의 법인세 등 외에 포합주식의 취득가액을 포함한다(법인령 제82조 제1항).

(2) 적격분할

분할법인의 양도가액을 순자산 장부가액으로 보아 양도손익이 없는 것으로 하여 과세를 이연한다(법인법 제46조 제2항).

나. 분할법인의 주주에 대한 과세

(1) 비적격분할

분할법인의 주주 등인 내국법인이 분할로 인하여 얻은 이익을 배당으로 의제하여 과세한다(법인법 제16조 제1항 제6호). 의제배당은 분할법인의 주주 등인 내국법인이 취득하는 분할대가에서 분할신설법인 등의 주식 등을 취득하기 위하여 사용한 금액을 공제하여 계산한다.

(2) 적격분할

의제배당 계산 시 취득한 주식을 시가가 아닌 장부가액으로 평가하여 과세를 이연한다. 다만, 주식 등을 시가로 평가한 가액이 종전의 장부가액보다 적은 경우에는 시가로 평가한다(법인령 제14조 제1항 제1호 나목).

다. 분할신설법인 등에 대한 과세

(1) 비적격분할

(가) 분할매수차익에 대한 과세

분할법인이 분할신설법인 등의 자산을 시가로 승계한 것으로 간주한다(법인법 제46조의2 제1항). 따라서 분할신설법인 등에 지급한 양도가액이 분할법인의 순자산시가보다 적은 경우에는 그 분할매수차익을 5년간 균등하게 나누어 익금산입한다.

(나) 분할매수차손에 대한 과세

분할법인에 지급한 양도가액이 분할등기일 현재의 순자산시가를 초과하는 경우로서 분할신설법인 등이 분할법인의 상호·거래관계, 그 밖의 영업상의 비밀 등에 대하여 사업상 가치가 있다고 보아 대가를 지급한 경우에는 그 분할매수차손을 분할등기일부터 5년간 균등하게 나누어 손금산입한다(법인령 제80조의3 제2항). 분할매수차손의 손금산입을 위하여는 사업상 가치가 있다고 인정되어야 한다.

(2) 적격분할
(가) 장부가액에 의한 양수와 자산조정계정

적격분할을 한 분할신설법인 등은 분할법인의 자산을 장부가액으로 양도받은 것으로 한다(법인법 제46조의3 제1항). 법인은 자산별로 시가와 장부가액의 차액에 대하여 자산조정계정을 만들어 세무처리한다(법인령 제82조의4 제1항). 자산조정계정의 세무처리는 합병에서 살펴본 내용을 참고한다{제2절 3. 다. (2)}.

(나) 사후관리

분할신설법인 등의 사후관리에 대하여는 합병의 사후관리 규정을 준용한다(법인법 제46조의3 제3항, 법인령 제82조의4 제3항·제4항). 다만, 지분연속성, 사업계속성, 고용 승계 및 유지 등의 부득이한 사유가 있는 경우에는 위 사후관리 규정을 적용하지 않는다(법인령 제82조의4 제6항).

분할신설법인이 분할법인으로부터 지배목적으로 보유하는 주식과 그와 관련한 자산·부채로 구성된 사업부문을 적격분할의 요건을 갖추어 승계받은 경우에는 지배목적 보유주식의 가액을 분할법인으로부터 승계한 고정자산가액에 포함시켜 판정한다.[27] 지배목적으로 보유하는 주식은 발행기업의 운영 및 통제에 직접 사용되므로 매각에 의한 시세차익을 얻기 위해 보유하는 일반적인 투자주식과는 목적과 기능에서 구별되므로 승계받은 지배목적 보유주식의 대부분을 매각한 때에도 사업의 계속성과 연속성을 부정하는 것이 타당하기 때문이다.[28]

라. 이월결손금 및 세무조정사항 등의 승계
(1) 적격분할
(가) 이월결손금

분할신설법인 등은 분할법인의 분할등기일 현재의 이월결손금을 승계한다(법인법 제46조의3 제2항, 법인령 제81조 제3항). 다만, 이월결손금의 공제에는 다음과 같은 제한이 있다.

---

27) 대법원 2017. 1. 25. 선고 2016두51535 판결
28) 대법원 2017. 1. 25. 선고 2016두51535 판결

① 분할신설법인 등의 이월결손금

분할신설법인 등의 각 사업연도의 과세표준을 계산할 때 분할신설법인 등의 결손금은 분할법인으로부터 승계받은 사업에서 발생한 소득금액의 범위에서는 공제하지 않는다(법인법 제46조의4 제1항). 이는 결손부문을 분할하여 조세회피하는 것을 방지하기 위함이다.

② 분할신설법인 등이 승계한 분할법인의 결손금

분할신설법인 등이 승계한 분할법인의 결손금은 분할법인으로부터 승계받은 사업에서 발생한 소득금액의 범위에서 공제한다(법인법 제46조의4 제2항).

③ 공제한도

분할신설법인 등의 분할등기일 현재 결손금과 분할신설법인 등이 승계한 분할법인의 결손금에 대한 공제는 분할신설법인 등의 분할등기일 현재 결손금의 경우 분할신설법인 등의 소득금액에서 분할법인으로부터 승계받은 사업에서 발생한 소득금액을 차감한 금액, 분할신설법인 등이 승계한 분할법인의 결손금의 경우 분할법인으로부터 승계받은 사업에서 발생한 소득금액의 각 80%를 한도로 한다(법인법 제46조의4 제5항). 다만, 중소기업과 회생계획을 이행 중인 기업 등의 경우에는 100%를 한도로 한다.

(나) 자산의 처분손실의 손금산입 제한과 기부금한도초과액의 공제 제한

적격분할을 한 분할신설법인 등은 분할신설법인 등과 분할법인이 분할 전 보유하던 자산의 처분손실은 분할등기일 이후 5년 이내에 끝나는 사업연도에 발생한 것만 각각 분할 전 해당 법인의 사업에서 발생한 소득금액의 범위에서 해당 사업연도의 소득금액을 계산할 때 손금산입한다(법인법 제46조의4 제3항). 또한 분할신설법인 등의 분할 당시 기부금한도초과액은 분할 전 분할신설법인 등의 사업에서 발생한 소득을 기준으로 산출한 한도 내에서 손금산입하고, 분할법인으로부터 승계되는 기부금한도초과액은 승계받은 사업에서 발생한 소득을 기준으로 산출한 한도 내에서 손금산입한다(법인법 제46조의4 제6항, 제7항).

(다) 세무조정사항

세무조정사항은 모두 분할신설법인 등에 승계된다(법인령 제85조 제1호). 분할법인의 회계장부에 계상된 자산 및 부채를 분할신설법인에 장부가액으로 이전할 때 세무조정사항도 분할신설법인에 인수시키려는 취지이므로 분할법인의 상각부인액과 같이 세무상 유보로 남아 있는 금액을 분할신설법인이 그대로 승계한다.[29] 내국법인이 진부화되거나 시장가치가 급격히 하락한 사업용 유형고정자산에 대하여 기업회계기준에 따라 감액손실을 계상한 경우에는 기업회계기준상 유형자산감액손실과 감가상각비의 실질이 유사한 점을 감안하여 감가상각비를

---

29) 대법원 2014. 3. 13. 선고 2013두20844 판결

계상한 것으로 보아 당해 사업연도의 상각범위액 내에서 손금산입하거나 그 후의 사업연도에 대한 시인부족액을 한도로 하여 손금으로 추인한다.

(2) 비적격분할

퇴직급여충당금 또는 대손충당금을 분할신설법인 등이 승계한 경우에는 그와 관련된 세무조정사항을 승계하고 그 밖의 세무조정사항은 분할신설법인 등에 승계되지 않는다(법인령 제85조 제2호).

4. 인적분할 후 분할법인이 존속하는 경우의 과세특례

가. 분할법인에 대한 과세

내국법인이 분할 후 존속하는 경우 분할한 사업부문의 자산을 분할신설법인 등에 양도함으로써 발생하는 양도손익은 분할법인이 분할신설법인 등으로부터 받은 양도가액에서 분할법인의 분할한 사업부문의 분할등기일 현재의 순자산 장부가액을 공제한 금액을 각 사업연도소득금액으로 계산한다(법인법 제46조의5 제1항, 제2항). 분할법인이 존속하므로 분할로 인한 양도손익을 각 사업연도소득으로 계산하는 것이다.

나. 분할신설법인 등에 대한 과세

분할법인이 존속하는 경우 분할신설법인 등에 대한 과세는 분할법인이 해산한 경우와 같으나, 분할법인이 존속하므로 분할법인의 결손금은 승계하지 않는다(법인법 제46조의5 제3항).

5. 물적분할

가. 적격분할

(1) 의의

물적분할은 분할법인이 분할신설법인에게 자산과 부채를 이전하는 거래이므로 그 양도손익에 대해 과세된다. 그러나 양도손익에 대한 과세는 물적분할의 활용을 저해할 수 있으므로 일정 요건하에 과세를 이연한다. 물적분할에 대한 과세이연 규정은 회사가 기존 사업의 일부를 별도의 완전자회사로 분리하는 조직형태의 변화가 있었으나 지분관계를 비롯하여 기업의 실질적인 이해관계에 변동이 없는 때에는 이를 과세계기로 삼지 않음으로써 회사분할을 통한 기업구조조정을 지원하기 위한 취지이다.

(2) 요건

분할법인이 사업목적성(Business Purpose), 지분연속성(Continuity of Proprietary Interest), 사업계속성(Continuity of Business Enterprise), 고용승계 및 유지의 요건을 갖추어야 한다(법인법 제47조 제1항). 이들 요건에 대한 내용은 앞서 인적분할에서 살펴본 내용을 참고한다(2.

가.). 다만, 지분연속성의 경우 전액 주식이어야 한다. 부동산임대업 등 사업부문을 물적분할하는 경우에는 인적분할과 마찬가지로 적격분할로 보지 않는다.

적격물적분할의 요건을 충족하였는지 여부가 문제된 대표적인 사례는 오씨아이(OCI) 사건이다.[30] 이 사건에서 원고 오씨아이(OCI)는 2008. 5. 1. 인천공장의 화학제품제조 사업부문과 도시개발 사업부문을 기존의 다른 사업부문에서 물적분할하여 분할신설법인인 주식회사 디씨알이(DCRE)를 설립하였다. 대법원은 이 분할에 대하여 조직형태의 변화가 있을 뿐 기업의 실질적인 동일성은 계속 유지되어 과세이연 요건을 모두 충족한 것으로 판단하였다. 세부적으로는 ① 원고의 인천공장 화학제품제조 사업부문과 도시개발 사업부문은 기존의 다른 사업부문에서 독립하여 사업활동의 영위가 충분히 가능한 사업부문으로서 이들 사업부문의 내용과 기능적 특성상 기존 사업부문의 종업원들이 일부를 제외하고 분할신설법인으로 옮겨가지 않았더라도 독립된 사업부문의 분할에 해당하고, ② 분할신설법인은 폐석회처리공사 관련 채무를 포함하여 분할되는 사업부문에 관련된 권리의무를 포괄승계한 것으로서 인천공장 부지를 담보로 한 차입금 채무는 원고의 다른 사업 부문에도 공통적으로 관련되므로 그중 회사채 상환, 법인세 납부 등에 사용될 일부를 제외한 나머지만을 분할신설법인에 승계시켰더라도 권리의무의 포괄승계에 해당하며, ③ 분할신설법인은 승계한 고정자산을 화학제품제조 사업부문과 도시개발 사업부문에 실제 사용하였고, 그 사용방식에서 업무위탁을 하였더라도 실제 사용에 해당하고, ④ 분할신설법인이 승계한 사업을 계속하면서 금융기관 대출채무를 담보하기 위하여 신탁등기를 설정한 것은 승계사업의 폐지로 간주되는 고정자산의 처분에 해당하지 않으며, ⑤ 원고는 분할대가로 분할신설법인의 주식만을 받은 것으로 판단하였다.

(3) 부득이한 사유가 있어 적격분할로 보는 경우

지분연속성, 사업계속성, 고용승계 및 유지의 각 부득이한 사유에 대한 내용은 합병, 인적분할에서 살펴본 내용을 참고한다{제2절 2. 다. (2)}.

(4) 물적분할로 발생한 자산의 양도차익 상당액의 손금산입

주식 등의 가액 중 물적분할로 발생한 자산의 양도차익 상당액은 분할등기일이 속하는 사업연도의 소득금액을 계산할 때 손금산입할 수 있다(법인법 제47조 제1항). 손금산입하는 금액은 분할신설법인 주식 등의 압축기장충당금으로 계상한다(법인령 제84조 제2항). 물적분할로 인한 자산양도차익 상당액에 대한 법인세를 물적분할로 취득한 분할신설법인 주식의 처분 시까지 이연해주기 위한 취지이다.

분할법인이 취득하는 분할신설법인 주식의 취득가액은 물적분할한 순자산의 시가이다. 과거에는 물적분할한 순자산의 장부가액이라고 규정하여 양도차익이 발생하지 않도록 규정하

---

30) 대법원 2018. 6. 28. 선고 2016두40986 판결

였으나, 2014. 2. 21. 법인세법 시행령 개정 시 물적분할의 적격 여부와 관계없이 물적분할한 순자산의 시가로 바꾸었다. 물적분할한 순자산의 장부가액으로 규정한 것은 장부가액 승계방식에 적합할 뿐 압축기장충당금 계상방식에 맞지 않기 때문이다.

(5) 분할신설법인

분할신설법인이 분할법인으로부터 승계하는 자산의 취득가액은 시가이다(법인령 제72조 제2항 제3호 나목). 분할신설법인은 퇴직급여충당금 또는 대손충당금을 승계한 경우 그와 관련된 세무조정사항을 승계하고 그 밖의 세무조정사항은 승계하지 않는다(법인법 제47조 제4항, 법인령 제85조 제2호). 다만, 적격물적분할 여부와 상관없이 분할법인의 이월결손금은 승계하지 못한다. 물적분할을 이용한 조세회피를 방지하기 위한 취지이다.

(6) 사후관리

(가) 의의

종전에는 분할신설법인은 분할법인으로부터 자산을 장부가액으로 승계하고 자산조정계정을 계상하였다. 분할법인이 분할신설법인으로부터 받은 주식을 처분하는 경우에는 분할법인에게 과세이연한 금액(분할 당시 시가 - 장부가액)을 과세하였고, 분할신설법인이 분할법인으로부터 승계받은 자산을 처분하는 경우에는 분할신설법인에게 양도차익(양도 당시 시가 - 장부가액)을 과세하였다. 분할신설법인이 분할법인으로부터 승계받은 자산을 처분하는 경우에는 과세이연된 금액이 분할법인과 분할신설법인에게 중복과세되는 문제가 있었다. 이에 2012. 2. 2. 법인세법 시행령 개정 시 분할신설법인이 분할법인으로부터 승계받은 자산을 처분하는 경우 과세이연된 금액(분할 당시 시가 - 장부가액)은 분할법인에게만 과세하고, 분할신설법인은 과세이연된 금액을 제외한 나머지 양도차익(양도 당시 시가 - 분할 당시 시가)을 과세하는 것으로 변경하였다.

(나) 사후관리 위반에 따른 과세

① 분할법인이 분할신설법인으로부터 받은 주식 등을 처분하는 경우 등

분할법인이 분할신설법인으로부터 받은 주식 등을 처분하는 경우, 분할신설법인이 분할법인으로부터 승계받은 자산을 처분하는 경우 등의 사유가 있으면 그 사유발생일이 속하는 사업연도에 익금산입한다(법인법 제47조 제2항, 법인령 제84조 제7항). 분할신설법인이 감가상각자산, 토지, 주식이나 출자지분을 처분하는 경우에만 사후관리가 적용된다(법인령 제84조 제4항). 다만, 분할신설법인이 적격합병되거나 적격분할하는 등 부득이한 사유로 주식을 처분하거나 승계받은 사업을 폐지하는 경우에는 사후관리의 적용을 배제한다(법인령 제84조 제5항).

분할법인이 다수의 사업부를 적격물적분할하여 자산의 양도차익 상당액을 충당금으로 계상하고 손금에 산입한 후 분할신설법인이 최초로 적격물적분할하여 승계받은 사업을 폐지하

는 경우 폐지사업부문이 승계받은 자산가액의 2분의 1 미만이라도 당초 손금에 산입한 압축기장충당금을 익금에 산입하지 않는 부득이한 사유에 해당한다.[31]

② 분할신설법인이 분할법인으로부터 승계받은 사업을 폐지하는 경우 등

분할신설법인이 분할법인으로부터 승계받은 사업을 폐지하는 경우, 분할법인이 분할신설법인의 발행주식총수의 50% 미만으로 주식등을 보유하게 되는 경우, 각 사업연도 종료일 현재 분할신설법인에 종사하는 근로자 수가 분할등기일 1개월 전 당시 분할하는 사업부문에 종사하는 근로자 수의 80% 미만으로 하락하는 경우에는 위 "①"에 따라 익금에 산입하고 남은 금액을 그 사유발생일이 속하는 사업연도의 익금에 산입한다(법인법 제47조 제3항).

분할법인이 다수의 사업부를 적격물적분할하여 자산의 양도차익 상당액을 충당금으로 계상하고 손금에 산입한 후 분할신설법인이 최초로 적격물적분할하여 승계받은 사업을 폐지하는 경우 폐지사업부문이 승계받은 자산가액의 2분의 1 미만이라도 당초 손금에 산입한 압축기장충당금을 익금에 산입하지 않는 부득이한 사유에 해당한다.[32]

나. 비적격분할

비적격분할의 경우에는 과세가 이연되지 않으므로 분할시점에 물적분할로 발생한 자산의 양도차익에 대하여 분할법인에게 법인세를 과세한다.

다. 소결

현행 물적분할 과세체계를 요약하면 물적분할 시 (분할당시 시가 − 장부가액)은 분할법인에게 과세하고, 분할 이후 자산을 처분하는 경우 그 양도차익은 분할신설법인에게 과세하는 것이다. 다만, 적격물적분할의 경우에는 (분할당시 시가 − 장부가액)에 대하여 분할법인에게 압축기장충당금을 설정하도록 하여 과세를 이연하되, 분할법인이 주식 등을 처분하거나 분할신설법인이 자산 등을 처분하는 등의 사후관리위반이 발생하면 이연된 법인세를 과세한다. 이를 그림으로 표시하면 다음과 같다.

| 물적분할 과세체계 |

구분	장부가액	분할 당시 시가	양도 당시 시가
분할법인	◄── 압축기장충당금 주식 · 자산 처분 시 과세 ──►		
분할신설법인			◄── 자산 처분 시 과세 ──►

---

31) 법령해석과−3719(2020. 11. 16.)
32) 법령해석과−3719(2020. 11. 16.)

제4절 현물출자와 교환

1. 현물출자

가. 의의

현물출자는 자산과 부채를 개별적으로 이전하는 점에서 자산이 포괄적으로 이전되는 물적분할과 차이가 있으나, 물적분할과 기능이 유사하다. 따라서 현물출자로 인한 자산양도차익에 대하여 물적분할에 준하여 과세이연 특례를 적용한다(법인법 제47조의2).

나. 적격현물출자의 요건

현물출자의 적격요건을 충족하려면 다음 4가지 요건을 갖추어야 한다. 2009. 12. 31. 법인세법 개정으로 현물출자하는 자산이 주식, 사업용 유형고정자산에서 모든 자산으로 확대되었고, 2017. 12. 19. 법인세법 개정 시 독립된 사업부문 요건을 삭제함으로써 사업권을 넘기지 않아도 과세특례를 적용받을 수 있도록 하였다.

① 출자법인이 현물출자일 현재 5년 이상 사업을 계속한 법인이어야 한다(사업목적성 요건).

② 피출자법인이 그 현물출자일이 속하는 사업연도의 종료일까지 출자법인이 현물출자한 자산으로 영위하던 사업을 계속하여야 한다(사업계속성 요건).

③ 공동출자하는 경우에는 공동출자자가 특수관계자가 아니어야 한다.

④ 출자법인 및 공동출자자가 현물출자일 다음 날 현재 피출자법인의 발행주식총수 등의 80% 이상의 주식 등을 보유하고, 현물출자일이 속하는 사업연도의 종료일까지 그 주식 등을 보유하여야 한다(지분연속성 요건). 종전에는 현물출자로 신설법인을 설립하는 것을 요건으로 하였으나, 2009. 12. 31. 법인세법 개정 시 기존 법인에 대한 증자도 포함하는 것으로 완화하였다.

다. 적격현물출자 시 과세이연

현물출자로 발생한 자산양도차익 상당액을 현물출자일이 속하는 사업연도에 손금산입할 수 있다(법인법 제47조의2 제1항). 손금산입액은 피출자법인 주식 등의 압축기장충당금으로 계상한다(법인령 제84조의2 제2항). 다만, 합병에서 인정하는 부득이한 사유가 있는 경우에는 사업계속성 요건, 지분연속성 요건을 갖추지 못한 경우에도 자산양도차익에 상당하는 금액을 손금산입할 수 있다(법인령 제84조의2 제12항).

라. 사후관리

(1) 의의

현물출자의 사후관리 위반에 대한 과세는 기본적으로 물적분할의 경우와 동일하다. 종전에는 출자법인이 주식을 처분하는 경우에는 출자법인에게 과세이연된 금액을 과세하였고, 피출자법인이 자산을 처분한 경우에는 피출자법인에게 과세이연된 금액을 과세하였다. 그러나 피출자법인이 출자법인으로부터 승계받은 자산을 처분하는 경우에는 과세이연된 금액이 출자법인과 피출자법인에게 중복과세되는 문제가 있었으므로 2012. 2. 2. 법인세법 시행령 개정시 피출자법인이 출자법인으로부터 승계받은 자산을 처분하는 경우에는 과세이연금액을 출자법인에게만 과세하는 것으로 변경하였다.

(2) 사후관리 위반에 따른 과세

(가) 출자법인이 주식 등을 처분하거나 피출자법인이 자산 등을 처분하는 경우

다음의 사유가 있는 경우에는 그 사유가 발생하는 사업연도에 해당 주식 등과 자산의 처분비율을 고려하여 익금에 산입한다(법인법 제47조의2 제2항).

① 출자법인이 피출자법인으로부터 받은 주식 등을 처분하는 경우, ② 피출자법인이 출자법인 등으로부터 승계받은 감가상각자산, 토지 및 주식 등을 처분하는 경우

다만 출자법인 또는 피출자법인이 최초로 적격구조조정에 따라 주식을 처분하는 경우 등 법령에 정한 사유가 있으면 사후관리의 적용을 배제한다(법인령 제84조의2 제5항).

(나) 피출자법인이 사업을 폐지하는 경우 등

현물출자일부터 2년 내에 피출자법인이 출자법인이 현물출자한 자산으로 영위하던 사업을 폐지하는 경우, 출자법인 등이 피출자법인의 발행주식총수 등의 50% 미만의 주식 등을 보유하게 되는 경우에는 위 "(가)"에 따라 익금에 산입하고 남은 금액을 그 사유발생일이 속하는 사업연도의 익금에 산입한다(법인법 제47조의2 제3항). 다만, 사업계속성 요건, 지분연속성 요건에 대한 부득이한 사유가 인정되는 경우에는 사후관리의 적용을 배제한다(법인령 제84조의2 제12항).

2. 교환

가. 의의

법인이 사업상 필요에 의하여 다른 법인과 자산을 교환하는 경우 넘겨받는 자산의 시가와 넘겨주는 자산의 장부가액의 차액은 해당 자산의 양도차익으로서 원칙적으로 익금산입하여야 한다. 그러나 자산의 양도차익에 대하여 법인세를 과세하면 조세부담으로 인하여 자산의 교환이 원활하게 이루어지기 어렵다. 따라서 일정한 요건을 갖춘 교환의 경우에는 교환을 통한 구조조정을 지원하기 위하여 과세이연의 특례를 적용한다(법인법 제50조).

나. 적격교환의 요건

① 부동산업, 소비성 서비스업 이외의 사업을 영위하여야 한다. 부동산업, 소비성 서비스업은 정책적으로 세제지원의 대상에서 제외한다.

② 내국법인이 2년 이상 사업에 직접 사용하던 토지, 건축물, 기계장치 등 사업용 유형자산 등을 특수관계인 외의 상대방 내국법인과 그 상대방 내국법인이 2년 이상 사업에 직접 사용하던 동일한 종류의 사업용 자산과 교환하여야 한다.

③ 교환취득자산을 교환일이 속하는 사업연도 종료일까지 사업에 사용하여야 한다.

다. 적격교환 시 과세이연

교환취득자산의 가액 중 교환으로 발생한 사업용 자산의 양도차익 상당액은 해당 사업연도에 손금산입할 수 있다(법인법 제50조 제1항). 손금산입하는 양도차익 상당액은 교환취득자산의 가액에서 현금으로 대가의 일부를 지급한 경우 그 금액 및 사업용 자산의 장부가액을 차감한 금액이다(법인령 제86조 제4항). 손금산입액은 당해 사업용 자산별로 감가상각자산에 대하여는 일시상각충당금, 감가상각자산 외의 자산에 대하여는 압축기장충당금을 설정한다(법인령 제86조 제5항). 이때 손비로 계상한 일시상각충당금은 해당 사업용 자산의 감가상각비와 상계하고, 압축기장충당금은 당해 사업용 자산을 처분할 때 전액 익금산입한다. 해당 사업용 자산의 일부를 처분하는 경우의 익금산입액은 해당 사업용 자산의 가액 중 일시상각충당금 또는 압축기장충당금이 차지하는 비율로 안분계산한 금액이다.

제8장

과세표준과 세액의 신고, 결정 등

제1절 과세표준과 세액의 계산

1. 법인세의 계산구조

법인세의 계산 과정을 흐름도로 표시하면 다음과 같다.

```
각 사업연도소득
 - 이월결손금
 - 비과세소득
 - 소득공제
 = 과세표준 × 세율
 = 산출세액
 - 공제감면세액
 + 가산세
 = 총부담세액
 - 기납부세액(중간예납세액 + 원천납부세액 + 수시부과세액)
 = 차감납부세액
```

2. 과세표준

가. 일반적인 경우

법인세 과세표준은 각 사업연도소득에서 이월결손금, 비과세소득, 소득공제를 차감하여 계산한다(법인법 제13조).

나. 톤세 적용 특례

해운기업은 각 사업연도소득으로 계산한 과세표준과 선박톤수의 이익으로 계산한 과세표준 중 선택할 수 있다(조특법 제104조의10 제1항). 선박톤수의 이익에 의한 과세표준은 다음 산식에 의하여 계산한 개별선박표준이익의 합계액, 즉 선박표준이익에 의하여 계산한다.

$$\text{개별선박표준이익} = \text{개별선박순톤수} \times \text{톤당 1운항일 이익} \times \text{운항일수} \times \text{사용률}$$

톤세는 영국 등에서 해운산업의 경쟁력을 강화하기 위하여 시행하였다. 우리나라의 경우 2005년 톤세를 도입하여 한시적으로 운영하다가 여러 차례 적용기한을 연장하고 있다. 톤세 제도의 안정적 운영을 위하여 톤세를 한번 적용하면 5년간 계속 적용하여야 한다. 톤세는 납세자가 납부할 세액을 미리 예측할 수 있는 장점이 있으나, 불황기에는 손실이 있어도 이월결손금을 공제할 수 없는 단점이 있다.

3. 결손금

가. 의의

각 사업연도소득을 계산할 때 손금이 익금을 초과하는 금액을 결손금(Net Operating Loss, NOL)이라고 한다(법인법 제14조 제2항). 법인세는 법인의 존속기간 전체에 대해 과세하는 것이 이상적이나, 과세기술상 불가능하므로 기간을 나누어 각 사업연도 단위로 과세하고 있다. 이와 같이 과세기간을 구분하는 경우 소득이 고르게 발생하는 법인과 소득의 변동이 심하여 결손금이 발생하는 법인 사이에 세부담의 차이가 발생한다. 이를 완화하기 위하여 결손금을 장래에 발생한 사업연도의 소득에서 공제할 수 있도록 허용한다. 예를 들어, 법인 A는 2019년 소득이 100, 2020년 소득이 100이고, 법인 B는 2019년 소득이 300, 2020년 결손금이 △100이라고 가정한다. 2019년과 2020년을 통틀어 보면 법인 A와 B의 소득은 200으로 동일하나, 결손금을 공제하지 않으면 법인 A는 소득 200에 대하여 과세되고 법인 B는 소득 300에 대하여 과세된다. 이는 공평하지 않으므로 결손금을 장래의 사업연도로 이월하여 장래의 소득을 줄이는데 사용하도록 허용하는 것이다. 이와 같이 당해 사업연도 이전에 생긴 결손금으로서 장래의 사업연도로 넘겨진 결손금을 이월결손금이라고 한다.

나. 공제요건(법인법 제13조 제1항)

(1) 각 사업연도의 개시일 전 15년 이내에 발생한 결손금

각 사업연도의 개시일 전 15년 이내에 개시한 사업연도에서 발생한 결손금이어야 한다. 결손금의 이월기간은 처음에 5년이었다가 2008. 12. 26. 법인세법 개정 시 10년으로 연장하였으며 2020. 12. 22. 법인세법 개정 시 다시 15년으로 연장하였다. 일본은 10년, 미국은 20년의 공제기간을 두고 있고, 영국, 독일, 프랑스 등은 공제기간에 제한을 두지 않는다.

(2) 납세자가 신고 · 수정신고하거나 과세관청이 결정 · 경정한 과세표준에 포함된 결손금

법인세법에 따라 납세자가 신고 · 수정신고하거나 과세관청이 결정 · 경정한 과세표준에 포함된 결손금이어야 한다. 과거에는 이러한 제한이 없었는데 2010. 12. 30. 법인세법 개정 시

법적 안정성을 도모하기 위하여 공제가능한 이월결손금의 범위를 신고·경정 등으로 확정된 결손금으로 축소하였다.[1]

다. 공제한도

이월결손금 공제는 각 사업연도소득의 80%를 한도로 한다. 2015. 12. 15. 법인세법 개정 시 80%의 한도를 설정한 후 70%를 거쳐 60%까지 하향조정하였다가 2022. 12. 31. 개정 시 다시 80%로 상향하였다(법인법 제13조 제1항). 이월결손금 공제가 특정 사업연도에 집중되지 않도록 이월결손금의 공제한도를 설정한 것이다. 다만, 중소기업과 회생계획을 이행 중인 기업 등에 대하여는 100%를 한도로 한다. 중소기업은 대기업에 비하여 자금력 등에서 열세하기 때문에 특별한 보호가 필요하고, 회생 가능한 기업이라면 계속 존속하게 하면서 채무를 변제하게 하는 것이 사회 전체적으로 유리하기 때문에 100%를 한도로 한 것이다.[2]

라. 공제순서 및 공제제한

먼저 발생한 사업연도의 결손금부터 차례대로 공제한다(법인령 제10조 제2항). 어느 사업연도에 이월결손금을 공제할 것인가를 납세자의 선택에 맡길 경우 소득발생 여부에 따라 자의로 각 사업연도의 과세표준 및 세액을 왜곡시킬 가능성이 있으므로 발생순서에 따라 결손금을 공제하도록 한 것이다.[3] 법인세의 과세표준과 세액을 추계하는 경우에는 이월결손금을 공제할 수 없다(법인법 제68조). 법인이 장부를 작성하지 않거나 증거를 제대로 갖추지 못한 경우 법인에게 이월결손금 공제를 제한하는 제재를 하는 것이다. 다만, 천재지변 등으로 장부나 그 밖의 증명서류가 멸실되어 추계하는 경우에는 납세자에게 귀책사유가 없으므로 이월결손금 공제를 허용한다.

마. 결손금 소급공제

(1) 의의

중소기업은 각 사업연도에 결손금이 발생한 경우 직전 사업연도의 법인세액을 한도로 소급공제받을 수 있는 특례가 인정된다(법인법 제72조 제1항). 일반기업은 결손금이 있는 경우 장래의 소득에서 공제할 수 있는데, 중소기업에 대하여는 정책적으로 특별히 소급공제를 인정하는 것이다. 결손금 소급공제를 받으려는 법인은 신고기한까지 관할 세무서장에게 신청하여야 한다(법인법 제72조 제2항). 내국법인이 신고기한 내에 결손금이 발생한 사업연도와 그 직전 사업연도의 소득에 대한 법인세의 과세표준 및 세액을 신고하지 않으면 결손금 소급공제를 받을 수 없다(법인법 제72조 제4항).

---

1) 대법원 2020. 7. 9. 선고 2017두63788 판결
2) 헌재 2022. 5. 26. 선고 2020헌바240, 272 결정
3) 대법원 2004. 6. 11. 선고 2003두4522 판결

결손금 소급공제에 의한 환급은 중소기업을 대상으로 특별히 조세정책적 목적에서 인정된 제도이므로 환급받기 위하여는 이월결손금의 발생 등 실체적 요건과 과세표준 확정신고기한 내에 환급신청을 해야 하는 등 절차적 요건을 충족하여야 하고, 국기법상 경정청구는 허용되지 않는다.[4] 결손금 소급공제는 이미 징수한 세금을 환급하는 것이기 때문에 국가의 세입을 불안정하게 하고 조세행정을 복잡하게 하는 점을 고려하여 중소기업에 대한 조세우대조치로 운영되고 있다.

(2) 소급공제액과 그 한도

직전 사업연도의 법인세 산출세액으로부터 직전 사업연도의 과세표준에서 소급공제를 받으려는 결손금 상당액을 차감한 금액에 직전 사업연도의 세율을 곱하여 계산한 금액을 차감한 금액을 소급공제받을 수 있다(법인법 제72조 제1항).

(3) 부당 결손금 소급공제의 환수

과세관청은 다음 어느 하나에 해당되는 경우에는 납세자가 과다하게 환급받은 세액을 해당 결손금이 발생한 사업연도의 법인세로서 징수한다(법인법 제72조 제5항).

① 법인세를 환급한 후 결손금이 발생한 사업연도에 대한 법인세 과세표준과 세액을 경정함으로써 결손금이 감소된 경우

② 결손금이 발생한 사업연도의 직전 사업연도에 대한 법인세 과세표준과 세액을 경정함으로써 환급세액이 감소된 경우

③ 중소기업에 해당하지 않는 내국법인이 법인세를 환급받은 경우

위 "③"은 2008. 12. 26. 법인세법 개정 시 결손금 소급공제 대상 법인이 아닌 법인이 결손금 소급공제를 받은 경우 이를 환수할 수 있는 근거규정으로 마련하였다.

4. 비과세소득과 소득공제

가. 비과세소득

내국법인의 각 사업연도 소득 중 공익신탁의 신탁재산에서 생기는 소득에 대하여는 각 사업연도의 소득에 대한 법인세를 비과세한다(법인법 제51조).

나. 소득공제

(1) 의의

법인세의 소득공제는 특정 소득에 대한 법인세를 부과하지 않으려고 법인세 과세표준을 계산할 때 각 사업연도소득에서 공제하는 금액을 말한다(법인법 제51조의2).

---

4) 대법원 2003. 7. 25. 선고 2001두10721 판결

(2) 요건

(가) 유동화전문회사 등 법령 소정의 법인

자산유동화법에 따른 유동화전문회사,[5] 자본시장법에 따른 투자회사, 투자목적회사, 투자유한회사, 투자합자회사 등 법령 소정의 법인에 해당하여야 한다. 투자합자회사 중 기관전용사모집합투자기구는 동업기업과세특례에 따라 이중과세를 피할 수 있으므로 소득공제의 적용대상에서 제외한다. 소득공제는 모든 법인에 적용되는 것이 아니라 법령 소정의 법인에만 적용한다. 이들 법인은 특수목적을 위해 설립되었다가 그 목적이 달성되면 해산하는 특수목적법인(Special Purpose Company, SPC)이다. 예를 들어, 유동화전문회사는 금융기관에서 발생한 부실채권을 매각하기 위해 일시적으로 설립되었다가 채권매각과 원리금상환이 끝나면 소멸한다. 소득공제가 적용되는 특수목적법인은 이익이 나면 주주들에게 배당하고 해산한다는 점에서 일종의 도관이므로 법인에게 과세하지 않고 주주들에게 과세하기 위하여 소득공제를 인정한다.

(나) 배당가능이익의 90% 이상 배당

배당가능이익의 90% 이상을 배당하여야 한다. 특수목적법인들이 이익의 대부분을 배당하는 경우에만 소득공제를 인정한다. 그렇지 않으면 특수목적법인에 이익을 유보하는 방법으로 조세를 회피할 수 있기 때문이다.

(3) 효력

해당 배당금을 배당을 결의한 잉여금 처분의 대상이 되는 사업연도의 소득금액에서 공제한다. 지급배당금이 해당 사업연도 소득금액보다 큰 경우 그 초과배당액은 최대 5년간 이월공제한다(법인법 제51조의2 제4항). 이월한 초과배당액은 각 사업연도에 발생한 배당액보다 우선하여 소득금액에서 공제한다(법인법 제51조의2 제5항).

(4) 적용배제(법인법 제51조의2 제2항)

(가) 배당에 대한 소득세 또는 법인세 비과세

배당을 받은 주주 등에 대하여 배당에 대한 소득세 또는 법인세가 비과세되는 경우이다. 주주 등이 배당받는 금액에 대하여 비과세되면 이중과세를 조정할 이유가 없다. 다만, 동업기업 과세특례를 적용받는 동업기업인 경우로서 동업자들이 배분받은 배당에 해당하는 소득에 대한 소득세 또는 법인세가 전부 과세되는 경우는 소득공제를 적용한다.

---

5) 자산유동화란 유동화전문회사가 자산보유자로부터 유동화자산을 양도받아 이를 기초로 유동화증권을 발행하여 유동화증권을 매수하는 투자자로부터 자금을 조달받는 금융기법을 의미한다. 유동화자산은 자산보유자의 신용에 따라 영향을 받지 않으므로 자산보유자는 자산의 신용만으로 자금을 조달할 수 있다.

(나) 사모방식으로 설립된 소수지배 법인

사모방식으로 설립되고 개인 2인 이하 또는 개인 1인 및 그 친족이 95% 이상의 지분을 소유한 법인의 경우이다(법인령 제86조의2 제10항). 이러한 법인은 개인회사와 유사하므로 이중과세를 조정할 필요성이 없기 때문이다. 다만, 주주 등에게 배당 및 잔여재산의 분배에 관한 청구권이 없는 경우에는 원칙으로 돌아가 소득공제를 적용한다.

5. 세율과 세액

가. 세율

(1) 일반법인

법인세법은 9%, 19%, 21%, 24%의 4단계 초과누진세율을 채택하고 있다(법인법 제55조 제1항 제1호). 당초 10%와 20%의 2단계로 되어 있다가 2011. 12. 31. 법인세법 개정 시 10%, 20%, 22%의 3단계로 늘어났고, 2017. 12. 19. 개정 시 현재의 4단계로 되었다. 그 후 2022. 12. 31. 개정 시 각 과세표준 구간별 세율을 1% 낮추었다.

국제적으로 법인세율은 단일세율로 통합되는 추세이다. 법인의 소득은 배당, 주식의 양도 등을 통해 결국 개인에게 귀착되므로 소득세와 달리 소득재분배를 추구하는 누진세와 어울리지 않기 때문이다.

(2) 부동산임대업을 주된 사업으로 하는 소규모 법인

부동산임대업을 주된 사업으로 하는 소규모 법인에 대한 세율은 19%, 21%, 24%의 3단계 초과누진세율을 적용한다(법인법 제55조 제1항 제2호). 성실신고확인대상 개인사업자가 소득세율과 법인세율의 차이를 이용하여 세금을 줄이기 위해 법인으로 전환하는 경우에 대응하기 위한 취지이다.

(3) 조합법인 특례

농업협동조합 등의 조합법인으로서 당기순이익 과세를 선택한 경우에는 과세표준 20억 원 이하 9%, 과세표준 20억 원 초과 12%의 2단계 세율을 적용한다(조특법 제72조 제1항). 당기순이익 과세는 농업협동조합 등 조합법인에 대하여 결산상 당기순이익에서 대손금, 기부금, 과다경비, 업무무관경비, 업무용승용차 관련 비용, 지급이자, 대손충당금, 퇴직급여충당금기부금, 기업업무추진비 등 일부에 대한 세무조정만 반영하여 간편하게 법인세를 신고할 수 있게 하는 제도이다. 그러나 당기순이익 과세는 일반법인과의 과세불공평을 야기하므로 폐지하는 것이 타당하다.

나. 사업연도가 1년 미만인 경우

사업연도가 1년 미만인 내국법인의 각 사업연도소득에 대한 법인세는 다음과 같이 12월을 기준으로 한 과세표준으로 만들어 세율을 적용한다(법인법 제55조 제2항). 사업연도의 기간에 따른 세액불균형을 방지하고 법인이 사업연도를 임의로 1년 미만의 짧은 기간으로 정하여 과세표준을 낮추는 방법으로 누진세율의 적용을 회피하는 것을 방지하기 위한 취지이다.

$$(과세표준 \times 12/사업연도월수 \times 세율) \times 사업연도월수/12$$

6. 세액공제

가. 외국납부세액공제

(1) 의의

내국법인은 전 세계 소득(worldwide income)에 대하여 납세의무가 있으므로 국내에서 발생한 소득뿐 아니라 외국에서 발생한 소득에 대하여도 법인세 납부의무가 있다. 그런데 외국에서 발생한 소득에 대하여 외국은 원천지국으로서 과세권을 행사하므로 법인은 동일한 소득에 대하여 이중과세될 가능성이 있다. 이러한 이중과세를 조정하기 위하여 법인세법은 내국법인이 외국에서 납부한 세액을 공제한다.

(2) 종류

(가) 직접외국납부세액공제

① 의의

직접외국납부세액공제는 법인이 외국에서 직접 납부한 세액을 공제하는 것이다(법인법 제57조 제1항). 해당 법인의 법인세 산출세액에서 국외원천소득이 과세표준에서 차지하는 비율만큼 공제한다. 이를 산식으로 표현하면 다음과 같다.

$$공제한도액 = 법인세 \ 산출세액 \times 국외원천소득/과세표준$$

위 한도를 설정한 것은 국외원천소득이 발생한 원천지국에서 우리나라보다 높은 법인세율을 규정하고 있는 경우 그에 따른 외국법인세액을 전부 공제하면 국내원천소득에 대하여 납부할 법인세의 일부로 외국법인세액을 납부하도록 하는 결과가 되므로 이를 방지하기 위한 것이다.[6] 다시 말하면 국외원천소득에 대하여 국내에서 납부할 세금만큼 공제하겠다는 뜻이다. 위 산식에서 국외원천소득은 국외에서 발생한 소득으로서 내국법인의 각 사업연도소득의 과세표준 계산규정을 준용하여 산출한 금액이므로 국외원천 익금총액에서 그와 관련된 손금총액을 차감하여 산정한다.[7] 공제한도를 계산할 때에는 국외원천소득에서 그에 대응하는 직

---

6) 대법원 2015. 7. 23. 선고 2015두1557 판결
7) 대법원 2015. 3. 26. 선고 2014두5613 판결

접비용과 배분비용을 공제하되, 국외원천소득 발생국에서 손금산입된 금액은 공제하지 않는다. 여기서 직접비용은 해당 국외원천소득에 직접적으로 대응하는 비용이고, 배분비용은 해당 국외원천소득과 그 밖의 소득에 공통적으로 관련된 비용 중 기획재정부령으로 정하는 배분방법에 따라 계산한 국외원천소득 관련 비용을 의미한다(법인령 제94조 제2항).

공제한도금액을 계산할 때 국외사업장이 2 이상의 국가에 있는 경우에는 국가별로 구분하여 계산한다(법인령 제94조 제7항). 2015. 2. 3. 법인세법 시행령 개정 전에는 국가별 한도액과 일괄한도액 중 법인이 선택할 수 있었으나, 국가별 한도로 일원화하였다.

② 한도초과액의 처리

국내 대응비용과 관련되지 않은 부분은 직접외국납부세액의 한도초과액은 10년간 이월공제할 수 있다. 종전에는 법인이 외국납부세액공제와 손금산입 중 선택할 수 있었으나, 2020. 12. 22. 법인세법 개정으로 원칙적으로 외국납부세액공제만 가능하고 손금산입은 외국납부세액공제 한도초과액의 이월공제기간이 지난 경우에만 예외적으로 허용한다(법인법 제57조 제1항, 제2항). 어쩌다 한번 국외원천소득이 발생한 법인의 외국납부세액이 한도를 초과한 경우 추후 국외원천소득이 발생할 가능성이 낮아 과거에는 세액공제 대신 손금산입방법을 선택하였으나, 위 개정으로 이월공제기간이 지나기 전에는 손금산입이 불가능해졌다. 이 경우 향후 10년 동안 국외원천소득이 발생하지 않으면 11년차에 손금산입할 수 있다.

국내 대응비용과 관련된 부분은 국외원천소득에서 직접비용과 배분비용을 공제하여 발생하는 외국납부세액 한도 초과분에 대해서는 이월공제를 적용하지 않는다(법인령 제94조 15항). 다만, 다음 사업연도 손금에는 산입할 수 있다.

③ 직접외국납부세액 공제 여부가 문제되는 경우

다음 2가지 경우에는 직접외국납부세액공제가 적용되지 않는다.

첫째, 조세조약이 체결되어 있는데 조세조약을 적용하지 않거나 조세조약을 잘못 적용하여 납부한 세액 등은 직접외국납부세액공제를 적용받을 수 없다. 직접외국납부세액은 정당하게 납부한 세액이 공제대상이므로 이러한 경우에는 해당 국가에서 불복하여 잘못 납부한 세액을 돌려받아야 한다.

둘째, 내국법인이 출자한 외국법인인 단체의 소득에 대하여 부과된 외국법인세액은 직접외국납부세액공제를 적용받을 수 없다. 이 경우 내국법인이 납부하였거나 납부할 세액이 아니므로 직접외국납부세액공제를 적용받을 수 없고, 간접외국납부세액공제 요건이 충족되는 경우에 한하여 간접외국납부세액공제를 적용받을 수 있을 뿐이다.[8]

---

8) 대법원 2016. 1. 14. 선고 2015두3393 판결

(나) 간주외국납부세액공제

국외원천소득에 대하여 조세조약의 상대국에서 법인세를 감면받은 경우 조세조약으로 정하는 범위에서 세액공제되는 외국법인세액으로 본다(법인법 제57조 제3항). 상대국에서 조세를 감면한 효과를 유지하기 위하여 인정된다. 공제방식에는 원천지국의 특별한 조세유인조치에 따라 포기된 세액을 공제해 주는 'Tax Sparing' 방식과 원천지국의 조세유인조치와 무관하게 조세조약에 미리 정하여진 세액을 공제해 주는 'Matching Credit' 방식이 있다.

내국법인이 외국자회사로부터 수취하는 배당금 등을 내국법인의 익금에 산입함에 있어 당해 익금에 산입되는 배당금이 당초부터 외국 과세당국으로부터 법인세가 과세되지 않는 경우에는 간주외국납부세액공제가 적용하지 않으나, 배당금이 외국 세법에 따라 법인세 과세대상이나 조세조약상 규정에 의한 '조세경감 면제 또는 경제개발촉진을 위한 여타 조세유인조치에 관한 법률규정' 등에 따라 법인세가 면제되는 경우에는 간주외국납부세액공제가 적용된다.[9]

(다) 간접외국납부세액공제

① 의의

외국법인의 주식을 10%(해외자원개발사업자는 5%) 이상 6개월 이상 보유한 내국법인의 각 사업연도 소득금액에 외국자회사로부터 받는 수입배당금액이 포함된 경우 그 외국자회사의 소득에 부과된 외국법인세액 중 그 수입배당금액에 대응하는 것을 세액공제한다(법인법 제57조 제6항). 2022. 12. 31. 법인세법 개정 시 지분율을 기존 25%에서 10%로 낮추었다. 내국법인은 외국자회사가 외국에서 법인세를 납부한 후 배당한 금액에 대하여 다시 법인세를 납부하여 이중과세되므로 이를 조정하기 위하여 외국자회사의 법인세 상당액 중 수입배당금에 대응하는 금액을 외국납부세액으로 공제하고, 그 금액을 익금산입한다(법인법 제15조 제2항 제1호). 간접외국납부세액을 익금산입하는 것은 내국법인의 주주가 배당받아 소득이 발생한 경우 법인세상당액을 세액공제하고, 법인세상당액을 배당소득에 가산하는 그로스업(gross-up)과 같은 이치이다. 외국자회사의 소득에 대하여 외국자회사가 아니라 출자자인 내국법인이 직접 납세의무를 부담하는 경우에는 외국자회사의 소득에 대하여 출자자인 내국법인에게 부과된 외국법인세액 중 해당 수입배당금액에 대응하는 것을 세액공제의 대상이 되는 외국법인세액으로 본다.

② 해외자회사 수입배당금 익금불산입제도와의 관계

간접외국납부세액공제는 해외자회사 수입배당금 익금불산입제도가 적용되지 않는 경우에 한하여 적용한다.

---

9) 법인세법 기본통칙 57-0-3

(라) 간접투자회사의 외국납부세액공제

자본시장법상의 투자회사, 투자신탁 등이 국외자산에 투자하여 얻은 소득에 대하여 실제 납부한 외국납부세액은 법인세액에서 공제한다(법인법 제57조의2). 실제 납부한 외국납부세액만 대상으로 하므로 간주외국납부세액과 간접외국납부세액에 대하여는 적용되지 않는다. 실제 납부하거나 납부할 세액이 없어 이중과세의 문제가 없음에도 상대국의 감면효과 보존을 위하여 외국납부세액공제를 적용하지 않겠다는 것이다.[10]

2006년 이전에는 간접투자에 대하여 외국납부세액공제를 인정하지 않았다. 간접투자기구 단계에서 투자신탁은 법인격이 없어 법인세 납부의무가 없으므로 외국납부세액을 공제받을 수 없고, 투자회사는 투자자에게 배당가능이익의 90% 이상을 배당하면 전액 배당소득공제를 받을 수 있어 법인세 산출세액이 없으므로 역시 외국납부세액을 공제받을 수 없었다. 이와 같이 간접투자에 대하여 외국납부세액공제를 받지 못하면 직접투자와의 중립성이 침해되므로 2006년 법인세법을 개정하여 간접투자기구가 투자회사인 경우 법인세 신고 시 외국납부세액 공제를 허용하되 납부할 법인세가 없는 경우 환급하고, 투자신탁인 경우 법인격이 없으나 법인으로 간주하여 외국납부세액의 환급을 허용하였다. 그 후 간접투자기구가 해당 소득을 투자자에 배분할 때 다시 원천징수를 하였다. 이때 투자회사 등 법인격이 있는 매개체를 통하여 투자한 경우에는 세액공제와 환급에 법률상 문제가 없으나, 투자신탁의 경우에는 법인격이 없으므로 세액공제와 환급을 위한 범위에서 투자신탁 자체를 내국법인으로 간주하였다. 그런데 투자회사나 투자신탁 단계에서 이중과세를 조정하면 과다환급의 문제가 생길 수 있으므로 2021. 12. 21. 법인세법 개정 시 투사자 단계에서 이중과세를 조정하도록 변경하였다. 이로써 간접투자회사 등의 과세표준 신고 시 법인세액에서 공제하거나 법인세액을 초과하는 경우 환급특례가 폐지되고, 투자자인 내국법인이 산출세액에서 공제하거나 간접투자회사 등이 투자자인 내국법인에게 소득을 지급할 때 원천징수세액에서 외국납부세액을 공제하고 원천징수하도록 변경하였다. 다만, 투자자 단계에서 이중과세를 조정하면 투자회사나 투자신탁이 투자자별로 외국납부세액을 산출하여야 하는 부담이 증가하고, 외국납부세액이 확정되는 시점과 투자소득이 지급되는 시점이 불일치하는 경우 투자자들이 수정신고 및 경정청구를 하여야 하는 경우가 생겨 번거로워질 수 있다.

나. 재해손실세액공제

재해손실세액공제는 내국법인이 재해로 손실을 입어 법인세를 납부하기 곤란한 경우 손실액의 일정비율을 세액에서 공제하는 것을 의미한다. 재해손실세액공제가 적용되기 위해서는 내국법인이 천재지변이나 그 밖의 재해로 인하여 토지를 제외한 사업용 자산 총액의 20% 이상을 상실하고, 이로 인하여 납세가 곤란하여야 한다(법인법 제58조 제1항, 법인령 제95조 제1항).

---

10) 조심 2022. 1. 27.자 2020서7813 결정

다. 연구인력개발비 세액공제

(1) 의의

내국법인이 연구개발 및 인력개발에 지출한 비용이 있는 경우에는 법령에서 정한 세액을 법인세에서 공제한다(조특법 제10조 제1항). 기업의 연구개발과 인력개발을 장려하고 촉진하기 위하여 세제상 지원하는 것이다. 연구개발(Research and Development, R&D)은 과학적 또는 기술적 진전을 이루기 위한 체계적이고 창의적인 활동을 말하고,[11] 인력개발은 내국인이 고용하고 있는 임원 또는 사용인을 교육하고 훈련시키는 활동을 말한다.

위와 같이 연구개발은 과학적 또는 기술적 진전을 이루기 위한 활동이어야 하는바, 금융기관이 소프트웨어 개발업자에게 전산시스템의 개발을 위탁하고 지급한 비용은 과학적 또는 기술적 불확실성을 체계적으로 해소하여 정보기술 등 과학기술 분야의 진전을 이루기 위한 활동으로 볼 수 없으므로 연구개발비 세액공제 대상에 해당하지 않는다.[12]

(2) 세액공제 대상

연구인력개발비 세액공제 대상은 연구개발 등을 위한 기업부설연구소 또는 전담부서에서 근무하는 직원 및 연구개발서비스업에 종사하는 전담요원의 인건비, 연구용으로 사용하는 견본품, 부품, 원재료와 시약류구입비 및 소프트웨어 등의 대여·구입비, 전담부서에서 연구업무에 종사하는 연구요원의 위탁훈련비 등이다. 과거에는 자체연구개발비용만 세액공제 대상으로 인정하였으나, 2012년 이후에는 위탁연구개발과 공동연구개발도 세액공제 대상으로 인정하고 있다. 과세관청도 기존법인이 기업부설연구소로 등록된 수탁법인에 연구개발용역을 위탁하는 경우 기존법인이 연구개발용역을 위탁함에 따른 비용에 대하여 연구개발세액공제를 받을 수 있다고 해석하고 있다.[13] 인건비는 연구 및 인력개발에 직접적으로 대응하는 비용만을 세액공제 대상으로 하므로 후불적 임금인 퇴직금, 퇴직급여충당금은 연구인력개발비 세액공제의 대상이 되는 인건비에 해당하지 않는다.[14]

(3) 공제율

법인은 다음과 같은 총액발생기준과 증가발생기준 중 어느 하나를 선택하여 공제받을 수 있다(조특법 제10조 제1항 제3호). 다만, 신성장·원천기술, 국가전략기술 등 중요한 기술에 대

---

11) 일반적인 관리 및 지원활동, 시장조사, 판촉활동 및 일상적인 품질시험, 반복적인 정보수집 활동, 경영이나 사업의 효율성을 조사분석하는 활동, 법률 및 행정업무, 광물 등 자원 매장량 확인, 위치 확인 등 조사 및 탐사 활동, 위탁받아 수행하는 연구활동, 이미 기획된 콘텐츠를 단순 제작하는 활동, 기존에 상품화·서비스화된 소프트웨어 등을 복제하여 반복적으로 제작하는 활동 등은 연구개발의 범위에서 제외한다(조특령 제1조의2).
12) 대법원 2024. 12. 24. 선고 2021두55203 판결
13) 법인세과-2056(2020. 7. 24.)
14) 대법원 2014. 3. 13. 선고 2013두22147 판결

하여는 더 높은 공제율을 적용한다(조특법 제10조 제1항 제1호, 제2호, 제24조).

① 총액발생기준은 당해연도 발생액의 일정률을 공제하는 것이다. 일반기술의 경우 기업규모별로 공제율을 달리하여 중소기업 25%, 중견기업 8~20%, 대기업 0~2%를 적용한다. 중소기업 졸업 후 조세특례가 급격히 줄어드는 것을 방지하기 위하여 2024. 12. 31. 조특법 개정 시 중소기업 졸업 후 3~5년간 점감구조를 도입하였다.

② 증가발생기준은 당해연도 발생분에서 직전 과세연도 발생분을 차감한 금액의 일정률을 공제하는 것이다. 기업규모별로 공제율을 달리하여 중소기업 50%, 중견기업 40%, 대기업 25%를 적용한다. 증가발생기준을 적용하려면 해당 과세연도의 개시일로부터 소급하여 4년간 연구인력개발비가 발생했거나 직전 과세연도 발생액이 해당 과세연도의 개시일로부터 4년간 연평균 발생액보다 커야 한다.

(4) 사전심사제도

법인이 비용을 지출한 경우 그 비용이 연구인력개발비 세액공제 대상인지 여부가 불확실하여 납세자와 과세관청 사이에 분쟁이 자주 생긴다. 이에 따라 납세자와 과세관청 간 분쟁을 방지하기 위하여 연구인력개발비 세액공제 신청 전에 지출한 비용이 연구인력개발비에 해당하는지 여부 등에 대해 국세청장에게 미리 심사를 요청할 수 있는 사전심사제도를 운용하고 있다. 신청인이 심사결과 통지내용에 따라 연구인력개발비 세액공제를 신청하면 추후 심사결과와 다르게 과세처분한 경우에도 과소신고가산세를 부과하지 않는다. 따라서 납세자가 사전심사제도를 이용하면 최소한 과소신고가산세의 위험에서 벗어날 수 있다.

7. 가산세 등

가. 가산세

(1) 의의 및 종류

국기법에 규정된 무신고가산세, 과소신고가산세, 납부지연가산세, 원천징수 관련 가산세 이외에 법인세법은 법인세에 특유한 가산세를 규정하고 있다(법인법 제75조 이하). 법인에게 적용되는 가산세는 성실신고확인서 제출불성실가산세, 주주 등의 명세서 등 제출 불성실가산세, 장부의 기록·보관 불성실가산세, 기부금영수증 발급·작성·보관 불성실가산세, 증명서류 수취 불성실가산세, 신용카드 및 현금영수증 발급 불성실가산세, 지급명세서 제출 불성실가산세, 계산서 등 제출 불성실가산세, 특정외국법인의 유보소득 계산 명세서 제출 불성실가산세 등이 있다.

(2) 관련 판례

(가) 증명서류 수취 불성실가산세

증명서류 수취 불성실가산세는 법인의 경비지출내용의 투명성을 제고하고 거래상대방인 사업자의 과세표준 양성화를 유도하기 위하여 납세자의 지출증명서류 수취의무 위반에 대하여 법인세 본세의 납세의무와 무관하게 부과되므로 그 부과제척기간은 5년이다.[15]

(나) 계산서 등 제출 불성실가산세

계산서 등 제출 불성실가산세의 경우 비영리법인에 대하여는 수익사업을 영위하는 경우에만 적용된다.[16] 한편, 토지 또는 건축물에 대하여는 법인이 따로 계산서를 교부하지 않더라도 부동산등기법 등에 따른 과세행정체계에 의하여 이미 거래자료가 전부 수집되고 있어 법인으로 하여금 계산서 등의 교부를 강제할 필요가 없으므로 계산서 등 제출 불성실가산세를 적용하지 않는다.[17] 이 판결이 선고되기 전인 2001. 12. 31. 토지 및 건물을 공급하는 경우 계산서 발급의무를 면제하는 규정이 신설되었다(법인령 제164조 제3항).

나. 최저한세(最低限稅)

(1) 의의

법인이 여러 개의 세제우대조치를 중복적용받으면 세액이 영(0) 또는 음수가 될 수도 있다. 최저한세는 법인이 복수의 세제우대조치를 적용받는 경우에도 납세자가 최소한 부담하여야 할 세액을 의미한다(조특법 제132조). 납세자 간 과세형평을 도모하고 조세수입을 확보하기 위하여 과도한 비과세나 감면혜택을 제한하는 것이다. 종전에는 조세지출의 종합한도 규정을 두어 법인의 조세감면 한도를 제한하였는데, 1990. 12. 31. 법인세법 개정 시 최저한세를 도입하였다.

(2) 대상법인

최저한세는 조합법인을 제외한 모든 법인에게 적용된다.

(3) 세액계산

내국법인의 각 사업연도소득을 계산할 때 특정감면 등을 적용받은 후의 세액이 감면, 비과세 등 조세특례 적용 전 산출세액의 17% 이상이 되어야 한다. 다만, 과세표준 100억 원 초과 1,000억 원 이하 부분은 12%, 과세표준 100억 원 이하 부분은 10%, 중소기업의 경우에는 7%의 최저한세율을 적용한다. 이러한 최저한세의 취지에 불구하고 최저한세를 계산할 때 창업

---

15) 대법원 2021. 12. 30. 선고 2017두75415 판결
16) 대법원 2003. 2. 14. 선고 2001두8100 판결
17) 대법원 2006. 10. 13. 선고 2003두12820 판결

중소기업 등에 대한 세액감면 등 상당수의 감면을 최저한세 적용대상에서 제외하여 최저한세의 실효성을 떨어뜨리고 있다.

1. 신고

가. 일반법인

(1) 의의

납세의무가 있는 내국법인은 각 사업연도 종료일이 속하는 달의 말일부터 3개월 이내에 법인세를 신고하여야 한다(법인법 제60조 제1항). 내국법인으로서 각 사업연도 소득금액이 없거나 결손금이 있는 경우에도 신고의무가 있다(법인법 제60조 제3항). 외부감사를 받는 내국법인이 해당 사업연도의 감사가 종결되지 아니하여 결산이 확정되지 않은 경우에는 신고기한을 1개월의 범위에서 연장할 수 있다(법인법 제60조 제7항).

기업회계기준에 따라 원화 외의 통화를 기능통화로 채택한 경우 재무상태표 등은 기능통화로 표시된 재무제표를 제출하여야 한다(법인령 제97조 제3항). 기능통화는 영업활동이 이루어지는 주된 경제환경의 통화를 의미한다. 예를 들어, 국내 해운업체가 국외에서 주로 영업활동을 하는 경우 달러화를 영업, 투자 및 재무활동의 거래통화로 사용하므로 달러화가 기능통화이다.

(2) 무신고 간주

법인이 법인세를 신고할 때에는 재무상태표, 포괄손익계산서 및 이익잉여금처분계산서(또는 결손금처리계산서), 세무조정계산서를 첨부하여야 한다(법인법 제60조 제2항). 이를 첨부하지 않은 경우 신고하지 않은 것으로 간주한다(법인법 제60조 제5항).

(3) 외부세무조정제도

기업회계와 세무회계의 정확한 조정 또는 성실한 납세를 위하여 직전 사업연도의 수입금액이 70억 원 이상인 법인, 직전 사업연도의 수입금액이 3억 원 이상인 법인으로서 고유목적사업준비금 등을 적용받는 법인 등 법인세법 시행령에서 정한 내국법인의 경우 세무사, 공인회계사, 변호사로서 조정반에 소속된 자가 세무조정계산서를 작성하여야 하는 이른바 '외부세무조정제도'가 적용된다(법인령 제97조의2 제1항). 조정반은 지방국세청장이 2명 이상의 세무사, 세무법인, 회계법인, 법무법인 등에 대하여 지정한다(법인령 제97조의3 제1항).

판례는 외부세무조정제도는 국민의 기본권 및 기본적 의무와 관련된 것으로서 법률에서 정해야 할 본질적 사항에 해당하므로 법률에서 적어도 적용대상 및 세무조정업무를 맡게 될 '외부'의 범위 등에 관한 기본적인 사항을 직접 규정하여야 한다는 입장이다. 과거 법률에서 외부세무조정제도에 관하여 규정을 두지 않고 시행령과 시행규칙에서 구체적인 내용을 기재한 사안에서 시행령 조항은 모법조항의 위임없이 규정된 것이거나 모법조항의 위임범위를 벗어난 것으로서 무효이고, 시행령 조항의 위임에 따른 시행규칙 조항 역시 무효이므로 이에 근거하여 이루어진 과세처분은 위법하다고 판시하였다.[18] 위 대법원 판례에 따라 2015. 12. 15. 종전의 시행령 조항을 법률로 상향입법하고, 시행규칙 조항을 시행령으로 상향하였는데, 위 법률조항의 위헌 여부가 문제된 사안에서, 헌법재판소는 세무조정업무는 세법 및 관련 법령에 대한 해석·적용을 업무내용으로 하고 있으므로 세무사 자격 보유 변호사에게 그 전문성과 능력이 인정되는데 세무사 자격 보유 변호사에 대하여 세무조정업무를 일체 수행할 수 없도록 전면 금지하는 것은 직업선택의 자유를 지나치게 제한하는 것이어서 헌법에 위반된다는 헌법불합치 결정을 하고, 2019. 12. 31.까지 적용되는 것으로 판시하였다.[19] 그러나 국회는 2019. 12. 31.까지 입법을 하지 않다가 2021. 11. 23.에 이르러 변호사 세무대리업무등록부에 등록한 변호사의 조정반 지정에 대한 근거조항을 마련하고, 시행령에서 세무법인, 회계법인 이외에 법무법인의 조정반 지정도 가능하도록 규정하였다(법인령 제97조의3 제1항 제4호).[20]

나. 부동산임대업을 주된 사업으로 하는 법인 등

부동산임대업을 주된 사업으로 하는 법인 등 소득세법상 성실신고확인대상 사업자가 법인으로 전환한 경우의 해당 법인 등은 사업연도 종료일이 속하는 달의 말일부터 4개월 이내에 법인세를 신고하여야 한다(법인법 제60조 제1항, 제60조의2 제1항). 소득세법상 성실신고확인대상 사업자가 사업용 유형자산 및 무형자산의 현물출자 및 사업의 양수도 등의 방법을 이용하여 내국법인으로 전환한 경우, 그 전환한 법인으로부터 현물출자 및 사업양도를 통해 법인으로 전환한 후 3년 이내 해당 사업을 인수하여 영위 중인 내국법인이 포함된다(법인령 제60조의2). 다만, 외부감사를 받은 내국법인, 유동화전문회사 등 소득공제를 적용받는 내국법인은 적용대상에서 제외한다. 위 부동산임대업을 주된 사업으로 하는 법인 등에 대하여는 엄격한 세원관리가 필요하므로 신고기한을 1개월 연장해주는 대신 신고내용을 정밀하게 검증한다.

---

18) 대법원 2015. 8. 20. 선고 2012두23808 전원합의체 판결, 대법원 2021. 9. 9. 선고 2019두53464 전원합의체 판결
19) 헌재 2018. 4. 26. 선고 2016헌마116 결정
20) 입법이 지연된 것은 변호사가 수행할 수 없는 세무업무의 범위에 대하여 변호사업계와 세무사업계가 첨예하게 대립하였기 때문이다. 결국 세무사법에서 변호사는 세무사의 직무 중 세무조정은 할 수 있으나, 장부작성의 대행, 성실신고확인은 할 수 없는 것으로 규정하였다(세무사법 제20조의2 제2항).

다. 비영리법인의 신고 특례

(1) 이자소득에 대한 신고 특례

비영리법인에게 원천징수된 이자소득이 있는 경우 비영리법인은 각 사업연도소득에 대한 법인세로 신고납부하는 방법과 신고납부하지 않고 원천징수로 납세의무를 종결하는 방법 중 하나를 선택할 수 있다(법인법 제62조 제1항). 비영리법인의 납세협력비용을 줄여주기 위하여 원천징수로 납세의무를 종결할 수 있는 선택권을 부여한 것이다. 과세표준신고를 하지 않은 이자소득에 대하여는 수정신고, 기한후 신고 또는 경정 등에 의하여 과세표준에 포함시킬 수 없다(법인법 제62조 제2항).

(2) 자산양도소득에 대한 신고 특례

사업소득이 없는 비영리법인이 토지 또는 건물 등 자산의 양도소득이 있는 경우 각 사업연도소득에 대한 법인세로 신고납부하는 방법과 소득세법을 준용하여 산정한 양도소득세 상당액을 법인세로 신고납부하는 방법 중 하나를 선택할 수 있다(법인법 제62조의2 제1항). 비영리법인이 사업소득이 없는 상태에서 양도소득세 과세대상 자산을 양도한 경우 납세협력비용을 줄여주기 위하여 양도소득세를 신고납부하는 것과 같은 방법으로 신고납부할 수 있도록 선택권을 부여한 것이다.

2. 납부

가. 중간예납

(1) 의의

법인세법 제63조에 규정된 중간예납은 국가가 납세자로부터 세액의 일부를 미리 납부받는 것을 의미한다. 납세자는 세액을 나누어 납부함으로써 한꺼번에 납부하는 부담을 덜 수 있고, 국가는 조세채권을 조기에 확보할 수 있는 장점이 있다.

(2) 대상

각 사업연도의 기간이 6개월을 초과하는 내국법인은 중간예납의무가 있다(법인법 제63조 제1항). 다만, 학교법인, 직전 사업연도 중소기업으로서 직전사업연도 산출세액 기준 중간예납세액이 50만 원 미만인 내국법인은 중간예납의무를 면제한다. 중간예납기간은 해당 사업연도 개시일부터 6개월이 되는 날까지이다(법인법 제63조 제2항).

(3) 중간예납세액

중간예납세액은 다음 2가지 중 하나의 방법을 선택하여 계산한다(법인법 제63조의2 제1항). 다만, 공정거래법에 따른 공시대상 기업집단에 속하는 내국법인, 연결법인은 중간예납추계액으로 계산해야 한다.

(가) 중간예납기준액

직전 사업연도의 산출세액을 기준으로 중간예납세액을 계산하는 방법이다. 예를 들어, 직접 사업연도의 산출세액이 10억 원이면 중간예납세액은 그 50%인 5억 원이다.

(나) 중간예납추계액

해당 중간예납기간인 6월까지의 법인세액을 기준으로 중간예납세액을 계산하는 방법이다. 직전 사업연도 법인세 산출세액이 없는 경우, 해당 중간예납기간 만료일까지 직전 사업연도의 법인세액이 확정되지 않은 경우, 분할신설법인이나 분할합병의 상대방법인의 분할 후 최초의 사업연도인 경우에는 중간예납추계액으로 중간예납세액을 계산한다(법인법 제63조의2 제2항 제2호).

(4) 납부기한

내국법인은 중간예납기간이 지난 날부터 2개월 이내에 중간예납세액을 납부하여야 한다(법인법 제63조 제3항). 사업연도가 12. 31.까지인 법인의 경우 중간예납기간이 6. 30.까지이므로 중간예납세액의 납부기한은 8. 31.까지이다. 이때까지 중간예납세액을 납부하지 않으면 중간예납기준액으로 중간예납세액을 계산한다(법인법 제63조의2 제2항 제1호).

나. 납부

내국법인은 각 사업연도소득에 대한 법인세 산출세액에서 해당 사업연도의 감면세액·세액공제액, 중간예납세액, 수시부과세액, 원천징수된 세액을 기납부세액으로 공제하여 산출된 금액을 법인세로서 납부하여야 한다(법인법 제64조 제1항). 납부세액이 2,000만 원 이하인 경우에는 1,000만 원을 초과하는 금액, 납부세액이 2,000만 원을 초과하는 경우에는 그 세액의 50% 이하의 금액을 납부기한으로부터 1개월 이내에 분납할 수 있다(법인법 제64조 제2항, 법인령 제101조 제2항). 중소기업의 경우에는 2개월 이내에 분납할 수 있다.

제3절 과세표준과 세액의 결정, 경정, 징수 및 환급

1. 결정과 경정

가. 의의

내국법인이 법인세를 신고하지 않은 경우 과세관청이 과세표준과 세액을 구체적으로 확정하는 것을 결정이라고 한다(법인법 제66조 제1항). 또한 내국법인의 신고 내용에 탈루 또는 오류가 있는 경우 등에 과세관청이 과세표준과 세액을 바로잡는 것을 경정이라고 한다(법인법 제66

조 제2항). 결정은 과세표준확정 신고기일부터 원칙적으로 1년 내에 완료하여야 하나, 국세청장이 조사기간을 따로 정하거나 부득이한 사유가 있어 국세청장의 승인을 얻은 경우에는 1년이 지나서 결정할 수 있다(법인령 제103조 제3항). 과세관청이 내국법인의 과세표준과 세액을 결정 또는 경정한 경우에는 그 내용을 내국법인에게 서면으로 통지하여야 한다(법인법 제73조).

나. 방법

(1) 실지조사결정

과세관청은 해당 과세기간의 과세표준과 세액을 결정 또는 경정하는 경우 원칙적으로 장부나 그 밖의 증명서류를 근거로 하여야 한다(법인법 제66조 제3항). 이를 실지조사결정이라고 한다.

(2) 추계조사결정

(가) 의의

과세관청은 장부나 그 밖의 증명서류를 근거로 과세표준과 세액을 결정 또는 경정할 수 없는 경우에는 법령에서 정하는 방법에 따라 과세표준과 세액을 추계하여 결정 또는 경정할 수 있다(법인법 제66조 제3항 단서). 이를 추계조사결정이라고 한다. 장부나 증명서류의 미비 등으로 실지조사결정을 할 수 없다고 과세를 포기할 수는 없으므로 실지조사결정을 할 수 없는 경우에 예외적으로 추계조사결정을 허용한다.

(나) 사유(법인령 제104조 제1항)

장부나 그 밖의 증명서류에 의하여 소득금액을 계산할 수 없어서 추계조사결정을 하여야 하는 구체적인 사유는 다음과 같다.

① 소득금액을 계산할 때 필요한 장부 또는 증명서류가 없거나 중요한 부분이 미비 또는 허위인 경우

② 기장의 내용이 시설규모, 종업원수, 원자재·상품·제품 또는 각종 요금의 시가 등에 비추어 허위임이 명백한 경우

③ 기장의 내용이 원자재사용량·전력사용량 기타 조업상황에 비추어 허위임이 명백한 경우

(다) 수입금액의 추계

사업자의 수입금액을 장부 기타 증빙서류에 의하여 계산할 수 없는 경우 그 수입금액은 다음 방법에 의하여 계산한다(법인령 제105조 제1항). 유의할 사항은 수입금액을 추계결정 또는 경정하더라도 거주자가 비치한 장부와 그 밖의 증명서류에 의하여 필요경비를 계산할 수 있는 때에는 필요경비는 실지조사에 의하여 결정 또는 경정해야 한다는 점이다(법인령 제105조 제2항).

① 동업자권형(同業者權衡)

권형(權衡)은 저울을 의미하는 단어로서 동업자권형은 기장이 정당하다고 인정되어 기장

에 의하여 결정한 동일업황의 다른 사업자의 수입금액을 참작하여 수입금액을 계산하는 방법이다. 동업자권형에 의한 추계도 동일업종의 다른 사업자와 균형을 맞추어 계산한 수입금액을 기초로 실액에 가깝게 과세표준을 결정하여야 한다. 비교기준으로 삼은 동종사업자의 수입 등에 관한 기장이 정확한 장부와 증빙서류에 의하여 인정되어야 하고 동일업종이라 하더라도 그 구체적 업황이 당해 사업자의 업황과 동일하거나 상당한 정도로 유사하여 그 수입도 당해 사업자의 수입과 비슷할 것이라는 개연성이 있어야 한다.[21]

② 영업효율법

국세청장이 사업의 종류, 지역 등을 감안하여 사업과 관련된 인적·물적시설(종업원·객실·사업장·차량·수도·전기 등)의 수량 또는 가액과 매출액의 관계를 정한 영업효율이 있는 때에는 이를 적용하여 계산하는 방법이다.

③ 생산수율법

국세청장이 업종별로 투입원재료에 대하여 조사한 생산수율(生産收率)을 적용하여 계산한 생산량에 당해 과세기간 중에 매출한 수량의 시가를 적용하여 계산하는 방법이다. 생산수율은 원재료 투입에 대한 제품생산 비율을 의미한다.

④ 비용관계비율법 등

생산에 투입되는 원·부재료 중에서 일부 또는 전체의 수량과 생산량과의 관계를 정한 원단위 투입량, 인건비·임차료·재료비·수도광열비 기타 영업비용 중에서 일부 또는 전체의 비용과 매출액의 관계를 정한 비용관계비율, 일정기간 동안의 평균재고금액과 매출액 또는 매출원가와의 관계를 정한 상품회전율, 일정기간 동안의 매출액과 매출총이익의 비율을 정한 매매총이익률, 일정기간 동안의 매출액과 부가가치액의 비율을 정한 부가가치율 등에 따라 계산하는 방법이다. 이 중 비용관계비율과 매매총이익률이 자주 활용된다.

⑤ 입회기준

최종소비자를 대상으로 거래하는 음식업 및 숙박업과 서비스업에 대하여 국세청장이 정하는 입회조사기준에 의하여 계산하는 방법이다. 입회조사는 3개월 중 요일을 안분하여 2회 이상, 1과세기간 중 최소한 4회 이상 실시하고 입회조사 당일 영업개시 시간부터 영업종료 시간까지의 수입금액을 조사한다(음식·숙박업과 서비스업에 대한 추계경정 시 적용할 입회조사기준 고시 제2조 제1항).

(라) 소득금액의 추계

소득금액을 추계할 때에는 다음 중 하나의 방법에 의하여 과세표준과 세액을 계산한다(법

---

21) 대법원 1992. 9. 14. 선고 92누1353 판결

인령 제104조 제2항).

① 기준경비율

기준경비율이 결정된 경우에는 사업수입금액에서 사업용 유형자산 및 무형자산을 제외한 다른 자산의 매입비용, 사업용 유형자산 및 무형자산에 대한 임차료, 대표자 및 임직원의 급여와 임금 및 퇴직급여, 사업수입금액에 기준경비율을 곱하여 계산한 금액을 공제하여 과세표준과 세액을 계산한다.

② 동업자권형

기준경비율이 결정되지 않았거나 천재지변 등으로 장부나 그 밖의 증명서류가 멸실된 때에는 동업자권형의 방법을 사용한다.

③ 조특법 제7조 제1항 제2호 가목에 의한 소기업이 폐업한 때

수입금액에서 수입금액에 단순경비율을 곱한 금액을 뺀 금액, 수입금액에 직전 사업연도의 소득률을 곱하여 계산한 금액, 기준경비율을 이용하여 계산한 금액 중 적은 금액을 과세표준으로 하여 결정 또는 경정한다. 다만, 조세탈루혐의가 있다고 인정되는 경우로서 무자료거래, 위장·가공거래 등 거래내용이 사실과 다른 혐의가 있는 경우 등의 사유가 있는 경우에는 적용을 배제한다.

(마) 추계결정의 증명책임

① 추계조사의 요건

법인세는 실지조사에 따라 밝혀진 실액(實額)에 따라 과세함이 원칙이고 추계과세는 어디까지나 예외적인 것이므로 과세관청에 추계조사의 요건에 대한 증명책임이 있다. 추계결정은 엄격한 요건하에 인정되므로 관계장부나 증빙서류의 일부가 미비하거나 허위라고 하여 막바로 추계과세를 할 수는 없고, 납세자로 하여금 미비하거나 부당한 부분에 관한 새로운 자료를 제출하게 하여 이를 조사한 후 그 자료에 의하더라도 과세표준과 세액을 계산할 수 없을 때에 비로소 추계조사결정을 할 수 있다.[22] 다만 과세관청이 납세자로 하여금 제출된 장부 등 증빙의 부당성을 지적하고 새로운 자료를 제출하게 하여 실지조사를 하더라도 과세표준과 세액을 결정할 수 없음이 명백한 경우에는 그러한 절차를 취하지 않았더라도 위법하다고 볼 수 없다.[23] 예를 들어, 과세관청이 자료제출을 요구하였음에도 납세자가 제출할 자료가 없다는 이유로 거부하고 자료없음을 확인하는 서면까지 제출한 경우에는 다시 납세자로 하여금 자료제출을 요구하는 것은 무용한 절차이므로 그러한 절차를 거치지 않았다고 하여 추계조사결정이 위법하다고 할 수 없다. 일단, 추계조사결정을 한 후라도 과세처분 취소소송에서 관계장부 등

---

22) 대법원 1988. 10. 11. 선고 87누537 판결, 대법원 1992. 7. 24. 선고 91누8203 판결
23) 대법원 1996. 7. 30. 선고 94누15202 판결

이 제출되어 그 장부 등에 기하여 과세표준을 결정할 수 있는 경우에는 실지조사방법에 의하여야 하고 당초의 추계조사결정을 그대로 유지할 수 없다.[24] 당사자는 소송변론 종결 시까지 객관적인 조세채무액을 뒷받침하는 주장과 증거를 제출할 수 있기 때문이다. 이에 따라 납세자가 세무조사 중에는 장부나 증빙 등을 제출하지 아니하여 과세관청이 추계결정을 한 후 납세자가 과세처분 취소소송을 제기하여 소송 중에 장부나 증빙 등을 제출하는 경우 추계조사결정이 취소되는 경우가 생긴다.

한편, 납세자가 추계조사결정에 대한 선택권을 가지고 있는 것은 아니므로 납세자가 세법이 정하는 장부를 비치·기장한 적이 없다고 하더라도 계약서 등 다른 증빙서류를 근거로 과세표준을 계산할 수 있다면 실지조사 방법에 의하여 세액을 결정하여야 하고, 납세자 스스로 추계조사결정을 원한다는 사유만으로는 추계조사 요건이 갖추어진 것으로 볼 수 없다.[25]

② 추계조사의 합리성과 타당성

과세관청은 추계조사의 요건 외에 추계조사 방법이 합리적이고 타당하다는 점에 대한 증명책임이 있다.[26] 이와 관련하여 과세관청이 법령에서 정한 방법과 절차에 따라 추계하였다면 합리성과 타당성은 일단 증명되었고, 구체적인 내용이 현저하게 불합리하여 수입금액의 실액을 반영하기에 적절하지 않다는 점에 관하여는 이를 다투는 납세자가 증명할 필요가 있다.[27]

③ 관련 판례

㉮ 추계조사결정이 위법하다고 한 사안

과세관청이 석유류 도소매업자에게 국세청장이 업종별로 정한 석유류 도소매업을 영위하는 개인사업자의 매매총이익률 9.31%에 기하여 추계과세한 사안이 있다. 판례는 매매총이익률은 법령에서 정한 추계방법의 하나이지만 원고들이 석유류 도소매업을 영위하면서 취한 거래방식은 중간도매업자로부터 석유류의 주문을 받은 후, 정유회사의 일반대리점에 대금을 지급하고 출하요청서(일명 오더)를 교부받아 그에 약간의 이윤을 붙여 주문한 중간도매업자에게 출하요청서 자체를 판매하는 이른바 오더거래방식에 의한 매출이 대부분이었던 점, 오더거래방식에 의한 매출의 경우 거래량은 대규모이나 이익률은 국세청장이 정한 매매총이익률 9.31%에 훨씬 미치지 못하는 2% 정도에 불과한 점 등을 고려하여 원고들에게 이와 같은 특수한 사정이 있음을 고려하지 않고 매매총이익률을 적용한 추계방법은 합리성과 타당성을 인정할 수 없다고 판시하였다.[28]

---

24) 대법원 1988. 9. 13. 선고 85누988 판결, 대법원 1992. 7. 24. 선고 91누8203 판결
25) 대법원 2007. 10. 26. 선고 2006두16137 판결
26) 대법원 2010. 10. 14. 선고 2008두7687 판결
27) 대법원 1997. 9. 9. 선고 96누12054 판결, 대법원 2010. 10. 14. 선고 2008두7687 판결
28) 대법원 1996. 7. 30. 선고 94누15202 판결

㉯ 추계조사결정이 적법하다고 한 사안

과세관청이 판매시점정보관리시스템(Point Of Sales Management System, POS)에 입력된 매출액과 원부재료비의 비율에 기하여 돼지갈비 식당을 운영하는 원고의 수입금액을 추계한 사안이 있다. 판례는 POS시스템은 판매와 동시에 입력된 자료로서 세무조사과정에서 확인된 다른 자료들보다 신빙성이 높고, 원부재료는 돼지고기, 음료수, 주류 등으로서 식당의 매출과 직접적인 관련성이 있는 요소들인 데다가 특정업체들로부터 상당기간 지속적으로 납품받아 왔으며 납품업체들은 규모가 크고 그 거래에 관하여 세금계산서 등을 발행하기 때문에 거래 금액은 비교적 정확한 점, 매출액과 원부재료비의 비율은 재료비나 음식요금의 변동이 있더라도 상당기간 그대로 유지되는 점 등에 비추어, 매출액과 원부재료비의 비율을 적용하여 다른 기간의 매출액을 추계한 것은 합리성과 타당성이 있다고 판시하였다.[29]

(바) 위법한 추계와 심리의 범위

과세관청이 소송에서 추계과세 요건에 관하여 증명하지 못하였다면 과세관청이 한 추계과 세가 위법하므로 전부 취소하여야 한다.[30] 다만 취소소송은 부과처분의 세액이 정당한 세액을 초과하는지 여부를 판단하는 것이므로 추계방법이 위법하더라도 소송과정에서 정당한 세액이 증명된 경우에는 정당한 세액을 초과하는 부분만을 취소하면 된다.[31]

다. 수시부과결정

내국법인이 사업연도 중에 조세를 포탈할 우려가 있는 경우에는 신고기한 이전이라도 수시로 내국법인에 대한 법인세를 부과할 수 있다(법인법 제69조 제1항). 대표적으로 납세자가 신고하지 않고 본점 등을 이전한 경우, 사업부진 기타의 사유로 휴업이나 폐업상태에 있는 경우, 기타 조세를 포탈할 우려가 있다고 인정되는 상당한 이유가 있는 경우 수시부과할 수 있다(법인령 제108조 제1항). 이러한 사유로 수시부과결정한 경우 해당 과세기간의 사업개시일부터 수시부과 사유 발생일까지를 수시부과기간으로 한다(법인법 제69조 제2항).

2. 원천징수

가. 내국법인의 이자소득 등에 대한 원천징수

(1) 원칙

(가) 내국법인에 이자소득, 투자신탁의 이익을 지급하는 경우

내국법인에 이자소득, 투자신탁의 이익을 지급하는 자는 지급액의 14%(비영업대금의 이익인 경우 25%)를 원천징수하여 다음 달 10일까지 납부하여야 한다(법인법 제73조 제1항). 원천

---

29) 대법원 2010. 10. 14. 선고 2008두7687 판결
30) 대법원 1999. 10. 8. 선고 98두915 판결
31) 대법원 1986. 7. 8. 선고 84누551 판결

징수의무자를 대리하거나 그 위임을 받은 자의 행위는 수권 또는 위임의 범위에서 본인 또는 위임인의 행위로 본다(법인법 제73조 제4항). 위 법인세법 제73조 제1항에서 원천징수의무를 부담하는 자는 특별한 사정이 없는 한, 계약 등에 의하여 자신의 채무이행으로서 이자소득 등을 실제 지급하는 자이다.[32] 이와 관련된 대표적인 판례를 살펴보기로 한다.

甲은행 등이 기업어음 발행기업들과 당좌예금계약을 체결하고 발행기업들에게 기업어음용지를 교부하였는데, 할인된 후 한국예탁결제원에 예탁된 기업어음의 소지인들이 통상적인 어음금 결제과정과 달리 만기 전에 기업어음을 인출한 뒤 한국예탁결제원을 거치지 않고 자신이 거래하는 시중은행에 직접 지급제시하여 어음금을 지급받음으로써 한국예탁결제원 등에 의하여 어음할인에 따른 이자소득이 원천징수되지 않았다. 과세관청은 위 어음할인액에 대한 원천징수의무자가 지급은행인 甲은행 등이라는 이유로 원천징수납부불성실가산세 등을 부과하였다.[33] 이 사안에서 판례는 甲은행 등은 어음금을 지급대행하는 사실행위를 한 것에 불과할 뿐 자신의 채무를 변제하기 위하여 이자소득금액을 지급한 것이 아니므로 원천징수의무자가 아니라고 판시하였다.[34] 나아가 甲은행 등은 발행기업으로부터 당좌예금계약상 기업어음의 어음금 지급을 위임받았을 뿐 그 밖에 원천징수업무까지 위임받았다고 보기도 어렵다. 따라서 기업어음의 발행기업으로부터 어음금의 지급을 위탁받은 지급은행이 어음할인액에 대한 원천징수의무를 부담한다고 볼 수는 없다.

(나) 자본시장법에 따른 투자신탁의 경우

자본시장법에 따른 투자신탁의 경우에는 투자신탁재산에 소득이 귀속되는 시점에 원천징수하지 않고, 이를 수익자에게 분배하는 시점에 원천징수한다(법인법 제73조 제3항). 투자신탁의 수익자를 일일이 가려내서 원천징수하는 것이 현실적으로 어려우므로 수익자에게 분배하는 시점에 원천징수함으로써 과세가 이연되는 효과가 있다.

---

32) 대법원 2018. 4. 24. 선고 2017두48543 판결
33) 기업어음의 통상적인 발행과 지급과정을 보면 ① 발행기업은 단기자금 조달 목적으로 기업어음을 발행하여 증권회사를 비롯한 할인기관에 할인을 요청하고, ② 할인기관은 할인된 어음금에서 자신의 수수료를 차감한 잔액을 발행기업에 지급하는데, 기업어음을 직접 인수한 경우에는 이를 만기까지 보유하거나 다른 투자자들에게 매출 형태로 이전하며, ③ 투자자들은 보통 기업어음 실물을 보관하는 것이 아니라 한국예탁결제원에 예탁하고 그 권리행사를 위탁하는데, 한국예탁결제원은 기업어음의 만기가 도래하면 자신이 거래하는 제시은행에 기업어음을 지급제시하고, ④ 제시은행은 어음교환소를 통하여 발행기업의 당좌계좌를 개설한 지급은행들에 어음의 지급제시 사실을 알리고, 지급은행들은 당좌계좌의 잔액을 확인한 후 어음금을 인출하여 어음교환소의 전산이체로 제시은행에 어음금을 지급하며, ⑤ 제시은행은 한국예탁결제원에, 한국예탁결제원은 할인기관에, 할인기관은 투자자에게 순차 어음금을 지급한다. 한국예탁결제원에 예탁되면 소지인과 할인액 등 이자소득을 분명하게 파악할 수 있다. 그런데 이 사건에서 기업어음의 소지인들은 정상적인 어음금 결제과정과는 달리 어음의 만기 전에 한국예탁결제원에서 기업어음을 인출한 뒤, 한국예탁결제원을 거치지 않고 제시은행에 직접 지급제시하여 어음금을 지급받음으로써 한국예탁결제원 등에 의하여 어음할인에 따른 이자소득이 원천징수되지 않았다.
34) 대법원 2018. 2. 8. 선고 2017두48550 판결

(2) 예외

법인세가 비과세되거나 면제되는 소득을 지급하는 경우에는 원천징수하지 않는다(법인법 제73조 제2항). 또한 은행 등 금융기관에 이자를 지급하는 경우에는 원천징수하지 않는다(법인법 제73조 제1항 괄호, 법인령 제111조 제1항·제2항). 금융기관의 채권이자는 사업소득이므로 원천징수의 예외를 인정한 것이다. 과거에는 금융기관에게 이자를 지급할 때 이자소득세를 원천징수하였으나, 2005. 7. 1. 이후 원천징수의무를 면제하였다. 이에 따라 은행 등 금융기관은 법인세를 신고납부할 때 이자소득에 대한 세금을 납부하므로 일반기업과 비교할 때 과세이연의 혜택을 누리게 된다.

나. 내국법인의 채권 등의 보유기간 이자상당액에 대한 원천징수

내국법인이 매도가능채권 또는 투자신탁의 수익증권을 타인에게 매도하는 경우 매도인은 보유기간에 따른 이자 등의 금액에 14%의 세율로 계산한 법인세를 원천징수하여야 한다(법인법 제73조의2 제1항). 매수인으로 하여금 원천징수를 하게 하면 매도인은 채권을 거래할 때마다 세금징수내역을 매수인에게 보내야 하는 번거로움이 있으므로 매도인에게 원천징수의무를 지우는 것이다. 다만, 개인이 법인에게 채권을 매도할 경우에는 개인에게 원천징수의무를 지우는 것이 현실적으로 어려우므로 매입한 법인이 원천징수한다. 해당 채권이 매도되는 과정에서 채권의 처분손실이 발생하였더라도 원천징수의무가 면제되지 않는다.[35] 다만 법인세가 부과되지 않거나 면제되는 소득을 지급하는 경우 등에는 원천징수의무를 부담하지 않는다(법인법 제73조의2 제2항, 법인령 제111조 제2항). 금융회사, 집합투자업자 등에 원천징수대상채권 등을 매도하는 경우로서 당사자 간의 약정이 있을 때에는 그 약정에 따라 원천징수의무자를 대리하거나 위임을 받은 자의 행위는 수권 또는 위임의 범위에서 본인 또는 위임인의 행위로 본다(법인법 제73조의2 제3항).

---

35) 대법원 2017. 12. 22. 선고 2014두2256 판결

제9장 법인과세신탁과 연결납세 과세특례

제1절 법인과세신탁

1. 의의

신탁관계에서 수탁자가 위탁자로부터 재산을 위탁받아 이를 운용하여 수익자에게 수익을 분배하는 것은 법인이 주주로부터 재산을 출자받아 영업을 하여 수익을 분배하는 것과 경제적 기능면에서 유사하다. 다만, 신탁은 단순한 도구의 역할을 수행하는 것에서부터 실체로서 법인과 실질적으로 차이가 없는 것에 이르기까지 스펙트럼이 다양하므로 법인과 유사한 신탁에 대하여는 법인과 유사하게 과세하여야 법인과의 조세중립성이 보장된다.[1]

위와 같은 점을 감안하여 2020. 12. 22. 법인세법 개정 시 목적신탁, 수익증권발행신탁, 유한책임신탁 등의 신탁에 대하여는 수탁자에게 법인세를 과세하는 법인과세신탁을 도입하였다(법인법 제5조 제2항). 투자신탁과 조각투자상품인 수익증권발행신탁은 그 성격상 법인과세신탁에 적합하나 정책적인 이유로 법인과세신탁을 적용하지 않고 수익자 과세를 적용한다. 법인과세신탁에서 그 이익을 수익자에게 분배하는 경우에는 법인이 수익을 주주에게 분배하는 것과 유사하므로 배당으로 본다.

2. 요건

법인과세신탁을 적용하려면 다음 2가지 요건을 충족하여야 한다(법인법 제5조 제2항·제3항, 법인령 제3조의2 제1항). 종전에는 납세자에게 법인과세신탁과 수익자과세신탁 중 하나를 선택할 수 있도록 하였으나, 2023. 12. 31. 법인세법 개정 시 법인과세신탁의 요건을 충족하면 법인과세신탁을 적용하도록 의무화하였다.

가. 특정 목적의 신탁일 것

수익자가 없는 특정의 목적을 위한 목적신탁, 수익증권발행신탁, 유한책임신탁 등이어야 한다. 투자신탁은 자본시장에 미치는 영향을 고려하여 법인과세신탁에서 제외하였다. 종전에

---

1) 이중교, "신탁 관련 소득과세의 문제점 및 개편방안", 세무와 회계연구 제9권 제3호, 2020, 120면

는 수익자가 둘 이상이어야 한다는 요건을 규정하였으나, 수익자가 부존재하는 목적신탁의 경우 수익자가 둘 이상일 것이라는 요건을 충족할 수 없으므로 2024년 2월 법인세법 시행령 개정 시 삭제하였다.

나. 위탁자과세신탁이 아닐 것

위탁자가 신탁재산을 실질적으로 지배·통제하는 경우가 아니어야 한다. 위탁자가 신탁재산을 실질적으로 지배·통제하는 경우에는 위탁자가 납세의무자이므로 법인과세신탁이 적용되지 않는다.

3. 법률관계

가. 구분계산

법인과세신탁의 수탁자는 신탁재산에 귀속되는 소득과 수탁자의 고유소득을 구분하여 법인세를 납부하여야 한다(법인법 제75조의11 제1항). 양자는 소득의 원천, 계산방법 등이 다르기 때문에 구분계산이 요구된다.

나. 제2차 납세의무

법인과세신탁의 수탁자가 신탁재산으로 법인세 및 강제징수비를 납부하기에 부족한 경우에는 신탁의 수익자는 분배받은 재산가액 및 이익을 한도로 그 부족액에 대하여 제2차 납세의무를 진다(법인법 제75조의11 제2항).

다. 법인과세 신탁재산의 설립 및 해산 등

법인과세 신탁재산은 신탁법에 따라 신탁이 설정된 날에 설립된 것으로 보고, 신탁이 종료된 날에 해산된 것으로 본다(법인법 제75조의12 제1항, 제2항).

라. 공동수탁

하나의 법인과세 신탁재산에 둘 이상의 수탁자가 있는 경우에는 수탁자 중 신탁사무를 주로 처리하는 수탁자로 신고한 대표수탁자가 법인과세 신탁재산에 귀속되는 소득에 대하여 법인세를 납부한다(법인법 제75조의13 제1항).

4. 과세표준

가. 법인과세 신탁재산에 대한 소득공제

법인과세 신탁재산이 수익자에게 수익을 배당한 경우에는 그 금액을 해당 사업연도의 소득금액에서 공제한다(법인법 제75조의14 제1항). 이는 수탁자와 수익자의 이중과세를 조정하기 위한 것이므로 수익자에게 배당에 대한 소득세나 법인세가 비과세되는 경우에는 소득공제를 적용하지 않는다(법인법 제75조의14 제2항).

나. 신탁의 합병 및 분할

법인과세 신탁재산에 대한 신탁의 합병과 분할은 법인의 합병과 분할로 본다(법인법 제75조의15 제1항, 제2항).

다. 법인과세 신탁재산의 소득금액 계산

수탁자의 변경에 따라 법인과세 신탁재산의 수탁자가 그 법인과세 신탁재산에 대한 자산과 부채를 새로운 수탁자에게 이전하는 경우 그 자산과 부채의 이전가액을 수탁자 변경일 현재의 장부가액으로 본다(법인법 제75조의16 제1항). 수탁자 변경에 따라 신탁재산이 종전의 수탁자에서 새로운 수탁자로 이전될 때 그 이전에 따른 손익이 과세되지 않도록 하기 위함이다.

5. 신고와 징수 등

가. 법인과세 신탁재산의 신고 및 납부

법인과세 신탁재산에 대해서는 성실신고확인서 제출 및 중간예납의무를 적용하지 않는다(법인법 제75조의17).

나. 법인과세 신탁재산의 원천징수

법인과세 신탁재산이 이자소득, 투자신탁 이익을 지급받고, 법인과세 신탁재산의 수탁자가 은행 등 법령 소정의 금융회사 등에 해당하는 경우에는 신탁소득에 대하여 원천징수를 하지 않는다(법인법 제75조의18 제1항, 법인령 제120조의5 제1항·제2항). 법인과세 신탁재산에 속한 원천징수대상채권 등을 매도하는 경우 법인과세 수탁자를 원천징수의무자로 본다(법인법 제75조의18 제2항).

제2절 연결납세

1. 의의

연결납세는 법률적으로 독립되어 있으나 경제적으로 결합되어 있는 모회사(母會社)와 자회사(子會社) 등 기업그룹을 1개의 법인인 것처럼 취급하여 과세하는 제도이다. 모회사와 자회사를 별개의 법인으로 보면 모회사와 자회사 간의 거래에 대하여 손익을 인식하고 소득금액과 결손금의 통산이 불가능하다. 그러나 모회사와 자회사를 1개의 법인인 것처럼 취급하면 모회사와 자회사 간의 거래에 대하여 손익을 제거하고 소득금액과 결손금의 통산이 가능해진다.

연결납세제도는 기업이 조직형태를 선택할 때 경제적 실질에 맞게 과세함으로써 조세의 중립성을 보장하고, 기업이 경영환경의 변화에 탄력적으로 대응할 수 있도록 하기 위한 취지로 2008. 12. 26 법인세법 개정 시 도입되었다. 연결납세제도를 적용하면 사업부서를 분리하여 자회사로 하는 경우에도 자회사에 결손이 생기면 모회사의 이익과 통산할 수 있도록 하여 법인 내의 사업부서로 운영하든 또는 자회사로 운영하든 조세의 중립성과 수평적 공평성을 확보할 수 있다.

2. 연결납세제도의 유형과 평가

가. 유형

(1) 소득통산형(단일실체개념)

소득통산형은 기업그룹을 단일주체로 간주하고 연결납세에 참여하는 자회사의 소득을 모회사의 소득에 합산하여 모회사가 연결세액을 납부하고, 그 세액을 자회사에 배분하는 방식이다. 미국, 일본 등이 소득통산형을 채택하고 있다.

(2) 손익대체형(개별실체개념)

손익대체형은 기업그룹에 속하는 개별회사의 손익을 다른 개별회사에 대체하고 대체 후의 소득에 대하여 납부세액을 계산하는 방식이다. 개별회사의 결손금을 이익이 발생하는 다른 회사에 임의로 이체하는 임의이체형과 자회사의 손익을 모회사에 이체하여 자회사의 손익을 영(0)으로 만드는 모회사 이체형이 있다. 영국, 독일 등이 손익대체형을 채택하고 있다.

나. 양자의 평가

소득통산형은 모든 기업을 1개의 법인으로 간주하므로 연결납세제도의 취지에 부합하지만 제도가 복잡하여 징세비용과 납세협력비용이 많이 소요된다. 반면, 손익대체형은 제도가 단순하나 결손금 이체를 임의적으로 선택하여 조세회피에 이용할 우려가 있다. 우리나라는 기업그룹을 단일주체로 보아 연결납세제도에 참여하는 기업집단 사이에 손익상쇄, 결손공제 등을 하므로 기본적으로 소득통산형(단일실체개념)에 해당한다. 다만 조세회피 가능성을 줄이기 위하여 개별실체개념의 일부 적용이 불가피한 측면이 있다.[2]

---

2) 이준규·박성욱, "연결납세에 있어서 단일실체개념과 개별실체개념의 상충 및 조화", 세무와 회계저널 제11권 제3호, 2010, 153~177면

3. 연결납세 적용법인 및 제외법인

가. 적용법인

(1) 대상법인

내국법인과 해당 내국법인이 90% 이상 출자한 자회사를 대상으로 한다(법인법 제76조의8 제1항). 보유비율을 계산할 때 의결권 없는 주식 등은 포함하고, 상법 또는 자본시장법에 따라 보유하는 자기주식은 제외하며, 우리사주조합을 통하여 근로자가 취득한 주식 등으로서 5% 이내의 주식, 다른 내국법인을 통하여 또 다른 내국법인의 주식 등을 간접보유하는 경우도 포함한다(법인법 제2조 제10의2). 간접보유비율은 "연결가능자법인에 대한 주식 등의 보유비율 × 연결가능자법인이 다른 내국법인에 대한 주식 등의 보유비율"의 산식으로 계산한다(법인령 제2조 제6항).

연결가능 자법인이 둘 이상일 때에는 해당 법인 모두 대상이 된다. 내국법인이 자회사를 새로 90% 이상 지배하는 경우 90% 이상 지배가 성립된 날이 속하는 연결사업연도의 다음 연결사업연도부터 연결납세방식을 적용한다(법인법 제76조의11 제1항). 종전에는 내국법인이 100% 출자한 완전자회사를 대상으로 하였으나, 2022. 12. 31. 법인세법 개정 시 내국법인이 90% 이상 지배하는 내국법인까지 적용범위를 확대하였다. 미국은 지분율 80% 이상, 영국은 지분율 75% 이상, 독일은 지분율 50% 초과 자회사에 대하여 연결납세를 적용하므로 향후 지분율을 더 낮출 필요가 있다. 각 연결법인의 사업연도는 연결사업연도와 일치하여야 한다(법인법 제76조의8 제2항). 연결사업연도와 사업연도가 다른 연결대상법인 등은 사업연도의 변경을 신고한 것으로 본다(법인령 제120조의13 제2항).

(2) 적용승인의 취소와 포기

연결가능 모법인의 납세지 관할 지방국세청장은 연결법인의 사업연도가 연결사업연도와 일치하지 않은 경우, 연결가능 모법인이 90% 이상 지배하지 않는 내국법인에 대하여 연결납세방식을 적용하는 경우, 연결가능 모법인이 연결가능 자법인에 대하여 연결납세방식을 적용하지 않는 경우, 연결법인에 수시부과사유가 있는 경우 등에는 연결납세방식의 적용승인을 취소할 수 있다(법인법 제76조의9 제1항). 연결납세방식의 적용승인이 취소된 연결법인은 취소일이 속하는 사업연도를 포함하여 5년 동안 연결납세방식을 적용받을 수 없다(법인법 제76조의9 제3항). 연결가능 모법인의 90% 이상 지배를 받지 않게 되거나 해산한 연결가능 자법인은 해당 사유 발생일이 속하는 연결사업연도의 개시일부터 연결납세방식을 적용하지 않는다(법인법 제76조의12 제1항).

연결납세방식의 적용을 포기하려는 연결법인은 연결납세방식을 적용하지 않으려는 사업연도 개시일 전 3개월이 되는 날까지 신고하여야 한다(법인법 제76조의10 제1항). 다만, 연결납세방식을 최초로 적용받은 연결사업연도와 그 다음 연결사업연도의 개시일부터 4년 이내에 끝나는 연결사업연도까지는 연결납세방식의 적용을 포기할 수 없다.

나. 제외법인

(1) 연결가능 모회사가 될 수 없는 법인

비영리내국법인, 해산으로 청산 중인 법인, 다른 내국법인의 완전지배를 받는 법인, 유동화 전문회사, 투자회사 등 명목회사, 동업기업과세특례를 적용받는 법인, 톤세를 적용하는 해운 기업은 연결법인의 모법인이 될 수 없다(법인령 제120조의12 제1항).

(2) 연결가능 자회사가 될 수 없는 법인

해산으로 청산 중인 법인, 유동화전문회사, 투자회사 등 명목회사, 동업기업과세특례를 적 용받는 법인, 톤세를 적용하는 해운기업은 연결법인의 자법인이 될 수 없다(법인령 제120조의12 제2항).

4. 연결과세표준과 세액의 계산

가. 연결사업연도의 소득

연결사업연도 소득은 각 연결법인별로 연결법인별 각 사업연도소득을 계산하고 연결법인별 연결조정항목을 제거한 후 연결법인 간 거래손익 조정을 하고 연결조정항목을 연결법인별로 배 분하는 과정을 거쳐 산정한다(법인법 제76조의14). 이를 단계별로 나누어 설명하면 다음과 같다.

(1) 연결법인별 각 사업연도소득의 계산

연결법인별로 각 연결법인의 각 사업연도소득 또는 결손금을 계산하는 방법과 결손법인의 결손금을 보전하는 방법 중 선택할 수 있다.

(2) 연결법인별 연결조정항목의 제거

연결조정항목이란 연결집단을 하나의 내국법인으로 보고 세무조정하는 항목으로 수입배당 금 익금불산입액, 기업업무추진비 손금불산입액, 기부금 손금불산입액을 말한다. 익금불산입 한 각 연결법인의 수입배당금액을 익금산입하고, 손금산입한도를 초과하여 손금불산입한 기 부금 및 기업업무추진비 상당액을 손금산입한다.

① 수입배당금 익금불산입의 경우 연결법인 간 거래손익 조정단계에서 연결법인이 다른 연결법인으로부터 받은 수입배당금액은 전액 익금불산입할 것이고, 연결조정항목이 연결법 인별 배분단계에서 연결집단을 하나의 내국법인으로 보아 수입배당금의 익금불산입 규정을 적용한 후 연결법인별로 배분할 것이므로 개별연결법인의 세무조정사항을 제거한다.

② 기부금 및 기업업무추진비 상당액 손금산입의 경우 연결조정항목의 연결법인별 배분단 계에서 연결집단을 하나의 내국법인으로 보아 세무조정을 적용할 것이므로 개별연결법인의 기부금 및 기업업무추진비의 세무조정을 제거한다.

(3) 연결법인 간 거래손익의 조정

연결법인 간 내부거래에 해당하는 수입배당금액, 기업업무추진비, 대손충당금, 자산양도손익 등을 조정한다. 연결납세방식은 연결집단을 하나의 법인으로 보고 소득금액을 계산하므로 연결법인 간에 이루어진 거래와 관련된 손익을 전부 제거하여야 정확한 소득금액을 계산할 수 있다. 그러나 모든 거래 손익을 제거하는 것은 현실적으로 불가능하므로 수입배당금, 기업업무추진비, 대손충당금, 일정한 자산의 양도손익에 대해서만 거래손익을 제거한다.

① 다른 연결법인으로부터 받은 수입배당금액 상당액을 익금불산입하여 수입배당금액을 조정한다.

② 다른 연결법인에 지급한 기업업무추진비 상당액을 손금불산입하여 기업업무추진비를 조정한다.

③ 다른 연결법인에 대한 채권에 설정한 대손충당금 상당액을 손금불산입하여 대손충당금을 조정한다.

④ 유형자산 및 무형자산, 매출채권, 금융투자상품 등을 다른 연결법인에 양도함에 따라 발생하는 손익을 익금 또는 손금불산입하여 자산양도손익을 조정한다.[3]

(4) 연결조정항목의 연결법인별 배분

연결집단을 하나의 법인으로 보아 수입배당금 익금불산입, 기부금 및 기업업무추진비의 손금산입 등을 계산한 후 해당 금액을 각 연결법인별에 배분하여 연결법인별로 익금불산입 또는 손금불산입한다.

나. 연결과세표준과 세액

(1) 연결과세표준

각 연결사업연도 소득에 대한 과세표준은 각 연결사업연도 소득의 범위에서 15년 이내의 연결사업연도의 결손금, 각 연결법인의 비과세소득 합계액, 각 연결법인의 소득공제액 합계액을 차례로 공제한 금액으로 한다(법인법 제76조의13 제1항). 다만, 이월결손금의 공제는 연결소득 개별귀속액의 80%를 한도로 하는 외에 다음과 같은 제한을 받는다(법인법 제76조의13 제3항).

① 연결법인의 연결납세방식의 적용 전에 발생한 결손금의 경우 각 연결사업연도의 소득 중 해당 연결법인에 귀속되는 소득인 연결소득 개별귀속액을 한도로 한다.

② 연결모법인이 적격합병에 따라 피합병법인의 자산을 양도받는 경우 합병등기일 현재 피합병법인의 결손금의 경우 연결모법인의 연결소득 개별귀속액 중 피합병법인으로부터 승계받은 사업에서 발생한 소득을 한도로 한다.

---

3) 건축물을 제외한 유형자산, 무형자산, 매출채권 등은 1억 원 이하인 경우 양도손익이연자산에서 제외할 수 있다(법인령 제120조의18 제1항).

③ 연결모법인이 적격분할합병에 따라 소멸한 분할법인의 자산을 양도받는 경우 분할등기일 현재 소멸한 분할법인의 결손금 중 연결모법인이 승계받은 사업에 귀속하는 금액의 경우 연결모법인의 연결소득 개별귀속액 중 소멸한 분할법인으로부터 승계받은 사업에서 발생한 소득을 한도로 한다.

(2) 연결산출세액

각 연결사업연도의 소득에 대한 법인세는 과세표준에 법인세율을 적용하여 계산한다(법인법 제76조의15 제1항). 연결법인이 토지 등 양도소득 또는 조특법 제100조의32 제2항에 따른 미환류소득이 있는 경우에는 토지 등 양도소득에 대한 법인세액 및 투자상생협력촉진 과세특례를 적용하여 계산한 법인세액을 합산하여 연결산출세액을 계산한다(법인법 제76조의15 제2항).

5. 연결과세표준의 신고 및 납부 등

연결모법인은 각 연결사업연도의 종료일이 속하는 달의 말일부터 4개월 이내에 연결사업연도 소득에 대한 법인세를 신고하여야 한다(법인법 제76조의17 제1항). 외부감사를 받는 연결모법인 또는 연결자법인이 해당 사업연도의 감사가 종결되지 않은 경우에는 신고기한을 1개월의 범위에서 연장할 수 있다. 연결사업연도가 6개월을 초과하는 연결모법인은 각 연결사업연도 개시일부터 6개월이 되는 날까지를 중간예납기간으로 하여 연결중간예납세액을 중간예납기간이 지난 날부터 2개월 이내에 납부하여야 한다(법인법 제76조의18 제1항).

연결모법인은 연결산출세액에서 감면세액, 연결중간예납 세액, 연결법인의 원천징수된 세액을 차감한 금액을 연결사업연도의 종료일이 속하는 달의 말일부터 4개월 이내에 납부하여야 한다(법인법 제76조의19 제1항). 연결자법인은 연결사업연도의 종료일이 속하는 달의 말일부터 4개월 이내에 연결법인별 산출세액에서 해당 법인의 감면세액, 연결법인별 중간예납세액, 해당 법인의 원천징수된 세액을 차감하고 가산세를 가산하여 연결모법인에게 지급하여야 한다(법인법 제76조의9 제2항). 연결자법인의 개별귀속세액이 0보다 적은 경우 연결모법인은 그에 상당하는 세액을 해당 연결자법인에게 지급한다.

6. 조세회피방지

가. 내부거래손익 이연

연결법인 간 거래는 경제적 실질 측면에서 내부거래에 해당하므로 연결법인 간 자산양도손익은 이연시키고 동 자산을 감가상각하거나 외부로 처분하는 시점에 손익을 인식한다(법인령 제120조의18 제2항). 다만, 해당 양도손익이연자산의 양도에 대하여 부당행위계산부인 규정이 적용되는 경우에는 과세이연하지 않고 그 사유가 발생한 연결사업연도의 익금에 산입한다. 연결법인 간의 모든 거래손익을 제거하는 것이 아니므로 선택적으로 부당행위계산부인 규정을 적용하는 것이다. 현재 연결법인 간 용역거래에 대하여는 부당행위계산부인 규정이 적용되지 않으나(법인령 제88조 제1항 제7호 단서), 연결법인 간 금전대차거래, 자산임대거래 등에 대하여는 부당행위계산부인 규정이 적용된다.

나. 내재손실 공제 제한

연결납세 적용 전 내재손실(Built-in Loss)을 이용한 조세회피행위를 방지하기 위해 연결모법인 및 연결자법인의 내재손실 공제범위를 제한한다(법인법 제76조의14 제2항). 연결소득금액 계산 시 연결납세적용 이후 5년 이내에 연결납세방식 적용 전에 보유하던 자산에서 내재손실이 발생한 경우 내재손실은 연결모법인 및 연결자법인의 연결소득 개별귀속액을 한도로 공제한다.

다. 연결납세 적용 전 이월결손금 사용 제한

연결납세 적용 전 발생한 결손금은 자기소득금액 내에서만 공제한다(법인법 제76조의13 제2항). 연결법인의 연결납세방식의 적용 전에 발생한 결손금은 연결납세적용 후 다른 연결 법인의 소득과 통산하지 않고 각 연결사업연도의 소득 중 해당 연결소득 개별귀속액을 한도로 공제한다.

제**3**편

소득세법

제1장 소득세 총론

제1절 개요

1. 소득세의 의의

소득세는 개인의 소득을 과세물건으로 하여 부과하는 조세이다. 개인의 소득에 대하여 과세한다는 점에서 법인의 소득에 과세하는 법인세와 구별된다. 또한 근로나 자본의 기여에 의하여 얻은 재산이나 이익에 과세한다는 점에서 무상으로 얻은 재산이나 이익에 과세하는 증여세와 구별된다. 다만, 사업과 관련하여 무상으로 받은 자산의 가액은 증여세가 아닌 사업소득으로 과세된다(소득령 제51조 제3항 제4호). 소득세는 법인세, 부가가치세와 더불어 전체 세수(稅收)에서 차지하는 비중이 높은 핵심적인 세목이다. 소득세는 개인의 담세력 및 인적 특성을 반영하여 과세하므로 다른 세목보다 공평한 세금으로 인식된다. 그러나 소득세가 공평을 지나치게 중시하면 효율을 저해할 수 있으므로 공평과 효율의 조화를 이루는 수준에서 세부담을 결정하는 것이 중요하다.

소득세에서 수직적 공평을 실현하기 위한 대표적인 제도가 누진세이다. 누진세의 경우 소득액이 커질수록 더 높은 세율을 적용하므로 고소득자가 저소득자보다 더 높은 세율에 따른 세금을 부담하게 되어 수직적 공평을 실현할 수 있다.

2. 소득세의 역사

소득세의 역사는 생각보다 오래되지 않았다. 개인의 소득을 정확히 파악하기 위해서는 거래를 제대로 확인할 수 있는 제도가 구비되어야 하고 사생활 침해에 대한 거부감을 극복하여야 하기 때문이다. 소득세가 도입되기 전에는 간접세인 물품세와 관세가 주요 세목이었고, 직접세는 토지세 등이 있었지만 부차적인 것이었다.

영국에서 근대적 의미의 소득세는 윌리엄 핏(William Pitt)이 나폴레옹전쟁 준비를 위해 1799년에 도입하고, 미국에서는 남북전쟁 비용을 조달하기 위해 연방정부가 1862년에 처음 소득세를 도입한 것으로 알려져 있다. 그 이후 제도의 변천을 거치면서 20세기에 이르러 소득세는 보편적인 세제로 정착되었다. 소득세 부과를 위해 개인의 소득을 측정하려면 개인의 사생활 침해가 수반되므로 납세자들이 처음에는 소득세에 비우호적이었으나, 공평의 이념이 중시되면서 자리를 잡게 되었다.

제2절 소득의 개념 및 과세소득의 규정방식

1. 소득의 개념

가. 의의

소득세법은 소득의 개념을 직접 정의하고 있지 않다. 소득은 일반적으로 자본이나 노동의 기여 또는 자본과 노동의 결합에서 얻은 이득이라고 할 수 있다. 그러나 이러한 정의만으로 소득을 모두 포괄할 수 없으므로 '부(wealth)의 증가'라고 정의하는 것이 일반적이다. 다만, 과세대상이 되는 소득을 어떻게 파악할 것인지에 대하여는 학설의 대립이 있다.

나. 학설(소득원천설 vs 순자산증가설)

① 소득원천설은 특정의 원천에서 계속적 · 반복적으로 발생하는 수입을 과세대상 소득이라고 파악하는 견해이다. 노이만(Neumann), 포스팅(Fuisting) 등이 주창하였다.

② 순자산증가설은 일정한 기간 자산에서 부채를 뺀 순자산의 증가를 과세대상 소득이라고 파악하는 견해이다. 섄즈(Schantz), 헤이그(Haig), 사이먼(Simons) 등이 주창하였다. 순자산증가설에 의하면 소득은 일정한 기간의 소비와 축적된 재산가치의 합으로 구성된다.

다. 양설의 평가

순자산증가설에 의하면 특정의 원천에서 계속적 · 반복적으로 발생하는 소득뿐 아니라 일시적 소득, 우발적 소득, 귀속소득(imputed income),[1] 미실현소득 등도 모두 소득의 개념에 포함되므로 과세범위가 넓다. 이러한 유형의 소득이 생기는 경우에도 귀속자의 부(wealth)가 증가하므로 담세력의 지표라는 기준에서 보면 순자산증가설이 소득원천설보다 우수하다고 할 수 있다. 그러나 귀속소득의 경우 시장에서 거래되지 않으므로 소득을 정확히 측정하기 어렵다. 미실현소득의 경우에는 실현되지 않은 소득에 대해 과세하면 조세저항을 초래하기 쉽고, 소득을 정확하게 평가하기 어려운 세무행정상의 문제도 있다. 여기에 개인의 소득을 파악하는 과정에서 사생활 침해의 문제도 생길 수 있다. 결국 순자산증가설은 공평의 가치에 충실하지만 위와 같은 여러 가지 문제가 있으므로 현실에서는 순수한 소득원천설이나 순자산

---

1) 귀속소득은 시장의 거래를 거치지 않고 개인에게 귀속되어 화폐의 형태를 갖지 않은 소득을 말한다. 예를 들어, 자기 소유의 집에 거주하는 사람은 임대료를 지불하지 않으므로 임대료 상당액의 소득이 있는 것이고, 전업주부는 가사노동에 대한 인건비를 지불하지 않으므로 가사노동의 인건비 상당액의 소득이 있는 것이다.

증가설보다 양자가 절충되는 모습을 보인다.

라. 우리나라의 경우

소득세법에서 전형적인 소득인 이자소득, 배당소득, 사업소득, 근로소득 등을 과세대상으로 규정하고 있으므로 기본적으로 소득원천설의 입장이라고 할 수 있다. 그러나 소득원천설은 과세대상소득이 제한적이므로 이를 보완하기 위하여 일시적이고 우발적인 소득으로 구성된 기타소득, 양도소득 등도 과세대상으로 규정한다. 이에 비하여 법인세법은 순자산을 증가시키는 익금에서 순자산을 감소시키는 손금을 공제하여 과세소득을 산정하므로 순자산증가설의 입장이라고 할 수 있다.

2. 과세소득의 규정방식

가. 종류

(1) 포괄주의 방식

포괄주의 방식은 과세소득을 포괄적으로 규정하는 방식을 의미한다. 미국 내국세법(IRC, Internal Revenue Code) 61(a)는 "… 총소득은 원천에 관계없이 다음에 열거하는 항목을 포함한 모든 소득을 의미한다."라고 규정하고 있는데, 이러한 규정방식이 포괄주의 방식의 대표적인 예이다. 포괄주의 방식의 경우 법령에서 소득의 유형을 열거하더라도 과세소득의 예시에 해당한다.

(2) 열거주의 방식

열거주의 방식은 과세소득을 제한적으로 열거하여 규정하는 방식을 의미한다. 독일, 영국 등의 국가는 법률에서 과세소득을 열거하고, 열거하지 않은 소득에 대하여는 소득세를 과세할 수 없도록 하고 있다. 일본의 경우 과세소득으로 이자소득, 배당소득, 부동산소득, 사업소득, 급여소득, 퇴직소득, 산림소득, 양도소득, 일시소득, 잡소득을 열거하고 있으므로 기본적으로 열거주의 방식이나, 열거주의의 단점을 보완하기 위해 잡소득을 포괄적으로 규정하고 있다.[2]

나. 평가

포괄주의 방식은 과세소득의 범위를 넓힐 수 있는 장점이 있으나, 특정소득이 과세소득에 해당하는지 명확하지 않은 단점이 있다. 이에 비하여 열거주의 방식은 법률에 열거된 소득만 과세소득으로 파악하므로 과세소득의 범위를 명확히 할 수 있는 장점이 있으나, 과세소득의

---

[2] 잡소득은 이자소득, 배당소득, 부동산소득, 사업소득, 급여소득, 퇴직소득, 산림소득, 양도소득, 일시소득의 어느 것에도 해당하지 않는 소득으로 규정하고 있다(일본 소득세법 제35조). 우리나라의 기타소득은 열거된 소득 이외의 소득으로서 기타소득으로 열거된 소득을 의미하는 반면, 일본의 잡소득은 포괄적으로 규정되어 있다는 점에서 서로 차이가 있다. 잡소득이 포괄적으로 규정되어 있으므로 일본의 과세방식을 포괄주의방식으로 분류하기도 한다(김완석·정지선, 소득세법론(2021), 63면).

범위가 제한되는 단점이 있다. 소득의 개념에 대한 순자산증가설은 대체로 포괄주의 방식에 대응하고, 소득원천설은 열거주의 방식에 대응한다. 다만, 열거주의 방식의 경우 특정의 원천에서 계속적·반복적으로 발생하는 소득 이외에 일시적 소득 등도 열거할 수 있으므로 열거주의 방식과 소득원천설을 완전히 동일시하기는 어렵다.

다. 우리나라의 경우

소득세법에서 과세소득을 열거하고 있으므로 기본적으로 열거주의 방식에 해당한다. 예를 들어, 이자소득의 경우 소득세법 제16조 제1항은 "이자소득은 해당 과세기간에 발생한 다음 각호의 소득으로 한다."라고 규정하면서 제1호에서 제13호까지 열거하고 있다. 그러나 과세소득이 제한되는 열거주의의 단점을 보완하기 위하여 유형별 포괄주의를 도입하고 있다.

유형별 포괄주의는 전형적인 과세소득을 열거하되, 열거한 소득과 유사한 소득을 포괄적으로 과세대상 소득으로 규정하는 방식을 의미한다. 이러한 입법방식에 의하여 과세대상으로 열거한 소득의 범위에 포함되지 않더라도 그와 유사한 소득을 과세대상에 포함시킴으로써 열거주의 방식의 단점을 일부 보완할 수 있다.[3] 유형별 포괄주의는 열거한 소득과 유사한 소득까지만 과세범위를 넓히므로 이러한 제한이 없는 완전포괄주의보다는 과세범위가 좁다. 소득세법은 이자소득, 배당소득, 사업소득, 연금소득, 퇴직소득 등에 대하여 유형별 포괄주의를 규정하고 있다(소득법 제16조 제1항 제12호 등). 대표적으로 이자소득의 유형별 포괄주의 규정인 소득세법 제16조 제1항 제12호는 다음과 같다.

> 소득세법 제16조
> ① 이자소득은 해당 과세기간에 발생한 다음 각호의 소득으로 한다.
> 12. 제1호, 제2호, 제2호의2 및 제3호부터 제11호까지의 소득과 유사한 소득으로서 금전 사용에 따른 대가로서의 성격이 있는 것

3. 미실현소득에 대한 과세 여부

가. 의의

자산의 가치가 상승하면 자산의 소유자는 그 가치상승액만큼 부(wealth)가 증가한다. 예를 들어, 2020년도에 A토지의 가격이 1억 원에서 3억 원으로 상승하였다면 그 소유자는 2억 원의 부(wealth)가 증가한 것이다. 이와 같은 가치상승액 2억 원에 대하여 소득세를 과세할 것인지 여부가 미실현소득에 대한 과세의 문제이다.

---

3) 대법원 2010. 2. 25. 선고 2007두18284 판결

나. 과세 여부

미실현소득에 대하여 세금을 부과할 수 있는지 직접 문제된 사안이 과거 토지초과이득세에 대한 위헌소원 사건이다. 토지초과이득세는 유휴토지를 대상으로 정상지가 상승분을 초과하는 지가 상승분에 대해 과세하는 세목이다. 토지초과이득세 사건에서 헌법재판소는 과세대상인 자본이득의 범위를 실현된 소득에 국한할 것인가 혹은 미실현소득을 포함시킬 것인가 여부는 과세목적, 과세소득의 특성, 과세기술상의 문제 등을 고려하여 판단할 입법정책의 문제라고 판시하였다.[4] 이러한 헌법재판소의 입장에 의하면 미실현소득에 대하여 소득세를 과세한다고 해도 위헌이라고 할 수 없으므로 미실현소득에 대한 과세가 법리적으로 불가능한 것은 아니다. 다만, 미실현소득에 대하여 소득세를 과세하면 자산 소유자가 납세재원이 충분하지 않은 경우 세금을 납부하기 위하여 당해 자산을 처분하여야 하고, 자산의 가치상승액을 객관적으로 측정하는 것이 용이하지 않은 점 등의 문제가 있어서 현실적으로 채택하기는 쉽지 않다.

현행 소득세법은 귀속시기에 관하여 실현주의에 기반한 권리의무확정주의를 채택하고 있고(소득법 제39조 제1항), 자산의 평가차익을 원칙적으로 과세에서 제외하고 있다(소득법 제39조 제3항). 이는 소득세법이 기본적으로 미실현소득에 대하여 과세하지 않는 입장임을 의미한다.

제3절 》 소득의 구분과 과세방법

1. 소득의 구분

소득세법은 소득을 크게 종합소득, 퇴직소득, 양도소득 등 3가지로 구분하고, 이 중 종합소득은 이자소득, 배당소득, 사업소득, 근로소득, 연금소득, 기타소득 등 6가지로 구성한다(소득법 제4조). 과거에는 서화·골동품의 양도소득 등이 포함된 일시재산소득, 산림소득이 있었으나, 2006. 12. 30. 소득세법 개정 시 일시재산소득을 기타소득으로 통합하였고, 산림소득을 사업소득에 포함시켰다. 또한 사업소득과 별도로 부동산임대소득이 있었으나, 한국표준산업분류상 사업소득의 일종이라는 이유로 2008. 12. 26. 개정 시 사업소득에 포함시켰다. 2024. 12. 31. 소득세법 개정 시 자본시장을 발전시키고 국내 투자자를 지원한다는 명분으로 금융투자소득세를 폐지하였다. 이에 따라 금융투자소득세는 입법 후 시행되지도 못한 채 폐지되었다.

---

4) 헌재 1994. 7. 29. 선고 92헌바49 등 결정

2. 소득의 과세방법

가. 분류과세

분류과세는 종합소득에 합산하지 않고 별도의 체계로 과세하는 방법을 의미한다. 퇴직소득, 양도소득이 분류과세에 해당한다(소득법 제14조 제1항, 제2장의2, 제3장). 소득세법 제2장은 종합소득과 퇴직소득, 제3장은 양도소득으로 구성되어 있어 소득세법 제14조 제1항에서는 퇴직소득의 분류과세만 규정하고 있으나, 양도소득은 종합소득과 장을 달리하여 별도의 과세체계로 되어 있으므로 분류과세된다.

퇴직소득과 양도소득은 장기간에 걸쳐 소득이 형성되어 퇴직 시 또는 양도 시 일시에 소득이 실현되는 결집효과(bunching effect)의 특성을 가지고 있다. 그래서 다른 소득과 합산하여 종합과세하면 누진세 체계하에서 매우 높은 세율을 적용받아 세부담이 커질 가능성이 있다. 이러한 결집효과를 완화하기 위하여 종합소득에 합산하지 않고 별도의 체계로 과세한다.

나. 종합과세

이자소득, 배당소득, 사업소득, 근로소득, 연금소득, 기타소득 등 6가지 소득은 원칙적으로 합산하여 과세한다(소득법 제14조 제2항). 종합과세가 적용되면 각 소득을 합산하여 소득금액을 산정하므로 누진세 체계하에서 각 소득별로 과세하는 것보다 높은 세율을 적용받게 된다.

다. 분리과세

이자소득, 배당소득, 사업소득, 근로소득, 연금소득, 기타소득 등 6가지 소득은 원칙적으로 종합과세하나, 법령에서 정한 경우에는 종합소득에 합산하지 않고 별도로 분리하여 소득을 산정해서 과세한다(소득법 제14조 제3항). 분리과세하는 대표적인 소득을 몇 가지 예시하면 ① 일용근로자의 근로소득, ② 이자소득과 배당소득 합계액이 2,000만 원 이하이면서 원천징수된 소득, ③ 총수입금액의 합계액이 2,000만 원 이하인 주택임대소득, ④ 법령 소정의 기타소득으로서 기타소득금액이 300만 원 이하이면서 원천징수된 소득, ⑤ 사적연금소득의 합계액이 연 1,200만 원 이하인 연금소득 등이 있다. 분리과세하는 소득은 대부분 원천징수로 과세를 종결하는 경우가 많다. 다만, 위 "③, ④, ⑤"의 소득의 경우 납세자가 분리과세와 종합과세 중 유리한 과세방식을 선택할 수 있으므로 선택적 분리과세라고 한다.

라. 이원적(二元的) 소득세제[5]

스웨덴, 노르웨이 등의 국가들은 이원적 소득세제(DIT, Dual Income Tax System)를 시행하고 있다. 이원적 소득세제는 개인소득을 크게 근로소득과 자본소득으로 구분하여 근로소득에 대하여는 누진세율을 적용하고, 자본소득에 대하여는 상대적으로 낮은 단일세율을 적용하

---

5) 이원적 소득세제에 대한 더 자세한 논의는 정유석, "금융소득의 범위조정을 통한 이원적 소득과세의 도입방안에 대한 연구", 국제회계연구 제89권, 2020, 22~44면

는 방식이다. 근로소득에는 노동소득, 연금소득, 사업소득 등이 포함되고, 자본소득에는 이자소득, 배당소득, 임대소득, 양도소득 등이 포함된다. 이원적 소득세제는 국제적으로 금융에 대한 규제완화로 인하여 금융자산의 이동이 자유로운 상황에서 자본소득에 대하여 누진세율을 적용하면 자본유출이 발생하여 국가 이익에 반한다는 점이 고려된 것이다. 유동성이 높은 자본에 대해 저율과세를 하여 자본의 유출가능성을 줄이려는 취지가 있다.

3. 소득의 계산구조

가. 원칙

소득세 과세대상이 되는 소득은 원칙적으로 총수입금액에서 그 수입을 얻기 위해 소요된 필요경비를 공제하여 계산한다. 즉 소득은 (총수입금액 – 필요경비)의 산식에 의하여 계산한다. 다만, 소득의 유형에 따라서는 필요경비가 인정되지 않는 경우가 있고, 소득공제의 형식으로 필요경비를 공제하는 경우가 있다. 이하 소득의 구분에 따라 각 소득별 소득계산 방법에 대하여 살펴보기로 한다.

나. 소득별 소득계산

(1) 이자소득, 배당소득

이자소득과 배당소득은 총수입금액이 소득금액으로서 필요경비가 인정되지 않는다(소득법 제16조 제2항, 제17조 제3항). 이자소득과 배당소득은 자기자금을 활용하여 얻어지는 것이 일반적이므로 필요경비를 인정하지 않는 것이다. 이와 같이 이자소득의 필요경비를 인정하지 않는 소득세법 조항이 위헌인지 문제된 사안에서, 헌법재판소는 이자는 자기자금으로 얻는 저축의 과실이라는 이자소득의 본질상 그에 소요되는 필요경비는 거의 상정하기 어려운 점, 이자소득과 관련하여 비용을 지출하는 경우에도 소득이 개별적·분리적으로 발생함에 따라 개별 건별로 자금의 원천이나 흐름을 명확히 밝혀서 소득과의 연관성을 입증하는 것이 어려운 점 등을 고려할 때 위헌이 아니라고 판시하였다.[6]

(2) 사업소득, 기타소득, 양도소득

사업소득, 기타소득은 총수입금액에서 필요경비를 공제하여 소득을 산정한다(소득법 제19조 제2항, 제21조 제2항). 양도소득은 양도가액에서 필요경비와 장기보유특별공제액을 공제하여 소득을 산정한다(소득법 제95조 제1항).

(3) 근로소득, 연금소득, 퇴직소득

근로소득, 연금소득, 퇴직소득은 총수입금액에서 소득공제금액을 차감하여 소득을 산정한다(소득법 제20조 제2항, 제20조의3 제3항, 제47조, 제48조). 근로소득의 경우 소득의 성격상 납세자

---

6) 헌재 2001. 12. 20. 선고 2000헌바54 결정

입장에서 필요경비에 대한 개별적인 증거를 일일이 갖추는 것이 번거롭고, 과세관청 입장에서 그 증거서류를 확인하는 데 행정력이 많이 소요되는 점을 감안하여 총수입금액의 일정비율을 소득에서 공제한다. 총수입금액을 얻기 위하여 소요되는 필요경비를 표준화하여 소득공제 형식으로 차감하는 것으로 볼 수 있다. 연금소득이나 퇴직소득의 경우에는 노후 또는 퇴직 후 생활의 안정에 도움을 주기 위하여 총수입금액의 일정비율을 소득에서 공제한다. 총수입금액을 얻기 위하여 필요경비가 소요되는 것은 아니나 세금을 줄여주기 위하여 소득공제 형식으로 차감하는 것이다.

다. 소득금액 산정 후 기본공제

(1) 종합소득공제

종합소득금액은 이자소득, 배당소득, 사업소득, 근로소득, 연금소득, 기타소득 등 6가지 소득을 합산한 금액에서 종합소득공제금액을 차감하여 산정한다(소득법 제50조부터 제54조의2). 종합소득공제는 기본공제, 추가공제, 연금보험료공제, 주택담보노후연금 이자비용공제, 특별소득공제 등으로 구성된다.

(2) 양도소득 기본공제

양도소득 기본공제의 경우 ① 부동산, 부동산에 관한 권리, 기타자산, ② 주식 등, ③ 파생상품, ④ 신탁수익권에 대하여 각 연 250만 원을 공제한다(소득법 제103조).

제4절   납세의무자

1. 거주자와 비거주자

가. 구별실익

(1) 납세의무의 범위

소득세법상 거주자는 국내 및 국외에서 발생한 모든 소득(the worldwide income)에 대하여 무제한적 납세의무가 있다(소득법 제3조 제1항). 거주자에게 속인주의를 적용하는 것이다. 반면, 비거주자는 국내에서 발생한 국내원천소득에 대해서만 제한적 납세의무가 있다(소득법 제3조 제2항). 비거주자에게 속지주의를 적용하는 것이다.

위와 같이 거주자와 비거주자는 납세의무의 범위에 차이가 있으므로 양자의 구별실익이 있다. 다만, 거주자 중 해당 과세기간 종료일 10년 전부터 국내에 주소나 거소를 둔 기간의 합계가 5년 이하인 외국인 거주자에게는 국외발생소득의 경우 국내에서 지급되거나 국내로 송금된 소득에 대해서만 과세한다(소득법 제3조 제1항 단서). 국내에 주소나 거소를 둔 기간이 짧은 외국인 거주자의 경우 국외에서 발생한 소득의 과세범위를 제한한 것이다.

(2) 소득공제 및 세액공제

종합소득공제와 근로소득세액공제 등 대부분의 세액공제는 거주자에게만 인정한다(소득법 제50조 이하).

나. 구별기준

(1) 의의

거주자는 국내에 주소를 두거나 183일 이상의 거소를 둔 개인을 말한다(소득법 제1조의2 제1항 제1호). 거소를 둔 개인의 경우 과거에는 1년을 기준으로 거주자 여부를 판단하였으나, 대부분의 OECD 국가가 183일을 기준으로 거주자 여부를 판단하는 것에 맞추어 2014. 12. 23. 소득세법 개정 시 183일 기준으로 바꾸었다. 나아가 2025년 소득세법 시행령 개정 시 전년도부터 계속하여 183일 이상 거소를 둔 경우도 183일 이상의 거소를 둔 경우에 포함시켜 거주자의 범위를 넓혔다. 비거주자는 거주자가 아닌 개인을 말한다(소득법 제1조의2 제1항 제2호).

(2) 주소

민법 제18조 제1항은 생활의 근거되는 곳을 주소로 규정하고 있으나, 소득세법에서는 주소에 대한 개념을 별도로 정의하고 있지 않다. 다만, 국내에 주소가 있는지 여부는 국내에서 생계를 같이하는 가족 및 국내에 소재하는 자산의 유무 등 생활관계의 객관적 사실에 따라 판정하도록 거주자의 판단기준을 규정하고 있을 뿐이다(소득령 제2조 제1항). 거주자의 판단기준은 국내 생활관계의 객관적 사실에 따라 판단하면 족하다. 해당 납세자가 국외에서의 생활관계에 의하여 다른 나라의 거주자로 인정되더라도 이러한 사정을 고려할 것은 아니다. 만약 이중거주자에 해당하면 조세조약상 이중거주자 판정규정이 적용되는 것은 별개의 문제이다.

(3) 거주자 또는 비거주자로 간주하는 경우

거주자의 판단기준이 모호하므로 소득세법은 몇 가지 거주자 또는 비거주자의 간주규정을 두고 있다.

(가) 거주자로 간주하는 경우

① 국내에 거주하는 개인이 계속하여 183일 이상 국내에 거주할 것을 통상 필요로 하는 직업을 가진 때, 국내에 생계를 같이하는 가족이 있고, 직업 및 자산상태에 비추어 계속하여 183일 이상 국내에 거주할 것으로 인정되는 때에는 국내에 주소를 가진 것으로 본다(소득령 제2조 제3항). 여기서 국내에 생계를 같이하는 가족이란 국내에서 생활자금이나 주거장소 등을 함께 하는 가까운 친족을 의미하고, '직업 및 자산상태에 비추어 계속하여 183일 이상 국내에 거주

할 것으로 인정되는 때'란 183일 이상 우리나라에서 거주를 요할 정도로 직장관계 또는 근무 관계 등이 유지될 것으로 보이거나 183일 이상 우리나라에 머물면서 자산의 관리·처분 등을 하여야 할 것으로 보이는 때와 같이 장소적 관련성이 우리나라와 밀접한 경우를 의미한다.[7]

② 거주자나 내국법인의 국외사업장 또는 해외현지법인 등에 파견된 임직원이나 국외에서 근무하는 공무원은 거주자로 본다(소득령 제3조). 국외에 파견된 임직원이나 공무원은 파견기간이 지나면 국내로의 입국이 예정되어 있으므로 거주자로 보는 것이다. 따라서 임직원이 생계를 같이하는 가족이나 자산상태로 보아 파견기간의 종료 후 재입국할 것으로 인정되는 경우에는 파견기간이나 외국의 국적 또는 영주권의 취득과 관계없이 거주자로 본다.[8] 여기서 해외현지법인은 내국법인이 100%를 직접 또는 간접출자한 경우로 한정한다. 따라서 내국법인이 해외현지법인 발행주식총수의 100%를 직접 또는 간접적으로 소유하고 있지 않은 이상, 특정인이 내국법인과 해외현지법인의 발행주식 각각 100%를 소유하고 있더라도 해외현지법인에 근무하는 임직원을 거주자로 볼 수는 없다.[9]

③ 외국을 항행하는 선박 또는 항공기 승무원의 경우 그 승무원과 생계를 같이하는 가족이 거주하는 장소 또는 그 승무원이 근무기간 외의 기간 중 통상 체재하는 장소가 국내에 있는 때에는 당해 승무원의 주소는 국내에 있는 것으로 본다(소득령 제2조 제5항).

(나) 비거주자로 간주하는 경우

① 국외에 거주 또는 근무하는 자가 외국국적을 가졌거나 외국법령에 의하여 외국 영주권을 얻은 자로서 국내에 생계를 같이하는 가족이 없고 그 직업 및 자산상태에 비추어 다시 입국하여 주로 국내에 거주하리라고 인정되지 않은 때에는 국내에 주소가 없는 것으로 본다(소득령 제2조 제4항). "계속하여 1년 이상 국외에 거주할 것을 통상 필요로 하는 직업을 가진 때" 국내에 주소가 없는 것으로 간주하는 규정은 소득령 제3조 제1항의 거주자 판정기준과 충돌할 수 있으므로 2015. 2. 3. 소득령 개정 시 삭제하였다.

② 외국을 항행하는 선박 또는 항공기 승무원의 경우 그 승무원과 생계를 같이하는 가족이 거주하는 장소 또는 그 승무원이 근무기간 외의 기간 중 통상 체재하는 장소가 국외에 있는 때에는 당해 승무원의 주소가 국외에 있는 것으로 본다(소득령 제2조 제5항).

③ 대한민국 국민이 아닌 주한외교관과 그 가족 등은 국내에 주소가 있는지 여부 및 국내 거주기간에 불구하고 비거주자로 본다.[10]

(4) 거소

거소는 주소지 외의 장소 중 상당기간에 걸쳐 거주하는 장소로서 주소와 같이 밀접한 일반

---

7) 대법원 2019. 3. 14. 선고 2018두60847 판결
8) 소득세법 기본통칙 1-3…1
9) 조심 2020. 6. 22.자 2019중4098 결정
10) 소득세법 기본통칙 1-0…3

적 생활관계가 형성되지 않은 장소를 의미한다(소득령 제2조 제2항). 국내에 거소를 둔 기간이 1과세기간 동안 183일 이상인 경우에는 국내에 183일 이상 거소를 둔 것으로 본다(소득령 제4조 제3항). 이때 전년도부터 계속하여 183일 이상 거소를 둔 경우도 183일 이상의 거소를 둔 경우에 포함된 것으로 본다.

국내에 거소를 둔 기간은 입국일 다음 날부터 출국일까지이다(소득령 제4조 제1항). 국내에 거소를 두고 있던 개인이 출국 후 다시 입국한 경우에 출국목적이 관광, 질병의 치료 등으로서 명백하게 일시적인 것인 때에는 출국기간도 국내에 거소를 둔 기간으로 간주한다(소득령 제4조 제2항). 반대로 재외동포가 입국한 경우 입국목적이 관광, 질병의 치료 등의 사유에 해당하여 입국기간이 명백하게 일시적인 것으로 인정되는 때에는 해당 기간은 국내에 거소를 둔 기간으로 보지 않는다(소득령 제4조 제4항).

(5) 거주자의 국외전출세(Exit tax)

출국일 10년 전부터 출국일까지의 기간 중 국내에 주소나 거소를 둔 기간의 합계가 5년 이상인 거주자가 출국하는 경우 대주주로서 보유하는 주식에 대하여 국외로 전출하는 시점에 양도한 것으로 간주하여 양도소득세를 과세한다(소득법 제126조의3 제1항). 거주자가 비거주자로 되면 향후 주식을 양도하더라도 세금을 걷기 어려워지므로 조세회피를 방지하고 국내재산에 대한 과세권을 확보하기 위하여 출국시점에 주식을 양도한 것으로 간주하여 국외전출세를 과세하는 것이다.

(6) 관련 판례

선주사업과 자동차해상운송사업을 주로 영위하는 S그룹의 실질적 경영자인 원고가 거주자인지 여부가 다투어진 사안에서, 대법원은 원고가 국내에 생계를 같이하는 가족이 있었던 점, 국내에서 S그룹의 전체 업무를 통제하고 사업상 중요한 결정을 내린 점, 주된 거주지인 국내에서 경영활동을 수행할 필요가 있었던 점, 국내 경영활동 및 사회활동에 필요한 국내 자산을 보유한 점 등에 비추어, 원고가 과세기간인 2006년 내지 2010년에 소득세법상 국내 거주자에 해당한다고 판시하였다.[11]

다. 이중거주자의 거주지국 결정기준

(1) 의의

우리나라 세법상 거주자에 해당하고, 외국 세법상 그 외국의 거주자에 해당하는 경우 양국의 거주자이므로 이른바 이중거주자가 된다. 이중거주자는 양국에서 모두 조세를 납부하는 상황에 처할 수 있으므로 조세조약이 체결되어 있으면 이중과세를 방지하기 위하여 조세조약에서 정한 기준에 따라 거주지국을 결정한다.

---

11) 대법원 2016. 2. 18. 선고 2015두1243 판결

(2) 조세조약상 거주지국 결정기준(tie breaker rule)

조세조약상 이중거주자가 어느 국가의 거주자에 해당하는지는 일반적으로 ① 항구적 주거 (permanebt home), ② 중대한 이해관계의 중심지(center of vital interest), ③ 일상적 거소 (habitual abode), ④ 국적(nationality), ⑤ 상호합의(mutual agreement)의 순서로 결정한다 (OECD 모델조세조약 제4조 제2항).[12]

라. 관련 판례

(1) 한·사우디 조세조약상 국내 거주자인지 여부

원고가 소득법상 국내 거주자임과 동시에 사우디 소득법상 사우디의 거주자인 이중거주자로서 조세조약상 국내 거주자인지 문제된 사안에서, 판례는 원고의 항구적 주거는 우리나라와 사우디에 모두 있으나, 원고의 국내 체류기간이 사우디 체류기간보다 훨씬 긴 점, 원고와 배우자의 주요재산이 국내에 있을 뿐 아니라 사우디 법인 등으로부터 얻은 소득 중 대부분을 국내로 송금하여 원고와 가족들의 생활비 등 국내 생활관계에 사용한 점, 사우디 법인의 주요 거래처가 대한민국 기업이 설립한 사우디 현지법인이고, 사우디 법인과 관련된 주요 의사결정 중 상당수는 국내에서 이루어진 점 등을 근거로 원고에게 인적 및 경제적 관계가 더 밀접한 국가는 대한민국이므로 원고가 한·사우디 조세조약상 국내 거주자에 해당한다고 판단하였다.[13]

(2) 한일 조세조약상 국내 거주자인지 여부

일본에서 프로축구선수로 활동하는 원고가 조세조약상 국내거주자인지 문제된 사안이다. 판례는 원고가 고등학교를 졸업한 직후 줄곧 일본 프로축구리그에서 활동하다가 일본 프로축구구단을 운영하는 乙 회사와 3년 계약을 체결한 다음 일본 축구구단에서 프로축구선수로 활동한 점, 원고가 乙 회사로부터 계약기간 동안 제공받은 일본에서의 주거는 원고가 乙 회사와의 계약기간 동안 계속 머무르기 위한 주거장소로서 원고와 가족이 장기간 계속하여 실제 사용한 점, 국내 체류기간은 원고가 국가대표로 선발되어 일시적으로 방문한 것에 불과하고, 우리나라에서 사회활동이나 사업활동을 하였다고 볼 자료도 없는 점 등을 근거로 원고는 우리나라와 일본 모두에 항구적 주거를 두고 있으나, 인적 및 경제적 관계가 더 밀접한 국가는 일본이므로 조세조약상 일본의 거주자에 해당한다고 판단하였다.[14]

---

12) 법인이 이중거주자가 되는 경우에는 실질적 관리장소, 설립되거나 등기된 장소 및 그 밖의 관련 요소들을 고려하여 상호합의를 통해 해당 법인이 조약목적상 어느 체약국 거주자인지를 결정하기 위하여 노력하여야 한다(OECD 모델조세조약 제4조 제3항).
13) 대법원 2016. 8. 17. 선고 2016두37584 판결
14) 대법원 2019. 3. 14. 선고 2018두60847 판결

2. 소득세의 과세단위

가. 의의

소득세의 과세단위(tax unit)는 소득을 종합하는 인적 단위를 의미한다. 이는 소득을 얻는 개인단위로 소득세를 과세할 것인지 또는 소득을 소비하는 부부 또는 가족단위로 소득세를 과세할 것인지의 문제와 연결되어 있다. 소득세가 누진세를 채택하고 있으므로 개인단위로 과세할 것인지 또는 소비단위로 과세할 것인지는 납세자가 납부하는 소득세의 크기에 직접적인 영향을 미친다.

나. 유형

① 개인단위주의는 소득을 얻는 개인을 과세단위로 하여 소득세를 과세하는 것이다. 따라서 개인의 소득을 합산하여 소득세를 과세한다.

② 소비단위주의는 소득을 소비하는 부부 또는 가족을 과세단위로 하여 소득세를 과세하는 것이다. 소비단위주의는 부부 또는 가족의 소득을 합산한 후 분할하는지에 따라 합산분할주의(合算分割主義)와 합산비분할주의(合算非分割主義)로 구분한다. 합산분할주의는 구성원의 소득을 합산하고 구성원의 수로 나눈 후 세율을 적용하여 각 구성원의 세액을 산정하고, 합산비분할주의는 구성원의 소득을 합산한 후 세율을 적용하여 세액을 산정하고 이를 구성원의 수로 나누어 각 구성원의 세액을 산정한다.

다. 양자의 평가

① 공평성이라는 기준에서는 경제생활의 기본단위가 부부 또는 가족이라는 점을 고려할 때 소비단위주의가 우위에 있다. 개인단위주의에서는 소득이 남편 5,000만 원, 처 5,000만 원인 부부와 소득이 남편만 1억 원인 부부를 비교하면 누진세로 인하여 후자의 조세부담이 더 커질 수 있다.

② 효율성이라는 기준에서는 소비단위주의의 경우 개인의 경제활동에 대한 의사결정에 영향을 크게 받기 때문에 개인단위주의가 우위에 있다. 소비단위주의는 소득에 대한 한계세율이 배우자의 소득의 크기에 좌우되어 소득이 낮은 배우자의 경제활동 참여를 저해할 가능성이 있다.

③ 혼인에 대한 중립성이라는 기준에서는 소비단위주의의 경우 개인의 조세부담이 혼인에 의하여 영향을 받기 때문에 개인단위주의가 우위에 있다. 소비단위주의 중 합산비분할주의는 개인단위주의보다 세부담이 증가하므로 혼인에 대한 제재(penalty)로 작용하고, 합산분할주의는 개인단위주의보다 세부담이 감소하므로 혼인에 대한 은전(benefit)으로 기능한다.

라. 소득세법상 과세단위

(1) 원칙

소득세법 제2조 제1항은 개인을 소득세 계산의 기본단위로 규정하고 있으므로 우리 소득세법은 원칙적으로 개인단위주의를 채택하고 있다고 볼 수 있다. 2002. 12. 18. 개정 전 소득세법 제61조 제1항은 이자소득, 배당소득, 부동산임대소득 등 이른바 자산소득에 대하여 부부단위 과세제도를 채택하였다. 이자소득, 배당소득, 부동산임대소득이 있는 경우에는 주된 소득자에게 배우자의 자산소득을 합산하여 소득세를 계산한 것이다. 이자소득, 배당소득, 부동산임대소득 등 자산소득은 통상 세대주의 지배하에 있으며 성질상 명의분산이 용이하므로 자산소득을 부부간에 분산하여 종합소득세의 누진세를 회피할 가능성을 미리 차단하기 위한 취지였다.

그러나 헌법재판소는 재산의 특성, 부부 경제생활관계의 실질 등을 고려하지 않고 부부의 자산소득을 무조건 단순합산과세하도록 하는 것은 혼인한 부부를 사실혼관계의 부부나 독신자와 차별하는 것으로서 "혼인과 가족생활은 개인의 존엄과 양성의 평등을 기초로 성립되고 유지되어야 하며, 국가는 이를 보장한다"라고 규정한 헌법 제36조 제1항에 위반된다고 판단하였다.[15] 종합과세되는 이자소득, 배당소득 및 부동산소득 등 자산소득에 대하여 가족단위 과세를 채택한 1994. 12. 22. 개정 전 제80조 제1항에 대하여도 같은 이유로 위헌결정하였다.[16] 위와 같이 자산소득에 대한 부부단위 또는 가족단위의 과세에 대하여 거듭 위헌결정이 내려짐으로써 현재는 모든 소득에 대하여 원칙적으로 개인단위주의로 과세하고 있다.

(2) 예외

사업소득이 발생하는 사업을 공동으로 경영하고 그 손익을 분배하는 공동사업에 대한 과세에서 손익분배비율을 허위로 정하는 등의 조세회피목적이 있는 경우 특수관계자 사이에서는 주된 공동사업자에 합산과세한다(소득법 제43조 제3항).

마. 외국의 소득세 과세단위

(1) 일본

일본은 순수한 개인단위주의를 채택하고 있다.

(2) 미국

미국은 개인단위과세와 합산분할과세(2분 2승제)를 동시에 채택하여 개인단위주의를 선택하는 기혼자(Married Filing Seperately), 합산분할과세를 선택하는 기혼자(Married Filing Jointly), 독신자(Single), 독신세대주(Head of Household) 등 4가지의 세율표를 적용하여 소득세를 과세한다. 2분 2승제(2分 2乘制)는 부부의 소득을 합산한 금액을 2로 나눈 후 세율을

---

15) 헌재 2002. 8. 29. 선고 2001헌바82 결정
16) 헌재 2005. 5. 26. 선고 2004헌가6 결정

적용하고 이렇게 산정된 세액에 2를 곱하여 최종세액을 산출한다.

(3) 독일

독일은 개인단위과세와 합산분할과세(2분 2승제) 중 선택할 수 있다. 종전에 부부합산과세 방식에 대하여 위헌결정이 내려짐에 따라 선택적 2분2승제를 실시하고 있다.

(4) 프랑스

프랑스는 N분 N승제를 실시하고 있다. 과세소득을 세대로 합산한 후 가족구성원 수로 나누어 적용세율을 결정하므로 가족이 많을수록 소득세가 낮아진다. N분 N승제는 프랑스가 출산율을 회복하는 데 상당히 기여한 것으로 평가받고 있다.

3. 납세의무의 특례

가. 피상속인의 소득에 대한 과세

(1) 피상속인의 소득과 상속인의 소득 구분

상속인이 피상속인의 재산을 상속하는 경우 피상속인의 소득과 상속인의 소득을 구분하여야 한다(소득법 제44조 제1항). 피상속인의 소득과 상속인의 소득이 섞이면 누진세하에서 상속으로 인하여 상속인의 세부담이 증가할 수 있기 때문이다.

(2) 연금계좌 특례

연금계좌의 가입자가 사망하였으나 그 배우자가 연금 외 수령 없이 연금계좌를 상속으로 승계하는 경우에는 해당 연금계좌에 있는 피상속인의 소득금액은 배우자의 소득금액으로 간주하여 소득세를 계산한다(소득법 제44조 제2항). 연금계좌의 가입자가 사망하면 연금계약이 해지되고, 상속인은 한꺼번에 많은 금액의 연금소득세를 부담하게 될 수 있다. 이러한 상황에서 소득세법 제44조 제2항은 생존 배우자의 세부담을 줄여주기 위하여 배우자가 피상속인의 연금계좌를 승계할 수 있는 기회를 부여하는 것이다. 배우자가 연금계좌를 승계하면 연금을 받으면서 연금소득세를 나누어 낼 수 있다. 피상속인의 배우자만 연금계좌를 승계할 수 있으므로 자녀 등 나머지 상속인은 승계가 허용되지 않는다.

나. 조합에 대한 과세

(1) 의의

조합과 같은 공동사업의 형태로 사업을 하는 경우 사업체를 실체가 아닌 도관(導管)으로 보기 때문에 공동사업에서 발생한 소득에 대하여는 사업체에 과세하지 않고 그 구성원에게 과세한다. 이러한 형태의 과세를 도관과세(conduit)라고 한다.

(2) 과세방법

(가) 일반적인 경우

공동사업의 형태로 사업을 하는 경우 공동사업에서 발생한 소득에 대하여는 다음과 같이 3단계를 거쳐 소득을 계산한다. 공동사업의 경우 해당 공동사업장을 기준으로 총수입금액과 필요경비가 발생하는 특성을 반영하여 소득금액을 계산한다.

① 공동사업장별 소득금액 계산(1단계)

공동사업장을 1거주자로 보아 공동사업장별로 소득금액을 계산한다(소득법 제43조 제1항). 공동사업장을 1거주자로 보는 것은 공동사업장의 소득금액을 계산하는 목적 내로 한정되므로 공동사업장을 납세의무자로 본다는 의미는 아니다.

② 공동사업자에 대한 소득분배(2단계)

공동사업장에서 발생한 소득을 각 구성원에게 약정된 손익분배비율에 따라 분배한다(소득법 제43조 제2항, 제2조의2 제1항). 약정된 손익분배비율이 없는 경우에는 지분율에 따라 분배한다. 공동사업자 중 1인에게 경영에 참가한 대가로 급료명목의 보수를 지급한 때에는 당해 공동사업자의 소득분배로 보고 그 공동사업자의 분배소득에 더한다.[17] 공동사업장에서 결손금이 발생한 경우에는 소득과 마찬가지로 각 공동사업자에게 손익분배비율 또는 지분율에 따라 분배한다.[18] 다만 출자공동사업자는 배당소득으로 과세되고 배당소득은 필요경비를 공제하지 않으므로 결손금을 분배받지 못한다.

③ 공동사업자별 소득금액 계산(3단계)

공동사업자별로 손익분배비율 또는 지분율에 따라 분배받은 소득을 각 공동사업자의 다른 소득과 합산하여 개인의 소득을 계산한다.

(나) 조세회피를 시도하는 경우

손익분배비율을 거짓으로 정하는 등 조세회피를 시도하는 경우 특수관계자 사이에서는 주된 공동사업자에 합산과세하고(소득법 제43조 제3항, 소득령 제100조 제4항), 구성원들은 손익분배비율에 따라 연대납세의무를 부담한다(소득법 제2조의2 제1항). 이러한 공동사업의 특수관계자에 대한 합산과세제도는 사업을 공동영위한 것으로 가장하여 소득을 특수관계자에게 위장분산함으로써 소득세의 누진세율 차이에 따른 조세회피 시도를 방지하기 위한 취지이다.[19]

---

17) 소득세법 기본통칙 43-0···1
18) 소득세법 기본통칙 45-0···1
19) 헌재 2006. 4. 27. 선고 2004헌가19 결정

(1) 신탁의 의의

신탁은 위탁자가 수탁자에게 재산권을 이전하고 수탁자로 하여금 그 재산권을 수익자를 위해서 관리·처분하게 하는 법률행위를 말한다(신탁법 제1조 제2항). 신탁법상의 신탁은 대내외적으로 소유권이 수탁자에게 이전된다는 점에서 소유권이 대외적으로 수탁자에게 이전할 뿐 대내적으로는 위탁자에게 유보되어 있는 명의신탁과 차이가 있다.[20] 신탁제도는 영미법에서 유래한 제도로서 대륙법을 계수한 우리나라의 법체계에 익숙하지 않은 제도이나, 도산격리, 유연성, 전문능력 활용 등의 장점이 있어서 부동산, 금융, 연금 등 분야에서 그 활용이 늘어나고 있다. 신탁은 신탁을 설정하는 위탁자, 신탁을 인수하는 수탁자, 신탁의 이익을 향유하는 수익자 등 3 당사자로 구성된다.

(2) 신탁과세에 대한 이론[21]

(가) 의의

조세라는 기준에서 신탁을 바라보는 기본틀에는 대표적으로 두 가지 이론이 있다. 하나는 신탁을 수익자에게 소득을 분배하는 도구로 보는 신탁도관론이고, 다른 하나는 신탁을 법인과 유사하게 하나의 실체로 보는 신탁실체론이다. 신탁도관론과 신탁실체론은 신탁소득의 납세의무자, 신탁소득의 구분, 신탁소득의 귀속시기, 원천징수 등 여러 가지 면에서 차이를 보인다.

(나) 신탁과세 이론

① 신탁도관론

신탁도관론은 신탁을 독립적인 실체로 인정하지 않고 수익자에게 소득을 분배하기 위한 도구로 보는 견해이다. 신탁을 소득이 흘러가는 도관(conduit)으로 파악하므로 신탁재산에서 발생하는 소득이 궁극적으로 귀속되는 수익자를 납세의무자로 본다. 신탁소득을 구분할 때에도 신탁을 무시하므로 신탁소득이 발생한 원천에 따라 소득을 구분한다. 예를 들어, 신탁에 편입된 재산이 부동산이면 신탁소득은 임대소득이 되고, 신탁재산이 주식이면 신탁소득은 배당소득이 되며, 신탁재산이 채권이면 신탁소득은 이자소득이 된다. 또한 신탁재산에 소득이 귀속할 때 수익자의 소득이 발생하는 것으로 보므로 신탁재산에 소득을 지급하는 자가 원천징수를 하여야 한다.

② 신탁실체론

신탁실체론은 신탁을 단순히 도관으로 볼 수 없고 법인과 유사하게 실체가 있다고 보는 견해이다. 신탁을 활용하여 수익자에게 이익을 분배하는 것은 법인을 통하여 출자자에게 수익

---

20) 대법원 1991. 8. 13. 선고 91다12608 판결, 대법원 1994. 10. 14. 선고 93다62119 판결
21) 이중교, "신탁 관련 소득과세의 문제점 및 개편방안", 세무와 회계연구 제9권 제3호, 2020, 97~99면

을 분배하는 것과 본질적으로 다르지 않다고 본다. 신탁실체론 중 납세의무자를 누구로 볼 것인지에 대하여는 다시 두 가지 견해가 있는데, 신탁재산설은 신탁재산 자체를 납세의무자로 보고, 수탁자설은 신탁재산의 법적 소유자인 수탁자를 납세의무자로 본다. 신탁실체론에 의하면 수익자가 다수인 경우 신탁재산에서 발생한 소득은 신탁단계에서 섞여서 풀(pool)을 구성하였다가 수익자에게 분배되므로 그 원천에 관계없이 배당소득으로 구분한다. 신탁단계에서 이른바 '소득유형의 전환'이 일어난다고 보는 것이다. 또한 신탁 자체 또는 수탁자를 납세의무자로 보는 이상, 수익자의 소득은 신탁소득을 수령할 때 발생한다고 보게 되므로 수탁자가 수익자에게 신탁소득을 분배할 때 원천징수를 하여야 한다.

(다) 평가

신탁도관론과 신탁실체론 중 어느 하나의 이론이 절대적으로 우월하다고 단정할 수 없다. 신탁은 그 속성상 실체적 요소와 도관적 요소를 모두 가지고 있기 때문에 현실의 신탁 관련 조세는 정도의 차이는 있지만 위 두 가지 요소를 모두 포함하고 있다.

(3) 납세의무자

(가) 원칙(수익자과세신탁)

신탁재산에 귀속되는 소득은 수익자에게 귀속되는 것으로 보아 수익자에게 과세하되, 수익자가 사망한 경우에는 그 상속인에게 과세한다(소득법 제2조의3 제1항). 신탁재산에서 발생한 소득의 납세의무자를 수익자로 규정한 것은 신탁을 도관으로 보는 것이므로 신탁도관론을 입법화한 것이다.[22] 참고로 미국은 신탁을 과세실체(taxpaying entities)로 규정하고 있으므로 신탁 자체를 납세의무자로 보아 과세한다{IRC §641(a)}.

(나) 예외

위탁자과세신탁과 수탁자과세신탁은 앞서 "법인세법" 편을 참고한다{제2편 3.).

제5절 과세기간과 납세지

1. 과세기간

가. 일반적인 경우

소득이 발생하는 때마다 일일이 소득세를 과세한다면 납세자나 과세관청 모두 상당히 번거

---

22) 법인세법 제5조 제1항도 신탁재산에 귀속되는 소득은 수익자가 그 신탁재산을 가진 것으로 본다고 규정하여 역시 신탁도관론에 기반하고 있다.

로울 것이다. 그래서 소득세는 일정한 기간을 인위적으로 끊어서 계산하는데 이러한 단위기간을 과세기간이라 한다. 소득세의 과세기간은 1. 1.부터 12. 31.까지 1년으로 정하고 있다(소득법 제5조 제1항). 따라서 납세자는 원칙적으로 1. 1.부터 12. 31.까지의 소득을 합산하여 소득세를 산정한다.

나. 특별한 경우

납세자가 사망한 경우에는 1. 1.부터 사망일까지가 과세기간이다(소득법 제5조 제2항). 또한 거주자가 출국하여 비거주자가 되는 경우 과세기간은 1. 1.부터 출국일까지이다(소득법 제5조 제3항).

2. 납세지

가. 의의

납세지는 납세자가 납세의무를 이행하는 장소로서 과세관할을 정하는 기준이 된다. 따라서 납세지 관할 세무서장 또는 지방국세청장이 소득세를 과세한다(소득법 제11조). 일반적으로 지방국세청장이 과세하는 경우는 드물고 세무서장이 소득세를 과세한다.

나. 거주자와 비거주자의 납세지

거주자의 소득세 납세지는 그 주소지로 하되, 주소지가 없는 경우에는 거소지이다(소득법 제6조 제1항). 주민등록이 직권말소된 자로서 실제의 주소지 및 거소지가 확인되지 않는 거주자의 납세지는 주민등록 말소 당시의 주소지로 한다.[23] 비거주자의 소득세 납세지는 국내사업장 소재지로 하되, 국내사업장이 2 이상 있는 경우에는 주된 국내사업장의 소재지로 하고, 국내사업장이 없는 경우에는 국내원천소득 발생장소로 한다(소득법 제6조 제2항).

다. 상속의 경우의 납세지

거주자 또는 비거주자가 사망하여 그 상속인이 피상속인에 대한 소득세의 납세의무자가 된 경우 소득세의 납세지는 그 피상속인·상속인 또는 납세관리인의 주소지나 거소지 중 상속인 또는 납세관리인이 관할 세무서장에게 납세지로서 신고하는 장소로 한다(소득법 제8조 제1항).

---

23) 소득세법 기본통칙 6-0…2

제2장 소득의 종류

제1절 이자소득

1. 의의

가. 개념

소득세법상 이자소득은 원본사용에 따른 대가의 성격을 가진 소득을 의미한다(소득법 제16조 제1항 제12호). 민법상 소비대차계약에 의하여 자금을 대여하고 그 대가로 원본을 초과하여 받는 돈이 전형적인 이자소득이나, 소득세법은 민법상 이자소득 이외에 이자소득의 실질을 가지는 소득을 이자소득으로 규정하고 있다. 예를 들어, 채권 또는 증권의 할인료, 채권 또는 증권의 환매조건부 매매차익, 저축성보험의 보험차익 등은 민법상 이자소득이 아니나 세법상 이자소득으로 규정하고 있다.

채권 또는 증권의 소지자가 당장 돈이 필요한 경우 자금여유가 있는 사람이 만기가 도래하기 전에 액면가액에서 일정비율로 할인해 주고 그 대가로 채권이나 증권을 취득한 후 만기에 발행인으로부터 액면금을 받는 경우 액면금과 할인해 준 금액의 차액에 해당하는 할인액은 사법상 이자가 아니나 경제적으로 이자의 실질을 가지므로 채권이나 증권의 이자뿐 아니라 할인액도 이자소득에 포함시킨다. 예를 들어, 이자율이 연 10%라고 가정할 경우 甲이 액면 100원, 만기 1년, 발행자 丙인 채권의 소지자 乙에게 채권을 91원에 할인해 주고 채권을 취득한 후 1년 후에 발행자 丙으로부터 액면금 100원을 받은 경우 액면금과 할인해 준 금액의 차액인 9원은 세법상 이자소득에 해당한다. 이는 甲이 乙에게 91원의 돈을 1년간 빌려주고 1년 후에 연 10%에 해당하는 9원의 이자를 받는 것과 경제적 실질이 같으므로 위 할인액 9원을 이자소득으로 보는 것이다.

나. 배당소득과의 구별

이자소득인 확정금리부 사채로부터 받는 이자와 배당소득인 보통주로부터 받는 배당을 비교하면 전자는 회사의 경영성과에 관계없이 미리 정해진 시기에 정해진 금액을 받는 것이고, 후자는 회사의 경영성과에 따라 배당가능이익이 존재하는 경우에 한하여 받는다. 이자소득은 일정 기간이 지나면 채무자가 경제적 어려움에 빠지지 않는 한, 소득을 얻게 될 것이 확실하나, 배당소득은 경영성과에 따른 불확실성이 존재하여 소득을 얻게 될 것이 불확실하다는 점에서 차이가 있다. 그러나 금융기법이 발달하고 다양한 파생상품이 개발됨에 따라 이자소득과 배당소득의 중간영역에 있는 소득이 늘어나고 있다. 예를 들어, 이익참가부사채, 후순위사채 등은 형식적으로 사채이나 일부 자본의 성격을 가지고 있고, 비참가적·누적적 우선주는 형식적으로 주식이나 일부 사채의 성격을 가지고 있다. 이에 따라 중간영역에 있는 혼성증권(hybrid securities)으로부터 발생하는 소득이 이자소득인지 또는 배당소득인지 모호한 경우가 발생하고 있다.

2. 범위(소득법 제16조 제1항)

가. 국가나 지자체가 발행한 채권 등의 이자와 할인액(소득법 제16조 제1항 제1호)

국가나 지자체가 발행한 국채나 지방채를 취득하여 그 이자를 받거나 국채나 지방채를 할인해 주고 할인액의 이익을 얻는 경우 이자소득에 해당한다. 국채의 원금과 이자가 분리되는 경우에는 이자에 해당하는 채권의 할인액뿐 아니라 원금에 해당하는 채권의 할인액도 이자소득에 해당한다(소득령 제22조의2 제1항). 원금과 이자가 물가수준에 따라 조정되는 물가연동국고채의 경우 해당 채권의 원금증가분은 이자 및 할인액에 포함되므로 이자소득에 해당한다(소득령 제22조의2 제3항). 종전에는 물가연동국고채의 원금증가분에 대하여 비과세하였으나, 2013. 2. 15. 소득세법 시행령 개정 시 이자소득에 포함시켰다.

나. 내국법인이 발행한 채권 등의 이자와 할인액(소득법 제16조 제1항 제2호)

내국법인이 발행한 회사채를 취득하여 그 이자를 받거나 회사채를 할인해 주고 할인액의 이익을 얻는 경우 이자소득에 해당한다. 채권을 중도매매하는 경우에는 채권보유기간에 발생한 이자 상당액이 이자소득에 해당한다.

다. 국내 또는 국외에서 받는 예금 등의 이자(소득법 제16조 제1항 제3호, 제7호)

금융기관에 돈을 예치하여 그 대가로 이자를 받는 경우 이자소득에 해당한다. 사업소득이 있는 거주자가 사업과 관련한 운영자금을 은행에 예치하여 받는 이자는 사업으로 벌어들인 소득이 아니므로 이자소득이다.[1]

라. 상호저축은행법에 따른 신용계 등으로 인한 이익(소득법 제16조 제1항 제4호)

신용계는 일정한 계좌수와 기간 및 금액을 정하고 정기적으로 계금을 납입하게 하여 계좌마다 추첨, 입찰 등의 방법으로 계원에게 금전을 지급하는 것이고(상호저축은행법 제2조 제2호), 신용부금은 일정한 기간 동안 부금을 납입하게 하여 그 기간 중에 또는 만료 시에 부금자에게

---

1) 소득세법 집행기준 16-0-3

일정한 금전을 지급하는 것이다(상호저축은행법 제2조 제3호). 이러한 신용계 또는 신용부금으로 인한 이익은 예금의 이자와 유사하므로 이자소득에 해당한다.

마. 외국법인의 국내지점 또는 국내영업소, 외국법인이 발행한 채권 또는 증권의 이자와 할인액

외국법인의 국내지점 또는 국내영업소에서 발행한 채권 또는 증권의 이자와 할인액, 외국법인이 발행한 채권 또는 증권을 취득하여 그 이자를 받거나 그 채권 또는 증권을 할인해 주어 할인액의 이익을 얻는 경우 이자소득에 해당한다.

바. 채권 또는 증권의 환매조건부 매매차익(소득법 제16조 제1항 제8호)

채권 또는 증권의 환매조건부 매매차익은 금융회사 등이 환매기간에 따른 사전약정이율을 적용하여 환매수 또는 환매도하는 조건으로 매매하는 채권 또는 증권의 매매차익을 말한다(소득령 제24조). 채권 또는 증권의 환매조건부 매매차익은 사법상으로는 매매차익에 해당하나, 사전약정이율에 따라 채권 또는 증권을 금융기관으로부터 매수하였다가 환매도하는 경우 그 거래에서 얻는 이익이 확정되어 있으므로 그 이익을 이자소득으로 보는 것이다.

사. 저축성보험의 보험차익(소득법 제16조 제1항 제9호)

(1) 보험차익의 의의

보험은 보장성보험과 저축성보험으로 구분된다. 보장성보험은 사망, 상해, 질병, 재해 등에 대비하기 위한 보험이고, 저축성보험은 자금을 증식하기 위한 보험이다. 이 중 저축성보험의 보험차익은 이자소득에 해당하는 것으로 본다. 저축성보험의 보험차익은 보험계약에 따라 만기 또는 계약기간 중에 받는 보험금, 공제금 또는 중도해지환급금에서 보험료를 뺀 금액을 말한다(소득령 제25조 제1항). 이때 보험금, 공제금, 환급금은 피보험자의 사망, 질병, 부상 그 밖의 신체상 상해로 인하여 받거나 자산의 멸실 또는 손괴로 인하여 받는 것이 아닌 것으로 한정된다. 저축성보험의 보험차익은 사법상 이자가 아니나, 경제적으로 이자의 실질을 가지므로 이자소득으로 보는 것이다.

(2) 보험차익의 비과세

다음 어느 하나에 해당하는 보험차익은 비과세한다. 장기저축성보험은 노후생활의 재원으로 사용되므로 가입과 유지를 장려하기 위하여 비과세의 혜택을 주는 것이다.

첫째, 최초 보험료 납입일부터 만기일 또는 중도해지일까지의 기간이 10년 이상으로서 다음의 요건을 갖춘 보험이다(소득령 제25조 제3항).

① 계약자 1명당 보험료 합계액이 1억 원 이하이어야 한다. 보험료를 일시납하고 즉시 연금을 수령하기 때문에 즉시연금이라고 부른다. 2017. 4. 1. 이전에는 비과세 한도가 2억 원이었

으나, 2017. 4. 1.부터 비과세 한도가 1억 원으로 감소되었다. 과거에는 납입한 보험료를 최초 납입일부터 10년이 경과하기 전에 확정기간 동안 연금형태로 분할지급받는 경우에도 비과세 하였으나, 2013. 2. 15. 소득세법 시행령 개정 시 10년이 경과하기 전에 연금을 지급받는 경우는 비과세에서 제외하였다.

② 월적립식 저축성보험으로서 최초납입일부터 납입기간이 5년 이상일 것, 최초납입일부터 매월 납입하는 기본보험료가 균등하고, 기본보험료의 선납기간이 6개월 이내일 것, 계약자 1명당 매월 납입하는 보험료 합계액이 150만 원 이하일 것 등 3가지 요건을 충족하여야 한다. 과거에는 월 납입액의 한도가 없었으나, 비과세혜택이 과도하다는 비판에 따라 2017. 2. 3. 소득세법 시행령 개정 시 월 납입액 150만 원 이하라는 요건을 추가하였다.

둘째, 종신형 연금보험으로서 보험계약 체결시점부터 다음의 5가지 요건을 갖추어야 한다 (소득령 제25조 제4항).

① 계약자가 보험료 납입 계약기간 만료 후 55세 이후부터 사망 시까지 보험금 등을 연금으로 지급받을 것, ② 연금 외의 형태로 보험금 등을 지급하지 않을 것, ③ 사망 시 보험계약 및 연금재원이 소멸할 것, ④ 계약자와 피보험자 및 수익자가 동일하고 최초 연금지급개시 이후 사망일 전에 중도해지하지 않을 것, ⑤ 매년 수령하는 연금액이 법령 소정의 금액을 초과하지 않을 것

(3) 연금의 수령방법과 비과세 여부

연금의 수령방법에는 ① 사망할 때까지 원금과 이자를 나누어 받는 종신형, ② 10년, 20년, 30년 등과 같이 기간을 정해놓고 받는 확정형, ③ 이자만 받다가 원금은 자녀나 배우자에게 상속시키는 상속형 등이 있다. 이 중 종신형의 경우에는 종신형 연금보험의 요건을 갖추는 경우에 비과세혜택을 받을 수 있다. 확정형의 경우에는 10년 이후에 보험금을 수령하면서 보험금이 보험료를 초과하지 않을 때까지는 비과세혜택을 받을 수 있다. 상속형의 경우에는 이자만 수령하므로 일반적으로 비과세혜택을 받을 수 있다.

아. 직장공제회 초과반환금(소득법 제16조 제1항 제10호)

직장공제회는 공제회, 공제조합 또는 이와 유사한 단체로서 동일직장이나 직종에 종사하는 근로자들의 생활안정, 복리증진 또는 상호부조 등을 목적으로 구성된 단체를 말한다(소득령 제26조 제1항). 직장공제회 초과반환금은 근로자가 퇴직하거나 탈퇴하여 그 규약에 따라 직장 공제회로부터 받는 반환금에서 납입공제료를 뺀 금액과 반환금을 분할하여 지급하는 경우 그 지급하는 기간 동안 추가로 발생하는 이익을 말한다(소득령 제26조 제2항). 직장공제회 초과반환금은 저축성보험의 보험차익과 유사하므로 이자소득에 해당하는 것으로 본다.

자. 비영업대금 이익(소득법 제16조 제1항 제11호)

(1) 의의

비영업대금(非營業代金) 이익은 사전적으로 영업대금의 이익이 아니라는 의미로서 금전의 대여를 사업목적으로 하지 않는 자가 일시적·우발적으로 금전을 대여함에 따라 지급받는 이자나 수수료 등을 말한다(소득령 제26조 제3항). 일반 개인들 사이에 돈을 빌려주고 지급받는 이자 등이 이에 해당한다. 그 밖에 금융업을 경영하는 사업자 외의 자가 어음을 할인해주고 할인료를 받는 경우 해당 할인료는 비영업대금 이익이다.[2] 반면, 금전대여를 사업목적으로 하는 자가 금전을 대여하고 받는 이익은 영업대금 이익으로서 사업소득에 해당한다.

(2) 비영업대금 이익에 해당하지 않는 경우

수탁보증인의 구상권 법정이자,[3] 손해배상금에 대한 법정이자,[4] 거래과정에서 지급기일 연장의 대가로 받는 금액[5] 등은 이자소득에 해당하지 않는다.

차. 제1호부터 제11호까지의 소득과 유사한 소득으로서 금전 사용에 따른 대가로서의 성격이 있는 것(소득법 제16조 제1항 제12호)

위 규정은 열거주의의 단점을 보완하기 위한 이른바 유형별 포괄주의 규정이다. 채권을 대여하고 해당 채권의 차입자로부터 지급받는 해당 채권에서 발생하는 이자에 상당하는 금액은 위 유형별 포괄주의에 의한 이자소득에 포함된다(소득령 제26조 제4항). 유형별 포괄주의가 적용되는지 문제된 대표적인 판례는 다음과 같다.

(1) 엔화스왑예금계약 사건[6]

원고들은 은행 고객들로서 A은행과 사이에 엔화스왑예금계약이라는 이름으로 원고들이 원화로 엔화를 매입한 후 이를 예금하여 연리 0.25% 전후의 확정이자를 지급받고 만기에 원리금을 반환받는 엔화예금에 가입함과 동시에, 위 예금계약의 만기 시에 엔화예금 원리금을 A은행에 미리 확정된 환율로 매각하여 원화로 지급받는 선물환거래를 하였다. A은행은 원고들이 수취한 이익 중 엔화정기예금이자 부분에 대해서만 원천징수하고 선물환차익 부분에 대해서는 원천징수하지 않았다. 그러자 과세관청은 선물환차익 부분에 대하여 소득세를 부과하였다. 이와 같은 사실관계하에서 은행과 고객들이 엔화정기예금과 선물환거래를 함께 가입하는 엔화스왑예금계약을 체결하고 얻은 선물환차익이 이자소득에 해당하는지 다투어진 사안에서, 대법원은 위 선물환계약은 예금의 이자 또는 이에 유사한 것으로 보기 어려울 뿐 아니라 채권 또는

---

2) 소득세법 집행기준 16-0-5
3) 대법원 1997. 9. 5. 선고 96누16315 판결, 대법원 2004. 2. 13. 선고 2002두5931 판결
4) 소득세법 기본통칙 16-0···2
5) 소득세법 기본통칙 16-0···1
6) 대법원 2011. 4. 28. 선고 2010두3961 판결

증권의 환매조건부 매매차익에 유사한 것으로 보기도 어려우므로 이자소득에 해당하지 않는다고 판시하였다. 판례가 엔화스왑예금에서 얻은 선물환차익에 대한 과세를 부정하자 그에 대한 과세근거를 마련하기 위하여 2012. 1. 1. 소득세법 제16조 제1항 제13호를 신설하였다.

(2) 한국교직원공제회사건[7)]

한국교직원공제회가 회원들에게 판매한 상품 중 퇴직생활급여의 부가금(附加金)은 회원의 퇴직·탈퇴 시에 지급되나, 목돈급여와 종합복지급여의 부가금은 회원의 퇴직·탈퇴 전인 약정기간의 종료 시에 지급된다. 한국교직원공제회는 퇴직생활급여의 부가금은 금융기관의 예금과 성격이 같다고 보아 이자소득세를 원천징수하였으나, 목돈급여와 종합복지급여의 부가금에 대하여는 금융기관의 예금과 성격이 다르다고 보아 이자소득세를 원천징수하지 않았다. 목돈급여와 종합복지급여의 부가금이 이자소득에 해당하는지 다투어진 사안에서, 대법원은 목돈급여와 종합복지급여의 부가금이 5개 시중은행의 1년 만기 정기예금의 평균 이자율에 0.5%를 더한 이율 이상의 부가율에 의하여 정해진 점 등에 주목하여 목돈급여와 종합복지급여의 부가금은 예금의 이자와 성격이 유사하고 담세력도 대등하다는 이유로 이자소득에 해당한다고 판시하였다.

카. 제1호부터 제12호까지의 규정 중 어느 하나에 해당하는 소득을 발생시키는 거래 또는 행위와 파생상품이 결합된 경우 해당 파생상품의 거래 또는 행위로부터의 이익 (소득법 제16조 제1항 제13호)

위 조항은 엔화스왑예금과 같이 이자부상품과 파생상품이 결합된 신종금융상품에서 발생한 소득을 이자소득으로 과세하기 위하여 2012. 1. 1. 소득세법 개정 시 신설되었다. 금융회사 등이 직접 개발·판매한 이자부상품의 거래와 파생상품 계약이 금융회사 등을 통하여 이루어지고, 장래의 특정시점에 금융회사 등이 지급하는 파생상품으로부터의 이익이 확정되어야 한다(소득령 제26조 제5항).

3. 제한초과이자

가. 이자율의 제한

이자제한법과 대부업법은 국민을 폭리로부터 보호하기 위하여 이자율의 상한을 제한하고 있다. 현재 이자제한법에 의한 제한이자율은 연 20%이고(이자제한법 제2조 제1항, 이자제한법 제2조 제1항의 최고이자율에 관한 규정), 대부업법에 의한 제한이자율도 연 20%이다(대부업법 제8조 제1항, 시행령 제5조 제2항). 2021. 4. 6. 「이자제한법 제2조 제1항의 최고이자율에 관한 규정」과 대부업법 시행령을 개정하여 최고이자율을 모두 연 24%에서 20%로 낮추었다.

---

7) 대법원 2010. 2. 25. 선고 2007두18284 판결

나. 제한초과이자의 과세 여부

(1) 제한초과이자가 현실로 지급된 때

제한초과이자가 현실로 지급된 때에는 이자소득 과세대상이 된다. 이는 위법소득에 대한 과세의 법리로 설명할 수 있다. 제한초과이자는 사법상 무효이나, 과세소득은 이를 경제적 측면에서 보아 현실로 이득을 지배관리하면서 이를 향수하고 있어서 담세력이 있는 것으로 판단되면 족하므로 과세소득에 해당하는 것으로 본다. 다만, 채권자가 채무자에게 제한초과이자를 반환하는 경우에는 국기법상 후발적 경정청구를 하여 과세에서 벗어날 수 있다.

(2) 제한초과이자가 현실로 지급되지 않은 때

제한초과이자는 그 기초가 되는 약정이 무효이므로 약정한 이행기가 도래하였더라도 이자채권은 발생하지 않고, 채무자의 임의지급을 기대할 수밖에 없으므로 귀속시기에 관한 권리의무확정주의상 수입실현의 개연성이 있다고 할 수 없다. 따라서 약정의 이행기가 도래하여도 아직 이자가 미지급된 이상, 이자소득 과세소득이 된다고 할 수 없다.[8]

제2절 배당소득

1. 의의

가. 배당소득의 개념

소득세법상 배당소득은 출자자에 대한 수익분배의 성격을 가진 소득을 의미한다(소득법 제17조 제1항 제9호). 상법상 주주총회나 이사회의 배당결의에 따라 받는 배당이 전형적인 배당소득에 해당하나, 소득세법은 상법상 배당소득 이외에 배당소득의 실질을 가지는 소득을 배당소득으로 규정하고 있다. 예를 들어, 법인세법에 따라 배당으로 처분된 금액, 집합투자기구(펀드)로부터의 이익, 출자공동사업자의 이익 등은 상법상 배당소득이 아니나 세법상 배당소득으로 규정하고 있다.

판례는 법인의 출자자가 사외유출된 법인의 소득을 확정적으로 자신에게 귀속시킨 경우에는 주주총회의 결의 여부, 배당가능이익의 존부, 출자비율에 따라 지급된 것인지 여부 등과 관계없이 출자자에 대한 배당소득에 해당하는 것으로 추인할 수 있다고 판시하였다.[9] 소득세법상 배당소득에 해당하는지 여부는 배당의 형식보다 그 실질이 중요하기 때문이다.

---

8) 대법원 1985. 7. 23. 선고 85누323 판결
9) 대법원 2004. 7. 9. 선고 2003두1059, 1066 판결

나. 상법상 배당

(1) 이익배당

회사는 대차대조표의 순자산액으로부터 자본금, 결산기까지 적립된 자본준비금과 이익준비금의 합계액, 결산기에 적립할 이익준비금의 액, 법령 소정의 미실현이익을 공제한 금액, 즉 배당가능이익을 한도로 이익배당을 할 수 있다(상법 제462조 제1항). 회사가 배당을 하면 배당가능이익은 감소한다. 배당가능이익은 채권자를 보호하기 위하여 회사가 배당할 수 있는 금액에 한도를 설정해 놓은 것이다. 회사가 아무런 제한 없이 이익을 주주에게 배당할 수 있다고 하면 채권자의 지위가 위태로워질 수 있기 때문이다.

(2) 주식배당

회사는 주주총회의 결의로 주식으로 이익을 배당할 수 있다. 주식배당은 주주 입장에서는 현금배당을 받은 후 그 돈으로 주식을 구매한 것과 동일하다. 주식배당은 이익배당총액의 2분의 1을 초과하지 못하는 제한이 있다(상법 제462조의2 제1항). 주주의 금전배당청구권을 일정 범위까지 보장하기 위한 취지이다. 다만, 상장회사는 주식의 시가가 액면가액 이상인 경우에 한하여 이익배당총액까지 주식배당을 할 수 있는 특례가 인정된다(자본시장법 제165조의13 제1항).

(3) 현물배당

회사가 정관으로 금전 외의 재산으로 배당할 수 있도록 정한 경우에는 현물배당을 할 수 있다(상법 제462조의4 제1항). 과거 상법은 현물배당 규정을 두지 않았는데, 2011. 4. 14. 상법 개정 시 현물배당을 명시하였다. 회사가 상품 이외에 자기주식을 현물배당할 수 있는지에 대하여는 논란이 있으나, 가능하다고 보는 것이 일반적이다.[10]

(4) 준비금의 감소

(가) 자본금

자본금은 발행주식의 액면총액이다(상법 제451조 제1항). 따라서 발행주식수에 주식의 액면가액을 곱한 금액이 자본금이다. 다만, 회사가 액면가액이 없는 무액면주식을 발행하는 경우에는 주식발행가액의 2분의 1 이상의 금액으로서 이사회나 주주총회에서 자본금으로 계상하기로 한 금액의 총액이 자본금이다(상법 제451조 제2항). 무액면주식은 액면가액이 없으므로 1주의 가치가 자본금에 대한 비율로 인식된다.

(나) 자본준비금

자본준비금은 자본거래에서 발생한 잉여금을 적립한 금액이다. 주식발행액면초과금, 자기주식처분이익, 감자차익 등이 자본준비금에 해당한다.[11] 무액면주식의 경우에는 주식의 발행

---

10) 이철송, 「회사법강의」, 박영사, 2019, 996면
11) 이에 비해 자본거래에 의하여 자본이 변동되었으나, 자본금과 자본잉여금으로 분류할 수 없는 항목을 자본조

가액 중 자본금으로 계상하지 않은 금액이 자본준비금이다(상법 제451조 제2항). 회사는 자본거래에서 발생한 잉여금을 전액 자본준비금으로 적립하여야 한다(상법 제459조).

(다) 이익준비금

이익준비금은 손익거래에서 발생한 잉여금을 적립한 금액이다. 법정적립금, 임의적립금, 미처분이익잉여금 등이 이익준비금에 해당한다. 회사는 자본금의 2분의 1이 될 때까지 주식배당의 경우를 제외하고 매 결산기 이익배당액의 10분의 1 이상을 이익준비금으로 적립하여야 한다(상법 제458조).

(라) 자본준비금 및 이익준비금의 사용 및 감액

자본준비금 및 이익준비금은 결손보전, 자본금 전입에 사용하는 것 외에는 용도가 엄격히 제한된다(상법 제460조, 제461조). 다만, 회사는 자본준비금 및 이익준비금의 총액이 자본금의 1.5배를 초과하는 경우 주주총회 결의에 따라 그 초과액의 범위에서 자본준비금과 이익준비금을 감액할 수 있다(상법 제461조의2).

위와 같은 자본금의 감액을 통해 배당재원이 아닌 자본준비금을 배당의 재원으로 활용할 수 있다. 상법상 자본준비금과 이익준비금의 감액순서나 금액에 특별히 제한을 두지 않으므로 회사는 이익준비금보다 먼저 자본준비금을 감액하는 것도 가능하다.

2. 범위

가. 내국법인으로부터 받는 이익이나 잉여금의 배당 등(소득법 제17조 제1항 제1호)

(1) 의의

내국법인의 배당결의 등을 통해 받는 금액은 배당소득에 해당한다. 사업연도 말 주주총회의 결의를 거쳐 하는 정기배당뿐 아니라 영업연도 중 이사회의 결의를 거쳐 하는 중간배당도 배당소득이다. 상법 제345조의 상환주식에 대한 배당지급조건이 차입금에 대한 이자지급조건과 동일하더라도 그 지급금은 배당소득이다.[12] 상환주식은 발행할 당시 일정기간 후에 회사가 이익으로써 소각하기로 예정되어 있는 주식이므로 해당 주주가 얻은 이익은 배당소득에 해당한다. 다만 주주총회 결의에 따라 배당받았으나 배당결의에 하자가 있어 배당금을 반환한 경우에는 소득을 상실하였으므로 배당소득이 있다고 볼 수 없다.[13]

(2) 현물배당

내국법인으로부터 받는 이익에는 현금 이외에 현물이 포함되므로 현물배당을 받는 경우 그 시가상당액이 배당소득이다. 현물배당을 하는 경우 배당법인이 현물의 시가와 장부가액의 차

정이라고 한다. 주식할인발행차금, 자기주식처분손실, 감자차손, 미교부주식배당금 등이 자본조정에 해당한다.
12) 소득세법 기본통칙 17-0…2
13) 소득세법 기본통칙 17-0…1

액을 익금산입하는지에 대하여 법인세법에 명문의 규정이 없다는 이유로 부정설이 있으나,[14] 배당법인은 배당결의 시점에 시가와 장부가액의 차액 상당액의 자산처분손익을 실현한 것이므로 긍정설이 타당하다.[15]

(3) 주식배당

주식배당에 대하여 배당소득을 과세할 수 있는지에 대하여는 논란이 있다. 주식배당은 주식분할과 본질이 같으므로 과세하여서는 안된다는 견해[16]와 주식배당은 주주가 현금배당을 받은 뒤 그 돈으로 신주를 발행받는 것과 차이가 없어 현금배당과 차이를 둘 이유가 없으므로 과세할 수 있다는 견해[17]가 대립하나, 우리 소득세법은 주식배당에 대하여 과세하는 입장에 있다. 나아가 주식배당에 대해 과세하는 경우 소득세법 제17조 제1항 제1호의 이익배당에 해당하는지 또는 제17조 제1항 제3호의 의제배당에 해당하는지에 대하여 견해의 대립이 있다. 주식배당을 현금배당이나 현물배당과 같이 소득세법 제17조 제1항 제1호의 배당으로 보는 견해가 있으나,[18] 소득세법 시행령 제27조 제1항 제3호 다목이 의제배당소득의 계산방법을 규정하면서 주식배당을 열거하고 있으므로 현행 세법의 해석상 의제배당으로 보는 것이 타당하다.

(4) 준비금의 감액에 따른 배당

상법에 따라 자본준비금을 감액하여 받은 배당은 기존주주가 납입한 자본을 환급받는 것이므로 배당소득에 해당하지 않으나(소득령 제26조의3 제6항), 배당재원에 해당하는 이익준비금을 감액하여 받는 배당은 배당소득에 해당한다. 따라서 적립된 준비금을 감액하여 배당하는 경우 자본준비금부터 먼저 감액하면 배당소득세를 줄일 수 있다.[19] 법인이 자본준비금을 감액하여 이익잉여금으로 전입한 후 이를 재원으로 배당하는 경우에도 해당 금액은 배당소득에 포함하지 않는다.[20]

위와 같이 우리 세법에 의하면 이익준비금과 자본준비금 중 분배재원의 순서를 임의로 선택할 수 있으나, 미국 세법은 배당가능이익부터 순차적으로 적용하도록 규정하고 있고, 일본 세법은 투자원본과 이익잉여금에 안분하도록 규정하여 자본준비금부터 감액하여 조세를 줄이는 것을 방지하고 있다. 한편 법인주주의 경우 자본준비금 감액배당 익금불산입 범위를 주식의 장부가액 한도로 제한하였으나, 개인주주의 경우 이러한 제한이 적용되지 않는다.

---

14) 김완석·황남석, 법인세법론(2021), 335면
15) 임승순, 조세법(2021), 409면
16) 미국의 Eisner v. Macomber 판결은 주식배당을 위헌이라고 판단하였다.
17) 이창희, 세법강의(2021), 617면
18) 임승순, 조세법(2021), 409면
19) 오종문, "감액배당에 대한 과세", 회계·세무와 감사 연구 제62권 제4호, 2020, 211~238면
20) 법령해석과-2352(2020. 7. 23.)

나. 법인으로 보는 단체로부터 받는 배당 등(소득법 제17조 제1항 제2호)

법인으로 보는 단체는 국기법 제13조 제1항의 당연의제법인과 국기법 제13조 제2항의 승인의제법인을 의미한다. 당연의제법인과 승인의제법인의 경우 구성원에게 이익을 분배하지 않을 것을 요건으로 하므로 당연의제법인과 승인의제법인으로부터 배당금 또는 분배금을 받는 것을 상정하여 배당소득으로 규정하는 것은 일견 모순으로 보인다. 그러나 의제법인이 구성원에게 이익을 분배하지 않는 것을 요건으로 하고 있더라도 이를 위반하여 구성원에게 이익을 분배하는 경우 그 과세방법에 대하여 규정할 필요가 있으므로 구성원에게 배당한 이익을 배당소득으로 규정한 것으로 볼 수 있다.[21]

다. 법인과세 신탁재산으로부터 받는 배당 등(소득법 제17조 제1항 제2호의2)

법인과세 신탁재산으로부터 받는 배당 등은 신탁관계에서 수익을 분배받는 것이므로 배당소득에 해당한다.

라. 의제배당(소득법 제17조 제1항 제3호)

의제배당은 뒤에서 별도로 살펴보기로 한다.

마. 인정배당(소득법 제17조 제1항 제4호)

법인세법 제67조는 법인세 과세표준의 신고·결정 또는 경정이 있는 때 익금산입하거나 손금불산입한 금액은 그 귀속자 등에게 상여, 배당, 기타사외유출 등으로 소득처분하도록 규정하고 있다. 이때 귀속자가 임직원이 아닌 주주나 출자자인 경우 배당으로 소득처분한다(법인령 제106조 제1항 제1호 가목). 이와 같이 주주나 출자자에게 귀속시킨 금액을 인정배당이라고 하고, 그로 인해 얻은 소득을 배당소득으로 규정한 것이다.

바. 집합투자기구로부터의 이익(소득법 제17조 제1항 제5호)

(1) 집합투자기구의 의의

자본시장법상 집합투자기구는 일반적으로 펀드라고 부르는 것으로서 집합투자업자인 위탁자가 신탁업자에게 신탁한 재산을 신탁업자로 하여금 그 집합투자업자의 지시에 따라 투자·운용하게 하는 투자신탁, 투자회사, 투자유한회사, 투자합자회사, 투자유한책임회사, 투자합자조합, 투자익명조합 등을 의미한다(자본시장법 제9조 제18항). 집합투자기구는 집합투자업자가 투자자들의 일상적인 운용지시를 받지 않고 투자재원을 운용하는 특징이 있다(자본시장법 제6조 제4항, 제5항). 금융실무에서는 자산운용사가 집합투자업자, 은행이 신탁업자의 역할을 맡는 것이 일반적이다.

---

21) 이중교, "세법상 법인격 없는 단체의 고찰", 사법 제38호, 2016, 103면

(2) 소득의 구분

(가) 국내 집합투자기구에서 분배받은 소득

소득세법은 집합투자기구를 소득세법에서 정한 요건을 충족한 적격집합투자기구와 적격집합투자기구 이외의 비적격집합투자기구로 구분한다. 적격집합투자기구는 다음의 3가지 요건을 갖추어야 한다(소득령 제26조의2 제1항).

① 자본시장법상 집합투자기구이어야 한다. 자본시장법 제251조에 따른 보험회사의 특별계정(변액연금)은 제외하고, 금전신탁으로서 원본을 보전하는 특정금전신탁은 포함한다.

② 설정일부터 매년 1회 이상 결산·분배하여야 한다. 이 요건은 신탁에 소득을 유보하여 과세를 이연하는 것을 방지하기 위한 것이다. 다만, 결산 시에는 소득이 있으나 환매할 때 손실이 있는 경우 세금이 과세되는 불합리가 생길 수 있으므로 주식·채권 등의 매매차익 또는 평가차익은 보유기간 동안 손익을 합산하여 환매 시 일괄적으로 과세할 수 있는 예외를 인정한다.

③ 금전으로 위탁받아 금전으로 환급하여야 한다. 금전 외의 자산을 위탁받더라도 위탁가액과 환급가액이 모두 금전으로 표시되면 이 요건을 충족하는 것으로 본다.

위 적격집합투자기구에서 발생한 소득은 원천에 관계없이 배당소득으로 구분한다.[22] 자본시장법상 집합투자증권을 계좌간 이체, 계좌의 명의변경, 실물양도의 방법으로 거래하여 발생한 이익은 집합투자기구로부터의 이익에 해당하는 것으로 본다(소득령 제26조의2 제5항). 반면 비적격집합투자기구에서 발생한 소득 중 투자신탁, 투자조합, 투자익명조합으로부터의 이익은 소득세법 제4조 제2항에 따라 원천에 따라 소득을 구분하고,[23] 투자회사, 투자유한회사, 투자합자회사 및 기관전용 사모집합투자기구로서 동업기업과세특례를 적용받지 않는 기구로부터의 이익은 배당소득으로 구분한다(소득령 제26조의2 제3항). 기관전용 사모집합투자기구로서 동업기업과세특례를 적용받지 않는 경우에는 사모집합투자기구가 실체로 취급되므로 동업자가 분배받은 이익을 배당소득으로 취급한다.

적격투자신탁에 의한 배당소득은 수익자가 분배받은 금액에서 자본시장법에 따른 각종 보수·수수료 등을 공제하여 계산한다(소득령 제26조의2 제6항). 배당소득금액을 계산할 때 원칙적으로 필요경비를 인정하지 않으나, 적격투자신탁에 의한 배당소득을 계산할 때 예외적으로 신탁보수 등을 공제한다. 배당소득을 계산할 때에는 직접투자와의 중립성을 위하여 상장주식이나 장내파생상품의 거래 또는 평가손익 등을 제외한다(소득령 제26조의2 제4항). 이에 따라 주식가격이 상승할 때에는 그 이익이 제외되어 투자자에게 유리하나, 주식가격이 하락할 때

---

22) 과거에는 신탁재산 중 이자소득이 발생하는 자산이 50% 이상이면 이자소득으로 구분하고 배당소득이 발생하는 자산이 50% 초과하면 배당소득으로 구분하였으나, 2006년 소득세법 개정으로 신탁편입자산의 비중에 관계없이 배당소득으로 단일화하였다.

23) 예를 들어, 신탁에 편입된 재산이 부동산이면 신탁소득은 임대소득이 되고, 신탁재산이 주식이면 신탁소득은 배당소득이 되며, 신탁재산이 채권이면 신탁소득은 이자소득이 된다.

에는 투자손실을 다른 금융소득과 통산할 수 없게 되어 불리하다. 채권 등의 거래 또는 평가손익은 과세되므로 이 점에서 직접투자와 차이가 있다. 2001년 세법을 개정할 당시 펀드에서 발생한 다액의 채권투자손실을 과세에 반영하기 위하여 채권 등의 거래 또는 평가손익을 과세에 포함시켰다.

(나) 국외 집합투자기구에서 분배받은 소득

국외 집합투자기구에서 분배받은 소득은 위 (가)의 3가지 요건을 갖추지 않은 경우에도 배당소득으로 분류한다(소득령 제26조의2 제2항).

(다) 투자자가 지배하는 사모집합투자기구에서 분배받은 소득

사모집합투자기구의 투자자가 거주자 1인이거나 거주자 1인 및 거주자의 특수관계인으로 구성되고, 투자자가 사실상 자산운용에 관한 의사결정을 하는 경우는 사모집합투자기구에서 분배받은 소득은 배당소득으로 보지 않고 그 원천에 따라 소득을 구분한다(소득령 제26조의2 제2항, 소득법 제4조 제2항). 투자자가 사모집합투자기구를 전적으로 지배하므로 공모집합투자기구와 달리 취급하는 것이다. 사모집합투자기구는 공모집합투자기구에 대비되는 개념으로서 투자자의 총수가 100인 이하인 것을 말한다(자본시장법 제9조 제19항). 사모집합투자기구는 개인이 아닌 전문투자기관으로 구성되는 기관전용 사모집합투자기구와 기관전용 사모집합투자기구를 제외한 일반 사모집합투자기구로 구분된다.[24]

(3) 배당소득금액에서 제외되는 국외 상장주식의 매매·평가손익

구 조특법(2008. 12. 26. 개정 전) 제91조의2 제2항, 구 조특법 시행령(2009. 2. 4. 개정 전) 제92조의2 제3항은 거주자의 해외투자를 활성화하기 위하여 2009. 12. 31.까지 한시적으로 국외 상장주식의 매매 또는 평가손익을 배당소득금액에서 제외하면서 주식가격의 변동에 따른 손익과 환율변동에 따른 손익이 동시에 발생한 경우에만 환율변동에 따른 손익을 주식가격의 변동에 따른 손익으로 보아 계산하도록 규정하고 있었다. 그런데 국외 상장주식의 매매·평가손익을 원화로 환산하는 과정에서 주식가격의 변동에 따른 손익과 환율변동에 따른 손익을 통산할지 문제된 사안에서, 대법원은 배당소득금액에서 제외되는 국외 상장주식의 매매·평가손익은 주식가격의 변동에 따른 손익과 환율변동에 따른 손익을 통산할 수 있다고 판시하였다.[25] 예를 들어, 국외주식의 평가차손이 3억 원이고, 환차익이 2억 원인 경우 통산을 허용하지 않으면 전체적으로 1억 원이 손실인데 환차익 2억 원에 대하여 배당소득세가 과세되는

---

24) 과거에는 사모집합투자기구를 운용목적을 기준으로 경영참여형과 전문투자형으로 구분하였으나, 2021년 자본시장법 시행령을 개정하여 사모집합투자기구에 대한 운용규제를 일원화하기 위하여 투자자를 기준으로 기관전용 사모집합투자기구와 일반 사모집합투자기구로 구분하였다(자본시장법 시행령 제14조 제2항). 일반투자자는 기관투자자보다 전문성이 약하므로 일반 사모집합투자기구에 대하여는 투자자에 대한 보호장치를 강화하였다.

25) 대법원 2015. 12. 10. 선고 2013두6107 판결

불합리한 결과가 발생하므로 통산을 허용한다고 해석한 것이다. 그 후 2015. 12. 15. 해외상장 주식의 매매·평가차익 및 환차익에 비과세하는 특례규정을 신설하였다(조특법 제91조의17, 조특령 제93조의3).

사. 국내 또는 국외에서 받는 파생결합증권 또는 파생결합사채로부터의 이익(소득법 제17조 제1항 제5호의2)

파생결합증권이란 기초자산의 가격, 이자율, 지표, 단위 또는 이를 기초로 하는 지수 등의 변동과 연계하여 미리 정하여진 방법에 따라 지급하거나 회수하는 금전등이 결정되는 권리가 표시된 것을 말한다(자본시장법 제4조 제7항). 파생결합사채란 유가증권이나 통화 또는 기초자산이나 지표 등의 변동과 연계하여 미리 정하여진 방법에 따라 상환 또는 지급금액이 결정되는 사채를 말한다(상법 시행령 제21조 제1항). 파생결합사채는 개념상 원금이 보장된다는 점에서 파생결합증권과 차이가 있다(자본시장법 제4조 제7항 제1호). 판례가 골드뱅킹에서 얻은 소득에 대한 과세를 부정하자 그에 대한 과세근거를 마련하기 위하여 2017. 12. 19. 소득세법 개정 시 소득세법 제17조 제1항 제5호의2를 신설하여 파생결합증권 또는 파생결합사채로부터의 이익을 배당소득의 한 유형으로 열거하였다. 그 후 2020. 12. 29. 소득세법 개정 시 파생결합사채로부터의 이익은 이자소득으로, 파생결합증권으로부터의 이익은 금융투자소득으로 변경하면서 소득세법 제17조 제1항 제5호의2를 삭제하였다. 그러나 2024. 12. 31. 소득세법 개정 시 금융투자소득이 삭제되고 파생결합증권으로부터의 이익뿐만 아니라 파생결합사채로부터의 이익도 배당소득으로 구분하였다.

아. 비금전신탁 수익증권으로부터의 이익(소득법 제17조 제1항 제5호의3) 및 투자계약증권으로부터의 이익(소득법 제17조 제1항 제5호의4)

비금전신탁 수익증권으로부터의 이익은 조각투자상품으로부터의 이익을 의미한다. 조각투자상품은 미술품, 저작권 등의 권리를 신탁수익증권 또는 투자계약증권 형태로 분할발행하여 다수 투자자가 투자하거나 거래할 수 있는 신종상품이다. 그동안 조각투자상품 중 부동산 조각투자상품, 음악저작권 조각투자상품 등은 배당소득으로 과세하고, 미술품 조각투자상품은 기타소득으로 과세하는 등 과세방법이 통일되어 있지 않았다. 2024. 12. 31. 소득세법 개정 시 금융혁신지원특별법상 특례를 받는 등의 요건을 갖춘 적격조각투자상품과 자본시장법에 따라 모집되는 등의 요건을 갖춘 적격투자계약증권을 배당소득으로 과세하기 위하여 비금전신탁 수익증권으로부터의 이익과 투자계약증권으로부터의 이익을 배당소득으로 열거하였다. 투자계약증권이란 특정 투자자가 그 투자자와 타인 간의 공동사업에 금전등을 투자하고 주로 타인이 수행한 공동사업의 결과에 따른 손익을 귀속받는 계약상의 권리가 표시된 것을 말한다(자본시장법 제4조 제6항).

자. 외국법인으로부터 받는 이익 등(소득법 제17조 제1항 제6호)

외국법인으로부터 받는 이익이나 잉여금의 배당 또는 분배금은 내국법인으로부터 받는 이익이나 배당과 마찬가지로 배당소득에 해당한다.

차. 간주배당(소득법 제17조 제1항 제7호)

법인의 실제부담세액이 법인세법상 최고세율의 70% 이하인 저세율국가 또는 지역에 본점 또는 주사무소를 둔 외국법인에 대하여 내국인이 출자한 경우에는 그 외국법인 중 내국인과 특수관계가 있는 특정외국법인의 각 사업연도 말 현재 배당가능한 유보소득 중 내국인에게 귀속될 금액은 내국인이 배당받은 것으로 본다(국조법 제27조 제1항).[26] 저세율국가 또는 지역에 법인을 설립하여 소득을 배당하지 않고 장기간 사내유보하는 방법으로 조세를 회피하는 것을 방지하기 위하여 내국인의 지분에 해당하는 금액만큼 배당된 것으로 간주하여 배당소득세를 과세하는 것이다.

카. 출자공동사업자가 분배받은 금액(소득법 제17조 제1항 제8호)

(1) 출자공동사업자의 의의

출자공동사업자는 다음 어느 하나에 해당하지 않으면서 공동사업의 경영에 참여하지 않고 출자만 한 자를 의미한다(소득법 제43조 제1항, 소득령 제100조 제1항).
① 공동사업에 성명 또는 상호를 사용하게 한 자
② 공동사업에서 발생한 채무에 대하여 무한책임을 부담하기로 약정한 자

(2) 출자공동사업자 분배금의 소득구분

출자공동사업자는 경영에 관여하지 않고 공동사업의 지분만 가지고 있으므로 실질적으로 법인의 주주와 유사하다. 이러한 이유로 출자공동사업자가 분배받은 금액을 배당소득으로 구분한다. 위 출자공동사업자는 상법상 익명조합원에 해당한다. 익명조합은 당사자의 일방이 상대방의 영업을 위하여 출자하고 상대방은 그 영업으로 인한 이익을 분배할 것을 약정하는 법률관계이기 때문이다(상법 제78조). 과거 출자공동사업자는 경영공동사업자(업무집행공동사업자)의 사업에 금전을 대여한 것으로 보아 출자공동사업자가 분배받은 금액을 이자소득에 해당하는 것으로 해석하였으나, 상법상 조합과 익명조합원의 관계를 출자로 보는 점을 고려하여 2006. 12. 30. 소득세법 개정 시 배당소득으로 입법하였다.[27]

---

26) 기존에는 저세율국가의 기준이 "15% 이하"로 규정되어 있었으나, 역외조세회피행위에 적극적으로 대응하기 위하여 2021. 12. 21. 국조법 개정 시 "국내 법인세 최고세율의 70% 이하"로 개정하였다.
27) 재정경제부, 「2006 간추린 개정세법」, 2007, 110면.

(3) 경영공동사업자 분배금의 소득구분

경영공동사업자(업무집행공동사업자)는 영업의 결과 소득을 분배받은 것이므로 출자공동사업자와 달리 그 분배금을 사업소득으로 구분한다.

타. 제1호부터 제5호까지, 제5호의2, 제6호 및 제7호에 따른 소득과 유사한 소득으로서 수익분배의 성격이 있는 것(소득법 제17조 제1항 제9호)

위 규정은 열거주의의 단점을 보완하기 위한 이른바 유형별 포괄주의 규정이다. 주식을 대여하고 해당 주식의 차입자로부터 지급받는 해당 주식에서 발생하는 배당상당액은 위 유형별 포괄주의에 의한 배당소득에 해당한다(소득령 제26조의3 제4항). 배당소득과 관련하여 유형별 포괄주의가 적용되는지 문제된 사안은 이른바 골드뱅킹(gold banking) 사건이다.

은행이 고객으로부터 원화를 입금받으면 국제 금시세 및 원·달러 환율을 기준으로 한 거래가격으로 환산하여 금을 그램(g) 단위로 기재한 통장을 고객에게 교부하고, 고객이 투자상품을 해지하면 선택에 따라 출금일의 거래가격에 해당하는 금액을 지급하거나 통장에 기재된 그램(g)만큼의 실물 금을 인도하는 투자상품이 골드뱅킹이다. 골드뱅킹에서 고객이 얻은 수익이 배당소득에 해당하는지 다투어진 사안에서, 판례는 위 골드뱅킹 투자상품에서 발생하는 소득이 구 소득세법(2009. 12. 31. 개정 전) 제17조 제1항 제5호 집합투자기구로부터의 이익과 유사한 소득으로서 수익분배의 성격이 있다고 볼 수 없어 배당소득에 해당하지 않는다고 판시하였다.[28] 배당소득에 해당하려면 ① 고객이 얻는 수익의 크기가 운용자의 독립적 의사에 의해 결정될 것, ② 해당상품에서 발생한 수익이 고객의 투자에 비례하여 고객에게 귀속될 것 등 2가지 요건이 충족되어야 하는데, 골드뱅킹에서 얻은 소득은 위 요건을 갖추지 못하였다고 본 것이다.

판례가 골드뱅킹에서 얻은 소득에 대한 과세를 부정하자 그에 대한 과세근거를 마련하기 위하여 2017. 12. 19. 소득세법 개정 시 소득세법 제17조 제1항 제5호의2를 신설하여 파생결합증권 또는 파생결합사채로부터의 이익을 배당소득의 한 유형으로 열거하였다. 그 후 2020. 12. 29. 소득세법 개정시 파생결합사채로부터의 이익은 이자소득으로, 파생결합증권으로부터의 이익은 금융투자소득으로 변경하면서 소득세법 제17조 제1항 제5호의2를 삭제하였다. 그 후 2024. 12. 31. 소득세법 개정시 금융투자소득이 삭제되고 파생결합증권으로부터의 이익뿐만 아니라 파생결합사채로부터의 이익도 배당소득으로 구분하였다.

파. 제1호, 제2호, 제2호의2 및 제3호부터 제9호까지의 규정 중 어느 하나에 해당하는 소득을 발생시키는 거래 또는 행위와 파생상품이 대통령령으로 정하는 바에 따라 결합된 경우 해당 파생상품의 거래 또는 행위로부터의 이익(소득법 제17조 제1항 제10호)

---

28) 대법원 2016. 10. 27. 선고 2015두1212 판결

위 규정은 배당부상품과 파생상품이 결합된 신종금융상품에서 발생한 소득을 배당소득으로 과세하기 위하여 신설된 것이다. 금융회사 등이 직접 개발·판매한 배당부상품의 거래와 금융회사 등의 파생상품 계약이 금융회사 등을 통하여 이루어지고, 장래의 특정시점에 금융회사 등이 지급하는 파생상품으로부터의 이익이 확정되어야 한다(소득령 제26조의3 제5항).

3. 의제배당

가. 의의

의제배당은 기업경영의 성과인 잉여금 중 사외유출되지 않고 법정적립금, 이익준비금 기타 임의적립금 등의 형식으로 사내유보된 이익이 일정한 사유로 주주나 출자자에게 환원되어 귀속되는 경우에 이러한 이익은 실질적으로 현금배당과 유사한 경제적 이익이므로 과세형평상 배당으로 의제하여 과세한다.[29] 의제배당은 상법상 배당결의에 의하여 출자자에게 지급한 것은 아니나, 출자자가 잉여금으로부터 얻은 이익이므로 그 실질을 중시하여 배당으로 의제하는 것이다.

조합원이 탈퇴하면서 지분의 계산으로 일부 조합재산을 받는 경우 그로 인한 소득은 곧바로 탈퇴한 조합원에게 귀속할 뿐 조합으로부터 받는 것이 아니므로 탈퇴조합원이 탈퇴 당시 지분의 계산으로 얻는 소득은 의제배당에 해당하지 않는다.[30]

나. 종류

(1) 주식소멸에 따른 의제배당(투자회수)

(가) 의의

주식소각, 감자, 해산, 합병, 분할 등의 거래가 있으면 주주가 보유한 당초 주식이 소멸되면서 주주는 투자금을 회수한다. 이 과정에서 주주가 이익을 얻으면 그 이익을 배당으로 의제하여 과세한다. 예를 들어, 주식소각의 경우 주주가 보유하는 주식이 소각되어 회사로부터 10억 원을 지급받고 당초 그 주식을 취득하기 위하여 지출한 금액이 7억 원이라고 하면 해당 주주는 주식소각으로 3억 원(10억 원 − 7억 원)의 이익을 얻게 되므로 이를 배당소득으로 과세한다.

(나) 종류

① 주식소각(消却)이나 감자(減資)에 따른 의제배당(소득법 제17조 제2항 제1호)

주식소각이나 감자가 있으면 주식이 소멸하는데, 그로 인하여 주주가 취득하는 금전 등의 가액이 주주가 당초 그 주식을 취득하기 위하여 사용한 금액을 초과할 때 그 초과액이 배당소득이다. 주식매수선택권 행사로 취득한 주식은 행사 당시 시가를 주식을 취득하기 위하여 사

---

29) 대법원 2003. 11. 28. 선고 2002두4587 판결
30) 대법원 2015. 12. 23. 선고 2012두8977 판결

용한 금액으로 본다(소득령 제27조 제8항). 주식소각은 회사존속 중 발행주식을 절대적으로 소멸시키는 행위이고, 감자는 자본금을 감소시키는 행위이다. 자본금은 액면금액에 주식수를 곱하여 계산하므로 감자의 방법에는 주식수를 줄이는 방법과 액면금액을 낮추는 방법이 있고, 주식수를 줄이는 방법에는 주식의 소각과 주식의 병합이 있다.

상법상 주식소각은 ⅰ) 자본감소에 따른 소각방법, ⅱ) 자기주식의 소각방법 등 2가지 방법이 있고, 구 상법에서 인정되던 이익소각은 폐지되었다. 2011. 4. 14. 개정 상법에서는 배당가능이익 내에서 자기주식의 취득이 허용되어 자기주식을 취득한 후 소각하는 방법으로 이익소각과 동일한 효과를 거둘 수 있으므로 이익소각을 유지할 이유가 없어졌기 때문이다. 회사는 배당가능이익 한도 내에서 자기주식을 취득할 수 있는 제한을 받을 뿐이므로 차입금으로 자기주식을 취득하는 것도 가능하다.[31] 회사가 자기주식을 취득하면 당기의 순자산이 취득가액의 총액만큼 감소하는 결과 배당가능이익도 같은 금액만큼 감소하는데, 회사가 자금을 차입하여 자기주식을 취득하더라도 마찬가지이기 때문이다.

② 법인의 해산에 따른 의제배당(소득법 제17조 제2항 제3호)

법인 등의 해산과정에서 해산한 법인의 주주 등이 해산으로 인한 잔여재산의 분배로 취득하는 금전 등의 가액이 해당 주식 등을 취득하기 위하여 사용된 금액을 초과할 때 그 초과액은 배당소득이다. 다만, 내국법인이 상법에 따라 조직변경하는 경우는 의제배당에서 제외한다.

③ 법인의 합병에 따른 의제배당(소득법 제17조 제2항 제4호)

법인의 합병과정에서 피합병법인의 주주 등이 합병법인 또는 합병신설법인으로부터 취득하는 주식 등의 가액, 합병교부금, 그 밖의 재산가액의 합계액, 즉 합병대가가 피합병법인의 주식 등을 취득하기 위하여 사용한 금액을 초과할 때 그 초과액은 배당소득이다. 피합병법인의 주식 등을 취득하기 위하여 사용한 금액이란 피합병법인의 주식을 취득하기 위하여 실제로 지출된 금액을 의미하므로 재평가적립금의 자본전입에 따라 배정받는 무상주의 액면가액은 소멸한 법인의 주식을 취득하기 위하여 소요된 금액이라고 할 수 없다.[32]

④ 법인의 분할에 따른 의제배당(소득법 제17조 제2항 제6호)

법인의 분할과정에서 분할법인 또는 소멸한 분할합병의 상대방법인의 주주가 분할신설법인 또는 분할합병의 상대방법인으로부터 분할로 취득하는 주식의 가액과 금전, 그 밖의 재산가액의 합계액, 즉 분할대가가 그 분할법인 또는 소멸한 분할합병의 상대방 법인의 주식을 취득하기 위하여 사용한 금액을 초과할 때 그 초과액은 배당소득이다.

---

31) 대법원 2021. 7. 29. 선고 2017두63337 판결
32) 대법원 1992. 3. 13. 선고 91누9916 판결

(다) 회사의 자기주식 취득에 따른 주주의 과세

① 의의

회사가 자기주식을 취득하는 경우 주주 입장에서는 주식을 회사에 처분하고 소득을 얻게 되는데, 이 소득이 양도소득인지 또는 배당소득인지 문제된다.[33] 회사가 배당가능이익으로 자기주식을 취득하면 주주는 투자금을 회수하게 되므로 회사로부터 배당받은 것과 동일한 효과가 생긴다. 회사가 주식소각절차의 일환으로 자기주식을 취득하면 주주는 자기주식의 매매가격과 주식취득가격의 차액에 대하여 의제배당소득을 얻게 된다. 그러나 회사가 주식소각절차와 무관하게 자기주식을 취득한 후 주식을 소각하면 주주는 양도소득을 얻게 된다. 이와 같이 법인이 주식을 소각하는 과정에서 그 전단계로 주주들로부터 주식을 취득하고 대가를 지급하는데, 주주 입장에서 그 소득이 주식소각에 따른 의제배당소득인지 또는 주식양도소득인지의 구별이 실무상 문제된다.

② 구별실익

주주가 회사에 주식을 처분하고 얻은 소득이 양도소득인지 또는 배당소득인지를 구분하는 실익은 다음과 같다.

첫째, 적용세율에서 자산거래의 경우 10%, 20%, 25%, 30%의 양도소득세율이 적용되는 반면(소득법 제104조 제1항 제11호), 주식소각에 의한 자본거래의 경우 6~45%의 종합소득세율이 적용된다(소득법 제55조 제1항).

둘째, 자산거래의 경우 법인은 양도소득세에 대한 원천징수의무가 없으나, 주식소각에 의한 자본거래의 경우 법인은 주주에게 지급하는 배당소득에 대하여 원천징수의무가 있다(소득법 제127조 제1항 제2호). 나아가 자산거래의 경우 대주주를 제외한 주주가 상장주식을 양도하면 양도소득세 납세의무가 없으나, 주식소각에 의한 자본거래의 경우 상장주식과 비상장주식 가리지 않고 의제배당에 따른 소득세 납세의무가 있다.

③ 구별기준

판례는 주주의 회사에 대한 주식매도가 자산거래인 주식양도인지 또는 자본거래인 주식 소각인지는 기본적으로 법률행위 해석의 문제로 인식한다. 즉 해당 거래의 내용과 당사자의 의사를 기초로 판단하되, 실질과세원칙상 단순히 당해 계약시의 내용이나 형식에만 의존할 것이 아니라, 당사자의 의사와 계약체결의 경위, 대금의 결정방법, 거래의 경과 등 거래의 전체 과정을 실질적으로 파악하여 판단하여야 한다는 입장이다.[34]

---

33) 주주에 대한 과세와 별개로 회사의 자기주식 취득이 위법하여 무효인 경우 과세관청은 회사가 특수관계자인 주주에게 지급한 자기주식의 매매대금은 업무와 관련 없이 대여한 것이라고 보아 정당한 사유 없이 그 회수를 지연하는 경우 업무무관 가지급금으로 과세한다(법인세과-389, 2012. 6. 15.).

34) 대법원 2002. 12. 26. 선고 2001두6227 판결

④ 관련 판례

㉮ 대법원 2002. 12. 26. 선고 2001두6227 판결

대법원 2002. 12. 26. 선고 2001두6227 판결은 회사가 주주로부터 자기주식을 매수하기 전에 주주총회에서 자본감소 결의를 하고 자기주식을 취득한 후 곧바로 주식을 소각한 사안이다. 대법원은 이러한 사정과 함께 회사가 매매대금과 액면금 합계액의 차액을 감자차손으로 회계 처리한 점, 위 자본감소 결의를 할 때 주식의 가액을 평가하기 위한 절차를 거치지 않은 점, 회사가 자기주식 취득 당시 주주는 다른 회사의 주식도 다수 보유한 점 등에 비추어, 주식거래는 주식소각방법에 의한 자본감소절차의 일환으로 이루어진 것이므로 주주가 얻은 소득은 배당소득에 해당한다고 판시하였다.

㉯ 대법원 2010. 10. 28. 선고 2008두19628 판결

대법원 2010. 10. 28. 선고 2008두19628 판결은 회사가 자기주식을 취득한 후 1개월 만에 자본감소 결의를 하고, 주식을 소각한 사안이다. 대법원은 회사가 자기주식을 취득한 후 자본 감소 결의를 하고 주식을 소각하였으나, 주식을 취득한 후 단기간 내에 주식을 소각한 점, 주주가 회사를 퇴직하고 약 11개월 정도 지난 후에야 회사에 주식의 매수를 요청한 점, 주주가 회사에 대한 출자금을 회수하여 이를 재단법인에 출연하기 위하여 회사에 총평가액 130억 원이 넘는 주식의 매매 및 재단법인에 대한 출연 등 관련 사항 일체를 위임한 점, 주식의 3자 매각 시도가 실패로 끝난 상태에서 주식에 대한 매매계약이 체결된 점, 주주가 주식소각이 끝난 후 얼마 지나지 않아 세금을 제외한 주식의 소각대금을 전부 재단법인에 출연한 점 등에 비추어, 주식거래는 주식소각방법에 의한 자본감소절차의 일환으로 이루어진 것이므로 주주가 얻은 소득은 배당소득에 해당한다고 판시하였다.

㉰ 대법원 2019. 6. 27. 선고 2016두49525 판결

대법원 2019. 6. 27. 선고 2016두49525 판결은 회사가 자기주식을 취득한 후 1년 3개월 만에 주식의 소각을 결정하고 주식을 소각한 사안이다. 대법원은 회사가 자기주식을 취득하고 주식 소각까지의 기간이 1년 3개월로 장기이나, 부동산 임대업을 영위하던 회사가 사업의 원천이 되는 토지의 절반 가까이를 양도하여 마련한 돈으로 구 상법상 취득이 제한되어 있는 자기주식을 같은 날 취득하면서 그 처분을 위한 어떠한 대책도 세우지 않았고, 회사가 매도한 위 토지의 매수인이 양도주주들 중 1명이 대표이사이자 최대주주인 회사였던 점, 소규모 비상장 회사로서 주주들이 모두 대표이사의 친인척들로 구성되었고 설립 이래 한 번도 주주 변동이 이루어지지 않았던 회사가 전체 주식의 49.8%나 되는 주식을 취득한 다음 1년 3개월 동안 그 처분을 위하여 노력하지 않은 점, 회사와 양도주주들 사이의 주식매매계약서, 주식 취득을 위한 임시주주총회 의사록 등에 주식의 향후 처리에 관한 내용이 기재되어 있지 않은 점 등에

비추어, 회사가 주식을 취득할 당시 주식소각 또는 자본환급의 목적이 없었다고 단정할 수 없으므로 배당소득에 해당한다고 판시하였다.[35]

⑤ 판례의 분석

판례는 회사가 주주로부터 자기주식을 취득하게 된 경위, 계약서의 내용, 주주총회 및 이사회 의사록을 통하여 알 수 있는 결의내용 및 감사보고서 등 회계자료의 기재내용, 자본감소를 위한 주주총회 결의와 자기주식 취득의 시간적 간격, 회사가 취득한 자기주식이 처분 가능한지와 처분을 위하여 어떠한 노력을 하였는지 여부 등을 종합적으로 고려하여 자산거래인 주식양도인지 또는 자본거래인 주식소각인지 결정한다.[36] 자기주식 취득 후의 자본감소 결의나 소각 결의에 의하여 자기주식을 소각한 경우에는 회사가 자기주식을 취득한 시점과 주식을 소각한 시점이 근접할수록 배당소득으로 구분할 가능성이 높고, 회사가 자기주식을 취득한 이후 처분을 위한 노력을 하지 않거나 제3자에게 처분이 불가능한 상황인 경우 배당소득으로 구분하는 경향이 있다.[37] 이러한 점에서 회사가 자기주식 취득 후 1년 3개월 후에 소각결의를 하고 주식을 소각한 대법원 2019. 6. 27. 선고 2016두49525 판결의 사안을 배당소득으로 인정한 것은 이례적이다. 이 점까지 고려하면 판례는 주식의 소각이 이루어진 이상, 그것이 자기주식 취득 이후의 자본감소 결의나 소각 결의에 근거한 것이라도 폭넓게 소각 목적의 자기주식 취득이라고 인정하는 것이라고 볼 수 있다.

한편 위 판례들은 상법상 자기주식의 취득 및 처분 완화에 대한 개정 이전의 사안들이다. 구 상법 제341조, 제342조는 자기주식을 취득하기 위하여는 주식을 소각하기 위한 경우 등 특정목적으로 엄격하게 제한함과 동시에 자기주식을 취득한 경우 지체 없이 소각절차를 밟거나 처분하도록 규정하였으나,[38] 2011. 4. 14. 개정된 상법 제341조는 주식소각 등 특정목적 이외에 배당가능이익의 범위 내에서 자기주식의 취득이 가능해졌으며 자기주식의 처분의무도 삭제되었다. 구 상법하에서는 자기주식 취득 이후에 주식을 소각한 사실과 다른 사정들까지 고려하여 소각 목적의 자기주식 취득과 그밖의 자기주식 취득을 구분하는 것이 어느 정도 가능하였으나, 개정 상법을 적용하는 경우 회사의 자기주식 취득 후 주식을 소각하지 않고 보유하는 경우가 있으므로 상법 개정 전과 같이 주식 취득 이후의 사정을 고려하여 소득을

---

35) 한편 소득세법 시행령 제46조 제4호는 주식소각으로 인한 의제배당소득의 수입시기를 주식의 소각 결정일로 규정하고 있으므로 주식의 소각 결정일 이전에 지급된 주식대금에 대하여는 업무무관 가지급금이라고 보아 그에 대한 인정이자 상당액을 익금산입하여 법인세를 과세한 처분이 위법하지 않다고 판시하였다.
36) 엄상섭, "법인에 대한 주식매도가 주식양도에 해당하는지 주식소각에 해당하는지 여부의 판단기준", 대법원 판례해설 제96호, 2013상, 101~103면
37) 임재혁, "자기주식 취득 및 처분에 대한 통일적 평가 및 규율의 필요성 – 조세법과 회사법의 규제 체계 비교를 중심으로 –", 조세법연구 제28권 제2호, 2022, 22~24면
38) 2011. 4. 14. 상법 제341조의 개정 전에는 주식소각 등 특정목적으로만 자기주식을 취득할 수 있었으므로 그러한 목적 없이 법인이 자기주식을 취득한 경우에는 무효로 취급하였다(대법원 2003. 5. 16. 선고 2001다44109 판결, 대법원 2006. 10. 12. 선고 2005다75729 판결).

구분하는 것이 어려워졌다. 따라서 상법의 개정내용을 고려하여 배당소득과 양도소득의 구분기준을 재정립하는 것이 요구된다.[39]

(2) 잉여금의 자본전입(무상주)(소득법 제17조 제2항 제2호)

소득세법 제17조 제2항 제2호는 다음과 같이 잉여금의 자본전입(무상주)에 따른 의제배당에 대하여 규정하고 있다. 이 규정을 좇아가면 법인세법 제17조 제1항 각호, 법인세법 시행령 제12조 제1항 각호까지 연결된다.

소득세법 제17조(배당소득)

② 제1항 제3호에 따른 의제배당이란 다음 각호의 금액을 말하며, 이를 해당 주주, 사원, 그 밖의 출자자에게 배당한 것으로 본다.

2. 법인의 잉여금의 전부 또는 일부를 자본 또는 출자의 금액에 전입함으로써 취득하는 주식 또는 출자의 가액. 다만, 다음 각 목의 어느 하나에 해당하는 금액을 자본에 전입하는 경우는 제외한다.
　가. 「상법」 제459조 제1항에 따른 자본준비금으로서 대통령령으로 정하는 것
　나. 「자산재평가법」에 따른 재평가적립금(같은 법 제13조 제1항 제1호에 따른 토지의 재평가차액에 상당하는 금액은 제외한다)

소득세법 시행령 제27조(의제배당의 계산)

④ 법 제17조 제2항 제2호 가목에서 "대통령령으로 정하는 것"이란 <u>「법인세법」 제17조 제1항 각호</u>에 해당하는 금액을 말한다. 다만, <u>「법인세법 시행령」 제12조 제1항 각호</u>의 어느 하나에 해당하는 금액은 제외한다.

법인세법 제17조(자본거래로 인한 수익의 익금불산입)

① 다음 각호의 금액은 내국법인의 각 사업연도의 소득금액을 계산할 때 익금에 산입하지 아니한다.

1. 주식발행액면초과액: 액면금액 이상으로 주식을 발행한 경우 그 액면금액을 초과한 금액(무액면주식의 경우에는 발행가액 중 자본금으로 계상한 금액을 초과하는 금액을 말한다). 다만, <u>채무의 출자전환으로 주식 등을 발행하는 경우에는 그 주식 등의 제52조 제2항에 따른 시가를 초과하여 발행된 금액은 제외한다.</u>

2. 내지 6. 생략

법인세법 시행령 제12조(자본전입 시 과세되지 아니하는 잉여금의 범위 등)

① 법 제16조 제1항 제2호 가목에서 "대통령령으로 정하는 것"이란 법 제17조 제1항 각호의 금액에 해당하는 금액을 말한다. 다만, 다음 각호의 어느 하나에 해당하는 금액은 제외한다.

1. 법 제17조 제1항 제1호 단서에 따른 초과금액

2. 자기주식 또는 자기출자지분을 소각하여 생긴 이익(소각 당시 법 제52조 제2항에 따른 시가가 취득가액을 초과하지 아니하는 경우로서 소각일부터 2년이 지난 후 자본에 전입하는 금액은 제외한다)

3.～4. 생략

---

[39] 더 자세한 내용에 대하여는 이중교, "자기주식의 취득에 관한 과세상 쟁점", 세무와 회계연구 제13권 제2호, 2024, 3～42면 참조

(가) 원칙

회사가 결손이 예상되지 않는 상태에서 거액의 준비금을 그대로 두는 것은 재무관리상 비효율적이므로 준비금이 많으면 준비금을 자본에 전입한다. 준비금을 자본에 전입하면 자본금이 증가하고 자본금을 액면가액으로 나눈 수만큼의 주식을 발행하여 기존 주주에게 교부한다. 이때 주주 입장에서는 주식에 대한 대가를 지급하지 않고 무상으로 주식을 취득하므로 이를 무상주(無償株)라고 한다. 이익잉여금과 자본준비금 이외에 자산재평가법에 의한 재평가적립금의 자본전입도 허용된다. 무상주는 준비금의 자본전입에 따라 준비금이 감소하고, 주주가 무상으로 주식을 취득한다는 점에서 주식배당과 유사하나, 주식배당은 미처분이익잉여금을 재원으로 하고 이익배당총액의 2분의 1 상당액을 초과하지 못하는 제한을 받는다는 점에서 그러한 제한이 없는 무상주와 차이가 있다. 또한 무상주는 주식 수가 증가한다는 점에서 주식분할과 유사하나, 주식분할은 회사의 자본금이 변하지 않는다는 점에서 자본금이 변하는 무상주와 차이가 있다.

우리 소득세법은 법인의 잉여금을 자본에 전입할 때 발행하는 무상주의 가액을 의제배당소득으로 규정하고 있다(소득법 제17조 제2항 제2호). 잉여금의 자본전입은 자본을 구성하는 잉여금과 자본금 사이의 계정대체에 불과할 뿐 외부에서 자금이 유입되는 것이 아니어서 주주의 재산가치가 변동하지 않는다는 이유로 과세하지 않아야 한다는 견해가 있고 실제로 미국, 독일, 일본 등의 국가에서는 잉여금의 자본전입에 따라 취득하는 주식을 과세소득에서 제외한다.[40] 그러나 우리나라는 주주의 주식수가 증가하는 것을 소득으로 보아 과세하는 입장에 있다. 우리나라의 경우 대주주를 제외한 주식의 양도차익에 비과세하는 점, 잉여금의 자본전입에 따라 취득하는 주식에 대하여 과세하지 않으면 배당가능이익을 준비금으로 적립한 후 이를 자본에 전입하는 방법으로 배당소득을 회피할 수 있는 점 등의 이유로 과세소득으로 규정한 것으로 보인다.[41]

(나) 예외(자본준비금, 재평가적립금의 자본전입)

회사가 자본준비금, 재평가적립금을 자본에 전입하여 무상주를 발행하는 경우는 의제배당에 해당하지 않는다(소득법 제17조 제2항 제2호 단서, 법인법 제17조 제1항 각호). 자본준비금과 재평가적립금은 법인세를 과세하지 않는 거래에 의하여 적립한 금액이므로 이를 자본에 전입하는 경우 의세배당에 해당하시 않는다. 마찬가지로 석격합병을 한 경우 합병법인이 합병차익을 자본전입하여 주주에게 무상주를 교부하더라도 의제배당에 해당하지 않는다. 자산재평가법에 따라 재평가를 하면 자산의 장부가액이 시가로 증가된다. 토지의 경우에는 1%의 낮은 재평가세를 부과하고 토지를 처분할 때 재평가차액을 법인세의 익금으로 산입하는 반면, 토

---

40) 특히 미국의 경우 1920년 Eisner v. Macomber 판결에서 주식배당에 대한 과세를 위헌이라고 판시한 이후 주식배당에 대하여 과세하지 않는다{IRC 305(a)}.
41) 김완석·황남석, 법인세법론(2021), 223~224면

지 이외의 자산의 경우에는 3%의 높은 재평가세를 부과하고 자산을 처분할 때 재평가차액을 법인세의 익금에 산입하지 않는다(2001. 12. 31. 개정 전 법인법 제39조 제1항).[42] 이처럼 토지 이외의 자산은 법인세가 부과되지 않으므로 재평가적립금을 자본에 전입하여 무상주가 발행되더라도 의제배당으로 과세하지 않는다.

의제배당에 해당하지 않는다는 것은 자본준비금이나 재평가적립금의 자본전입에 따라 교부받은 무상주에 비과세한다는 것이 아니라 추후 과세의 계기가 발생할 때까지 과세를 유보한다는 의미이다.[43] 뒤에서 설명하는 바와 같이 자본준비금을 자본에 전입하여 무상주가 발행되면 주식의 수 증가에 따라 가치가 떨어지는 희석효과를 반영하여 주식의 장부가액을 감액한다. 따라서 추후 주식을 소각하거나 양도하는 등 과세계기가 생기면 취득가액이 낮아져서 그때 과세되므로 과세이연의 효과가 있다고 보는 것이다.

(다) 예외의 예외(일부 자본준비금, 재평가적립금의 자본전입)

회사가 자본준비금, 재평가적립금을 자본에 전입하여 무상주를 발행하는 경우에도 다음의 3가지 경우는 의제배당으로 보아 과세한다(소득법 제17조 제2항 제2호, 소득령 제27조 제4항·제5항, 법인법 제17조 제1항, 법인령 제12조 제1항).

① 채무의 출자전환으로 발행하는 주식 등 발행가액이 시가를 초과하는 경우

채무의 출자전환(debt-equity swap)이란 기업의 채권자가 현실적 주금의 납입 없이 기존에 보유한 채권으로 출자에 갈음하는 것이다. 기업은 채무액에 상응하는 주식을 발행하고 채권자는 이를 인수함으로써 기업은 채무를 면하고 채권자의 지위는 주주로 바뀐다. 채무자 입장에서는 재무구조를 개선하고 이자비용을 절감하는 장점이 있으며, 채권자 입장에서는 향후 기업이 정상화되면 주가상승 및 이익배당을 통한 경제적 이익을 기대할 수 있고 경영권에 관여할 수 있는 장점이 있으므로 구조조정수단으로 활용된다.

채무의 출자전환으로 인하여 발행하는 주식 등 발행가액이 시가를 초과하는 경우가 있다. 채무자가 재정적으로 어려운 경우 주식의 시가가 낮게 형성되므로 주식 등 발행가액이 시가를 초과하는 경우가 많다. 이 경우 발행가액과 시가의 차액은 채무자 입장에서 발행가액에 미치지 못하는 주식을 교부하고 채무가 소멸되어 채무면제익의 성격이 있으므로 그에 기한 준비금을 자본에 전입하는 경우 원칙으로 돌아가 의제배당으로 과세한다. 예를 들어, 채권자가 채무자에게 10억 원의 채권을 가지고 있는 경우 채권 10억 원을 출자전환하면서 액면가액이 5억 원이고 시가가 6억 원인 신주를 교부받는 경우 시가와 액면가액의 차액 1억 원(6억 원 − 5억 원)은 주식발행액면초과액에 해당하여 익금불산입되나, 시가를 초과하여 출자전환된 채무액 4억 원(10억 원 − 6억 원)은 채무면제익에 해당하여 익금산입되므로 그 준비금을

---

42) 다만, 토지의 재평가차액 상당액에 대하여 압축기장충당금을 설정하여 과세를 이연할 수 있다.
43) 대법원 1992. 2. 28. 선고 90누2154 판결

자본에 전입하는 경우 의제배당으로 과세한다.

② 자기주식소각익을 재원으로 자본에 전입할 때 소각 당시 시가가 취득가액을 초과하거나 소각일부터 2년 이내 단기전입하는 경우

자기주식 소각 당시 시가가 취득가액을 초과하는 경우 자기주식을 시가에 처분하면 시가와 취득가액의 차액 상당액이 익금에 산입되는데, 자기주식을 소각함으로써 세금이 감소하므로 자기주식을 처분하는 경우와 형평을 맞추기 위하여 의제배당으로 과세하고, 2년 이내 단기전입하는 경우에는 자기주식의 취득 및 소각을 회사의 지배구조 변동 수단으로 활용할 수 있으므로 이에 대응하여 과세계기로 삼는다.[44]

③ 토지의 재평가차액을 자본에 전입하는 경우

토지의 재평가차액을 자본에 전입하는 경우에는 의제배당으로 과세한다.[45] 토지의 재평가차액은 1%의 낮은 재평가세가 부과되나, 다른 자산의 재평가차액과 달리 익금에 산입되므로 그 재평가적립금을 자본에 전입하는 경우 원칙으로 돌아가 의제배당으로 과세하는 것이다.

④ 합병차익과 분할차익 중 자산조정계정 합계액 등을 자본에 전입하는 경우

적격합병 후 합병법인의 합병차익을 자본전입하는 경우 합병차익 중 자산평가이익(자산조정계정의 합계액), 피합병법인의 자본잉여금 중 자본전입 시 의제배당되는 금액(1% 재평가적립금 등), 피합병법인의 이익잉여금 상당액은 합병차익을 한도로 의제배당소득으로 과세한다(소득령 제27조 제4항 단서, 법인령 제12조 제1항 제3호 가목·다목·라목). 또한 적격분할 후 분할차익을 자본전입하는 경우 분할차익 중 자산평가이익(자산조정계정의 합계액), 분할감자차익(1% 재평가적립금 등) 등을 한도로 의제배당소득으로 과세한다(소득령 제27조 제4항 단서, 법인령 제12조 제1항 제4호 가목·나목). 합병차익과 분할차익의 항목에 차이가 있는 것은 분할의 경우 잉여금을 분할법인에 귀속하는 부분과 분할신설법인 등에 귀속하는 부분으로 나눌 수 없기 때문이다.[46]

합병차익 또는 분할차익의 일부를 자본에 전입하는 경우에는 의제배당대상 외의 금액을 먼저 전입하는 것으로 한다(법인령 제12조 제2항). 예를 들어, 자본에 전입한 합병차익 중 합병감자차익과 피합병법인의 이익잉여금이 있는 경우 합병감자차익은 의제배당대상 외의 금액이므로 먼저 전입하는 것으로 본다.

---

44) 임승순, 조세법(2021), 416면
45) 재평가세율 1%가 적용되는 토지는 1997. 12. 31. 이전에 취득한 토지이다. 다만, 1983. 12. 31. 이전에 취득한 토지로서 1984. 1. 1. 이후 최초로 재평가하는 경우는 제외한다(자산재평가법 제13조 제1항 제1호). 자산재평가법은 2000. 12. 31.까지만 시행된 한시법이다.
46) 김완석·황남석, 법인세법론(2021), 228면

⑤ 상환주식의 주식발행액면초과액

상환주식은 회사의 이익으로 소각하기로 예정되어 있는 주식이므로 주식발행액면초과액을 자본에 전입하는 경우 의제배당으로 과세한다.

| 자본전입 재원별 의제배당 과세내용 |

	자본전입 재원		의제배당 여부
자본잉여금	주식발행액면초과액	일반적인 경우	×
		채무의 출자전환 시 채무면제액	○
	주식의 포괄적 교환차익·이전차익		×
	자기주식 소각이익	자기주식의 시가가 취득가액을 초과하는 경우	○
		소각일부터 2년 이내 자본전입하는 경우	○
		기타 자기주식 소각이익	×
	재평가적립금	일반적 재평가차액(3%)	×
		토지의 재평가차액(1%)	○
	합병차익과 분할차익 중 자산조정계정 합계액 등		○
	상환주식의 주식발행액면초과액		○
이익잉여금	법정적립금, 임의적립금 등		○

(3) 무상주 재배정(소득법 제17조 제2항 제5호)

상법상 자기주식에 대하여는 자본금 전입 시 신주를 발행할 수 없으므로 법인이 자기주식을 보유한 상태에서 자본준비금, 재평가적립금의 자본전입을 하면 법인 외의 다른 주주 등의 지분율이 증가한다. 이와 같이 증가한 지분율에 상당하는 주식 등의 가액을 의제배당으로 보아 과세한다. 자본준비금, 재평가적립금의 자본전입으로 인하여 무상교부받은 신주의 가액은 원칙적으로 소득세 과세대상이 아니나, 법인이 자기주식을 보유한 상태에서 자본준비금, 재평가적립금을 자본전입하여 신주를 발행하는 경우 상법상 자기주식의 취득이 제한되어 다른 주주들이 주식을 초과배정받게 되어 법인이 다른 주주에게 무상교부한 주식 상당액을 신규로 배당한 것과 마찬가지의 결과가 되므로 그 초과로 무상교부된 주식가액을 의제배당으로 취급하는 것이다.[47] 다만 자본에 전입하는 재원이 자본준비금인 경우 다른 주주들이 추가배정받는 주식의 가액은 이익의 분배라기보다는 자본의 환급이므로 과세하는 것이 타당한지 의문이다.

무상주 재배정의 예를 들면, A법인의 주식을 甲이 50%, 乙이 30%, A법인이 20% 각 보유

---

47) 대법원 2004. 8. 20. 선고 2003두7224 판결, 대법원 2007. 10. 25. 선고 2005두8924 판결

하고 있는 상태에서 A법인이 40억 원을 무상증자한 경우 A법인에 대한 무상주의 배정이 제한되어 甲은 5억 원을 초과배정받고{(40억 원×5/8)−(40억 원×5/10)=5억 원}, 乙은 3억 원을 초과배정받는다{(40억 원×3/8)−(40억 원×3/10)=3억 원}. 따라서 위 5억 원과 3억 원이 甲과 乙의 의제배당소득이다.

다. 의제배당소득의 계산

(1) 잉여금의 자본전입, 무상주 재배정

잉여금의 자본전입, 무상주 재배정으로 취득한 주식은 액면가액 또는 출자금액으로 계산한다(소득령 제27조 제1항 제1호 가목). 다만, 무액면주식의 가액은 자본금에 전입한 금액을 신규발행한 주식수로 나누어 계산한다(소득령 제27조 제6항).

(2) 주식소멸에 따른 의제배당

(가) 계산

주식소멸에 따른 의제배당소득은 주식소각, 감자, 해산, 합병, 분할 등의 거래로 인하여 받은 대가에서 해당 주식을 취득하기 위하여 사용한 금액을 공제하여 계산한다(소득법 제17조 제2항 각호). 주식을 취득하기 위하여 사용한 금액이 불분명한 경우에는 주식의 액면가액을 해당 주식의 취득가액으로 본다(소득법 제17조 제4항).[48] 무액면주식의 경우에는 해당 주식의 취득일 당시 법인의 자본금을 발행주식총수로 나누어 계산한 금액으로 한다.

(나) 주식소멸 시 금전 외 재산을 받은 경우(소득령 제27조 제1항 제1호, 제2호)

① 적격합병, 적격분할

적격합병, 적격분할의 경우 피합병법인, 분할법인 또는 소멸한 분할합병의 상대방법인의 주식 등의 취득가액을 그 대가로 한다. 그러면 대가와 취득가액이 같아져서 의제배당소득이 0원이 된다. 적격합병, 적격분할의 경우에는 의제배당소득의 부담을 덜어주기 위함이다. 다만, 합병 또는 분할로 주식 등과 그 밖의 재산을 함께 받은 경우로서 해당 주식 등의 시가가 피합병법인등의 주식 등의 취득가액보다 적은 경우에는 시가로 한다.

② 주식소각, 감자, 해산, 비적격합병, 비적격분할

주식소각, 감자, 해산, 비적격합병, 비적격분할의 경우 주식을 받으면 취득 당시 주식의 시가를 대가로 하고, 주식 이외의 재산을 받으면 취득 당시 재산의 시가를 대가로 한다.

---

48) 헌법재판소는 주식의 취득가액이 불분명한 경우에 액면가액에 따라 배당소득세를 산정하도록 정한 것이 납세자에게 과중한 부담을 지우는 것이라 보기 어렵다는 이유로 해당 조항에 대하여 합헌이라고 판단하였으나, 보충적 평가방법에 따라 의제배당소득액을 산정하는 것이 합리적이라는 반대의견도 제시되었다(헌재 2023. 3. 23. 선고 2019헌바140 결정).

(다) 무상주의 취득가액 계산

무상주로 취득한 주식이 그 후 소각, 감자, 해산, 합병, 분할 등의 거래로 인하여 소멸할 때 그로 인하여 받은 대가에서 해당 주식의 취득가액을 공제하여 의제배당소득을 계산한다. 이 때 받은 대가에서 공제하는 무상주의 취득가액은 당초 무상주를 취득할 때 의제배당소득이 과세되었는지 여부에 따라 다음과 같이 계산한다.

① 이익잉여금을 자본에 전입하여 무상주를 취득한 경우

이익잉여금을 자본에 전입하여 무상주를 취득한 경우와 같이 무상주를 취득할 때 의제배당소득으로 과세된 경우에는 액면가액을 취득가액으로 한다(소득령 제27조 제1항 제1호 나목). 무상주를 취득할 때 배당소득으로 과세하였으므로 소각 등의 사유가 발생하였을 때 다시 과세되지 않도록 무상주의 액면가액을 취득가액으로 계산하는 것이다.

② 자본준비금을 자본금에 전입하여 무상주를 취득한 경우

자본준비금을 자본금에 전입하여 무상주를 취득한 경우와 같이 무상주를 취득할 때 의제배당소득으로 과세되지 않은 경우에는 다음 산식에 따라 계산한 가액을 취득가액으로 한다(소득령 제27조 제2항). 당초 무상주를 취득할 때 대가를 지급하지 않았으므로 그 취득가액을 0원으로 볼 여지가 있으나, 그렇게 하지 않고 주식의 증가에 따른 희석효과를 반영하여 기존 주식과 무상주로 취득하는 주식 모두 장부가액을 감액한다. 즉 무상주 발행으로 주식의 수가 증가하면 새로 발행된 무상주와 기존의 주식이 섞여서 주식가치가 하락하는 희석효과가 생기므로 이를 반영하여 각 주식의 장부가액을 감액하는 것이다. 무상주를 취득할 당시 장부가액은 다음 산식에 따라 감액조정된다.

$$\text{장부가액} = \text{구주식 1주 또는 1좌당 장부가액}/(1 + \text{구주식 1주 또는 1좌당 신주 등 배정수})$$

예를 들어, A법인의 주식수가 1,000주이고, 주당가액이 12,000원인데 자본준비금을 자본에 전입하여 500주의 무상주를 발생하는 경우 위 산식에 따라 주식의 장부가액을 계산하면 12,000원/(1 + 0.5) = 8,000원이 된다. 쉽게 말하면 무상주 500주가 발행되더라도 A법인의 가치는 12,000,000원(12,000원 × 1,000원)으로 동일한데, 주식의 수는 증가하였으므로 주당 가치를 계산하면 8,000원(12,000,000원/1,500주)으로 하락하는 것이다.

(라) 단기소각주식의 취득가액 계산

단기소각주식은 의제배당일부터 역산하여 2년 이내에 자본준비금의 자본전입에 따라 취득한 주식으로서 주식취득 당시 의제배당으로 과세되지 않은 주식을 의미한다. 법인이 소각하거나 감자한 주식 중 위 단기소각주식이 포함된 경우에는 다른 주식보다 단기소각주식을 먼

저 소각 또는 감자한 것으로 보며, 당해 단기소각주식 등의 취득가액은 0으로 계산한다(소득령 제27조 제3항). 예를 들어, 2017. 7. 1. A법인 주식 600주를 유상취득하고, 2018. 5. 1. A법인 주식 200주를 무상취득한 후 2019. 4. 1. A법인 주식 500주를 소각한 경우 소각한 주식의 취득 가액을 구해보기로 한다. 우선 소각한 500주가 2017. 7. 1. 유상 취득한 주식 600주 중 500주인 지 또는 2018. 5. 1. 무상취득한 주식 200주와 2017. 7. 1. 유상 취득한 주식 600주 중 300주인지 문제된다. 소각한 주식 중 단기소각주식이 있으면 단기소각주식을 먼저 소각한 것으로 취급 하므로 2018. 5. 1. 무상취득한 주식 200주와 2017. 7. 1. 유상취득한 주식 600주 중 300주를 소각한 것이 되고 무상취득한 주식의 취득가액은 0이다.

(마) 주식소멸이익의 의제배당소득 계산 시 주식가치 증가분 제외 여부

주식소멸이익의 의제배당소득에는 사내유보금으로부터 얻은 이익뿐 아니라 당해 주식의 보유기간 중 가치증가분도 포함될 수 있다. 이론적으로 사내유보금으로부터 얻은 이익에 대 하여는 배당소득으로 과세하고, 주식의 보유기간 중 가치증가에 대하여는 양도소득으로 과세 하는 것이 타당하다.[49] 실제로 일본에서는 주주가 자본감소 등에 따라 교부받는 금전 기타 자산의 가액에서 자본 등의 금액을 뺀 금액은 배당소득으로, 당해 자본 등의 금액에서 당해 주식의 취득가액을 뺀 금액은 양도소득으로 과세하고 있다(일본 소득법 제25조 제1항). 그러나 판례는 양자를 배당소득과 양도소득으로 구분하여 과세할 것인지 또는 한꺼번에 배당소득으 로 과세할 것인지는 입법정책의 문제이므로 양자를 모두 배당소득으로 과세하더라도 헌법상 조세평등주의와 재산권 보장을 위반한 것으로 볼 수 없다고 판시하고 있다.[50]

4. 배당소득총액과세(imputation, 임퓨테이션)

가. 의의

배당소득에 대하여는 법인 단계에서 법인의 소득에 대하여 법인세를 과세한 후 다시 주주 단계에서 법인의 이익에 대하여 배당소득세를 과세하므로 법인세와 소득세의 이중과세 문제 가 생긴다. 소득세법 제17조 제3항에 규정된 배당소득총액과세는 이러한 이중과세를 조정하 기 위한 것이다.

나. 방법

배당소득총액과세는 법인세 상당액(귀속법인세)을 소득세의 선납(先納)으로 보아 배당소 득에 합산하여 배당소득금액을 산정한 후 세액을 계산할 때 법인세 상당액을 기납부세액으로 보아 배당소득세액에서 공제하여 이중과세를 조정하는 방법으로 임퓨테이션(imputation) 방 식이라고도 한다. 이에 따라 배당소득금액을 산정할 때 배당소득에 법인세 상당액(귀속법인

---

49) 이창희, 세법강의(2021), 635면
50) 대법원 2010. 10. 28. 선고 2008두19628 판결

세)을 더해 주는데, 이를 그로스업(gross-up)이라고 부른다.

법인세 상당액은 법인세율이 9%라고 전제하고 산정된 가산율 10%를 배당소득에 곱하여 산정한다.[51] 2023. 12. 31. 법인세법 개정 시 법인세율이 10%에서 9%로 바뀐 것을 반영하여 가산율을 하향조정하였다. 따라서 배당소득은 총수입금액에 배당소득의 10%에 해당하는 법인세 상당액을 더하여 산정한다. 예를 들어, 배당소득이 100만 원인 경우 법인세 상당액은 10만 원(100만 원 × 10%)이므로 그로스업(gross-up)하여 배당소득금액을 산정하면 110만 원(100만 원 + 10만 원)이 된다. 소득세법에 의하면 법인세율 9%를 기준으로 가산율을 산정하나, 법인세율은 9%, 19%, 21%, 24% 등 4단계이므로 19%, 21%, 24%의 법인세율을 적용받는 법인으로부터 배당받는 경우에는 이중과세가 완전히 조정이 되지 않는다.

위와 같은 배당소득총액과세는 계산방법이 복잡하여 현재 우리나라와 호주, 뉴질랜드 등 일부 국가만 사용하고 있으며, 과거 배당소득총액과세를 사용하던 상당수 국가들이 부분과세 또는 저율과세 등과 같은 단순한 계산방식으로 변경하였다.[52]

다. 요건

(1) 내국법인으로 국내에서 법인세가 과세될 것

배당소득총액과세는 법인세와 소득세의 이중과세를 조정하기 위한 것이므로 국내에서 법인세가 과세되지 않은 경우에는 배당소득총액과세가 적용되지 않는다. 다시 말하면 내국법인으로 국내에서 법인세가 과세된 경우에 배당소득총액과세가 적용된다. 이 기준을 적용하면 내국법인으로부터 받는 이익이나 잉여금의 배당 또는 분배금, 법인으로 보는 단체로부터 받는 배당금 또는 분배금, 의제배당, 인정배당에 대하여는 배당소득총액과세가 적용되나, 외국법인으로부터 받는 배당, 간주배당, 집합투자기구로부터의 이익, 출자공동사업자의 분배에 대하여는 배당소득총액과세가 적용되지 않는다(소득법 제17조 제3항).

반면, 자기주식 등의 소각이익의 자본전입으로 인한 의제배당, 무상주 재배정에 따른 의제배당, 토지의 재평가차액의 자본전입으로 인한 의제배당, 최저한세액이 적용되지 않는 법인세의 비과세·면제·감면 또는 소득공제를 받은 법인 중 유동화전문회사, 동업기업 특례를 적용받는 기업 등으로부터 받은 배당소득, 유상감자 시 주식 취득가액 초과 금액 및 그 밖의 재산가액, 토지 이외의 자산에 적용되는 3% 재평가적립금(합병·분할차익 중 승계된 금액 포함)을 감액하여 받는 배당 등에 대하여는 배당소득총액과세가 적용되지 않는다(소득법 제17조 제3항 단서, 소득령 제27조의3 제1항). 토지에 적용되는 1% 재평가적립금의 자본전입으로 인한 의제배당의 경우 법인 단계에서 법인세가 과세됨에도 불구하고 배당소득총액과세를 적용하지 않는다는 점에 유의할 필요가 있다. 토지의 재평가차액에 대하여는 법인 단계에서 법인

---

51) 가산율 = 법인세율/1 - 법인세율 = 10%/1 - 10% = 11%의 산식으로 산출된다.
52) 홍범교·구문정·홍성희, 「OECD 회원국의 금융소득 과세제도 연구」, 한국조세재정연구원 세법연구센터, 2016, 56면

세가 과세되나 압축기장충당금을 설정하여 과세를 이연할 수 있으므로 배당소득총액과세의 적용을 배제한다.

(2) 배당소득이 종합과세되어 기본세율이 적용될 것

배당소득이 분리과세되어 원천징수로 종결되는 경우에는 배당소득총액과세가 적용되지 않는다. 다시 말하면 배당소득이 종합과세되는 경우에 배당소득총액과세가 적용된다.

5. 이자소득과 배당소득 과세방법

가. 의의

금융소득에 해당하는 이자소득과 배당소득을 과세하는 방법에는 무조건 분리과세, 무조건 종합과세, 조건부 종합과세 등 3가지 방법이 있다. 조건부 종합과세는 일정 조건을 충족하는 경우에 합산과세하고, 그 조건을 충족하지 못하는 경우에는 분리과세하는 방법을 의미한다.

나. 과세방법

(1) 무조건 분리과세

다음의 이자소득과 배당소득에 대하여는 무조건 분리과세하므로 원천징수로 과세를 종결한다(소득법 제14조 제3항 제3호·제4호, 제129조 제1항 제1호 다목).

(가) 법원에 납부한 보증금 및 경락대금에서 발생하는 이자소득

민사집행법에 따라 법원에 납부한 보증금 및 경락대금에서 발생하는 이자소득에 대하여는 14%의 세율로 원천징수한다.

(나) 비실명 이자소득

비실명(非實名) 이자소득에 대하여는 종합소득세 최고세율과 맞추어 45%, 금융실명법 제5조 소정 금융실명거래 대상 비실명 이자소득과 배당소득에 대하여는 90%의 세율로 원천징수한다. 전자는 금융기관이 개입되지 않은 거래 중 비실명으로 거래하는 경우에 적용되고, 후자는 금융기관이 개입된 거래 중 비실명으로 거래하는 경우에 적용된다. 차명계좌에서 발생한 이자소득이 금융실명거래 대상 비실명 이자소득인지 다투어진 사안에서, 판례는 차명계좌가 실명확인절차를 거쳐 개설된 계좌로서 금융실명거래 대상 비실명 이자소득으로 볼 수 없으므로 90%의 세율을 적용할 수 없다고 판시하였다.[53] 다만 2018. 12. 31. 소득세법을 개정하여 원천징수의무자가 차명계좌에서 발생한 이자 및 배당소득에 대하여 고의 또는 중과실 없이 90%가 아닌 세율로 원천징수한 경우에는 해당 계좌의 실질소유자가 소득세 원천징수 부족액을 납부하여야 한다(소득법 제155조의7 제1항). 과거에는 금융기관이 나중에 비실명 자산소득임

---

53) 서울고등법원 2021. 12. 23. 선고 2021누41404 판결

을 알게 되더라도 원천징수의무자가 차등과세분을 추가징수할 의무가 있었으나, 금융기관의 원천징수의무부담이 과도하므로 금융기관이 금융실명법상 실명확인의무 등을 소홀히 한 경우와 같은 고의 또는 중과실이 없는 경우에는 금융기관의 원천징수의무를 면제하고 그 대신 해당 계좌의 실소유자에게 원천징수의무를 부과한 것이다.

비실명 이자소득을 무조건 분리과세하는 것은 비실명 거래를 강력하게 제재하기 위함이다. 특히 금융실명거래 대상 비실명소득에 대하여는 90%의 세율을 적용하는데, 만약 이를 종합과세한다면 최고 45%의 세율만 적용할 수 있으므로 무조건 분리과세하는 것보다 제재의 정도가 낮아진다.

(다) 직장공제회 초과반환금

직장공제회 초과반환금에 대하여는 기본세율로 원천징수한다. 이는 소득구간에 따라 6~45%의 세율로 원천징수한다는 의미이다.

(2) 무조건 종합과세

출자공동사업자의 배당소득, 국내에서 원천징수되지 않은 국외금융소득, 원천징수되지 않은 국내금융소득은 다른 소득과 합산하여 종합과세한다(소득법 제14조 제2항). 출자공동사업자의 배당소득에 대하여는 25%의 세율로 원천징수하나(소득법 제129조 제1항 제2호 가목), 무조건 분리과세하는 소득과 달리 원천징수로 과세가 종결되지 않으므로 종합소득으로 신고하여야 한다. 이 경우 원천징수된 세액은 기납부세액으로 공제한다.

(3) 조건부 종합과세

(가) 과세기준

무조건 분리과세, 무조건 종합과세되는 이자소득과 배당소득 이외의 이자소득과 배당소득은 소득 합계액이 2,000만 원 이하이면 분리과세하고, 2,000만 원을 초과하면 근로소득, 사업소득 등 다른 소득과 합산하여 종합과세한다(소득법 제14조 제3항 제6호, 제129조 제1항 제1호 나목·라목). 다만, 종합과세기준금액을 계산할 때 배당소득의 그로스업되는 금액은 제외한다(소득법 제14조 제4항). 종합과세기준금액은 과거에는 4,000만 원이었다가 2013. 1. 1. 소득세법 개정으로 2,000만 원이 되어 적용대상자가 늘었다. 위 과세방법에 따라 이자소득과 배당소득의 합계액에 대하여 2,000만 원까지는 14%(비영업대금은 25%)로 분리과세하고, 2,000만 원 초과분은 기본세율(6~45%)로 종합과세한다. 금융소득 중 2,000만 원 초과분이 큰 금액이거나 금융소득 이외의 다른 소득이 있으면 누진세율을 적용받으므로 세액이 커진다. 2,000만 원 이하 금액에 대하여 분리과세하는 것은 금융소득자의 수가 많으므로 전면적인 종합과세를 시행할 경우 납세자에게 돌아가는 실익에 비하여 과도한 행정부담을 지우고, 조세징수비용의 과다한 증가, 금융권의 혼란 등과 같은 부정적인 효과들이 초래될 가능성이 있기 때문이다.[54]

이자소득과 배당소득의 종합과세는 금융실명제 실시와 밀접한 연관이 있다. 금융실명제가 실시되어야 소득자별로 이자소득과 배당소득을 정확히 확인할 수 있기 때문이다. 이러한 이유로 금융실명제가 실시된 1993년 이후인 1994년 소득세법을 개정하여 1996년부터 종합소득과세가 도입되었다.

(나) 비교과세방식

2,000만 원을 기준으로 그 이하의 금액에 대하여는 분리과세를, 그 초과분에 대하여는 종합과세를 적용하는 경우 2,000만 원 초과분이 소액이고 사업소득, 근로소득 등 다른 소득이 없으면 종합소득세율이 적용되는 2,000만 원 초과분 산출세액이 분리과세되는 원천징수세액보다 적은 경우가 생길 수 있다. 또한 사업소득이 결손인 경우에는 결손금을 금융소득에서 공제할 수 있으므로 종합과세하면 오히려 세액이 적어질 수 있다. 이러한 불합리를 방지하기 위하여 다음과 같이 비교과세방식을 적용한다(소득법 제62조).

> Max(①,②)
> ① 일반산출세액 = (종소세 과표 − 2,000만 원) × 기본세율 + 2,000만 원
>   × 14%(비영업대금 25%)
> ② 비교산출세액 = (종소세 과표 − 금융소득금액) × 기본세율 + 금융소득금액
>   × 14%(비영업대금 25%)

위 "①"은 2,000만 원을 기준으로 조건부종합과세로 계산한 세액이고, "②"는 금융소득은 분리과세하고 비금융소득은 종합과세하여 계산한 세액으로서 양자 중 큰 금액을 세액으로 한다. 금융소득 2,000만 원 초과분을 다른 소득과 합산하여 종합과세하되, 종합과세하는 금액이 종합과세하지 않고 금융소득으로 원천징수하는 금액보다 적어지는 경우를 방지하기 위한 취지이다. 종합과세 기준금액 2,000만 원을 어느 소득이 구성하는지에 따라 과세내용이 달라질 수 있다. 소득세법 시행령은 종합과세되는 이자소득과 배당소득 중 어느 소득이 먼저 2,000만 원을 구성하는지에 대하여 ① 이자소득, ② 그로스업(gross-up) 대상 아닌 배당소득, ③ 그로스업(gross-up) 대상인 배당소득 순으로 규정하고 있다(소득령 제116조의2). 예를 들어, 이자소득이 1,500만 원, 그로스업(gross-up) 대상 아닌 배당소득이 5,000만 원, 그로스업(gross-up) 대상인 배당소득이 3,000만 원인 경우 이자소득과 그로스업(gross-up) 대상 아닌 배당소득의 합이 6,500만 원으로 2,000만 원을 초과하므로 그로스업(gross-up) 대상인 배당소득 3,000만 원은 전액 그로스업(gross-up)이 된다.

---

54) 헌재 2006. 11. 30. 선고 2006헌마489 결정

제3절) 사업소득

1. 개요

가. 의의

소득세법상 사업소득은 영리를 목적으로 자기의 계산과 책임하에 계속적·반복적으로 행하는 활동을 통하여 얻는 소득을 의미한다(소득법 제17조 제1항 제21호). 그러나 사업에서 벌어들인 모든 소득이 과세대상인 사업소득에 해당하는 것은 아니고 소득세법에서 규정한 사업소득만 과세대상에 해당한다. 나아가 사업으로 번 소득 가운데, 이자소득, 배당소득, 양도소득 등과 같이 다른 소득으로 구분되는 소득을 제외한 나머지 소득만 사업소득에 해당한다.[55]

나. 다른 소득과의 구별

(1) 사업소득과 근로소득의 구분

사업소득은 자기의 계산과 책임하에 독립적으로 활동하여 얻은 소득이므로 타인에게 고용되어 종속적으로 활동하여 얻는 근로소득과 구별된다. 예를 들어, 학교에 강사로 고용되어 지급받은 급여는 근로소득이나, 독립된 자격으로 계속적·반복적으로 강의를 하고 받은 강사료는 사업소득이다. 또한 택배기사, 보험설계사, 학습지 방문강사, 방문판매원 등 인적용역을 제공한 자가 얻은 소득은 사업소득에 해당한다.

(2) 사업소득과 이자소득의 구분

금전대여로 인한 소득이 이자소득인 비영업대금 이익인가 또는 사업소득인 대금업 이익인가 여부는 금전대여행위의 영리성·계속성·반복성의 유무, 거래기간의 장단, 대여액과 이자액의 다과 등 제반사정을 고려하여 사회통념에 비추어 판단하여야 한다.[56] 행정관청으로부터 금융업 인가를 받거나 사업자등록을 마치는 등 대외적으로 대금업자임을 표방하였는지 여부에 의하여 전적으로 좌우되는 것은 아니므로 행정관청으로부터 금융업 인가를 받지 않고 사업자 등록을 하지 않았더라도 계속적·반복적으로 금전대여행위를 하면 사업소득으로 인정된다.[57]

(3) 사업소득과 기타소득의 구분

어떠한 소득이 사업소득에 해당하는지 또는 기타소득에 해당하는지는 그 소득이 발생한 납세의무자의 활동내용, 기간, 횟수, 태양 그 밖에 활동 전후의 모든 사정을 고려하여 그것이 수익을 목적으로 하고 있는지, 계속성·반복성이 있는지 등을 사회통념에 따라 판단하여야

---

55) 이창희, 세법강의(2021), 428면
56) 대법원 1987. 12. 22. 선고 87누784 판결
57) 대법원 1987. 5. 26. 선고 86누96 판결

한다.[58] 대표적인 사안을 살펴보면 다음과 같다.

① 인세(印稅)

청구인이 출판사와 출판계약을 체결하고 인세로 2002년부터 2004년까지 합계 16억 9,399만원을 지급받은 경우 사업소득인지 또는 기타소득인지 문제된 사안에서, 조세심판원은 청구인의 전체수입금액에서 인세가 차지하는 비율이 91%에 이를 정도로 인세가 주된 수입으로 위 기간 동안 계속적으로 발생하였고 다른 책도 저술하고 있는 점 등을 감안할 때 사업성이 있다고 보아 사업소득에 해당한다고 판시하였다.[59]

② 미술품 양도

청구인이 2008년부터 2012년까지 보유한 미술품 13점을 법인에게 양도하고 받은 소득이 사업소득인지 또는 기타소득인지 문제된 사안에서, 조세심판원은 청구인이 화랑업을 영위한 이력, 현재 소장 중인 작품의 수 및 거래규모 등에 비추어 사업성이 있다고 보아 사업소득에 해당한다고 판시하였다.[60] 그러나 서화·골동품의 거래로 인한 소득의 구분에 대한 분쟁이 계속 발생하자, 2020. 12. 29. 소득세법을 개정하여 ⅰ) 사업장 등 물적시설이나 서화·골동품을 거래할 수 있는 인터넷 등 정보통신망을 갖춘 경우, ⅱ) 서화·골동품을 거래하기 위한 목적으로 사업자등록을 한 경우 중 어느 하나에 해당하는 경우에 한하여 사업소득으로 과세하도록 입법하였다(소득법 제21조 제2항, 소득령 제41조 제18항). 따라서 위 입법 이후에는 위 "ⅰ), ⅱ)"의 요건을 갖추지 않은 개인이 아무리 많은 미술품을 계속 양도하더라도 기타소득에 해당한다.

③ 파산관재인 보수

파산관재인의 보수가 사업소득인지 또는 기타소득인지 문제된 사안에서, 판례는 변호사가 2009년부터 2013년까지 11개 파산법인에 대한 파산관재업무를 수행하였고, 파산관재업무를 시작한 2002년부터 2014년까지 총 40개의 파산법인에 대한 파산관재업무를 수행한 점, 보수는 총 925,908,900원으로서 그 액수가 적지 않고 원고의 전체 수입의 약 25%를 차지하며, 2002년부터 2014년까지 원고가 파산관재 업무를 수행하고 받은 대가의 합은 약 25억 원인 점 등을 근거로 법원의 결정에 따라 파산관재인으로 선임되었고 그 업무가 공익적 성격이 강할지라도, 파산관재 업무를 수행해 온 기간과 그로 인한 수익의 규모 등에 비추어 볼 때 영리성을 인정할 수 있으므로 사업소득에 해당한다고 판시하였다.[61]

---

58) 대법원 2017. 7. 11. 선고 2017두36885 판결
59) 조심 2007. 12. 27.자 국심 2007서3282 결정
60) 조심 2015. 6. 26.자 2014부4528 결정
61) 대법원 2017. 7. 11. 선고 2017두36885 판결

(4) 사업소득과 양도소득의 구분

(가) 부동산 거래

사업소득과 양도소득의 구분은 주로 부동산의 거래에서 문제되는 경우가 많다. 부동산의 거래 행위가 양도소득인지 또는 부동산매매업에 의한 사업소득인지 여부는 부동산의 매매가 수익을 목적으로 하고, 그 규모, 횟수, 태양 등에 비추어 사업활동으로 볼 수 있을 정도의 계속성과 반복성이 있는지 등의 사정을 고려하여 사업성이 있는지 여부를 사회통념에 따라 판단하여야 한다.[62] 부가세법 시행규칙 제2조 제2항 제2호는 "사업상 목적으로 1과세기간 중에 1회 이상 부동산을 취득하고 2회 이상 판매하는 사업"이라고 규정하고 있으나, 판례는 위 규정을 부동산매매업으로 볼 수 있는 경우를 예시한 것에 불과하므로 절대적 기준이 될 수 없는 것으로 보고 있다.[63] 위 기준에 따라 구체적으로 사업성을 인정한 사안과 사업성을 부인한 사안을 살펴보면 다음과 같다.

① 사업성을 인정한 경우

사업장과 종업원을 두지 않은 채 4년 동안 17회에 걸쳐 경매절차를 통하여 부동산을 취득한 후 단기간 내에 양도한 경우,[64] 부동산 2필지를 매수하여 택지로 개발한 다음 이를 29필지로 분할한 후 그중 16필지를 18명에게 매도하고, 그 외에도 가격상승이 예상되는 여러 지역에 많은 부동산을 매수하여 보유한 경우,[65] 약 1년 6개월 동안 토지 17필지와 건물 3동을 매수하였다가 부동산 경기가 상승하자 위 각 부동산 및 종전부터 소유하던 다른 토지 16필지를 2년 2개월 동안 전부 양도하는 거래를 하였고 그중 일부는 협의수용된 경우,[66] 오피스텔을 신축한 후 그 전부를 매도하여 2년이 채 되지 않은 보유기간에 그 매도로 상당한 이득이 생긴 경우,[67] 원고가 1973년경부터 1987년경까지 사이에 계속하여, 토지가격의 상승이 예상되는 지역에 30여 필지의 부동산을 매입하여 이를 관리하면서, 그중 10필지의 부동산을 이용하여 부동산임대업을 영위하여 왔고, 3필지의 부동산을 주택부지에 적합하도록 10필지로 분할하여 이를 10명에게 양도한 외에도 3차례에 걸쳐서 합계 6필지의 대지를 각 타에 매도처분한 경우[68] 등이 있다.

② 사업성을 부정한 경우

9년간 유휴자금으로 여러 필지의 토지를 취득하여 방치하여 두었다가 사업자금을 마련하기 위하여 위 토지들을 취득 당시의 상태대로 양도한 경우,[69] 농지 2필지의 지분을 매수하여

---

62) 대법원 1996. 12. 6. 선고 96누3913 판결
63) 대법원 1995. 3. 3. 선고 94누11170 판결
64) 대법원 1993. 2. 23. 선고 92누14526 판결
65) 대법원 1991. 11. 26. 선고 91누4058 판결
66) 대법원 1997. 7. 8. 선고 95누9778 판결
67) 대법원 2010. 7. 22. 선고 2008두21768 판결
68) 대법원 1990. 9. 25. 선고 90누1045 판결
69) 대법원 1984. 9. 11. 선고 83누66 판결

가지고 있다가 서울특별시에 협의수용 당한 경우[70] 등이 있다.

(나) 주식 거래

개인투자자가 상장주식을 계속적·반복적으로 매매하여 얻은 소득이 사업소득인지 또는 양도소득인지 문제된 사안에서, 하급심 판례는 개인투자자가 컴퓨터프로그램을 통하여 계속적·반복적으로 주식매매행위를 쉽게 할 수 있으므로 계속성·반복성만으로 주식매매의 사업성을 인정하기 어렵다는 이유로 양도소득에 해당한다고 판시하였다.[71] 소득세법 제19조 제1항 제21호의 유형별 포괄주의에 포섭될 수 있는지 문제되나, 상장주식 양도로 인한 소득은 자본이득의 성격이 강하고 상장주식의 양도에 대하여 사업소득으로 과세하면 상장주식 양도차익의 과세범위를 제한하는 입법취지 등을 약화시킬 우려가 있으므로 소득세법 제19조 제1항 제21호의 유형별 포괄주의 규정에 의하여도 과세할 수 없다고 해석하는 것이 타당하다.[72]

(다) 임목(林木) 거래

임목과 임지(林地)를 함께 양도한 경우 임목을 생산하기 위한 육림활동이 있어서 임목의 양도로 발생하는 소득이 사업소득에 해당하는 경우 그 나머지 소득은 임지의 양도에 따른 양도소득이 되고, 임목이 임지와는 별도의 거래대상이 아닌 경우에는 그 양도로 발생하는 소득 전부가 양도소득이 된다.[73] 다만 임목이 임지와는 별도의 거래대상이 된 경우에는 임목의 가액을 공제한 가액이 임지의 양도소득이 된다.

다. 조합재산의 처분

(1) 조합 존속 중 조합재산을 처분하는 경우

공동사업을 목적으로 만들어진 조합체가 조합재산인 부동산을 양도하는 경우 그것이 사업용 재고자산이면 그 양도로 얻은 소득은 사업소득에 해당하고, 사업용 고정자산이면 양도소득에 해당한다.

(2) 조합원이 탈퇴하는 경우

조합원이 탈퇴하는 경우 그로써 조합이 청산되는 것은 아니고 조합원은 조합재산에 대한 자신의 지분을 찾아갈 수 있다(민법 제719조 제1항). 이와 같이 조합원이 탈퇴하면 탈퇴한 조합원과 공동사업을 계속하는 다른 조합원들이 조합재산에 분산되어 있던 지분을 상호 교환 또는 매매한 것으로 볼 수 있으므로 조합재산에 대한 자신의 지분을 다른 조합원들에게 양도하는 것이 된다. 따라서 탈퇴한 조합원이 다른 조합원들에게 잔존 조합재산에 관한 자신의 지분

---

70) 대법원 1986. 2. 11. 선고 85누700 판결
71) 대구고등법원 2012. 9. 7. 선고 2012누806 판결
72) 강석규, 조세법쟁론(2023), 940~941면
73) 대법원 2013. 9. 13. 선고 2011두6493 판결

을 양도하고 일부 조합재산을 받는 경우 탈퇴 당시 조합재산의 구성내역에 따라 탈퇴한 조합원의 소득구분이 달라진다.[74] 즉 조합재산이 재고자산이면 지분의 양도로 얻은 소득은 사업소득에 해당하고, 사업용 고정자산이면 양도소득에 해당한다.

2. 범위

가. 개요

(1) 의의

사업소득의 종류는 소득세법 제19조 제1항 제1호부터 제20호까지 주로 통계청장이 고시하는 한국표준산업분류[75]에 따른 업종을 기준으로 열거하고 있다(소득법 제19조 제3항). 소득세법 제19조 제1항 제21호는 열거주의의 단점을 보완하기 위하여 이른바 유형별 포괄주의 규정을 두고 있다.

(2) 어느 업종에 해당하는지 문제되는 경우

① 자기가 제품을 직접 제조하지 않고 제조업체에 의뢰하여 제조하는 경우로서 생산할 제품을 직접 기획, 고안 및 디자인, 견본제작 등을 하고, 그 제품을 자기명의로 제조하며, 그 제품을 인수하여 자기책임하에 직접 판매하는 경우에는 자기가 직접 제조하지 않았더라도 제조업으로 본다(소득령 제31조).

② 계약 등에 따라 대가를 받고 연구 또는 개발용역을 제공하는 연구개발업은 과학 및 기술서비스업에 해당한다(소득령 제33조).

③ 저술 등 개인이 물적 시설 없이 근로자를 고용하지 않고 독립된 자격으로 용역을 공급하고 대가를 받는 부가세법 시행령 제42조 제1호에 따른 인적용역은 수리 및 기타 개인서비스업에 해당한다.

④ 예술, 스포츠 및 여가 관련 서비스업과 관련하여 연예인 및 직업운동선수 등이 사업활동과 관련하여 받는 전속계약금은 사업소득으로 한다(소득령 제37조 제1항). 판례가 연기자 겸 광고모델로서의 해당 탤런트의 활동 그 자체가 수익을 올릴 목적으로 이루어져 온 것인 데다가 사회통념상 하나의 독립적인 사업활동으로 볼 수 있을 정도의 계속성과 반복성도 갖추고 있으므로 광고모델활동을 따로 분리할 것이 아니라 그 탤런트의 각종 연예계 관련 활동 전체를 하나로 보아야 한다는 이유로 그 탤런트의 전속계약금은 사업소득에 해당한다고 판시하였고,[76] 이러한 판례의 입장을 입법화한 것이다.

---

74) 대법원 2015. 12. 23. 선고 2012두8977 판결
75) 한국표준산업분류는 산업 관련 통계자료의 정확성, 비교성 등을 확보하기 위하여 통계청이 고시한다. 산업은 생산단위가 주로 수행하고 있는 산업활동으로 산출물의 특성, 투입물의 특성, 생산활동의 일반적인 결합형태 등을 기준으로 분류한다.
76) 대법원 2001. 4. 24. 선고 2000두5203 판결

나. 부동산업에서 발생하는 소득

(1) 부동산임대업에서 발생하는 소득

자기 소유의 부동산을 타인에게 임대하는 경우 외에 타인의 담보물로 제공하고 받는 대가,[77] 광고용으로 토지나 가옥의 옥상 또는 측면 등을 사용하게 하고 받는 대가,[78] 부동산매매업 또는 건설업자가 판매를 목적으로 취득한 토지 등의 부동산을 일시적으로 대여하고 받는 대가[79] 등은 모두 부동산임대업에서 발생하는 소득에 해당한다.

(2) 지역권, 지상권의 설정이나 대여로 발생하는 소득

공익사업과 관련하여 지역권, 지상권을 설정하거나 대여함으로써 발생하는 소득은 기타소득에 해당하나 그 밖의 지역권, 지상권을 설정하거나 대여함으로써 발생하는 소득은 사업소득에 해당한다. 토지소유자가 지상권을 설정하고 지료를 계속적 · 정기적으로 지급받은 사안에서, 원심법원은 기타소득 중 지상권을 설정하고 받는 금품은 지상권 설정 시 그 대가로 1회적으로 받는 금품으로 제한되므로 계속적 · 정기적으로 지급받은 금품은 지료라는 명칭에 불구하고 부동산임대소득에 해당한다고 판단하였으나, 대법원은 지상권을 설정하고 받은 지료는 기타소득으로 규정되어 있으므로 기타소득에 해당한다고 판시하였다.[80] 그러자 과세당국은 2017. 12. 19. 소득세법 개정 시 공익사업 이외의 지역권, 지상권을 설정하거나 대여함으로써 발생하는 소득은 사업소득에 해당하는 것으로 규정하였다.

(3) 학원위탁운영계약에 따른 임대료

학원위탁운영계약에 따른 임대료에는 학원건물의 임대료뿐 아니라 행정관청으로부터 받은 학원의 인가권과 장기간 그 학원을 운영하여 얻은 학원 상호의 인지도 등 영업권 대여에 따른 대가가 포함된다. 따라서 위 계약에 의한 임대료 중 학원건물의 대여에 대한 대가부분과 영업권의 대여에 대한 대가 부분을 가려내어 영업권의 대여에 대한 대가 부분은 기타소득으로 과세하고, 학원건물의 대여에 대한 대가 부분만 사업소득으로 과세하여야 한다.[81]

다. 주거용 건물과 비주거용 건물의 신축, 판매 등의 사업 구분

(1) 한국표준산업분류

한국표준산업분류에 따르면 부동산 신축 · 판매 등의 사업을 다음과 같이 주거용 건물과 비주거용 건물의 신축 · 판매 등의 건설업, 주거용 건물 개발 및 공급업, 비주거용 건물 개발 및 공급업 등으로 구분한다.

---

77) 소득세법 기본통칙 19 - 0···8
78) 소득세법 기본통칙 19 - 0···9
79) 소득세법 기본통칙 19 - 122···1
80) 대법원 2009. 9. 24. 선고 2007두7505 판결
81) 대법원 1998. 10. 27. 선고 97누7233 판결

① 건설업(분류코드 F)

건설업은 건설용지에 각종 건물 및 구축물을 신축 및 설치, 증축·재축·개축·수리 및 보수·해체 등을 수행하는 산업활동을 말한다. 직접 건설활동을 수행하지 않더라도 건설공사에 대한 총괄책임을 지면서 건설공사 분야별로 도급 또는 하도급을 주어 전체적으로 건설공사를 관리하는 경우에도 건설활동으로 본다. 따라서 주거용 건물과 비주거용 건물을 자영건설하거나 도급건설하는 경우 건설업에 해당한다.

② 주거용 건물 개발 및 공급업(분류코드 68121)

주거용 건물 개발 및 공급업은 직접 건설활동을 수행하지 않고 전체 건물 건설공사를 일괄도급하여 주거용 건물을 건설하고, 이를 분양·판매하는 산업활동을 말한다. 구입한 주거용 건물을 재판매하는 경우도 포함한다. 따라서 주거용 건물을 일괄도급하거나 판매하는 경우 주거용 건물 개발 및 공급업에 해당한다.

③ 비주거용 건물 개발 및 공급업(분류코드 68122)

비주거용 건물 개발 및 공급업은 직접 건설활동을 수행하지 않고 전체 건물 건설공사를 일괄도급하여 비주거용 건물을 건설하고, 이를 분양·판매하는 산업활동을 말한다. 구입한 비주거용 건물을 재판매하는 경우도 포함한다. 따라서 비주거용 건물을 일괄도급하거나 판매하는 경우 비주거용 건물 개발 및 공급업에 해당한다.

(2) 소득세법

(가) 소득세법상 부동산매매업과 건설업의 구분

소득세법은 한국표준산업분류와 달리 주거용 건물과 비주거용 건물의 신축·판매 등의 사업을 건설업과 부동산매매업으로 구분한다(소득법 제19조 제1항 제6호, 소득령 제122조 제1항 단서, 제143조 제4항 제2호 나목).

① 건설업

건설업은 한국표준산업분류상의 건설업과 주거용 건물 개발 및 공급업을 포함하나, 구입한 주거용 건물을 재판매하는 경우는 제외한다. 주거용 건물 개발 및 공급업의 경우 자영건설 이외에 도급건설도 건설업에 해당한다. 도급건설은 총괄적인 책임을 지면서 분야별로 도급을 주어 건설공사를 관리하는 경우를 의미하므로 다른 건설업체에 일괄도급을 준 경우는 건설업이 아니라 부동산업에 해당한다. 주택신축판매업의 경우 그 속성상 부동산매매업에 포함되지만 주택공급을 촉진하기 위하여 부동산매매업보다 세액의 산정 등 세제상 우대조치가 많은 건설업으로 의제한다.[82] 따라서 주택과 비주택을 신축하여 판매하면 주택부분은 건설업으로,

---

82) 대법원 2010. 7. 22. 선고 2008두21768 판결

비주택부분은 부동산매매업으로 구분된다.[83]

② 부동산매매업

부동산매매업은 한국표준산업분류상 비주거용 건물 건설업과 비주거용 건물 개발 및 공급업을 말한다. 비주거용 건물을 자영건설하면 비주거용 건물건설업에 해당하고, 도급건설하면 비주거용 건물 개발 및 공급업에 해당한다.

(나) 건설업과 부동산매매업의 구별실익

① 부동산매매업의 경우 토지 등 매매차익에 대하여 예정신고를 하여야 하고 종합소득 확정신고 시 양도소득과의 비교과세특례가 적용되나, 건설업의 경우 예정신고나 비교과세특례가 적용되지 않는다.

② 건설업의 경우 중소기업특별세액 감면대상이나, 부동산매매업은 중소기업특별세액 감면대상이 아니다(조특법 제7조 제1항).

③ 복식부기의무자의 기준이 건설업의 경우 총수입금액 1억 5,000만 원 이상이고, 부동산매매업의 경우 3억 원 이상이다.

3. 비과세

가. 논밭을 작물생산에 이용하게 함으로써 발생하는 소득(소득법 제12조 제2호 가목)

논밭의 임대소득에 대하여는 소득세를 비과세한다. 논밭의 임대소득은 임차인에게 농지를 논밭의 본래 목적인 작물생산에 이용하게 하고 받는 소득을 말한다. 거주자의 과수원을 임차하여 다른 작물생산에 이용한 경우 해당 거주자의 과수원임대로 발생하는 소득은 비과세소득에 해당하나, 작물생산 이외의 용도로 이용하는 경우에는 과세소득에 해당한다.[84]

나. 1주택 소유자의 주택임대소득(소득법 제12조 제2호 나목)

(1) 비과세 기준

1주택 소유자의 주택임대소득에 대하여는 원칙적으로 비과세하나,[85] 예외적으로 기준시가 12억 원을 초과하는 주택 및 국외에 소재하는 주택의 임대소득에 대하여는 과세한다. 기준시가가 12억 원을 초과하는지 여부는 과세기간 종료일 또는 해당 주택의 양도일을 기준으로 판단한다. 2022. 12. 31. 소득세법 개정 시 주택임대소득의 고가주택 기준을 1세대 1주택 비과세 기준과 맞추어 9억 원에서 12억 원으로 상향하였다.

---

83) 대법원 1997. 10. 24. 선고 97누10192 판결
84) 소득세법 집행기준 12-0-1
85) 2018. 12. 31.까지는 2,000만 원 이하의 주택임대소득에 대하여도 비과세하였다.

(2) 주택 수의 계산

1주택 소유자의 주택임대소득에 대하여만 소득세가 비과세되므로 주택 수의 계산이 중요하다. 주택 수에 대하여는 다음의 기준을 적용한다(소득령 제8조의2 제3항, 제4항).

① 다가구주택은 1개의 주택으로 보되, 구분등기된 경우에는 각각을 1개의 주택으로 계산한다.

② 공동소유 주택은 지분이 가장 큰 사람의 소유로 계산한다. 지분이 가장 큰 사람이 2명 이상인 경우로서 그들이 합의하여 1명을 주택 임대수입의 귀속자로 정한 경우에는 그의 소유로 계산한다. 다만, 공동소유 주택을 임대해 얻은 수입금액이 연간 600만 원 이상이거나 공동소유 주택의 기준시가가 9억 원을 초과하는 경우로서 그 주택의 지분을 30% 초과하여 보유하는 경우에는 위 기준에 상관없이 그의 소유로 계산한다.

③ 임차 또는 전세받은 주택을 전대하거나 전전세하는 경우에는 당해 임차 또는 전세받은 주택을 임차인 또는 전세받은 자의 주택으로 계산한다.

④ 본인과 배우자가 각각 주택을 소유하는 경우에는 합산한다. 다만, 공동소유 주택 1개에 대해 본인과 배우자의 각각 소유주택으로 계산되는 경우에는 본인과 배우자 중 지분이 더 큰 사람의 소유로 계산하거나 본인과 배우자의 지분이 같은 경우로서 그들 중 1명을 해당 주택 임대수입의 귀속자로 합의해 정하는 경우에는 그의 소유로 계산한다.

⑤ 주택과 사업용 건물이 함께 설치되어 있는 겸용주택의 경우 주택 부분의 면적이 사업용 건물 부분의 면적보다 큰 때에는 전부를 주택으로 보고, 주택 부분의 면적이 사업용 건물 부분의 면적과 같거나 그보다 작은 때에는 주택 부분만 주택으로 본다.

다. 농어가부업소득(소득법 제12조 제2호 다목)

농어민이 부업으로 경영하는 축산, 고공품(藁工品)[86] 제조, 민박, 음식물판매, 특산물제조, 전통차 제조 및 그 밖에 이와 유사한 활동에서 발생한 소득 중 다음 소득에 대하여 비과세한다(소득령 제9조 제1항).

① 젖소, 소, 돼지 등 법령에서 정한 마리 수 이하의 축산에서 발생하는 소득

② 그 밖의 소득으로서 소득금액의 합계액이 연 3,000만 원 이하인 소득

농어민이 부업으로 하는 소득에 대하여 비과세하므로 부업의 규모나 가액에 일정한 제한을 둔다. 이러한 취지상 농어민이 상설판매장(영업장)을 특설하여 농축수산물을 판매하는 경우는 농어가부업소득에 해당하지 않는다.[87] 그러나 농민이 축산업을 영위하다가 그 사업장이 수용되어 지급받는 휴·폐업보상금은 축산에서 발생한 사업소득으로서 법령에서 정한 범위 내에서는 농가부업소득인 비과세소득이다.[88]

---

86) 고공품(藁工品)은 짚이나 풀줄기로 만든 가마니, 새끼, 멍석과 같은 수공품을 의미한다.
87) 소득세법 집행기준 12-9-1

라. 전통주 제조에서 발생한 소득(소득법 제12조 제2호 라목)

전통주를 수도권 밖의 읍면지역에서 제조하여 발생하는 소득으로서 소득금액의 합계액이 연 1,200만 원 이하인 경우 소득세를 비과세한다(소득령 제9조의2). 그러나 비과세 범위를 초과하는 경우에는 전액 과세한다.

마. 임지의 임목의 벌채 또는 양도로 발생하는 소득(소득법 제12조 제2호 마목)

조림기간이 5년 이상인 임지의 임목을 벌채하거나 양도하여 발생하는 소득이 연 600만 원 이하인 경우 소득세를 비과세한다(소득령 제9조의3 제1항).

바. 작물재배업에서 발생하는 소득(소득법 제12조 제2호 바목)

(1) 곡물 및 기타 식량작물 재배업

곡물 및 기타 식량작물 재배업에서 발생하는 소득은 수입금액에 관계없이 소득세를 비과세한다(소득법 제19조 제1항 제1호 괄호부분). 작물재배업에서 발생하는 소득에 대하여 과거에는 소득세를 부과하였으나, 1994. 12. 22. 소득세법 개정 시 농민을 보호하기 위하여 비과세로 전환하였다.

(2) 그 밖의 작물재배업

그 밖의 작물재배업에서 발생하는 소득은 해당 과세기간의 수입금액의 합계액이 10억 원 이하인 경우 소득세를 비과세한다(소득령 제9조의4). 다만, 농지에서 재배한 작물을 판매장을 특설하여 판매하는 경우 그로 인하여 추가로 발생되는 소득은 도소매업에서 발생한 소득으로 보아 비과세에서 제외한다.[89]

사. 어로어업 또는 양식어업에서 발생하는 소득(소득법 제12조 제2호 사목)

연근해어업과 내수면어업 또는 양식어업에서 발생하는 소득으로서 해당 과세기간의 소득금액의 합계액이 5,000만 원 이하인 경우 소득세를 비과세한다(소득령 제9조의5).

4. 사업자등록, 장부의 비치 및 기록 등

가. 사업자등록

새로 사업을 시작하는 사업자는 사업장 소재지 관할 세무서장에게 등록하여야 한다(소득법 제168조 제1항). 이를 통해 과세관청은 소득세 납세의무자를 파악하고 과세자료를 확보할 수 있다. 사업자등록을 하려는 자는 사업장마다 사업개시일부터 20일 이내에 사업자등록신청서를 제출한다(소득령 제220조 제1항). 다만, 부가세법에 따라 사업자등록을 한 사업자는 소득세법에 의한 사업자등록을 한 것으로 간주하므로 별도로 소득세법에 의한 사업자등록을 할 필

---

88) 대법원 2013. 5. 24. 선고 2012두29172 판결
89) 소득세법 기본통칙 19-0…1 ②

요는 없다(소득법 제168조 제2항).

나. 장부의 비치 및 기록

(1) 복식부기의무자와 간편장부대상자의 기장방법

(가) 복식부기의무자

복식부기의무자는 소득금액을 계산할 수 있도록 증명서류 등을 갖춰 놓고 그 사업에 관한 모든 거래사실이 객관적으로 파악될 수 있도록 복식부기에 따라 장부에 기록·관리하여야 한다(소득법 제160조 제1항, 제3항). 복식부기(double-entry bookkeeping)는 사업의 재산상태와 그 손익거래내용의 변동을 빠짐없이 차변과 대변으로 나누어 이중으로 기록하여 계산하는 부기형식의 장부를 말한다(소득령 제208조 제1항).

(나) 간편장부대상자

간편장부대상자는 간편장부를 갖춰 놓고 그 사업에 관한 거래사실을 성실히 기재하여야 한다(소득법 제160조 제2항, 제3항). 간편장부는 복식부기에 의하지 않고, 매출액 등 수입에 관한 사항, 경비지출에 관한 사항, 사업용 유형자산 및 무형자산의 증감에 관한 사항 등을 기재할 수 있도록 국세청장이 정한 간이형식의 장부를 말한다(소득령 제208조 제9항). 복식부기의무자는 기장능력이 있다고 보아 복식부기의 방법에 따라 장부를 작성하게 하고, 간편장부대상자는 기장능력을 갖추지 못한 것으로 보아 간이형식의 장부를 작성하게 하는 것이다.

(2) 복식부기의무자와 간편장부대상자의 구분

(가) 계속사업자

복식부기의무자와 간편장부대상자는 업종별로 수입금액을 기준으로 구분한다. 업종별로 직전 과세기간의 수입금액이 다음의 기준금액 이상인 경우에는 복식부기의무자이고, 그 미만인 경우에는 간편장부대상자이다(소득령 제208조 제5항).

| 계속사업자의 복식부기의무자와 간편장부대상자의 기준 |

업종	복식부기의무자	간편장부대상자
제조업, 금융 및 보험업 등	1억 5,000만 원 이상	1억 5,000만 원 미만
부동산임대업, 교육서비스업 등	7,500만 원 이상	7,500만 원 미만
농업, 도소매업 등	3억 원 이상	3억 원 미만

다만 의료업, 수의업 및 약사업, 변호사업, 변리사업, 법무사업, 공인회계사업, 세무사업 등 전문자격사는 수입금액에 상관없이 복식부기의무자이다. 전문자격사들의 세원을 엄격히 관리하기 위함이다.

(나) 신규사업자

해당 과세기간에 신규로 사업을 개시한 사업자는 수입금액에 상관없이 간편장부대상자이다. 신규사업자에 대하여는 장부작성에 대한 적응기간을 고려하여 새로 사업을 시작하는 과세기간에 한하여 간편장부의 작성을 허용한 것이다.

다. 사업용계좌의 신고

복식부기의무자는 사업과 관련하여 재화나 용역을 공급받거나 공급하면서 금융회사 등을 통하여 결제하거나 결제받는 경우, 인건비 및 임차료를 지급하거나 지급받는 경우 등에는 사업용계좌를 사용하여야 한다(소득법 제160조의5 제1항). 사업자의 주된 거래에 대하여 사업용계좌의 사용을 의무화함으로써 과세당국이 사업거래내역을 쉽게 파악할 수 있도록 하기 위한 것이다.

5. 사업소득금액의 계산

가. 의의

개인사업자의 사업소득금액 계산은 법인사업자의 각 사업연도소득금액 계산과 유사하므로 서로 겹치지 않는 범위 내에서 최소한의 내용만을 설명하기로 한다. 사업소득금액은 손익계산서의 당기순이익을 바탕으로 계산한다. 그런데 기업회계의 수익과 세법상의 총수입금액, 기업회계의 비용과 세법상의 필요경비가 일치하지 않는다. 따라서 기업회계의 수익에 해당하나 세법상 총수입금액에 해당하지 않는 경우 총수입금액 불산입, 반대로 기업회계의 수익에 해당하지 않으나 세법상 총수입금액에 해당하는 경우 총수입금액 산입, 기업회계의 비용에 해당하나 세법상 필요경비에 해당하지 않는 경우 필요경비 불산입, 반대로 기업회계의 비용에 해당하지 않으나 세법상 필요경비에 해당하는 경우 필요경비 산입 등의 세무조정을 거쳐 사업소득금액을 산정한다.

나. 총수입금액의 계산

(1) 일반적인 경우

(가) 의의

거주자의 소득에 대한 총수입금액은 해당 과세기간에 수입하였거나 수입할 금액의 합계액으로 한다(소득법 제24조 제1항). 수입할 금액이란 현금 등으로 수령하지 않았으나, 수입할 권리가 확정된 경우를 의미한다. 사업소득의 귀속시기에 대하여 권리의무확정주의가 적용되므로 현금을 수령하지 않더라도 수입할 권리가 확정되면 총수입금액으로 계산한다.

(나) 거래유형에 따른 총수입금액의 계산

사업자의 거래유형에 따른 총수입금액의 계산방법은 다음과 같다(소득령 제51조 제3항).

① 부동산을 임대하거나 지역권·지상권을 설정 또는 대여하고 받은 선세금(先貰金)에 대한 총수입금액은 선세금을 계약기간의 월수로 나눈 금액의 각 과세기간의 합계액으로 한다.

선세금은 월세를 선불로 낸 금액이다. 예를 들어, 부동산 임대기간인 2년치 월세 2,000만 원을 선세금으로 지급한 경우 1년차의 소득은 1,000만 원이 된다.

② 환입된 물품의 가액과 매출에누리는 해당 과세기간의 총수입금액에 불산입한다.

③ 외상매출금을 결제하는 경우의 매출할인금액은 거래상대방과의 약정에 의한 지급기일이 속하는 과세기간의 총수입금액 계산에 있어서 차감한다.

④ 거래상대방으로부터 받는 장려금 기타 이와 유사한 성질의 금액은 총수입금액에 산입한다. 사업자가 거래상대방으로부터 직접 받는 장려금뿐만 아니라 제3자를 통하여 간접적으로 받는 수입금액도 사업과 관련된 것이면 총수입금액에 산입한다.[90]

⑤ 관세환급금 등 필요경비로 지출된 세액이 환입되었거나 환입될 경우 총수입금액에 산입한다.

⑥ 사업과 관련하여 무상으로 받은 자산의 가액과 채무의 면제 또는 소멸로 인하여 발생하는 부채의 감소액은 총수입금액에 산입한다. 무상으로 받은 현금성 자산의 사업 관련성 여부는 사용처를 기준으로 판단하므로 현금성 자산이 사업에 관하여 지출되었으면 총수입금액에 산입한다.[91]

⑦ 확정급여형 퇴직연금제도의 보험차익과 신탁계약의 이익 또는 분배금, 사업과 관련하여 해당 사업용 자산의 손실로 취득하는 보험차익은 총수입금액에 산입한다.

⑧ 그 밖의 사업과 관련된 수입금액으로서 해당 사업자에게 귀속되었거나 귀속될 금액은 총수입금액에 산입한다.

(다) 금전 외의 것을 수입할 때의 총수입금액 계산

금전 외의 것을 수입할 때에는 그 총수입금액을 거래 당시의 가액에 의하여 계산한다(소득법 제24조 제2항). 금전 외의 것이 무엇인지에 따라 총수입금액은 다음과 같은 방법으로 계산한다(소득령 제51조 제5항).

① 제조업자, 생산업자, 판매업자로부터 제조, 생산, 판매하는 물품을 인도받은 때에는 그 제조업자, 생산업자, 판매업자의 판매가액이 수입금액이다. 그 밖의 자로부터 물품을 인도받은 때에는 그 시가가 수입금액이다.

② 법인으로부터 이익배당으로 받은 주식은 그 액면가액이 수입금액이다.

③ 주식의 발행법인으로부터 신주인수권을 받은 때에는 신주인수권에 의한 주금납입일의 신주가액에서 신주의 발행가액을 공제한 금액이 수입금액이다. 다만, 신주가액이 그 납입일 다음 날 이후 1월 내에 하락한 때에는 그 최저가액을 신주가액으로 한다(소득령 제51조 제6항). 이 규정은 주식의 발행법인으로부터 신주인수권을 받아 신주를 취득하는 경우에 적용되므로

---

90) 대법원 2016. 12. 29. 선고 2014두205 판결
91) 조심 2019. 7. 5.자 2019중796 결정

주식매수선택권을 행사하여 신주를 인수하는 경우에는 적용되지 않는다.[92]

(2) 부동산임대업에서 발생하는 총수입금액

사업자가 부동산을 임대하고 임대료 외에 유지비나 관리비 등의 명목으로 지급받는 금액이 있는 경우 전기료, 수도료 등의 공공요금을 제외한 청소비, 난방비 등은 부동산임대업에서 발생하는 총수입금액에 산입한다.[93] 다만 청소, 난방 등의 사업이 부동산임대업과 객관적으로 구분되는 경우에는 청소 관련 수입금액은 건물·산업설비 청소업, 난방 관련 수입금액은 전기, 가스, 증기 및 수도사업의 총수입금액에 산입한다.

(3) 간주임대료

(가) 의의 및 취지

거주자가 부동산 등을 임대하고 보증금 등을 받은 경우 보증금 등의 이자상당액을 임대료로 간주하여 총수입금액에 산입한다. 보증금 등은 부동산의 사용대가인 차임이나 지료의 특수한 지급방법으로서 지급되므로 부동산을 월세로 임대하는 경우와의 형평을 고려하면 이에 대하여도 과세하는 것이 타당한 점, 임대인은 그가 수령한 보증금 등을 운용하여 이익을 얻을 수 있으므로 이를 다른 곳에 투자하기 어렵더라도 최소한 정기예금 이자상당의 이익은 얻을 수 있는 점 등의 고려와 함께 부동산투기행위나 부동산의 과다보유를 억제하고 자금을 생산적인 방향으로 유도하려는 조세정책적 고려도 깔려 있다.[94] 간주임대료 규정은 임대사업자가 임대보증금으로 얼마만큼의 이득 또는 손실을 보았느냐는 실질을 묻지 않고 임대보증금으로부터 간주임대료 상당의 수입이 있는 것으로 간주하는 것이므로 임대보증금을 투자하여 손실을 입었더라도 적용대상에서 제외되지 않는다.[95]

(나) 계산

① 주택을 임대하는 경우

㉮ 3주택 이상 보유자

3주택 이상을 소유하고 주택의 보증금 등 합계액이 3억 원을 초과하면 간주임대료를 총수입금액에 산입한다(소득법 제25조 제1항 제1호). 간주임대료는 다음 산식에 따라 계산한다(소득령 제53조 제3항 제1호).

> 간주임대료 = (보증금 등 적수 − 3억 원의 적수) × 60/100 × 1/365 × 정기예금이자율
> − 해당 임대사업에서 발생한 수입이자와 배당금의 합계액

---

92) 대법원 2021. 6. 10. 선고 2020두55954 판결
93) 소득세법 기본통칙 24-51…1
94) 헌재 1996. 12. 26. 선고 94헌가10 결정
95) 대법원 1995. 6. 30. 선고 94누14810 판결

주택 수를 계산할 때에는 비과세 주택임대소득의 규정을 준용한다(소득령 제53조 제8항). 따라서 다가구주택은 1개의 주택으로 보되, 구분등기된 경우에는 각각을 1개의 주택으로 계산하고, 공동소유주택의 경우에는 원칙적으로 지분이 가장 큰 사람의 소유로 계산한다. 해당 임대사업에서 발생한 수입이자와 배당금의 합계액을 공제하는 것은 그 소득은 별도로 과세될 것이므로 이중과세를 조정하기 위한 취지이다. 소형주택(기준시가가 2억 원 이하이면서 1세대당 전용면적이 40㎡ 이하인 주택)은 2026. 12. 31.까지 주택 수에서 제외한다.

㉯ 고가주택 2주택 보유자

고가주택 2주택자의 보증금 등이 12억 원을 초과하는 경우 간주임대료를 총수입금액에 산입한다(소득법 제25조 제1항 제2호, 소득령 제53조 제2항). 당초 2주택 보유자에 대하여는 간주임대료를 적용하지 않았는데, 2023. 12. 31. 소득세법 개정 시 신설하였다.

② 주택 이외의 부동산 등을 임대하는 경우

주택 이외의 부동산을 임대하는 경우에는 보증금 등의 적수가 건설자산비 상당액의 적수를 초과하면 간주임대료를 총수입금액에 산입한다(소득법 제25조 제1항). 간주임대료는 다음 산식에 따라 계산한다(소득령 제53조 제3항 제2호).

간주임대료 = (보증금 등의 적수 − 임대용부동산의 건설자산비 상당액의 적수) × 1/365
× 정기예금이자율 − 해당 임대사업부분에서 발생한 수입이자와 배당금의 합계액

위 산식에서 임대용부동산의 건설자산비 상당액을 계산할 때 임대용부동산의 가액 중 토지가액은 제외한다.

③ 소득금액을 추계신고하거나 추계결정하는 경우

소득금액을 추계신고하거나 추계결정하는 경우에는 간주임대료를 다음 산식에 따라 계산한다(소득령 제53조 제4항).

- 주택의 간주임대료 = (보증금 등의 적수 − 3억 원의 적수) × 60/100 × 1/365 × 정기예금이자율
- 주택 이외의 간주임대료 = 보증금 등의 적수 × 1/365 × 정기예금이자율

주택의 간주임대료를 계산할 때 해당 임대사업에서 발생한 수입이자와 배당금의 합계액을 공제하지 않고, 주택 이외의 간주임대료를 계산할 때에는 임대용 부동산의 건설자산비 상당액의 적수와 해당 임대사업에서 발생한 수입이자와 배당금의 합계액을 공제하지 않는 차이가 있다. 따라서 소득금액을 추계신고하거나 추계결정하는 경우에는 위 공제하지 않는 금액만큼

소득이 늘어난다.

(다) 보증금 등에 대한 예금이자

사업자가 부동산 등을 대여하고 받은 보증금 등을 은행에 예치하거나 채권을 취득하여 이자를 받거나 주식을 취득하여 배당을 받으면 부동산임대업에 따른 사업소득의 총수입금액에 산입하지 않고 별도의 이자소득이나 배당소득으로 본다.[96] 이러한 이유로 간주임대료를 계산할 때 수입이자와 배당금 등 보증금 운용수익을 공제한다. 다만, 추계신고하거나 추계결정하는 경우에는 보증금 운용수익을 공제하지 않는다.

(4) 재고자산 또는 임목의 가사용 소비 등

거주자가 재고자산 또는 임목을 가사용으로 소비하거나 종업원 또는 타인에게 지급한 경우 그 가액은 총수입금액에 산입한다(소득법 제25조 제2항). 재고자산 또는 임목의 취득원가를 필요경비에 산입하므로 그에 대응하여 가사용 소비금액을 총수입금액에 산입하는 것이다. 부가가치세에서 사업자가 자기생산·취득재화를 자기의 개인적인 목적을 위하여 사용·소비하는 개인적 공급을 재화의 공급으로 간주하는 것과 같은 논리이다. 따라서 주택신축판매업을 영위하는 사업자가 신축건물 중 1세대의 주택을 자신의 거주용으로 제공한 경우 그때의 판매가액에 상당하는 금액을 총수입금액에 산입하여야 한다.[97]

(5) 기타

(가) 봉사료의 경우

음식 및 숙박업이나 개인서비스업을 영위하는 사업자가 용역을 공급하고 그 대가와 함께 받는 종업원의 봉사료를 세금계산서, 영수증 등에 그 대가와 구분하여 기재한 경우로서 당해 종업원에게 실제로 지급하면 그 봉사료는 총수입금액에 산입하지 않는다.[98] 다만 사업자가 봉사료를 자기의 총수입금액으로 계상하는 경우에는 총수입금액에 산입하고 봉사료를 봉사용역을 제공한 자에게 지급한 때 필요경비에 산입한다.

(나) 체육관 등에서 받은 입회금

체육관, 헬스클럽, 수영장, 골프장 등을 영위하는 사업자가 회원으로부터 받는 입회금의 경우 규약 등에서 당해 회원에게 반환하기로 규정하지 않은 경우에는 총수입금액에 산입하고, 규약 등에서 당해 회원이 탈퇴할 때에 반환하기로 규정한 경우에는 총수입금액에 산입하지 않는다.[99]

---

96) 소득세법 기본통칙 25-53…1
97) 대법원 1994. 8. 12. 선고 93누23169 판결
98) 소득세법 기본통칙 24-51…3
99) 소득세법 기본통칙 39-0…2

다. 총수입금액의 불산입

(1) 일반적인 경우

(가) 자산수증익과 채무면제익 중 이월결손금 보전에 충당한 금액

거주자가 무상으로 받은 자산의 가액과 채무의 면제 또는 소멸로 인한 부채의 감소액 중 이월결손금의 보전에 충당된 금액은 총수입금액에 불산입한다(소득법 제26조 제2항). 그러나 복식부기의무자가 국고보조금 등 국가 등으로부터 무상지급받은 금액은 총수입금액에 산입한다. 국고보조금은 공익사업을 지원하기 위해 지급하는 것일 뿐 해당 사업자의 결손을 보전하기 위한 목적으로 지급하는 것이 아니기 때문이다.

(나) 자기생산 제품 등을 자기가 생산하는 다른 제품의 원재료 등으로 사용한 경우 등

농업, 제조업 등을 경영하는 거주자가 자기가 양식하는 농산물이나 자기가 생산한 제품을 자기가 생산하는 다른 제품의 원재료 또는 제조용 연료로 사용한 경우 총수입금액에 불산입한다(소득법 제26조 제4항). 원재료 등을 사용하여 생산된 다른 제품이 판매되면 그때 총수입금액에 산입될 것이므로 이중과세를 방지하기 위함이다.

(다) 기타

소득세 또는 개인지방소득세의 환급(소득법 제26조 제1항), 이월된 소득금액, 개별소비세 및 주세, 국세환급가산금, 부가가치세 매출세액(소득법 제26조 제3항, 제7항, 제8항, 제9항) 등을 총수입금액에 불산입하는 것은 "법인세법" 편을 참고한다(제2편 제3장 제3절 3.).

라. 필요경비의 계산

(1) 일반적인 기준

사업소득금액을 계산할 때 필요경비에 산입할 금액은 해당 과세기간의 총수입금액에 대응하는 비용으로서 일반적으로 용인되는 통상적인 것의 합계액으로 한다(소득법 제27조 제1항).

(가) 수익비용대응 원칙

소득세법은 법인세법보다 더 직접적으로 수익비용대응 원칙을 규정하고 있다. 법인세법 제19조 제2항은 손금은 "수익과 직접 관련된 것"이라고 규정하고 있으나, 소득세법 제27조 제1항은 필요경비는 "해당 과세기간의 총수입금액에 대응하는 비용"이라고 규정하고 있다.

수익비용대응 원칙상 거주자가 공동사업에 출자하기 위하여 차입한 금액에 대한 지급이자는 공동사업장의 총수입금액을 얻기 위하여 직접 사용된 부채에 대한 지급이자로 볼 수 없으므로 당해 공동사업장의 소득금액계산상 필요경비에 산입할 수 없다.[100] 해당 과세기간 전의 총수입금액에 대응하는 비용으로서 그 과세기간에 확정된 것에 대해서는 그 과세기간 전에 필요경비로 계상하지 않은 비용만 그 과세기간의 필요경비로 본다(소득법 제27조 제2항). 당해

---

100) 소득세법 기본통칙 27-55…41

과세기간에 확정된 비용은 당해 과세기간 전의 수입에 대응하는 비용이라도 당해 과세기간 전에 필요경비로 계상하지 않았으면 당해 과세기간의 필요경비로 계산할 수 있도록 허용하는 것이다.[101] 이는 소득금액 계산의 편의상 인정한 예외규정이다.[102]

(나) 통상성

통상성은 납세의무자와 같은 종류의 사업을 영위하는 다른 사업자도 동일한 상황 아래에서는 지출하였을 것으로 인정되는 비용을 의미한다.

(2) 위법비용의 필요경비 산입 여부

위법비용이란 ① 위법소득을 얻기 위하여 지출한 비용과 ② 지출 자체에 위법성이 있는 비용을 의미한다. 위법비용의 필요경비 산입여부에 대하여 판례는 소득세는 원칙적으로 소득이 다른 법률에 의하여 금지되는지 여부와 관계없이 담세력에 따라 과세하고 순소득을 과세대상으로 하여야 하므로 범죄행위로 인한 위법소득을 얻기 위하여 지출한 비용이라도 필요경비로 인정함이 원칙이나, 비용의 지출이 사회질서에 심히 반하는 등 특별한 사정이 있는 경우라면 필요경비로 인정할 수 없다고 판시하고 있다.[103] 이러한 기준에서 보면, 유흥주점의 유흥접객원과 영업상무 등에게 지급한 성매매 수당 내지 성매매 손님 유치 수당은 사회질서에 심히 반하므로 필요경비로 인정할 수 없다.

(3) 필요경비의 산입

(가) 판매한 상품 또는 제품에 대한 비용 등

판매한 상품 또는 제품에 대한 원료의 매입가격과 그 부대비용은 필요경비에 산입한다(소득령 제55조 제1항 제1호). 판매한 상품 또는 제품의 보관료, 포장비, 운반비, 판매장려금 및 판매수당 등 판매와 관련한 부대비용은 필요경비에 산입하고, 판매장려금 및 판매수당은 사전약정 없이 지급하는 경우에도 필요경비에 산입한다(소득령 제55조 제1항 제1호의2).

건물건설업과 부동산 개발 및 공급업을 하는 사업자가 부동산을 양도하는 경우 부동산의 양도 당시의 장부가액은 필요경비에 산입한다(소득령 제55조 제1항 제2호). 사업자가 매매를 목적으로 취득한 토지 등에 부과되는 재산세 등은 필요경비에 산입하되, 취득세는 당해 토지 등의 취득가액에 산입한다.[104] 부동산을 양도할 때 부동산의 양도 당시 장부가액을 필요경비에 산입하는 것과 마찬가지로 복식부기의무자가 기계 등의 사업용 유형자산의 양도가액을 총수입금액에 산입한 경우 해당 사업용 유형자산의 양도 당시 장부가액은 필요경비에 산입한다(소득령 제55조 제1항 제7호의2).

---

101) 대법원 1992. 7. 14. 선고 91누8814 판결
102) 김완석·정지선, 소득세법론(2021), 302면
103) 대법원 2015. 2. 26. 선고 2014도16164 판결
104) 소득세법 기본통칙 27-55…8

(나) 사업 관련 경비

임업의 경비, 양잠업의 경비, 가축 및 가금비 등(소득령 제55조 제1항 제3호 내지 제5호), 사업용 자산에 대한 비용, 사업과 관련이 있는 제세공과금 등(소득령 제55조 제1항 제7호, 제8호), 총수입금액을 얻기 위하여 직접 사용된 부채에 대한 지급이자(소득령 제55조 제1항 제13호) 등은 필요경비에 산입한다. 부동산 임대사업자가 자금을 차입하여 임대사업용 부동산을 취득한 경우 그 차입금에 대한 부동산 취득일까지의 이자는 자본화되어 취득가액에 포함되므로 필요경비에 산입할 수 없다. 반면, 부동산 취득일 다음 날부터의 지급이자는 그 부동산으로부터 당해 연도에 임대수입을 얻지 못하였더라도, 이를 개인적 용도로 전환하여 사용하였다는 등 사정이 없는 한, 당해 연도의 필요경비에 산입할 수 있다.[105]

(다) 장려금 등

거래수량 또는 거래금액에 따라 상대방에게 지급하는 장려금 기타 이와 유사한 성질의 금액은 필요경비에 산입한다(소득령 제55조 제1항 제17호). 광고선전을 목적으로 견본품, 달력, 수첩 등의 물품을 불특정다수인에게 기증하기 위하여 지출한 비용은 필요경비에 산입한다(소득령 제55조 제1항 제25호). 반면, 특정인에게 기증한 물품의 경우에는 연간 30,000원 이내에서 필요경비에 산입할 수 있다. 영업자가 조직한 단체로서 법인이거나 주무관청에 등록된 조합 또는 협회에 지급하는 회비는 필요경비에 산입한다(소득령 제55조 제1항 제26호).

(라) 직장어린이집 운영비 등

초중등교육법에 의하여 설치된 근로청소년을 위한 특별학급 또는 산업체 부설 중고등학교의 운영비, 영유아보육법에 의하여 설치된 직장어린이집의 운영비는 필요경비에 산입한다(소득령 제55조 제1항 제22호, 제23호). 종업원의 사망 이후 유족에게 지급하는 학자금 등은 필요경비에 산입한다(소득령 제55조 제1항 제27호).

(마) 보험차익으로 취득한 자산가액과 국고보조금으로 취득한 사업용 자산가액

보험차익으로 취득한 자산가액에 대하여는 일시상각충당금을 계상할 수 있고(소득법 제31조 제1항), 국고보조금으로 취득한 사업용 자산가액에 대하여는 일시상각충당금 또는 압축기장 충당금을 계상할 수 있다(소득법 제32조 제1항). 법인세와 달리 공사부담금에 대하여는 일시상각충당금과 압축기장충당금을 설정할 수 없다.

(바) 감가상각비

개인 사업자는 다음 어느 하나에 해당하는 경우에는 자산의 장부가액과 처분가액의 차액을 해당 과세기간의 필요경비에 산입할 수 있다(소득령 제67조 제6항).

---

105) 대법원 2013. 8. 22. 선고 2011두17769 판결

① 시설의 개체 또는 기술의 낙후로 생산설비의 일부를 폐기한 경우

② 사업의 폐지 또는 사업장의 이전으로 임대차계약에 따라 임차한 사업장의 원상회복을 위하여 시설물을 철거하는 경우

위 "②"의 경우 당초 사업의 폐지에만 즉시상각의제를 적용하였으나 영세자영업자를 지원하기 위하여 2018. 2. 13. 소득세법 시행령 개정 시 사업장 이전에 대하여도 즉시상각의제를 확대적용하였다. 시설의 개체 또는 기술의 낙후로 생산설비의 일부를 폐기한 경우 법인은 (장부가액 - 1,000원)을 손금으로 인정하나, 개인사업자는 (장부가액 - 처분가액)을 필요경비로 인정하는 차이가 있다.

(사) 자영업자 본인이 가입한 고용보험료 등

자영업자 본인이 가입한 고용보험, 산업재해보상보험에 대해 납부한 고용보험료 및 산업재해보상보험료를 사업소득 필요경비에 산입한다(소득령 제55조 제1항 제11호의4).

(아) 기타

종업원의 급여(소득령 제55조 제1항 제6호), 자산의 평가차손(소득법 제33조 제1항 제7호, 제39조 제3항 단서, 제39조 제4항), 대손금(소득령 제55조 제2항), 대손충당금(소득법 제28조 제1항), 퇴직급여충당금(소득법 제29조 제1항) 등의 필요경비 산입은 법인세의 손금산입과 같다. 한편, 소득세법 시행령 제55조 제1항 제1호부터 제27호까지의 경비와 유사한 성질의 것으로서 해당 총수입금액에 대응하는 경비는 필요경비에 산입할 수 있다(소득령 제55조 제1항 제28호).

마. 필요경비의 불산입

(1) 가사경비와 가사 관련 경비

가사경비와 가사 관련 경비는 필요경비에 산입하지 않는다(소득법 제33조 제5호). 가사경비와 가사 관련 경비는 사업과 관련하여 지출된 것이 아니므로 당연히 필요경비에 불산입한다. 특기할 것은 가사경비와 가산 관련 경비에는 사업용 자산의 합계액이 부채의 합계액에 미달하는 금액에 상당하는 부채의 지급이자를 포함한다는 것이다(소득령 제61조 제2항). 사업용 자산의 합계액이 부채의 합계액에 미달하는 경우 그 미달액이 가사에 유용되었다고 간주하는 것이다. 이에 대하여는 사업용 자산의 합계액이 부채의 합계액에 미달하였다고 하여 그 차액이 항상 가사에 유용된 것으로 단정할 수 없고,[106] 차입금은 가사와 비가사 골고루 사용된 것으로 간주하는 것이 합리적이므로 비가사에만 사용된 것으로 간주하는 것은 과세편의에 치우친 것이라는 비판이 가능하다.[107] 실무상으로는 사업과 가사에 공통으로 지급하는 금액이 있는 경우 그 지급액이 주로 부동산임대소득이나 사업소득을 얻는데 통상 필요한 것이고, 그

---

106) 이태로·한만수, 조세법강의(2020), 291~293면, 임승순, 조세법(2021), 448면
107) 이창희, 세법강의(2021), 433면

필요한 부분이 명확히 구분될 때에는 그 구분되는 금액에 한하여 필요경비로 산입하고, 사업에 관련되는 것이 명확하지 않거나 주로 가사에 관련되는 것으로 인정되는 때에는 필요경비로 산입하지 않는다.[108]

(2) 선급비용(先給費用)

선급비용은 계약에 따라 계속적으로 용역을 제공받는 경우 아직 제공되지 않은 용역에 대하여 지급된 대가를 말한다. 보험료, 임차료, 지급이자 등이 이에 해당한다. 선급비용은 지출에 대한 용역이 제공되지 않았으므로 장래 시간의 경과에 따라 차기 이후에 비용으로 인식한다. 기업회계기준상 선급비용은 1년 내에 비용으로 인식되는 것으로서 당좌자산으로 분류된다.[109] 1년 이후에 비용화되는 장기선급비용은 비유동자산으로 분류된다.[110] 선급비용은 선급금과는 구별된다. 선급금은 상품, 원재료 등의 매입을 위하여 미리 지급한 금액으로서 유동자산으로 분류된다.

소득세법상 선급비용은 필요경비에 산입하지 않는다(소득법 제33조 제14호). 선급비용은 지급하는 시점에 필요경비에 산입하지 않고 나중에 귀속시기가 도래하면 그때 필요경비에 산입하기 때문이다.

(3) 업무와 관련하여 고의 등으로 타인의 권리를 침해하여 지급하는 손해배상금

업무와 관련하여 지급한 손해배상금은 사업 관련성이 있으므로 원칙적으로 필요경비에 산입한다(소득법 제33조 제15호). 그러나 고의 또는 중과실로 타인의 권리를 침해하여 손해배상금을 지급하는 경우에는 필요경비에 산입하지 않는다.

(4) 기타

소득세와 개인지방소득세(소득법 제33조 제1호), 벌금, 과료, 과태료, 가산세, 강제징수비, 반출하였으나 판매하지 아니한 제품에 대한 개별소비세 또는 주세의 미납액, 부가가치세의 매입세액, 법령에 따라 의무적으로 납부하는 것이 아닌 공과금이나 법령에 따른 의무의 불이행 또는 금지·제한 등의 위반을 이유로 부과되는 공과금 등(소득법 제33조 제2호 내지 제4호, 제8호, 제9호, 제12호), 자산의 평가차손(소득법 제33조 제7호), 차입금 중 건설자금이자, 채권자가 불분명한 차입금의 이자, 업무무관 경비(소득법 제33조 제10호, 제11호, 제13호) 등의 필요경비를 불산입하는 것은 "법인세법" 편을 참고한다(제2편 제4장 제3절 2.).

---

108) 소득세법 기본통칙 33-61…1
109) 일반기업회계기준 실2.25
110) 일반기업회계기준 실2.41

바. 특별한 필요경비

(1) 업무용승용차 관련비용

복식부기의무자가 해당 과세기간에 업무용 승용차를 취득하거나 임차하여 필요경비로 계상하거나 지출한 감가상각비, 임차료, 유류비 등 업무용승용차 관련비용 중 업무사용금액에 해당하지 않은 금액은 필요경비에 산입하지 않는다(소득법 제33조의2 제1항, 소득령 제78조의3). 복식부기의무자는 업무용자동차 전용보험 가입의무자이므로 승용차가 1대인 경우를 제외하고는 보험에 가입하지 않을 경우 업무용승용차 관련비용을 필요경비에 불산입한다. 당초 성실신고확인 대상자, 전문직 업종 종사자에 대하여만 업무용자동차 전용보험 가입을 의무화하였고 보험에 가입하지 않을 경우 업무용승용차 관련비용의 50%를 필요경비에 불산입하였으나, 2023년 소득세법 시행령을 개정하여 과세를 강화하였다. 그 밖의 내용은 법인세와 같다(제2편 제4장 제3절 7. 라.).

(2) 기부금

(가) 기부금의 종류

기부금의 일반적 내용은 "법인세법" 편을 참고한다(제2편 제4장 제3절 4.). 아래에서는 소득세에 적용되는 내용을 중심으로 살펴본다.

① 특례기부금(구 법정기부금)

특례기부금은 ⅰ) 법인세법 제24조 제3항에 따른 기부금, ⅱ) 재난 및 안전관리 기본법에 따른 특별재난지역을 복구하기 위한 자원봉사용역의 가액 등으로 구성된다(소득법 제34조 제3항). 자원봉사용역의 가액은 봉사일수에 80,000원을 곱한 금액과 자원봉사용역에 부수되어 발생하는 유류비, 재료비 등 직접비용을 합하여 계산한다(소득령 제81조 제5항).

② 일반기부금(구 지정기부금)

일반기부금은 사회복지, 문화, 예술, 교육, 종교, 자선, 학술 등 공익성을 고려하여 대통령령으로 정하는 기부금이다(소득법 제34조 제3항, 소득령 제80조 제1항). 구체적으로 일반기부금에 해당하는 것은 법인세법 시행령 제39조 제1항 각호에 해당하는 기부금, 노동조합, 교원단체 등에 가입한 사람이 납부한 회비, 공익신탁에 신탁한 금액, 공익단체[111]에 지출하는 기부금 등이다. 공익단체로 지정되기 위하여는 ⅰ) 정관상 사업의 직접 수혜자가 불특정 다수일 것, ⅱ) 수입 중 개인의 회비, 후원금 비율이 50%를 초과할 것, ⅲ) 해산 시 잔여재산을 국가나 지방자치단체 등에 귀속하는 내용이 정관에 포함될 것, ⅳ) 단체 또는 대표자 명의로 선거운동을 한 사실이 없을 것, ⅴ) 1년 이상 단체 명의의 통장으로 수입관리할 것, ⅵ) 기부금 모금·활

---

111) 종전에 "기부금단체"라는 명칭을 사용하였으나, 2021. 2. 17. 소득세법 시행령 개정 시 "공익단체"로 바꾸었다.

용실적을 매년 4. 30.까지 공개한다는 내용이 정관에 포함될 것 등의 요건을 갖추어야 한다(소득령 제80조 제1항). 공익단체는 행안부장관의 추천을 받아 기재부장관이 지정한다. 그러나 법령 소정의 사항을 이행하지 않는 경우 국세청장의 지정취소 요청에 따라 기재부장관이 공익단체의 지정을 취소한다(소득령 제80조 제2항).

(나) 필요경비 산입한도액(소득령 제81조)

① 특례기부금(구 법정기부금)

$$기부금\ 한도 = 기준소득금액 - 이월결손금$$

특례기부금은 법인세의 경우 50% 한도에서 손금에 산입하나, 소득세의 경우 100% 필요경비에 산입할 수 있다.

② 일반기부금(구 지정기부금)

- 종교단체에 기부한 금액이 있는 경우
  {(기준소득금액 − 특례기부금 − 이월결손금) × 10%} + {(기준소득금액 − 특례기부금 − 이월결손금) × 20%)와 종교단체 외에 지급한 금액 중 적은 금액}
- 종교단체에 기부한 금액이 없는 경우
  (기준소득금액 − 정치자금기부금 − 고향사랑기부금 − 특례기부금 − 우리사주조합기부금 − 이월결손금) × 30%

일반기부금은 법인세의 경우 10% 한도에서 손금에 산입하나, 소득세의 경우 종교단체에 기부한 금액이 없으면 30% 한도에서 필요경비에 산입할 수 있고, 종교단체에 기부한 금액이 있으면 ① (기준소득금액 − 특례기부금 − 이월결손금)의 10%, ② (기준소득금액 − 특례기부금 − 이월결손금)의 20%와 종교단체 외에 지급한 금액 중 적은 금액을 합산한 금액을 필요경비에 산입할 수 있다.

현물기부의 경우 특례기부금과 일반기부금 모두 시가와 장부가액 중 큰 금액으로 평가한다(소득령 제81조 제3항). 과거에는 법정기부금은 장부가액, 지정기부금은 시가와 장부가액 중 큰 금액으로 평가하여 서로 평가방식이 달랐으나, 현물기부를 장려하기 위해 2020. 2. 11. 소득세법 시행령 개정 시 법정기부금과 지정기부금의 현물기부 평가방식을 일치시켰다. 개인사업자의 경우 법인사업자와 달리 법정기부금의 한도 제한이 없으므로 장부가액으로만 평가하는 것보다 시가와 장부가액 중 큰 금액으로 평가하는 것이 납세자에게 유리하다.

③ 우리사주조합기부금

개인사업자가 우리사주조합에 지출하는 기부금은 (기준소득금액 − 정치자금기부금 − 고향사랑기부금－특례기부금－이월결손금)의 30% 한도에서 손금에 산입할 수 있다(조특법 제88조의4 제13항).

(다) 기업업무추진비

기업업무추진비의 내용은 앞서 살펴본 법인세법 편의 내용을 참고한다(제2편 제4장 제3절 5.). 다만, 법인은 사업자 기준으로 기업업무추진비 한도액을 적용하나, 개인사업자의 경우 각 사업장별로 기업업무추진비 한도액을 적용하는 차이가 있다.

사. 법인소득 계산과의 차이

개인사업자의 사업소득은 세무조정을 거쳐 계산하므로 기본적으로 법인소득을 계산하는 것과 유사하다. 다만, 법인은 개인과 별개의 인격을 가지고 있으므로 출자자에 대한 수익분배의 절차가 있고, 개인은 수익분배의 절차 없이 바로 이익이 귀속하므로 몇 가지 차이가 있다. 그중 중요한 대표적인 사항은 다음과 같다.

(1) 대표자 급여

법인소득을 계산할 때에는 법인과 대표자가 별개의 인격체이므로 대표자급여를 손금산입하나, 사업소득을 계산할 때 대표자급여를 필요경비에 산입하지 않는다.

(2) 유가증권처분손익과 고정자산처분손익

법인소득을 계산할 때에는 유가증권처분손익과 고정자산처분손익을 익금이나 손금에 산입하나, 사업소득을 계산할 때에는 원칙적으로 총수입금액과 필요경비에 산입하지 않는다. 다만, 부동산의 거래가 부동산매매업에 해당하면 그 손익을 총수입금액과 필요경비에 산입하고 유가증권과 부동산의 처분이 양도소득세 과세대상에 해당하면 양도소득세가 과세된다.

(3) 이자소득과 배당소득

법인소득을 계산할 때에는 이자소득과 배당소득을 익금에 산입하나, 개인의 이자소득과 배당소득은 사업소득에 해당하지 않고 별도로 분류된 이자소득과 배당소득으로 과세한다. 다만, 금전거래행위가 계속적·반복적이어서 사업성이 있는 경우 사업소득으로 과세한다.

법인세법은 법인의 소득을 종류별로 구분하여 개념을 규정하지 않으므로 법인세법이 필요에 따라 소득세법의 규정을 인용하여 소득을 구분할 경우에는 소득의 개념은 소득세법의 규정내용에 따라 확정된다.[112]

(4) 즉시상각의제

시설의 개체 또는 기술의 낙후로 생산설비의 일부를 폐기한 경우 법인은 (장부가액 － 1,000

---

112) 대법원 1991. 12. 24. 선고 91누384 전원합의체 판결

원)을 손금으로 인정하나, 개인사업자는 (장부가액 – 처분가액)을 필요경비로 인정한다.

(5) 기부금

법인은 기부금의 종류에 따라 소득금액의 50%(특례기부금), 10%(일반기부금) 한도에서 기부금을 손금산입하나, 개인사업자는 소득금액의 100%(특례기부금), 30%(우리사주조합기부금, 일반기부금), 10%(종교단체기부금) 한도에서 기부금을 필요경비에 산입한다.

법인은 특례기부금과 일반기부금에 대하여 장부가액으로 평가하나, 개인사업자의 경우 특례기부금과 일반기부금에 대하여 시가와 장부가액 중 큰 금액으로 평가한다.

(6) 기업업무추진비

법인은 사업자 기준으로 기업업무추진비 한도액을 적용하나, 개인사업자의 경우 각 사업장별로 기업업무추진비 한도액을 적용한다.

(7) 일시상각충당금과 압축기장충당금

법인의 경우 보험차익, 국고보조금, 공사부담금에 대하여 일시상각충당금과 압축기장충당금을 설정할 수 있으나, 개인사업자의 경우 보험차익, 국고보조금에 대하여 일시상각충당금과 압축기장충당금을 설정할 수 있고, 공사부담금에 대하여는 일시상각충당금과 압축기장충당금을 설정할 수 없다.

6. 과세방법

가. 신고납부

사업소득이 있는 거주자는 과세기간의 다음 연도 5. 1.부터 5. 31.까지 사이에 소득세를 신고납부하여야 한다(소득법 제70조). 납세자가 신고기한 내에 소득세를 신고하지 않거나 누락이 있는 경우에는 과세관청이 결정·경정한다(소득법 제80조).

나. 원천징수

사업소득이 있는 거주자는 원칙적으로 소득세를 신고납부하기 때문에 원천징수와 관련이 없으나, 다음과 같은 경우에 예외적으로 원천징수가 이루어진다.

(1) 부가가치세가 면제되는 일부 소득

부가가치세가 면제되는 일부 소득에 대하여 3%의 세율로 원천징수한다(소득법 제127조 제1항 제3호). 원천징수대상 사업소득은 ① 의료보건 용역에 의한 소득, ② 직업상 제공하는 인적용역에 의한 소득이다(소득령 제184조 제1항).

위 "①"과 관련하여 의료보건 용역에 의한 소득에 대한 원천징수의무자는 사업자, 법인세 납세의무자 등으로 제한되므로 개인이 의료보건 용역을 제공받는 경우에는 원천징수의무가 적용되지 않는다(법인령 제184조 제3항). 위 "②"와 관련하여 외국인 직업운동가가 받는 소득에 대해서는 계약기간과 상관없이 20%의 세율을 적용한다(소득법 제129조 제1항 제3호). 외국인 프로 스포츠 선수가 단기간 체류하면서 고액의 소득에 대하여 세금을 납부하지 않고 출국하는 경우가 있으므로 세금을 확보하기 위하여 2018. 12. 31. 소득세법 개정 시 기존의 3%에서 20%로 세율을 인상하였고, 2024. 12. 31. 소득세법 개정 시 계약기간 3년 이하라는 제한도 없앴다.

(2) 방문판매업자가 방문판매원에게 지급하는 소득

보험가입자의 모집 등의 용역을 제공하는 자, 방문판매업자를 대신하여 방문판매업무를 수행하는 자 등과 같이 일정한 사업소득이 있는 경우 그 수입금액을 지급하는 자는 연말정산 절차를 거쳐 소득세를 원천징수한다(소득법 제144조의2 제1항). 방문판매원이 방문판매업자로부터 실적에 따라 지급받는 대가는 명목에 관계없이 당해 판매원의 사업소득에 해당하고, 방문판매업자는 방문판매원에게 대가를 지급할 때 원천징수하여야 한다.[113]

(3) 봉사료

사업자가 음식·숙박 등의 용역을 제공하고 그 공급가액과 함께 봉사료를 세금계산서·영수증 등에 공급가액과 구분하여 적고, 구분하여 적은 봉사료가 공급가액의 20%를 초과하는 경우로서 봉사료를 자기의 수입금액으로 계상하지 않은 경우 그 봉사료 수입금액에 대하여 5%의 세율로 원천징수한다(소득법 제127조 제1항 제8호, 소득령 제184조의2).

제4절 근로소득

1. 개요

가. 의의

근로소득은 고용관계 또는 이와 유사한 계약에 의하여 비독립적 인적용역인 근로를 제공하고 그 대가로 지급받은 소득을 의미한다. 지급형태나 명칭을 불문하고 성질상 근로의 제공과 대가관계에 있는 일체의 경제적 이익뿐 아니라 근로를 전제로 그와 밀접히 관련되어 근로조건의 내용을 이루고 있는 급여도 근로소득에 포함된다.[114] 근로의 제공과 급여 사이에 반드시 대가관계가 있어야 하는 것은 아니고 서로 연관이 있으면 된다는 의미이다. 근로소득세 대상자 중 상당수가 면세점 이하에 해당하여 근로소득세를 납부하지 않는다. 이에 따라 모든 국민은 적은 액수라도 세금을 내는 국민개세주의(國民皆稅主義)를 실현하기 위하여 면세점을 낮

---

113) 서면인터넷방문상담1팀-1619(2005. 12. 29.)
114) 대법원 2016. 10. 27. 선고 2016두39726 판결, 대법원 2018. 9. 13. 선고 2017두56575 판결

추어야 한다는 목소리가 높다.

나. 근로자의 종류

(1) 일용근로자와 일반근로자

일용근로자는 근로를 제공한 날 또는 시간에 따라 근로대가를 계산하거나 근로를 제공한 날 또는 시간의 근로성과에 따라 급여를 계산하여 받는 사람을 의미하고(소득령 제20조 제1항), 일반근로자는 일용근로자가 아닌 근로자를 의미한다. 건설공사에 종사하는 자의 경우 동일한 고용주에게 계속하여 1년 이상 고용되어 있지 않아야 하고 하역작업에 종사하는 자 또는 항만근로자의 경우 정기적으로 근로대가를 받지 않아야 하며 그 밖의 업무에 종사하는 자의 경우 동일한 고용주에게 3월 이상 계속하여 고용되지 않아야 일용근로자가 된다. 근로계약상 근로제공에 대한 시간 또는 일수나 성과에 의하지 않고 월정액으로 급여를 지급받으면 고용기간에 불구하고 일반근로자로 본다.[115]

(2) 구별실익

세법상 일용근로자와 일반근로자를 구별하는 것은 일용근로자는 수입이 불안정하여 그 지위가 열악하므로 세법상 특별한 취급을 하기 위함이다.

다. 다른 소득과의 구별

(1) 퇴직소득과의 구별

근로소득은 고용관계 중에 발생한 소득이므로 근로관계의 종료 시에 지급받는 퇴직소득과 구별된다.

(2) 기타소득과의 구별

법인으로부터 받은 소득이 근로제공과 관련되어 있으면 근로소득이고, 그렇지 않으면 기타소득이다. 근로소득과 기타소득의 구별이 문제되는 3가지 경우를 살펴보면 다음과 같다.

① 사원이 고용관계에 의하여 사보(社報)에 원고를 게재하고 받는 대가는 근로소득이나, 업무와 관계없이 독립된 자격으로 사보에 원고를 게재하고 받는 대가는 기타소득이다.

② 외국법인의 국내 자회사에서 회계팀장으로 근무하는 사람이 외국 모회사 등이 자회사 주식을 매각하는 업무를 보조하여 모회사로부터 성공보수를 받은 경우 근로 제공과 일정한 상관관계 내지 경제적 합리성에 기한 대가관계가 있으므로 근로소득에 해당한다.[116]

③ 학교에 강사로 고용되어 지급받은 급여는 근로소득이나, 일시적으로 강의를 하고 지급받은 강사료는 기타소득이다.

---

115) 소득세법 기본통칙 20-0…1
116) 대법원 2017. 9. 12. 선고 2014두7992 판결

2. 범위

가. 근로소득에 해당하는 경우

(1) 급여(소득법 제20조 제1항 제1호)

(가) 의의

근로를 제공함으로써 받는 봉급, 보수, 임금, 수당과 이와 유사한 성질의 급여는 근로소득에 해당한다. 급여를 계산하는 기간의 장단, 급여의 주기성, 급여의 지급형태 등은 묻지 않는다. 그 밖에 기밀비, 판공비, 교제비 등 각종 급여, 가족수당 등 각종 수당, 주택을 제공받음으로써 얻는 이익 등 각종 이익은 근로소득에 포함된다(소득령 제38조). 근로자가 법원의 판결, 화해 등에 의하여 부당해고기간의 급여를 일시에 지급받는 경우에는 해고기간 동안 근로를 제공하고 지급받는 근로소득으로 본다.[117] 사용자가 근로자의 소득세 등을 부담한 경우 그 금액은 당해 근로자의 근로소득에 해당한다.[118]

(나) 사이닝보너스(signing bonus)

특별한 능력이 있는 근로자가 기업과 근로계약을 체결하면서 사이닝보너스(signing bonus)를 선지급받는 경우에는 계약기간 동안 안분하여 계산한 금액을 각 과세기간의 근로소득의 수입금액으로 한다.[119]

(다) 변형급여(fringe benefit)

변형급여는 자산의 증여, 채권의 포기, 금전의 무이자대부 등과 같이 현금소득 이외의 모든 경제적 가치가 있는 이익을 말한다. 2024. 12. 31. 소득세법 개성 시 변형급여의 일종인 종업원 할인액을 근로소득으로 규정하였다(소득법 제20조 제1항 제6호).

(라) 공기업이나 사기업의 임직원에게 지급된 복지포인트

노동사건에서 공기업이나 사기업의 임직원에게 지급된 복지포인트가 근로기준법에서 말하는 임금에 해당하는지에 대하여 대법원은 사용자가 선택적 복지제도를 시행하면서 직원 전용 온라인 쇼핑사이트에서 물품을 구매하는 방식 등으로 사용할 수 있는 복지포인트를 단체협약, 취업규칙 등에 근거하여 근로자들에게 계속적·정기적으로 배정한 경우라 하더라도, 이러한 복지포인트는 근로기준법에서 말하는 임금에 해당하지 않는다고 판시하였다.[120] 그러나 과세관청은 공무원에게 지급된 복지포인트에 대하여는 비과세하고 공기업이나 사기업의 임직원에게 지급된 복지포인트에 대하여는 근로소득으로 과세하였다. 하급심 판결은 엇갈렸는바, 과세를 부정하는 판결은 선택적 복지포인트는 근로복지에 해당할 뿐 근로조건의 내용을

---

117) 소득세법 기본통칙 20-38…3
118) 소득세법 기본통칙 20-0…4
119) 소득세법 기본통칙 20-0…5
120) 대법원 2019. 8. 22. 선고 2016다48785 전원합의체 판결

이루고 있지 않으며, 복지포인트 배정을 금원의 지급으로 볼 수 없다는 논거를 제시하였고,[121] 과세를 긍정하는 판결은 소득법상 근로소득은 근로제공의 대가 이외에 근로를 전제로 그와 밀접히 관련되어 근로조건의 내용을 이루는 급여까지 포함하고 있어 근로기준법의 임금보다 더 넓은 개념이므로 선택적 복지포인트가 근로소득에 해당한다는 점을 논거로 제시하였다.[122] 대법원은 복지포인트는 직접적인 근로의 대가는 아니더라도 임직원들이 회사에 제공한 근로와 일정한 상관관계 내지 경제적 합리성에 기한 대가관계가 인정되는 급여에 해당하므로 근로소득세 과세대상이 된다고 판시하여 논란을 일단락하였다.[123]

(2) 상여(소득법 제20조 제1항 제2호)

법인의 주주총회 등의 결의에 따라 근로자가 상여로 받는 소득은 근로소득에 해당한다.

(3) 인정상여(소득법 제20조 제1항 제3호)

법인세법 제67조에 따라 상여로 소득처분된 금액은 근로소득에 해당한다. 과세관청이 사외유출된 익금산입액이 임원 또는 사용인에게 귀속된 것으로 보고 상여로 소득처분을 하면 위 규정에 따라 근로소득이 된다.[124] 예를 들어, 임직원이 회사의 자금을 횡령한 경우 상여로 소득처분하므로 임직원의 근로소득으로 과세된다. 이에 대하여 대표자의 횡령은 근로에 대한 대가로 보기 어려우므로 기타소득으로 과세하는 것이 타당하다는 비판이 있다.[125]

(4) 퇴직 시 받는 소득으로서 퇴직소득이 아닌 소득(소득법 제20조 제1항 제4호)

퇴직할 때 받는 소득 중 퇴직소득에 속하지 않는 소득은 근로소득으로 본다. 임원 퇴직금은 퇴직 직전 3년간 급여와 연평균 급여액의 10분의 1을 기초로 산정하는바, 이를 초과하는 금액은 퇴직소득이 아니라 근로소득으로 본다(소득법 제22조 제3항). 2019. 12. 31. 소득세법 개정 시 임원의 퇴직소득 한도를 계산할 때 적용되는 지급배수를 기존 3배에서 2배로 낮추어 그만큼 근로소득의 범위가 넓어졌다.

(5) 직무발명보상금(소득법 제20조 제1항 제5호)

종업원 또는 대학의 교직원이 재직 중 지급받는 직무발명보상금은 근로소득에 해당한다. 이와 달리 직무발명보상금을 퇴직 후에 지급받으면 기타소득이 된다(소득법 제21조 제1항 제22호의2).

(6) 종업원할인액(소득법 제20조 제1항 제6호)

종업원 할인제도는 기업이 재화 또는 용역을 종업원에게 시가보다 낮은 가격으로 제공하는

---

121) 대전고등법원 2023. 10. 26. 선고 2022누13617 판결
122) 서울행정법원 2023. 6. 8. 선고 2022구합51963 판결
123) 대법원 2024. 12. 24. 선고 2024두34122 판결
124) 대법원 2006. 7. 13. 선고 2004두4604 판결
125) 이철송, "법인대표자에 대한 상여처분제도의 타당성", 조세법연구 제9권 제1호, 2003, 7~36면

방법으로 종업원에게 할인액 만큼의 이익을 주는 제도이다.[126] 예를 들어, 자동차 제조회사가 종업원에게 자사 제품 승용차를 시가보다 10% 할인된 가격으로 판매하는 경우, 항공회사가 종업원에게 항공권을 시가보다 20% 할인된 가격으로 판매하는 경우, 병원이 종업원에게 일반인보다 저렴한 가격으로 진료서비스를 제공하는 경우 등이 이에 해당한다. 그동안 종업원 할인제도에 대하여는 세법 규정이 미비하여 과세의 불확실성이 존재하였는데, 2024. 12. 31. 소득세법 개정 시 근로소득으로 명시하였다. 자사 및 공정거래법상 계열사의 종업원을 대상으로 하며, 종업원이 자사 및 계열사의 재화 또는 용역을 시가보다 할인하여 공급받은 경우 할인액을 소득금액으로 한다. 여기서 시가는 할인적용 전 판매가격 또는 쇼핑몰 등 고시가격을 기준으로 하되, 동일기간 일반소비자에게 판매한 가격이 있는 경우 시가로 인정한다.

다만, 시가의 20% 또는 연 240만 원 중 큰 금액, 즉 Max(시가의 20%, 연 240만 원)을 비과세한다. 비과세를 적용받기 위하여는 종업원이 직접 소비목적으로 구매하고, 내용연수 5년 초과 품목은 2년, 그 외 품목은 1년 동안 재판매를 하지 않아야 하며, 공통지급기준에 따라 할인금액을 적용해야 한다.

(7) 주식매수선택권의 행사이익(소득령 제38조 제1항 제17호)

(가) 소득의 구분

임직원이 주식매수선택권을 법인 등에서 근무하는 기간 중 행사함으로써 얻은 이익은 근로소득이다. 주식매수선택권의 행사이익은 주식매수선택권 행사 당시 주식의 시가와 주식의 실제 매수가액의 차액으로 계산한다. 따라서 해당 주식의 가치가 많이 상승할수록 주식매수선택권 행사로 인한 근로소득이 커진다. 신주인수권도 주식에 포함된다. 외국 자회사의 국내 지점에 근무하는 사람이 외국 모회사로부터 받은 주식매수선택권 행사이익은 근로 제공과 상관관계가 있으므로 근로소득에 해당한다.[127] 이와 달리 퇴직 후 주식매수선택권을 행사하여 얻은 이익은 기타소득에 해당한다(소득법 제21조 제1항 제22호).

(나) 벤처기업에 대한 과세특례

비상장 및 코넥스 상장 벤처기업의 임직원이 부여받은 주식매수선택권 행사이익에 대하여는 일정 요건하에 연간 2억 원을 한도로 소득세를 비과세하고, 2억 원을 초과하는 금액에 대하여는 5년간 분할납부하는 특례를 적용한다(조특법 제16조의2, 제16조의3, 제16조의4). 벤처기업의 우수인재 유치를 세제상 지원하기 위함이다. 2022. 12. 31. 조특법 개정 시 비과세 한도를 연간 5,000만 원에서 2억 원으로 상향하고, 과도한 혜택을 제한하기 위하여 누적한도 5억 원을 도입하였다. 종전에는 시가 이하 발행의 경우 과세이연을 허용하지 않았으나, 2021. 12. 21.

---

126) 종업원할인액 과세에 대한 자세한 내용은 이중교, "종업원 할인의 과세문제에 대한 연구", 「저스티스」 통권 제205호, 2024, 491~517면 참조.
127) 대법원 2007. 10. 25. 선고 2007두1941 판결.

조특법 개정 시 스톡옵션 행사가액이 해당 주식의 액면가액 이상일 것, 1명당 시가 이하 발행에 따른 이익이 5억 원 이하일 것 등 2가지 요건을 충족하는 경우 시가 이하 발행을 허용하였다(조특령 제14조의4).

나. 근로소득에 해당하지 않는 경우

사업자가 종업원에게 지급한 경조금 중 사회통념상 타당하다고 인정되는 범위 내의 금액은 근로소득에 해당하지 않는다(소득칙 제10조 제1항).

3. 비과세 및 감면

가. 비과세(소득법 제12조 제3호)

사병이 받는 급여, 각종 보상금, 학자금, 실비변상적 성질의 급여, 복리후생적 성질의 급여에 대하여는 소득세를 비과세한다. 종전에 기업의 출산지원금은 20만 원 한도에서 비과세하였으나, 2024. 12. 31. 소득세법 개정 시 한도를 폐지하였다. 근로자 본인 또는 배우자의 출산과 관련하여 출생일 이후 2년 이내에 공통지급규정에 따라 사용자로부터 2회 이내 지급받아야 한다. 조세회피에 이용하는 것을 방지하기 위하여 친족인 특수관계자가 출산과 관련하여 지급받는 경우에는 적용하지 않는다.

나. 감면

청년, 60세 이상 노인, 장애인, 경력단절 여성이 중소기업(비영리기업 포함)에 취업하여 취업일부터 3년(청년의 경우에는 5년) 동안 받는 근로소득의 경우 소득세의 70%(청년의 경우에는 90%)를 200만 원을 한도로 한시적으로 감면한다(조특법 제30조 제1항).

4. 근로소득공제

가. 일반근로자

근로소득이 있는 거주자에 대해서는 해당 과세기간에 받는 총급여액에서 급여액의 범위에 따라 2%부터 70%까지에 해당하는 근로소득공제를 뺀다(소득법 제47조 제1항). 근로소득의 필요경비를 표준화하여 근로소득공제를 하는 것이므로 일종의 개산공제에 해당한다. 근로소득공제는 2,000만 원이 한도이므로 이를 초과하는 금액은 공제되지 않는다. 근로소득자의 총급여액이 공제액에 미달하면 납부세액이 없게 된다(소득법 제47조 제3항).

나. 일용근로자

일용근로자에 대한 공제액은 1일 15만 원이다(소득법 제47조 제2항). 따라서 일용근로자가 매일 근무하는 경우 월 450만 원까지는 납부세액이 없다.

5. 과세방법

가. 일반근로자

매월 근로소득 간이세액표를 적용하여 원천징수하고 다음 연도 2월분 근로소득을 지급할 때 연말정산한다(소득법 제129조 제3항, 제137조, 소득령 제194조 제1항). 근로소득 간이세액표는 근로자에게 지급되는 근로소득에 대한 소득세를 원천징수할 때 적용되는 세액표로서 원천징수하는 소득세는 근로자의 급여액, 부양가족 수 등을 반영하여 산정한다. 근로자는 간이세액표에 의한 원천징수세액을 80%로 줄이거나 120%로 늘릴 수 있다. 근로자가 근로소득 외에 다른 종합소득이 있는 경우에는 다음 연도 5. 1.부터 5. 31.까지 사이에 확정신고를 하여야 한다.

나. 일용근로자

일용근로자의 근로소득은 분리과세하고 6%의 세율로 원천징수한다(소득법 제14조 제3항 제2호, 제129조 제1항 제4호). 일용근로자의 열악한 지위를 고려하여 낮은 세율로 분리과세하는 것이다.

6. 근로장려세제

가. 의의

근로장려세제(Earned Income Tax Credit: EITC)는 저소득자의 근로를 장려하고 소득을 지원하기 위하여 근로장려금을 환급하는 제도이다. 총급여액보다 공제액이 많은 사람은 어차피 납부세액이 없으므로 세금 측면에서는 더 열심히 일할 유인을 찾기 어려워진다. 이와 같이 납부세액이 없는 저소득자를 대상으로 소득이 증가하면 그에 대응하여 더 많은 금액을 환급하도록 설계하여 근로의욕을 고취하는 제도가 근로장려세제이다. 납부세액이 없는 저소득층에 대하여 소득을 환급하므로 부(負)의 소득세(Negative Income Tax: NIT)[128]의 일종이다. 근로장려세제는 무상복지제도와 비교하여 근로의욕을 고취하는 장점이 있으므로 요건을 완화하고 근로장려금을 증액하는 등 지속적으로 제도를 강화하고 있다.

나. 요건

(1) 가구 요건

전년도 12. 31. 기준으로 근로소득, 사업소득, 종교인소득이 있는 가구로 ① 배우자, 부양자녀, 70세 이상 직계존속이 없는 단독가구, ② 배우자의 총급여액 등이 300만 원 미만인 가구, 부양자녀 또는 70세 이상 직계존속이 있는 홀벌이가구 ③ 배우자의 총급여액 등이 300만 원 이상인 맞벌이가구이어야 한다(조특법 제100조의3 제1항).

---

128) 부(負)의 소득세는 밀턴 프리드먼(Milton Friedman)에 의하여 주장된 개념으로 조세와 복지급여를 연계하여 일정소득 이하의 사람들에게 소득세를 환급하는 제도를 의미한다.

(2) 총소득 요건

연간 총소득 합계액이 단독가구는 2,200만 원 미만, 홑벌이 가구는 3,200만 원 미만, 맞벌이 가구는 4,400만 원 미만이어야 한다. 총소득은 사업소득과 근로소득, 기타소득, 이자·배당·연금소득을 합한 금액이다(조특법 제100조의3 제1항 제2호).

(3) 재산 요건

전년도 6. 1. 기준으로 가구원 모두가 소유한 재산 합계액이 2억 4,000만 원 미만이어야 한다(조특법 제100조의3 제1항 제4호). 재산 합계액에는 주택, 토지, 건축물, 승용자동차, 전세금, 금융재산, 유가증권, 골프 회원권, 부동산을 취득할 수 있는 권리 등이 포함된다.

(4) 적용배제

위 3가지 요건을 충족하더라도 전년도 12. 31. 기준으로 외국인, 전년도에 다른 거주자의 부양자녀인 자는 제외된다(조특법 제100조의3 제2항). 국민기초생활보장 수급자와 자영업자는 근로장려금을 받을 수 있으나, 변호사, 의사 등 전문직 사업자와 그 배우자는 적용대상에서 제외된다.

다. 근로장려금 산정(조특법 제100조의5 제1항)

단독가구는 400만 원 미만, 400만 원 이상 900만 원 미만, 900만 원 이상 2,000만 원 미만의 3구간으로 구분하며, 최대 지급액은 165만 원이다. 홑벌이 가구는 700만 원 미만, 700만 원 이상 1,400만 원 미만, 1,400만 원 이상 3,000만 원 미만의 3구간으로 구분하며, 최대 지급액은 285만 원이다. 맞벌이 가구는 800만 원 미만, 800만 원 이상 1,700만 원 미만, 1,700만 원 이상 3,600만 원 미만의 3구간으로 구분하며, 최대 지급액은 350만 원이다. 재산 합계액이 1억 7,000만 원 이상인 경우에는 산정된 근로장려금의 50%만 지급한다(조특법 제100조의5 제4항).

제5절 연금소득

1. 의의

가. 개념

연금소득은 일정기간 동안 연금기여금이나 연금보험료를 납부한 후 노령, 사망 등의 사유가 발생한 경우 본인 또는 유족이 정기적으로 지급받는 소득을 말한다. 우리나라가 본격적인 고령사회에 진입함에 따라 연금소득은 국민의 노후대비를 위하여 중요한 역할을 한다. 이에 따라 연금소득에 대한 과세체계를 개편하여 연금소득에 대한 세제지원을 강화하고 있다. 연금제도는 공적기관이 운용하는 공적연금제도와 민간기관이 운용하는 사적연금제도로 구분된다. 공적연금에는 국민연금, 공무원연금, 사학연금, 군인연금 등이 있고, 사적연금에는 퇴직연금, 연금저축신탁, 연금저축펀드, 연금저축보험 등이 있다.

나. 연금소득의 과세방법

연금소득의 과세방법에는 납입연도 과세방식(TEE: Taxation – Exemption – Exemption)과 수령연도 과세방식(EET: Exemption – Exemption – Taxation)이 있다.

납입연도 과세방식은 연금기여금이나 연금보험료 납입액에 대하여 소득공제 또는 세액공제를 적용하지 않고, 그 대신 연금 운용수익이 발생할 때 및 연금을 수령할 때 비과세하는 방식이다. 반면, 수령연도 과세방식은 연금기여금이나 연금보험료 납입액에 대하여 소득공제 또는 세액공제를 적용하고, 그 대신 연금 운용수익이 발생할 때 및 연금을 수령할 때 과세하는 방식이다.

우리나라는 과거 납입연도 과세방식을 시행하였으나 2002년부터 수령연도 과세방식으로 전환하였다. 수령연도 과세방식은 소득발생시기와 과세시기가 일치되므로 소득세 이론에 더 부합한 것으로 평가된다.

2. 범위(소득법 제20조의3 제1항)

가. 공적연금소득(소득법 제20조의3 제1항 제1호)

공적연금은 공적연금 관련법에 따라 연금관리주체가 국가 또는 공공기관인 연금으로서 가입이 의무화되어 있는 연금을 말한다. 공적연금은 국민연금과 특수직역연금으로 구분되며, 특수직역연금에는 공무원연금, 군인연금, 사립학교교직원연금 등이 있다.

나. 연금저축계좌 등에서 연금수령하는 연금(소득법 제20조의3 제1항 제2호)

(1) 의의

연금계좌는 연금저축계좌와 퇴직연금계좌를 의미한다. 연금저축계좌는 연금저축이라는 명칭으로 설정하는 계좌로서 보험회사가 취급하는 연금저축보험, 자산운용사가 취급하는 연금저축펀드, 은행이 취급하는 연금저축신탁 등이 있다. 퇴직연금계좌는 확정기여형(DC), 개인형(IRP) 등 퇴직연금급여를 지급받기 위하여 설정하는 계좌를 말한다. 연금저축계좌와 개인형(IRP) 퇴직연금계좌를 합하여 1,800만 원까지 납입할 수 있다.

(2) 적용대상

원천징수되지 않은 이연퇴직소득, 소득공제나 세액공제를 받은 연금계좌 납입액, 연금계좌 운용실적에 따라 증가된 금액을 연금수령하는 경우에는 연금소득으로 과세한다. 이연퇴직소득은 퇴직소득이 퇴직일 현재 연금계좌에 있거나 연금계좌로 지급되는 경우, 퇴직하여 지급받은 날부터 60일 이내에 연금계좌에 입금되는 경우의 해당 퇴직소득을 의미한다. 퇴직소득을 연금으로 수령하도록 유도하기 위하여 이연퇴직소득에 대하여 원천징수를 하지 않는다.

(3) 연금수령

연금수령은 다음 요건을 갖춘 것을 의미한다(소득령 제40조의2 제3항).

① 가입자가 55세 이후 연금수령 개시를 신청한 후 인출할 것

② 연금계좌 가입일부터 5년이 경과된 후에 인출할 것(이연퇴직소득이 연금계좌에 있는 경우에는 예외이다)

③ 과세기간 개시일 현재 연금수령한도 이내에서 인출할 것

다만 의료목적으로 인출한 경우, 부득이한 사유로 인출한 경우에는 예외적으로 연금수령으로 인정한다(소득법 제14조 제3항, 소득령 제20조의2).

위와 같이 연금수령이 요건이므로 연금 외 수령하는 경우에는 연금소득으로 분류하지 않는다. 연금 외 수령은 연금계좌에서 일시금으로 수령하거나 연금수령한도를 초과하여 인출하는 것을 말한다(소득령 제40조의2 제5항). 가령 이연퇴직소득을 연금 외 수령하는 경우에는 퇴직소득으로 과세하고, 연금저축과 퇴직연금을 연금 외 수령하는 경우, 연금계좌의 운용수익을 연금 외 수령하는 경우에는 기타소득으로 과세한다.

(4) 연금계좌에서 금액 일부가 인출되는 경우 인출 순서

연금계좌에서 금액 일부가 인출되는 경우에는 ① 과세제외금액(공제를 받지 않은 금액), ② 이연퇴직소득, ③ 연금계좌 및 운용수익 순서에 따라 인출되는 것으로 본다(소득령 제40조의3 제1항). 예를 들어, 연금계좌에 2억 원이 있는데, 그중 세액공제를 받지 않은 금액이 1,000만 원, 퇴직소득을 연금계좌에 옮겨놓은 금액이 1억 6,000만 원, 세액공제를 받은 금액이 2,500만 원, 운용수익이 500만 원 경우 급히 돈이 필요해서 1억 8,000만 원을 인출한 경우 세액공제를 받지 않은 금액 1,000만 원, 퇴직소득을 연금계좌에 옮겨놓은 금액 1억 6,000만 원, 세액공제를 받은 금액 1,000만 원을 인출한 것으로 본다. 인출된 금액이 연금수령한도를 초과하는 경우에는 연금수령분이 먼저 인출되고 그 다음으로 연금 외 수령분이 인출되는 것으로 본다(소득령 제40조의3 제3항).

(5) 과세제외금액의 인출 순서

과세제외금액은 ① 당해 과세기간에 납입한 연금보험료, ② 개인자산종합관리계좌(individual savings account, ISA)[129] 전환금액, ③ 연금계좌세액공제 한도 초과 납입액, ④ 그 밖에

---

129) 개인자산종합관리계좌(ISA)는 다양한 금융상품을 한 계좌에서 운용할 수 있는 금융상품으로서 그 가입을 유도하기 위하여 일정한 세제혜택을 부여한다.

해당 연금계좌에 납입한 연금보험료 중 연금계좌세액공제를 받지 않은 금액의 순서에 따라 인출되는 것으로 본다(소득령 제40조의3 제2항).

다. 위 "나."의 소득과 유사하고 연금형태로 받는 소득

연금소득에 대한 유형별 포괄주의로서 그 구체적인 내용을 대통령령에 위임하고 있으나, 아직 대통령령에서 규정하고 있지 않다.

3. 연금소득공제 및 과세방법

가. 연금소득공제

연금소득이 있는 거주자에 대해서는 해당 과세기간의 총급여액에서 급여액의 수준에 따라 10%부터 100%까지의 금액을 연금소득공제로 뺀다(소득법 제47조의2 제1항). 공제액의 한도가 900만 원이므로 900만 원을 초과하는 금액은 공제를 받지 못한다.

나. 과세방법

(1) 공적연금

매월 연금소득 간이세액표를 적용하여 원천징수하고 다음 연도 2월분의 연금소득을 지급할 때 연말정산한다(소득법 제129조 제1항 제5호, 제3항, 제143조의4 제1항). 근로자가 연금소득 외에 다른 종합소득이 있는 경우에는 다음 연도 5.1.부터 5.31.까지 확정신고를 하여야 한다.

(2) 사적연금

연금소득을 지급할 때 나이에 따라 70세 미만은 5%, 70세 이상 80세 미만은 4%, 80세 이상은 3%의 세율로 원천징수한다(소득법 제129조 제1항 제5호의2 가목). 사망할 때까지 연금수령하는 종신계약에 따라 받는 연금소득에 대해서는 4%의 세율로 원천징수한다(소득법 제129조 제1항 제5호의2 다목). 이연퇴직소득을 연금수령하는 경우의 연금소득에 대해서는 연금 실제 수령연차가 10년 이하인 경우에는 연금 외 수령 원천징수세율의 70%, 연금 실제 수령연차가 10년을 초과하는 경우에는 연금 외 수령 원천징수세율의 60%로 원천징수한다(소득법 제129조 제1항 제5호의3).

사적연금소득이 연 1,500만 원 이하인 경우 종합과세와 분리과세 중 선택할 수 있고, 연 1,500만 원을 초과하는 경우에도 종합과세와 15% 분리과세 중 선택할 수 있다(소득법 제14조 제3항 제9호, 제64조의4). 선택적 분리과세의 기준금액이 당초 연 1,200만 원이었으나, 2023. 12. 31. 소득법 개정 시 1,500만 원으로 올렸다.

1. 의의

기타소득은 종합소득 중 이자소득, 배당소득, 사업소득, 근로소득, 연금소득 이외에 소득세법에서 기타소득으로 열거한 소득을 말한다. 이름을 기타소득으로 붙였을 뿐 이자소득, 배당소득, 사업소득, 근로소득, 연금소득 이외의 나머지 모든 소득을 의미하는 것이 아니라 기타소득으로 열거한 소득을 의미한다.

열거주의가 적용되기 때문에 기타소득으로 열거되지 않은 소득에 대하여는 기타소득으로 과세할 수 없다. 기타소득은 주로 일시적·우발적인 소득을 과세대상으로 한다. 이 점에서 계속적·반복적으로 발생하는 소득을 과세대상으로 하는 사업소득과 구분된다.

2. 범위

가. 상금 등(소득법 제21조 제1항 제1호, 제2호, 제3호, 제4호)

상금, 현상금, 포상금, 보로금(報勞金)[130] 또는 이에 준하는 금품, 복권, 경품권, 그 밖의 추첨권에 당첨되어 받는 금품, 사행행위에 참가하여 얻은 재산상의 이익, 승마투표권, 승자투표권, 소싸움경기투표권 및 체육진흥투표권의 구매자가 받는 환급금 등은 기타소득이다.

사행행위는 여러 사람으로부터 재물이나 재산상의 이익을 모아 우연적 방법으로 득실을 결정하여 재산상의 이익이나 손실을 주는 행위를 말한다(사행행위규제법 제2조 제1항 제1호). 사행행위의 적법 또는 불법 여부를 따지지 않고 그로 인해 얻은 소득은 기타소득으로 과세한다.

나. 저작자 이외의 자의 저작권 양도대가 등(소득법 제21조 제1항 제5호, 제6호)

저작권을 상속·증여받거나 양수한 자, 즉 저작자 이외의 자가 저작권 또는 저작인접권의 양도 또는 사용의 대가로 받는 금품, 영화필름, 라디오·텔레비전방송용 테이프 또는 필름 등의 자산 또는 권리의 양도·대여 또는 사용의 대가로 받는 금품 등은 기타소득이다. 저작인접권은 저작권과 유사한 권리로서 실연자, 음반제작자, 방송사업자에게 귀속되는 권리를 의미한다(저작권법 제64조). 이에 비해 저작자가 그 권리의 사용대가로 받는 금품 등은 소득세법 제21조 제1항 제15호에 규정한 기타소득에 해당한다.

---

130) 보로금은 노고에 대한 보상으로 지급하는 금액이라는 의미로 각 분야에서 다양한 의미로 사용된다. 국가보안법상 보로금 등에 대하여는 비과세한다. 금융업계에서는 특별보너스나 성과급의 개념으로 사용하기도 하나, 이는 근로소득이므로 기타소득의 하나로 규정된 보상금은 그 성격상 기타소득으로 구분할 수 있는 소득으로 한정된다.

다. 광업권, 영업권 등의 양도대가 등(소득법 제21조 제1항 제7호)

(1) 의의

광업권, 어업권, 상표권, 영업권, 토사석의 채취허가에 따른 권리, 지하수의 개발·이용권, 그 밖에 이와 유사한 자산이나 권리를 양도하거나 대여하고 그 대가로 받는 금품 등은 기타소득이다. 이 중 상표권은 상표법에 따른 상표, 서비스표, 단체표장, 지리적 표시 등에 관한 권리를 말한다(소득령 제41조 제2항). 토사석의 채취허가에 따른 권리에는 토지와 함께 양도하는 토사석의 채취허가에 따른 권리를 포함하고, 지하수개발·이용권에는 토지 등과 함께 양도하는 지하수개발·이용권을 포함한다(소득령 제41조 제5항, 제6항).

(2) 영업권

영업권은 ① 행정관청으로부터 인허가, 면허 등을 받음으로써 얻는 경제적 이익, ② 사업소득이 발생하는 점포를 임차하여 점포임차인으로서의 지위를 양도함으로써 얻는 경제적 이익을 의미하는 점포임차권을 의미한다(소득령 제41조 제3항, 제4항). 이 중 "①"이 본래 의미의 영업권이고 "②"는 사법상 권리금[131]에 해당한다. 이와 같이 기타소득 과세대상인 영업권에는 권리금이 포함된다. 위 "②"는 과거에 기타자산으로서 양도소득 과세대상자산으로 규정하였으나, 1996. 12. 31. 소득세법 시행령 개정 시 일시재산소득(현재의 기타소득)으로 규정하였다. 판례 중에는 甲과 乙이 나이트클럽을 동업하기로 약정하고 호텔 지하층을 乙명의로 임차하여 나이트클럽을 운영한 경우 나이트클럽의 임차권은 조합재산에 속하므로 조합원 甲은 점포임차인의 지위를 가지게 되어 그 지분을 양도한 경우 기타소득에 해당한다고 판시한 것이 있다.[132] 영업권만 양도하고 받는 대가는 기타소득이나, 사업용 고정자산과 영업권을 함께 양도하고 받는 대가는 양도소득에 해당한다(소득법 제94조 제1항 제4호 가목).

라. 물품 등의 사용료(소득법 제21조 제1항 제8호, 제8호의2)

물품, 유가증권 또는 장소를 일시적으로 대여하고 사용료로서 받는 금품, 통신판매중개자를 통하여 물품 또는 장소를 대여하고 사용료로서 받은 연간 수입금액 500만 원 이하의 금품은 기타소득이다. 통신판매중개자를 통하여 물품 또는 장소를 대여하는 것은 공유사무실을 의미하고, 그 이용을 촉진하기 위하여 연간 수입금액이 500만 원 이하인 경우에는 사업소득보다 유리한 기타소득으로 분류한 것이다. 연간 수입금액이 500만 원을 초과하면 사업소득으로 분류된다.

---

131) 상가건물임대차보호법 제10조의3 제1항은 권리금에 대하여 규정하고 있다. 권리금은 구 임차인과 신 임차인 사이에 주고받는 금품이라는 점에서 임차인과 임대인 사이에 주고받는 보증금과 차이가 있다.
132) 대법원 1989. 10. 24. 선고 89누3175 판결

마. 공익사업 관련 지역권·지상권 설정 등으로 인하여 발생하는 소득(소득법 제21조 제1항 제9호)

공익사업과 관련 없는 지역권·지상권을 설정하거나 대여함으로써 발생하는 소득은 사업소득이나, 공익사업과 관련하여 지역권·지상권을 설정하거나 대여함으로써 발생하는 소득이 기타소득이다. 과거에는 공익사업과 관련 없는 지역권·지상권을 설정하거나 대여함으로써 발생하는 소득도 기타소득으로 규정하였으나, 2017. 12. 19. 소득세법을 개정하여 공익사업과 관련 없는 지역권·지상권을 설정하거나 대여함으로써 발생하는 소득은 사업소득으로 규정하였다.

바. 위약금, 배상금, 부당이득 반환 시 지급받는 이자(소득법 제21조 제1항 제10호)

(1) 위약금, 배상금의 의의

위약금(違約金)은 재산권에 관한 계약의 위약으로 받는 손해배상으로서 계약을 체결할 때 채무불이행의 경우에 채무자가 채권자에게 지급하기로 약정한 돈이고, 배상금은 재산권에 관한 계약의 해약으로 받는 손해배상으로서 계약의 해지·해제로 입은 손해를 갚아주는 돈이다. 기타소득 과세대상이 되는 위약금과 배상금은 순자산의 증가가 있는 경우를 의미하므로 단순한 손해 그 자체를 배상받은 것으로서 순자산의 증가가 없는 경우에는 과세하지 않고, 순자산의 증가를 초래하는 위약금과 배상금만을 과세대상으로 삼는다.

(2) 위약금, 배상금의 요건

(가) 재산권에 관한 계약

재산권에 관한 계약이어야 한다. 교통사고로 신체상의 상해를 입어서 지급된 보험금에 대한 지연손해금은 재산권에 관한 계약에서 발생한 것이 아니므로 기타소득 과세대상이 아니다.[133] 재산권에 관한 계약은 엄격한 의미의 계약만을 가리키므로 합자회사 사원이 퇴사 시 지급받은 지분환급금의 지연손해금은 기타소득에 해당되지 않는다.[134]

(나) 계약의 위약 또는 해약으로 인한 금품 수령

계약의 위약 또는 해약으로 인하여 금품 등을 받아야 한다. 계약과 관련하여 보험금의 지급 사유가 발생하였음에도 보험금 지급이 지체됨에 따라 받는 손해배상을 포함한다(소득령 제41조 제8항 괄호부분). 당초 재산권에 관한 계약과 관계 없이 소송상 화해로 비로소 발생하는 의무의 위반을 원인으로 받은 배상금은 기타소득 과세대상이 아니다.[135]

---

133) 대법원 2008. 6. 26. 선고 2006다31672 판결
134) 대법원 1993. 6. 22. 선고 91누8180 판결
135) 대법원 2014. 1. 23. 선고 2012두3446 판결

(다) 본래의 계약의 내용이 되는 지급 자체에 대한 손해를 넘는 손해 배상

① 소득세법 시행령 제41조 제8항 전문(前文)

손해배상으로서 명목여하에 불구하고 본래의 계약의 내용이 되는 지급 자체에 대한 손해를 넘는 손해를 배상받아야 한다. '본래의 계약의 내용이 되는 지급 자체에 대한 손해를 넘는 손해'란 계약 상대방의 채무불이행으로 인하여 발생한 재산의 실제 감소액(적극적 손해)을 넘는 손해배상액(소극적 손해), 즉 채무가 이행되었더라면 얻었을 재산의 증가액을 보전받는 것을 의미한다. 위약금과 배상금의 수령자가 당초 계약을 통하여 지급한 것보다 많은 금액을 수령하였더라도 현실적인 손해를 전보하기 위하여 지급된 것은 순자산의 증가가 없으므로 기타소득 과세대상이 아니다.[136] 예를 들어, 금전채무의 불이행으로 인한 지연손해금과 관련하여 변제기까지의 이자는 본래의 계약의 내용이 되는 지급 자체에 대한 손해로서 기타소득이 아니고, 변제기 이후의 지연손해금은 기타소득에 해당한다.[137]

② 소득세법 시행령 제41조 제8항 후문(後文)

계약의 위약 또는 해약으로 반환받은 금전 등의 가액이 계약에 따라 당초 지급한 총금액을 넘지 않는 경우에는 지급 자체에 대한 손해를 넘는 금전 등의 가액으로 보지 않는다. 예를 들어, 매수인이 매도인과 매매계약을 해약하면서 당초 지급한 매매대금 상당액을 넘지 않는 금액을 지급받으면 기타소득이 없는 것이고, 당초 지급한 매매대금 상당액을 넘는 금액을 지급받으면 그 초과액은 기타소득에 해당한다.[138] 소득세법 시행령 제41조 제8항 후문은 이자의 성격과 손해배상의 성격을 아울러 가지는 매매계약 해약 시의 반환금에 가산하는 이자상당액을 기타소득으로 규정하여 집행상의 혼란을 방지하고, 매수자의 귀책사유로 매매계약이 해지되는 경우 매도자에게 귀속되는 해약금과 매수자에게 귀속되는 반환금에 대한 이자상당액을 상계함으로써 하나의 계약해제로 인하여 쌍방 모두에게 기타소득이 발생되는 문제점을 해소하기 위한 취지로 입법된 것이다.[139] 예를 들어, A가 B에게 토지를 100억 원에 매도하면서 계약금을 10억 원으로 하고 B가 위약하는 경우에는 A에게 계약금이 귀속하고 A가 위약하는 경우에는 계약금의 배액인 20억 원을 반환하기로 약정을 체결하였는데, A가 B로부터 매매대금 중 50억 원을 지급받은 상태에서 B의 귀책사유로 매매계약이 해제된 경우 A에게 귀속되는 돈은 위약금 10억 원이고 B에게 귀속되는 돈은 매매대금 중 위약금을 뺀 40억 원과 그에 대한 이자 4억 원이라고 할 경우 서로 주고받을 돈을 상계함으로써 A의 기타소득은 6억 원 (10억 원 - 4억 원)이 되고, B의 기타소득은 없게 된다.

---

136) 헌재 2010. 2. 25. 선고 2008헌바79 결정
137) 대법원 1997. 3. 28. 선고 95누7406 판결
138) 대법원 1998. 5. 22. 선고 97누14293 판결
139) 재정경제부, 「2000 간추린 개정세법」, 2001, 113면

(3) 부당이득 반환 시 지급받는 이자

2014. 2. 23. 소득세법 개정 시 부당이득 반환 시 지급받는 이자를 기타소득의 하나로 추가하였다. 민법 제741조에 의하면 법률상 원인 없이 타인의 재산 또는 노무로 이익을 얻고 이로 인하여 타인에게 손해를 가한 자는 그 이익을 반환하여야 하는바, 그 반환범위는 수익자가 그러한 사실을 알고 있었는지 여부에 따라 다르다. 선의(善意)의 수익자는 그 받은 이익이 현존한 한도에서 반환책임이 있고, 악의(惡意)의 수익자는 그 받은 이익에 이자를 붙여 반환하고 손해가 있으면 배상하여야 한다(민법 제748조). 악의의 수익자는 그 받은 이익에 이자를 붙여 반환하여야 하는바, 이러한 이자부분은 부당이득반환청구권자의 입장에서 보면 본래의 손해를 초과하여 지급받는 것으로서 위약금이나 해약금과 유사하므로 기타소득으로 과세한다. 위약금이나 배상금에 해당하지 않더라도 부당이득 반환 시 이익이 생기면 기타소득으로 과세할 수 있도록 하기 위한 취지이다.[140]

(4) 관련 판례

① 부동산 매매계약 체결 후 매수인의 채무불이행으로 매매계약을 합의해제한 경우[141]

부동산에 대한 매매계약을 체결한 후 계약금과 중도금을 수령하고 잔금을 지급받지 못한 상태에서 매수인의 채무불이행으로 매매계약을 합의해제하면서 매도인이 매수인으로부터 손해배상금 명목으로 금원을 지급받은 사안에서, 대법원은 그 금원이 매도인이 입은 현실적인 손해를 전보하기 위하여 지급된 것이므로 기타소득 과세대상이 아니라고 판시하였다.

② 주식 매매계약 체결 후 매수인의 채무불이행으로 주식매매약정을 해제한 경우[142]

주식에 대한 매매계약을 체결하고 매수인의 채무불이행으로 매도인이 주식매매약정을 해제하였다. 주식매매약정을 체결한 시점에는 주가가 주당 130,000원이었으나, 주식매매약정을 해제한 시점에는 주가가 주당 34,418원으로 하락하였다. 매도인이 매수인으로부터 매도일부터 해제일까지의 주가하락분 상당액을 손해배상금으로 지급받은 사안에서, 대법원은 매도인이 입은 현실적인 손해를 전보하기 위하여 지급된 것이므로 기타소득 과세대상이 아니라고 판시하였다.[143]

③ 수탁보증인이 보증채무 이행 후 주채무자에 대한 구상권 행사로서 수령한 법정이자 및 지연손해금[144]

수탁보증인이 보증채무를 이행한 다음 주채무자에 대한 구상권 행사로서 법정이자 및 지연

---

140) 강석규, 조세법쟁론(2023), 928~929면
141) 대법원 2004. 4. 9. 선고 2002두3942 판결
142) 대법원 2007. 4. 13. 선고 2006두12692 판결
143) 대법원 2007. 4. 13. 선고 2006두12692 판결
144) 대법원 1997. 9. 5. 선고 96누16315 판결

손해금을 수령한 경우 지연손해금은 위약금과 배상금에 해당하나, 법정이자는 이자의 일종으로서 위약금과 배상금에 해당하지 않는다. 또한 퇴직금지급채무의 이행지체로 인한 지연손해금도 재산권에 관한 계약의 위약 또는 해약으로 인하여 받는 손해배상으로서 기타소득에 해당한다.[145]

사. 유실물의 습득으로 인한 보상금 등(소득법 제21조 제1항 제11호, 제12호, 제14호)

유실물의 습득 또는 매장물의 발견으로 인하여 보상금을 받거나 새로 소유권을 취득하는 경우 그 보상금 또는 자산, 소유자가 없는 물건의 점유로 소유권을 취득하는 자산, 슬롯머신 등을 이용하는 행위에 참가하여 받는 당첨금품 등에 대하여는 기타소득으로 과세한다.

아. 특수관계인으로부터 받는 경제적 이익(소득법 제21조 제1항 제13호)

거주자, 비거주자, 법인의 특수관계인이 그 특수관계로 인하여 거주자, 비거주자, 법인으로부터 받는 경제적 이익으로서 급여, 배당, 증여로 보지 않는 금품은 기타소득이다. 특수관계인은 해당 거주자의 제98조 제1항에 따른 특수관계인, 해당 비거주자의 국조법 시행령 제2조 제1항에 따른 특수관계인, 해당 법인의 법인세법 시행령 제2조 제5항에 따른 특수관계인을 말한다(소득령 제41조 제9항). 경제적 이익은 소득처분되는 배당·상여 외에 법인 또는 개인의 사업용 자산을 무상 또는 저가로 이용함으로 인하여 개인이 받는 이익, 노동조합 및 노동관계조정법을 위반하여 지급받는 급여를 말한다(소득령 제41조 제10항). 이에 따라 노조전임자가 근로시간 면제한도를 초과하여 지급받은 급여는 기타소득으로 과세한다.

자. 원작자가 받는 원고료 등(소득법 제21조 제1항 제15호)

원작자가 받는 원고료, 저작권사용료인 인세, 미술·음악 또는 사진에 속하는 창작품에 대하여 받는 대가 등은 기타소득이다. 원고료, 인세 등은 일시적이고 우발적인 소득을 의미하므로 전문작가 등이 계속적·반복적으로 작품활동을 통하여 얻는 원고료, 인세 등은 소득세법 제19조 제1항 제17호 소정 "예술, 스포츠 및 여가 관련 서비스업에서 발생하는 소득"으로서 사업소득에 해당한다.

차. 재산권에 관한 알선 수수료(소득법 제21조 제1항 제16호)

재산의 매매, 양도, 교환, 임대차계약 기타 이와 유사한 계약을 알선하고 받는 수수료는 기타소득이다. 알선 수수료는 일시적이고 우발적인 소득을 의미하므로 공인중개사 등과 같이 중개와 알선업무를 계속적·반복적으로 수행하고 받는 수수료는 소득세법 제19조 제1항 제17호 소정 "예술, 스포츠 및 여가 관련 서비스업에서 발생하는 소득"으로서 사업소득에 해당한다.

---

145) 대법원 2006. 1. 12. 선고 2004두3984 판결

카. 사례금과 인적용역의 일시적 대가(소득법 제21조 제1항 제17호, 제18호)

(1) 의의

사례금은 사무처리 또는 역무제공 등과 관련하여 감사의 뜻으로 지급되는 금품을 의미한다.[146] 사례금에는 의무 없는 자가 타인을 위하여 사무를 관리하고 그 대가로 지급받는 금품, 근로자가 자기의 직무와 관련하여 사용자의 거래선 등으로부터 지급받는 금품, 재산권에 관한 알선수수료 외의 계약 또는 혼인을 알선하고 지급받는 금품 등이 포함된다.[147] 이에 비해 인적용역의 일시적 대가는 강연, 심사 등 전문지식, 특별한 기능을 가진 자가 그 지식 또는 기능을 활용하여 용역을 제공하고 받는 보수나 그 밖의 대가를 의미한다. 인적용역의 일시적 대가는 고용관계 없이 다수인에게 강연하고 받는 강연료 등, 라디오·텔레비전 등을 통하여 해설, 계몽 또는 연기의 심사 등을 하고 받는 보수, 변호사, 공인회계사, 세무사 등 전문적 지식 또는 특별한 기능을 가진 자가 용역을 제공하고 받는 대가 등이 포함된다. 인적용역의 일시적 대가는 일시적이고 우발적인 소득을 의미하므로 인적용역을 계속적·반복적으로 제공하고 받는 대가는 사업소득에 해당한다.

(2) 구별실익

필요경비의 계산에서 인적용역의 일시적 대가는 총수입금액의 60%를 공제하고, 사례금은 일반원칙에 따라 실제 지출된 비용을 공제한다. 당초 총수입금액의 80%를 필요경비로 공제하였다가 70%로 줄였으며 2019. 1. 1.부터 총수입금액의 60%를 필요경비로 공제한다. 이와 같이 총수입금액에서 공제하는 필요경비에 차이가 있으므로 양자의 구별실익이 있다.

(3) 구별기준

어떤 소득이 사례금인지 또는 인적용역의 일시적 대가인지 여부는 당해 금품 수수의 동기 및 목적, 상대방과의 관계, 금액 등을 종합적으로 고려하여 판단하여야 한다. 대체로 인적용역의 일시적 대가는 용역의 내용이 전문적이라는 점에서 사례금과 구별된다. 인적용역의 대가가 제공한 역무나 사무처리의 내용, 당해 금품 수수의 동기와 실질적인 목적, 금액의 규모 및 상대방과의 관계 등을 종합적으로 고려할 때, 용역제공에 대한 보수 등 대가의 성격뿐 아니라 사례금의 성격까지 함께 가지고 있어 전체적으로 용역에 대한 대가의 범주를 벗어난 것으로 인정될 경우에는 사례금으로 분류한다.[148] 인적용역의 일시적 대가에 대하여 규정한 소득세법 제21조 제1항 제19호의 괄호부분에서 사례금의 규정을 적용받는 용역은 제외하고 있으므로 인적용역의 일시적 대가와 사례금의 성격을 함께 가지고 있으나, 전체적으로 사례금의 성격이 강한 경우에는 사례금으로 구분한다.

---

146) 대법원 2013. 9. 13. 선고 2010두27288 판결
147) 소득세법 기본통칙 21-0…5 ②
148) 대법원 2017. 4. 26. 선고 2017두30214 판결

(4) 관련 판례

(가) 주류회사의 판촉회사가 유흥업소 키맨(Keyman)에게 지급한 프로모션 금액

키맨(Keyman)은 유흥업소에서 소비자의 주류 선택에 영향을 미칠 수 있는 종사자를 의미한다. 판례는 주류 수입·판매 회사와 판촉행사 업무대행계약을 체결한 회사가 키맨(Keyman)에게 주류 판매량에 따라 사전약정에 의하여 지급한 프로모션 금액(인센티브)은 사례금에 해당한다고 판시하였다.[149]

(나) 노동조합이 해고된 노동조합위원장에게 지급한 금원

회사의 노동조합위원장으로 재직하다가 해고된 후에도 노동조합의 위원장 등으로 활동하면서 노동조합의 신분보장규정에 따라 노동조합으로부터 생계비 등 명목으로 5년 4개월여간 합계 4억 7,500여만 원을 지급받은 사안에서, 원심법원은 위 금원들이 노동조합 활동 도중 해고, 구속되거나 재해 등을 당한 조합원들의 생계보장 등의 복지를 위하여 지급되는 상호부조 성격의 돈이라고 판시하였으나, 대법원은 금원은 그 지급의 동기 및 목적, 지급당사자들 사이의 관계, 금액 등을 종합하면 단순한 상호부조 성격의 돈이라기보다는 기타소득의 하나인 사례금에 해당한다고 판시하였다.[150]

(다) 옥바라지 대가로 지급한 금원

회사에 장기간 근무하던 자가 1년 3개월에 걸쳐 회사의 실질적인 최대주주에 대한 구속수사 및 형사재판이 진행되는 동안 최대주주 및 그 가족들과 변호인 사이의 연락담당, 형사재판에 필요한 자료 수집, 최대주주의 구치소 및 병원생활 지원 등의 일을 맡아 수행하였고, 최대주주가 집행유예 판결에 따라 석방된 이후 회사의 주식을 양수받기로 하였다가 민사소송을 거쳐 75억 원을 지급받은 사안에서, 판례는 최대주주를 옥바라지한 자가 최대주주로부터 수령한 금원은 그 역무의 객관적 가치에 비하여 지나칠 정도로 거액이어서 친분관계가 더 큰 영향을 미친 것으로 보이므로 사례금에 해당한다고 판시하였다.[151]

(라) 기타

중앙노동위원회 구제재심신청 사건에서 지급된 화해금은 사례금에 해당한다고 판시하였고,[152] 해고무효확인소송에서 화해권고결정에 따라 지급된 화해금 중에는 사례금에 해당하지 않는다고 판시한 것이 있는가 하면[153] 사례금에 해당한다고 판시한 것도 있다.[154] 화해금 등이 소득세법상 기타소득인 사례금에 해당하는지 법원의 판단기준이 명확하지 않으나, 일응

---

149) 대법원 2017. 2. 9. 선고 2016두55247 판결
150) 대법원 2017. 11. 9. 선고 2017두44244 판결
151) 대법원 2017. 4. 26. 선고 2017두30214 판결
152) 대법원 2018. 7. 20. 선고 2016다17729 판결
153) 대법원 2022. 3. 31. 선고 2018다237237 판결
154) 대법원 2023. 8. 18. 선고 2020다200641 판결

해고자가 화해금 등의 지급에 상응하는 작위 또는 부작위 의무를 부담하고, 화해금 등과 위 의무 간에 대가관계가 인정되면 기타소득인 사례금에 해당한다고 볼 수 있다.[155]

타. 소기업·소상공인 공제부금의 해지일시금, 연금 외 수령한 소득(소득법 제21조 제1항 제18호, 제21호)

소기업·소상공인 공제계약이 해지된 경우 해지로 받은 환급금에서 실제 소득공제받은 금액을 초과하여 납입한 금액의 누계액은 기타소득으로 과세한다. 이연퇴직소득 등 연금으로 수령하여야 하는 금액을 연금 외 수령한 경우 그 금액은 기타소득으로 과세한다. 연금으로 수령하는 것을 조건으로 세제혜택을 받았으나, 그 조건을 어겨 연금 외 수령하였으므로 세제혜택을 박탈하기 위한 방편으로 기타소득으로 과세하는 것이다. 연금상품에 가입할 경우 소득수준에 따라 12% 또는 15%의 세액공제를 받나 연금 외 수령하는 경우 15%의 세율로 과세하므로 12%의 세액공제를 받은 납세자의 경우에는 세액공제받은 금액보다 더 많은 금액을 기타소득으로 납부하여야 한다.

파. 법인세법 제67조에 따라 기타소득으로 처분된 소득(소득법 제21조 제1항 제20호)

법인세법 제67조에 따라 기타소득으로 소득처분된 금액은 기타소득에 해당한다. 상여로 소득처분된 금액은 근로소득, 배당으로 소득처분된 금액은 배당소득에 해당한다.

하. 퇴직 후 행사하는 주식매수선택권 등(소득법 제21조 제1항 제22호, 제22호의2)

법인의 임직원이 해당 법인 또는 특수관계 법인으로부터 부여받은 주식매수선택권을 퇴직 후에 행사하여 얻는 이익은 기타소득에 해당한다. 종업원 등 또는 대학의 교직원이 퇴직한 후에 지급받는 직무발명보상금도 기타소득에 해당한다. 재직 중 주식매수선택권 등을 행사하거나 직무발명보상금을 받으면 근로소득에 해당한다.

거. 뇌물 등으로 받는 금품(소득법 제21조 제1항 제23호, 제24호)

뇌물, 알선수재 및 배임수재에 의하여 받는 금품은 기타소득으로 과세한다. 다만, 뇌물 또는 알선수재 및 배임수재에 의하여 받은 금품이 법원 판결에 따라 몰수 또는 추징된 경우에는 소득을 상실하여 담세력이 없으므로 후발적 경정청구에 의하여 소득세 과세에서 벗어날 수 있다.[156]

너. 종교인소득(소득법 제21조 제1항 제26호)

(1) 의의

종교인소득에 대한 과세는 오래전부터 논의되었으나, 2015년에 이르러 입법되고, 2년의 유

---

155) 이정렬, "회사가 해고자에게 분쟁해결과정에서 지급한 금원이소득세 원천징수대상인지 여부 : 대법원 2023. 8. 18. 선고 2020다200641 판결을 중심으로", 세무학연구 제41권 제2호, 2024, 99면
156) 대법원 2015. 7. 16. 선고 2014두5514 전원합의체 판결

예기간을 거쳐 2017. 1. 1.부터 시행되었다. 종교인소득은 종교 관련 종사자가 종교의식을 집행하는 등 종교활동과 관련하여 종교단체로부터 받은 소득을 의미한다.

(2) 소득구분

종교인소득에 대하여는 근로소득으로 구분할지 또는 기타소득으로 구분할지 논란이 있었으나, 근로소득으로 구분하는 것을 반대한 종교계의 의견을 수용하여 기타소득의 일종인 종교인소득으로 입법하였다. 다만, 종교인소득에 대하여 근로소득으로 원천징수하거나 과세표준 확정신고를 한 경우에는 근로소득으로 본다(소득법 제21조 제4항). 종교인에게 종교인소득과 근로소득 중 선택할 수 있는 기회를 부여한 셈이다. 종교인소득은 종교 관련 종사자가 그 활동과 관련하여 현실적인 퇴직 이후에 종교단체로부터 정기적 또는 부정기적으로 지급받는 소득으로서 퇴직소득으로 분류하지 않는 소득을 포함한다(소득령 제41조 제17항). 종교 관련 종사자가 현실적인 퇴직을 원인으로 종교단체로부터 지급받는 소득은 퇴직소득으로 분류한다 (소득법 제22조 제1항 제3호, 소득령 제42조의2 제4항 제4호).

(3) 종교단체의 구분기장

종교단체는 종교인회계와 종교단체회계를 구분기장하여야 한다. 종교계의 우려를 반영하여 종교단체회계는 세무조사 대상에서 제외하기 위함이다.

더. 가상자산 거래에서 발생하는 소득(소득법 제21조 제1항 제27호)

(1) 가상자산의 의의

가상자산은 경제적 가치를 지닌 것으로서 전자적으로 거래 또는 이전될 수 있는 전자적 증표 및 그에 관한 일체의 권리를 말한다(특정금융정보법 제2조 제3호). 2008년경 비트코인(bitcoin)이 생겨난 이후 다양한 가상자산이 거래소시장을 통하여 또는 그 밖의 방법으로 거래되고 있다. 가상자산의 법적 성질에 대하여는 화폐와 같은 지급수단인지, 증권과 같은 투자자산인지 또는 무형자산인지에 대하여 논란이 있다. 국제회계기준위원회(IASB) 산하 IFRS 해석위원회는 가상통화를 무형자산이나 재고자산으로 분류하였다. 우리나라 회계기준원도 가상자산을 판매목적으로 보유하면 재고자산으로 분류하고, 그렇지 않으면 무형자산으로 분류한다는 입장을 밝혔다.[157]

(2) 가상자산 소득 구분

가상자산의 거래에서 발생하는 소득에 대하여 양도소득이나 금융투자소득으로 규정할지 또는 기타소득으로 규정할지 논란이 있었다. 다양한 논의를 거쳐 2020. 12. 29. 소득세법 개정

---

157) 회계기준원 [2019-I-KQA017] 한국채택 국제회계기준에서 가상통화의 분류(2019. 12. 10.)

시 가상자산을 양도하거나 대여함으로써 발생하는 소득에 대하여 기타소득으로 입법하였다. 다만, 가상자산의 과세에 대한 반발로 인하여 시행시기를 2027년으로 연기하였다.

(3) 소득금액 계산

가상자산의 거래에서 발생하는 소득금액은 총수입금액에서 필요경비를 공제하여 계산한다. 총수입금액은 가상자산의 양도나 대여로 받은 대가이고, 필요경비는 가상자산의 실제 취득가액과 그 부대비용이다(소득령 제51조, 제87조). 다만, 가상자산 과세 시행 후 취득한 가상자산의 실제 취득가액을 확인하기 곤란한 경우에는 동종 가상자산 전체에 대해 양도가액의 일정 비율(최대 50%)을 필요경비로 의제하되, 별도 부대비용은 인정하지 않는다.

러. 서화·골동품의 양도소득(소득법 제21조 제2항)

(1) 서화·골동품의 의의

서화·골동품은 회화, 데생, 파스텔 및 콜라주와 이와 유사한 장식판, 오리지널 판화·인쇄화 및 석판화, 골동품을 말한다. 서화·골동품 등의 양도에 대하여는 1990. 12. 31. 양도소득세를 과세하는 것으로 입법하였으나, 미술계의 반발 등으로 시행이 유보되다가 1995. 12. 29. 일시재산소득으로 변경된 후 2003. 12. 30. 소득세법 개정으로 폐지되었다. 그 후 2008. 12. 26. 기타소득으로 입법하여 시행하고 있다.

(2) 과세요건(소득령 제41조 제14항)

(가) 서화

서화는 개당·점당 또는 조당 양도가액이 6,000만 원 미만인 경우 및 양도일 현재 생존해 있는 국내 원작자의 작품은 과세에서 제외한다. 따라서 서화는 개당·점당 또는 조당 양도가액이 6,000만 원 이상이고 국외 원작자의 작품 및 사망한 국내 원작자의 작품에 대하여만 과세한다. 국외 원작자의 작품은 국외 원작자의 생존여부를 불문하나, 국내 원작자의 작품은 사망한 경우에만 과세대상이 된다.

(나) 골동품

골동품은 제작 후 100년을 초과한 것에 대하여 과세한다.

(3) 서화·골동품을 계속적·반복적으로 거래하는 경우

서화·골동품을 계속적·반복적으로 거래하는 경우에도 사업소득이 아닌 기타소득으로 분류한다. 서화, 골동품을 계속적·반복적으로 거래하는 경우 사업소득인지 또는 기타소득인지 논란이 있었으나, 법령에서 기타소득으로 명문화하였다. 소득세법 제21조 제2항은 "제19조 제1항 제21호에도 불구하고"라는 문구를 넣어 서화·골동품을 계속적·반복적으로 거래하는 경우에도 기타소득에 해당함을 명확히 하였다. 다만, ① 서화·골동품 거래를 위해 사업장 등 물적 시설을 갖춘 경우, ② 서화·골동품을 거래하기 위한 목적으로 사업자등록을 한 경우에는 사업성이 있는 것이므로 사업소득으로 보도록 규정하였다(소득령 제41조 18항).

3. 비과세

가. 보훈급여금 등(소득법 제12조 제5호 가목, 마목)

국가유공자 등이 받는 보훈급여금, 북한이탈주민이 받는 정착금과 보로금,[158] 국가보안법에 따라 받는 상금과 보로금,[159] 국군포로가 받는 위로지원금 등은 비과세한다.

나. 상금(소득법 제12조 제5호 나목, 다목)

훈장과 관련하여 받는 부상, 학술원상 또는 예술원상의 수상자가 받는 상금과 부상, 노벨상 또는 외국정부·국제기관 등으로부터 받는 상의 수상자가 받는 상금과 부상, 모범공무원으로 선발된 사람이 받는 모범공무원수당, 탈세제보 등에 따라 받는 포상금, 범죄신고자가 받는 보상금 등은 비과세한다.

다. 직무발명보상금(소득법 제12조 제5호 라목)

종업원 등 또는 대학의 교직원이 퇴직 후에 지급받거나 대학의 학생이 소속대학에 설치된 산학협력단으로부터 받는 직무발명보상금으로서 연 700만 원 이하의 금액은 비과세한다. 다만 사용자가 개인사업자인 경우에는 해당 개인사업자 및 그와 친족관계에 있는 자, 사용자가 법인인 경우에는 해당 법인의 지배주주 등 및 그와 특수관계에 있는 자에 대하여는 비과세 적용을 배제한다.

라. 서화·골동품의 양도로 발생하는 소득(소득법 제12조 제5호 바목, 사목)

국가지정문화재로 지정된 서화·골동품의 양도로 발생하는 소득, 서화·골동품을 박물관 또는 미술관에 양도함으로써 발생하는 소득은 비과세한다.

마. 종교인소득(소득법 제12조 제5호 아목)

종교 관련 종사자가 받는 학자금, 20만 원 이하의 식사 또는 식대, 실비변상적 성질의 지급액, 종교 관련 종사자 또는 그 배우자의 출산이나 6세 이하 자녀의 보육과 관련하여 종교단체로부터 받는 월 10만 원 이내의 금액, 사택을 제공받아 얻는 이익 등은 비과세한다.

특히 실비변상적 성질의 지급액에 종료활동비가 포함되어 있다(소득령 제12조 제18호). 종교활동비를 비과세하면 이를 이용하여 종교인소득에 대한 과세를 회피할 수 있다는 비판이 있

---

158) 북한이탈주민이 제공한 정보나 가지고 온 장비의 활용 가치에 따라 등급을 정하여 보로금을 지급할 수 있다(북한이탈주민법 제21조).
159) 국가보안법 위반자를 체포하거나 수사기관에 통보하였을 때 압수물이 있는 경우 상금과 함께 보로금을 지급한다(국가보안법 제22조).

으나, 종교활동비는 선교 등 종교 본연의 활동에 사용된다는 점을 고려하여 비과세를 유지하되, 종교활동비를 종교단체의 지급명세서 항목에 추가하는 방식으로 종교단체의 납세협력의무를 강화하는 선에서 절충하였다.

바. 위원회 수당(소득법 제12조 제5호 자목)

법령·조례에 의한 위원회 등의 보수를 받지 않는 위원 등이 받는 수당은 비과세한다. 종전에는 위 수당이 근로소득의 비과세 중 실비변상적 급여에 규정되어 있었다. 그러나 위 수당이 근로소득이 아닌 경우에는 비과세규정을 적용할 수 없는 문제가 있으므로 2020. 12. 29. 소득세법 개정 시 기타소득의 비과세로 규정하였다.

사. 과세최저한 이하의 소득(소득법 제84조)

건별로 승마투표권, 승자투표권, 소싸움경기투표권, 체육진흥투표권의 권면에 표시된 금액의 합계액이 10만 원 이하이고 배당률 100배 이하이면서 환급금 200만 원 이하인 경우, 슬롯머신 등의 당첨금품 등이 건별로 200만 원 이하인 경우, 주식매수선택권 행사이익 이외의 기타소득금액이 건별로 5만 원 이하인 경우, 과세기간의 가상자산 소득금액이 250만 원 이하인 경우의 각 기타소득은 비과세한다.

4. 소득금액 중 필요경비의 계산

가. 원칙

기타소득의 필요경비는 사업소득과 마찬가지로 해당 과세기간의 총수입금액에 대응하는 비용으로서 일반적으로 용인되는 통상적인 것의 합계액으로 한다(소득법 제37조 제2항).

나. 예외

(1) 특별한 경우(소득법 제37조 제1항)

승마투표권, 승자투표권, 소싸움경기투표권, 체육진흥투표권의 구매자가 받는 환급금에 대하여는 그 구매자가 구입한 적중된 투표권의 단위투표금액을 필요경비로 한다. 슬롯머신 등의 당첨금품 등에 대하여는 그 당첨 당시에 슬롯머신 등에 투입한 금액을 필요경비로 한다.

(2) 필요경비 개산공제(槪算控除)

(가) 총수입금액의 80%를 필요경비로 인정하는 경우(소득령 제87조 제1호)

다음의 기타소득에 대하여는 총수입금액의 80%를 필요경비로 인정한다. 실제 소요된 필요경비가 80% 상당액을 초과하면 그 초과액도 필요경비에 산입하나, 필요경비가 80%를 초과하는 경우는 드물다.

① 공익법인이 주무관청의 승인을 받아 시상하는 상금 및 부상과 다수가 순위 경쟁하는 대

회에서 입상자가 받는 상금 및 부상

② 위약금과 배상금 중 주택입주 지체상금

(나) 총수입금액의 60%를 필요경비로 인정하는 경우(소득령 제87조 제1호의2)

다음의 기타소득에 대하여는 총수입금액의 60%를 필요경비로 인정한다. 다만, 실제 소요된 필요경비가 60% 상당액을 초과하면 그 초과액도 필요경비에 산입한다.

① 광업권, 어업권, 양식업권, 상표권, 영업권 등의 양도나 대여대가

② 통신판매중개를 하는 자를 통하여 물품 또는 장소를 대여하고 받는 500만 원 이하의 사용료

③ 공익사업 관련 지역권·지상권 설정이나 대여대가

④ 원고료, 저작권사용료인 인세, 미술, 음악 등의 창작품에 대하여 받는 대가

⑤ 인적용역의 일시적 대가

위 항목에 대하여는 당초 총수입금액의 80%를 필요경비로 공제하였다가 70%로 줄였으며 2019. 1. 1.부터 총수입금액의 60%를 필요경비로 공제하고 있다.

(다) 서화·골동품의 양도로 발생하는 소득(소득령 제87조 제2호)

거주자가 받은 금액이 1억 원 이하인 경우와 1억 원을 초과하는 경우로 구분하여 다음과 같이 필요경비를 공제한다. 다만, 실제 소요된 필요경비가 기준금액을 초과하면 그 초과액도 필요경비에 산입한다.

① 거주자가 받은 금액이 1억 원 이하인 경우에는 그 금액의 90%를 필요경비로 공제한다.

② 거주자가 받은 금액이 1억 원을 초과하는 경우에는 9,000만 원＋거주자가 받은 금액에서 1억 원을 뺀 금액의 80%를 필요경비로 공제한다. 다만, 서화·골동품의 보유기간이 10년 이상인 경우에는 90%를 공제한다.

(라) 종교인소득(소득령 제87조 제3호)

종교 관련 종사자가 해당 과세기간에 받은 금액의 크기에 따라 20%부터 80%까지의 금액을 필요경비로 공제한다. 다만, 실제 소요된 필요경비가 더 크면 그 초과액도 필요경비에 산입한다.

5. 과세방법

가. 과세방법

(1) 종합과세하는 경우

봉사료, 계약금이 위약금과 배상금으로 대체되는 경우의 위약금과 배상금, 뇌물, 알선수재 및 배임수재에 의하여 받는 금품은 그 성질상 원천징수하기 어려우므로 기타소득을 얻은 자가 신고납부하여야 한다(소득법 제127조 제1항 제6호).

(2) 무조건 분리과세

연금 외 수령한 기타소득, 서화·골동품의 양도로 발생하는 소득, 복권당첨금은 원천징수로 납세의무가 종결된다(소득법 제14조 제3항 제8호). 가상자산의 거래로 발생한 소득에 대하여는 20%의 세율로 분리과세하되, 원천징수하지 않는다.

(3) 선택적 분리과세

위 "(1)"과 "(2)" 이외의 기타소득으로서 기타소득금액이 300만 원 이하이면서 원천징수된 소득, 위 "(1)" 중 계약금이 위약금과 배상금으로 대체되는 경우, 종업원이나 대학 교직원이 근로와 관계없거나 퇴직 후 지급받는 직무발명보상금의 경우에는 납세자가 분리과세와 종합과세 중 하나를 선택할 수 있다(소득법 제14조 제3항 제8호 가목).

납세자는 종합과세하는 경우의 세율이 원천징수세율보다 낮은 경우 종합과세를 선택하여 세부담을 낮출 수 있다. 예를 들어, 기타소득으로 원천징수하는 세율은 20%이나, 납세자의 종합소득세율이 6% 또는 15%를 적용받는 경우에는 분리과세보다 종합과세를 선택하는 것이 유리하다. 위와 같이 기타소득금액 300만 원은 분리과세와 종합과세를 구분하는 기준이 된다. 인적용역의 일시적 대가 등과 같이 총수입금액의 60%를 필요경비로 인정하는 경우 총수입금액 기준으로 환산하면 750만 원(750만 원 × 40% = 300만 원)이 분리과세와 종합과세를 구분하는 기준이 된다. 따라서 총수입금액이 750만 원 이하인 경우에는 종합과세와 분리과세 중 선택할 수 있다.

나. 원천징수세율

복권당첨금 중 3억 원 초과분은 30%, 소기업·소상공인 공제부금의 해지일시금, 연금 외 수령한 소득은 15%, 봉사료는 5%, 그 밖의 기타소득은 20%의 원천징수세율이 적용된다. 복권당첨금 등 특정 소득을 제외한 일반적인 기타소득의 원천징수세율은 20%이다. 총수입금액의 60%를 필요경비로 인정하는 원고료 등의 소득도 원천징수세율이 20%이므로 총수입금액을 기준으로 하면 8%를 원천징수하게 된다. 즉 원고료 대가로 100만 원을 받은 경우 기타소득은 100만 원에서 필요경비 60만 원을 공제한 40만 원이 되고, 40만 원의 20%인 8만 원을 원천징수하므로 총수입금액 100만 원을 기준으로 하면 8%를 원천징수하는 셈이 된다.

제3장 총수입금액 및 필요경비의 귀속연도

제3장

제1절 권리의무확정주의

권리의무확정주의에 대한 일반적인 내용은 "법인세" 편을 참고한다(2편 제5장 제1절). 이하에서는 소득세에 적용되는 내용만 설명하기로 한다.

제2절 권리의무확정주의의 적용 및 한계

1. 의의

권리의무확정주의에 의하여 권리가 확정되었다고 하려면 권리의 실행에 장애가 없어야 한다. 그런데 거래상대방이 채권의 존부 및 범위에 대하여 다투는 경우에는 권리의 실행에 장애가 있는 것이므로 권리의무확정주의를 그대로 적용하기는 어렵다. 위법소득의 경우에는 소득의 성격상 권리를 상정하기 어려우므로 역시 권리의무확정주의를 적용하기 어렵다. 또한 권리발생 후 사후에 채권이 회수불능된 경우에 권리의무확정주의를 관철하면 소득이 없음에도 소득세를 과세하게 되어 불합리한 결과가 초래될 수 있다. 따라서 위와 같은 사항들은 모두 권리의무확정주의의 한계로서 기능한다.

2. 채권의 존부 및 범위에 대하여 다툼이 있는 경우

가. 대금을 수령하지 않은 경우

채권의 존부와 범위에 다툼이 있고 그 채권에 기하여 대금을 수령하지 않은 경우에는 판결확정일 등 분쟁종결일을 권리확정일로 본다. 분쟁이 종결되어야 비로소 권리가 확정되기 때문이다. 판례도 소득의 지급자와 수급자 사이에 채권의 존부 및 범위에 관하여 다툼이 있어 소송으로 나아간 경우에 그와 같은 분쟁이 명백히 부당하지 않으면 소득이 발생할 권리가 확정되었다고 할 수 없고, 판결이 확정된 때에 권리가 확정된다는 입장이다.[1] 마찬가지로 변호사가 수임한 사건에서 승소판결이 확정되었으나 보수금에 대한 다툼으로 보수금을 수령하지 못하고 소송이 진행 중인 경우 판결이 확정되어야 소득이 귀속되는 것으로 볼 수 있다고 판시하였다.[2] 다만 수임사건이 승소로 확정되었다 하더라도 그 이후 권리발생에 있어서 변경요인이 있을 때에는 당연히 그 이후의 권리발생변경을 고려하여야 한다.[3]

위와 같은 입장은 입법에도 반영되어 있다. 소득세법 시행령 제48조, 제10조의4 다목은 임대차계약 및 지역권·지상권 설정에 관한 쟁송에 대한 판결·화해 등으로 소유자 등이 받게 되어 있는 이미 지난 기간에 대응하는 임대료상당액의 경우에는 판결·화해 등이 있은 날을 수입시기로 한다고 규정하고 있다.

나. 대금을 수령한 경우

(1) 의의

채권의 존부와 범위에 다툼이 있고 그 채권에 기하여 대금을 수령한 경우에는 그 귀속시기를 판결확정일 등 분쟁종결일로 보는 견해와 대금수령일로 보는 견해가 대립할 수 있다. 분쟁종결일을 귀속시기로 보는 견해는 채권의 존부와 범위에 대하여 다툼이 있으면 권리가 확정되었다고 볼 수 없다는 점을 논거로 하고, 대금수령일을 귀속시기로 보는 견해는 납세가 현실적으로 소득을 지배하면서 향유하다고 있다는 점을 논거로 한다.

(2) 판례

(가) 분쟁종결일을 귀속시기로 보는 판례

과거 주류적인 판례는 판결확정일 등 분쟁종결일을 귀속시기로 보는 입장이었다. 즉 근로자가 가집행선고부 승소판결을 선고받아 확정판결에 따른 해제조건부로 퇴직금을 수령한 경우, 변호사가 위임받은 손해배상사건에 대한 가집행선고부 승소판결을 선고받아 확정판결에 따른 해제조건부로 손해배상금을 수령하여 그중 일부를 변호사용역에 대한 보수금으로 수령한 경우에는 판결확정일을 귀속시기라고 판단하였다.[4]

(나) 대금수령일을 귀속시기로 보는 판례

대금수령일을 귀속시기로 본 판례도 있다. 이자채권자가 가집행선고부 승소판결을 집행권원으로 배당을 신청하고 배당표가 확정되어 배당된 사안에서, 대법원은 판결확정일이 아니라 배당일을 귀속시기로 판단하였다.[5] 가집행선고부 승소판결에 의하여 지연손해금에 상당하는

---

1) 대법원 2018. 9. 13. 선고 2017두56575 판결
2) 대법원 1997. 6. 13. 선고 96누19154 판결
3) 대법원 1977. 12. 27. 선고 76누25 판결
4) 대법원 1988. 9. 27. 선고 87누407 판결, 대법원 2002. 7. 9. 선고 2001두809 판결
5) 대법원 2011. 6. 24. 선고 2008두20871 판결

금전을 수령한 사안,[6] 가집행선고부 승소판결에 따라 수용보상금을 지급받은 사안[7]에서도 동일한 취지로 판단하였다.

(다) 판례의 불일치에 대한 검토

위와 같은 귀속시기에 대한 판례의 불일치에 대하여 변호사보수금은 최종 확정에 이르기까지 변호사의 추가적인 인적용역의 제공이 필요하나, 이자소득은 기간의 경과에 따라 자동적으로 발생하는 자본소득으로서 납세자의 추가적인 급부의 이행이나 이에 따른 결과의 변동가능성이 적다는 점에서 차이가 있고, 퇴직소득에 대한 판결은 국기법상 후발적 경정청구제도가 도입되기 전에 선고된 것이어서 그 후에 선고된 이자소득에 대한 판결과 차이가 있어 동일시하기 어렵다고 설명한다.[8] 대금을 수령하여 현실적으로 경제적 이득을 얻고 있음에도 불구하고 분쟁이 있다는 이유로 그로부터 한참 지난 판결확정일 등 분쟁종결일을 귀속시기로 하면 과세를 이연해 주는 결과가 되어 불공평하다.[9] 반면, 대금수령일을 귀속시기로 하면 나중에 패소판결이 확정되어 받은 대금을 반환하는 경우에는 소득이 없는 곳에 과세하는 결과가 되어 불합리하다. 따라서 후발적 경정청구제도에 의하여 대금을 반환한 사정 등을 시정할 수 있는 세법상 제도가 구비되어 있지 않으면 판결이 확정된 때를 귀속시기로 볼 수밖에 없다. 위 판결확정일 등 분쟁종결일을 귀속시기로 본 판례는 이러한 취지에서 이해할 수 있다. 그러나 후발적 경정청구 제도가 도입된 후에는 추후 대금을 반환하게 되는 경우까지 고려하여 권리의 확정 여부를 판단할 필요는 없다. 장래에 판결의 결과가 바뀌더라도 후발적 경정청구권의 행사에 의하여 시정할 수 있기 때문이다. 따라서 후발적 경정청구권이 도입된 후에는 가지급금 수령일을 귀속시기로 보는 판례가 주류적인 입장이라고 볼 수 있다.

한편, 대금수령일을 귀속시기로 본 판결을 일본의 관리지배기준 이론과 동일시할 수는 없다. 일본의 관리재배기준은 납세자가 경제적 이익을 관리지배하고 있다는 점에서 과세의 근거를 찾는다. 그런데 위 판결은 "소득세법상 이자소득의 귀속시기는 당해 이자소득에 대한 관리·지배와 이자소득의 객관화 정도, 납세자금의 확보시기 등을 함께 고려하여 이자소득의 실현가능성이 상당히 높은 정도로 성숙·확정되었는지 여부를 기준으로 판단하여야 한다"고 하여 권리의무확정주의의 틀내에서 "이자소득에 대한 관리·지배"를 권리확정의 하나의 요소로 고려하고 있으므로 경제적 이익의 관리지배에만 초점을 맞춘 일본의 관리지배기준과는 차이가 있다.

---

6) 대법원 2019. 5. 16. 선고 2015다35270 판결
7) 대법원 2024. 11. 20. 선고 2022두47629 판결
8) 김석환, "권리확정주의에 의한 이자소득의 귀속시기", 대법원판례해설 제88호, 2011, 40~44면
9) 김기섭, "변호사의 성공사례금에 대한 과세시기와 관련된 법률관계", 서울지방변호사회 판례연구 제21집 제2호, 2007, 113~114면

3. 위법소득

위법소득에 대하여는 소득의 성격상 대금을 받을 권리가 있을 수 없으므로 권리확정주의에 의하여 위법소득에 대한 과세논리를 설명하기 어렵다. 따라서 권리확정주의에 의하면 위법소득은 권리확정주의의 예외 또는 한계로 볼 수밖에 없다. 위법소득은 납세자에게 확정적으로 귀속된 소득이 아니어서 사후에 대금을 반환할 가능성이 있으므로 대금을 수령하였으나 채권의 존부와 범위에 다툼이 있는 경우와 유사한 구조를 갖는다. 판례는 사법상 위법소득에 대하여 양도소득세 사안에서는 원칙적으로 계약이 무효인 이상, 양도소득세 과세대상이 아니라는 입장을 취하고 있으나, 위와 같이 위법소득이 채권의 존부와 범위에 다툼이 있는 경우와 유사한 구조를 가지고 있음을 감안하면, 대금을 수령하여 경제적 이익을 얻은 시점에 과세하고 나중에 원상회복으로 인하여 대금을 반환하게 되면 후발적 경정청구를 통하여 구제받도록 하는 것이 타당하다.[10]

4. 사후에 회수불능채권이 생긴 경우

가. 계속적 소득

권리의무확정주의는 불확실한 소득에 대하여 장래 그것이 실현될 것을 전제로 미리 과세하는 것을 허용하므로 나중에 그 소득이 실현불가능한 것으로 확정되었을 때 세법상 반영하는 것이 필요하다. 사업소득 등 계속적 소득의 경우에는 소득이 발생하고 나중에 채무자의 무자력으로 회수불능이 되면 회수불능으로 확정된 때에 대손금으로 처리하여 필요경비를 계산하면 된다.[11]

나. 1회성 소득

이자소득, 배당소득, 양도소득 등 1회성 소득의 경우 권리가 발생한 후 대금을 회수할 수 없게 되면 계속적 소득과 달리 회수불능으로 확정된 때에 필요경비로 계산할 수 없다. 이자소득과 배당소득은 필요경비가 인정되지 않고, 양도소득은 필요경비가 인정되나 회수불능된 양도가액을 필요경비로 처리할 방법이 없기 때문이다.

위와 같은 이자소득, 배당소득, 양도소득 등 1회성 소득의 경우에는 소득이 없음에도 소득세가 과세되는 불합리한 경우가 생길 수 있으므로 과거에는 장래의 회수가능성을 고려하여 권리의무확정주의를 탄력적으로 적용하였다. 즉 판례는 약정에 의한 이자지급일의 도래와 함께 이자의 회수가능성까지 고려하여 권리의 확정 여부를 판단하였다.[12] 그러나 현재는 후발적 경정청구제도가 도입되었으므로 일단 납세의무가 성립하면 소득의 원인이 되는 권리가 확

---

10) 이중교, "소득세법상 권리확정주의의 위상에 대한 재정립", 저스티스 통권 제142호, 2014, 172~173면
11) 대법원 2004. 2. 13. 선고 2002두11479 판결, 대법원 2005. 5. 26. 선고 2003두797 판결
12) 이자를 계속적·반복적으로 수취하여 이자소득이 아니라 사업소득에 해당하는 경우에는 권리확정주의에 따라 당연히 회수가능성을 고려하여 소득발생 여부를 결정한다(대법원 1993. 12. 14. 선고 93누4649 판결).

정적으로 발생한 것으로 보고, 그 후 후발적 사유의 발생으로 소득이 실현되지 않으면 후발적 경정청구를 통해 납세자의 권리구제가 가능한 것으로 해석한다.[13]

제3절 소득별 수입시기

1. 의의

소득세법 제39조 제1항 규정만으로 모든 다양한 거래에 대한 권리의무의 귀속을 결정하기는 어렵다. 그래서 소득세법 제39조 제6항은 총수입금액과 필요경비의 귀속연도에 대한 사항을 대통령령에 위임하고 있고, 이에 따라 소득세법 시행령 제45조부터 제50조는 권리의무확정주의를 구체화하여 소득유형별로 각종 거래에 대한 귀속시기를 규정하고 있다.

2. 소득별 구체적 수입시기

가. 이자소득(소득령 제45조)

(1) 비영업대금 이익

(가) 의의

비영업대금 이익의 경우 약정에 의한 이자지급일이 수입시기이다. 권리실행에 특별히 장애가 없는 한 이자약정일이 도래하면 권리가 확정되기 때문이다. 따라서 이자약정일이 도래하면 현실적으로 이자를 지급받지 못하더라도 소득이 발생한다. 다만, 이자지급일의 약정이 없거나 약정에 의한 이자지급일 전에 이자를 지급받는 경우 또는 총수입금액 계산에서 제외하였던 이자를 지급받는 경우에는 이자지급일을 수입시기로 본다. 이자제한법상 제한이율을 초과하는 이자는 그 기초가 되는 약정 자체가 무효이므로 채무자가 임의지급하지 않은 이상, 이행기가 도래하더라도 수입실현의 개연성이 없어서 소득세 과세대상이 되지 않는다.[14]

(나) 이자소득의 전부 또는 일부를 회수할 수 없는 경우

소득세법 시행령 제51조 제7항은 다음과 같이 이자소득의 전부 또는 일부를 회수할 수 없는 경우의 총수입금액 계산에 대하여 규정하고 있다.

---

13) 대법원 2013. 12. 26. 선고 2011두1245 판결, 대법원 2014. 3. 13. 선고 2012두10611 판결
14) 대법원 1985. 7. 23. 선고 85누323 판결

> **소득세법 시행령 제51조(총수입금액의 계산)**
>
> ⑦ 법 제16조 제1항 제11호에 따른 비영업대금의 이익의 총수입금액을 계산할 때 해당 과세기간에 발생한 비영업대금의 이익에 대하여 법 제70조에 따른 과세표준확정신고 전에 해당 비영업대금이 「법인세법 시행령」 제19조의2 제1항 제8호에 따른 채권에 해당하여 채무자 또는 제3자로부터 원금 및 이자의 전부 또는 일부를 회수할 수 없는 경우에는 회수한 금액에서 원금을 먼저 차감하여 계산한다. 이 경우 회수한 금액이 원금에 미달하는 때에는 총수입금액은 이를 없는 것으로 한다.

이자소득의 일부를 회수하였는데 그 금액이 원금에 미치지 못하고 회수 당시를 기준으로 채무자 파산 등의 사유로 나머지 채권의 회수가 객관적으로 불가능한 경우 민법 제479조 제1항의 변제충당 규정에 의하면 대여원금보다 이자에 먼저 충당된다. 그러나 소득세법상 이자소득의 발생 여부는 원금채권의 회수가능성 여부를 떠나서 논할 수 없으므로 회수금액이 대여원금에 미달하면 민법 제479조 제1항의 변제충당 규정의 적용을 배제하고 당해 과세연도에는 이자소득의 실현이 있다고 볼 수 없다.[15] 1998. 12. 31. 개정된 소득세법 시행령 제51조 제7항이 채무자의 파산 등으로 인하여 채권의 일부만 회수한 경우 회수금액에서 원금을 먼저 차감하여 총수입금액을 계산하고 회수금액이 원금에 미달하는 때에는 총수입금액은 없는 것으로 본다고 규정한 것은 원금에 못미치는 이자를 회수한 상태에서 소득 없이 과세되는 불합리한 경우를 방지하기 위함이다. 예를 들어, 채권자가 채무자에게 5억 원을 빌려주었다가 원금 1억 원 및 이자 5,000만 원을 지급받은 상태에서 채무자가 파산한 경우 회수금액 1억 5,000만 원이 대여원금 5억 원에 미치지 못하므로 이자소득세 과세대상이 되는 이자소득은 없다고 본다. 다만, 위와 같이 대여채권의 일부만 회수하는 경우 소득세법 시행령 제51조 제7항에 따라 원금부터 충당하는 경우 다음 2가지 사항을 유의하여야 한다.

① 법인세법 시행령 제19조의2 제1항 제8호에 따른 채권, 즉 채무자의 파산, 강제집행, 형의 집행, 사업의 폐지, 사망, 실종 또는 행방불명으로 회수할 수 없는 채권에 해당하여 대여금채권을 회수할 수 없는 경우이어야 한다. 이러한 사유 없이 채권자가 대여채권의 일부만 회수한 경우에는 소득세법 시행령 제51조 제7항이 적용되지 않으므로 원금부터 충당할 수 없다.

② 과세표준확정신고 전에 채무자의 파산, 강제집행, 형의 집행, 사업의 폐지, 사망, 실종 또는 행방불명 등 회수불능사유가 발생하여야 한다. 2014. 2. 21. 소득세법 시행령 개정 전에는 "과세표준확정신고 또는 과세표준과 세액의 결정·경정 전"에 회수불능사유가 발생하면 소득세법 시행령 제51조 제7항을 적용할 수 있었다. 과세표준확정 신고기한을 지났더라도 과세관청이 결정 또는 경정하기 전에 회수불능사유가 발생하면 원금부터 충당할 수 있었던 것이다. 그러나 2014. 2. 21. 소득세법 시행령 개정으로 "과세표준확정신고 전"에 회수불능사유가

---

15) 대법원 1991. 11. 26. 선고 91누3420 판결, 대법원 2003. 5. 27. 선고 2001두8490 판결

발생한 경우에 한하여 소득세법 시행령 제51조 제7항을 적용할 수 있게 되었다. 기간과세 원칙을 강화하여 동일 과세기간에 회수불능사유가 발생한 경우에 한하여 소득세법 시행령 제51조 제7항을 적용하려는 취지이다. 이로 인해 과세표준확정 신고기간이 지난 후에 회수불능사유가 발생한 경우에는 원금에 못미치는 이자를 회수하고도 과세당하는 경우가 생길 수 있다.

(다) 대여원리금 채권이 여러 개인 경우

비영업대금의 이자소득이 있는지는 개개 대여금 채권별로 판단하므로 여러 개의 대여원리금 채권 중 과세표준확정신고 당시 이미 회수되어 소멸한 대여원리금 채권이 있다면 그 채권에 대하여는 이자소득이 있다고 본다.[16)]

(2) 그 밖의 이자소득

① 유형별 포괄주의 및 파생결합증권에 따른 이자와 할인액은 약정에 따른 상환일이 수입시기이나, 기일 전에 상환하는 때에는 그 상환일이 수입시기이다. 무기명 국채, 회사채 등의 이자와 할인액은 지급일이 수입시기이고, 기명국채, 회사채 등의 이자와 할인액은 약정에 의한 지급일이 수입시기이다.

② 보통예금, 정기예금, 적금 등의 이자는 지급일이 수입시기이나, 원본에 전입하는 뜻의 특약이 있는 이자는 원본에 전입된 날, 해약으로 인하여 지급되는 이자는 그 해약일, 계약기간을 연장하는 경우에는 그 연장일, 정기예금연결정기적금의 경우 정기예금의 이자는 정기예금 또는 정기적금이 해약되거나 정기적금의 저축기간이 만료되는 날이 수입시기이다.

③ 현금을 인출할 때 사전통지가 요구되는 통지예금의 이자는 인출일이 수입시기이다. 채권 또는 증권의 환매조건부 매매차익은 약정에 의한 채권 또는 증권의 환매수일 또는 환매도일이 수입시기이나, 기일 전에 환매수 또는 환매도하는 경우에는 그 환매수일 또는 환매도일이 수입시기이다.

④ 저축성보험의 보험차익은 보험금 또는 환급금의 지급일이 수입시기이나, 기일 전에 해지하는 경우에는 해지일이 수입시기이다. 직장공제회 초과반환금은 약정에 따른 납입금 초과이익 및 반환금 추가이익의 지급일이 수입시기이나, 반환금을 분할하여 지급하는 경우 원본에 전입하는 뜻의 특약이 있는 납입금 초과이익은 특약에 따라 원본에 전입된 날이 수입시기이다.

⑤ 채권 등의 보유기간이자 등 상당액은 해당 채권 등의 매도일 또는 이자 등의 지급일이 수입시기이다. 이자소득이 발생하는 상속재산이 상속되거나 증여되는 경우에는 상속개시일 또는 증여일이 수입시기이다.

---

16) 대법원 2014. 5. 29. 선고 2014두35010 판결

나. 배당소득(소득령 제46조)

(1) 잉여금의 처분에 의한 배당

잉여금의 처분에 의한 배당의 경우 잉여금 처분결의일이 수입시기이다. 잉여금 처분결의일에 배당받을 권리가 확정되므로 권리의무확정주의에 의하여 잉여금 처분결의일을 수입시기로 보는 것이다. 따라서 잉여금처분 결의일이 도래하면 배당금을 지급받지 못하더라도 소득이 발생한다. 그러나 잉여금 처분결의일 후에 법인의 파산 등으로 배당금을 받을 수 없게 된 경우에까지 소득이 발생한 것으로 보면 소득이 없음에도 소득세가 과세되는 불합리가 발생할 수 있다. 이를 감안하여 판례는 잉여금 처분결의일 이후 법인의 도산으로 장래 그 배당금을 지급받을 가능성이 전혀 없게 된 경우에는 소득세를 과세할 수 없다고 판시하였다.[17)]

유동화전문회사가 잉여금의 처분에 의한 배당을 한 경우에도 배당소득의 귀속자가 배당금채권이 회수불능으로 확정된 때에 이를 대손금으로 처리할 수 없는 납세자라는 등의 특별한 사정이 없는 한, 법인의 잉여금처분결의일이 수입시기이다.[18)] 이에 대하여는 유동화전문회사의 배당결의는 법인세법상 공제를 받기 위한 요식행위에 불과하므로 배당결의일이 아니라 실제 배당소득 수령시점을 귀속시기로 보는 것이 타당하다는 비판이 있다.[19)]

(2) 그 밖의 배당소득

① 무기명주식의 이익이나 배당, 유형별 포괄주의 및 파생결합증권에 따른 배당 또는 분배금은 지급일이 수입시기이고, 출자공동사업자의 배당은 과세기간 종료일이 수입시기이다.

② 주식의 소각 등으로 인한 의제배당은 주식의 소각, 자본의 감소 또는 자본에의 전입을 결정한 날이나 퇴사 또는 탈퇴한 날이 수입시기이고, 법인 해산, 합병, 분할로 인한 의제배당은 잔여재산 가액 확정일, 합병등기일, 분할등기일 또는 분할합병등기일이 수입시기이다.

③ 소득처분으로 인한 인정배당은 법인의 당해 사업연도의 결산확정일이 수입시기이다. 집합투자기구로부터의 이익은 이익을 지급받은 날이 수입시기이나, 원본에 전입하는 뜻의 특약이 있으면 그 특약에 따라 원본에 전입되는 날이 수입시기이다.

다. 사업소득(소득령 제48조)

(1) 상품, 제품 등의 판매, 시용판매 및 위탁판매, 장기할부조건에 의한 상품 등의 판매, 건설·제조 기타 용역의 제공의 수입시기에 대하여는 "법인세법" 편을 참고한다(제2편 제5장 제1절 3. 나).

---

17) 대법원 2014. 1. 29. 선고 2013두18810 판결
18) 대법원 2015. 12. 23. 선고 2012두16299 판결
19) 강성모, "유동화전문회사의 배당결의에 따른 배당소득의 귀속시기에 관한 연구, 조세법연구 제18권 제1호, 2012, 153면

(2) 무인판매기에 의한 판매

당해 사업자가 무인판매기에서 현금을 인출하는 때가 수입시기이다.

(3) 인적용역의 제공

용역대가를 지급받기로 한 날 또는 용역의 제공을 완료한 날 중 빠른 날이 수입시기이다. 다만, 연예인 및 직업운동선수 등이 계약기간 1년을 초과하는 일신전속계약에 대한 대가를 일시에 받는 경우에는 계약기간에 따라 해당 대가를 균등하게 안분한 금액을 각 과세기간 종료일에 수입한 것으로 한다. 그러나 프로운동선수가 특정구단에 입단하면서 1년 이내의 기간으로 용역을 제공하기로 계약을 체결하고 보수 외에 입단보너스를 지급받는 경우에는 위 안분규정이 적용될 수 없으므로 입단보너스의 수입시기는 용역의 대가를 지급받기로 한 날 또는 용역의 제공을 완료한 날 중 빠른 날이다.[20]

(4) 어음의 할인, 금융보험업에서 발생하는 이자 및 할인액

어음을 할인하는 경우에는 어음 만기일이 수입시기이나, 만기 전에 어음을 양도하는 때에는 그 양도일이 수입시기이다. 다만, 과세대상이 되는 채권이 채무자의 도산 등으로 회수불능되어 장래 그 소득의 실현가능성이 전혀 없게 된 것이 객관적으로 명백한 때에는 소득세의 과세는 그 전제를 잃게 되므로 할인하여 준 위 약속어음이 만기에 모두 부도처리되고 그 어음의 발행인이나 배서인이 자력이 없어 어음금을 지급받지 못하게 됨으로써 위 할인료도 회수할 수 없게 된 경우에는 위 할인료 상당의 이자소득에 대하여 소득세를 부과할 수 없다.[21] 금융보험업에서 발생하는 이자 및 할인액은 실제 수입일이 수입시기이다. 금융보험업에서 발생하는 이자 등에 대하여는 원천징수의 필요성이 강하므로 현금주의를 채택한 것이다.

(5) 자산을 임대하거나 지역권·지상권을 설정하여 발생하는 소득

계약 또는 관습에 따라 지급일이 정해진 경우에는 그 정해진 날을 수입시기로 하되, 지급일이 정해지지 않은 경우에는 그 지급일을 수입시기로 한다.

그러나 임대차계약 및 지역권·지상권 설정에 관한 쟁송에 대한 판결·화해 등으로 소유자 등이 받게 되어 있는 이미 지난 기간에 대응하는 임대료상당액의 경우에는 판결·화해 등이 있은 날을 수입시기로 하되, 임대료에 관한 쟁송의 경우에 그 임대료를 변제하기 위하여 공탁된 금액에 대해서는 지급일로 정해진 날을 수입시기로 한다. 다만, 미지급임대료 및 미지급 지역권·지상권의 설정대가의 청구에 관한 쟁송의 경우에는 임차인이 임대료 지급의무 등을 다투는 것이 아니어서 위 쟁송에 대한 수입시기 규정이 적용되지 않으므로 원칙으로 돌아가 계약 또는 관습에 따라 정해진 날을 수입시기로 하되, 지급일이 정해지지 않은 경우에는 그

---

20) 법령해석소득-0122(2017. 6. 29.)
21) 대법원 2014. 5. 29. 선고 2014두35010 판결

지급일을 수입시기로 한다.

(6) 자산의 매매

부동산 등의 자산을 매매한 경우에는 원칙적으로 대금청산일을 수입시기로 하되, 대금청산일 전에 소유권 등의 이전에 관한 등기·등록을 하거나 해당 자산을 사용수익하는 경우에는 그 등기·등록일 또는 사용수익일이 수입시기이다. 즉 대금청산일, 소유권이전 등기·등록일, 사용수익일 중 가장 빠른 날이 수입시기가 된다.

라. 근로소득(소득령 제49조)

(1) 급여

급여는 소득세법 규정상 근로를 제공한 날이 수입시기이다. 그러나 실무상으로는 소득세법 규정과 달리 현금주의와 유사하게 현금이나 그 상당액의 보수를 받거나 받을 수 있는 시기를 수입시기로 하여 과세한다.[22]

(2) 잉여금처분에 의한 상여

잉여금처분에 의한 상여는 당해 법인의 잉여금처분 결의일이 수입시기이다.

(3) 인정상여

해당 사업연도 중의 근로를 제공한 날이 수입시기이다. 이 경우 월평균 금액을 계산한 것이 2년도에 걸친 때에는 각각 해당 사업연도 중 근로를 제공한 날이 수입시기이다.

과세관청이 사외유출된 익금산입액에 대하여 상여로 소득처분을 하게 되면 당해 소득금액은 부과처분의 대상이 되는 당해 사업연도 중에 근로를 제공한 날이 수입시기이므로 소득귀속자의 근로소득세 납세의무는 당해 소득이 귀속된 과세기간이 종료하는 때에 성립한다.[23] 한편, 법인의 대표자에 대한 인정상여로 소득처분되는 금액은 당해 법인이 소득금액변동통지서를 받은 날에 그 소득금액을 지급한 것으로 의제되므로 소득금액변동통지서를 받은 법인의 원천징수의무가 성립하려면 소득금액변동통지서를 받은 때에 원천납세의무자의 소득세 납세의무가 성립되어 있어야 하며, 원천납세의무자의 소득세 납세의무가 그 소득세에 대한 부과제척기간의 도과 등으로 소멸하였다면 법인의 원천징수의무도 성립할 수 없으므로 그 후에 이루어진 소득금액변동통지는 위법하다.[24] 인정상여 중 귀속시기가 불분명한 금액은 당해 법인의 사업연도 중 근로를 제공한 기간의 월수로 안분계산하여 각 월에 귀속되는 근로소득으로 본다.[25]

---

22) 이창희, 세법강의(2021), 447~448면
23) 대법원 2006. 7. 27. 선고 2004두9944 판결
24) 대법원 2010. 4. 29. 선고 2007두11382 판결
25) 소득세법 기본통칙 39 - 0…15

(4) 퇴직급여 중 초과금액

퇴직급여 중 법령 소정의 기준을 초과하여 근로소득으로 분류되는 금액의 경우 퇴직급여를 지급받거나 지급받기로 한 날이 수입시기이다.

마. 연금소득(소득령 제50조 제5항)

공적연금소득은 관련법에 따라 연금을 지급받기로 한 날이 수입시기이고, 연금계좌에 따른 연금소득은 연금수령한 날이 수입시기이다. 그 밖의 연금소득은 해당 연금을 지급받은 날이 수입시기이다.

바. 기타소득(소득령 제50조 제1항)

(1) 광업권 등의 양도대가

대금청산일, 자산인도일, 사용수익일 중 빠른 날이 수입시기이다. 다만, 대금청산일 전에 자산을 인도 또는 사용수익하였으나 대금이 확정되지 않은 경우에는 그 대금지급일이 수입시기이다. 단서 규정은 권리 양도 시 대금을 3년부터 5년간 매출액의 5%를 지급하기로 하는 등의 방법으로 계약하는 경우 자산인도일, 사용수익일 현재 대금이 확정되지 않으므로 기타소득의 수입시기는 확정되나 수입금액을 확정할 수 없는 문제를 해결하기 위해 대금지급일을 수입시기로 정한 것이다.[26]

(2) 계약금이 위약금·배상금으로 대체되는 경우의 기타소득

계약의 위약 또는 해약이 확정된 날이 수입시기이다. 이미 계약금을 수령한 상태에서 계약의 위약 또는 해약 등으로 그 계약금이 위약금이나 배당금으로 대체되면 계약의 위약 또는 해약이 확정된 날이 수입시기가 되는 것이다.

(3) 인정 기타소득, 연금 외 수령한 소득

인정 기타소득은 법인의 해당 사업연도의 결산확정일이 수입시기이고, 연금 외 수령한 소득은 연금 외 수령한 날이 수입시기이다.

(4) 그 밖의 기타소득

(가) 수입시기

그 밖의 기타소득은 소득의 지급일이 수입시기이다. 그 밖의 기타소득에 대하여는 현금주의를 적용하는 것이다.

---

26) 기획재정부, 「2007 간추린 개정세법」, 2008, 137면

(나) 관련 판례

　채권자가 채무변제에 갈음한 채권양도로 원래 채권의 원리금을 넘는 새로운 채권을 양수받아 원래의 채권이 소멸한 한 경우 그것만으로는 아직 원래의 채권에 대한 기타소득이 발생하였다고 할 수 없고, 양수한 채권에 기하여 채권자가 원래의 채권의 원리금을 초과하는 금액을 현실로 추심한 때에 원래의 채권에 대한 기타소득이 발생한 것으로 본다.[27] 원심법원은 채권양도의 효력이 발생한 날을 수입시기라고 판단하였으나, 대법원은 양수한 채권에 기하여 실제 채권을 추심한 날을 수입시기로 판단하였다. 소득세법 시행령이 "소득의 지급일"을 수입시기로 규정하고 있는 점, 납세자로 하여금 채권가액을 기준으로 소득세를 신고납부하였다가 향후 추심이 불가능해지면 그때 경정청구를 통해 구제받도록 하는 것보다는 채권을 현실적으로 추심한 시점에 소득세를 신고납부하도록 하는 것이 합리적이라는 점 등이 고려된 것이다.

---

27) 대법원 2016. 6. 23. 선고 2012두28339 판결

제4장 종합소득 과세표준과 세액의 계산

제1절 의의

1. 종합소득세 계산구조

종합소득세의 계산 과정을 흐름도로 표시하면 다음과 같다.

```
총수입금액
(－) 필요경비(근로소득공제, 연금소득공제 포함)
  ＝ 종합소득금액
(－) 종합소득공제
  ＝ 과세표준 × 세율
  ＝ 산출세액
(－) 세액감면 및 공제
(＋) 가산세
  ＝ 결정세액
  － 기납부세액(원천징수세액, 중간예납세액 등)
  ＝ 차가감납부세액
```

2. 결손금의 통산과 공제

가. 의의

결손금에 대한 일반적인 내용은 "법인세법" 편을 참고한다(제2편 제8장 제1절 3.). 소득세에서 결손금의 통산은 결손금을 다음 연도로 이월하기 전에 다른 소득금액에서 먼저 공제하는 것이고, 이월공제는 통산하고 남은 결손금을 장래의 과세연도로 넘겨서 소득금액에서 공제하는 것을 말한다.

나. 방법

(1) 통산

(가) 사업소득

결손금은 이론상으로는 사업소득과 기타소득에서 발생할 수 있으나, 주로 사업소득에서 발생하므로 소득세법은 사업소득의 결손금에 대하여 다른 소득에서 공제하는 통산을 인정한다. 사업소득에서 발생한 결손금은 먼저 같은 사업소득에서 공제하고, 그 후 근로소득, 연금소득, 기타소득, 이자소득, 배당소득의 순서대로 공제한다(소득법 제45조 제1항). 사업소득의 결손금을 같은 사업소득과 통산하는 것을 내부적 통산이라고 하고, 사업소득 이외의 소득과 통산하는 것을 외부적 통산이라고 한다.[1] 결손금은 사업장 단위가 아닌 사업자 단위로 계산하므로 사업소득이 발생하는 2개의 사업장 중 1개의 사업장에서 결손금이 발생한 경우 다른 사업장의 소득금액과 통산할 수 있다.[2]

(나) 부동산임대소득

부동산임대업에서 발생한 결손금은 조세회피에 이용될 수 있으므로 다른 소득에서 공제할 수 없다(소득법 제45조 제2항). 다만, 주거용건물 임대업에서 발생한 결손금은 사업소득과 같이 취급하여 다른 소득에서 공제할 수 있다.[3] 주택임대를 정책적으로 지원하기 위한 취지이다.

(2) 이월공제

사업소득의 결손금 중 당해 과세기간에 다른 소득에서 공제하고 남은 결손금은 장래의 과세기간으로 이월하여 공제할 수 있다. 결손금이 발생한 과세기간의 종료일부터 15년간 이월할 수 있고 먼저 발생한 과세기간의 이월결손금부터 사업소득, 근로소득, 연금소득, 기타소득, 이자소득 및 배당소득에서 순서대로 공제한다(소득법 제45조 제3항). 이월공제기간은 처음에 5년이었으나, 2008. 12. 26. 소득세법 개정 시 10년으로, 다시 2020. 12. 29. 개정 시 15년으로 연장하였다. 부동산임대업에서 발생한 이월결손금은 부동산임대업의 소득금액에서만 공제할 수 있다. 다만, 주거용 건물임대업에서 발생한 결손금은 다른 소득에서 공제할 수 있다.

다. 배제

(1) 추계신고를 하거나 추계결정하는 경우

추계신고를 하거나 추계결정하는 경우에는 원칙적으로 결손금을 공제할 수 없다(소득법 제45조 제4항). 다만, 천재지변이나 그 밖의 불가항력으로 장부나 그 밖의 증명서류가 멸실되어 추계신고를 하거나 추계결정을 하는 경우에는 예외적으로 결손금 공제가 가능하다.

---

1) 김완석·정지선, 소득세법론(2021), 359~360면
2) 소득 46011-95(1999. 1. 9.)
3) 법령해석소득-0175(2021. 9. 28.)

(2) 종합과세되는 배당소득이나 이자소득 중 원천징수세율 적용부분

종합과세되는 배당소득이나 이자소득 중 분리과세되는 부분은 결손금 또는 이월결손금의 공제대상에서 제외한다(소득법 제45조 제5항). 분리과세 부분에 대하여 공제를 허용하면 원천 징수된 금원을 환급하여야 하므로 원천징수제도의 실효성을 확보하기 어렵기 때문이다. 다만, 배당소득이나 이자소득 중 종합과세되는 부분에 대해서는 사업자가 그 소득금액의 범위에서 공제 여부 및 공제금액을 결정할 수 있다. 종합과세되는 이자소득이나 배당소득이 있는 경우 결손금의 통산 또는 이월결손금 공제로 인한 세액의 경감혜택은 누리지 못하면서 종합소득과 세표준 산정 시 결손금 또는 이월결손금만 소멸되는 불합리를 시정하기 위한 취지이다.[4]

라. 소급공제

중소기업을 경영하는 거주자는 소급공제를 받을 수 있다(소득법 제85조의2 제1항). 더 자세한 내용은 "법인세법" 편을 참고한다(제2편 제8장 제1절 3. 마.).

<hr>

제2절 과세표준과 세액의 계산

1. 과세표준의 계산

가. 종합소득공제

(1) 의의

소득공제는 소득에서 공제하여 납세자의 과세소득을 줄이기 위한 항목이다. 소득공제를 통하여 비용을 표준화하고 납세자의 세부담을 경감할 수 있다.

(2) 종류

(가) 인적공제

인적공제는 최저생계비에 대한 과세를 배제하기 위하여 부양가족 상황을 고려하여 소득에서 공제하는 항목으로 기본공제와 추가공제가 있다.

기본공제는 종합소득이 있는 거주자에 대해 1명당 연 150만 원을 종합소득금액에서 공제하는 것이다(소득법 제50조 제1항). 거주자, 배우자, 거주자와 생계를 같이하는 부양가족이 기본공제를 받을 수 있다. 다만, 배우자와 부양가족의 경우 연간 소득금액 합계액이 100만 원 이하이고 근로소득의 총급여액이 500만 원 이하인 경우에 공제받을 수 있다. 연간 소득금액의 합계

<hr>

4) 김완석 · 정지선, 소득세법론(2021), 361면

액이란 종합소득, 퇴직소득, 양도소득금액의 합계액을 말한다. 거주자의 직계비속은 20세 이하이고, 직계존속은 60세 이상이며, 형제자매는 20세 이하 또는 60세 이상이어야 하나, 장애인은 나이제한을 받지 않는다.

추가공제는 기본공제대상자가 70세 이상의 경로우대자인 경우 1명당 연 100만 원, 장애인인 경우 1명당 연 200만 원을 추가로 공제하는 것이다(소득법 제51조 제1항).

(나) 물적공제

물적공제는 납세자가 지출하는 비용을 소득에서 공제하는 것이다. 과세표준확정신고 의무가 있는 자가 관련서류를 제출하지 않은 경우에는 물적공제를 적용하지 않고 기본공제 중 거주자 본인에 대한 부분과 표준세액공제만을 적용한다(소득법 제54조 제2항).

종합소득이 있는 거주자는 연금보험료를 소득에서 공제하고(소득법 제51조의3), 연금소득이 있는 거주자는 주택담보노후연금 이자비용을 소득에서 공제한다(소득법 제51조의4). 주택담보노후연금이란 65세 이상의 고령자가 보유한 1세대 1주택을 담보로 제공하고 노후생활자금을 매월 연금형식으로 지급받는 제도로서 해당 연도에 발생한 이자상당액을 연금소득에서 공제한다.

근로소득이 있는 거주자는 국민건강보험료, 고용보험료, 노인장기요양보험료 부담액, 주택임차자금 차입금의 원리금 상환액, 장기주택저당차입금의 이자상환액 중 소정의 금액을 공제한다(소득법 제52조). 주택임차자금 차입금이란 무주택 세대주로서 근로소득이 있는 거주자가 국민주택규모 주택을 임차하기 위하여 차입한 금액을 말한다. 장기주택저당차입금이란 근로소득이 있는 거주자로서 무주택이거나 1주택 세대주가 기준시가 6억 원 이하의 주택을 취득하기 위하여 주택에 저당권을 설정하고 금융회사 등으로부터 차입한 금액을 말한다.

또한 근로소득이 있는 거주자는 신용카드 등 사용액의 연간합계액이 총급여액의 25%를 초과하는 경우 근로소득금액에서 법령 소정의 금액을 공제한다(조특법 제126조의2 제1항). 신용카드 소득공제는 1999년 9월 자영업자의 과세표준을 양성화하기 위하여 한시적으로 도입하였다. 그 후 신용카드 보급이 확대되고 신용카드 사용이 보편화됨에 따라 과세당국은 입법목적을 어느 정도 달성한 것으로 보아 신용카드 소득공제의 폐지를 추진하였으나, 납세자들의 반발로 일몰이 종료되지 않고 계속 시행되고 있다.

국민건강보험료 등을 제외한 특별공제액, 신용카드사용공제액 등의 합계액이 2,500만 원을 초과하는 경우에는 그 초과액은 공제하지 않는다(조특법 제132조의2 제1항). 고소득자가 과다한 종합소득공제를 받는 것을 방지하기 위하여 공제한도를 설정한 것이다.

나. 소득금액계산 특례

(1) 채권 등 소득금액계산

채권 등의 이자 또는 할인액을 지급받거나 채권 등을 매도하는 경우 보유기간별로 귀속되는 이자 등 상당액을 계산하여 과세한다(소득법 제46조). 이 경우 "보유기간 이자상당액 = 채권 등 액면가액 × 이자율 × 보유기간"의 산식에 따라 계산한다.

(2) 중도해지로 인한 이자소득금액계산

종합소득과세표준 확정신고 후 예금 등의 중도해지로 이미 지난 과세기간에 속하는 이자소득금액이 감액된 경우 그중도해지일이 속하는 과세기간의 종합소득금액에 포함된 이자소득금액에서 그 감액된 이자소득금액을 공제할 수 있다(소득법 제46조의2). 과세표준 및 세액의 경정 또는 환급에 따른 절차의 번거로움을 덜기 위한 취지이다. 납세자가 국기법상 경정청구를 한 경우에는 세액을 환급받을 수 있으므로 위 규정이 적용되지 않는다.

다. 부당행위계산부인

(1) 의의

소득세법 제41조에 규정된 종합소득의 부당행위계산부인은 법인의 부당행위계산부인과 다르지 않으므로 "법인세법" 편을 참고한다(제2편 제6장 제1절).

(2) 요건

(가) 출자공동사업자의 배당소득, 사업소득, 기타소득 있는 거주자의 행위나 계산

소득의 유형 중 출자공동사업자의 배당소득, 사업소득, 기타소득 있는 거주자의 행위나 계산이어야 한다. 이와 같이 소득의 유형이 한정되어 있으나, 주로 사업소득에 대하여 부당행위계산부인 규정이 적용된다.

(나) 특수관계자와의 거래

소득세법상 특수관계인은 ① 혈족·인척 등 친족관계, ② 임원·사용인 등 경제적 연관관계, ③ 주주·출자자 등 경영지배관계에 있는 자를 의미한다(소득령 제98조 제1항). 구체적으로 특수관계자의 범위는 다음과 같다.

친족	1. 4촌 이내의 혈족 2. 3촌 이내의 인척 3. 배우자(사실상의 혼인관계에 있는 자 포함) 4. 친생자로서 다른 사람에게 친양자 입양된 자 및 배우자·직계비속
경제적 연관관계	5. 임원과 그 밖의 사용인 6. 본인의 금전이나 그 밖의 재산으로 생계를 유지하는 자 7. 위 "5., 6."에 해당하는 자와 생계를 함께하는 친족
경영지배관계	8. 본인이 직접 또는 그와 친족관계 또는 경제적 연관관계에 있는자를 통하여 법인의 경영에 대하여 지배적인 영향력을 행사하고 있는 경우 그 법인 9. 본인이 직접 또는 그와 친족관계, 경제적 연관관계 또는 위 "8."의 관계에 있는 자를 통하여 법인의 경영에 대하여 지배적인 영향력을 행사하고 있는 경우 그 법인

위 "8."과 "9."에서 '지배적인 영향력'이란 영리법인의 경우에는 ① 법인의 발행주식총수 또는 출자총액의 30%이상을 출자한 경우, ② 임원의 임면권의 행사, 사업방침의 결정 등 법인의 경영에 대하여 사실상 영향력을 행사하고 있다고 인정되는 경우를 말하고, 비영리법인의 경우에는 ① 법인의 이사의 과반수를 차지하는 경우, ② 법인의 출연재산의 30% 이상을 출연하고 그중 1인이 설립자인 경우를 말한다.

(다) 조세부담의 부당한 감소

부당한 거래란 경제적 합리성을 결여한 거래를 의미한다. 자산의 저가양도, 자산의 고가매입 등 법령 소정의 거래에 대하여는 시가와 거래가액의 차액이 3억 원 이상이거나 시가의 5%에 상당하는 금액 이상인 경우에만 부당행위계산부인 규정을 적용한다(소득령 제98조 제2항).

종합소득의 부당행위계산부인 규정을 적용할 때 시가는 법인세법 시행령 제89조를 적용한다. 따라서 상장주식을 장외거래하거나 대량매매 등으로 거래하는 경우 해당 주식의 시가는 그 거래일의 종가(최종시세가액)로 하며, 사실상 경영권의 이전이 수반되는 경우에는 20%를 할증한다. 대량매매나 장외거래는 장중 경쟁매매와 달리 상장주식의 매도자가 거래당사자를 임의로 선택할 수 있어 경영권 이전의 수단으로 활용될 가능성이 높으므로 할증평가를 하는 것이다. 2007. 2. 28. 법인세법 시행령 개정 시 상장주식의 장내거래에 대한 시가평가규정을 신설하였고, 2021. 2. 17. 법인세법 시행령 개정 시 대량매매와 장외거래의 경우 거래일의 거래소 종가를 시가로 하되, 사실상 경영권 이전이 수반되는 경우에는 상증세법상 할증평가를 적용하도록 변경하였다. 시가가 불분명한 경우에는 주식 및 가상자산을 제외하고는 감정가액, 상증세법을 준용하여 평가한 가액을 시가로 하여 부당행위계산부인 규정을 적용한다.

(3) 유형

(가) 저가양도 또는 고가매입(소득령 제98조 제2항 제1호), 용역의 무상 또는 저율제공(소득령 제98조 제2항 제2호), 용역의 고율이용(소득령 제98조 제2항 제3호), 무수익자산의 비용부담(소득령 제98조 제2항 제4호)에 대하여는 "법인세법" 편을 참고한다(제2편 제6장 제3절). 법인의 부당행위계산부인에는 자본거래가 포함되어 있으나, 개인의 부당행위계산부인에는 자본거래가 포함되어 있지 않은 차이가 있다.

(나) 기타 부당행위(소득령 제98조 제2항 제5호)

그 밖에 특수관계인과의 거래에 따라 해당 과세기간의 총수입금액 또는 필요경비를 계산할 때 조세부담을 부당하게 감소시킨 것으로 인정되는 경우이다. 이 규정이 비교적 포괄적인 부당행위계산의 유형을 규정하고 있더라도, 위 규정이 정한 요건은 엄격하게 해석하고 있다. 따라서 조세의 부담을 부당하게 감소시킨 행위라고 하더라도 그 행위가 특수관계 있는 자와의 거래로 인한 것이고 당해 연도의 총수입금액 또는 필요경비의 계산과 관련하여 이루어진 것이라는 등 위 규정이 정한 요건을 갖추지 않으면 부당행위계산부인 규정을 적용할 수 없다.

주주가 주식의 양도에 앞서 특수관계 있는 회사에게 금원을 대여하여 주식양도일 기준 회사의 총자산가액 중 토지 및 건물가액이 차지하는 비율이 낮아짐으로써 회사가 부동산과다보유법인의 지위에서 벗어나서 조세를 회피한 사안에서, 판례는 주주의 금원대여행위는 회사의 자산보유형태에 영향을 미치는 것에 불과하여 '총수입금액 또는 필요경비의 계산'에 있어서 조세의 부담을 부당하게 감소시킨 행위라고 할 수 없어 부당행위계산부인 대상이 아니라고 판시하였다.[5] 납세자의 조세회피행위가 소득세법 시행령 제98조 제2항 제5호에서 규정하고 있는 "해당 과세기간의 총수입금액 또는 필요경비를 계산할 때"에 해당하지 않는다고 판단한 것이다. 과세당국은 주식의 양도일부터 소급하여 1년이 되는 날부터 양도일까지의 기간 중에 차입금 또는 증자 등에 의하여 증가한 현금·금융재산 및 대여금의 합계액은 자산총액에 포함되지 않는다는 별도의 규정(소득령 제158조 제4항 제2호)을 두어 부동산과다보유법인의 지위를 벗어나려는 편법행위에 대응하고 있다.

(4) 효력

부당행위계산부인 규정을 적용하면 시가에 의해 과세표준과 세액을 계산한다. 더 자세한 내용은 "법인세법" 편을 참고한다(제2편 제6장 제4절).

(5) 공동사업과의 관계

특수관계자들이 공동사업을 영위할 때 공동사업자 중 1인이 당해 공동사업장에 토지를 무상으로 제공하는 경우가 있다. 예를 들어, 甲이 현금 4억 원, 乙이 현금 2억 원과 시가 2억

---

5) 대법원 1999. 11. 9. 선고 98두14082 판결

원의 토지를 출자하여 건물을 짓고 건물과 토지를 임대하여 4,000만 원의 임대료수입이 생긴 경우 어떻게 과세하여야 하는지 문제된다. 판례는 토지를 무상제공한 사업자는 공동사업장에 출자한 것일 뿐 다른 공동사업자에게 토지를 무상임대한 것이 아니므로 부당행위계산부인의 대상이 아니고 공동사업의 소득금액계산방법에 따라 소득금액을 계산하여야 한다고 판시하였다.[6] 조합과 조합원 사이의 거래를 별도로 인정하지 않고 공동사업의 과세방법에 따라 그 출자비율대로 분배하여 甲과 乙이 각각 사업소득 2,000만 원을 번 것으로 보는 것이다.

2. 세액의 계산

가. 세율

(1) 의의

소득세법은 6%, 15%, 24%, 35%, 38%, 40%, 42%, 45%의 8단계 초과누진세율을 채택하고 있다(소득법 제55조 제1항). 초과누진세율은 과세표준의 금액을 여러 구간으로 구분하고, 높은 구간으로 올라감에 따라 점차적으로 각 초과구간보다 높은 세율을 적용하는 누진세율을 말한다. 단순누진세율의 경우 각 과세구간의 경계부근에서 가처분 소득의 역전현상이 생길 수 있으므로 이를 방지하기 위한 것이다. 과거에는 세율이 4단계였으나 2012년 이후 38%, 40%, 42%, 45%의 세율 구간이 신설되어 총 8단계가 되었다. 2022. 12. 31. 소득세법 개정 시 6% 세율을 적용받는 구간이 1,200만 원에서 1,400만 원으로, 15%의 세율을 적용받는 구간이 4,600만 원에서 5,000만 원으로 조정되어 그 구간에 해당하는 납세자의 세부담이 다소 낮아졌다.

과세표준이 물가상승률을 반영하지 못하면 명목소득에 과세되는 문제점이 있으므로 주기적으로 과세표준구간을 조정하는 방법이나 매년 물가상승률을 반영하여 자동적으로 과세표준구간을 조정하는 물가연동제를 도입할 필요가 있다.

(2) 외국인근로자의 특례

외국인근로자에 대하여는 외국인 인력유치를 세제상 지원하기 위하여 19%의 단일세율을 적용한다(조특법 제18조의2 제2항). 다만, 비과세·감면 소득공제 및 세액공제는 적용하지 않고, 외국인근로자는 단일세율 대신 종합소득세율(6~45%)을 선택할 수 있다. 종전에는 최초 근로시작 후 5년간 적용하였으나, 2022. 12. 31. 조특법 개정 시 20년으로 늘렸다.

나. 세액공제

(1) 의의

소득공제가 세액이 산출되기 전 소득에서 공제하는 것인 반면, 세액공제는 세액이 산출된 후 세액에서 공제하는 것을 의미한다. 소득세법은 세부담의 경감, 이중과세 조정 등 다양한

---

6) 대법원 2005. 3. 11. 선고 2004두1261 판결

이유로 세액공제를 인정한다. 과거 소득공제에 해당하던 교육비, 의료비 등 다수의 항목이 2014. 12. 23. 소득세법 개정 시 세액공제로 전환되었다. 소득공제는 높은 세율을 적용받는 고소득자에게 더 많은 혜택을 주므로 이를 시정하기 위한 취지이다. 예를 들어, 교육비 100만 원을 소득공제하는 경우 40%의 세율을 적용받는 납세자는 40만 원의 세금이 감액되고, 15%의 세율을 적용받는 납세자는 15만 원의 세금이 감액되나, 교육비 100만 원을 15%의 세율로 세액공제하는 경우에는 40%의 세율을 적용받는 납세자와 15%의 세율을 적용받는 납세자 모두 똑같이 15만 원의 세금이 감액된다.

(2) 종류

(가) 배당세액공제

법인세와 소득세의 이중과세를 조정하기 위하여 법인세 상당액(귀속법인세)을 소득세의 선납으로 보아 배당소득을 산정할 때 법인세 상당액(귀속법인세)을 더하고(그로스업), 배당소득세를 산정할 때 법인세 상당액(귀속법인세)을 세액공제한다(소득법 제56조). 이때 배당소득이 분리과세되어 원천징수세율만 적용받는 납세자와의 형평을 고려하여 배당세액공제의 한도를 적용한다. 즉 금융소득 종합과세에서 기본세율이 적용되는 부분에 그로스업(gross-up) 대상인 배당소득이 있는 경우 당해 법인세 상당액을 배당세액공제하되, 배당세액공제 후의 세액이 다음 "ⓐ, ⓑ" 중 큰 금액이 되도록 한다(소득법 제15조 제2호). 이는 종합소득산출세액에서 분리과세산출세액을 차감한 금액을 한도로 하는 것으로서 분리과세되는 소액주주의 세부담이 종합과세되는 대주주의 세부담보다 높아지지 않도록 하기 위함이다.[7]

> Max(ⓐ, ⓑ)
> ⓐ 그로스업(gross-up)방식: 종합소득세 산출세액 − 배당세액공제
> ⓑ 금융소득분리과세방식: 〔(다른 종합소득금액 − 종합소득공제) × 기본세율〕 + 〔금융소득금액 × 원천징수세율)〕

(나) 기장세액공제

간편장부대상자가 과세표준확정신고를 할 때 복식부기에 따라 기장하여 소득금액을 계산하고 관련 서류를 제출하는 경우 해당 장부에 의하여 계산한 사업소득금액이 종합소득금액에서 차지하는 비율을 종합소득 산출세액에 곱하여 계산한 금액의 20% 만큼 100만 원을 한도로 세액공제한다(소득법 제56조의2). 간편장부대상자가 복식부기에 따라 기장하도록 유도하기 위함이다.

---

7) 이창희, 세법강의(2021), 578면에 의하면 종합과세되는 이자소득과 배당소득, 분리과세되는 이자소득과 배당소득의 세부담은 '종합과세배당소득 〉 종합과세이자소득 〉 분리과세배당소득 〉 분리과세이자소득'순이다. 이자소득은 법인세부담이 없으므로 배당소득보다 세부담이 낮다.

(다) 외국납부세액공제와 재해손실세액공제

외국납부세액공제(소득법 제57조)와 재해손실세액공제(소득법 제58조)는 "법인세법" 편을 참고한다(제2편 제8장 제1절 6.).

(라) 근로소득세액공제

근로소득은 사업소득에 비하여 과세포착률이 높은 점을 고려하여 세액공제를 한다(소득법 제59조). 산출세액을 두 구간으로 나누어 30%와 55%의 공제율을 적용한다. 다만, 고소득자의 공제액에 대하여는 한도를 두고 있다.

(마) 자녀세액공제

7세 이상 20세 이하 자녀가 1명인 경우 연 25만 원, 2명인 경우 연 55만 원, 3명 이상인 경우 연 55만 원과 2명을 초과하는 1명당 연 40만 원을 합한 금액을 공제한다(소득법 제59조의2). 해당 과세기간에 출산하거나 입양신고한 공제대상자녀가 있는 경우 출산하거나 입양신고한 공제대상자녀가 첫째인 경우 연 30만 원, 둘째인 경우 연 50만 원, 셋째 이상인 경우 연 70만 원을 공제한다. 7세 이하 자녀에 대하여는 아동수당이 지급되므로 자녀세액공제와 아동수당의 중복혜택을 방지하기 위하여 자녀세액공제 대상을 8세 이상으로 정하였다.

(바) 연금계좌세액공제

연금계좌세액공제를 받을 수 있는 금액은 연금저축계좌에 납입한 금액 연 600만 원과 퇴직연금계좌에 납입한 금액 연 300만 원, 합계 연 900만 원 또는 퇴직연금계좌에 납입한 금액 연 900만 원이다(소득법 제59조의3). 연금계좌세액에 대하여 12% 또는 15%에 해당하는 세액을 공제한다. 15% 세액공제는 총급여액 5,500만 원(종합소득금액 4,500만 원) 이하인 자에 대하여 적용한다. 연금계좌의 납입한도는 연 1,800만 원이고 개인자산종합관리계좌(ISA) 만기 시 연금계좌 전환금액을 합한 금액은 추가납입할 수 있다. ISA 만기금액을 60일 이내에 연금계좌로 납입한 이른바 개인자산종합관리계좌(ISA) 전환금액은 연금계좌 납입액에 포함한다.

(사) 월세 세액공제

총급여액이 8,000만 원(종합소득금액 7,000만 원) 이하인 무주택 근로자 및 성실확인사업자가 기준시가 4억 원 이하의 주택에 대한 월세를 지급하는 경우 월세액의 15% 또는 17%에 해당하는 세액을 총 1,000만 원 한도로 공제한다(조특법 제95조의2). 17% 세액공제는 총급여액이 5,500만 원(종합소득금액 4,500만 원) 이하인 자에게 적용된다.

(아) 특별세액공제(소득법 제59조의4)

① 근로소득이 있는 거주자가 만기환급금이 납입보험료를 초과하지 않는 보험의 보험계약

에 따라 기본공제대상자를 피보험자로 하는 보험료를 지급한 경우 그 금액의 12%를 세액공제한다. 다만, 장애인전용보장성보험료는 15%를 공제한다.

② 근로소득이 있는 거주자가 기본공제대상자를 위하여 의료비를 지급한 경우 연 700만 원을 한도로 총급여액의 3%를 초과하는 금액의 15%를 세액공제한다. 다만, 난임시술비는 20%를 공제한다.

③ 근로소득이 있는 거주자가 그 거주자와 기본공제대상자를 위하여 해당 과세기간에 교육비를 지급한 경우 15%를 세액공제한다. 직계비속 등이 대학생인 경우에는 1명당 연 900만 원, 초등학교 취학 전 아동과 초·중·고등학생인 경우에는 1명당 연 300만 원을 한도로 하나, 거주자는 대학원 학비까지 공제되고 한도가 적용되지 않는다. 2022. 12. 31. 소득세법 개정 시 대학입학전형료, 수능응시료도 교육비공제대상에 포함시켰다.

④ 사업소득자를 제외한 거주자가 기부금을 지급한 경우 기부금의 15%를 세액공제한다. 사업소득자 중에서는 보험가입용역, 방문판매용역, 음료품 배달용역에 제공하는 사업소득자에 대하여 기부금 세액공제를 인정한다. 고액기부를 장려하기 위하여 1,000만 원 초과분에 대해서는 30%를 세액공제한다. 그 밖에 조특법에 따른 정치자금기부금, 고향사랑기부금 등이 있다. 정지자금기부금은 거주자가 정치자금을 기부한 경우 10만 원까지는 110분의 100을, 10만 원 초과분에 대하여는 3,000만 원까지 15%를, 3,000만 원 초과분에 대하여는 25%를 세액공제한다(조특법 제76조). 고향사랑기부금은 거주자가 고향사랑 기부금을 지자체에 기부한 경우 10만 원까지는 110분의 100을, 10만 원 초과분에 대하여는 2,000만 원까지 15%를 세액공제한다(조특법 제58조).

(자) 표준세액공제

근로소득이 있는 거주자로서 소득공제 신청이나 세액공제 신청을 하지 않은 사람에 대해서는 연 13만 원을 세액공제하고, 성실사업자로서 세액공제 신청을 하지 않은 사업자에 대해서는 연 12만 원을 세액공제하며, 근로소득이 없는 거주자로서 종합소득이 있는 사람에 대해서는 연 7만 원을 세액공제한다. 이와 같이 공제신청을 하지 않은 사람에 대해 적용하는 세액공제를 표준세액공제라고 한다.

(차) 산출세액보다 세액공제가 큰 경우 세액공제 적용

자녀세액공제, 연금계좌세액공제, 특별세액공제, 정치자금기부금 세액공제, 우리사주기부금 세액공제, 고향사랑기부금 세액공제의 합계액이 종합소득산출세액(금융소득에 대한 산출세액 제외)을 초과하는 경우 초과금액은 없는 것으로 본다(소득법 제61조 제2항).

다. 세액계산 특례

(1) 직장공제회 초과반환금

직장공제회 초과반환금의 40%에 해당하는 금액과 납입연수에 따른 법령 소정의 금액을 공제한다. 이와 같이 산출한 금액에 대하여 다음과 같이 연분연승법(年分年乘法)을 적용한다(소득법 제63조). 공제를 적용한 금액을 납입연수로 먼저 나누어 기본세율을 적용한 후 납입연수를 곱해주기 때문에 납세자의 세부담이 줄어든다.

$$(\text{직장공제회 초과반환금}/\text{납입연수}) \times \text{기본세율} \times \text{납입연수}$$

(2) 부동산매매업자

부동산매매업자에 대하여는 분양권, 비사업용 토지, 미등기 양도자산 등에 대한 양도소득세의 중과회피를 방지하기 위하여 다음과 같이 종합소득으로 계산한 세액과 양도소득세율을 적용하여 계산한 세액 중 큰 금액을 세액으로 하는 비교과세방식을 적용한다(소득법 제64조).

종합소득금액이 결손인 경우에는 적용을 배제하거나 종합소득 과세표준을 초과하지 않는 범위 내로 세액을 한정하자는 견해가 있으나, 다른 사업에서 이월결손금이 있는 부동산매매업자는 이월결손금의 범위 내에서 양도시기를 조절하여 집중적으로 매매차익을 실현하거나 특례 적용대상이 아닌 부동산에서 매매차손을 내거나 이자비용 등 필요경비를 과다지출하는 등의 다양한 방식으로 중과세를 회피할 수 있으므로 적용범위에 제한을 두지 않았다.[8] 주택에 해당하는지 여부는 건물공부상의 용도구분에 관계없이 실제 용도가 사실상 주거에 제공하는 건물인가에 의하여 판단한다.[9]

Max(①, ②)
① 비교과세 전 종합소득산출세액
② (종합소득 과세표준 − 주택 등 매매차익) × 기본세율 + (주택 등 매매차익 − 양도소득기본공제) × 양도소득세율

부동산매매업자의 종합소득세액을 산출하는 경우에는 토지 등 매매차익을 기타의 종합소득과 분리하여 과세표준을 정하고 양도소득세 과세방식에 따른 별도의 방법으로 세액을 계산하므로 결손금의 소득 간 통산에 관한 규정과 이를 전제로 이월결손금의 소득 간 통산규정은 적용이 배제된다.[10]

---

8) 헌재 2017. 8. 31. 선고 2015헌바339 결정
9) 대법원 2010. 7. 22. 선고 2008두21768 판결
10) 대법원 1991. 11. 26. 선고 91누1523 판결

(3) 주택임대소득

주택임대수입금액이 2,000만 원 이하인 경우 납세자는 다음과 같이 계산하여 분리과세하는 방법과 종합과세하는 방법 중 선택할 수 있다(소득법 제64조의2).

$$\text{세액} = \{\text{수입금액} \times (1 - \text{필요경비율}) - \text{공제금액}\} \times 14\%$$

* 필요경비율 50%, 공제금액 200만 원(주택임대 외 종합소득금액이 2,000만 원 이하인 경우 적용)

등록임대주택에 대하여는 일반주택보다 필요경비율과 공제금액에서 우대하여 세부담을 낮춰준다. 등록임대주택 특례를 적용받기 위해서는 민간임대주택특별법에 의한 임대사업자등록과 세법상 사업자등록을 할 것, 임대보증금 또는 임대료의 증가율이 5%를 초과하지 않을 것 등의 요건을 충족하여야 한다(소득령 제122조의2 제1항). 의무임대기간을 지키지 않은 경우에는 그 사유발생일이 속하는 과세연도에 소득세를 납부하여야 한다(소득법 제64조의2 제3항). 의무임대기간은 공공주택법상 임대주택은 4년이고 공공지원민간임대주택 또는 장기일반민간임대주택은 10년이다.

라. 최저한세

최저한세의 일반적인 내용은 "법인세법" 편을 참고한다(제2편 제8장 제1절 6. 나.). 거주자의 사업소득을 계산할 때 특정감면 등을 적용받은 후의 세액이 특정 필요경비 산입 및 소득공제 등을 하지 않은 경우의 사업소득에 대한 산출세액에 45%(산출세액이 3,000만 원 이하인 부분은 35%)를 곱하여 계산한 최저한세액에 미달하는 경우 그 미달세액 상당분에 대해서는 감면 등을 배제한다(조특법 제132조 제2항).

종합소득 과세표준과 세액의 신고, 결정 등

제1절 중간예납과 신고

1. 중간예납

가. 의의

소득세법 제65조에 규정된 중간예납은 과세관청이 세액의 일부를 중간에 미리 납부받는 것을 의미한다. 납세자는 세액을 나누어 냄으로써 세액을 일시에 납부하여야 하는 부담을 덜 수 있고, 국가는 조세채권을 조기에 확보할 수 있는 장점이 있다.

나. 대상자 및 징수

종합소득자 중 이자소득, 배당소득, 근로소득, 연금소득, 기타소득만 있는 자, 사업소득 중 사무지원서비스업에서 발생하는 소득, 수시부과하는 소득, 분리과세 주택임대소득, 저술가, 화가, 배우, 가수, 영화감독, 연출가, 영사 등 자영예술가 등은 적용대상에서 제외된다(소득법 제65조 제1항, 소득령 제123조, 소득칙 제64조). 또한 과세기간 중 신규로 사업을 시작한 자는 적용대상에서 제외된다. 따라서 주로 계속 사업을 하는 거주자에게 적용된다.

과세관청은 중간예납세액을 납부하여야 할 거주자에게 11. 1.부터 11. 15.까지 중간예납세액의 납세고지서를 발급하여 11. 30.까지 징수한다(소득법 제65조 제1항). 법인세와 달리 소득세 중간예납을 신고제로 운영하지 않는 것은 개인 자영업자의 납세협력비용을 줄이기 위한 취지이다.

다. 중간예납세액

(1) 중간예납기준액

납세자는 직전 과세기간의 종합소득세로서 납부하였거나 납부하여야 할 세액의 2분의 1에 해당하는 금액을 중간예납세액으로 납부하여야 한다(소득법 제65조 제1항).

(2) 중간예납추계액

중간예납추계액은 중간예납기간인 당해 과세기간 1. 1.부터 6. 30.까지의 실적을 기준으로 추계한 금액이다. 중간예납추계액이 중간예납기준액의 30%에 미달하는 경우, 중간예납기준액이 없는 복식부기의무자가 당해 과세기간 1. 1.부터 6. 30.까지 사업소득이 있는 경우에는 중간예납추계액을 신고납부한다(소득법 제65조 제3항, 제4항, 제5항). 직전 연도 소득세가 없는 경우에는 중간예납기준액을 사용할 수 없고 중간예납추계액이 중간예납기준액의 30%에 미달하는 경우 중간예납기준액을 사용하는 것이 불합리하기 때문이다. 납세자에게 위와 같은 사정이 있다는 것을 과세관청이 알기 어려우므로 납세자로 하여금 신고납부하게 하는 것이다.

2. 예정신고와 확정신고

가. 예정신고

(1) 의의

사업소득자 중 특별히 부동산매매업자에 대하여는 확정신고기간 전에 미리 신고하도록 규정을 두고 있는데, 이를 원래의 과세기간이 종료한 후에 하는 확정신고에 대비하여 예정신고라고 한다. 예정신고제도는 소득의 발생 초기에 미리 세액을 납부받아 세원을 조기에 확보하고 징수의 효율성을 도모하기 위한 데에 입법취지가 있다. 특히 토지 등의 매매차익은 탈세의 가능성이 높으므로 세원을 조기에 확보하고 징수의 효율성을 담보하기 위하여 예정신고제도를 두고 있다.[1] 부동산매매업자는 토지 또는 건물의 매매차익과 그 세액을 매매일이 속하는 달의 말일부터 2개월까지 신고하여야 한다(소득법 제69조 제1항). 부동산의 매매차익이 없거나 매매차손이 발생하였을 때에도 예정신고를 하여야 한다.

예정신고와 그에 따른 납부를 하지 않으면 가산세가 부과된다(국기법 제47조의2, 제47조의3, 제47조의4). 종전에는 양도소득 예정신고를 하는 경우 세액공제를 하고, 예정신고를 하지 않더라도 가산세를 부과하지 않았으나, 2009. 12. 31. 소득세법 개정 후에는 예정신고를 하더라도 세액공제를 하지 않고 예정신고를 하지 않는 경우 가산세를 부과하는 것으로 변경하였다.

(2) 예정신고에 확정의 효력이 있는지

예정신고에 확정의 효력이 있는지에 대하여는 긍정설, 부정설, 잠정적 효력설의 대립이 있으며, 판례는 잠정적 효력설의 입장이다. 자세한 내용은 "국기법" 편을 참고한다(제1편 제6장 제2절 2. 가. (2)).

나. 확정신고

(1) 일반적인 경우

해당 과세기간의 종합소득금액이 있는 거주자는 종합소득 과세표준을 그 과세기간의 다음 연도 5. 1.부터 5. 31.까지 신고하여야 한다(소득법 제70조 제1항). 이와 같이 과세기간이 종료한 후에 하는 신고를 확정신고라고 한다. 복식부기의무자가 기업회계기준을 준용하여 작성한 재

---

1) 헌재 2022. 5. 26. 선고 2019헌바7 결정

무상태표, 손익계산서와 그 부속서류, 합계잔액시산표 및 조정계산서를 제출하지 않은 경우에는 종합소득과세 표준확정신고서를 제출하였더라도 무신고로 간주한다(소득법 제70조 제4항).

복식부기의무자 중 직전 과세기간의 수입금액이 다음과 같이 업종별 기준수입금액 이상인 경우, 직전 과세기간 추계결정 또는 추계경정을 받은 경우, 직전 과세기간 중에 사업을 시작한 경우, 조특법에 따라 소득세 과세표준과 세액에 대한 세액공제, 세액감면 또는 소득공제를 적용받은 경우에는 세무사, 공인회계사, 변호사로서 조정반에 소속된 자가 작성한 조정계산서를 제출하여야 한다(소득령 제131조의2). 수입금액을 산정할 때 사업용 유형자산을 양도함으로써 발생한 수입금액은 제외하고 결정·경정으로 증가된 수입금액은 포함한다(소득령 제131조의2).

| 직전 과세기간 업종별 기준수입금액 |

업 종	기준금액
농업·임업 및 어업, 광업, 도매 및 소매업, 부동산매매업	6억 원
제조업, 숙박 및 음식점업, 건설업, 운수업 및 창고업, 정보통신업, 금융 및 보험업, 상품 중개업 등	3억 원
전문·과학 및 기술서비스업, 사업시설관리·사업지원 및 임대서비스업, 교육서비스업, 보건업 및 사회복지서비스업, 예술·스포츠 및 여가 관련 서비스업 등	1억 5천만 원

(2) 성실신고확인대상사업자의 경우

성실신고확인대상사업자는 종합소득 과세표준 확정신고를 할 때에 다음 연도 5. 1.부터 6. 30.까지 세무사 등이 작성한 성실신고확인서를 제출하여야 한다(소득법 제70조의2 제1항). 성실신고확인제는 종합소득세를 신고할 때 장부기장내용의 정확성 여부를 세무사 등에게 확인받은 후 신고하게 하는 제도이다. 성실신고확인대상사업자의 경우 과세표준과 세액의 신고를 준비하기 위해 더 많은 기간이 걸리는 점을 감안하여 확정신고기간을 1개월 연장한다. 성실신고 확인을 위해 과세관청의 공무원을 증원하는 등의 방법을 사용하지 않고 민간의 세무전문가인 세무사에게 성실신고확인 업무를 맡기는 것이 위헌인지 다투어졌으나, 헌법재판소는 과잉금지원칙에 위배되지 않으므로 합헌이라고 판단하였다.[2]

성실신고확인대상사업자는 해당 과세기간의 수입금액이 업종별 기준수입금액 이상인 사업자를 의미한다(소득령 제133조 제1항). 기준이 되는 수입금액을 계속 줄여 성실신고확인대상사업자를 늘려왔다. 성실신고확인대상사업자에게는 세무검증비용 이외에 추가로 의료비, 교육비 및 월세 세액공제 등의 혜택을 부여한다(조특법 제122조의3).

---

2) 헌재 2019. 7. 25. 선고 2016헌바392 결정

업 종	기준금액
농업·임업 및 어업, 광업, 도매 및 소매업, 부동산매매업	15억 원
제조업, 숙박 및 음식점업, 건설업, 운수업 및 창고업, 정보통신업, 금융 및 보험업, 상품중개업 등	7억 5,000만 원
전문·과학 및 기술서비스업, 사업시설관리·사업지원 및 임대서비스업, 교육서비스업, 보건업 및 사회복지서비스업, 예술·스포츠 및 여가 관련 서비스업 등	5억 원

(3) 확정신고의 예외

근로소득만 있는 자, 퇴직소득만 있는 자, 공적연금소득만 있는 자, 보험모집인, 방문판매원, 음료품배달원 등으로서 사업소득이 있고 간편장부대상자인 자, 종교인소득만 있는 자, 분리과세이자소득, 분리과세배당소득, 분리과세연금소득 및 분리과세기타소득만 있는 자 등은 확정신고의무가 면제된다(소득법 제73조 제1항). 다만, 2명 이상으로부터 근로소득, 공적연금소득, 퇴직소득, 종교인소득을 받는 경우에는 확정신고를 하여야 한다(소득법 제73조 제2항). 확정신고의무 면제자 중 분리과세이자소득, 분리과세배당소득 등은 원천징수만으로 납세의무가 종결되고, 근로소득, 보험모집인, 방문판매원, 음료품배달원 등의 사업소득 등은 원천징수와 연말정산에 의하여 납세의무가 종결된다.

(4) 확정신고의 특례

거주자가 사망한 경우 상속인은 상속개시일이 속하는 달의 말일부터 6개월까지 사망일이 속하는 과세기간에 대한 과세표준을 신고하여야 한다(소득법 제74조 제1항). 다만, 상속인이 승계한 연금계좌의 소득금액에 대해서는 확정신고하지 않아도 된다. 거주자가 출국하는 경우에는 출국일이 속하는 과세기간의 과세표준을 출국일 전날까지 신고하여야 한다(소득법 제74조 제4항).

(5) 기한 내 확정신고로 인정되는 추가신고

다음과 같은 사유로 종합소득 과세표준확정신고기한 이후 신고하는 경우에는 기한 내에 확정신고한 것으로 인정한다(소득령 제134조). 이 경우 기한후 신고 후 세액을 납부하지 않더라도 신고의 효력을 인정한다.

① 법인세법상 소득처분에 의하여 소득금액이 변동하는 경우에 소득금액변동통지서를 받은 날이 속하는 달의 다음다음 달 말일까지 신고납부한 때

② 정부의 인허가 등에 의한 물품가격 인상으로 총수입금액 변동 시 추가로 신고한 경우

③ 국세청장이 제공한 기타소득 지급명세서에 오류가 발생하여 추가신고한 경우

④ 법원의 판결·화해 등에 따라 부당해고기간의 급여를 일시에 지급받아 소득금액 변동 시 근로소득원천징수영수증을 받은 날이 속하는 달의 다음다음 달 말일까지 신고한 경우

3. 사업장현황 신고와 확인

가. 의의

사업자는 사업장현황을 해당 과세기간의 다음 연도 2. 10.까지 사업장 소재지 관할 세무서장에게 신고하여야 한다(소득법 제78조 제1항). 해당 과세기간 중 사업을 폐업 또는 휴업한 사업자도 신고의무가 있다. 둘 이상의 사업장이 있는 사업자는 각 사업장별로 사업장현황 신고를 하여야 한다(소득령 제141조 제3항).

나. 사업장현황 신고의 내용

사업장현황 신고서에는 사업자의 인적사항, 업종별 수입금액명세, 수입금액의 결제수단별 내역, 계산서·세금계산서·신용카드매출전표 및 현금영수증 수취내역 등이 포함된다(소득법 제78조 제2항, 소득령 제141조 제2항). 부가세법에 따른 사업자가 예정신고나 확정신고를 한 경우에는 사업장현황 신고를 한 것으로 간주하므로 별도로 사업장현황 신고를 하지 않아도 된다(소득법 제78조 제2항).

제2절   결정, 경정, 징수 등

1. 결정과 경정

가. 의의

결정과 경정의 일반적인 내용은 "법인세법" 편을 참고한다(제2편 제8장 제3절 1.). 소득세에서 결정은 과세표준확정신고기일부터 원칙적으로 1년 내에 완료하여야 하나, 국세청장이 조사기간을 따로 정하거나 부득이한 사유로 국세청장의 승인을 얻은 경우에는 1년이 지나서 결정할 수 있다(소득령 제142조 제2항). 과세관청이 거주자의 과세표준과 세액을 결정 또는 경정한 경우에는 그 내용을 해당 거주자 또는 상속인에게 서면으로 통지하여야 한다(소득법 제83조 제1항).

나. 방법

실지조사결정과 추계조사결정에 대한 일반적인 내용은 "법인세법" 편을 참고한다(제2편 제8장 제3절 1.). 여기서는 소득세에만 적용되는 내용을 설명하기로 한다.

(1) 부분추계

소득세법 시행령 제144조 제4항은 "수입금액을 추계결정 또는 경정할 때 거주자가 비치한 장부와 그 밖의 증빙서류에 의하여 소득금액을 계산할 수 있는 때에는 해당 과세기간의 과세표준과 세액은 실지조사에 의하여 결정 또는 경정해야 한다."고 규정하고 있다. 수입금액을 추계결정하더라도 소득금액을 실지조사결정할 수 있을 때 소득금액을 실지조사결정하라는 것은 결국 필요경비를 실지조사결정하라는 의미이다. 따라서 종합소득금액의 추계결정에 있어서 총수입금액은 추계의 방법, 필요경비는 실지조사의 방법에 의하여 산정할 수 있다. 이는 양도소득의 추계결정에 있어서 양도가액은 추계의 방법, 취득가액은 실지조사의 방법에 의하여 산정할 수 없도록 한 것과 차이가 있다.

(2) 기준경비율과 단순경비율에 의한 필요경비의 추계

(가) 기준경비율 사업자와 단순경비율 사업자의 구분기준

① 의의

기준경비율제도는 2000. 12. 29. 소득세법 시행령이 개정되면서 도입되었다. 그 전에는 표준소득률제도를 운영하였는데, 표준소득률은 현행 단순경비율과 같이 기장 여부에 상관없이 수입금액의 일정비율을 필요경비로 인정하였으므로 고소득 자영업자의 절세수단으로 이용된다는 비판이 많았다. 이에 따라 기장문화 및 증빙에 의한 근거과세 풍토를 정착시키기 위하여 기준경비율 사업자와 단순경비율 사업자를 구분하고 기준경비율 사업자는 주요경비의 경우 장부 및 증빙에 의하여 인정받도록 제도를 변경하였다. 기준경비율과 단순경비율은 세액 산정과 직결되어 있어 매우 중요하므로 기준경비율심의회의 심의를 거쳐 경비율을 결정한다(소득령 제145조 제1항). 기준경비율 사업자와 단순경비율 사업자는 신규사업자와 계속사업자를 구분하여 각 업종별 수입금액에 따라 구분한다(소득령 제143조 제4항).

② 신규사업자

신규사업자의 경우 다음과 같은 업종별 수입금액 기준에 따라 기준경비율 적용사업자와 단순경비율 사업자를 구분한다. 기준경비율 사업자 적용기준은 복식부기의무자 기준과 같다.

| 신규사업자의 업종별 수입금액 기준 |

업 종	기준경비율	단순경비율
농업·임업 및 어업, 광업, 도매 및 소매업, 부동산매매업	3억 원 이상	3억 원 미만
제조업, 숙박 및 음식점업, 건설업, 운수업 및 창고업, 정보통신업, 금융 및 보험업, 상품중개업 등	1억 5,000만 원 이상	1억 5,000만 원 미만
전문·과학 및 기술서비스업, 사업시설관리·사업지원 및 임대서비스업, 교육서비스업, 보건업 및 사회복지서비스업, 예술·스포츠 및 여가 관련 서비스업 등	7,500만 원 이상	7,500만 원 미만

단순경비율 적용대상자 여부는 사업장별이 아니라 사업자별로 판단한다. 업종을 겸영하거나 사업장이 2 이상인 경우에는 다음 산식에 따라 계산한 수입금액으로 단순경비율 적용대상

여부를 판단한다. 주업종은 수입금액이 가장 큰 업종을 말한다.

> 환산수입금액 = 주업종 수입금액 + 주업종 외 수입금액 × 주업종 기준금액/주업종 외 기준금액

③ 계속사업자

계속사업자의 경우 다음과 같은 업종별 수입금액 기준에 따라 기준경비율 사업자와 단순경비율 사업자를 구분한다. 다만, 직전 사업연도의 수입금액이 단순경비율 사업자기준에 해당하더라도 해당 과세기간의 수입금액이 기준경비율 사업자 기준에 해당하면 기준경비율을 적용한다. 직전 사업연도에 소액의 수입금액이 있으면 해당 과세기간에 아무리 수입금액이 많아도 단순경비율이 적용되는 불합리를 시정하기 위하여 2018. 2. 13. 소득세법 시행령 개정 시 도입하였다.

위 소득세법 시행령 개정 전에는 주택신축판매업자가 주택판매수입금액에 대한 단순경비율을 적용받기 위하여 주택공급일 이전 과세기간에 건설현장에서 발생한 부산물을 소액의 매출액으로 신고하는 경우가 있었다. 납세자는 주택공급일 이전 과세기간에 매출이 있었던 계속사업자이므로 주택판매수입금액이 아닌 부산물 매출액을 기준으로 단순경비율 사업자라고 주장하고, 과세관청은 주택신축판매업에 대한 사업개시일은 주택공급일이므로 주택판매수입금액을 기준으로 기준경비율 사업자라고 주장하는 사안에서, 조세심판원은 소득세법상 '사업개시일'에 관하여 명시적인 규정이 없으나, 부가세법과 그 시행령의 사업개시일에 따르면 주택신축판매업의 사업개시일을 주택분양일로 보아야 한다면서 주택판매수입금액을 기준으로 기준경비율 사업자라고 판단하였다.[3]

| 계속사업자의 업종별 수입금액 기준 |

업 종	기준경비율	단순경비율
농업 · 임업 및 어업, 광업, 도매 및 소매업, 부동산매매업	6,000만 원 이상	6,000만 원 미만
제조업, 숙박 및 음식점업, 건설업, 운수업 및 창고업, 정보통신업, 금융 및 보험업, 상품중개업 등	3,600만 원 이상	3,600만 원 미만
전문 · 과학 및 기술서비스업, 사업시설관리 · 사업지원 및 임대서비스업, 교육서비스업, 보건업 및 사회복지서비스업, 예술 · 스포츠 및 여가 관련 서비스업 등	2,400만 원 이상	2,400만 원 미만

④ 단순경비율의 적용배제

의료업, 변호사, 공인회계사, 세무사 등의 전문직 종사자, 현금영수증가맹점 대상사업자 등

---

3) 조심 2020. 4. 29.자 2020인494 결정

은 수입금액과 상관없이 기준경비율을 적용한다(소득령 제143조 제7항).

(나) 기준경비율과 단순경비율 사업자의 소득금액 계산방법(소득령 제143조 제3항)

① 기준경비율 사업자

기준경비율 사업자는 다음 산식에 의하여 소득금액을 계산한다. 기준경비율 사업자는 기장 능력이 있다고 보기 때문에 매입비용, 임차료, 인건비 등 주요경비는 증빙에 의해서만 인정받을 수 있고, 그 이외의 금액을 기준경비율에 따라 계산한다. 이러한 이유로 업종에 따라 차이가 있지만 기준경비율은 단순경비율보다 상당히 낮은 수준을 보이는 경우가 많다. 단순경비율 사업자가 수입금액이 증가하여 기준경비율 사업자가 되는 경우 세부담이 급격히 증가할 수 있으므로 이를 완화하기 위하여 기준경비율을 적용하여 계산한 세액과 단순경비율에 일정 배율을 적용하여 계산한 세액 중 적은 금액을 세액으로 하는 비교과세방식을 채택하고 있다 (소득칙 제67조).

> 소득금액: Min(①, ②)
> ① 수입금액 − 매입비용(사업용 고정자산 제외), 임차료, 인건비 − (수입금액 × 기준경비율)
> ② {수입금액 − (수입금액 × 단순경비율)} × 배율(복식부기의무자 3.4, 간편장부대상자 2.8)
>
> * 복식부기의무자는 (수입금액 × 기준경비율 × 1/2)을 적용

② 단순경비율 사업자

단순경비율 사업자는 수입금액에 단순경비율을 곱한 금액이 필요경비가 되므로, 다음 산식에 의하여 소득금액을 계산한다.

> 소득금액 = 수입금액 − (수입금액 × 단순경비율)

(다) 추계신고 시 가산세

복식부기의무자가 추계신고한 경우 신고를 하지 않은 것으로 간주해 무신고가산세와 무기장가산세 중 큰 가산세를 적용한다. 간편장부대상자가 추계신고한 경우에는 무기장 가산세를 적용한다. 다만, 간편장부대상자 중 수입금액이 4,800만 원 미만인 소규모 사업자에 대하여는 무기장가산세를 적용하지 않는다.

(3) 소득금액의 추계

(가) 연말정산사업소득자

보험모집인, 방문판매원, 음료품배달원 등 연말정산사업소득자는 수입금액에 연말정산사업소득의 소득률을 곱하여 계산한 금액을 소득금액으로 한다(소득령 제143조 제3항 제1호의3, 제201조의11 제4항). 연말정산사업소득의 소득률은 (1 − 단순경비율)의 산식으로 산정한다(소득칙 제94조의2).

(나) 기준경비율 또는 단순경비율이 결정되지 않은 경우 등

기준경비율 또는 단순경비율이 결정되지 않았거나 천재지변 기타 불가항력으로 장부 기타 증빙서류가 멸실된 때에는 기장이 가장 정확하다고 인정되는 동일업종의 다른 사업자의 소득금액을 참작하여 그 소득금액을 결정 또는 경정한다(소득령 제143조 제3항 제2호). 다만, 동일업종의 다른 사업자가 없는 경우로서 과세표준확정신고 후에 장부 등이 멸실된 때에는 확정신고서 및 그 첨부서류에 의하여 소득금액을 결정 또는 경정하고, 과세표준확정신고 전에 장부 등이 멸실된 때에는 직전 과세기간의 소득률에 의하여 소득금액을 결정 또는 경정한다.

다. 수시부과결정

거주자가 과세기간 중에 조세를 포탈할 우려가 있다고 인정되는 상당한 이유가 있는 경우에는 과세표준신고기한 이전이라도 수시로 그 거주자에 대한 소득세를 부과할 수 있다(소득법 제82조 제1항). 과세관청의 부과권은 원칙적으로 과세표준신고기한이 지난 후 행사할 수 있으나, 조세포탈 등의 우려가 있어 부과권을 확보하기 위하여 필요한 경우에는 예외적으로 과세표준신고기한 이전이라고 부과권을 행사할 수 있도록 허용한 것이다. 수시부과결정한 경우 해당 과세기간의 사업개시일부터 수시부과 사유가 발생한 날까지를 수시부과기간으로 한다(소득법 제82조 제2항).

라. 가산세

국기법에 규정된 무신고가산세, 과소신고가산세, 납부지연가산세, 원천징수 관련 가산세 이외에 소득세법은 소득세에 특유한 가산세를 규정하고 있다(소득법 제81조부터 제81조의14까지). 소득세에 적용되는 가산세로는 영수증 수취명세서 제출·작성 불성실가산세, 성실신고확인서 제출 불성실가산세, 사업장 현황신고 불성실가산세, 신용카드 및 현금영수증 발급 불성실가산세[4] 등이 있다.

---

4) 보건업, 교육서비스업, 사업서비스업, 숙박 및 음식점업, 통신판매업 등의 업종을 영위하는 사업자는 건당 10만 원 이상 현금거래 시 소비자의 요구가 없더라도 현금영수증을 발급할 의무가 있다(소득령 별표 제3의3). 정부는 계속적으로 현금영수증 의무발급대상을 확대해 나가고 있다.

2. 징수

과세관청은 중간예납세액을 신고납부하여야 할 자가 그 세액의 전부 또는 일부를 납부하지 않은 경우, 확정신고에 따라 해당 과세기간의 소득세로 납부하여야 할 세액의 전부 또는 일부를 납부하지 않은 경우에는 미납된 소득세액을 징수할 수 있다(소득법 제85조 제1항). 또한 과세관청은 원천징수의무자가 징수하였거나 징수하여야 할 세액을 그 기한까지 납부하지 않았거나 미달하게 납부한 경우에는 그 징수할 세액에 가산세를 더한 금액을 원천징수의무자로부터 징수한다(소득법 제85조 제3항).

원천징수세액이 1,000원 미만인 경우, 납세조합의 징수세액이 1,000원 미만인 경우, 중간예납세액이 50만 원 미만인 경우 등과 같이 소액인 경우에는 소득세를 징수하지 않는다(소득법 제86조). 다만 이자소득, 의사 등이 제공하는 용역 등은 소액이라도 원천징수한다.

제6장

양도소득세

1. 의의

양도소득세(capital gain tax)는 재고자산이나 이에 준하는 자산 이외의 자산에 대하여 그 보유기간 동안 상승한 자본이득에 대해 양도시점에 과세하는 세금이다. 즉 토지, 건물 등의 고정자산 등을 취득하여 양도할 때까지의 가치상승분에 대하여 과세하는 세목이다.

양도소득세는 자본이득에 과세하는 본질적 기능 이외에 부동산투기 억제, 부동산경기 부양 등의 정책기능을 수행하기도 한다. 부동산 가격이 상승하면 부동산 가격을 안정시키기 위하여 세율 인상, 비과세 및 감면 축소 등의 방법으로 양도소득세 과세를 강화하고, 반대로 부동산 경기가 침체하면 부동산 경기를 진작시키기 위하여 세율 인하, 비과세 및 감면 확대 등의 방법으로 양도소득세 과세를 완화하는 식이다. 이와 같이 정부가 양도소득세를 부동산정책의 주요 수단으로 활용함에 따라 다른 세목보다 개정이 빈번하고 세법규정도 복잡한 특성이 있다.

2. 양도의 개념

가. 양도의 개념요소

소득세법 제88조 제1호는 양도를 "자산에 대한 등기 또는 등록과 관계없이 매도, 교환, 법인에 대한 현물출자 등을 통하여 그 자산을 유상으로 사실상 이전하는 것"이라고 규정하고 있다. 이에 의하면 양도는 자산의 사실상 이전과 유상성을 개념요소로 한다.

① 양도는 자산이 사실상 이전되는 것이므로 등기나 등록은 양도의 요건이 아니다. 매매와 같은 경우에는 자산의 대가에 대하여 사회통념상 대금의 거의 전부가 지급되었다고 볼 만한 정도의 대금지급이 이행되면 자산이 사실상 이전된 것으로 본다.[1]

② 양도는 유상성이 필요하므로 자산의 이전에 대가가 수반되어야 한다. 유상성은 자산의 적극적인 유입뿐 아니라 채무의 소멸도 포함한다.

---

[1] 대법원 1984. 2. 14. 선고 82누286 판결, 대법원 2014. 6. 12. 선고 2013두2037 판결

나. 양도로 보는 경우

(1) 현물출자

(가) 법인에 대한 현물출자

법인에 자산을 현물출자하면 자산은 출자자에서 법인으로 이전하고 출자자는 그 대가로 주식을 받으므로 법인에 대한 현물출자는 양도에 해당한다. 소득세법 제88조 제1호는 법인에 대한 현물출자를 양도의 하나로 예시하고 있다.

개인기업이 사업용 고정자산을 현물출자하여 법인으로 전환하는 경우에는 정책상 양도소득세의 과세를 이연한다.[2] 출자자를 기준으로 계산한 양도소득세를 현물출자 단계에서 과세하지 않고, 향후 전환법인이 출자받은 자산을 양도하는 경우에 이연된 세금을 법인세로 납부하도록 과세시기를 늦추는 것이다. 개인이 납부해야 하는 세금을 전환법인에게 떠넘긴다고 하여 이월과세라고 한다. 주식을 현물출자하여 공정거래법상 지주회사를 설립하는 경우에는 종전에는 출자로 취득한 지주회사의 주식을 처분할 때까지 과세를 이연하였으나, 2019. 12. 31. 조특법 개정 시 4년 거치, 3년 분할로 바꾸었다.[3]

(나) 조합에 대한 현물출자

① 양도 해당 여부

조합은 법인과 달리 법인격이 없으므로 조합에 대한 현물출자가 양도에 해당하는지 논란이 있다. 판례는 조합에 출자한 자산은 출자자의 개인재산과는 별개의 조합재산을 이루어 조합원의 합유(合有)가 되고 출자자는 출자의 대가로 조합원의 지위를 취득하므로 조합에 대한 자산의 현물출자는 양도에 해당한다고 판시하였다.[4] 양도시기는 현물출자한 날과 등기접수일 중 빠른 날이고, 여기서 현물출자한 날은 동업계약을 체결한 날이다.[5]

② 양도의 범위(전부양도설 vs 일부양도설)

조합에 대한 현물출자를 양도로 보는 경우 양도의 범위에 대하여는 전부양도설과 일부양도설이 대립한다. 전부양도설은 출자한 자산 전부가 양도된 것으로 보는 견해이고, 일부양도설은 자신의 지분을 제외한 나머지 부분이 양도된 것으로 보는 견해이다. 예를 들어, 甲은 토지 1필지를 출자하고, 乙은 현금 1억 원을 출자하여 공동사업을 하는 경우 전부양도설은 甲의 토지 전부가 양도된 것으로 보고, 일부양도설은 甲의 지분 2분의 1을 제외한 나머지 2분의 1지분만 양도된 것으로 본다. 전부양도설은 조합을 구성원과 독립한 단체로 보는 것이고, 일부양도설은 조합의 단체성을 법인보다 느슨한 형태로 파악한다. 판례는 사안에 따라 전부양

---

2) 조특법 제32조 제1항
3) 조특법 제38조의2 제1항
4) 대법원 1985. 2. 13. 선고 84누549 판결
5) 소득세법 기본통칙 88-0…2

도설과 일부양도설의 입장이 섞여 있으나,[6] 실무는 전부양도설의 입장이다.

(2) 부담부증여

(가) 양도 해당 여부

부담부증여는 수증자가 증여자의 채무를 인수하는 조건으로 자산을 증여받는 것을 말한다. 소득세법 제88조 제1호는 부담부증여를 양도의 하나로 예시하고 있다. 부담부증여로 수증자가 증여자의 채무를 인수하는 경우 증여가액 중 그 채무액에 해당하는 부분은 양도에 해당한다(소득령 제151조 제3항). 다만, 배우자 간 또는 직계존비속 간의 부담부증여로서 상증세법에 따라 수증자에게 인수되지 않은 것으로 추정되는 채무액은 양도에서 제외한다.

(나) 중첩적 채무인수가 양도에 해당하는지 여부

부담부증여 시 수증자가 채무를 면책적으로 인수한 경우 채무액 부분이 양도에 해당함은 의문의 여지가 없으나, 중첩적 채무인수의 경우에는 증여자도 여전히 채무를 부담하므로 채무액 부분이 양도에 해당하는지 논란이 있을 수 있다. 판례는 증여자의 종전 채무가 그대로 존속하는 중첩적 채무인수의 경우에도 수증자가 증여자와 함께 채무를 부담하거나 증여자를 대신하여 채무를 변제할 의무를 확정적으로 부담하므로 부담부증여 당시 이미 수증자의 무자력 등으로 인하여 수증자의 출재에 의한 채무변제가 이루어지지 않을 것임이 명백하다는 등의 특별한 사정이 없는 한, 채무액 부분이 양도에 해당한다는 입장이다.[7] 다만 부담부증여 이후 수증자가 채무변제를 게을리함으로써 부담부증여 계약이 해제되면 계약의 효력이 소급적으로 상실되어 수증자의 인수채무액에 상당하는 부분도 처음부터 없었던 것이 될 뿐이라고 한다. 중첩적 채무인수의 경우 수증자가 채무를 변제하여 채무가 소멸하면 그때 비로소 양도에 해당한다는 견해와 채무인수가 되면 이로써 양도가 이루어진 것이고, 계약해제 등은 후발적 사정으로 보는 견해가 있는바, 판례는 후자의 입장을 취한 것이다.

(3) 경매와 공매

경매와 공매로 인해 자산이 낙찰되면 소유자의 채무가 감소되고 매수인은 자산의 소유권을 승계취득하므로 양도에 해당한다. 근저당권이 제3자의 채무에 대한 물상보증에 기하여 이루어진 경우 물상보증인이 소유자이므로 양도인은 물상보증인이고, 채무자의 무자력으로 물상보증인이 채무자에게 구상권을 사실상 행사할 수 없더라도 양도소득의 성립 여부에는 영향을 미치지 않는다.[8] 다만 경매절차의 기초가 된 경매부동산에 관한 채무자 명의의 등기가 원인 무효인 때에는 매수인은 경매부동산의 소유권을 취득할 수 없고 경매절차를 통하여 채무자에

---

6) 전부양도설의 판례는 대법원 1985. 5. 28. 선고 84누545 판결, 대법원 1985. 12. 13. 선고 84누549 판결 등이 있고, 일부양도설의 판례는 대법원 1992. 3. 31. 선고 91누8845 판결 등이 있다.
7) 대법원 2016. 11. 10. 선고 2016두45400 판결
8) 대법원 2021. 4. 8. 선고 2020두53699 판결

게 돌아간 이익이 있으면 원칙적으로 원상회복으로 반환대상이 되므로 채무자에게 양도소득세를 과세할 수 없다.[9]

(4) 수용

자산의 이전에 대한 강제성 여부는 요건이 아니므로 수용으로 인해 자산이 이전되는 경우에도 양도에 해당한다. 당사자의 의사에 의한 양도인지 여부가 양도소득세 과세에 있어 다르게 취급하여야 할 본질적 요소의 차이가 아니기 때문이다.[10] 다만 수용은 소유자의 의사에 반하여 소유권이 이전되므로 양도소득세를 감면하는 특례가 적용되는 경우가 있다(조특법 제77조 등).

(5) 대물변제, 물납

변제에 갈음하여 자산을 이전하면 채무가 소멸하므로 대물변제에 의한 자산의 이전은 양도에 해당한다. 예를 들어, 부부가 이혼하게 되어 남편이 아내에 대한 위자료를 지급하기 위하여 자신의 소유인 주택의 소유권을 이전하는 경우 주택의 양도대가로 위자료지급채무가 소멸하는 경제적 이익을 얻게 되므로 그 주택의 양도는 양도소득세의 부과대상이 된다.[11] 한편, 물납은 공법상 대물변제이므로 물납에 의한 자산의 이전도 양도에 해당한다.

(6) 유류분 반환에 따라 현금을 받은 경우

피상속인의 재산을 증여받은 수증자가 증여받은 재산을 유류분권리자에게 원물로 반환하는 경우에는 양도소득세 과세문제가 생기지 않는다. 그러나 수증자가 증여받은 재산을 처분하여 유류분권리자에게 가액으로 반환하는 경우에는 유류분권리자가 상속재산을 양도한 것으로 간주하므로 유류분권리자는 반환받은 양도대금에 대하여 양도소득세 납부의무가 있다.[12]

다. 양도로 보지 않는 경우

(1) 환지처분 및 보류지(保留地) 충당

도시개발법이나 그 밖의 법률에 따른 환지처분으로 지목 또는 지번이 변경되거나 보류지로 충당되는 경우에는 양도로 보지 않는다(소득법 제88조 제1호 가목). 환지처분이란 도시개발사업 등 법률에 따라 사업시행자가 사업완료 후에 사업구역 내의 토지소유자 또는 관계인에게 종전의 토지 또는 건축물 대신 그 구역 내의 다른 토지 또는 사업시행자에게 처분권이 있는 건축물의 일부와 그 건축물이 있는 토지의 공유지분으로 바꾸어주는 것을 말한다(소득령 제152조 제1항). 환지방식 개발사업의 원활한 진행을 위해 환지를 양도로 보지 않는 것이다. 다만, 환지 대상 부동산에 대한 대가로서 청산금을 지급받은 경우 그 부분에 대하여는 양도로 본다.[13]

---

9) 대법원 2016. 8. 18. 선고 2014두10981 판결
10) 헌재 2011. 10. 25. 선고 2010헌바134 결정
11) 대법원 1995. 11. 24. 선고 95누4599 판결
12) 부동산거래관리과-406(2012. 7. 27.)

보류지란 도시개발법 등에 따른 사업시행자가 해당 법률에 따라 일정한 토지를 환지로 정하지 않고 공공용지, 체비지로 사용하기 위하여 보류한 토지를 말한다(소득령 제152조 제2항). 체비지(替費地)는 사업구역 내의 토지소유자 또는 관계인에게 그 구역 내의 토지로 사업비용을 부담하게 하는 경우의 해당 토지를 일컫는다.

(2) 토지의 경계를 변경하기 위한 토지 교환

토지의 교환은 원칙적으로 양도에 해당하나, 토지의 이용을 합리화하기 위하여 「공간정보의 구축 및 관리 등에 관한 법률」 제79조에 따라 토지를 교환하는 경우로서 다음 요건을 충족하면 양도로 보지 않는다(소득법 제88조 제1호 나목, 소득령 제152조 제3항).

① 토지이용상 불합리한 지상경계를 합리적으로 바꾸기 위하여 「공간정보의 구축 및 관리 등에 관한 법률」이나 그 밖의 법률에 따라 토지를 분할하여 교환할 것

② 위 분할된 토지의 전체 면적이 분할 전 토지의 전체 면적의 20%를 초과하지 않을 것

(3) 신탁관계에서 위탁자에서 수탁자로의 신탁재산 이전

위탁자와 수탁자 간 신임관계에 기하여 위탁자의 자산에 신탁이 설정되고 그 신탁재산의 소유권이 수탁자에게 이전된 경우로서 위탁자가 신탁설정을 해지하거나 신탁의 수익자를 변경할 수 있는 등 신탁재산을 실질적으로 지배하고 소유하는 것으로 볼 수 있는 경우에는 양도로 보지 않는다(소득법 제88조 제1호 다목). 이를 이를 반대해석하면 위탁자가 신탁재산을 실질적으로 지배하지 않으면 양도에 해당한다고 볼 여지가 있다. 그러나 신탁 설정 시 위탁자에서 수탁자로 신탁재산이 이전되는 경우 위탁자가 신탁재산을 실질적으로 지배하지 않더라도 대가의 수수가 없으므로 양도에 해당하지 않는다고 보는 것이 타당하다.[14]

(4) 양도담보

채무자가 채무변제를 담보하기 위하여 자산을 양도하는 계약을 체결한 경우에 ① 당사자 간에 채무의 변제를 담보하기 위하여 양도한다는 의사표시가 있을 것, ② 당해 자산을 채무자가 원래대로 사용·수익한다는 의사표시가 있을 것, ③ 원금·이율·변제기한·변제방법 등에 관한 약정이 있을 것 등 3가지 요건을 갖춘 계약서 사본을 양도소득 과세표준확정신고서에 첨부하여 신고하는 때에는 양도로 보지 않는다(소득령 제151조 제1항). 다만, 양도담보계약을 체결한 후 위 요건을 위배하거나 채무불이행으로 인하여 당해 자산을 변제에 충당한 때에는 양도담보자산을 양도한 것으로 본다(소득령 제151조 제2항).

---

13) 대법원 2001. 4. 10. 선고 99두7791 판결
14) 이중교, "개정 신탁세제의 내용 및 쟁점", 신탁연구 제4권 제1호, 2022, 19~20면

(5) 공유물분할, 재산분할

공유물분할은 법률상으로는 공유자 상호 간의 지분의 교환 또는 매매이나, 실질적으로는 지분권을 분할로 인하여 취득하는 특정부분에 집중시켜 그 특정부분에만 존속시키는 것으로 그 소유형태가 변경될 뿐이므로 양도로 보지 않는다.[15] 다만 공동지분이 변경되는 경우 그 변경되는 부분은 양도로 본다.[16] 이혼 시 재산분할은 법적 성격이 공유물분할에 해당하므로 역시 양도라고 할 수 없다.[17]

(6) 명의신탁

(가) 양자 간 명의신탁

양자 간 명의신탁은 부동산의 소유자가 그 등기명의를 타인에게 신탁하기로 명의신탁약정을 맺고 그 등기를 명의수탁자에게 이전하는 형식의 명의신탁을 말한다. 양자 간 명의신탁에서 명의신탁자가 명의수탁자에게 자산을 이전하거나 명의신탁해지를 원인으로 소유권을 환원한 것은 자산의 양도라 할 수 없다.[18]

(나) 3자 간 등기명의신탁(중간생략등기형 명의신탁)

3자간 등기명의신탁은 명의신탁자가 매매계약의 당사자로서 매도인과 매매계약을 체결하면서 별도로 명의수탁자와 명의신탁약정을 체결하고 부동산의 등기를 매도인으로부터 명의수탁자 앞으로 직접 이전하는 형식의 명의신탁을 말한다. 매도인에서 명의신탁자를 생략하고 명의수탁자에게 등기가 이전되므로 중간생략등기형 명의신탁이라고도 부른다.

3자간 등기명의신탁에서 명의신탁약정과 그에 따라 이루어진 수탁자 명의의 등기는 무효이므로 매도인은 여전히 부동산에 관한 소유권을 갖는다. 3자간 등기명의신탁에서 매도인은 명의신탁자와 부동산에 관한 매매계약을 체결하고 명의신탁자로부터 매매대금을 수령하므로 명의신탁자에게 부동산을 양도한 것으로 볼 수 있다.[19] 그러나 명의수탁자에 대한 등기가 경료된 후 명의수탁자가 명의신탁자에게 부동산에 관한 소유권이전등기를 넘기는 것은 명의신탁자에게 소유권을 원상회복한 것에 불과하므로 명의수탁자가 명의신탁자에게 부동산을 양도한 것으로 보기 어렵다. 대법원 2018. 3. 22. 선고 2014두43110 전원합의체 판결은 취득세에 관한 사안이나, 3자간 등기명의신탁에 따라 매매대금을 매도인에게 지급한 명의신탁자가 명의수탁자 명의로 소유권이전등기를 마쳤다가 그 후 명의신탁자가 명의수탁자로부터 소유권이전등기를 넘겨받은 것을 별도의 취득으로 보지 않으므로 이 판례에 따르면 명의수탁자도 명의신탁자에게 부동산을 양도한 것으로 볼 수 없다.

---

15) 대법원 1991. 12. 24. 선고 91누9787 판결, 대법원 1995. 9. 5. 선고 95누5653 판결
16) 소득세법 기본통칙 88-0…1 ③
17) 대법원 2003. 11. 14. 선고 2002두6422 판결
18) 대법원 1983. 6. 14. 선고 82누429 판결, 대법원 1994. 9. 9. 선고 93누23541 판결
19) 대법원 2018. 11. 9. 선고 2015두41630 판결

(다) 계약명의신탁

계약명의신탁은 명의신탁자가 명의수탁자와 사이에 명의신탁약정을 체결하고 명의수탁자가 매매계약의 당사자가 되어 매도인과 사이에 매매계약을 체결한 후 등기를 매도인으로부터 명의수탁자 앞으로 이전하는 형식의 명의신탁을 말한다. 계약명의신탁은 명의수탁자가 매매계약의 당사자가 된다는 점에서 명의신탁자가 매매계약의 당사자가 되는 3자간 등기명의신탁과 구별된다. 부동산실명법 제4조 제2항 단서에 의하면, 부동산에 관한 물권을 취득하기 위한 계약에서 명의수탁자가 어느 한쪽 당사자가 되고 상대방 당사자는 명의신탁약정이 있다는 사실을 알지 못한 경우에는 부동산에 관한 물권변동의 효력을 인정하므로 계약명의신탁의 경우 매도인이 선의인지 또는 악의인지에 따라 수탁자의 소유권 취득여부가 달라진다. 즉 매도인이 선의(善意)인 경우 수탁자는 완전한 소유권을 취득하고 매도인이 악의(惡意)인 경우 명의신탁 약정이 무효이므로 수탁자는 소유권을 취득하지 못한다. 계약명의신탁에서 매도인이 선의인 경우 수탁자가 소유권을 취득하므로 매도인이 수탁자에게 부동산을 양도한 것으로 볼 수 있으나, 매도인이 악의인 경우 수탁자가 소유권을 취득하지 못하므로 매도인이 수탁자에게 부동산을 양도한 것으로 볼 수 없다.[20]

한편, 명의수탁자가 명의신탁자에게 부동산에 관한 소유권이전등기를 넘기는 것은 명의신탁자에게 소유권을 원상회복한 것에 불과하므로 명의수탁자가 명의신탁자에게 부동산을 양도한 것으로 보기 어렵다

(7) 구분소유적 공유관계

구분소유적 공유관계는 공유자가 대지의 일부씩을 특정하여 매수하고 편의상 소유권이전등기만을 공유명의로 경료하여 두었다가 공유관계를 해소하면서 특정부분에 대하여 단독으로 소유권이전등기한 경우의 법률관계를 의미한다. 구분소유적 공유관계에 기한 각 공유지분등기는 각자 특정매수한 부분에 관하여 상호명의신탁한 것으로 본다. 따라서 구분소유적 공유관계를 해소하면서 특정부분에 대하여 단독으로 소유권이전등기한 것은 상호명의신탁의 해지에 기한 것이므로 양도로 보지 않는다.[21]

(8) 계약해제, 취소

자산의 매매계약이 해제권 행사에 의하여 해제되거나 합의해제되면 매매계약의 효력은 소급적으로 상실되어 양도가 이루어지지 않은 것이 되므로 자산의 양도가 있다고 볼 수 없다.[22] 판례는 매매계약이 해제된 경우 그 자산에 대한 제3취득자가 있어 양도인 앞으로의 원상회복이 불가능해짐으로써 양도인이 손해배상청구권을 취득하더라도 이를 양도로 볼 수 없다는 입

---

20) 이창희, 세법강의(2021), 507면
21) 대법원 1987. 11. 10. 선고 87누554 판결
22) 대법원 1990. 7. 13. 선고 90누1991 판결, 대법원 1993. 5. 11. 선고 92누17884 판결

장이다.[23] 양도인은 손해배상청구권을 취득한 것이므로 이를 양도의 대가와 동일시할 수 없다는 것이다. 이 경우 손해배상에 대하여 기타소득으로 과세할 수 있는지는 본래의 계약의 내용이 되는 지급 자체에 대한 손해를 부동산의 시가로 볼 것인지 또는 부동산의 취득가액으로 볼 것인지와 연관된다. 납세자가 부동산의 시가에 기하여 손해배상을 받게 되어 부동산의 시가와 취득가액 상당액의 이득을 올린 것은 분명하므로 과세공백을 없애기 위하여 지급 자체에 대한 손해는 부동산의 취득가액이라고 보아야 한다는 의견이 있지만 문언과 부합하지 않는다.[24] 계약이 취소된 경우에도 매매계약의 효력이 소급적으로 소멸되므로 자산의 양도가 있다고 볼 수 없다.[25]

한편, 유효한 매매계약을 토대로 자산의 양도가 이루어진 후 환매약정에 따른 환매가 이루어진 경우 환매는 원칙적으로 새로운 매매에 해당하므로 양도소득세의 과세요건을 이미 충족한 당초 매매계약에 따른 자산의 양도에 영향을 미치지 않는다.[26] 주식 양도인이 투자자인 양수인에게 주식을 양도하면서 투자금 회수 및 투자수익 보장을 약정하였다가 양도 이후 주식 발행법인의 수익 감소 내지 주가 하락 등의 사유가 발생함에 따라 당초의 양도대금에 약정된 수익금을 가산한 금액을 매매대금으로 하여 주식을 환매하는 방법으로 투자금 및 투자수익금 지급의무를 이행한 사안에서, 판례는 이러한 환매는 당초 매매계약의 해제 또는 해제조건의 성취 등에 따른 원상회복의무의 이행으로 볼 수 없고 약정된 투자수익금 등의 지급을 위한 별개의 매매에 해당하므로 양도소득세의 과세요건인 당초 매매계약이 소멸된다거나 그에 따른 주식의 양도가 없어졌다고 할 수 없다고 판시하였다.

제2절 양도소득세 납세의무자 및 과세대상자산

1. 양도소득세 납세의무자

가. 명의신탁

(1) 명의신탁자의 의사에 의해 명의신탁재산을 양도한 경우

명의신탁자가 자신의 의사에 의해 명의신탁재산을 양도한 경우 그가 양도소득을 사실상 지배, 관리, 처분할 수 있는 지위에 있으므로 실질과세원칙에 따라 명의신탁자가 양도소득세의 납세의무자이다.[27]

---

23) 대법원 1989. 7. 11. 선고 88누8609 판결
24) 강석규, 조세법쟁론(2023), 952~953면
25) 대법원 1987. 5. 12. 선고 86누916 판결
26) 대법원 2015. 8. 27. 선고 2013두12652 판결
27) 대법원 1993. 9. 24. 선고 93누517 판결

(2) 명의수탁자가 임의로 명의신탁재산을 양도한 경우

명의수탁자가 명의신탁자의 위임이나 승낙 없이 임의로 명의신탁재산을 양도한 경우 양도소득이 바로 명의신탁자에게 환원되지 않는 한 명의수탁자가 소득을 향유하고 있으므로 명의수탁자가 양도소득세 납세의무자이다.[28] 명의수탁자가 명의신탁자의 위임이나 승낙 없이 임의로 처분한 명의신탁재산으로부터 얻은 양도소득을 명의신탁자에게 환원하였다고 하려면 명의수탁자가 양도대가를 수령하는 즉시 전액을 자발적으로 명의신탁자에게 이전하는 등 사실상 위임사무를 처리한 것과 같은 경우이어야 하고, 명의신탁자가 명의수탁자에 대한 소송을 통해 상당 기간이 경과한 후에 양도대가 상당액을 회수한 경우에는 양도소득의 환원이 있다 할 수 없다.[29] 이 경우 명의신탁자와 명의수탁자 누구에게도 양도소득세를 과세할 수 없게 되어 과세공백이 생긴다.

나. 대리

본인이 대리인에게 자산의 양도와 대금의 수령권한을 부여하고 대리인이 상대방에게서 양도대금을 지급받았다면 대금수령의 법률적 효과는 본인에게 귀속되고 본인도 대금에 대한 지배·관리를 하면서 담세력도 보유하므로 본인이 양도소득세 납세의무자이다. 그러나 대리인이 위임의 취지에 반하여 본인을 속여 양도대금의 일부를 횡령하고, 본인의 대리인에 대한 횡령금 상당의 손해배상채권이 대리인의 자산상황, 지급능력 등에 비추어 회수불능이 되어 장래 소득이 실현될 가능성이 전혀 없게 된 것이 객관적으로 명백한 때에는 본인에게 양도소득세를 부과할 수 없다.[30]

2. 과세대상자산

가. 토지 또는 건물(소득법 제94조 제1항 제1호)

토지는 「공간정보의 구축 및 관리 등에 관한 법률」에 따라 지적공부에 등록하여야 할 지목에 해당하는 것을 말한다. 건물은 토지에 정착된 구조물을 의미하며 건물에 부속된 시설물과 구축물을 포함한다. 구축물은 토지에 부착하여 설치되는 건물 이외의 구조물, 토목설비, 공작물을 의미한다.

나. 부동산에 관한 권리(소득법 제94조 제1항 제2호)

(1) 부동산을 취득할 수 있는 권리

부동산을 취득할 수 있는 권리는 부동산의 취득을 주목적으로 하는 권리로서 부동산의 취득을 권리의 직접 대상으로 하거나 적어도 그 권리를 취득하는 사실상의 주된 목적이 향후

---

28) 대법원 1999. 11. 26. 선고 98두7084 판결
29) 대법원 2014. 9. 4. 선고 2012두10710 판결
30) 대법원 2015. 9. 10. 선고 2010두1385 판결

추가적 요건을 구비하거나 일정한 절차를 거친다면 그 부동산을 취득할 수 있게 되는 권리를 의미한다.[31] 조합원입주권, 분양권, 아파트당첨권, 지방자치단체나 한국토지주택공사가 발행하는 토지상환채권 및 주택상환사채, 부동산매매계약을 체결한 자가 계약금만 지급한 상태에서 양도하는 권리 등이 이에 해당한다.[32] 위 부동산을 취득할 수 있는 권리 중 조합원입주권은 도시정비법에 따른 관리처분계획 인가 등으로 인하여 취득한 입주자로 선정된 지위를 의미한다(소득법 제88조 제9호). 이에 비해 분양권은 주택법 등에 따른 주택에 대한 공급계약을 통하여 주택을 공급받는 자로 선정된 지위로서 매매 또는 증여 등의 방법으로 취득한 것을 포함한다(소득법 제88조 제10호).

(2) 지상권, 전세권과 등기된 부동산임차권

지상권은 타인의 토지에 건물 기타 공작물이나 수목을 소유하기 위하여 그 토지를 사용하는 권리이고(민법 제279조), 전세권은 전세금을 지급하고 타인의 부동산을 점유하여 그 부동산의 용도에 좇아 사용·수익하며, 그 부동산 전부에 대하여 후순위권리자 기타 채권자보다 전세금의 우선변제를 받는 권리이며(민법 제303조 제1항). 임차권은 차임을 지급하고 타인의 목적물을 사용·수익할 수 있는 권리이다(민법 제618조).

다. 주식 등(소득법 제94조 제1항 제3호)

(1) 의의

주식 등은 주식, 출자지분, 신주인수권과 증권예탁증권을 포함한다(소득법 제88조 제2호). 과거 신주인수권이 양도소득세 과세대상으로 규정되어 있지 않았을 때 판례는 신주인수권이 주식에 포함되지 않으므로 신주인수권의 양도에 대한 양도소득세 과세는 위법하다고 판시하였다.[33] 이에 2000. 12. 29. 소득세법 개정 시 신주인수권을 양도소득세 과세대상으로 추가하였다. 증권예탁증권(depositary receipt, DR)은 자본시장법의 지분증권을 예탁받은 자가 그 증권이 발행된 국가 외의 국가에서 발행한 것으로서 예탁받은 증권에 관련된 권리가 표시된 것을 말한다(소득령 제152조의2).

주식에 대한 양도소득세 과세는 1991년 비상장주식의 양도소득에 대하여 과세한 것이 그 시초이다. 당시 주식시장에 미치는 부정적 영향을 고려하여 상장주식의 양도소득에는 비과세하였다. 1999년에는 상장주식을 이용한 변칙증여를 방지하기 위하여 지분율 5%를 초과하는 대주주의 상장주식 양도소득에 대한 과세를 도입하였다. 그 후 대주주의 범위 및 과세대상을 확대하는 방법으로 상장주식의 양도소득에 대한 과세범위를 넓혀 왔으나, 2023년 대주주의 기준을 상향하여 과세범위를 다시 축소하였다.

---

31) 대법원 2000. 9. 29. 선고 98두205 판결
32) 소득세법 기본통칙 94-0…1
33) 대법원 2008. 5. 8. 선고 2007두4490 판결

(2) 과세대상 주식 등

(가) 대주주가 양도하는 상장주식 등

① 대주주의 기준

대주주는 주식 양도일이 속하는 사업연도의 직전 사업연도 종료일 기준으로 유가증권 상장주식은 지분율 1% 이상, 코스닥 상장주식은 지분율 2% 이상, 코넥스 상장주식은 지분율 4% 이상 또는 시장 구분 없이 종목별 시가 50억 원 이상의 주식을 보유한 주주를 말한다(소득령 제157조 제4항, 제5항). 유가증권 상장주식을 기준으로 지분율 5%, 시가 100억 원에서 시작하여 그 범위를 계속 확대하여 지분율 1%, 시가 10억 원까지 내려갔으나, 대주주를 피하기 위하여 연말에 주식을 처분하는 현상이 발생하자 2023. 12. 28. 소득세법 시행령을 개정하여 50억 원으로 올렸다. 직전 사업연도 종료일 현재 지분율이 대주주 기준에 미달하였으나 그 후 주식 등을 취득함으로써 대주주에 해당하면 그 취득일 이후에는 대주주로 취급된다.

| 대주주 기준 |

시장 종류	지분율	시가총액
코스피	1%	50억 원
코스닥	2%	50억 원
코넥스	4%	50억 원

피합병법인의 주주가 합병에 따라 합병신주를 교부받아 그 주식을 합병등기일이 속하는 사업연도에 양도하는 경우 대주주의 범위 등에 관하여는 해당 피합병법인의 합병등기일 현재 주식보유 현황에 따르고, 분할법인의 주주가 분할에 따라 분할신설법인의 신주를 교부받아 그 주식을 설립등기일이 속하는 사업연도에 양도하거나 분할법인의 주식을 분할등기일이 속하는 사업연도에 분할등기일 이후 양도하는 경우 대주주의 범위 등에 관하여는 해당 분할 전 법인의 분할등기일 현재의 주식보유 현황에 따른다(소득령 제157조 제8항, 제9항).

주주가 일정기간 후에 같은 종류로서 같은 양의 주식 등을 반환받는 조건으로 주식 등을 대여하는 경우 주식 등을 대여한 날부터 반환받은 날까지의 기간 동안 대여자의 주식 등으로 보고, 거주자가 사모집합투자기구를 통하여 법인의 주식 등을 취득하는 경우 해당 거주자의 주식 등으로 본다(소득령 제157조 제10항, 제11항). 주식 대여의 방법 또는 사모집합투자기구를 이용하여 대주주의 요건을 회피하는 것을 방지하기 위한 취지이다. 특히 대차주식의 경우 과거 판례가 주식대차계약에 따라 차주에게 이전된 대차주식은 주주 등이 소유하고 있는 주식에 포함되지 않는다고 판시하자,[34] 2013. 2. 15. 소득세법 시행령 개정 시 대차주식을 대여자의 주식으로 보는 근거규정을 신설하였다.

---

34) 대법원 2010. 4. 29. 선고 2007두11092 판결

② 특수관계인 주식의 합산범위 및 시가총액의 평가

최대주주인 경우에는 4촌 혈족, 3촌 인척, 배우자, 친생자로서 입양된 자 및 그 배우자와 직계존비속, 혼외출생자의 생부와 생모, 경영지배관계 있는 법인보유지분까지 합하여 계산한다(소득령 제157조 제4항 제1호). 최대주주가 아닌 경우에는 본인 보유 주식만 계산한다. 종전에는 최대주주인 경우와 최대주주가 아닌 경우 모두 친족 등의 주식을 합산하였고 단지 합산범위에 차이가 있었으나, 본인 이외의 주식도 합산하는 것에 대한 비판이 많아서 2023년 소득세법 시행령 개정 시 최대주주가 아닌 경우에는 본인 보유 주식만 계산하고, 최대주주인 경우에는 공정거래법 시행령의 친족범위에 맞추어 합산범위를 다소 좁혔다.

상장주식 등의 경우에는 주식 등의 양도일이 속하는 사업연도의 직전 사업연도 종료일 현재의 최종시세가액으로 평가하되, 이것이 없는 경우에는 직전 거래일의 최종시세가액에 따른다. 비상장주식 등의 경우에는 기준시가에 따라 평가한다(소득령 제157조 제7항).

③ 비과세

상법에 따른 주식의 포괄적 교환·이전, 주식의 포괄적 교환·이전에 대한 주식매수청구권 행사로 양도하는 주식 등에 대하여는 양도소득세를 과세하지 않는다(소득법 제94조 제1항 제3호 가목 단서). 주식의 포괄적 교환과 이전 등의 구조조정 내지 사업재편을 지원하기 위한 취지이다.

(나) 대주주 아닌 자가 장외에서 양도하는 상장주식 등

대주주 아닌 자가 상장주식을 증권시장이 아닌 장외에서 양도하는 경우에는 양도소득세를 과세한다.

(다) 비상장주식 등

비상장주식의 양도에 대하여는 양도소득세를 과세한다. 다만, 비상장법인의 대주주 아닌 자가 한국금융투자협회가 행하는 장외매매거래{K-OTC(Korea Over-The-Counter)}에 의하여 양도하는 중소기업 및 중견기업의 주식 등에 대하여는 양도소득세를 비과세한다. 비상장주식의 장외매매거래를 활성화하기 위한 취지이다. 중소기업에 해당하는지 여부의 판정은 주식 등의 양도일이 속하는 사업연도의 직전 사업연도 종료일 현재를 기준으로 한다(소득령 제157조의2 제3항).

(라) 국외주식과 내국법인이 발행하여 외국시장에 상장된 주식 등

외국법인이 발행한 주식 등과 내국법인이 발행한 주식 등으로서 해외 증권시장에 상장된 주식을 양도하는 경우 양도소득세를 과세한다(소득령 제157조의3). 다만, 국외주식 중 국내증권시장에 상장된 주식과 기타자산에 해당하는 주식 등은 제외한다. 국외자산의 양도에 대하여는 해당 자산의 양도일까지 계속 5년 이상 국내에 주소 또는 거소를 둔 자만 양도소득세 납세의무가 있으므로 국외주식의 경우에도 5년 이상 거주자만 양도소득세 납세의무가 있다(소득법 제118조의2).

라. 기타자산(소득법 제94조 제1항 제4호 가목, 나목, 다목, 라목)

(1) 사업용 고정자산과 함께 양도하는 영업권

사업용 고정자산과 함께 양도하는 영업권은 영업권을 별도로 평가하지 않았으나, 사회통념 상 사업용 고정자산에 포함되어 함께 양도된 것으로 인정되는 영업권과 행정관청으로부터 인 허가, 면허 등을 받음으로써 얻는 경제적 이익을 포함한다. 영업권을 사업용 고정자산과 함께 양도하는 경우에는 사업용 고정자산과 묶어서 양도소득으로 과세하나, 영업권을 독립적으로 양도하는 경우에는 기타소득으로 과세한다.

(2) 특정시설물이용권

특정시설물이용권은 이용권·회원권, 그 밖에 그 명칭과 관계없이 시설물을 배타적으로 이 용하거나 일반이용자보다 유리한 조건으로 이용할 수 있도록 약정한 단체의 구성원이 된 자 에게 부여되는 시설물이용권을 의미한다. 콘도회원권, 골프장회원권 등이 이에 해당한다.

(3) 특정주식

(가) 의의

특정주식은 주식의 형식을 띠고 있으나, 해당 법인의 재산 상당부분이 부동산으로 구성되 어 있어 주식의 양도가 실질적으로 부동산의 양도와 같은 효력이 있는 주식을 의미한다. 이러 한 특정주식에 대하여는 주식과 다르게 과세하기 위하여 기타자산으로 분류한다.

(나) 종류

① 부동산과다보유법인 주식

부동산과다보유법인은 법인의 자산총액 중 부동산과 부동산에 관한 권리, 해당 법인이 직 접 또는 간접으로 보유한 다른 법인의 주식가액에 그 다른 법인의 부동산 등 보유비율을 곱하 여 산출한 가액의 합계액 비율이 50% 이상인 법인을 말하고, 부동산과다보유법인 주식은 부 동산과다보유법인의 과점주주가 그 법인의 주식 등의 50% 이상을 해당 과점주주 외의 자에 게 양도하는 경우 그 해당 주식 등을 말한다. 자산가액을 합산하는 다른 법인은 부동산 등 보유비율이 50% 이상인 법인과 골프장업·스키장업 등을 하는 법인으로서 부동산 등 보유비 율이 80% 이상인 법인을 의미한다(소득령 제158조 제6항). 과점주주가 다른 과점주주에게 양도 한 후 양수한 과점주주가 과점주주 외의 자에게 다시 양도하는 경우를 포함한다.

과점주주는 주주 1인 및 기타주주가 소유하고 있는 주식 등의 합계액이 해당 법인의 주식 등의 합계액의 50%를 초과하는 경우 그 주주 1인 및 기타주주를 말한다(소득령 제158조 제1항). 과점주주가 주식 등을 과점주주 외의 자에게 여러 번에 걸쳐 양도하는 경우로서 과점주주 중

1인이 주식 등을 양도하는 날부터 소급해 3년 내에 과점주주가 양도한 주식 등을 합산해 해당 법인의 주식 등의 50% 이상을 양도하는 경우에도 적용한다(소득령 제158조 제2항). 과점주주가 비교적 단기간 내에 수회에 걸쳐 주식을 양도함으로써 과점주주의 지위를 벗어나는 것을 방지하기 위한 취지이다. 자산총액은 해당 법인의 장부가액으로 하되, 해당 자산의 기준시가가 장부가액보다 큰 경우에는 기준시가로 한다(소득령 제158조 제4항). 이 경우 무형자산의 금액, 양도일부터 소급하여 1년이 되는 날부터 양도일까지의 기간 중에 차입금 또는 증자 등에 의하여 증가한 현금·금융재산 및 대여금의 합계액은 자산총액에 포함하지 않는다. 증자 등에 의하여 증가한 금융재산을 계산할 때 최대주주 보유주식도 포함한다. 차입이나 증자 등을 통해 현금을 늘려 부동산과다보유법인 주식을 벗어나는 것을 방지하기 위한 취지이다.

② 부동산위주업종법인 주식

부동산위주업종법인 주식은 골프장업·스키장업 등 체육시설업, 관광사업 중 휴양시설관련업 및 부동산업·부동산개발업 등을 하는 법인으로서 자산총액 중 부동산과 부동산에 관한 권리, 해당 법인이 직접 또는 간접으로 보유한 다른 법인의 주식가액에 그 다른 법인의 부동산 등 보유비율을 곱하여 산출한 가액의 합계액이 차지하는 비율이 80% 이상인 법인의 주식 등을 말한다(소득령 제158조 제7항, 제8항).

(4) 이축권(소득법 제94조 제1항 제4호 마목)

부동산과 함께 양도하는 이축권(移築權)은 기타자산에 해당한다. 이축권은 개발제한구역의 건축물이 공익사업의 시행에 따라 철거되는 경우 허가를 받아 옮겨서 건축하는 권리를 말한다. 해당 이축권 가액을 감정하여 그 감정가액을 구분하여 신고하는 경우는 기타자산에서 제외한다.

마. 파생상품(소득법 제94조 제1항 제5호)

양도소득세가 과세되는 파생상품은 ① 국내외 주가지수를 기초자산으로 하는 장내파생상품, ② 차액결제거래(contract for difference, CFD),[35] ③ 주식워런트증권(ELW), ④ 국외 장내 파생상품, ⑤ 위 "①"과 유사한 장외 파생상품 등이다. 파생상품의 경우 처음에는 코스피200선물, 코스피200옵션에 대한 양도소득세 과세에서 시작하여 장외 파생상품으로 과세범위를 확대하였다.

바. 신탁수익권(소득법 제94조 제1항 제6호)

신탁수익권의 양도로 발생하는 소득에 대하여 양도소득세를 과세한다. 다만, 신탁수익권의

---

35) 차액결제거래(CFD)는 투자자가 주식을 보유하지 않고 진입가격과 청산가격의 차액(매매차익)만을 현금으로 결제하는 신종 장외 파생상품이다.

양도를 통하여 신탁재산에 대한 지배·통제권이 사실상 이전되는 경우는 신탁재산 자체의 양도로 본다. 대표적으로 자익신탁의 신탁수익권을 양도하는 경우가 이에 해당한다.

제3절 비과세와 감면

1. 비과세(소득법 제89조 제1항)

가. 의의

비과세란 법률상 과세권을 배제하여 처음부터 과세권자에게 과세권이 발생하지 않는 것을 말한다. 비과세에 대하여는 납세자가 세금을 신고하지 않아도 된다.

나. 종류

(1) 파산선고에 의한 처분으로 발생하는 소득(소득법 제89조 제1항 제1호)

파산선고가 되면 채무자는 재산에 대한 관리처분권을 상실하고 파산재단에 속하는 재산의 관리처분권은 파산관재인이 가지게 되므로 파산선고에 의한 처분으로 발생하는 소득에 대하여는 비과세한다.

(2) 농지의 교환 또는 분합으로 발생하는 소득(소득법 제89조 제1항 제2호)

농지란 논밭이나 과수원으로서 지적공부의 지목과 관계없이 실제로 경작에 사용되는 토지를 말한다(소득법 제88조 제8호). 농지의 교환은 직접 경작하던 서로의 농지를 바꾸는 것이고, 농지의 분합(分合)은 농지의 일부를 주고 일부를 받는 것이다. 국가 또는 지자체가 시행하는 사업으로 인하여 농지 등을 교환 또는 분합하여 교환 또는 분합하는 쌍방 토지가액의 차액이 큰쪽의 4분의 1 이하인 경우 비과세한다(소득령 제153조 제1항).

양도일 현재 특별시·광역시 등에 있는 농지 중 주거지역·상업지역 또는 공업지역 안의 농지로서 이들 지역에 편입된 날부터 3년이 지난 농지, 당해 농지에 대하여 환지처분 이전에 농지 외의 토지로 환지예정지의 지정이 있는 경우로서 그 환지예정지 지정일부터 3년이 지난 농지는 비과세를 적용하지 않는다(소득령 제153조 제4항). 위와 같은 농지는 사실상 농지의 기능이 소멸된 것으로 볼 수 있기 때문이다.

(3) 1세대 1주택과 1세대 1조합원입주권(소득법 제89조 제1항 제3호, 제4호)

1세대 1주택 등에 대하여는 뒤에서 별도로 살펴보기로 한다.

(4) 지적재조사사업에 따른 경계확정에 의하여 조정금을 지급받는 경우(소득법 제89조 제1
항 제5호)

지적재조사사업이란 지적공부의 등록사항을 조사·측량하여 기존의 지적공부를 디지털에 의
한 새로운 지적공부로 대체함과 동시에 지적공부의 등록사항이 토지의 실제 현황과 일치하지
않는 경우 이를 바로 잡기 위하여 실시하는 국가사업을 말한다(지적재조사에 관한 특별법 제2조 제2
호). 우리나라의 지적공부는 과거 일제시대의 토지조사사업과 임야조사사업에 따라 작성된 것으
로서 부정확하므로 2011년 국토교통부는 「지적재조사에 관한 특별법」을 제정하여 실제 토지현
황과 지적공부의 등록사항을 일치시키는 지적재조사사업을 시행하고 있다. 지적재조사사업에
따라 경계가 확정되어 지적공부상의 면적이 증감된 경우에는 필지별 면적 증감내역을 기준으로
조정금을 산정하여 징수하거나 지급한다. 이때 지적공부상의 면적감소로 조정금을 지급받게 되
어 소득이 발생하더라도 지적재조사사업의 원활한 추진을 위하여 비과세하는 것이다.

2. 감면

가. 의의

감면은 법률상 과세권은 있지만 정책목적상 세금의 전부나 일부를 줄여주는 것을 의미한
다. 감면을 받으려면 납세자는 법정기한 내에 감면신청을 해야 한다는 점에서 비과세와 차이
가 있다. 양도소득세 감면액을 계산할 때에는 원칙적으로 안분방식을 사용하나(소득법 제90조
제1항), 조특법이 양도소득금액에서 감면대상 양도소득금액을 차감하는 방식으로 규정하는 경
우에는 소득공제방식을 사용한다(소득법 제90조 제2항). 조특법에서 소득공제방식을 규정한 대
표적인 예는 구 조특법(2002. 12. 11. 개정 전) 제99조 제1항 제2호, 구 조특법 시행령(2003.
6. 30. 개정 전) 제99조 제3항 제1호에서 신축주택을 취득한 날부터 5년 경과 후 양도하는 경
우 신축주택을 취득한 날부터 5년간 발생한 양도소득금액을 양도소득세 과세대상 소득금액에
서 차감하도록 규정한 것을 들 수 있다.[36]

양도소득세 감면에 대하여는 대부분 조특법에 규정하고 있는바, 자경농지 감면(조특법 제69
조)과 대토 감면(조특법 제70조)이 그 대표적인 예이다.

나. 자경농지와 대토

(1) 자경농지(自耕農地)

(가) 의의

양도일 현재 농지소재지에 거주하는 자가 8년 이상 직접 경작한 토지를 양도한 경우에는
100% 세액을 감면한다(조특법 제69조 제1항). 외지인의 농지투기를 방지하고 자경농민의 조세
부담을 덜어주어 농업과 농촌을 활성화하기 위함이다. 자경농지인지 여부가 다투어지는 사건

---

36) 대법원 2012. 6. 28. 선고 2010두3725 판결

은 8년 이상 자경농지에 해당하면 양도소득세가 면제되나, 비자경농지로 인정되면 비사업용 토지의 양도에 해당하여 양도소득세가 중과되는 큰 차이가 생기므로 치열한 양상을 띤다.

(나) 감면요건

① 양도일 현재 농지

양도일 현재 농지이어야 한다. 농지는 전·답으로서 지적공부상의 지목에 관계없이 실제 경작에 사용되는 토지이다. 양도일 현재 특별시, 광역시, 시에 있는 농지 중 국토계획법에 의한 주거지역, 상업지역 및 공업지역 안에 있는 농지로서 이들 지역에 편입된 지 3년이 지난 농지, 환지예정지 지정일로부터 3년이 지난 농지는 제외한다. 이들 농지는 농지로 사용되는 것이 부적합하므로 감면을 배제한다. 위 지역에 편입 및 지정 후 3년 이내에 양도하는 경우에는 편입 및 지정일까지 발생한 소득에 대해서만 감면한다. 납세자가 8년 이상 자경한 농지가 국토계획법에 의한 공업지역으로 편입된 후 도시개발법 등에 따라 농지 외의 토지로 환지예정지 지정 공고가 난 상태에서 납세자가 환지 전에 토지를 양도하고 공업지역에 편입된 날을 기준으로 양도소득세를 신고하였다가 다시 환지예정지 지정일을 기준으로 과다납부한 양도소득세를 환급해 달라고 경정청구한 사안에서, 판례는 위 토지는 환지예정지 지정을 받기에 앞서 이미 공업지역으로 편입되었으므로 양도소득 중 공업지역 편입일까지 발생한 부분에 대해서만 양도소득세가 감면된다고 판시하였다.[37]

② 농지소재지 거주

농지 양도자가 농지소재지에 거주하여야 한다. 농지소재지에 거주하는 경우란 ⅰ) 농지가 소재하는 시·군·구 또는 이와 연접한 시·군·구 안의 지역에 거주할 것, ⅱ) 해당 농지로부터 직선거리 30km 이내의 지역에 거주할 것 등의 요건을 갖추어야 한다(조특령 제66조 제1항). 경기도 남양주시는 서울 종로구와 연접하지 않지만 서울 중랑구와 연접하므로 경기도 남양주시에 있는 농지를 서울 종로구에 거주하는 자가 자경하면 농지소재지 요건을 충족하지 못하나, 서울 중랑구에 거주하는 자가 자경하면 농지소재지 요건을 충족한다.

③ 자경

농지 양도자가 직접 경작하여야 한다. 직접 경작한다는 것은 거주자가 그 소유농지에서 농작물의 경작 또는 다년생 식물의 재배에 상시 종사하거나 거주자가 그 소유농지에서 농작업의 2분의 1 이상을 자기의 노동력에 의하여 경작 또는 재배하는 것을 의미한다(조특령 제66조 제13항). 2014. 7. 1. 조특법을 개정하여 부동산임대업을 제외한 사업소득금액과 총급여액의 합계액이 3,700만 원 이상인 과세기간은 경작기간에서 제외한다(조특령 제66조 제14항). 다른 소득이 있는 자가 자경농지 감면을 주장하여 다툼이 많이 생기자 다른 소득이 일정금액 이상인

---

37) 대법원 2017. 3. 30. 선고 2016두57038 판결

경우에는 경작기간에서 제외한 것이다.

④ 8년의 자경기간

자경기간은 농지를 취득할 때부터 양도할 때까지 8년 이상 되어야 한다. 상속받은 농지에 대하여는 상속인이 상속받은 농지를 1년 이상 계속하여 경작하는 경우 피상속인이 경작한 기간을 통산한다(조특령 제66조 제11항). 1년 이상 계속하여 경작하지 않더라도 상속개시일로부터 3년 이내 양도하거나 기타 요건 충족 시 통산할 수 있다(조특령 제66조 제12항). 피상속인이 배우자로부터 상속받아 경작한 사실이 있는 경우는 피상속인의 배우자가 취득하여 경작한 기간을 통산한다.

(다) 한도

감면요건을 충족한 경우 감면의 한도는 1년 동안 1억 원, 5년 동안 2억 원이고, 농지대토 등의 감면까지 합산하여 한도를 계산한다(조특법 제133조).

(2) 대토(代土)

(가) 의의

대토란 농민이 경작 중이던 종전의 농지를 양도하고 경작을 계속하기 위하여 종전의 농지를 대신할 새로운 농지를 취득하는 것을 말한다. 농지소재지에서 4년 이상 거주하며 직접 경작한 농지를 경작상 필요에 의해 다른 농지로 대토하는 경우 100% 세액을 감면한다(조특법 제70조 제1항). 농지의 양도로 인한 세금부담을 줄여주어 계속하여 농업에 종사할 수 있도록 하기 위함이다.

(나) 감면요건

농지 요건, 거주 요건, 자경 요건은 위 "(1)"에서 살펴본 자경농지의 감면요건과 같다. 농지 대토에는 선양도 후취득과 선취득 후양도가 있다.

① 선양도 후취득(조특령 제67조 제3항 제1호)

선양도 후취득의 경우에는 4년 이상 종전의 농지소재지에 거주하면서 자경한 자가 종전 농지 양도일로부터 1년 이내 새로운 농지를 취득하고, 그 취득일부터 1년 이내 새로운 농지소재지에 거주하면서 경작을 개시하여야 한다. 종전에는 3년 이상 농지소재지에 거주할 것을 요건으로 하였으나, 2014. 2. 21. 조세특례제한법 시행령 개정 시 4년 이상으로 강화하였다. 또한 두 농지의 경작기간을 합산한 기간이 8년 이상이고 새로 취득하는 농지면적이 종전의 3분의 2 이상이거나 새로 취득하는 농지가액이 종전의 2분의 1 이상이어야 한다.

② 선취득 후양도(조특령 제67조 제3항 제2호)

선취득 후양도의 경우에는 4년 이상 종전의 농지소재지에 거주하면서 경작한 자가 새로운 농지를 취득한 날로부터 1년 내에 기존의 농지를 양도하고, 그 취득일부터 1년 이내 새로운 농지소재지에 거주하면서 경작을 개시하여야 한다. 이때 두 농지의 경작기간을 합산한 기간이 8년 이상이어야 하고 새로 취득하는 농지면적이 종전의 3분의 2 이상이거나 새로 취득하는 농지가액이 종전의 2분의 1 이상이어야 한다.

(다) 한도

감면요건을 충족한 경우 감면의 한도는 1년 동안 1억 원, 5년 동안 2억 원이고, 8년 자경농지 등의 감면까지 합산하여 한도를 계산한다(조특법 제133조).

3. 비과세와 감면의 배제

가. 미등기

미등기 양도자산에 대하여는 양도소득세의 비과세와 감면 규정을 적용하지 않는다(소득법 제91조 제1항). 미등기는 양도소득세를 회피하기 위한 수단으로 이용되고 과세관청이 거래를 확인하기 어려우므로 비과세와 감면의 적용을 배제한다.

나. 매매계약서의 거래가액을 실지거래가액과 다르게 적은 경우

부동산 또는 부동산에 관한 권리를 매매하는 거래당사자가 매매계약서의 거래가액을 실지거래가액과 다르게 적은 경우에는 비과세 세액에서 비과세 규정을 적용하지 않았을 경우의 양도소득 산출세액과 매매계약서의 거래가액과 실지거래가액과의 차액 중 적은 금액을 뺀다(소득법 제91조 제2항). 양도소득세 감면에 관한 규정의 경우에도 비과세와 마찬가지이다. 계약서상 실지거래가액보다 낮은 다운(down)계약서를 쓰거나 실지거래가액보다 높은 업(up)계약서를 쓰는 경우 비과세 세액 중 일부를 적용하지 않겠다는 의미이다. 예를 들어, A가 아파트를 6억 원에 취득하여 1세대 1주택 비과세요건을 충족한 상태에서 B에게 8억 원에 양도하였으나 10억 원으로 기재된 계약서를 교부한 경우 A는 비과세를 적용하지 않았을 경우의 양도소득세 산출세액과 매매계약서의 거래가액과 실지거래가액의 차액 2억 원 중 적은 금액을 비과세에서 제외한다.

4. 1세대 1주택 비과세

가. 의의 및 입법취지

1세대가 1주택을 보유하는 경우로서 법령 소정의 요건을 충족하는 경우 주택과 그 부수토지의 양도로 발생하는 소득을 비과세한다. 주택은 국민의 주거생활의 기초가 되므로 1세대가 국내에 소유하는 1주택을 양도하는 것이 양도소득을 얻거나 투기목적으로 일시적으로 거주하거나 소유하다가 양도하는 것이 아닌 경우에는 양도소득에 대하여 비과세함으로써 국민의 주거생활 안정과 거주 이전의 자유를 보장하여 주기 위한 취지이다.[38]

나. 요건

(1) 1세대

(가) 1세대의 의의

1세대란 거주자 및 그 배우자가 그들과 같은 주소 또는 거소에서 생계를 같이하는 자와 함께 구성하는 가족단위를 말한다(소득법 제88조 제6호). 배우자는 법률상 배우자 이외에 법률상 이혼을 하였으나 생계를 같이하는 등 사실상 이혼한 것으로 보기 어려운 관계에 있는 사람을 포함한다. 판례가 1세대 1주택 비과세를 적용받기 위한 목적으로 법률상 이혼하였으나 동거하고 있는 배우자에 대하여 이혼의 효력을 인정하여 동일 세대가 아니라고 판시하자,[39] 2018. 12. 31. 소득세법을 개정하여 법률상 이혼을 하였으나 생계를 같이하는 사람도 배우자에 포함시켰다.

법률상 배우자는 거주자와 사실상 동거하고 생계를 같이하는지 여부와 상관없이 거주자와 1세대를 구성하나,[40] 거주자 및 그 배우자의 직계존비속 등 나머지 가족은 생계를 같이하는 경우에 거주자와 1세대를 구성한다. 다만, 취학, 질병의 요양, 근무상 또는 사업상의 형편으로 본래의 주소 또는 거소에서 일시적으로 퇴거한 사람은 거주자와 1세대를 구성한다. 예를 들어, 학생이 타지역에서 학교를 다니기 위하여 잠시 퇴거한 경우에는 동일 세대원으로 본다. 1세대의 개념에서 생계를 같이한다는 것은 주민등록상 세대를 같이하는 것을 요하지 않으나 일상생활에서 볼 때 유무상통하여 동일한 자금으로 생활하여야 한다.[41] 따라서 같은 번지에 거주하더라도 공간이 구분되어 있고 숙식을 별도로 하며 경제활동도 각각 별도로 하고 있다면 생계를 같이한다고 할 수 없다.[42] 실무상 생계를 같이하는지 여부를 판단할 때에는 생활비 지출, 카드 사용 및 결제내역, 세금납부내역 등을 살펴보아 경제적으로 독립하였는지 여부를 따진다.

(나) 배우자가 없어도 1세대로 보는 경우

1세대는 거주자와 그 배우자를 기본적인 구성원으로 하나, 다음의 경우에는 배우자가 없어도 1세대를 구성하는 것으로 본다(소득령 제152조의3).

① 해당 거주자의 나이가 30세 이상인 경우

② 배우자가 사망하거나 이혼한 경우

③ 소득이 국민기초생활 보장법에 따른 기준 중위소득을 12개월로 환산한 금액 이상이고 소유하고 있는 주택 또는 토지를 관리·유지하면서 독립된 생계를 유지할 수 있는 경우

미성년자는 원칙적으로 독립세대를 구성할 수 없으나, 미성년자의 결혼, 가족의 사망 등으

---

38) 대법원 1993. 1. 19. 선고 92누12988 판결
39) 대법원 2017. 9. 7. 선고 2016두35083 판결. 대법원과 달리 1심 법원과 2심 법원은 가장이혼으로 보아 동일세대로 인정하였다.
40) 대법원 1999. 2. 23. 선고 98두17463 판결
41) 대법원 1989. 5. 23. 선고 88누3826 판결
42) 조심 2017. 12. 28.자 2017서3572 결정

로 1세대의 구성이 불가피한 경우에는 독립세대를 이룰 수 있다.

(2) 1주택

(가) 의의

주택이란 허가 여부나 공부상의 용도구분과 관계없이 세대의 구성원이 독립된 주거생활을 할 수 있는 구조로서 출입구, 취사시설, 욕실 등을 갖추어 사실상 주거용으로 사용하는 건물을 말한다(소득법 제88조 제7호). 공부상 주택이 아닌 오피스텔을 주거용으로 사용하면 주택에 해당하고, 공부상 주택이라도 주거용으로 사용하지 않으면 주택에 해당하지 않는다. 다만, 그 용도가 분명하지 않을 때에는 공부상의 용도에 따른다. 실무상 오피스텔이 실제 주거용으로 사용되었는지 여부는 세무공무원이 현장에 가서 실제 용도를 확인하는 방법 이외에 주민등록 전입신고, 사업자등록 여부 등을 확인하는 방법 등을 활용한다. 오피스텔에 주민등록 전입신고가 되었다면 주택으로 볼 가능성이 크고, 사업자등록이 되었다면 사업용으로 사용되는 것이므로 주택이 아니라고 볼 가능성이 크다.

일시적으로 주거가 아닌 다른 용도로 사용되고 있더라도 구조, 기능이나 시설 등이 본래 주거용으로서 그에 적합한 상태에 있고 주거기능이 그대로 유지·관리되고 있어 언제든지 본인이나 제3자가 주택으로 사용할 수 있는 건물의 경우에는 이를 주택으로 본다. 예를 들어, 아파트를 취득한 이후부터 놀이방 전용시설로 사용되었고 주거용으로 사용된 적이 없더라도 아파트의 구조·기능이나 시설 등은 침실, 주방 및 식당, 화장실 겸 욕실 등으로 이루어져 독립된 주거에 적합한 형태를 갖추고 있으며, 언제든지 용도나 구조변경 없이 주거용으로 사용할 수 있고, 제3자에게 양도하는 경우에도 아파트로 양도될 것이 예상된다면 위 아파트는 놀이방 전용시설로 사용되고 있더라도 주택에 해당된다.[43] 도시정비법에 의한 재건축으로 인하여 철거를 앞둔 아파트라 하더라도 주거용으로서의 잠재적 기능을 여전히 보유한 상태였으면 역시 주택에 해당한다.[44]

주택 이외에 일정 범위의 주택 부수토지도 비과세한다. 부수토지의 범위를 일정 범위로 제한하지 않으면 넓은 토지 위에 작은 집을 지어 양도하는 방법으로 토지의 양도차익에 대한 과세를 회피할 수 있으므로 이를 방지하기 위함이다. 비과세되는 부수토지의 범위는 국토계획법에 따른 도시지역과 도시지역 밖으로 나누어 범위를 달리 정한다. 도시지역은 인구와 산업이 밀집되어 있거나 밀집이 예상되어 그 지역에 대하여 체계적인 개발, 정비, 관리, 보전 등이 필요한 지역으로서 주거지역, 상업지역, 공업지역, 녹지지역으로 구성된다(국토계획법 제6조 제1호, 제36조 제1항). 비도시지역은 도시지역 외의 지역으로서 관리지역, 농림지역, 자연환경보전지역으로 구성된다(국토계획법 제6조 제2호, 제3호, 제4호). 도시지역 내의 토지에 대하여

---

43) 대법원 2005. 4. 28. 선고 2004두14960 판결
44) 대법원 2009. 11. 26. 선고 2008두11310 판결

는 수도권 내의 토지 중 주거지역, 상업지역 및 공업지역 내의 토지의 경우 정착면적의 3배, 수도권 내의 토지 중 녹지지역과 수도권 밖의 토지의 경우 정착면적의 5배, 도시지역 밖의 토지의 경우 정착면적의 10배에 해당하는 부분이 비과세된다(소득령 제154조 제7항).

| 주택 부수토지의 범위 |

도시지역			도시지역 밖
수도권		수도권 밖	
주거지역, 상업지역 및 공업지역	녹지지역		
3배	5배		10배

　1세대 1주택 비과세요건을 갖춘 토지와 건물을 동일 세대의 구성원이 각각 소유하고 있는 경우에도 1세대 1주택으로 본다.[45] 지적공부상 지번이 상이한 2필지의 토지 위에 주택이 있는 경우에도 한 울타리 안에 있고 1세대가 거주용으로 사용하는 때에는 주택과 그 부수토지로 본다.[46]

(나) 조합원입주권의 경우

　과거 과세관청에서는 조합원입주권은 부동산을 취득할 수 있는 권리에 해당하므로 1세대 1주택 비과세규정을 적용할 수 없다고 해석하였으나, 대법원은 1세대 1주택 비과세규정의 입법취지상 조합원입주권의 양도 시까지 1세대 1주택 비과세요건을 갖춘 경우에는 조합원입주권을 주택으로 간주하여 그 양도소득에 대하여 비과세하여야 한다고 판시하였다.[47] 조합원입주권을 종전주택 및 그 부수토지의 변형물로 보아 조합원입주권 보유자가 1세대 1주택 비과세 혜택을 받을 수 있다고 해석한 것이다.

　현행 소득세법은 조합입주권에 대하여 명시적으로 1세대 1주택 비과세를 적용할 때 주택으로 취급한다고 규정하고 있다(소득법 제89조 제1항 제4호). 즉 1세대가 조합원입주권을 양도할 때 양도일 현재 주택이나 분양권을 보유하지 않은 경우에는 1세대 1주택으로 간주하고, 1세대가 조합원입주권 외에 주택 또는 분양권을 보유한 상태에서 주택을 양도한 경우에는 1세대 1주택으로 간주하지 않는다.

(다) 겸용주택, 공유주택, 다가구주택 등에 대한 적용

① 겸용주택

　겸용주택은 하나의 건물이 주택과 주택 외의 부분으로 복합되어 있는 건물을 말한다. 예를

---

45) 소득세법 기본통칙 89 – 154…6
46) 소득세법 기본통칙 89 – 154…7
47) 대법원 1992. 12. 8. 선고 90누10346 판결, 대법원 1994. 3. 8. 선고 93누17324 판결

들어, 2층 건물 중 1층은 상가이고, 2층은 주택으로 되어 있는 경우가 이에 해당한다. 겸용주택의 경우 주택부분이 주택 외의 부분보다 크면 그 전부를 주택으로 보고, 주택부분이 주택 외의 부분보다 적거나 같을 때에는 주택부분만 주택으로 본다(소득령 제154조 제3항). 전자의 경우 건물의 부수토지가 전부 주택의 부수토지가 되나, 후자의 경우에는 주택의 부수토지는 전체 토지면적에 주택의 연면적이 건물의 연면적에서 차지하는 비율을 곱하여 계산한다(소득령 제154조 제4항). 겸용주택 정착면적이 1,500㎡, 겸용주택의 부수토지가 8,000㎡이고 겸용주택이 도시지역 내 수도권 밖에 소재한다고 가정할 경우 주택이 주택 외 부분보다 큰 경우와 작은 경우 주택의 부수토지와 비과세되는 주택의 부수토지를 계산하면 다음과 같다.

| 겸용주택의 토지면적 |

구 분	주택 〉 기타건물	주택 ≤ 기타건물
건물정착면적	800㎡ 〉 700㎡	700㎡ ≤ 800㎡
주택의 부수토지	8,000㎡	3,730㎡ (8,000㎡ × 700/1,500)
비과세되는 주택의 부수토지	7,500㎡(1,500㎡ × 5배)	3,500㎡ (700㎡ × 5배)

② 공유주택

주택을 여러 사람이 공유한 경우 주택 수를 계산할 때 공유자 각자가 그 주택을 소유한 것으로 본다(소득령 제154조의2). 공유자의 지분이 아무리 작더라도 각 공유자는 각 1개의 주택을 소유한 것이 된다. 이 규정에 의하면 1주택을 여러 사람이 공유한 경우 1개의 주택이 여러 개의 주택이 되어 납세자에게 불리하므로 법률에서 말하는 1주택의 개념과 맞지 않다는 비판이 있다.[48]

③ 다가구주택

다가구주택은 ⅰ) 지하층을 제외하고 주택으로 쓰는 층수가 3개 층 이하일 것, ⅱ) 1개 동의 주택으로 쓰이는 바닥면적의 합계가 660㎡ 이하일 것, ⅲ) 19세대 이하가 거주할 수 있을 것 등 3가지 요건을 갖춘 것으로서 공동주택이 아닌 것을 말한다(건축법 시행령 별표 1 제1호 다목).[49] 위 층수와 관련하여 옥탑의 수평투영면적의 합계가 건축물 건축면적의 8분의 1을 초과하면 건물의 층수로 산입한다(건축법 시행령 제119조 제1항 제9호).

건축법상 다가구주택은 공동주택이 아니므로 1개의 주택으로 본다. 그러나 세법상으로는 1가구가 독립하여 거주할 수 있도록 구획된 부분을 각각 하나의 주택으로 보되, 해당 다가구주택을 구획된 부분별로 양도하지 않고 하나의 매매단위로 하여 양도하는 경우에는 그 전체

---

48) 강석규, 조세법쟁론(2023), 1037면
49) 이에 비해 다세대주택은 공동주택으로서 주택으로 쓰는 1개 동의 바닥면적 합계가 660제곱미터 이하이고, 층수가 4개 층 이하이다(건축법 시행령 별표 1 제2호 다목). 다세대주택은 공동주택이라는 점에서 단독주택인 다가구주택과 구별된다.

를 하나의 주택으로 본다(소득령 제154조 제15항). 실무상으로는 공부상 다가구주택의 옥상에 무허가로 옥탑방을 건축하고 그것이 건축물 면적의 8분의 1을 초과하여 층수에 산입되고 20세대 이상이 거주할 수 있게 됨으로써 다가구주택이 아닌 것으로 되는 경우가 발생한다.[50] 이 경우 다가구주택을 양도한 자는 1세대 1주택 비과세를 적용받지 못함은 물론 다주택자가 되어 높은 세율을 적용받게 된다.

(라) 2개 이상의 주택을 양도하는 경우

2개 이상의 주택을 같은 날에 양도하는 경우에는 당해 거주자가 선택하는 순서에 따라 주택을 양도한 것으로 본다(소득령 제154조 제9항).

(3) 보유 및 거주

(가) 보유기간

보유기간은 부동산정책과 시장상황에 따라 여러차례 변경되었다. 현재는 해당 주택의 보유기간이 2년 이상이어야 한다(소득령 제154조 제1항). 과거에는 보유기간이 3년 이상이었으나, 2012. 6. 29. 소득세법 시행령 개정 이후 2년으로 줄었다. 다만, 비거주자가 해당 주택을 3년 이상 계속 보유하고 그 주택에서 거주한 상태로 거주자로 전환된 경우에는 보유기간이 3년 이상이어야 한다. 보유기간의 계산은 자산의 취득일부터 양도일까지이다(소득령 제154조 제5항). 다만, 비주택을 주택으로 용도변경을 할 때에는 용도변경일을 기산일로 한다.

한편 2주택 이상을 보유한 1세대가 1주택 외의 주택을 모두 양도한 경우 그 1주택을 취득한 날부터 보유기간을 기산한다. 2019. 2. 12. 소득세법 시행령을 개정하여 1주택 외의 주택을 양도하여 1주택이 된 날부터 보유기간을 기산하였으나,[51] 2022. 5. 31. 다시 개정하여 당초의 1주택을 취득한 날부터 보유기간을 계산하는 것으로 바꾸었다.

보유기간을 계산할 때 주택을 재건축한 경우에는 그 멸실된 주택과 재건축한 주택에 대한 보유기간, 비거주자가 해당 주택을 3년 이상 계속 보유하고 그 주택에서 거주한 상태로 거주자로 전환된 경우에는 해당 주택에 대한 보유기간, 상속받은 주택으로서 상속인과 피상속인이 상속개시 당시 동일세대인 경우에는 상속개시 전에 상속인과 피상속인이 동일세대로서 보유한 기간을 각 통산한다(소득령 제154조 제8항).

(나) 거주기간

조정대상지역 이외의 지역에 있는 주택은 보유 이외에 거주가 요구되지 않으나,[52] 조정대상지역에 있는 주택은 보유기간 중 거주기간이 2년 이상이어야 한다(소득령 제154조 제1항). 조정대

---

50) 조심 2021. 3. 29.자 2021서0830 결정 등
51) 이 경우 마지막에 보유하고 있는 1주택을 취득한 날부터 다른 주택을 모두 양도하여 1주택이 된 날까지 보유기간이 줄어드는 효과가 생긴다.
52) 2011. 6. 3.부터 거주기간이 요구되지 않았다.

상지역은 국토교통부장관이 주택가격, 청약경쟁률, 분양권 전매량 및 주택보급률 등을 고려하였을 때 주택분양 등이 과열되어 있거나 과열될 우려가 있는 지역, 주택가격, 주택거래량, 미분양주택의 수 및 주택보급률 등을 고려하여 주택의 분양, 매매 등 거래가 위축되어 있거나 위축될 우려가 있는 지역 중 주거정책심의위원회의 심의를 거쳐 지정한 지역을 말한다(주택법 제63조의2 제1항). 거주자가 조정대상지역의 공고가 있는 날 이전에 매매계약을 체결하고 계약금을 지급한 사실이 증빙서류에 의하여 확인되는 경우로서 해당 거주자가 속한 1세대가 계약금 지급일 현재 주택을 보유하지 않은 경우에는 거주기간의 제한을 받지 않는다(소득령 제154조 제1항 제5호).

거주기간은 주민등록표 등본에 따른 전입일부터 전출일까지의 기간으로 한다(소득령 제154조 제6항). 거주기간을 계산할 때에도 거주기간 중 주택의 재건축, 비거주자의 거주자 전환, 상속인과 피상속인의 동거 등의 사유가 있는 경우에는 거주기간을 각 통산한다(소득령 제154조 제8항).

(다) 보유기간 또는 거주기간의 제한을 받지 않는 경우

다음의 경우에는 보유기간 또는 거주기간을 적용하는 것이 불합리하므로 그 제한을 받지 않는다(소득령 제154조 제1항).

① 민간건설임대주택, 공공건설임대주택, 공공매입임대주택을 취득하여 양도하는 경우로서 해당 건설임대주택의 임차일부터 해당 주택의 양도일까지의 기간 중 세대전원의 거주기간이 5년 이상인 경우이다. 다만, 취학, 근무상의 형편, 질병의 요양, 그 밖에 부득이한 사유로 세대의 구성원 중 일부가 거주하지 못하는 경우는 거주한 것으로 본다.

② 사업인정 고시일 전에 취득한 주택 및 그 부수토지의 전부 또는 일부가 수용되는 경우, 해외이주로 세대전원이 출국하는 경우로서 출국일 현재 1주택을 보유하고 출국일부터 2년 이내에 양도하는 경우, 1년 이상 계속하여 국외거주를 필요로 하는 취학 또는 근무상의 형편으로 세대전원이 출국하는 경우로서 출국일 현재 1주택을 보유하고 출국일부터 2년 이내에 양도하는 경우, 1년 이상 거주한 주택을 취학, 근무상의 형편, 질병의 요양, 그 밖에 부득이한 사유로 양도하는 경우이다. 거주자가 국내에서 주택을 취득·보유하다가 해외이주법에 의한 해외이주로 세대전원이 출국하여 비거주자가 된 후 당해 주택을 양도하는 경우에도 해외이주 당시 국내 보유주택의 수나 보유 및 거주요건의 구비 여부와 상관없이 그 비거주자가 구성하는 1세대가 당해 주택의 양도일 현재 국내에 1주택을 보유하고 있으면 1세대 1주택 비과세규정이 적용된다.[53]

다. 1세대 1주택의 특례

(1) 거주이전을 위한 일시적 2주택

국내에 1주택을 소유한 1세대가 소유하던 주택을 양도한 후 새로운 주택을 취득하면 1세대 1주택 비과세를 적용받을 수 있으나, 소유하던 주택이 팔리지 않아 새로운 주택부터 취득하고

---

53) 대법원 2007. 5. 10. 선고 2006두798 판결

나중에 소유하던 주택을 양도하면 양도 시점을 기준으로 2주택이 되므로 비과세를 적용받을 수 있는지 문제된다. 소득세법은 거주이전 과정에서 일시적으로 2주택이 되는 경우에는 소정의 요건하에 비과세를 적용한다. 즉 국내에 1주택을 소유한 1세대가 구주택을 양도하기 전에 신주택을 취득함으로써 일시적으로 2주택이 된 경우 구주택 취득일부터 1년 이상 지난 후 신주택을 취득하고 신주택 취득일부터 3년 이내에 구주택을 양도하는 경우에는 1세대 1주택으로 본다(소득령 제155조 제1항). 종전에는 조정대상지역에 있는 주택을 양도하는 경우에는 신주택 취득일부터 2년 이내에 양도할 것을 요건으로 하였으나, 2023. 2. 28. 소득세법 시행령 개정 시 이를 삭제하였으므로 조정대상지역에 있는 주택도 신주택 취득일부터 3년 이내에 양도하면 된다.

국내에 1세대 1주택을 소유한 거주자가 구주택 취득일부터 1년 이상이 지난 후 신주택을 취득하여 일시적으로 2개의 주택을 소유하던 중 상속, 혼인, 직계존속 봉양을 위하여 세대를 합침으로써 1세대가 3개의 주택을 소유하게 되는 경우 신주택 취득일부터 구주택 양도기간 이내에 구주택을 양도하는 경우에는 1세대 1주택의 양도로 본다.[54]

(2) 상속에 의한 2주택

(가) 의의

상속주택과 일반주택을 국내에 각각 1개씩 소유하고 있는 1세대가 상속개시 당시 보유한 일반주택을 양도하는 경우에는 상속주택을 주택 수에서 제외하여 1세대 1주택으로 본다(소득령 제155조 제2항). 본인의 의사와 상관없이 상속에 의하여 다주택자가 된 것이므로 상속개시 전에 보유하고 있던 일반주택에 대하여 1세대 1주택 특례를 적용하는 것이다. 상속개시 당시 보유하지 않은 일반주택을 양도하는 경우와 일반주택이 아닌 상속주택을 양도하는 경우에는 위 특례가 적용되지 않는다. 상속인과 피상속인이 상속개시 당시 1세대인 경우에는 1주택을 보유하고 1세대를 구성하는 자가 직계존속을 동거봉양하기 위하여 세대를 합침에 따라 2주택을 보유하게 되는 경우로서 합치기 이전부터 보유하고 있었던 주택만 상속주택으로 본다.

(나) 상속주택이 둘 이상인 경우

상속주택이 둘 이상인 경우에는 ① 피상속인이 소유한 기간이 가장 긴 1주택, ② 피상속인이 거주한 기간이 가장 긴 1주택, ③ 피상속인이 상속개시 당시 거주한 1주택, ④ 기준시가가 가장 높은 1주택, ⑤ 기준시가가 같은 경우에는 상속인이 선택하는 1주택의 순서로 1채만 특례대상 상속주택으로 정하여 주택 수에서 뺀다.

(다) 주택을 공동상속받은 경우

주택을 공동으로 상속받은 경우에는 ① 상속지분이 가장 큰 상속인, ② 당해 주택에 거주하

---

54) 소득세법 기본통칙 89－155…2 ①

는 자, ③ 최연장자의 순서로 상속인 1인이 소유한 것으로 본다(소득령 제155조 제3항). 공동상속주택을 소유한 것으로 간주되지 않은 소수지분권자는 본인 소유의 주택을 양도할 때 공동상속주택은 주택 수에서 뺀다. 다만, 공동상속주택이 여러 개인 경우에는 선순위 공동상속주택 1채만 주택 수에서 뺀다.[55] 2017. 2. 3. 소득세법 시행령 개정 전에는 소수지분권자의 경우 여러 채의 공동상속주택에 대하여 모두 주택 수에서 빼는 것으로 해석하였으나, 위 개정으로 공동상속주택 중 1채만 빼는 것으로 명확히 하였다. 상속개시 당시 피상속인이 1채의 공동상속주택을 소유하였으나, 그 공동상속주택의 면적이 넓어서 상속 이후 재개발에 의하여 둘 이상의 주택이 된 경우 피상속인이 상속 개시 당시 둘 이상의 주택을 소유한 것으로 볼 수 없으므로 주택 수에서 뺀다.[56] 1세대 1주택이 공동상속주택인 경우 거주기간은 ① 상속지분이 가장 큰 상속인, ② 당해주택 거주자, ③ 최연장자의 순서에 따라 판단한다(소득령 제154조 제12항). 공동상속주택 외 일반주택 양도 시 공동상속주택의 소유자로 보는 순서와 동일하다.

공동상속주택은 상속개시 당시 상속인과 피상속인이 별도의 독립세대를 구성하고 있음을 전제로 한 규정이므로 상속개시 당시 피상속인과 1세대를 구성하는 상속인이 공동으로 상속받은 주택은 공동상속주택에 해당하지 않는다.[57] 따라서 상속인이 1세대를 구성하는 피상속인으로부터 상속받은 공동상속주택과 일반주택을 보유하다가 일반주택을 양도하는 경우에는 1세대 1주택 비과세 규정을 적용받을 수 없다.

(라) 상속주택을 취득하여 1세대 2주택인 자가 신주택을 취득한 경우

국내에 1세대 1주택을 소유한 거주자가 상속주택을 취득하여 1세대 2주택이 된 상태에서 상속주택이 아닌 구주택을 취득한 날부터 1년 이상이 지난 후 신주택을 취득함으로써 1세대가 3개의 주택을 소유하게 되는 경우 신주택 취득일부터 구주택 양도기간 이내에 상속주택이 아닌 구주택을 양도하는 경우에는 1세대 1주택의 양도로 본다.[58]

(3) 봉양을 위한 일시적 2주택

1주택을 보유하고 1세대를 구성하는 자가 1주택을 보유하고 있는 60세 이상의 직계존속을 동거봉양하기 위하여 합가함으로써 1세대가 2주택을 보유하게 되는 경우 합친 날부터 10년 이내에 먼저 양도하는 주택은 1세대 1주택으로 본다(소득령 제155조 제4항). 처분기간이 종전에는 5년이었으나, 2019. 2. 13. 소득세법 시행령 개정 시 10년으로 늘렸다. 배우자의 직계존속으로서 60세 이상인 사람, 배우자의 직계존속을 포함하여 직계존속 중 어느 한 사람이 60세 미만인 경우, 요양급여를 받는 60세 미만의 직계존속을 동거봉양하기 위한 경우에도 위 특례를 적용한다.

---

55) 조심 2018. 5. 2.자 2018중0793 결정
56) 조심 2019. 6. 13.자 2018서4694 결정
57) 대법원 2023. 12. 21. 선고 2023두53799 판결
58) 소득세법 기본통칙 89 – 155…2 ②

(4) 혼인으로 인한 일시적 2주택

1주택을 보유하는 자가 1주택을 보유하는 자와 혼인함으로써 1세대가 2주택을 보유하게 되는 경우 또는 1주택을 보유하고 있는 60세 이상의 직계존속을 동거봉양하는 무주택자가 1주택을 보유하는 자와 혼인함으로써 1세대가 2주택을 보유하게 되는 경우 각각 혼인한 날부터 10년 이내에 먼저 양도하는 주택은 1세대 1주택으로 본다(소득령 제155조 제5항). 처분기간이 종전에는 5년이었으나, 2024. 11. 12. 소득세법 시행령 개정 시 10년으로 늘렸다. 1주택을 소유하다가 그 주택을 양도하기 전에 다른 1주택을 취득함으로써 일시적으로 2주택을 보유하게 된 자가 다른 2주택을 보유하는 자와 혼인함으로써 1세대가 4주택을 보유한 상태에서 그중 1주택을 양도하는 경우에 대하여는 위 특례규정을 적용할 수 없다.[59)]

(5) 문화재주택 보유로 인한 2주택

문화재주택과 일반주택을 국내에 각각 1개씩 소유하고 있는 1세대가 일반주택을 양도하는 경우 문화재주택을 주택 수에서 제외하여 1세대 1주택으로 본다(소득령 제155조 제6항). 그러나 문화재주택을 양도하는 경우에는 1세대 1주택 비과세가 적용되지 않는다.

(6) 농어촌주택 보유로 인한 2주택

농어촌주택과 일반주택을 국내에 각각 1개씩 소유하고 있는 1세대가 일반주택을 양도하는 경우 농어촌주택을 주택 수에서 제외하여 1세대 1주택으로 본다(소득령 제155조 제7항). 그러나 농어촌주택을 양도하는 경우에는 1세대 1주택 비과세가 적용되지 않는다. 농어촌주택은 수도권 밖의 지역 중 읍면지역에 소재하는 주택으로서 상속받은 주택(피상속인이 취득 후 5년 이상 거주한 사실이 있는 경우), 이농인이 취득일 후 5년 이상 거주한 사실이 있는 이농주택, 영농 또는 영어(營漁)의 목적으로 취득한 귀농주택을 말한다. 다만, 귀농주택에 대해서는 그 주택 취득일부터 5년 이내에 일반주택을 양도하는 경우에 한하여 적용한다. 귀농주택 소유자가 귀농일부터 계속하여 3년 이상 영농 또는 영어에 종사하지 않거나 그 기간 동안 해당 주택에 거주하지 않은 경우에는 위 특례규정을 적용하지 않는다(소득령 제155조 제12항).

귀농으로 인하여 세대전원이 농어촌주택으로 이사하는 경우에는 귀농 후 최초로 양도하는 1개의 일반주택에 한하여 비과세한다(소득령 제155조 제11항). 여기서 '귀농 후 최초로 양도하는 1개의 일반주택'은 귀농 후 비과세요건이 갖추어지지 않은 상태에서의 일반주택 양도는 제외하고, 1개의 일반주택과 1개의 귀농주택을 보유함으로써 비과세요건이 갖추어진 상태에서 1개의 일반주택을 최초로 양도하는 경우를 의미한다.[60)] 따라서 1세대 1주택 비과세요건을 갖춘 1개의 일반주택과 1개의 귀농주택을 보유한 세대의 세대원이 1개의 다른 일반주택을 취득

---

59) 대법원 2010. 1. 14. 선고 2007두26544 판결
60) 대법원 2005. 12. 23. 선고 2004두10869 판결

하였다가 양도한 경우 1세대 3주택 상태에서 양도한 것이므로 양도소득세 비과세를 적용받을 수 없으나, 그 후 1개의 일반주택과 1개의 귀농주택을 보유한 상태에서 1개의 일반주택을 양도한 경우에는 귀농 후 최초로 양도하는 1개의 일반주택에 해당하므로 양도소득세 비과세를 적용받을 수 있다.

(7) 장기임대주택 보유로 인한 2주택

장기임대주택과 거주주택을 국내에 소유한 자가 ① 장기임대주택의 경우 양도일 현재 세법상 사업자등록 및 민간임대주택법상 민간임대주택 등록을 하고 주택을 임대하며, 임대보증금 또는 임대료 증가율이 5%를 초과하지 않고 임대개시일 당시 6억 원(수도권 밖의 지역인 경우에는 3억 원)을 초과하지 않을 것, ② 거주주택의 경우 보유기간 중 거주기간이 2년 이상일 것 등의 요건을 충족한 상태에서 거주주택을 양도하는 경우 장기임대주택을 주택 수에서 빼서 1세대 1주택으로 본다(소득령 제155조 제20항).[61] 2019. 2. 12. 소득세법 시행령 개정으로 생애 1회만 비과세 규정을 적용받을 수 있다.

장기임대주택은 세법상 사업자등록과 민간임대주택법상 임대사업자 등록을 한 거주자가 임대하는 법령 소정의 요건을 갖춘 주택을 의미한다(소득령 제167조의3 제1항 제2호). 민간임대주택이란 임대목적으로 제공하는 주택으로서 임대사업자로 등록한 주택이며, 민간건설임대주택과 민간매입임대주택으로 구분한다(민간임대주택법 제2조 제1호). 과거에는 4년 이상 임대의무가 있는 단기민간임대주택과 8년 이상 임대의무가 있는 장기민간임대주택으로 구분하였으나, 2020. 8. 18. 민간임대주택법 개정으로 단기민간임대주택제도가 폐지되고, 장기민간임대주택의 경우 아파트 임대는 불가하며 단독주택과 아파트를 제외한 공동주택의 경우 의무임대기간이 8년에서 10년으로 늘어났다.

1세대가 장기임대주택의 임대기간요건을 충족하기 전에 거주주택을 양도하는 경우에도 해당 임대주택을 장기임대주택으로 보아 일단 비과세 규정을 적용한다(소득령 제155조 제21항). 다만, 1세대가 임대기간요건을 충족하지 못하게 된 때에는 그 사유 발생일이 속하는 달의 말일부터 2개월 이내에 납부할 양도소득세 계산 시 거주주택 양도 당시 해당 임대주택을 장기임대주택으로 보지 않을 경우 납부하였을 세액에서 거주주택 양도 당시 비과세 규정을 적용받아 납부한 세액을 양도소득세로 신고납부해야 한다(소득령 제155조 제22항 제1호). 장기임대주택의 임대기간요건을 충족하지 못한 상태에서 거주주택을 양도한 경우에도 일단 1세대 1주택 비과세규정을 적용하되, 그 후 임대기간요건을 충족하지 못한 것으로 확정된 경우 세액을 정산하도록 한 것이다. 법령 소정의 장기임대주택이 임대사업자의 임대의무기간 내 등록말소

---

61) 임대주택에 대하여는 1세대 1주택 적용 시 주택 수에서 제외하는 혜택 이외에 양도소득세 중과 배제, 종합부동산세 합산배제, 고율의 장기보유특별공제 적용, 분리과세 적용 시 필요경비율 우대 등의 혜택을 부여하였으나, 다주택자의 절세수단으로 악용된다는 비판에 따라 주택임대사업자등록 요건을 까다롭게 하고 세제혜택도 대폭 축소하였다.

신청으로 등록이 말소된 경우, 임대의무기간이 종료한 날 등록이 말소된 경우에는 해당 등록이 말소된 이후 5년 이내에 거주주택을 양도하는 경우에 한정하여 임대기간요건을 갖춘 것으로 본다(소득령 제155조 제23항). 장기임대주택에 대한 세제혜택 축소에 대한 보완조치로서 임대사업자등록이 말소된 경우에도 임대사업자의 신뢰를 보호하기 위하여 일정 기간 내에 거주주택을 양도한 경우에는 1세대 1주택으로 보겠다는 의미이다. 다만, 거주주택을 양도하기에 앞서 장기임대주택을 먼저 양도한 경우는 위 특례규정이 적용되지 않는다.[62]

기존에 임대사업자등록을 장려하다가 2020년 정책기조가 바뀌어 아파트에 대한 임대사업자등록제도를 폐지함에 따라 의무임대기간 2분의 1을 채운 상태에서 임대등록을 자진말소하거나 자동말소되는 경우[63] 임대등록말소 후 5년 내 1거주 주택을 양도할 때 양도소득세 비과세 규정을 적용하고 사후관리위반으로 양도소득세를 추징하지 않는 것으로 규정하였다(소득령 제155조 제22항). 임대사업자등록자에게 일종의 퇴로를 열어준 것이다.

라. 주택과 조합원입주권을 소유한 경우 1세대 1주택의 특례

(1) 1조합원입주권을 보유하다가 1주택을 취득한 경우

양도일 현재 1조합원입주권 외에 1주택을 소유한 경우로서 해당 1주택을 취득한 날부터 3년 이내에 해당 조합원입주권을 양도한 경우 양도소득세를 비과세한다(소득법 제89조 제1항 제4호 나목). 다만, 3년 이내에 양도하지 못하더라도 법령 소정의 사유에 해당하면 비과세를 적용한다. 조합원입주권을 주택처럼 취급하여 일시적 1세대 2주택의 법리를 적용하는 것이다.

(2) 1주택을 보유하다가 1조합원입주권을 취득한 경우

(가) 조합원입주권을 취득한 후에 주택을 양도하는 경우

국내에 1주택을 소유한 1세대가 그 주택을 양도하기 전에 조합원입주권을 취득함으로써 일시적으로 1주택과 1조합원입주권을 소유하게 된 경우 종전의 주택을 취득한 날부터 1년 이상이 지난 후에 조합원입주권을 취득하고 그 조합원입주권을 취득한 날부터 3년 이내에 종전의 주택을 양도하는 경우 양도소득세를 비과세한다(소득령 제156조의2 제3항). 3년 이내에 종전의 주택을 양도하지 못하더라도 법령 소정의 사유에 해당하면 비과세한다. 조합원입주권을 주택처럼 취급하여 일시적 1세대 2주택의 법리를 적용하는 것이다. 나아가 조합원입주권을 취득한 날부터 3년이 지나 종전의 주택을 양도하는 경우에도 다음 요건을 모두 갖춘 때에는 양도소득세를 비과세한다(소득령 제156조의2 제4항).

① 재개발사업, 재건축사업 등에 따라 취득하는 주택이 완성된 후 2년 이내에 그 주택으로

---

62) 사전법령해석재산 2021-1191(2021. 12. 7.)
63) 자진말소는 임대사업자가 스스로 임대사업자등록을 말소하는 것이고, 자동말소는 임대사업자의무기간이 4년과 8년인 경우 그 기간이 종료하면 자동적으로 말소되는 것이다. 종전에는 의무임대기간 종료 전에는 자진말소가 불가하였으나, 아파트에 대한 임대등록에 대하여는 자진말소를 허용하였다.

세대전원이 이사하여 1년 이상 계속하여 거주할 것(취학, 근무상의 형편, 질병의 요양 그 밖의 부득이한 사유로 세대의 구성원 중 일부가 이사하지 못하는 경우를 포함한다)

② 재개발사업, 재건축사업 등에 따라 취득하는 주택이 완성되기 전 또는 완성된 후 2년 이내에 종전의 주택을 양도할 것

③ 종전주택을 취득한 후 1년 이상이 지난 후에 조합원입주권을 취득할 것

(나) 재개발사업 등 기간에 대체주택을 취득하고 사업완료 후 대체주택을 양도하는 경우

국내에 1주택을 소유한 1세대가 그 주택에 대한 재개발사업, 재건축사업 등의 시행기간 동안 거주하기 위하여 대체주택을 취득한 경우로서 다음 요건을 갖추어 대체주택을 양도하는 때에는 양도소득세를 비과세한다(소득령 제156조의2 제5항). 이 경우 보유기간 및 거주기간의 제한을 받지 않는다.

① 재개발사업, 재건축사업 등의 사업시행인가일 이후 대체주택을 취득하여 1년 이상 거주할 것

② 재개발사업, 재건축사업 등의 관리처분계획에 따라 취득하는 주택이 완성된 후 2년 이내에 그 주택으로 세대전원이 이사하여 1년 이상 계속하여 거주할 것(취학, 근무상의 형편, 질병의 요양, 그 밖에 부득이한 사유로 세대원 중 일부가 이사하지 못하는 경우를 포함한다)

③ 재개발사업, 재건축사업 등의 관리처분계획에 따라 취득하는 주택이 완성되기 전 또는 완성된 후 2년 이내에 대체주택을 양도할 것

(3) 상속, 봉양, 혼인으로 인하여 주택과 조합원입주권을 소유한 경우

상속받은 조합원입주권과 일반주택을 국내에 각각 1개씩 소유하고 있는 1세대가 일반주택을 양도하는 경우에는 국내에 1개의 주택을 소유하고 있는 것으로 보아 양도소득세를 비과세한다(소득령 제156조의2 제6항).

마. 비과세의 배제

실지거래가액이 12억 원을 초과하는 고가주택에 대하여는 양도소득세 비과세를 적용하지 않는다(소득법 제89조 제1항 제3호, 소득령 제156조 제1항). 과거 고가주택의 기준이 6억 원이었으나, 2008. 10. 7. 소득세법 시행령 개정 시 9억 원, 2022. 2. 15. 개정 시 12억 원으로 상향하였다. 1주택 및 이에 딸린 토지의 일부를 양도하거나 일부가 타인 소유인 경우에는 실지거래가액 합계액에 양도하는 부분의 면적이 전체주택면적에서 차지하는 비율을 나누어 과세가액을 계산한다.

제4절 자산의 취득시기와 양도시기

1. 의의

자산의 취득시기와 양도시기는 취득가액과 양도가액 산정의 기준시점이 된다. 또한 양도시기는 양도차익 예정신고, 확정신고 등의 신고기한, 부과제척기간과 연결되어 있으므로 중요한 의미를 갖는다. 소득세법은 납세자의 자의를 배제하고 과세소득을 획일적으로 파악하여 과세의 공평을 기할 목적으로 양도시기와 취득시기를 법령에 규정하고 있다. 따라서 법률의 규정에 의한 소유권이전이 있는 경우[64]에도 민법 규정에 의한 소유권취득시기를 자산의 양도시기 및 취득시기로 볼 수 없고, 소득세법의 각 규정에 의하여 자산의 양도 및 취득시기가 정해진다.[65]

2. 취득시기와 양도시기

가. 원칙

(1) 대금청산일

자산의 양도차익을 계산할 때 취득시기 및 양도시기는 원칙적으로 대금청산일이다(소득법 제98조). 과거에는 한때 중도금지급기일을 취득시기 및 양도시기로 정하였으나, 1982. 12. 31. 소득세법 시행령 개정 이후에는 대금청산일을 취득시기 및 양도시기로 정하고 있다. 대금청산일은 잔금지급일을 의미하나, 잔금이 일부 지급되지 않았더라도 거의 대부분 지급되어 사회통념상 청산이 사실상 완료되었다면 대금이 청산된 것으로 보며, 이는 일률적으로 정하기 어렵고 구체적 사안에 따라 판단할 수밖에 없다. 해당 자산의 양도에 대한 양도소득세를 양수인이 양도인 대신 부담하기로 약정한 경우 해당 양도소득세는 자산의 대금에서 제외한다. 따라서 매도인이 부담하여야 할 양도소득세를 매수인이 부담하기로 특약하여 매수인이 그 세액을 대납하였더라도 그 세액의 대납일을 양도시기로 볼 수 없다.[66]

대금청산일은 실제로 잔금을 지급하여 사실상의 소유권을 취득한 시점을 말하므로 양수인이 양도인을 상대로 한 소송에서 잔금지급과 상환으로 소유권이전등기절차의 이행을 명하는 판결이 선고된 경우 당해 부동산의 양도시기는 판결선고일이 아니라 양수인이 실제로 양도인에게 잔금을 지급한 날이다.[67]

---

64) 민법 제187조는 법률의 규정에 의한 부동산의 소유권취득을 규정한다. 이에 의하면 상속, 공용징수, 판결, 경매 기타 법률의 규정에 의한 부동산에 관한 물권의 취득은 등기를 요하지 않는다.
65) 대법원 2002. 4. 12. 선고 2000두6282 판결
66) 대법원 1999. 6. 22. 선고 99두165 판결
67) 대법원 1999. 10. 26. 선고 98두2669 판결

(2) 교환계약의 경우

교환계약에 의해 자산이 양도된 경우 양도인이 양도대가로 취득할 교환대상 목적물에 관한 소유권이전등기를 넘겨받기 전이라도 교환대상 목적물에 대한 실질적인 처분권을 취득하면 그 실질적인 처분권을 취득하는 때가 대금청산일이다.[68] 이 판결을 살펴보면, 원고가 1990. 2. 8. 교회와 사이에 서로 소유하던 부동산을 교환하기로 약정한 사실, 교회는 원고 토지에 교회를 지을 때까지 기존 장소에서 계속 예배를 하여야 하므로 원고에게 넘겨주기로 한 교환대상 부동산에 대하여 소유권이전등기일까지 원고에게 월 사용료를 지급한 사실, 교회 소유의 부동산에 대한 주무관청으로부터의 인가는 1990. 8. 21. 이루어진 사실, 원고와 교회는 1991. 8. 2. 각 부동산에 관한 소유권이전등기를 마친 사실관계하에서 원심은 대금청산일이 불분명한 것으로 보아 소유권이전등기일인 1991. 8. 2.을 양도시기로 보았으나, 대법원은 원고가 교회건물 및 그 부지에 대하여 월 사용를 지급받은 것으로 보아 그에 대한 실질적인 처분권을 취득하였고, 주무관청의 인가가 나서 교회는 원고의 요구에 따라 언제든지 교회건물 및 부지에 관한 소유권이전등기절차를 마쳐줄 수 있게 되었으므로 적어도 그 무렵 양도대금이 청산된 것으로 볼 수 있다고 하여 1990. 8. 21.을 양도시기로 판단하였다.

결국 교환거래에서 상대방에게 자산에 대한 소유권이전등기를 마쳐주기 전에 상대방으로부터 넘겨받을 자산에 대한 실질적인 처분권을 취득하였다면 그때가 양도시기이다. 매매는 자신의 부동산을 상대방에게 넘겨주고 그 대가로 돈을 받는 것인 반면, 교환은 자신의 부동산을 상대방에게 넘겨 주는 대가로 상대방의 부동산을 넘겨받는 것이므로 상대방의 부동산에 대한 처분권을 취득한 것을 돈을 받은 것과 동일시할 수 있기 때문이다.

나. 대금청산일이 불분명하거나 대금청산일 이전에 등기가 경료된 경우

대금청산일이 불분명하거나 대금청산일 이전에 소유권이전등기가 경료된 경우에는 등기접수일이 취득시기 또는 양도시기이다(소득령 제162조 제1항 제1호, 제2호). 등기접수일은 원칙적으로 해당 자산을 양수하는 자가 그 양수의 원인이 된 법률행위 등을 등기원인으로 하여 마치는 등기접수일을 의미하므로 3자간 등기명의신탁 약정에 따라 명의수탁자 명의로 마친 소유권이전등기 접수일은 위 등기접수일에 해당하지 않는다. 따라서 매도인이 부동산을 양도하면서 3자간 등기명의신탁 약정에 따라 명의수탁자 명의로 소유권이전등기를 마쳐준 다음 매수인인 명의신탁자와 대금을 청산한 경우 해당 부동산의 양도시기는 수탁자 명의의 소유권이전등기일이 아니라 대금청산일이 된다.[69]

---

68) 대법원 1996. 1. 23. 선고 95누7475 판결
69) 대법원 2018. 11. 9. 선고 2015두41630 판결

다. 특수한 거래의 경우

(1) 장기할부조건

장기할부조건은 ① 계약금을 제외한 해당 자산의 양도대금을 2회 이상으로 분할하여 수입할 것, ② 양도하는 자산의 소유권이전등기(등록 및 명의개서 포함) 접수일·인도일 또는 사용수익일 중 빠른 날의 다음 날부터 최종 할부금의 지급기일까지의 기간이 1년 이상일 것 등 2가지 요건을 갖춘 것을 말한다(소득칙 제78조).[70] 장기할부조건의 경우 소유권이전등기 접수일, 인도일, 사용수익일 중 빠른 날이 취득시기 또는 양도시기이다(소득령 제162조 제1항 제3호). 종전에는 첫회 부불금 지급일과 소유권이전등기 접수일 중 빠른 날을 취득시기 또는 양도시기로 규정하였으나, 1999. 12. 31. 소득세법 시행령 개정 시 소유권이전등기 접수일, 인도일, 사용수익일 중 빠른 날로 바꾸었다.

사용수익일에는 양수인이 매매목적물인 자산을 현실적으로 사용수익하기 시작한 날은 물론 매매계약의 내용 중 특약으로 정한 사용수익이 가능한 날도 포함된다. 그러나 양수인이 양도인으로부터 매매목적물인 자산을 이용관리할 수 있도록 승낙을 받았다고 하더라도, 그 자산을 잠정적으로 보존, 유지, 관리하거나 제한적인 목적에서 일시적으로 이용하도록 하는 것에 불과한 경우에는 그 승낙일은 사용수익일에 해당하지 않는다.[71]

(2) 자기가 건설한 건축물

자기가 건설한 건축물의 경우 취득시기는 원칙적으로 사용승인서 교부일로 하되, 사용승인서 교부일 전에 사실상 사용하거나 임시사용승인을 받은 경우에는 사실상의 사용일 또는 임시사용승인을 받은 날 중 빠른 날이다(소득령 제162조 제1항 제4호). 다만, 건축허가를 받지 않고 건축하는 건축물의 경우에는 사실상의 사용일이 취득시기이다.

(3) 상속 또는 증여에 의하여 취득한 자산

상속 또는 증여에 의하여 자산을 취득한 경우 상속개시일 또는 증여를 받은 날이 취득시기이다(소득령 제162조 제1항 제5호). 상속의 경우 피상속인의 자산취득일이 아니라 상속개시일을 상속인의 취득시기로 규정함으로써 승계취득가액방식을 인정하지 않는다. 증여의 경우도 증여자의 취득일이 아니라 수증자의 취득일을 취득시기로 규정하고 있다.

(4) 점유취득시효에 의하여 부동산의 소유권을 취득하는 경우

점유취득시효에 의하여 부동산의 소유권을 취득하는 경우 당해 부동산의 점유개시일이 취

---

70) 법인세와 종합소득세의 장기할부조건이 인도일의 다음 날부터 최종 할부금의 지급기일까지의 기간이 1년 이상인 반면, 양도소득세의 장기할부조건은 소유권이전등기(등록 및 명의개서 포함) 접수일·인도일 또는 사용수익일 중 빠른 날의 다음 날부터 최종 할부금의 지급기일까지의 기간이 1년 이상인 차이가 있다.

71) 대법원 2015. 12. 10. 선고 2015두48266 판결

득시기이다(소득령 제162조 제1항 제6호). 과거 판례는 민법상 법리에 따라 취득시효 완성일을 취득시기로 보아야 한다고 판시하였다.[72] 그러나 시효완성 시를 취득시기로 보면 점유개시일부터 시효완성일까지의 자본이득에 대하여 과세할 수 없어 불합리하므로 1998. 12. 31. 소득세법 시행령을 개정하여 점유개시일을 취득시기로 규정하였다.

(5) 공익사업을 위하여 수용되는 경우

(가) 일반적인 경우

토지가 수용된 경우에는 대금청산일, 수용개시일, 소유권이전등기접수일 중 빠른 날이 취득시기 또는 양도시기이다(소득령 제162조 제1항 제7호). 수용개시일은 토지수용위원회에서 재결을 통해 수용이 개시되는 것으로 특정한 날을 의미한다. 사업시행자는 토지수용위원회가 재결로서 정한 수용개시일까지 보상금을 지급하거나 공탁하여야 하고, 이를 이행하지 않으면 재결은 효력을 잃는다. 당초 대금청산일과 소유권이전등기접수일 중 빠른 날로 되어 있었으나, 같은 지역에 있는 토지들 중 보상금에 대한 불복 여부에 따라 양도시기가 달라지는 불합리가 생기자 이를 해결하기 위하여 2010. 2. 18. 소득세법 시행령 개정 시 수용개시일을 추가하여 대금청산일, 수용개시일, 등기접수일 중 빠른 날로 하였다. 이로써 보상금에 불복하여 상당 기간이 경과한 후에 증액된 보상금을 받거나 소유권이전등기가 경료되더라도 수용개시일이 대금청산일과 소유권이전등기접수일보다 앞서므로 불복 여부에 따라 양도시기에 큰 차이가 생기는 불합리를 해결할 수 있다.

(나) 수용목적물의 소유권에 대하여 분쟁이 있는 경우

수용목적물의 소유권자가 누구인지에 관한 분쟁이 있어서 보상금이 공탁된 경우에는 소유권 관련 소송에서 소유권자가 확정되어야 보상금의 귀속자가 확정되므로 판결 확정일이 양도시기 또는 취득시기가 된다.

(6) 기타

① 완성 또는 확정되지 않은 자산의 경우 해당 자산의 대금청산일까지 목적물이 완성 또는 확정되지 않은 경우에는 목적물이 완성 또는 확정된 날이 취득시기 또는 양도시기이다(소득령 제162조 제1항 제8호). 건설 중인 아파트가 이에 해당한다. 확정되지 않은 자산에는 소유권 등 권리의 귀속이 확정되지 않은 자산뿐 아니라 권리의 범위가 확정되지 않은 자산도 포함된다.[73]

② 환지처분으로 취득한 토지의 취득시기는 원칙적으로 환지 전 토지의 취득일로 하되, 교부받은 토지의 면적이 환지처분에 의한 권리면적보다 증감된 경우에는 그 증감된 면적의 토지에 대한 취득시기 또는 양도시기는 환지처분의 공고가 있은 날의 다음 날로 한다(소득령 제

---

72) 대법원 1997. 5. 7. 선고 96누525 판결
73) 대법원 2004. 4. 9. 선고 2003두6924 판결

162조 제1항 제9호). 예를 들어, 권리면적이 100이고 환지면적이 100인 경우 환지처분으로 취득한 토지의 취득일은 환지 전 토지의 취득일로 하나, 권리면적이 100이고 환지면적이 150인 경우 증가된 토지 50의 취득일은 환지처분 공고일 다음날로 하고, 권리면적이 100이고 환지면적이 50인 경우 감소된 토지 50의 양도일은 환지처분 공고일 다음날로 한다.

③ 부동산과다보유법인 주식의 경우 양도시기는 주주 1인과 기타주주가 주식 등을 양도함으로써 해당 법인의 주식 등 합계액의 50% 이상이 양도되는 날이다(소득령 제162조 제1항 제10호).

④ 조합원입주권의 취득시기는 관리처분계획의 인가·고시가 있은 때이다.[74]

⑤ 양도한 자산의 취득시기가 분명하지 않은 경우에는 먼저 취득한 자산을 먼저 양도한 것으로 본다(소득령 제162조 제5항). 즉 선입선출법(先入先出法)을 적용한다.

⑥ 공유물분할의 소송절차 또는 조정절차에서 공유자 사이에 공유토지에 관한 현물분할의 협의가 성립하여 그 합의사항을 조서에 기재한 경우 그와 같은 사정만으로 해당 공유지분을 취득하였다고 볼 수 없고, 공유지분을 이전받아 등기를 마쳐야 비로소 해당 공유지분의 소유권을 취득한 것으로 볼 수 있다.[75]

라. 취득시기 의제

1984. 12. 31. 이전 취득한 부동산에 관한 권리 및 기타 자산은 1985. 1. 1. 취득한 것으로 보고, 1985. 12. 31. 이전 취득한 주식은 1986. 1. 1. 취득한 것으로 본다(소득령 제162조 제7항). 지나치게 오래전에 취득한 자산의 경우 증거를 갖추기 어려우므로 세금계산의 편의를 위해 취득시기를 의제하는 것이다.

마. 권리의무확정주의와의 관계

양도소득에 대하여도 권리의무확정주의가 적용된다. 소득세법 제118조에서 양도소득에 대하여도 권리의무확정주의를 규정한 소득세법 제39조를 준용하고 있기 때문이다. 따라서 양도시기를 양도소득의 귀속시기에 대한 예외 없는 일반원칙으로 볼 수 없고, 구체적 사안에서 양도소득에 대한 관리, 지배와 양도소득의 객관화 정도, 납세자금의 확보시기 등까지 함께 고려하여 양도소득이 현실적으로 실현될 가능성이 상당히 높은 정도로 성숙·확정되었는지를 기준으로 하여 귀속시기를 합리적으로 판단하여야 한다.[76] 이에 의하면 부동산 매도인의 매매대금채권 중 매수인의 도산으로 인하여 회수불능되어 장래 그 소득이 실현가능성이 전혀 없게 된 것이 객관적으로 명백한 부분은 부동산 양도가액에 포함시킬 수 없다.[77]

---

74) 대법원 1996. 8. 23. 선고 95누6618 판결
75) 대법원 2013. 11. 21. 선고 2011두1917 판결
76) 대법원 2012. 5. 9. 선고 2010두22597 판결
77) 대법원 2002. 10. 11. 선고 2002두1953 판결, 대법원 2002. 10. 25. 선고 2001두1536 판결

제5절 양도소득 과세표준과 세액의 계산

1. 양도소득세의 계산구조

양도소득세의 계산과정을 흐름도로 표시하면 다음과 같다(소득법 제92조, 제93조).

```
양도가액
( - ) 취득가액
( - ) 기타 필요경비
  =  양도차익
( - ) 장기보유특별공제
  =  양도소득금액
( - ) 양도소득기본공제
  =  과세표준
( × ) 세율
  =  산출세액
( - ) 감면세액
  =  결정세액
( + ) 가산세
  =  총결정세액
```

2. 양도차익의 계산

가. 의의

(1) 기준시가 원칙과 실지거래가액 원칙(기준시가 vs 실지거래가액)

양도차익은 양도가액에서 취득가액과 기타 필요경비를 공제하여 산정한다(소득법 제95조 제1항). 양도가액 및 취득가액을 기준시가에 의할지 또는 실지거래가액에 의할지는 입법정책의 문제이다.[78] 실지거래가액은 자산의 양도 또는 취득 당시에 양도자와 양수자가 실제 거래한 가액으로서 해당 자산의 양도 또는 취득과 대가관계에 있는 금전과 그 밖의 재산가액을 의미한다(소득법 제88조 제5호). 반면, 기준시가는 정부가 세금을 매기기 위하여 자산에 대해 고시한 가격으로 양도가액과 취득가액의 산정기준이 되는 가격을 의미한다.

납세자의 담세력을 정확히 반영하려면 당연히 양도가액과 취득가액을 실지거래가액에 의하는 것이 이상적이지만 현실적인 여건, 즉 납세의무자가 자산의 거래에 대해 진실한 실지거래가액을 신고할 것이라 기대할 수 있는지, 과세관청이 거래에 대하여 일일이 실지거래가액을 검증할 수 있는지, 세무공무원의 능력이나 자세에 따라 납세의무자의 세부담이 달라질 것인지 등의 사정을

---

78) 헌재 1995. 11. 30. 선고 91헌바1 결정

고려하여 실지거래가액에 의하여 양도차익을 계산할 수 있는 여건이 미비하면 기준시가에 의하여 양도차익을 계산하는 입법을 할 수도 있다.

우리나라는 과거 기준시가 과세원칙을 채택하였으나, 2007년 이후에는 원칙적으로 실지거래가액에 따라 양도차익을 계산하고, 실지거래가액에 따라 양도차익을 계산할 수 없는 경우 예외적으로 기준시가로 양도차익을 계산하도록 규정하고 있다(소득법 제96조, 제97조).

(2) 교환거래

양도소득세의 과세대상이 되는 거래가 단순교환인 경우에는 실지양도가액을 확인할 수 없지만, 교환대상 목적물에 대한 시가감정을 하여 그 감정가액의 차액에 대한 정산절차를 수반한 경우에는 실지양도가액을 확인할 수 있는 경우에 해당한다.[79] 이 경우 교환으로 양도되는 목적물의 소유자가 교환으로 취득하는 목적물의 감정가액과의 차액을 현금으로 지급받는 경우에는 교환으로 취득하는 목적물의 감정가액과 그 현금을 합한 금액이 교환으로 양도되는 목적물의 실지양도가액이 되고, 그 감정가액의 차액을 포기하거나 기부하는 경우에는 저가양도에 해당하여 교환으로 취득하는 목적물의 감정가액이 그대로 교환으로 양도되는 목적물의 실지양도가액이 된다.[80]

이론상으로는 교환목적물에 대한 감정평가가 없는 경우에도 당사자들 사이에 약정한 금액이 객관성을 지니고 있으면 실지거래가액으로 인정할 여지가 있어 보이나,[81] 교환의 대상이 되는 자산에 관한 시가감정과 현금정산을 수반하지 않은 경우에는 실지거래가액을 알 수 없는 경우에 해당하는 것으로 본다.[82] 그러나 주식의 포괄적 교환에 있어서는 감정가액이 없다고 하여 항상 실지거래가액을 알 수 없는 경우에 해당한다고 보는 것은 불합리하므로 주식교환 과정에서 자본시장법 등 관련 법령이 정한 방법에 따라 산정한 주식의 평가액은 그 주식의 교환거래에서 적용된 실지거래가액이라고 볼 수 있다.[83]

나. 실지거래가액을 알 수 있는 경우

(1) 양도가액

(가) 일반적인 경우

양도인이 양수인으로부터 수입하였거나 수입할 가액이 양도가액이다. 양도소득에 대하여도 권리의무확정주의가 준용되므로 수입한 대가뿐 아니라 수입할 대가도 양도가액에 포함된다(소득법 제118조, 제39조). 자산의 양도대가를 지급함에 있어 양수인이 지급기일을 어긴데 대하여 지급하는 위약금이나 배상금은 양도와 관련하여 발생하는 소득이지만 양도대금 자체가

---

79) 대법원 1984. 11. 27. 선고 84누407 판결, 대법원 1994. 12. 9. 선고 94누6840 판결
80) 대법원 1997. 2. 11. 선고 96누860 판결
81) 강석규, 조세법쟁론(2023), 970면
82) 대법원 2012. 2. 9. 선고 2010두27592 판결
83) 대법원 2011. 2. 10. 선고 2009두19465 판결

아니고 자산의 이전과 대가관계에 있지도 않으므로 양도가액에 포함될 수 없다.[84]

(나) 매매대금이 감액된 경우

양도가액은 양도재산의 객관적인 가액이 아니라 현실의 수입금액을 가리킨다. 따라서 해당 자산을 매매계약에 의하여 양도하고 당초 약정된 매매대금을 어떤 사정으로 감액하기로 한 경우 양도가액은 감액된 대금이 된다.[85]

(다) 자산을 고가양도한 경우

① 특수관계 있는 법인에게 자산을 고가양도한 경우

특수관계 있는 법인에게 자산을 시가보다 고가로 양도하여 법인세법에 따라 배당, 상여 등으로 소득처분된 경우에는 법인세법상 시가를 양도가액으로 한다(소득법 제96조 제3항 제1호). 시가초과액에 대하여 양도인이 주주이면 배당소득, 임원이면 상여 등으로 소득처분되어 양도인에게 소득세가 과세되므로 양도인에 대한 이중과세를 조정하기 위하여 양도가액을 시가로 규정한 것이다.

② 특수관계 있는 법인 이외의 자에게 자산을 고가양도한 경우

특수관계 있는 법인 이외의 자에게 자산을 시가보다 고가로 양도하여 양도인에게 증여로 계산되는 가액이 있는 경우에는 양도가액에서 증여재산가액을 뺀 금액을 양도가액으로 한다(소득법 제96조 제3항 제2호). 특수관계 있는 법인 이외의 자는 특수관계 있는 개인, 특수관계 없는 법인과 개인을 가리킨다. 양도인에게 증여로 과세되는 부분이 있으면 이중과세를 조정하기 위하여 양도가액에서 증여재산가액을 공제하는 것이다. 특수관계인과의 거래에서 증여재산가액은 대가와 시가의 차액에서 시가의 30%에 상당하는 가액과 3억 원 중 적은 금액을 차감한 가액이고, 특수관계인 이외의 자와의 거래에서 증여재산가액은 대가와 시가의 차액에서 3억 원을 차감한 가액이므로 특수관계인과의 거래에서 양도가액은 대가에서 증여재산가액 {대가 − 시가 − min(시가의 30%, 3억 원)}을 빼면 "시가 + min(시가의 30%, 3억 원)"이 되고, 특수관계인 이외의 자와의 거래에서 양도가액은 대가에서 증여재산가액(대가 − 시가 − 3억 원)을 빼면 "시가 + 3억 원"이 된다.

(라) 토지와 건물을 일괄양도하여 양도가액의 구분이 불분명한 경우

토지와 건물 등을 함께 취득하거나 양도한 경우에는 이를 각각 구분기장하되, 토지와 건물 등의 가액의 구분이 불분명한 때에는 취득 또는 양도 당시의 기준시가에 따라 안분계산한다(소득법 제100조 제2항, 소득령 제166조 제6항, 부가령 제64조). 토지와 건물 등을 구분기장하였더라도 안분계산한 가액과 30% 이상 차이가 있는 경우에는 토지와 건물 등의 가액 구분이 불분명

---

84) 대법원 1993. 4. 27. 선고 92누9357 판결
85) 대법원 2018. 6. 15. 선고 2015두36003 판결

한 것으로 간주한다(소득법 제100조 제3항). 다만, 다른 법령에서 토지와 건물의 양도가액을 정한 경우, 건물이 있는 토지를 취득한 후 건물을 철거하고 토지만 사용하는 경우 등과 같이 납세자가 구분한 토지와 건물의 가액을 인정할만한 사유가 있으면 안분계산하지 않는다.

사업자의 건물양도는 부가가치세 과세대상이고, 토지양도는 면세이므로 부가가치세를 줄이기 위해 건물의 양도가액을 줄이려는 유인이 존재하고, 비사업용 토지가 포함되어 있는 경우에는 비사업용 토지의 중과세를 피하기 위하여 토지의 양도가액을 줄이려는 유인이 존재한다. 이와 같이 토지와 건물의 가액을 임의로 정하여 조세를 회피하는 행위에 대응하기 위하여 위와 같은 안분규정을 둔 것이다.

(2) 취득가액

(가) 일반적인 경우

취득가액은 양도한 자산을 취득하기 위하여 지출하였거나 지출할 대가와 그 부대비용을 의미한다.

(나) 취득가액에 포함되는 항목

취득원가에 상당하는 가액은 취득가액에 포함되고 여기에는 현재가치할인차금도 해당하나, 양도자산의 보유기간 중에 현재가치할인차금 상각액을 사업소득금액 계산 시 필요경비로 산입하였거나 산입할 금액이 있는 때에는 이중공제를 방지하기 위하여 제외한다(소득령 제163조 제1항 제1호, 제2항). 당사자 약정에 의한 대금지급방법에 따라 취득 원가에 이자상당액을 가산하여 거래가액을 확정하는 경우 당해 이자상당액은 취득원가에 포함하나, 당초 약정에 의한 거래가액의 지급기일 지연으로 인하여 추가로 발생하는 이자상당액은 취득원가에 포함하지 않는다(소득령 제163조 제1항 제3호).

취득에 관한 쟁송이 있는 자산에 대하여 그 소유권 등을 확보하기 위하여 직접 소요된 소송비용·화해비용 등의 금액으로서 그 지출한 연도의 각 소득금액계산 시 필요경비에 산입된 것을 제외한 금액은 취득가액에 포함된다(소득령 제163조 제1항 제2호). '토지 등이 협의매수 또는 수용되는 경우로서 그 보상금의 증액과 관련하여 직접 소요된 소송비용'은 2015. 2. 3. 소득세법 시행령 개정 시 신설되었으나, 판례는 그 전에도 양도가액에서 공제된다고 하여 확인적 규정으로 해석하였다.[86] 건물에 부속된 시설물과 구축물은 건물에 포함되어 건물의 양도로 발생하는 소득에 해당되므로 양도소득금액을 계산할 때 건물에 부속된 시설물의 취득가액을 필요경비로 공제한다.[87] 설령 건물의 양도가액에 건물에 부속된 시설물의 양도가액이 누락되어 있더라도, 과세관청이 양도가액의 증액을 주장할 수 있음은 별론으로 하고, 납세의무자는 건물에 부속된 시설물의 취득가액을 공제할 수 있다.

---

86) 대법원 2017. 4. 7. 선고 2016두1059 판결
87) 대법원 2013. 10. 31. 선고 2012두17872 판결

(다) 취득가액에 포함되지 않는 항목

① 감가상각비

양도자산 보유기간에 감가상각비로서 각 과세기간의 사업소득금액을 계산할 때 필요경비에 산입하였거나 산입할 금액이 있을 때에는 취득가액에서 제외한다(소득법 제97조 제3항). 이미 감가상각비로 필요경비에 산입된 금액에 대한 이중공제를 방지하기 위함이다. 다만, 사업용 고정자산의 감가상각비를 사업소득금액과 양도소득금액 계산 시 어떠한 방법으로 필요경비에 산입할지는 전적으로 사업자 개인의 판단에 달려 있으므로 사업소득금액 계산 시 감가상각비를 공제하지 않으면 추후 사업용 고정자산을 양도할 때 감가상각비 상당액을 취득가액으로 공제할 수 있다.

② 부당행위계산부인이 적용된 경우

특수관계자로부터 자산을 고가매입하여 부당행위계산부인 규정이 적용되는 경우에는 시가가 취득가액이므로 시가초과액은 취득가액에서 제외한다(소득령 제163조 제1항 제1호). 시가초과액을 취득가액에 포함시키면 추후 자산을 처분하거나 감가상각할 때 매입자의 조세부담이 감소하므로 시가초과액을 취득가액에서 제외하는 것이다.

(라) 상속이나 증여에 의하여 취득한 경우

상속 또는 증여받은 자산에 대하여는 상속개시일 또는 증여일 현재 상증세법 제60조부터 제66조까지의 규정에 따라 평가한 가액을 취득 당시의 실지거래가액으로 본다(소득령 제163조 제9항). 이 조항은 상속 또는 증여받은 자산을 양도하여 실지거래가액에 따라 양도차익을 산정하여야 하는 경우 취득 당시의 실지거래가액이 존재하지 않으므로 취득 당시 실지거래가액에 관하여 별도의 규정을 둔 것이다.[88] 다만 이와 관련하여 다음과 같은 몇 가지 예외가 있다.

① 과세관청이 상속 또는 증여재산에 대하여 결정·경정한 가액이 있는 경우

과세관청이 상속 또는 증여재산에 대하여 결정·경정한 가액이 있는 경우에는 그 결정·경정한 가액을 취득가액으로 한다. 상속세가 과세 미달이라도 과세관청이 상속재산가액을 상속 개시 당시 낮은 기준시가로 결정한 경우 추후 상속재산을 양도할 때 양도소득세가 많아질 수 있으므로 납세자는 상속단계에서 상속재산에 대한 시가를 다투어 상속재산가액을 높일 수 있다.[89]

② 부담부증여의 채무액

부담부증여의 채무액도 증여일 현재 상증세법 제60조부터 제66조까지의 규정에 따라 평가한 가액을 취득 당시의 실지거래가액으로 하되, 상증세법 제33조부터 제39조까지, 제39조의2,

---

88) 대법원 2007. 10. 26. 선고 2006두1326 판결
89) 조심 2020. 7. 9.자 2020인932 결정

제39조의3, 제40조, 제41조의2부터 제41조의5까지, 제42조, 제42조의2 및 제42조의3에 따른 증여는 제외한다.

③ 개별공시지가 고시 전에 상속 또는 증여받은 토지

개별공시지가가 고시되기 전에 상속 또는 증여받은 토지의 경우에는 상속개시일 또는 증여일 현재 상증세법 제60조 내지 제66조의 규정에 의하여 평가한 가액과 소득세법 시행령 제164조 제4항의 규정에 의한 가액 중 많은 금액으로 하고, 건물의 기준시가가 고시되기 전에 상속 또는 증여받은 건물의 경우에는 상속개시일 또는 증여일 현재 상증세법 제60조 내지 제66조의 규정에 의하여 평가한 가액과 소득세법 시행령 제164조 제5항 내지 제7항의 규정에 의한 가액 중 많은 금액으로 한다.

(마) 자산을 취득할 때 세금을 부담한 경우

① 상속세나 증여세가 과세된 경우

상증세법 제3조의2 제2항, 제33조부터 제39조까지, 제39조의2, 제39조의3, 제40조, 제41조의2부터 제41조의5까지, 제42조, 제42조의2, 제42조의3, 제45조의3부터 제45조의5까지의 규정에 따라 상속세나 증여세를 과세받은 경우에는 해당 상속재산가액이나 증여재산가액 또는 그 증·감액을 취득가액에 더하거나 뺀다(소득령 제163조 제10항 제1호). 상속세나 증여세로 과세된 부분을 양도차익 계산 시 반영하여 이중과세를 조정하기 위한 취지이다.

② 특수관계인으로부터 자산을 저가취득하여 소득처분된 금액이 있는 경우

특수관계인으로부터 자산을 저가취득하여 상여·배당 등으로 처분된 금액이 있으면 그 상여·배당 등으로 처분된 금액을 취득가액에 더한다(소득령 제163조 제10항 제2호). 소득처분으로 과세된 부분을 양도차익 계산 시 반영하여 이중과세를 조정하기 위한 취지이다.

(바) 주식매수선택권을 행사하여 취득한 주식을 양도하는 경우

주식매수선택권을 행사하여 취득한 주식을 양도하는 경우에는 주식매수선택권을 행사하는 당시의 시가를 취득가액으로 한다(소득령 제163조 제13항). 주식매수선택권 행사 당시의 시가와 실제 매수가액의 차액은 근로소득 또는 기타소득으로 과세되므로 이중과세를 조정하기 위한 취지이다.

(사) 토지와 건물을 일괄양도하여 양도가액의 구분이 불분명한 경우

토지와 건물을 일괄취득하여 취득가액의 구분이 불분명한 경우에는 부가가치세 안분계산 규정을 준용하여 토지와 건물의 합계액을 기준시가에 따라 안분한 금액을 각 토지와 건물의 가액으로 한다(소득법 제100조 제2항, 제소득령 제166조 제6항, 부가령 제64조). 이때 토지와 건물 등을 함께 취득한 경우로서 그 토지와 건물 등을 구분기장한 가액이 안분계산한 가액과 30%

이상 차이가 있는 경우에는 토지와 건물 등의 가액 구분이 불분명한 것으로 간주한다(소득법 제100조 제3항).

(3) 기타 필요경비

(가) 취득가액을 실지거래가액에 의하는 경우

취득가액을 실지거래가액에 의하는 경우라 함은 실지거래가액이 확인되는 경우를 의미한다. 따라서 실지거래가액을 확인할 수 없어 매매사례가액, 감정가액 또는 환산취득가액을 적용하는 경우는 제외된다(소득법 제97조 제2항 제1호).

① 자본적 지출

자본적 지출은 사업자가 소유하는 자산의 내용연수를 연장시키거나 해당 자산의 가치를 현실적으로 증가시키기 위해 지출한 수선비를 말한다. 예를 들어, 본래의 용도를 변경하기 위한 개조, 엘리베이터 또는 냉난방장치의 설치, 빌딩 등의 피난시설 등의 설치, 재해 등으로 인하여 건물·기계·설비 등이 멸실 또는 훼손되어 당해 자산의 본래 용도로의 이용가치가 없는 것의 복구, 기타 개량·확장·증설 등이 이에 해당한다(소득령 제163조 제3항 제1호, 제67조 제2항).

② 자본적 지출 이외의 지출(소득령 제163조 제3항 제2호부터 제4호, 소득칙 제79조)

양도자산 취득에 소요된 소송비용 등, 토지 등의 수용에 소요된 소송비용, 양도자산의 용도 변경 등에 지출한 비용, 개발부담금과 재건축부담금, 수익자부담금 등의 사업비용 등은 기타 필요경비에 산입한다. 양도자산 취득에 소요된 소송비용 등이란 소유권 취득의 효력 등에 관한 다툼이 생겨 그 소유권을 확보하기 위하여 직접 지출한 소송비용이나 화해비용 등을 의미하므로 그 취득행위와 별도로 성립한 매매계약의 이행과 관련한 다툼으로 인하여 생긴 소유권 상실의 위험을 방지하기 위하여 지출한 화해비용 등은 이에 해당하지 않는다.[90]

③ 양도비

자산을 양도하기 위하여 직접 지출한 비용이다. 예를 들어 증권거래세, 양도소득세 신고서 작성비용 및 계약서 작성비용, 공증비용, 인지대 및 소개비, 매매계약에 따른 인도의무를 이행하기 위하여 양도자가 지출하는 명도비용, 자본시장법에 따른 위탁매매수수료, 농어촌특별세 등이 이에 해당한다(소득령 제163조 제5항 제1호, 소득칙 제79조 제2항).

④ 양도비 이외의 지출

부동산을 취득함에 있어서 법령 등의 규정에 따라 매입한 국민주택채권 및 토지개발채권을 만기 전에 양도함으로써 발생하는 매각차손은 기타 필요경비에 해당한다(소득령 제163조 제5항

---

90) 대법원 2013. 12. 26. 선고 2012두16619 판결

제2호). 과거에는 매입한 국민주택채권의 양도대상 기관을 증권회사로 한정하였으나, 판례는 국민주택채권을 증권회사가 아닌 채권매매업자 등 개인에게 매각한 경우에도 양도비로서 필요경비에 산입할 수 있고, 이 경우 매각차손은 같은 날 이를 증권회사에 매각하였을 경우에 생기는 매각차손의 범위 내로 한정된다고 판시하였다.[91] 2007. 2. 28. 소득세법 시행령 개정 시 판례의 입장을 입법화하여 법령 소정의 금융기관 외의 자에게 양도한 경우에는 같은 날에 금융기관에 양도하였을 경우 발생하는 매각차손을 한도로 한다고 규정하였다.

(나) 취득가액을 실지거래가액에 의하지 않는 경우

① 원칙

취득가액을 실지거래가액에 의하지 않는 경우에는 필요경비 개산공제의 방법으로 기타 필요경비를 계산한다(소득법 제97조 제2항 제2호, 소득령 제163조 제6항). 실지거래가액을 확인할 수 없어 매매사례가액, 감정가액 또는 환산취득가액을 적용하는 경우에도 필요경비 개산공제의 방법으로 필요경비를 계산한다. 취득가액이 실제 지출된 비용인지 여부가 확인되지 않았음에도 필요경비로 공제하는 것이므로 자본적 지출액이나 양도비 등의 기타 비용도 실제 지출 여부를 묻지 않고 자산별로 취득 당시 기준시가에 일정비율을 곱한 개산공제액을 필요경비로 공제할 수 있도록 한 것이다.[92] 필요경비 개산공제는 자산별로 다음과 같이 계산한다.

첫째, 토지는 취득 당시의 개별공시지가×3%로 한다(미등기의 경우 0.3%).

둘째, 건물은 취득 당시의 기준시가×3%로 한다(미등기의 경우 0.3%).

셋째, 지상권, 전세권과 등기된 부동산임차권은 취득 당시의 기준시가×7%로 하고, 그 밖의 자산은 취득당시의 기준시가×1%로 한다.

② 예외

취득가액을 환산취득가액으로 계산하는 경우로서 환산취득가액과 필요경비 개산공제를 더한 금액이 자본적 지출액 등과 양도비 등을 더한 금액보다 적은 경우에는 예외적으로 자본적 지출액 등과 양도비 등을 더한 금액을 필요경비로 할 수 있다(소득법 제97조 제2항 제2호).

(4) 배우자나 직계존비속으로부터 증여받은 재산에 대한 이월과세(필요경비 계산 특례)

(가) 취지

이월과세 특례는 중간에 배우자나 직계존비속에 대한 증여행위를 끼워 넣는 거래형식으로 고율의 누진세율에 의한 양도소득세 부담을 줄이려는 조세회피행위에 대응하기 위하여 취득시기를 증여자의 당초 취득시기로 이월하여 적용하는 것이다. 소득세법 시행령에서 자산을 증여로 취득하는 경우 수증자는 증여받은 때 자산을 취득하는 것으로 규정하고 있으므로 증

---

91) 대법원 2005. 11. 25. 선고 2005두8467 판결
92) 대법원 2015. 10. 15. 선고 2011두24286 판결

여를 이용하면 취득시기를 늦추어 자본이득을 줄일 수 있는 여지가 있다. 즉 수증자가 부담하는 증여세와 양도소득세의 합계액이 증여자가 직접 양도할 때의 양도소득세보다 적은 경우 중간에 증여를 끼워넣어 조세회피를 시도할 수 있다. 이러한 조세회피 시도에 대응하기 위하여 이월과세의 특례를 규정한 것이다. 본래 증여자가 부담해야 하는 자산양도차익(자본이득)을 수증자에게 떠넘긴다는 의미에서 이월과세라고 부른다.

(나) 적용요건(소득법 제97조의2 제1항·제2항, 소득령 제163조의2 제1항)

① 거주자가 배우자나 직계존비속으로부터 자산을 증여받아 10년 이내에 양도하여야 한다. 종전에 5년 이내에 양도하는 것을 요건으로 하였으나, 2022. 12. 31. 소득세법 개정 시 10년으로 늘려 과세를 강화하였다. 배우자는 양도 당시 혼인관계가 소멸된 경우를 포함하나, 사망으로 혼인관계가 소멸된 경우는 제외한다. 따라서 부부가 이혼한 경우에는 이월과세가 적용되나, 부부 중 일방이 사망한 경우에는 이월과세가 적용되지 않는다.

② 대상자산은 토지, 건물, 부동산을 취득할 수 있는 권리, 특정시설물이용권, 양도일 전 1년 이내 증여받은 주식 등이다. 2024. 12. 31. 소득세법 개정 시 양도일 전 1년 이내 증여받은 주식 등을 추가하였다. 이는 배우자에 대한 증여를 활용하여 자기주식을 소각함으로써 의제배당소득을 줄이는 행위에 대응하기 위한 취지이다.

③ 이월과세를 적용한 양도소득세액이 이를 적용하지 않은 세액보다 많아야 한다. 이월과세를 적용한 세액이 이월과세를 적용하지 않은 세액보다 적은 경우에는 굳이 이월과세를 적용할 이유가 없다.

(다) 적용배제(소득법 제97조의2 제2항)

① 사업인정고시일부터 소급하여 2년 이전에 증여받고 협의매수 또는 수용된 경우에는 적용을 배제한다. 사업인정고시가 되기 오래 전에 수증자가 증여로 자산을 취득하여 수용된 경우에는 조세회피의도가 있다고 볼 수 없기 때문이다.

② 이월과세를 적용하면 1세대 1주택의 양도에 해당하는 경우에도 적용을 배제한다. 이월과세를 적용한 결과 1세대 1주택 비과세가 적용되어 오히려 세금을 부담하지 않게 되면 불합리하기 때문이다.

(라) 효력

양도소득세 납세의무자는 수증자이나, 그 취득시기를 증여자의 취득시기로 이월하여 취득가액을 계산한다. 증여자와 수증자의 자본적 지출액, 양도비, 증여세 상당액을 필요경비에 산입한다(소득법 제97조의2 제1항). 증여세 상당액은 증여세 산출세액에 자산가액이 증여세과세가액에서 차지하는 비율을 곱하여 계산한다(소득령 제163조의2 제2항).

(5) 가업상속공제가 적용된 재산에 대한 이월과세(필요경비 계산 특례)

가업상속공제가 적용된 재산에 대한 이월과세는 상증세법상 가업상속공제가 적용된 자산을 상속인이 양도할 때 과세이연되었던 피상속인의 보유단계 자본이득에 대하여 과세하기 위한 것이다. 가업상속공제는 상속세를 비과세하는 것이 아니라 과세를 이연하는 것으로서 가업상속공제가 적용된 재산을 상속인이 양도하는 경우 과세이연된 자본이득을 과세할 필요가 있으므로 2017. 12. 19. 소득세법 개정 시 신설하였다.

가업상속공제를 적용받은 자산에 대한 취득가액은 피상속인의 취득가액을 적용한다(소득법 제97조의2). 가업상속공제적용률은 상속세과세가액에서 공제한 금액을 가업상속재산가액으로 나눈 비율로 하고, 가업상속공제가 적용된 자산별 가업상속공제금액은 가업상속공제금액을 상속 개시 당시의 해당 자산별 평가액을 기준으로 안분한다(소득령 제163조의2 제3항).

다. 실지거래가액을 알 수 없는 경우

(1) 매매사례가액(유사매매사례가액), 감정가액, 환산가액

(가) 양도가액

양도차익을 계산할 때 양도가액에 대하여는 실지거래가액을 적용하되, 실지거래가액을 알 수 없는 경우에 바로 기준시가를 적용하지 않고 양도일 전후 3개월 이내의 매매사례가액 내지 유사매매사례가액, 감정가액 순으로 적용한다(소득령 제176조의2 제3항). 매매사례가액은 해당 자산과 동일한 자산의 매매사례가 있는 경우 그 가액을 의미하고, 유사매매사례가액은 해당 자산과 유사한 자산의 매매사례가 있는 경우 그 가액을 의미한다.[93] 다만 매매사례가액, 유사매매사례가액, 감정가액의 적용에는 다음과 같은 제한이 따른다(소득령 제176조의2 제3항).

① 상장주식에 대하여는 매매사례가액, 유사매매사례가액, 감정가액을 적용하지 않고, 비상장주식에 대하여는 감정가액을 적용하지 않는다. 상장주식은 시장에서 형성된 가격으로 평가하므로 매매사례가액, 감정가액 등을 적용할 이유가 없고, 비상장주식의 경우 감정기관에 의한 자의적이고 주관적인 평가의 가능성이 있으므로 감정가액을 인정하지 않는다.

② 매매사례가액, 유사매매사례가액이 특수관계인과의 거래에 따른 가액 등으로서 객관적으로 부당하다고 인정되는 경우에는 해당 가액을 적용하지 않는다. 납세자가 특수관계인과의 거래를 통하여 매매사례가액 등을 작출하는 것을 방지하기 위함이다.

③ 감정가액은 둘 이상의 감정평가업자가 평가하여야 하나, 기준시가가 10억 원 이하인 자산의 경우에는 1개의 감정평가업자가 평가한 가액도 가능하다. 납세자의 평가로 인한 경제적 부담을 줄여주기 위함이다.

---

93) 부동산의 매매사례가액과 유사매매사례가액은 국토교통부가 운영하는 실거래가 공개시스템(www.realtyprice.kr)을 통해 조회할 수 있다.

④ 양도일 전후 3개월 이내의 매매사례가액 내지 유사매매사례가액, 감정가액이어야 한다. 따라서 양도일로부터 3개월이 지나서 사후에 양도 당시로 소급한 감정가액은 인정하지 않는다.[94]

(나) 취득가액

양도차익을 계산할 때 취득가액에 대하여는 실지거래가액을 적용하되, 실지거래가액을 알수 없는 경우에 취득일 전후 3개월 이내의 매매사례가액 내지 유사매매사례가액, 감정가액, 환산가액 순으로 적용한다(소득법 제97조 제1항 제1호 나목, 소득령 제162조 제12항, 제176조의2 제2항). 환산가액은 양도 시 실지거래가액은 확인되지만 취득 시 실지거래가액은 알 수 없는 경우 다음과 같이 기준시가 비율에 따라 계산한 가액이다.

$$환산가액 = 양도\ 시\ 실지거래가액 \times 취득\ 시\ 기준시가 / 양도\ 시\ 기준시가$$

납세자가 양도가액은 실지거래가액으로 하면서 취득가액에 대하여는 증빙의 미비 등으로 실지거래가액을 확인할 수 없다는 이유로 환산가액으로 신고하고, 과세관청은 해당 자산의 장부가액을 실지취득가액이라고 주장하는 경우가 있다. 이 경우 납세의무자가 작성하여 비치하는 장부에 자산가액이 기재되어 있더라도 그 기재가 자산의 실지취득가액을 확정시키는 효과가 있다고 볼 수 없으므로 과세관청이 해당 장부의 기재를 실지취득가액이라고 볼 수 있는 상당한 사정을 증명하였는지 여부에 따라 환산가액 적용 여부가 결정된다.[95]

부동산 및 부동산에 관한 권리를 양도한 거주자가 그 자산 취득 당시 과세관청이 실지거래가액을 확인한 사실이 있는 경우에는 이를 그 거주자의 취득 당시의 실지거래가액으로 본다(소득법 제97조 제7항, 소득령 제163조 제11항, 소득칙 제79조 제4항). 다만, 해당 자산에 대한 전 소유자의 양도가액이 경정되는 경우, 전 소유자의 해당 자산에 대한 양도소득세가 비과세되는 경우로서 실지거래가액보다 높은 가액으로 거래한 것으로 확인한 경우에는 실지거래가액으로 보지 않는다. 양도소득세는 양도자의 양도가액이 양수자의 취득가액이 되므로 양수자가 신고한 취득가액이 양도자를 통하여 확인한 양도가액과 차이가 있어 취득가액의 신빙성이 없는 경우에는 그 취득가액을 부인할 수 있다.

(2) 기준시가

(가) 의의

양도 또는 취득 당시의 실지거래가액의 확인을 위하여 필요한 장부, 증빙서류가 없거나 그 중요한 부분이 미비된 경우, 장부, 증빙서류의 내용이 매매사례가액, 감정가액 등에 비추어

---

94) 대법원 2015. 10. 15. 선고 2011두24286 판결
95) 서울고등법원 2015. 6. 23. 선고 2015누30106 판결

거짓임이 명백한 경우에는 양도가액 또는 취득가액을 실지거래가액에 따라 결정할 수 없다. 이 경우 매매사례가액 내지 유사매매사례가액, 감정가액, 환산취득가액이 없으면 기준시가에 따라 양도가액이나 취득가액을 결정하여야 한다(소득법 제114조 제7항, 소득령 제176조의2 제1항).

(나) 각 자산별 기준시가

① 토지

토지는 개별공시지가를 기준시가로 한다(소득법 제99조 제1항 제1호 가목).[96] 다만 신규등록 토지, 분할 또는 합병된 토지, 지목이 변경된 토지, 개별공시지가의 결정·고시가 누락된 토지 등 개별공시지가가 없는 토지의 가액은 지목·이용상황 등 지가형성요인이 유사한 인근토지를 표준지로 보고 비교표에 따라 관할 세무서장이 평가한 가액으로 한다(소득령 제164조 제1항). 관할 세무서장은 시장·군수가 산정한 가액을 평가액으로 하거나 둘 이상의 감정평가업자에게 의뢰하여 그 토지에 대한 감정가액을 고려하여 평가할 수 있다. 표준지를 특정하여 선정하지 않거나 토지가격비준표에 의하지 않은 채 개별공시지가가 없는 토지의 가액을 평가하고 기준시가를 정하는 것은 위법하다.[97] 지가급등지역으로서 각종 개발사업 등으로 지가가 급등하거나 급등우려가 있는 지역으로서 국세청장이 지정한 지역의 경우에는 배율방법에 따라 평가한 가액으로 한다(소득령 제164조 제2항). 배율방법이란 양도·취득 당시의 개별공시지가에 국세청장이 지역마다 그 지역에 있는 가격사정이 유사한 토지의 매매사례가액을 참작하여 고시하는 배율을 곱하여 계산한 금액에 따라 평가하는 방법을 말한다(소득법 제99조 제2항, 소득령 제164조 제12항).

② 건물

건물은 신축가격, 구조, 용도, 위치, 신축연도 등을 고려하여 매년 1회 이상 국세청장이 산정·고시하는 가액으로 한다(소득법 제99조 제1항 제1호 나목). 기준시가는 ㎡당 금액 × 평가대상 건물의 면적으로 산정되고, ㎡당 금액은 다음 산식으로 계산한다. 2023년 기준 ㎡당 건물신축가격기준액은 820,000원이다.

$$\text{㎡당 금액 = 신축가격기준액 × 구조지수 × 용도지수 × 위치지수 × 경과연수별 잔가율}$$

③ 오피스텔 및 상업용 건물

국세청장이 해당 건물의 용도·면적 및 구분소유하는 건물의 수 등을 고려하여 지정하는 지역에 소재하는 오피스텔 및 상업용 건물은 매년 1회 이상 국세청장이 토지와 건물에 대하

---

96) 개별공시지가는 국토교통부가 운영하는 부동산공시가격알리미(https : //www.realtyprice.kr)를 통해 조회할 수 있다.
97) 대법원 2014. 4. 10. 선고 2013두25702 판결

여 일괄하여 산정·고시하는 가액으로 한다(소득법 제99조 제1항 제1호 다목, 소득령 제164조 제10항). 오피스텔 및 상업용 건물 등의 경우 일반건물과 마찬가지로 토지 개별공시지가와 건물 기준시가를 합산하여 평가하면 자산의 가치를 제대로 평가하지 못하므로 토지와 건물을 일괄적으로 평가하여 별도로 고시한다. 현재 수도권, 광역시 및 세종시에 소재하는 오피스텔과 100호 또는 3,000㎡ 이상의 상업용 건물에 대하여 적용된다.

④ 주택

단독주택과 같은 개별주택은 개별주택가격, 아파트 등과 같은 공동주택은 공동주택가격으로 평가한다(소득법 제99조 제1항 제1호 라목).[98] 다만 개별주택가격이 없는 단독주택의 경우에는 당해 주택과 구조·용도·이용상황 등 이용가치가 유사한 인근주택을 표준주택으로 보고 비준표에 따라 납세지 관할 세무서장이 평가한 가액으로 하고, 공동주택가격이 없는 공동주택의 경우에는 인근 유사공동주택의 거래가격·임대료 및 당해 공동주택과 유사한 이용가치를 지닌다고 인정되는 공동주택의 건설에 필요한 비용추정액 등을 종합적으로 참작하여 납세지 관할 세무서장이 평가한 가액으로 한다(소득령 제164조 제11항). 이 경우 납세지 관할 세무서장은 지방세법에 따라 시장·군수가 산정한 가액을 평가한 가액으로 하거나 둘 이상의 감정평가업자에게 의뢰하여 해당 주택에 대한 감정평가업자의 감정가액을 고려하여 평가할 수 있다.

⑤ 부동산을 취득할 수 있는 권리, 지상권·전세권 및 등기된 부동산임차권

부동산을 취득할 수 있는 권리는 자산의 종류, 규모, 거래상황 등을 고려하여 취득일 또는 양도일까지 납입한 금액과 취득일 또는 양도일 현재의 프리미엄에 상당하는 금액을 합한 금액으로 평가한다(소득법 제99조 제1항 제2호 가목, 소득령 제165조 제1항). 지상권·전세권 및 등기된 부동산임차권은 권리의 남은 기간, 성질, 내용 및 거래상황 등을 고려하여 상증세법 시행령 제51조 제1항을 준용하여 평가한다(소득법 제99조 제1항 제2호 나목, 소득령 제165조 제2항).

⑥ 주식 등

상장주식은 양도일과 취득일 이전 1개월 공표된 매일의 최종시세가액 평균액으로 평가한다(소득법 제99조 제1항 제3호, 소득령 제165조 제3항). 상증세법에 의한 평가는 평가기준일 이전과 이후 각 2개월 공표된 매일의 최종시세가액 평균액으로 평가하는 것과 차이가 있다.

장외거래한 상장주식과 비상장주식은 순손익가치와 순자산가치를 각각 3과 2의 비율로 가중평균한 가액으로 평가하되, 부동산과다보유법인의 경우에는 순자산가치의 비중이 높으므로 순손익가치와 순자산가치의 비율을 각각 2와 3으로 하여 평가한다(소득법 제99조 제1항 제4호, 소득령 제165조 제4항). 다만, 가중평균한 가액이 1주당 순자산가치의 80%보다 적은 경우에

---

98) 개별주택가격과 공동주택가격은 국토교통부가 운영하는 부동산공시가격알리미(https://www.realtyprice.kr)를 통해 조회할 수 있다.

는 1주당 순자산가치의 80%를 평가액으로 한다. 순손익가치는 양도일 또는 취득일이 속하는 사업연도의 직전 사업연도의 1주당 순손익액을 3년 만기 회사채의 유통수익률을 고려하여 기획재정부장관이 정하여 고시하는 이자율로 나누어 산정하고, 순자산가치는 양도일 또는 취득일이 속하는 사업연도의 직전 사업연도 종료일 현재 해당 법인의 장부가액을 발행주식총수로 나누어 산정한다. 다만, 비상장주식 등을 발행한 법인이 다른 비상장주식 등을 발행한 법인의 발행주식총수 등의 10% 이하의 주식 등을 소유하고 있는 경우에는 그 다른 비상장주식 등의 평가는 이동평균법에 따른 취득가액으로 할 수 있다. 또한 양도소득과세표준 확정신고기한 이내에 청산절차가 진행 중인 법인과 사업자의 사망 등으로 인하여 사업의 계속이 곤란하다고 인정되는 법인의 주식 등, 사업개시 전의 법인, 사업개시 후 1년 미만의 법인과 휴·폐업 중에 있는 법인의 주식 등, 자산의 80% 이상이 부동산인 법인 등은 순자산가치에 의하여 평가할 수 있다.

(다) 기준시가 산정의 특칙

① 양도 당시의 기준시가와 취득 당시의 기준시가가 같은 경우 양도 당시의 기준시가

양도 당시의 기준시가와 취득 당시의 기준시가가 같으면 양도차익이 산정되지 않으므로 양도 당시의 기준시가를 조정한다. 즉 해당 자산의 보유기간과 기준시가의 상승률을 고려하여 기획재정부령으로 정하는 방법에 따라 계산한 가액을 양도 당시의 기준시가로 한다(소득령 제165조 제9항). 또한 보유기간 중 새로운 기준시가가 고시되지 아니하여 양도 당시의 기준시가와 취득 당시의 기준시가가 동일한 경우 당해 토지 또는 건물의 보유기간과 양도일 전후 또는 취득일 전후의 기준시가 상승률을 참작하여 기획재정부령이 정하는 방법에 의하여 계산한 가액을 양도 당시의 기준시가로 한다(소득령 제164조 제8항).

② 기준시가가 고시되기 전에 취득한 토지, 건물, 주택 등의 취득 당시의 기준시가

새로운 기준시가가 고시되기 전에 취득 또는 양도하는 경우에는 직전의 기준시가에 의하여 평가한다(소득령 제164조 제3항).

③ 법정거래가격과 기준시가보다 낮은 경우

수용가격, 공매, 경락가액 등 법정거래가격이 기준시가보다 낮은 경우에는 법정거래가격을 적용한다(소득령 제164조 제9항). 법정거래가액은 객관적으로 확인되는 금액이므로 기준시가보다 우선적으로 적용하는 것이다.

라. 양도차익의 계산

(1) 동일기준 원칙

양도차익은 양도가액에서 취득가액과 기타 필요경비를 공제하여 계산한다. 양도가액과 취

득가액에 대하여 동일기준 원칙이 적용되므로 실지거래가액과 기준시가의 혼용이 금지된다. 즉 양도가액을 실지거래가액으로 계산할 때에는 취득가액도 실지거래가액으로 계산하고, 양도가액을 기준시가로 계산할 때에는 취득가액도 기준시가로 계산한다(소득법 제100조 제1항).

위와 같은 동일기준 원칙을 적용할 때 매매사례가액, 감정가액, 환산가액은 실지거래가액에 포함된다. 소득세법 제100조 제1항의 괄호부분에서 양도차익을 산정할 때 매매사례가액, 감정가액, 환산취득가액은 실지거래가액에 포함된다고 규정하고 있기 때문이다. 따라서 양도가액을 실지거래가액으로 하는 경우 취득가액은 실지거래가액, 매매사례가액, 감정가액, 환산가액으로 할 수 있고, 취득가액을 실지거래가액으로 하는 경우 양도가액은 실지거래가액, 매매사례가액, 감정가액으로 할 수 있다. 양도가액이 기준시가이면 취득가액도 기준시가이어야 한다. 이를 표로 정리하면 다음과 같다.

| 양도차익의 계산원칙 |

양도가액	취득가액	기타 필요경비
실지거래가액	실지거래가액	자본적 지출, 양도비
	매매사례가액, 감정가액, 환산가액	개산공제
매매사례가액, 감정가액	실지거래가액	매매사례가액, 감정가액, 환산가액
	매매사례가액, 감정가액, 환산가액	개산공제
기준시가	기준시가	개산공제

(2) 특례

(가) 고가주택

고가주택의 경우 12억 원까지는 양도소득세가 비과세되고 12억 원 초과분에 대하여만 양도소득세가 과세되므로 양도차익은 다음 산식으로 계산한다(소득령 제160조 제1항 제1호).

$$양도차익 \times (양도가액 - 12억\ 원)/양도가액$$

겸용주택인 고가주택의 양도차익을 계산함에 있어서 판례는 1세대 1주택 비과세의 겸용주택 판단기준과 같이 주택부분이 주택 외 부분보다 크면 전체를 주택으로 보아야 한다고 판시하였다.[99] 그러자 2020. 2. 11. 소득세법 시행령을 개정하여 주택부분이 주택 외 부분보다 큰 경우 주택부분만 주택으로 보아 계산하도록 변경하였다(소득령 제160조 제1항).

---

99) 대법원 2016. 1. 28. 선고 2015두37235 판결

(나) 부담부증여

부담부증여의 경우 양도로 보는 부분에 대한 양도차익을 계산할 때 그 취득가액 및 양도가액은 다음 산식에 따라 계산한다(소득령 제159조 제1항).[100] 이때 양도가액이 시가인 경우 취득가액은 실지거래가액, 매매사례가액, 감정평가액, 환산취득가액 순으로 적용하고, 양도가액이 기준시가인 경우 취득가액도 기준시가로 한다. 다만, 임대차보증금이 있는 임대차계약이 체결된 주택을 부담부증여하는 경우 부담부증여를 활용한 조세회피를 방지하기 위하여 양도가액이 실지거래가액인 경우에도 취득가액은 기준시가로 한다.

> 취득가액 = 실지취득가액 또는 기준시가 × 채무액/증여가액
> 양도가액 = 상증세법상 평가액 × 채무액/증여가액

(다) 주택재개발사업 및 주택재건축사업

조합원입주권을 양도하는 경우에는 관리처분계획 인가 전과 후로 나누어 양도차익을 산정한다(소득령 제166조). 주택재개발사업과 주택재건축사업이 시행되면 관리처분계획 인가 시 주택이 조합원입주권으로 변경되므로 관리처분계획인가 전의 종전 부동산 양도차익과 관리처분계획인가 후의 조합원입주권 양도차익을 합산하여 산정한다. 종전 부동산 양도차익은 (권리가액 - 취득가액 - 기타 필요경비)의 산식으로 계산하고 조합원입주권 양도차익은 (실지양도가액 - 권리가액 - 납부한 청산금 + 수령한 청산금 - 기타 필요경비)의 산식으로 계산한다. 권리가액은 조합원이 자신의 부동산에 대해 권리를 주장할 수 있는 실제 금액을 의미한다. 예를 들어, 분양가액이 10억 원이고 권리가액이 8억 원인 경우 조합원은 2억 원을 추가납부하여야 하고, 분양가액이 6억 원인 경우에는 청산금으로 2억 원을 돌려받게 된다.

3. 각종 공제

가. 장기보유특별공제

(1) 의의

장기보유특별공제는 양도소득이 일반적으로 장기간에 걸쳐 형성되면서 발생하는 화폐가치 하락이나 물가상승으로 인한 명목소득을 과세에서 배제하고 부동산의 장기보유를 유도하기 위하여 장기보유 부동산에 대한 양도차익을 계산할 때 특별히 일정한 금액을 공제하는 것을 의미한다.

---

100) 자산을 증여받은 수증자가 증여자의 채무를 인수한 부담부증여의 경우 그 채무액은 당해 증여자산 전체 또는 증여자산 중 양도로 보는 부분에 대응하는 거래대금 그 자체나 급부의 대가라고 보기 어렵다(대법원 2007. 4. 26. 선고 2006두7171 판결).

(2) 공제대상

보유기간이 3년 이상인 부동산과 조합원입주권에 대하여 적용한다. 조합원입주권이 법률에 규정되지 않았던 때에 판례가 조합원입주권은 주택으로 의제되어 장기보유특별공제가 적용된다고 판시하자,[101] 2013. 1. 1. 소득세법 개정 시 판례의 취지를 반영하여 조합원입주권을 장기보유특별공제 대상임을 명시하되, 조합원으로부터 취득한 것은 제외하고, 도시정비법에 따른 관리처분계획 인가 전 토지분이나 건물분의 양도차익에 한정하는 것으로 규정하였다(소득법 제95조 제2항). 조합원입주권에 대한 양도차익 중 재개발·재건축에 따른 개발이익을 장기보유특별공제 대상에서 제외하기 위한 취지이다.

미등기 부동산, 조정지역 내 1세대 다주택 등에 대하여는 장기보유특별공제가 배제되나, 비사업용 토지에 대하여는 장기보유특별공제가 적용된다. 비사업용 토지의 경우 과거 장기보유특별공제가 배제되었으나, 2015. 12. 15. 소득세법 개정으로 장기보유특별공제를 인정하였다. 특이한 사항은 2016. 1. 1. 이전에 취득한 비사업용 토지의 양도소득금액을 계산할 때 장기보유특별공제를 적용하기 위한 보유기간 기산일을 당초 취득일이 아닌 2016. 1. 1.로 규정함으로써 2016년에 비사업용 토지를 양도한 납세자는 장기보유특별공제를 거의 받지 못하였다. 이에 대해 헌법재판소는 2016. 1. 1. 이전의 보유기간에 관하여도 장기보유특별공제의 혜택을 부여할 경우 부동산투기 억제라는 정책목적 달성에 반할 우려가 있기 때문에 장기보유특별공제의 시적 범위를 2016. 1. 1. 이후 보유한 부분으로 한정한 것이라고 하여 합헌으로 결정하였다.[102] 2016. 12. 20. 개정 소득세법은 보유기간 기산일을 다시 당초 취득일부터 계산하도록 규정하였다. 일관성 없는 입법으로 인하여 2016. 1. 1. 이전에 부동산을 취득하여 2016. 12. 20. 개정 소득세법 시행 전에 부동산을 양도한 경우에는 장기보유특별공제를 받지 못하는 불이익을 입게 되었다.

(3) 자산의 보유기간 계산

자산의 보유기간은 자산의 취득일부터 양도일까지로 하되, 이월과세가 적용되는 경우에는 증여한 배우자나 직계존비속이 해당 자산을 취득한 날부터 기산하고, 가업상속공제가 적용된 비율에 해당하는 자산의 경우에는 피상속인이 해당 자산을 취득한 날부터 기산한다(소득법 제95조 제4항). 상속자산의 보유기간은 상속개시일부터 양도일까지, 증여받은 자산의 보유기간은 증여받은 날부터 양도일까지로 한다. 재개발사업, 재건축사업 등의 조합원이 청산금을 납부하고 취득한 신축주택 등을 양도한 경우 기존 건물분의 보유기간은 취득일부터 양도일까지이고 청산금 납부분의 보유기간은 관리처분계획 인가일부터 양도일까지이다(소득령 제166조 제5항).

---

101) 대법원 2007. 6. 14. 선고 2006두16854 판결
102) 헌재 2018. 11. 29. 선고 2017헌바517 결정

한편 용도변경으로 1세대 1주택에 해당할 경우에는 각 용도기간별로 보유기간 공제율과 거주기간 공제율을 합산하여 계산한다(소득령 제154조). 즉 보유기간 공제율의 경우 비주택 보유기간에 대한 일반공제율과 주택 보유기간에 대한 1세대 1주택 공제율을 합산하여 계산하고, 거주기간 공제율의 경우 주택 거주기간에 대한 1세대 1주택 공제율을 적용한다.

(4) 공제율

주택을 제외한 일반자산의 경우 보유기간이 3년 이상 4년 미만이면 공제율이 6%이고 1년마다 2%씩 상승하여 보유기간이 15년 이상이면 공제율이 30%이다(소득법 제95조 제2항).

주택의 경우 1세대가 양도일 현재 1주택을 보유하고 보유기간 중 거주기간이 2년 이상인 경우에만 장기보유특별공제를 받을 수 있다(소득령 제159조의3). 1세대가 2주택 이상을 보유하고 있으나, 양도소득세 중과주택에서 제외하면 1개 주택이 남게 되는 경우 중과세율의 적용을 면하게 될 뿐 장기보유특별공제율이 적용되는 1세대 1주택으로 보는 주택에 해당하는 것은 아니다.[103] 주택은 보유기간 공제와 거주기간 공제로 구분하여 보유기간이 3년 이상 4년 미만인 경우 공제율이 12%이고 1년마다 4%씩 상승하여 보유기간이 10년 이상인 경우에는 공제율이 40%이다. 또한 보유기간이 3년 이상이고 거주기간이 2년 이상 3년 미만인 경우 공제율이 8%이고 1년마다 4%씩 상승하여 거주기간이 10년 이상인 경우에는 공제율이 40%이다. 따라서 보유기간과 거주기간이 각 10년 이상이면 최대 80%까지 공제받을 수 있다.

과거에는 보유기간만으로 장기보유특별공제를 적용하였으나, 2020. 8. 18. 소득세법을 개정하여 보유기간과 거주기간으로 구분하여 장기보유특별공제를 적용하고 있다. 1세대 1주택에 딸린 토지를 양도하는 경우로서 주택보다 보유기간이 오래된 주택 부수토지에 대한 장기보유특별공제는 그 토지의 전체보유기간에 따른 공제율과 주택 부수토지로서의 보유기간에 따른 공제율 중 큰 공제율을 적용한다.[104]

(5) 고가주택의 특례

고가주택은 12억 원까지 비과세되는 점을 감안하여 다음 산식에 의하여 장기보유특별공제액을 계산한다(소득령 제160조 제1항 제2호).

장기보유특별공제액 × (양도가액 − 12억 원)/양도가액

나. 양도소득기본공제
(1) 의의
양도소득기본공제는 자산의 양도에 기본적으로 지출되는 비용을 공제해 주기 위하여 일정

---

103) 대법원 2012. 4. 26. 선고 2011두32874 판결
104) 소득세법 기본통칙 95−0…2

금액을 공제하는 것을 의미한다.

(2) 공제액

양도소득세 과세대상자산 중 ① 부동산, 부동산에 관한 권리, 기타 자산, ② 주식 등, ③ 파생상품, ④ 신탁수익권에 대하여 각 연 250만 원을 공제한다(소득법 제103조 제1항). 위 "①"의 부동산, 부동산에 관한 권리, 기타 자산의 경우 미등기 양도자산에 대해서는 공제를 배제하고, 위 "②"의 주식 등에는 국내주식 외에 국외주식도 포함되어 있으므로 국내주식과 국외주식을 합하여 250만 원의 기본공제를 적용한다. 양도소득금액에 감면소득금액이 있는 경우에는 감면소득금액 외의 양도소득금액에서 먼저 공제하고, 감면소득금액 외의 양도소득금액 중에서는 해당 과세기간에 먼저 양도한 자산의 양도소득금액에서부터 순서대로 공제한다(소득법 제103조 제2항).

다. 양도차손공제

(1) 자산구분별 공제

취득가액과 기타 필요경비가 양도가액보다 커서 양도차손이 있는 경우 ① 부동산, 부동산에 관한 권리, 기타자산, ② 주식 등, ③ 파생상품, ④ 신탁수익권으로 구분하여 각 구분된 소득 내에서 공제한다(소득법 제102조 제2항). 과거에는 국내주식과 국외주식 간 손익통산이 불가능하였는데, 2019. 12. 31. 소득세법 개정 시 국외주식을 위 "②"의 양도소득 과세대상 주식 등에 포함시킴으로써 국내주식과 국외주식 간 손익통산이 가능해졌다. 예를 들어, 거주자가 동일한 과세기간에 국내 비상장주식을 양도하여 4억 원의 손실이 발생하였고, 국외주식을 양도하여 3억 원의 이익이 발생한 경우 과거에는 3억 원의 이익에 대하여 양도소득세를 납부하여야 하나, 국내주식과 국외주식 간 손익통산이 허용된 이후에는 1억 원의 손실이 발생한 것이므로 양도소득세를 납부하지 않아도 된다.

(2) 양도차손의 공제순서

양도차손은 다음 자산의 양도소득금액에서 순차로 공제한다(소득령 제167조의2 제1항).
① 양도차손이 발생한 자산과 같은 세율을 적용받는 자산의 양도소득금액
② 양도차손이 발생한 자산과 다른 세율을 적용받는 자산의 양도소득금액

위 "②"의 경우 다른 세율을 적용받는 자산의 양도소득금액이 둘 이상인 경우에는 각 세율별 양도소득금액의 합계액에서 당해 양도소득금액이 차지하는 비율로 안분하여 공제한다. 양도차손은 종합소득의 결손금과 달리 이월공제는 허용되지 않는다.

4. 세율

가. 토지와 건물, 부동산에 관한 권리, 기타자산

과세표준에 따라 6~45%까지의 기본세율을 적용한다(소득법 제104조 제1항 제1호). 분양권의

경우에는 60%의 세율을 적용한다.

나. 단기양도 자산

(1) 의의

단기양도는 투기목적으로 이용되는 경우가 많으므로 기본세율보다 높은 세율을 적용한다. 단기보유자산이 공용수용에 의하여 양도된 경우에도 부동산 투기 억제라는 입법목적의 정당성이 인정되므로 양도소득세를 중과세한다.[105]

(2) 세율

(가) 보유기간별 세율

토지와 건물, 부동산에 관한 권리의 보유기간이 1년 이상 2년 미만인 경우 40%의 세율을 적용한다(소득법 제104조 제1항 제2호). 다만, 주택, 조합원입주권 및 분양권의 경우에는 60%의 세율을 적용한다. 보유기간이 1년 미만인 경우에는 1년 이상인 경우보다 더 높은 50%의 세율을 적용한다(소득법 제104조 제1항 제3호). 주택, 조합원입주권 및 분양권에 대하여도 1년 이상인 경우보다 더 높은 70%의 세율을 적용한다.

(나) 보유기간의 계산

보유기간은 자산의 취득일부터 양도일까지로 한다. 다만, 상속자산은 피상속인이 자산을 취득한 날, 이월과세가 적용되는 경우에는 증여자가 자산을 취득한 날, 법인의 합병·분할로 인하여 합병법인, 분할신설법인, 분할·합병의 상대방법인으로부터 신주식 등을 취득한 경우에는 피합병법인, 분할법인, 소멸한 분할·합병의 상대방법인의 주식 등을 취득한 날을 자산의 취득일로 본다(소득법 제104조 제2항).

다. 비사업용 토지

(1) 의의

비사업용 토지는 거주자의 거주 또는 사업과 직접 관련이 없는 토지를 말한다. 비사업용 토지는 투기목적으로 활용되는 경우가 많으므로 토지에 대한 투기수요를 억제하기 위하여 일반세율보다 높은 세율을 적용한다.

(2) 범위

(가) 농지

소유자가 농지소재지에 거주하지 않거나 자경하지 않는 농지, 농지로서 특별시·광역시 및 시지역 등 중 도시지역에 있는 농지, 주말·체험영농 농지 등은 비사업용 토지에 해당한다.

---

105) 헌재 2015. 6. 25. 선고 2014헌바256 결정

(나) 임야

임야는 비사업용 토지이나, 임야소재지에 거주하는 자가 소유한 임야, 산림유전자원보호림, 보안림, 채종림, 시험림, 그 밖에 공익을 위하여 필요하거나 산림의 보호 · 육성을 위하여 필요한 산림보호구역 등의 임야 등은 비사업용 토지에서 제외한다.

(다) 목장용지

목장용지는 축산용으로 사용되는 축사와 부대시설의 토지, 초지 및 사료포(飼料圃)를 말한다(소득령 제168조의10 제1항). 목장용지 중 축산업을 경영하지 않는 자가 소유하는 토지, 축산업을 경영하는 자가 소유하는 목장용지로서 법령 소정 축산용 토지의 기준면적을 초과한 것은 비사업용 토지에 해당한다.

(라) 농지, 임야 및 목장용지 외의 토지

농지, 임야 및 목장용지 외의 토지 중 다음 항목을 제외한 토지는 비사업용 토지에 해당한다(소득령 제168조의11 제1항).

① 지방세법 등에 따라 재산세가 비과세되거나 면제되는 토지

② 지방세법에 따른 재산세 별도합산과세대상 또는 분리과세대상이 되는 토지

③ 토지의 이용 상황, 관계 법률의 의무 이행 여부 및 수입금액 등을 고려하여 거주 또는 사업과 직접 관련이 있다고 인정할 만한 상당한 이유가 있는 토지로서 운동장 · 경기장 등 체육시설용 토지, 주차장용 토지, 청소년수련시설용 토지 등

위 "②"에서 토지에 대한 재산세 과세대상은 종합합산과세대상, 별도합산과세대상, 분리과세대상 등 3가지로 구분하는데(지방세법 제106조 제1항), 별도합산과세대상, 분리과세대상이 되는 토지를 제외한 토지가 비사업용 토지이므로 결국 종합합산과세대상이 되는 토지가 비사업용 토지에 해당한다.

(마) 주택부속토지 중 법령 소정의 면적을 초과하는 토지, 별장의 부속토지

주택부속토지 중 주택정착면적에 일정배율을 곱하여 산정한 면적을 초과하는 토지는 비사업용 토지에 해당한다. 일정배율은 도시지역 내 수도권 내의 토지 중 주거지역 · 상업지역 및 공업지역 내의 토지는 3배, 수도권 내의 토지 중 녹지지역 내의 토지는 5배, 수도권 밖의 토지는 5배, 그 밖의 토지는 10배이다(소득령 제168조의12).

별장의 부속토지는 비사업용 토지이다. 별장은 주거용 건축물로서 상시주거용으로 사용하지 않고 휴양, 피서, 위락 등의 용도로 사용하는 건축물을 말한다. 다만, 읍면에 소재하는 법령 소정의 농어촌주택의 부속토지는 비사업용 토지에서 제외한다(소득령 제168조의13).

(3) 비사업용 토지에서 제외하는 경우

(가) 토지 취득 후 법률에 따른 사용금지 등 부득이한 사유가 있는 경우

토지 취득 후 법률에 따른 사용금지 등 부득이한 사유가 있는 경우에는 해당 기간 동안 비사업용 토지에서 제외한다. 구체적으로 비사업용 토지에 해당하지 않는 것으로 보는 기간은 다음과 같다(소득법 제104조의3 제2항, 소득령 제168조의14 제1항).

① 토지 취득 후 법령에 따라 사용이 금지 또는 제한된 경우에는 사용이 금지 또는 제한된 기간

② 토지 취득 후 문화재보호법에 따라 보호구역으로 지정된 경우에는 보호구역으로 지정된 기간

③ 위 "①"과 "②"에 해당되는 토지로서 상속받은 경우에는 상속개시일부터 위 "①"과 "②"에 따라 계산한 기간

④ 그 밖에 공익, 기업의 구조조정 또는 불가피한 사유로 인한 법령상 제한, 토지의 현황·취득사유 또는 이용상황 등을 감안하여 기획재정부령으로 정하는 부득이한 사유에 해당되는 토지의 경우에는 기획재정부령으로 정하는 기간

'법령에 따라 사용이 금지 또는 제한된 토지'라 함은 토지의 용도에 따른 통상적인 제한의 범위를 넘어 특별히 사용이 제한된 토지를 의미한다.[106] 공부상 등재현황이 대지인 토지에 대하여 법령의 규정에 따라 건축허가 등의 통제가 이루어지는 경우에는 원칙적으로 본래 용도에 따른 사용이 제한되는 것이고, 공부상 등재현황이 전 또는 답이지만 실제 이용현황은 대지 또는 잡종지인 토지에 대하여 법령의 규정에 따라 건축허가 등의 통제가 이루어지는 경우에도 토지의 이용현황이 불법적인 형질변경 등을 통하여 변경되었다는 등의 특별한 사정이 없는 한 특별한 사용제한에 해당된다.[107] 그러나 농지를 증여받은 후 양도할 때까지 형질을 변경하거나 그 위에 건축물을 신축하려는 어떠한 시도나 노력도 하지 않았고, 건축제한조치가 있었다고 하더라도 본래 용도인 농지로서의 사용까지 금지 또는 제한되지는 않았다면 용도에 따른 통상적인 제한의 범위를 넘어 특별히 사용이 금지 또는 제한된 경우로 볼 수 없다.[108] 또한 도시개발구역의 지정·고시만으로 기존 농지의 계속적인 사용을 금지·제한하는 효력이 생기는 것은 아니므로, 위 토지가 도시개발구역으로 지정되어 건축행위 등이 제한된다는 사정만으로 그 본래 용도인 경작용 농지로서의 사용까지 금지 또는 제한되는 것이라고 보기 어려우므로 법령에 따라 사용이 금지 또는 제한된 토지에 해당한다고 볼 수 없다.[109] 경매 또는 공매에 따라 양도된 토지에 대하여는 최초의 경매기일 또는 공매일을 양도일로 보

---

106) 대법원 2013. 10. 24. 선고 2010두18543 판결
107) 대법원 2016. 7. 14. 선고 2014두7886 판결
108) 대법원 2013. 10. 24. 선고 2010두18543 판결
109) 대법원 2023. 6. 29. 선고 2023두34637 판결

아 비사업용 토지에 해당하는지 여부를 판정한다.

(나) 기타 비사업용 토지로 보지 않는 경우

① 직계존속 또는 배우자가 8년 이상 토지소재지에 거주하면서 직접 경작한 농지·임야 및 목장용지로서 이를 해당 직계존속 또는 배우자로부터 상속·증여받은 토지. 다만, 양도 당시 도시지역 안의 토지는 제외한다.

② 특별시·광역시·특별자치시·특별자치도 및 시지역의 도시지역에 있는 농지 중 상속에 의하여 취득한 농지로서 그 상속개시일부터 5년 이내에 양도하는 토지, 그 밖에 공익·기업의 구조조정 또는 불가피한 사유로 인한 법령상 제한, 토지의 현황·취득사유 또는 이용상황 등을 감안하여 기획재정부령으로 정하는 부득이한 사유에 해당되는 토지

(4) 기간

비사업용 토지는 해당 토지의 소유기간 중 다음과 같이 기간별로 법령 소정의 기간 동안 비사업용 토지에 해당하는 경우에만 비사업용 토지로 본다(소득법 제104조의3 제1항, 소득령 제168조의6).

① 토지의 소유기간이 5년 이상인 경우 양도일 직전 5년 중 2년을 초과하는 기간, 양도일 직전 3년 중 1년을 초과하는 기간, 토지 소유기간의 40%에 상당하는 기간을 초과하는 기간 모두 비사업용 토지여야 한다.

② 토지의 소유기간이 3년 이상이고 5년 미만인 경우 토지의 소유기간에서 3년을 차감한 기간을 초과하는 기간, 양도일 직전 3년 중 1년을 초과하는 기간, 토지 소유기간의 40%에 상당하는 기간을 초과하는 기간 모두 비사업용 토지여야 한다.

③ 토지의 소유기간이 2년 이상 3년 미만인 경우 토지의 소유기간에서 2년을 차감한 기간을 초과하는 기간, 토지의 소유기간의 40%에 상당하는 기간을 초과하는 기간 모두 비사업용 토지여야 한다.

④ 토지의 소유기간이 2년 미만인 경우 토지의 소유기간의 40%에 상당하는 기간을 초과하는 기간 비사업용 토지여야 한다.

(5) 토지지목의 판정

농지·임야·목장용지 및 그 밖의 토지의 판정은 사실상의 현황에 의하되, 사실상의 현황이 분명하지 않은 경우에는 공부상의 등재현황에 의하여 판정한다(소득령 제168조의7).

(6) 세율

비사업용 토지에 대한 세율은 기본세율에 10%를 더하므로 과세표준에 따라 16~55%의 세율이 적용된다. 1필지의 토지가 사업용 토지와 비사업용 토지로 구분되는 경우에는 사업용 토지 부분과 비사업용 토지 부분을 각각 1개의 자산으로 보아 각기 다른 세율을 적용하여야

한다.[110]

(7) 부동산과다보유법인과 부동산위주업종법인의 주식 중 비사업용 토지가 있는 경우

부동산과다보유법인과 부동산위주업종법인의 주식 중 비사업용 토지가 있는 경우 기본세율에 10%를 더하므로 과세표준에 따라 16~55%의 세율이 적용된다.

라. 미등기자산

(1) 미등기자산의 의의 및 중과취지

미등기자산은 부동산, 부동산에 관한 권리를 취득한 자가 그 자산 취득에 관한 등기를 하지 않고 양도하는 자산을 말한다(소득법 제104조 제3항). 미등기자산의 세율은 70%이다. 미등기자산에 대하여 양도소득세를 중과하는 것은 자산을 취득한 자가 양도 당시 그 취득에 관한 등기를 하지 않고 양도함으로써 양도소득세 등의 각종 조세를 포탈하거나 부동산투기를 하는 것 등을 억제하기 위한 취지이다.[111]

(2) 미등기자산으로 안보는 경우

(가) 양도자에게 미등기로 중과하는 것이 가혹한 경우

부동산매매계약을 체결한 매수인이 매매대금 중 계약금과 중도금뿐 아니라 잔금의 상당 부분을 지급하여 잔금 일부만을 지급하면 취득에 관한 등기가 가능함에도 양도소득세 중과세율 적용을 회피하기 위하여 대금을 지급하지 않고 부동산에 관한 권리를 양도하는 경우에는 미등기자산에 해당한다. 그러나 애당초 자산의 취득에 있어서 양도자에게 미등기 양도를 통한 조세회피목적이나 전매이득의 취득 등 투기목적이 없고, 양도 당시 그 자산의 취득에 관한 등기를 하지 않은 책임을 양도자에게 추궁하는 것이 가혹하다고 판단되는 경우에는 미등기자산에서 제외된다.[112] 구체적으로 장기할부조건으로 취득한 자산으로서 그 계약조건에 의하여 양도 당시 자산의 취득에 관한 등기가 불가능한 자산, 법률의 규정 또는 법원의 결정에 의하여 양도 당시 자산의 취득에 관한 등기가 불가능한 자산 등은 투기억제 방지와 관련이 없으므로 미등기자산에서 제외한다(소득령 제168조 제1항).

(나) 부동산을 취득할 수 있는 권리를 양도한 경우

부동산 매매계약을 체결한 매수인이 대금을 청산하지 않은 상태에서 매매계약상 권리의무 내지 매수인의 지위를 제3자에게 양도하고 그 매매계약 관계에서 탈퇴하는 경우에는 부동산을 취득할 수 있는 권리를 양도하는 것에 불과하여 매매당사자 간에 잔금완납 전이라도 소유권이전등기를 먼저 넘겨주기로 특약을 하는 등 특별한 사정이 없는 한 그 취득에 관한 등기

---

110) 대법원 2014. 10. 30. 선고 2012두15371 판결
111) 대법원 2013. 12. 12. 선고 2011두7557 판결
112) 대법원 2005. 10. 28. 선고 2004두9494 판결

자체가 원칙적으로 불가능하므로 이를 양도하더라도 미등기자산에 관한 중과세율을 적용할 수 없다. 그러나 부동산 매매계약을 체결한 매수인이 대금을 청산하지 않은 상태라고 하더라도 그 매매계약상 권리의무관계 내지 매수인의 지위를 그대로 유지하면서 제3자와 다시 그 부동산에 관한 매매계약을 체결한 경우에는 매수인의 명의로 부동산을 취득하여 양도하기로 하는 것이므로 부동산의 양도에 해당하고, 그 후 매수인이 매도인에게 잔금을 완납하면 그 취득에 관한 등기가 가능하므로 매수인이 그 명의의 소유권이전등기를 하지 않은 채 곧바로 제3자에게 소유권이전등기를 마쳐 주었다면 이는 미등기자산에 해당한다.[113]

마. 조정대상지역의 1세대 다주택

(1) 세율

조정대상지역의 1세대 2주택, 조정대상지역의 주택으로서 1세대가 1주택과 조합원입주권 또는 분양권을 1개 보유한 경우에는 기본세율에 20% 더한 세율을 적용한다(소득법 제104조 제7항). 조정대상지역의 1세대 3주택 이상, 조정대상지역의 주택으로서 1세대가 주택과 조합원입주권 또는 분양권을 보유한 경우로서 그 수의 합이 3 이상인 경우 기본세율에 30% 더한 세율을 적용한다(소득법 제104조 제7항). 2021. 6. 1. 이후 1세대 2주택에 가산하는 세율을 10%에서 20%로 올렸고, 1세대 3주택에 가산하는 세율을 20%에서 30%로 상향하였다. 분양권은 당초 주택 수에 포함시키지 않았으나, 2020. 8. 18. 소득세법 개정 시 주택 수에 포함시켰다.

(2) 3자간 등기명의신탁과 계약명의신탁의 주택 수

3자간 등기명의신탁에서 명의신탁자는 주택을 지배·관리하면서 이를 처분할 수 있는 지위에 있으므로 명의신탁자가 주택을 소유하는 것으로 보아 주택 수를 계산한다.[114] 반면, 계약명의신탁에서는 매도인이 선의인 경우에는 수탁자가 완전한 소유권자이고, 매도인이 악의인 경우에는 매도인이 소유권자이므로 명의신탁자가 주택을 소유하는 것으로 볼 수 없다.

(3) 주택 수의 계산

(가) 3주택 중과에서 제외되는 주택

수도권 및 광역시·특별자치시 외의 지역에 소재하는 기준시가 3억 원 이하의 주택(지방저가주택), 장기임대주택,[115] 양도소득세가 감면되는 임대주택, 장기사원용주택, 양도소득세 감면주택, 문화재주택, 상속일부터 5년이 경과하지 않은 주택, 저당권 실행 등으로 취득한 주택, 장기어린이집, 1세대가 앞서 열거한 주택을 제외하고 소유하고 있는 일반주택, 조정대상지역의 공고일 이전에 해당 지역의 주택을 양도하기 위하여 매매계약을 체결하고 계약금을 지급

---

113) 대법원 2013. 10. 11. 선고 2013두10519 판결
114) 대법원 2016. 10. 27. 선고 2016두43091 판결
115) 장기임대주택은 민간매입임대주택, 민간건설임대주택, 미분양매입임대주택, 장기일반민간임대주택, 등록말소신청장기임대주택 등 유형별로 중과세 배제요건이 다르다(소득령 제167조의3 제1항 제2호 각목).

받은 사실이 증빙서류에 의하여 확인되는 주택 등은 3주택 중과배제주택에 해당하고, 지방저가주택은 주택 수에서도 제외된다(소득령 제167조의3 제1항). 여기서 3주택 중과배제주택이란 다른 주택 2개를 보유한 상태에서 3주택 중과배제주택을 양도하는 경우 3주택 중과에서 제외한다는 것이고, 다른 주택을 양도하는 경우 3주택 중과배제주택을 주택 수에서 뺀다는 의미는 아니다. 지방저가주택의 경우에는 지방저가주택을 양도하든 또는 다른 주택을 양도하든 주택 수에서 제외되지만 3주택 중과배제주택에 해당하는 장기임대주택의 경우 장기임대주택을 양도하면 주택 수에서 제외되지만, 다른 주택을 양도하는 경우에는 주택 수에서 제외되지 않는 차이가 있다. 이와 같이 해석하는 것은 소득령 제167조의3 제1항의 괄호부분에서 지방저가주택에 대하여만 주택의 수를 계산할 때 산입하지 않는다고 규정하고 있기 때문이다.

납세자가 조정대상지역 내의 일반주택과 그 밖의 대체주택, 장기임대주택 등 3채를 보유하다가 일반주택을 양도한 사안에서, 조세심판원은 1세대가 3주택을 보유하다가 양도한 경우에 해당하고 장기임대주택은 주택 수에서 제외되지 않으며 일반주택은 3주택 중과배제주택에 해당하지 않으므로 3주택 중과세가 적용된다고 판시하였다.[116] 판례는 3주택 중과배제주택에 대한 입법 이전에 일반주택(구주택)과 장기임대주택을 소유한 거주자가 대체주택(신주택)을 취득한 후 일반주택을 양도한 사안에서, 주거를 이전하기 위하여 대체주택을 취득한 것으로서 거주자에게 투기목적이 없고 대체주택을 취득한 후 종전주택을 양도하기까지 소요된 기간이 주택거래의 현실 등에 비추어 사회통념상 일시적이라고 인정되는 특별한 사정이 있는 경우에는 종전주택의 양도를 1세대 3주택에 해당하는 주택의 양도로 보아 양도소득세를 중과할 수 없다고 판시하였다.[117] 다가구주택은 1세대 1주택 규정을 준용하여 주택 수를 계산하고, 공동상속주택은 상속지분이 가장 큰 상속인의 소유로 하여 주택 수를 계산하되, 상속지분이 가장 큰 자가 2인 이상인 경우에는 1세대 1주택 규정의 순서에 의한 자가 당해 공동상속주택을 소유한 것으로 보며, 부동산매매업자가 보유하는 재고자산인 주택은 주택 수 계산에 포함한다(소득령 제167조의3 제2항).

혼인으로 다주택자가 된 경우와 관련하여 헌법재판소는 새로 1세대를 이루는 자를 위하여 상당 기간 내에 보유 주택 수를 줄일 수 있도록 하고 그러한 경과규정이 정하는 기간 내에 양도하는 주택에 대해서는 혼인 전의 보유 주택 수에 따라 양도소득세를 정하는 등의 완화규정을 두는 것과 같은 손쉬운 방법이 있음에도 이러한 완화규정을 두지 않고 중과하는 것은 헌법에 불합치한다고 판시하였다.[118] 이에 따라 2012. 2. 2. 개정된 소득세법 시행령 제167조의3 제9항은 1주택 이상을 보유하는 자가 1주택 이상을 보유하는 자와 혼인함으로써 혼인한 날 현재 1세대 3주택 이상에 해당하는 주택을 보유하게 된 경우로서 혼인한 날부터 5년 이내

---

116) 조심 2021. 6. 23.자 2021서2033 결정, 조심 2021. 12. 22.자 2021중5594 결정
117) 대법원 2014. 2. 27. 선고 2010두27806 판결
118) 헌재 2011. 11. 24. 선고 2009헌바146 결정

에 해당 주택을 양도하는 경우에는 양도일 현재 양도자의 배우자가 보유한 주택 수를 차감하여 1세대가 보유한 주택 수를 계산한다고 규정하였다. 대법원도 A주택을 소유하던 甲이 B주택을 취득하여 보유하다가 C주택을 보유한 乙과 혼인한 후 A주택을 매각하자 과세관청이 1세대 3주택 중과를 적용한 사안에서, 혼인으로 3주택 보유자가 되는 경우 투기목적의 주택 소유라고 보기 어렵다는 이유로 1세대 3주택 중과규정을 적용할 수 없다고 판시하였다.[119]

(나) 2주택 중과에서 제외되는 주택

3주택 중과에서 제외되는 주택을 포함하여 취학, 근무상의 형편, 질병의 요양, 그 밖에 부득이한 사유로 인하여 양도하는 주택, 실수요 목적으로 취득한 수도권 밖의 주택, 동거봉양 주택, 혼인주택, 주택의 소유권에 관한 소송이 진행 중이거나 해당 소송결과로 취득한 주택, 주거이전목적의 일시적 2주택 등은 2주택 중과에 있어서 주택 수에서 제외한다(소득령 제167조의 10 제1항).

(다) 비교과세

주택 보유기간이 2년 미만인 경우에는 기본세율에 20% 또는 30%를 더하여 계산한 양도소득 산출세액과 단기양도의 세율을 적용하여 계산한 양도소득 산출세액 중 큰 세액을 양도소득 산출세액으로 한다.

바. 지정지역 내 비사업용 토지를 양도하는 경우 등

지정지역 내 비사업용 토지를 양도하는 경우, 그 밖에 부동산 가격이 급등하였거나 급등할 우려가 있어 부동산 가격의 안정을 위하여 필요한 경우에 대통령령으로 정하는 부동산에 대하여는 기본세율에 10%를 더한 세율을 적용한다(소득법 제104조 제4항). 이 경우 해당 부동산 보유기간이 2년 미만인 경우에는 기본세율에 10% 더한 세율을 적용하여 계산한 양도소득 산출세액과 단기양도의 세율을 적용하여 계산한 양도소득 산출세액 중 큰 세액을 양도소득 산출세액으로 한다.

사. 신탁수익권

신탁수익권은 3억 원 이하에 대하여는 20%, 3억 원 초과분에 대하여는 25%의 각 세율을 적용한다(소득법 제104조 제1항 제14호).

아. 주식 등

(1) 대주주 아닌 자가 양도하는 경우

중소기업 주식을 양도하는 경우에는 10%의 세율을 적용하고, 중소기업 이외의 주식을 양도하는 경우에는 20%의 세율을 적용한다. 중소기업을 정책적으로 지원하기 위하여 중소기업

---

119) 대법원 2014. 9. 4. 선고 2009두10840 판결

주식을 양도하는 경우에는 낮은 세율을 적용한다. 중소기업은 주식 양도일이 속하는 사업연도의 직전 사업연도 종료일 현재 기준으로 중소기업에 해당하는지 여부를 판단하되, 신설법인은 주식 양도일 현재 기준으로 판단한다(소득령 제157조의2 제1항).

(2) 대주주가 양도하는 경우

1년 미만 보유한 중소기업 이외의 주식을 양도하는 경우에는 30%의 세율을 적용하고, 그 밖의 주식을 양도하는 경우에는 양도차익이 3억 원 이하이면 20%, 3억 원을 초과하면 25%의 세율을 적용한다. 중소기업 대주주의 경우에는 주식의 양도소득세 과세에서 우대할 필요성이 낮다고 보아 2015. 12. 15. 소득세법 개정 시 중소기업 대주주에게 적용되는 세율을 10%에서 20%로 높였다. 대주주는 상장법인 대주주, 비상장법인의 주주로서 주주 1인 및 기타주주의 소유주식의 비율이 4% 이상인 경우 또는 주주 1인 및 기타주주의 소유주식 등의 시가총액이 10억 원 이상인 경우를 말한다(소득령 제167조의8). 이러한 대주주 규정은 2017. 2. 3. 소득세법 시행령 개정 시 신설되어 몇 차례 개정되었는바, 그 이전에 중소기업 상장주식의 대주주 이외에 중소기업 비상장주식의 대주주도 대주주의 범위에 포함되는지 다투어진 사안에서, 조세심판원은 상장법인 및 비상장법인의 대주주 모두 포함되는 것으로 해석하였다.[120]

(3) 외국법인이 발행하였거나 외국시장에 상장된 주식

중소기업 주식을 양도하는 경우에는 10%의 세율을 적용하고, 중소기업 이외의 주식을 양도하는 경우에는 20%의 세율을 적용한다.

(4) 특정부동산과다보유법인 주식 중 비사업용 부동산 가액비율이 50% 이상인 경우

기본세율에 10%를 더하므로 과세표준에 따라 16~55%의 세율이 적용된다.

자. 파생상품

파생상품 양도소득의 세율은 20%로 하되, 자본시장 육성 등을 위하여 필요한 경우 75% 범위에서 탄력세율을 적용할 수 있다(소득법 제104조 제1항 제12호, 제6항). 이렇게 결정된 탄력세율은 2018. 3. 31.까지는 5%, 그 이후는 10%이다(소득령 제167조의9).

차. 기타자산

기타자산에 대하여는 과세표준에 따라 6~45%의 기본세율을 적용한다.

카. 비교산출세액

(1) 1개의 자산이 각 세율 중 둘 이상에 해당할 때

해당 세율을 적용하여 계산한 양도소득 산출세액 중 큰 것을 세액으로 한다(소득법 제104조

---

120) 조심 2018. 12. 7.자 2018부4021 결정

제1항). 예를 들어, 단기양도자산이면서 비사업용 토지에 해당하는 경우 단기양도의 세율을 적용하여 계산한 세액과 비사업용 토지의 세율을 적용하여 계산한 세액을 비교하여 큰 금액을 세액으로 한다.

(2) 부동산, 부동산에 관한 권리, 기타자산을 둘 이상 양도한 경우

부동산, 부동산에 관한 권리, 기타자산을 둘 이상 양도한 경우 과세표준 합계액에 기본세율로 계산한 세액과 각 자산별로 산출한 양도소득세액 합계액 중 큰 금액으로 한다(소득법 제104조 제5항). 1필지의 토지가 비사업용 토지와 그 외의 토지로 구분되는 경우에는 각각을 별개의 자산으로 보아 양도소득 산출세액을 계산한다. 이와 같이 비교과세를 적용하는 것은 전체 양도소득에 대하여 최소한 기본세율을 적용하기 위함이다. 다만, 주식에 대하여는 위 비교과세를 적용하지 않는다.

제6절 신고 및 결정 등

1. 신고 및 납부

가. 예정신고

과세대상 자산을 양도한 거주자는 양도일이 속하는 달의 말일부터 2개월 내에 예정신고를 하여야 한다(소득법 제105조 제1항). 자산의 양도차익이 없거나 양도차손이 발생한 경우에도 예정신고를 하여야 한다. 토지거래허가구역 내의 토지를 양도할 때 토지거래허가를 받기 전에 대금을 청산한 경우에는 허가일이 속하는 달의 말일부터 2개월 내에 예정신고를 하여야 한다(소득법 제105조 제1항 단서). 토지거래허가를 받기 전에 허가구역의 지정이 해제된 경우에는 그 해제일부터 2개월 내에 예정신고를 하여야 한다. 토지거래허가를 받기 전에는 대금을 청산하였더라도 매매계약이 무효로서 자산이 양도된 것으로 볼 수 없으므로 토지거래허가를 받은 때를 기준으로 예정신고기한을 정한 것이다.

부담부증여의 채무액에 해당하는 부분으로서 양도로 보는 경우에는 그 양도일이 속하는 달의 말일부터 3개월 내에 신고하여야 한다(소득법 제105조 제1항 제3호). 부담부증여는 양도와 증여가 혼재되어 있는 성격의 거래로서 증여세의 신고기한이 3개월이므로 납세자의 편의를 위하여 양도소득세의 신고기한도 증여세 신고기한에 맞추어 3개월로 한 것이다.

나. 확정신고

(1) 일반적인 경우

과세대상 자산을 양도한 거주자는 다음 연도 5. 1.부터 5. 31.까지 확정신고를 하여야 한다(소득법 제110조 제1항). 해당 과세기간의 과세표준이 없거나 결손금이 있는 경우에도 확정신고를 하여야 한다(소득법 제110조 제2항).

예정신고를 한 자는 원칙적으로 해당 소득에 대한 확정신고를 하지 않아도 된다. 다만, 다음의 경우에는 예외적으로 확정신고를 해야 한다(소득법 제110조 제4항, 소득령 제173조 제5항).

① 당해 연도에 누진세율 적용대상 자산에 대한 예정신고를 2회 이상 한 자가 이미 신고한 양도소득금액과 합산하여 신고하지 않은 경우

② 토지 등을 2회 이상 양도한 경우로서 양도소득 기본공제에 관한 규정을 적용할 경우 당초 신고한 양도소득산출세액이 달라지는 경우

③ 둘 이상의 자산을 양도하는 경우 양도소득세 비교과세 방식으로 예정신고하지 않은 경우

토지거래허가구역 내의 토지를 양도할 때 토지거래허가를 받기 전에 대금을 청산한 경우에는 그 허가일이 속하는 과세기간의 다음 연도 5. 1.부터 5. 31.까지 확정신고를 하여야 한다(소득법 제110조 제1항). 토지거래허가를 받기 전에 허가구역의 지정이 해제된 경우에는 그 해제일이 속하는 과세기간의 다음 연도 5. 1.부터 5. 31.까지 확정신고를 하여야 한다.

(2) 관련 판례

원고가 A토지를 양도한 후 양도소득세 예정신고를 하였고, B토지를 양도한 후 예정신고를 하지 않았는데, A토지의 양도소득과 B토지의 양도소득을 합하여 확정신고를 한다고 해도 B토지의 양도소득에 대한 적용세율이 올라가서 B토지의 양도소득이 변경될 뿐 A토지의 양도소득에 대한 적용세율은 동일하여 A토지의 양도소득과 그 세액은 바뀌지 않는 사안에서, 판례는 예정신고를 한 자는 "당해 소득"에 대한 확정신고를 하지 않을 수 있고, 예정신고를 한 양도소득 외에 동일한 과세연도에 귀속되는 양도소득이 더 있더라도 마찬가지라고 판시하였다.[121] 이 판례는 구 소득세법(2009. 12. 31. 개정 전) 제110조 제4항에서 예정신고를 한 "당해 소득"이라고 규정한 점을 근거로 예정신고한 A토지의 양도소득을 기준으로 보면 원고가 확정신고를 하더라도 과세표준과 세액이 동일하므로 확정신고의무가 면제된다고 판시하였으나, A토지의 양도소득이 B토지의 양도소득과 합산되어 납세자의 세액이 변경된다는 점을 고려하면 지나치게 형식적인 해석이라고 할 수 있다.

다. 납부

예정신고 또는 확정신고에 따라 납부할 세액이 각각 1,000만 원을 초과하는 때에는 2개월 이내에 분할납부할 수 있다(소득법 제112조).

---

121) 대법원 2021. 11. 25. 선고 2020두51518 판결

2. 결정과 경정

가. 의의

예정신고를 하여야 할 자 또는 확정신고를 하여야 할 자가 신고를 하지 않은 경우에는 과세관청은 양도소득 과세표준과 세액을 결정하고 신고내용에 탈루 또는 오류가 있는 경우에는 과세관청은 양도소득 과세표준과 세액을 경정한다(소득법 제114조 제1항, 제2항).

나. 방법

(1) 실지거래가액에 따른 결정 또는 경정

양도가액 또는 취득가액은 원칙적으로 실지거래가액에 따라 결정 또는 경정하여야 한다. 납세자가 신고를 하지 않은 경우로서 등기부기재가액을 실지거래가액으로 추정하여 계산한 납부세액이 300만 원 미만이고 과세관청이 기한후 신고를 하지 않으면 등기부기재가액을 실지거래가액으로 추정하여 양도소득 과세표준과 세액을 결정할 것임을 신고의무자에게 통보하였음에도 불구하고 신고의무자가 그 통보를 받은 날부터 30일 이내에 기한후 신고를 하지 않은 경우에는 등기부 기재가액을 실지거래가액으로 추정하여 양도소득 과세표준과 세액을 결정할 수 있다(소득법 제114조 제5항, 소득령 제176조 제5항). 다만, 납세지 관할 세무서장 또는 지방국세청장이 등기부 기재가액이 실지거래가액과 차이가 있음을 확인한 경우에는 등기부 기재가액을 실지거래가액으로 추정하여 과세할 수 없다.

(2) 추계결정 또는 경정

(가) 추계결정 또는 경정 사유

양도가액 또는 취득가액을 실지거래가액에 따라 정하는 경우로서 양도 또는 취득 당시의 실지거래가액의 확인을 위하여 필요한 장부·매매계약서·영수증 기타 증빙서류가 없거나 그 중요한 부분이 미비된 경우, 장부·매매계약서·영수증 기타 증빙서류의 내용이 매매사례가액, 감정가액 등에 비추어 거짓임이 명백한 경우에는 양도가액 또는 취득가액을 매매사례가액, 감정가액, 환산취득가액 또는 기준시가 등에 따라 추계조사하여 결정 또는 경정할 수 있다(소득법 제114조 제7항, 소득령 제176조의2 제1항).

(나) 가산세

거주자가 건물을 신축 또는 증축하고 그 건물의 취득일 또는 증축일부터 5년 이내에 해당 건물을 양도하는 경우로서 감정가액 또는 환산취득가액을 취득가액으로 하는 경우에는 해당 건물의 감정가액의 5%에 해당하는 금액을 가산세로 부과한다(소득법 제114조의2 제1항). 이 가산세는 양도소득 산출세액이 없는 경우에도 적용한다(소득법 제114조의2 제2항). 당초에는 환산취득가액을 취득가액으로 하는 경우에만 가산세를 부과하였으나, 2019. 12. 31. 소득세법 개정 시 감정가액을 취득가액으로 하는 경우로 확대하였다. 감정가액 또는 환산취득가액을 적용한 양도소득세의 탈루를 차단하고, 실지거래가액을 적용한 성실신고를 유도하기 위한 취지이다. 부당한 조세회피를 방지하기 위하여 필요한 규정이나, 세법상 의무위반이라 보기 어려운 환산취득가액 적용을 그 과세대상으로 정하는 것은 가산세의 법적 성격에 부합하지 않는 문제가 있다.[122]

제7절 부당행위계산부인

1. 일반적인 부당행위계산부인

가. 의의

소득세법 제101조 제1항에 규정된 양도소득에 대한 부당행위계산부인은 소득세법 제41조 제1항의 종합소득에 대한 부당행위계산부인과 본질적으로 다르지 않다. 따라서 부당행위계산부인의 요건과 효력은 동일하다. 다만, 유형은 양도거래의 성격상 고가매입과 저가양도로 한정된다(소득령 제167조 제3항).

나. 시가

(1) 개인과 법인 간 상장주식 양도거래

개인과 법인 간에 재산을 양수 또는 양도하는 경우로서 그 대기가 법인세법 시행령 제89조의 규정에 의한 가액에 해당되어 당해 법인의 거래에 대하여 법인세법 제52조의 부당행위계산부인 규정이 적용되지 않는 경우에는 양도소득의 부당행위계산부인 규정을 적용하지 않는다(소득령 제167조 제6항). 개인과 법인 간 양도거래에 대하여 법인세법은 부당행위계산부인 규정을 적용하지 않는데, 소득세법은 부당행위계산부인 규정을 적용하면 세법 간 모순이 생기므로 이를 해소하기 위한 것이다.

위 규정을 상장주식의 양도거래에 적용하면, 법인세법 시행령 제89조는 상장주식을 한국거래소에서 거래한 경우 시가는 그 거래일의 종가(최종시세가액)이므로 개인이 법인에게 해당 거래일의 종가로 상장주식을 양도한 경우 법인세법 제52조의 부당행위계산부인 규정이 적용되지 않고, 소득세법 시행령 제167조 제6항에 의하여 양도소득의 부당행위계산부인 규정도 적용되지 않는다. 그렇다고 위 규정을 개인과 법인에 적용되는 시가를 법인세법상 시가로 일치시키려는 규정으로 볼 수는 없다.[123]

---

122) 헌재 2024. 2. 28. 선고 2020헌가15 결정
123) 대법원 2021. 5. 7. 선고 2016두63439 판결

(2) 개인 간 상장주식 거래

(가) 2021. 2. 17. 소득세법 시행령 개정 전

개인 간 상장주식의 거래에 대하여 양도소득세 계산 시 적용되는 시가 산정에 대하여 구 소득세법 시행령(2012. 2. 2. 개정 전) 제167조 제5항은 법인세법 시행령 제89조를 준용하지 않고 상증법의 상장주식 시가평가 조항을 준용하도록 규정하였다. 따라서 개인이 다른 개인에게 한국거래소에서 상장주식을 양도하는 경우 해당 거래일의 종가가 아니라 거래일 이전·이후 각 2개월 동안 한국거래소 최종 시세가액 평균액으로 평가하여야 한다. 대법원 2011. 1. 13. 선고 2008두4770 판결은 이미 위 문언대로 상장주식의 시가는 양도일 이전·이후 각 2월 간에 공표된 매일의 한국증권거래소 최종시세가액의 평균액만이 시가로 간주되고, 양도하는 주식이 최대주주 등 및 그와 특수관계에 있는 주주 등이 보유하는 상장주식인 경우 그 시가는 위 평균액에 할증률을 가산한 금액이라고 판시한바 있었다. 그 후 상증세법 조항을 준용한 구 소득세법 시행령 제167조 제5항이 법률의 위임범위를 벗어나거나 헌법상 재산권을 침해하여 무효인지 문제된 사안에서, 대법원은 법률의 위임범위 내에서 위임취지를 실현한 것이어서 무효로 볼 수 없다고 판시하였다.[124] 이 판결은 전원합의체 판결로서 6인의 반대의견이 있었다. 반대의견은 최대주주 등이 해당 법인의 발행주식총수 등의 50%를 초과하여 보유하는 상장주식의 양도가액은 구 소득세법(2012. 1. 1. 개정 전) 제95조 제1항에 정한 실지거래가액이 아니라 구 상증세법(2011. 12. 31. 개정 전) 제63조 제3항에 따라 양도일 이전·이후 각 2개월 동안 공표된 종가의 평균액에 할증률 30%를 가산한 금액으로 보게 되는바, 이는 국민의 납세의무에 관한 기본적·본질적 사항인 과세요건이므로 조세법률주의에 따라 국회가 법률로써 정하여야 함에도 불구하고 시행령에서 규정하였으므로 시행령 조항은 헌법상 위임입법의 한계를 일탈함으로써 조세법률주의 원칙에 위배되어 무효라고 보는 것이 옳다는 입장이었다.

(나) 2021. 2. 17. 소득세법 시행령 개정 후

구 소득세법 시행령 제167조 제5항은 위 전원합의체 판결에 의하여 유효라고 결론이 났으나, 상장주식을 양도하는 자가 거래 후 2개월의 시세를 알 수 없는 상황에서 그 가액을 헤아려서 거래할 것을 요구하는 것은 불합리하므로 위 판결 후인 2021. 2. 17. 소득세법 시행령 제167조 제7항을 신설하여 법인세법 시행령 제89조 제1항에 의한 시가를 따르도록 규정하였다. 즉 원칙적으로 제3자간 일반적으로 거래된 가격을 시가로 보되, 장외거래 및 대량매매의 경우에

---

124) 대법원 2020. 6. 18. 선고 2016두43411 전원합의체 판결. 다수의견은 법인주주와 개인주주를 차별하는 것이 비합리적이라는 지적에 대해 양도인이 법인인 경우에는 상대적으로 거래가액과 증빙자료의 조작이 어렵고 장부 등 증빙자료의 조사를 통한 실지거래가액의 파악이 용이한데 반해, 양도인이 개인인 경우에는 거래당사자들이 통모하여 거래나 자금이동의 시기를 조작하거나 계약해제 및 재계약 등의 외관을 꾸며내기가 상대적으로 용이하고 과세관청이 이를 밝혀내기 어렵다는 점을 고려한 것이라고 설명한다.

는 거래일의 한국거래소 종가를 시가로 보고, 경영권이 이전되는 경우에는 그 가액에 20%를 가산하도록 한 것이다. 다만, 상장주식에 대하여는 단일한 시가를 확인할 수 있으므로 시가와 거래가액의 차액이 3억 원 이상이거나 5% 이상인 요건을 충족하지 않더라도 부당행위계산부인 규정이 적용되도록 하였다.

다. 증여세와의 이중과세

(1) 자산을 저가양도한 경우

특수관계자에게 자산을 저가양도한 경우 양도자에게는 부당행위계산부인에 의하여 시가를 기준으로 양도가액을 계산하여 양도소득세를 과세하고, 양수자에게는 시가와 대가의 차액 중 일정금액을 증여받은 것으로 하여 증여세를 부과한다. 이 경우 양도소득세와 증여세가 중복과세되는 부분이 있으므로 이러한 중복과세가 위법한지 문제된다. 판례는 자산의 거래가 소득세법 규정과 상증세법 규정의 요건에 모두 해당할 경우 양자의 중복적용을 배제하는 특별한 규정이 없는 한, 양쪽 모두 과세하는 것이 가능하므로 중복과세로서 위법하다고 볼 수 없다고 판시하였다.[125] 위 판례에 대하여는 자산을 저가양도한 경우 양도소득세와 증여세를 중복과세하는 것은 증여세만 과세하는 단순증여와 비교하여 형평에 맞지 않는다든지[126] 증여자가 수증자에게 채무액 상당액에 대하여 자산을 양도하는 것으로 보는 부담부증여의 과세와 비교하면 균형을 잃은 것이라는 비판이 있다.[127]

(2) 자산을 고가양도한 경우

특수관계자에게 자산을 저가양도한 경우와 달리 자산을 고가양도한 경우에는 양도소득세와 증여세의 귀속자가 동일하므로 법률로 중복과세를 조정하고 있다. 즉 양도가액에서 증여재산 가액을 뺀 금액을 자산의 양도가액으로 계산하도록 규정하고 있다(소득법 제96조 제3항 제2호).

(3) 검토

자산을 저가양도한 경우 양도소득세 납세의무자는 양도인이고, 증여세 납세의무자는 양수인으로서 납세의무자가 다르므로 중복과세의 문제가 명확히 드러나지 않는다. 그러나 자산을 고가양도한 경우에는 양도소득세 납세의무자와 증여세 납세의무자 모두 양도인이므로 중복과세의 문제가 비교적 명확히 드러난다. 이에 따라 자산을 고가양도한 경우에는 법률로 중복과세를 조정하고 있고, 자산을 저가양도한 경우에는 별도로 중복과세를 조정하지 않고 있다. 그러나 자산을 저가양도한 경우 양도소득세와 증여세의 납세의무자가 다르더라도 하나의 거래에 대하여 유상성을 갖는 양도소득세와 무상성을 갖는 증여세를 동시에 과세하는 것은 양

---

125) 대법원 1999. 9. 21. 선고 98두11830 판결, 헌재 2006. 6. 29. 선고 2004헌바76, 2004헌가16(병합) 결정
126) 이동식, "소득세법상 부당행위계산부인과 상속세 및 증여세법상 증여의제의 관계", 조세법 연구제8집 제2호, 2002, 96~97면
127) 이태로·한만수, 조세법강의(2020), 379~380면

립시키는 것은 타당하지 않으므로 양도인에 대한 양도소득세와 양수인에 대한 증여세의 중복과세에 대하여도 조정하는 것이 타당하다.[128]

2. 우회양도 부당행위계산부인

가. 의의

소득세법 제101조 제2항에 규정된 우회양도 부당행위계산부인은 납세자가 자산의 장기간 보유로 인하여 상승된 자본이익을 소멸시키기 위하여 자산을 직접 타인에게 양도하는 거래형식을 선택하지 않고 중간에 증여행위를 끼워 넣어 수증자가 이를 단기간 내에 양도하도록 하는 거래형식을 선택함으로써 고율의 누진세율이 적용되는 양도소득세를 회피하는 행위를 규제하기 위한 것이다. 따라서 중간에 끼워 넣은 증여의 형식을 부인하고 실질소득의 귀속자인 증여자에게 양도소득세를 부과하게 된다.[129]

나. 요건

(1) 특수관계인으로부터 자산을 증여받아 증여일부터 10년 이내 양도할 것

거주자가 특수관계인에게 자산을 증여한 후 수증자가 증여일부터 10년 이내에 제3자에게 양도하여야 한다. 2022. 12. 31. 소득세법 개정 시 처분기한을 5년에서 10년으로 늘려 과세를 강화하였다. 특수관계자 중 이월과세가 적용되는 배우자 및 직계존비속에 대하여는 우회양도 부당행위계산부인 규정을 적용하지 않는다. 이월과세가 우회양도 부당행위계산부인보다 우선 적용되므로 우회양도 부당행위계산부인은 이월과세가 적용되지 않는 경우에 적용됨을 의미한다.

(2) 수증자의 증여세와 양도소득세 합계액이 증여자의 양도소득세보다 적을 것

수증자의 증여세와 양도소득세를 합한 세액이 증여자가 직접 양도하는 경우로 보아 계산한 양도소득세보다 적어야 한다. 전자가 후자보다 크면 증여자가 직접 양도한 것으로 재구성할 이유가 없기 때문이다.

(3) 양도소득이 수증자에게 귀속되지 않을 것

양도소득이 해당 수증자에게 실질적으로 귀속되지 않아야 한다. 진정한 증여에 대하여는 적용을 배제한다는 의미이다. 판례가 증여자가 수증자에게 증여할 상당한 이유가 있고 양도대금이 증여자에게 귀속되었다고 볼 수 없는 경우에는 부당행위계산부인을 적용할 수 없다고 판시하였고,[130] 2009. 12. 31. 소득세법 개정 시 소득세법 제101조 제2항 단서를 신설하여 양

---

128) 이중교, "자산의 저가·고가 양도 시 양도소득세·증여세의 이중과세에 관한 연구", 중앙법학 제11권 제2호, 2009, 543~545면
129) 대법원 2014. 1. 16. 선고 2013두18438 판결
130) 대법원 2003. 1. 10. 선고 2001두4146 판결

도소득이 수증자에게 실질적으로 귀속된 경우에는 부당행위계산부인을 적용할 수 없음을 명시하였다.

다. 효력

(1) 납세의무자

증여행위를 부인하므로 수증자가 아닌 증여자가 직접 자산을 양도한 것으로 본다. 이 경우 수증자는 증여자와 연대납세의무를 부담한다(소득법 제2조의2 제3항).

(2) 취득시기

증여자가 납세의무자이므로 증여자가 자산을 취득한 때를 취득시기로 보아 양도소득세를 계산한다.

(3) 증여세의 처리

증여의 형식을 부인하므로 당초 증여받은 자산에 대해서는 증여세를 부과하지 않고 기납부한 증여세는 환급한다. 과거에는 증여세 환급조항이 없었는데, 헌법재판소가 부인된 증여행위에 기초한 과세와 의제된 양도행위에 기초한 과세를 서로 양립시킴으로써 재산권을 과도하게 침해하여 헌법에 위반된다고 판시하자,[131] 2003. 12. 30. 소득세법을 개정하여 증여세 환급조항을 두었다.

라. 이월과세와의 관계

이월과세와 우회양도 부당행위계산부인은 중간에 증여행위를 끼워 넣어 고율의 양도소득세의 누진세율 적용회피를 규율하기 위한 제도라는 점에서 공통점이 있다. 그러나 납세의무자, 증여자와 수증자의 관계, 대상자산, 증여세 처리 등에서 차이가 있다. 연혁적으로 이월과세제도는 우회양도 부당행위계산부인제도 이후에 입법되었다. 우회양도 부당행위계산부인제도가 있음에도 불구하고 구태여 이월과세를 입법한 것은 배우자나 직계존비속의 경우 다른 특수관계자보다 고액의 증여재산공제가 적용되어 양도소득세 회피유인이 높으므로 이를 더 엄격히 규제하기 위함이다. 이월과세제도와 우회양도 부당행위계산부인제도를 비교하면 주식에 대하여는 이월과세가 적용되지 않는다. 따라서 납세의무자가 배우자나 직계존비속에게 증여를 하고 배우자나 직계존비속이 10년 이내에 증여받은 주식을 양도하는 경우 이월과세는 적용되지 않으나, 우회양도 부당행위계산부인은 적용될 수 있다. 우회양도 부당행위계산부인은 배우자나 직계존비속과의 거래를 모두 배제하는 것이 아니라 이월과세가 적용되는 배우자나 직계존비속과의 거래를 배제하기 때문이다.

---

131) 헌재 2003. 7. 24. 2000헌바28 결정

| 이월과세제도와 우회양도 부당행위계산부인제도의 비교 |

구 분	이월과세	우회양도 부당행위계산부인
납세의무자	수증자	증여자(수증자는 연대납세의무)
증여자와 수증자의 관계	배우자, 직계존비속	특수관계자 (이월과세가 적용되는 배우자, 직계존비속은 제외)
대상자산	부동산, 부동산을 취득할 수 있는 권리, 특정시설물이용권	양도소득세 과세대상 자산
수증일부터 양도일까지 기간	10년	10년
증여세 처리	필요경비 공제	환급

제7장 퇴직소득

제1절) 개관

1. 의의

퇴직소득은 퇴직을 원인으로 지급받는 소득을 의미한다(소득법 제22조). 사용인이 계속적인 근로의 제공을 종료하고 현실적으로 퇴직할 때 지급받는 소득과 종교인이 퇴직할 때 받는 소득이 퇴직소득에 해당된다. 퇴직 시에 퇴직소득을 한꺼번에 지급받는 방법과 퇴직 후 일정 기간까지 매년 일정액을 연금으로 지급받는 방법 중 선택할 수 있다. 그러나 2012. 7. 26. 이후 생겨난 사업장은 의무적으로 퇴직연금에 가입해야 한다(근로자퇴직급여보장법 제5조). 이에 맞추어 소득세법도 근로자의 노후생활을 보장하기 위하여 퇴직연금에 대한 세제지원을 강화하였다.

2. 현실적인 퇴직

가. 현실적인 퇴직에 해당하는 경우

종업원이 임원이 된 경우, 합병·분할 등 조직변경, 사업양도, 직·간접으로 출자관계에 있는 법인으로의 전출 또는 동일한 사업자가 경영하는 다른 사업장으로의 전출이 이루어진 경우, 법인의 상근임원이 비상근임원이 된 경우, 비정규직근로자가 정규직근로자로 전환된 경우에는 현실적인 퇴직에 해당한다(소득법 제22조 제1항 제2호, 소득령 제43조 제1항). 다만, 위 사유가 발생했으나 퇴직급여를 실제 받지 않은 경우에는 퇴직으로 보지 않을 수 있다.

나. 현실적인 퇴직에 해당하지 않는 경우

임원이 연임된 경우, 기업의 제도, 기타 사정 등을 이유로 퇴직금을 1년 기준으로 매년 지급하는 경우, 정부 또는 산업은행 관리기업체가 민영화됨에 따라 전근로자의 사표를 일단 수리한 후 재채용한 경우, 둘 이상의 사업장이 있는 사용자의 근로자가 한 사업장에서 다른 사업장으로 전출하는 경우에는 현실적인 퇴직에 해당하지 않는다.[1] 현실적으로 퇴직하지 않은 임

---

1) 소득세법 기본통칙 22-0…1 ②

직원에게 지급한 퇴직급여는 해당 임직원이 현실적으로 퇴직할 때까지 퇴직금 상당액을 빌려준 것으로 취급하므로 업무무관 가지급금으로 본다(법인칙 제22조 제2항).

다. 퇴직판정의 특례

근로자가 주택구입 등 근로자퇴직급여 보장법 시행령 제3조 제1항 각호의 사유가 있어서 퇴직금을 중간정산한 경우에는 그 지급일에 퇴직한 것으로 본다(소득령 제43조 제2항). 다만, 회사가 주주총회 결의 등 정관에서 정한 퇴직금 지급절차를 거치지 않은 경우에는 정당하게 퇴직금을 지급한 것으로 볼 수 없다.[2]

제2절 범위

1. 구체적 범위(소득법 제22조 제1항)

가. 공적연금 관련법에 따라 받는 일시금(소득법 제22조 제1항 제1호)

공적연금 관련법에 따라 받는 일시금은 퇴직소득에 해당한다. 국민연금법 등에 따른 반환일시금은 과세기준일(2002. 1. 1.) 이후 납입한 기여금 또는 개인부담금의 누계액과 이에 대한 이자 및 가산이자와 실제 지급받은 일시금에서 과세기준일 이전에 납입한 기여금 또는 개인부담금을 뺀 금액 중 적은 금액으로 한다(소득령 제42조의2 제1항).

나. 사용자부담금을 기초로 하여 현실적 퇴직으로 지급받는 소득(소득법 제22조 제1항 제2호)

사용자부담금을 기초로 하여 현실적인 퇴직을 원인으로 지급받는 소득은 퇴직소득에 해당한다. 현실적 퇴직의 사유가 발생하였더라도 퇴직급여를 실제 지급받지 않은 경우에는 퇴직소득이 발생한 것으로 볼 수 없다(소득령 제43조 제1항). 퇴사하는 직원에게 지급한 퇴직위로금은 퇴직소득에 해당한다.

다. 유형별 포괄주의(소득법 제22조 제1항 제3호)

공적연금 관련법에 따라 받는 일시금을 지급하는 자가 퇴직소득의 일부 또는 전부를 지연하여 지급하면서 지연지급에 대한 이자를 함께 지급하는 경우 해당 이자, 과학기술발전장려금, 종교 관련 종사자가 현실적인 퇴직을 원인으로 종교단체로부터 지급받는 소득 등은 퇴직소득에 해당한다(소득령 제42조의2 제4항). 사용자가 30일 전에 예고 없이 근로자를 해고하는 경우 근로자에게 지급하는 해고예고수당은 퇴직소득으로 본다.[3]

---

2) 조심 2021. 4. 14.자 2020중8018 결정, 조심 2021. 12. 20.자 2020인7826 결정
3) 소득세법 기본통칙 22-0…2

2. 임원 퇴직소득의 한도

법인의 회장, 사장, 부사장, 이사장, 대표이사, 전무이사 및 상무이사 등 법령에서 정하는 임원의 퇴직소득금액이 소득세법 제22조 제3항에서 정한 한도금액을 초과하는 경우에는 그 초과액은 근로소득으로 본다(소득법 제22조 제3항, 소득령 제42조의2 제5항). 회사의 임원 등이 퇴직 시 근로소득보다 세부담이 적은 퇴직소득으로 과다지급하는 것을 방지하기 위한 취지이다.

제3절 퇴직소득공제 및 세액의 계산

1. 퇴직소득공제

가. 근속연수공제

퇴직소득이 있는 거주자에 대해서는 퇴직소득금액에서 근속연수에 따라 법령이 정한 금액을 공제한다(소득법 제48조 제1항 제1호).

나. 환산급여공제

환산급여는 퇴직소득금액에서 근속연수공제를 한 금액을 근속연수로 나누고 12를 곱한 금액을 의미한다(소득법 제48조 제1항). 환산급여를 산식으로 표현하면 다음과 같다.

$$환산급여 = (퇴직소득금액 - 근속연수공제) \times 12/근속연수$$

위와 같이 계산한 환산급여에서 환산급여공제를 적용한다. 과거에는 퇴직소득금액의 40%를 일률공제하고 5년 단위 연분연승법(年分年乘法)을 적용하였으나, 고소득자에 대한 퇴직소득세를 강화하기 위하여 2014. 12. 23. 소득세법 개정 시 소득수준에 따라 차등공제하고 12년 단위 연분연승법을 적용하는 것으로 변경하였다.

2. 세액의 계산

퇴직소득세액은 퇴직소득 과세표준에 세율을 곱하고 이를 12로 나눈 금액에 근속연수를 곱하여 산정한다(소득법 제55조 제2항). 이를 산식으로 표현하면 다음과 같다.

$$퇴직소득세액 = 퇴직소득 \ 과세표준 \times 기본세율 \times 근속연수/12$$

퇴직소득의 결집효과를 완화하기 위하여 연분연승법(年分年乘法)을 사용한다. 12년 단위 연분연승법을 사용하므로 환산급여에 대한 세액을 구한 후 이를 12로 나누어 1년간 환산세액을 구하고 여기에 근속연수를 곱하여 퇴직소득세액을 산출한다.

제4절 퇴직소득세의 신고 및 징수

1. 신고

해당 과세기간의 퇴직소득금액이 있는 거주자는 원칙적으로 퇴직소득 과세표준을 과세기간의 다음 연도 5. 1.부터 5. 31.까지 신고하여야 한다(소득법 제71조 제1항). 퇴직소득만 있는 경우에는 과세표준확정신고의무가 면제되므로 확정신고를 하지 않아도 된다.

2. 징수

퇴직소득을 지급하는 자는 기본세율로 퇴직소득세를 원천징수하여야 한다(소득법 제127조 제1항 제7호, 제129조 제1항 제7호). 다만, 거주자의 퇴직소득이 퇴직일 현재 연금계좌에 있거나 연금계좌로 지급되는 경우, 퇴직하여 지급받은 날부터 60일 이내에 연금계좌에 입금되는 경우에는 해당 퇴직소득에 대한 소득세를 연금외수령하기 전까지 원천징수하지 않는다(소득법 제146조 제2항). 퇴직소득을 연금으로 지급받는 경우에는 퇴직소득에 대한 원천징수를 유예하여 연금수령을 유도하기 위함이다.

제8장 원천징수

제 1 절 개관

1. 개요

가. 원천징수의 의의 및 취지

원천징수란 세법에 따라 원천징수의무자가 원천납세의무자로부터 세금을 징수하는 것을 말한다(국기법 제2조 제3호). 원천징수를 영어로는 withholding tax라고 하는데, 원천징수의무자가 원천납세의무자에게 소득금액 또는 수입금액을 지급할 때 세액상당액의 지급을 보류하고 나머지 소득만 지급하기 때문이다. 원천징수의무자는 원천징수한 세액을 원천납세의무자 대신 국가에 납부한다. 국가는 소득귀속자인 원천납세의무자로부터 직접 세액을 징수하는 것이 원칙이지만 국가의 세수확보, 징세의 편의, 탈세방지 등을 위하여 원천징수의무자가 원천납세의무자에게 소득금액 또는 수입금액을 지급할 때 국가 대신 세액을 징수하도록 하는 것이다.

현행 세법상 소득세, 법인세, 농어촌특별세에 대하여 원천징수가 적용되는데, 그중에서도 소득세의 경우 사업소득, 양도소득을 제외한 대부분의 소득에서 원천징수가 광범위하게 활용된다.[1] 사업소득의 경우에는 의료보건용역, 인적용역 등 제한적으로 원천징수가 적용되고, 국내양도소득의 경우에는 원천징수가 적용되지 않는다. 또한 가집행선고부 승소판결을 받은 사람에게 소득을 지급하는 경우와 같이 소득의 지급이 잠정적인 경우는 원천징수가 적용되지 않는다.[2]

나. 법적 성격

(1) 학설

원천징수의 법적 성격에 대하여는 공무수탁사인설, 사무관리설, 법정대리인설, 채무인수인설 등의 대립이 있다.

① 공무수탁사인설은 원천징수의무자를 국가의 세금징수사무를 위탁받아 집행하는 기관

---

1) 국제거래에서는 양도소득에 대하여도 원천징수의무가 적용된다. 국외양도소득의 경우에는 양도소득세 납세의무자가 국외에 있으므로 조세채권을 확보하기 위하여 양수인에게 원천징수의무를 지운다.
2) 대법원 1988. 9. 27. 선고 87누407 판결

으로 이해하는 견해이다.

② 사무관리설은 원천징수의무자를 국가에 대한 관계에서 원천납세의무자의 공법상 사무관리인으로 이해하는 견해이다.

③ 법정대리인설은 원천징수의무자를 국가에 대한 관계에서 원천납세의무자의 법정대리인으로 이해하는 견해이다.

④ 채무인수인설은 원천징수의무자를 국가에 대한 관계에서 원천납세의무자의 채무인수인으로 이해하는 견해이다.

(2) 검토

원천징수의무자는 징수기관의 지위와 납세자의 지위를 모두 가지고 있으므로 어느 하나의 학설로 설명하기 어려운 측면이 있다. 원천징수의무자가 이원론적 지위를 가지고 있음을 고려하여 원천납세의무자에 대한 관계에서는 공무수탁사인의 지위, 국가에 대한 관계에서는 원천납세의무자의 채무인수인으로서의 지위를 가지고 있다고 보는 것이 타당하다.[3]

다. 위헌성 여부

원천징수제도는 국가의 세수확보, 징세의 편의 등을 위하여 유용한 제도이나, 원천징수의무자는 징수업무에 많은 시간과 비용이 소요되고 그 불이행 시 가산세의 제재, 형사처벌까지 감수하여야 하는 부담을 안게 되므로 위헌성이 제기된다.

판례는 원천징수제도의 공익적 요청이 원천징수의무자가 입는 피해보다 크므로 헌법상 과잉금지원칙 또는 비례의 원칙을 위반하는 것으로 볼 수 없다고 판시하고 있다.[4] 대표자 인정상여와 같이 소득의 현실적 지급이 따르지 않는 경우까지 원천징수의 법리를 적용하는 것에 대한 비판의 목소리가 높으나,[5] 헌법재판소는 소득처분으로 인한 의제소득의 경우 원천징수 이외에 달리 조세포탈을 방지하고 징수업무의 편의를 확보하기 위한 목적을 달성할 수 있는 방법이 없다는 이유로 원천징수제도의 합헌이라고 판시하고 있다.[6]

2. 원천징수의 종류

가. 예납적 원천징수

예납적 원천징수는 추후 확정신고를 전제로 예납적 조치로 행해지는 원천징수를 말한다. 원천납세의무자는 확정신고 시 예납적 원천징수 대상소득을 확정신고에 포함하고 원천징수된 세액을 기납부세액으로 공제한 후 신고납부함으로써 당해 납세의무가 종국적으로 소멸한다. 매월 징수하는 근로소득, 합산과세되는 이자소득과 배당소득 등이 이에 해당한다. 다만, 근로소득만

---

3) 김완석·정지선, 소득세법론(2021), 814~815면
4) 대법원 2008. 12. 11. 선고 2006두3964 판결
5) 소순무·윤지현, 조세소송(2020), 611면
6) 헌재 2009. 2. 26. 선고 2006헌바65 결정, 헌재 2009. 7. 30. 선고 2008헌바1 결정

있는 자 등에 대하여는 확정신고를 하지 않고 연말정산만으로 납세의무가 종결되는 특례가 인정된다(소득법 제73조 제1항). 매월 징수하는 근로소득의 경우 원천납세의무자 입장에서 소득세 납세의무가 없다는 점을 중시하여 완납적 원천징수로 구분하는 견해가 있으나,[7] 원천징수만으로 납세의무가 종결되지 않는다는 점을 강조하면 예납적 원천징수로 구분할 수 있다.

나. 완납적 원천징수

완납적 원천징수는 원천징수를 하면 별도의 확정신고 없이 원천징수에 의하여 납세의무가 종국적으로 소멸하는 원천징수를 말한다. 분리과세되는 이자소득과 배당소득, 일용근로자의 소득을 지급하는 경우의 원천징수 등이 그 예이다.

3. 원천징수의 위임 또는 대리

가. 일반적인 경우

(1) 의의

원천징수의무자를 대리하거나 그 위임을 받은 자의 행위는 수권 또는 위임의 범위에서 본인 또는 위임인의 행위로 보아 원천징수의무를 적용한다(소득법 제127조 제2항). 원천징수의무자를 대리하거나 그 위임을 받아 원천징수의무를 부담하는 자는 원천징수대상 소득금액을 지급해야 할 자로부터 원천납세의무자에 대한 소득금액의 지급과 아울러 원천징수업무 등을 수권 또는 위임받은 자를 말하고, 원천징수업무의 위임은 명시적으로뿐 아니라 묵시적으로도 이루어질 수 있다.[8]

(2) 원천징수의무자에 대한 논의

(가) 학설(대리인설 vs 본인설)

소득지급의 원인이 되는 법률행위를 대리하거나 위임받는 경우 그 원천징수의무가 본인에게 있는지 혹은 대리인에게 있는지에 대하여는 대리인설과 본인설의 대립이 있다.

① 대리인설은 소득세법 제127조 제2항 등에서 지급을 대리하거나 그 지급권한을 위임 또는 위탁받은 자가 그 소득에 대한 소득세를 원천징수하여야 한다고 규정하고 있으므로 대리인에게 원천징수의무가 있다고 한다.[9]

② 본인설은 소득세법 제127조 제2항 등의 규정취지는 수권 또는 위임의 범위에서 대리인이나 수임인의 행위의 효력이 본인에게 미친다는 취지를 규정한 것이므로 본인에게 원천징수의무가 있다고 한다.[10]

---

7) 이창희, 세법강의(2021), 215면
8) 대법원 2014. 7. 24. 선고 2010두21952 판결
9) 윤지현, 소득 지급의 '대리' 또는 '위임'과 원천징수의무 – 소득세법 제127조 제2항에 관하여 –, 조세법연구 제 18권 제3호, 2012, 142면 이하

(나) 행정해석

과세당국은 원천징수하여야 할 자를 대리하거나 위임받은 경우 대리인 또는 위임받은 자가 원천징수의무자가 된다고 하여 대리인설의 입장에 있다.[11]

(다) 검토

소득세법 제127조 제2항의 문언상 원천징수를 하여야 할 자를 대리하거나 그 위임을 받은 자에게 원천징수의무를 지우고 있으므로 대리인설이 타당하다. 다만, 원천징수의무의 이행 또는 불이행으로 인한 효력은 본인에게 귀속하는 것으로 해석된다.

나. 특별한 경우

금융회사 등이 어음 등을 인수 · 매매 · 중개 또는 대리하는 경우 금융회사 등과 어음발행자 간에 대리 또는 위임의 관계가 있는 것으로 보아 금융회사 등이 어음인수 등으로 인한 소득에 대한 소득세를 원천징수한다(소득법 제127조 제3항). 또한 자본시장법에 따른 신탁업자가 신탁재산을 운용하거나 보관 · 관리하는 경우 신탁업자와 신탁재산에 귀속되는 소득을 지급하는 자 간에 원천징수의무의 대리 또는 위임의 관계가 있는 것으로 보아 신탁업자가 신탁소득에 대한 소득세를 원천징수한다(소득법 제127조 제4항).

제2절 대상소득과 세율

1. 소득별 원천징수

가. 이자소득

(1) 일반적인 경우

앞서 살펴본 금융소득의 과세방법을 참고한다(제2장 제2절 5.).

(2) 채권의 중도매매 시 특례

거주자 또는 비거주자가 채권을 법인에게 매도하는 경우 채권을 매수하는 법인은 그 채권의 발행일 또는 직전 원천징수일을 시기(始期)로 하고, 이자 등의 지급일 등 또는 채권의 매도일 등을 종기(終期)로 하여 매도인의 채권보유기간 동안의 이자소득세를 원천징수한다(소득법 제133조의2). 이와 달리 거주자 또는 비거주자가 채권을 개인에게 매도하는 경우 매수인은

---

10) 임승순, 조세법(2021), 495~496면
11) 기획재정부 소득세제과-147(2011. 4. 22.)

원천징수의무가 없다. 과거에는 채권을 중도매매하는 경우 이자소득세를 원천징수하지 않고 이자를 지급하는 때 전체 이자소득에 대해 원천징수하는 의제원천징수제도가 시행되었다. 그러나 중도매매 시 원천징수를 하지 않으면 채권가격에 보유기간 이자에 대한 원천징수세액이 포함되어 채권의 가치를 정확히 반영하지 못하는 문제가 있다. 이에 따라 채권을 중도매매하는 경우 보유기간 이자분에 대하여 원천징수하는 것으로 제도를 변경하였다. 다만, 납세협력비용을 고려하여 채권을 매수하는 개인에게는 원천징수의무를 면제하고 채권을 매수하는 법인에게만 원천징수의무를 부담하도록 하였다.

나. 배당소득

(1) 일반적인 경우

앞서 살펴본 금융소득의 과세방법을 참고한다(제2장 제2절 5.).

(2) 지급시기에 대한 특례

배당소득을 지급할 때 원천징수를 하여야 하나, 법인이 이익 또는 잉여금의 처분에 따른 배당 또는 분배금을 그 처분을 결정한 날부터 3개월이 되는 날까지 지급하지 않은 경우에는 그 3개월이 되는 날에 배당소득을 지급한 것으로 의제하여 소득세를 원천징수하고, 11. 1.부터 12. 31.까지 결정된 처분에 따라 다음 연도 2월 말일까지 배당소득을 지급하지 않은 경우에는 그 처분을 결정한 날이 속하는 과세기간의 다음 연도 2월 말일에 그 배당소득을 지급한 것으로 의제하여 소득세를 원천징수한다(소득법 제131조 제1항).

다. 사업소득

앞서 살펴본 사업소득의 과세방법을 참고한다(제2장 제3절 6.).

라. 근로소득

(1) 일반적인 경우

앞서 살펴본 근로소득의 과세방법을 참고한다(제2장 제4절 5.).

(2) 지급시기에 대한 특례

(가) 근로소득과 상여의 미지급

근로소득을 지급할 때 원천징수를 하여야 하나, 원천징수의무자가 1월부터 11월까지의 근로소득을 해당 과세기간의 12. 31.까지 지급하지 않은 경우에는 그 근로소득을 12. 31. 지급한 것으로 보아 소득세를 원천징수하고, 12월분의 근로소득을 다음 연도 2월 말일까지 지급하지 않은 경우에는 그 근로소득을 다음 연도 2월 말일에 지급한 것으로 보아 소득세를 원천징수한다(소득법 제135조 제1항, 제2항). 법인이 이익 또는 잉여금의 처분에 따라 지급할 상여를 그 처분을 결정한 날부터 3개월이 되는 날까지 지급하지 않은 경우에는 그 3개월이 되는 날에 그 상여를 지급한 것으로 보아 소득세를 원천징수하고, 그 처분이 11. 1.부터 12. 31.까지 결정된 경우에 다음 연도 2월 말일까지 그 상여를 지급하지 않은 경우에는 그 상여를 다음 연도 2월 말일에 지급한 것으로 보아 소득세를 원천징수한다(소득법 제135조 제3항).

(나) 인정상여와 연말정산

인정상여에 대하여 법인세 과세표준을 결정 또는 경정하는 경우에는 소득금액변동통지서를 받은 날, 법인세 과세표준을 신고하는 경우에는 그 신고일 또는 수정신고일에 각 근로소득을 지급한 것으로 보아 소득세를 원천징수한다(소득법 제135조 제4항, 제131조 제2항).

연말정산의 경우에는 매년 2월분의 근로소득 또는 퇴직자의 퇴직하는 달의 근로소득을 지급할 때에는 연말정산 절차를 거쳐 소득세를 원천징수한다(소득법 제137조 제1항).

마. 연금소득

앞서 살펴본 연금소득의 과세방법을 참고한다(제2장 제5절 3. 나.).

바. 기타소득

(1) 일반적인 경우

앞서 살펴본 기타소득의 과세방법을 참고한다(제2장 제6절 5.).

(2) 종교인소득의 특례

종교인소득을 지급하고 그 소득세를 원천징수하는 자는 해당 과세기간의 다음 연도 2월분의 종교인소득을 지급할 때 또는 해당 종교 관련 종사자와의 소속관계가 종료되는 달의 종교인소득을 지급할 때 해당 과세기간의 종교인소득에 대하여 원천징수한다(소득법 제145조의3 제1항). 종교인소득에 대하여는 종교단체의 원천징수의무를 경감시켜 주기 위하여 연 1회 원천징수하도록 특례를 규정한 것이다.

사. 퇴직소득

(1) 일반적인 경우

퇴직소득에 대해서는 기본세율로 원천징수한다(소득법 제129조 제1항 제7호).

(2) 이연퇴직소득

거주자의 퇴직소득이 퇴직일 현재 연금계좌에 있거나 연금계좌로 지급되는 경우, 퇴직하여 지급받은 날부터 60일 이내에 연금계좌에 입금되는 경우에는 해당 퇴직소득에 대한 소득세를 연금 외 수령하기 전까지 원천징수하지 않는다(소득법 제146조 제2항). 퇴직소득을 일시금이 아닌 연금으로 받도록 유도하기 위하여 원천징수를 유예하는 것이다. 소득세가 이미 원천징수된 경우 해당 거주자는 원천징수세액에 대한 환급을 신청할 수 있다.

(3) 원천징수시기 특례

퇴직소득을 지급하여야 할 원천징수의무자가 1월부터 11월까지 사이에 퇴직한 사람의 퇴직소득을 해당 과세기간의 12. 31.까지 지급하지 않은 경우에는 그 퇴직소득을 12. 31. 지급한 것으로 보아 소득세를 원천징수하고, 원천징수의무자가 12월에 퇴직한 사람의 퇴직소득을 다음 연도 2월 말일까지 지급하지 않은 경우에는 그 퇴직소득을 다음 연도 2월 말일에 지급한 것으로 보아 소득세를 원천징수한다(소득법 제147조 제1항, 제2항).

2. 납부

원천징수의무자는 원천징수한 소득세를 그 징수일이 속하는 달의 다음 달 10일까지 납부하여야 한다(소득법 제128조 제1항). 다만, 금융 및 보험업을 제외한 업종에서 직전 과세기간의 상시고용인원이 20명 이하인 원천징수의무자, 종교단체 등에 대하여는 원천징수의무 부담을 덜어주기 위하여 그 징수일이 속하는 반기의 마지막 날까지 납부하면 된다.

제3절 원천징수의무자, 원천납세의무자, 국가 등 3자 간 법률관계

1. 국가와 원천징수의무자

가. 의의

원천징수제도는 국가가 원천징수의무자를 통하여 세액을 징수하겠다는 기본구조를 가지고 있으므로 국가는 원칙적으로 원천징수의무자와 법률관계를 맺는다. 따라서 국가는 원칙적으로 원천징수의무자로부터 세액을 징수하고, 세액이 과다징수된 경우 원천징수의무자에게 환급한다.[12] 판례도 원천징수제도에 있어 조세법률관계는 원칙적으로 원천징수의무자와 과세관청 사이에만 존재하고, 납세의무자와 과세관청과의 사이에서는 원천징수된 법인세를 원천징수의무자가 과세관청에 납부한 때에 납세의무자로부터 납부된 것으로 보는 것 이외에는 원칙적으로 양자 간에 조세법률관계가 존재하지 않는다고 판시하고 있다.[13]

나. 구제수단

원천징수의무자는 원천징수의무를 이행하였으나 오납금에 해당하면 국가를 상대로 부당이득반환청구소송을 제기할 수 있다.[14] 그 밖에 원천징수의무자가 연말정산 또는 원천징수한

---

12) 대법원 2002. 11. 8. 선고 2001두8780 판결
13) 대법원 1984. 2. 14. 선고 82누177 판결

조세를 납부하고 그 지급명세서를 제출기한 내에 제출한 경우 국기법상 경정청구권을 행사할 수 있다(국기법 제45조의2 제4항).

2. 국가와 원천납세의무자

가. 의의

원천징수제도는 국가가 원천징수의무자에게 징수권을 위임한 것이므로 원칙적으로 원천징수의무자가 원천납세의무자로부터 세금을 징수한다. 따라서 원천징수의무자가 원천납세의무자로부터 세액을 징수한 후 국가에 납부하지 않더라도 원천납세의무자는 원천징수된 세액의 범위 내에서 납부의무를 면한다.[15]

나. 국가가 원천납세의무자에게 소득세를 부과할 수 있는지 여부

원천징수의무자가 원천징수의무를 이행하지 않은 경우 국가가 원천징수의무자로부터 세액을 징수하는 대신 원천납세의무자에게 소득세를 부과할 수 있는지 문제된다. 완납적 원천징수와 예납적 원천징수를 구분하여 살펴본다.

(1) 완납적 원천징수

완납적 원천징수는 분리과세되는 세목을 대상으로 하므로 과세관청은 원천징수의무자를 상대로 세금을 징수하여야 하고 원천납세의무자에게 소득세를 부과할 수 없다.[16]

(2) 예납적 원천징수

예납적 원천징수의 경우에는 원천징수의무자에게 조세채무가 확정되었는데 다시 중복적으로 원천납세의무자에게 동일한 조세채무를 확정하는 것은 법리상 허용할 수 없다는 부정설이 있으나,[17] 판례는 원천징수 대상소득이 종합소득 과세표준에 합산하여 신고할 소득으로서 원천징수가 누락되었다면 그 소득자에게 종합소득세를 부과할 수 있다고 판시하고 있다.[18] 소득자가 원천납세의무자의 지위와 더불어 종합소득세 납세의무자의 지위도 가지고 있으므로 과세관청은 소득자에게 종합소득세를 부과할 수 있다고 해석한 것이다. 판례는 더 나아가 근로소득 등만 있어 종합소득 과세표준 신고의무가 면제된 연말정산 대상자에 대하여도 원천징수가 누락되었다면 종합소득세를 부과할 수 있다고 한다.[19]

소득세법 제80조 제2항은 소득세를 원천징수한 내용에 탈루나 오류가 있는 경우로서 원천

---

14) 대법원 2002. 11. 8. 선고 2001두8780 판결
15) 대법원 1984. 4. 10. 선고 83누540 판결
16) 임승순, 조세법(2021), 500면
17) 김완석·정지선, 소득세법론(2021), 821면
18) 대법원 1981. 9. 22. 선고 79누347 전원합의체 판결
19) 대법원 2001. 12. 27. 선고 2000두10649 판결, 대법원 2006. 7. 13. 선고 2004두4604 판결

징수의무자의 폐업·행방불명 등으로 원천징수의무자로부터 징수하기 어렵거나 근로소득자의 퇴사로 원천징수의무자의 원천징수 이행이 어렵다고 인정되는 경우 과세관청은 원천납세의무자에게 경정결정을 할 수 있다고 규정하고 있으므로 과세관청은 원칙적으로 원천징수의무자로부터 조세를 징수하되, 원천징수의무자로부터 조세를 징수할 수 없는 사정이 있는 경우에는 예외적으로 원천납세의무자에게 소득세를 부과할 수 있다고 해석하는 것이 타당하다.

다. 원천납세의무자의 경정청구권 행사

(1) 경정청구권 행사 여부

현행 법령은 종합소득세 과세표준 신고의무가 면제되어 연말정산 또는 원천징수만으로 납세의무가 종결되는 근로소득 등의 원천납세의무자에게 경정청구권을 인정한다(국기법 제45조의2 제4항). 원천납세의무자에게 경정청구권을 인정한 것은 원천징수제도를 국가와 원천징수의무자 사이의 법률관계를 중심으로 파악하는 것과 조화되지 않는다. 과세관청이 원천납세의무자에게 소득세를 부과할 수 있다고 해석한 판례가 있으나, 이는 어디까지나 과세관청이 원천징수의무자로부터 세액을 징수할 수 없는 경우에 예외적으로 인정된다. 그럼에도 불구하고 근로소득 등의 소득만 있어 종합소득 과세표준 신고의무가 면제된 원천납세의무자는 근로소득세가 과다하게 징수된 경우 별다른 구제수단이 없었는데 위 조항의 신설로 새로운 구제수단을 얻게 되었다는 점에서 의의를 찾을 수 있다. 근로소득 등의 원천징수가 누락된 경우 과세관청이 원천납세의무자에게 종합소득세를 부과할 수 있으므로 이에 대응하여 원천징수가 잘못 이행된 경우 원천납세의무자에게 경정청구권을 인정한 것이다. 과거 분리과세되는 완납적 원천징수의 경우에는 원천납세의무자에게 경정청구권을 인정하지 않았으나 2019. 12. 31. 국기법을 개정하여 원천납세의무자에게도 경정청구권을 인정하였다.

(2) 소득처분에 의하여 소득금액이 변동한 경우 원천납세의무자의 경정청구권 행사 여부

소득처분에 의하여 소득금액이 변동하여 소득세법 시행령 제134조 제1항에 따라 위 기간 내에 신고 및 납부의무를 이행한 자는 국기법 제45조의2 제1항 제1호 소정의 경정청구권을 행사할 수 있다.[20] 소득세법 시행령 제134조 제1항은 소득처분에 따라 변동된 소득금액에 대한 과세표준 및 세액의 확정신고 및 납부기한을 유예하여 주기 위해 마련된 규정이기 때문이다. 이때 경정청구의 범위를 원천납세의무자가 실제 추가신고납부한 부분으로 한정할 근거가 없으므로 원천납세의무자가 추가신고납부한 부분 이외에 원천징수의무자가 납부한 세액에 대하여도 경정청구를 할 수 있다. 이와 같이 해석하는 것이 원천납세의무자에게 경정청구권을 인정한 국기법 제45조의2 제4항과 균형을 맞출 수 있다.

---

20) 대법원 2011. 11. 24. 선고 2009두20274 판결

(3) 경정청구권과 환급청구권의 관계

원천납세의무자의 경정청구가 인용될 경우 환급청구권은 해당 세액을 그 명의로 납부한 자들에게 각 납부금액별로 귀속된다. 따라서 원천징수의무자가 그 명의로 납부한 세액에 대하여는 원천징수의무자에게 환급청구권이 발생하고, 원천납세의무자가 그 명의로 납부한 세액에 대하여는 원천납세의무자에게 환급청구권이 발생한다.[21] 가령, 과세관청이 법인에 대한 소득금액변동통지를 하면 법인이 해당 의제소득에 대하여 원천징수한 세금을 납부하고, 이 소득이 원천납세의무자가 사외유출된 과세기간의 소득과 더해져서 더 높은 세율이 적용되면 원천납세의무자도 세금을 추가납부하는 경우가 생길 수 있다. 이때 원천징수의무자가 납부한 세액은 원천징수의무자에게 환급하고, 원천납세의무자가 납부한 세액은 원천납세의무자에게 환급한다. 원천납세의무자가 경정청구권을 행사하였더라도 원천징수의 법률관계를 명확히 하기 위하여 환급청구권은 그 명의로 세금을 납부한 자에게 인정한 것이다.

3. 원천징수의무자와 원천납세의무자

가. 원천징수의무자의 원천납세의무자에 대한 구상권 행사

(1) 일반적인 경우

원천징수의무자와 원천납세의무자 사이에서는 사법상 법률관계가 적용된다. 따라서 원천징수의무자가 원천납세의무자로부터 원천징수세액을 징수하지 않은 채 이를 국가에 납부하면 원천납세의무자에게 구상권을 행사할 수 있다.[22] 이 경우 원천납세의무자는 원천납세의무의 존부 및 범위를 다투어 구상금의 전부 또는 일부의 지급을 거절할 수 있다.[23]

원천징수의무자가 원천납세의무자에게 소득을 현실로 지급하는 때에는 원천납세의무자의 소득으로 세금을 납부할 것이므로 원천징수의무자가 원천납세의무자에게 구상권을 행사하는 경우는 거의 생기지 않는다. 원천징수의무자가 원천납세의무자에게 구상권을 행사하는 것은 대부분 소득처분에 의하여 소득금액을 지급한 것으로 의제되는 경우에 생긴다. 이 경우 원천징수의무자는 우선 자신의 돈으로 세금을 납부하므로 그 후 원천납세의무자에게 구상권을 행사하게 된다. 원천징수의무자가 구상권을 행사할 때에는 국가에 원천징수세액을 납부한 사실뿐만 아니라 원천납세의무자의 납세의무가 존재한 사실까지 증명하여야 하는 것이 원칙이므로 과세관청의 대표자상여 소득처분 및 소득금액변동통지에 따라 원천징수세액을 납부한 법인이 구상권을 행사하는 경우에도 마찬가지로 원천징수의무자인 법인은 원천징수세액을 납부한 사실뿐만 아니라 원천납세의무자인 대표자의 납세의무가 존재한 사실을 증명할 책임이 있다.[24]

---

21) 대법원 2016. 7. 14. 선고 2014두45246 판결
22) 대법원 2008. 9. 18. 선고 2006다49789 전원합의체 판결
23) 대법원 2011. 11. 24. 선고 2009다16889 판결
24) 대법원 2016. 6. 9. 선고 2014다82491 판결

(2) 귀속불분명을 이유로 원천징수하는 경우

법인이 익금산입액의 귀속불분명을 이유로 상여처분된 소득금액에 대하여 원천징수세액을 납부한 후 대표자를 상대로 구상금청구를 한 경우 대표자가 법인의 구상금청구를 거절하기 위해서는 ① 인정상여로 처분된 소득금액이 자신에게 귀속되지 않았다는 점, ② 귀속자가 따로 있다는 점을 증명하여야 한다.[25] 대법원 2008. 9. 18. 선고 2006다49789 전원합의체 판결 이전에는 법인으로 하여금 익금산입액이 대표자에게 귀속되었다는 점을 증명할 것을 요구하였으나,[26] 귀속불분명을 이유로 원천징수의무자의 납부에 의하여 납세의무가 소멸된 대표자가 귀속불분명을 내세워 원천징수의무자와 관계에서 구상금 지급을 거절하는 것은 불합리하므로 증명책임을 대표자에게 지우는 것으로 판례를 변경한 것이다.

나. 원천납세의무자의 원천징수의무자에 대한 부당이득반환권 행사

원천징수의무자가 원천납세의무자로부터 원천징수대상이 아닌 소득에 대하여 세액을 징수하였거나 징수하여야 할 세액을 초과하여 징수한 경우 원천납세의무자는 원천징수의무자를 상대로 부당이득의 반환을 구할 수 있다.[27]

제4절 원천징수의 특례

1. 원천징수의 면제와 배제

가. 면제

원천징수의무자는 소득세가 과세되지 않거나 면제되는 소득을 지급할 때에는 소득세를 원천징수하지 않는다(소득법 제154조).

나. 배제

소득이 발생된 후 소득이 지급되지 않아 원천징수되지 않은 소득이 종합소득에 합산되어 과세된 경우 그 소득을 지급할 때에는 소득세를 원천징수하지 않는다(소득법 제155조). 이미 원천징수대상소득이 종합소득에 포함되어 과세되었기 때문에 원천징수를 할 이유가 없어졌기 때문이다.

---

25) 대법원 2008. 9. 18. 선고 2006다49789 전원합의체 판결
26) 대법원 1988. 9. 27. 선고 87누519 판결
27) 대법원 2003. 3. 14. 선고 2002다68294 판결

2. 각종 원천징수 특례

가. 특정금전신탁 등의 원천징수 특례

원천징수를 대리하거나 위임을 받은 자는 이자소득, 배당소득이 신탁에 귀속된 날부터 3개월 이내의 특정일에 소득세를 원천징수하여야 한다(소득법 제155조의2 제1호). 신탁소득이 신탁재산에 귀속된 시점에 원천징수하는 것이 논리적으로 맞으나, 그때 바로 원천징수하는 것이 현실적으로 어렵다는 점을 감안하여 3개월의 시간적 여유를 부여한 것이다.[28]

나. 집합투자기구의 원천징수 특례

자본시장법에 따른 집합투자재산에 소득이 귀속되는 시점에는 그 소득금액이 지급된 것으로 보지 않는다(소득법 제155조의3). 따라서 집합투자재산에 소득이 귀속되는 시점에는 원천징수하지 않고 그 소득을 수익자에게 분배하는 시점에 원천징수한다(소득법 제127조 제1항, 제4항).

다. 상여처분의 원천징수 특례

법인이 채무자회생법상 회생절차에 따라 특수관계인이 아닌 다른 법인에 합병되는 등 지배주주가 변경된 이후 회생절차 개시 전에 발생한 사유로 인수된 법인의 대표자 등에 대하여 법인세법 제67조에 따라 상여로 처분되는 소득에 대해서 소득세를 원천징수하지 않는다(소득법 제155조의4). 회생법인을 인수하기 이전의 경영진의 행위에 대하여 원천징수하면 세금으로 인하여 기업회생에 장애가 될 수 있으므로 원천징수를 면제하는 것이다.

라. 서화·골동품 양도소득의 원천징수 특례

서화·골동품 양도소득에 대한 원천징수의무자는 양수인이다. 그러나 양수자가 외국인인 경우 등 원천징수의무자가 원천징수를 하기 곤란하여 원천징수를 하지 못하는 경우에는 양도자가 원천징수하여야 한다(소득법 제155조의5).

마. 종교인소득에 대한 원천징수 예외

종교인소득을 지급하는 자는 소득세를 원천징수하지 않을 수 있다. 이 경우 종교인소득을 지급받은 자는 종합소득 과세표준을 신고하여야 한다(소득법 제155조의6).

---

28) 이중교, "신탁법상의 신탁에 대한 과세상 논점", 법조 통권 제639호, 2009, 347~348면

제5절   납세조합의 원천징수

1. 의의

가. 납세조합의 의의

납세조합은 원천징수 대상이 아닌 근로소득이 있는 자, 복식부기의무자가 아닌 농축수산물 판매업자, 노점상인 등이 납세의 편의를 위해서 조직한 조합을 의미한다(소득법 제149조, 소득령 제204조 제2항). 납세조합은 권리능력 없는 사단이다.[29] 납세조합의 원천징수제도는 세원포착이 어려운 업종의 납세자 등이 스스로 조합을 결성하여 세금을 원천징수하여 납부할 수 있도록 하는 제도이다.

나. 일반적인 원천징수제도와의 비교

일반적인 원천징수의무자와 납세조합은 소득세를 징수하여 납부하는 징수기관으로서의 지위를 갖는다는 점에서는 공통점이 있다. 그러나 일반적인 원천징수의무자는 수급자에게 소득금액을 지급할 때 그 지급소득에서 소득세를 징수하는 반면, 납세조합은 조합원에게 소득을 지급하는 것이 아니라 조합원이 자진하여 납세조합에 소득세를 납부하고 납세조합이 이를 징수하는 것이다. 따라서 납세조합의 조합원이 자진하여 소득세를 납부하지 않으면 납세조합이 이를 강제적으로 징수할 수 없다.

2. 납세조합의 징수 및 납부

가. 징수

납세조합은 조합원의 근로소득이나 사업소득에 대한 소득세를 매월 징수하여야 한다(소득법 제150조 제1항). 납세조합은 조합원에 대한 매월분 소득세를 징수할 때 세액의 3%에 해당하는 납세조합공제를 하고 징수한다(소득법 제150조 제2항, 제3항). 납세조합공제는 조합원 1인당 연간 100만 원을 한도로 한다. 납세조합은 소득세를 징수할 때 각 조합원의 매월분 소득에 12를 곱한 금액에서 종합소득공제를 적용한 금액에 기본세율을 적용하여 계산한 세액의 12분의 1을 매월분의 소득세로 하여 세액공제와 납세조합공제를 적용한 금액을 징수한다(소득법 제152조 제1항).

나. 납부

납세조합은 징수한 매월분의 소득세를 징수일이 속하는 달의 다음 달 10일까지 납부하여야 한다(소득법 제151조).

---

29) 헌법재판소 2006. 1. 26. 선고 2003헌가21 결정

3. 법정교부금

납세조합이 조합원의 소득세를 징수하여 납부하면 과세당국은 매월 징수납부한 소득세액의 1%에서 10%까지의 범위에서 납세조합에게 교부금을 지급하되, 조합원 1인당 30만 원을 한도로 한다(소득법 제169조, 소득령 제221조 제1항, 소득칙 제99조의4). 이 교부금은 국가에서 납세조합에 지급하는 보조금의 성격이라기보다는 납세조합의 소득세 징수행위에 대한 보상의 성격이 강하다.

제4편 부가가치세법

부가가치세 총론

제1장

제1절 개요

1. 의의

가. 부가가치세의 개념 및 과세원리

부가가치(附加價値)는 사전적 의미로는 새로 덧붙인 가치로서 재화의 생산 및 유통, 용역의 제공 등의 과정에서 각 거래단계의 사업자가 창출한 가치의 증가분을 의미한다. 부가가치는 매출액에서 매입액을 공제하여 산정하는데, 부가가치세는 이러한 부가가치를 과세대상으로 하여 부과하는 세금이다.[1] 부가가치세는 재화와 용역의 유통단계에서 부가가치를 창출한 각 사업자에게 과세하지만 사업자들은 이를 다음 단계의 거래자들에게 떠넘긴다. 이러한 의미에서 사업자의 부가가치세 납세의무는 그 실질이 거래상대방으로부터 부가가치세를 거래징수하여 국가에 납부하는 일종의 납부의무 대행이라고 할 수 있다.[2] 공급자는 거래상대방으로부터 부가가치세를 거래징수하여 국가에 납부하고, 이러한 과정이 이어져 최종소비자에게 부가가치세 부담이 전가(轉嫁)된다. 부가가치세는 사업자를 납세의무자로 정하고 있으나, 궁극적으로 최종소비자에게 전가되므로 소비세의 성격을 갖는다. 다만, 부가가치세의 전가는 이론적인 것이고 거래현실에서는 동업자 간 경쟁, 매출자와 매입자의 힘의 우열관계 등에 따라 사업자가 실제 부가가치세를 부담하는 경우가 생길 수 있다.[3]

소비자들이 최종적으로 소비하는 재화나 용역의 가격은 재화나 용역을 공급하는 사업자의 부가가치 합계와 같으므로 이론적으로 재화나 용역의 각 공급단계에서 부가가치를 창출한 각 사업자에게 과세하는 부가가치세액은 최종소비자가 부담하는 부가가치세액과 동일하다. 그렇다고 재화나 용역의 최종소비자에게 직접 부가가치세를 과세한다면 부가가치세가 과세되는 소비자의 수가 지나치게 많고 과세행정상 세금의 징수에도 어려움을 겪을 수밖에 없다.

---

[1] 부가가치세는 각 거래단계의 매출액이 아니라 부가가치를 과세대상으로 하므로 다단계 매상세가 가지는 누적효과(accumulative effect)를 방지할 수 있다. 다단계 매상세에서는 기업들이 수직통합을 통해 거래단계를 줄이려고 하는 유인이 있으나, 부가가치세에서는 수직통합의 필요성이 없어진다.
[2] 김두형, 부가가치세법론(2016), 39면
[3] 김두형, 부가가치세법론(2016), 40면

최종소비자에게 재화나 용역을 공급하는 사업자에게 부가가치세를 과세하는 경우에도 그 이전 단계의 사업자에게 부가가치세를 과세하는 것보다 납세자의 수가 많고 효율적인 세금의 징수를 기대하기 어렵다. 그래서 현실의 부가가치세는 재화나 용역의 각 공급단계에서 부가가치를 창출하는 각 사업자에게 부가가치세를 과세하는 모습을 띤다.

나. 부가가치세 과세사례

원목상이 벌목한 나무가 유통되어 가구가 만들어지는 거래과정을 통해 부가가치세 과세구조를 살펴보기로 한다. 원목상이 나무를 벌목하여 목재상에게 1,000만 원에 판매하고, 목재상은 나무를 가공하여 가구상에게 1,300만 원에 판매하며, 가구상은 목재로 가구를 제조하여 최종소비자에게 1,500만 원에 판매하는 경우를 가정하면, ① 원목상은 자신이 창출한 부가가치 1,000만 원(1,000만 원-0원)에 대한 10%의 부가가치세 100만 원을 목재상으로부터 거래징수하여 국가에 납부한다. ② 목재상은 가구상에게 매출할 때 매출세액 130만 원(1,300만 원×10%)을 거래징수하고 원목상으로부터 거래징수당한 매입세액 100만 원(1,000만 원×10%)을 공제해서 자신이 창출한 부가가치 300만 원(1,300만 원-1,000만 원)에 대한 부가가치세 30만 원을 국가에 납부한다. ③ 가구상은 최종소비자에게 매출할 때 매출세액 150만 원(1,500만 원×10%)을 거래징수하고 목재상으로부터 거래징수당한 매입세액 130만 원(1,300만 원×10%)을 공제해서 자신이 창출한 부가가치 200만 원(1,500만 원-1,300만 원)에 대한 부가가치세 20만 원을 국가에 납부한다. 이 내용을 표로 나타내면 다음과 같다.

| 부가가치세 과세사례 |

구 분	원목상	목재상	가구상	비 고
매입액	0원	10,000,000원	13,000,000원	
창출한 부가가치	10,000,000원	3,000,000원	2,000,000원	15,000,000원
매출액	10,000,000원	13,000,000원	15,000,000원	
매출세액	1,000,000원	1,300,000원	1,500,000원	
매입세액	0원	1,000,000원	1,300,000원	
납부세액	1,000,000원	300,000원	200,000원	1,500,000원

다. 부가가치세의 중요성

부가가치세는 법인세나 소득세보다 먼저 신고하는 선행세목이므로 과세관청은 납세의무자가 신고한 부가가치세를 통해 법인세나 소득세의 과세표준을 미리 파악할 수 있다는 점에서 중요한 의미를 갖는다.[4] 또한 부가가치세는 소득세, 법인세와 함께 전체 세수(稅收)에서 차

---

4) 소득세는 다음 연도 5. 31.까지 과세표준과 세액을 신고하고, 법인세는 사업연도 종료일부터 3개월 이내에 과세표준과 세액을 신고한다. 반면, 부가가치세는 1기의 경우 7. 25.까지, 2기의 경우 다음 연도 1. 25.까지

지하는 비중이 높은 핵심적인 세목이다.

2. 부가가치세의 역사

가. 의의

부가가치세는 1954년 프랑스에서 처음 도입된 것으로 알려져 있다. 그 후 1967년 유럽연합(당시 유럽공동체) 회원국들이 부가가치세를 공통의 일반소비세제로 시행하도록 부가가치세 지침(VAT Directives)을 제정하면서 유럽에 정착하였고, 그 후 세계의 다른 나라로 퍼져 나 갔다. 현재 미국을 제외한 대부분의 국가가 부가가치세를 채택하고 있다.

나. 우리나라의 경우

우리나라는 1976년 기존의 영업세, 전기가스세, 통행세, 유흥음식세 등 9개로 나누어져 있 던 소비세를 부가가치세 하나로 통합하는 부가세법을 제정하여 1977. 7. 1.부터 시행하였다. 부가가치세의 도입은 간접세의 전면개편을 동반하였기 때문에 간접세의 혁명으로 평가된다.

3. 부가가치세의 특징

부가가치세는 다음과 같은 특징을 가지고 있다.

① 부가가치세는 일반소비세이다. 부가세법상 부가가치세가 면제된다는 특별한 규정이 없 는 한 모든 재화와 용역의 소비에 대하여 부가가치세가 과세된다.

② 부가가치세는 간접세이다. 부가가치세는 국가가 소비자로부터 직접 징수하지 않고 사 업자가 재화나 용역을 공급할 때 그 거래상대방으로부터 거래징수하여 국가에 납부한다.

③ 부가가치세는 다단계소비세이다. 부가가치세는 재화와 용역의 생산부터 소비에 이르는 각 거래단계별로 과세한다.

④ 부가가치세는 거래세이다. 부가가치세는 재화나 용역을 공급한 결과 실질적인 이익이 없더라도 부가가치세를 납부하여야 한다.[5] 이와 같이 부가가치세는 납세자의 소득이 아닌 소 비에 기반하여 과세된다.

⑤ 부가가치세는 물세(物稅)이다. 부가가치세는 소득세와 달리 납세의무자의 인적 사정이 나 담세력을 고려하지 않으므로 역진성이 있다. 부가가치세의 역진성을 완화하기 위하여 기 초생필품, 대중교통 등 서민이 이용하는 재화나 용역의 공급에 대하여는 면세를 적용하고, 보 석 등 사치재 등에 대하여는 개별소비세를 과세한다.[6]

과세표준과 세액을 신고하므로 소득세와 법인세보다 먼저 과세표준과 세액을 신고하게 된다.
5) 대법원 1986. 8. 19. 선고 86누110 판결
6) 개별소비세는 특별소비세라는 명칭으로 1976년에 제정되었다가 2008년 개별소비세로 명칭이 변경되었다.

1. 과세유형

가. 종류

(1) 총소득형(GNP)

총소득형(GNP)은 부가가치를 일정 기간 동안 생산된 모든 최종생산물의 가치로 파악한다. 부가가치를 계산할 때 총수입에서 중간투입물을 공제하나, 자본재 매입비용, 감가상각비 등은 공제하지 않으므로 소비재뿐 아니라 중간재에 대하여도 부가가치세가 과세된다. 과세범위가 넓으나, 자본재에 과세하여 투자를 억제하는 단점이 있다.

(2) 순소득형(NNP)

순소득형(NNP)은 부가가치를 일정 기간 동안 생산된 모든 최종생산물의 가치에서 감가상각비를 공제한 가치로 파악한다. 부가가치를 계산할 때 총수입에서 중간투입물과 감가상각비를 공제하나, 자본재 매입비용은 공제하지 않는다. 감가상각비를 공제하는 점에서 총소득형과 차이가 있다.

(3) 소비형(NI)

소비형(NI)은 부가가치를 총수입에서 중간투입물과 자본재 매입비용을 공제한 가치로 파악한다. 자본재 구입에 소요되는 투자비용을 과세에서 제외하므로 소비재에 대해서만 과세한다. 자본재 구입에 드는 비용을 공제하므로 투자를 유인하는 효과가 있고, 감가상각비 계산방법을 규정할 필요가 없어 단순하다는 장점이 있다.

나. 우리나라의 경우

우리나라는 소비형(NI) 부가가치세를 채택하고 있다. 부가가치세를 시행하는 국가도 대부분 소비형(NI) 부가가치세를 채택하고 있다.

2. 계산방법

가. 종류

(1) 가산법(加算法)

과세기간 중 발생한 부가가치는 근로자에게 임금, 채권자에게 이자, 자산소유자에게 임대료, 투자자에게 배당 등의 형태로 배분된다. 이와 같은 요소소득(要素所得)에 해당하는 임금, 이자, 임대료, 이윤 등을 합하여 부가가치를 구하고 여기에 세율을 곱하여 부가가치세를 계산하는 방법을 가산법이라고 한다. 가산법은 개별 재화나 용역에 부과된 부가가치세의 전가여부가 불명확하고 재화나 용역의 종류별로 면세를 적용하기 어려운 단점이 있다.

(2) 전단계거래액공제법

전단계거래액공제법은 과세기간 중 각 사업자의 매출액에서 매입액을 공제하여 부가가치를 구하고 여기에 세율을 곱하여 부가가치세를 계산하는 방법이다. 이를 산식으로 표현하면 다음과 같다.

$$부가가치세 = (매출액 - 매입액) \times 세율$$

개별 재화나 용역의 부가가치를 직접 계산하므로 부가가치세의 과세대상이 부가가치라는 점이 뚜렷하게 드러나는 장점이 있지만 개별 재화나 용역에 부과된 부가가치세의 전가 여부가 불명확하고 재화나 용역의 종류별로 면세를 적용하기가 어려운 단점이 있다.

(3) 전단계세액공제법

전단계세액공제법은 과세기간 중 각 사업자의 매출액에 세율을 곱하여 계산한 매출세액에서 매입 시 거래징수당한 매입세액을 공제하여 부가가치세를 계산하는 방법이다. 이를 산식으로 표현하면 다음과 같다.

$$부가가치세 = (매출세액 - 매입세액) = (매출액 \times 세율 - 매입액 \times 세율)$$

개별 재화나 용역의 부가가치를 간접적으로 계산하므로 부가가치세의 과세대상이 부가가치라는 점이 뚜렷하게 드러나지 않으나, 공급자의 매출세액과 공급받는 자의 매입세액이 일치하여 납세자 간 상호견제(cross-check)가 가능하므로 탈세방지에 효과적이다. 즉 과세관청은 공급자가 신고한 매출세액과 공급받는 자가 신고한 매입세액을 대조하여 공급자와 공급받는 자의 과세누락을 효과적으로 확인할 수 있다.

나. 우리나라의 경우

부가세법 제37조 제2항은 매출세액에서 매입세액을 공제하여 부가가치세를 산출하도록 규정하고 있으므로 전단계세액공제법을 채택하고 있음을 알 수 있다. 따라서 부가가치를 직접 부가가치세 과세대상으로 규정하지 않고, 부가가치를 창출할 수 있는 동적 상태인 재화의 공급, 용역의 공급 등을 과세대상으로 규정한다.[7]

---

7) 헌재 2011. 2. 24. 선고 2009헌바203 결정 등

1. 소비세의 국제적 분배

가. 의의

A국의 사업자가 자국에서 생산한 재화를 B국에 수출하여 B국 국민이 소비할 때 그 재화에 대한 부가가치세를 어느 나라에서 과세할지 결정하는 것이 소비세의 국제적 분배의 문제이다. 이에 대하여는 크게 재화의 생산지에서 과세하여야 한다는 생산지과세원칙(origin principle)과 재화의 소비지에서 과세하여야 한다는 소비지과세원칙(destination principle)의 대립이 있다.

나. 소비세의 국제적 분배기준(생산지과세원칙 vs 소비지과세원칙)

생산지과세원칙(origin principle)은 소비세의 과세권을 재화를 생산한 국가에 부여한다. 생산지과세원칙에 의하면 재화를 생산한 국가에서 부가가치세를 과세하고 재화의 수입에 대하여는 부가가치세를 과세하지 않는다.

소비지과세원칙(destination principle)은 소비세의 과세권을 재화를 소비한 국가에 부여한다. 소비지과세원칙에 의하면 재화를 소비한 국가에서 부가가치세를 과세하므로 재화의 수입에 대하여 부가가치세를 과세하고 재화의 수출에 대하여는 부가가치세를 과세하지 않는다. 따라서 재화를 수출하는 경우 영세율 등의 방법으로 생산지에서 과세된 부가가치세를 환급하거나 공제한다.

다. 장단점

생산지과세원칙과 소비지과세원칙은 각기 장단점이 있다. 생산지과세원칙을 적용하면 국경에서 조세의 조정이 불필요하므로 그에 따른 행정비용을 줄일 수 있는 장점이 있으나, 재화 수출국과 수입국의 세율이 다르면 국가 간 세수분배를 왜곡하는 단점이 있다.[8] 반면, 소비지과세원칙에 의하면 재화가 다른 국가에서 생산되었더라도 수입국에서 동일한 세율이 적용되므로 국가 간 세수분배의 중립성을 확보할 수 있는 장점이 있으나, 국경에서 조세의 조정이 필요하므로 그에 따른 행정비용이 소요되는 단점이 있다.

예를 들어, 수출국인 A국의 부가가치세 세율은 10%이고 수입국인 B국의 부가가치세 세율은 5%이며 재화의 가격이 100원이라고 가정할 경우 생산지과세원칙을 적용하면 A국에서 부가가치세를 더한 재화의 가격이 110원(100원 + 10원)이고, 이 재화가 B국으로 수출되므로 B국에서 수입품 가격은 110원이나 국산품 가격은 105원(100원 + 5원)이다. 이에 비하여 소비지과세원칙을 적용하면 A국에서 부가가치세가 공제되어 재화의 가격이 100원이고, 이 재화

---

8) 홍범교·안종석, 「전자상거래와 조세 : 국제적 논의동향과 정책 시사점」, 한국조세연구원, 2001, 82~83면

가 B국으로 수출되므로 B국에서 수입품이나 국산품 모두 재화의 가격이 105원(100원 + 5원)으로 동일하다.

2. 국경세조정

가. 소비지과세원칙과 국경세조정

관세 및 무역에 관한 일반 협정(General Agreement on Tariffs and Trade, GATT)은 소비세의 과세권 분배에 대하여 소비지과세원칙을 채택하였다. 이는 재화의 국제거래에 대하여 국경에서의 세조정, 즉 국경세조정(Border Tax Adjustment)이 이루어진다는 뜻이다. 따라서 수입품에 세금을 부과하고, 수출품에 부과된 세금을 환급하거나 공제하는 조치가 이루어진다.

나. 우리나라의 경우

우리나라도 소비지과세원칙에 따라 국경세조정을 한다. 이에 따라 재화의 수입에 대하여 부가가치세를 과세하고, 재화의 수출에 대하여는 영세율을 적용하여 부가가치세를 공제하거나 환급함으로써 부가가치세 부담을 제거한다.

제2장

납세의무자 및 납세지

제1절 · 납세의무자

1. 의의

사업자, 재화를 수입하는 자는 부가가치세 납세의무가 있다(부가법 제3조 제1항). 개인, 법인, 법인격이 없는 사단·재단, 그 밖의 단체는 물론 국가, 지자체, 지자체조합을 포함한다.

2. 사업자

가. 의의

사업자란 사업목적이 영리이든 비영리이든 관계없이 사업상 독립적으로 재화 또는 용역을 공급하는 자를 말한다(부가법 제2조 제3호). 사업자는 부가가치를 창출해 낼 수 있는 정도의 사업형태를 갖추고 계속적·반복적으로 재화나 용역을 공급하는 자이다.[1] 이를 나누어 설명하면 다음과 같다.

① 사업자는 사업상 재화나 용역을 공급하여야 한다. 사업상이라 함은 계속적으로 반복하여 재화나 용역을 공급하는 것을 의미한다.[2]

② 사업자는 독립적으로 재화나 용역을 공급하여야 한다. 독립적이라 함은 독립된 사업형태를 갖추고 자신의 계산하에 재화 또는 용역을 공급하는 것을 의미한다.[3] 독립성은 인적 독립과 물적 독립으로 나눌 수 있다. 인적 독립은 재화 또는 용역을 공급하는 자가 타인에게 고용되어 있지 않다는 것이고, 물적 독립은 사업 자체가 다른 사업에 종속되어 있지 않다는 것이다. 건축공사에서 현장소장이 단순히 근로를 제공하는 것이 아니라 자기계산과 책임하에 건물신축공사를 하도급받아 용역을 제공한 경우 그 현장소장은 독립된 사업자로서 부가가치세 납세의무가 있다.[4]

③ 영리목적 유무를 묻지 않는다. 사업자가 부가가치를 창출하였더라도 그에 대한 부가가

---

1) 부가세법 기본통칙 3-0-1 ①
2) 대법원 2001. 2. 23. 선고 98두16644 판결
3) 대법원 2002. 11. 8. 선고 2001두4849 판결
4) 국심 2006. 5. 11.자 2005서1898 결정

치세를 소비자에게 전가할 것을 예정하고 있으므로 영리목적을 요구하지 않는다. 이에 따라 국가, 지자체와 지자체조합도 부가세법상 사업자가 될 수 있다(부가법 제3조 제1항 괄호부분). 영리목적이 없어서 부가가치를 창출하지 않으면 매출세액과 매입세액이 동일하여 납부세액이 영(0)이 된다.

위와 같은 사업자의 기준에서 보면 공동주택의 입주자대표회의가 단지 내 주차장 등 부대시설을 운영·관리하면서 입주자들로부터 실비 상당의 이용료를 받는 경우 부가가치세 납세의무가 없으나, 외부인으로부터 이용료를 받는 경우에는 부가가치세 납세의무가 있다.[5]

나. 법적 실체

개인, 법인은 물론 법인격 없는 단체도 사업자가 될 수 있다. 여기서 법인격 없는 단체의 범위에 대하여 논란이 있을 수 있다.[6]

(1) 국세기본법과의 관계

국기법 제13조에 의하여 법인으로 의제되는 당연의제법인과 승인의제법인만 부가세법상 사업자가 될 수 있다는 의견이 있을 수 있으나, 부가세법상 그와 같이 한정할 법적인 근거가 없다. 따라서 국기법 제13조의 요건을 충족하지 못하는 단체도 부가세법상 사업자에 해당한다.

(2) 소득세법과의 관계

소득세법상 이익의 분배방법이나 분배비율이 정하여져 있는 법인격 없는 단체는 공동사업에 해당하므로 이익의 분배방법이나 분배비율이 정하여져 있지 않은 단체만 사업자가 될 수 있다는 의견이 있을 수 있다. 그러나 부가세법은 소득세법을 준용하지 않으므로 법인격 없는 단체는 이익의 분배방법이나 분배비율이 정하여져 있는지 여부와 상관없이 부가세법상 사업자에 해당한다. 따라서 법인격 없는 단체가 이익의 분배방법이나 분배비율이 정하여져 있어서 국기법상 의제법인이 아니고 소득세법상 거주자가 아닌 경우에도 부가세법상으로는 구성원으로부터 독립한 납세의무자가 될 수 있다.

다. 사업자의 구분

(1) 일반과세자

일반과세자는 간이과세자가 아닌 사업자를 말한다(부가법 제2조 제5호). 일반과세자는 재화나 용역을 공급할 때 원칙적으로 세금계산서를 주고 받고 매출세액에서 매입세액을 공제하여 납부세액을 계산한다.

---

5) 부가세법 기본통칙 3-0-4
6) 이중교, "세법상 법인격 없는 단체의 고찰", 사법 제38호, 2016, 103~104면

(2) 간이과세자

간이과세자는 직전 연도의 재화와 용역의 공급대가 합계액이 1억 400만 원에 미달하는 개인사업자를 말한다. 간이과세자는 영세사업자라는 점을 감안하여 매출세액에서 매입세액을 공제하여 납부세액을 계산하는 대신 매출액에 부가가치율을 곱하여 납부세액을 계산하는 특례를 인정한다. 2021. 2. 17. 부가세법 시행령 개정 시 간이과세자 기준을 종전의 4,800만 원에서 8,000만 원으로, 2024년 개정 시 다시 1억 400만 원으로 높여 그 범위가 넓어졌다(부가법 제2조 제4호, 부가령 제109조 제1항). 간이과세자는 개인사업자만 해당되므로 법인사업자는 재화와 용역의 공급대가 합계액이 1억 400만 원에 미달하더라도 간이과세자에 해당하지 않는다.

3. 재화의 수입자

재화의 수입에 대하여는 소비지과세원칙에 의하여 부가가치세가 과세되므로 재화를 수입하는 자는 부가가치세 납세의무가 있다. 재화를 수입하는 자가 사업자인지 여부를 가리지 않으므로 사업자 아닌 소비자가 재화를 수입하는 경우에도 부가가치세 납세의무가 있다. 따라서 소비자가 해외에서 물건을 직접 구매하는 경우에도 부가가치세가 붙는다.

4. 특별한 경우

가. 위탁매매 또는 대리인에 의한 매매

(1) 의의

위탁매매는 자기의 명의로 타인의 계산에 의하여 물품을 구입 또는 판매하고 보수를 받는 것을 말하고, 대리인에 의한 매매는 사용인이 아닌 자가 일정한 상인을 위하여 상시 그 사업부류에 속하는 매매의 대리 또는 중개를 하고 보수를 받는 것을 말한다.[7]

(2) 납세의무자

위탁매매 또는 대리인에 의한 매매를 할 때 납세의무자는 원칙적으로 위탁자 또는 본인이다(부가법 제10조 제7항). 상법상으로는 위탁매매의 거래당사자는 위탁매매인과 그 거래상대방이고 위탁자와 상대방은 아무런 법률관계가 없다(상법 제101조, 제103조). 그러나 부가세법은 원칙적으로 위탁자가 상대방에게 직접 재화를 공급한 것으로 간주한다. 위탁매매로 인한 경제적 효과가 위탁자에게 귀속한다는 실질을 중시하여 위탁자가 상대방에게 직접 재화를 공급한 것으로 보는 것이다. 이러한 법리는 준위탁매매인에 의한 공급의 경우에도 유추적용된다.[8] 다만 해당 거래나 재화의 특성상 또는 보관·관리상 위탁자 또는 본인을 알 수 없는 경우에는 수탁자 또는 대리인에게 재화를 공급하거나 수탁자 또는 대리인으로부터 재화를 공급받은 것

---

7) 대법원 1999. 4. 27. 선고 97누20359 판결
8) 대법원 2006. 9. 22. 선고 2004두12117 판결

으로 본다(부가법 제10조 제7항 단서, 부가령 제21조).

위 위탁매매의 법리는 준위탁매매인에 의한 용역의 공급에도 유추적용된다.[9] 이러한 취지에 따라 대법원은 한국철도공사와 甲 회사가 위탁운영 협약을 체결하여 甲 회사가 관광열차를 이용한 여행상품을 판매·운영하고 위 여행상품 판매대금에서 판매·운영수수료, 행사비용, 운영비용을 공제한 나머지를 매월 정산하여 한국철도공사에 지급한 사안에서, 甲 회사는 준위탁매매인에 해당하고, 부가세법 제10조 제7항의 유추적용에 따라 위 여행상품 관련 용역의 공급주체는 위탁자인 한국철도공사라고 판시하였다.

나. 신탁

(1) 의의

신탁은 위탁자와 수탁자 사이의 신임관계에 기하여 위탁자가 수탁자에게 재산을 이전하거나 담보권 설정 또는 그 밖의 처분을 하고 수탁자로 하여금 수익자의 이익 또는 특정목적을 위하여 재산의 관리, 처분, 운용, 개발, 그 밖에 필요한 행위를 하게 하는 법률관계를 의미한다(신탁법 제2조).

(2) 판례 및 입법의 변천

(가) 대법원 2017. 5. 18. 선고 2012두22485 전원합의체 판결 이전

당초 판례는 위탁자와 수익자가 동일한 자익신탁(自益信託)과 위탁자와 수익자가 다른 타익신탁(他益信託)을 구분하여 자익신탁의 경우 위탁자가 납세의무자이고, 타익신탁의 경우 수익자가 납세의무자라고 판시하였다.[10]

(나) 대법원 2017. 5. 18. 선고 2012두22485 전원합의체 판결

대법원 2017. 5. 18. 선고 2012두22485 전원합의체 판결은 부가가치세는 실질적인 소득이 아닌 거래의 외형에 부과하는 거래세이므로 부가세법상 납세의무자에 해당하는지 여부는 재화 또는 용역의 공급이라는 거래행위를 기준으로 판단하여야 한다면서 판례를 변경하여 수탁자가 납세의무자라고 판시하였다.[11] 또한 채무자인 위탁자가 기존 채무의 이행을 담보하기 위하여 수탁자에게 재산을 신탁하면서 채권자를 수익자로 지정하였더라도 당초 수탁자에 대한 신탁재산의 이전과 구별되는 위탁자의 수익자에 대한 별도의 재화의 공급이 존재한다고 볼 수 없다고 판시하였다.[12]

---

9) 대법원 2023. 12. 28. 선고 2020두56780 판결
10) 대법원 2008. 12. 24. 선고 2006두8372 판결
11) 대법원 2017. 5. 18. 선고 2012두22485 전원합의체 판결
12) 대법원 2017. 11. 14. 선고 2014두47099 판결

(다) 2017. 12. 19. 부가세법 개정 이후

2017. 12. 19. 개정된 부가세법은 원칙적으로 위탁자를 납세의무자로 규정하고, 예외적으로 담보신탁 등의 경우에는 수탁자를 납세의무자로 규정하였다(구 부가법 제10조 제8항). 부가가치세의 납세의무를 위탁자로 하되, 대법원 2017. 5. 18. 선고 2012두22485 전원합의체 판결이 담보신탁에 관한 사안이었으므로 담보신탁에 대하여는 수탁자를 납세의무자로 규정한 것이다. 다만, 위탁자가 납세의무자인 경우에는 수탁자에게 신탁재산의 한도 내에서 물적납세의무를 부과하였다(구 부가법 제3조의2).

(라) 2020. 12. 22. 부가세법 개정 이후

2020. 12. 22. 개정된 부가세법은 대법원 2017. 5. 18. 선고 2012두22485 전원합의체 판결의 취지대로 원칙적으로 거래의 주체인 수탁자를 납세의무자로 규정하고, 예외적으로 위탁자가 신탁재산과 관련된 재화 또는 용역을 위탁자 명의로 공급하는 경우, 위탁자가 신탁재산을 실질적으로 지배·통제하는 경우로서 부동산개발 관련 신탁에서 수탁자가 사업비 조달의무를 부담하지 않는 경우, 수탁자가 재개발·재건축사업 등의 사업대행자인 경우, 위탁자의 지시로 수탁자가 위탁자의 특수관계인에게 신탁재산 관련 재화 또는 용역을 공급하는 경우에는 위탁자를 납세의무자로 규정하였다(부가법 제3조 제2항·제3항, 부가령 제5조의2 제2항). 또한 위탁자 지위를 이전하는 경우 기존 위탁자를 납세의무자로 규정하였다(부가령 제5조의2 제3항). 다만, 수탁자가 납세의무자인 경우 수익자에게 제2차 납세의무를 부과하고, 위탁자가 납세의무자인 경우 수탁자에게 물적납세의무를 부과하였다(부가법 제3조의2 제1항, 제2항).

5. 실질과세원칙의 적용 여부

부가세법에서 명문으로 실질과세원칙을 규정하고 있지 않지만 국기법은 부가가치세에도 적용되므로 국기법 제14조의 규정에 따라 실질과세원칙이 적용된다. 판례도 거래 등의 귀속 명의와 실질적인 귀속주체가 다른 경우에는 실질적인 귀속주체를 부가가치세 납세의무자로 보아야 한다고 판시하여 부가가치세에 대하여도 실질과세원칙이 적용됨을 인정한다.[13]

제2절 과세기간

1. 의의

부가가치세는 소득세, 법인세 등과 같이 과세기간을 인위적으로 구분하여 과세단위로 삼는 기간과세세목이다. 사업자가 재화나 용역을 공급할 때마다 부가가치세를 과세하면 납세자의

---

13) 대법원 2014. 5. 16. 선고 2011두9935 판결

납세협력비용이 많이 소요되고 과세관청의 행정비용도 증가하므로 일정한 기간을 끊어서 과세기간 단위로 부가가치세를 과세한다.

2. 일반과세자와 간이과세자의 과세기간

가. 일반과세자

일반과세자의 과세기간은 1기와 2기로 구분한다. 1기는 1. 1.부터 6. 30.까지이고, 2기는 7. 1.부터 12. 31.까지이다(부가법 제5조 제1항 제2호). 위 과세기간 내에서 다시 예정신고기간을 두는데 1기의 예정신고기간은 1. 1.부터 3. 31.까지이고, 2기의 예정신고기간은 7. 1.부터 10. 31.까지이다.

나. 간이과세자

간이과세자의 과세기간은 1. 1.부터 12. 31.까지이다(부가법 제5조 제1항 제1호). 영세사업자인 간이과세자의 납세협력비용을 줄여주기 위하여 일반과세자보다 과세기간을 길게 규정하였다.

3. 특별한 경우

가. 신규로 사업을 개시하는 경우

신규로 사업을 시작하는 자에 대한 최초의 과세기간은 사업개시일부터 그날이 속하는 과세기간의 종료일까지이다(부가법 제5조 제2항). 다만, 사업개시일 이전에 사업자등록을 신청한 경우에는 그 신청일부터 신청일이 속하는 과세기간의 종료일까지이다.

사업개시일은 제조업의 경우에는 제조장별로 재화의 제조를 시작하는 날, 광업의 경우에는 사업장별로 광물의 채취·채광을 시작하는 날, 그 밖의 경우에는 재화나 용역의 공급을 시작하는 날로 한다(부가령 제6조). 실무상 주택신축판매업의 사업개시일이 언제인지 문제되는 경우가 있는바, 주택신축판매업의 사업개시일은 주택을 분양하여 판매한 날, 즉 주택에 관한 잔금을 수령하고 소유권을 이전한 날이다.[14]

나. 폐업하는 경우

사업자가 폐업하는 경우의 과세기간은 폐업일이 속하는 과세기간의 개시일부터 폐업일까지이다(부가법 제5조 제3항). 폐업일은 합병으로 인한 소멸법인의 경우에는 합병법인의 변경등기일 또는 설립등기일이고, 분할로 인하여 사업을 폐업하는 경우에는 분할법인의 분할변경등기일이며, 그 밖의 경우에는 사업장별로 사업을 실질적으로 폐업하는 날로 하되, 폐업일이 분명하지 않은 경우에는 폐업신고서의 접수일로 한다(부가령 제7조 제1항).

---

14) 조심 2020. 6. 10.자 2020중903 결정

다. 일반과세자와 간이과세자 간 변경의 경우

일반과세자가 간이과세자로 변경되는 경우에는 그 변경 이후 7. 1.부터 12. 31.까지 간이과세를 적용하고, 간이과세자가 일반과세자로 변경되는 경우에는 그 변경 이전 1. 1.부터 6. 30.까지 간이과세를 적용한다(부가법 제5조 제4항). 예를 들어, 일반과세자 A의 2023년 매출액이 1억 400만 원 미만이 된 경우 그 다음 해인 2024. 7. 1.부터 간이과세자가 되고, 간이과세자 B의 2023년 매출액이 1억 400만 원을 초과한 경우 그 다음 해인 2024. 7. 1.부터 일반과세자가 된다.

라. 간이과세를 포기하는 경우

간이과세자가 간이과세를 포기하여 일반과세자가 되는 경우 간이과세 적용포기의 신고일이 속하는 과세기간의 개시일부터 그 신고일이 속하는 달의 마지막 날까지의 기간은 간이과세자의 과세기간으로 보고, 간이과세 적용포기의 신고일이 속하는 달의 다음 달 1일부터 그날이 속하는 과세기간의 종료일까지의 기간은 일반과세자의 과세기간으로 한다(부가법 제5조 제5항). 예를 들어, 4. 20. 간이과세를 포기한 경우 1. 1.부터 4. 30.까지 간이과세자의 과세기간이고, 5. 1.부터 6. 30.까지 일반과세자의 과세기간이다.

제3절 납세지

1. 사업장과세원칙

가. 의의

납세지는 납세의무자가 납세의무를 이행하고 과세권자가 부과징수권을 행사하는 기준이 되는 장소를 의미한다. 소득세, 법인세 등 인세(人稅)의 경우 납세의무자의 주소지 또는 본점 소재지가 납세지이나, 물세(物稅)인 부가가치세의 경우 사업장 소재지가 납세지이다(부가법 제6조 제1항). 따라서 사업자가 사업장을 여러 개 가지고 있는 경우 원칙적으로 각 사업장 단위로 부가가치세를 신고납부해야 한다.

나. 사업장

(1) 의의

사업장은 사업자가 사업을 하기 위하여 거래의 전부 또는 일부를 하는 고정된 장소를 의미한다(부가법 제6조 제2항). 사업자가 사업장을 두지 않으면 사업자의 주소나 거소를 사업장으로 한다(부가법 제6조 제3항). 재화를 보관하고 관리할 수 있는 시설만 갖춘 하치장(荷置場)은 판매행위가 이루어지는 장소가 아니므로 사업장에 해당하지 않고, 각종 경기대회나 박람회 등 행사가 개최되는 장소에 개설한 임시사업장은 기존사업장에 포함되므로 사업장에 해당하지 않는다(부가법 제6조 제5항). 반면, 사업자가 자기의 사업과 관련하여 생산하거나 취득한 재화를 직접 판매하기 위하여 특별히 판매시설을 갖춘 직매장(直賣場)은 판매행위가 이루어지므로 사업장에 해당한다(부가령 제8조 제3항).

(2) 업종별 사업장

① 광업의 경우 광업사무소의 소재지가 사업장이다. 광업사무소가 광구 밖에 있는 때에는 광업사무소에서 가장 가까운 광구에 대한 광업원부의 초두(初頭)에 등록된 광구소재지에 광업사무소가 있는 것으로 본다.

② 제조업의 경우 최종제품을 완성하는 장소가 사업장이다. 다만, 따로 제품의 포장만을 하거나 용기에 충전만을 하는 장소는 사업장에 해당하지 않는다.

③ 건설업, 운수업과 부동산매매업의 경우 사업자가 법인이면 법인의 등기부상 소재지가 사업장이고, 개인이면 그 업무를 총괄하는 장소가 사업장이다. 다만, 법인명의로 등록된 차량을 개인이 운용하는 경우에는 법인의 등기부상 소재지가 사업장이고, 개인명의로 등록된 차량을 다른 개인이 운용하는 경우에는 그 등록된 개인이 업무를 총괄하는 장소가 사업장이다.

④ 부동산임대업의 경우 부동산의 등기부상 소재지가 사업장이다. 다만, 부동산상 권리만을 대여하거나 전기사업법에 의한 전기사업자 등이 부동산을 임대하는 경우에는 그 사업에 관한 업무를 총괄하는 장소가 사업장이다.

⑤ 다단계판매원이 재화 또는 용역을 공급하는 사업의 경우 다단계판매원이 등록한 다단계판매업자의 주된 사업장 소재지가 사업장이다. 다만, 다단계판매원이 상시 주재하여 거래의 전부 또는 일부를 행하는 별도의 장소가 있는 경우에는 그 장소가 사업장이다.

⑥ 무인자동판매기를 통하여 재화 또는 용역을 공급하는 사업의 경우 무인자동판매기를 이용하는 사업에 관한 업무를 총괄하는 장소가 사업장이다.

2. 주사업장총괄납부제도

가. 의의

주사업장총괄납부제도란 사업장이 둘 이상인 사업자가 납부세액을 주된 사업장에서 총괄하여 납부하도록 하는 제도이다(부가법 제51조 제1항). 여기서 주사업장은 법인의 본점(주사무소) 또는 개인의 주사무소로 하되, 법인의 경우에는 지점(분사무소)을 주된 사업장으로 할 수 있다(부가령 제92조 제1항).

나. 취지

주사업장총괄납부제도는 사업장 간 통산을 가능하게 하여 사업자의 자금부담을 완화해주기 위하여 인정된다. 예를 들어, A법인의 서울본점에서 1,000만 원의 매출세액이 발생하고, 부산지점에서는 300만 원의 매입세액이 발생한 경우 주사업장총괄납부 사업자는 서울본점에서 1,000만 원을 납부하고 부산지점에서 300만 원을 환급받는 대신 서울본점의 매출세액 1,000만 원과 부산지점의 매입세액 300만 원을 통산하여 서울본점에서 700만 원(1,000만 원 – 300만 원)을 납부할 수 있다. 주사업장총괄납부제도를 이용하지 않으면 매출세액과 매입세액이 별도로 계산되고 매입세액의 환급은 상당한 기간이 소요되기 때문에 납세자는 자금운용에 어려움을 겪을 수 있다.

다. 주사업장총괄납부의 신청, 변경, 제외 및 포기

(1) 신청과 변경

주사업장총괄납부 사업자가 되려는 자는 사업자의 인적사항, 총괄납부 신청사유, 그 밖의 참고사항을 적어 과세기간 개시 20일 전에 관할 세무서장에게 제출하여야 한다(부가령 제92조 제2항). 주사업장총괄납부 사업자는 종된 사업장을 신설하는 경우, 종된 사업장을 주된 사업장으로 변경하려는 경우 등의 사유가 발생하면 주사업장총괄납부를 변경할 수 있다(부가령 제93조 제1항).

(2) 제외 및 포기

주사업장총괄납부 사업자가 사업내용의 변경으로 총괄납부가 부적당하다고 인정되는 경우, 주된 사업장의 이동이 빈번한 경우, 그 밖의 사정변경으로 총괄납부가 적당하지 않게 된 경우 등의 사유가 있으면 주된 사업장 관할 세무서장은 주사업장총괄납부를 적용하지 않을 수 있다(부가령 제94조 제1항). 주사업장총괄납부 사업자는 사업자의 인적사항, 총괄납부 포기 사유, 그 밖의 참고사항을 적어 주사업장 총괄납부를 포기할 수 있다(부가령 제94조 제2항).

라. 효력

주사업장총괄납부 사업자는 사업장 간 통산이 가능하나, 납부 외 부가가치세 신고 및 사업자등록 등은 사업장별로 하여야 한다. 수정신고 또는 경정청구 사유가 발생한 때에도 그 사유가 발생한 사업장 관할 세무서장에게 수정신고서 또는 경정청구서를 제출하고 그에 따른 세액을 납부하거나 환급받아야 한다.

3. 사업자단위과세제도

가. 의의 및 취지

사업자단위과세제도라 함은 주사업장이 둘 이상인 사업자가 사업자 단위로 신고 및 납부하는 제도를 말한다(부가법 제8조 제3항). 사업장과세원칙을 포기하고 사업자 단위로 부가세법상 신고 및 납부의무를 이행하는 것이다. 각 사업장을 대신하여 사업자의 본점 또는 주사무소소재지에서 신고 및 납부함으로써 사업장별 과세가 갖는 업무의 중복과 비효율을 해소할 수 있다. 특히 전국에 걸쳐 사업장이 많은 사업자일수록 사업자단위과세제도를 통하여 업무의 효율을 더 높일 수 있다.

나. 효력

사업장 간 통산이 가능할 뿐 아니라 사업장별로 부가가치세를 신고납부하지 않고 사업자를 기준으로 부가가치세를 신고납부할 수 있다.

4. 사업자등록
가. 의의 및 법적 성질

사업자등록은 부가세법상 납세의무가 있는 사업자가 사업장마다 사업자의 인적사항, 상호, 사업개시일, 목적사업 등을 과세관청의 공부(公簿)에 등록하는 것을 의미한다. 과세관청은 사업자등록을 통하여 부가가치세 납세의무자를 파악하고 과세자료를 확보함으로써 부가가치세 업무를 효율적으로 처리할 수 있다. 납세자는 사업자등록을 하여야 재화와 용역의 거래에 대한 세금계산서를 발급할 수 있으므로 사업자등록은 세금계산서제도의 존립기초가 된다.

사업자등록은 과세행정의 편의를 위한 제도이므로 납세자에게 사업자등록증을 발급하는 것이 사업자에게 특정사업을 허용하거나 사업경영을 할 권리를 인정하는 것은 아니다.[15] 판례도 부가세법상 사업자등록은 과세관청으로 하여금 부가가치세의 납세의무자를 파악하고 그 과세자료를 확보하는데 입법취지가 있는 것으로서, 이는 단순한 사업사실의 신고로서 사업자가 관할 세무서장에게 사업자등록신청서를 제출함으로써 성립되고, 사업자등록증의 교부는 등록사실을 증명하는 증서의 교부행위에 불과하다고 판시하고 있다.[16] 따라서 과세관청이 사업자등록을 관리하는 과정에서 위장사업자의 사업자명의를 직권으로 실사업자 명의로 정정하는 행위는 당해 사업사실 중 주체에 관한 정정기재일뿐 그에 의하여 사업자의 지위에 변동을 가져오는 것이 아니므로 항고소송의 대상이 되는 행정처분으로 볼 수 없다.[17]

나. 사업자등록의 신청

사업자는 사업개시일로부터 20일 이내 사업자등록을 신청해야 한다(부가법 제8조 제1항). 신규로 사업을 개시하는 자는 사업개시일 전이라도 사업자등록을 신청할 수 있다. 면세사업자는 부가세법상 사업자가 아니므로 부가세법상 사업자등록을 신청할 필요가 없으나, 소득에 대한 과세를 위하여 법인세법 또는 소득세법에 의한 등록신청은 하여야 한다(법인법 제111조, 소득법 제168조). 공동사업자의 경우 사업자등록신청은 공동사업자 중 1인을 대표자로 하여 대표자명의로 신청하여야 하며, 공동사업자 중 일부의 변경 및 탈퇴, 새로운 공동사업자 추가의

---

15) 부가세법 기본통칙 8-11-3
16) 대법원 2000. 12. 22. 선고 99두6903 판결
17) 대법원 2011. 1. 27. 선고 2008두2200 판결

경우에는 사업자등록을 정정하여야 한다.[18]

다. 사업자등록증의 발급

(1) 신청에 의한 발급

사업장 관할 세무서장은 신청일부터 2일 이내에 사업자의 인적사항과 그 밖에 필요한 사항을 적은 사업자등록증을 발급하여야 한다(부가령 제11조 제5항). 다만, 사업장시설이나 사업현황을 확인하기 위하여 국세청장이 필요하다고 인정하는 경우에는 발급기한을 5일 이내에서 연장하고 조사사실에 따라 사업자등록증을 발급할 수 있다.

(2) 등록거부와 직권등록

신청자가 사업을 사실상 시작하지 않을 것이라고 인정될 때에는 과세관청은 사업자등록을 거부할 수 있다(부가령 제11조 제7항). 자료상과 같이 사업을 할 의사가 없으면서 세금계산서 발급을 목적으로 사업자등록 신청을 하는 경우가 있기 때문이다. 반면, 사업자가 사업자등록을 하지 않은 채 사업을 하는 경우에는 사업장 관할 세무서장이 조사하여 직권으로 사업자등록을 할 수 있다(부가령 제11조 제6항). 사업자에 대한 과세자료를 확보하기 위하여 납세자가 사업자등록 신청을 하지 않았더라도 직권으로 사업자등록을 할 수 있도록 한 것이다.

라. 등록의 말소 및 갱신

(1) 등록의 말소

사업장 관할 세무서장은 등록된 사업자가 폐업한 경우, 사업자등록 신청을 하고 사실상 사업을 시작하지 않게 되는 경우에는 지체 없이 사업자등록을 말소하여야 한다(부가법 제8조 제9항). 사실상 사업을 시작하지 않게 되는 경우란 사업자가 사업자등록 후 정당한 사유 없이 6개월 이상 사업을 시작하지 않는 경우, 사업자가 부도발생, 고액체납 등으로 도산하여 소재불명인 경우 등을 의미한다(부가령 제15조 제2항).

(2) 등록증의 갱신

사업장 관할 세무서장은 부가가치세의 업무를 효율적으로 처리하기 위하여 필요하다고 인정되면 사업자등록증을 갱신하여 발급할 수 있다(부가법 제8조 제10항, 부가령 제16조).

마. 미등록 등에 대한 제재

(1) 가산세

사업자가 사업개시일로부터 20일 이내에 사업자등록을 신청하지 않으면 사업개시일부터 등록신청일의 직전일까지 공급가액 합계액의 1%에 해당하는 가산세를 부과한다(부가법 제60

---

18) 부가세법 기본통칙 8-14-1

조 제1항 제1호). 또한 배우자 이외의 타인 명의로 사업자등록을 하거나 그 타인 명의의 사업자 등록을 이용하여 사업을 하는 것으로 확인되는 경우에는 타인 명의의 사업개시일부터 실제 사업을 하는 것으로 확인되는 날의 직전일까지 공급가액 합계액의 1%에 해당하는 가산세를 부과한다(부가법 제60조 제1항 제2호).

(2) 매입세액 불공제

사업자등록을 신청하기 전의 매입세액에 대하여는 매출세액에서 불공제한다(부가법 제39조 제1항 제8호). 매입세액 불공제는 사업자가 거래징수당한 매입세액을 공제하지 않는 것이므로 가산세보다 더 강력한 제재이다. 매입세액 불공제라는 제재를 통하여 사업자의 사업자등록을 강제하는 것이다.

과세거래

제1절 재화의 공급

1. 개요

가. 재화의 의의

부가세법상 재화는 재산적 가치가 있는 물건 및 권리를 의미한다(부가법 제2조 제1호). 물건과 권리의 범위는 대통령령에서 구체적으로 정하고 있는바, 물건은 상품, 제품, 원료, 기계, 건물 등 모든 유체물과 전기, 가스, 열 등 관리할 수 있는 자연력을 의미하고, 권리는 광업권, 특허권, 저작권 등 물건 외에 재산적 가치가 있는 모든 것을 의미한다(부가령 제2조 제1항, 제2항). 재화의 개념과 범위를 표로 요약하면 다음과 같다.

| 재화의 개념과 범위 |

구 분	범 위
물건	상품, 제품, 원료, 기계, 건물 등 모든 유체물
	전기, 가스, 열 등 관리할 수 있는 자연력
권리	광업권, 특허권, 저작권 등 물건 외에 재산적 가치가 있는 모든 것

부가세법상 물건은 민법상 물건의 범위와 같으나, 부가세법상 권리는 권리법력설에 근거한 본래의 권리에 국한되지 않고, 물건에 포함되는 관리할 수 있는 자연력을 제외한 무체물까지 아우르는 포괄적 개념이다.[1] 부가세법에서 권리의 범위를 포괄적으로 정한 것은 부가가치세가 일반소비세이므로 특별히 면세로 열거되어 있지 않는 한, 모든 거래에 대하여 빠짐없이 과세하기 위한 취지이다. 따라서 창고증권, 선하증권 등 물체대용증권, 시설이용권, 광업권, 특허권, 저작권, 게임머니 등은 권리로서 재화에 해당한다.[2] 그러나 수표, 어음 등 화폐대용증

---

[1] 이중교, "온실가스 감축실적의 거래에 대한 부가가치세 과세 – 대법원 2018. 4. 12. 선고 2017두65524 판결에 대한 평석을 겸하여 –", 연세법학연구 제29권 제1호, 2019, 266면
[2] 판례는 게임머니는 구 부가세법상의 '재화'에 해당한다고 판시하고 있다(대법원 2012. 4. 13. 선고 2011두 30281 판결).

권, 주식, 회사채 등 유가증권은 소비의 대상이 아니므로 재화에 해당하지 않는다.

나. 재화의 공급의 의의

(1) 재화의 공급의 개념

재화의 공급은 계약상 또는 법률상의 모든 원인에 의하여 재화를 인도 또는 양도하는 것을 의미한다(부가법 제6조 제1항). 계약상 원인이란 당사자 간 의사의 합치 등 법률행위에 의한 것을 말하고, 법률상 원인이란 수용, 판결, 경매 등 법률의 규정에 의한 것을 의미한다. 인도 또는 양도는 실질적으로 얻은 이익의 유무와 상관없이 재화를 사용하거나 소비할 수 있는 권한을 이전하는 일체의 원인행위를 의미한다. 다만, 수재(水災), 화재, 도난, 파손, 재고감모손 등으로 재화를 잃어버리거나 재화가 멸실된 경우는 재화의 공급에 해당하지 않는다.[3]

부가가치세는 재화를 사용하거나 소비할 수 있는 권한의 이전을 본질적 요소로 하므로 사업자가 임가공을 위하여 원자재를 임가공업자에게 제공한 경우와 같이 권한의 이전이 전제되지 않는 경우에는 재화의 공급이라 할 수 없다.[4] 출자자가 자기의 출자지분을 타인에게 양도, 상속, 증여하거나 법인 또는 공동사업자가 출자지분을 현금으로 반환하는 것은 재화의 공급에 해당하지 않으나, 법인 또는 공동사업자가 출자지분을 현물로 반환하는 것은 재화의 공급에 해당한다.[5] 한편, 부가가치세 납세의무는 대한민국의 주권이 미치는 범위 내에서 적용되므로 사업자가 대한민국의 주권이 미치지 않는 국외에서 재화를 공급하는 경우에는 부가가치세 납세의무가 없다.[6]

(2) 대가성 여부

부가가치세 과세대상이 되는 재화의 공급은 원칙적으로 대가성이 있는 거래에 한정된다.[7] 실제로 지출된 대가가 부가가치세 과세표준이 되고, 사업자는 부가가치세를 표시가격에 포함시켜 거래하여 최종소비자에게 전가시키기 때문이다. 다만 뒤에서 보는 바와 같이 재화의 무상공급에 대하여 재화의 공급으로 간주하는 경우가 있다.

다. 관련 판례

(1) 온실가스 감축실적 거래[8]

회사가 온실가스 배출 감축사업에 참여하여 정부로부터 위 감축사업을 위탁받은 에너지관리공단에 회사의 온실가스 감축실적을 판매한 경우 회사의 감축실적 판매는 부가가치세 과세대상 재화의 공급에 해당한다. 이 판결은 1992. 12. 31. 개정 부가세법 시행령이 적용된 사안이

---

3) 부가세법 기본통칙 9 - 18 - 5
4) 대법원 1985. 9. 24. 선고 85누286 판결, 대법원 1988. 3. 22. 선고 87누694 판결
5) 부가세법 기본통칙 9 - 18 - 2
6) 부가세법 기본통칙 3 - 0 - 3
7) 김두형, 부가가치세법론(2016), 93면
8) 대법원 2018. 4. 12. 선고 2017두65524 판결

므로 온실가스 감축실적이 '권리 등으로서 재산적 가치가 있는 무체물'에 해당하는지 여부가
쟁점이었는데, 온실가스 감축실적을 권리에 해당하는 것으로 판단하였다.

(2) 조합의 점포 분양[9]

상가를 건축하여 임대업을 할 목적으로 결성된 조합이 사업자등록을 하고 독립한 계산하에
상가건물을 신축하여 조합 명의로 상당수의 점포를 임대하고 조합원들에게는 공유물분할의
형식으로 점포를 분양한 경우 조합원들에 대한 분양은 부가세법상 재화의 공급에 해당한다.
반면, 주택개량을 위하여 조합원들이 스스로 결성한 주택개량재개발조합이 실시하는 재개발
사업 중 조합원들에게 분양되는 주택에 관한 사업은 건축 시부터 분양에 이르기까지 조합원
들이 실질적인 최종소비자의 지위에 있고, 비록 조합원과 법률상 인격이 다른 조합이 그 공사
비를 지급하였다거나 조합이 조합원들에게 주택을 분양하는 형식을 취하였더라도 조합이 조
합원들에게 재화를 공급하였다고 볼 수 없다.[10] 조합원들은 새로운 주택을 보유하기 위하여
주택개량재개발조합을 결성하여 이용한 것이므로 주택개량재개발조합이 조합원들에게 주택
을 공급한 것으로 보기는 어렵다고 판단한 것이다.

(3) 매매계약 후 점유를 이전한 경우[11]

사업자가 건물을 매도하기로 매매계약을 체결한 후 매매대금이 청산되거나 거래상대방 명
의로의 이전등기를 경료하기 이전이라도 거래상대방으로 하여금 사실상 소유자로서 당해 건
물에 대한 배타적인 이용 및 처분을 할 수 있도록 그 점유를 이전한 경우 재화의 공급에 해당
한다. 소유권의 이전을 전제로 재화의 점유를 이전한 것이므로 재화의 공급에 해당한다고 본
것이다.

2. 재화의 실지공급

가. 의의

재화의 실지공급은 재화의 간주공급에 대비되는 개념으로서 재화를 실제로 공급하는 것을
의미한다.

나. 유형(부가령 제18조 제1항)

(1) 매매계약에 따른 재화의 인도나 양도

현금판매, 외상판매, 할부판매, 장기할부판매, 조건부 및 기한부 판매, 위탁판매와 그 밖의
매매계약에 따라 재화를 인도하거나 양도하는 것은 재화의 공급에 해당한다.

---

9) 대법원 1999. 4. 13. 선고 97누6100 판결. 부가세법 기본통칙 9-18-2 ③
10) 대법원 1990. 6. 22. 선고 90누509 판결
11) 대법원 2006. 10. 13. 선고 2005두2926 판결

(2) 가공계약에 따른 재화의 인도

자기가 주요자재의 전부 또는 일부를 부담하고 상대방으로부터 인도받은 재화를 가공하여 새로운 재화를 만드는 가공계약에 따라 재화를 인도하는 것은 재화의 공급에 해당한다.

(3) 교환계약에 따른 재화의 인도나 양도

재화의 인도 대가로서 다른 재화를 인도받거나 용역을 제공받는 교환계약에 따라 재화를 인도하거나 양도하는 것은 재화의 공급에 해당한다.

(4) 기타 계약상 또는 법률상의 원인에 따라 재화를 인도하거나 양도하는 것

경매, 수용, 현물출자와 그 밖의 계약상 또는 법률상의 원인에 따라 재화를 인도하거나 양도하는 것은 재화의 공급에 해당한다. 다만, 뒤에서 보는 바와 같이 강제경매, 담보권 실행을 위한 경매, 공매, 공익사업법 등에 의한 수용절차에서 수용대상 재화의 소유자가 수용된 재화에 대한 대가를 받는 경우 등 일정한 경우에는 재화의 공급으로 보지 않는다(부가령 제18조 제3항).

3. 재화의 간주공급

가. 의의 및 취지

재화의 간주공급은 재화를 실제로 공급하지 않지만 부가가치세 과세목적상 재화의 공급으로 간주하는 것을 말한다. 사업자가 재화의 매입에 대하여 매입세액공제를 받은 후 재화를 공급하지 않고 소비하는 경우 더 이상 사업자로 볼 수 없으므로 매입세액공제는 그 전제를 상실한다. 따라서 공제받은 매입세액을 추징하기 위한 방편으로 재화의 공급으로 의제하여 부가가치세를 과세한다. 이렇듯 재화의 간주공급은 부가가치세의 기본구조를 유지하고, 재화를 공급받을 때 부가가치세를 부담하는 다른 면세사업자와의 과세형평을 유지하기 위하여 재화의 공급으로 간주하는 것이다.[12] 다만 뒤에서 살펴보는 바와 같이 재화의 간주공급 중 직매장 반출은 다른 간주공급과 달리 납세자의 자금부담을 완화해주기 위한 취지에서 공급으로 간주한다는 점을 유의할 필요가 있다.

나. 종류

(1) 자기생산 · 취득재화의 면세전용(부가법 제10조 제1항)

자기생산 · 취득재화는 사업자가 자기의 과세사업과 관련하여 생산하거나 취득한 재화로서 ① 매입세액공제를 받은 재화, ② 사업의 포괄양도로 취득하여 사업양수자가 매입세액공제를 받은 재화, ③ 수출에 해당하여 영세율을 적용받는 재화를 말한다. 간주공급은 공제받은 매입세액을 추징하기 위하여 공급으로 간주하는 것이므로 매입세액공제를 받지 않은 재화는 애당

---

12) 대법원 1992. 8. 14. 선고 91누13229 판결

초 간주공급의 대상이 아니다.

위와 같은 자기생산·취득재화를 자기의 면세사업을 위하여 직접 사용하거나 소비하면 재화의 공급으로 간주한다. 동일 사업장에서 과세사업과 면세사업을 겸영하는 경우에 나타나는 경우가 많다. 예를 들면, 과세사업인 전세버스운송업에 사용하던 버스를 면세사업인 시내버스운송업으로 전용한 경우, 오피스텔 신축판매업자가 완공한 오피스텔을 과세사업인 임대업에 제공하다가 면세사업인 주거용으로 전용한 경우 등이 이에 해당한다.

(2) 자기생산·취득재화의 비영업용 소형승용차 관련 사용이나 소비 등

(가) 자기생산·취득재화를 비영업용 소형승용차로 사용하거나 소비하는 경우 등(부가법 제10조 제2항 제1호)

사업자가 자기생산·취득재화를 매입세액이 공제되지 않는 개별소비세 과세대상인 비영업용 소형승용차로 사용 또는 소비하거나 그 자동차의 유지를 위하여 사용 또는 소비하는 경우 재화의 공급으로 간주한다. 비영업용 소형승용차는 정원 8인 이하의 승용차를 가리키고 경차는 제외된다. 예를 들어, 사업을 위하여 구입한 소형승용차를 자가용으로 사용하는 경우, 정유회사에서 정유사업용으로 석유를 구매한 후 비영업용 소형승용차에 주유한 경우 등이 이에 해당한다.

(나) 운수업자 등이 자기생산·취득재화 중 비영업용 소형승용차의 용도를 전용한 경우(부가법 제10조 제2항 제2호)

운수업, 자동차판매업, 자동차임대업, 운전학원업, 기계경비업무업 등을 하는 사업자가 자기생산·취득재화 중 개별소비세 과세대상인 비영업용 자동차와 그 자동차의 유지를 위한 재화를 해당 업종에 직접 영업으로 사용하지 않고 다른 용도로 사용하는 경우 재화의 공급으로 간주한다. 이를 강학상 '비영업용 자동차의 공급의제'라고 부른다. 예를 들어, 택시회사가 영업용으로 구입한 택시를 출퇴근용으로 사용하는 경우, 자동차부품판매업을 영위하는 사업자가 타이어를 자기의 승용차에 사용하거나 소비하는 경우 등이 이에 해당한다. 운수업자 등의 사업자가 영업용 소형승용차를 취득한 후 상당기간 비영업용으로 사용하여 가치가 상당 수준으로 하락한 경우에는 비영업용으로 전용한 것으로 본다.[13]

(3) 직매장 반출(부가법 제10조 제3항)

(가) 의의 및 취지

사업장이 둘 이상인 사업자가 자기의 사업과 관련하여 생산 또는 취득한 재화를 판매할 목적으로 자기의 다른 사업장인 직매장에 반출하는 것은 재화의 공급으로 간주한다. 직매장 반

---

13) 대법원 2016. 7. 7. 선고 2014두1956 판결

출을 공급으로 간주하는 것은 사업장과세원칙에 따라 과세거래를 용이하게 파악하고, 납세자의 자금부담을 완화시켜 주기 위한 취지이다.[14] 예를 들어, 공장에서 제품을 만들어 직매장에 반출하는데 공장은 매입세액 300만 원, 직매장은 매출세액 1,000만 원인 경우 직매장 반출을 공급으로 간주하면 사업자는 직매장의 매출세액 1,000만 원과 공장의 매입세액 300만 원을 통산하여 공장은 부가가치세 납부세액이 0원이 되고 직매장은 납부세액 700만 원(1,000만 원 - 300만 원)이 된다.

(나) 재화의 공급으로 간주하지 않는 경우와 그 예외

사업자단위과세제도 주사업장총괄납부제도를 적용받는 사업자는 그 제도에 의하여 이미 납세자의 자금부담을 완화할 수 있으므로 직매장반출의 경우에도 공급으로 간주하지 않는다. 그러나 주사업장총괄납부사업자가 직매장반출에 대하여 세금계산서를 발급하여 세무서장에게 신고까지 한 경우에는 굳이 공급으로 간주하지 않을 이유가 없으므로 공급으로 간주한다.

(4) 개인적 공급(부가법 제10조 제4항)

(가) 의의

사업자가 자기생산·취득재화를 사업과 직접적인 관계없이 자기의 개인적인 목적이나 그 밖의 다른 목적을 위하여 사용·소비하는 경우, 사용인 또는 그 밖의 사람이 사용·소비하는 것으로서 사업자가 대가를 받지 않거나 시가보다 낮은 대가를 받는 경우는 재화의 공급으로 간주한다. 이를 강학상 '개인적 공급'이라고 한다. 예를 들어, 선풍기 제조업자가 자기가 생산한 선풍기를 개인용도로 소비한 경우, 제조업자가 제조한 컴퓨터를 종업원에게 무상으로 지급한 경우 등이 이에 해당한다.

(나) 재화의 공급으로 간주하지 않는 경우

① 직원에게 실비변상적이거나 복리후생적인 목적으로 제공하는 경우

사업자가 실비변상적이거나 복리후생적인 목적으로 사용인에게 대가를 받지 않거나 시가보다 낮은 대가를 받고 자기생산·취득재화를 제공하는 경우는 재화의 공급으로 간주하지 않는다(부가령 제19조의2). 사업을 위해 착용하는 작업복, 작업모 및 작업화를 제공하는 경우, 직장 연예 및 직장 문화와 관련된 재화를 제공하는 경우, 사용인 1명당 연간 10만 원을 한도로 경조사와 관련된 재화, 설날·추석, 창립기념일 및 생일 등과 관련된 재화를 제공하는 경우 등이 이에 해당한다.

---

14) 대법원 1992. 8. 14. 선고 91누13229 판결

② 자기생산·취득재화를 자기의 과세사업을 위하여 사용하거나 소비하는 경우

사업자가 자기생산·취득재화를 자기의 과세사업을 위하여 사용하거나 소비하는 경우는 재화의 공급으로 간주하지 않는다.[15] 자기의 다른 사업장에서 원료 등으로 사용하거나 소비하기 위하여 반출하는 경우, 자기사업상의 기술개발을 위하여 시험용으로 사용하거나 소비하는 경우, 수선비 등에 대체하여 사용하거나 소비하는 경우, 사후무료 서비스제공을 위하여 사용하거나 소비하는 경우, 불량품 교환 또는 광고선전을 위한 상품진열 등의 목적으로 자기의 다른 사업장으로 반출하는 경우 등이 이에 해당한다.

③ 자기생산·취득재화를 해외건설공사를 위하여 국외반출하는 경우

건설업을 영위하는 사업자가 자기생산·취득재화를 자기의 해외건설공사에서 건설용 자재로 사용하거나 소비할 목적으로 국외로 반출하는 경우에는 재화의 공급으로 간주하지 않는다.[16]

(5) 사업상 증여(부가법 제10조 제5항)

(가) 의의

사업자가 자기생산·취득재화를 자기의 고객이나 불특정 다수에게 증여하는 경우는 재화의 공급으로 간주한다. 이를 강학상 '사업상 증여'라고 한다. 예를 들어, 사업자가 고객에게 경품을 제공하는 경우 등이 이에 해당한다. 사업자가 자기재화의 판매촉진을 위하여 거래상 대방의 판매실적에 따라 일정률의 장려금품을 재화로 공급하는 경우에도 재화의 공급으로 간주한다.[17] 사업상 증여를 재화의 공급으로 간주하는 것은 기본적으로 재화의 유상공급에 대하여 부가가치세를 과세하고 재화의 무상공급에 대하여는 부가가치세를 과세하지 않는 입장이라고 할 수 있다. 재화의 무상공급에 대하여는 부가가치세를 과세하지 않더라도 다음 거래단계에서 매입세액이 감소하여 자동적으로 부가가치세 부담이 조정된다.

(나) 재화의 공급으로 간주하지 않는 경우

① 사업을 위하여 증여하는 경우

사업자가 사업을 위하여 자기생산·취득재화를 증여하는 경우는 재화의 공급으로 간주하지 않는다(부가령 제20조). 사업을 위하여 대가를 받지 않고 다른 사업자에게 인도하거나 양도하는 견본품, 특별재난지역에 공급하는 물품, 자기적립마일리지 등으로만 전부 결제받고 공급하는 재화 등이 이에 해당한다.

② 증여되는 재화의 대가가 주된 거래인 재화의 공급에 포함되어 있는 경우

증여되는 재화의 대가가 주된 거래로서의 재화의 공급에 포함되어 있는 경우 재화의 공급

---

15) 부가세법 기본통칙 10-0-1
16) 부가세법 기본통칙 10-0-2
17) 부가세법 기본통칙 10-0-5

으로 간주하지 않는다. 예를 들어, 시식용 상품, 칫솔 공급과 함께 이루어진 칫솔진열대의 무상공급 등이 이에 해당한다.[18]

③ 자기생산·취득재화를 불특정다수인에게 광고선전용으로 무상배포하는 경우

사업자가 자기생산·취득재화를 자기사업의 광고선전 목적으로 불특정다수인에게 광고선전용 재화로서 무상으로 배포하는 경우에는 재화의 공급으로 간주하지 않는다.[19] 광고선전용 재화가 부가가치의 창출에 기여하는 투입요소에 해당하기 때문이다.[20]

(6) 폐업 시 잔존재화(부가법 제10조 제6항)

(가) 의의

사업자가 폐업할 때 자기생산·취득재화 중 남아 있는 재화는 자기에게 공급하는 것으로 간주한다. 사업자가 폐업하면 최종소비자의 지위를 가지게 되므로 남아 있는 재화를 직접 소비하는 것으로 보아 재화의 공급으로 간주하는 것이다. 사업개시일 이전에 사업자등록을 신청한 자가 사실상 사업을 시작하지 않게 되는 경우에도 남아 있는 재화는 자기에게 공급하는 것으로 간주한다.

(나) 재화의 공급으로 간주하지 않는 경우

① 사업자가 재고재화를 다른 사업장 또는 사업에 제공하는 경우

사업자가 재고재화를 다른 사업장 또는 사업에 제공하는 경우에는 재화의 공급으로 간주하지 않는다. 폐업 시 잔존재화가 그냥 소비되지 않고 과세사업에 사용될 것이기 때문이다. 사업자가 사업의 종류를 변경한 경우 변경 전 사업에 대한 잔존재화, 동일사업장 내에서 둘 이상의 사업을 겸영하는 사업자가 그중 일부 사업을 폐지하는 경우 해당 폐지한 사업과 관련된 재고재화, 사업자가 직매장을 폐지하고 자기의 다른 사업장으로 이전하는 경우 해당 직매장의 재고재화 등이 이에 해당한다.[21]

② 개인적 소비에 제공될 가능성이 없는 경우

폐업 시 잔존재화가 사업자의 개인적 소비에 제공될 가능성이 없는 경우에는 재화의 공급으로 간주하지 않는다. 폐업 전에 공급한 재화가 이에 해당한다. 폐업하는 사업자가 폐업 전에 제3자에게 공급하거나 공급하기로 한 경우에는 사업자가 개인적으로 소비할 가능성이 없기 때문이다.

---

18) 대법원 1994. 3. 22. 선고 93누14134 판결, 대법원 1996. 12. 6. 선고 96누5063 판결
19) 부가세법 기본통칙 10-0-4
20) 김두형, 부가가치세법론(2016), 108면
21) 부가세법 기본통칙 10-0-7

(7) 신탁법상 위탁자 지위 이전(부가법 제10조 제8항)

신탁법에 따라 위탁자의 지위가 이전되는 경우에는 기존 위탁자가 새로운 위탁자에게 신탁재산을 공급한 것으로 간주한다. 다만, 집합투자업자가 다른 집합투자업자에게 위탁자 지위를 이전하는 경우 등과 같이 실질적 소유권 변동이 없는 경우에는 제외한다.

4. 재화의 공급으로 보지 않는 경우

가. 담보제공

질권, 저당권 또는 양도담보의 목적으로 동산, 부동산 및 부동산상의 권리를 제공하면 재화의 공급으로 보지 않는다(부가법 제10조 제9항 제1호, 부가령 제22조). 담보제공에 의하여 소유권이 이전되지 않기 때문이다.

나. 사업의 포괄적 양도

(1) 의의 및 취지

사업의 포괄적 양도는 사업장별로 그 사업에 관한 모든 권리와 의무를 포괄적으로 승계시키는 것을 말한다(부가법 제10조 제9항 제2호, 부가령 제23조). 즉 사업장별로 사업용 재산을 비롯한 물적·인적 시설 및 권리의무 등을 포괄적으로 양도하여 사업의 동일성을 유지하면서 경영주체만을 교체하는 것을 말한다.[22] 개인인 사업자가 법인설립을 위하여 사업장별로 그 사업에 관한 모든 권리와 의무를 포괄적으로 현물출자하는 경우도 사업의 포괄적 양도에 해당한다.[23]

사업의 포괄적 양도는 특정재화의 개별적 공급을 과세요건으로 하는 부가가치세의 성격에 맞지 않고, 거래금액과 부가가치세액이 커서 양수자는 거의 매입세액을 공제받을 것이 예상되어 이러한 거래에 매출세액을 징수하는 것은 사업양수자에게 불필요한 자금압박을 주게 될 수 있다는 정책상의 이유로 재화의 공급으로 보지 않는다.[24]

(2) 판단기준

사업의 포괄적 양도에 해당하는지 판단할 때에는 다음 사항을 유의하여야 한다.

① 사업에 관한 권리와 의무 중 미수금, 미지급금, 해당 사업과 직접 관련이 없는 토지·건물 등은 승계하지 않아도 사업의 포괄적 양도에 해당한다(부가령 제23조). 미수금 또는 미지급금은 그 명칭에 관계없이 사업의 일반적인 거래 외에서 발생한 미수채권이나 미지급채무를 말한다.[25] 매입채권과 매입채무는 주된 상거래에서 발생한 대금채권과 채무를 의미하는 반

---

22) 대법원 2008. 2. 29. 선고 2006두446 판결
23) 부가세법 기본통칙 10-23-1
24) 대법원 1983. 6. 28. 선고 82누86 판결
25) 부가세법 기본통칙 10-23-2

면, 미수금과 미지급금은 주된 상거래가 아닌 일시적·부수적 거래에서 발생한 대금채권과 채무를 의미하므로 미수금과 미지급금을 승계대상에서 제외하더라도 사업양도의 본질을 훼손하지 않는다.[26] 예를 들어, 상품이나 제품 이외의 비품, 토지, 건물 등의 양도나 취득에서 발생하는 대금채권과 채무가 미수금과 미지급금에 해당한다.

② 사업양수자가 대가를 지급하는 때에 부가가치세를 대리납부한 경우는 사업의 포괄적 양도에 해당하지 않는다. 어떠한 거래가 사업의 포괄적 양도에 해당하는지 불분명하여 납세자와 과세관청 사이에 다툼이 생기고 거래의 안전을 해하는 경우가 많아지자 그에 따른 불확실성을 없애기 위하여 사업양수자가 부가가치세를 대리납부하면 재화의 공급으로 간주하는 규정을 두었다.

③ 상법에 따라 분할하거나 분할합병하는 경우에는 같은 사업장 안에서 사업부문별로 구분하더라도 별도의 사업장으로 보아 사업의 양도에 해당하는지 여부를 판단한다.

④ 적격분할의 경우 및 양수자가 승계받은 사업 외에 새로운 사업의 종류를 추가하거나 사업의 종류를 변경한 경우에도 사업의 양도에 해당하는 것으로 본다. 사업의 양도에 해당하는지 여부는 사업의 양도시점을 기준으로 판단하는 것이 타당하므로 2006. 2. 9. 부가세법 시행령 개정 시 사업의 양도 이후 사업의 종류를 추가하거나 변경하였더라도 사업의 양도에 영향을 미치지 않음을 명확히 규정하였다.

(3) 사업의 양도와 폐업의 관계

재화의 공급 또는 사업의 양도 중 어디에 해당하는지는 사업자의 폐업 여부를 판단하는 것과 관련이 없으므로 해당 거래행위가 사업의 양도에 해당한다고 해서 폐업의 문제가 발생하지 않는 것은 아니다.[27] 따라서 사업의 양도가 부가가치세 과세대상이 아닌 이상, 사업의 양도로 인하여 실질적으로 폐업한 경우에는 그 폐업일부터 사업의 양도 부분에 관한 부가가치세를 신고납부할 의무가 있다고 할 수 없다.

(4) 관련 판례
(가) 사업의 양도를 인정한 판례[28]

개인사업체가 현물출자 대상에서 재고자산 중 일부를 제외하고 그 처분을 위하여 1년 가량 종전의 사업을 계속하였지만 이는 실질적으로 종전 사업을 폐업하면서 은행에 대한 대출금채무 상환이라는 잔존사무를 정리하기 위하여 불가피하게 취하여진 조치인 경우 위와 같은 사유는 개인사업체가 법인에게 재화를 현물출자 형식으로 양도한 것이 사업의 양도에 해당한다고 보는데 장애가 되지 않는다.

---

26) 이태로·한만수, 조세법강의(2020), 109면
27) 대법원 2007. 7. 12. 선고 2005두10002 판결
28) 대법원 1998. 3. 27. 선고 97누3224 판결

(나) 사업의 양도를 부정한 판례29)

부동산 임대사업의 목적물인 건물을 매매하면서 매도인이 영위하던 부동산 임대사업에 관한 권리의무를 포괄적으로 양도한 것이라기보다는 그 사업에 제공되던 건물만을 특정하여 양도한 경우 사업의 양도에 해당하지 않는다. 특히 대법원은 사업양도의 경우에는 일반적으로 자산·부채의 평가와 영업권의 평가 등이 매우 중요한데, 이 사건 매매계약의 경우에는 매도인이 영위하던 임대사업과 관련된 자산·부채의 평가나 영업권의 평가, 대고객관계·사업상의 비밀·경영조직 등 사실관계의 이전이 있었다고 볼만한 사정이 전혀 보이지 않는다는 점을 사업의 양도로 인정하지 않은 주된 논거로 삼았다.

다. 물납(物納)

사업용 자산을 상증세법 및 지방세법에 따라 물납하면 재화의 공급으로 보지 않는다(부가법 제10조 제9항 제3호, 부가령 제24조). 물납을 부가가치세 과세거래로 볼 경우 납세자가 국가를 상대로 거래징수를 하여야 하므로 국가가 물납을 기피할 소지가 있기 때문이다.

라. 신탁재산의 소유권이전

신탁의 법률관계에서 위탁자로부터 수탁자에게 신탁재산을 이전하는 경우, 신탁의 종료로 인하여 수탁자로부터 위탁자에게 신탁재산을 이전하는 경우, 수탁자가 변경되어 새로운 수탁자에게 신탁재산을 이전하는 경우에는 재화의 공급으로 보지 않는다(부가법 제10조 제9항 제4호). 신탁의 설정, 종료, 수탁자의 변경 등에 대하여 부가가치세를 과세하면 신탁의 활용을 저해할 수 있기 때문이다.

마. 공매, 경매

국세징수법에 따른 공매, 민사집행법에 따른 경매에 따라 재화를 인도하거나 양도하는 것은 재화의 공급으로 보지 않는다(부가령 제18조 제3항 제1호, 제2호). 공매 및 경매를 재화의 공급으로 보면 공급자는 파산 등으로 담세력이 없어서 공급자로부터 부가가치세를 징수하기 어려운 반면, 취득자에게는 매입세액공제를 해주어야 하므로 국가 입장에서는 세수일실만 초래할 수 있기 때문이다. 종전에는 경매를 재화의 공급으로 규정하였고, 판례는 경락대금에 부동산의 경락에 대한 부가가치세가 포함되어 있는지 여부에 따라 매입세액공제 여부를 달리 적용하여야 한다고 판시하였다.30) 그러나 경매를 재화의 공급으로 보는 것이 국가에 불리하므로 2006. 2. 9. 부가세법 시행령 개정 시 공매와 강제경매를 재화의 공급에서 제외하였고, 다시 2008. 2. 22. 개정 시 임의경매(담보권 실행을 위한 경매)도 추가로 재화의 공급에서 제외하였다.

---

29) 대법원 1998. 3. 27. 선고 97누3224 판결
30) 대법원 2002. 5. 14. 선고 2002두1328 판결

바. 수용

수용에 의하여 재화를 인도 또는 양도하는 것은 원칙적으로 재화의 공급에 해당하나(부가령 제18조 제1항 제4호), 예외적으로 도시정비법, 공익사업법 등에 따른 수용절차에서 수용대상 재화의 소유자가 수용으로 대가를 받는 경우에는 재화의 공급으로 보지 않는다(부가령 제18조 제3항 제3호). 종전에는 수용대상인 재화의 소유자가 해당 재화를 철거하는 조건으로 그 재화에 대한 대가를 받는 경우 재화의 공급에서 제외하였다. 그러나 소유자가 재화를 직접 철거하는지 여부에 따라 부가가치세 과세 여부가 달라지는 것은 불합리하다.[31] 건물이 수용될 때 소유자가 건물을 철거한 후 수용되면 부가가치세가 과세되지 않고, 건물을 철거하기 전에 수용되면 부가가치세가 과세되는 것은 형평에 맞지 않기 때문이다. 이에 따라 2013. 2. 15. 부가세법 시행령 개정 시 건물의 철거에 상관없이 재화의 공급에서 제외하였다.

사. 도시정비법에 따른 매도청구

도시정비법상 사업시행자의 매도청구에 따른 재화의 인도·양도는 그 실질이 수용과 유사하므로 재화의 공급으로 보지 않는다(부가령 제18조 제3항 제4호).

아. 기타

보세구역에 있는 조달청 창고에 보관된 물품에 대하여 조달청장이 발행하는 창고증권의 양도로서 임치물의 반환이 수반되지 않는 것, 보세구역에 있는 기획재정부령으로 정하는 거래소의 지정창고에 보관된 물품에 대하여 같은 거래소의 지정창고가 발행하는 창고증권의 양도로서 임치물의 반환이 수반되지 않는 것, 사업자가 위탁가공을 위하여 원자재를 국외의 수탁가공 사업자에게 대가 없이 반출하는 것, 한국석유공사가 비축된 석유를 수입통관하지 않고 보세구역에 보관하면서 국내사업장이 없는 비거주자 또는 외국법인과 무위험차익거래 방식으로 소비대차하는 것 등은 재화의 공급으로 보지 않는다(부가령 제18조 제2항). 보세구역에 있는 조달청 창고에 보관된 물품에 대하여 조달청장이 발행하는 창고증권의 양도로서 임치물의 반환이 수반되지 않는 것을 재화의 공급으로 보지 않는 것은 창고증권의 유통거래를 활성화하기 위한 취지이다. 임치물의 반환이 수반되지 않는 것을 조건으로 하고 있으므로 국내에 공급하기 위하여 임치물의 이동이 수반되는 창고증권의 양도는 재화의 공급에 해당한다.

5. 재화의 공급과 계약 해제

가. 일반적인 경우

(1) 채무불이행으로 인한 해제

부가가치세 부과처분 후 채무불이행으로 인하여 재화에 대한 매매계약이 해제된 경우 계약

---

31) 기획재정부, 「2012 간추린 개정세법」, 2013, 400면

해제의 소급효로 인하여 재화의 공급은 처음부터 없었던 것이 되므로 부가가치세 부과처분은 위법하다.[32]

(2) 합의해제

재화에 대한 분양계약이 부가가치세 부과처분 전에 합의해제 되고, 이미 수령한 분양대금까지 모두 반환된 경우 재화의 공급은 처음부터 없었던 것이 되므로 부가가치세 부과처분은 위법하다.[33] 이 판례는 부가가치세 부과처분 전에 합의해제된 사안이나, 부가가치세 부과처분 후에 합의해제된 경우에도 해제의 소급효로 인하여 재화의 공급은 없었던 것이 된다는 점에서 부가가치세 부과처분 전에 합의해제된 사안과 다르지 않으므로 부가가치세 부과처분 후에 계약이 합의해제된 경우 부가가치세 부과처분은 위법하다고 볼 것이다.

나. 공급단위를 구획할 수 없는 용역의 공급 도중 계약이 해제된 경우

공급단위를 구획할 수 없는 용역을 계속적으로 공급하는 것을 내용으로 하는 계약에서 용역의 공급 도중 합의해제나 채무불이행 등으로 인해 계약이 종료하더라도 특별한 사정이 없는 한, 이미 용역을 제공하여 공급시기가 도래함으로써 발생한 부가가치세 납세의무에는 영향을 미칠 수 없다.[34] 따라서 공급단위를 구획할 수 없는 용역의 계속적 공급에서는 계약이 해제된다고 해도 이미 공급시기가 도래한 부분에 대한 부가가치세 부과처분은 위법하다고 할 수 없다.

제2절 용역의 공급

1. 개요

가. 용역의 의의

용역(service, 서비스)은 재화 외에 재산적 가치가 있는 모든 역무나 행위를 말한다(부가법 제2조 제2호). 역무(役務)는 사전적 의미로는 일을 하는 것을 뜻한다. 따라서 용역은 어떠한 일을 하거나 행위를 하는 것을 의미한다. 부가세법 시행령은 건설업, 숙박 및 음식점업, 운수업, 방송통신 및 정보서비스업, 금융 및 보험업, 부동산업 및 임대업 등 용역에 해당하는 사업을 열거하고 있다(부가령 제3조 제1항).

용역은 역무나 행위의 제공이 그 상대방에게 소비로 나타나는 특성이 있다. 권리와 용역은

---

32) 대법원 2002. 9. 27. 선고 2001두5989 판결
33) 대법원 1998. 3. 10. 선고 96누13941 판결
34) 대법원 2003. 5. 16. 선고 2001두9264 판결

모두 형체가 없다는 점에서 유사하나, 용역은 역무의 제공 등과 같이 행위에 보다 중점이 있다는 점에서 권리와 차이가 있다.

나. 용역의 공급의 의미

(1) 의의

용역의 공급은 계약상 또는 법률상의 모든 원인에 의하여 역무를 제공하거나 시설물, 권리등 재화를 사용하게 하는 것을 의미한다(부가법 제11조 제1항). 계약상 원인과 법률상 원인은 재화의 공급에서 살펴본 바와 같다. 용역의 공급의 예로는 테니스장, 냉장창고, 자동차 정류장 등의 재화, 시설물 또는 권리를 사용하게 하고 그 대가를 받는 것을 들 수 있다.

(2) 용역의 무상공급

(가) 원칙

용역의 공급은 대가관계가 요구되므로 용역의 무상공급은 원칙적으로 용역의 공급에 해당하지 않는다(부가법 제12조 제2항 본문). 용역의 무상공급은 시장성이 없어 과세표준을 산정하는 것이 용이하지 않기 때문이다.[35]

(나) 예외

사업자가 특수관계자에게 사업용 부동산의 임대용역 등을 무상공급하는 경우에는 예외적으로 용역의 공급으로 간주한다(부가법 제12조 제2항 단서). 이 단서 규정은 임대용역 등의 무상공급에 의한 조세회피를 방지하기 위하여 2011. 12. 31. 부가세법 시행령 개정 시 신설되었다. 다만, 산학협력단과 대학 간 사업용 부동산의 임대용역 등에 대하여는 부가가치세를 과세하지 않는다(부가령 제26조 제2항).

(3) 기부채납

기부채납(寄附採納)은 국가 또는 지자체 외의 자가 부동산을 비롯한 재산의 소유권을 무상으로 국가 또는 지자체에 이전하여 국가 또는 지자체가 이를 취득하는 것을 의미한다(국유재산법 제2조 제2호). 사업자가 건물을 지어 국가나 지자체에 기부채납하면서 일정 기간 무상사용허가를 받는 경우 시설물 기부채납과 시설의 무상사용권은 실질적·경제적 대가관계에 있으므로 무상공급이라고 볼 수 없어 부가가치세 과세거래에 해당한다.[36] 사업자가 시설물을 국가나 지자체에 제공하면서 그 대가로 시설의 무상사용권을 취득한 것으로 보는 것이다. 그러나 사업자가 사업을 수행하기 위한 인허가 조건에 의하여 사회기반시설 등을 국가나 지자체에 기부채납하면서 사업자가 생산·취득한 재화를 국가나 지자체에 무상으로 기부채납하는

---

35) 대법원 1995. 7. 14. 선고 95누4018 판결
36) 대법원 1990. 4. 27. 선고 89누596 판결

경우에는 부가가치세가 면제된다.[37]

다. 용역의 공급의 장소적 한계

용역의 공급은 원칙적으로 국내에서 이루어지는 거래에 대하여 부가가치세가 과세된다. 다만, 선박이나 항공기에 대하여는 국제법상 기국주의(旗國主義)에 따라 국적을 가진 국가의 배타적 관할권을 인정하므로 우리나라 국적의 항공기, 선박에서 이루어지는 거래는 항공기, 선박이 국외에 있더라도 국내에서 공급되는 거래로 본다. 국외에서 이루어지는 용역의 공급은 사업장이 국내에 있는 경우에 한하여 부가가치세가 과세된다. 예를 들어, 건설사가 외국에서 건설용역을 제공하는 경우 사업장이 국내에 있으므로 부가가치세가 과세되나, 외국 소재 부동산의 임대용역을 제공하는 경우에는 사업장이 외국에 있으므로 부가가치세가 과세되지 않는다. 외국의 광고매체에 광고게재를 의뢰하고 지급하는 광고료는 공급장소가 국외이므로 부가가치세가 과세되지 않는다.[38]

2. 용역의 공급의 범위

가. 용역의 공급에 해당하는 경우(부가령 제25조)

(1) 건설업

건설사업자가 건설자재의 전부 또는 일부를 부담하는 것은 용역의 공급에 해당한다. 여기서 건설업은 건물의 신축, 증축 등의 건설활동을 의미하므로 건물을 건설하여 분양판매하는 것은 재화의 공급에 해당한다.

(2) 단순가공

자기가 주요자재를 전혀 부담하지 않고 상대방으로부터 인도받은 재화를 단순히 가공해 주는 것은 용역의 공급에 해당한다. 반면, 사업자가 주요자재의 전부 또는 일부를 부담하고 상대방으로부터 인도받은 재화에 공작을 가하여 새로운 재화를 만들어 인도하는 것은 재화의 공급에 해당한다.

(3) 정보제공

산업상·상업상 또는 과학상의 지식·경험 또는 숙련에 관한 정보를 제공하는 것은 용역의 공급에 해당한다.

(4) 기타

골프장, 테니스장 경영자가 이용자로부터 받는 입회금으로서 일정 기간 거치 후 반환하는

---

37) 부가세법 기본통칙 9-18-8
38) 부가세법 기본통칙 20-0-1

입회금은 과세대상이 아니나, 반환하지 않는 입회금은 과세대상이 된다.[39]

나. 용역의 공급에 해당하지 않는 경우

(1) 고용관계에 따른 근로의 제공

고용관계에 따라 근로를 제공하는 것은 용역의 공급에 해당하지 않는다(부가법 제12조 제3항). 고용관계에 따라 근로를 제공하는 것은 타인에 종속되어 근로를 제공하는 것이기 때문이다. 이와 달리 독립적으로 근로를 제공하는 경우에는 용역의 공급에 해당한다.

(2) 노하우(Know-how) 방식에 의한 기술공여

노하우(Know-how) 방식에 의한 기술공여는 부가세법상의 용역에 해당되지만 부가세법이 정하는 용역의 공급범위에는 포함되지 않는다. 제공된 노하우 자체가 인적용역이거나 또는 재화, 시설물을 사용하게 하는 것이 아니기 때문이다. 따라서 노하우 방식으로 도입한 기술, 비결 등을 사용한 대가인 노하우 수수료는 부가가치세 과세대상이 아니다.[40]

다. 관련 판례

(1) 기부채납

사업자가 공공시설을 건설하여 국가 또는 지자체에 기부채납하고 국가 또는 지자체로부터 시설의 사용권을 무상취득하는 경우 시설물 기부채납과 시설의 무상사용권은 실질적·경제적 대가관계에 있으므로 유상공급에 해당한다. 이 경우 시설물을 기부채납하는 것이 재화의 공급인지 또는 용역의 공급인지 문제된다. 재화의 공급인지 또는 용역의 공급인지에 따라 공급시기, 과세표준 등에서 차이가 생긴다. 판례에 의하면 시설소유권을 사업자가 취득한 후 국가나 지자체에 이전하면 재화의 공급이지만 처음부터 시설을 국가나 지자체의 소유로 하면 용역의 공급에 해당한다.[41]

한편, 일정기간 지하도시설물에 대한 무상사용권을 취득할 의도로 시(市)에 지하도 및 그 부대시설을 기부채납함에 있어 시에 지하도시설물 건설용역을 제공한 것이 아니라 공사금 상당의 현금을 지급하고 시는 그 돈을 재원으로 건설회사와 공사도급계약을 체결한 사안에서, 판례는 시에 공사금 상당의 현금을 지급한 것일 뿐 건설용역을 제공하였다고 볼 수 없으므로 부가가치세의 과세대상인 용역의 공급에 해당하지 않는다고 판시하였다.[42] 경제적 실질을 중시하면 시에 건설용역을 제공한 것으로 볼 여지가 있으나, 거래의 형식을 우선시하여 단순히 현금을 지급한 것으로 보아 부가가치세 과세거래가 아니라고 판단한 것이다.

---

39) 부가세법 기본통칙 4-0-6 ①
40) 대법원 1990. 7. 10. 선고 90누2550 판결
41) 대법원 1996. 4. 26. 선고 94누15752 판결
42) 대법원 1992. 12. 8. 선고 92누1155 판결

(2) 한국방송공사의 협찬품 고지방송과 협찬업체의 협찬품 제공

한국방송공사의 협찬품 고지방송과 협찬업체의 협찬품 제공은 실질적·경제적 대가관계에 있으므로 협찬품 고지방송은 광고용역의 유상공급에 해당한다.[43]

(3) 임대차계약 해지 후 임차인의 임차건물 점유사용

임대인의 해지통고로 건물 임대차계약이 해지되어 임차인의 점유가 불법점유가 된다고 하더라도 임차인이 건물을 명도하지 않은 채 계속 사용하고 있고, 임대인도 임대보증금을 반환하지 않고 보유하면서 향후 월임료 상당액을 보증금에서 공제하겠다는 취지의 통지를 한 경우 임대인이 부가가치세의 과세대상인 임대용역을 제공한 것으로 볼 수 있다.[44]

3. 용역의 자가공급

사업자가 자신의 용역을 자기의 사업을 위하여 대가를 받지 않고 공급함으로써 다른 사업자와의 과세형평이 침해되는 경우 자기에게 용역을 공급하는 것으로 간주한다(부가법 제12조 제1항). 예를 들어, 사업자가 자기의 사업과 관련하여 사업장 내에서 사용인에게 음식용역을 무상제공하는 경우, 사업자가 사용인의 직무상 부상 또는 질병을 무상치료하는 경우 등이 이에 해당한다.[45] 다만 법률에서 자가용역의 범위를 시행령에 위임하고 있으나 시행령에서 그 범위를 정하지 아니하여 사실상 부가가치세가 과세되지 않고 있다. 과세기술상 어려움이 있는데다가 용역을 타인에게 무상공급하는 경우 용역의 공급으로 보지 않고 있음을 고려한 것이다.[46]

제3절 재화의 수입 및 보세구역에 대한 부가가치세 적용

1. 재화의 수입

가. 의의

재화의 수입은 외국으로부터 국내에 도착하였으나 수입신고가 수리되기 전의 물품, 수출신고가 수리된 물품을 국내에 반입하는 것을 의미하며, 보세구역에서 물품을 반입하는 것도 수입에 해당한다(부가법 제13조). 재화의 수입의 경우 재화를 공급하는 외국인으로부터 부가가치세를 받기 어려우므로 재화를 수입하는 시점에 세관장이 부가가치세를 징수하고 세금계산서를 발급한다(부가법 제53조 제1항).

---

43) 대법원 1997. 10. 10. 선고 96누3463 판결
44) 대법원 1995. 7. 14. 선고 95누4018 판결
45) 부가세법 기본통칙 12-0-1
46) 김두형, 부가가치세법론(2016), 128면

나. 과세취지

(1) 소비지과세원칙의 실현

수입재화에 대하여 부가가치세를 과세함으로써 소비지과세원칙을 실현하기 위한 것이다. 재화의 수입에 대하여는 수입자가 사업자인지 여부를 불문하고 과세하는데, 사업자는 재화의 수입 시 납부한 금액에 대하여 매입세액공제를 받으므로 궁극적으로 소비자로부터 세금을 걷는 것이 목적이다.

(2) 국내에서 생산된 재화와의 과세형평

수입재화에 대하여 부가가치세를 과세하여 국내에서 생산된 재화와 과세형평을 기하기 위한 것이다. 국내에서 생산된 재화에는 부가가치세가 과세되므로 수입재화에 대하여도 부가가치세를 붙여야 수입재화와 국내생산 재화 사이에 과세형평이 유지된다.

다. 징수

재화를 수입하면 재화가 국경을 통과하므로 편의상 세관장이 관세를 징수하면서 부가가치세도 같이 징수한다.

2. 보세구역에 대한 부가가치세 적용

가. 의의

보세구역(保稅區域)은 관세 등의 세금을 납부하지 않은 상태에서 외국물품을 보관, 제조·가공, 건설, 판매, 전시할 수 있도록 허용한 구역을 말한다(관세법 제154조). 해외에서 물품을 수입할 때 보세구역에 있는 동안은 세금의 징수가 유예된다. 보세구역제도를 통하여 중계무역과 가공무역 등 수출진흥에 기여할 수 있고 수입물품에 대해서는 안전하고 효율적으로 화물을 관리할 수 있다.

나. 거래의 구분에 따른 부가가치세 과세 여부[47]

① 외국에서 보세구역으로 재화를 반입하는 경우에는 보세구역이 세금이 보류된 지역이므로 외국에서 보세구역으로 재화를 반입하는 것은 재화의 수입에 해당하지 않는다.

② 동일한 보세구역 내에서 재화나 용역을 공급하는 경우에는 재화의 공급 또는 용역의 공급에 해당한다.

③ 보세구역 외의 장소에서 보세구역으로 재화나 용역을 공급하는 경우에는 재화의 공급 또는 용역의 공급에 해당한다.

④ 보세구역 내에서 보세구역 외의 국내에 재화를 공급하는 경우에는 재화의 수입에 해당

---

47) 부가세법 기본통칙 9-18-7

한다. 이 경우 공급가액 중 관세가 과세되는 부분에 대하여는 세관장이 부가가치세를 거래징수하고 수입세금계산서를 발급하며, 공급가액 중 관세의 과세가격과 관세, 개별소비세, 주세, 교육세, 교통에너지환경세 및 농어촌특별세의 합계액을 뺀 잔액에 대하여는 재화를 공급하는 사업자가 부가가치세를 거래징수하고 세금계산서를 발급한다.

제4절 부수재화 및 부수용역의 공급

1. 의의

사업자는 사업을 하는 과정에서 주된 재화나 용역에 부수되는 재화나 용역을 공급하는 경우 또는 주된 사업에 부수되는 재화나 용역을 공급하는 경우가 있다. 이와 같이 주된 거래 또는 주된 사업에 부수되는 종된 재화나 용역을 부수재화 및 부수용역이라고 한다.

부수재화 또는 부수용역에 대해 부가가치세를 과세하지 않으면 소비자는 부가가치세를 부담하지 않고 재화나 용역을 소비하게 되어 조세중립성을 해한다. 부가세법은 주된 거래에 대한 부수재화 및 부수용역과 주된 사업에 대한 부수재화 및 부수공급을 구별하여 주된 거래에 대한 부수재화 및 부수용역은 주된 거래에 포함되는 것으로 보나, 주된 사업에 대한 부수재화 및 부수공급은 별도의 공급으로 본다. 주된 거래에 대한 부수재화 및 부수용역은 주된 재화 또는 용역의 공급과 구분하기 어렵기 때문에 주된 거래에 포함시키는 것이다.

2. 주된 재화 또는 용역의 공급에 부수되는 공급

가. 의의

주된 재화 또는 용역의 공급에 부수되는 공급이란 다음 2가지를 의미한다(부가법 제14조 제1항).

① 해당 대가가 주된 재화 또는 용역의 공급의 대가에 통상적으로 포함되어 공급되는 재화 또는 용역이다. 여러 개의 거래에 대하여 하나의 가격이 책정되어 있고 거래별로 대가를 구분하여 지급받지 않은 경우를 의미한다. 주된 재화나 용역의 공급가액과 부수재화나 용역의 공급가액이 별도로 표시되지 않으므로 양자를 구분하기 어렵다. 여러 개의 재화 또는 용역을 하나의 공급단위로 거래하는 경우 그 거래대상 사이에 주종관계가 있는 경우가 이에 해당한다. 예를 들어, 의류가게에서 의류를 판매할 때 쇼핑백을 제공하는 경우, 가전제품을 판매할 때 배달용역을 제공하는 경우, 조경공사용역을 공급하면서 수목이나 화초를 제공하는 경우 등이 이에 해당한다.

② 거래의 관행으로 보아 통상적으로 주된 재화 또는 용역의 공급에 부수하여 공급되는 것으로 인정되는 재화 또는 용역이다. 주된 재화 또는 용역의 공급가액과 부수재화 또는 부수용

역의 공급가액을 구분할 수 있으나, 주된 재화나 용역의 공급이 있으면 일반적으로 그에 부수하여 다른 재화나 용역의 공급이 있는 경우를 의미한다. 예를 들어, 비행기를 탈 때 탑승객에게 음식물을 제공하는 경우, 아이스크림을 판매할 때 드라이아이스를 제공하는 경우, 가전제품 판매 후 일정기간 무료서비스용역을 제공하는 경우 등이 이에 해당한다.

나. 효력

주된 재화 또는 용역의 공급에 부수되는 재화 또는 용역의 공급은 주된 재화 또는 용역의 공급에 포함시켜 별도의 독립된 거래로 보지 않는다(부가법 제14조 제1항). 이는 부수재화 또는 부수용역의 공급에 대해 별도로 부가가치세를 과세하지 않는다는 의미이므로 부수재화 및 부수용역에 대하여 별도로 과세표준을 계산할 필요는 없다. 주된 재화 또는 용역의 공급과 부수재화 또는 부수용역의 공급을 구분하기 어렵거나 구분할 실익이 적으므로 부수재화나 부수용역의 공급을 주된 재화 또는 용역의 공급에 포함시켜 굳이 독립된 거래로 취급하지 않는 것이다. 부수되는 재화 또는 용역의 공급의 과세 또는 면세 여부는 주된 재화 또는 용역의 공급의 과세 또는 면세 여부에 따라 결정된다. 예를 들어, 피아노를 판매하면서(과세) 피아노 의자를 제공하는 경우 피아노 의자의 공급은 피아노 판매에 포함되고, 피아노의 판매가 과세거래이므로 피아노 의자의 제공도 과세거래에 해당한다. 또한 미술수업을 하면서(면세) 그 실습도구를 제공하는 경우 실습도구의 공급은 미술수업에 포함되고, 미술수업이 면세거래이므로 실습도구의 제공은 면세거래에 해당한다.

다. 면세되는 재화 또는 용역의 공급의 경우

면세되는 재화 또는 용역의 공급에 통상적으로 부수되는 재화 또는 용역의 공급은 그 면세되는 재화 또는 용역의 공급에 포함되는 것으로 본다(부가법 제26조 제2항). 이 경우 면세되는 재화 또는 용역의 공급에 포함되는 것으로 보는 범위는 사업자 자신의 거래로 국한한다.[48] 이러한 취지에서 대법원은 곡물가공업체인 사업자가 외국산 밀 등을 제분하는 과정에서 밀기울 등을 부수하여 생산·공급하는 경우 주된 재화인 밀가루가 면세재화이므로 그 사업자의 밀기울의 공급도 그 사업자의 공급단계에서는 면세되지만, 거기서 더 나아가 곡물가공업체로부터 밀기울을 면세로 공급받아 이를 제3자에게 전매하는 중간수집판매상의 공급단계에서까지 밀기울의 공급에 관한 부가가치세가 면세된다고 볼 수 없다고 판시하였다.

라. 관련 판례

(1) 부수 공급을 인정한 판례

미용체조학원의 교육용역과 운동기구 및 샤워시설의 제공,[49] 장의용역과 음식물 제공용

---

48) 대법원 2001. 3. 15. 선고 2000두7131 전원합의체 판결
49) 대법원 1985. 9. 10. 선고 84누391 판결

역,[50] 관광시설용역과 선박운항용역[51] 등에 대하여는 부수 공급을 인정하였다.

(2) 부수 공급을 부정한 판례

묘지임대업과 묘지관리업,[52] 금융용역과 복권판매대행용역,[53] 프랜차이즈 가맹사업용역과 기본인쇄교재 및 온라인교재의 공급,[54] 아파트 발코니 섀시 설치공사의 공급[55] 등에 대하여는 부수 공급을 인정하지 않았다.

3. 주된 사업에 부수되는 공급

가. 의의

주된 사업에 부수되는 재화 또는 용역의 공급이란 다음의 2가지를 의미한다(부가법 제14조 제2항).

① 주된 사업과 관련하여 우연히 또는 일시적으로 공급되는 재화 또는 용역이다. 주된 사업에 부수하여 우연히 또는 일시적으로 재화 또는 용역을 공급하는 경우를 의미한다. 예를 들어, 가전회사가 사후보증관리기간 중에 수선용역을 제공하는 경우, 금융업자가 면세사업에 사용하던 건축물을 양도하는 경우 등이 이에 해당한다.

② 주된 사업과 관련하여 주된 재화의 생산과정이나 용역의 제공과정에서 필연적으로 생기는 재화이다. 주된 사업에 부수하여 필연적으로 생기는 재화를 공급하는 경우를 의미한다. 예컨대, 복숭아통조림 제조업자의 제조과정에서 복숭아씨가 부산물로 나오는 경우, 옥수수를 원료로 전분을 제조하는 과정에서 옥피가 생산되는 경우 등이 이에 해당한다.

나. 효력

주된 사업에 부수되는 재화 또는 용역의 공급은 주된 사업과 별도의 공급으로 보되, 과세 및 면세 여부 등은 주된 사업의 과세 및 면세 여부 등을 따른다. 예를 들어, 제조업을 하면서 그에 부수하여 건물을 매각하는 경우 주된 사업인 제조업이 과세이므로 건물의 매각은 과세 대상에 해당한다. 반면, 은행업을 하면서 그에 부수하여 건물을 매각하는 경우 은행업이 면세이므로 건물의 매각은 면세대상에 해당한다.

4. 부수재화 및 부수용역의 과세표준

주된 거래에 대한 부수재화 및 부수용역은 주된 재화 또는 용역의 공급에 포함시켜 별도의

---

50) 대법원 2013. 6. 28. 선고 2013두932 판결
51) 대법원 1986. 9. 9. 선고 86누187 판결
52) 대법원 1983. 12. 27. 선고 83누297 판결
53) 대법원 2004. 2. 13. 선고 2002두10384 판결
54) 대법원 2017. 5. 11. 선고 2015두37549 판결
55) 대법원 2011. 3. 10. 선고 2009두6155 판결

공급으로 보지 않으므로 부수재화 및 부수용역만 별도로 과세표준을 계산할 필요가 없다. 그러나 주된 사업에 대한 부수재화 및 부수용역은 별도의 공급으로 취급하므로 주된 사업이 과세거래인 경우 별도로 과세표준을 계산한다. 다만, 주된 사업이 면세거래인 경우에는 부가가치세가 과세되지 않으므로 별도로 과세표준을 계산할 필요가 없다.

제4장 공급시기와 공급장소

제1절 공급시기

1. 의의

재화나 용역의 공급시기는 재화나 용역의 공급을 어느 과세기간에 귀속시킬 것인지의 문제이다. 재화나 용역의 공급시기가 어느 과세기간에 귀속되는지에 따라 법령, 신고기한, 세금계산서 발급 등의 적용이 달라질 수 있으므로 재화나 용역의 공급시기를 정하는 것은 중요하다. 소득세나 법인세의 경우에는 권리의무확정주의에 따라 소득의 귀속시기를 정하지만 부가가치세는 소득세나 법인세와 다른 기준이 적용된다.

2. 재화의 공급시기

가. 기본원칙

(1) 재화의 이동이 필요한 경우(부가법 제15조 제1항 제1호)

재화의 이동이 필요한 경우에는 재화가 거래상대방에게 인도되는 때를 공급시기로 한다. 동산의 경우 재화의 이동이 필요하므로 동산이 인도되는 때가 공급시기이다.

(2) 재화의 이동이 필요하지 않은 경우(부가법 제15조 제1항 제2호)

재화의 이동이 필요하지 않은 경우에는 재화가 이용가능하게 되는 때를 공급시기로 한다. 재화가 이용가능하게 되는 때라 함은 재화를 실지로 사용할 수 있게 되는 때를 말한다. 부동산의 경우 재화의 이동이 필요하지 않으므로 재화가 이용가능하게 되는 때, 더 구체적으로 부동산을 명도받기로 한 때가 공급시기이다.[1]

콘도회원권의 양도인이 양도계약 시에 콘도이용카드를 양수인에게 주었고 양수인은 회원권명의변경 전이라도 콘도이용카드만 있으면 콘도를 사용할 수 있는 경우에는 양도계약 시에 콘도회원권의 이용이 가능하므로 양도계약 시를 공급시기로 볼 수 있다.[2] 또한 건설부장관의

---

1) 대법원 2008. 9. 11. 선고 2006두9900 판결
2) 대법원 1990. 4. 10. 선고 88누5600 판결

인가를 받아 건설업을 양수함으로써 건설업면허를 이전받은 자는 건설업면허증과 건설업면허수첩을 교부받은 때에 건설면허를 현실적으로 이용할 수 있으므로 건설업면허증과 건설업면허수첩을 교부받은 때를 재화의 공급시기로 볼 수 있다.[3]

(3) 그 밖의 경우(부가법 제15조 제1항 제3호)

그 밖의 경우에는 재화의 공급이 확정되는 때를 공급시기로 한다. 재화의 공급이 확정되는 때라 함은 재화의 가격 등을 포함한 거래내용이 확정되는 때를 말한다.

나. 유형별 공급시기

(1) 현금판매, 외상판매, 할부판매

재화의 이동이 필요한 경우에는 재화가 인도되는 때, 재화의 이동이 필요하지 않은 경우에는 재화가 이용가능하게 된 때가 공급시기이다(부가령 제28조 제1항 제1호).

(2) 상품권 판매

상품권 등을 현금 또는 외상으로 판매하고 그 후 상품권 등이 현물과 교환되는 경우 재화가 실제 인도되는 때가 공급시기이다(부가령 제28조 제1항 제2호). 고객에게 상품권을 판매한 경우 그 상품권은 물품 등의 구입에 사용될 것이므로 상품권을 회수하고 물품 등을 제공하는 시점을 공급시기로 보는 것이다.

(3) 재화의 공급으로 보는 가공

가공된 재화를 인도하는 때가 공급시기이다(부가령 제28조 제1항 제3호).

(4) 반환조건부 판매, 동의조건부 판매, 그 밖의 조건부 판매 및 기한부 판매

조건이나 기한이 붙어 있는 거래는 조건이 성취되거나 기한이 지나 판매가 확정되는 때가 공급시기이다(부가령 제28조 제2항). 공급받는 자의 검수를 필수적인 인도조건으로 하는 경우에는 인도조건이 성취되어 판매가 확정되는 때가 당해 재화의 공급시기이다.[4]

(5) 장기할부판매, 완성도기준지급조건부, 중간지급조건부, 공급단위를 구획할 수 없는 재화의 계속적 공급

(가) 의의

장기할부판매란 재화를 공급하고 그 대가를 2회 이상으로 분할하여 받으며, 해당 재화의 인도일 다음 날부터 최종 할부금 지급기일까지의 기간이 1년 이상인 것을 말한다(부가칙 제17조). 완성도기준지급조건부는 재화의 제작기간이 장기간을 요하는 경우와 같이 그 진행도 또

---

3) 대법원 1985. 12. 10. 선고 85누411 판결
4) 국세청 부가가치세과-2422(2016. 11. 2.)

는 완성도를 확인하여 그 비율만큼 대가를 지급하는 것을 말한다. 중간지급조건부는 계약금을 받기로 한 날의 다음 날부터 재화를 인도하는 날 또는 재화를 이용가능하게 하는 날까지의 기간이 6개월 이상인 경우로서 그 기간 이내에 계약금 외의 대가를 분할하여 받는 것을 말한다(부가칙 제18조 제1호).

(나) 공급시기

장기할부판매, 완성도기준지급조건부, 중간지급조건부, 공급단위를 구획할 수 없는 재화의 계속적 공급의 경우에는 대가의 각 부분을 받기로 한 때가 재화의 공급시기이다(부가령 제28조 제3항). 부가가치세는 전단계세액공제법에 따라 매출세액에서 매입세액을 공제하여 납부세액을 계산하므로 위 각 거래에 대하여 공급하는 자와 공급받는 자 양측이 거래를 쉽게 파악하여 세금계산서를 주고받을 수 있도록 대가의 각 부분을 받기로 한 때를 공급시기로 정한 것이다. 중간지급조건부로 재화를 공급하는 경우에는 완성도기준지급조건부와는 달리 재화가 각 대가에 상응하는 비율만큼 완성되지 않더라도 대가의 각 부분을 받기로 한 때에 공급시기가 도래하여 부가가치세 납부의무가 성립하고, 실제 그 대가를 받았는지 여부는 부가가치세 납부의무에 영향을 미치지 않는다.[5]

(6) 간주공급

자기생산·취득재화의 면세전용, 자기생산·취득재화의 사용 또는 소비, 개인적 공급의 경우에는 재화를 사용하거나 소비하는 때, 직매장반출의 경우에는 재화를 반출하는 때, 사업상 증여의 경우에는 재화를 증여하는 때, 폐업 시 잔존재화의 경우에는 폐업하는 때를 공급시기로 한다(부가령 제28조 제4항).

(7) 무인판매기를 이용한 재화의 공급

사업자가 무인판매기에서 현금을 꺼내는 때가 재화의 공급시기이다(부가령 제28조 제5항).

(8) 수출재화

내국물품을 외국으로 반출하는 경우에는 수출재화의 선적일, 원양어업의 경우에는 수출재화의 공급가액이 확정되는 때, 외국인도수출, 위탁가공무역방식의 수출 등의 경우에는 외국에서 해당 재화가 인도되는 때를 재화의 공급시기로 한다(부가령 제28조 제6항).

(9) 보세구역 안에서 보세구역 밖의 국내에 재화를 공급하는 경우

보세구역 안에서 보세구역 밖으로 재화를 공급하여 재화의 수입에 해당하는 경우에는 수입신고 수리일을 재화의 공급시기로 본다(부가령 제28조 제7항).

---

5) 대법원 2003. 11. 28. 선고 2002두3089 판결

(10) 폐업 전에 공급한 재화의 공급시기가 폐업일 이후에 도래하는 경우

(가) 의의

폐업 전에 공급한 재화의 공급시기가 폐업일 이후에 도래하는 경우 폐업일을 공급시기로 한다. 폐업 후에 재화의 공급시기가 도래하므로 본래의 공급시기에는 재화를 공급한 자가 이미 사업자의 지위를 상실한 상태이나, 폐업 전에 공급받을 자와 공급가액 등이 정해져 있으므로 이를 기초로 부가가치세를 과세하기 위한 취지이다. 계약 등 법률상 원인이 발생하기 전에 폐업한 경우 또는 계약 등에 따른 공급시기가 모두 도래한 후에 폐업한 경우에는 부가가치세를 부담하는데, 공급시기가 폐업 이후에 도래한다는 이유로 부가가치세를 부과하지 않는다면 과세형평에 맞지 않는다. 따라서 폐업 전에 공급한 재화의 공급시기가 폐업일 이후에 도래하더라도 폐업일을 공급시기로 하여 부가가치세를 납부하도록 하는 것이다.

(나) '폐업 전에 공급한'의 의미

'폐업 전에 공급한'의 의미는 재화의 인도 또는 양도의 전부 또는 일부가 폐업 전에 이루어진 경우에만 한정되지 않고 공급의 상대방, 시기, 가액을 확정할 수 있는 계약 등 법률상의 원인이 폐업 전에 발생한 경우도 포함된다.[6] 예를 들어, 부동산임대업자가 임대부동산을 10억 원을 받고 매도한 경우 계약금 1억 원은 2021. 4. 20., 중도금 4억 원은 2021. 5. 20., 잔금 5억 원은 2021. 7. 20. 각 지급받기로 하였는데, 2021. 6. 20. 폐업한 경우 통상적인 경우에는 2021. 7. 20.이 공급시기이나 그 전에 폐업하였으므로 폐업일인 2021. 6. 20.이 공급시기이다.

(다) 중간지급조건부로 재화를 공급하는 경우

중간지급조건부로 재화를 공급하는 경우에는 대가의 각 부분을 받기로 한 때가 공급시기이고, 폐업 전에 공급한 재화의 공급시기가 폐업일 이후에 도래하는 경우에는 그 폐업일이 공급시기이므로 폐업을 전후하여 중간지급조건부로 재화가 공급되는 경우에는 폐업 시 잔존재화가 적용될 여지는 없다.[7] 폐업 전에 이미 중간지급조건부에 따른 공급시기가 도래하기 때문이다.

3. 용역의 공급시기

가. 기본원칙

(1) 역무의 제공이 완료되는 때(부가법 제16조 제1항 제1호)

역무의 제공이 완료되는 때라 함은 역무가 현실적으로 제공됨으로써 역무를 제공받는 자가 역무제공의 산출물을 사용할 수 있는 상태에 놓이게 된 시점을 말한다.[8] 역무의 제공이 완료되는 때를 공급시기로 볼 수 없는 경우에는 역무의 제공이 완료되고 그 공급가액이 확정되는

---

6) 대법원 2006. 1. 13. 선고 2005두10453 판결
7) 대법원 1992. 7. 28. 선고 91누6221 판결
8) 대법원 2008. 8. 21. 선고 2008두5117 판결

때가 공급시기이다. 용역이 현실적으로 제공되어 용역공급의 산출물을 사용할 수 있는 상태에 놓이게 되었다면 그때 역무의 제공이 완료된 것이고, 그 이후 통상적으로 이루어지는 유지보수공사가 이루어졌다고 하더라도 그 유지보수공사가 완료된 시점이 용역의 공급시기가 되는 것은 아니다.[9] 건설용역의 경우에는 건설용역을 공급함에 있어 건설공사기간에 대한 약정만 체결하고 대금지급기일에 관한 약정이 없는 경우에는 건설공사에 대한 건설용역의 제공이 완료되는 때를 공급시기로 하되, 건설용역 제공의 완료 여부가 불분명한 경우에는 준공검사일을 공급시기로 본다.[10]

(2) 시설물, 권리 등 재화가 사용되는 때(부가법 제16조 제1항 제2호)

용역의 내용이 시설물, 권리 등 재화를 사용하게 하는 것인 경우에는 그 시설물, 권리 등 재화가 사용되는 때가 공급시기이다.

나. 유형별 공급시기

(1) 장기할부조건부, 기타 조건부, 완성도기준지급조건부, 중간지급조건부, 공급단위를 구획할 수 없는 용역의 계속적 공급

장기할부조건부, 기타 조건부, 완성도기준지급조건부, 중간지급조건부, 공급단위를 구획할 수 없는 용역의 계속적 공급의 경우에는 대가의 각 부분을 받기로 한 때를 재화의 공급시기로 본다(부가령 제29조 제1항). 완성도기준지급조건부와 중간지급조건부의 경우 역무의 제공이 완료되는 날 이후 받기로 한 대가의 부분에 대해서는 역무의 제공이 완료되는 날을 그 용역의 공급시기로 본다. 사업자가 완성도기준지급, 중간지급조건부 건설용역의 공급계약서상 특정 내용에 따라 해당 건설용역에 대하여 검사를 거쳐 대가의 각 부분의 지급이 확정되는 경우에는 검사 후 대가의 지급이 확정되는 때를 그 공급시기로 본다.[11] 다만 대가의 각 부분을 받기로 한 때를 공급시기로 볼 수 없는 경우에는 역무의 제공이 완료되고 그 공급가액이 확정되는 때를 공급시기로 한다(부가령 제29조 제2항 제1호).

건설공사계약 시에 완성도에 따라 기성대가를 수차에 걸쳐 지급받기로 했으나 그 지급일을 명시하지 않은 경우에는 공사완성도가 결정되어 그 대금을 지급받을 수 있는 날을 공급시기로 본다.[12] 판례는 공동주택을 신축하는 공사도급계약을 체결하면서 공사대금에 관하여는 신축하는 공동주택 중 호수를 특정한 몇 세대를 공사 도중에 임의분양하여 그 대금을 공사대금 일부로 충당하기로 하고 공사를 진행하다 완공 전에 중단된 경우에 그 기성고가 결정되어 그에 상응한 공사대금을 지급받을 수 있게 된 날을 건설용역의 공급시기로 보아야 한다고 판시

---

9) 대법원 2015. 6. 11. 선고 2013두22291 판결
10) 부가세법 기본통칙 16-29-3
11) 부가세법 기본통칙 16-29-4
12) 부가세법 기본통칙 16-29-2

하였다.[13]

(2) 부동산 임대용역

사업자가 부동산 임대용역을 공급하는 경우로서 ① 사업자가 부동산 임대용역을 공급하고 전세금 또는 임대보증금을 받는 경우, ② 사업자가 둘 이상의 과세기간에 걸쳐 부동산 임대용역을 공급하고 그 대가를 선불 또는 후불로 받는 경우, ③ 사업자가 부동산을 임차하여 다시 임대용역을 제공하는 경우에는 예정신고기간 또는 과세기간의 종료일을 공급시기로 본다(부가령 제29조 제2항 제2호). 예를 들어, 2021년 1월부터 12월까지의 임대료를 1월에 모두 선불로 받은 경우 예정신고기간 종료일인 3월 말, 6월 말, 9월 말, 12월 말이 각 공급시기이다.

(3) 선불을 받고 둘 이상의 과세기간에 걸쳐 계속적으로 제공하는 용역

헬스클럽장 등 스포츠센터를 운영하는 사업자가 연회비를 미리 받고 회원들에게 시설을 이용하게 하는 용역 등 법령에서 정한 용역을 둘 이상의 과세기간에 걸쳐 계속적으로 제공하고 대가를 선불로 받는 경우에는 예정신고기간 또는 과세기간의 종료일을 공급시기로 본다(부가령 제29조 제2항 제3호). 예를 들어, 헬스클럽장 운영자가 2021년의 연회비를 미리 받고 회원들에게 1년간 시설을 이용하게 한 경우 예정신고기간인 3월 말, 6월 말, 9월 말, 12월 말이 공급시기가 된다.

(4) 사업자가 BOT방식으로 설치한 시설에 대하여 둘 이상의 과세기간에 걸쳐 계속 시설을 이용하게 하는 경우

사업자가 BOT방식으로 설치한 시설에 대하여 둘 이상의 과세기간에 걸쳐 계속적으로 시설을 이용하게 하고 대가를 받는 경우에는 예정신고기간 또는 과세기간의 종료일을 공급시기로 본다(부가령 제29조 제2항 제4호).

(5) 폐업 전에 공급한 용역의 공급시기가 폐업일 이후에 도래하는 경우

폐업 전에 공급한 용역의 공급시기가 폐업일 이후에 도래하는 경우에는 폐업일을 공급시기로 본다(부가령 제29조 제3항).

4. 공급시기의 특례

가. 의의

세금계산서는 원칙적으로 공급시기에 발급하여야 한다. 그러나 재화나 용역의 공급시기가 도래하기 전에 세금계산서나 영수증을 발급하고 법령 소정의 요건을 충족한 경우에는 세금계산서나 영수증을 발급한 때를 공급시기로 본다. 이때 재화나 용역의 공급시기가 도래하기 전

---

13) 대법원 1997. 6. 27. 선고 96누16193 판결

에 발급된 세금계산서를 "선발급(先發給) 세금계산서"라고 한다.

나. 내용

(1) 세금계산서 발급 전 대가의 전부나 일부를 지급받은 경우

사업자가 재화 또는 용역의 공급시기가 되기 전에 재화 또는 용역에 대한 대가의 전부 또는 일부를 받고, 그 받은 대가에 대하여 세금계산서 또는 영수증을 발급하면 그 세금계산서 등을 발급하는 때를 재화 또는 용역의 공급시기로 본다(부가법 제17조 제1항). 재화 또는 용역에 대한 대가의 전부 또는 일부를 받는 것을 요건으로 하는 것은 매입자가 부가가치세를 거래징수당하지 않고 매입세액을 부당환급받는 것을 방지하기 위함이다.

(2) 세금계산서 발급일부터 7일 이내에 대가를 지급받은 경우

사업자가 재화 또는 용역의 공급시기가 되기 전에 세금계산서를 발급하고 그 세금계산서 발급일부터 7일 이내에 대가를 받으면 해당 세금계산서를 발급한 때를 재화 또는 용역의 공급시기로 본다(부가법 제17조 제2항).

(3) 세금계산서 발급일부터 7일 이후에 대가를 지급받은 경우

사업자가 재화 또는 용역의 공급시기가 되기 전에 세금계산서를 발급하고 그 세금계산서 발급일부터 7일이 지난 후 대가를 받더라도 다음 어느 하나에 해당하는 경우에는 세금계산서를 발급한 때를 재화 또는 용역의 공급시기로 본다(부가법 제17조 제3항).

① 거래당사자 간의 계약서, 약정서 등에 대금청구시기와 지급시기를 따로 적고, 대금 청구시기와 지급시기 사이의 기간이 30일 이내인 경우이다.

② 재화 또는 용역의 공급시기가 세금계산서 발급일이 속하는 과세기간 내에 도래하는 경우이다. 종전에는 동일 과세기간 내에 공급시기가 도래하고 대가를 수령하는 것이 요건이었으나, 2021. 12. 8. 부가세법 개정 시 대가수령을 요건에서 제외하여 선발급 세금계산서의 인정요건을 완화하였다.

(4) 사업자가 할부로 재화 또는 용역을 공급하는 경우 등

장기할부판매로 재화를 공급하거나 장기할부조건부로 용역을 공급하는 경우, 전력이나 그 밖에 공급단위를 구획할 수 없는 재화를 계속적으로 공급하는 경우, 사회기반시설에 대하여 둘 이상의 과세기간에 걸쳐 계속적으로 시설을 이용하게 하여 그 공급단위를 구획할 수 없는 용역을 계속적으로 공급하는 경우, 외국항행용역의 공급으로서 선하증권이 발행되어 거래사실이 확인되는 경우(용역의 공급시기가 선하증권 발행일로부터 90일 이내인 경우로 한정) 등에는 공급시기가 되기 전에 세금계산서 또는 영수증을 발급한 때를 각각 그 재화 또는 용역의 공급시기로 본다(부가법 제17조 제4항, 부가령 제30조).

제2절 | 공급장소

1. 의의

　재화와 용역의 공급장소는 재화와 용역이 공급되는 장소이다. 부가가치세는 국내에서 재화와 용역을 공급하는 경우 과세할 수 있으므로 재화와 용역의 공급장소가 국내인지 국외인지는 우리나라 과세권의 범위를 정하는 기준이 된다는 점에서 중요하다.[14] 여기서 공급장소는 납세의무의 이행과 조세부과를 위한 기준이 되는 납세지와는 다른 개념이다.

2. 재화의 공급장소

가. 재화의 이동이 필요한 경우(부가법 제19조 제1항 제1호)

　재화의 이동이 필요한 경우에는 재화의 이동이 시작되는 장소가 공급장소이다. 수출의 경우에는 재화의 이동이 시작되는 장소가 국내이므로 수출업자는 부가가치세 납세의무자가 된다. 수입의 경우에는 재화의 이동이 시작되는 장소가 국외이므로 외국의 공급업자는 납세의무자가 아니고, 소비지과세원칙에 따라 수입업자에게 부가가치세를 과세한다.

나. 재화의 이동이 필요하지 않은 경우(부가법 제19조 제1항 제2호)

　재화의 이동이 필요하지 않은 경우에는 재화가 공급되는 시기에 재화가 있는 장소가 공급장소이다. 따라서 재화가 이용가능하게 된 때 해당 재화가 국내에 있으면 국내가 공급장소가 된다.

3. 용역의 공급장소

가. 공급장소의 판단기준

(1) 일반적인 경우(부가법 제20조 제1항 제1호)

　공급장소는 역무가 제공되거나 시설물, 권리 등 재화가 사용되는 장소이다. 이 조항 전단의 "역무가 제공되는 장소"는 공급지과세원칙을 반영하고, 후단의 "시설물, 권리 등 재화가 사용되는 장소"는 소비지과세원칙을 반영하는 것으로 해석하는 것이 일반적이다.

(2) 국제운송의 경우(부가법 제20조 제1항 제2호)

　국내 및 국외에 걸쳐 용역이 제공되는 국제운송의 경우 사업자가 비거주자 또는 외국법인이면 여객이 탑승하거나 화물이 적재되는 장소가 공급장소이다. 반면, 사업자가 거주자 또는 내국법인인 경우 우리나라 국적의 항공기 또는 선박에서 이루어지는 거래는 국제법상 기국주의(旗國主義)에 따라 여객이 탑승하거나 화물이 적재되는 장소에 상관없이 국내거래가 된다.

---

14) 대법원 2006. 6. 16. 선고 2004두7528, 7535 판결

(3) 전자적 용역의 경우(부가법 제20조 제1항 제3호)

전자적 용역의 경우에는 용역을 공급받는 자의 사업장 소재지, 주소지, 거소지가 공급장소이다.

나. 국제적 용역의 공급장소

(1) 의의

국제적 용역의 경우에는 역무의 제공장소와 사용장소가 서로 일치하지 아니하여 공급장소를 정하기 어려운 문제가 있다. 이 경우 공급장소를 공급자를 중심으로 정하자는 입장, 공급받는 자를 중심으로 정하자는 입장, 중요하고 본질적인 부분이 이루어지는 장소를 중심으로 정하자는 입장 등이 대립한다.

(2) 학설[15]

(가) 공급자 중심설

공급자가 역무를 제공하는 장소를 용역의 공급장소로 보아야 한다는 견해이다. 부가세법이 역무가 제공되는 장소를 공급장소라고 규정하고 있으므로 공급자를 중심으로 공급장소를 정하는 것이 법문언에 충실한 해석이라고 한다.

(나) 공급받는 자 중심설

공급받는 자가 역무를 제공받는 장소를 용역의 공급장소로 보아야 한다는 견해이다. 부가가치세는 소비세이므로 역무의 사용장소를 공급장소로 보는 것이 소비세의 본질에 충실한 해석이라고 한다.

(다) 절충설

역무가 현실적으로 수행된 장소뿐만 아니라 역무가 사용되는 장소까지 용역의 공급장소로 볼 수 있다는 견해이다. 부가세법이 역무의 제공장소와 재화 또는 권리의 사용장소를 용역의 공급장소라고 병렬적으로 규정하고 있으므로 역무의 제공장소 및 역무의 사용장소 모두 용역의 공급장소가 될 수 있다고 한다.

(라) 중요본질설

용역의 중요하고 본질적인 부분이 이루어진 장소를 용역의 공급장소로 보아야 한다는 견해이다. 따라서 용역의 중요하고 본질적인 부분이 국내에서 이루어지면 국내가 용역의 공급장소가 되고, 국외에서 이루어지면 국외가 용역의 공급장소가 된다고 한다.

(3) 판례

판례는 중요본질설의 입장에서 외국법인이 제공한 용역의 공급장소는 용역의 중요하고도

---

15) 남성우, "국제적 용역거래의 공급장소에 관한 대법원 판례의 경향", 조세법연구 제24권 제2호, 2018, 141~142면

본질적인 부분이 이루어진 장소를 기준으로 판단하여야 한다고 판시하고 있다. 판례에 따르면 용역의 중요하고도 본질적인 부분이 국내에서 이루어졌다면 그 일부가 국외에서 이루어졌더라도 용역의 공급장소는 국내라고 본다.[16]

다. 공급장소를 국외로 보는 경우[17]

(1) 재화의 공급

제조업체 甲이 중국임가공업체 A에게 원재료를 인도할 목적으로 국내사업자 乙과의 계약에 의하여 물품을 공급받기로 하고 국내사업자 乙은 해당 물품을 중국의 사업자 B로부터 구입하여 국내에 반입하지 않고 제조업체 甲이 지정하는 중국임가공업체 A에게 인도하는 경우 국내사업자 乙의 거래는 수출에 해당하지 않고 재화의 이동이 국외에서 이루어진 것이므로 부가가치세 과세대상에 해당하지 않는다.

(2) 용역의 공급

국내사업자가 국내에서 수출업체인 내국법인과 임가공용역을 제공하는 계약을 체결하고 국내사업장이 없는 국외에서 외국법인으로 하여금 임가공하게 한 후 내국법인으로부터 임가공용역의 대가를 받는 경우 국내사업자가 내국법인에게 제공한 임가공용역은 부가가치세 과세대상에 해당하지 않는다.

라. 관련 판례

(1) 국제은행 간 금융통신조직이 국내 금융기관에 공급하는 용역[18]

SWIFT(Society for Worldwide Interbank Financial Telecommunication, 국제은행 간 금융통신조직)[19]가 국내 금융기관에 공급하는 용역 중 가장 중요하고 본질적인 부분은 SWIFT가 표준화한 메시지양식에 따라 입력한 외환거래에 대한 메시지가 전송되는 것인데, 이러한 SWIFT 통신망 접속 및 메시지의 전송이 이루어지는 곳은 국내 금융기관의 국내점포이다. 따라서 용역의 제공장소는 국내이고, SWIFT 통신망을 이용한 메시지 전송 및 저장의 기계적 또는 기술적 작업이 해외에서 이루어졌더라도 마찬가지이다.

(2) 인천대교 사건[20]

A개발은 인천대교 건설사업의 시행자로 지정되어 대한민국 정부와 인천제2연륙교 민간투자사업 실시협약을 체결하였고, 영국법인인 원고는 A개발과 사이에 A개발이 위 실시협약에

---

16) 대법원 2016. 2. 18. 선고 2014두13829 판결
17) 부가가치세 집행기준 20-0-2
18) 대법원 2006. 6. 16. 선고 2004두7528, 7535 판결
19) SWIFT(Society for Worldwide Interbank Financial Telecommunication)는 전 세계 200여 개국의 각 은행을 연결하는 국제통신망이다. 금융회사가 회원사 간의 자금이동과 결제업무를 처리하기 위해 조직되었다.
20) 대법원 2016. 2. 18. 선고 2014두13829 판결

따른 업무를 수행할 수 있도록 자문, 건설 관련 기획, 환경영향평가, 재무, 회계, 법률, 공사 관리 등 인천대교 건설 관련 모든 전문영역을 포괄한 용역을 국내외에서 수행하기로 하는 국내제공용역계약과 국외제공용역계약을 각각 체결하였다. 원고가 제공한 용역은 사업제안 준비단계에서부터 인천대교 준공 시까지 계속적으로 자문, 건설 관련 기획, 환경영향평가, 재무, 회계, 법률, 공사 관리 등 인천대교 건설과 관련된 모든 전문영역을 포괄하여 인천대교 건설사업의 진행을 관리하는 것으로서, 국외용역제공은 그 자체로 독자적인 목적을 수행하는 것이라기보다 국내제공용역과 결합하여 제공되어야만 용역공급의 목적을 달성할 수 있다. 따라서 이 사건 국외제공용역은 국내제공용역과 유기적으로 결합하여 실질적으로 하나의 용역으로 공급된 것으로서 중요하고 본질적인 부분이 국내인 원고 지점에서 이루어진 것으로 볼 수 있으므로 용역의 공급장소는 국내이다.

(3) 채권의 인수를 중개 · 알선하고 이를 회수하는 용역[21]

싱가포르법인이 크레딧스위스(Credit−Suisse)은행 홍콩지점으로부터 국내 상장회사가 발행한 해외전환사채(CS채권)를 매수하여 회수하는 과정에서 내국법인인 원고는 싱가포르법인에 위 채권의 인수를 중개 · 알선하고 회수하는 용역을 제공하였다. 이 용역의 대가는 인지도가 낮은 싱가포르법인이 대규모 투자은행으로부터 CS채권을 저가로 인수할 수 있도록 알선 · 중개하는 업무를 중시하여 결정된 점, CS채권은 국내거주자에게 매도할 수 없는 조건이 붙어 있는 채권이 다수 포함되어 있었고, CS채권 인수대금의 결제도 해외결제기관을 통해 이루어진 점 등에 비추어, 원고가 제공한 용역의 중요하고 본질적인 부분이 국외에서 이루어진 것이므로 용역의 공급장소는 국외이다.

(4) 신용카드사 분담금 관련 용역[22]

마스터카드사가 국내 신용카드사들인 원고들에게 사용을 허락한 상표권은 국내에서 사용된 점, 마스터카드사가 원고들에게 신용카드 사용과 관련하여 제공하는 역무의 주된 내용은 이 사건 시스템을 통해 신용카드의 국외사용이 가능하도록 서비스 및 관련 정보를 제공하는 것으로 이는 외국카드사가 원고들의 국내사업장에 설치한 결제네트워크 장비와 소프트웨어를 통해 원고들이 이 사건 시스템에 접속하여 신용카드 거래승인, 정산 및 결제 등에 관한 정보를 전달받거나 전달함으로써 그 목적이 달성되는 점 등에 비추어, 이 사건 역무의 중요하고도 본질적인 부분은 국내에서 이루어졌다고 보아야 하므로 이 사건 분담금 관련 용역이 공급되는 장소는 국내이다.

---

21) 대법원 2016. 1. 14. 선고 2014두8766 판결
22) 대법원 2022. 7. 28. 선고 2018두39621 판결

영세율과 면세

제5장

제1절 영세율

1. 의의 및 취지

가. 의의

영세율(零稅率)은 영퍼센트(%)의 세율을 의미한다. 영세율이 적용되는 경우 매출세액이 0이므로 매입세액 전액을 환급받게 된다. 영세율의 적용으로 인하여 전단계까지의 부가가치세 부담을 완전히 제거하므로 완전면세라고 한다.

나. 취지

영세율 제도는 ① 소비지국과세원칙을 통하여 국제적 이중과세를 방지하고, ② 수출을 촉진하거나 외화획득을 장려하기 위한 취지가 있다.

2. 적용대상

가. 재화의 수출(부가법 제21조)

(1) 내국물품의 외국반출

내국물품을 외국으로 반출하는 수출에 대하여 영세율을 적용한다(부가법 제20조 제2항 제1호). 사업자가 국제공항보세구역 내의 외국인전용판매장에서 재화를 공급하거나 세관장으로부터 승선 또는 비행기 탑승허가를 받아 외국을 항행하는 선박 또는 항공기 내에서 공급하는 재화는 수출재화에 해당한다.[1] 관세법에 따른 보세판매장(면세점) 운영사업자가 출국인에게 재화를 공급한 경우 해당 재화가 관세청의 보세판매장 운영에 관한 고시에 따라 외국에 반출되는 경우도 수출재화에 해당한다.[2] 재화의 외국반출에 따른 외환결제가 이루어지지 않는 무상수출도 재화의 수출에 해당되어 영세율이 적용되나, 국외사업자에게 견본품을 반출하는 경우, 위탁가공무역방식으로 원자재 등을 무환(無換)으로 외국에 반출하는 경우 등은 재화의 공급에 해당하지 않는다.[3] 무환이란 외국환거래를 수반하지 않는 수출입형태를 말한다.

---

1) 부가세법 기본통칙 21-31-5
2) 부가세법 기본통칙 21-31-15
3) 부가세법 집행기준 21-31-5

(2) 중계무역방식의 수출 등

일반적인 수출 외에 중계무역방식의 수출, 위탁판매수출, 외국인도수출, 위탁가공무역방식의 수출에 대하여도 영세율이 적용된다(부가법 제20조 제2항 제2호, 부가령 제31조 제1항).

(3) 내국신용장 또는 구매확인서에 의한 공급

(가) 내국신용장 또는 구매확인서의 의의

금지금을 제외하고 내국신용장 또는 구매확인서에 의하여 재화를 공급하는 경우 영세율을 적용한다. 금지금은 매입자납부제도가 적용되므로 제외한다.

내국신용장은 사업자가 국내에서 수출용 원자재, 수출용 완제품 또는 수출재화임가공용역을 공급받으려는 경우에 해당 사업자의 신청에 따라 외국환은행장이 재화나 용역의 공급시기가 속하는 과세기간이 끝난 후 25일 이내에 개설하는 신용장을 의미한다(부가칙 제21조 제1호). 구매확인서는 외국환은행장이나 전자무역기반사업자가 내국신용장에 준하여 재화나 용역의 공급시기가 속하는 과세기간이 끝난 후 25일 이내에 발급하는 확인서를 의미한다(부가칙 제21조 제2호). 내국신용장에 의하여 공급하는 재화는 내국신용장이 개설된 이후에 공급하는 재화뿐만 아니라 내국신용장이 개설되기 전에 그 개설을 전제로 재화를 공급하고 그 후 내국신용장이 개설된 재화의 공급도 실질과세원칙상 영세율의 적용을 받을 수 있다.[4]

(나) 영세율의 적용 및 취지

내국신용장 또는 구매확인서에 의한 공급에 대하여 영세율을 적용한다(부가법 제20조 제2항 제3호). 내국신용장 또는 구매확인서에 의한 공급은 수출거래가 아니라 국내거래임에도 불구하고 영세율을 적용하는 것은 수출용 원자재 또는 수출용 완제품을 국내공급업체로부터 원활히 조달받기 위함이다. 수탁자가 자기명의로 내국신용장을 개설받아 위탁자의 재화를 공급하는 경우에는 위탁자가 영세율을 적용받는다.[5]

(다) 관련 판례

甲 회사가 외항선 또는 원양어선의 선원이나 국제항로에 취항하는 항공기 또는 여객선의 승객에게 판매할 목적으로 반출신고된 특수용담배를 국내업체인 도매거래업체들에 수출용으로 판매하면서 거래업체들로부터 수출신고필증을 교부받았으나 내국신용장이나 구매확인서를 교부받지 않았고 거래업체들은 甲 회사로부터 공급받은 담배 중 일부를 중국으로 수출하고 나머지 대부분은 국내로 유통시킨 사안에서, 대법원은 甲 회사가 거래업체들에 내국신용장 또는 구매확인서에 의하지 않고 담배를 수출용으로 공급하였으므로 영세율 적용대상이 아니라고 판

---

4) 대법원 1984. 9. 25. 선고 84누148 판결
5) 부가세법 기본통칙 21-31-10 ①

시하였다.[6] 내국신용장 또는 구매확인서에 의한 공급은 수출을 전제로 국내에서 공급하는 것에 대하여 영세율을 적용하는 것인바, 수출용으로 공급한 것은 내국신용장 또는 구매확인서 없이 이루어졌고, 나머지 대부분은 국내로 유통시켰으므로 영세율의 적용을 배제한 것이다.

(4) 사업자가 한국국제협력단 등에 공급하는 재화

사업자가 한국국제협력단, 한국국제보건의료재단, 대한적십자사에 공급하는 재화에 대하여는 영세율을 적용한다(부가법 제20조 제2항 제3호, 부가령 제31조 제2항 제2호·제3호·제4호). 다만, 한국국제협력단 등이 외국에 무상반출하는 재화로 한정한다.

(5) 비거주자 등과의 직접 계약에 의한 공급

비거주자 등과의 직접 계약에 의한 공급으로서 다음의 3가지 요건을 충족하는 경우 영세율을 적용한다(부가법 제20조 제2항 제3호, 부가령 제31조 제2항 제5호).

① 대금을 외국환은행에서 원화로 받을 것
② 비거주자 등이 지정하는 국내의 다른 사업자에게 인도할 것
③ 국내의 다른 사업자가 비거주자 등과 계약에 따라 인도받은 재화를 그대로 반출하거나 제조·가공한 후 반출할 것 등

위와 같은 거래는 외화를 획득하는 거래로서 실질적으로 수출과 동일한 효과가 있으므로 영세율을 적용한다. 이러한 거래에 대하여 국내거래라는 이유로 부가가치세를 과세하면 다시 부가가치세를 환급하는 등 번거로운 절차를 거쳐야 한다.

나. 용역의 국외공급(부가법 제22조)

(1) 의의

국외에서 공급하는 용역에 대하여는 영세율을 적용한다. 예를 들어, 사업자가 국외에서 건설용역을 제공하는 경우 등이 이에 해당한다. 국외에서 용역을 공급하는 것은 용역을 수출하는 것과 마찬가지이므로 영세율을 적용하는 것이다. 국외에서 제공하는 용역인지 여부는 용역의 공급장소를 기준으로 판단하고 용역을 공급받는 상대방이 내국법인인지 또는 외국법인인지, 외국법인의 국내사업장이 존재하는지 등을 따지지 않는다.[7] 다만 해당 용역을 제공하는 사업자의 사업장이 국내에 있어야 한다.

(2) 용역의 국외공급 여부[8]

(가) 용역의 국외공급에 해당하는 경우

국외에서 건설공사를 도급받은 사업자로부터 건설공사를 하도급받아 국외에서 건설용역을

---

6) 대법원 2017. 1. 12. 선고 2016두49679 판결
7) 대법원 2016. 1. 14. 선고 2014두8766 판결
8) 부가세법 집행기준 22-0-2

제공하는 경우, 광고물의 제작설치 및 유지보수용역을 제공하는 사업자가 광고대행업자의 주선으로 국내 광고주와 해외광고계약을 체결하고 국외에서 광고물을 제작·설치한 후 해당 광고물의 유지보수용역을 공급하는 경우, 사업자가 외국기업과 국외에 설립한 합작법인에 해당 사업자의 기술을 이전하여 주고 합작법인으로부터 출자지분을 취득하는 경우에는 용역의 국외공급에 해당한다.

(나) 용역의 국외공급에 해당하지 않는 경우

국내에서 외국법인에게 용역을 제공하고 그 대가를 외화로 받는 경우, 국외에 소재하는 건설공사에 사용되는 건설장비를 임대하는 경우, 국외 건설공사를 수주한 국내 건설업자에게 국내에서 설계용역을 제공하는 경우는 용역의 국외공급에 해당하지 않는다.

다. 외국항행용역의 공급(부가법 제23조)

(1) 의의

선박 또는 항공기에 의한 외국항행용역의 공급에 대하여는 영세율을 적용한다. 외국항행용역은 선박 또는 항공기에 의하여 여객이나 화물을 국내에서 국외로, 국외에서 국내로 또는 국외에서 국외로 수송하는 것을 말한다. 선박 또는 항공기의 외국항행용역에 대하여는 국내에서 제공된 부분과 국외에서 제공된 부분을 정확하게 구분하기 어렵기 때문에 전체적으로 영세율을 적용한다.

(2) 범위

다른 외국항행사업자가 운용하는 선박 또는 항공기의 탑승권을 판매하거나 화물운송계약을 체결하는 용역, 외국을 항행하는 선박 또는 항공기 내에서 승객에게 공급하는 용역, 자기의 승객만이 전용하는 버스를 탑승하게 하는 용역, 자기의 승객만이 전용하는 호텔에 투숙하게 하는 용역은 외국항행사업자가 자기의 사업에 부수하여 공급하는 재화 또는 용역으로서 외국항행용역에 해당한다(부가령 제32조 제1항). 또한 운송주선업자가 국제복합운송계약에 의하여 화주로부터 화물을 인수하고 자기책임과 계산으로 타인의 선박 또는 항공기 등의 운송수단을 이용하여 화물을 운송하고 화주로부터 운임을 받는 국제운송용역, 항공사업법에 따른 상업서류 송달용역은 외국항행용역의 범위에 포함된다(부가령 제32조 제2항).

항공운송사업자가 국내지정장소에서 외국지정장소까지 또는 외국지정장소에서 국내지정장소까지 국제운송조건으로 외국항행용역을 공급하는 경우 국내운송구간이 국제운송구간에 연결된 하나의 항공권으로 발행되어 국내운송구간이 국제운송의 일환이라는 것이 확인되는 경우 해당 국제항공운송사업자와 국내항공운송사업자가 서로 다른 경우에도 영세율이 적용된다.[9]

---

9) 부가세법 기본통칙 23-32-3

라. 외화획득 재화나 용역의 공급 등(부가법 제24조)

(1) 의의

재화의 수출, 국외에서 공급하는 용역, 선박 또는 항공기의 외국항행용역 외에 외화를 획득하기 위한 법령 소정의 특정 재화 또는 용역의 공급 등에 대하여도 영세율을 적용한다.

(2) 적용대상

(가) 외교공관 등과 그 소속직원에 대한 재화나 용역의 공급

우리나라에 상주하는 외교공관 등이나 그 소속직원에게 재화 또는 용역을 공급하는 경우에는 영세율을 적용한다.

(나) 외화를 획득하는 법령 소정의 재화 또는 용역의 공급

외화를 획득하는 재화나 용역의 공급 중 법령에서 규정하는 경우에는 영세율을 적용한다(부가령 제33조 제2항). 이에 해당하는 사항은 다음과 같다.

① 국내에서 국내사업장이 없는 비거주자에게 법령 소정의 재화나 용역을 공급하는 경우

영세율이 적용되는 법령 소정의 재화는 비거주자 또는 외국법인이 지정하는 국내사업자에게 인도되는 재화로서 해당 사업자의 과세사업에 사용되어야 한다. 또한 영세율이 적용되는 법령 소정의 용역은 전문, 과학 및 기술 서비스업, 사업지원 및 임대서비스업 중 무형재산권임대업, 통신업, 컨테이너수리업, 보세구역 내의 보관 및 창고업, 해운대리점업, 해운중개업 및 선박관리업, 정보통신업 중 뉴스 제공업, 영상·오디오 기록물 제작 및 배급업(영화관 운영업과 비디오물 감상실 운영업은 제외한다), 소프트웨어 개발업, 컴퓨터 프로그래밍, 시스템 통합관리업, 자료처리, 호스팅, 포털 및 기타 인터넷 정보매개서비스업, 기타 정보 서비스업, 상품 중개업, 사업시설관리 및 사업지원 서비스업(조경 관리 및 유지 서비스업, 여행사 및 기타 여행보조 서비스업은 제외한다), 투자자문업, 교육 서비스업(교육지원 서비스업으로 한정한다), 보건업 등이어야 한다. 이 중 전문, 과학 및 기술 서비스업 등 일부 용역의 경우에는 상호주의에 입각하여 해당 국가에서 우리나라의 거주자 또는 내국법인에 대하여 동일하게 면세하는 경우에 한정한다. 사업자가 주한 미군의 군인, 군무원에게 통신용역을 공급한 경우 이들은 국내에 주소를 두거나 계속하여 183일 이상 국내에 거주할 것을 통상 필요로 하는 직업을 가지고 있어 비거주자에 해당하지 않으므로 영세율이 적용되지 않는다.[10] 부가가치세법에서 비거주자 해당 여부를 소득세법령에 따르도록 규정하고 있으므로 주한 미군의 군인 등에 대하여도 소득세법 시행령에 따라 비거주자 해당 여부를 가려야 한다고 판시한 것이다.

---

10) 대법원 2024. 4. 12. 선고 2023두58701 판결

② 국내사업장 있는 비거주자와 직접 계약하여 법령 소정의 재화나 용역을 공급하는 경우

비거주자 또는 외국법인의 국내사업장이 있는 경우에 국내에서 국외의 비거주자 또는 외국법인과 직접 계약하여 공급하는 재화 또는 용역 중 위 "①"에서 열거된 재화와 용역에 해당하여야 한다.

③ 기타

수출업자와 직접 도급계약에 의하여 수출재화를 임가공하는 수출재화임가공용역을 제공하는 경우, 내국신용장 또는 구매확인서에 의하여 공급하는 수출재화임가공용역을 제공하는 경우, 외국을 항행하는 선박 및 항공기, 원양어선에 재화나 용역을 공급하는 경우, 우리나라에 상주하는 국제연합군이나 미합중국군대에 재화나 용역을 공급하는 경우, 종합여행업자가 외국인 관광객에게 관광알선용역을 공급하는 경우, 외국인전용판매장을 경영하는 자, 주한외국군인 및 외국인선원 전용 유흥음식점업을 경영하는 자가 국내에서 공급하는 재화 또는 용역으로서 그 대가를 외화로 받고 그 외화를 외국환은행에서 원화로 환전하는 경우 등이다.

다만 위 "①, ②" 등에 대하여는 외화를 획득하는 재화 또는 용역의 대가를 외국환은행에서 원화로 받거나 상계하는 대금결제요건이 요구된다. 종전 부가세법 시행령은 상계에 의한 대금수령을 규정하지 않았으나, 부가세법 기본통칙은 상계방식의 대금수령을 규정하였다.[11] 다른 요건은 모두 충족하나 상계방식으로 대금을 수령한 경우에 대하여 영세율이 적용되는지 다투어진 사안에서, 대법원은 상계방식으로 대금을 수령한 경우 외국환은행을 통한 대금결제 절차를 밟을 것을 영세율의 적용요건으로 정하고 있는 부가세법 시행령의 요건을 충족하지는 못하나 해당 통칙을 믿고 한 거래는 외화획득 거래로서 영세율이 적용되어 온 과세관행에 포섭될 수 있으므로 영세율의 적용을 배제한 부과처분은 신의성실의 원칙 내지 새로운 해석에 의한 소급과세금지의 원칙에 반한다고 해석하였다.[12] 그 후 2013. 6. 28. 부가세법 시행규칙 개정 시 상계방식의 대금지급도 가능하도록 규정하였다. 재화 또는 용역의 대가를 비거주자 등으로부터 외화를 직접 송금받아 외국환은행에서 매각하는 방법, 비거주자 등에게 지급할 금액에서 빼는 방법, 대가를 외국신용카드로 결제받는 방법 등 법령에서 정한 방법으로 받는 경우에는 외국환은행에서 원화로 받는 것으로 본다(부가령 제33조 제2항 제1호, 부가칙 제22조).

3. 상호주의

영세율에 대하여는 상호주의가 적용된다. 즉 영세율을 적용할 때 사업자가 비거주자 또는 외국법인이면 그 해당 국가에서 우리나라 거주자 또는 내국법인에 대하여 동일하게 면세하는 경우에만 영세율을 적용한다(부가법 제25조 제1항).

---

11) 당시 통칙은 국내사업장이 없는 비거주자 또는 외국법인뿐 아니라 그 비거주자 또는 외국법인이 지정하는 자에게 용역을 공급하는 경우에도 영세율을 적용할 수 있는 것으로 규정하였다.
12) 대법원 2007. 6. 14. 선고 2005두12718 판결, 대법원 2010. 4. 15. 선고 2007두19294 판결

1. 의의 및 취지

가. 의의

면세는 특정재화와 용역의 공급, 재화의 수입에 대하여 부가가치세를 면제하는 것을 의미한다. 면세업자는 공급받는 자로부터 부가가치세를 거래징수할 수 없고, 매입한 재화 또는 용역에 부과된 부가가치세를 공제·환급받을 수 없으므로 완전면세인 영세율과 대비하여 부분면세라고 부른다. 재화 또는 용역이 부가가치세 면세대상에 해당하는지 여부는 개별 재화 또는 용역을 기준으로 판단하고, 각 사업 분야 전체를 기준으로 판단할 수 없다.[13] 면세되는 재화 또는 용역의 공급에 통상적으로 부수되는 재화 또는 용역의 공급은 그 면세되는 재화 또는 용역의 공급에 포함되므로 역시 면세된다(부가법 제26조 제2항).

나. 취지

면세는 소비자의 부가가치세 부담을 완화하기 위한 취지이다. 최종 소비단계의 면세는 이러한 취지를 달성할 수 있으나, 중간단계의 면세는 누적효과, 환수효과로 인하여 오히려 소비자의 부가가치세 부담이 증가할 수 있다. 누적효과, 환수효과에 대하여는 뒤에서 자세히 설명하기로 한다.

다. 영세율과 면세의 비교

① 제도의 취지에서 영세율은 국제적 이중과세를 조정하고 수출을 촉진하기 위한 것인 반면, 면세는 소비자의 세부담을 경감하기 위한 것이다.

② 적용대상에서 영세율은 수출재화 등에 대하여 적용되나, 면세는 기초생필품과 같이 국민생활에 밀접한 관련이 있는 재화 등에 대하여 적용된다.

③ 효과에서 영세율은 매입한 재화 또는 용역에 부과된 부가가치세를 공제·환급받아 완전면세의 효과를 누릴 수 있으나, 면세는 매입한 재화 또는 용역에 부과된 부가가치세를 공제·환급받을 수 없으므로 부분면세의 효과만 누릴 수 있다.

④ 부가세법상 의무이행에서 영세율 사업자는 사업자이므로 부가세법상 의무를 이행하여야 하나, 면세사업자는 사업자가 아니므로 부가세법상 의무를 이행할 필요가 없다.

---

13) 대법원 2022. 3. 17. 선고 2017두69908 판결

2. 재화 또는 용역의 공급에 대한 면세

가. 미가공식료품(부가법 제26조 제1항 제1호)

(1) 의의

미가공식료품은 기초생필품이므로 면세한다. 미가공식료품은 농산물, 축산물, 수산물과 임산물로서 전혀 가공하지 않았거나 원생산물의 본래의 성질이 변하지 않는 정도의 1차 가공을 거쳐 식용으로 제공하는 것을 의미한다(부가령 제34조 제1항). 식용이란 현실적·개별적인 용도를 말하는 것이 아니라 일반적·추상적 관념으로써 식용에 적합한지 여부를 따지는 의미에서의 용도를 말한다.[14]

(2) 미가공식료품 해당 여부

김치, 두부 등 단순가공식료품은 미가공식료품에 포함된다(부가령 제34조 제2항 제1호). 데친 채소류, 김치, 단무지, 장아찌, 젓갈류, 게장, 두부, 메주, 간장, 된장, 고추장 중 단순하게 운반 편의를 위하여 일시적으로 관입, 병입 등의 포장을 하는 경우에는 미가공식료품에 포함되나, 제조시설을 갖추고 판매목적으로 독립된 거래단위로 관입, 병입 또는 이와 유사한 형태로 포장하여 공급하는 것은 미가공식료품에서 제외된다(부가칙 제24조 제1항). 쌀에 식품첨가물 등을 첨가 또는 코팅하거나 버섯균 등을 배양한 것으로서 쌀의 원형을 유지하고 쌀의 함량이 90% 이상인 것은 미가공식료품에 해당한다(부가령 제34조 제2항 제4호, 부가칙 제24조 제1항).

(3) 김치의 가공용역

김치의 재료가 되는 채소류와 김치를 면세대상으로 규정하고 있으나 김치의 가공용역에 대하여는 면세대상으로 한다는 규정이 없다. 식품회사가 국방부로부터 공급받은 배추, 무우, 젓갈류 등에 생강, 소금, 설탕, 조미료 등을 자체조달하여 만든 김치를 국방부에 납품하는 경우와 같이 면세재화인 김치에 부수하여 동시에 공급되는 용역으로서 주된 재화의 공급에 포함되지 않고 그 용역이 별도로 공급되는 때에는 이를 면세로 해석할 수는 없다.[15]

(4) 정육식당에서 판매한 쇠고기

정육식당의 1층에서는 쇠고기와 부산물들을 판매하는 정육매장을, 2층에서는 고객들이 구입한 쇠고기를 조리하여 먹을 수 있는 접객시설을 갖춘 식당을 운영하는 경우 1층 정육매장에서 이루어진 쇠고기 매출 중 고객들이 2층 식당에서 소비한 부분의 매출을 면세대상으로 볼 수 있는지 다투어진 사안에서, 판례는 고객들이 1층 정육매장에서 쇠고기를 구입하고 계산함으로써 1층 정육매장에서의 재화의 공급행위는 종료된 점, 사업자가 2층 식당에서 고객들에게 쇠고기 자체를 조리하여 제공하지 않은 점 등에 비추어 사업자가 고객들에게 음식점 용

---

14) 부가세법 기본통칙 26-34-12
15) 대법원 1995. 2. 14. 선고 94누13381 판결

역을 제공한 것으로 볼 수 없으므로 1층 정육매장에서 이루어진 쇠고기 매출은 면세에 해당한다고 판시하였다.[16]

나. 수돗물, 연탄과 무연탄 등(부가법 제26조 제1항 제2호·제3호·제4호)

수돗물, 연탄과 무연탄, 여성용 생리 처리 위생용품은 기초생필품이므로 면세한다.

다. 의료보건용역(부가법 제26조 제1항 제5호)

(1) 의의

의료보건용역은 국민후생에 관계되므로 면세한다. 의료보건용역에는 의료법에 규정하는 의사 등의 의료인이 제공하는 모든 용역을 의미하는 것이 아니라 의료법상의 의료행위, 즉 질병의 예방과 치료행위뿐만 아니라 의학적 전문지식이 있는 의료인이 행하지 않으면 사람의 생명·신체나 공중위생에 위해를 발생시킬 우려가 있는 행위와 그에 필수적으로 부수되는 용역의 제공만을 의미한다.[17]

(2) 면세대상

의료법에 따른 의사, 치과의사, 한의사, 조산사, 간호사, 접골사, 침사, 구사(灸士),[18] 안마사가 제공하는 용역, 임상병리사, 방사선사, 물리치료사, 작업치료사, 치과기공사, 치과위생사가 제공하는 용역, 약사법에 따른 약사가 제공하는 의약품의 조제용역은 면세된다. 다만, 미용목적의 성형수술과 피부시술은 과세된다. 과거에는 이 용역에 대하여 면세하였으나, 2010. 12. 30. 부가세법 시행령 개정 시 과세로 전환하였다. 수의사법에 따른 수의사가 제공하는 용역의 경우 축산물위생관리법에 따른 가축에 대한 진료용역, 수산생물질병관리법에 따른 수산동물에 대한 진료용역, 장애인 보조견 표지를 발급받은 장애인 보조견에 대한 진료용역, 국민기초생활보장법에 따른 수급자가 기르는 동물의 진료용역, 질병예방을 목적으로 하는 동물의 진료용역, 장의업자가 제공하는 장의용역 등에 한하여 면세되고, 나머지 진료용역은 과세된다. 과거에는 수의사의 동물진료용역에 대하여 면세하였으나, 2010. 12. 30. 부가세법 시행령 개정시 위와 같이 면세범위를 제한하였다.

위와 같은 의료보건용역의 면세는 의료법에 따른 면허나 자격이 있는 자가 제공하는 용역이어야 하므로 의료법에 따른 면허나 자격이 없는 자가 제공하거나 의료법상 업무범위를 벗어나서 제공하는 의료용역은 과세된다.

---

16) 대법원 2015. 1. 29. 선고 2012두28636 판결
17) 대법원 2008. 10. 9. 선고 2008두11594 판결
18) 구사(灸士)는 뜸을 놓는 자격사를 말한다.

(3) 관련 판례

(가) 안마용역

의료법에 규정하는 안마사가 아닌 사람이 의료법에 규정하는 안마사를 고용하여 제공하는 안마용역은 면세가 아니고, 의료법에 규정하는 안마사가 아닌 사람과 의료법에 규정하는 안마사가 공동으로 안마시술소를 개설한 다음 의료법에 규정하는 안마사를 고용하여 제공하는 안마용역도 면세에 해당하지 않는다.[19] 원심은 제공하는 용역에 초점을 맞추어 의료법에 규정하는 안마사에 의하여 수행되는 안마용역은 공급사업자가 누구인지 관계없이 면세에 해당한다고 판시하였으나, 대법원은 공급사업자가 의료법에서 규정하는 자격을 갖추지 못하면 면세 적용을 받을 수 없다고 판시하였다.

(나) 장례식장에서 제공하는 음식물공급

거래의 관행상 장례식장에서 음식물 제공용역의 공급이 장의용역의 공급에 통상적으로 부수되고, 장의용역이 부가가치세 면세이므로 그에 부수되는 장례식장에서 음식물 제공용역의 공급도 면세이다.[20]

라. 교육용역(부가법 제26조 제1항 제6호)

(1) 의의

교육용역은 국민후생에 관계되므로 면세한다. 교육용역은 주무관청의 인허가를 받거나 주무관청에 등록, 신고된 학교, 학원, 강습소, 훈련원, 교습소 또는 그 밖의 비영리단체 등에서 지식, 기술 등을 가르치는 것을 의미한다(부가령 제36조 제1항). 면세대상 교육용역의 요건으로 정부의 인허가를 요구하는 이유는 정부가 당해 학교나 학원 등의 교육기관을 지도·감독하겠다는 의미를 내포한다. 따라서 그 밖의 비영리단체라 함은 정부의 인허가를 받아 설립된 모든 비영리단체를 의미하는 것이 아니라 초·중등교육법, 고등교육법, 영유아보육법, 유아교육법 등과 같이 학교나 학원 등에 대한 구체적 시설 및 설비기준을 정한 법률에 따른 인허가를 받아 설립된 비영리단체를 의미한다.[21]

(2) 면세대상

(가) 학교 등에서 제공하는 교육용역

학교, 학원, 강습소, 훈련원, 교습소, 어린이집 또는 그 밖의 비영리단체 등에서 지식, 기술 등을 가르치는 용역에 대하여는 부가가치세가 면세된다. 다만, 무도학원, 자동차운전학원에서 가르치는 것은 면세대상에서 제외한다(부가령 제36조 제2항). 학습참고서 등 출판업의 사업자

---

19) 대법원 2013. 5. 9. 선고 2011두5834 판결
20) 대법원 2013. 6. 28. 선고 2013두932 판결
21) 대법원 2008. 6. 12. 선고 2007두23255 판결

등록을 한 사업자가 컴퓨터통신망을 통하여 문제풀이, 질의응답 방식으로 회원인 학생들에게 학습지도를 하는 회원제 과외교육사업을 운영하면서 회원들로부터 교재대금 명목으로 월회비를 받은 경우 월회비는 주로 컴퓨터통신을 이용한 교육에 대한 대가로서 그 사업자의 주된 거래는 컴퓨터통신을 이용한 교육용역이고 문제지의 제공은 이에 부수하여 제공되는 재화의 공급으로서 전체적으로 교육서비스업에 해당하므로 부가가치세 과세대상이 된다.[22]

(나) 청소년수련시설 등

청소년수련시설, 산학협력단, 사회적 기업, 과학관, 박물관 및 미술관, 사회적 협동조합에서 지식, 기술 등을 가르치는 교육용역에 대하여는 부가가치세가 면세된다(부가령 제36조 제1항). 청소년 수련시설에서 학생, 수강생, 훈련생 등이 아닌 일반이용자에게 해당 교육용역과 관계없이 음식, 숙박용역만을 제공하거나 실내수영장 등의 체육활동시설을 이용하게 하고 대가를 받는 것은 교육용역의 제공이 아니므로 부가가치세 면세대상이라고 할 수 없다.[23] 마찬가지로 수영장이 교육을 주된 용역으로 하면 부가가치세가 면세되나, 시설이용을 주된 용역으로 하면 부가가치세가 과세된다.[24]

박물관 및 미술관에서 가르치는 용역은 2016. 2. 17. 부가세법 시행령 개정 시 부가가치세 면세대상으로 규정되었다. 부가세법 시행령 개정 전에 박물관의 체험학습이 부가가치세 면세대상인지 다투어진 사안에서, 대법원은 박물관은 평생교육법에 따른 평생교육기관으로서 부가세법 시행령 제36조 제1항 소정의 '그 밖의 비영리단체'에 해당하며, 박물관에서 제공하는 체험학습은 박물관자료에 관한 지식·기술 등을 가르치는 문화예술교육 내지 시민참여교육에 해당하므로 면세대상이 된다고 판단하였다.[25] 원심은 박물관이 교육시설 관련법에 따라 등록하여 설립한 기관이 아니므로 박물관에서 제공한 체험학습에 대하여는 면세대상이 되지 않는다고 판단하였다.

마. 여객운송용역(부가법 제26조 제1항 제7호)

여객운송용역은 국민들이 일상생활을 영위하기 위하여 필수적인 용역이므로 면세한다. 다만, 항공기, 우등고속버스, 전세버스, 택시, 특수자동차, 특종선박 또는 고속철도에 의한 여객운송용역, 삭도, 유람선 등 관광 또는 유흥목적의 운송수단에 의한 여객운송용역은 일반적인 기업활동과 다르지 않으므로 면세대상에서 제외한다.

---

22) 대법원 2000. 11. 28. 선고 99두6460 판결
23) 부가세법 기본통칙 26-36-1 ③
24) 조심 2016. 7. 21.자 2016서1683 결정
25) 대법원 2017. 4. 13. 선고 2016두57472 판결

바. 도서, 신문, 잡지, 우표, 인지, 복권 등(부가법 제26조 제1항 제8호, 제9호)

(1) 도서, 신문, 잡지 등

도서(실내 도서열람 및 도서대여 용역 포함), 신문, 잡지, 관보, 뉴스통신 및 방송에 관한 재화 또는 용역은 교육정책적인 측면에서 지식, 정보, 교양을 고양하기 위한 목적으로 면세한다. 그러나 면세되는 도서, 신문, 잡지 등의 인쇄, 제본 등을 위탁받아 인쇄, 제본 등의 용역을 제공하는 것과 특정인과의 계약에 의하여 수집한 정보 및 자료를 도서의 형태로 공급하는 것은 면세대상이라고 할 수 없다.[26] 도서, 신문, 잡지 등을 이용하여 제공하는 광고용역도 면세하지 않는다.

(2) 우표, 인지, 복권 등

수집용이 아닌 우표, 인지, 증지, 복권 및 공중전화에 관한 재화 또는 용역의 공급에 대하여는 면세한다. 복권의 공급에 대한 부가가치세 면세는 복권의 발행주체 등이 자기책임과 계산으로 복권을 공급하는 것을 의미하므로 로또복권 발행자로부터 로또복권을 제공받아 판매하는 사업자들은 부가가치세 납세의무가 있다. 또한 복권의 판매업무에 관한 계약을 체결하고 액면가에서 할인된 가격으로 인수하여 중간판매인 등에게 공급한 자는 부가가치세 면세대상인 복권판매업을 영위한 것이 아니라 과세대상인 복권판매대행용역을 공급한 것이므로 부가가치세 과세대상에 해당한다.[27]

사. 담배(부가법 제26조 제1항 제10호)

담배는 판매가격이 20개비 기준 200원 이하인 것과 특수용담배의 공급에 대하여 면세한다. 담배에 대하여는 지방세인 담배소비세가 과세되므로 종전에는 부가가치세를 면세하였으나, 2000. 1. 1.부터 부가가치세를 과세하되, 위 기준을 충족하는 담배에 대하여만 부가가치세를 면세하는 것으로 변경하였다.

아. 금융보험용역(부가법 제26조 제1항 제11호)

(1) 의의

금융보험용역에 대하여는 부가가치세를 면세한다. 그 이유에 대하여는 ① 금융보험용역은 소비재가 아니므로 부가가치세 과세대상이 아니라는 견해, ② 금융보험용역의 대가인 이자에서 수수료를 별도로 구분하는 것이 어려우므로 부가가치세를 면세한다는 견해 등이 있다.

판례는 은행업자 등이 자금을 융통하는 등의 용역을 제공하고 그에 따라 이자 명목으로 돈을 받은 경우 여기에는 용역의 대가 이외에 다른 요소들이 섞여 있으므로 받은 돈 전부를 곧바로 용역의 대가로 볼 수 없고 용역공급의 대가만을 구분해 내기도 어려운 사정 등을 고려하

---

26) 부가세법 기본통칙 26-38-1
27) 대법원 2004. 1. 29. 선고 2002두10391 판결

여 부가가치세를 면세하는 것이라고 하여 위 "②"의 입장을 취하고 있다.[28]

(2) 면세대상인 경우

(가) 은행법에 따른 은행업무 등

은행법에 따른 은행업무, 자본시장법에 따른 집합투자업, 신탁업, 투자매매업 및 투자중개업 등의 업무, 보험업법에 따른 보험업무, 손해사정용역, 보험조사 및 보고용역 등이 면세대상이다(부가령 제40조 제1항).

(나) 금융보험용역에 통상적으로 부수하여 제공하는 용역

담보재화 등 자산평가용역, 투자조사 및 상담용역, 유가증권의 대체결제업무·명의개서 대행업무 등을 금융보험용역에 부수하여 제공하는 때에는 면세한다.[29]

(3) 면세대상이 아닌 경우

금융기관의 본질적인 업무라고 볼 수 없는 다음 용역은 면세에서 제외한다.

(가) 집합투자업 중 투자자로부터 모은 자금 등을 부동산 등에 투자하는 경우 등

집합투자업 중 집합투자업자가 투자자로부터 자금 등을 모아서 부동산, 실물자산 등에 투자하는 경우, 신탁업 중 금전을 수탁받아 부동산, 실물자산 등에 운용하는 업무, 보험업무 중 보험계리용역 및 연금계리용역은 금융기관의 본질적인 업무라고 할 수 없으므로 면세대상에서 제외한다.

(나) 복권 등의 대행용역 등

복권, 입장권, 상품권, 지금형 주화 또는 금지금에 관한 대행용역, 기업합병 또는 기업매수의 중개·주선·대리, 신용정보서비스 및 은행업에 관련된 전산시스템과 소프트웨어의 판매·대여 용역, 부동산 임대용역 등에 대하여는 면세에서 제외한다. 다만, 수익증권 등 금융업자의 금융상품 판매대행용역, 유가증권의 명의개서 대행용역, 수납지급 대행용역 및 국가·지자체의 금고대행용역은 면세한다. 이러한 취지에서 판례는 생명보험에 관한 업무 중 피보험자 선택을 위한 보험계약 조사 및 보험금 지급을 위한 보험사고 조사업무를 주된 사업으로 하는 자가 제공하는 보험조사업무용역이 면세대상에 해당하지 않는다고 판시하였고,[30] 금융자동화기기의 개발·제조 및 판매 등을 주된 사업으로 하는 자가 현금자동지급기를 설치·관리하면서 은행의 현금인출·계좌이체와 잔액조회 서비스를 보조하여 주고 그 대가로 은행으로부터 수수료를 지급받는 것은 부가가치세 면세대상인 '수납·지급대행용역'과 동일·유사

---

28) 대법원 2019. 1. 17. 선고 2015두60662 판결
29) 부가세법 기본통칙 26-40-1
30) 대법원 2000. 12. 26. 선고 98두1192 판결

한 용역에 해당하지 않는다고 판시하였다.[31]

(4) 자금융통 등이 은행업자 등의 개입 없이 개별적으로 이루어진 경우

자금융통 등이 은행업자 등의 개입 없이 개별적으로 이루어진 경우 부가가치세 과세대상이 아니므로 비과세에 해당한다. 이러한 취지에서 금융지주회사가 경영관리업무나 그에 따른 자금지원의 일환으로 은행업자 등의 개입 없이 자회사에 개별적으로 자금을 대여하고 이자명목으로 돈을 받은 경우 부가가치세 과세대상이 되지 않는 비과세사업을 하는 것이고, 부가가치세 과세대상이지만 면제되는 금융·보험용역이나 이와 유사한 용역을 제공한 것이라고할 수 없다.[32] 나아가 위 자금대여로 받은 이자는 용역공급에 대한 대가로 볼 수 없으므로공통매입세액을 안분할 수 없다.[33]

자. 주택과 부수토지의 임대용역 등(부가법 제26조 제1항 제12호)

(1) 의의

주택과 그 부수토지의 임대용역은 면세한다. 사회정책적인 차원에서 소비자인 임차인의 부가가치세의 부담을 경감시켜 주기 위한 취지이다. 면세대상인 주택의 임대에 해당하는지 여부는 공부상 용도에 관계없이 임차인이 실제 당해 건물을 사용한 객관적인 용도를 기준으로주거용으로 사용하는 것인지 여부에 따라 판단한다.[34]

(2) 면세대상

부수토지의 경우 주택의 연면적과 건물정착면적의 5배(도시지역 밖의 토지는 10배)를 곱하여 산정한 면적 중 작은 면적을 면세로 한다(부가령 제41조 제1항). 겸용주택의 경우에는 주택 부분의 면적이 사업용 건물 부분의 면적보다 큰 경우에는 그 전부를 주택의 임대로 보고, 주택 부분의 면적이 사업용 건물 부분의 면적과 같거나 그보다 작은 때에는 주택 부분만 주택으로 본다(부가령 제41조 제2항). 부동산을 2인 이상의 임차인에게 임대한 경우에는 임차인별로주택부분의 면적이 사업용 건물부분의 면적보다 큰 때에는 그 전부를 주택의 임대로 본다.[35]공동주택 어린이집의 임대용역에 대하여도 면세한다.

---

31) 대법원 2009. 10. 15. 선고 2007두24333 판결
32) 대법원 2019. 1. 17. 선고 2015두60662 판결
33) 이와 달리 판례에 대한 비판적인 관점에서 금융지주회사의 자회사에 대한 자금대여용역은 무상공급이 아니므로 면세되는 금융·보험용역에 해당하고, 설사 비과세사업이라고 하더라도 공통매입세액 안분규정을 적용할 수 있다는 견해로는 박현주·김석환, "금융지주회사의 자회사에 대한 자금대여는 부가가치세 비과세인가?-대법원 2019. 1. 17. 선고 2015두60662 판결 비판-", 조세법연구 제29권 제1호, 2023, 167~220면
34) 대법원 1992. 7. 24. 선고 91누12707 판결
35) 부가세법 기본통칙 26-41-1 ①

차. 토지(부가법 제26조 제1항 제14호)

토지의 공급에 대하여는 면세한다. 토지는 부가가치의 창출요소로서 소비의 대상이 아니기 때문이다.

카. 저술 등의 독립적 인적용역(부가법 제26조 제1항 제15호)

(1) 의의

저술가, 작곡가 등이 직업상 제공하는 인적용역에 대하여는 면세한다. 사업자가 독립적으로 용역을 제공한다면 이론상으로는 부가가치세를 과세하여야 하나, 인적용역을 제공하는 사업자는 사업규모가 크지 않고 순수한 노동의 성격이 강하므로 부가세법상 각종 부담을 경감시켜 주기 위한 취지에서 면세하는 것이다.

(2) 면세대상

(가) 개인의 독립적 인적용역

개인의 독립적 인적용역은 개인이 물적 시설 없이 고용계약이나 도급계약, 위임계약 등 그 명칭이나 형식에 관계없이 근로자를 고용하지 않고 독립된 자격으로 용역을 공급하고 대가를 받는 각종 인적용역을 의미한다(부가령 제42조 제1호). 개인의 독립적 인적용역을 제공하는 자를 일명 프리랜서(Freelancer)라고 부른다. 개인의 독립적 인적용역의 공급에 대하여 부가가치세를 면제하는 것은 개인이 순수하게 개인의 자격으로 자기노동력을 제공하는 것이기 때문이다. 법인에 소속되거나 법인을 통하여 용역이 제공됨으로써 그 대가가 법인에게 귀속되는 경우에는 개인의 독립적 인적용역이라고 할 수 없다.[36]

(나) 개인 등의 전문적 인적용역

개인 등의 전문적 인적용역은 개인, 법인 또는 법인격 없는 사단·재단, 그 밖의 단체가 독립된 자격으로 용역을 공급하고 대가를 받는 국선변호, 국선대리, 법률구조, 학술연구용역, 기술연구용역, 직업소개용역, 장애인보조견 훈련용역, 가사서비스용역 등을 의미한다(부가령 제42조 제2호). 과거에는 변호사, 공인회계사 등이 제공하는 용역에 대하여도 면세하였으나, 1998. 12. 31. 부가세법 시행령 개정 시 과세로 전환하였다.

전문적 인적용역을 제공하는 자는 인적 및 물적 시설의 유무에 관계없이 부가가치세가 면제된다. 독립된 사업으로 영위하는 경우라 함은 다른 과세사업에 부수되지 않고 부가가치를 창출할 수 있는 정도의 사업형태를 갖추고 해당 용역을 계속적·반복적으로 공급하는 경우를 말한다.[37] 해당 용역을 제공하기 위한 인적·물적 설비 등 사업형태를 갖춘 경우에는 다른 과세사업을 함께 영위하여 그 인적·물적 설비가 다른 과세사업과 공통된다거나 해당 용역을

---

36) 대법원 2003. 3. 11. 선고 2001두9745 판결
37) 대법원 2016. 3. 10. 선고 2015두53978 판결

실제로 공급한 횟수가 많지 않더라도 공급기간, 규모, 태양 및 상대방 등에 비추어 계속적·반복적 의사로 공급한 것으로 볼 수 있다면 독립된 사업으로 영위하는 경우에 해당한다. 위 용역 중 학술연구용역과 기술연구용역은 새로운 학술 또는 기술개발을 위하여 수행하는 새로운 이론, 방법, 공법, 공식 등에 관한 연구용역을 말한다(부가칙 제32조).

(다) 관련 판례

① 학술연구용역과 기술연구용역

학술연구용역과 기술연구용역은 새로운 학술 또는 기술개발을 위하여 수행하는 새로운 이론, 방법, 공법, 공식 등에 관한 연구용역을 의미하므로 학술, 기술의 연구결과를 단순히 응용 또는 이용하여 공급하는 용역에 대하여는 면세가 적용되지 않는다.[38] 이러한 취지에서 보면 국제표준화기구(ISO)의 인증을 받으려는 기업들에게 인증을 받는데 필요한 지도용역을 제공하는 것은 학술·기술의 연구결과를 단순히 응용 또는 이용하여 공급하는 용역에 불과하므로 부가가치세 면세대상이 아니다.[39] 법률상 요구되는 자격이나 기능을 갖추지 않은 채 토목설계용역을 공급한 경우도 역시 면세대상에 해당하지 않는다.[40]

한편, 아무런 자격을 갖지 않은 채 대형 건축설계사무소로부터 건축설계업무 중 기본설계도면을 토대로 한 구체적인 실시도면 작성업무를 일부 하도급받아 그 의뢰에 따른 용역을 계속 제공한 경우 위 용역은 부가가치세법령 소정의 설계용역이 아니라 그 용역의 일부를 하도급받아 자격 없이 제공하는 보조용역에 불과하므로 부가가치세의 면세대상이라고 할 수 없다.[41]

② 직업소개용역

종전에는 사업자가 직업소개용역을 제공하는 것은 부가가치세 면세대상이나, 인력공급용역을 제공하는 것은 부가가치세 면세대상에 해당하지 않는 것으로 해석하였다.[42] 그러나 2024년 2월 부가세법 시행령 개정 시 직업안정법에 따른 근로자공급 용역을 면세하는 인적용역 대상으로 추가하였다.

타. 예술창작품, 예술행사 등(부가법 제26조 제1항 제16호)

(1) 의의

예술창작품, 예술행사, 문화행사, 아마추어 운동경기에 대하여는 부가가치세를 면세한다. 예술 및 문화행사, 아마추어 운동경기 등의 이용 및 관람을 장려하기 위한 취지이다. 예술창작품은 미술, 음악, 사진, 연극 또는 무용에 속하는 창작품을 의미하며 골동품은 제외한다(부가령

---

38) 대법원 2000. 2. 11. 선고 98두2119 판결
39) 대법원 2003. 5. 30. 선고 2001두4795 판결
40) 대법원 1995. 9. 29. 선고 95누7376 판결
41) 대법원 1995. 10. 12. 선고 95누9815 판결
42) 대법원 2014. 5. 29. 선고 2014두2089 판결

제43조 제1호). 예술행사는 영리를 목적으로 하지 않는 발표회, 연구회, 경연대회 또는 그 밖에 이와 유사한 행사를 의미한다(부가령 제43조 제2호). 문화행사는 영리를 목적으로 하지 않는 전시회, 박람회, 공공행사 또는 그 밖에 이와 유사한 행사를 의미한다(부가령 제43조 제3호). 아마추어 운동경기는 대한체육회 및 그 산하단체와 국기원이 주최, 주관 또는 후원하는 운동경기나 승단·승급·승품 심사로서 영리를 목적으로 하지 않는 것을 의미한다(부가령 제43조 제4호).

(2) 비영리 요건

예술행사, 문화행사, 아마추어 운동경기는 영리를 목적으로 하지 않아야 한다. 예를 들면, 사전 행사계획서에 의해 입장료 수입이 실비변상적이거나 부족한 경비를 협찬에 의존하는 행사, 정부 또는 지방자치단체 등 공공단체가 공식후원하거나 협찬하는 행사, 자선목적의 예술행사로서 사전계획서에 의해 이익금 전액을 공익단체에 기부하는 행사 등으로서 이익금을 이익배당 또는 잔여재산의 분배 등의 형식을 통해 주체자에게 귀속시키지 않아야 한다.[43] 비영리사단법인이 유소년 축구교실을 운영하여 유소년 회원에게 축구를 가르치고 회비를 받는 경우와 참가비를 받고 유소년 축구대회 및 축구캠프를 개최·운영하는 경우 비영리요건을 충족하지 못하므로 부가가치세가 과세된다.[44]

파. 도서관, 과학관, 박물관 등의 입장(부가법 제26조 제1항 제17호)

도서관, 과학관, 박물관, 미술관, 동물원, 식물원, 민속문화자원을 소개하는 장소, 전쟁기념관의 입장에 대하여는 부가가치세를 면세한다(부가령 제44조). 동물원, 식물원에는 지식의 보급 및 연구에 목적이 있는 해양수족관 등이 포함되나, 오락 및 유흥시설과 함께 있는 동물원, 식물원 및 해양수족관은 제외된다.[45] 이용자들로부터 일정기간의 대실료를 받아 책상 등의 기본적인 가구가 비치된 방을 제공하여 숙박하도록 하고 이에 부수하여 식사의 편의도 제공하는 고시원 영업은 전체로서 숙박업에 해당할뿐 부가가치세 면세대상인 도서관 입장 용역에 해당하지 않는다.[46]

하. 공익목적단체가 공급하는 재화 또는 용역(부가법 제26조 제1항 제18호)

(1) 의의

종교, 자선, 학술, 구호 등 공익목적단체가 공급하는 재화 또는 용역은 면세한다

---

43) 부가세법 기본통칙 26-43-2 ②
44) 부가가치세과-1993(2016. 9. 29.)
45) 부가세법 기본통칙 26-0-5 ②
46) 대법원 2002. 5. 17. 선고 2000두4330 판결

(2) 면세대상

(가) 공익목적단체가 고유사업목적을 위하여 실비 또는 무상으로 공급하는 재화나 용역

① 의의

주무관청의 인허가를 받거나 주무관청에 등록된 단체가 고유사업목적을 위하여 일시적으로 공급하거나 실비 또는 무상으로 공급하는 재화 또는 용역에 대하여는 부가가치세를 면세한다(부가령 제45조 제1호). 공익을 목적으로 하는 단체인지 여부는 그 고유목적이 사회일반의 복리증진인지 여부에 따라 판단하고 그 단체가 수행하는 개별적인 업무가 특정인을 상대로 하는지 또는 불특정다수인을 상대로 하는지에 따라 판단하지 않는다. 공급하는 용역이 일시적이면서 실비 또는 무상공급이어야 하는 것은 아니고 일시적인 공급이거나 실비 또는 무상공급이면 된다.[47] 실비(實費)는 실제로 드는 비용을 의미하므로 실비로 공급한다는 것은 수익을 추구하지 않는다는 뜻이다.

② 관련 판례

행정기관의 허가를 받아 설립한 비영리사단법인이 노동부로부터 산업안전보건법에 따른 작업환경측정기관으로 지정받은 이래 과학기술처가 공고하는 기술용역대가의 기준에 따라 작업환경측정기술협의회에서 인건비·장비감가상각비·관리비 등을 고려하여 책정한 수수료를 받고 작업환경측정용역을 공급한 경우 비영리사단법인이 받은 수수료는 실비에 해당한다고 판시하였다.[48] 반면, 사단법인 대한요가협회의 분사무소가 일반인인 준회원에게 요가운동법의 연구 및 보급 용역을 제공하고 그 대가로 회비, 교재비 및 교육비 등을 지급받은 경우 월정회비 등의 규모가 상당하므로 실비에 해당하지 않는다고 판시하였다.[49]

(나) 연구단체가 연구와 관련하여 실비 또는 무상으로 공급하는 재화 또는 용역

학술 등 연구단체가 연구와 관련하여 실비 또는 무상으로 공급하는 재화나 용역에 대하여는 부가가치세를 면세한다(부가령 제45조 제2호). 이 용역과 앞서 살펴본 부가세법 시행령 제42조 제2호 나목의 개인, 법인 또는 법인격 없는 사단·재단, 그 밖의 단체가 독립된 자격으로 용역을 공급하고 대가를 받는 학술연구용역 및 기술연구용역의 관계가 문제된다. 부가세법 시행령 제42조 제2호 나목의 용역은 문언상 새로운 학술 또는 기술개발을 위하여 수행하는 용역이어야 하나, 부가세법 시행령 제45조 제2호의 용역은 새로운 학술 또는 기술개발을 위하여 수행하는 용역이 아니라 하더라도 학술연구와 관련된 것으로서 실비 또는 무상으로 공급하면 면세대상으로 본다는 점에서 차이가 있다.

---

47) 대법원 1997. 8. 26. 선고 96누17769 판결
48) 대법원 1997. 8. 26. 선고 96누17769 판결
49) 대법원 2008. 6. 12. 선고 2007두23255 판결

(다) 그 밖의 용역

지정문화재를 소유하거나 관리하는 종교단체 경내지(境內地) 및 경내지 안의 건물과 공작물의 임대용역, 공익을 목적으로 기숙사를 운영하는 자가 학생이나 근로자를 위하여 실비 또는 무상으로 공급하는 음식 및 숙박 용역, 문화체육관광부장관의 허가를 받아 설립된 저작권위탁관리업자가 저작권자를 위하여 실비 또는 무상으로 공급하는 신탁관리용역, 저작물 보상금수령단체가 실비 또는 무상으로 공급하는 보상금수령 관련 용역, 비영리 교육재단이 외국인학교의 설립·경영 사업을 하는 자에게 제공하는 학교시설 이용 등 교육환경 개선과 관련된 용역 등에 대하여는 면세한다(부가령 제45조 제3호 내지 제6호).

거. 국가, 지자체 등이 공급하는 재화나 용역(부가법 제26조 제1항 제19호)

(1) 의의

국가, 지방자치단체 등이 공급하는 재화나 용역에 대하여는 부가가치세를 면세하되, 일정한 경우에는 예외적으로 과세한다. 국가나 지방자치단체는 공익목적으로 재화나 용역을 공급하고 실비 수준의 대가를 받는 것이 일반적이므로 정책적으로 면세하되, 민간업체와 경쟁관계에 있는 경우에는 공정한 경쟁을 보장하기 위하여 예외적으로 부가가치세를 과세한다.[50]

(2) 면세대상과 과세대상

국가, 지자체 등이 공급하는 재화나 용역에 대하여는 원칙적으로 면세하되, 다음의 재화나 용역에 대하여는 민간업체와의 공정한 경쟁을 보장하기 위하여 예외적으로 부가가치세를 과세한다.

(가) 우정사업조직이 제공하는 소포우편물 배달용역 등

우정사업조직이 제공하는 소포우편물 배달용역, 선택적 우편역무 중 우편주문판매의 대행용역의 경우 민간택배회사와 경쟁관계에 있으므로 부가가치세를 과세한다(부가령 제46조 제1호).

(나) 고속철도에 의한 여객운송용역

고속철도에 의한 여객운송용역의 경우 비행기, 고속버스 등 다른 운송수단과 경쟁관계에 있으므로 부가가치세를 과세한다(부가령 제46조 제2호).

(다) 부동산임대업, 도매 및 소매업 등

부동산임대업, 도소매업, 음식점업·숙박업, 골프장 및 스키장 운영업, 기타 스포츠시설 운영업의 경우 다른 민간업체와 경쟁관계에 있으므로 부가가치세를 과세한다(부가령 제46조 제3호). 다만, 국방부, 군인, 일반군무원, 그 밖에 이들의 직계존비속 등에게 제공하는 소매업, 음식점업·숙박업, 골프연습장 운영업을 제외한 스포츠시설 운영업 관련 재화 또는 용역, 국가, 지자체

---

50) 이중교, "행정사무의 민간위탁과 대행시 부가가치세 과세에 대한 고찰 - 한국환경공단의 폐기물관리업무에 대한 적용을 포함하여 -", 저스티스 177권, 2020, 364면

등이 그 소속 직원의 복리후생을 위하여 구내식당을 직접 경영하여 음식을 공급하는 용역, 국가 또는 지자체가 사업시행자로부터 사회기반시설 또는 사회기반시설의 건설용역을 기부채납받고 그 대가로 부여하는 시설관리운영권에 대하여는 면세한다. 국가나 지자체가 어느 단체에게 시설의 관리 등을 위탁하여 이를 사용·수익하게 하고, 그 단체가 자신의 명의와 계산으로 제3자에게 재화 또는 용역을 공급하는 경우에는 국가나 지자체가 거래당사자로서 제3자에게 직접 재화나 용역을 공급한 것이 아니므로 면세사업을 영위한 것으로 볼 수 없고, 해당 시설에 대하여 그 단체에게 부동산임대용역을 공급한 것이므로 부가가치세 납세의무가 있다.[51]

(라) 의료보건 용역 중 진료용역, 동물의 진료용역

의료보건 용역 중 진료용역, 동물의 진료용역의 경우 다른 민간업체와 경쟁관계에 있으므로 부가가치세를 과세한다(부가령 제46조 제4호).

너. 국가 등에 무상공급하는 재화 또는 용역(부가법 제26조 제1항 제20호)

국가, 지자체, 공익단체 등에 무상으로 공급하는 재화 또는 용역에 대하여는 부가가치세를 면세한다. 공익단체란 주무관청의 허가 또는 인가를 받거나 주무관청에 등록된 단체로서 상증법상 공익사업을 하는 단체를 말한다(부가령 제47조 제1항). 공익사업을 위하여 주무관청의 승인을 받아 금품을 모집하는 단체는 공익단체로 본다(부가령 제47조 제2항).

더. 면세되는 재화 또는 용역의 공급에 통상적으로 부수되는 재화 또는 용역의 공급

면세되는 재화 또는 용역의 공급에 통상적으로 부수되는 재화 또는 용역의 공급은 그 면세되는 재화 또는 용역의 공급에 포함되는 것으로 본다(부가법 제26조 제2항). 비영리사업을 목적으로 하는 법인이나 그 밖의 단체가 발행하는 기관지 또는 이와 유사한 출판물과 관련되는 용역은 면세되는 용역의 공급에 통상적으로 부수되는 용역의 공급으로서 면세되는 것으로 본다(부가령 제48조).

러. 국민주택 및 그 주택의 건설용역

국민주택 및 그 주택의 건설용역, 리모델링 용역에 대하여는 면세한다(조특법 제106조 제1항 제4호). 공급 당시 공부상 용도가 업무시설인 오피스텔은 그 규모가 주택법에 따른 국민주택 규모 이하인지 여부, 실제로 주거용도로 사용되고 있는지 여부와 관계없이 면세조항의 국민주택에 해당하는 것으로 볼 수 없으므로 부가가치세가 과세된다.[52]

3. 재화의 수입에 대한 면세

미가공식료품, 도서, 신문 및 잡지, 학술연구단체, 교육기관 등이 과학용·교육용·문화용으로 수입하는 재화, 종교의식, 자선, 구호 등 공익목적으로 외국으로부터 종교단체, 자선단체

---

51) 대법원 2017. 7. 11. 선고 2015두48754 판결
52) 대법원 2021. 1. 14. 선고 2020두40914 판결

등에 기증되는 재화, 외국으로부터 국가, 지방자치단체 등에 기증되는 재화, 거주자가 받는 소액물품 등, 조약 등에 관세가 면제되는 재화, 수출된 후 다시 수입하는 재화로서 관세가 감면되는 것 등, 담배, 관세가 무세이거나 감면되는 재화 등에 대하여는 부가가치세를 면세한다(부가법 제27조 제15호).

4. 누적효과와 환수효과

가. 의의

누적효과(cascade effect)는 부가가치세액이 부가가치 과세대상인 부가가치에 포함되기 때문에 부가가치세액에 대한 부가가치세가 부과되어 누적되는 효과를 의미한다. 환수효과(catching-up effect)는 전단계에서 면제되었던 부가가치세가 일반과세자의 공급을 통해 부과되어 국고로 환수되는 효과를 의미한다.

나. 누적효과와 환수효과 계산사례

누적효과는 (면세 전 단계 부가가치 + 부가가치세) × 10%의 산식으로 계산하고, 환수효과는 면세단계 부가가치 × 10%의 산식으로 계산한다. 중간단계에 면세사업자가 있는 다음의 사례를 통해 누적효과와 환수효과를 계산해보기로 한다.

구 분	과세사업자(A)	면세사업자(B)	과세사업자(C)	비 고
매입액	0원	11,000,000원	14,000,000원	
창출된 부가가치	10,000,000원	3,000,000원	2,000,000원	15,000,000원
매출액	10,000,000원	14,000,000원	16,000,000원	
매출세액	1,000,000원	-	1,600,000원	
매입세액	0원	-	0원	
납부세액	1,000,000원	-	1,600,000원	2,600,000원

위 사례에서 거래의 중간단계에 면세사업자가 없으면 누적효과와 환수효과가 발생하지 아니하여 최종 소비자단계의 부가가치세가 150만 원이 되나, 거래의 중간단계에 면세사업자가 있으면 누적효과와 환수효과로 인하여 최종 소비자단계의 부가가치세가 260만 원이 된다. 누적효과를 계산하면 (10,000,000원 + 1,000,000원) × 10% = 1,100,000원이고, 환수효과를 계산하면 3,000,000원 × 10% = 300,000원이다. 과세사업자 A와 C가 창출한 부가가치는 1,200만 원(1,000만 원 + 200만 원)으로서 그에 대한 부가가치세는 120만 원이나, 중간단계에 면세사업자 B가 있어서 누적효과와 환수효과로 인하여 부가가치세가 140만 원(누적효과 110만 원 + 환수효과 30만 원)이 더 많은 260만 원이 된다.

다. 누적효과와 환수효과의 완화방안

거래의 중간단계에 면세사업자가 있으면 누적효과와 환수효과로 인하여 최종소비자의 부가가치세 부담이 오히려 증가하므로 누적효과와 환수효과를 완화할 필요가 있다. 누적효과와 환수효과를 완화하기 위한 방안으로는 면세의 포기, 의제매입세액공제, 재활용폐자원매입세액공제 등이 있다. 아래에서 면세의 포기에 대하여 살펴보고 의제매입세액공제, 재활용폐자원매입세액공제 등은 뒤의 매입세액공제 부분에서 살펴보기로 한다.

5. 면세의 포기

가. 의의 및 취지

면세의 포기란 부가가치세가 면제되는 재화나 용역을 공급하는 자가 면세적용을 받지 않고 부가가치세 과세적용을 받는 것을 말한다. 부가가치세 면세사업자는 법령에서 규정된 특정 재화나 용역의 공급에 한하여 면세를 포기하고 과세를 적용받을 수 있다. 면세사업자는 재화를 공급할 때 고객으로부터 부가가치세를 거래징수할 수 없으므로 매입세액을 스스로 부담하거나 매입세액을 원가에 산입한 후 가격을 인상하여 고객에게 전가할 수 있다. 이렇듯 면세사업자는 매입세액을 공제받지 못하고 매입세액이 원가에 산입되는 누적효과로 인하여 소비자에 대한 가격경쟁력에서 불리할 수 있으므로 면세를 포기할 수 있도록 선택권을 부여하는 것이다. 면세되는 둘 이상의 사업 또는 종목을 영위하는 사업자는 면세의 포기 대상이 되는 재화나 용역의 공급 중에서 면세를 포기하려는 재화나 용역의 공급만을 구분하여 면세를 포기할 수 있다.[53] 면세의 포기 신고를 한 사업자가 사업을 양도하는 경우 면세포기의 효력은 사업양수인에게 승계된다.[54]

나. 면세의 포기 대상(부가법 제28조 제1항)

모든 면세에 대하여 포기가 인정되는 것은 아니고 면세를 포기하더라도 최종소비자에게 부가가치세 부담이 전가될 우려가 적은 경우에 한하여 면세포기를 허용한다. 구체적으로 면세를 포기할 수 있는 대상은 다음과 같다.

① 영세율의 적용대상이 되는 재화와 용역의 공급
② 주택과 이에 부수되는 토지의 임대용역
③ 저술가, 작곡가 등의 인적용역
④ 종교, 자선, 학술 등 공익단체가 공급하는 재화 또는 용역

위 '①'에 대하여 면세를 포기하면 매출세액에 대하여는 영세율을 적용받으면서 매입세액 공제를 받을 수 있다. 영세율 적용대상에 대하여 면세를 포기한 사업자가 면세되는 재화 또는 용역을 수출하지 않고 국내에 공급하는 때에는 면세포기의 효력이 없다.[55]

---

53) 부가세법 기본통칙 28-57-1
54) 부가세법 기본통칙 28-57-4

다. 절차 및 효력

면세를 포기하려는 사업자는 인적사항, 면세를 포기하려는 재화 또는 용역, 그 밖의 참고사항을 적은 면세포기신고서를 제출하여야 한다(부가령 제57조). 면세는 사업자의 일방적 의사표시로 효력이 생기므로 사업자는 지체 없이 과세사업자로 사업자등록을 하여야 한다. 면세포기를 신고한 사업자는 제도의 안정적 운영을 위하여 신고한 날부터 3년간 부가가치세를 면제받지 못한다(부가법 제28조 제2항).

---

55) 부가세법 기본통칙 28 - 57 - 2

제6장 거래징수와 세금계산서

제1절 거래징수

1. 의의

가. 개념

부가세법 제31조에 규정된 거래징수는 재화나 용역을 공급하는 사업자가 재화나 용역을 공급받는 자로부터 부가가치세를 징수하는 것을 의미한다. 거래징수에 의하여 부가가치세를 다음 단계의 사업자 및 궁극적으로 최종소비자에게 전가할 수 있고, 매출세액에서 매입세액을 공제하여 부가가치세를 산정하는 전단계세액공제방식의 운영이 가능해진다.

나. 거래징수와 원천징수의 차이

거래징수와 원천징수는 모두 타인으로부터 세금을 징수하여 납부한다는 점에서 공통점이 있으나, 다음과 같은 차이점이 있다.

① 거래징수는 부가가치세에 대하여 적용되고, 원천징수는 소득세와 법인세 등의 세목에 적용된다.

② 거래징수하는 사업자는 타인으로부터 세금을 징수하여 자신의 세금을 납부하는 것이고, 원천징수의무자는 타인으로부터 세금을 징수하여 타인인 원천납세의무자의 세금을 납부하는 것이다.

2. 거래징수 규정의 의미

가. 학설

(1) 권리의무설

거래징수 규정은 재화나 용역의 공급자가 공급받는 자에 대하여 부가가치세 상당액을 청구할 권리를 창설한다고 해석하는 견해이다.[1] 거래징수규정을 훈시규정으로 보면 최종소비자에게 부가가치세 부담을 전가시킨다는 전단계세액공제법을 기초로 한 부가가치세의 구조를

---

1) 최명근·나성길, 「부가가치세법론」, 2006, 433면

유지하기 어렵다고 한다.

(2) 훈시규정설

거래징수 규정은 조세의 전가를 촉구하는 주의적이고 선언적 규정에 불과하다고 해석하는 견해이다.[2] 거래징수 규정이 공급자에게 하명하는 형식으로 되어 있으므로 공급자로 하여금 공급받는 자로부터 부가가치세를 거래징수할 민사상 권리를 인정한 것으로 볼 수는 없다고 한다.

나. 판례

판례는 거래징수 규정은 사업자로부터 징수하는 부가가치세 상당액을 공급받는 자에게 차례로 전가시킴으로써 궁극적으로는 최종소비자에게 이를 부담시키겠다는 취지에 불과하다고 하여 훈시규정설의 입장을 취하고 있다.[3] 헌법재판소도 부가가치세를 사실상 누가 부담하며 어떻게 전가시킬 것인가 하는 문제는 거래당사자 간의 약정 또는 거래관행 등에 의하여 결정될 사항이지, 조세법에 따라 결정되는 사항은 아니라고 판시하였다.[4] 다만 거래당사자 사이에 부가가치세를 부담하기로 하는 약정이 따로 있는 경우에는 사업자는 그 약정에 기하여 공급을 받는 자에게 부가가치세 상당액의 지급을 직접 청구할 수 있다.[5] 거래당사자 사이에 명시적 또는 묵시적 형태의 약정이나 거래관행이 존재하는 때에는 그에 따른 금액을 청구할 수 있고, 그러한 약정이나 거래관행이 존재하지 않는 때에는 해당 거래에 적용되는 부가가치세 법령에 따라 계산한 금액을 청구할 수 있다. 따라서 재화나 용역을 공급한 사업자가 간이과세자인 경우에는 간이과세자의 납부세액 계산방법에 따른 부가가치세 상당액을 청구할 수 있다.[6]

3. 거래징수제도의 문제점 및 특례제도

가. 거래징수제도의 문제점

거래징수제도는 부가가치세를 거래징수하는 사업자가 징수세액을 과세관청에 성실히 납부하는 것을 전제로 하나, 부가가치세를 거래징수하는 사업자가 징수세액을 납부하지 아니하여 세금이 체납되는 경우가 발생한다. 악의적 사업자와 같이 거래징수한 부가가치세액을 의도적으로 납부하지 않는 경우가 있는가 하면 악의적 사업자가 아니라 하더라도 거래징수 시기와 신고기한의 시차로 인하여 거래징수한 세액을 납부하지 못하는 경우도 있다. 즉 재화나 용역

---

2) 김두천, 「부가가치세법의 이론과 실제」, 조세통람사, 1987, 451면, 김두형, 부가가치세법론(2016), 278면
3) 대법원 1984. 3. 27. 선고 82다카500 판결, 대법원 2002. 11. 22. 선고 2002다38828 판결
4) 헌재 2000. 3. 30. 선고 98헌바7 결정
5) 대법원 2023. 8. 18. 선고 2019다200126 판결
6) 대법원 2024. 3. 12. 선고 2023다290485 판결

을 공급한 사업자가 부가가치세를 거래징수한 후 본인의 자금과 혼용하여 사용하다가 부가가치세를 신고할 때에는 납부자금이 부족하여 부가가치세를 납부하지 못하는 경우가 발생하기도 한다. 어떠한 경우이든 부가가치세를 거래징수하는 사업자가 거래징수한 세액을 국가에 납부하지 않으므로 국고의 손실이 초래될 수 있다.

나. 특례제도

재화나 용역의 공급자가 거래상대방으로부터 부가가치세를 거래징수한 후 국가에 납부하지 않는 문제를 해결하기 위한 제도로서 매입자 납부제도와 신용카드사를 통한 대리납부제도가 있다.

(1) 매입자 납부제도

매입자 납부제도는 매출자가 부가가치세 상당액을 매입자로부터 거래징수하지 않고, 매입자가 과세관청에 부가가치세를 직접 납부하는 제도이다. 2008년 7월 금지금을 시작으로 2009년 고금, 2014년 구리스크랩, 2015년 금스크랩, 2016년 10월 철스크랩, 2024년 비철금속류 등 부가가치세 탈루가 심한 품목의 사업자 간 거래(B2B 거래)에 대하여 매입자 납부제도를 적용한다(조특법 제106조의3, 제106조의9). 2024. 12. 31. 조특법 개정 시에는 면세점 판매촉진을 목적으로 관광객을 유치하거나 이를 알선하는 행위에 대하여 면세점 및 여행사를 대상으로 매입자 납부제도를 도입하였다(조특법 제106조의11, 조특령 제106조의15). 면세점에 중국 보따리상을 모집해 보내는 중간단계 여행사 또는 하위 여행사가 가공세금계산서를 통해 세금을 탈루하는 사안이 발생하자 이에 대응하기 위하여 매입자 납부제도를 도입한 것이다.

금 관련 제품에 대한 매입자 납부제도의 경우 금 관련 제품을 공급하거나 공급받으려는 사업자는 금거래계좌를 개설하여야 한다. 금사업자가 금 관련 제품을 다른 금사업자로부터 공급받으면 공급을 받은 때나 세금계산서를 발급받은 때에 금거래계좌를 사용하여 금 관련 제품의 가액과 부가가치세액을 지정금융기관에 입금한다. 지정금융기관은 제품가액을 공급자에게 지급하고, 부가가치세액을 신고기한에 맞추어 국고에 납부한다. 금 관련 제품을 공급받은 금사업자가 지정금융기관에 부가가치세액을 입금하지 않으면 금 관련 제품을 공급한 금사업자에게서 발급받은 세금계산서에 기재된 매입세액을 공제받을 수 없다.

(2) 신용카드사를 통한 대리납부제도

신용카드사를 통한 대리납부제도는 일반유흥주점업 등의 업종을 영위하는 사업자가 재화나 용역을 공급하고 소비자가 신용카드로 결제하는 경우 신용카드사가 결제액의 일정액을 미리 징수하여 사업자 대신 과세관청에 납부하며 사업자는 부가가치세를 신고할 때 신용카드사가 납부한 금액을 기납부세액으로 공제하여 정산하는 제도이다(조특법 제106조의10). 매입자납부제도가 사업자 간 거래(B2B 거래)에서 부가가치세 탈루를 방지하기 위한 제도인 반면, 신용카드사를 통한 대리납부제도는 사업자와 소비자 간 거래(B2C 거래)에서 부가가치세 탈루를 방지하기 위한 제도이다.[7] 2017. 12. 19. 조특법 개정으로 한시법으로 도입되어 시행되고 있다.

부가가치세 탈루의 가능성이 높은 일반유흥주점업, 무도유흥주점업에 적용되고, 신용카드사가 징수하는 부가가치세는 공급대가의 110분의 4에 해당하는 금액이다(조특법 제106조의10 제1항, 조특령 제106조의14 제2항). 신용카드사업자 대리납부 대상사업자에 대하여는 대리납부금액의 1%를 세액공제하고, 신용카드사에게는 대리납부에 필요한 경비를 지원한다(조특법 제106조의10 제4항, 제6항).

제2절 세금계산서

1. 의의

부가세법 제32조에 규정된 세금계산서는 재화 또는 용역을 공급하는 사업자가 공급받는 자로부터 부가가치세를 거래징수하면서 교부하는 문서를 의미한다. 세금계산서는 과세자료 이외에 영수증, 청구서, 영수증, 송장, 증빙서류 등의 기능을 수행한다. 과세관청은 세금계산서를 통해 공급자의 매출세액과 공급받는 자의 매입세액을 비교하여 검증할 수 있으므로 세금계산서는 전단계세액공제제도를 유지하는 근간이 된다. 또한 부가가치세가 법인세나 소득세의 선행세목이므로 과세관청은 세금계산서를 통해 법인세나 소득세의 과세표준을 미리 파악할 수 있다. 이와 같이 세금계산서가 중요한 역할을 하므로 세금계산서에 대해 엄격히 규제하고 있다.

2. 세금계산서 발급의무와 면제

가. 발급의무

(1) 원칙

(가) 일반사업자

사업자가 재화 또는 용역을 공급하는 경우에는 원칙적으로 거래상대방에게 세금계산서를 발급하여야 한다(부가법 제32조 제1항). 사업자는 공급자 보관용과 공급받는 자 보관용으로 각 2매를 발급하여 각 1매를 거래상대방에게 교부하고, 나머지 1매는 부가가치세 신고를 할 때 과세관청에 제출한다. 면세거래에 대하여는 세금계산서를 발급할 필요가 없으나, 영세율 거래에 대하여는 세금계산서를 발급하여야 한다.

---

7) 정지선·윤성만, "신용카드사를 통한 부가가치세의 대리징수제도 도입방안", 세무와회계 저널 제17권 제2호, 2016, 179면

법인사업자와 직전 연도의 사업장별 재화 및 용역의 공급가액 합계액이 8,000만 원 이상인 개인사업자는 전자세금계산서를 발급하여야 한다(부가법 제32조 제2항, 부가령 제68조 제1항). 개인사업자는 직전 연도의 공급가액 합계액이 8,000만 원 이상인 경우에만 전자세금계산서 발급의무가 있으나, 법인사업자는 공급가액과 상관없이 전자세금계산서 발급의무가 있다. 전자세금계산서는 재화나 용역을 공급한 사업자가 전사적 기업자원관리설비(ERP), 전자세금계산서 발급시스템 등 공인인증을 통하여 전자적 방법으로 발급하는 세금계산서로서 거래의 투명성을 확보하고 납세협력비용을 절감하기 위하여 2011년 도입되었다. 전자세금계산서를 발급하는 방법에는 세금계산서 발급시스템 임대사업자 등을 이용하는 방법과 국세청이 무료로 서비스하는 이세로(e-세로)시스템을 이용하는 방법이 있다. 사업자가 전자세금계산서를 발급하였을 때에는 그 다음 날까지 전자세금계산서 발급명세를 국세청장에게 전송하여야 한다(부가법 제32조 제3항, 부가령 제68조 제7항). 종전에는 전자세금계산서 교부일이 속하는 달의 다음 달 10일까지 전송하는 것으로 되어 있었으나, 전송기한 내 거래내용을 조작할 가능성을 줄이기 위하여 전송기한을 단축하였다.

(나) 간이과세자

간이과세자도 원칙적으로 세금계산서 발급의무가 있다. 다만, 간이과세자 중 신규사업자 및 직전 연도 공급대가 합계액이 4,800만 원 미만인 사업자, 주로 소비자에게 재화나 용역을 공급하는 사업자는 예외적으로 세금계산서 대신 영수증을 발급할 수 있다.

(2) 발행인과 수취인의 특례

(가) 위탁매매 등

위탁판매 또는 대리인에 의한 판매의 경우에는 수탁자 또는 대리인이 위탁자 또는 본인의 명의로 세금계산서를 발급한다(부가법 제32조 제6항, 부가령 제69조 제1항). 위탁자 또는 본인이 직접 재화를 인도하는 때에는 위탁자 또는 본인이 세금계산서를 발급할 수 있으며 이 경우에는 수탁자 또는 대리인의 등록번호를 부기하여야 한다. 위탁매입 또는 대리인에 의한 매입의 경우에는 공급자가 위탁자 또는 본인을 공급받는 자로 하여 세금계산서를 발급하며, 이 경우 수탁자 또는 대리인의 등록번호를 부기하여야 한다(부가령 제69조 제2항).

(나) 수용

수용으로 인하여 재화가 공급되는 경우에는 사업시행자가 세금계산서를 발급할 수 있다(부가령 제69조 제4항).

(다) 조달사업법에 따른 물자의 공급 등

조달사업법에 따라 물자가 공급되는 경우에는 공급자 또는 세관장이 해당 실수요자에게 직접 세금계산서를 발급하되, 실수요자를 알 수 없는 경우에는 조달청장에게 세금계산서를 발급하고, 조달청장이 실수요자에게 물자를 인도할 때 실수요자에게 세금계산서를 발급할 수 있다(부가령 제69조 제6항). 한국가스공사가 가스도입판매사업자를 위하여 천연가스를 직접 수입하는 경우에는 세관장이 해당 가스도입판매사업자에게 직접 세금계산서를 발급할 수 있다(부가령 제69조 제7항). 할당대상업체 등이 배출권거래소가 개설한 배출권 거래시장을 통하여 다른 할당대상업체 등에게 배출권을 공급하고 그 대가를 배출권거래소를 통하여 받는 경우에는 그 할당대상업체 등이 배출권거래소에 세금계산서를 발급하고, 배출권 거래소가 공급받은 할당대상업체 등에 세금계산서를 발급할 수 있다(부가령 제69조 제18항). 지입회사가 지입차주의 위탁을 받아 지입차량을 매입하는 경우에 지입회사는 차량공급자로부터 자기의 명의로 세금계산서를 발급받고, 자기의 명의로 지입차주에게 세금계산서를 발급하여야 한다.[8]

(3) 사업장이 둘 이상인 경우의 세금계산서 수수[9]

(가) 본점과 지점 등 둘 이상의 사업장이 있는 법인사업자

본점에서 계약을 체결하고 재화 또는 용역은 지점이 공급하는 경우 세금계산서는 재화나 용역을 실제 공급하는 사업장인 지점에서 발급하여야 한다. 이에 비해 계약, 발주, 대금지급 등의 거래는 해당 본점에서 이루어지고, 재화 또는 용역은 지점에서 공급받는 경우 세금계산서는 본점 또는 지점 어느 쪽에서도 발급받을 수 있다.

(나) 제조장과 직매장 등 둘 이상의 사업장을 가진 사업자

제조장에서 생산한 재화를 직매장 등에서 전담하여 판매함에 있어 수송 등의 편의를 위하여 제조장에서 거래처에 직접 재화를 인도하는 경우에는 공급자를 제조장으로 하는 세금계산서를 직접 거래처에 발급한다. 그러나 이미 제조장에서 직매장 등으로 세금계산서(총괄납부사업자의 경우에는 거래명세서)를 발급한 경우에는 직매장 등에서 거래처에 세금계산서를 발급하여야 한다.

나. 발급의무의 면제

(1) 면세재화나 용역의 공급

부가가치세가 면제되는 재화 또는 용역의 공급에 대하여는 세금계산서를 발급할 필요가 없다(부가법 제32조 제1항). 다만, 면세사업자는 법인세법이나 소득세법에 의한 계산서를 발급하여야 한다(법인법 제121조, 소득법 제163조).

(2) 세금계산서를 발급하기 어렵거나 세금계산서의 발급이 불필요한 경우

세금계산서를 발급하기 어렵거나 세금계산서의 발급이 불필요한 경우에는 세금계산서 발급의무가 면제된다(부가법 제33조 제1항). 택시운송사업자, 노점 또는 행상을 하는 사람 등이

---

8) 부가세법 기본통칙 32-69-1
9) 부가세법 기본통칙 32-69-4

공급하는 재화 또는 용역, 소매업 또는 미용, 욕탕 및 유사 서비스업을 경영하는 자가 공급하는 재화 또는 용역, 간주공급 규정에 따른 재화, 국내사업장이 없는 비거주자·외국법인에 공급하는 재화나 용역 등이 이에 해당한다(부가령 제71조). 다만, 외국법인 연락사무소에 대한 세원관리를 강화하기 위하여 외국법인 연락사무소에 재화나 용역에 대하여는 세금계산서 발급 의무가 적용된다.

(3) 신용카드매출전표 등을 발급한 경우

신용카드매출전표 등을 발급한 경우에는 신용카드매출전표 등이 세금계산서를 대신하므로 별도로 세금계산서를 발급하지 않아도 된다(부가법 제33조 제2항).

3. 세금계산서의 기재사항

가. 종류

(1) 필요적 기재사항

필요적 기재사항은 ① 공급하는 사업자의 등록번호와 성명 또는 명칭, ② 공급받는 자의 등록번호, ③ 공급가액과 부가가치세액, ④ 작성연월일이다.

위 "②"와 관련하여 공급받는 자가 사업자가 아니거나 등록한 사업자가 아닌 경우에는 고유번호 또는 공급받는 자의 주민등록번호를 기재한다.

(2) 임의적 기재사항

임의적 기재사항은 ① 공급하는 자의 주소, ② 공급받는 자의 상호·성명·주소, ③ 공급하는 자와 공급받는 자의 업태와 종목, ④ 공급품목, ⑤ 단가와 수량, ⑥ 공급 연월일, ⑦ 거래의 종류, ⑧ 사업자 단위 과세 사업자의 경우 실제로 재화 또는 용역을 공급하거나 공급받는 종된 사업장의 소재지 및 상호이다.

나. 필요적 기재사항과 임의적 기재사항의 구별실익

필요적 기재사항이 잘못 기재되거나 누락된 경우 원칙적으로 그 세금계산서에 의하여 매입세액공제를 받을 수 없는 제재가 따르나, 임의적 기재사항이 잘못 기재되거나 누락된 경우에는 그 세금계산서에 의하여 매입세액공제를 받을 수 있다. 특히 공급받는 자의 상호·성명·주소는 임의적 기재사항이나, 공급받는 자의 등록번호는 필요적 기재사항이라는 점에 유의할 필요가 있다.

다. 기재사항의 수정(수정세금계산서)

(1) 의의

세금계산서의 기재사항을 착오로 잘못 적거나 세금계산서를 발급한 후 그 기재사항에 관하여 법령 소정의 사유가 발생하면 세금계산서의 내용을 수정한 이른바 수정세금계산서를 발급할 수 있다. 필요적 기재사항이 잘못 기재되거나 누락된 경우 그 세금계산서에 의하여 매입세액공제를 받을 수 없는 불이익이 따르므로 수정세금계산서의 발급에 의하여 불이익을 피할 수 있다. 수정세금계산서는 당초에 세금계산서를 발급한 것을 전제로 하므로 세금계산서를 발급하지 않은 경우에는 수정세금계산서를 발급할 수 없다.

(2) 수정세금계산서 발급사유와 발급방법(부가령 제70조 제1항)

① 처음 공급한 재화가 환입된 경우 재화가 환입된 날을 작성일로 적고 비고란에 처음 세금계산서 작성일을 부기(附記)한 후 붉은색 글씨로 쓰거나 음의 표시를 한다.

② 계약의 해제로 재화 또는 용역이 공급되지 않은 경우 작성일은 계약해제일로 적고 비고란에 처음 세금계산서 작성일을 덧붙여 적은 후 붉은색 글씨로 쓰거나 음의 표시를 한다.

③ 계약의 해지 등에 따라 공급가액에 추가되거나 차감되는 금액이 발생한 경우 증감사유가 발생한 날을 작성일로 적고 추가되는 금액은 검은색 글씨로 쓰며, 차감되는 금액은 붉은색 글씨로 쓰거나 음의 표시를 한다.

④ 재화 또는 용역을 공급한 후 공급시기가 속하는 과세기간 종료 후 25일 이내에 내국신용장이 개설되었거나 구매확인서가 발급된 경우 작성일은 처음 세금계산서 작성일을 적고 비고란에 내국신용장 개설일 등을 부기하여 영세율 적용분은 검은색 글씨로 세금계산서를 작성하여 발급하고, 추가하여 처음에 발급한 세금계산서의 내용대로 세금계산서를 붉은색 글씨로 또는 음의 표시를 한다.

⑤ 필요적 기재사항 등이 착오로 잘못 적힌 경우 처음에 발급한 세금계산서의 내용대로 세금계산서를 붉은색 글씨로 쓰거나 음의 표시를 하고, 수정하여 발급하는 세금계산서는 검은색 글씨로 작성한다. 다만, 세무조사의 통지를 받은 경우, 세무공무원이 과세자료의 수집 또는 민원 등을 처리하기 위하여 현지출장이나 확인업무에 착수한 경우, 세무서장으로부터 과세자료 해명안내 통지를 받은 경우 등에는 수정세금계산서를 발급할 수 없다.

필요적 기재사항 등이 착오 외의 사유로 잘못 적힌 경우 재화나 용역의 공급일이 속하는 과세기간에 대한 확정신고기한까지 세금계산서를 작성하되, 처음에 발급한 세금계산서의 내용대로 세금계산서를 붉은색 글씨로 쓰거나 음의 표시를 하여 발급하고, 수정하여 발급하는 세금계산서는 검은색 글씨로 작성한다.

⑥ 착오로 전자세금계산서를 이중으로 발급한 경우 처음에 발급한 세금계산서의 내용대로 음의 표시를 하여 발급한다.

⑦ 면세 등 발급대상이 아닌 거래 등에 대하여 발급한 경우 처음에 발급한 세금계산서의 내용대로 붉은색 글씨로 쓰거나 음의 표시를 하여 발급한다.

⑧ 세율을 잘못 적용하여 발급한 경우 처음에 발급한 세금계산서의 내용대로 세금계산서를 붉은색 글씨로 쓰거나 음의 표시를 하여 발급하고, 수정하여 발급하는 세금계산서는 검은색 글씨로 작성한다.

(3) 필요적 기재사항을 잘못 기재한 세금계산서에 대한 수정세금계산서 발급기한

필요적 기재사항 등이 착오 외의 사유로 잘못 적힌 경우 재화나 용역의 공급일이 속하는 과세기간에 대한 확정신고기한 다음 날부터 1년 이내에 수정세금계산서를 발급하여야 한다. 다만, 과세관청이 결정·결정하거나 세무조사 통지 등 결정·경정할 것을 미리 알고 있는 경우에는 수정세금계산서를 발급할 수 없다.

(4) 불이행의 제재

수정세금계산서를 발급하여야 함에도 불구하고 발급하지 않은 경우에는 세금계산서 미발급가산세가 부과된다(부가법 제60조 제2항).

4. 세금계산서의 종류

가. 일반세금계산서

사업자가 재화 또는 용역을 공급하는 경우 공급받는 자에게 발급하는 세금계산서를 의미한다.

나. 수입세금계산서

(1) 의의

수입세금계산서는 수입재화에 대하여 세관장이 부가가치세를 징수할 때 수입자에게 발급하는 세금계산서를 의미한다(부가법 제35조 제1항). 여러 개의 사업장이 있는 사업자가 재화를 수입하는 경우 수입신고필증상 적혀 있는 사업장과 해당 재화를 사용·소비할 사업장이 서로 다른 때에는 수입재화를 실지로 사용·소비할 사업장 명의로 세금계산서를 발급받을 수 있다.[10]

(2) 수정수입세금계산서

(가) 수입자가 수정신고 등을 하는 경우

세관장이 과세표준 또는 세액을 결정 또는 경정하기 전에 수입자가 수정신고 등을 하는 경우 등에는 수정수입세금계산서를 발급한다(부가법 제35조 제2항 제1호).

---

10) 부가세법 기본통칙 35-72-1

(나) 세관장이 결정·경정할 것을 미리 알고 수정신고 등을 하는 경우

세관장이 결정·경정하거나 관세조사 통지 등 세관장이 결정·경정할 것을 미리 알고 수정신고 등을 하는 경우에도 수정수입세금계산서를 발급할 수 있으나, 관세법에 따라 벌칙이 적용되는 경우, 부당한 방법으로 관세의 과세표준 또는 세액을 과소신고한 경우, 수입자가 동일한 신고오류를 반복하는 등 중과실이 있는 경우에는 발급이 제한된다(부가법 제35조 제2항 제2호). 종전에는 수정수입세금계산서 발급가능 사유를 예외적으로 규정하는 포지티브(Positive) 방식이었으나, 2022. 12. 31. 부가세법 개정 시 발급제한 사유를 규정하는 네거티브(Negative) 방식으로 전환하였다.

다. 매입자발행세금계산서

사업자가 재화 또는 용역을 공급하고 세금계산서 발급시기에 세금계산서를 발급하지 않은 경우, 공급자의 부도·폐업, 계약의 해제 또는 변경 등의 사유가 발생한 경우로서 공급자가 수정세금계산서를 발급하지 않은 경우 재화 또는 용역을 공급받은 자는 관할 세무서장의 확인을 받아 세금계산서를 발행할 수 있다(부가법 제34조의2 제1항). 이 세금계산서를 매입자발행세금계산서라고 하는데, 매입자는 매입자발행세금계산서에 의하여 매입세액공제를 받을 수 있다. 매입자발행세금계산서는 해당 재화·용역의 공급시기가 속하는 과세기간 종료일부터 1년 이내 신청하여야 하고 거래 건당 5만 원 이상이어야 한다(부가령 제71조의2 제2항, 제3항). 과거에 조세특례제한법에 규정되어 있었는데, 2016. 12. 20. 부가세법 개정 시 부가세법으로 옮겨왔다.

5. 세금계산서의 교부시기

가. 원칙

세금계산서는 영수증, 청구서, 영수증, 송장, 증빙서류 등의 기능을 하므로 원칙적으로 사업자가 재화 또는 용역을 공급할 때에 발급하여야 한다(부가법 제34조 제1항).

나. 특례

(1) 공급시기 전 발급(선발급 세금계산서)

사업자가 재화 또는 용역의 공급시기 전에 재화 또는 용역에 대한 대가의 전부 또는 일부를 받고, 세금계산서를 발급하는 때, 사업자가 재화 또는 용역의 공급시기 전에 세금계산서를 발급하고 그 세금계산서 발급일부터 7일 이내에 대가를 받은 경우 등에는 공급시기 전 세금계산서를 발급할 수 있다(부가법 제34조 제2항). 이와 같이 공급시기 전에 발급하는 세금계산서를 "선발급 세금계산서"라고 한다.

(2) 공급시기 후 발급

다음 어느 하나에 해당하는 경우에는 재화 또는 용역의 공급일이 속하는 달의 다음 달 10일 까지 세금계산서를 발급할 수 있다(부가법 제34조 제3항).

① 거래처별로 1역월의 공급가액을 합하여 해당 달의 말일을 작성연월일로 하여 세금계산 서를 발급하는 경우

② 거래처별로 1역월 이내에서 사업자가 임의로 정한 기간의 공급가액을 합하여 그 기간의 종료일을 작성연월일로 하여 세금계산서를 발급하는 경우

③ 관계 증명서류 등에 따라 실제거래사실이 확인되는 경우로서 해당 거래일을 작성연월 일로 하여 세금계산서를 발급하는 경우

위 "①, ②"의 월 합계 세금계산서 제도는 개별 거래마다 각각의 세금계산서를 발행하여야 하는 원칙에 대한 예외로서 사업자의 편의를 위하여 1역월(歷月)의 범위 내에서 동일한 거래 처에 대한 여러 거래의 공급가액의 합계액만을 그 공급가액으로 기재하고 기간 말일을 발행 일자로 하여 1장의 세금계산서로 발행할 수 있도록 하는 특례를 적용하는 것이다. 1역월은 매월 1일부터 그 달의 말일까지를 말하므로 월을 달리하여 공급한 부분에 대하여는 월 합계 세금계산서를 발급할 수 없다.[11] 월 합계 세금계산서는 고정거래처와의 연속적 거래를 대상 으로 하므로 고정거래처가 아닌 일반적인 거래의 경우 위 특례규정을 적용할 수 없다.[12]

6. 영수증

가. 의의

세금계산서를 발급하기 어려운 사업자 등은 세금계산서 대신 보다 간이한 형식의 영수증을 발급할 수 있다(부가법 제36조 제1항). 다만, 금전등록기를 설치한 사업자는 영수증 대신 공급대가 를 적은 계산서를 발급할 수 있고, 신용카드매출전표 등은 영수증으로 본다(부가법 제36조 제4항, 제5항).

나. 발급자

(1) 주로 사업자가 아닌 자에게 재화 또는 용역을 공급하는 사업자

주로 사업자가 아닌 자, 즉 소비자에게 재화 또는 용역을 공급하는 사업자 중 소매업, 음식 점업, 숙박업, 미용, 욕탕 및 유사 서비스업, 여객운송업 등을 영위하는 사업자는 영수증을 발 급할 수 있다(부가법 제36조 제1항 제1호, 부가령 제73조 제1항).

---

11) 부가 46015 – 1503(1997. 7. 3.)
12) 서면인터넷방문상담3팀 – 277(2004. 2. 18.)

(2) 간이과세자

간이과세자 중 직전 연도의 공급대가 합계액이 4,800만 원 미만인 자 또는 신규로 사업을 시작하는 간이과세자로서 최초의 과세기간 중에 있는 자는 영수증을 발급할 수 있다(부가법 제36조 제1항 제2호). 직전 연도의 공급대가 합계액이 4,800만 원 이상인 간이과세자는 원칙적으로 세금계산서를 발급해야 한다.

(3) 전기사업자

전기사업자가 산업용이 아닌 전력을 공급하는 경우 등의 사유에 해당하면 영수증을 발급할 수 있다(부가법 제36조 제2항). 이 경우 해당 사업자가 영수증을 발급하지 않으면 세금계산서를 발급하여야 한다.

다. 기재사항

영수증의 기재사항은 ① 공급자의 등록번호·상호·성명(법인의 경우 대표자의 성명), ② 공급대가, ③ 작성연월일, ④ 그 밖에 필요한 사항이다(부가령 제73조 제7항).

라. 세금계산서를 발급하여야 하는 경우

소매업, 음식점업, 숙박업 등을 영위하는 사업자가 재화 또는 용역을 공급하는 경우로서 그 재화 또는 용역을 공급받는 사업자가 세금계산서의 발급을 요구하는 경우에는 세금계산서를 발급해야 한다(부가법 제36조 제3항, 부가령 제73조 제2항·제4항·제5항).

제7장 과세표준과 세액

제1절 과세표준

1. 의의

가. 재화 또는 용역의 공급에 대한 과세표준

재화 또는 용역을 공급하는 경우 부가가치세의 과세표준은 해당 과세기간에 공급한 재화 또는 용역의 공급가액을 합한 금액이다(부가법 제29조 제1항). 공급가액은 사업자가 대가로서 수수하거나 수수할 일체의 금전, 그 밖의 경제적 이익을 의미한다.

나. 재화의 수입에 대한 과세표준

재화를 수입하는 경우 부가가치세의 과세표준은 재화에 대한 관세의 과세가격과 관세, 개별소비세, 주세, 교육세, 농어촌특별세 및 교통에너지환경세 등의 세금을 합한 금액이다(부가법 제29조 제2항).

2. 공급가액

가. 일반적인 경우

(1) 금전으로 대가를 받는 경우

사업자가 재화나 용역을 공급하고 금전으로 대가를 받는 경우 그 대가를 공급가액으로 한다. 재화나 용역을 공급받는 자가 아닌 제3자에게서 받은 것도 공급과 대가관계에 있으면 부가가치세 과세표준에 포함된다.[1] 대가를 외국통화나 외국환으로 받은 경우에는 공급시기 전에 원화로 환가하면 그 환가액, 공급시기 이후에 외국통화나 외국환 상태로 보유하거나 지급받으면 공급시기의 기준환율 또는 재정환율에 따라 계산한 금액을 공급가액으로 한다(부가법 제29조 제3항 제1호, 부가령 제59조).[2] 공급시기의 기준환율 또는 재정환율에 따라 계산하므로

---

[1] 대법원 2016. 6. 23. 선고 2014두144 판결
[2] 기준환율이란 달러의 매매기준율을 의미하고, 재정환율이란 달러 이외의 통화에 적용되는 환율로서 기준환율을 통해 간접적으로 계산된 원화와 달러 이외의 통화 사이의 환율을 의미한다. 원화와 달러 이외의 통화를 바꾸는 외환시장이 형성되어 있지 않으므로 달러를 매개로 환율을 계산한다.

공급시기 이후에 환율변동으로 증감되는 금액은 해당 공급가액에 영향을 미치지 않는다.[3] 금전으로 대가를 받은 경우는 대가를 실제로 받은 경우뿐 아니라 대가를 받기로 약정하였으나 실제 받지 못한 경우도 포함한다.

공급가액에는 거래상대방으로부터 받는 대금, 요금, 수수료 그 밖에 어떤 명목이든 상관없이 실질적 대가관계에 있는 모든 금전적 가치가 있는 것으로서 장기할부판매 또는 할부판매 경우의 이자상당액, 대가의 일부로 받는 운송보험료, 산재보험료, 운송비, 포장비, 하역비 등, 개별소비세와 교통에너지환경세 및 주세가 과세되는 재화 또는 용역에 대하여는 해당 개별소비세와 교통에너지환경세 및 주세와 그 교육세 및 농어촌특별세상당액을 포함한다.[4] 사업자가 재화 또는 용역을 공급하고 대가로 받은 금액에 부가가치세가 포함되어 있는지 불분명한 경우에는 대가로 받은 금액에 110분의 100을 곱한 금액을 공급가액으로 한다(부가법 제29조 제7항). 대가로 받은 금액에 부가가치세가 포함되어 있다고 보는 것이다.

한편 통신사가 의무사용약정을 체결한 고객에게 할인된 가격으로 휴대폰단말기를 공급한 후 중도해지한 고객들로부터 수령한 위약금 등은 회사의 재화나 용역의 공급에 대한 대가로서 부가가치세 과세표준이 되는 공급가액에 해당하나,[5] 단말기 제조사가 통신사를 거치지 않고 대리점을 통하여 이용자에게 공급한 후 통신사가 중도해지한 고객들로부터 수령한 위약금 등은 통신사의 재화 공급과 대가관계에 있지 않으므로 부가가치세 과세표준이 되는 공급가액에 해당하지 않는다.[6]

(2) 금전 외의 대가를 받는 경우

사업자가 재화나 용역을 공급하고 금전 외의 대가를 받는 경우에는 자기가 공급한 재화 또는 용역의 시가를 공급가액으로 한다(부가법 제29조 제3항 제2호). 대가로 받은 현물 등의 가액이 아니라 사업자가 공급한 재화나 용역의 시가가 과세표준이 된다.

방송국의 협찬품 고지방송 용역의 시가는 프로그램광고료에서 방송물 제작비 상당의 금액을 제외하고 광고방송지역 및 광고시간대별 구분에 따라 초당 가격으로 정해진 방송순서전파료를 기준으로 산정한다.[7] 법인세의 과세표준은 대가로 받은 현물 등의 가액이므로 부가가치세 과세표준과 일치하지 않는바, 양자를 통일하는 것이 타당하다.[8] 한편, 사업자가 임대용역을 공급하고 임대료를 일부는 금전으로 나머지는 금전 이외의 것으로 받은 경우 공급가액은 임대료로 받은 금전에 임대용역 중 금전 이외의 것과 대가관계가 있는 부분의 시가를 더한 금액이다.[9]

---

3) 부가세법 기본통칙 29-59-1
4) 부가세법 기본통칙 29-61-2
5) 대법원 2019. 9. 10. 선고 2017두61119 판결
6) 대법원 2024. 12. 26. 선고 2022두49984, 49991 판결
7) 대법원 2001. 7. 27. 선고 99두8169 판결
8) 강석규, 조세법쟁론(2023), 1173면
9) 대법원 2022. 1. 27. 선고 2017두51983 판결

(3) 폐업하는 경우

사업자가 폐업하는 경우에는 폐업 시 잔존재화의 시가를 공급가액으로 한다(부가법 제29조 제3항 제3호). 사업자가 폐업할 때 남아 있는 재화의 시가는 사업자와 특수관계 없는 자와의 정상적인 거래에서 형성되는 가격으로서 사업자의 업태별 시가를 말한다. 겸영사업자의 경우에는 업태별 과세표준의 비율에 따라 각각 업태별 시가를 적용한다.[10]

(4) 자기생산·취득재화의 면세전용, 소비, 사업상 증여 등의 간주공급

자기생산·취득재화의 면세전용, 소비, 사업상 증여 등 간주공급의 경우에는 자기가 공급한 재화 또는 용역의 시가를 과세표준으로 한다(부가법 제29조 제3항 제4호).

(5) 직매장 반출에 따른 간주공급

직매장 반출의 경우에는 해당 재화의 취득가액을 과세표준으로 하되, 취득가액에 일정액을 더하여 자기의 다른 사업장에 반출하는 경우에는 취득가액에 일정액을 더한 금액을 공급가액으로 본다(부가법 제29조 제3항 제5호, 부가령 제60조 제1항). 다만, 개별소비세, 주세 및 교통에너지환경세가 부과되는 재화에 대해서는 개별소비세, 주세 및 교통에너지환경세의 과세표준에 해당 개별소비세, 주세, 교육세, 농어촌특별세 및 교통에너지환경세 상당액을 합계한 금액을 공급가액으로 한다(부가령 제60조 제2항).

(6) 외상판매 및 할부판매

외상판매 및 할부판매의 경우에는 공급한 재화의 총가액을 공급가액으로 한다(부가령 제61조 제2항 제1호).

(7) 장기할부판매, 완성도기준지급조건부, 중간지급조건부, 계속적 재화나 용역의 공급

장기할부판매, 완성도기준지급조건부, 중간지급조건부 등에 의한 재화나 용역의 공급의 경우에는 계약에 따라 받기로 한 대가의 각 부분을 공급가액으로 한다(부가령 제61조 제2항 제2호).

(8) 기부채납

기부채납의 경우에는 해당 기부채납의 근거가 되는 법률에 따라 기부채납된 가액을 공급가액으로 하되, 기부채납된 가액에 부가가치세가 포함된 경우 그 부가가치세는 제외한다(부가령 제61조 제2항 제3호).

(9) 매립용역

매립용역의 경우에는 「공유수면 관리 및 매립에 관한 법률」에 따라 산정한 해당 매립공사

---

10) 부가세법 기본통칙 29-62-1

에 든 총사업비를 공급가액으로 한다(부가령 제61조 제2항 제4호).

(10) 사업자가 보세구역 내의 재화를 다른 사업자에게 공급하고 그 다른 사업자가 그 재화를 보세구역으로부터 반입하는 경우

재화의 공급가액에서 세관장이 부가가치세를 징수하고 발급한 수입세금계산서에 적힌 공급가액을 뺀 금액을 공급가액으로 한다(부가령 제61조 제2항 제5호). 재화의 공급과 재화의 수입이 순차적으로 이루어져 부가가치세가 중복과세되므로 이를 조정하기 위함이다. 다만, 세관장이 부가가치세를 징수하기 전에 선하증권이 양도되는 경우에는 선하증권의 양수인으로부터 받은 대가를 공급가액으로 할 수 있다(부가령 제61조 제2항 제5호 단서). 선하증권의 양도는 운송물을 인도한 것과 동일한 효력이 있기 때문이다(상법 제133조).

(11) 사업자가 둘 이상의 과세기간에 걸쳐 용역을 제공하고 그 대가를 선불로 받는 경우

해당 금액을 계약기간의 개월 수로 나눈 금액의 각 과세대상기간의 합계액을 공급가액으로 한다(부가령 제61조 제2항 제6호). 이 경우 개월 수의 계산에 관하여는 해당 계약기간의 개시일이 속하는 달이 1개월 미만이면 1개월로 하고, 해당 계약기간의 종료일이 속하는 달이 1개월 미만이면 산입하지 않는다. 쉽게 말하면 개월 수가 1개월이 안될 때 용역을 개시한 달은 포함시키고 용역이 종료된 달은 제외한다는 의미이다. 예를 들어, 2020. 10. 10.부터 2022. 10. 7.일까지 2년간의 임대차계약을 체결하고 선불로 임대료 4,800만 원을 수령한 경우 2020년 2기 확정분 부가가치세 과세표준은 600만 원(4,800만 원×3개월/24개월)이 된다.

(12) 사업자가 BOT방식으로 2 이상의 과세기간에 걸쳐 용역을 제공하는 경우

BOT방식으로 용역을 제공하는 기간 동안 지급받는 대가와 그 시설의 설치가액을 용역제공기간의 개월 수로 나눈 금액의 각 과세대상기간의 합계액을 공급가액으로 한다(부가령 제61조 제2항 제7호). 이 경우 개월 수의 계산에 관하여는 해당 용역제공 기간의 개시일이 속하는 달이 1개월 미만이면 1개월로 하고, 해당 용역제공 기간의 종료일이 속하는 달이 1개월 미만이면 산입하지 않는다. 위 규정이 2013. 6. 28. 신설되었으므로 그 시행 전에는 시설물의 소유권이 토지소유자에게 이전될 때의 시가를 안분하여 공급가액을 계산하여야 하나, 위 규정이 시행된 후에는 위 규정에 따라 시설물의 설치가액을 사업기간 동안 안분하여 익금산입하여야 한다.[11]

(13) 위탁가공무역 방식으로 수출하는 경우

완성된 제품의 인도가액을 공급가액으로 한다(부가령 제61조 제2항 제8호).

---

11) 기재부 법인세과-316(2014. 5. 15.)

(14) 마일리지 등으로 대금의 전부 또는 일부를 결제받은 경우

(가) 의의

사업자들은 많은 업종에서 고객을 유치하기 위한 마케팅 수단으로 마일리지, 포인트 등 각종 적립금 제도를 운영한다. 이와 관련하여 소비자가 재화와 용역을 공급받고 적립된 마일리지, 포인트 등으로 결제하는 경우 그 마일리지, 포인트 등 상당액이 공급가액에 포함되는지 논란이 있다. 마일리지 등은 재화 또는 용역의 구입실적에 따라 마일리지, 포인트 또는 그 밖에 이와 유사한 형태로 별도의 대가 없이 적립받은 후 다른 재화 또는 용역을 구입할 때 결제수단으로 사용할 수 있는 것을 말한다(부가령 제61조 제1항).

(나) 마일리지 등의 종류

마일리지 등은 자기적립마일리지 등과 제3자 적립마일리지 등으로 구분된다. 뒤에서 살펴보는 바와 같이 대법원 2016. 8. 26. 선고 2015두58959 전원합의체 판결은 자기적립마일리지 등과 제3자 적립마일리지 등 구분 없이 에누리로서 부가가치세 과세표준에 포함되지 않는다는 취지로 판시하였다. 그러자 2017. 2. 7. 부가세법 시행령을 개정하여 자기적립마일리지 등과 제3자 적립마일리지 등을 구분하여 양자의 과세표준 산정방법을 달리 규정하였다.

① 자기적립마일리지 등

자기적립마일리지 등은 당초 재화 또는 용역을 공급한 사업자가 적립하여 준 마일리지 등을 말한다. 여러 사업자가 적립하여 줄 수 있거나 여러 사업자를 대상으로 사용할 수 있는 마일리지 등의 경우에는 ⅰ) 고객별, 사업자별로 마일리지 등의 적립 및 사용실적을 구분하여 관리하는 등의 방법으로 당초 공급자와 이후 공급자가 같다는 사실이 확인될 것, ⅱ) 사업자가 마일리지 등으로 결제받은 부분에 대하여 재화 또는 용역을 공급받는 자 외의 자로부터 보전받지 않을 것 등 2가지 요건을 충족하여야 한다.

자기적립마일리지 등으로 결제받은 금액은 에누리에 해당하므로 공급가액에 포함되지 않는다(부가령 제61조 제2항 제9호). 자기적립마일리지를 적립하여 결제에 사용하기까지는 마일리지를 적립하는 거래(1차 거래)와 적립한 마일리지를 결제에 사용하는 거래(2차 거래)가 있는바, 1차 거래에서 적립한 마일리지는 에누리에 해당하지 않고, 2차 거래에서 결제에 사용하는 마일리지가 에누리에 해당한다.

② 제3자 적립마일리지 등

제3자 적립마일리지 등은 재화 또는 용역을 공급한 자 이외의 제3자가 적립하여 준 마일리지 등을 말한다. 제3자 적립마일리지 등으로 결제받은 부분을 공급가액에 포함시킬지 여부는 금액을 보전받았는지 여부에 따라 다르다.

제3자 적립마일리지 등으로 결제받은 금액에 대하여 재화 또는 용역을 공급받는 자 외의 자로부터 보전받았거나 보전받을 금액은 공급가액에 포함한다(부가령 제61조 제2항 제9호). 사업자는 재화 또는 용역을 공급하고 마일리지 등으로 결제받았으나, 그 마일리지 등을 적립하여 준 사업자로부터 대가를 보전받는 경우 그 보전금액을 공급가액에 포함시키는 것이다. 이에 비해 제3자 적립마일리지 등으로 결제받은 금액에 대하여 금액을 보전받지 않은 경우에는 공급한 재화 또는 용역의 시가를 공급가액으로 한다(부가령 제61조 제2항 제10호 가목). 특수관계인으로부터 부당하게 낮은 금액을 보전받거나 아무런 금액을 받지 아니하여 조세부담을 부당하게 감소시킬 것으로 인정되는 경우에도 공급한 재화 또는 용역의 시가를 공급가액으로 한다(부가령 제61조 제2항 제10호 나목).

(15) 부동산임대용역

사업자가 부동산임대용역을 공급하고 전세금 또는 임대보증금을 받는 경우에는 다음과 같이 계산한 간주임대료를 공급가액으로 한다(부가법 제29조 제10항 제1호, 부가령 제65조 제1항).

공급가액 = 전세금 또는 임대보증금 × 과세대상 기간일수 × 정기예금이자율/365일(윤년은 366일)

사업자가 부동산을 임차하여 다시 임대용역을 제공하는 경우에는 해당 기간의 전세금 또는 임대보증금에서 임차 시 지급한 전세금 또는 임차보증금을 공제하여 간주임대료를 계산한다(부가령 제65조 제2항). 사업자가 부가가치세가 과세되는 부동산임대료와 해당 부동산을 관리해 주는 대가로 받는 관리비 등을 구분하지 않고 영수하는 때에는 전체 금액을 공급가액으로 하나, 임차인이 부담할 보험료, 수도료 및 공공요금 등을 별도로 구분징수하여 납입을 대행하는 경우에는 해당 금액을 공급가액에서 제외한다.[12]

나. 특수한 경우

(1) 특수관계자에게 재화 또는 용역을 공급한 경우(부당행위계산부인)

특수관계인에게 공급하는 재화 또는 용역에 대한 조세의 부담을 부당하게 감소시킬 것으로 인정되는 경우로서 ① 재화의 공급에 대하여 부당하게 낮은 대가를 받거나 대가를 받지 않은 경우, ② 용역의 공급에 대하여 부당하게 낮은 대가를 받는 경우, ③ 임대용역의 공급에 대하여 대가를 받지 않은 경우, ④ 신탁관계에서 수탁자가 위탁자의 특수관계인에게 재화 또는 용역을 공급하는 경우에는 공급한 재화 또는 용역의 시가를 공급가액으로 본다(부가법 제29조 제4항). 부가가치세에 대한 부당행위계산부인 규정이라고 할 수 있다. 재화의 공급에 대하여는 대가를 받지 않은 경우에도 부당행위계산부인 규정을 적용하나, 용역의 공급에 대하여는 임대용역을 제외하고 대가를 받지 않은 경우에는 부당행위계산부인 규정을 적용하지 않는다.

---

12) 부가세법 기본통칙 29-61-3

재화의 무상공급은 간주공급으로서 재화의 공급에 포함되나, 용역의 무상공급은 용역의 공급에 포함되지 않기 때문이다.

시가는 사업자가 특수관계인이 아닌 자와 해당 거래와 유사한 상황에서 계속적으로 거래한 가격 또는 제3자간에 일반적으로 거래된 가격을 말하고, 시가가 없거나 시가가 불분명한 경우에는 소득세법 시행령 제98조 제3항 및 제4항 또는 법인세법 시행령 제89조 제2항 및 제4항에 따른 가격으로 한다(부가령 제62조).

(2) 구분기재한 봉사료

사업자가 음식, 숙박 용역이나 개인서비스 용역을 공급하고 그 대가와 함께 받는 종업원의 봉사료를 세금계산서 등에 용역의 대가와 구분하여 적고 봉사료를 해당 종업원에게 지급한 사실이 확인되는 경우 그 봉사료는 공급가액에 포함하지 않는다(부가령 제61조 제4항). 그러나 사업자가 그 봉사료를 자기의 수입금액에 계상하는 경우에는 공급가액에 해당한다.

다. 공급가액에 포함하지 않는 항목

(1) 에누리액

(가) 의의

에누리액은 재화나 용역을 공급할 때 그 품질이나 수량, 인도조건 또는 공급대가의 결제방법이나 그 밖의 공급조건에 따라 통상의 대가에서 직접 깎아 주는 금액을 말한다(부가법 제29조 제5항 제1호). 문언에 의하면 재화나 용역을 공급할 때 깎아주는 금액만 에누리액에 해당하는 것처럼 보이나, 판례는 발생시기가 재화나 용역의 공급시기 전으로 한정되지 않고 공제나 차감의 방법에도 특별한 제한이 없는 것으로 넓게 해석한다.[13] 따라서 공급자가 재화나 용역의 공급 시 통상의 공급가액에서 일정액을 공제하는 방법 뿐아니라 공급가액을 전부 받은 후 그중 일정액을 반환하는 경우에도 에누리가 발생할 수 있다.

그동안 사업자들이 고객을 유치하기 위하여 각종 보조금, 할인쿠폰, 마일리지, 포인트 등의 제도를 마케팅 수단으로 활용함에 따라 소비자들이 본래 가격보다 낮은 가격으로 재화나 용역을 공급받는 경우가 발생하였다. 이 경우 본래 가격과 소비자들이 공급받은 가격의 차액이 에누리에 해당하는지 여부가 다투어졌다. 그중 대표적인 판례 등을 살펴보기로 한다.

(나) 관련 판례 등

① 휴대폰 단말기 보조금(KT사건과 SKT사건)

KT 휴대폰 단말기 보조금 사건에서는 이동통신사업자가 대리점에 휴대폰 단말기를 공급함에 있어서 대리점이 보조금 지원요건을 갖춘 가입자에게 보조금 상당액만큼 할인판매하는

---

13) 대법원 2015. 12. 23. 선고 2013두19615 판결

것을 조건으로 휴대폰 공급가액에서 보조금 상당액을 감액하기로 약정한 경우 보조금 상당액이 에누리액에 해당하는지 다투어졌다. 대법원은 보조금 상당액은 KT의 대리점에 대한 공급가액에서 직접 공제되는 가액으로서 의 공급과 관련된 에누리액에 해당한다고 판시하였다.[14] 나아가 이동통신사업자가 가입자에게 보조금을 지급하는 방식 이외에 포인트를 부여하는 경우에도 포인트만큼 할인된 금액은 에누리에 해당하는 것으로 판단하였다.[15] 이에 비하여 SKT 휴대폰 단말기 보조금 사건에서는 이동통신사업자가 자신이 제공하는 이동통신용역을 일정 기간 이용하기로 약정하는 이용자에게 지급하는 구입 보조금이 이동통신용역의 공급가액에서 직접 공제되는 에누리액에 해당하는지 다투어졌다. 대법원은 휴대폰 단말기 보조금은 이용자의 구입을 위한 지원금으로서 이동통신사업자가 공급한 이동통신용역의 공급가액에서 직접 공제된 것이 아니므로 에누리액에 해당하지 않는다고 판시하였다.[16]

위 두 사건을 비교하면, KT 휴대폰 단말기 보조금은 KT가 대리점에 휴대폰 단말기를 공급하는 거래에서 직접 공제된 반면, SKT 휴대폰 단말기 보조금은 SKT가 고객에게 공급하는 이동통신용역 거래에서 직접 공제된 것이 아니라는 차이가 있다.

② 홈쇼핑업체를 통한 위탁판매의 할인금[17]

컴퓨터 판매회사가 홈쇼핑업체와 위탁판매계약을 체결하고 컴퓨터 등을 판매하였다. 홈쇼핑업체는 컴퓨터 판매회사와의 약정에 따라 할인쿠폰 등을 발행하여 할인가격으로 고객에게 상품을 판매하고 컴퓨터 판매회사로부터 상품할인액만큼 차감된 판매수수료만 지급받았다. 상품할인액만큼 판매수수료가 차감되므로 홈쇼핑업체가 수령하는 판매수수료는 감소하나 컴퓨터 판매회사가 수령하는 금액, 즉 컴퓨터 판매대금에서 판매수수료를 뺀 금액은 같다. 컴퓨터 판매회사가 고객에게 판매한 대금 중 위 할인액이 에누리액에 해당하는지 다투어진 사안에서, 대법원은 할인액은 상품의 공급조건에 따라 재화의 공급대가인 통상의 상품가격에서 직접 공제되는 것으로서 에누리액에 해당한다고 판시하였다. 홈쇼핑업체가 컴퓨터 판매회사와의 약정에 따라 할인쿠폰 등을 발행하여 고객에게 할인된 가격으로 상품을 판매한 것이므로 할인액은 컴퓨터 판매회사의 에누리에 해당한다고 판시한 것이다.

③ 오픈마켓을 통한 할인[18]

G마켓은 인터넷상 재화 및 용역의 거래공간인 오픈마켓을 운영하는 사업자로서 오픈마켓에 가입한 판매회원과 구매회원 사이에 거래를 지원하고 그 대가로 판매회원으로부터 서비스 이용료를 받았다. G마켓은 구매회원에 대한 판매가격 할인방식인 아이템 할인, 바이어 쿠폰

---

14) 대법원 2015. 12. 23. 선고 2013두19615 판결
15) 대법원 2022. 11. 17. 선고 2022두33149 판결
16) 대법원 2022. 8. 31. 선고 2017두53170 판결
17) 대법원 2016. 6. 23. 선고 2014두144 판결
18) 대법원 2016. 6. 23. 선고 2014두298, 304, 311 판결

을 통하여 상품거래가 이루어지는 경우 할인액을 판매회원의 서비스 이용료에서 공제하였다. G마켓이 판매회원의 서비스 이용료에서 할인해준 금액이 에누리액에 해당하는지 다투어진 사안에서, 판례는 위 할인액은 오픈마켓 운영자와 판매회원 사이에 체결한 용역계약상 용역 제공 조건에 따라 서비스 이용료에서 직접 공제되므로 에누리액에 해당한다고 판시하였다. 오픈마켓 사업자의 판매회원이 구매회원에게 할인쿠폰 등을 발행하여 판매회원의 상품가격 이 할인됨에 따라 오픈마켓 사업자와 판매회원 사이의 서비스 이용료가 낮아진 경우 오픈마 켓 사업자와 판매회원 사이에 적용된 할인액은 에누리에 해당한다고 판시한 것이다.

④ 포인트 결제[19]

롯데계열사들은 통합 포인트 적립에 의한 대금공제제도를 운영하였다. 계열사 전체적으로 고객에게 재화를 공급하는 1차 거래를 하면서 매출액의 일정비율에 해당하는 점수를 적립해 주고, 향후 고객에게 다시 재화를 공급하는 2차 거래를 하면서 적립된 점수 상당액을 공제한 나머지 금액만 현금 등으로 결제할 수 있도록 하였다. 사업자들 간에는 2차 거래에서 대금공 제에 사용된 점수와 관련하여 내부적으로 정산하였다. 이러한 거래 및 정산구조에서 2차 거래 에서 사용된 포인트 상당액이 에누리액에 해당하는지 다투어졌다.

위 판결은 전원합의체 판결로서 다수의견은 2차 거래에서 적립된 점수만큼 감액된 가액은 사업자와 고객 사이에서 미리 정해진 공급대가의 결제조건에 따라 공급가액을 직접 공제한 것으로서 에누리액에 해당한다고 판시하였다. 이와 달리 반대의견은 2차 거래에서 사업자가 고객으로부터 받은 포인트는 나중에 포인트 상당의 금전을 지급받을 수 있는 권리를 표창하 는 것으로서 금전적 가치가 있는 금전 외의 대가에 해당하므로 공급가액에 포함되어야 한다 는 입장을 표명하였다. 다수의견은 자기적립 포인트이든 제3자 적립 포인트이든 포인트 적립 금이 에누리에 해당한다고 판단하였고, 반대의견은 자기적립 포인트이든 제3자 적립 포인트 이든 포인트적립금이 에누리에 해당하지 않는다는 입장을 밝힌 것이다. 위 판결 후 2017. 2. 7. 부가세법 시행령을 개정하여 자기적립마일리지 등과 제3자 적립마일리지 등을 구분하여 자기적립마일리지는 에누리에 해당하고, 제3자 적립마일리지는 에누리에 해당하지 않는 것으 로 규정하여 입법적으로 해결하였다.

⑤ SK 텔레콤의 캐쉬백(Cashbag) 포인트[20]

원고는 이동통신사회사로서 이동통신용역을 공급받는 고객 중 원고의 계열사가 관리・운 영하는 캐쉬백서비스의 이용에 동의한 사람에게 통신요금에 일정비율을 곱하여 산정한 캐쉬 백포인트를 적립해주었고, 위 포인트에 상응하는 대금을 포인트의 사용 여부와 상관없이 원 고의 계열사에 지급하였다. 대법원은 위와 같은 약정내용은 원고가 공급한 이동통신용역의

---

19) 대법원 2016. 8. 26. 선고 2015두58959 전원합의체 판결
20) 대법원 2020. 1. 16. 선고 2019두43238 판결

공급조건과 아무런 관련이 없으므로 포인트 적립대금은 공급가액에서 제외되는 에누리로 볼 수 없다고 판시하였다. 이 판결은 1차 거래에서 적립된 포인트는 단순히 원고가 이동통신용역을 공급할 때 고객에게 약속한 할인 등 약정내용을 수치화하여 표시한 것에 불과하므로 과세표준에서 공제되는 에누리로 볼 수 없다는 대법원 2016. 8. 26. 선고 2015두58959 전원합의체 판결의 법리를 재확인한 것이다.

⑥ 온라인쇼핑몰의 제휴사포인트와 복지포인트[21]

온라인쇼핑몰을 운영하는 원고는 각자 포인트 제도를 운영하는 제휴사들과 개별적으로 업무제휴 계약을 체결하고, 고객이 쇼핑몰에서 재화 또는 용역을 구입할 때 결제대금에서 제휴사들로부터 부여 또는 적립받은 포인트 상당액을 공제해 주었다. 제휴사포인트의 경우 해당 제휴사의 회원은 제휴사가 운영하는 온라인 사이트에 링크된 쇼핑몰에서 재화 또는 용역을 구입할 때 그 대금의 일정 비율을 포인트로 적립할 수 있고, 적립한 포인트를 1포인트당 1원으로 환산하여 사용할 수 있다. 이에 비해 복지포인트의 경우 해당 제휴사 또는 그 위탁사의 임직원은 제휴사가 운영하는 온라인 사이트에 링크된 쇼핑몰에서 재화 또는 용역을 구입할 때 보유 포인트를 1포인트당 1원으로 환산하여 사용할 수 있으나, 포인트를 적립할 수는 없다. 대법원은 제휴사포인트에 대하여는 대법원 2016. 8. 26. 선고 2015두58959 전원합의체 판결의 법리를 적용하여 에누리에 해당한다고 판단하였으나, 복지포인트에 대하여는 제휴사가 원고에게 복지포인트 사용액을 지급한 것을 고객이 원고로부터 공급받은 재화나 용역의 대가를 대납한 것으로 평가할 수 있다는 이유로 에누리에 해당하지 않는다고 판단하였다.

⑦ 제휴 신용카드 청구할인[22]

가전제품 도소매업을 영위하는 회사가 제휴 신용카드사와 공동마케팅 약정을 체결한 후 고객이 상품의 대가를 제휴 신용카드로 결제하는 경우 해당 상품의 결제대금에서 일정 비율을 할인하고, 회사는 결제대금을 전액 지급받은 후 해당 할인액 중 약정액을 신용카드사에 다시 지급하는 형태로 할인액을 정산한 사안에서, 조세심판원은 고객이 최종 할인받은 금액은 정산여부에 관계없이 에누리액에 해당한다고 결정하였다. 정산금은 회사가 제휴 신용카드사와 별도로 체결한 업무제휴계약에 터잡아 지급된 것일 뿐 고객들에게 상품을 공급함에 따라 지급받은 것이 아니므로 제휴 신용카드사가 고객들을 대신하여 지급한 상품의 공급대가가 아니라고 본 것이다.

(2) 환입된 재화의 가액

사업자가 공급한 재화가 불량, 파손 등으로 다시 환입된 경우 그 가액은 공급가액에서 공제

---

21) 대법원 2023. 6. 1. 선고 2019두58766 판결
22) 조심 2023. 9. 12.자 2022서1815 결정

된다. 따라서 환입된 재화의 가액은 공급가액에 포함되지 않는다(부가법 제29조 제5항 제2호).

(3) 공급받는 자에게 도달 전에 파손, 훼손, 멸실한 재화의 가액

사업자가 공급한 재화가 거래상대방에게 도달하기 전에 파손되거나 멸실된 경우 그 가액은 공급가액에 포함되지 않는다(부가법 제29조 제5항 제3호).

(4) 재화 또는 용역의 공급과 직접 관련되지 않는 국고보조금과 공공보조금

(가) 국고보조금의 유형

국고보조금은 수혜자가 누구인지, 재화 또는 용역의 공급과 관련하여 지급하는지, 재화 또는 용역을 공급받는 자가 누구인지 등에 따라 다음과 같이 5가지로 유형화할 수 있다.[23]

① 제1유형은 보조금 수혜자의 행위에 대한 반대급부로서가 아니라 무상으로 포괄적·직접적으로 지원하기 위하여 국고보조금을 지급하는 경우이다.

② 제2유형은 보조금 수혜자인 사업자가 거래상대방에게 재화 또는 용역을 공급하고 제3자인 국가로부터 국고보조금을 지급받는 경우이다.

③ 제3유형은 사업자가 보조금 수혜자에게 재화 또는 용역을 공급하고 보조금 수혜자가 국가로부터 지급받은 국고보조금으로 대가를 지급하는 경우이다.

④ 제4유형은 사업자가 보조금 수혜자에게 재화 또는 용역을 공급하고 그 대가로 보조금 수혜자의 의사에 따라 국가로부터 국고보조금을 지급받는 경우이다.

⑤ 제5유형은 사업자가 국가에게 재화 또는 용역을 공급하고 국가로부터 국고보조금을 지급받는 경우이다.

(나) 재화 또는 용역의 공급과 "직접 관련성"의 의미

2013. 6. 7. 개정 전 부가가치세법 제13조 제2항 제4호는 부가가치세 과세표준에 포함되지 않는 항목 중 하나로 단순히 "국고보조금과 공공보조금"을 열거하였다. 이 조항에 대하여 판례는 사업자가 국고보조금의 교부대상이 되는 보조사업의 수행자로서 재화 또는 용역을 공급하고 국고보조금을 지급받은 경우에는 그 국고보조금 상당액을 사업자의 부가가치세 과세표준에 포함하지 않아야 한다는 의미라고 해석하였다.[24]

2013. 6. 7. 개정된 부가가치세법 제29조 제5항 제4호는 부가가치세 과세표준에 포함되지 않는 항목 중 하나로 "재화 또는 용역의 공급과 직접 관련되지 아니하는 국고보조금과 공공보조금"을 열거하였다. 개정 전의 조항과 비교하면 "재화 또는 용역의 공급과 직접 관련되지 아니하는"이라는 문구가 추가된 것을 알 수 있다. 사업자가 국고보조금을 받더라도 무조건

---

23) 이중교, "국고보조금 및 출연금의 부가가치세과세에 대한 개선방안", 세무와 회계연구 제14권 제1호, 2025, 285~292면
24) 대법원 2001. 10. 9. 선고 2000두369 판결

과세표준에서 제외하는 것이 아니라 재화 또는 용역의 공급과 직접 관련되지 아니하는 국고보조금만 과세표준에서 제외함을 명확히 한 것이다. 국고보조금에 대하여 부가가치세를 과세하면 국고보조금의 일부가 국고로 환수되어 해당 보조사업에 대한 재정지원의 효과가 떨어지기 때문이다.

(다) 국고보조금의 유형별 과세여부

제1유형의 국고보조금은 재화 또는 용역의 공급과 직접 관련성이 없으므로 부가가치세 과세표준에 포함되지 않는다.

제2유형의 국고보조금에 대하여 판례는 사업자가 보조금 수혜자로서 지급받는 국고보조금은 재화 또는 용역의 공급과 직접 관련되지 않은 것이므로 부가가치세 과세표준에 포함되지 않는다고 해석한다.[25] 사업자가 재화 또는 용역을 고객에게 공급하고, 보조금 수혜자로서 국가로부터 국고보조금을 지급받는 경우 국고보조금을 재화 또는 용역의 공급에 대한 대가로 받은 것이라기보다 재정상의 원조를 받은 것으로 보고 재화 또는 용역의 공급과 직접 관련되지 않는다고 본 것이다. 이러한 취지에서 한국철도공사가 지자체로부터 지급받은 전세운임의 경우 한국철도공사로부터 관광열차 운행용역을 공급받은 상대방은 철도이용자이고, 전세운임은 한국철도공사가 지자체와 별도로 체결한 운행협약에 따라 지급받은 것이므로 용역의 공급 그 자체에 대한 반대급부로서의 대가가 아니어서 부가가치세 과세표준에서 제외된다고 판시하였다.

제3유형의 국고보조금에 대하여 판례는 사업자가 거래상대방으로부터 지급받는 금액은 재화 또는 용역의 공급과 직접 관련되지 않은 국고보조금이 아니므로 사업자가 보조금 수혜자로부터 지급받은 금액을 부가가치세 과세표준에 포함된다고 해석한다.[26] 주민대표들로 구성된 농경지복구추진위원회가 지방자치단체로부터 받은 국고보조금으로 수해로 인해 유실된 농경지 복구공사를 한 사업자에게 공사대금을 지급한 사안에서, 대법원은 사업자가 지급받은 공사대금은 재화 또는 용역의 공급과 직접 관련된다고 판시하였다.

제4유형의 국고보조금의 경우 보조금 수혜자가 아닌 사업자가 재화 또는 용역을 공급하고 그 대가를 국가로부터 국고보조금으로 지급받은 것이므로 국가보조금은 과세표준에 포함된다. 보조금 수혜자에게 귀속된 국고보조금이 형식적으로 국가를 거쳐 지급되므로 그 실질적으로 제3유형과 유사하다.

제5유형의 국고보조금은 재화 또는 용역의 공급과 직접 관련되므로 부가가치세 과세표준에 포함된다.

---

25) 대법원 2018. 1. 25. 선고 2017두55329 판결
26) 대법원 2001. 10. 9. 선고 2000두369 판결

(5) 연체이자

사업자가 재화나 용역을 공급하였으나, 거래상대방이 그 대가를 늦게 지급하여 사업자가 연체이자를 받은 경우 그 연체이자는 공급가액에 포함되지 않는다(부가법 제29조 제5항 제5호). 사업자가 연체이자를 수령한 것은 거래상대방의 잘못에 기인한 것이므로 공급가액에서 제외하는 것이다.

(6) 공급대가를 약정기일 전에 받아서 할인해 준 금액

사업자가 재화나 용역을 공급하고 그 대가를 약정기일 전에 받아서 공급가액을 할인해 준 경우 그 할인액은 공급가액에 포함되지 않는다(부가법 제29조 제5항 제6호). 매출할인은 대가에서 직접 깎아주는 것이 아니라는 점에서 매출에누리와 구별된다. 2003. 6. 28. 개정 전 부가세법 시행령 제52조 제3항은 공급대가의 미수금을 약정기일 전에 영수하는 경우 이외에 외상판매에 대한 공급대가의 미수금을 약정기일이나 그 후에 결제하는 경우에도 할인된 금액을 할인액으로 규정하였으나, 약정기일이나 그 후 결제분에 대하여 깎아주는 것은 할인액이라기보다는 사후 공급가액의 변경에 해당하므로 삭제되었다.

라. 과세표준에서 공제하지 않는 항목

(1) 장려금

장려금은 판매촉진, 시장개척 등의 목적으로 거래수량이나 거래금액에 따라 거래상대방에게 지급하는 금액을 의미한다. 사업자가 재화 또는 용역을 공급하는 때에 공급가액은 확정되고 장려금은 당초 공급과 별개의 거래로 보기 때문에 과세표준에서 공제하지 않는다(부가법 제29조 제6항). 게임업자가 게임이용자에게 경품으로 제공한 상품권을 과세표준에서 공제하여야 하는지 다투어진 사안에서, 대법원은 게임장에서 게임업자가 게임기 이용자에게 제공하는 것은 게임기 이용이라는 용역뿐이고, 상품권은 게임기 이용 후 게임기 이용자별로 게임의 우연한 결과에 따라 부수적으로 제공되는 경품으로서 장려금적 성격이 있으므로 과세표준에서 공제할 수 없다고 판시하였다.[27] 게임이용자는 경품으로 제공받은 상품권을 할인하여 게임을 하는 방법으로 반복적으로 게임을 하기 때문에 위 판례와 같이 경품으로 제공된 상품권을 장려금으로 보아 과세표준에서 공제하지 않으면 부가가치세 과세표준이 과다하게 산정되어 상품권을 제공하는 방식의 게임업은 존립이 어려워질 수 있다.

(2) 대손금

대손금은 일반적 상거래에서 발생하는 매출채권을 채무자의 파산, 강제집행 등으로 인해 회수할 수 없는 경우 회수하지 못한 채권액을 의미한다. 대손금은 사업자가 재화 또는 용역을

---

27) 대법원 2008. 9. 25. 선고 2008두11211 판결

공급한 후에 발생한 것이므로 과세표준에서 공제하지 않는다(부가법 제29조 제6항). 다만, 뒤에서 보는 바와 같이 대손세액공제제도에 따라 대손이 확정되는 과세기간에 대손금에 해당하는 부가가치세를 매출세액에서 공제할 수 있다.

3. 과세표준의 특례

가. 감가상각자산의 간주공급

감가상각자산이 공급으로 간주되는 경우에는 자산의 가치감소를 반영하여 다음과 같이 공급가액을 계산한다(부가법 제29조 제11항, 부가령 제66조 제2항).

$$\text{공급가액} = \text{해당 재화의 취득가액} \times (1 - \text{체감률} \times \text{경과된 과세기간의 수})$$

취득가액을 기준으로 과세표준을 계산하는 것은 감가상각자산은 시가를 알기 어렵기 때문이다. 체감률은 건물 또는 구축물의 경우 5%이고, 기타 자산의 경우 25%이다. 경과된 과세기간의 수는 건물 또는 구축물의 경우 20 과세기간을 한도로 하고, 그 밖의 자산의 경우 4 과세기간을 한도로 한다. 과세사업에 제공한 감가상각자산을 면세사업에 일부 사용하는 경우에는 위 공급가액에 면세공급비율을 곱한 가액을 공급가액으로 한다(부가령 제66조 제3항). 다만, 면세공급비율이 5% 미만인 경우에는 면세 비중이 미미하므로 공급가액이 없는 것으로 본다.

나. 토지와 건물 등의 일괄공급

(1) 의의

토지와 건물은 민법상 각각 별개의 자산이나, 현실의 거래에서는 토지와 건물을 일괄적으로 공급하는 경우가 많다. 그런데 토지의 공급은 면세이고, 건물의 공급은 과세이므로 부가가치세 과세표준을 계산하기 위하여 과세에 해당하는 건물의 가액을 구분할 필요가 있다.

(2) 계산방법(부가법 제29조 제9항)

(가) 토지의 가액과 건물 등의 실지거래가액 구분이 분명한 경우

토지와 건물 등을 일괄공급하더라도 토지의 가액과 건물 등의 실지거래가액 구분이 분명한 경우에는 구분된 건물 등의 실지거래가액을 공급가액으로 한다.

(나) 토지의 가액과 건물 등의 실지거래가액 구분이 불분명하거나 법령의 안분방법과 30% 이상 차이가 있는 경우

토지의 가액과 건물 등의 실지거래가액 구분이 불분명한 경우, 사업자가 실지거래가액으로 구분한 토지와 건물 등의 가액이 아래의 방법에 따라 안분계산한 금액과 30% 이상 차이가 있는 경우에는 다음 순서와 기준에 따라 안분계산한 건물 등의 가액을 공급가액으로 한다(부가령 제64조).

① 모든 자산에 대한 감정가액이 있는 경우에는 각 자산의 감정가액에 비례하여 안분된 건물 등의 가액을 공급가액으로 한다.

② 모든 자산에 대한 기준시가가 있는 경우에는 각 자산의 기준시가에 비례하여 안분된 건물 등의 가액을 공급가액으로 한다.

③ 일부 자산에 대하여 기준시가가 있는 경우에는 1단계로 장부가액(장부가액이 없는 경우에는 취득가액)에 비례하여 안분하고, 2단계로 기준시가가 있는 자산에 대해서는 그 합계액을 다시 기준시가에 의하여 안분한다. 이러한 방법으로 계산하여 안분된 건물 등의 가액을 공급가액으로 한다.

④ 모든 자산에 대한 기준시가가 없는 경우에는 장부가액에 비례하여 안분된 건물 등의 가액을 공급가액으로 한다.

⑤ 위와 같은 방법을 적용할 수 없거나 적용하기 곤란한 경우에는 국세청장이 정하는 바에 따라 안분하여 계산한 건물 등의 가액을 공급가액으로 한다.

(다) 법령의 안분방법과 30% 이상 차이가 있어도 사업자가 구분한 가액을 인정하는 경우

사업자가 실지거래가액으로 구분한 토지와 건물 또는 구축물 등의 가액이 법령의 안분방법과 30% 이상 차이가 있더라도 다음의 경우에는 사업자가 구분한 실지거래가액을 인정한다(부가법 제29조 제9항 제2호 단서).

① 다른 법령에서 토지와 건물의 양도가액을 정한 경우

② 건물이 있는 토지를 취득하여 건물을 철거하고 토지만 사용하는 경우

(3) 사례

과세사업자가 토지, 건물 및 기계장치를 150억 원(부가가치세 별도)에 일괄양도하였다. 공급계약일 현재 토지, 건물, 기계장치 등의 가액이 다음과 같은 경우 공급가액은?[28]

구분	취득가액	장부가액	기준시가	감정가액
토지	50억 원	50억 원	40억 원	80억 원
건물	40억 원	30억 원	20억 원	
기계장치	30억 원	20억 원		15억 원

→ (1단계) 장부가액을 기준으로 1차 안분계산을 한다.

① 토지 = 150억 원 × 50억 원 / 100억 원 = 75억 원

② 건물 = 150억 원 × 30억 원 / 100억 원 = 45억 원

③ 기계장치 = 150억 원 × 20억 원/100억 원 = 30억 원

---

28) 국세청, 부가가치세 집행기준, 2022, 74~75면 계산사례

(2단계) 토지와 건물의 합계액(①+②)을 기준시가를 기준으로 2차 안분계산을 한다.

④ 토지 = 120억 원 × 40억 원 / 60억 원 = 80억 원

⑤ 건물 = 120억 원 × 20억 원 / 60억 원 = 40억 원

(3단계) 기계장치의 가액과 건물의 가액을 더한다.

③ + ⑤ = 70억 원이므로 부가가치세 과세대상인 공급가액은 70억 원이다.

다. 겸용주택 임대용역

(1) 의의

주택부분과 비주택부분이 섞여 있는 겸용주택을 임대하는 경우 주택부분의 임대용역은 면세이고, 비주택부분의 임대용역은 과세이다. 따라서 부가가치세 과세표준을 계산하기 위하여 과세에 해당하는 비주택부분의 임대가액을 구분할 필요가 있다.

(2) 계산방법(부가법 제29조 제10항 제2호, 부가령 제65조 제4항)

과세되는 비주택 임대용역과 면세되는 주택 임대용역을 함께 공급하여 그 임대구분과 임대료 등의 구분이 불분명한 경우에는 다음 계산식에 따라 공급가액을 계산한다.

(가) 토지임대 공급가액

> 공급가액 = 총임대료 × 토지가액/(건물가액 + 토지가액) × 과세토지임대면적/총임대면적

(나) 건물임대 공급가액

> 공급가액 = 총임대료 × 건물가액/(건물가액 + 토지가액) × 과세건물임대면적/총임대면적

라. 과세·면세 등 공용재화 공급

(1) 의의

과세·면세 등 공용재화의 공급은 사업자가 과세사업과 면세사업(비과세사업 포함)에 공통으로 사용된 재화를 공급하는 것을 의미한다. 예를 들어, 광고사업(과세)과 잡지판매사업(면세)에 사용한 건물 및 차량을 매도하는 경우, 부동산임대사업(과세)과 의료업(면세)에 사용한 건물을 매각하는 경우 등이 이에 해당한다. 과세·면세 등 공용재화의 공급은 과세사업에 사용한 부분과 면세사업 등에 사용한 부분이 섞여 있으므로 부가가치세 과세표준을 계산하기 위하여 과세사업에 사용한 부분을 구분할 필요가 있다. 처음에는 과세사업과 면세사업의 공용재화를 공급하는 경우에만 적용하였으나, 2012. 2. 2. 부가세법 시행령을 개정하여 과세사업과 비과세사업의 공용재화를 공급하는 경우에도 적용하고 있다.

(2) 계산방법(부가법 제29조 제8항, 부가령 제63조)

(가) 공급가액에 의한 안분

$$공급가액 = 해당\ 재화의\ 공급가액 \times \frac{재화를\ 공급한\ 날이\ 속하는\ 과세기간의\ 직전\ 과세기간의\ 과세된\ 공급가액}{재화를\ 공급한\ 날이\ 속하는\ 과세기간의\ 직전\ 과세기간의\ 총공급가액}$$

해당 재화의 공급가액 중 과세공급 부분은 직전 과세기간의 총공급가액 중 과세공급가액의 비율만큼이라고 전제하고 안분하는 것이다. 휴업 등으로 직전 과세기간의 공급가액이 없을 때에는 그 재화를 공급한 날에 가장 가까운 과세기간의 공급가액으로 계산한다.

(나) 사용면적에 의한 안분

$$공급가액 = 해당\ 재화의\ 공급가액 \times \frac{재화를\ 공급한\ 날이\ 속하는\ 과세기간의\ 직전\ 과세기간의\ 과세사용면적}{재화를\ 공급한\ 날이\ 속하는\ 과세기간의\ 직전\ 과세기간의\ 총사용면적}$$

건물 등을 신축하거나 취득하여 과세사업과 면세사업 등에 제공할 예정면적을 구분할 수 있는 경우에는 가액기준보다 사용면적기준을 우선적으로 적용한다. 이 경우 휴업 등으로 직전 과세기간의 사용면적비율이 없을 때에는 그 재화를 공급한 날에 가장 가까운 과세기간의 사용면적비율에 의하여 계산한다.

(다) 안분계산 생략

다음 어느 하나에 해당하는 경우에는 안분계산을 생략하고 해당 재화의 공급가액 전부를 과세표준으로 한다. 면세가액 비중이 미미하므로 재화의 공급가액 전부를 과세하는 것이다.

① 재화를 공급하는 날이 속하는 과세기간의 직전 과세기간의 총공급가액 중 면세공급가액이 5% 미만인 경우(다만 해당 재화의 공급가액이 5,000만 원 이상인 경우는 안분계산을 생략할 수 없다)

② 재화의 공급가액이 50만 원 미만인 경우

③ 재화를 공급하는 날이 속하는 과세기간에 신규로 사업을 시작하여 직전 과세기간이 없는 경우

4. 세율

가. 세율의 종류

부가가치세 세율에는 단일비례세율과 복수비례세율이 있다. 단일비례세율은 모든 거래에 대하여 하나의 세율을 적용하는 것이다. 단일비례세율은 세무행정이 간소한 장점이 있다. 복수비례세율은 표준세율을 정해놓고 특정거래에 대하여는 표준세율보다 낮은 경감세율을 적용하는 것이다. 복수비례세율은 과세대상에 따라 세율을 차등적용하여 부가가치세의 역진성을 완화할 수 있는 장점이 있다. EU 회원국은 표준세율을 15% 이상으로 정해야 하고, 5% 이상의 경감세율을 1~2가지, 5% 미만의 경감세율을 1가지 둘 수 있다.[29]

나. 우리나라의 경우

우리나라는 10%의 단일비례세율을 채택하고 있다(부가법 제30조). 1977년 부가가치세를 처음 도입할 당시에는 13%의 세율을 기본세율로 하고 경기조절을 위하여 3% 범위 내에서 가감할 수 있는 탄력세율을 적용하였으나, 1988. 12. 26. 부가세법 개정 시 단일비례세율로 변경하였다.

제2절 납부세액과 환급세액

1. 의의

가. 납부세액

납부세액은 전단계세액공제법에 의하여 매출세액에서 매입세액을 빼서 계산한다(부가법 제37조 제2항). 이 중 매출세액은 과세표준에 10%의 세율을 곱하여 계산한다(부가법 제37조 제1항).

나. 환급세액

(1) 의의

매출세액이 매입세액을 초과하는 경우에는 부가가치세를 납부하지만 반대로 매입세액이 매출세액을 초과하는 경우에는 그 차액을 환급받는다(부가법 제37조 제3항).

(2) 환급세액 지급청구 소송의 성질

(가) 납세자가 신고한대로 환급세액이 확정된 경우

판례는 납세의무자에 대한 국가의 부가가치세 환급세액 지급의무는 납세의무자로부터 어느 과세기간에 과다하게 거래징수된 세액 상당을 국가가 실제로 납부받았는지와 관계없이 부

---

29) EU VAT Directive §97, 98

가세법의 규정에 의하여 직접 발생하는 것으로서, 그 법적 성질은 정의와 공평의 관념에서 수익자와 손실자 사이의 재산상태 조정을 위해 인정되는 부당이득 반환의무가 아니라 부가세법에 의하여 그 존부나 범위가 구체적으로 확정되고 조세정책적 관점에서 특별히 인정되는 공법상 의무라고 파악한다.[30] 따라서 부가가치세 환급세액이 납세자가 신고한대로 확정되었는데 과세관청이 환급을 거부하면 납세자는 환급세액을 지급받기 위하여 행정소송인 공법상 당사자소송을 제기하여야 한다.

(나) 납세자가 신고한대로 환급세액이 확정되지 않은 경우

납세자가 부가가치세 환급세액을 신고하였는데 과세관청이 그 환급세액을 인정하지 않고 감액경정한 경우에는 납세자가 신고한대로 환급세액이 확정되지 않으므로 납세자가 당초 신고한 환급세액을 지급받기 위해서는 과세관청의 환급감액경정처분에 불복하거나 취소소송을 제기하여 환급감액경정처분을 취소하는 결정이나 판결을 받아야 한다.[31] 예를 들어, 납세자가 환급세액을 3억 원으로 신고했는데, 과세관청이 환급세액을 1억 원으로 감액경정한 경우 납세자가 1억 원 이외에 2억 원에 대하여도 환급받기 위하여는 과세관청의 환급세액감액경정처분에 대하여 취소소송을 제기해야 한다.

(3) 면세금지금 거래에서 매입세액의 공제·환급을 구하는 경우

면세금지금의 수출업자가 매입세액의 공제·환급을 구하는 사안에서, 판례는 연속되는 일련의 거래과정에서 매출세액의 포탈을 목적으로 하는 악의적 사업자가 존재하고 그로 인하여 자신의 매입세액공제·환급이 다른 세수의 손실을 가져온다는 사정을 알았거나 중대한 과실로 알지 못한 수출업자가 매입세액의 공제·환급을 구하는 것은 신의성실의 원칙에 위배된다고 판시하였다.[32] 그러나 수출업자에게 면세금지금을 공급한 중간사업자가 매입세액의 공제·환급을 구하는 것은 신의성실의 원칙에 위배되지 않는다고 판시하였다.[33] 중간사업자는 거래징수한 매출세액을 납부하였기 때문에 거래징수당한 매입세액의 공제·환급을 거부할 수 없다고 본 것이다.

2. 매출세액

가. 계산방법

매출세액은 과세표준에 세율을 적용하여 계산한다(부가법 제37조 제1항). 부가가치세 세율은 10%이므로 매출세액은 과세표준에 10%를 곱한 금액이다.

---

30) 대법원 2013. 3. 21. 선고 2011다95564 전원합의체 판결
31) 대법원 1996. 9. 6. 선고 95다4063 판결
32) 대법원 2011. 1. 20. 선고 2009두13474 전원합의체 판결
33) 대법원 2011. 2. 24. 선고 2009두22317 판결

나. 대손세액공제

(1) 의의

대손세액공제는 사업자가 재화 또는 용역을 공급하고 외상매출금이나 그 밖의 매출채권의 전부 또는 일부가 공급받은 자의 파산, 강제집행 등의 사유로 대손되어 회수할 수 없는 경우 대손금의 부가가치세 상당액을 매출세액에서 공제하는 제도이다(부가법 제45조 제1항). 사업자가 거래상대방의 파산, 강제집행 등으로 거래대금을 받지 못하고 부가가치세도 거래징수하지 못한 경우 사업자의 자금으로 부가가치세를 납부하도록 하는 것은 불합리하므로 부가가치세를 매출세액에서 공제해주는 것이다.

과세관청이 사업자의 폐업일 이후 매출채권에 관한 대손확정 여부 등을 확인하는 것은 어려움이 있으므로 폐업하지 않은 사업자에게만 대손세액공제를 허용한다. 광고대행사와 같은 준위탁매매인[34]은 대손세액공제의 공급받는 자가 될 수 없으므로 준위탁매매인이 제3자로부터 부가가치세를 거래징수한 경우 준위탁매매인에게 대손사유가 발생하더라도 위탁자의 준위탁매매인에 대한 채권이 대손세액공제의 대상이 되지 않는다.[35]

(2) 대손세액공제 사유

(가) 대손금으로 인정되는 경우

파산, 강제집행 등 소득세법 시행령 및 법인세법 시행령에 따라 대손금으로 인정되는 경우이다. 사업자가 공급한 재화나 용역에 대하여 대손금으로 인정되면 부가가치세 상당액에 대하여 대손세액공제를 할 수 있다(부가령 제87조 제1항 제1호). 과거에는 부가세법 시행령상 대손사유가 소득세법 시행령 및 법인세법 시행령상 대손사유보다 좁았으나, 2006. 2. 9. 부가가치세법 시행령 개정 시 양자를 일치시켰다. 부도발생일로부터 6개월 이상 지난 어음상 채권에 대하여는 대손세액공제를 받을 수 있으나, 그 전에 채권을 포기한 경우에는 대손세액공제를 받을 수 없다.[36]

(나) 법원의 회생계획인가 결정에 따라 채무를 출자전환하는 경우

채무자회생법에 의한 법원의 회생계획인가 결정에 따라 채무를 출자전환하는 경우이다. 대손금은 출자전환하는 시점의 출자전환된 매출채권 장부가액과 출자전환으로 취득한 주식 등 시가의 차액이다. 판례가 출자전환 후 전액 무상감자가 예정된 경우 출자전환 시 채권가액과 신주의 시가의 차액은 대손세액공제에 해당한다는 취지로 판시하였고,[37] 그 후 2019. 2. 12. 부가세법 시행령 개정 시 법원의 회생계획인가 결정에 따라 채무를 출자전환하는 경우에 한

---

34) 준위탁매매인은 자기명의로써 타인의 계산으로 매매 아닌 행위를 영업으로 하는 자 중 운송주선인이 아닌 자를 말한다(상법 제113조, 제114조).
35) 대법원 2009. 7. 9. 선고 2007두10389 판결
36) 서울고등법원 2022. 9. 23. 선고 2021누70341 판결
37) 대법원 2018. 6. 28. 선고 2017두68295 판결, 대법원 2018. 7. 11. 선고 2016두65565 판결

하여 출자전환된 매출채권 장부가액과 출자전환으로 취득한 주식의 시가의 차액을 대손세액 공제할 수 있도록 규정하였다(부가령 제87조 제1항 제2호).

(3) 대손세액공제액

부가가치세가 포함된 대손금의 110분의 10에 해당하는 금액을 대손세액으로 공제한다. 대손금에 부가가치세가 포함되어 있다고 보고 공제액을 계산하는 것이다.

(4) 공제시기 및 기한

대손이 확정된 날이 속하는 과세기간에 공제한다. 대손세액공제의 범위는 사업자가 부가가치세가 과세되는 재화나 용역을 공급한 후 그 공급일부터 10년이 지난 날이 속하는 과세기간에 대한 확정신고기한까지 확정되는 대손세액으로 한다(부가령 제87조 제2항). 대손세액공제는 부가가치세의 확정신고 시에만 신청할 수 있으므로 예정신고 시 신청한 경우에는 신청의 효력이 없다.[38] 과거에는 대손세액공제를 할 수 있는 기간이 5년이었으나 2020. 2. 11. 부가세법 시행령 개정 시 10년으로 늘렸다. 판결에 의하여 확정된 채권 등은 10년의 소멸시효기간이 적용되는바, 대손세액공제 적용기간을 5년에서 10년으로 연장함에 따라 판결에 의하여 확정된 채권 등이 공급일로부터 5년이 경과하여 대손이 확정된 경우에도 대손세액공제를 받을 수 있게 되었다

(5) 공급받은 자에 대한 세무처리 및 대손금액을 회수한 경우의 세무처리

공급자가 대손세액을 매출세액에서 차감한 경우 이에 대응하여 공급받는 자는 대손세액을 매입세액에서 차감하여야 한다. 이를 위해 공급자의 관할 세무서장은 공급받는 자의 관할 세무서장에게 대손세액공제 사실을 통지한다. 만약 공급받은 자가 대손세액 상당액을 매입세액에서 차감하여 신고하지 않은 경우 공급받는 자의 관할 세무서장은 공급받는 자의 부가가치세를 결정하거나 경정하여야 한다(부가령 제87조 제3항).

사업자가 대손금액의 전부 또는 일부를 회수한 경우에는 회수한 대손금액에 관련된 대손세액을 회수한 날이 속하는 과세기간의 매출세액에 더한다. 이에 대응하여 공급받는 자는 대손세액을 매입세액에 가산한다.

(6) 대손금과 대손세액공제의 관계

법인 등이 거래징수하지 못한 부가가치세를 대손금으로 손금산입함과 동시에 대손세액공제를 받는 등 이중혜택을 받을 수는 없다(법인령 제19조 제8호). 그러나 대손금과 대손세액공제 중 어느 것을 먼저 공제받아야 한다는 제한은 없으므로 납세자는 거래징수하지 못한 부가가치세를 대손금으로 손금에 산입하고 대손세액공제를 받지 않는 방법과 대손세액공제를 받고

---

38) 부가 46015-2249(1995. 11. 28.)

대손금으로 손금에 산입하지 않는 방법 중 유리한 것을 선택할 수 있다.[39] 일반적으로 법인세법상 대손금으로 손금에 산입하는 것보다 부가가치세법상 대손세액공제를 받는 것이 납세자에게 유리하다. 법인세법상 대손금으로 손금에 산입하면 거래징수하지 못한 부가가치세에 법인세율을 곱한 금액만큼 세액감소효과가 생기나, 부가가치세법상 대손세액공제를 받으면 부가가치세만큼의 세액감소효과가 생기기 때문이다.

다. 신용카드 등 매출세액공제 등

소매·음식점·숙박업 등 최종소비자 대상업종을 영위하는 연 공급가액 10억 원 이하의 개인사업자가 신용카드매출전표, 현금영수증 등을 이용하여 대금을 결제받는 경우 연 1,000만 원 한도에서 1.3%를 세액공제한다(부가법 제46조). 자영업자의 세부담을 완화하고 세원을 양성화하기 위한 취지이다. 연 공급가액 3억 원 미만의 개인사업자가 전자세금계산서를 발급하는 경우 연간 100만 원을 한도로 발급건수 당 200원을 공제한다(부가법 제47조).

3. 세금계산서에 의한 매입세액

가. 의의

매입세액은 사업자가 재화나 용역을 공급받을 때 거래징수당하여 부담한 매입세액을 말한다. 사업자의 매출세액에서 매입세액을 공제하여 부가가치세를 산정하는 전단계세액공제법 하에서 매입세액공제는 매입자의 당연한 권리이므로 특별히 매입세액을 불공제할 사유가 없으면 매입세액공제를 허용한다.

매입세액 공제여부는 민사상 손해배상청구에도 영향을 미친다. 불법행위로 피해자 소유의 물건이 손괴되어 피해자가 수리에 소요되는 부가가치세까지 부담해야 하는 경우 피해자가 가해자에게 위 부가가치세를 포함한 수리비만큼의 손해배상을 구할 수 있는 것이 원칙이나, 부가가치세를 매출세액에서 공제하거나 환급받을 수 있는 경우에는 예외적으로 위 부가가치세 상당의 손해배상을 구할 수 없다.[40]

나. 공제하는 매입세액

사업자가 자기의 사업을 위하여 사용하였거나 사용할 목적으로 공급받은 재화 또는 용역에 대한 부가가치세액, 사업자가 자기의 사업을 위하여 사용하였거나 사용할 목적으로 수입하는 재화의 수입에 대한 부가가치세액은 매출세액에서 공제한다(부가법 제38조 제1항).

① 자기의 사업에 대한 것이어야 한다. 자기의 사업이란 자기의 계산에 의한 것으로서 경제적 손익이 자기에게 귀속되는 사업을 의미한다.

② 사업을 위한 것이어야 한다. 사업을 위한다는 것은 사업 관련성이 있음을 의미한다. 매

---

39) 이중교, "대손금과 대손세액공제의 관계에 관한 고찰", 조세연구 제24권 제1집, 2024, 23면
40) 대법원 2021. 8. 12. 선고 2021다210195 판결

출세액에 대하여 사업 관련성을 요구하므로 그 대응관계에 있는 매입세액도 사업 관련성이 있어야 한다.

③ 자기의 사업을 위하여 사용하였거나 사용할 목적으로 재화나 용역을 공급받아야 한다. 사용하였다는 것은 사업에 이미 사용한 것을 의미하고, 사용할 목적이라는 것은 장래 사업에 사용될 예정임을 의미한다.

다. 불공제하는 매입세액

매입세액의 공제 여부는 부가가치세 납부세액을 결정하는 가장 중요한 요소 중의 하나이므로 그 공제 여부를 해석에 맡겨두지 않고 법률에서 규정하고 있는바, 이는 한정적인 것으로 해석된다.[41]

(1) 매입처별 세금계산서합계표의 미제출, 부실기재

매입처별 세금계산서합계표를 제출하지 않은 경우, 제출한 매입처별 세금계산서합계표의 기재사항 중 거래처별 등록번호 또는 공급가액의 전부 또는 일부가 적히지 않았거나 사실과 다르게 적힌 경우 그 기재사항이 적히지 않은 부분 또는 사실과 다르게 적힌 부분의 매입세액은 매출세액에서 불공제한다(부가법 제39조 제1항 제1호). 다만, 납세자가 추후에 잘못된 부분을 시정하거나 거래사실이 확인되는 경우 등 시행령에서 정한 경우에는 예외적으로 매입세액을 공제한다(부가령 제74조).

(2) 세금계산서의 미수취, 부실기재(사실과 다른 세금계산서)
(가) 원칙적 불공제

세금계산서나 수입세금계산서를 발급받지 않은 경우 또는 발급받은 세금계산서나 수입세금계산서에 필요적 기재사항의 전부나 일부가 적히지 않았거나 사실과 다르게 적힌 경우의 매입세액은 매출세액에서 불공제한다(부가법 제39조 제1항 제2호). 시가보다 낮은 실제 거래금액을 공급가액으로 기재한 경우에는 공급가액이 사실과 다른 것은 아니므로 사실과 다른 세금계산서라고 할 수 없다.[42] 세금계산서는 부가가치세제를 유지하는 근간으로서 부가가치세제 운영에 있어 세금계산서의 진실성과 정확성이 요구되므로 세금계산서의 기재사항이 누락되었거나 사실과 다르면 매입세액불공제의 불이익을 주는 것이다. 매입세액을 불공제하면 부가가치가 아닌 매출액을 과세표준으로 하여 과세하는 결과가 되나, 헌법재판소는 사실과 다른 세금계산서에 대한 매입세액불공제를 합헌이라고 판시하였다.[43]

사실과 다른 세금계산서에서 흔히 문제되는 거래가 가공거래(架空去來), 위장거래(僞裝去

---

41) 대법원 1995. 12. 21. 선고 94누1449 전원합의체 판결
42) 대법원 2004. 9. 23. 선고 2002두1588 판결
43) 헌재 2002. 8. 29. 선고 2000헌바50 결정

來), 끼워넣기 거래이다. 가공거래는 사업자가 재화나 용역의 공급 없이 세금계산서만을 수수하는 거래로서 매출을 부풀리기 위하여 행해지는 경우가 많다. 위장거래는 사업자가 재화 또는 용역을 공급하면서 실제 공급하는 사업자와 세금계산서상 공급하는 사업자 명의가 다른 거래로서 실제 사업자를 은폐하기 위하여 행해진다. 끼워넣기 거래는 종전 재화 등 공급거래에 중간공급자가 개입되는 거래이다. 즉 종전 거래는 A → C로 이루어지다가 중간 공급자 B가 개입하여 A → B → C로 거래가 이루어지지만 실제로 B와 관련한 공급이 형식에 불과하여 종전 거래와 같이 A → C로 거래가 이루어진 것으로 보는 경우이다. 가공거래와 위장거래를 하면 사실과 다른 세금계산서가 수수되므로 세금계산서상의 매입자는 원칙적으로 매입세액공제를 받을 수 없다. 끼워넣기 거래에서는 B → C의 거래를 가공거래로 보게 된다. 매입세액불공제는 헌법재판소로부터 합헌 결정을 받았으나, 그에 따른 제재가 과도하므로 납세의무자의 탓으로 돌리기 어려운 경우에는 매입세액을 공제하는 방안, 매입세액을 공제하는 대신 가산세를 부과하는 방안 등이 대안으로 제시되고 있다.

(나) 예외적 공제

법령에서 규정한 일정한 매입세액은 세금계산서의 내용이 사실과 다르더라도 공제한다(부가령 제75조). 납세자가 매입세액을 거래징수당하였음에도 불구하고 세금계산서의 기재가 사실과 다르다는 이유로 매입세액을 공제하지 않으면 피해가 크므로 법령의 개정을 통해 지속적으로 매입세액을 공제받을 수 있는 경우를 늘려가고 그 요건도 완화하고 있다. 예외적으로 매입세액을 공제하는 경우는 다음과 같다.

① 사업자등록을 신청한 사업자가 사업자등록증 발급일까지의 거래에 대하여 해당 사업자 또는 대표자의 주민등록번호를 적어 발급받은 경우

② 세금계산서의 필요적 기재사항 중 일부가 착오로 사실과 다르게 적혔으나 나머지 필요적 기재사항 또는 임의적 기재사항으로 보아 거래사실이 확인되는 경우

③ 공급가액이 사실과 다르게 적힌 경우 실제 공급가액과 사실과 다르게 적힌 금액의 차액에 해당하는 세액만 불공제하므로 그 이외의 금액은 공제한다. 이 조항은 2019. 12. 31. 부가세법 개정으로 신설되었다. 예를 들어, 실제 공급가액은 1억 원이고, 세금계산서에 기재된 금액은 8,000만 원인 경우 1억 원과 8,000만 원의 차액 2,000만 원에 대한 세액인 200만 원만 불공제되므로 나머지 600만 원은 공제된다.

④ 실제 공급하는 사업자와 세금계산서상 공급자가 다른 경우 원칙적으로 그 매입세액은 공제 내지 환급받을 수 없으나, 예외적으로 공급받는 자가 세금계산서의 명의위장사실을 알지 못하였고 알지 못한 데에 과실이 없는 경우에는 매입세액을 공제받을 수 있다.[44] 이는 법령에 근거가 없으나 판례에 의하여 인정되는 것으로 공급받는 자가 명의위장 사실을 알지 못

---

44) 대법원 1997. 6. 27. 선고 97누4920 판결

한 데에 과실이 없다는 점, 즉 선의와 무과실을 증명하여야 한다. 납세자가 선의 이외에 무과실까지 증명하여야 하므로 매입세액공제를 인정받기는 쉽지 않다. 대표적인 인용사례로는 원고가 2009년 제1기 및 제2기에 거래처로부터 폐동을 공급받으면서 실제 공급자가 아닌 甲, 乙, 丙 명의의 세금계산서를 교부받은 사안에서, 대법원은 실제 공급자와 세금계산서상의 공급자가 다르지만, 폐동 거래의 경위와 세금계산서의 기재내용, 폐동대금의 지급방법, 거래처 사업자등록과 대표자의 일치 여부 확인, 폐동이 공급된 구체적인 경로와 과정 등에 비추어, 원고의 선의와 무과실이 증명된 것으로 보아 세금계산서의 매입세액은 매출세액에서 공제 내지 환급되어야 한다고 판단하였다.[45]

⑤ 재화 또는 용역의 공급시기 이후에 발급받은 세금계산서로서 해당 공급시기가 속하는 과세기간에 대한 확정신고기한까지 발급받은 경우에는 매입세액을 공제한다. 실제의 공급시기와 세금계산서에 기재된 공급시기가 사실과 다른 경우 동일한 과세기간에 대한 확정신고기한까지 발급된 세금계산서에 대하여는 매입세액을 공제한다. 동일한 과세기간에 대한 확정신고기한까지 세금계산서를 발급받으면, 세금계산서의 작성연월일을 공급시기가 아닌 실제 작성일로 기재하든 또는 실제 공급시기로 소급하여 기재하든 매입세액을 공제받을 수 있다.[46] 처음 규정이 만들어졌을 때에는 동일한 과세기간 내에 세금계산서가 발급된 경우에 매입세액을 공제하였다. 전단계세액공제법을 채택하고 있는 부가세법 체계에서 세액의 산정 및 납세자 간 상호검증이 과세기간별로 행하여지는 부가가치세의 특성을 반영한 것이다. 그 후 2016. 2. 17. 부가세법 시행령 개정 시 동일한 과세기간에서 조금 더 나아가 동일한 과세기간에 대한 확정신고기한까지 세금계산서를 발급받은 경우 매입세액공제를 허용함으로써 25일간 공제받을 수 있는 기간을 늘려주었다. 수입거래에 따른 부가가치세를 납부한 시기가 실제 수입시기와 다르고, 수입세금계산서에 기재된 납부연월일[47]이 수입재화의 공급시기인 수입신고 수리일과 동일한 과세기간에 속하지 않으면 사실과 다른 세금계산서에 해당하여 매입세액은 공제될 수 없다.[48] 공급시기 전에 발급된 세금계산서라 해도 발급일이 속한 과세기간 내에 공급시기가 도래하고 세금계산서의 다른 기재사항으로 보아 거래사실이 진정한 것으로 확인되는 경우에는 매입세액은 공제된다.[49]

⑥ 발급받은 전자세금계산서로서 국세청장에게 전송되지 않았으나 발급한 사실이 확인되는 경우, 전자세금계산서 외의 세금계산서로서 재화나 용역의 공급시기가 속하는 과세기간에 대한 확정신고기한까지 발급받았고 그 거래사실도 확인되는 경우 매입세액을 공제한다.

---

45) 대법원 2013. 7. 25. 선고 2013두6527 판결
46) 대법원 2004. 11. 18. 선고 2002두5771 전원합의체 판결
47) 일반세금계산서는 작성연월일로 되어 있으나, 수입세금계산서는 수입세금계산서 교부에 관한 고시에서 규정한 양식에 납부연월일로 되어 있다.
48) 대법원 2016. 10. 13. 선고 2016두39849 판결
49) 대법원 2016. 2. 18. 선고 2014두35706 판결

⑦ 실제로 재화나 용역을 공급하거나 공급받은 사업장이 아닌 다른 사업장을 적은 세금계산서를 발급받았더라도 그 사업장이 총괄납부하거나 사업자단위과세사업자에 해당하는 사업장인 경우로서 그 재화 또는 용역을 실제로 공급한 사업자가 납세지 관할 세무서장에게 해당 과세기간에 대한 납부세액을 신고납부한 경우에는 매입세액을 공제한다. 이 조항이 입법되기 전에 수개의 사업장을 둔 사업자가 하나의 사업장에 관한 용역을 공급받으면서 다른 총괄사업장 명의로 공급계약을 체결하고 대금을 지급한 후 세금계산서를 교부받은 사안에서, 판례는 용역을 공급받는 자는 총괄사업자이므로 그 세금계산서는 공급받는 자가 사실과 다른 세금계산서에 해당하지 않는다고 판시하였다.[50] 사업주체가 동일한 본점과 지점의 관계에서는 사업장과세원칙을 다소 완화하여 해석한 것인데, 이러한 판례의 입장을 입법화한 것이다.

⑧ 재화 또는 용역의 공급시기가 속하는 과세기간에 대한 확정신고기한이 지난 후 세금계산서를 발급받았더라도 그 세금계산서의 발급일이 확정신고기한 다음 날부터 1년 이내이고 수정신고서와 경정청구서를 세금계산서와 함께 제출하는 경우 또는 해당 거래사실이 확인되어 납세지 관할 세무서 등이 결정 또는 경정하는 경우, 재화 또는 용역의 공급시기 전에 세금계산서를 발급받았더라도 재화 또는 용역의 공급시기가 그 세금계산서의 발급일부터 6개월 이내에 도래하고 해당 거래사실이 확인되어 납세지 관할 세무서장 등이 결정 또는 경정하는 경우 매입세액을 공제한다.

⑨ 위탁매매 또는 대리인에 의한 매매를 직접 매매로 착오하거나 그 반대의 경우, 용역의 주선·중개를 용역의 직접공급으로 착오하거나 그 반대의 경우, 위수탁용역에서 위탁자의 사업비를 수탁자의 사업비로 착오하거나 그 반대의 경우, 부가가치세를 납부해야 하는 수탁자가 위탁자를 재화 또는 용역을 공급받는 자로 하여 발급된 세금계산서의 부가가치세액을 매출세액에서 공제받으려는 경우, 부가가치세를 납부해야 하는 위탁자가 수탁자를 재화 또는 용역을 공급받는 자로 하여 발급된 세금계산서의 부가가치세액을 매출세액에서 공제받으려는 경우, 매출에누리와 판매장려금간 착오에 의한 세금계산서 발급오류 등의 경우 납세자의 착오에 기한 것이므로 매입세액공제를 허용한다.

(다) 관련 판례

세금계산서의 부실기재로 인한 매입세액 불공제 여부를 둘러싼 분쟁은 실무상 빈번하게 발생한다. 대표적인 판례를 살펴보면 다음과 같다.

① 임차인이 발급받은 세금계산서의 공급받는 자란에 임대인의 등록번호와 명칭을 기재한 경우[51]

주유소를 임차하여 운영하는 자가 정유회사로부터 유류를 공급받고 교부받은 세금계산서의 공급받는 자란에 임차인이 아닌 임대인의 등록번호와 명칭이 기재된 사안에서, 판례는 다

---

50) 대법원 2009. 5. 14. 선고 2007두4896 판결
51) 대법원 2003. 5. 16. 선고 2001두8964 판결

른 기재사항에 의하여 임차인의 거래사실을 쉽게 확인할 수 있으므로 사실과 다른 세금계산서에 해당하지 않는다고 판시하였다.

② 임대업자가 신규사업장의 세금계산서에 기존사업장의 등록번호를 기재한 경우[52]

부동산임대 사업자가 신규사업장과 관련하여 공급받은 재화에 대한 세금계산서에 기존사업장의 등록번호가 기재된 사안에서, 판례는 사업장과세원칙상 다른 사업장의 등록번호가 기재된 것은 사실과 다른 세금계산서에 해당한다고 판시하였다.[53] 또한 2개 이상의 사업장이 있는 사업자가 재화를 수입하면서 당해 재화를 직접 사용·소비·판매할 사업장의 등록번호가 기재된 수입세금계산서가 아닌 단지 형식상의 수입신고 명의인에 불과한 다른 사업장의 등록번호가 기재된 수입세금계산서를 교부받는 경우 역시 사실과 다른 세금계산서에 해당한다고 판시하였다.[54] 부가세법은 사업장별 과세원칙을 취하고 있으므로 다른 사업장의 등록번호를 기재하면 사실과 다른 세금계산서에 해당한다고 판시한 것이다.

③ 본점이 용역을 공급받는 계약을 체결하고 공급받는 자를 지점으로 기재한 경우

사업자가 본점과 지점의 각 사업장을 두고 있는데, 본점이 물류회사와 물류대행서비스 계약을 체결하여 용역을 공급받고 공급받은 자를 지점으로 하여 작성된 세금계산서를 교부받은 사안에서, 판례는 용역을 공급받은 사업장은 본점이지 지점이 아니므로 공급받는 자를 지점으로 하여 작성한 세금계산서는 사실과 다른 세금계산서에 해당한다고 판시하였다.[55] 이에 비해 수개의 사업장을 둔 사업자가 하나의 사업장에 관한 용역을 공급받으면서 다른 총괄사업장 명의로 공급계약을 체결하고 대금을 지급한 후 세금계산서를 교부받은 경우 용역을 공급받는 자는 총괄사업자이므로 그 세금계산서는 공급받는 자가 사실과 다르게 기재된 세금계산서에 해당하지 않는다고 판시하였다.[56] 부가가치세는 원칙적으로 사업장별 과세 원칙을 취하고 있어 각 사업장은 과세상 독립된 장소적 단위로서 실질적인 과세단위가 되므로 세금계산서도 거래한 사업장 단위로 발급하여야 하나, 주사업장총괄납부제도를 적용하는 사업자에게는 사실과 다른 세금계산서에 해당하는지 여부의 판단에서 사업장별 과세 원칙을 완화하여 적용한 것이다. 현행 부가세법 시행령은 주사업장총괄납부 사업자와 사업자단위과세 사업자에 대하여는 재화 또는 용역을 공급하거나 공급받은 사업장이 아닌 사업장을 적은 세금계산서를 발급받았더라도 매입세액공제를 허용하는 규정을 두고 있다(부가령 제75조 제6호).

④ 상호란과 성명란의 기재가 다른 경우[57]

---

52) 대법원 2006. 1. 26. 선고 2005두14608 판결
53) 대법원 2006. 1. 26. 선고 2005두14608 판결
54) 대법원 2013. 11. 14. 선고 2013두11796 판결
55) 대법원 2021. 10. 28. 선고 2021두39447 판결
56) 대법원 2009. 5. 14. 선고 2007두4896 판결
57) 대법원 2016. 10. 13. 선고 2016두43077 판결

甲 회사 등이 인테리어 업체들로부터 교부받은 세금계산서의 상호란에는 인테리어 업체들의 상호가, 성명란에는 인테리어 업체들을 실제 운영하는 乙 대신 乙에게 명의를 대여한 丙 등의 성명이 기재된 사안에서, 판례는 위 세금계산서는 필요적 기재사항인 공급하는 사업자의 성명이 사실과 다르게 적힌 사실과 다른 세금계산서에 해당한다고 판시하였다.

⑤ 법인이 직원 명의로 사업자등록을 하고 재화나 용역을 공급받은 경우[58]

전국에 직영가맹점을 두고 소규모사업자의 생활형 광고대행업을 영위하는 법인사업자가 직원을 파견하여 직원 명의로 개인사업자등록을 하고 그 사업자등록에 따라 세금계산서를 수수하여 부가가치세를 신고납부하였는데, 과세관청이 위 직영가맹점에서 다른 사업자로부터 재화나 용역을 공급받고 발급받은 세금계산서상의 매입세액을 불공제한 사안에서, 판례는 세금계산서에 기재된 공급받는 자의 등록번호를 실제 공급받는 자의 등록번호로 볼 수 있다면 공급받는 자의 성명 또는 명칭이 실제 사업자의 것과 다르다는 사정만으로 사실과 다른 세금계산서라고 단정할 수 없다고 판시하였다. 타인의 명의를 빌린 사업자가 어느 사업장에 대하여 타인의 명의로 사업자등록을 하되 자신의 계산과 책임으로 사업을 영위하며 부가가치세를 신고납부하는 경우와 같이 명칭이나 상호에 불구하고 해당 사업장이 온전히 실제 사업자의 사업장으로 특정될 수 있는 경우 명의인의 등록번호는 곧 실제 사업자의 등록번호로 기능하는 것이므로 그와 같은 등록번호가 공급받는 자의 등록번호로 기재된 세금계산서는 사실과 다른 세금계산서가 아니라고 판단한 것이다. 공급받는 자의 경우 성명 또는 명칭은 임의적 기재사항에 불과하고 등록번호가 필요적 기재사항이므로 공급받는 자의 성명 또는 명칭을 차용하였더라도 등록번호는 실제 사업자의 것으로 볼 수 있다고 선해한 것으로 이해된다.

(3) 사업과 직접 관련이 없는 지출

(가) 의의 및 판단기준

사업과 직접 관련이 없는 지출에 대한 매입세액은 불공제한다(부가법 제39조 제1항 제4호). 매출세액에서 공제하는 매입세액은 사업과 관련이 있어야 하므로 사업과 직접 관련이 없는 지출에 대한 매입세액은 매출세액에서 공제되지 않는다.[59] 이에 해당하는 매입세액은 소득세법 시행령 제78조에 따른 업무무관지출, 법인세법 시행령 제48조에 따라 공동경비 중 손금불산입되는 금액, 제49조 제3항에 따른 업무무관 자산에 대한 지출, 제50조에 따른 업무무관지출 등과 관련된 매입세액이다(부가령 제77조).

부가세법 시행령 제77조에 열거된 매입세액이 사업과 직접 관련이 없는 지출을 모두 규정한 것은 아니므로 위 열거된 매입세액에 해당하지 않더라도 사업 관련성이 없으면 역시 매입세액을 공제할 수 없다.[60] 사업 관련성이 없는 지출에 대한 매입세액에 해당하는지 여부는

---

58) 대법원 2019. 8. 30. 선고 2016두62726 판결
59) 대법원 1995. 12. 21. 선고 94누1449 전원합의체 판결

지출의 목적과 경위, 사업의 내용 등에 비추어 그 지출이 사업의 수행에 필요한 것이었는지를 살펴 개별적으로 판단하여야 한다.

(나) 판례

① 사업 관련성을 인정한 사안

사업자가 시장정비사업을 추진하면서 사업구역 내 토지의 대부분을 소유한 회사의 주식인수를 위해 지출한 컨설팅대금에 대한 매입세액은 사업 관련성이 인정된다고 판시하였다.[61]

② 사업 관련성을 부인한 사안

아동복제조업을 하는 사업자가 탁주제조업을 하는 그의 남편과 함께 위 사업들과는 관계없이 재산증식의 목적으로 자동차부속품제조공장으로 쓰이던 토지 및 건물과 그 공장에 설치된 기계류를 매수하였다가 그중 자동차부속품을 생산하던 기계를 매도한 사안에서는 사업 관련성을 부정하였다.[62]

(다) 공동경비 분담비율 초과지출액의 경우

주류 제품의 제조판매업을 하는 甲회사와 주류 제품의 수입판매업을 하는 乙회사가 공동경비를 매출액 기준으로 분담하고 분담비율 초과지출액에 대해서는 상대방으로부터 해당금액을 지급받으면서 매출세금계산서를 발행하는 공동경비 정산계약을 체결한 후 丙회사가 乙회사로부터 사업을 양수하면서 정산계약상 지위를 승계하였는데, 특수관계에 있는 甲회사 및 丙회사가 분담비율을 정하여 각각 세금계산서를 발행하고 부가가치세를 신고납부하자, 과세관청이 분담비율을 다시 산정한 후 비율 초과지출액에 대한 매입세액을 불공제하고 그만큼 상대방에게 용역을 제공한 것으로 보아 매출세액에 가산하여 甲회사 및 丙회사에 부가가치세 부과처분을 한 사안에서, 판례는 법령에 따라 사업 관련성이 부인된 결과일 뿐, 그러한 사정만으로 甲회사 및 丙회사 사이에 매출사업과 별개로 상대방에게 용역을 제공한 것으로 보기 어려우므로 초과지출액 관련 매출세액 가산 부분이 위법하다고 판시하였다.[63] 공동경비 분담비율 초과지출액에 대하여 상대방과 정산하면서 해당 금액을 지급받게 되더라도, 그 과정에서 용역을 공급한 것은 아니므로 상대방으로부터 지급받는 금액을 부가가치세 과세거래인 용역의 공급대가로 볼 수 없다고 판시한 것이다.

---

60) 강석규, 조세법쟁론(2023), 1210면
61) 대법원 2012. 7. 26. 선고 2010두12552 판결
62) 대법원 1987. 3. 24. 선고 86누489 판결
63) 대법원 2017. 3. 9. 선고 2016두55605 판결

(4) 비영업용 소형승용차의 구입과 임차 및 유지에 관한 매입세액

(가) 의의

비영업용 소형승용차의 구입과 임차 및 유지에 관한 매입세액은 불공제한다(부가법 제39조 제1항 제5호). 비영업용이란 운수업, 자동차판매업, 자동차임대업, 운전학원업, 기계경비업무를 하는 경비업 및 유사한 업종에 직접 영업으로 사용하는 것 외의 목적으로 사용하는 것을 의미하므로 비업무용과는 다른 개념이다(부가령 제78조). 예를 들어, 컴퓨터제조업체가 업무에 사용하는 승용차는 비영업용에 해당한다. 소형승용차는 정원 8인 이하의 승용차를 가리키고 경차는 제외된다.

과거에는 비영업용 소형승용차와의 구입과 유지에 관한 매입세액만 불공제하는 것으로 규정하였는데, 판례가 비영업용 소형승용차의 임차는 유지에 포함된다고 볼 수 없어 매입세액이 공제된다고 판시하였다.[64] 그 후 2007. 12. 31. 부가세법을 개정하여 불공제되는 매입세액에 비영업용 소형승용차의 임차를 추가하였다. 비영업용 승용차를 운행하기 위한 운전기사에 대한 용역 관련 매입세액은 차량의 운행과 관련하여 발생한 것이므로 비영업용 승용자동차 등의 유지에 관한 매입세액의 범위에 포함된다.[65]

(나) 취지

비영업용 소형승용차의 구입과 임차 및 유지에 관한 매입세액을 불공제하는 것은 소형승용차는 사업자 명의로 구입 또는 임차하여 개인적 소비에 쓰이거나 부분적으로만 사업에 사용될 가능성이 있고, 한정된 과세관청의 인력과 자원으로는 사업용으로 사용되는지 또는 개인적인 소비에 사용하는지 일일이 파악하기 어려우므로 비영업용 소형승용차를 일률적으로 사업과 직접 관련이 없는 것으로 간주하여 그 구입과 임차 및 유지에 관련된 매입세액을 불공제하는 것이다.[66] 이와 같이 이 규정은 행정편의에 치우친 규정이므로 승용차의 업무 관련성 여부를 기준으로 매입세액공제 여부를 판단하는 방향으로 개선할 필요가 있다.

(5) 기업업무추진비 및 이와 유사한 비용의 지출에 관련된 매입세액

기업업무추진비 및 이와 유사한 비용의 지출에 관련된 매입세액은 불공제한다(부가법 제39조 제1항 제6호). 기업업무추진비는 소득세법 및 법인세법에 따른 기업업무추진비를 의미한다(부가령 제79조). 기업업무추진비는 소득세법 및 법인세법에서는 일정한 한도 내에서 필요경비나 손금으로 인정하지만 부가가치세법에서는 사업과의 직접적인 관련성이 떨어진다고 보아 매입세액을 불공제하는 것으로 보인다. 접대를 위한 소비성 지출 이외에 골프회원권 등과 같이 접대용 자산의 취득비용도 매입세액불공제 대상이다.[67]

---

64) 서울고등법원 2006. 5. 18. 선고 2005누16507 판결
65) 조심 2021. 6. 22.자 2020구8245 결정
66) 헌재 2015. 12. 23. 선고 2014헌바467 결정

(6) 면세사업 관련 매입세액

면세사업 관련 매입세액은 불공제한다(부가법 제39조 제1항 제7호). 면세되는 재화나 용역을 공급하는 사업에 관한 매입세액은 부가가치세 원리상 당연히 공제하지 않는다. 면세재화인 토지를 공급하는 면세사업자가 재고자산인 토지를 취득하면서 지출한 취득가액이나 취득부대비용에 대한 매입세액은 면세사업에 관련된 매입세액이므로 공제되지 않는다.[68] 과거 과세실무는 해당 비용이 토지 관련 비용이면 토지가 재고자산이든 고정자산이든 가리지 않고 토지의 자본적 지출에 해당한다고 보아 매입세액을 불공제하였으나, 위 판결은 해당 토지가 재고자산이면 그에 관하여 지출된 비용은 자본적 지출에 해당하지 않으므로 면세사업에 관련된 매입세액에 해당한다는 점을 명확히 하였다.

(7) 토지 관련 매입세액

(가) 의의

토지 관련 매입세액은 토지의 취득, 조성, 이용 등과 관련된 매입세액을 의미한다. 토지의 취득 및 형질변경, 부지조성, 철거 등과 관련된 매입세액 등이 이에 해당한다. 토지 관련 매입세액은 토지의 취득가액에 포함되어 토지를 양도할 때 취득가액으로 공제되므로 매입세액을 불공제하는 것이다.

(나) 토지 관련 매입세액의 범위(부가법 제39조 제1항 제7호, 부가령 제80조)

① 토지의 조성 등을 위한 자본적 지출에 관련된 매입세액

토지의 조성 등을 위한 자본적 지출에 관련된 매입세액으로서 토지의 취득 및 형질변경, 공장부지 및 택지의 조성 등에 관련된 매입세액이다. 토지의 조성 등을 위한 자본적 지출이란 토지의 가치를 현실적으로 증가시키는 데에 소요된 비용을 말한다.[69] 농공단지개발사업 시행자가 지방자치단체에 무상으로 귀속될 도로·배수장·양수장 등 부대시설공사를 할 때 지출한 비용 관련 매입세액은 토지조성을 위한 자본적 지출에 관련된 매입세액에 해당한다.[70] 또한 골프장 조성과정에서 잔디수목식재공사와 그린·티·벙커 조성공사에 소요된 공사비용은 토지의 조성을 위한 자본적 지출에 해당하여 역시 토지조성에 관련된 매입세액에 해당한다.[71]

② 철거한 건축물의 취득 및 철거 비용과 관련된 매입세액

건축물이 있는 토지를 취득하여 그 건축물을 철거하고 토지만 사용하는 경우 철거한 건축

---

67) 대법원 2013. 11. 28. 선고 2013두14887 판결
68) 대법원 2015. 11. 12. 선고 2012두28056 판결
69) 대법원 2006. 7. 28. 선고 2004두13844 판결
70) 대법원 1999. 11. 12. 선고 98두15290 판결
71) 대법원 2006. 7. 28. 선고 2004두13844 판결

물의 취득 및 철거 비용과 관련된 매입세액이다. 사업자가 건축물이 있는 토지를 취득한 후 그 건축물을 바로 철거한 경우뿐 아니라 일시적으로 임대하다가 기존 건축물을 철거하는 경우에도 기존 건축물의 취득 및 철거비용에 관련된 매입세액은 불공제한다.[72]

③ 토지의 취득원가를 구성하는 비용에 관련된 매입세액

토지의 가치를 현실적으로 증가시켜 토지의 취득원가를 구성하는 비용에 관련된 매입세액이다.

(다) 공제 여부

① 학설(공제설 vs 불공제설)

과거 토지 관련 매입세액의 공제에 대하여는 공제설과 불공제설의 대립이 있었다. 공제설은 토지 관련 매입세액도 사업 관련성이 있으면 공제할 수 있다고 한다. 매입세액공제 여부는 재화 또는 용역 자체를 기준으로 할 것이 아니라 그 재화 또는 용역을 공급하는 사업을 기준으로 하는 것이 타당하다는 것이다. 반면, 불공제설은 매입세액의 공제는 매출세액의 발생을 그 전제로 하는데, 토지의 공급은 면세이므로 그에 관한 자본적 지출 역시 매입세액으로 공제할 수 없다고 한다. 토지 관련 매입세액은 토지를 양도할 때 취득가액으로 공제하므로 매입세액으로 공제하지 않는 것이 타당하다는 것이다.

② 판례 및 입법

과거 토지 관련 매입세액공제에 대한 법령의 규정이 없었던 때에 판례는 매입세액의 공제 여부는 당해 사업이 면세사업이냐 과세사업이냐에 달려 있는 것이지, 지출한 비용이 면세재화를 위한 것이냐 과세재화를 위한 것이냐에 달려 있지 않으므로 사업 관련성이 있으면 매입세액이 공제된다고 판시하여 공제설을 지지하였다.[73] 다만 이 판결이 선고되기 전인 1993. 12. 31. 부가세법을 개정하여 불공제설을 입법화하였는데 그 법률이 위헌인지 문제된 사안에서, 헌법재판소는 토지 관련 매입세액을 불공제한 것은 토지 공급을 면세대상으로 규정하고 있는 우리 부가가치세제의 기본원리에 부합하는 입법이라는 이유로 합헌으로 판단하였다.[74] 따라서 토지 관련 매입세액의 공제 여부는 입법적으로 해결된 것으로 볼 수 있다.

③ 임차인의 경우

임차인은 소유자와 달리 토지 양도 시 토지 관련 매입세액의 회수가 불가능하므로 토지 관련 매입세액을 공제하여야 한다.[75]

---

72) 서면−2016−법령해석부가−5384 [법령해석과−270], 2017. 1. 24.
73) 대법원 1995. 12. 21. 선고 94누1449 전원합의체 판결
74) 헌재 2010. 6. 24. 선고 2007헌바125 결정
75) 대법원 2010. 1. 14. 선고 2007두20744 판결

(라) 등록 전 매입세액

사업자등록을 신청하기 전의 매입세액은 불공제한다(부가법 제39조 제1항 제8호). 사업자등록을 유도하기 위하여 사업자등록을 하지 않고 사업을 하는 경우 매입세액불공제의 불이익을 주는 것이다. 사업자등록이 제대로 되지 않으면 법인세, 소득세 등의 정확한 산정이 곤란하고 실질적 담세자인 최종소비자에 대한 조세의 전가가 적정하게 이루어지는 것을 기대하기 힘들어 부가가치세제도는 물론 세제 전반의 부실한 운영을 초래할 수 있고, 가산세만으로는 사업자등록의 이행을 강제하기에 불충분하므로 매입세액불공제의 불이익을 주는 것이다.[76]

매입세액은 적법한 등록신청을 하기 전의 매입세액을 의미한다.[77] 등록 전 매입세액에 해당하는지 여부는 등록신청일을 기준으로 한다. 다만, 공급시기가 속하는 과세기간이 끝난 후 20일 이내에 등록을 신청한 경우 등록신청일부터 공급시기가 속하는 과세기간 기산일까지 역산한 기간 내의 것은 매입세액공제가 가능하다. 과거에는 등록신청일부터 역산하여 20일 이내의 기간에 대하여만 매입세액을 공제하는 것으로 규정하였으나, 2013. 6. 7. 부가세법을 개정하여 공급시기가 속하는 과세기간이 끝난 후 20일 이내에 등록을 신청한 경우 등록신청일부터 공급시기가 속하는 과세기간 기산일까지 소급하여 매입세액이 공제되는 범위를 넓혀주었다. 예를 들면, 1. 1.부터 6. 30.까지 공급받은 매입세액에 대하여 7. 20까지 사업자등록을 신청한 경우에는 해당 과세기간에 대하여 매입세액을 공제받을 수 있다.

면세사업자인지 또는 과세사업자인지 여부를 불문하고 사업자가 면세사업자용이라고 기재된 사업자등록증을 교부받은 것만으로는 사업자등록을 한 것으로 볼 수 없으므로 면세사업자로 사업자등록을 하고 있던 기간 중에 발생한 매입세액은 등록 전 매입세액에 해당한다.[78] 그러나 납세의무자가 사업자등록을 마친 후 사업을 영위해 왔고 과세관청이 내부지침에 의거하여 사업자등록을 직권말소한 후 미등록사업자로 분류하여 매입세액을 공제하지 않고 미등록가산세를 적용한 경우 납세의무자가 사업을 계속하여 과세기간 중 매출세액과 매입세액이 발생하였다면 그 매입세액은 등록 전 매입세액에 해당하지 않는다.[79]

4. 세금계산서에 의하지 않은 매입세액

가. 면세농산물 등의 의제매입세액공제

(1) 의의

부가세법 제42조에 규정된 의제매입세액공제는 실제 매입세액이 없는데 정책적인 이유로 매입세액이 있는 것으로 의제하는 것이다. 부가가치세가 면제되는 농산물, 축산물, 수산물, 임

---

76) 헌재 2013. 11. 28. 선고 2011헌바168 결정
77) 대법원 1999. 10. 22. 선고 97누15814 판결
78) 대법원 2004. 3. 12. 선고 2002두5146 판결
79) 대법원 1993. 12. 10. 선고 93누17355 판결

산물을 공급받아 이를 원재료로 하여 제조하거나 가공한 재화 또는 창출한 용역의 공급이 과세되는 경우 면세로 공급받은 농산물 등의 가액 일부를 매입세액으로 공제하는 것을 말한다(부가법 제42조 제1항). 농산물 등은 면세재화이므로 이를 공급받을 때에 매입세액을 거래징수 당하지 않지만 면세가 중간단계에 있으면 환수효과나 누적효과로 인하여 최종소비자 가격이 상승하므로 이를 완화하기 위하여 의제매입세액을 인정한다.[80] 다만 간이과세자에 대하여는 중복혜택을 방지하기 위하여 의제매입세액공제를 적용하지 않는다. 종전에는 간이과세자에 대하여도 의제매입세액공제를 인정하였으나 2020. 12. 22. 부가세법 개정 시 간이과세자에 대한 의제매입세액공제를 폐지하였다.

(2) 공제율(부가법 제42조 제1항)

공제율은 업종에 따라 차이가 있다.

① 음식점업의 경우 개별소비세법상 과세유흥장소는 102분의 2, 개인음식점업은 108분의 8,[81] 그 밖의 경우에는 106분의 6

② 제조업의 경우 과자점업, 도정업, 제분업 및 떡류제조업 중 떡방앗간을 경영하는 개인사업자는 106분의 6, 그 밖의 제조업을 경영하는 사업자 중 중소기업 및 개인사업자는 104분의 4, 그 밖의 경우 102분의 2

③ 음식점업 및 제조업 외의 사업의 경우는 102분의 2

(3) 공제한도

과도한 의제매입세액공제를 방지하기 위하여 면세농산물의 매입가액에 대한 한도를 적용한다(부가령 제84조 제2항). 음식점업을 경영하는 개인사업자는 과세표준을 2억 원 이하, 2억 원~4억 원, 4억 원 초과 등 3구간으로 나누어 각 과세표준의 65%, 60%, 50%를 한도로 하고, 그 밖의 개인사업자는 과세표준을 4억 원 이하, 4억 원 초과 2구간으로 나누어 각 55%, 45%를 한도로 한다. 법인사업자는 과세표준의 40%를 한도로 한다. 예를 들어, 개인사업자의 음식점 매출액이 6억 원이고, 농수산물 매입금액이 3억 6,000만 원인 경우 의제매입세액공제액은 3억 6,000만 원 × 6/106이나, 50% 한도를 적용받게 되면 3억 원(6억 원 × 1/2) × 6/106이 매입세액공제액이 된다.

나. 재활용폐자원 등 매입세액공제

(1) 의의

조특법 제108조에 규정된 재활용폐자원 등 매입세액공제란 재활용폐자원과 중고자동차의 수집업자가 과세사업자 아닌 자로부터 재활용폐자원 등을 취득하는 경우 그 취득가액 중 일정 금액을 매입세액으로 의제하여 공제하는 것이다. 재활용폐자원과 중고자동차의 수집을 원

---

80) 대법원 1987. 12. 29. 선고 86누734 전원합의체 판결
81) 과세표준 2억 원 이하(연 매출 4억 원 이하)인 경우에는 한시적으로 109분의 9를 적용한다.

활히 할 수 있도록 세제상 지원하는 것이다.

(2) 공제율 및 공제한도

재활용폐자원의 경우 103분의 3, 중고자동차의 경우 110분의 10에 해당하는 금액을 매입세액으로 공제한다. 해당 과세기간에 사업자가 공급한 재활용폐자원과 관련한 부가가치세 과세표준에 80%를 곱하여 계산한 금액에서 재활용폐자원 매입가액을 뺀 금액을 한도로 한다(조특법 제108조 제2항). 중고자동차에 대하여는 이러한 공제한도가 적용되지 않는다.

다. 재고매입세액공제

(1) 의의

부가세법 제44조에 규정된 재고매입세액공제는 간이과세자가 일반과세자로 과세유형이 전환되는 경우 그 전환일 현재 해당 사업장에서 보유하고 있는 재고품 및 감가상각자산에 대하여 재고품, 건설 중인 자산 및 감가상각자산의 가액에 포함되어 있다고 추정되는 부가가치세 상당액을 매입세액으로 공제하는 것을 말한다. 간이과세자였을 때에는 재고품 등에 대하여 업종별 부가가치율에 해당하는 금액만 공제받을 수 있으므로 과세유형 전환으로 불이익을 입지 않도록 재고품의 10%에 해당하는 금액과 업종별 부가가치율에 해당하는 금액의 차액만큼 매입세액을 추가로 허용하는 것이다.

(2) 대상자산

상품, 제품, 반제품, 재공품, 재료, 부재료, 건설 중인 자산, 감가상각자산에 대하여 재고매입세액공제를 받을 수 있다(부가령 제84조 제1항). 감가상각자산의 경우 건물 또는 구축물의 경우에는 취득, 건설 또는 신축 후 10년 이내의 것, 그 밖의 감가상각자산의 경우에는 취득 또는 제작 후 2년 이내의 것으로 한정한다.

(3) 재고품 등의 신고 및 승인

납세자는 과세유형이 변경되는 날의 직전 과세기간에 대한 확정신고와 함께 일반과세 전환시의 재고품 등 신고서를 관할 세무서장에게 제출하여야 한다. 관할 세무서장은 재고금액을 조사하여 승인하고 재고품 등 신고기한 후 1월 이내에 당해 사업자에게 공제될 재고품 등 매입세액을 통지한다. 납세자는 재고매입세액공제 승인을 받으면 그 승인일이 속하는 해당 예정신고기간 또는 과세기간의 매출세액에서 재고매입세액을 공제할 수 있다.

간이과세자에서 일반과세자로 변경되는 사업자가 위 기한 경과 후에 일반과세 전환 시의 재고품 및 감가상각자산을 신고하는 경우에도 일반과세 전환 시의 재고품 및 감가상각자산에 대해서는 재고매입세액을 신고한 날이 속하는 예정신고기간 또는 과세기간의 매출세액에서 공제할 수 있다.[82]

---

82) 대법원 2012. 7. 26. 선고 2010두2845 판결

판례는 위 신고규정을 강행규정이 아니라 훈시규정 또는 절차적 예시규정으로 해석한 것이다.

(4) 공제액

대표적으로 재고품과 건물의 재고매입세액은 다음 산식으로 계산한다(부가령 제86조 제3항).

- 재고품의 재고매입세액 = 취득가액 × 10/110 × (1 − 0.5% × 110/10)
- 건물의 재고매입세액 = 취득가액 × (1 − 10/100 × 경과된 과세기간 수) × 10/110
  × (1 − 0.5% × 110/10)

과거에는 "공제대상 매입세액 × (1 − 해당업종 부가가치율)"의 산식으로 계산하였으나, 2021. 2. 17. 부가세법 시행령을 개정하여 위와 같은 산식으로 변경하였다. 간이과세자의 세금계산서 등 수취세액공제를 "매입세액 × 업종별 부가가치율"에서 "매입액 × 0.5%"로 바꾼 것에 맞추어 계산식을 변경한 것이다.

5. 공통매입세액

가. 겸영사업자의 공통매입세액

(1) 의의

공통매입세액은 사업자가 과세사업과 면세사업(비과세사업 포함)을 겸영하는 경우 과세사업과 면세사업에 공통으로 관련된 매입세액을 의미한다. 예를 들어, 주차장을 의료업(면세)과 주차장업(과세)에 공통적으로 사용하는 경우, 정비기계를 시내버스사업(면세)과 택시사업(과세)에 공통적으로 사용하는 경우 등이 이에 해당한다. 공통매입세액은 동일한 사업장에서 과세사업과 면세사업(비과세사업 포함)을 겸영하는 경우에만 국한된 것은 아니고 사업장을 달리하더라도 적용된다. 과거에는 과세사업과 면세사업을 겸영하는 경우에 적용되는 것으로 규정하였다. 그러나 카지노 사건에서 과세사업과 비과세사업을 겸영하는 경우에도 공통매입세액 안분계산이 적용된다고 판시하였고,[83] 2013. 2. 15. 부가세법 시행령을 개정하여 과세사업과 비과세사업을 겸영하는 경우에도 안분계산이 적용되는 것으로 명시하였다. 다만, 사업자가 과세사업과 면세사업(비과세사업)을 겸영하더라도 그 매입세액이 오로지 면세사업(비과세사업)에 관련되는 경우에는 이를 매출세액에서 공제할 수 없다.[84] 이러한 취지에서 판례는 광고사업과 출판사업을 겸영하는 사업자의 월간지 기사의 제작 및 편집 등을 위한 매입세액은 매출세액에서 공제할 수 없고,[85] 시내버스 여객운송업과 광고매체제공업을 겸영하는 사업자의 버스 운행 관련 매입세액은 매출세액에서 공제할 수 없다고 판시하였다.[86]

---

83) 대법원 2006. 10. 27. 선고 2004두13288 판결
84) 대법원 2023. 8. 31. 선고 2020두56384 판결
85) 대법원 2009. 7. 9. 선고 2007두10389 판결

둘 이상의 사업장이 있는 사업자가 자기 사업과 관련하여 생산 또는 취득한 재화를 타인에게 직접 판매할 목적이 아니라 다른 사업장에서 원료·자재 등으로 사용·소비하기 위하여 반출하는 경우 재화의 공급으로 의제되지 않는바, 그렇다고 그 재화가 비과세사업에 사용된 것으로 볼 수 없으므로 이러한 경우는 과세사업과 비과세사업을 겸영한 경우에 해당하지 않는다.[87]

(2) 실지귀속을 알 수 있는 경우

과세사업과 면세사업 등의 실지귀속을 알 수 있는 경우에는 실지귀속에 따라 매입세액을 계산한다(부가법 제40조).

(3) 실지귀속을 알 수 없는 경우
(가) 당해 과세기간의 공급가액이 있는 경우의 안분계산

공통매입세액은 당해 과세기간의 공급가액을 기준으로 다음 계산식에 따라 안분계산한다(부가령 제81조 제1항). 공통매입세액이란 매입세액의 공제대상이 되는 세금계산서상의 매입세액으로 그 실지귀속이 과세사업 또는 면세사업 등에 사용·소비될 것인지 불분명한 매입세액을 말한다. 매입재화나 용역이 과세사업에 사용되었는지, 면세사업 등에 사용되었는지 알지 못하므로 매입재화나 용역이 공급가액 비율로 과세사업과 면세사업 등에 사용되었다고 추정하여 각각의 매입세액을 계산하는 것이다.

> 면세사업 등 관련 매입세액 = 공통매입세액 × 당해 과세기간의 면세공급가액/총공급가액

1개의 사업장에서 과세사업과 면세사업을 겸영하는 경우 당해 사업장의 총공급가액과 면세공급가액에 의하여 계산하며 다른 사업장의 면세공급가액을 포함시킬 수 없다.[88] 사업자의 어느 지점이 과세사업과 면세사업 등을 겸영하는 경우 부가가치세는 사업장과세원칙에 따라 그 지점의 공통매입세액 중 면세사업 등에 관련된 매입세액은 그 지점만의 총공급가액에 대한 면세공급가액 등의 비율로 안분계산한다.[89] 해당 사업자가 비과세사업에 해당하는 용역의 공급과 관련하여 거래상대방 등으로부터 돈을 받았더라도 이를 비과세사업에 해당하는 용역 공급의 대가로 볼 수 없으면 과세사업과 면세사업의 공급가액 비율에 따라 공통매입세액을 안분계산할 수 없고, 이러한 경우에는 부가세법 시행령에 규정된 다른 합리적인 안분계산방법 중에서 가장 적합한 것을 적용하여 비과세사업에 안분되는 매입세액을 가려내야 한다.[90]

---

86) 대법원 2013. 12. 26. 선고 2013두17336 판결
87) 대법원 2012. 5. 9. 선고 2010두23170 판결
88) 대법원 2012. 5. 9. 선고 2010두23170 판결
89) 대법원 2009. 5. 14. 선고 2007두4896 판결, 대법원 2012. 5. 9. 선고 2010두23170 판결

면세사업 등에 대한 공급가액 이외에 사업자가 해당 면세사업 등과 관련하여 받았으나 과세표준에 포함되지 않는 국고보조금과 공공보조금 및 이와 유사한 금액이 있으면 이 금액을 더한다. 판례가 KBS 수신료 사건을 비롯한 여러 판결에서 면세사업 등과 관련하여 받은 국고보조금 등을 과세표준에 포함시킬 수 없다는 취지로 판시하자,[91] 2018. 2. 13. 부가세법 시행령 개정 시 면세사업 등과 관련하여 받은 국고보조금 등을 과세표준에 포함시키는 내용으로 입법하였다. 다만, 도축업을 영위하는 사업자는 당해 과세기간의 공급가액이 있는 경우에도 공통매입세액을 과세사업과 면세사업에 관련된 도축 두수(斗數)에 따라 안분계산한다(부가칙 제54조 제1항).

(나) 당해 과세기간의 공급가액이 없는 경우의 안분계산

당해 과세기간의 공급가액이 없는 경우에 해당 과세기간의 공통매입세액은 다음의 순서에 따라 안분계산한다(부가령 제81조 제4항).

① 총매입가액에 대한 면세사업 등에 관련된 매입가액의 비율
② 총예정공급가액에 대한 면세사업 등에 관련된 예정공급가액의 비율
③ 총예정사용면적에 대한 면세사업 등에 관련된 예정사용면적의 비율

예정공급가액은 과거의 사업실적, 현황, 사업계획서 등에 따라 합리적으로 추정한 금액을 말하고, 총예정사용면적은 공통매입세액과 관련하여 과세사업과 면세사업 등에 사용예정인 총면적을 말하며, 면세예정사용면적은 그중 면세사업에 사용예정인 면적을 말한다.

(다) 건물 또는 구축물을 신축하거나 취득하는 경우의 안분계산

건물 또는 구축물을 신축하거나 취득하여 과세사업과 면세사업 등에 제공할 예정면적을 구분할 수 있는 경우에는 위 "(나) ③"의 기준을 "①, ②"의 기준보다 우선하여 적용한다. 그 후 과세사업과 면세사업 등의 공급가액이 모두 있게 되어 공급가액 기준에 따라 공통매입세액을 계산할 수 있는 경우에도 과세사업과 면세사업 등의 사용면적이 확정되기 전의 과세기간까지는 위 "③"의 기준을 적용하고, 과세사업과 면세사업 등의 사용면적이 확정되는 과세기간에 면적을 기준으로 공통매입세액을 정산한다(부가령 제81조 제5항).

위 "②, ③"의 예정공급가액이나 예정사용면적은 실제로 공급 또는 사용이 이루어지는 과세기간에 발생할 공급가액이나 제공될 사용면적의 확정치를 의미하는 것이 아니라, 사업자가 부가가치세를 신고할 당시의 사업계획 등을 기초로 향후 발생할 것으로 추정한 공급가액이나 사용면적의 예상치를 의미한다.[92] 따라서 건물을 신축 또는 취득하여 과세사업과 면세사업을

---

90) 대법원 2019. 1. 17. 선고 2015두60662 판결
91) 대법원 2000. 2. 25. 선고 98다47184 판결(KBS 수신료 사건), 대법원 2011. 9. 8. 선고 2009두16268 판결(EBS 수신료 사건), 대법원 2016. 3. 24. 선고 2013두19875 판결(한국환경공단 사건), 대법원 2016. 6. 23. 선고 2015두45731 판결(한국섬유개발연구원 사건), 대법원 2023. 8. 31. 선고 2020두56384 판결(철도공사 사건)
92) 대법원 2015. 11. 12. 선고 2012두28056 판결

겸영하는 사업자가 부가가치세 신고 당시 과거의 사업실적, 시장상황, 사업계획서, 금융기관용 대출제안서 등을 토대로 과세사업과 면세사업에 제공할 것으로 구분하여 추정한 예정면적이 존재하면 그것이 객관적이고 합리적이지 않다는 등의 특별한 사정이 없는 한, 건물을 신축 또는 취득하여 과세사업과 면세사업에 제공할 예정면적을 구분할 수 있는 경우에 해당한다.

(라) 공통매입세액이 하나의 과세사업 또는 면세사업 중 일부분에 관련되는 경우의 안분계산

① 안분기준

공통매입세액이 과세사업 또는 면세사업 중 일부분에 관련되는 경우 해당 부분이 나머지 부분과 구분되는 별개의 독립된 사업 부분이면 해당 부분을 기준으로 면세사업에 관련된 매입세액을 계산하고, 해당 부분이 나머지 부분과 구분되는 별개의 독립된 사업부분이라고 볼 수 없다면 사업 전체의 공급가액을 기준으로 면세사업에 관련된 매입세액을 계산하여야 한다. 이와 관련된 대표적인 판례는 아산병원 사건과 가락시장 사건이 있다.

② 아산병원 사건[93]

아산병원의 신관 건물, 직영 주차장 등의 건축에 들어간 비용을 어떻게 안분할 것인지 문제되었는바, 신관 건물에서 수행하는 사업이 기존 건물에서 운영하던 의료업 등과 완전히 분리된 별개의 사업이 아니라 환자 수 증가에 따른 기존 건물의 공간부족 문제를 해결하기 위하여 진료공간 등을 확장하여 기존 건물에서 수행하던 의료업 등을 더 원활히 운영하기 위한 것이므로 신관 건물 신축 관련 공통매입세액에 관하여 병원 전체의 과세사업과 면세사업의 공급가액 비율에 따라 안분계산하여야 한다고 판시하였다. 직영 주차장도 마찬가지 논리로 직영 주차장 공통매입세액에 대하여 주차장업의 공급가액과 의료업의 수입금액에 따라 안분하여 면세사업 관련 매입세액을 계산하여야 한다고 판시하였다.

③ 가락시장 사건[94]

가락시장 현대화 사업을 추진하는 과정에서 기존 상인들의 영업이 중단되지 않고 계속 유지될 수 있도록 단계별 순환개발방식을 채택하고 단일사업장인 가락시장의 부지를 3분하여, 1단계가 진행되는 중에는 1단계 해당 부지에서 영업을 하던 상인들이 가락시장 내의 다른 부지로 옮겨 영업을 계속할 수 있게 하였고, 이후 2, 3단계가 순차적으로 진행되는 중에도 같은 방식으로 각 해당 부지에서 영업을 하던 상인들로 하여금 이미 공사가 마쳐졌거나 시행되기 전의 부지로 옮겨 영업을 지속할 수 있도록 할 예정이었으므로 1단계 사업은 기존 사업과 구분되는 별개의 독립된 사업 부분이라고 보기 어렵다고 보아 전체 공급가액을 기준으로 공통매입세액을 안분하여야 한다고 판시하였다.

---

93) 대법원 2016. 12. 29. 선고 2014두10714 판결
94) 대법원 2017. 1. 25. 선고 2016두51788 판결

(마) 전액 공제되는 경우

다음 어느 하나에 해당하는 경우에는 해당 재화 또는 용역의 매입세액을 전부 공제한다(부가령 제81조 제2항). 면세 관련 매입세액이 미미하므로 전부 공제하는 것이다.

① 해당 과세기간의 총공급가액 중 면세공급가액이 5% 미만으로서 공통매입세액이 500만 원 이하인 경우

② 해당 과세기간 중의 공통매입세액이 5만 원 미만인 경우

③ 재화를 공급하는 날이 속하는 과세기간에 신규로 사업을 시작하여 직전 과세기간이 없는 경우

나. 공통매입세액의 정산

(1) 매입가액비율 등으로 안분계산한 공통매입세액

총공급가액에 대한 면세공급가액의 비율을 계산할 수 없어 일단 매입가액비율, 예정공급가액 비율 또는 예정사용면적비율로 공통매입세액을 안분계산한 경우 과세사업과 면세사업의 공급 가액 또는 사용면적이 확정되는 과세기간의 확정신고를 하는 때에 정산한다(부가령 제82조 본문).

(2) 예정신고 시 안분계산한 공통매입세액

공통매입세액의 안분계산에 있어 예정신고를 하는 때에는 예정신고기간의 총공급가액에 대한 면세공급가액의 비율에 따라 일단 안분계산한 후 확정신고하는 때에 과세기간(예정신고분 과 확정신고분)의 총공급가액에 대한 면세공급가액비율에 따라 정산한다(부가령 제82조 단서).

(3) 사례

과세사업과 면세사업을 겸영하는 사업자의 공통매입세액, 수입금액이 아래와 같은 경우 각 과세기간별 공통매입세액에 대한 안분계산 및 정산방법은?[95]

구 분	공통매입세액	예정공급가액		실제공급가액	
		과세분	면세분	과세분	면세분
2019년 2기	16,000	120,000	40,000	50,000	0
2020년 1기	10,000	150,000	50,000	0	40,000
2020년 2기	4,000	–	–	180,000	60,000

→ (1) 공통매입세액 안분

2019년 2기와 2020년 1기는 실제공급가액의 과세분과 면세분이 확정되지 않았으므 로 일단 예정공급가액의 과세분과 면세분에 따라 안분한다.

---

95) 국세청, 부가가치세 집행기준, 2022, 100면의 계산사례를 변형한 것이다.

① 2019년 2기는 16,000 × 120,000/(120,000 + 40,000) = 12,000

② 2020년 1기는 10,000 × 150,000/(150,000 + 50,000) = 7,500

(2) 공통매입세액 정산

2020년 2기에 실제공급가액의 과세분과 면세분이 확정되었으므로 예정공급가액의 과세분과 면세분에 따라 안분한 금액을 정산한다.

① 2020년 2기까지의 공통매입세액 합계액: 16,000 + 10,000 + 4,000 = 30,000

② 2020년 2기의 과세·면세비율: 180,000 / (180,000 + 60,000) = 0.75

③ 따라서 정산액은 30,000 × 0.75 - (12,000 + 7,500) = 3,000

다. 공통매입세액의 재계산

(1) 의의

감가상각자산에 대하여 공통매입세액 안분계산에 따라 매입세액이 공제된 후 면세비율이 증감되어 당초 공제한 매입세액이 과대 또는 과소하게 되는 경우가 있다. 이 경우 공통매입세액에 대한 재계산이 필요하다(부가법 제41조).

(2) 요건 및 계산

공통매입세액 안분기준에 따른 비율과 감가상각자산의 취득일이 속하는 과세기간에 적용되었던 공통매입세액 안분기준에 따른 비율이 5% 이상 차이가 나는 경우 납부세액 또는 환급세액을 재계산하여 해당 과세기간의 확정신고와 함께 관할 세무서장에게 신고납부하여야 한다. 납부세액 또는 환급세액의 재계산에 따라 납부세액에 가산 또는 공제하거나 환급세액에 가산 또는 공제하는 세액은 다음 산식에 따라 계산한다(부가령 제83조 제2항).

> 당해 재화 매입세액 × (1-체감률 × 경과된 과세기간수) × 증감된 면세비율

(3) 적용배제

간주공급의 경우에는 공통매입세액 재계산 규정을 적용하지 않는다(부가령 제83조 제4항). 간주공급 규정에 의하여 이미 공제한 매입세액을 환수하였기 때문에 공통매입세액 재계산 규정을 적용할 필요가 없기 때문이다.

라. 면세사업 등을 위한 감가상각자산의 과세사업 전환 시 매입세액공제 특례

(1) 의의

과세사업용 재화를 면세사업에 사용하는 경우 공제받은 과세사업용 재화를 취득할 때 매입세액공제를 받은 금액이 있으면 공급으로 간주하여 매입세액을 추징한다. 이와 반대로 매입

세액이 공제되지 않은 면세사업 등을 위한 감가상각자산을 과세사업에 사용하거나 소비하는 경우에는 매입세액을 공제하는 것이 필요하다.

(2) 계산(부가법 제43조, 부가령 제85조 제1항·제2항)

(가) 전부 전용

사업자가 매입세액이 공제되지 않은 감가상각자산을 과세사업에 사용하거나 소비하는 경우 공제되는 세액은 다음 산식에 따라 계산한다.

$$불공제\ 매입세액 \times (1-체감률 \times 경과된\ 과세기간수)$$

(나) 일부 전용

사업자가 매입세액이 공제되지 않은 감가상각자산을 과세사업과 면세사업 등에 공통으로 사용하거나 소비하는 경우 공제되는 세액은 다음 산식에 따라 계산한다. 과세공급비율이 5% 미만일 때에는 공제세액이 없는 것으로 본다.

$$불공제\ 매입세액 \times (1-체감률 \times 경과된\ 과세기간수) \times 과세공급비율$$

(3) 공급가액이 없는 경우

공급가액이 없는 경우에는 다음의 비율 순서에 따라 계산한다(부가령 제85조 제3항).

① 총매입가액에 대한 과세사업에 관련된 매입가액의 비율
② 총예정공급가액에 대한 과세사업에 관련된 예정공급가액의 비율
③ 총예정사용면적에 대한 과세사업에 관련된 예정사용면적의 비율

다만, 면세사업 등과 관련하여 매입세액이 공제되지 않은 건물에 대하여 과세사업과 면세사업 등에 제공할 예정면적을 구분할 수 있는 경우에는 위 "③"을 "①, ②"보다 우선하여 적용한다.

부가가치세 신고, 결정 등

제8장

제1절 신고

1. 의의

부가가치세는 신고납세방식의 세목으로서 신고에 의하여 과세표준과 세액이 확정되므로 납세자는 부가가치세 신고의무가 있다. 납세자가 이행하여야 하는 부가가치세 신고에는 예정신고와 확정신고가 있다. 납세자로 하여금 확정신고 이외에 예정신고를 하도록 한 것은 소득의 발생 초기에 미리 세액을 납부받아 세원을 조기에 확보하고 징수의 효율성을 도모하기 위한 취지이다.

2. 신고의 종류

가. 예정신고

(1) 의의

사업자는 예정신고기간이 끝난 후 25일 이내에 예정신고기간에 대한 과세표준과 납부세액 또는 환급세액을 세무서장에게 신고하여야 한다(부가법 제48조 제1항).

1기의 예정신고는 4. 25.까지 하고, 2기의 예정신고는 10. 25.까지 하여야 한다. 신규로 사업을 시작하거나 시작하려는 자에 대한 최초의 예정신고기간은 사업개시일부터 그 날이 속하는 예정신고기간의 종료일까지이다.

(2) 예정고지

개인사업자와 직전 과세기간 공급가액의 합계액이 1억 5,000만 원 미만인 소규모 법인사업자에 대하여는 예정신고를 생략하고 예정고지한다(부가법 제48조 제3항). 개인사업자와 소규모 법인사업자에 대하여는 납세협력비용을 줄여주기 위하여 예정신고 대신 예정고지하는 것이다. 예정고지는 각 예정신고기간마다 직전 과세기간에 대한 납부세액의 50%에 해당하는 금액을 예정신고기간이 끝난 후 25일까지 징수한다(부가령 제90조 제4항, 제5항). 징수금액이 50만 원 미만인 경우, 간이과세자에서 해당 과세기간 개시일 현재 일반과세자로 변경된 경우, 재난 등의 사유로 납부할 수 없다고 인정되는 경우에는 예정고지하지 않는다. 예정고지하지 않는 경우에는 확정신고 시 해당 과세기간의 부가가치세를 일괄 납부하여야 한다.

휴업 또는 사업 부진으로 인하여 사업실적이 악화된 경우, 각 예정신고기간분에 대하여 조기환급을 받으려는 경우 등의 사유가 있는 경우에는 예외적으로 자신의 선택에 따라 예정신고를 하고 예정신고기간의 납부세액을 납부할 수 있다(부가법 제48조 제4항, 부가령 제90조 제6항). 이 경우 해당 예정고지는 없었던 것으로 본다.

나. 확정신고

사업자는 각 과세기간에 대한 과세표준과 납부세액 또는 환급세액을 그 과세기간이 끝난 후 25일 이내에 신고하여야 한다(부가법 제49조 제1항). 1기의 확정신고는 7 .25.까지 하고, 2기의 확정신고는 다음 해 1. 25.까지 하여야 한다. 다만, 폐업하는 경우에는 폐업일이 속한 달의 다음 달 25일까지 확정신고하여야 한다. 예정신고를 한 사업자 또는 조기에 환급받기 위하여 신고한 사업자는 이미 신고한 과세표준과 납부한 납부세액 또는 환급받은 환급세액은 신고하지 않아도 된다. 사업자는 확정신고를 할 때 조기환급세액 중 환급되지 않은 세액, 예정고지에 따라 징수되는 금액을 확정신고 시의 납부세액에서 빼고 납부하여야 한다(부가법 제49조 제2항).

제2절 대리납부

1. 용역 또는 권리의 수입에 대한 대리납부

가. 의의 및 취지

부가세법 제52조에 규정된 대리납부는 국내에 사업장이 없는 비거주자나 외국법인 또는 국내사업장이 있는 비거주자 또는 외국법인으로서 국내사업장과 관련 없이 용역 등을 공급하는 국외사업자로부터 용역 또는 권리를 공급받는 경우 해당 용역 등을 공급받은 자가 대가를 지급할 때 국외사업자를 대리하여 부가가치세를 징수하여 납부하는 것을 말한다. 예를 들어, 국내사업장이 없는 외국법무법인으로부터 국제중재소송 관련 자문용역을 받는 경우, 국외사업자로부터 소프트웨어 개발용역을 제공받는 경우 등에 용역을 제공받는 자가 부가가치세를 징수하여 납부하여야 한다.

공급받은 용역이나 권리를 과세사업에 제공하는 사업자는 부가가치세를 대리납부하더라도 그 금액을 매입세액으로 공제받으므로 적용대상에서 제외한다. 따라서 용역이나 권리를 공급받는 사업자로서 매입세액공제를 받지 않는 사업자와 소비자가 적용대상이다. 용역 또는 권리의 경우 재화와 달리 통관절차를 거치지 아니하여 과세사실의 포착이 어렵고 국외에 있는 비거주자나 외국법인이 부가가치세를 납부하는 것을 기대할 수 없으므로 공급받는 자로 하여금 부가가치세를 대리납부하도록 하는 것이다.

나. 요건

(1) 국외사업자

국내사업장이 없는 비거주자나 외국법인 또는 국내사업장이 있는 비거주자 또는 외국법인으로서 국내사업장과 관련 없이 용역 등을 공급하는 국외사업자가 공급주체이어야 한다. 비거주자나 외국법인이 우리나라에서 공급하는 외국항행용역에 대하여는 대리납부가 적용되지 않으나, 선박 및 항공기를 나용선계약에 따라 사용하고 용선료를 지급하는 때에는 대리납부를 적용한다.[1]

(2) 용역 또는 권리의 공급

국내에서 용역 또는 권리를 공급하여야 한다. 처음에는 용역을 공급하는 경우만 규정하였다가 2013. 6. 7. 부가세법을 개정하여 권리를 공급하는 경우를 추가하였다. 권리도 형체가 없어 통관절차를 거치지 않는 점에서 용역과 유사하므로 권리를 공급하는 경우에도 대리납부를 적용한 것이다.

(3) 부가가치세가 과세되지 않는 사업에의 사용과 소비

공급받은 용역 등을 과세사업에 제공하는 경우는 대리납부 적용대상에서 제외한다. 따라서 매입세액공제를 받지 않는 사업자와 용역이나 권리를 공급받는 소비자에게 적용된다. 다만, 부가가치세가 면제되는 용역은 대리납부의 대상이 아니다.[2]

다. 납부

부가가치세를 징수한 자는 부가가치세 대리납부신고서를 제출하고, 부가가치세를 납부하여야 한다(부가법 제52조 제2항).

2. 사업의 양도에 따른 사업양수인의 대리납부

가. 의의 및 취지

사업의 양도는 재화의 공급에 해당하지 않으므로 이론적으로는 사업양도인은 사업양수인에게 부가가치세를 거래징수할 필요가 없다. 그러나 해당 거래가 사업의 양도에 해당하는지 불분명하여 납세자와 과세관청 사이에 분쟁이 생기는 경우가 많다. 사업양도인은 해당 거래가 사업의 양도에 해당하는 것으로 생각하여 부가가치세를 거래징수하지 않았는데, 과세관청

---

1) 부가세법 기본통칙 52-95-2
2) 부가세법 기본통칙 52-95-1

은 사업의 양도에 해당하지 않는다고 보아 사업양도인에게 부가가치세를 과세하는 경우가 있는가 하면, 사업양수인은 사업의 양도에 해당하지 않는 것으로 생각하여 거래징수당한 부가가치세매입세액을 공제하여 부가가치세를 신고하였는데 과세관청은 사업의 양도에 해당한다고 보아 사업양수인의 매입세액공제를 부인하는 경우가 있다.

위와 같이 사업의 양도에 대하여 부가가치세 과세 여부가 불분명하기 때문에 사업의 양도에 해당하더라도 사업양수인이 부가가치세를 대리납부하면 재화의 공급으로 간주하는 규정을 두게 되었다. 이러한 취지에서 부가세법 제10조 제9항 제2호 단서는 사업의 양도는 원칙적으로 재화의 공급으로 보지 않으나, 예외적으로 대리납부한 경우에는 재화의 공급으로 간주하도록 규정하고 있다.

나. 납부

사업양수인은 그 대가를 지급하는 날이 속하는 달의 다음 달 25일까지 부가가치세를 납부하여야 한다(부가법 제52조 제4항).

제3절 특례

1. 국외사업자의 용역 등 공급에 관한 특례

가. 위탁매매인 등을 통한 용역 등 공급

국외사업자가 위탁매매인, 준위탁매매인, 대리인, 중개인을 통하여 국내에서 용역 등을 공급하는 경우 해당 위탁매매인 등이 해당 용역 등을 공급한 것으로 간주한다(부가법 제53조 제1항). 위탁매매 또는 대리인에 의한 매매는 위탁자 또는 본인이 직접 재화를 공급한 것으로 보도록 규정하고 있으나(부가법 제10조 제7항), 국외사업자의 용역 등 공급의 경우에는 사업자가 국외에 있으므로 과세행정의 편의를 위하여 국내에 있는 위탁매매인 등이 공급하는 것으로 특례를 인정한 것이다.

나. 국외사업자로부터 권리를 공급받는 경우

국외사업자로부터 권리를 공급받는 경우에는 공급받는 자의 국내에 있는 사업장의 소재지 또는 주소지를 해당 권리가 공급되는 장소로 본다(부가법 제53조 제2항).

2. 전자적 용역을 공급하는 국외사업자의 용역 공급에 관한 특례

가. 국외사업자가 정보통신망을 통해 전자적 용역을 공급하는 경우

국외사업자가 정보통신망을 통하여 휴대폰 또는 컴퓨터 등으로 공급하는 전자적 용역을 국내에 제공하는 경우 사업개시일부터 20일 이내에 간편사업자등록을 하고 부가가치세를 신고 납부하여야 한다(부가법 제53조의2 제1항). 구글, 애플 등과 같은 국외오픈마켓사업자가 국내 소비자들을 상대로 직접 전자적 용역을 공급하는 경우 부가가치세를 과세하기 위한 취지이다. 전자적 용역은 게임, 음성, 동영상 파일 또는 소프트웨어 등의 용역, 광고를 게재하는 용역, 클라우드컴퓨팅서비스, 재화 또는 용역을 중개하는 용역 등을 의미한다. 2014. 12. 23. 입법 당시에는 게임, 음성, 동영상 파일 또는 소프트웨어 등의 용역만 과세대상으로 하였으나, 2018. 12. 31. 부가세법 개정 시 광고를 게재하는 용역, 클라우드컴퓨팅서비스, 중개용역 등을 과세대상에 추가하였다.

과거에는 국외오픈마켓사업자가 부가가치세를 신고납부하지 않더라도 가산세를 부과하지 않았으나, 2020. 12. 22. 국기법을 개정하여 국외 오픈마켓사업자에게도 무신고가산세, 과소신고가산세, 납부지연가산세를 부과하는 것으로 변경하였다(국기법 제47조의2, 제47조의3, 제47조의4). 전자적 용역을 공급하는 국외사업자에 대한 부가가치세 과세제도가 시행되는 초기에는 자발적 성실신고를 유도하기 위하여 가산세를 면제하였으나, 제도가 어느 정도 정착되었으므로 다른 사업자와의 과세형평상 가산세를 부과하기로 변경한 것이다.

나. 국외사업자가 제3자를 통해 정보통신망을 이용한 전자적 용역을 공급하는 경우

국외사업자가 제3자를 통하여 국내에 전자적 용역을 공급하는 경우에는 제3자가 해당 전자적 용역을 공급한 것으로 보며, 제3자는 사업개시일부터 20일 이내에 간편사업자등록을 하여야 한다(부가법 제53조의2 제2항). 국외개발자가 제3자인 구글플레이 등과 같은 해외오픈마켓을 통하여 전자적 용역을 공급하는 경우 해외오픈마켓사업자에게 부가가치세를 과세하기 위함이다. 2020. 12. 22. 국기법 개정으로 부가가치세를 신고납부하지 않으면 무신고가산세, 과소신고가산세, 납부지연가산세를 부과하는 것으로 변경하였다(국기법 제47조의2, 제47조의3, 제47조의4).

제4절 결정, 경정, 징수 및 환급

1. 결정과 경정

가. 결정

과세관청은 사업자가 예정신고 또는 확정신고를 하지 않은 경우 예정신고기간 및 과세기간에 대한 부가가치세의 과세표준과 납부세액 또는 환급세액을 조사하여 결정한다(부가법 제57조 제1항 제1호). 사업장의 이동이 빈번한 경우, 사업장의 이동이 빈번하다고 인정되는 지역에 사업장이 있을 경우, 휴폐업 상태에 있을 경우 등의 사유로 부가가치세를 포탈할 우려가 있는 경우에도 결정할 수 있다(부가법 제57조 제1항 제4호, 부가령 제103조 제1항).

나. 경정

과세관청은 사업자가 예정신고 또는 확정신고를 한 내용에 오류가 있거나 내용이 누락된 경우, 확정신고를 할 때 매출처별 세금계산서합계표 또는 매입처별 세금계산서합계표를 제출하지 않거나 제출한 매출처별 세금계산서합계표 또는 매입처별 세금계산서합계표에 기재사항의 전부 또는 일부가 적혀 있지 않거나 사실과 다르게 적혀 있는 경우 부가가치세를 경정할 수 있다(부가법 제57조 제1항 제2호, 제3호).

다. 수시부과

과세관청은 사업자가 거짓 세금계산서를 발급하거나 수취하는 경우, 그 밖에 사업장의 이동이 빈번한 경우 등 부가가치세를 포탈할 우려가 있는 경우 부가가치세를 수시로 부과할 수 있다(부가법 제57조의2 제1항, 부가령 제104조의2). 수시부과기간은 과세기간 개시일부터 부과사유 발생일까지이다(부가법 제57조의2 제2항). 부가가치세에 대하여는 수시부과를 할 수 있는 근거규정이 없었으나, 2024. 12. 31. 부가세법 개정 시 소득세, 법인세와 같이 부가가치세에도 수시부과에 대한 근거규정을 마련하였다.

2. 징수와 환급

가. 징수

사업자가 예정신고 또는 확정신고를 할 때에 신고한 납부세액을 납부하지 않거나 납부할 세액보다 적게 납부한 경우에는 그 세액을 징수하고, 결정 또는 경정을 한 경우에는 추가납부하여야 할 세액을 징수한다(부가법 제57조 제1항). 재화의 수입에 대한 부가가치세는 세관장이 관세법에 따라 징수한다(부가법 제57조 제2항).

나. 환급

(1) 일반환급

납세지 관할 세무서장은 각 과세기간별로 과세기간에 대한 환급세액을 확정신고한 사업자에게 확정신고기한이 지난 후 30일 이내에 환급한다(부가법 제58조 제1항).

(2) 조기환급

세무서장은 영세율을 적용받는 경우, 사업자가 사업설비를 신설, 취득, 확장 또는 증축하는 경우, 사업자가 재무구조개선계획을 이행 중인 경우에는 예정신고기간별로 예정신고 기한이 지난 후 15일 이내에 예정신고한 사업자에게 환급한다(부가법 제58조 제2항, 부가령 제107조 제1항). 일반환급의 경우 확정신고기한이 지난 후 30일 이내에 환급하는 것과 비교하여 조기에 환급하는 것이다.

(3) 경정환급

결정·경정에 의하여 추가로 발생한 환급세액이 있는 경우에는 지체 없이 사업자에게 환급한다(부가령 제106조 제2항).

3. 가산세

가. 의의

국기법에 규정된 무신고가산세, 과소신고가산세, 납부지연가산세, 원천징수 관련 가산세 이외에 부가세법은 부가가치세에 특유한 가산세를 규정하고 있다.

나. 종류

(1) 사업자등록 관련 가산세(부가법 제60조 제1항)

사업자가 기한까지 사업자등록을 신청하지 않은 경우, 배우자를 제외한 타인의 명의로 사업자등록을 하거나 그 타인 명의의 사업자등록을 이용하여 사업을 한 경우에는 사업자등록 관련 가산세를 부과한다. 사업자가 타인의 명의로 사업자등록을 하고 부가가치세를 신고납부하여 관할 세무서장 등이 경정하는 경우 그 타인 명의로 발급받은 세금계산서의 매입세액은 매출세액에서 공제하며, 다만 사업자등록 관련 가산세를 부과할 수 있다.[3]

(2) 세금계산서 관련 가산세(부가법 제60조 제2항)

(가) 의의

세금계산서 제도는 당사자 사이의 거래를 노출시킴으로써 부가가치세뿐 아니라 소득세와 법인세의 세원 포착을 용이하게 하는 납세자 간 상호검증의 기능을 갖고 있음을 감안하여 과세권의 적정한 행사와 조세채권의 용이한 실현을 위하여 각종 세금계산서 관련 가산세를 부과한다.[4]

(나) 종류

① 사업자가 재화나 용역의 공급 없이 세금계산서를 수수하거나 세금계산서의 필요적 기재사항의 전부 또는 일부가 사실과 다른 경우 세금계산서 불성실가산세를 부과한다.

② 세금계산서의 발급시기가 지난 후 해당 재화 또는 용역의 공급시기가 속하는 과세기간에 대한 확정신고 기한까지 세금계산서를 발급하는 경우, 세금계산서의 발급시기가 지난 후 해당 재화 또는 용역의 공급시기가 속하는 과세기간에 대한 확정신고기한까지 세금계산서를

---

3) 부가세법 기본통칙 60-108-1
4) 대법원 2016. 11. 10. 선고 2016두31920 판결

발급하지 않은 경우, 세금계산서의 필요적 기재사항의 전부 또는 일부가 착오 또는 과실로 적혀 있지 않거나 사실과 다른 경우[5] 등 법령에서 정한 사유에 해당하면 세금계산서 관련 가산세를 부과한다. 세금계산서 발급의무자가 세금계산서를 발급하였다가 이후 수정세금계산서 발급사유가 없음에도 그 공급가액에 음(-)의 표시를 한 수정세금계산서를 발급한 경우에는 세금계산서를 발급하지 않은 경우에 해당하지 않으므로 세금계산서 미발급 가산세를 부과할 수는 없다.[6]

(다) 재화 또는 용역의 공급이 있지만 공급가액을 부풀린 세금계산서

재화 또는 용역의 공급이 있지만 공급가액을 부풀린 세금계산서는 재화나 용역의 공급 없이 세금계산서를 수수한 경우가 아니라 세금계산서의 필요적 기재사항의 전부 또는 일부가 사실과 다른 경우에 해당한다.[7] 재화나 용역의 공급 없이 세금계산서를 수수한 경우가 세금계산서의 필요적 기재사항의 전부 또는 일부가 사실과 다른 경우보다 가산세율이 더 높으므로 재화 또는 용역의 공급이 있지만 공급가액을 부풀린 세금계산서가 어느 것에 해당하는지 가리는 것은 의미가 있다.

(라) 가산세 부과 여부가 문제되는 경우

① 본점을 공급자로 하였다가 지점을 공급자로 하는 세금계산서를 재발급한 경우

본점과 지점을 소유한 법인이 지점의 건물을 양도하고 본점을 공급자로 하는 세금계산서를 발급한 이후 공급시기가 속한 과세기간에 대한 확정신고기한까지 지점을 공급자로 하는 세금계산서를 재발급한 경우 지점에서 발급한 세금계산서는 가산세 부과대상이 아니다.[8]

② 면세사업자가 부가세법상의 고유번호 또는 공급받는 자의 주소·성명 및 주민등록번호를 기재한 경우

재화나 용역을 공급받는 자가 면세사업자에 해당하여 부가세법상 사업자등록에 의한 등록번호를 부여받지 않은 경우 그 면세사업자가 소득세법 또는 법인세법상 사업자등록에 의하여 부여받은 등록번호가 있다 하더라도 이를 기재하지 않고 부가세법상의 고유번호 또는 공급받는 자의 주소·성명 및 주민등록번호를 기재한 경우 세금계산서 중 '공급받는 자의 등록번호'에 관한 사항의 전부 또는 일부가 기재되지 않거나 사실과 다른 때에 해당하지 않으므로 세금계산서 부실기재로 인한 가산세 부과대상이 아니다.[9]

---

5) 다만 부가세법 제32조에 따라 발급한 세금계산서의 필요적 기재사항 중 일부가 착오나 과실로 사실과 다르게 적혔으나 해당 세금계산서에 적힌 나머지 필요적 기재사항 또는 임의적 기재사항으로 보아 거래사실이 확인되는 경우에는 가산세를 부과하지 않는다.
6) 대법원 2022. 9. 29. 선고 2019도18942 판결
7) 대법원 2016. 11. 10. 선고 2016두31920 판결
8) 부가세법 기본통칙 60-108-6
9) 대법원 2006. 9. 8. 선고 2003두9718 판결

간이과세

제1절 의의 및 연혁

1. 의의

부가가치세제도는 장부기장과 세금계산서의 수수를 근간으로 운영된다. 그런데 세법 지식
이 부족하고 기장능력도 부족한 소규모 영세사업자에게 일반과세자와 동일한 수준으로 세금
계산서 수수 및 장부기장 등을 요구하면 이를 감당하지 못하여 오히려 세무행정비용과 납세
협력비용이 증가할 수 있다. 이러한 취지에서 간이과세제도는 소규모 영세사업자에 대한 납
세의무 이행의 편의를 도모하고 세부담을 덜어주기 위하여 공급대가에 업종별 부가가치율 및
세율을 적용하여 간편하게 납부세액을 계산하여 납부하도록 하는 제도를 말한다. 간이과세자
는 1.5~4%의 낮은 세율이 적용되고 일반과세자와 달리 매입액의 0.5%만 공제받을 수 있다.
간이과세자는 주로 최종소비자를 대상으로 하는 업종에 적용되고, 법인사업자는 간이과세자
가 될 수 없다.

2. 연혁

가. 1995. 12. 29. 개정 부가세법

우리나라는 1995. 12. 29. 부가세법 개정 시 간이과세제도를 도입하여 일반과세자, 간이과세
자, 과세특례자 등 3가지로 구분하여 운영하였다. 과세특례자는 연간 공급대가 4,800만 원 미만
의 영세사업자에게 적용되었으며 공급대가의 2%에 해당하는 금액을 납부세액으로 규정하였다.
간이과세자는 연간 공급대가 4,800만 원 이상 1억 5,000만 원 미만의 소규모사업자에게 적용되
었으며, 공급대가에 업종별 부가가치율과 10%의 세율을 적용하여 납부세액을 계산하였다.

나. 1999. 12. 28. 개정 부가세법

과세특례제도는 근거과세제도에 맞지 않고 근로소득 등 다른 소득과의 과세형평을 침해한
다는 비판이 많자 1999. 12. 28. 부가세법 개정 시 과세특례제도를 폐지하고 간이과세자와 일
반과세자 2가지로 운영하고 있다. 간이과세자는 연간 공급대가 4,800만 원 미만의 소규모사업

자에게 적용되었다.

다. 2020. 12. 22. 개정 부가세법

2020. 12. 22. 부가세법을 개정하여 간이과세자 기준을 4,800만 원 미만에서 8,000만 원~ 8,000만 원의 130% 미만, 즉 8,000만 원~1억 400만 원 미만으로 상향하였다. 간이과세자 기준이 20년 넘게 4,800만 원에 머물러 있었기 때문에 그동안의 경제성장 및 물가인상 등을 고려하여 기준을 상향조정한 것이다. 그 후 2021. 2. 17. 부가세법 시행령 개정 시 구체적인 기준금액을 8,000만 원으로 정하였고, 다시 2024년 부가세법 시행령 개정 시 기준금액을 1억 400만 원으로 상향하였다.

제2절) 적용범위

1. 적용대상

간이과세자는 직전 연도의 공급대가 합계액이 1억 400만 원에 미달하는 개인사업자에게 적용된다(부가법 제61조 제1항, 부가령 제109조 제1항). 다만, 부동산임대업과 과세유흥장소에 대하여는 여전히 4,800만 원의 기준을 적용한다.

2. 적용기간

가. 일반과세자

간이과세자에 관한 규정이 적용되거나 적용되지 않는 기간은 1년의 공급대가 합계액이 기준금액에 미달하거나 그 이상이 되는 해의 다음 해 7. 1.부터 그 다음 해 6. 30.까지이다(부가법 제62조 제1항).

나. 신규사업자

신규로 사업을 개시한 사업자의 경우 간이과세자에 관한 규정이 적용되거나 적용되지 않는 기간은 최초로 사업을 개시한 해의 다음 해 7. 1.부터 그 다음 해 6. 30.까지이다(부가법 제62조 제2항).

3. 적용배제

가. 간이과세가 적용되지 않는 다른 사업장을 보유한 사업자

간이과세 기준을 충족한 사업장과 간이과세가 적용되지 않는 다른 사업장을 보유하고 있는 사업자에 대하여는 간이과세를 적용하지 않는다. 여러 사업장 중에 일부 사업장은 간이과세기준을 충족하고 다른 사업장은 간이과세 기준을 충족하지 않는 경우 간이과세 기준을 충족한 사업장에 대하여도 간이과세를 적용하지 않는 것이다.

나. 업종, 규모, 지역 등을 고려하여 법령에서 규정한 사업자

(1) 사업자 상대 업종 사업자

광업, 제조업, 도매업, 상품중개업 등과 같이 사업자를 상대하는 업종에 대하여는 간이과세를 적용하지 않는다. 다만, 과자점업, 도정업, 제분업 및 떡류 제조업 중 떡방앗간, 양복점업, 양장점업, 양화점업 등과 같이 주로 최종소비자에게 직접 재화를 공급하는 사업은 예외적으로 간이과세를 적용한다.

(2) 세원관리 업종 사업자

변호사업 등 세원포착이 긴요한 전문자격사 업종, 사업장의 소재 지역과 사업의 종류·규모 등을 고려하여 국세청장이 정하는 기준에 해당하는 것, 전전년도 기준 복식부기의무자가 경영하는 사업, 전기, 가스, 증기 및 수도 사업, 건설업, 전문, 과학, 기술서비스업, 사업시설 관리, 사업지원 및 임대 서비스업에 대하여는 간이과세를 적용하지 않는다. 다만, 건설업 중 도배, 실내 장식 및 내장 목공사업, 배관 및 냉난방 공사업 등 주로 최종소비자에게 직접 재화 또는 용역을 공급하는 사업, 전문·과학기술서비스업, 사업시설 관리·사업지원 및 임대 서비스업 중 개인 및 가정용품 임대업, 인물사진 및 행사용 영상 촬영업, 복사업 등 주로 최종소비자에게 직접 재화 또는 용역을 공급하는 사업은 간이과세를 적용한다.

다. 부동산임대업 또는 과세유흥장소 경영 사업자

부동산임대업 또는 과세유흥장소를 경영하는 사업자로서 해당 업종의 직전 연도의 공급대가의 합계액이 4,800만 원 이상인 사업자에 대하여는 간이과세를 적용하지 않는다. 부동산임대업 또는 과세유흥장소에 대하여는 일반적인 간이과세자보다 더 엄격한 기준을 적용하는 것이다.

라. 일반과세자로부터 양수한 사업자

일반과세자로부터 양수한 사업에 대하여는 간이과세를 배제한다. 다만, 간이과세 배제업종 등에 해당하지 않고, 공급대가 합계액이 1억 400만 원에 미달하는 경우는 간이과세를 적용한다.

마. 둘 이상의 사업장의 직전 연도 공급대가 합계액이 1억 400만 원 이상인 사업자

둘 이상의 사업장이 있는 사업자로서 둘 이상의 사업장의 직전 연도의 공급대가 합계액이 1억 400만 원 이상인 경우 간이과세를 적용하지 않는다. 다만, 부동산임대업 또는 과세유흥장소에 해당하는 사업장을 둘 이상 경영하고 있는 사업자의 경우 그 둘 이상의 사업장의 직전 연도의 공급대가의 합계액이 4,800만 원 이상인 경우 간이과세의 적용을 배제한다.

4. 신규사업자

직전 과세기간에 신규로 사업을 시작한 개인사업자에 대하여는 사업개시일부터 과세기간 종료일까지의 공급대가를 합한 금액을 12개월로 환산한 금액을 기준으로 간이과세 여부를 판단한다(부가법 제61조 제2항).

제 3 절   과세표준과 세액계산

1. 과세표준의 계산

간이과세자의 과세표준은 해당 과세기간의 공급대가의 합계액으로 한다(부가법 제63조 제1항). 간이과세자 중 공급대가 합계액이 4,800만 원 미만인 자는 세금계산서를 발급하지 않고 영수증을 발급할 수 있으나, 공급대가 합계액이 4,800만 원부터 1억 400만 원 미만인 자는 세금계산서를 발급하여야 한다(부가법 제36조 제1항 제2호).

2. 납부세액의 계산

가. 계산방법

공급대가에 업종별 부가가치율을 곱하면 부가가치가 산정되므로 납부세액은 "공급대가 × 업종별 부가가치율 × 세율"의 산식에 의하여 산정한다. 업종별 부가가치율은 소매업, 음식점업 15%, 제조업, 농업, 어업, 소화물 전문 운송업 20%, 숙박업 25%, 건설업, 운수 및 창고업, 정보통신업 30%, 금융 및 보험 관련 서비스업, 전문과학 및 기술서비스업, 부동산 관련 서비스업, 부동산임대업 40%, 그 밖의 서비스업 30%이다(부가령 제111조 제2항). 종전 4개 업종으로 구분하던 것을 2021. 2. 17. 부가세법 시행령 개정 시 6가지 업종으로 구분하고 부가가치율도 조정하였다.

나. 매입계산서 등 수취세액 공제

간이과세자가 다른 사업자로부터 세금계산서 등을 발급받아 매입처별 세금계산서합계표 또는 신용카드매출전표 등 수령명세서, 전자세금계산서를 제출하는 경우에는 해당 과세기간에 세금계산서 등을 발급받은 재화와 용역의 공급대가에 0.5%를 곱한 금액을 납부세액에서 공제한다(부가법 제63조 제3항). 기존에는 "매입세액 × 업종별 부가가치율"에 해당하는 금액을 매입세액으로 공제하였으나, 2020. 12. 22. 부가세법 개정 시 매입세액공제액 계산방법을 바꾸었다. 간이과세자 납부세액 계산 시 부가가치율에 매입액이 이미 반영되어 있어 매입세액공제가 불필요하므로 공급대가를 기준으로 일정비율만큼 매입세액공제액을 계산하는 것으로 변경한 것이다. 간이과세자가 과세사업과 면세사업 등을 겸영하는 경우에는 안분계산한 금액을 공제한다. 위와 같이 매입세액을 추가로 공제하는 것은 간이과세자가 과세사업자로부터 재화나 용역을 공급받는 경우 거래상대방으로부터 세금계산서를 수취하도록 유도하기 위함이다. 간이과세자의 경우 매입세액의 합계액이 각 과세기간의 납부세액을 초과하는 경우에는 그 초과부분은 없는 것으로 본다(부가법 제63조 제5항). 즉 환급세액을 인정하지 않는다.

다. 재고납부세액

(1) 의의

일반과세자가 간이과세자로 변경되면 변경 당시의 재고품, 건설 중인 자산 및 감가상각자산에 대하여 납부세액에 가산한다(부가법 제64조). 매입세액을 공제받은 경우만 해당하되, 사업의 양도에 의하여 사업양수자가 양수한 자산으로서 사업양도자가 매입세액을 공제받은 재화를 포함한다. 판례가 사업양수 후 간이과세자로 전환된 양수인의 감가상각자산 등에 관하여 양도인인 전 사업자들이 매입세액을 공제받은 경우까지 포함하는 것은 아니라고 판시하자,[1] 2010. 12. 17. 부가세법 개정 시 반대취지로 입법하였다.

(2) 계산방법

상품, 제품, 재료의 재고납부세액은 다음과 같이 재고납부세액을 계산한다(부가령 제112조 제3항).

$$재고납부세액 = 재고금액 \times 10/100 \times (1 - 0.5\% \times 110/10)$$

감가상각자산으로서 타인으로부터 매입한 자산은 다음과 같이 재고납부세액을 계산한다(부가령 제112조 제3항). 감가율은 건물 또는 구축물은 5%이고, 그 밖의 자산은 25%이다.

$$\begin{aligned}재고납부세액 = &\ 취득가액 \times (1 - 감가율 \times 경과된\ 과세기간\ 수 \times 110/10) \times 10/100 \\ &\times (1 - 0.5\% \times 110/10)\end{aligned}$$

---

1) 대법원 2008. 2. 14. 선고 2006두17727 판결

제4절 신고, 결정 등

1. 신고와 예정부과

가. 신고납부의무

간이과세자는 과세기간의 과세표준과 납부세액을 과세기간이 끝난 후 25일 이내에 신고납부하여야 한다(부가법 제67조 제1항). 간이과세자의 과세기간은 1. 1.부터 12. 31.까지이므로 다음 해 1. 25.까지 부가가치세를 신고납부하여야 한다. 간이과세자가 폐업하는 경우에는 폐업일이 속한 달의 다음 달 25일 이내에 신고납부하여야 한다.

나. 예정부과

과세관청은 간이과세자에 대하여 직전 과세기간에 대한 납부세액의 50%를 1. 1.부터 6. 30.까지의 납부세액으로 결정하여 7. 25.까지 징수한다(부가법 제66조 제1항). 다만, 징수할 금액이 30만 원 미만인 경우에는 예정부과를 생략한다. 휴업 또는 사업부진 등으로 예정부과기간의 공급대가의 합계액 또는 납부세액이 직전 과세기간의 공급대가의 합계액 또는 납부세액의 3분의 1에 미달하는 자는 예정부과기간의 과세표준과 납부세액을 예정부과기한까지 사업장 관할 세무서장에게 신고할 수 있다(부가법 제66조 제2항, 부가령 제114조 제2항).

예정부과기간에 세금계산서를 발급한 간이과세자는 예정부과기간의 과세표준과 납부세액을 예정부과기한까지 사업장 관할 세무서장에게 신고하여야 한다(부가법 제66조 제3항). 2020. 12. 22. 부가세법 개정으로 예정부과기간에 세금계산서를 발급한 간이과세자의 신고의무가 신설되었다.

2. 결정, 경정과 징수

간이과세자에 대한 과세표준과 납부세액의 결정 또는 경정, 징수는 일반과세자와 같다(부가법 제68조 제1항, 제2항). 다만, 간이과세자의 해당 과세기간에 대한 공급대가의 합계액이 4,800만 원 미만이면 납부의무를 면제한다(부가법 제69조 제1항). 과거에 기준금액이 2,400만 원이었으나, 2018. 12. 31. 부가법 개정 시 3,000만 원, 2020. 12. 22. 부가세법 개정 시 4,800만 원으로 상향조정하였다.

3. 가산세

직전 연도 공급대가의 합계액이 4,800만 원 이상인 간이과세자는 세금계산서를 발급해야 하므로 일반과세자와 마찬가지로 세금계산서 및 세금계산서합계표에 대한 가산세가 적용된다(부가법 제68조의2 제2항 제1호). 사업자등록 관련 가산세 등도 적용된다.

4. 간이과세의 포기

간이과세자가 간이과세자에 관한 규정의 적용을 포기하고 일반과세자에 관한 규정을 적용받으려는 경우에는 적용받으려는 달의 전달의 마지막 날까지 신고하여야 한다(부가법 제70조 제1항). 신규로 사업을 시작하는 개인사업자가 사업자등록을 신청할 때 간이과세자에 관한 규정의 적용을 포기하고 일반과세자에 관한 규정을 적용받으려고 신고한 경우에는 간이과세 포기를 신고할 수 있다(부가법 제70조 제2항).

간이과세를 포기한 사업자가 다시 단기간 내에 간이과세 적용을 받는 것을 방지하기 위하여 간이과세를 포기한 사업자에게 일정한 제한을 가하고 있다. 즉 일반과세자에 관한 규정을 적용받으려는 달의 1일부터 3년이 되는 날이 속하는 과세기간까지는 간이과세자에 관한 규정을 적용받지 못하고, 신규사업자가 간이과세 포기를 신고한 경우에는 사업 개시일이 속하는 달의 1일부터 3년이 되는 날이 속하는 과세기간까지는 간이과세자에 관한 규정을 적용받지 못한다(부가법 제70조 제3항). 다만, 세금계산서 의무발급 간이과세 사업자(직전 연도 공급대가의 합계액이 4,800만 원 이상 1억 400만 원 미만인 개인사업자 등)는 3년 이내라도 간이과세 포기신고를 철회할 수 있다(부가법 제70조 제4항, 부가령 제116조 제3항, 제4항).

제5편 상속세 및 증여세법

상속세법 제1부

증여세법 제2부

재산의 평가, 신고 및 납부 제3부

제1부

상속세법

제1장 상속세 총론

제1절 상속세의 의의 및 폐지논쟁

1. 상속세의 의의

상속세는 사망에 의하여 무상으로 이전되는 재산에 부과되는 조세이다. 상속세가 전체 세수(稅收)에서 차지하는 비중은 크지 않지만 부자들의 세금이라는 인식이 강하여 조세정의를 상징하는 세목으로서의 의미가 강하다. 상속세를 납부하는 납세자의 비율도 높지 않아 대다수의 상속인들은 상속세를 내지 않는다.[1]

우리나라 상속세 최고세율은 50%로 OECD 국가 중 높은 편에 속한다. 일본이 55%이고, 영국과 미국은 40%, 이탈리아는 8%이다. 우리나라 상속세의 최고세율은 소득세의 최고세율인 45%보다 높지만 OECD 국가들 중 상당수는 상속세의 최고세율이 소득세보다 낮은 경우가 많다.

2. 상속세 폐지논쟁

가. 존치론과 폐지론

상속세 존치론은 상속세는 부(富)의 재분배를 통해 다음 세대들에게 균등한 기회를 제공할 수 있다는 점, 출발선에서의 평등을 기할 수 있다는 점 등을 근거로 상속세를 존치해야 한다고 주장한다. 반면, 상속세 폐지론은 이미 소득세를 납부하고 남은 재산에 대하여 다시 상속세를 물리면 이중과세에 해당한다는 점, 상속재산에 대하여 상속세를 물리면 부(富)의 축적을 저해하여 기업의 성장의욕을 떨어뜨리고 국부의 유출을 초래할 수 있다는 점 등을 근거로 상속세를 폐지해야 한다고 주장한다.

나. 각 국가의 상황

세계적으로 볼 때 상속세를 유지하고 있는 국가가 많지만 캐나다, 호주, 스웨덴 등 10여 개

---

[1] 통계청의 2019년~2021년 3년간의 평균 사망자 수가 305,913명이고 2022년 상속세 납세인원은 19,480명이므로 사망자 수 대비 상속세 납세인원 비율은 6.4% 정도이다

국가가 상속세를 시행하다가 폐지하였다. 에스토니아, 라트비아는 처음부터 상속세를 시행하지 않았다. 다만, 캐나다, 호주, 스웨덴 등 3개국은 상속세를 폐지하는 대신 자본이득세를 시행하고 있다. 호주와 스웨덴은 상속으로 자산이 무상이전된 경우 상속인이 피상속인의 취득가액을 승계하고, 상속인이 자산을 처분할 때 피상속인의 자본이득에 대하여 과세한다. 캐나다는 자산이 상속되면 피상속인이 상속인에게 자산을 양도한 것으로 간주하여 자본이득에 대해 과세한다.

다. 검토

헌법재판소는 상속세 제도는 국가의 새성수입의 확보라는 1차적인 목적 이외에도 재산상속을 통한 부의 영원한 세습과 집중을 완화하여 국민의 경제적 균등을 도모하려는 부차적인 목적도 있다고 판시하고 있다.[2] 상속세의 존폐는 이론적인 것이라기보다 해당 국가의 경제상황, 사회여건, 국민인식 등에 의하여 결정할 사안이다.

제2절 상속세의 과세 방식

1. 유형

가. 유산세 방식(estate type)

유산세 방식은 피상속인이 남긴 유산을 평가하고 그 금액에 대하여 누진세율을 적용하여 상속세를 과세하는 방식이다. 예를 들어, 피상속인이 남긴 유산이 100억 원이고 상속인이 2명인 경우 100억 원을 기준으로 상속세를 산정한 후 상속세액을 상속인에게 상속비율로 배분하여 상속세를 과세한다. 피상속인의 일생에 걸친 경제생활이 종결됨에 따라 이를 청산하기 위하여 과세하므로 상속세의 자산세적 성격이 강하다. 미국, 영국 등이 유산세방식을 채택하였다. 유산세 방식에 의하면 단독상속이나 공동상속에 대하여 같은 금액의 상속세가 부과되므로 상속재산의 허위분할을 통한 조세회피를 방지할 수 있고 세무집행이 용이한 장점이 있다. 그러나 상속인의 응능부담원칙을 실현하는 데에는 한계가 있다.

나. 유산취득세 방식(inheritance type)

유산취득세 방식은 상속인이 취득한 유산을 상속인별로 평가하고 그 금액에 대하여 누진세율을 적용하여 상속세를 과세하는 방식이다. 예를 들어, 피상속인이 남긴 유산이 100억 원이고 상속인이 2명인 경우 유산 100억 원을 상속분대로 나누어 각 50억 원을 기준으로 상속세를

---

2) 헌재 1997. 12. 24. 선고 96헌가19 결정

계산하여 상속세를 과세한다. 자산의 취득에 대하여 과세하므로 상속세의 수익세적 성격이 강조된다. 독일, 프랑스, 일본 등 OECD 국가 대다수가 유산취득세 방식을 채택하였다. 유산취득세 방식은 응능부담원칙의 실현 및 부(富)의 분산에 적합한 장점이 있다. 그러나 상속세를 줄이기 위하여 상속재산을 허위분할할 가능성이 있고 세무집행이 복잡한 단점이 있다.

일본의 경우 유산취득세 방식을 기본으로 하되, 유산세 방식을 일부 가미하는 이른바 법정상속분 유산취득세 방식을 채택하고 있다. 즉 실제 유산분할과 관계없이 상속인별 법정상속분을 기준으로 상속세를 계산하여 상속세 총액을 산정하고, 상속세 총액을 실제 상속인의 상속분에 따라 안분하여 상속인별 산출세액을 계산한다. 상속세 부담을 줄이기 위하여 실제의 유산분할을 은폐하여 균분상속을 한 것처럼 가장하는 것을 방지하기 위한 취지이다.

다. 양자의 차이

피상속인이 남긴 유산이 100억 원이고 상속인이 2명이라고 가정할 경우 유산세 방식은 100억 원을 기준으로 상속세를 산정한 후 이를 상속인의 상속분대로 나눈다. 반면, 유산취득세 방식은 유산을 상속분대로 나누어 각 50억 원을 기준으로 상속인의 상속세를 계산한다. 상속세는 누진세율로 과세하므로 유산세 방식과 유산취득세 방식 중 어느 방식을 채택하는지에 따라 상속세 액수가 달라진다. 유산세 방식은 과세표준의 크기가 커서 더 높은 세율을 적용받으므로 유산취득세 방식보다 더 많은 상속세가 계산된다.

또한 유산세방식은 피상속인의 유산에 대하여 상속인들에게 상속세가 과세되므로 상속인 아닌 자에 대한 사전증여가액이 상속세과세가액에 합산되어 상속인들에게 부과되는 등 실제 상속받지 않은 재산에 대하여 상속세가 부과되는 경우가 생긴다.

그 밖에 납세의무의 범위, 공과금, 장례비, 채무의 공제, 상속공제, 과세관할, 과세표준 구간 및 세율체계 등에 있어서도 차이가 있다.[3]

2. 우리나라의 경우

상증세법에 의하면 상속개시일 현재 피상속인이 보유한 모든 상속재산을 기준으로 상속세를 계산한다(상증법 제3조). 우리나라는 유산세 방식을 채택하고 있는 것이다. 다만, 금융실명제, 부동산실명제, 국세청 통합전산망(TIS) 도입 등 과세인프라의 확충으로 유산의 위장분산이 쉽지 않으므로 응능부담원칙에 부합하고, 부의 집중 완화에 효과적이며, 증여세와의 체계 정합성을 제고할 수 있는 유산취득세 방식으로의 전환이 필요하다.

---

3) 유산세방식과 유산취득세 방식의 차이에 대한 더 자세한 내용은 김신언, "상속세 유산취득세 전환에 대한 쟁점과 과제", 세무와 회계 연구, 제12권 제3호, 한국조세연구소, 2023, 이상신, "상속세제의 특징과 그 개편방향에 관한 연구 - 유산취득세 전환의 법적 쟁점을 중심으로 - ", 조세법연구 제29권 제2호, 2023 등 참조

1. 의의

피상속인이 자산을 취득하여 보유하다가 사망하면 그 사망시점을 기준으로 재산을 평가하여 상속세를 부과한다. 이때 피상속인이 자산을 취득할 때부터 사망할 때까지의 자산가치 증가분, 즉 자본이득에 대하여 상속세 이외에 별도의 세금을 부과할 것인지 문제된다. 이는 상속인이 재산을 상속한 후 양도하여 양도차익을 계산할 때 재산의 취득가액을 피상속인이 재산을 취득할 당시의 가액으로 할 것인지 또는 상속인이 재산을 상속받을 당시의 가액으로 할 것인지의 쟁점으로 귀결된다. 전자의 경우 상속재산의 자본이득에 대하여 과세하는 것이 된다.

2. 현행 제도

가. 원칙

현행 세법에 의하면 상속세 이외에 별도로 피상속인의 보유기간 중 자본이득에 대하여 과세하지 않는다. 즉 상속인이 상속재산을 양도하여 양도차익을 산정할 경우 그 취득가액은 피상속인의 취득가액이 아니라 상속개시 당시의 상증세법상 평가액이 된다(소득령 제163조 제9항).

나. 예외

상속인이 상증세법상 가업상속공제가 적용된 자산을 양도하는 경우 승계취득가액기준방식에 의하여 피상속인의 취득가액을 기준으로 양도차익을 산정한다(소득법 제97조의2 제4항, 제95조 제4항). 가업상속공제가 적용되어 과세를 유예한 피상속인의 자산취득 시부터 사망 시까지의 양도차익을 상속인의 자산 양도를 계기로 과세하는 것이다.

3. 외국의 자본이득세

가. 과세내용

(1) 호주, 스웨덴

상속으로 자산이 무상이전된 경우 상속인이 피상속인의 취득가액을 승계하고, 상속인이 자산을 처분할 때 피상속인의 자본이득에 대하여 과세한다. 취득가액승계형에 의하여 자산을 상속받을 때에는 세금을 내지 않고 추후 상속인이 재산을 처분할 때 한꺼번에 납부하도록 하는 것이다.

(2) 캐나다

자산이 상속되면 피상속인이 상속인에게 자산을 양도한 것으로 간주하여 자본이득에 대해 과세한다. 이때 자본이득의 결집효과를 완화하기 위하여 포함률(inclusion rate)을 곱한 금액에 대하여 과세한다.

나. 사례

A가 20억 원에 매입한 부동산이 상속시점에 30억 원으로 가치가 상승하였고, 자녀인 B가 상속받은 부동산을 50억 원에 처분한 경우를 가정한다.

호주, 스웨덴의 경우 상속시점에는 과세하지 않고 B가 부동산을 처분할 때 자본이득 30억 원(50억 원-20억 원)에 대해 과세한다. 캐나다의 경우 상속시점에 그 때까지의 자본이득 10억 원(30억 원-20억 원)에 대해 과세하고, B가 부동산을 처분할 때 상속 이후의 자본이득 20억 원(50억 원-30억 원)에 대해 과세한다. 우리나라의 경우 상속시점에 부동산의 평가액 30억 원에 대해 과세하고, B가 부동산을 처분할 때 자본이득 20억 원(50억 원-30억 원)에 대해 과세한다.

상속세 납세의무

제1절 상증세법상 상속

1. 상속의 의의

상증세법상 상속은 기본적으로 민법상 상속을 말하나, 그 밖에 유증, 사인증여, 특별연고자에 대한 상속재산의 분여, 유언대용신탁, 수익자연속신탁을 포함한다(상증법 제1조 제1호). 상증세법상 상속에 포함되는 개념을 간략히 설명하면 다음과 같다.

가. 민법상 상속

민법상 상속은 피상속인의 사망으로 상속인이 재산을 포괄적으로 승계하는 것을 말한다(민법 제1005조, 제1007조). 민법상 피상속인의 직계비속, 직계존속, 형제자매, 4촌 이내의 방계혈족 및 배우자에게 상속권을 부여하고 있다. 상속의 순위는 1순위 직계비속과 배우자, 2순위 직계존속과 배우자, 3순위 형제자매, 4순위 4촌 이내의 방계혈족이다(민법 제1000조).

나. 유증(遺贈)

유증은 유언자가 유언에 의하여 재산을 수증자에게 증여하는 단독행위를 말한다. 유증은 포괄적 유증과 특정적 유증으로 구분된다. 포괄적 유증은 상속재산의 전부 또는 일정비율에 의한 유증을 의미하고, 특정적 유증은 상속재산을 구체적으로 특정하여 유증의 내용으로 하는 것을 말한다. 포괄적 유증을 받은 자는 재산을 포괄적으로 승계하므로 상속인과 동일한 권리의무가 있다(민법 제1078조).

다. 사인증여(死因贈與)

사인증여는 증여자의 사망으로 효력이 생기는 증여를 말한다. 사인증여는 계약에 의하여 효력이 발생한다는 점에서 단독행위인 유언과 구별된다. 다만, 민법에서는 사인증여에 대하여 유증의 규정을 준용한다(민법 제562조). 사인증여에는 상속개시일 전 10년 이내에 피상속인이 상속인에게 진 증여채무 및 상속개시일 전 5년 이내에 피상속인이 상속인이 아닌 자에게 진 증여채무의 이행 중에 증여자가 사망한 경우의 그 증여를 포함한다. 그 취지는 위 증여채무가 상속세의 누진효과를 회피하는 수단이 될 수 있으므로 이를 상속재산가액에서 차감하지 않되, 당해 증여재산은 비록 상속개시 당시에는 상속재산에 해당하더라도 결국 증여채무로 인하여 상속인들이 수증자에게 이전할 재산이므로 상속인들 대신 수증자를 곧바로 상속세 납세의무자로 삼기 위한 것이다.[1] 따라서 증여채무의 이행 중에 증여자가 사망한 경우의 당해 증여재산이란 증여계약이 성립하여 증여채무가 생겼으나 그 이행이 완료되기 전에 증여자가 사망한 경우 증여채무의 목적이 된 증여재산을 뜻한다.

라. 특별연고자에 대한 상속재산의 분여

특별연고자에 대한 상속재산의 분여는 상속인 수색공고가 있은 후 공고기간 내에 상속권을 주장하는 자가 없는 때에 피상속인과 생계를 같이 하고 있던 자, 피상속인의 요양간호를 한 자 및 그 밖에 피상속인과 특별한 연고가 있던 자에게 상속재산을 나누어 주는 것을 말한다 (민법 제1057조의2). 피상속인과 사실혼 관계에 있던 자는 법정상속분은 인정되지 않고, 법정상속권을 주장하는 자가 없는 때에 특별연고자에 대한 상속재산의 분여를 통하여 상속재산을 승계할 수 있다.

마. 유언대용신탁과 수익자연속신탁

유언대용신탁은 수익자가 될 자로 지정된 자가 위탁자의 사망 시에 수익권을 취득하는 신탁과 수익자가 위탁자의 사망 이후에 신탁재산에 기한 급부를 받는 신탁을 말한다(신탁법 제59조). 위탁자가 생전에 사망 후 상속재산의 귀속을 미리 정할 수 있으므로 민법상 유증과 비슷한 효과를 거둘 수 있으나, 민법상 요구하는 방식에 구애되지 않고 더 유연하게 내용을 정할 수 있는 장점이 있다.

수익자연속신탁은 신탁행위로 수익자가 사망한 경우 그 수익자가 갖는 수익권이 소멸하고 타인이 새로 수익권을 취득하도록 하는 뜻을 정한 신탁을 말한다(신탁법 제60조). 수익자연속신탁을 활용하면 장기간 위탁자가 원하는 방식으로 신탁재산의 수익권을 귀속시킬 수 있어 여러 세대에 걸쳐 재산승계를 원활히 할 수 있는 장점이 있다. 수익자연속신탁 설정 당시 자녀 또는 손자녀 등이 출생하지 않았더라도 향후 태어날 자녀 또는 손자녀 등을 수익자로 지정하는 것도 가능하다.

2. 상속개시

가. 피상속인의 사망

상속은 원칙적으로 피상속인의 사망으로 개시된다(민법 제997조).

---

1) 대법원 2014. 10. 15. 선고 2012두22706 판결

나. 피상속인의 실종선고

피상속인의 사망이 확인되지 않더라도 실종선고를 받는 경우에는 상속이 개시된다. 민법상으로는 실종기간의 만료일에 사망한 것으로 의제되나(민법 제28조), 상증세법에서는 실종선고일을 상속개시일로 본다. 상속세의 부과제척기간이 지난 후에 실종선고를 받는 경우 상속세를 부과하지 못하는 경우가 생길 수 있기 때문이다.

제2절 납세의무자

1. 상속인

가. 의의

상증세법상 상속인은 상속세 납세의무자이다. 상증세법상 상속세 납세의무가 있는 상속인은 민법상 상속인 이외에 특별연고자와 상속포기자를 포함한다(상증법 제2조 제4호). 상속포기자는 엄밀히 말하면 사전증여를 받고 상속을 포기한 사람을 가리킨다.

나. 상속포기자

(1) 상증세법상 상속포기자에 대한 규정 신설 전(1998. 12. 28. 상증세법 개정 전)

과거에는 상속포기자를 상속세 납세의무자로 규정하지 않았다. 사전증여를 받은 후 상속을 포기한 사람이 상속세 납세의무가 있는지 문제된 사안에서, 대법원은 상속을 포기한 경우에는 그 소급효에 의하여 상속개시 당시부터 상속인이 아니어서 상속세 납세의무자에 해당하지 않는다고 판시하였다.[2] 그러나 상속포기자를 납세의무자로 하지 않으면 사전증여받은 후 상속을 포기함으로써 상속세 회피가 가능하고, 사전증여재산이 상속재산가액에 가산되어 상속을 승인한 자가 상속포기자의 상속세를 부담하는 불합리한 결과가 발생한다. 이를 고려하여 헌법재판소는 상속인의 범위에 상속개시 전에 피상속인으로부터 상속재산가액에 가산되는 재산을 증여받고 상속을 포기한 자가 포함되지 않는 것으로 해석하는 한 헌법에 위반된다는 한정위헌 결정을 하였다.[3]

그 후 상속을 승인한 상속인이 상속포기자의 사전증여재산 부분에 대하여까지 납세의무가 있는지 문제된 사안에서, 대법원은 상속을 승인한 상속인이 납부할 상속세는 상속포기자의 사전증여재산 등을 포함한 상속재산 중 자신이 받았거나 받을 재산의 점유비율에 따라 산출된 금액이라고 판시하였다.[4] 상속을 승인한 상속인이 상속포기자의 사전증여재산 부분에 대

---

2) 대법원 1998. 6. 23. 선고 97누5022 판결
3) 헌재 2008. 10. 30. 2003헌바10 결정

하여는 상속세 납세의무를 부담하지 않는 것으로 해석하여 헌법재판소와의 충돌을 피한 것이다. 예를 들어, 상속재산이 100억 원이고 상속인이 2명으로서 상속인 A는 90억 원을 사전증여 받고 상속을 포기하였으며, 상속인 B는 10억 원을 상속받은 경우 대법원 판례에 따르면 상속인 B는 100억 원에 대한 상속세액 중 10%(10억 원/100억 원)에 해당하는 금액만 부담하면 된다.

(2) 상증세법상 상속포기자에 대한 규정 신설 이후(1998. 12. 28. 상증세법 개정 이후)

1998. 12. 28. 상증세법을 개정하면서 상속포기자를 상속세 납세의무를 지는 상속인의 범위에 포함시킴으로써 입법적으로 해결하였다. 따라서 그 이후에는 상속포기자도 상속세 납세의무를 부담함이 명확해졌다.

2. 수유자

상증세법상 수유자(受遺者)는 상속세 납세의무자이다. 상증세법상 수유자는 유증을 받은 자, 사인증여에 의하여 재산을 취득한 자, 유언대용신탁 및 수익자연속신탁에 의하여 신탁의 수익권을 취득한 자를 포함한다.

3. 법인과 법인격 없는 단체의 경우

가. 법인

법인은 특별연고자 또는 수유자로서 상속세 납세의무자가 될 수 있으나, 영리법인은 법인세가 과세되어 상속세가 면제되므로 비영리법인만 상속세 납세의무자가 된다(상증법 제3조의2 제1항). 법인세법은 무상으로 받은 자산의 가액을 익금산입하도록 규정하고 있으므로 영리법인이 특별연고자 또는 수유자인 경우 법인세 납세의무를 진다. 다만 그 영리법인의 주주 또는 출자자 중 상속인과 그 직계비속이 있는 경우에는 상속인 등은 직접 상속받았을 때의 세액과 법인세의 차액 중 상속인 등의 지분율에 해당하는 금액만큼 추가로 납부할 의무가 있다(상증법 제3조의2 제2항, 상증령 제3조 제2항). 영리법인을 이용하여 상속세를 회피하는 것을 방지하기 위한 취지이다.

나. 법인격 없는 단체

법인격 없는 단체 중 국기법에 의한 의제법인은 비영리법인으로 보아 상속세를 과세하고, 그 밖의 단체는 거주자 또는 비거주자로 보아 상속세를 과세한다(상증법 제4조의2 제8항).

---

4) 대법원 2009. 2. 12. 선고 2004두10289 판결

제3절 납세의무의 범위

1. 고유의 납세의무와 연대납세의무

가. 고유의 납세의무

공동상속인들 각자는 피상속인의 상속재산 총액을 과세가액으로 하여 산출한 상속세 총액 중 그가 상속으로 받았거나 받을 재산의 비율에 따른 상속세 납부의무를 진다(상증법 제3조 제1항). 따라서 상속세 총액에서 민법상 상속분의 비율에 해당하는 금액만큼 상속세 납부의무를 진다. 상속재산의 일부에 대하여만 분할의 협의가 있었다면 나머지 상속재산은 적극재산이든 소극재산이든 모두 법정상속분에 따라 각 상속인에게 귀속된다. 이와 같이 상속재산의 귀속비율이 달라지는 경우 상속세액의 할당을 위한 재산의 점유비율 산정은 상속세 과세대상이 되는 상속재산을 상속세법에 따라 평가한 재산가액에서 각종 공제를 적용하는 과정 등을 거쳐 산출되는 각 상속인별 상속세과세가액을 기준으로 하여야 하고, 협의분할된 일부 재산의 가액 비율에 따라 산정해서는 안된다.[5]

나. 연대납세의무

(1) 의의

상속인 또는 수유자는 각자가 받았거나 받을 재산을 한도로 다른 상속인들과 상속세 연대납부의무를 진다(상증법 제3조 제3항). "각자가 받았거나 받을 재산"은 상속세 과세대상이 되는 상속재산을 법령에서 규정한 방법에 따라 평가한 재산가액에서 과세불산입재산의 가액을 제외하고 채무 등을 공제하는 과정을 거쳐 산출되는 상속인별 재산가액을 의미한다.[6] 피상속인이 비거주자인 경우 '각자가 받았거나 받을 재산'에는 상속세 과세대상인 국내의 상속재산만 포함된다.[7] 상속인 각자가 받았거나 받을 재산을 한도로 연대납부의무를 지도록 한 것은 실질적 담세력을 고려하여 상속인이 취득한 재산을 넘는 부분에 대하여 과세되지 않도록 하기 위함이다. 상속재산에 포함되는 사전증여재산 역시 상속인의 연대납부의무를 정하는 기준인 상속인 각자가 받았거나 받을 재산에 해당한다.[8]

위와 같이 상속인의 연대납세의무는 상속인 각자가 받았거나 받을 재산을 한도로 적용한다는 점에서 다른 연대납세의무와 차이가 있다. 상속인 또는 수유자가 연대납세의무자로서 각

---

5) 대법원 1995. 3. 28. 선고 94누12197 판결
6) 대법원 2001. 11. 13. 선고 2000두3221 판결
7) 대법원 2024. 9. 12. 선고 2022두64143 판결. 피상속인이 소액의 국내예금채권과 국외의 주택 1채를 남기고 사망하였는데, 과세관청이 상속인 외의 자에 대한 사전증여재산가액 14억 3,000만 원을 가산하여 국내의 상속재산을 훨씬 상회하는 상속세를 부과한 사안에서 비거주자인 상속인의 연대납세의무의 범위를 정할 때에는 국내의 상속재산만 포함해야 한다고 판시한 것이다.
8) 대법원 2018. 11. 29. 선고 2016두1110 판결

자가 받았거나 받을 상속재산의 한도내에서 다른 상속인이 납부해야 할 상속세를 대신 납부한 경우 증여세가 부과되지 않으나, 한도를 초과하여 대신 납부한 세액에 대해서는 증여세가 부과된다.[9]

(2) 연대납세의무의 성립과 확정

피상속인의 사망 시에 상속인의 연대납세의무가 성립한다. 또한 상속인 등의 고유의 상속세의 납세의무가 확정되면 연대납부의무의 확정을 위한 별도의 절차를 거칠 필요없이 법률상 당연히 확정된다.[10] 따라서 과세관청은 상속인이 연대납세의무를 이행하지 않으면 별도의 절차를 거치지 않고 바로 연대납부의무자에게 징수절차를 개시할 수 있다.

2. 피상속인이 거주자인 경우와 비거주자인 경우의 납세의무

가. 거주자와 비거주자의 구분

거주자란 국내에 주소를 두거나 183일 이상 거소를 둔 사람이며, 비거주자란 거주자가 아닌 사람이다(상증법 제2조 제8호). 거주자와 비거주자의 구분은 소득세법상 기준과 같다.

나. 피상속인이 거주자인 경우와 비거주자인 경우 납세의무의 차이

(1) 납세의무의 범위

피상속인이 거주자인 경우에는 국내 및 국외에 있는 상속재산에 대하여 상속세 납세의무가 있고, 피상속인이 비거주자인 경우에는 국내에 있는 상속재산에 대하여 상속세 납세의무가 있다(상증법 제3조).

(2) 공제

피상속인이 거주자인 경우에는 상증세법상 규정된 모든 공제가 적용되나, 비거주자인 경우에는 기초공제와 감정평가수수료 공제, 해당 상속재산 및 사업장 관련 공과금과 채무 등 일부 공제만 적용된다.

---

9) 서면4팀-2005(2004. 12. 9.), 재산-2387(2008. 8. 22.)
10) 대법원 1990. 7. 10. 선고 89누8279 판결

1. 본래의 상속재산

가. 상속재산의 의의

상속재산이란 피상속인에게 귀속되는 모든 재산을 말하며, 금전으로 환산할 수 있는 경제적 가치가 있는 모든 물건, 재산적 가치가 있는 법률상 또는 사실상의 모든 권리를 포함한다 (상증법 제2조 제3호). 다만, 피상속인의 일신에 전속하는 것은 피상속인의 사망으로 상속되지 않고 소멸되므로 상속재산에서 제외한다. 피상속인의 일신에 전속하는 것의 예로는 변호사, 의사 등 전문자격, 피상속인이 부담하는 벌금, 과료 등이 있다.

나. 부동산 매매계약 이행 중인 재산의 상속재산 여부[1]

(1) 피상속인이 매도인인 경우

피상속인이 매도인으로서 잔금수령 전 사망한 경우 양도대금 전액에서 상속개시 전 받은 계약금과 중도금을 차감한 금액이 상속재산가액에 해당한다. 양도대금이 불분명한 경우에는 당해 부동산 평가금액에서 상속개시 전 영수한 계약금과 중도금을 차감한 금액이 상속재산가액이다. 피상속인이 해당 재산에 대한 잔금을 수령하지 않았으므로 상속인은 일단 해당 재산을 상속한 것이고, 피상속인이 받은 계약금과 중도금은 별도의 상속재산이므로 이중으로 계산되지 않도록 공제하는 것이다.

(2) 피상속인이 매수인인 경우

피상속인이 매수인으로서 잔금지급 전 사망한 경우 이미 지급한 계약금과 중도금이 상속재산에 포함된다. 피상속인이 해당 재산에 대한 잔금을 지급하지 않았으므로 상속인은 재산을 상속하였다고 볼 수는 없고, 다만 피상속인이 지급한 계약금과 중도금은 채권의 성격을 가지므로 상속재산에 해당한다.

---

1) 상증법 기본통칙 2-0-3

2. 의제상속재산(간주상속재산)

가. 의의

의제상속재산은 민법상 상속재산은 아니나 경제적 실질상 본래의 상속재산과 같은 담세력이 있기 때문에 과세형평을 위하여 상속재산으로 의제하는 재산을 의미한다. 민법상 상속재산이 아니라는 것은 상속인이 상속, 유증, 사인증여 등에 의하여 취득한 재산이 아니라는 의미이다.

나. 종류

(1) 보험금

(가) 피상속인이 보험계약자인 경우

피상속인의 사망으로 인하여 받는 생명보험 또는 손해보험의 보험금으로서 피상속인이 보험계약자인 보험금은 상속재산으로 본다(상증법 제8조 제1항). 피상속인이 피보험자이면서 보험계약자인 경우 피상속인이 사망하면 보험금을 상속재산으로 의제한다.[2] 피상속인이 실질적으로 보험료를 지불하고 그의 사망을 원인으로 일시에 무상으로 수취하는 생명보험금 또는 손해보험금은 유족의 생활보장을 목적으로 한 금융자산의 성격도 지니고 있으므로 경제적 실질에서 민법상 상속재산과 다르지 않다고 보는 것이다.[3] 피상속인의 사망으로 인하여 지급받는 생명보험 또는 손해보험의 보험금으로서 보험계약의 수익자가 상속인이 아닌 경우에는 상속인이 아닌 자가 유증 등을 받은 것으로 보아 상속재산에 포함된다.[4]

(나) 피상속인이 보험계약자가 아니지만 보험료를 납부한 경우

피상속인이 형식적으로는 보험계약자가 아니라도 실질적으로 보험료를 납부하였을 때에는 그 보험금을 상속재산으로 본다(상증법 제8조 제2항). 피상속인이 보험계약자인 경우를 우회하여 동일한 효과를 거둘 수 있으므로 이에 대응하기 위한 취지이다.

(2) 신탁재산

(가) 의의

신탁관계에서 신탁재산이 상속재산으로 의제되는 것은 피상속인이 위탁자인 경우와 타익신탁에서 수익자인 경우로 대별된다.

① 피상속인이 위탁자인 경우에는 신탁재산을 상속재산으로 본다(상증법 제9조 제1항). 다만, 타인이 그 신탁재산에 대하여 수익권을 가진 경우 그 수익권 가액은 상속재산에서 제외한다. 신탁재산은 원본수익권과 수익수익권의 합으로 구성되므로 타익신탁의 경우 수익수익권의

---

2) 타인을 피보험자로 하는 생명보험은 타인의 동의를 얻어야 한다(상법 제731조 제1항). 보험계약자나 수익자가 경제적 이익을 얻기 위하여 타인을 해할 가능성이 있기 때문이다.
3) 헌재 2009. 11. 26. 선고 2007헌바137 결정
4) 상증법 집행기준 8-4-3

가치만큼 차감하여 상속재산을 평가하는 것이다.

② 피상속인이 타익신탁의 수익자인 경우에는 수익권 가액을 상속재산에 포함한다(상증법 제9조 제2항).

(나) 수익자연속신탁

수익자연속신탁의 수익자가 사망함으로써 타인이 새로 신탁의 수익권을 취득하는 경우 그 타인이 취득한 수익권 가액은 사망한 수익자의 상속재산에 포함한다(상증법 제9조 제3항). 수익자연속신탁에 대하여는 과거 상증세법상 규정이 미비하여 ① 후순위 수익자의 경우 위탁자가 사망한 시점에 과세할 것인지, 수익권을 취득한 시점에 과세할 것인지, ② 신탁재산이 상속재산이 되는지, 수익권이 상속재산이 되는지 등이 불분명하였으나, 2020. 12. 29. 상증세법을 개정하여 ① 후순위 수익자의 경우 선순위 수익자가 사망한 시점에 과세한다는 점, ② 수익권이 상속재산이 된다는 점 등을 규정하였다. 다만, 구체적 사안에서 과세에 대하여 불명확한 부분이 존재한다. 예를 들어, 위탁자(A)는 본인의 건물(시가 10억 원, 월 임대료 300만 원)에 대하여 수익자연속신탁을 설정하여 A 생전에는 자신이 임대료 수익을 받고, A 사망 후 배우자(B) 사망 시까지 배우자 B에게 임대료 수입을 귀속시키며, B 사망 후에는 자녀(C)에게 상가 소유권을 이전하기로 한 경우 A 사망 시 증여세를 과세하지 않고 상속세를 과세한다는 점은 명확하나, B와 C의 과세방식에 대하여는 다음과 같이 3가지 의견이 대립한다.[5]

제1설은 A 사망 시 전체 신탁재산에 대해 B에게 상속세를 과세하고 B 사망 시 다시 전체 신탁재산에 대해 C에게 상속세를 과세하여야 한다는 견해이다. 이에 대하여는 B는 수익수익권만 상속받는데 원본수익권에 대해서까지 과세하면 납세자의 재산권을 침해한다는 비판이 제기된다.

제2설은 A 사망 시 수익수익권에 대해 B에게 상속세를 과세하고 B 사망 시 C에게 원본수익권에 대해 상속세를 과세하여야 한다는 견해이다. 이에 대하여는 상속재산을 직접 상속하는 경우와 비교할 때 상속세의 부담이 감소하므로 조세회피에 이용될 수 있다는 비판이 제기된다.

제3설은 A 사망 시 B에게 수익수익권에 대해 상속세를 과세하고, C에게 원본수익권에 대해 상속세를 과세하여야 한다는 견해이다. 이에 대하여는 장래에 받게 되는 수익권에 대한 평가가 곤란하다는 비판이 제기된다. 더욱이 수익자연속신탁은 아직 태어나지 않은 후손을 수익자로 지정할 수도 있으므로 이러한 경우에는 평가의 어려움이 가중된다.

수익자연속신탁은 1개의 재산을 원본수익권과 수입수익권 등으로 쪼개고 이를 기간을 달리하여 다수인에게 귀속시키는 제도이므로 1개의 재산을 상속세 계산의 기본단위로 하는 기존의 상속세 이론으로 완전히 해결하기 어려운 근본적인 한계가 있다.[6] 상속세법이 직접 수

---

5) 이중교, "개정 신탁세제의 내용 및 쟁점", 신탁연구 제4권 제1호, 2022, 21~23면
6) 송동진, 「신탁과 세법」, 삼일인포마인, 2021, 230면

익자 사망 시 승계수익자가 수익권을 상속하는 것으로 규정하고 있으므로 일단 제3설은 배제하고 제1설과 제2설 중 하나로 해석해야 할 것으로 보인다. 일본과 같이 수익자연속신탁에 의하여 수입수익권을 취득한 경우에도 신탁재산을 상속받은 것으로 명확히 규정하고 있지 않은 한, 납세자에게 불이익을 줄 수 없으므로 제2설이 타당하다고 본다. 제2설을 취할 경우 상속재산을 직접 상속하는 경우와 비교하여 상속세 부담이 줄어드는 것은 사실이나, 그로 인하여 신탁재산이 묶이는 불이익을 감수하여야 하므로 납세자들이 조세를 줄이기 위하여 신탁을 이용할 것이라고 섣불리 단정할 수 없다. 만약 상속재산을 직접 상속하는 경우와 형평을 맞추는 것이 중요하다면 일본의 입법과 같이 그와 같은 취지를 명확히 규정할 필요가 있다.

(3) 퇴직금 등(상증법 제10조)

피상속인에게 지급될 퇴직금, 퇴직수당, 공로금, 연금 등이 피상속인의 사망으로 인하여 지급되는 경우 그 금액은 상속재산으로 본다. 다만, 유족에게 지급되는 유족연금 등은 유족의 고유재산이므로 상속재산으로 보지 않는다.

3. 비과세되는 상속재산

가. 전사자 등에 대한 상속재산

전쟁, 사변 또는 이에 준하는 비상사태로 토벌 또는 경비 등 작전업무 수행 중 사망하거나 그로 인한 부상 또는 질병으로 사망하여 상속이 개시되는 경우 그 상속재산에 대하여는 상속세를 비과세한다(상증법 제11조, 상증령 제7조). 이 규정에 따라 상속세가 비과세되기 위해서는 전쟁 등의 수행과 부상 또는 질병 사이에 인과관계가 있어야 하고, 이러한 인과관계는 의학적·자연과학적으로 명백히 증명되지 않더라도 전쟁 등의 수행과 부상 또는 질병 사이에 상당인과관계가 추단되는 정도로 증명되어야 한다. 고엽제후유증 환자들이 전쟁수행으로 발생한 질병으로 사망한 것인지 다투어진 사안에서, 판례는 고엽제의 유해물질과 다발성 골수종 사이의 인과관계를 인정할 만한 상당한 개연성이 증명되었다고 볼 수 없다는 이유로 상속세 비과세 대상에 해당하지 않는다고 판시하였다.[7]

나. 공익적 성격이 있는 상속재산

상속재산 중 공익적 성격이 있는 재산, 즉 국가, 지방자치단체 또는 공공단체에 유증한 재산, 정당에 유증한 재산, 사내근로복지기금, 우리사주조합, 공동근로복지기금 및 근로복지진흥기금에 유증한 재산, 사회통념상 인정되는 이재구호금품, 치료비 및 그 밖에 불우한 자를 돕기 위하여 유증한 재산, 상속재산 중 상속인이 상속세신고기한까지 국가, 지방자치단체 또는 공공단체에 증여한 재산 등에 대하여는 상속세를 비과세한다(상증법 제12조 제1호, 제4호, 제5호, 제6호, 제7호).

---

7) 대법원 2014. 2. 27. 선고 2012두16275 판결

다. 제사 관련 재산

제사를 주재하는 상속인을 기준으로 ① 피상속인이 제사를 주재하고 있던 선조의 분묘에 속한 9,900㎡ 이내의 금양임야, ② 분묘에 속한 1,980㎡ 이내의 묘토인 농지, ③ 족보와 제구에 대하여는 상속세를 비과세한다(상증법 제12조 제3호, 상증령 제8조 제3항). 금양임야와 묘토의 합계액은 2억 원을 한도로 하고, 족보와 제구의 합계액은 1,000만 원을 한도로 한다. 금양임야(禁養林野)는 지목에 관계없이 피상속인의 선조의 분묘에 속한 임야를 말하며, 묘토인 농지는 피상속인이 제사를 주재하고 있던 선조의 분묘와 인접거리에 있는 것으로 상속개시일 현재 묘제용 재원으로 실제 사용하는 농지를 말한다.

위 규정은 일가의 세사를 계속하기 위한 제사용 재산을 승계할 경우 상속세과세가액에서 제외시키기 위한 것으로서 금양임야 등의 승계권을 분묘의 제사를 주재하는 상속인에게 귀속시키기 위한 규정이다.[8] 따라서 금양임야를 여러 명의 상속인이 공동상속한 경우 제사를 주재하는 자 외의 상속인이 상속받은 재산의 가액은 상속세과세가액에 산입한다. 분묘가 속한 금양임야 및 묘토인 농지에서 분묘는 피상속인이 제사를 주재하고 있던 선조의 것을 말하므로 상속개시 후에 금양임야와 묘토로 사용하기로 한 경우에는 비과세되지 않는다.

제2절 상속세과세가액

1. 개요

가. 의의

상속세 과세가액은 상속재산가액에서 공과금, 장례비, 채무를 뺀 후 사전증여재산과 추정상속재산을 더한 금액이다(상증법 제13조 제1항, 제15조 제1항). 이를 산식으로 표시하면 다음과 같다.

> 상속세과세가액 = 상속재산가액 − 공과금, 장례비, 채무 + 사전증여재산 + 추정상속재산

위 산식에서 상속재산가액에서 공제하는 공과금, 장례비, 채무가 상속재산가액보다 큰 경우 그 초과액은 없는 것으로 계산한다(상증법 제13조 제1항 단서). 이는 공과금, 장례비, 채무가 상속재산가액보다 크더라도 0원으로 계산되므로 사전증여재산과 추정상속재산에서 공제되지 않음을 의미한다.

---

8) 대법원 1994. 10. 14. 선고 94누4059 판결

나. 연혁

과거에 상속세과세가액은 상속재산가액에 사전증여재산을 더하고 공과금, 장례비, 채무를 공제한 후 추정상속재산을 더하여 산정하였다. 그러나 1999. 12. 28. 상증세법 개정 시 상속재산가액에서 공과금, 장례비, 채무를 공제하고 사전증여재산과 추정상속재산을 더하여 산정하는 것으로 변경하였다. 이는 상속세과세가액 산정 시 공과금, 장례비, 채무를 사전증여재산보다 먼저 차감함으로써 공과금, 장례비, 채무가 상속재산가액보다 큰 경우 사전증여재산을 감소시켜 상속세과세가액을 줄이는 것을 방지하기 위한 취지였다. 그러나 공과금, 장례비, 채무가 상속재산가액보다 큰 경우 그 부수(−)를 0으로 본다는 별도의 규정이 없었으므로 판례는 상속세과세가액을 산정함에 있어 상속재산가액에서 채무 등을 차감한 가액이 부수(−)인 경우 그 부(−)의 차감잔액을 기초로 사전증여재산가액을 가산하여야 한다고 판시하였다.[9] 이에 2013. 1. 1. 상증세법 개정 시 공과금, 장례비, 채무가 상속재산가액보다 큰 경우 그 초과액은 없는 것으로 본다는 규정을 신설하였다. 따라서 이 개정 후에는 공과금, 장례비, 채무가 상속재산가액보다 큰 경우에도 사전증여재산가액을 줄일 수 없게 되었다.

2. 공제금액

가. 공과금

공과금은 상속개시일 현재 피상속인이 납부할 의무가 있는 것으로서 상속인에게 승계된 조세, 공공요금을 말한다(상증법 제14조 제1항 제1호, 상증령 제9조 제1항). 다만, 상속인의 귀책사유로 인한 가산세, 체납처분비(강제징수비), 벌금, 과료, 과태료 등은 제외한다.[10]

나. 장례비

장례비는 ① 피상속인의 사망일부터 장례일까지 장례에 직접 소요된 금액, ② 봉안시설 또는 자연장지의 사용에 소요된 금액을 합한 금액으로 한다(상증법 제14조 제1항 제2호, 상증령 제9조 제2항). 위 "①"의 금액이 500만 원 미만인 경우에는 500만 원으로 하고, 1,000만 원을 초과하는 경우에는 1,000만 원으로 한다. 이는 500만 원까지는 증거 없이 인정하나, 500만 원을 초과하는 금액의 경우에는 증거에 의해 인정하되, 1,000만 원을 한도로 한다는 의미이다. 위 "②"의 금액이 500만 원을 초과하는 경우에는 500만 원으로 한다.

다. 채무

(1) 거주자

피상속인의 채무는 상속재산가액에서 공제한다(상증법 제14조 제1항 제3호). 다만, 상속개시일 전 10년 이내에 피상속인이 상속인에게 진 증여채무와 상속개시일 전 5년 이내에 피상속

---

9) 대법원 2006. 9. 22. 선고 2006두9207 판결
10) 상증법 기본통칙 14−9−1

인이 상속인이 아닌 자에게 진 증여채무는 제외한다. 사전증여채무는 사전증여재산을 상속세 과세가액에 포함시킨 취지를 살리기 위하여 공제하는 채무에서 제외한다. 예를 들어, 피상속인이 상속개시일 1년 전에 상속인에게 10억 원을 증여한다고 약정하여 채무를 부담하고 피상속인이 사망한 후 증여채무를 이행하기 위하여 10억 원을 지급하는 경우 사전증여채무를 인정하면 10억 원이 공제되어 피상속인 사망 후 10억 원을 상속재산에 가산하는 효과가 없어지므로 사전증여채무를 인정하지 않는 것이다.

상속재산가액에서 공제될 피상속인의 채무는 상속개시 당시 피상속인이 종국적으로 부담하여 이행할 것이 확실하다고 인정되는 채무를 뜻한다. 따라서 상속개시 당시 피상속인이 제3자를 위하여 연대보증채무를 부담하고 있거나 물상보증인으로서의 책임을 지고 있는 경우에는 주채무자가 변제불능의 무자력 상태에 있기 때문에 피상속인이 그 채무를 이행하여야 할 뿐 아니라 주채무자에게 구상권을 행사하더라도 변제받을 가능성이 없다고 인정되는 때에 비로소 그 채무를 상속재산가액에서 공제할 수 있다.[11] 이 경우 상속개시 당시에 주된 채무자가 변제불능의 상태에 있는지 여부는 일반적으로 주된 채무자가 파산, 회생 혹은 강제집행 등의 절차개시를 받거나 사업폐쇄, 행방불명, 형의 집행 등에 의하여 채무초과의 상태가 상당 기간 계속되면서 사실상 채권을 회수할 수 없는 것이 객관적으로 인정될 수 있는지 여부로 결정하고, 그 사유의 존재에 대한 주장·증명책임은 납세의무자에게 있다.[12]

(2) 비거주자

비거주자의 사망으로 인하여 상속이 개시되는 경우에는 해당 상속재산에 관한 공과금, 해당 상속재산을 목적으로 하는 유치권, 질권, 전세권, 임차권, 양도담보권, 저당권 등에 따른 피담보채무, 피상속인의 사망 당시 국내에 사업장이 있는 경우로서 그 사업장에 갖춰 두고 기록한 장부에 의하여 확인되는 사업상의 공과금 및 채무를 공제한다(상증법 제14조 제2항). 상속세과세대상이 국내에 있는 상속재산으로 제한되는 것을 고려하여 상속재산의 가액에서 차감하는 채무도 국내 상속재산으로 담보되거나 국내 상속재산과 일정한 경제적 관련성이 있는 것으로 제한된다. 국내에 소재하는 상속재산의 경우에는 그 부동산으로 담보된 채무가 국내채무인지 또는 국외채무인지 관계없이 공제한다.[13]

국내 상속재산에 대한 가압류에 의하여 보전된 피상속인의 채무는 판결에 의하여 그 존재 및 범위가 확정되었더라도 문언상 당해 상속재산을 목적으로 하는 유치권·질권 또는 저당권으로 담보된 채무에 포함된다고 볼 수 없다.[14] 당해 상속재산을 목적으로 하는 저당권 등에 의하여 담보된 채무와 가압류의 피보전채무는 상속재산의 담세력에서 차이가 있고, 국내의

---

11) 대법원 2004. 9. 24. 선고 2003두9886 판결
12) 대법원 2007. 11. 15. 선고 2005두5604 판결
13) 재재산 46014-116(1999. 4. 10.)
14) 대법원 2011. 7. 14. 선고 2008두4275 판결

상속재산을 목적으로 하는 저당권 등은 국내의 상속재산과 밀접한 연관성을 가지는데 반하여 가압류의 피보전채무는 국내의 상속재산과의 관련성이 없거나 미약하므로 양자를 달리 취급하는 것이 불합리하다고 볼 수 없다.[15]

3. 사전증여재산

가. 가산취지

사전증여재산을 가산하는 것은 상속세의 부과대상이 될 재산을 미리 증여의 형식으로 이전하여 상속재산을 분산하거나 은닉하는 방법으로 고율의 누진세율에 의한 상속세 부담을 회피하거나 감소시키는 행위를 방지하기 위한 취지이다. 이중과세를 방지하기 위해 사전증여에 부과된 증여세는 상속세산출세액에서 공제한다.

상속개시일 이전에 수증자가 피상속인으로부터 재산을 증여받고 피상속인의 사망 전에 사망한 경우에는 상속인 등에 해당하지 않으므로 피상속인의 상속세과세가액에 사전증여재산가액을 합산하지 않는다.

나. 범위

(1) 수증자에 따른 범위

사전증여재산가액은 상속개시일 전 10년 이내에 피상속인이 상속인에게 증여한 재산가액, 상속개시일 전 5년 이내에 피상속인이 상속인이 아닌 자에게 증여한 재산가액이다(상증법 제13조 제1항). 과거에는 상속인에 대한 증여는 5년, 상속인 아닌 자에 대한 증여는 3년으로 규정하였는데, 1998. 12. 28. 상증세법 개정 시 상속인에 대한 증여는 10년, 상속인 아닌 자에 대한 증여는 5년으로 강화하였다. 상속인에게 증여한 경우 상속인이 아닌 자에게 증여한 경우보다 사전증여재산의 범위를 넓게 인정한다. 피상속인이 사망하여 상속이 개시된 때에 대습상속의 요건을 갖추어 상속인이 된 경우 그 상속인이 상속개시일 전 10년 이내에 피상속인으로부터 증여받은 재산의 가액도 사전증여재산에 해당하여 상속세과세가액에 가산한다.[16] 대습원인의 발생 이전에 사전증여를 받은 대습상속인의 경우도 나머지 상속인의 경우와 마찬가지로 사전증여 당시 장차 증여자(피상속인)의 상속인이 될 가능성이 있던 자들이고, 피상속인과 가까운 친족관계에 있어 재산 분할·이전을 통한 조세회피 개연성이 높으므로 이들에 대한 사전증여재산 합산기간을 다른 상속인의 경우와 동일하게 정할 필요가 있기 때문이다.[17]

한편, 부부 사이에 토지매입자금을 증여받은 아내가 배우자증여공제액을 뺀 나머지 금액에 대한 증여세를 납부한 후 남편과 이혼하였는데, 이후 전 남편이 사망하여 자녀들이 상속인이 된 경우 피상속인의 상속재산에 가산할 증여재산은 토지매입자금에서 배우자증여공제액을

---

15) 헌재 2015. 4. 30. 선고 2011헌바177 결정
16) 대법원 2018. 12. 13. 선고 2016두54275 판결
17) 헌재 2021. 12. 23. 선고 2019헌바138 결정

뺀 금액이 아니라 토지매입대금이다.[18] 상증세법 문구상 사전증여재산을 가산해야 하므로 사전증여재산에서 배우자증여공제액을 뺀 금액을 가산하는 것은 잘못이라고 판단한 것이다.

(2) 영리법인에 대한 증여의 경우

상속개시일 전 5년 이내에 피상속인이 영리법인에 증여한 재산가액은 상속세과세가액에 가산한다.[19] 수증자가 영리법인인 경우 법인이 납부할 증여세를 면제하는 것은 증여세나 상속세 자체를 비과세하거나 증여재산가액을 상속세과세가액에서 제외하여 산출세액을 계산한다는 의미는 아니기 때문이다.[20]

(3) 증여의 범위

(가) 가산되는 증여

합산되는 증여는 민법상 증여뿐 아니라 세법상 증여를 포함한다. 따라서 상증세법 제33조 이하의 증여도 합산된다. 특정의 정책목적으로 증여세를 면제한다고 하여 상속세 누진과세의 적용을 배제하는 혜택까지 부여한 것은 아니므로 상속재산가액에 가산하는 증여재산가액 중에서 증여세를 면제받은 재산의 가액을 공제한다는 예외규정이 없는 한 사전증여재산에서 제외된다고 볼 수 없다.[21]

부과제척기간이 만료된 증여재산의 경우에도 상속세과세가액에 합산한다.[22] 상증세법 제28조 제1항 단서규정이 상속세과세가액에 가산하는 증여재산에 대하여 부과제척기간의 만료로 인하여 증여세가 부과되지 않는 경우에는 증여세액을 공제하지 않는다고 규정한 것은 증여세의 부과제척기간이 만료된 증여재산의 경우에도 상속세과세가액에 합산하는 것을 전제한 것이기 때문이다.

(나) 가산되지 않는 증여

상증세법 제46조에 따라 증여세가 비과세되는 증여재산, 제48조 제1항, 제52조 및 제52조의 2 제1항에 따라 증여세과세가액에 불산입하는 증여재산의 가액, 합산배제증여재산의 가액은 사전증여재산에서 제외한다(상증법 제13조 제3항).

4. 추정상속재산

가. 의의

추정상속재산은 피상속인이 상속개시 전 처분재산이나 인출금액 또는 부담채무로서 ① 재

---

18) 대법원 2012. 5. 9. 선고 2012두720 판결
19) 재재산 46014-299(2000. 10. 27.)
20) 박훈외 2인, 상속·증여세 실무 해설(2020), 283면
21) 대법원 1994. 2. 8. 선고 93누16017 판결
22) 국심 1999. 9. 3.자 1998전2911 결정

산종류별로 1년 이내 2억 원, 2년 이내 5억 원 이상이고, ② 용도가 객관적으로 명백하지 않아 상속재산으로 추정하여 상속세과세가액에 산입하는 금액을 말한다(상증법 제15조 제1항). 상속개시 전 처분재산이나 인출금액 또는 부담채무는 모두 현금이 생기는 거래라는 공통점이 있다. 용도가 객관적으로 명백하지 않은 경우라 함은 피상속인이 재산을 처분하여 받은 금액이나 피상속인의 재산에서 인출한 금전 또는 채무를 부담하고 받은 금액을 지출한 거래상대방이 거래증빙의 불비 등으로 확인되지 않는 경우, 거래상대방이 금전 등의 수수사실을 부인하거나 거래상대방의 재산상태 등으로 보아 금전 등의 수수사실이 인정되지 않는 경우, 거래상대방이 피상속인의 특수관계인으로서 사회통념상 지출사실이 인정되지 않는 경우, 피상속인이 재산을 처분하거나 채무를 부담하고 받은 금전 등으로 취득한 다른 재산이 확인되지 않는 경우, 피상속인의 연령·직업·경력·소득 및 재산상태 등으로 보아 지출사실이 인정되지 않는 경우 등을 가리킨다(상증령 제11조 제2항). 피상속인의 인출금액은 피상속인의 전체 계좌를 기준으로 상속개시일 전 1년 또는 2년 이내 인출금액에서 당해 계좌로 재예입된 금전 등을 차감하여 계산한다.

나. 취지

피상속인이 상속재산을 처분한 대금, 인출한 금액 또는 부담한 채무액을 과세자료의 포착이 쉽지 않은 현금으로 상속인에게 증여 또는 상속함으로써 상속세를 부당하게 경감하는 것을 방지하기 위한 취지이다.[23] 피상속인이 상속재산을 처분하거나 재산을 인출하거나 또는 채무를 부담하여 현금화한 자산에 대하여 상속인이 그 용도를 증명하지 못하면 상속세 납부의무를 지게 되는 불합리한 경우가 생길 수 있으나, 헌법재판소는 추정규정으로 해석하여 납세자에게 처분대금 등의 용도를 증명하여 상속세과세가액에서 제외할 기회를 부여하는 한 합헌이라는 입장이다.[24] 다만 납세자와 무관한 행위에 대하여 납세자에게 증명책임을 부여하는 점, 처분재산의 용도가 명백하지 아니한 것과 상속받은 사실이 경험칙상 반드시 연관되지 않는 점, 가족구성원의 결속이 이완되어 가족의 경제생활이 부자(父子)나 부부 사이에서도 개별화·은비화되는 일이 허다한 점, 금융실명제가 정착되고 과세관청이 방대한 소득자료 등을 보유하고 있는 상황에서 더 이상 그 필요성이 인정된다고 보기 어려운 점, 포괄적인 입증책임의 전환을 인정한 결과 과세청과 납세자 모두 입증하지 못한 경우 상속인이 상속받은 사실이 없는데도 불구하고 고액의 상속세를 부담하게 됨은 물론 상속재산 이외에 상속인 본인의 재산까지 희생하여 거액의 세금을 부담하게 되는 결과가 생기는 점 등을 근거로 단순위헌 의견도 제시되었다.

---

23) 대법원 2001. 2. 9. 선고 2000두291 판결
24) 헌재 2012. 3. 29. 선고 2010헌바342 결정

다. 요건

추정상속재산의 요건을 충족하는지 여부의 판단은 ① 현금, 예금, 유가증권, ② 부동산 및 부동산에 관한 권리, ③ 기타 재산, ④ 채무 등 4가지로 구분하여 각각 판단한다(상증령 제11조 제5항). 납세자가 용도를 증명하지 못한 금액이 처분재산, 인출금액 또는 부담채무액의 20%와 2억 원 중 적은 금액에 미달한 경우는 용도가 객관적으로 명백하지 않은 것으로 추정하지 않으므로 금액 전체가 상속세과세가액에서 제외된다(상증령 제11조 제4항). 그러나 용도를 증명하지 못한 금액이 위 기준금액을 초과하면 미증명금액에서 위 기준금액을 차감한 잔액을 추정상속재산에 해당하는 것으로 보아 상속세과세가액에 산입한다.

라. 추정상속재산가액

추정상속재산가액은 "용도불분명한 금액－Min(처분재산가액・인출금액・채무부담액×20%, 2억 원)"의 산식으로 계산한다. 예를 들어, 생전의 처분재산이 1년 내 4억 원이고 용도 미증명금액이 1억인 경우 추정상속재산은 용도 미증명금액 － min(20%, 2억 원) ＝ 1억 원 － min(4억 원×20%, 2억 원) ＝ 1억 원 － 8,000만 원 ＝ 2,000만 원이므로 2,000만 원을 상속세과세가액에 산입한다. 과거에는 용도 미증명금액이 위 기준금액을 초과하는 경우 미증명금액 전액을 상속세과세가액에 산입하였으나, 2002. 12. 30. 상증세법 시행령 개정 시 문턱효과를 고려하여 위 기준금액을 차감한 잔액을 상속세과세가액에 산입하는 것으로 변경하였다.

마. 피상속인이 부동산을 매도하고 계약금 및 중도금만을 받은 경우

피상속인이 부동산을 매도하고 계약금 및 중도금만을 받은 경우 이를 상속재산 처분대금으로 보아야 하는지 또는 채무로 보아야 하는지 문제된다. 판례는 피상속인이 부동산 등을 매도하고 그 대금을 모두 받은 경우와 피상속인이 부동산 등을 매도하고 계약금 및 중도금만을 받은 경우 모두 그 실질은 상속재산의 처분대가라고 판시하였다.[25] 원심은 부동산을 매도하고 계약금 및 중도금만을 받은 경우 채무에 해당한다고 판단하였으나, 대법원은 상속재산의 처분대가라고 판단한 것이다. 따라서 부동산을 매도하고 받은 계약금 및 중도금은 채무로 볼 것이 아니라 상속재산의 처분대가로 보아 추정상속재산에 해당하는지 여부를 판단하여야 한다.

5. 상속세과세가액 불산입

가. 의의

상속세과세가액 불산입은 본래 상속세과세가액에 산입하여야 하나 특정한 정책목적을 달성하기 위하여 일정한 조건을 달아 상속세과세가액에 불산입하는 것을 의미한다. 따라서 당초의 상속세과세가액 불산입의 목적을 달성할 수 있도록 각종 사후관리규정을 두고 있다. 이

---

25) 대법원 2002. 7. 12. 선고 2001두3570 판결

점에서 국가의 과세권을 처음부터 배제하는 비과세와 구별된다.

나. 공익법인 출연재산의 상속세과세가액 불산입

(1) 의의 및 취지

상증세법상 공익법인은 종교, 자선, 학술 관련 사업 등 법령에서 정한 공익사업을 하는 법인을 말한다(상증법 제16조 제1항). 구체적으로 종교의 보급 기타 교화에 현저히 기여하는 사업, 학교 및 유치원을 설립·경영하는 사업, 사회복지사업, 의료사업, 법인세법 제24조 제2항 제1호에 해당하는 기부금을 받는 자가 해당 기부금으로 운영하는 사업 등이 공익사업에 해당한다(상증령 제12조). 공익법인은 비영리법인 중 특별히 공익성이 강한 사업을 영위하는 법인을 의미하므로 비영리법인보다 다소 좁은 개념이다. 공익법인에 출연한 재산을 상속세과세가액에 산입하지 않는 것은 공익법인의 공익활동을 장려하기 위한 취지이다. 공익법인에 출연한 재산을 상속세과세가액에 산입하면 그 금액에 대하여 상속세가 부과되어 국가에 귀속할 것이나, 국가가 상속세를 거둬 직접 공익활동을 하는 것보다 전문성이 있는 공익법인으로 하여금 공익활동을 하도록 하는 것이 더 효과적이기 때문에 공익법인에 출연한 재산을 상속세과세가액에 불산입하는 특례를 인정한다.

(2) 요건

(가) 상속재산의 출연

피상속인이나 상속인이 상속세 신고기한까지 공익법인에 출연하여야 한다(상증법 제16조 제1항). 출연은 계약에 그치는 것이 아니라 현실적인 출연의 이행까지 이루어진 것을 의미한다.[26] 피상속인이 직접 출연한 경우뿐 아니라 상속인이 출연한 경우에도 상속세과세가액을 불산입하는 것은 공익법인 설립 중 상속이 개시되는 경우 상속세가 과세되는 불합리를 해결하기 위함이다.[27] 다만 다음과 같이 부득이한 사유가 있는 경우에는 그 사유가 없어진 날이 속하는 달의 말일부터 6개월까지 출연하면 된다(상증령 제13조 제1항).

① 재산의 출연에 있어서 법령상 또는 행정상의 사유로 출연재산의 소유권 이전이 지연되는 경우

② 상속받은 재산을 출연하여 공익법인 등을 설립하는 경우로서 법령상 또는 행정상의 사유로 공익법인 등의 설립허가 등이 지연되는 경우

위 부득이한 사유는 공익법인 등에 재산을 출연하려고 하였으나 자신의 귀책사유 없는 법령상 또는 행정상의 장애사유 등이 있어 출연이 지연되는 사유를 의미한다. 따라서 상속인이 상속재산의 존재를 알 수 없어 출연기한 내에 출연하지 못한 사정은 이에 해당하지 않는다.[28]

---

26) 대법원 2001. 6. 29. 선고 2000두4156 판결
27) 박훈외 2인, 상속·증여세 실무 해설(2020), 222면

(나) 상속인의 이사 수 및 권한 제한

상속인이 공익법인의 이사 현원의 5분의 1을 초과하여 이사가 되지 않아야 하며, 이사의 선임 등 공익법인 등의 사업운영에 관한 중요사항을 결정할 권한을 가지지 않아야 한다(상증령 제13조 제2항). 상속인이 공익법인을 지배하여 그 권한을 남용하는 것을 방지하기 위한 취지이다.

(3) 주식 등 출연

(가) 보유한도 제한

주식 등을 출연한 경우 법인을 3가지로 구분하여 의결권의 5%, 10%, 20%까지 상속세과세가액에 불산입한다(상증법 제16조 제2항 제2호). 주식의 보유한도에 제한을 두는 것은 공익법인을 이용하여 기업에 대한 지배력을 유지하는 것을 방지하고, 각종 주식을 분산보유하게 하여 공익법인의 재정 건실화를 유도하기 위한 취지이다. 당초에는 주식의 보유한도에 제한을 두지 않다가 1990. 12. 31. 상속세법 개정 시 20% 한도를 두었고, 1993. 12. 31. 상속세법 개정 시 과세를 강화하기 위하여 한도를 5%로 낮추었다. 2007. 12. 19. 상증세법 개정 시 외부감사, 전용계좌의 개설 및 사용, 결산서류 공시 등의 요건을 갖춘 공익법인을 성실공익법인이라고 하여 일반공익법인보다 높은 한도인 10%를 적용하였으나, 2020. 12. 22. 상증세법 개정 시 성실공익법인을 없애고 5% 한도 적용 공익법인, 10% 한도 적용 공익법인, 20% 한도 적용 공익법인 등 3가지로 구분하였다.

① 5% 한도

상증세법 제48조 제11항 각호의 요건을 충족하지 못하는 공익법인, 상호출자제한기업집단과 특수관계에 있는 공익법인에 출연하면 의결권의 5%까지 상속세과세가액에 불산입한다. 상증세법 제48조 제11항 각호의 요건은 운용소득의 80% 이상을 직접 공익목적사업에 사용할 것, 출연재산가액의 1% 이상을 직접 공익목적사업에 사용할 것, 출연자 또는 그의 특수관계인이 공익법인 등의 이사 현원의 5분의 1을 초과하지 않을 것, 특수관계에 있는 내국법인의 이익을 증가시키기 위하여 정당한 대가를 받지 않고 광고홍보를 하지 않을 것, 공익법인이 출연받은 재산, 출연받은 재산을 원본으로 취득한 재산, 출연받은 재산의 매각대금 등을 출연자 및 그 친족, 출연자가 출연한 다른 공익법인 등에게 임대차, 소비대차 및 사용대차 등의 방법으로 사용수익하게 하지 않을 것 등이다.

② 20% 한도

상증세법 제48조 제11항 각호의 요건을 충족하고, 상호출자제한기업집단과 특수관계에 있지 않은 공익법인에 출연하며 그에 더하여 출연받은 주식 등의 의결권을 행사하지 않고 자선,

---

28) 대법원 2014. 10. 15. 선고 2012두22706 판결

장학 또는 사회복지를 목적으로 하는 공익법인에 출연하면 의결권의 한도를 20%까지 높여서 상속세과세가액에 불산입한다.

③ 10% 한도

5% 한도와 20% 한도 제한을 적용받지 않는 공익법인은 10% 한도를 적용한다. 즉 상증세법 제48조 제11항 각호의 요건을 충족하고, 상호출자제한기업집단과 특수관계에 있지 않은 공익법인에 출연한다는 요건을 충족하였으나, 위 "②"의 요건을 충족하지 못한 경우 10% 한도를 적용한다.

(나) 주식보유비율의 판단

보유한도의 제한을 받는 주식비율을 계산할 때에는 다음의 주식을 모두 합산한다(상증법 제16조 제2항 제1호). 출연자 및 그 특수관계인이 공익법인을 이용하여 해당 기업에 대한 지배력을 행사하는 것을 방지하기 위하여 출연자가 영향력을 행사할 수 있는 관련 주식을 모두 합산하여 계산한다.

① 공익법인 등에 출연하는 주식
② 출연자가 출연할 당시 해당 공익법인 등이 보유하고 있는 동일한 내국법인의 주식
③ 출연자 및 그의 특수관계인이 해당 공익법인 외의 다른 공익법인에 출연한 동일한 내국법인의 주식
④ 상속인 및 그의 특수관계인이 재산을 출연한 다른 공익법인 등이 보유하고 있는 동일한 내국법인의 주식

위 "①"부터 "④"에 대하여 A법인 주식을 甲공익법인과 乙공익법인에 출연하는 경우를 가정하여 살펴보면 다음과 같다. ①은 甲공익법인에 출연하는 A법인 주식이고, ②는 甲 공익법인이 이미 보유하고 있는 A법인 주식이며, ③은 乙공익법인에 출연하는 A법인 주식이고, ④는 乙공익법인이 이미 보유하고 있는 A법인 주식이다. 이 경우 출연자는 甲공익법인과 乙공익법인을 이용하여 A법인에 대한 지배력을 행사할 가능성이 있다.

(다) 보유한도 제한을 받지 않는 경우

다음 어느 하나에 해당하는 경우에는 공익법인을 기업의 지배수단으로 악용할 우려가 없는 것으로 보아 보유한도를 제한하지 않는다(상증법 제16조 제3항).

① 상증세법 제49조 제1항 각호 외의 부분 단서에 해당하는 공익법인 등으로서 상호출자제한 기업집단과 특수관계에 있지 않은 공익법인 등에 출연하는 경우

상증세법 제49조 제1항 각호 외의 부분 단서에 해당하는 공익법인 등은 상증세법 제48조 제11항 각호의 요건을 충족하는 법인 또는 국가·지자체가 출연하여 설립한 공익법인 등을

의미한다. 이러한 공익법인 등으로서 상호출자제한기업집단과 특수관계에 있지 않은 공익법인 등에 그 공익법인 등의 출연자와 특수관계에 있지 않은 내국법인의 주식 등을 출연하는 경우로서 주무관청이 공익법인 등의 목적사업을 효율적으로 수행하기 위하여 필요하다고 인정하는 경우에는 보유한도의 적용을 배제한다.

위에서 "그 공익법인 등의 출연자와 특수관계에 있지 않은 내국법인"이란 다음 어느 하나에 해당하지 않는 내국법인을 말한다(상증령 제13조 제7항).

ⅰ) 출연자 또는 그 특수관계인이 주주 등이거나 임원의 현원 5분의 1을 초과하는 내국법인(이른바 주주요건)으로서 출연자 및 그 특수관계인이 보유하고 있는 주식 등의 합계가 가장 많은 내국법인일 것(이른바 최대주주 요건)

ⅱ) 출연자 또는 그 특수관계인이 주주 등이거나 임원의 현원 중 5분의 1을 초과하는 내국법인에 대하여 출연자, 그 특수관계인 및 공익법인 등 출자법인이 보유하고 있는 주식 등의 합계가 가장 많은 경우에는 해당 공익법인 등 출자법인일 것

위 "ⅰ)"과 "ⅱ)"는 생전에 공익법인에 출연하는 경우에도 요구되는 요건인데, 위 "ⅰ)" 중 "주식의 합계가 가장 많은 내국법인"에 해당하는지에 대하여 일명 "수원교차로 사건"에서 대법원 2017. 4. 20. 선고 2011두21447 전원합의체 판결은 주식이 출연되기 전의 시점이 아닌 출연된 후의 시점을 기준으로 하여야 한다고 판시하였다.[29] 또한 공익법인이 출연자와 특수관계에 있는지 판단하는 기준과 관련하여 구 상증세법 시행령(2003. 12. 30. 개정 전) 제19조 제2항 제4호가 "재산을 출연하여 설립한 비영리법인"이라고 규정하였으므로 출연행위와 설립행위가 모두 요구되는 것으로 판단하였다.[30] 수원교차로 사건은 증여세에 대한 판결이므로 뒤의 증여세에서 자세히 살펴보기로 한다.

② 유예기간 내에 초과분을 처분하는 경우

상호출자제한기업집단과 특수관계에 있지 않은 공익법인 등으로서 상증세법 제48조 제11항 각호의 요건을 충족하는 공익법인 등에 보유한도 제한비율을 초과하여 출연하는 경우로서 해당 공익법인 등이 초과보유일부터 3년 이내에 초과하여 출연받은 부분을 매각하는 경우에는 보유한도의 적용을 배제한다

③ 공익법인법 및 그 밖의 법령에 따라 내국법인의 주식 등을 출연하는 경우

공익법인 및 그 밖의 법령에 근거하여 내국법인의 주식 등을 출연하는 경우에는 보유한도의 적용을 배제한다.

---

29) 수원교차로 사건은 증여세에 관한 사안이지만 상속세에도 동일하게 적용된다.
30) 수원교차로 사건에 적용된 2003. 12. 30. 개정 전 상증세법 시행령 제13조 제4항 제1호에 의하면 공익법인이 특수관계인의 범위에 포함되었다. 현행 상증세법 시행령 제13조 제7항 제1호는 공익법인을 명시적으로 특수관계인에서 제외하고 있으나, 이것만 빼면 수원교차로 사건 판결의 법리는 현행 법령에도 그대로 적용된다.

(4) 사후관리

공익법인에 출연한 재산의 가액을 상속세과세가액에 산입하지 않았으나, 그 후 다음 어느 하나의 사유가 발생한 경우에는 상속세과세가액에 산입한다(상증법 제16조 제4항).

① 상속세과세가액에 산입하지 않은 재산과 그 재산에서 생기는 이익의 전부 또는 일부가 상속인 또는 그 특수관계인에게 귀속되는 경우

② 상호출자제한기업집단과 특수관계에 있지 않은 공익법인 등으로서 상증세법 제48조 제11항 각호의 요건을 충족하는 공익법인 등에 보유한도 제한비율을 초과하여 출연하는 경우로서 해당 공익법인 등이 초과보유일부터 3년 이내에 보유한도 제한비율을 초과하여 출연받은 주식 등을 매각하지 않는 경우

다. 공익신탁재산에 대한 상속세과세가액 불산입

(1) 의의

공익신탁이란 공익사업을 목적으로 하는 신탁으로서 법무부장관의 인가를 받은 신탁을 말하고, 공익사업이란 학문·과학기술·문화·예술의 증진을 목적으로 하는 사업, 장애인·노인, 재정이나 건강 문제로 생활이 어려운 사람의 지원 또는 복지 증진을 목적으로 하는 사업 등 공익신탁법에서 열거하고 있는 사업을 말한다(공익신탁법 제2조 제1호, 제2호). 상증세법상 공익신탁은 공익신탁법에 따른 공익신탁으로서 종교, 자선, 학술 또는 그 밖의 공익을 목적으로 하는 신탁 중 다음의 3가지 요건을 갖춘 신탁을 말한다(상증법 제17조 제1항, 상증령 제14조 제1항).

① 공익신탁의 수익자가 공익법인 등이거나 그 공익법인 등의 수혜자일 것

② 공익신탁의 만기일까지 신탁계약이 중도해지되거나 취소되지 않을 것

③ 공익신탁의 중도해지 또는 종료 시 잔여신탁재산이 국가, 지방자치단체 및 다른 공익신탁에 귀속될 것

위와 같이 공익신탁은 위탁자, 수탁자 및 수익자가 존재하는 신탁법상 법률관계를 전제하고 있으므로 단지 재산을 증여하면서 그 절차의 이행만을 타인에게 위임하는 법률관계는 공익신탁에 해당하지 않는다.[31]

(2) 요건

상속재산 중 피상속인이나 상속인이 상증세법상 공익신탁을 통하여 공익법인 등에 출연하는 재산의 가액은 상속세과세가액에 불산입한다. 공익신탁은 그 목적 및 사회적 기능에서 공익법인과 차이가 없으므로 세제혜택을 부여하는 것이다. 공익신탁은 형식적 출연자에 불과하고 실질적으로는 피상속인 또는 상속인이 출연자이다. 공익신탁재산에 대한 상속세과세가액

---

31) 대법원 2014. 10. 15. 선고 2012두22706 판결

불산입을 적용받기 위하여는 상속재산에 대하여 상속세과세표준 신고기한까지 신탁을 이행하여야 한다(상증령 제14조 제2항). 다만, 법령상 또는 행정상의 사유로 신탁의 이행이 늦어지면 그 사유가 끝나는 날이 속하는 달의 말일부터 6개월 이내에 신탁을 이행하여야 한다.

제3절 상속공제

1. 의의

상속공제는 상속세과세가액에서 공제하는 금액이다. 피상속인의 사망으로 인한 경제적 충격을 고려하여 상속세의 부담을 완화함으로써 상속인의 생활안정을 도모하기 위한 취지에서 인정된다. 배우자공제와 일괄공제 등은 장기간 조정되지 않았는데, 위와 같은 상속공제제도의 취지를 고려할 때 물가상승률을 반영하여 공제금액을 상향할 필요가 있다.

2. 종류

가. 기초공제

기초공제는 상속인들의 최소한의 기초생활을 보장하기 위하여 특별한 조건 없이 공제하는 것을 말한다. 기초공제는 상속세과세가액에서 일률적으로 2억 원을 공제한다(상증법 제18조 제1항).

피상속인이 거주자인 경우는 물론 비거주자인 경우에도 기초공제가 인정된다. 비거주자의 경우 국내 소재 재산과 거주지국 소재 재산을 합하여도 거주지국 세법상 상속세 납세의무가 없음에도 국내에 소재하는 소액의 재산으로 인하여 상속세가 과세되는 문제를 해소하기 위하여 2001년부터 기초공제를 적용하였다.

나. 가업상속공제

(1) 의의 및 취지

가업상속공제는 피상속인이 장기간 가업을 영위하면서 축적한 사업상 노하우를 상속인이 효율적으로 승계할 수 있도록 하여 장수기업의 육성을 세제상 지원하기 위한 제도이다. 가업상속공제에 대하여는 소수의 부자에 대한 조세지원이므로 과세형평상 폐지해야 한다는 견해와 상속세로 인하여 가업을 포기하지 않고 가업을 계속 영위할 수 있도록 유지해야 하다는 견해가 대립한다. 가업상속공제제도에 반대하는 견해는 가업의 경영을 전문경영인에게 맡기면 된다고 주장하고, 가업상속공제에 찬성하는 견해는 가업을 상속인에게 물려주고자 하는 것은 본성이므로 이를 존중해야 한다고 주장한다. 상증세법은 가업을 승계할 때 상속세 납부로 인하여 가업이 원활히 승계되지 않으면 가업을 영위하는 당사자는 물론 국가적으로도 손실이라는 점을 고려하여 가업상속공제를 인정하고 있다.

개인의 경우에는 그 자신이 곧바로 기업경영의 주체이므로 상속인이 부모로부터 가업용 자산을 상속받아 기업을 계속 경영하면 가업을 승계한 것으로 볼 수 있다. 하지만 법인의 경우 기업경영의 주체는 법인일 뿐 법인의 주주가 아니므로 원래 상속인이 최대주주 등인 부모로부터 법인의 주식 등을 상속받고 법인의 대표기관으로서의 업무를 승계하였다고 하더라도 원칙적으로 가업을 승계하였다고 볼 수 없으나, 부모가 법인의 형태로 기업을 경영하는 경우 장기간 최대주주 등으로서 그 특수관계자의 주식 등을 합하여 당해 법인을 지배할 수 있을 정도로 주식 등의 지분을 보유함과 아울러 법인의 대표기관인 지위를 갖고 있었고 상속인이 이를 그대로 유지한다면 개인이 가업을 승계한 경우와 다르지 않다고 보아 일정한 요건 아래 상속세의 과세특례를 부여하고 있다.[32] 가업상속공제는 상속세를 비과세하는 것이 아니라 상속세 납부를 유예하는 제도이다. 2014년 소득세법을 개정하여 가업상속공제를 받은 자녀가 자산을 양도하는 경우 피상속인의 취득가액을 승계하여 양도소득세를 납부하도록 규정하여 가업상속공제가 납부를 유예해주는 제도임이 명확해졌다.

(2) 요건

(가) 가업요건

자산총액 5,000억 원 미만인 중소기업 또는 상속이 개시되는 직전 3개 소득세 과세기간 또는 법인세 사업연도의 매출액 평균금액이 5,000억 원 미만인 중견기업이어야 한다(상증법 제18조의2 제1항, 상증령 제15조 제1항·제2항). 중견기업은 2021. 12. 21. 상증세법 개정 시 매출액 평균액 3,000억 원에서 4,000억 원, 2022. 12. 31. 개정 시 다시 5,000억 원으로 완화하였다. 대기업에 대하여는 가업상속공제가 적용되지 않는다.

중견기업의 경우에는 가업상속재산 외에 상속인의 상속재산이 상속세 2배를 초과하는 경우에는 가업상속공제를 적용받을 수 없다(상증법 제18조 제3항, 상증령 제15조 제7항). 중견기업은 가업에 사용되는 재산 외에 상속세 납부재원이 있는 경우에는 가업상속공제의 적용을 배제하기 위함이다.

(나) 피상속인 요건(상증령 제15조 제3항 제1호)

① 피상속인이 중소기업 또는 중견기업의 최대주주로서 피상속인과 그의 특수관계인의 주식을 합하여 해당 기업의 발행주식총수의 40%(상장법인은 20%) 이상을 10년 이상 계속 보유하여야 한다.

② 가업의 영위기간과 관련하여 다음 3가지, 즉 ⅰ) 가업영위기간의 50% 이상 재직할 것, ⅱ) 10년 이상 재직 후 상속인이 승계하여 상속개시일까지 계속 재직할 것, ⅲ) 상속개시일로

---

32) 대법원 2014. 3. 13. 선고 2013두17206 판결

부터 소급하여 10년 중 5년 이상을 대표이사 또는 대표자로 재직할 것 중 어느 하나를 충족하여야 한다. 종전에는 ⅰ) 가업영위기간의 60% 이상 재직할 것, ⅱ) 15년 이상 재직 후 상속인이 승계하여 상속개시일까지 계속 재직할 것, ⅲ) 상속개시일로부터 소급하여 10년 중 8년 이상을 대표이사 또는 대표자로 재직할 것 등이었으나, 요건을 완화한 것이다. 피상속인이 대표이사 등으로 재직한 경우는 피상속인이 대표이사로 선임되어 법인등기부에 등재되고 대표이사직을 수행하는 것을 말한다.[33] 마찬가지로 개인개업의 경우에는 사업자등록상 대표자로 표시되고 대표직을 수행하는 것을 말한다.

(다) 상속인 요건(상증령 제15조 제3항 제2호)

① 상속개시일 현재 18세 이상이어야 한다.

② 상속개시일 전에 2년 이상 직접 가업에 종사하였어야 한다. 다만, 피상속인이 65세 이전에 사망하거나 천재지변 및 인재 등 부득이한 사유로 사망한 경우에는 예외로 한다.

③ 상속세 과세표준 신고기한까지 임원으로 취임하고, 상속세 신고기한부터 2년 이내에 대표이사 등으로 취임하여야 한다.

상속인 1명이 해당 가업의 전부를 상속받아야 한다는 요건은 2016. 2. 5. 상증세법 시행령 개정으로 삭제되었다. 다른 상속인이 유류분권을 행사하는 경우 가업상속공제를 적용받을 수 없게 되는 불합리를 해소하기 위함이다. 따라서 상속인이 공동상속받는 경우에도 가업상속공제를 받을 수 있으나, 가업상속공제는 가업을 승계하는 1인의 지분에 대하여만 공제된다.[34]

(3) 공제한도

가업상속재산가액을 공제하되, 피상속인의 경영기간이 10년 이상 20년 미만인 경우 300억 원, 20년 이상 30년 미만인 경우 400억 원, 30년 이상인 경우 600억 원을 한도로 한다(상증법 제18조의2 제1항). 가업상속공제는 처음 도입된 1997년도 1억 원 한도로 시작하여 가업상속재산가액의 20%, 40%, 100%까지 확대되었고, 이와 함께 공제한도도 대폭 상향하였다. 피상속인이 해당 기업의 발행주식총수의 50%(상장법인은 30%) 이상을 10년 이상 계속 보유하여 가업상속에 해당되는 법인의 경우 해당 법인 주식 중 피상속인이 직접 10년 이상 보유하지 않은 주식에 대해서도 가업상속공제를 적용한다.[35]

가업상속재산가액은 소득세법을 적용받는 개인사업자의 경우에는 가업에 직접 사용되는 토지, 건축물, 기계장치 등 사업용 자산의 가액에서 해당 자산에 담보된 채무액을 뺀 가액이고, 법인세법을 적용받는 법인사업자의 경우에는 가업에 해당하는 법인의 주식 가액이다(상증령 제15조 제5항). 주식 등의 가액을 계산할 때 사업무관자산, 즉 법인의 영업활동과 직접 관련 없이

---

33) 재산세과−172(2011. 4. 1.)
34) 사전법령해석재산 2016−238(2016. 7. 29)
35) 기획재정부 조세법령운용과−10(2022. 1. 5.)

1010 | **제5편** 상속세 및 증여세법

보유하고 있는 주식, 채권 및 금융상품 등은 제외한다.

(4) 사후관리

상속인이 가업상속공제를 적용받고 상속개시일부터 5년 이내에 가업상속공제의 취지에 어긋나는 행위를 하는 경우에는 그 혜택을 박탈한다. 종전 사후관리기간이 7년이었으나, 2022. 12. 31. 상증세법 개정 시 5년으로 단축하였다. 구체적으로 다음의 사유가 발생하면 상속세와 이자상당액을 가산하여 추징한다(상증법 제18조 제6항 제1호, 상증령 제15조 제8항·제11항).

① 가업용 자산을 처분한 경우

가업용 자산의 40% 이상을 처분한 경우이다. 종전 처분비율이 20%였으나 2022. 12. 31. 상증세법 개정 시 40%로 완화하였다.

② 해당 상속인이 가업에 종사하지 않는 경우

상속인이 대표이사 등으로 종사하지 않는 경우, 가업의 주된 업종을 변경하는 경우, 해당 가업을 1년 이상 휴업하거나 폐업하는 경우를 의미한다. 다만, 가업의 주된 업종을 변경하는 경우 중 한국표준산업분류에 따른 대분류 내에서 업종을 변경하는 경우,[36] 평가심의위원회의 심의를 거쳐 업종의 변경을 승인하는 경우에는 사후관리를 적용하지 않는다.

③ 주식 등을 상속받은 상속인의 지분이 감소한 경우

상속인의 지분이 감소한 경우는 상속인이 상속받은 주식 등을 처분하는 경우, 해당 법인이 유상증자할 때 상속인의 실권 등으로 지분율이 감소한 경우, 상속인의 특수관계인이 주식 등을 처분하거나 유상증자할 때 실권 등으로 상속인이 최대주주 등에 해당되지 않게 되는 경우를 의미한다(상증령 제15조 제12항).

④ 근로자 수가 감소한 경우

상속개시일부터 5년간 정규직근로자 수의 전체 평균이 상속개시일이 속하는 소득세 과세기간 또는 법인세 사업연도의 직전 2개 소득세 과세기간 또는 법인세 사업연도의 정규직근로자 수의 평균의 90%에 미달하는 경우 또는 상속개시일부터 5년간 총급여액의 전체 평균이 상속개시일이 속하는 소득세 과세기간 또는 법인세 사업연도의 직전 2개 소득세 과세기간 또는 법인세 사업연도의 총급여액의 평균의 90%에 미달하는 경우이다.

(5) 사후관리의 적용배제

사후관리를 위반하더라도 다음과 같이 정당한 사유가 있는 경우에는 사후관리의 적용을 배제한다(상증령 제15조 제8항).

---

36) 당초 세세분류에서 중분류로 완화하였다가 다시 대분류로 완화하였다.

① 가업용 자산의 40% 이상을 처분한 경우에 대한 정당한 사유

가업용 자산이 수용 또는 협의 매수되거나 국가 또는 지자체에 양도되거나 시설의 개체, 사업장 이전 등으로 처분되는 경우, 가업용 자산을 국가 또는 지방자치단체에 증여하는 경우, 가업상속받은 상속인이 사망한 경우, 합병·분할, 통합, 개인사업의 법인전환 등 조직변경으로 인하여 자산의 소유권이 이전되는 경우 등 법령에서 정한 사유에 해당하는 경우이다.

② 해당 상속인이 가업에 종사하지 않은 경우에 대한 정당한 사유

가업상속받은 상속인이 사망한 경우, 가업상속 받은 재산을 국가 또는 지방자치단체에 증여하는 경우, 상속인이 법률에 따른 병역의무의 이행, 질병의 요양 등 기획재정부령으로 정하는 부득이한 사유에 해당하는 경우이다.

③ 주식 등을 상속받은 상속인의 지분이 감소한 경우에 대한 정당한 사유

합병·분할 등 조직변경에 따라 주식 등을 처분하는 경우, 해당 법인의 사업확장 등에 따라 유상증자할 때 상속인의 특수관계인 외의 자에게 주식 등을 배정함에 따라 상속인의 지분율이 낮아지는 경우, 상속인이 사망한 경우, 주식 등을 국가 또는 지방자치단체에 증여하는 경우 등 법령에서 정한 사유에 해당하는 경우이다.

(6) 피상속인 또는 상속인의 조세포탈

피상속인 또는 상속인이 가업의 경영과 관련하여 조세포탈 또는 회계부정 행위로 징역형 또는 벌금형을 선고받고 과세표준과 세율의 결정이 있기 전에 피상속인 또는 상속인에 대한 형이 확정된 경우에는 가업상속공제를 적용하지 않고, 가업상속공제를 받은 후에 상속인에 대한 형이 확정된 경우에는 상속세와 이자상당액을 가산하여 추징한다(상증법 제18조 제9항, 상증령 제15조 제19항). 2020. 2. 11. 상증세법 시행령 개정 시 신설되었다.

(7) 기회발전특구의 특례

기회발전특구 내 소재 기업이나 특구로 이전하는 기업을 지원하기 위하여 이들 기업에 대하여는 가업상속공제 사후관리 요건 중 대표이사 취임 요건 및 업종변경 제한을 적용하지 않고, 업종변경의 제한도 적용하지 않는다(상증령 제15조 제25항).

다. 영농상속공제
(1) 의의 및 취지

영농상속공제는 피상속인이 영농에 종사하다가 사망하는 경우 상속인이 계속 영농에 종사할 수 있도록 하기 위하여 세제상 지원하는 제도이다. 농어민의 영농을 지원하고 농지 등을 보존하기 위한 취지에서 인정된다. 영농은 농업, 어업, 임업을 주된 업종으로 영위하는 것으로

서 양축, 영어(營漁) 및 영림(營林)을 포함한다. 2022. 12. 31. 상증세법 개정 시 피상속인 요건을 강화하고 공제한도를 상향하였다. 상속개시일 전 상속인에게 증여한 농지 등으로서 상속재산가액에 포함되는 경우 당해 농지 등은 영농상속공제를 적용받을 수 없다.

(2) 요건

(가) 영농상속재산 요건

영농상속재산은 농지법에 따른 농지, 초지법에 따른 초지(草地), 산지관리법에 따른 보전산지 중 산림경영계획 인가 등에 따라 새로이 조림한 기간이 5년 이상인 산림지, 어선법에 따른 어선, 내수면어업법, 수산업법에 따른 어업권 및 양식산업발전법에 따른 양식업권 등이다(상증법 제18조의3 제1항, 상증령 제16조 제5항).

(나) 피상속인 요건(상증령 제16조 제2항)

① 피상속인이 상속개시일 10년 전부터 계속하여 직접 영농에 종사하거나 기업을 경영하여야 한다. 다만, 상속개시일 2년 전부터 직접 영농에 종사한 경우로서 상속개시일부터 소급하여 10년에 해당하는 날부터 상속개시일까지의 기간 중 질병의 요양으로 직접 영농에 종사하지 못한 기간 및 수용 등으로 인하여 직접 영농에 종사하지 못한 1년 이내의 기간은 직접 영농에 종사한 것으로 보고 질병의 요양으로 경영하지 못한 기간은 해당 기업을 경영한 기간으로 본다.

② 직접 영농에 종사하는 경우에는 농지 등이 소재하는 시·군·구, 그와 연접한 시·군·구 또는 해당 농지 등으로부터 직선거리 30킬로미터 이내에 거주하거나 어선의 선적지 또는 어장에 가장 가까운 연안의 시·군·구, 그와 연접한 시·군·구 또는 해당 선적지나 연안으로부터 직선거리 30킬로미터 이내에 거주하여야 한다.

③ 기업을 경영하는 경우에는 법인의 최대주주 등으로서 본인과 그 특수관계인의 주식 등을 합하여 해당 법인의 50% 이상 지분을 계속하여 보유하여야 한다.

(다) 상속인 요건(상증령 제16조 제3항)

① 상속개시일 현재 18세 이상이어야 한다.

② 상속개시일 10년 전부터 계속하여 직접 영농에 종사하거나 상속개시일 2년 전부터 계속하여 해당 기업에 종사하여야 한다. 2023년 상증세법 시행령 개정 시 영농종사기간을 기존 2년에서 10년으로 연장하였다. 상속개시일부터 소급하여 2년에 해당하는 날부터 상속개시일까지의 기간 중 병역의무의 이행, 질병의 요양 등의 사유로 직접 영농에 종사하지 못한 기간 및 수용 등으로 인하여 직접 영농에 종사하지 못한 1년 이내의 기간은 직접 영농에 종사한 기간으로 보고, 상속개시일부터 소급하여 2년에 해당하는 날부터 상속개시일까지의 기간 중 병역의무의 이행, 질병의 요양 등의 사유로 해당 기업에 종사하지 못한 기간은 해당 기업에

종사한 기간으로 본다.

③ 농지 등이 소재하는 시·군·구, 그와 연접한 시·군·구 또는 해당 농지 등으로부터 직선거리 30킬로미터 이내에 거주하거나 어선의 선적지 또는 어장에 가장 가까운 연안의 시·군·구, 그와 연접한 시·군·구 또는 해당 선적지나 연안으로부터 직선거리 30킬로미터 이내에 거주하여야 한다.

④ 법인 사업자의 경우 영농, 영어 및 임업후계자로서 상속세 과세표준 신고기한까지 임원으로 취임하고, 상속세 신고기한부터 2년 이내에 대표이사 등으로 취임하여야 한다.

(라) 직접 영농에 종사하는 경우의 의미

직접 영농에 종사하는 경우란 피상속인 또는 상속인이 소유 농지 등 자산을 이용하여 농작물의 경작 또는 다년생식물의 재배에 상시 종사하거나 농작업의 2분의 1 이상을 자기의 노동력으로 수행하는 경우, 소유 초지 등 자산을 이용하여 가축의 사육에 상시 종사하거나 축산작업의 2분의 1 이상을 자기의 노동력으로 수행하는 경우, 소유 어선 및 어업권·양식업권 등 자산을 이용하여 어업에 상시 종사하거나 어업작업의 2분의 1 이상을 자기의 노동력으로 수행하는 경우, 소유 산림지 등 자산을 이용하여 산림조성에 상시 종사하거나 산림조성작업의 1/2 이상을 자기의 노동력으로 수행하는 경우를 말한다(상증령 제16조 제4항). 다만, 해당 피상속인 또는 상속인의 사업소득금액과 총급여액의 합계액이 3,700만 원 이상인 과세기간이 있는 경우 해당 과세기간에는 피상속인 또는 상속인이 영농에 종사하지 않은 것으로 본다.

직접 영농에 종사하는 이상 다른 직업을 겸업하더라도 영농상속인에 해당하지만, 다른 직업에 전념하면서 농업을 간접적으로 경영하는 경우에는 영농상속인에 해당하지 않는다. 이러한 취지에서 판례는 상속인이 피상속인과 함께 거주하면서 농협조합원으로 가입하고 휴일 등에 농사일을 하였으나, 상속인의 직업은 지방행정공무원으로서 이에 전념하면서 간헐적·간접적으로 피상속인의 농업 경영을 도와준 경우 영농상속인에 해당하지 않는다고 판시하였다.[37]

(3) 공제한도

영농상속공제 한도는 30억 원이다. 1997년 영농상속공제가 도입되었을 때 2억 원이었으나, 5억 원, 15억 원, 20억 원을 거쳐 2022. 12. 31. 상증세법 개정 시 30억 원까지 상향하였다(상증법 제18조의3 제1항).

(4) 사후관리 및 배제

영농상속재산을 처분하거나 영농에 종사하지 않게 된 경우에는 상속세와 이자상당액을 가산하여 추징한다(상증법 제18조의3 제6항 제2호). 다만, 사후관리 위반에 정당한 사유가 있는 경

---

37) 대법원 2002. 10. 11. 선고 2002두844 판결

우에는 사후관리규정을 위반한 것으로 볼 수 없으므로 그 적용을 배제한다(상증령 제16조 제6항). 정당한 사유로는 영농상속을 받은 상속인이 사망한 경우, 영농상속을 받은 상속인이 해외 이주법에 따라 해외로 이주하는 경우, 영농상속 받은 재산이 수용되거나 협의 매수된 경우, 영농상속 받은 재산을 국가 또는 지방자치단체에 양도하거나 증여하는 경우, 영농상 필요에 따라 농지를 교환·분합 또는 대토하는 경우, 상속인이 상속받은 주식 등을 물납하여 처분한 경우 등이다.

(5) 피상속인 또는 상속인의 조세포탈

과세표준과 세율의 결정이 있기 전에 피상속인 또는 상속인에 대한 형이 확정된 경우에는 영농상속공제를 적용하지 않는다. 영농상속공제를 받은 후에 상속인에 대한 형이 확정된 경우에는 영농상속공제 금액을 상속개시 당시의 상속세 과세가액에 산입하여 상속세를 부과한다(상증법 제18조의3 제6항).

라. 배우자 상속공제

(1) 의의 및 취지

배우자 상속공제는 1세대에 1회 과세하는 것이 타당하고 부부간 상속은 공동재산 분할의 성격을 가지는 점 등을 고려하여 배우자상속분을 공제하는 것이다(상증법 제19조). 공동상속재산이 배우자에게 상속되는 것은 재산의 수평적 이전이므로 이 단계에서는 일단 과세를 유보하고 나중에 잔존배우자가 사망할 때 상속세를 과세하도록 한다는 취지이다.

(2) 요건

(가) 민법상 배우자

배우자는 민법상 혼인관계에 있는 배우자를 말한다. 사실혼 관계에 있는 자는 배우자공제를 받을 수 없다. 배우자가 상속인이어야 하는 것은 아니므로 배우자가 민법 제1004조의 결격사유가 있어 상속인이 되지 못한 경우에도 배우자 상속공제는 적용된다.[38]

(나) 법정기한 내의 상속재산 분할

상속세 과세표준신고기한의 다음 날부터 9개월이 되는 날까지 배우자의 상속재산을 분할하여야 한다(상증법 제19조 제2항). 상속세 결정기한이 신고기한의 다음 날부터 9개월이 되는 날인 점을 감안하여 2020. 12. 22. 상증세법 개정 시 분할기한을 종전 6개월에서 9개월로 연장하였다. 다만 상속인이 상속재산에 대하여 상속회복청구의 소를 제기하거나 상속재산분할의 심판을 청구한 경우, 상속인이 확정되지 않는 부득이한 사유 등으로 배우자상속분을 분할하지 못하는 사실을 관할 세무서장이 인정하는 경우 등과 같이 부득이한 사유로 인하여 배우자

---

38) 재산세과-1084(2009. 12. 21.)

상속재산 분할기한까지 배우자의 상속재산을 분할할 수 없는 경우로서 배우자상속재산 분할기한의 다음 날부터 6개월이 되는 날까지 상속재산을 분할하여 신고하면 배우자상속재산 분할기한까지 분할한 것으로 본다(상증법 제19조 제3항). 이때 배우자 상속재산 분할기한의 다음 날부터 6개월이 지나 과세표준과 세액의 결정이 있는 경우에는 그 결정일부터 기산한다.

상속재산 분할을 요구하는 것은 미분할 상태로 일단 배우자 상속공제를 받은 다음 추후 협의분할을 거쳐 자녀에게 재산을 이전하는 방법으로 부를 무상이전하려는 시도를 방지하고 상속세에 관한 조세법률관계를 조속히 확정하기 위한 취지이다.[39]

상속재산에 대한 등기 등이 필요한 경우에는 그 등기 등을 경료하여야 한다. 피상속인이 사망 전에 매도한 부동산을 공동상속인들이 상속등기를 마치지 않은 채 부동산등기법 제27조에 따라 매수인에게 직접 소유권이전등기를 마쳐 준 경우 등기가 필요한 상속재산인지 다투어진 사안에서, 판례는 상속재산에 대한 등기가 필요한 상속재산에 해당한다고 판시하였다. 따라서 위 사안에서 배우자 앞으로 상속재산분할등기를 마치고 제3자에게 등기를 이전해야 배우자 상속공제를 받을 수 있다.

(다) 상속재산분할 신고가 요건인지 여부

상속재산분할신고가 배우자공제의 요건인지에 대하여는 논란이 있으나, 판례는 상속재산분할신고는 상속인으로 하여금 배우자 상속재산분할기한까지 상속재산의 분할사실을 신고하도록 협력의무를 부과한 것에 불과하고, 배우자 상속공제의 필수적 요건은 아니라고 판시하였다.[40] 종전에는 "배우자 상속재산분할기한까지 상속재산을 분할하여 신고한 경우에 한하여 적용한다"고 규정하였다가 2010. 1. 1. 상증세법 개정 시 "배우자의 상속재산을 분할한 경우에 적용된다."고 바꾸었고, 그 개정취지도 재산분할신고를 하지 않은 경우에도 실제로 재산분할이 된 경우에는 배우자상속공제액으로 인정한다고 설명하고 있기 때문이다.[41]

(3) 공제액

배우자공제는 법정상속분에 기하여 다음 계산식에 따라 산정한 금액과 30억 원 중 적은 금액을 한도로 하여 인정된다(상증법 제19조 제1항).

> (상속재산 + 사전증여재산 − 상속인 아닌 자의 유증재산) × 법정상속분
> − 배우자에게 10년 내 증여한 재산에 대한 과세표준

이론적으로는 배우자공제에 한도를 둘 이유가 없으나, 위장분할의 가능성을 방지하고 고액

---

39) 헌재 2012. 5. 31. 선고 2009헌바190 결정, 대법원 2023. 11. 2. 선고 2023두44061 판결
40) 대법원 2023. 11. 2. 선고 2023두44061 판결
41) 기획재정부, 「2009 간추린 개정세법」, 2010, 477면

자산가들로 하여금 일정 부분 상속세를 부담하도록 하기 위하여 한도를 설정하였다. 위 산식에서 법정상속분은 공동상속인 중 상속포기자가 있는 경우에는 그 사람이 포기하지 않은 경우의 배우자 법정상속분을 의미한다. 위 한도금액 내에서 배우자가 실제 상속받은 금액을 공제하되, 배우자가 실제 상속받은 금액이 없거나 상속받은 금액이 5억 원 미만이면 최소 5억 원을 공제한다(상증법 제19조 제4항). 위 산식에서 배우자에게 10년 내 증여한 재산에 대한 과세표준을 차감하는 것은 배우자에 대한 사전증여에 의하여 상속재산이 그만큼 감소됨에 따라 배우자가 상속받을 구체적 상속분이 감소하는 것을 반영한 것이므로 이로 인하여 배우자공제가 줄어든다고 하여 불합리하다고 볼 수 없다.[42]

(4) 부부가 같은 날 사망한 경우

부와 모가 동시에 사망하였을 경우 상속세의 과세는 부와 모의 상속재산에 대하여 각각 개별로 계산하여 과세하며, 이 경우 배우자 상속공제는 적용되지 않는다. 그러나 부와 모가 같은 날에 시차를 두고 사망한 경우 상속세의 과세는 부와 모의 재산을 각각 개별로 계산하여 과세하되 먼저 사망한 자의 상속세 계산시 배우자 상속공제를 적용한다. 또한 나중에 사망한 자의 상속세과세가액에는 먼저 사망한 자의 상속재산 중 그의 지분을 합산하고 단기재상속에 대한 세액공제를 한다.

마. 기타 인적공제

(1) 의의

기타 인적공제는 피상속인과 상속인의 구체적 생활관계를 고려하여 동거가족의 상황을 고려하여 공제하는 것이다.

(2) 종류

(가) 자녀공제

자녀 1명에 대해서 5,000만 원씩 공제한다(상증법 제20조 제1항 제1호). 자녀에는 친생자 외에 양자(養子), 태아도 포함된다. 미성년자에 대해서는 1,000만 원에 19세가 될 때까지의 연수를 곱하여 계산한 금액을 추가로 공제한다(상증법 제20조 제1항 제2호). 미성년자에는 민법 제826조의2에 따라 성년으로 의제되는 자가 포함된다.[43]

(나) 연로자공제와 장애인공제

배우자 이외의 상속인 및 동거가족 중 65세 이상인 사람에 대해서 5,000만 원을 공제한다(상증법 제20조 제1항 제3호). 또한 장애인에 대해서는 1,000만 원에 기대여명의 연수를 곱하여

---

42) 헌재 2002. 9. 19. 선고 2001헌바101 결정
43) 상증법 기본통칙 53-46…1 ③

계산한 금액을 공제한다(상증법 제20조 제1항 제4호).

(3) 중복공제

인적공제 중 자녀공제와 미성년자공제는 중복공제가 가능하고, 장애인공제는 다른 공제와 중복공제할 수 있다.

바. 일괄공제

기초공제와 기타 인적공제를 합친 금액이 5억 원보다 적은 경우에는 5억 원을 공제받을 수 있다(상증법 제21조 제1항). 그 외의 배우자공제, 금융재산상속공제, 가업상속공제, 영농상속공제, 재해손실공제는 별도로 적용한다.

상속인이 상속세 신고기한 내에 신고하지 않은 경우에는 일괄공제를 적용하여 5억 원을 공제한다. 다만, 배우자가 단독으로 상속받는 경우에는 일괄공제가 배제되므로 기초공제와 기타 인적공제를 합친 금액을 공제한다(상증법 제18조 제2항).

사. 금융재산상속공제

(1) 의의 및 취지

금융재산상속공제는 금융재산을 보유하는 경우 일정 금액을 공제하는 것을 의미한다(상증법 제22조). 금융재산은 금융회사 등이 취급하는 예금, 보험금, 주식, 채권, 수익증권, 어음 등의 금전 및 유가증권 등을 말한다(상증령 제19조 제1항). 자기앞수표는 금융상속공제 대상이 되는 금융재산에 해당하지 않는다.[44] 금융재산은 금융실명제 실시에 따라 세원이 노출되므로 다른 재산과의 과세형평을 기할 필요가 있고, 금융재산의 보유를 장려하기 위한 취지에서 금융재산상속공제를 인정한다.

(2) 공제액

순금융재산의 가액이 2,000만 원 이하인 경우에는 순금융재산의 가액을 공제하고, 순금융재산의 가액이 2,000만 원을 초과하는 경우에는 순금융재산의 가액의 20%와 2,000만 원 중 큰 금액을 공제한다(상증법 제22조 제1항). 다만, 순금융재산의 가액의 20%가 2억 원을 초과하는 경우에는 2억 원을 한도로 한다.

상속개시 당시 상속인이 환급청구할 수 있는 조합의 잔여재산이 있는 경우 피상속인이 사망으로 인하여 조합을 탈퇴하기 이전에 생긴 조합의 채무는 상속개시 당시 피상속인이 종국적으로 부담할 것이 확실한 채무가 아니므로 금융재산 상속공제에서 순금융재산의 가액을 산정할 때 차감하는 금융채무로 볼 수 없다.[45] 피상속인이 조합원으로 있다가 사망함으로써 조

---

44) 상증법 집행기준 22-19-3
45) 대법원 2016. 5. 12. 선고 2015두60167 판결

합을 탈퇴하는 경우 상속되는 대상이 ① 전체로서의 지분반환청구권이라고 보는 견해(순자산가액승계설), ② 조합재산에 대한 개개의 권리와 의무의 집합으로 보는 견해(집합적 권리의무 승계설)가 있는바, 판례는 순자산가액승계설에 입각하여 상속세과세가액 단계에서 조합채무를 공제하거나 상속공제단계에서 조합의 금융자산이나 채무를 고려할 필요가 없다고 판시한 것이다.[46] 해당 사안에서는 피상속인이 사망하는 경우 피상속인의 조합원 지위를 상속인이 승계하기로 하는 특별한 약정이 없어서 상속인은 조합에 대해 합유지분 가액에 상당하는 금액을 청구할 수 있을 뿐이었으므로 피상속인에게 합유적으로 귀속되는 금융채무가 공제되지 아니하여 결론적으로 금융재산 상속공제가 인정되었다.

(3) 배제

(가) 최대주주 등 보유주식

최대주주 등 보유주식에 대하여는 금융재산 상속공제를 배제한다. 최대주주 등이란 주주등 1인과 그의 특수관계인의 보유주식 등을 합하여 그 보유주식 등의 합계가 가장 많은 경우의 해당 주주 1인과 그의 특수관계인 모두를 말한다(상증령 제19조 제2항).

(나) 미신고 타인명의 금융재산

상속세 과세표준 신고기한까지 신고하지 않은 타인 명의의 금융재산에 대하여는 금융재산 상속공제를 적용하지 않는다.

아. 재해손실공제

상속세 신고기한 이내에 화재, 붕괴, 자연재해 등의 재난으로 인하여 상속재산이 멸실되거나 훼손된 경우에는 그 손실가액을 상속세과세가액에서 공제한다(상증법 제23조 제1항, 상증령 제20조 제1항). 다만, 그 손실가액에 대한 보험금 등의 수령 또는 구상권 등의 행사에 의하여 그 손실가액에 상당하는 금액을 보전받을 수 있는 경우에는 공제하지 않는다.

자. 동거주택 상속공제

(1) 의의

동거주택 상속공제는 1세대 1주택 실수요자의 상속세 부담을 완화하고, 상속인의 주거안정을 도모하기 위한 취지에서 인정된다(상증법 제23조의2). 동거주택 상속공제는 1981. 12. 31. 신설되어 시행되다가 1996. 12. 30. 상증세법 개정 시 폐지되었으나, 2008. 12. 26. 개정 시 다시 신설되었다. 동거주택 상속공제의 대상인 주택이 있더라도 당해 주택이 공익사업에 출연되어 상속세 과세가액에 산입되지 않는 경우에는 동거주택 상속공제를 할 수 없다.[47]

---

46) 정재희, "피상속인이 속한 조합의 대출금채무와 금융재산 상속공제의 적용문제", 대법원판례해설 제108호, 2016년상, 35면
47) 대법원 2005. 5. 26. 선고 2003두6153 판결

(2) 요건

(가) 10년 이상 동거

피상속인과 그 직계비속인 상속인 또는 상속인의 배우자가 상속개시일부터 소급하여 10년 이상 계속하여 1개의 주택에서 동거하여야 한다. 다만, 상속인이 미성년자인 기간은 제외한다. 당초 피상속인과 직계비속인 상속인이 동거하는 경우에만 인정하였으나 2021. 12. 21. 상증세법을 개정하여 직계비속인 상속인의 배우자와 동거하는 경우로 확대하였다. 따라서 며느리 혹은 사위가 시부모 및 장인장모와 동거하는 경우에도 동거주택상속공제가 적용된다.

동거주택은 피상속인이 상속개시일부터 소급하여 10년 이상 동거를 요구할뿐 10년 이상 소유를 요구하는 것은 아니다.[48] 피상속인과 상속인이 징집, 취학, 직장의 변경이나 전근 등 근무상의 형편, 1년 이상의 치료나 요양이 필요한 질병의 치료 또는 요양의 사유로 동거하지 못한 경우에는 계속하여 동거한 것으로 보되, 그 동거하지 못한 기간은 동거기간에 산입하지 않는다(상증령 제20조의2 제2항, 상증칙 제9조의2).

(나) 10년 이상 1세대 구성 및 1세대 1주택 해당

피상속인과 상속인이 상속개시일부터 소급하여 10년 이상 계속하여 1세대를 구성하면서 1세대 1주택에 해당하여야 한다. 무주택인 기간은 1세대 1주택의 기간에 포함한다. 1세대 1주택은 1세대가 고가주택을 포함하여 1주택을 소유한 경우를 말하는 것으로서 피상속인이 다른 주택을 취득하여 일시적으로 2주택을 소유한 경우 등 법령에서 정한 경우에는 2주택 이상을 소유한 경우에도 1세대가 1주택을 소유한 것으로 본다(상증령 제20조의2 제1항).

(다) 피상속인과 동거한 상속인의 주택 상속

상속개시일 현재 무주택자이거나 피상속인과 공동으로 1세대 1주택을 보유한 자로서 피상속인과 동거한 상속인이 상속받은 주택이어야 한다. 당초에는 상속인이 무주택자인 경우에만 적용하였으나, 2019. 12. 31. 상증세법 개정 시 피상속인이 사전에 주택 지분 일부를 증여해 피상속인과 상속인이 공동소유하게 된 경우에도 동거주택상속공제를 적용받을 수 있도록 하였다.

(3) 공제액

상속주택가액의 100%에 해당하는 금액을 공제하되, 6억 원을 한도로 한다. 상속주택가액은 주택부수토지의 가액을 포함하고, 상속개시일 현재 해당 주택 및 주택부수토지에 담보된 피상속인의 채무액을 공제한다. 2009년 동거주택 상속공제제도가 처음 도입되었을 때에는 상속주택가액의 40%에 해당하는 금액을 공제하고, 공제한도가 5억 원이었으나, 그 후 개정을 통하여 공제율과 공제한도를 상향하였다.

---

48) 대법원 2014. 6. 26. 선고 2012두2474 판결

3. 상속공제 적용의 한도

가. 취지

상속공제를 적용할 때 한도를 정한 것은 상속인들이 실제 상속받은 재산가액을 초과하여 공제받는 것을 방지하기 위한 취지이다. 고율의 상속세 적용을 회피하는 것을 방지하기 위하여 사전증여재산가액을 상속재산에 가산하는데, 사전증여재산가액의 합산규정을 두면서 공제한도를 두지 않으면 상속인들이 실제 상속받은 재산가액을 초과하여 사전증여재산가액까지 공제되어 사전증여재산 합산규정의 취지가 상실될 우려가 있기 때문이다.[49]

나. 내용

상속공제는 상속세과세가액에서 다음의 금액을 뺀 금액을 한도로 한다(상증법 제24조).
① 선순위인 상속인이 아닌 자에게 유증 등을 한 재산의 가액
② 선순위인 상속인의 상속포기로 그 다음 순위의 상속인이 상속받은 재산의 가액
③ 상속세과세가액에 가산한 사전증여재산가액

다만, 위 "③"은 상속세과세가액이 5억 원을 초과하는 경우에만 적용한다. 사전증여 여부에 따른 상속세 세부담 불평등을 완화하기 위한 취지이다.[50] 예를 들어, 상속세과세가액이 50억 원, 배우자공제 30억 원, 일괄공제 5억 원인 경우 사전증여재산가액이 없으면 과세표준이 15억 원이나, 상속세과세가액 전액이 사전증여재산이면 공제적용 한도로 인하여 공제할 금액이 없으므로 과세표준이 50억 원이 된다.

---

49) 헌재 2003. 1. 30. 선고 2001헌바61 결정, 헌재 2023. 6. 29. 선고 2022헌바112 결정(상속공제의 한도를 설정함으로써 과세표준이 확장되고, 이러한 과세표준의 확장은 상속세부과에 있어서 사전증여가 있었던 경우와 그렇지 아니한 경우, 사전증여가 많은 경우와 적은 경우의 상속인들 사이에 차별을 일으킨다는 일부 반대의 견이 있었다.)
50) 기획재정부, 「2015 간추린 개정세법」, 2016, 109면

제4장 상속세 과세표준과 세액

제1절 과세표준과 세율

1. 상속세의 계산구조

상속세의 계산 과정을 흐름도로 표시하면 다음과 같다.

```
상속재산가액(본래의 상속재산 + 의제상속재산)
( - ) 비과세상속재산
( - ) 공과금, 장례비, 채무
( + ) 사전증여재산가액
( + ) 추정상속재산
( - ) 공익목적출연재산등 과세가액불산입
  =  상속세과세가액
( - ) 상속공제
( - ) 감정평가수수료
  =  과세표준
( × ) 세율
  =  산출세액
( + ) 세대를 건너뛴 상속에 대한 할증세액
( - ) 세액공제
  =  납부세액
```

2. 과세표준

상속세의 과세표준은 상속세과세가액에서 상속공제액과 감정평가 수수료를 공제한 금액이다(상증법 제25조 제1항). 과세표준이 50만 원 미만의 소액이면 상속세를 부과하지 않는다(상증법 제25조 제2항). 감정평가 수수료는 상속재산을 평가하는데 소요되는 수수료로서 ① 감정평가업자의 평가에 따른 수수료, ② 신용평가전문기관의 평가에 따른 평가수수료, ③ 유형재산평가에 대한 감정수수료를 말한다(상증령 제20조의3 제1항). 위 "①, ③"의 수수료는 500만 원을 한도로 하고, "②"의 수수료는 평가대상 법인의 수 및 평가를 의뢰한 신용평가전문기관의 수 별로 각각 1,000원을 한도로 한다(상증령 제20조의3 제3항). 상속세 과세표준 구간은 2000년에 조정한 이후 한 번도 조정하지 않았는데, 물가상승률을 반영하여 상속세 과세표준 구간을 주기적으로 조정하는 것이 필요하다.

3. 세율

가. 세율구조

상증세법은 다음과 같이 10%, 20%, 30%, 40%, 50%의 5단계 초과누진세율로 되어 있다(상증법 제26조). 1950년에는 상속세의 최고세율이 90%, 1953년에는 73%였으나 1999년 이후 50%를 유지하고 있다. 1950년대에 상속세율이 높았던 것은 세원포착이 어려워 납세자의 마지막 관문이라고 할 수 있는 상속 단계에서 한꺼번에 세금을 걷기 위한 것이었다.

나. 세대를 건너뛴 상속에 대한 할증과세

(1) 의의 및 취지

상속인이나 수유자가 피상속인의 자녀를 제외한 직계비속, 즉 손자, 증손자 등인 경우에는 상속세산출세액에 상속재산 중 그 상속인 또는 수유자가 받았거나 받을 재산이 차지하는 비율을 곱하여 계산한 금액의 30%를 할증과세한다(상증법 제27조). 피상속인의 자녀를 제외한 직계비속이면서 미성년자에 해당하는 상속인 또는 수유자가 받았거나 받을 상속재산의 가액이 20억 원을 초과하는 경우에는 40%를 할증과세한다. 1세대 1회 과세원칙에 의하여 세대를 건너뛰어 상속하는 경우에는 30%를 할증과세하는 것이다. 세대를 건너뛰지 않은 상속과의 과세형평을 기하고 세대생략을 통한 조세회피를 방지하기 위함이다. 다만, 대습상속은 조세회피와 관련이 없으므로 대습상속에 대하여는 할증과세를 적용하지 않는다.

(2) 할증세액의 계산

할증세액은 다음 산식에 의하여 계산한다.

> 할증세액 = 상속세 산출세액 × (피상속인의 자녀를 제외한 직계비속이 상속받은 재산가액/총상속 재산가액) × 할증률

위 산식에서 "총상속재산가액"은 상속세과세가액 상당액을 의미하므로 상속인 또는 수유자가 받은 증여재산을 포함하나, 상속인 또는 수유자가 아닌 자가 받은 증여재산은 제외된다.[1] 세대를 건너뛴 상속에 대하여 할증하는 것이므로 상속인 또는 수유자가 아닌 자가 받은

---

1) 서면인터넷방문상담4팀 -1447(2008. 6. 17.)

증여재산은 제외하는 것이다. 그러나 피상속인의 자녀를 제외한 직계비속이 상속받은 재산가액에 상속인 또는 수유자가 받은 증여재산은 제외된다. 이미 사전증여 시 할증과세되었으므로 이중의 할증과세를 방지하기 위함이다.

제2절 상속세액공제

1. 증여세액공제

가. 의의

사전증여재산을 상속세과세가액에 가산하는 경우 사전증여재산에 대한 증여세액은 상속세 산출세액에서 공제한다(상증법 제28조 제1항). 상속세와 증여세의 이중과세를 조정하기 위함이다. 증여재산가액이 상속재산가액에 가산되어 상속세와 증여세 이중과세되는 불합리를 해소하기 위한 것이므로 위 조항에서 말하는 증여세액이란 증여재산에 대하여 부과된 또는 부과될 증여세액 혹은 비과세 증여재산의 경우는 과세대상인 것으로 가정하여 산출된 증여세액 상당액을 말한다.[2] 따라서 증여 당시 수증자가 배우자인 관계로 배우자증여공제를 받았다가 상속개시 당시에는 이혼으로 상속인이 아니어서 배우자상속공제를 받을 수 없게 된 경우 상속세 산출세액에서 공제할 증여세액은 실제로 납부된 증여세액이 아니라 증여한 재산가액에 대하여 배우자증여공제를 하지 않았을 때의 증여세 산출세액이 된다.[3]

증여자의 자녀가 아닌 직계비속에 대한 증여에 해당하여 할증과세가 이루어진 이후에 증여자의 사망으로 상속이 개시되어 수증자가 대습상속 요건을 갖추어 상속인이 되었다면, 상속세 산출세액에서 공제하는 증여세액은 할증과세로 인한 세대생략가산액을 포함한다.[4] 세대를 건너뛴 증여로 할증과세가 되었더라도, 그 후 증여자의 사망으로 상속이 개시된 시점에 수증자가 대습상속의 요건을 갖춤으로써 세대를 건너뛴 상속에 대하여 할증과세를 할 수 없게 되어 세대생략을 통한 상속세 회피의 문제가 생길 여지가 없다면, 세대생략 증여에 대한 할증과세의 효과만을 그대로 유지하여 수증자 겸 상속인에게 별도의 불이익을 줄 필요가 없기 때문이다.

나. 배제

상속세과세가액에 가산하는 증여재산에 대하여 부과제척기간 만료로 인하여 증여세가 부

---

2) 대법원 1979. 6. 12. 선고 77누304 판결
3) 대법원 2012. 5. 9. 선고 2012두720 판결
4) 대법원 2018. 12. 13. 선고 2016두54275 판결

과되지 않는 경우에는 이중과세의 우려가 없으므로 증여세액공제를 배제한다. 증여세액공제를 하지 않더라도 사전증여재산은 증여세 부과제척기간 경과여부에 상관없이 상속세과세가액에 산입한다. 또한 상속세과세가액이 5억 원 이하인 경우에는 상속세가 부과되지 않으므로 증여세액공제를 적용하지 않는다.

다. 공제한도

(1) 수증자가 상속인 또는 수유자인 경우

> 상속인 등 각자가 납부할 상속세 산출세액 × 상속인 등 각자의 증여재산에 대한 증여세 과세표준/상속인 등 각자가 받았거나 받을 상속재산에 대한 상속세 과세표준 상당액

상속인이나 수유자 각자가 납부할 상속세액에 그 상속인 또는 수유자가 받았거나 받을 상속재산에 대하여 증여재산 과세표준이 차지하는 비율을 곱하여 계산한 금액을 한도로 각자가 납부할 상속세액에서 공제한다(상증법 제28조 제2항 후문). 위 산식에서 안분의 기준을 과세가액이 아닌 과세표준으로 한 것은 상속공제가 증여재산공제보다 큰 상태에서 과세가액 비율로 안분할 경우 공제할 증여세액이 줄어들기 때문이다.[5]

(2) 수증자가 상속인 또는 수유자가 아닌 경우

> 상속세 산출세액 × 사전증여재산에 대한 증여세 과세표준/상속세 과세표준

상속세산출세액에 상속재산의 과세표준에 대하여 가산한 증여재산의 과세표준이 차지하는 비율을 곱하여 계산한 금액을 한도로 한다(상증법 제28조 제2항 전문).

2. 외국납부세액공제

가. 의의

외국에 있는 상속재산에 대하여 외국의 법령에 따라 상속세를 부과받은 경우에는 그 부과받은 상속세 상당액을 상속세산출세액에서 공제한다(상증법 제29조 제1항). 국내와 국외에서의 상속세 이중과세를 조정하기 위함이다.

나. 계산

외국납부세액은 다음 계산식에 따라 계산한 금액으로 한다(상증령 제21조 제1항).

---

[5] 박훈외 2인, 상속·증여세 실무 해설(2020), 378면

위 계산식은 외국에 있는 상속재산에 대하여 국내에서 납부할 세금만큼 공제해주겠다는 의미이다. 위와 같이 계산한 금액이 외국의 법령에 따라 부과된 상속세액을 초과하는 경우에는 그 상속세액을 한도로 한다.

3. 단기 재상속에 대한 세액공제

가. 의의

상속개시 후 10년 이내에 상속인이나 수유자의 사망으로 다시 상속이 개시되는 경우에는 전의 상속세가 부과된 상속재산 중 재상속되는 상속재산에 대한 전의 상속세 상당액을 상속세산출세액에서 공제한다. 단기간 내에 상속이 발생하는 경우 상속인의 부담이 커지므로 이를 경감하기 위함이다.

나. 공제액

다음과 같이 계산한 금액에 재상속기간에 따른 공제율을 곱하여 계산한다(상증법 제30조 제2항).

$$\text{전의 상속세 산출세액} \times \frac{\text{재상속분의 재산가액} \times \dfrac{\text{전의 상속세과세가액}}{\text{전의 상속재산가액}}}{\text{전의 상속세과세가액}}$$

재상속분의 재산가액에는 상속재산에 가산하는 사전증여재산 중 상속인이나 수유자가 받은 증여재산을 포함한다(상증법 제30조 제1항 괄호). 판례가 피상속인의 사망으로 인하여 비로소 상속이 이루어진 재산가액뿐 아니라, 사전증여재산이나 의제상속재산 등도 모두 포함하는 것으로 판시하였고,[6] 2019. 12. 31. 상증세법 개정을 통해 이를 명확히 하였다. "전의 상속재산가액"은 전 상속 당시 재산가액을 의미하고, "전의 상속세과세가액"은 전 상속 당시 상속세과세가액을 의미한다. 공제율은 재상속기간이 1년 이내인 경우 공제율이 100%이고, 1년이 증가함에 따라 10%씩 공제율이 낮아져서 재상속기간이 10년 이내인 경우 공제율이 10%가 된다.

다. 한도

상속세산출세액에서 증여세액공제 및 외국납부세액공제를 차감한 금액을 한도로 한다(상증법 제30조 제3항).

---

6) 대법원 2004. 7. 9. 선고 2002두11196 판결

4. 신고세액공제

가. 의의

신고기한 내에 상속세 과세표준을 신고한 경우에는 상속세산출세액에서 징수유예금액, 공제되거나 감면되는 금액을 공제한 금액의 3%에 상당하는 금액을 공제한다(상증법 제69조 제1항). 과거에는 10%를 공제하였다가 7%로 줄였으며, 다시 2017. 12. 19. 상증세법 개정을 통하여 3%로 축소하였다. 과거보다 과세관청의 과세인프라가 많이 갖추어져 납세자의 상속재산 누락 가능성이 줄어들었으므로 신고세액공제율을 줄인 것이다.

나. 사전증여재산이 있는 경우

상속재산에 가산한 사전증여재산에 대한 증여세액은 상속세신고세액에서 차감하여 그 차감된 세액을 기준으로 신고세액공제를 산출한다.[7] 그러나 사전증여재산가액의 신고를 누락한 경우 누락된 증여재산가액에 대한 증여세액은 어차피 신고세액에 포함되지 않으므로 신고세액공제금액을 산정할 때 신고세액에서 누락된 증여세액을 차감할 필요는 없다.[8]

---

7) 대법원 2000. 5. 26. 선고 98두15115 판결
8) 대법원 2006. 8. 24. 선고 2004두3625 판결

제2부

증여세법

증여세 총론

제1장

제1절 증여세의 의의 및 증여세 완전포괄주의

1. 증여세의 의의

가. 증여세의 성격

(1) 증여세와 상속세의 관계

증여세는 상속세의 보완세로서 증여가 상속세 회피수단으로 이용되는 것을 방지하는 기능을 한다. 이러한 취지로 상증세법은 상속세를 회피하기 위하여 증여를 이용하는 것에 대비하는 규정들을 두고 있다. 대표적으로 상속개시일 전 10년 이내에 피상속인이 상속인에게 증여한 재산가액은 상속세과세가액에 산입한다(상증법 제13조 제1항).

(2) 증여세와 소득세의 관계

증여세는 소득세와 보완관계에 있다. 소득을 순자산의 증가로 파악하면 수증액도 소득세 과세대상이 될 수 있다. 그러나 세법은 근로나 자본의 기여에 의하여 부가 증가한 소득과 무상으로 부가 증가한 증여를 구분하여 소득세법과 상증세법에서 각각 별도로 규율하고 있다.

상증세법은 거주자의 수증액에 대하여 원칙적으로 증여세를 과세하되, 소득세의 과세대상이 되는 수증액에 대하여는 증여세를 부과하지 않는다고 규정하고 있다(상증법 제4조의2 제3항). 예를 들어, 사업과 관련하여 무상으로 받은 자산의 가액은 사업소득으로서 소득세가 과세되므로 증여세를 과세하지 않는다. 그러나 합병에 따른 의제배당소득이 소득세 과세대상이 되고 합병상장이익이 증여세 과세대상이 되는 경우 적격합병이어서 의제배당소득이 없는 것으로 계산되어 과세되지 않더라도 합병상장이익에 관하여 '소득세법에 의한 소득세가 수증자에게 부과되거나 비과세 또는 감면되는 때'에 해당한다고 볼 수 없으므로 합병상장이익에 대한 증여세를 과세할 수 있다.[1]

---

1) 대법원 2017. 9. 26. 선고 2015두3096 판결

나. 증여의 의의

(1) 증여의 개념

과거에는 상증세법에 증여의 정의가 없었으므로 민법상 증여의 개념을 차용하였다. 민법상 증여는 당사자 일방이 무상으로 재산을 상대방에 수여하는 의사를 표시하고 상대방이 이를 승낙함으로써 그 효력이 생기는 계약이다(민법 제554조). 그런데 민법상 증여 이외의 방법으로 부를 이전하는 변칙증여가 증가하자 이에 대응하기 위하여 2003. 12. 30. 상증세법 개정 시 제2조 제3항에서 증여를 "그 행위 또는 거래의 명칭·형식·목적 등에 불구하고 경제적 가치를 계산할 수 있는 유형·무형의 재산을 타인에게 직접 또는 간접적인 방법에 의하여 무상으로 이전(현저히 저렴한 대가로 이전하는 경우를 포함한다)하는 것 또는 기여에 의하여 타인의 재산가치를 증가시키는 것"이라고 포괄적으로 정의하였다.

민법상 증여와 비교하면 증여계약에 의한 민법상 증여 이외에 증여의 실질을 가지는 경제적 이익이나 부의 무상이전을 포섭할 수 있도록 증여의 개념을 포괄적으로 정의한 것이다. 이와 같이 증여의 개념을 포괄적으로 정의한 것을 증여세 완전포괄주의라고 한다. 2015. 12. 15. 상증세법을 개정할 때 증여의 정의개념을 제2조 제6호로 옮기고 일부 문구를 바꾸었으나 그 핵심내용은 그대로 유지하였다. 현행 상증세법 제2조 제6호는 증여를 다음과 같이 규정하고 있다.

상증세법 제2조(정의)

6. "증여"란 그 행위 또는 거래의 명칭·형식·목적 등과 관계없이 직접 또는 간접적인 방법으로 타인에게 무상으로 유형·무형의 재산 또는 이익을 이전(현저히 낮은 대가를 받고 이전하는 경우를 포함한다)하거나 타인의 재산가치를 증가시키는 것을 말한다. 다만, 유증, 사인증여, 유언대용신탁 및 수익자연속신탁은 제외한다.

증여의 개념을 포괄적으로 규정하고 있고, 유증, 사인증여, 유언대용신탁 및 수익자연속신탁은 상속에 해당하므로 증여에서 제외하고 있다.

(2) 이혼에 따른 재산분할의 경우

이혼에 따른 재산분할은 원칙적으로 상증세법상 증여의 개념에 해당하지 않는다. 이혼에 따른 재산분할은 부부가 혼인 중에 취득한 실질적인 공동재산을 청산·분배하는 것을 주된 목적으로 하는 제도로서 재산의 무상이전으로 볼 수 없기 때문이다. 다만, 민법 제839조의2 제2항의 규정취지에 반하여 상당하다고 할 수 없을 정도로 과대하고 상속세나 증여세 등 조세를 회피하기 위한 수단에 불과하여 그 실질이 증여라고 평가할 만한 특별한 사정이 있는 경우에는 상당한 부분을 초과하는 부분에 한하여 예외적으로 증여세 과세대상으로 삼을 수 있다.[2]

2. 증여세 완전포괄주의

가. 의의

우리나라는 증여세 과세대상에 대하여 열거주의 방식을 취하다가 2000. 12. 29. 상증세법 개정 시 유형별 포괄주의를 도입하였으며 그것만으로 변칙증여에 대응하기 어렵다고 판단하여 2003. 12. 30. 상증세법 개정 시 증여세 완전포괄주의를 도입하였다. 증여세 완전포괄주의는 민법상 증여뿐 아니라 실질적으로 증여라고 볼 수 있는 행위나 거래까지 포괄하여 증여세 과세대상으로 삼는 입법이다. 증여세 완전포괄주의 도입 이전에는 다양한 변칙증여에 대응하기 위하여 민법상 증여가 아닌 부의 무상이전을 증여로 간주하는 개별 증여의제규정(구 상증법 제33조부터 제41조의5까지), 개별 증여의제규정보다 증여의 범위를 다소 넓힌 유형별 포괄주의규정(구 상증법 제42조) 등의 방법을 사용하였으나, 날로 지능화하는 증여세 회피행위를 방지하는데 한계를 보이자 증여세 완전포괄주의를 도입하게 된 것이다.

증여세 완전포괄주의는 민법상 증여와 별도로 상증세법상 증여의 개념을 포괄적으로 정의하는 방식으로 이루어졌다. 세법상 증여의 개념을 포괄적으로 규정함으로써 민법상 증여뿐 아니라 증여의 경제적 사실을 가진 행위를 모두 포괄하여 과세하기 위함이다.

나. 찬반론[3]

(1) 찬성론

증여세 완전포괄주의에 대한 찬성론의 주된 논거는 다음과 같다.

① 개별적 증여의제규정으로는 새로운 유형의 변칙적인 증여에 대응하는데 한계가 있다. 따라서 법률에 규정되어 있지 않은 유형에 대하여 과세할 수 있는 완전포괄주의를 도입함으로써 공평과세의 이념을 구현하여야 한다.

② 조세법규는 명확히 규정하여야 하지만 당해 조세법규의 체계 및 입법취지 등에 비추어 그 의미가 분명해질 수 있다면 조세법률주의에 위반된다고 할 수 없다. 더욱이 세법은 급변하는 경제현실을 규율대상으로 하므로 다른 법률보다 훨씬 강한 포괄성을 필요로 한다.

③ 변칙적이고 불법적인 부의 세습을 사전에 예방하기 위한 수단으로 완전포괄주의가 필요하다.

(2) 반대론

증여세 완전포괄주의에 대한 반대론의 주된 논거는 다음과 같다.

① 조세법률주의는 과세요건을 법률에 명확히 규정함으로써 납세자의 법적 안정성과 예측가능성을 보장하는 것이다. 그런데 세법에 과세요건에 대한 명확한 규정 없이 포괄과세하는 것은 과세요건명확주의에 위배된다.

---

2) 대법원 2017. 9. 12. 선고 2016두58901 판결
3) 이전오, "증여세 완전포괄주의 규정의 문제점", 조세연구 제4집, 2004, 15~18면

② 과세요건에 대한 명확한 법률규정 없이 모든 경제적 이익을 과세대상으로 하면 과세당국의 자의적인 판단으로 인하여 과세권이 남용될 가능성이 크다.

③ 증여세 완전포괄주의는 상속세와 증여세를 완화하는 국제흐름에 역행하는 것이다.

(3) 검토

개별증여의제규정, 그보다 과세범위를 다소 확대한 유형별 포괄주의규정만으로 다양한 변칙증여에 적절히 대응하기 어려우므로 증여세 완전포괄주의는 필요하다. 다만, 증여세 완전포괄주의에 대하여는 법적 안정성과 예측가능성을 저해하는 문제, 미실현 이익에 대한 과세문제, 법인세와 증여세의 이중과세 문제 등이 지적되고 있다. 특히 법인이 수증받은 이익에 대하여 법인세 과세 후 다시 주주의 이익에 대하여 증여세를 과세하면 이중과세에 해당하므로 주주의 이익에 대하여는 배당소득 또는 양도소득으로 과세하면 족하다는 주장도 제기되고 있다. 상증세법 제4조의2 제4항은 영리법인이 증여받은 재산 또는 이익에 대하여 법인세가 부과되는 경우 법인의 주주 등에 대해서는 상증세법 제45조의3부터 제45조의5까지의 규정에 따른 경우를 제외하고는 증여세를 부과하지 못하도록 하여 법인세와 증여세의 이중과세문제를 입법적으로 해결하였다.

다. 증여정의규정과 개별증여규정의 관계

2003. 12. 30. 상증세법 개정으로 증여세 완전포괄주의를 도입하였음에도 불구하고 과세관청은 한동안 증여세 완전포괄주의를 적용하여 과세하는 것에 소극적이었다. 증여세 완전포괄주의 규정만으로는 세무공무원들이 증여세를 부과하기 위하여 필요한 증여이익을 산정하기 어려웠기 때문이다. 감사원은 2013년 국세청을 감사하면서 증여세 완전포괄주의를 입법하였으면서도 국세청이 증여세를 부과하지 않는 것은 문제가 있다고 지적하였고, 그 이후 국세청은 어떻게든 증여이익을 산정하여 증여세 완전포괄주의를 적용한 과세를 본격적으로 하기 시작하였다. 증여세 완전포괄주의를 입법하면서도 상증세법에는 기존의 개별 증여의제규정(구 상증법 제33조부터 제41조의5까지)을 의제라는 단어를 뺀 채 그대로 존치시켰다. 이에 따라 포괄적인 증여정의규정(상증법 제2조 제6호)과 각 개별증여규정(상증법 제33조부터 제41조의5까지)의 관계를 어떻게 볼 것인지 논란이 되었다.

2003. 12. 30. 증여세 완전포괄주의를 도입한 이후 종전의 개별 증여의제규정은 상증세법상 증여의 개념에 포섭할 수 있으므로 의제의 필요성이 소멸하였다고 볼 수 있다. 이에 따라 개별증여규정은 증여를 예시한 것이라는 이유로 상당 기간 증여예시규정이라고 불렀다. 포괄적인 증여정의규정과 각 개별증여규정의 관계를 논의하는 실익은 각 개별증여규정의 요건과 상관없이 상증세법 제2조 제6호의 포괄적 증여정의규정을 근거로 증여세를 과세할 수 있는지 여부에 있다. 판례는 개별증여규정이 증여세 과세의 범위와 한계를 설정한 것으로 볼 수 있는 경우에는 개별증여규정에서 규율하고 있는 거래나 행위 중 증여세 과세대상이나 과세범위에

서 제외된 거래나 행위가 상증세법 제2조 제6호의 증여 개념에 부합하더라도 그에 대한 증여세를 과세할 수 없다고 판시하였다.[4] 이로써 개별증여규정은 단순한 증여예시규정이 아니라 독립적인 과세요건으로서의 의미를 가지게 되었다.

증여세 완전포괄주의하에서 개별증여규정이 꼭 필요한 것은 아니나, 과세당국은 납세자에게 어떠한 거래에 대하여 증여세가 과세되는지 편의를 제공하기 위하여 개별증여규정을 남겨두었다.[5] 하지만 판례는 과세당국의 의도에 불구하고 각 개별증여규정에 들어가 보면 구체적인 요건이 설정되어 있으므로 그 요건에 맞지 않는 거래에 대하여는 증여세를 과세할 수 없다고 판시하였다. 예를 들어, 상증세법 제38조의 합병에 따른 이익의 증여규정은 특수관계에 있는 법인 간의 합병일 것, 대통령령으로 정하는 대주주 등이 합병으로 일정한 이익을 얻을 것 등의 요건을 설정하고 있으므로 이 요건을 충족하지 못하는 경우 다시 상증세법 제2조 제6호의 포괄적인 정의규정을 근거로 과세할 수는 없다고 판단한 것이다.

위 대법원 판결에 대하여는 개별증여규정의 요건에 맞지 않는 거래나 행위에 대하여는 증여세를 과세할 수 없게 되었으므로 증여세 완전포괄주의를 후퇴시켰다고 보는 비판적인 견해가 있는가 하면 증여세 완전포괄주의의 도입취지와 납세자의 예측가능성, 법적 안정성의 조화를 도모한 판결이라면서 긍정적으로 평가하는 견해가 있다.[6] 생각건대, 적어도 개별증여규정에 증여세 과세요건이 구체적으로 규정되어 있는 경우에는 그것이 과세요건으로 기능하므로 그 요건을 충족하지 못하면 증여세를 과세할 수 없다고 보는 판례의 태도가 타당하다.

라. 개별증여규정 이외의 증여유형에 대한 과세

(1) 의의

상증세법 제33조부터 제42조의3까지의 개별증여규정에 규정되지 않은 증여 유형에 대하여 상증세법 제2조 제6호를 근거로 증여세를 과세할 수 있는지 논란이 있다. 판례가 개별증여규정의 요건에 맞지 않는 거래나 행위에 대하여는 증여세를 과세할 수 없다고 판시함으로써 이 쟁점에 대한 논란은 일단락되었으므로 개별증여규정에 규정되지 않은 증여 유형에 대하여 증여세 완전포괄주의에 의하여 과세할 수 있는지 여부가 문제된다.

(2) 학설

긍정설은 상증세법 제2조 제6호는 증여세 과세요건인 과세대상의 본질적 사항을 규정한 것

---

4) 대법원 2015. 10. 15. 선고 2013두13266 판결
5) 정부가 발간한 세법해설책자에 의하면 증여세 완전포괄주의로 전환함에 따라 종전의 개별증여의제규정을 삭제해도 무방하나, 증여의 유형 및 증여재산가액 계산에 관한 예시규정으로 전환하여 국민의 법적안정성과 예측가능성을 도모한다고 기재하고 있다(재정경제부, 「2003 간추린 개정세법」, 2004, 371면).
6) 비판적인 견해로는 대표적으로, 유철형, "상속세 및 증여세법상 개별예시규정의 해석", 조세연구 제16권 제3호, 한국조세연구포럼, 2016, 173~174면이고, 긍정적인 견해로는 백제흠, 세법의 논점, 박영사, 2016, 263~264면이 있다.

이고 부의 무상이전 형태를 법률에 일일이 열거하기 어려우므로 상증세법 제2조 제6호에 의하여 과세할 수 있다고 한다. 반면, 부정설은 상증세법 제2조 제6호만으로는 증여세 과세대상인지, 증여재산가액의 산정방법 등을 예측하기 어려우므로 상증세법 제2조 제6호에 의하여 과세할 수 없다고 한다.

(3) 판례 등

판례는 기업개선약정에서 대주주들에게 부여한 우선매수청구권이 증여세 과세대상인지 다투어진 사안에서 상증세법 제2조 제6호(구 상증법 제2조 제3항)에 근거하여 증여세를 과세할 수 있다고 하면서 주식 우선매수청구권은 신주인수권과 유사하므로 신주인수권증권 또는 신주인수권증서의 가액 평가방법에 관한 상증세법 규정을 준용하여 그 가액을 판단해야 한다고 판시하였다.[7] 조세심판원 결정 중에도 청구인들이 부친이 지배하는 법인들의 주식을 취득한 후 양도하는 과정에서 자신의 기여 없이 다른 양도자들보다 상대적으로 높은 가액으로 양도함으로써 경제적 이익을 얻은 경우 상증세법 제2조 제6호에 따라 증여세를 과세할 수 있다고 판시한 것이 있다.[8]

(4) 검토

상증세법 제2조 제6호의 증여개념에 해당하면서 상증세법 제33조부터 제42조의3까지 규정된 개별증여규정의 요건에 정면으로 위반되지 않는 행위에 대하여는 상증세법 제2조 제6호에 따라 과세할 수 있다고 보는 긍정설이 타당하다. 특히 2015. 12. 20. 상증세법 개정으로 증여세 과세대상을 유형화하여 폭넓게 규정한 상증세법 제4조 제1항, 증여재산가액 계산의 일반원칙을 규정한 상증세법 제31조 제1항이 입법됨에 따라 긍정설의 입지가 더 강화되었다고 볼 수 있다. 다만, 많이 활용되는 증여는 상증세법 제33조부터 제42조의3까지의 개별증여규정에 포함되어 있으므로 긍정설을 취하더라도 그 효용이 크다고 할 수는 없다.

---

7) 대법원 2011. 4. 28. 선고 2008두17882 판결
8) 조심 2021. 8. 30.자 2020서8407 결정

제2절 증여세 납세의무

1. 증여세 납세의무자

가. 수증자

(1) 의의

증여세 납세의무자는 원칙적으로 수증자이다(상증법 제4조의2 제1항).[9] 다만 저가·고가양도에 따른 이익의 증여(제35조), 채무면제 등에 따른 증여(제36조), 부동산 무상사용에 따른 이익의 증여(제37조), 금전무상대출 등에 따른 이익의 증여(제41조의4)에 해당하는 경우로서 수증자가 증여세 납부능력이 없다고 인정되면 증여세의 전부 또는 일부를 면제한다(상증법 제4조의2 제5항). 위와 같은 증여들은 적극재산을 증여받은 것이 아니므로 일반적인 증여와 동일하게 증여세를 과세하는 것은 가혹하다는 고려에서 예외적으로 증여세를 납부할 능력이 없는 수증자에 대하여는 증여세 납세의무를 면제한 것이다. 이때 '수증자가 증여세를 납부할 능력이 없다고 인정될 때'에 해당하는지는 증여세 납세의무의 성립시점을 기준으로 판단하므로 그 시점에 이미 수증자가 채무초과 상태에 있었다면 채무초과액의 한도에서 증여세를 납부할 능력이 없는 때에 해당한다.[10]

증여재산에 대하여 수증자에게 소득세 또는 법인세가 부과되는 경우에는 이중과세를 조정하기 위하여 증여세를 부과하지 않는다(상증법 제4조의2 제3항). 또한 수증자가 영리법인인 경우에는 영리법인에게 법인세가 과세되므로 역시 증여세를 면제한다(상증법 제4조의2 제4항).

(2) 증여자의 연대납세의무

다음 어느 사유에 해당하는 경우에는 증여자가 수증자와 연대납세의무를 진다(상증법 제4조의2 제6항).

① 수증자가 주소나 거소가 불분명한 경우로서 조세채권 확보가 곤란한 경우

② 수증자가 증여세를 납부할 능력이 없다고 인정되는 경우로서 수증자에게 강제징수를 하여도 증여세에 대한 조세채권을 확보하기 곤란한 경우

③ 수증자가 비거주자인 경우

증여자는 증여세 납세의무의 원인행위를 한 당사자이므로 위 사유로 수증자로부터 증여세를 징수할 수 없는 경우에는 연대납세의무라는 형태로 책임을 지우는 것이다. 다만, 현저히 낮은 대가를 주고 재산 또는 이익을 이전받음으로써 발생하는 이익이나 현저히 높은 대가를 받고 재산 또는 이익을 이전함으로써 발생하는 이익과 재산 취득 후 해당 재산의 가치가 증가

---

9) 미국의 경우에는 증여자가 증여세 납세의무자이다.
10) 대법원 2016. 7. 14. 선고 2014두43516 판결

한 경우의 그 이익(제4조 제1항 제2호 및 제3호), 저가양수 또는 고가양도에 따른 이익의 증여(제35조), 채무면제 등에 따른 증여(제36조), 부동산 무상사용에 따른 이익의 증여(제37조), 합병에 따른 이익의 증여(제38조), 증자에 따른 이익의 증여(제39조), 감자에 따른 이익의 증여(제39조의2), 현물출자에 따른 이익의 증여(제39조의3), 전환사채 등의 주식전환 등에 따른 이익의 증여(제40조), 초과배당에 따른 이익의 증여(제41조의2), 주식 등의 상장에 따른 이익의 증여(제41조의3), 금전 무상대출 등에 따른 이익의 증여(제41조의4), 합병에 따른 상장 등 이익의 증여(제41조의5), 재산사용 및 용역제공 등에 따른 이익의 증여(제42조), 법인의 조직 변경 등에 따른 이익의 증여(제42조의2), 재산취득 후 재산가치 증가에 따른 이익의 증여(제42조의3), 재산취득자금의 증여추정(제45조), 특수관계법인과의 거래를 통한 이익의 증여의제(제45조의3), 특수관계법인으로부터 제공받은 사업기회로 발생한 이익의 증여의제(제45조의4), 특정법인과의 거래를 통한 이익의 증여의제(제45조의5), 공익법인 등이 출연받은 재산에 대한 과세가액 불산입(제48조)의 경우에는 연대납세의무를 지우지 않는다. 합산배제대상의 증여 등 직접적인 증여가 아닌 우회적인 방법의 증여에 대하여는 연대납세의무를 면제하는 것이다.

나. 명의신탁자

명의신탁 증여의제의 경우 납세의무자는 실제 소유자인 명의신탁자이다(상증법 제4조의2 제2항). 명의자가 영리법인인 경우에도 마찬가지이다. 과거에는 명의자인 명의수탁자가 납세의무자였으나, 2018. 12. 31. 상증세법을 개정하면서 명의신탁에 대하여 주된 책임이 있는 명의신탁자를 납세의무자로 규정하였다. 다만, 명의신탁자의 다른 재산에 대하여 강제징수를 하여도 징수금액에 미치지 못하는 경우에는 명의신탁재산으로 강제징수를 할 수 있다(상증법 제4조의2 제9항). 명의신탁재산은 본래 명의신탁자의 것이므로 명의수탁자의 명의로 되어 있더라도 그 명의신탁재산의 범위 내에서는 강제징수를 할 수 있도록 한 것이다.

2. 수증자가 거주자인 경우와 비거주자인 경우의 납세의무

가. 거주자와 비거주자의 구분

거주자는 국내에 주소를 두거나 183일 이상 거소를 둔 사람을 말하며, 비거주자는 거주자가 아닌 사람을 말한다(상증법 제2조 제8호).

나. 수증자가 거주자인 경우와 비거주자인 경우의 납세의무

수증자가 거주자인 경우에는 국내외의 모든 증여재산에 대하여 증여세 납세의무가 있고, 수증자가 비거주자인 경우에는 국내에 있는 증여재산에 대하여 증여세 납세의무가 있다(상증법 제4조).

다. 거주자가 비거주자에게 국외재산을 증여하는 경우

거주자가 비거주자에게 국외재산을 증여하는 경우 증여자는 증여세 납부의무가 있다(국조법 제21조 제1항). 다만, 수증자가 증여자의 특수관계인이 아닌 경우로서 해당 재산에 대하여 외국의 법령에 따라 증여세가 부과되는 경우에는 증여세 납부의무를 면제한다.

과거에는 거주자가 비거주자에게 국외재산 중 국외예금, 국외적금 등을 증여하는 경우 비거주자에게 증여세를 과세하고(구 상증법 제4조의2 제1항 제2호), 그 이외의 재산을 증여하는 경우 증여자에게 증여세를 과세하였다(구 국조법 제21조 제1항). 국외예금, 국외적금 등은 다른 재산보다 해외로 빼돌리는 것이 용이하므로 특별히 비거주자에게 증여세 납세의무를 지우고, 그 이외의 재산은 증여자에게 납세의무를 부과한 것이다. 그 후 2016. 12. 20. 상증세법과 국조법을 개정하여 거주자가 국외예금, 국외적금 등을 포함한 국외재산을 증여한 경우 납세의무자를 증여자로 통일하였다.

3. 법인격 없는 단체의 경우

가. 국세기본법상 의제법인에 해당하는 경우

법인격이 없는 단체가 국기법상 법인으로 보는 단체에 해당하는 경우에는 비영리법인으로 보아 증여세를 과세한다(상증법 제4조의2 제8항). 과거에는 상증세법상 법인격 없는 단체가 국기법상 의제법인을 의미하는지 다툼이 있었으나, 2003. 12. 30 상증세법을 개정하여 국기법상 법인으로 보는 단체를 비영리법인으로 보아 상증세법을 적용하는 것으로 규정함으로써 상증세법상 법인격 없는 단체가 국기법상 의제법인과 동일함을 명확히 규정하였다.

나. 1거주자 또는 1비거주자에 해당하는 경우

법인격이 없는 단체가 국기법상 법인으로 보는 단체에 해당하지 않는 경우에는 1거주자 또는 1비거주자로 보아 증여세를 과세한다(상증법 제4조의2 제8항). 과거 국기법상 의제법인이 아닌 단체의 납세의무에 대하여 별도로 규정하지 않았던 때에 판례는 법문에 충실하게 법인격 없는 단체 중 의제법인은 증여세 납세의무자가 될 수 있으나, 의제법인이 아닌 단체는 증여세 납세의무자가 될 수 없다고 판시하였다.[11] 그 후 2014. 1. 1. 개정된 상증세법은 의제법인이 아닌 단체는 거주자 또는 비거주자로서 증여세 납부의무가 있음을 명시하여 입법적 흠결을 보완하였다. 따라서 증여에 의하여 재산을 취득한 법인격 없는 단체가 의제법인에 해당하지 않고 이익의 분배방법이나 분배비율이 정하여져 있지 않으며 구성원에게 분배가 이루어지지 않으면 그 단체를 1거주자 또는 1비거주자로 보아 증여세를 과세한다.

---

11) 대법원 2014. 4. 24. 선고 2012두14897 판결

1. 증여재산의 범위

가. 증여재산의 의의

증여재산이란 증여로 인하여 수증자에게 귀속되는 모든 재산 또는 이익을 말하며, 금전으로 환산할 수 있는 경제적 가치가 있는 모든 물건, 재산적 가치가 있는 법률상 또는 사실상의 모든 권리, 금전으로 환산할 수 있는 모든 경제적 이익을 포함한다(상증법 제2조 제7호).

나. 증여세 과세대상

증여세 과세대상은 다음과 같이 유형화할 수 있다(상증법 제4조 제1항).

① 무상으로 이전받은 재산 또는 이익이다.

② 현저히 낮은 대가를 주고 재산 또는 이익을 이전받음으로써 발생하는 이익이나 현저히 높은 대가를 받고 재산 또는 이익을 이전함으로써 발생하는 이익이다. 다만, 특수관계인이 아닌 자 간의 거래인 경우에는 거래의 관행상 정당한 사유가 없는 경우로 한정한다.

③ 재산 취득 후 해당 재산의 가치가 증가한 경우의 그 이익이다. 다만, 특수관계인이 아닌 자 간의 거래인 경우에는 거래의 관행상 정당한 사유가 없는 경우로 한정한다.

④ 상증세법 제33조부터 제39조까지, 제39조의2, 제39조의3, 제40조, 제41조의2부터 제41조의5까지, 제42조, 제42조의2, 제42조의3에 해당하는 경우의 그 재산 또는 이익이다.

⑤ 상증세법 제44조, 제45조에 해당하는 경우의 그 재산 또는 이익이다.

⑥ 위 "④"에 열거된 경우와 경제적 실질이 유사한 경우 등 그 각 규정을 준용하여 증여재산의 가액을 계산할 수 있는 경우의 그 재산 또는 이익이다.

위와 같은 증여세 과세대상은 2015. 12. 15. 상증세법 개정 시 신설된 것인데, 그중 특히 위 "⑥"은 개별증여규정에 정확히 들어맞지 않지만 그와 유사한 내용의 증여이익이 있는 경우를 포섭하기 위한 규정이다. 위 "⑥"에 의해 증여세 과세대상으로 삼기 위해서는 위 "④"에 열거된 경우와 유사하다는 요건을 충족하여야 한다. 판례는 위 "⑥"이 개별 가액산정규정이 설정한 증여세 과세의 범위와 한계에 들어맞지 않아 증여세 과세대상에서 제외되는 거래·행위도 특별히 과세대상으로 삼기 위한 별도의 규정으로 볼 수 없다고 판시하였다.[12] 이 판결로 인하여 위 "⑥"의 적용범위는 상당히 줄어들 수밖에 없게 되었다.

---

12) 대법원 2024. 4. 12. 선고 2020두53224 판결, 구 상증세법 제40조 제1항 제2호 다목은 주식전환이익을 얻은 주체가 전환사채 인수 당시 '최대주주의 특수관계인'일 것을 과세요건으로 규정하고 있는바, '최대주주의 특수관계인'이 얻은 주식전환 이익과 '대표이사이자 2대주주의 특수관계인'이 얻은 주식전환 이익이 경제적 실질이 유사하다고 보아 구 상증세법 제4조 제1항 제6호를 근거로 납세자에게 증여세를 부과할 수 없다고 판시하였다.

2. 상속재산의 분할에 따른 증여

가. 상속재산 협의분할에 따라 고유 상속분을 초과하는 재산을 취득한 경우

공동상속인 상호 간에 상속재산에 관하여 협의분할로 인하여 공동상속인 중 일부가 고유의 상속분을 초과하는 재산을 취득한 경우 상속개시 당시에 소급하여 피상속인으로부터 승계받은 것으로 본다. 따라서 고유의 상속분을 초과하는 재산을 취득한 상속인이 다른 공동상속인으로부터 증여받은 것으로 볼 수 없다.[13]

나. 상속재산 등기 후 협의분할로 상속분이 변경된 경우

(1) 원칙

상속개시 후 상속재산에 대하여 등기로 각 상속인의 상속분이 확정된 후 그 상속재산에 대하여 공동상속인이 협의분할한 결과 특정 상속인이 당초 상속분을 초과하여 취득한 경우 상속분이 감소한 상속인이 상속분이 증가한 상속인에게 증여한 것으로 보아 상속분이 증가한 상속인에게 증여세를 부과한다(상증법 제4조 제3항 본문). 이미 각 상속인의 상속분이 확정된 후 상속지분이 이전된 것이므로 당초 상속분의 변동분을 증여로 규율하는 것이다.

(2) 예외

다음의 경우에는 상속인 사이에 증여가 있었다고 볼 수 없으므로 증여세를 부과하지 않는다(상증법 제4조 제3항 단서, 상증령 제3조의2).
① 상속세 과세표준 신고기한까지 분할에 의하여 당초 상속분을 초과하여 취득한 경우
② 상속회복청구의 소에 의한 법원의 확정판결에 따라 상속인 및 상속재산에 변동이 있는 경우
③ 채권자대위권의 행사에 의하여 공동상속인들의 법정상속분대로 등기 등이 된 상속재산을 상속인 사이의 협의분할에 의하여 재분할하는 경우
④ 상속세 과세표준 신고기한 내에 상속세를 물납하기 위하여 법정상속분으로 등기 등을 하여 물납을 신청하였다가 물납허가를 받지 못하거나 물납재산의 변경명령을 받아 당초의 물납재산을 상속인 사이의 협의분할에 의하여 재분할하는 경우

3. 증여계약의 합의해제

가. 의의

증여계약이 성립된 후에 당사자 간 합의에 의하여 계약이 해제된 경우 조세채권에 어떠한 영향을 미칠까? 이를 규율하는 법령이 없었던 때에 판례는 과세관청의 증여세 부과처분 전에 그 계약이 적법하게 해제된 때에는 물권변동의 효과는 소급적으로 소멸하여 처음부터 증여가 없었던 것이 되므로 증여세를 부과할 수 없다고 판시하였다.[14] 그러나 그 후에는 국가의 조세

---

13) 대법원 1985. 10. 8. 선고 85누70 판결, 대법원 1996. 2. 9. 선고 95누15087 판결

채권이 발생한 이후에 증여계약을 합의해제하였더라도 이미 발생한 국가의 조세채권에 영향을 줄 수가 없다고 하여 과세처분 이후에는 당사자가 합의해제하더라도 증여세를 부과할 수 있는 것으로 판시하였다.[15] 이는 증여세 과세처분 전에 합의해제가 있는 경우에는 증여세를 과세할 수 없으나, 증여세 과세처분 후에 합의해제가 있는 경우에는 증여세를 과세할 수 있다는 것이므로 합의해제가 증여세 과세처분 전에 있었는지 혹은 과세처분 후에 있었는지에 따라 증여세 부과처분의 효력이 달라진다.

그 후 1982. 12. 31. 수증자가 증여재산을 1년 이내에 증여자에게 반환한 때에는 증여로 보지 않는다는 규정을 두었고(구 상증법 제29조의2 제4항), 다시 1993. 12. 31. 수증자가 증여재산을 1년 이내에 증여자에게 반환하는 때에는 그 반환하는 것에 대하여 증여세를 부과하지 않는다는 규정을 두었다(구 상증법 제29조의2 제5항). 그 후 조문번호와 표현이 일부 바뀌는 개정이 있었으나 핵심적인 내용은 현재까지 유지되고 있다. 헌법재판소는 증여세가 합의해제된 경우에도 증여세를 부과하는 것에 대하여 증여세 회피기도의 차단, 과세행정의 능률 제고 등을 위하여 증여계약의 합의해제에 일정한 제한을 가하는 것은 정당하다고 판시하였다.[16] 위 조항이 증여의 합의해제의 효력을 전적으로 부인하는 것이 아니라 증여세 과세표준 신고기한까지는 그 효력을 인정하고, 그 기한을 지난 경우에만 제한하는 것이므로 납세자의 권리를 과도하게 침해한 것으로 볼 수 없다고 판단한 것이다.

나. 증여계약이 합의해제된 경우의 효력

(1) 당초 증여

(가) 원칙

수증자가 금전을 제외한 증여재산을 당사자 간의 합의에 따라 증여세 과세표준 신고기한, 즉 증여일이 속한 달의 말일부터 3개월까지 증여자에게 반환하는 경우에는 처음부터 증여가 없었던 것으로 본다(상증법 제4조 제4항). 이는 증여세 과세표준 신고기한까지 증여계약을 합의해제하여 증여재산을 증여자에게 반환하는 경우에는 그 해제의 효력을 존중하여 수증자에게 증여세를 부과할 수 없다는 의미이다.

(나) 예외

다음과 같은 경우에는 증여일이 속한 달의 말일부터 3개월까지 증여자에게 반환하더라도 증여세를 과세할 수 있다.

① 금전을 증여한 경우

금전을 증여한 경우에는 증여세 과세표준 신고기한까지 증여자에게 반환하더라도 수증자

---

14) 대법원 1989. 7. 25. 선고 87누561 판결
15) 대법원 1987. 11. 10. 선고 87누607 판결
16) 헌재 1999. 5. 27. 선고 97헌바66 등 결정

에게 증여세를 부과할 수 있다. 증여받은 금전은 증여와 동시에 본래 수증자가 보유하고 있던 현금자산에 혼입되어 수증자의 재산에서 분리하여 특정할 수 없게 되는 특수성이 있고, 금전은 증여와 반환이 용이하여 증여세의 신고기한 이내에 증여와 반환을 반복하는 방법으로 증여세를 회피하는데 악용될 우려가 크기 때문에 과세행정의 능률을 높이고 증여세 회피시도를 차단하기 위하여 금전을 제외한 것이다.[17]

② 증여재산 반환 전에 과세관청이 부과처분을 한 경우

수증자가 증여자에게 증여재산을 반환하기 전에 과세표준과 세액을 결정받은 경우는 수증자에게 증여세를 부과할 수 있다. 이는 대법원 1987. 11. 10. 선고 87누607 판결의 판시와 같이 과세관청이 부과처분을 하여 국가의 조세채권이 발생한 이후에는 증여계약의 당사자가 그 증여계약을 합의해제하였더라도 이미 발생한 국가의 조세채권에 영향을 미치지 못한다는 의미이다.

③ 명의수탁자가 신탁재산 처분대금을 명의신탁자에게 반환하는 경우

명의수탁자가 명의신탁재산을 처분하여 그 대금을 명의신탁자에게 반환하는 것은 증여받은 재산의 반환으로는 볼 수 없다.[18] 명의수탁자가 명의신탁재산을 처분하여 그 대금을 명의신탁자에게 반환하는 것은 조세회피목적의 명의신탁에서 당연히 예정된 행위인데, 명의수탁자가 명의신탁재산의 처분 대가 또는 가액 상당의 금전을 명의신탁자에게 반환하는 것을 증여받은 재산의 반환으로 보아 증여세를 부과할 수 없다고 해석한다면 명의신탁행위를 증여로 의제하여 과세함으로써 조세회피목적의 명의신탁을 억제하고자 하는 법의 취지가 몰각되기 때문이다.

(2) 반환 · 재증여

수증자가 금전을 제외한 증여재산을 증여세 과세표준 신고기한이 지난 후 3개월 이내, 즉 증여일이 속한 달의 말일부터 6개월까지 증여자에게 반환하거나 증여자에게 다시 증여하는 경우에는 그 반환하거나 다시 증여하는 것에 대해서는 증여세를 부과하지 않는다(상증법 제4조 제4항). 이는 증여세 과세표준 신고기한 후 3개월 이내에 증여계약을 합의해제하여 증여재산을 증여자에게 반환하는 경우에는 수증자가 증여자에게 반환하는 것을 증여로 보지 않겠다는 의미이다. 증여계약의 합의해제가 증여세 과세표준 신고기한 후 3개월이 지나 이루어진 경우 이를 수증자가 증여자에게 다시 증여한 것이라고 보아 수증자에 대한 증여세 이외에 다시 증여자에게 증여세를 부과한 것은 과도해보이는 측면이 있으나, 헌법재판소는 계약의 자유 등 사적자치의 원칙과 조세법상의 공평과세의 이념의 조화를 고려하여 입법목적의 정당성을 인정하였다.[19]

---

17) 대법원 2016. 2. 18. 선고 2013두7384 판결, 헌재 2015. 12. 23. 선고 2013헌바117 결정
18) 대법원 2007. 2. 8. 선고 2005두10200 판결

(3) 소결

위 내용을 종합하면 금전을 증여하고 합의해제하면 그 기간에 상관없이 당초 증여 및 반환에 대하여 모두 증여세가 과세된다. 그러나 금전 외의 재산을 증여하고 합의해제하면 3월 이내 반환하는 경우에는 당초 증여 및 반환에 대하여 모두 증여세가 비과세되고, 3월 경과 6월 이내 반환하는 경우에는 당초 증여에 대하여만 증여세가 과세되며, 6월 경과 후에 반환하는 경우에는 당초 증여 및 반환에 대하여 모두 증여세가 과세된다.

| 증여재산의 반환 또는 재증여 |

증여세 반환기간		증여세 과세 여부	
		당초	반환
금전	시기와 무관	과세	과세
금전 외	증여세 신고기한 3월 이내 반환한 경우	과세제외	과세제외
	증여세 신고기한 3월 경과 후 6월 이내 반환한 경우	과세	과세제외
	증여세 신고기한 6월 경과 후 반환한 경우	과세	과세
	증여재산 반환 전 증여세가 결정된 경우	과세	과세

다. 증여로 의제되는 명의신탁 해지 시 적용 여부

위 증여계약 합의해제에 대한 내용은 증여로 의제된 명의신탁재산에 대하여 명의신탁을 해지하고 반환하는 경우에도 적용되고, 이는 명의수탁자가 명의신탁받은 재산을 명의신탁자 명의로 재산을 반환하는 경우뿐 아니라 명의신탁자의 지시에 따라 제3자 명의로 반환하는 경우도 마찬가지이다.[20] 따라서 甲이 乙과 丙에게 丁 주식회사 발행주식을 명의신탁하였다가 명의신탁일부터 3월 이내에 각각 제3자 명의로 명의수탁자를 변경한 경우 乙과 丙이 명의신탁받은 주식을 증여세 과세표준 신고기한인 3개월 내에 명의신탁자에게 반환한 것으로 볼 수 있다.

라. 증여계약을 착오로 인해 취소한 경우

증여자가 재산을 증여하여 수증자 명의로 소유권이전등기까지 마친 후 그에 대한 증여세과세처분이 있게 되자 그 증여가 증여세 과세대상이 됨을 알지 못하였다 하여 착오를 이유로 취소한 경우 그 착오의 내용이나 증여 의사표시를 취소하는 목적에 비추어 그 실질에 있어서는 과세처분 후 증여계약을 합의해제하는 경우로 볼 수 있으므로 그 취소로 인한 증여세과세처분의 효력에 대하여도 증여계약의 합의해제에 관한 법리가 적용된다.[21]

---

19) 헌재 2002. 1. 31. 선고 2000헌바35 결정
20) 대법원 2011. 9. 29. 선고 2011두8765 판결
21) 대법원 2005. 7. 29. 선고 2003두13465 판결

제2장

증여세의 과세표준과 세액의 계산

제1절 증여재산가액 계산의 일반원칙과 증여시기

1. 증여재산가액 계산의 일반원칙

가. 의의

상증세법 제33조 이하와 같이 별도로·개별증여규정이 있는 경우와 개별증여규정을 준용하여 증여재산의 가액을 계산할 수 있는 경우에는 개별증여규정에 따라 증여재산가액을 계산한다(상증법 제31조 제2항, 제4조 제1항 제4호부터 제6호). 그러나 개별증여규정이 없는 경우에는 다음 내용에 따라 증여재산가액을 계산한다(상증법 제31조 제1항). 증여세 완전포괄주의를 보완하여 개별증여규정이 없는 경우 증여재산가액을 계산할 수 있도록 2015. 12. 15. 상증세법 개정 시 증여를 유형화하여 증여재산가액 계산의 일반원칙을 규정한 것이다.

나. 일반원칙

① 재산 또는 이익을 무상으로 이전받은 경우에는 증여재산의 시가 상당액을 증여재산가액으로 한다.

② 재산 또는 이익을 현저히 낮은 대가를 주고 이전받거나 현저히 높은 대가를 받고 이전한 경우에는 시가와 대가의 차액을 증여재산가액으로 하되, 시가와 대가의 차액이 3억 원 이상이거나 시가의 30% 이상인 경우로 한정한다.

③ 재산 취득 후 해당 재산의 가치가 증가하는 경우에는 증가사유가 발생하기 전과 후의 재산의 시가의 차액으로서 재산가치증가사유가 발생한 날 현재의 가액에서 해당 재산의 취득가액, 통상적인 가치 상승분, 수증자의 가치상승기여분을 뺀 금액을 증여재산가액으로 하되, 그 재산가치상승금액이 3억 원 이상이거나 해당 재산의 취득가액과 통상적인 가치 상승분과 수증자의 가치상승기여분의 합계액 30% 이상인 경우로 한정한다(상증령 제23조 제1항, 제2항).

2. 증여재산의 취득시기

가. 의의

상증세법 제33조 이하와 같이 개별증여규정에서 직접 증여재산의 취득시기를 규정한 경우에는 개별증여규정에 따라 증여시기를 정한다(상증법 제32조). 그러나 개별증여규정이 없는 경우에는 다음과 같이 증여재산의 취득시기를 정한다(상증령 제24조). 증여세 완전포괄주의를 보완하여 개별증여규정이 없는 경우 증여시기를 정할 수 있도록 2015. 12. 15. 상증세법 개정시 증여를 유형화하여 증여시기를 규정한 것이다.

나. 증여재산의 구체적 취득시기

① 권리의 이전이나 그 행사에 등기·등록을 요하는 재산의 경우 등기·등록일을 증여재산의 취득시기로 한다. 다만, 민법 제187조에 따른 등기를 요하지 않는 부동산의 취득에 대하여는 실제로 부동산의 소유권 취득일을 취득시기로 한다.

② 건물을 신축하여 증여할 목적으로 수증자의 명의로 건축허가를 받거나 신고를 하여 해당 건물을 완성한 경우 신축 건물의 사용승인서 교부일을 증여재산의 취득시기로 한다.[1] 이 경우 사용승인 전에 사실상 사용하거나 임시사용승인을 얻은 경우에는 그 사실상의 사용일 또는 임시사용승인일을 취득시기로 하고, 건축허가를 받지 않거나 신고하지 않고 건축하는 건축물에 있어서는 사실상의 사용일을 취득시기로 한다.

③ 타인의 기여에 의하여 재산가치가 증가한 경우에는 재산가치 증가사유에 따라 취득시기를 정한다. 개발사업 시행의 경우에는 개발구역으로 지정되어 고시된 날, 형질변경의 경우에는 형질변경 허가일, 공유물분할의 경우에는 공유물분할 등기일, 사업의 인허가 또는 지하수개발·이용의 허가 등의 경우에는 인허가일, 주식 등의 상장 및 비상장주식의 등록, 법인의 합병의 경우에는 주식 등의 상장일, 비상장주식의 등록일, 법인의 합병등기일, 생명보험 또는 손해보험의 보험금 지급의 경우에는 보험사고가 발생한 날, 그 밖의 경우에는 재산가치증가 사유가 발생한 날을 증여재산의 취득시기로 한다.

④ 그 밖의 재산의 경우에는 인도일 또는 사실상의 사용일을 증여재산의 취득시기로 한다.

다. 특례

(1) 증여재산이 주식 등인 경우

수증자가 배당금의 지급이나 주주권의 행사 등에 의하여 해당 주식 등을 인도받은 사실이 객관적으로 확인되는 날을 취득시기로 한다(상증령 제24조 제2항). 다만, 해당 주식 등을 인도받은 날이 불분명하거나 해당 주식 등을 인도받기 전에 취득자의 주소와 성명 등을 주주명부

---

1) 위 규정이 입법되기 전에 판례는 수증자 명의로 건물을 신축하여 증여한 경우 증여시기는 수증자 명의의 보존등기 경료 시가 아니라 준공검사서의 준공일이라고 판시하였다(대법원 1989. 11. 28. 선고 89누5898 판결).

또는 사원명부에 기재한 경우에는 그 명의개서일 또는 그 기재일을 취득시기로 한다.

(2) 증여재산이 무기명채권인 경우

해당 채권에 대한 이자지급사실 등에 의하여 취득사실이 객관적으로 확인되는 날을 취득시기로 한다(상증령 제24조 제3항). 다만, 그 취득일이 불분명한 경우에는 해당 채권에 대하여 취득자가 이자지급을 청구한 날 또는 해당 채권의 상환을 청구한 날을 취득시기로 한다.

제2절 개별증여재산가액의 계산

1. 신탁이익의 증여

가. 의의

신탁계약에 의하여 위탁자가 수탁자에게 재산을 위탁하고 제3자를 원본수익자 또는 수익수익자로 지정한 경우 수익자가 원본 또는 수익을 증여받은 것으로 본다(상증법 제33조 제1항). 예를 들어, 아버지가 부동산을 금융기관에 신탁하면서 자녀를 수익수익자로 지정한 경우가 이에 해당한다. 원본수익권(capital interest)은 신탁원본의 인도를 구하는 권리이고, 수익수익권(income interest)은 신탁원본에서 발생하는 수익의 지급을 구하는 권리이다. 가령, 주식에서 배당소득이 생기고, 채권에서 이자소득이 생기며, 부동산에서 임대료가 생기는 경우 주식, 채권, 부동산 등의 인도를 구하는 수익권이 원본수익권이고, 배당, 이자, 임대료 등의 지급을 구하는 수익권이 수익수익권에 해당한다. 수익자가 특정되지 않거나 부존재하는 경우에는 위탁자나 그 상속인을 수익자로 본다(상증법 제33조 제2항).

나. 증여시기

(1) 원칙

신탁이익에 대한 증여시기는 위탁자가 신탁을 설정하면서 제3자를 수익자로 지정하는 시점이 아니라 원본 또는 수익이 수익자에게 실제 지급되는 날이다. 법리적으로는 제3자가 수익권을 취득한 시점을 증여시기로 보는 것이 타당하지만 평가의 어려움 등을 감안하여 증여시기를 늦추어 수익자가 원본 또는 수익을 실제 지급받는 날을 증여시기로 규정한 것이다.

(2) 특례(상증령 제25조 제1항)

① 수익자가 이익을 받기 전에 위탁자가 사망한 경우에는 위탁자가 사망한 날을 증여시기로 한다. 위탁자가 사망하면 신탁의 취소나 철회가 불가능해지므로 위탁자가 사망한 시점을 증여시기로 보는 것이다.

② 신탁계약에 의하여 원본 또는 수익을 지급하기로 약정한 날까지 원본 또는 수익이 수익자에게 지급되지 않은 경우에는 원본 또는 수익의 지급약정일 증여시기로 한다.

③ 원본 또는 수익을 여러 차례 나누어 지급하는 경우에는 해당 원본 또는 수익이 최초로 지급된 날을 증여시기로 한다. 최초 지급일을 증여시기로 하되, 장래에 받을 금액을 현재가치로 할인한 가액으로 증여재산을 평가하므로 증여재산가액이 줄어드는 효과가 있다. 다만, 신탁계약을 체결하는 날에 원본 또는 수익이 확정되지 않는 경우, 위탁자가 신탁재산을 실질적으로 지배·통제하는 경우에는 해당 원본 또는 수익의 실제 지급일을 증여시기로 한다. 위탁자가 신탁재산을 실질적으로 지배·통제하는 경우는 위탁자가 신탁을 해지할 수 있는 권리, 수익자를 지정하거나 변경할 수 있는 권리, 신탁 종료 후 잔여재산을 귀속 받을 권리를 보유하는 등을 의미한다.

다. 신탁의 이익을 받을 권리의 평가

(1) 원본수익자와 수익수익자가 같은 경우

원본수익자와 수익수익자가 같은 경우에는 신탁재산의 가액으로 평가한다(상증령 제25조 제2항, 제61조 제1항 제1호). 신탁재산의 가치는 원본수익권과 수익수익권의 합계와 같기 때문이다.

(2) 원본수익자와 수익수익자가 다른 경우

원본수익자와 수익수익자가 다른 경우에는 다음과 같이 원본수익권과 수익수익권을 평가한다(상증령 제25조 제2항, 제61조 제1항 제2호, 제2항).

① 원본수익권의 경우 평가기준일 평가한 신탁재산 가액에서 수익수익권을 뺀 금액으로 평가한다. 신탁재산은 원본수익권과 수익수익권의 합으로 구성되므로 원본수익권은 신탁재산의 가액에서 수익수익권을 빼서 평가하는 것이다.

② 수익수익권의 경우 평가기준일 현재 장래에 받을 각 연도의 수익금에서 원천징수세액 상당액을 뺀 금액을 현재가치로 할인한 금액으로 평가한다. 이때 수익시기가 정해지지 않은 경우 평가기준일부터 수익시기까지의 연수는 20년 또는 기대여명의 연수로 계산한다. 원천징수세액 상당액을 뺀 금액을 기준으로 평가하는 것은 소득세와 증여세의 이중과세를 조정하기 위함이다.

다만 평가기준일 현재 신탁계약의 철회, 해지, 취소 등을 통해 받을 수 있는 일시금이 위와 같이 평가한 가액보다 큰 경우에는 그 일시금의 가액으로 한다.

라. 이중과세문제

신탁의 수익자는 신탁소득이 발생할 때 소득세가 과세되고, 신탁소득을 실제 지급받을 때 다시 증여세가 과세된다. 다만, 증여세를 과세할 때 각 연도에 받을 수익 중 원천징수세액 상당액을 차감한 금액에 대하여 증여세를 과세한다(상증령 제61조). 원천징수세액 상당액을 차감하는 것은 신탁소득 중 소득세로 과세되는 금액에 대하여 증여세가 과세되지 않도록 하기 위함이다. 예를 들어, 신탁소득이 100이고 이에 대한 원천징수세액이 20인 경우 80에 대하여 증여세를 과세한다는 것이다. 여기에서 더 나아가 신탁소득 전체에 대한 소득세와 증여세의 이중과세를 조정해야 한다는 견해가 있다.

그 구체적인 방안으로는 ① 상증세법 제4조의2 제3항에 따라 소득세만 과세하고 증여세는 과세하지 않는 방안,[2] ② 소득세 기납부세액을 증여세에서 공제하는 방안,[3] ③ 증여세 과세시점에 세금을 부담한 수익권 평가액을 세무상 취득원가로 취급하여 소득이 이를 초과할 때부터 과세하는 방안[4] 등이 제시되고 있다. 이론적으로 보면 원래 신탁수익권의 취득단계에서 증여세를 과세하여야 하나 평가의 어려움으로 인하여 증여세 과세시기를 신탁소득을 실제 지급하는 시점으로 늦추다 보니 이중과세처럼 느껴지는 것일뿐 소득세와 증여세의 각 과세요건에 따라 소득세와 증여세를 과세하는 것이므로 이중과세라고 보기는 어렵다.[5] 신탁수익권은 장래 현금의 흐름을 만들어낼 수 있는 권리로서 재산적 가치가 있으므로 본래 신탁수익권을 취득할 때 증여세를 과세하여야 하기 때문이다.[6] 다만 신탁을 이용하면 임대료가 발생하는 시점에 수익자에게 소득세를 과세하고, 임대료를 수익자에게 지급하는 시점에 수익자에게 증여세를 과세하며 신탁으로부터 신탁원본을 수령하는 시점에 수익자에게 증여세 또는 상속세를 과세하는 등 각 단계별로 세금이 부과되고 이것이 신탁의 활성화를 저해하는 요인이 된다면 정책적인 측면에서 신탁소득에 대한 소득세와 증여세의 부담을 일부 조정할 수는 있을 것이다.

2. 보험금의 증여

가. 의의

생명보험이나 손해보험에서 보험사고가 발생한 경우 보험금 수령인과 보험료 납부자가 다르면 보험료 납부자가 보험금 수령자에게 보험금상당액을 증여한 것으로 본다(상증법 제34조 제1항). 보험료를 납부하는 사람과 보험금을 수령하는 사람이 다르므로 보험료 납부자가 보험금 수령자에게 보험금을 증여한 것으로 보는 것이다. 보험금 수령자가 타인으로부터 재산을

---

2) 이중교, 앞의 논문, 350~351면
3) 강남규·안경봉, "신탁활성화 및 신탁사업 발전을 위한 세제 개선방안", 신탁 세미나 자료, 2021, 61면, 이전오, "신탁 관련 상속세제 및 증여세제의 현황과 개선방안에 관한 연구", 「세무와 회계연구」 제9권 제3호, 2020, 35면, 이준봉, "유언대용신탁 및 수익자연속신탁의 과세에 대한 연구", 「증권법연구」 제14권 제2호, 2013, 727면
4) 손영철·이한우, 앞의 논문, 37면
5) 송동진, 「신탁과 세법」, 삼일인포마인, 2021, 217면
6) 일본의 경우 신탁소득이 수익자에게 실제 지급되는 날이 아니라 수익권을 취득한 시점에 증여세를 과세한다 (일본 상속세법 제9조의2 제1항).

증여받아 보험료를 납부하면 형식적으로는 보험금 수령인과 보험료 납부자가 동일하나 실질적으로는 다르므로 역시 보험금 수령자가 증여받은 것으로 본다. 다만, 보험금을 상속재산으로 보는 경우에는 상속세가 과세되므로 별도로 증여세를 과세하지 않는다(상증법 제34조 제2항).

나. 증여시기

(1) 일반적인 보험

보험사고 발생일을 증여시기로 하되, 만기보험금을 지급하는 경우에는 만기보험금 지급일이 증여시기이다. 다만, 일반연금보험의 경우에는 계약자와 수익자의 명의가 변경되면 보험과 관련된 모든 권리가 당초 계약자에서 변경된 계약자로 이전하므로 계약자 명의변경 시점이 보험료의 증여시기이다.[7]

(2) 일반연금보험

일반연금보험은 피보험자가 보장기간 종료 시 생존할 경우 피보험자의 종신 또는 일정 기간 동안 해마다 일정 금액을 지급하기로 약정하는 보험을 의미한다. 일반연금보험의 경우에는 계약자와 수익자의 명의가 변경되면 보험과 관련된 모든 권리가 당초 계약자에서 변경된 계약자로 이전하므로 계약자 명의변경 시점이 보험료의 증여시기이다.[8]

다. 증여재산가액

보험금 수령인과 보험료 납부자가 다른 경우에는 보험금상당액을 증여재산가액으로 한다. 보험금 수령인이 보험금상당액을 증여받는 효과가 생기기 때문이다. 이러한 증여세를 회피하기 위하여 보험료 납부자가 타인으로부터 재산을 증여받아 보험료를 납부하고 보험금을 수령하는 경우가 있으므로 이에 대비하기 위해 보험금 수령인이 타인으로부터 재산을 증여받아 보험료를 납부한 경우에는 보험금상당액에서 보험료납부액을 차감한 금액을 증여재산가액으로 한다. 이때 증여받은 보험료납부액에 대하여는 별도로 증여세가 부과된다.

| 보험금의 과세유형 |

보험계약자 (보험료 납부자)	피보험자	수익자	보험사고	세법상 취급
A(부친)	A(부친)	C(자녀)	A 사망	상속재산
A(부친)	B(모친)	C(자녀)	A 사망	증여재산
A(부친)	B(모친)	A(부친)	A 사망	해당없음

---

7) 조심 2016. 3. 18.자 2014서251 결정
8) 조심 2016. 3. 18.자 2014서251 결정

라. 즉시연금보험

즉시연금보험은 보험계약과 동시에 일정 금액을 일시에 보험료로 납입하고 납입 즉시 그 다음 달부터 연금을 지급하는 보험이다. 보험료 납입 즉시 연금이 지급된다고 해서 즉시연금 보험이라고 부른다. 즉시연금보험의 계약자 및 수익자를 변경한 경우 계약변경일에 보험과 관련된 모든 권리가 당초 계약자에서 변경된 계약자로 이전하므로 계약변경일이 증여시기이 다.[9] 보험계약자가 즉시연금보험의 계약상 지위를 타인에게 무상이전한 경우 보험계약상 지위의 시가를 곧바로 산정할 수 있는 적절한 방법이 없다. 판례는 증여시점에 보험계약을 해지 하거나 청약을 철회하여 지급받을 수 있는 환급금 또는 보험계약을 유지하였을 때 받을 수 있는 각종 보험금 등 보험계약상의 지위에서 인정되는 여러 권리의 금전적 가치를 산정할 수 있고, 그와 같은 권리들이 서로 양립할 수 없는 관계에 있는 경우에는 그러한 권리들의 가액 중 가장 높은 것을 증여재산가액으로 하여야 한다고 판시하였다.[10] 보험계약을 해지하거나 철회하는 경우 받을 수 있는 즉시연금보험의 보험료 환급권가액은 청약철회기간 내에 상속이 개시된 경우에는 납입보험료 전액이고 그 이후에 상속이 개시된 경우에는 약관에 따라 계산 되는 해약환급금 상당액이다. 이에 비해 보험계약을 유지하였을 때에는 연금개시 시점 전에 생활자금을, 연금개시 시점 후에 종신연금을 지급받을 수 있는 지위를 취득할 수 있으나, 그 액수는 매년 해당일을 기준으로 변동되는 공시이율에 연동되는 것이어서 상속개시일 당시에 는 정확한 액수를 알 수 없으므로 정기금 수급권의 가치를 증여재산가액으로 하는 것은 적절 하지 않다. 이러한 사항들을 고려하여 해당 사안에서는 해약환급금 상당액을 증여재산가액으 로 판단하였다.

3. 저가양수 또는 고가양도에 따른 이익의 증여

가. 의의

재산을 시가보다 낮게 양수하면 양수인은 시가와 대가의 차액만큼 이익을 얻고, 재산을 시 가보다 높게 양도하면 양도인은 대가와 시가의 차액만큼 이익을 얻는다. 재산을 시가보다 낮 게 양수하거나 시가보다 높게 양도하는 경우 형식적으로는 양도거래이나 위와 같이 증여 부 분이 숨어 있으므로 실질적으로 양도와 증여가 혼합된 거래로 재구성할 수 있다. 예를 들어, 시가 9억 원인 재산을 5억 원에 양수하는 경우 이는 재산을 5억 원에 양수하는 거래와 4억 원(9억 원 - 5억 원)을 증여받는 거래가 혼합된 것이다.

그러나 시가와 대가가 차이가 있다고 하여 시가와 대가의 차액에 대하여 전부 증여세를 과 세한다면 거래의 안전을 해할 수 있으므로 증여세가 과세되지 않는 구간을 설정하여 그 구간 내에서 거래가 이루어지면 과세에서 제외한다. 또한 특수관계인 간 거래와 비특수관계인 간

---

9) 조심 2015. 3. 18.자 2015서407 결정
10) 대법원 2016. 9. 23. 선고 2015두49986 판결, 대법원 2016. 9. 28. 선고 2015두53046 판결

거래를 구분하여 조세회피의 가능성이 더 높은 특수관계인 간 거래에 대하여는 더 엄격한 기준을 적용한다. 이하에서는 특수관계인 간 거래와 비특수관계인 간 거래로 나누어 살펴보기로 한다.

나. 특수관계인 간 거래

(1) 기준

특수관계인 간에 재산을 시가보다 저가로 양수하거나 시가보다 고가로 양도한 경우로서 그 대가와 시가의 차액이 기준금액 이상인 경우에는 해당 재산의 양도일 또는 양수일을 증여시기로 하고 대가와 시가의 차액에서 기준금액을 뺀 금액을 증여재산가액으로 한다(상증법 제35조 제1항). 기준금액은 대가와 시가의 차액이 시가의 30% 상당액과 3억 원 중 적은 금액을 말한다(상증령 제26조 제2항). 양수일 또는 양도일은 각각 해당 재산의 대금청산일을 기준으로 하되, 매매계약 후 환율의 급격한 변동 등의 사유가 있는 경우에는 매매계약일을 기준으로 한다(상증령 제26조 제5항).

(2) 사례

① 시가 9억 원인 재산을 5억 원에 저가양수한 경우 증여재산가액은 9억 원 – 5억 원 – min(30%, 3억 원) = 9억 원 – 5억 원 – min(2억 7,000만 원, 3억 원) = 9억 원 – 5억 원 – 2억 7,000만 원 = 1억 3,000만 원이 된다.

② 시가 5억 원인 재산을 9억 원에 고가양도한 경우 증여재산가액은 9억 원 – 5억 원 – min(30%, 3억 원) = 9억 원 – 5억 원 – min(1억 5,000만 원, 3억 원) = 9억 원 – 5억 원 – 1억 5,000만 원 = 2억 5,000만 원이 된다.

다. 비특수관계인 간 거래

(1) 기준

특수관계인이 아닌 자 간에 거래의 관행상 정당한 사유 없이 재산을 시가보다 현저히 저가로 양수하거나 시가보다 현저히 고가로 양도한 경우로서 그 대가와 시가의 차액이 기준금액 이상인 경우에는 대가와 시가의 차액에서 3억 원을 뺀 금액을 증여재산가액으로 한다(상증법 제35조 제2항). 비특수관계인 간 거래는 특수관계인 간 거래보다 더 엄격한 기준이 적용되므로 시가보다 현저히 저가로 양수하거나 현저히 고가로 양도한 경우이어야 한다. 이에 따른 기준금액은 시가의 30% 상당액을 말한다(상증령 제26조 제3항). 특수관계인 간 거래의 기준금액이 시가의 30% 상당액과 3억 원 중 적은 금액인 것과 비교하면 비특수관계인 간 거래는 무조건 시가의 30% 상당액 이상 차이가 있어야 하나, 특수관계인 간 거래는 시가의 30% 이상 차이가 나지 않더라도 3억 원 이상 차이가 나면 기준금액에 포함되므로 비특수관계인 간 거래의 기준금액이 더 엄격한 것이다.

(2) 정당한 사유

비특수관계인 간 거래에서는 서로 이해관계가 일치하지 않는 것이 일반적이어서 대가와 시가 사이에 차이가 있다는 사정만으로 그 차액을 거래상대방에게 증여하였다고 보기 어려우므로 거래의 관행상 정당한 사유가 없다는 요건을 추가하고 있다. 이와 관련하여 재산을 저가로 양수도한 거래 당사자들이 거래가격을 객관적 교환가치가 적절하게 반영된 정상적인 가격으로 믿을 만한 합리적인 사유가 있었던 경우는 물론, 그와 같은 사유는 없더라도 양도인이 그 거래가격으로 재산을 양도하는 것이 합리적인 경제인의 관점에서 비정상적이었다고 볼 수 없는 객관적인 사유가 있었던 경우에도 거래의 관행상 정당한 사유가 있다고 본다.[11] 정당한 사유의 증명책임에 대하여는 과세관청이 거래의 관행상 정당한 사유가 없었다는 점을 증명하여야 한다.[12]

(3) 사례

① 시가 9억 원인 재산을 5억 원에 저가양수한 경우 시가와 대가의 차액인 4억 원(9억 원 – 5억 원)은 시가의 30% 2.7억 원보다 크므로 증여재산가액은 9억 원 – 5억 원 – 3억 원 = 1억 원이 된다.

② 시가 5억 원인 재산을 9억 원에 고가양도한 경우 시가와 대가의 차액인 4억 원(9억 원 – 5억 원)은 시가의 30% 1.5억 원보다 크므로 증여재산가액은 9억 원 – 5억 원 – 3억 원 = 1억 원이 된다.

라. 적용배제

(1) 전환사채를 양도하거나 양수하는 경우

전환사채를 양도하거나 양수하는 경우에는 상증세법 제40조에서 별도의 규정을 두고 있으므로 상증법 제35조의 적용을 배제한다.

(2) 상장주식을 증권시장에서 거래하는 경우

상장주식을 장내에서 거래하면 그 거래가격이 바로 시가이므로 시가와 대가의 차액이 발생할 여지가 없다. 그러나 장외거래는 장내거래와 같이 공정성이 보장되지 않으므로 증여규정을 적용하되, 당일 종가로 매매된 경우에는 장내거래와 같이 취급하여 상증세법 제35조의 적용을 배제한다(상증령 제26조 제1항 제2호, 상증칙 제10조의6).

---

11) 대법원 2018. 3. 15. 선고 2017두61089 판결
12) 대법원 2011. 12. 22. 선고 2011두22075 판결

(3) 개인과 법인 간에 재산을 양수하거나 양도하는 경우로서 그 대가가 법인세법에 따른 시가에 해당하는 경우, 개인과 개인 간에 재산을 양수하거나 양도하는 경우로서 그 대가가 소득세법에 따른 시가에 해당하는 경우

개인과 법인 간에 재산을 양수하거나 양도하는 경우로서 그 대가가 법인세법에 따른 시가에 해당하여 법인의 거래에 대하여 법인세법상 부당행위계산부인 규정이 적용되지 않는 경우, 개인과 개인 간에 재산을 양수하거나 양도하는 경우로서 그 대가가 소득세법에 따른 시가에 해당하여 그 거래에 대하여 소득세법상 양도소득의 부당행위계산부인 규정이 적용되지 않는 경우에는 위 규정을 적용하지 않는다(상증법 제35조 제3항). 법인세법 또는 소득세법에서는 시가에 해당하는 것으로 보는데, 상증세법에서는 시가에 해당하지 않는 것으로 보면 법인세법 또는 소득세법과 상증세법의 충돌이 생기므로 상증세법이 법인세법 또는 소득세법을 수용하여 상증세법 제35조의 적용을 배제하는 것이다. 다만, 거짓이나 그 밖의 부정한 방법으로 상속세 또는 증여세를 감소시킨 것으로 인정되는 경우에는 상증세법 제35조를 적용한다.

4. 채무면제 등에 따른 이익의 증여

가. 의의

채무자가 채권자로부터 채무를 면제받으면 채무상당액의 지출이 감소하므로 채무상당액의 이익을 얻게 된다. 또한 제3자가 채무를 인수하거나 변제하면 역시 채무상당액의 지출이 감소하므로 채무상당액의 이익을 얻는다. 따라서 채권자로부터 채무를 면제받는 경우, 제3자가 채무를 인수하거나 변제하는 경우에는 그 면제 등으로 인한 이익을 증여받는 것으로 보아 증여세를 과세한다(상증법 제36조 제1항). 채무인수의 경우 원칙적으로 면책적 채무인수에 대하여 증여규정을 적용하고 중첩적 채무인수는 면책적 채무인수와 사실상 다르지 않은 특별한 때에만 증여로 취급한다.[13]

나. 증여시기

채무를 면제, 인수 또는 변제받은 날을 증여시기로 한다. 구체적으로는 채권자로부터 채무를 면제받은 경우에는 채권자가 채무면제의 의사표시를 한 날, 제3자가 채무를 인수한 경우에는 제3자와 채권자 간에 채무인수계약이 체결된 날, 제3자가 채무를 변제한 경우에는 채무를 변제한 날이 각 증여시기이다(상증령 제26조의2).

다. 제3자 채무변제에서 제3자가 구상권을 행사한 경우

제3자가 채무를 변제하여 증여세가 과세된 후 제3자의 구상권 행사로 인하여 납세자의 채무면제이익이 소멸되는 경우 납세자는 경정청구를 할 수 있다.[14] 예를 들어, 제3자가 채무자 대신

---

13) 윤지현, "채무면제 등에 관한 「상속세 및 증여세법」 제36조의 해석론 소고", 조세법연구 제25권 제1호, 2019, 104~105면

채권자에게 1억 원을 변제하였는데, 그 후 채무자를 상대로 3,000만 원의 구상권을 행사하여 구상금을 받은 경우 증여이익은 변제액에서 구상금을 뺀 7,000만 원(1억 원 − 3,000만 원)이 된다.

5. 부동산 무상사용에 따른 이익의 증여

가. 의의

타인의 부동산을 무상으로 사용하면 그 사용이익 상당액의 이익을 얻게 되므로 부동산 무상사용에 따른 이익의 증여에 대하여 증여세를 과세한다(상증법 제37조 제1항). 또한 타인의 부동산을 무상으로 담보로 이용하여 금전 등을 차입함에 따라 이익을 얻은 경우에는 그 이익의 증여에 대하여 증여세를 과세한다(상증법 제37조 제2항). 부동산의 무상담보제공은 부동산을 담보로 제공하여 차용자로 하여금 대출을 받을 수 있게 한 것으로서 부동산의 담보가치를 일정기간 사용하게 한 것이므로 일종의 용역의 제공으로 인한 이익에 해당한다.[15] 무상담보제공의 경우 종전에는 구 상증세법 제42조(그 밖의 이익의 증여 등)를 통해 과세할 수 있었으나, 2015. 12. 15. 개정 시 상증세법 제37조로 옮겨왔으므로 그 이후에는 상증세법 제37조 제2항에 의하여 과세한다.

나. 부동산 무상사용

(1) 적용대상

타인의 부동산을 무상사용하는 경우에 적용된다. 타인의 토지 또는 건물만을 각각 무상 사용하는 경우에도 증여세를 과세한다(상증령 제27조 제1항). 부동산만을 대상으로 하므로 부동산 이외의 재산의 무상사용은 상증세법 제42조가 적용되는 것은 별론으로 하고, 상증세법 제37조는 적용되지 않는다. 부동산 소유자와 함께 거주하는 주택과 그 부수토지에 대하여는 적용을 배제한다(상증법 제37조 제1항). 대표적으로 아버지의 토지 위에 자녀 명의로 건축허가를 받아 자녀 명의로 건축물의 소유권 보존등기를 하고 건물임대보증금으로 건축물 신축비용을 충당하는 경우 아버지가 아들에게 부동산 무상사용에 따른 이익을 증여한 경우에 해당한다. 이러한 취지에서 판례는 아들이 아버지 소유의 대지 위에 건물을 신축하면서 부자 공동으로 임대한 신축될 건물과 대지의 임대보증금으로 신축대금을 조달한 경우 임대보증금을 건물과 대지의 기준시가에 따라 안분하여 건물귀속분을 신축대금에서 공제한 나머지 신축대금을 아들이 아버지로부터 증여받은 것으로 볼 수 있다고 판시하였다.[16]

(2) 증여시기

부동산의 무상사용 개시일을 증여시기로 한다. 무상사용이익을 5년 단위로 계산하므로 무

---

14) 임승순, 조세법(2021), 843면
15) 대법원 2013. 11. 14. 선고 2011두18458 판결
16) 대법원 1993. 6. 11. 선고 93누1435 판결

상사용기간이 5년을 초과하는 경우에는 5년이 되는 날의 다음 날에 새로 해당 부동산의 무상 사용을 개시한 것으로 본다(상증령 제27조 제3항).

(3) 증여재산가액

부동산 무상사용에 따른 이익은 (부동산가액 × 2%) × 5년의 가액을 현재가치로 할인한 가액으로 평가한다. 다만, 부동산 무상사용이익이 1억 원 이상인 경우에만 증여세를 과세한다(상증령 제27조 제3항). 과거에는 토지가액 × 2% × 지상권의 잔존연수를 증여재산가액으로 계산하였다. 지상권의 존속연수가 견고한 건물의 경우에는 30년, 그 이외의 건물의 경우에는 15년이므로 일률적으로 30년 또는 15년 동안 존속하는 것으로 의제하는 셈이었다. 이에 대하여 판례는 위 기간 도중 위 이익이 사정변경에 따라 소멸하는 경우에도 미경과분에 대하여 환급하거나 공제해 주는 제도를 마련하지 않은 채 일률적으로 30년 또는 15년의 장기간 동안 존속하는 것으로 의제하는 것은 조세행정의 편의만을 염두에 두어 납세의무자의 재산권을 과도하게 침해하는 것으로 보이는 점, 위 산식에 의하면 견고한 건물의 경우 중간이자를 고려함이 없이 일시에 30년분을 산정함으로써 그 이익의 가액이 토지가액의 60%에 이르러 납세의무자에게 지나치게 가혹한 점 등에 근거하여 위 산식을 규정한 시행령 조항을 무효라고 판단하였다.[17] 현행 조항은 부동산 무상사용이익을 5년 단위로 계산하고, 5년간의 무상사용이익을 현재가치로 할인하는 등 대법원 판례가 지적한 문제를 해결하였다.

(4) 공동사용의 경우

수인이 부동산을 무상사용하는 경우로서 각 부동산 사용자의 실제 사용면적이 불분명한 경우에는 해당 부동산 사용자들이 각각 동일한 면적을 사용한 것으로 본다. 이 경우 부동산 소유자와 특수관계에 있는 부동산 사용자가 2명 이상인 경우 그 부동산 사용자들에 대해서는 근친관계 등을 고려하여 대표사용자를 무상사용자로 본다(상증령 제27조 제2항).

(5) 부당행위계산부인과의 관계

토지소유자가 사업자로서 특수관계자에게 토지를 무상사용하게 한 경우 부당행위계산부인 규정에 의하여 토지소유자에게 소득세가 부과된다. 이와 같이 부당행위계산부인에 의하여 토지소유자에게 소득세가 부과되는 경우 구 상증세법 제37조 제2항은 증여세를 부과하지 않는 것으로 규정하였다. 그러나 토지소유자에게 소득세를 부과하고, 그와 동시에 토지사용자에게 증여세를 부과하는 것은 이중과세에 해당하지 않는다는 이유로 2002. 12. 18. 상증세법 개정 시 구 상증세법 제37조 제2항을 삭제하였다. 따라서 위 상증세법 개정 이후에는 토지소유자에게 부당행위계산부인에 의하여 소득세를 과세하고 토지사용자에게는 상증세법 제37조에 따라 증여세를 과세하는 것이 가능해졌다.

---

17) 대법원 2003. 10. 16. 선고 2001두5682 전원합의체 판결

다. 부동산 무상담보제공

(1) 증여시기

부동산의 담보이용 개시일을 증여시기로 한다. 무상담보이용이익을 1년 단위로 계산하므로 그 기간이 1년을 초과하는 경우에는 1년이 되는 날의 다음 날에 새로 해당 부동산의 담보이용을 개시한 것으로 본다(상증령 제27조 제5항).

(2) 증여재산가액

부동산 무상담보제공은 용역의 제공의 일종이므로 이론적으로는 불특정다수인 사이에 담보제공을 하는 경우 수수되는 담보제공 수수료를 증여재산가액으로 하는 것이 타당하다. 그러나 시가에 해당하는 담보제공 수수료를 찾는 것이 현실적으로 어려우므로 이자율에 기하여 증여재산가액을 산정하는 것으로 규정하였다. 무상담보이용이익은 차입금 × 적정이자율(4.6%) - 차입할 때 지급하였거나 지급할 이자의 가액으로 평가한다. 다만, 부동산 무상사용이익이 1,000만 원 이상인 경우에만 증여세를 과세한다(상증령 제27조 제5항).

라. 특수관계인이 아닌 경우

특수관계인이 아닌 자 간의 거래인 경우에는 거래의 관행상 정당한 사유가 없는 경우에 한하여 적용한다(상증법 제37조 제3항). 정당한 사유가 없다는 점에 대한 증명책임은 과세관청에게 있다.

6. 합병에 따른 이익의 증여

가. 의의

특수관계에 있는 법인 간의 합병으로 인하여 대주주가 이익을 얻은 경우 합병일에 증여가 있는 것으로 본다(상증법 제38조 제1항). 합병비율이 합병회사의 주식가치대로 산정되지 않으면 합병당사법인의 주주들 사이에 이익이 이전된다. 합병비율이란 합병회사 간 주식의 교환비율이다. A법인이 B법인을 흡수합병하고 합병비율이 2 : 1인 경우 A법인이 B법인보다 2배의 가치가 있다는 것이므로 A법인의 주식 1주와 B법인의 주식 2주를 교환하면 주주들 사이에 이익이 이전되지 않는다. 그러나 A법인과 B법인의 주식가치가 2 : 1인데 1 : 1로 합병한 경우 A법인의 주주들에서 B법인의 주주들에게 이익이 이전되는 효과가 생긴다.

나. 요건
(1) 특수관계 법인 간 합병

특수관계 법인 간의 합병이어야 한다. 합병등기일이 속하는 사업연도의 직전 사업연도 개시일부터 합병등기일까지의 기간 중 특수관계에 있어야 한다(상증령 제28조 제1항). 다만, 주권상장법인이 다른 법인과 자본시장법령에 따라 하는 합병하는 경우에는 공정성이 담보되므로 제외된다.

(2) 과대평가된 합병당사법인의 대주주 존재

합병으로 이익을 얻은 법인에 대주주가 있어야 한다. 대주주는 그와 특수관계인의 주식을 포함하여 해당 법인 발행주식총수의 1% 이상을 소유하거나 액면가액이 3억 원 이상인 경우를 의미한다(상증령 제28조 제2항).

(3) 대주주의 이익 요건(30%, 3억 원 요건)

대주주의 이익 요건이란 대주주가 얻는 이익이 합병 전후 주가 차이의 30% 이상이거나 3억 원 이상인 것을 의미한다(상증령 제28조 제4항). 합병으로 인하여 이익을 증여한 자가 소액주주로서 2명 이상인 경우에는 주주 1명으로부터 이익을 얻은 것으로 본다(상증법 제38조 제2항). 증여자별로 증여이익을 계산하는 것이 복잡하고 증여가액이 과세최저한에 미달하여 과세를 못하면 증여세 회피 수단으로 악용될 우려가 있기 때문이다.[18] 다자간 합병의 경우에 대주주 합병차익이 3억 원 이상이라는 과세요건의 충족 여부는 양자 간 합병의 경우와 마찬가지로 주가가 과대평가된 합병당사법인별로 대주주가 얻은 이익으로 판단하므로 주가가 과대평가된 2개 이상의 합병당사법인에 관한 주식을 보유하고 있던 대주주가 그 합병으로 얻은 이익의 합산액이 3억 원 이상이더라도 합병당사법인별로 계산한 대주주 합병차익이 3억 원에 미달하면 그 3억 원에 미달하는 합병당사법인의 대주주 합병차익에 대하여 증여세를 과세할 수 없다.[19]

다. 증여재산가액

(1) 합병대가를 주식 등으로 교부받는 경우

(합병후 신설·존속법인의 1주당 평가액 − 주가가 과대평가된 법인의 합병 전 1주당 평가액) × 주가가 과대평가된 합병당사법인 대주주의 합병 후 주식수의 산식으로 계산한다(상증령 제28조 제3항 제1호). 합병법인이 상장법인일 때에는 합병법인의 1주당 평가액은 '합병등기 후 2개월 간 최종시세가액 평균액'과 '상법상 합병공시일 또는 자본시장법상 합병신고일 이전 2개월 간 종가평균액을 기준으로 계산한 합병법인 주식 가액과 피합병법인 주식 가액의 합계액을 합병법인의 주식 수로 나눈 값' 가운데 적은 가액으로 계산한다(상증령 제28조 제5항). 합병계약 당시 예상하지 못하였던 시세 변동으로 증여세가 부과되는 것을 막기 위한 것이다.[20]

동일한 대주주가 합병당사법인의 주식 등을 동시에 소유한 상태에서 합병한 경우 대주주가 증여자와 수증자 모두에 해당하여 그 대주주 본인으로부터의 증여에 해당하는 금액은 증여재산가액에서 제외한다.[21] 자기가 스스로에게 증여하는 것은 모순이므로 그 금액을 제외하는

---

18) 대법원 2017. 5. 17. 선고 2014두14976 판결
19) 대법원 2013. 10. 31. 선고 2011두18427 판결
20) 재정경제부, 「2000 간추린 개정세법」, 2001, 306~307면
21) 상증법 기본통칙 38−28…3 ②

것이다. 그러나 포합주식이나 피합병법인의 자기주식에 대해 합병신주를 배정한 경우에는 일반주주들에게 합병신주를 배정한 경우와 마찬가지의 방법으로 분여이익을 계산한다.[22] 포합주식과 피합병법인의 자기주식으로부터 이익을 분여받은 것은 자기가 자기에게 이익을 증여하는 것과 같은 실질을 가지므로 과세제외하여야 한다고 볼 여지가 있으나, 이에 대한 특별한 예외규정이 없으므로 과세에 포함시키는 것이다. 증여재산가액에 의제배당금액이 포함된 경우에는 이중과세를 조정하기 위하여 증여재산가액에서 의제배당금액을 차감한다.[23]

(2) 합병대가를 주식 등 외의 재산으로 교부받는 경우

합병대가가 액면가액에 미달하는 경우에는 (1주당 합병대가 – 1주당 평가액) × 합병당사법인의 대주주 주식수의 산식으로 계산하고, 합병대가가 액면가액 이상인 경우에는 (1주당 액면가액 – 1주당 평가액) × 합병당사법인의 대주주 주식수의 산식으로 계산한다(상증령 제28조 제3항 제2호). 합병대가 중 액면가액을 초과하는 부분은 소득법 제17조 제2항 제4호에 따라 의제배당으로 과세되므로 따로 증여세를 과세하지 않는다.

라. 사례

합병법인 A의 주식가치는 600,000,000원(주식수 20,000주 × 30,000원), 피합병법인 B의 주식가치는 300,000,000원(주식수 20,000주 × 15,000원)인데, 특수관계에 있는 A법인과 B법인이 1:1로 합병하는 경우 합병당사자법인의 주식가치 변동은?

→ 합병 전과 후의 주식수 및 주식가치를 비교하면 다음과 같다. 합병 후 B법인의 주식가치가 1.5억 원(4.5억 원 – 3억 원) 증가하였으므로 B법인의 대주주에게 증여세가 부과된다.

합병 전과 후의 주식수				합병 전과 후의 주식가치			
합병 전		합병 후		합병 전		합병 후	
A법인	B법인	A법인	B법인	A법인	B법인	A법인	B법인
20,000	20,000	20,000	20,000	6억 원	3억 원	4.5억 원	4.5억 원

7. 증자에 따른 이익의 증여

가. 의의

(1) 증자(增資)의 의의 및 유상증자 배정방식

증자는 신주인수인으로부터 대금을 받는 유상증자와 대금을 받지 않는 무상증자가 있다. 무상증자는 회사 내부의 자본잉여금, 이익잉여금 등을 재원으로 신주를 발행하므로 대금을

---

22) 대법원 2021. 9. 30. 선고 2017두66244 판결
23) 상증법 기본통칙 38 – 28…2

받지 않는다. 유상증자 방식에는 기존 주주에게 신주인수권을 부여하는 주주배정방식, 기존 주주가 아닌 제3자를 특정하여 신주인수권을 부여하는 제3자 배정방식, 일반대중을 상대로 주식을 공모하는 일반공모방식이 있다. 주주배정방식의 경우에는 기존 주주의 지분율에 따라 신주를 배정한다. 제3자 배정방식은 주주배정방식의 예외이므로 신기술의 도입, 재무구조의 개선 등 회사의 경영상 목적을 달성하기 위하여 필요한 경우에 한하여 허용된다(상법 제418조 제2항). 일반공모방식은 주주배정방식, 제3자 배정방식에 의한 증자가 여의치 않을 때 하는 것이 일반적이다.

(2) 증자에 따른 이익의 이전

법인이 신주를 발행할 때 주주들의 증자 전 지분율대로 신주를 인수하지 아니하여 지분율이 변동되거나 주식가치가 증감되면 주주들 사이에 이익이 이전된다. 법인이 저가로 신주를 발행하면 구주의 가치는 희석되어 감소되므로 기존 주주들이 증자 전 지분율대로 신주인수를 하지 않는 경우 기존주주가 소유한 구주의 가치는 증자비율만큼 감소되고, 신주인수인의 주식가치는 구주의 가치가 감소한 만큼 증가한다. 이를 유형화하면 다음과 같다.

① 실권주(失權株)를 재배정하는 경우 실권주 인수인은 신주인수를 포기한 기존 주주들로부터 구주의 가치감소 상당액을 증여받는 효과가 생긴다(상증법 제39조 제1항 제1호 가목).

② 실권주를 재배정하지 않는 경우 신주를 인수한 기존 주주는 신주인수를 포기한 기존 주주들로부터 구주의 가치감소분 상당액을 증여받는 효과가 생긴다(상증법 제39조 제1항 제1호 나목).

③ 불균등증자의 경우 제3자 배정방식 또는 주주 초과배정방식으로 신주를 인수한 자는 기존 주주들로부터 구주의 가치감소분 상당액을 증여받는 효과가 생긴다(상증법 제39조 제1항 제1호 다목).

위 "①"의 실권주를 재배정하는 경우는 물론 위 "②"의 실권주를 재배정하지 않는 경우에도 신주를 인수하지 않은 기존 주주의 주식가치는 감소하므로 그 감소액만큼 신주를 인수한 주주의 주식가치가 늘어난다.

(3) 사례

(가) 저가 실권주 재배정

증자 전 주당 20,000원, 주식보유 甲과 乙 각 10만주, 신주 발행 20만주, 발행가액 10,000원이고, 甲이 신주를 포기하여 실권주를 乙에게 재배정하면 甲은 10만주, 乙은 30만주가 되고 평가액은 주당 15,000원(60억 원/40만주)이 된다. 이 경우 甲의 주식가치는(20,000원 – 15,000원) × 10만주 = 5억 원 감소하고, 乙의 주식가치는 (15,000원 × 30만주) – (20,000원 × 10만주 + 10,000원 × 20만주) = 5억 원 증가하므로 乙의 이익에 대하여 증여세를 과세한다.

(나) 저가 실권주 미배정

증자 전 주당 20,000원, 주식보유 甲과 乙 각 10만주, 신주 발행 20만주, 발행가액 10,000원이고, 甲이 신주를 포기하였는데, 실권주를 재배정하지 않으면 甲은 10만주, 乙은 20만주가 되고 평가액은 주당 16,667원(50억 원/30만주)이 된다. 이 경우 甲의 주식가치는(20,000원 − 16,667원) × 10만주 = 3.3억 원 감소하고, 乙의 주식가치는 (16,667원 × 20만주) − (20,000원 × 10만주 + 10,000원 × 10만주) = 3.3억 원 증가하므로 乙의 이익에 대하여 증여세를 과세한다.

나. 증여시기(상증령 제29조 제1항)

(1) 유가증권시장과 코스닥시장 상장주식

권리락(權利落)이 있는 날이 증여시기이다. 권리락은 문자 그대로 권리가 떨어졌다는 것으로서 유상증자나 무상증자에 대한 신주인수권이 소멸되는 것을 의미한다. 통상 권리락 후 주식가격은 권리락 전 투자자와 권리락 후 투자자의 형평을 위하여 권리락 전 주식가격에 유상증자 할인율 등을 고려하여 조정된다.

(2) 상법 제346조에 따른 종류주식(전환주식)을 발행한 경우

종류주식을 다른 종류의 주식으로 전환한 날이 증여시기이다. 종류주식은 이익의 배당, 의결권의 행사, 잔여재산의 분배, 상환 및 전환 등의 내용이 보통주와 다른 주식을 의미한다.

(3) 그 밖의 경우

주식대금 납입일이 증여시기이다. 증자에 따른 이익의 증여는 신주인수인이 주금을 납입하는 때에 새로운 주주가 됨으로써 효과가 발생하므로 증여이익도 그 당시의 시가를 기준으로 산정한다.[24] 신주발행가액을 정하는 이사회 결의일과 증여세 과세기준시점인 주금납입일 사이에 시간적 간격이 있는데, 신주를 배정받은 자는 위 이사회 결의일 이후 주금납입일 사이의 주가상승분에 대하여도 증여세를 부담한다.[25] 주식대금 납입일 이전에 실권주를 배정받은 자가 신주인수권증서를 교부받은 경우에는 그 교부일이 증여시기이다. 상장법인이 제3자 배정방식의 유상증자에 대하여 증자에 따른 이익의 증여를 적용하는 경우에는 권리락일이 없으므로 증여시기는 주식대금 납입일이 된다.[26]

---

24) 대법원 2015. 9. 10. 선고 2013두22437 판결
25) 헌재 2016. 6. 30. 선고 2014헌바468 결정
26) 2017 – 법령해석재산 – 0208(2017. 11. 15.)

다. 종류

(1) 저가 발행

(가) 저가 실권주 배정

① 의의

신주를 시가보다 저가로 발행하는 경우로서 주주 등이 신주인수권의 전부 또는 일부를 포기하고 법인이 실권주를 배정하는 경우 실권주를 배정받은 자가 얻은 이익을 증여로 본다. 신주가 저가로 발행되고 신주인수자가 이익을 얻을 수 있음에도 포기할 경우 신주인수 포기자가 실권주를 배정받은 자에게 이익을 증여하는 효과가 생긴다. 다만, 자본시장법에 따른 공모방식 신주배정의 경우에는 적용을 배제한다. 상장법인이 자본시장법에서 규정한 유가증권 모집방법에 따라 신주를 발행하는 경우에는 관련 법령에서 정한 엄격한 규제가 적용되고, 상장법인이 유가증권시장 등에서 유상증자를 하기 위하여는 어느 정도의 할인발행이 불가피하다는 점을 감안한 것이다.[27] 유가증권의 모집에는 50인 이상에 대한 청약을 권유하는 일반모집과 50인 미만에게 청약의 권유를 했더라도 1년 이내에 50인 이상의 자에게 양도될 수 있는 경우로서 금융위원회가 정하는 전매기준에 해당하는 때에도 모집으로 보는 간주모집이 있다. 일반모집뿐 아니라 간주모집으로 모집한 경우도 증여세가 과세되지 않는다.[28] 그러나 주주배정 방식으로 진행된 유상증자에서 실권주가 발생하여 이를 제3자에게 배정하는 때에는 발행가액을 제한하는 규정이 없으므로 간주모집의 요건을 충족하더라도 비과세 대상인 유가증권의 모집방법에 해당하지 않는다.[29] 주주배정 후 실권주를 배정하는 경우 발행가액 제한을 받지 않으므로 특정인에게 저가로 주식을 발행하는 것을 규제할 필요가 있기 때문이다.

② 특수관계자 및 주주의 이익 요건(30%, 3억 원 요건) 적용 여부

주주의 이익 요건은 증자 후 1주당 가액과 신주 1주당 인수가액의 차이가 30% 이상이거나 증여이익이 3억 원 이상인 것을 말한다(상증령 제29조 제2항 제2호). 신주인수권을 포기한 주주와 실권주를 배정받은 주주가 특수관계자일 필요가 없으며 주주의 이익 요건도 요구되지 않는다. 이익의 수여가 직접적이어서 특수관계나 일정한 기준 이상의 이익을 요구하지 않는 것이다.[30]

③ 증여재산가액

증여재산가액은 다음 산식에 따라 계산한 증자 후 1주당 평가액에서 신주 1주당 인수가액을 차감한 가액에 배정받은 실권주수를 곱하여 계산한다(상증령 제29조 제2항 제1호 본문). 다만, 상장주식의 경우 권리락일 이후 2개월간의 종가(최종시세가액) 평균액이 다음 산식에 따라

---

27) 대법원 2014. 2. 27. 선고 2012두25712 판결
28) 대법원 2014. 3. 13. 선고 2012두14866 판결
29) 대법원 2017. 5. 17. 선고 2014두14976 판결
30) 박훈 외 2인, 상속·증여세 실무 해설(2020), 910면

계산한 금액보다 적은 경우에는 권리락일 이후 2개월간의 종가(최종시세가액)의 평균액으로 한다(상증령 제29조 제2항 제1호 단서).

> 〔(증자 전의 1주당 평가가액 × 증자 전의 발행주식총수) + (신주 1주당 인수가액 × 증자에 의하여 증가한 주식수)〕 ÷ (증자 전의 발행주식 총수 + 증자에 의하여 증가한 주식수)

　1996. 12. 31. 상증세법 시행령 개정 전에는 (증자 후 1주당 가액 - 신주 1주당 인수가액) × 배정받은 실권주 수로 계산하였다. 구 상증세법 시행령은 증자가 증자 후의 시가에 미치는 영향이 모두 반영된 증자 후의 시가와 1주당 인수가액을 비교하는 반면, 현행 상증세법 시행령은 가중평균액을 사용하여 증자가 증자 후의 시가에 미치는 영향을 증자금액만큼으로 제한하여 증자 후의 시가와 1주당 인수가액을 비교하는 차이가 있다.[31] 이익을 증여한 자가 소액주주로서 2명 이상인 경우에는 이익을 증여한 소액주주가 1명인 것으로 보고 이익을 계산한다(상증법 제39조 제2항). 증여자별로 증여이익을 계산하는 것이 복잡하고 증여가액이 과세최저한에 미달하여 과세를 못하게 되면 증여세 회피 수단으로 악용될 우려가 있기 때문이다.[32]

(나) 저가 실권주 미배정

① 의의

　신주를 시가보다 저가로 발행하는 경우로서 주주 등이 신주인수권의 전부 또는 일부를 포기하고 법인이 실권주를 배정하지 않은 경우에는 신주인수를 포기한 자의 특수관계인이 신주를 인수함으로써 얻은 이익을 증여로 본다. 신주가 저가로 발행되고 실권주가 발생할 경우 당해 실권주를 재배정하지 않으면 신주인수자는 지분율이 상승하여 신주를 포기한 자로부터 간접적으로 이익을 이전받는 효과가 생긴다.

② 특수관계자 및 주주의 이익 요건(30%, 3억 원 요건) 적용 여부

　신주인수자가 얻는 이익이 간접적이므로 신주인수권을 포기한 주주와 신주를 인수한 주주가 특수관계자이고 주주의 이익 요건을 갖추어야 한다.

③ 증여재산가액

　증여재산가액은 다음 산식에 따라 계산한 증자 후 1주당 평가액(이론적 권리락 주가)에서 신주 1주당 인수가액을 차감한 가액에 배정받은 실권주수를 곱하여 계산한 금액이다(상증령 제29조 제2항 제2호).

---

31) 강석규, 조세법쟁론(2023), 1342면
32) 대법원 2017. 5. 17. 선고 2014두14976 판결

〔(증자 전의 1주당 평가가액 × 증자 전의 발행주식총수) + (신주 1주당 인수가액 × 증자 전의 지분비율대로 균등하게 증자하는 경우의 증가주식수)〕÷ (증자 전의 발행주식 총수 + 증자 전의 지분비율대로 균든하게 증자하는 경우의 증가주식수)

(다) 저가 신주 제3자 직접배정

① 의의

신주를 시가보다 저가로 발행하는 경우로서 주주 등이 아닌 3자가 신주를 직접 배정받음으로써 얻은 이익을 증여로 본다. 자본시장법상 인수인으로부터 인수·취득하는 경우와 제3자에게 증권을 취득시킬 목적으로 그 증권의 전부 또는 일부를 취득한 자로부터 인수·취득한 경우에도 적용된다(상증령 제29조 제4항). 여기서 인수인은 주식발행법인을 위하여 제3자에게 취득의 청약을 권유하여 전환사채 등을 취득시킬 목적으로 이를 취득하는 자를 의미할 뿐이고, 이러한 목적 없이 단순한 투자목적으로 취득하는 자는 인수인에 해당하지 않는다.[33] 금융투자업 인가를 받지 않았더라도 증권회사가 제3자 취득 목적으로 인수업무를 하는 경우에도 위 인수인에 해당한다. 한편 주식발행법인이 인수인에게 모집·사모를 위탁하거나 청약을 권유하는데 필요한 서류를 제공하지 않았다면 인수인에 해당한다고 보기 어렵다.

② 특수관계자 및 주주의 이익 요건(30%, 3억 원 요건) 적용 여부

신주인수권을 포기한 주주와 실권주를 배정받은 제3자가 특수관계자일 필요가 없으며 주주의 이익 요건도 요구되지 않는다. 이익의 수여가 직접적이어서 특수관계나 일정한 기준 이상의 이익을 요구하지 않는 것이다.

(라) 불균등 증자

① 의의

신주를 시가보다 저가로 발행하는 경우로서 주주 등이 지분율을 초과하여 신주를 직접 배정받음으로써 얻은 이익은 증여로 본다.

② 특수관계자 및 주주의 이익 요건(30%, 3억 원 요건) 적용 여부

신주인수권을 배정받지 못한 주주와 초과배정받은 주주가 특수관계자일 필요가 없으며 주주의 이익 요건도 요구되지 않는다. 이익의 수여가 직접적이어서 특수관계나 일정한 기준 이상의 이익을 요구하지 않는 것이다.

---

33) 대법원 2019. 5. 30. 선고 2017두49560 판결

(2) 고가 발행

(가) 고가 실권주 배정

① 의의

신주를 시가보다 고가로 발행하는 경우로서 주주 등이 신주인수권의 전부 또는 일부를 포기하고 해당 법인이 실권주를 배정하는 경우 신주인수 포기자가 얻은 이익을 증여로 본다. 신주를 고가발행하고 실권주를 재배정할 경우 실권주 인수인으로부터 신주인수 포기자에게 이익이 이전된다.

② 특수관계자 및 주주의 이익 요건(30%, 3억 원 요건) 적용 여부

이익의 수여가 직접적이므로 주주의 이익 요건은 적용되지 않으나, 인수자와 포기자가 특수관계자이어야 한다. 고가발행의 경우 신주를 인수하는 것은 상식에 반하여 경제적 합리성이 없으므로 인수자와 포기자 사이의 특수관계를 요구하는 것이다.

③ 증여재산가액

증여재산가액은 신주 1주당 인수가액에서 다음 산식에 의하여 계산한 가액을 차감한 가액에 배정받은 실권주수를 곱하여 계산한 금액이다(상증령 제29조 제2항 제3호).

〔(증자 전의 1주당 평가가액 × 증자 전의 발행주식총수) + (신주 1주당 인수가액 × 증자에 의하여 증가한 주식수)〕 ÷ (증자 전의 발행주식 총수 + 증자에 의하여 증가한 주식수)

고가 발행 실권주의 재배정에 의한 증여의 경우 증자로 인하여 주식발행회사의 순자산가액이 (-)에서 (+)로 증가된 경우 순자산가액이 0원을 초과하여 (+)로 증가된 증자부분만이 증여세 과세대상이 된다.[34]

(나) 고가 실권주 미배정

① 의의

신주를 시가보다 고가로 발행하는 경우로서 주주 등이 신주인수권의 전부 또는 일부를 포기하고 실권주를 배정하지 않는 경우 신주인수 포기자가 얻은 이익을 증여로 본다. 신주를 고가 발행하고 실권주를 실권으로 처리할 경우 신주인수포기자는 고가인수를 포기함으로써 이익을 얻고, 증자 후 지분율이 하락하는 손실을 입게 된다.

---

34) 대법원 2004. 11. 11. 선고 2003두11872 판결

② 특수관계자 및 주주의 이익 요건(30%, 3억 원 요건) 적용 여부

이익의 수여가 간접적이므로 신주인수권을 포기한 주주와 기존 주주가 특수관계자이고 주주의 이익 요건을 갖추어야 한다. 즉 증자 후 1주당 가액과 신주 1주당 인수가액의 차이가 30% 이상이거나 증여이익이 3억 원 이상이어야 한다.

(다) 고가 신주 제3자 직접 배정

① 의의

신주를 시가보다 고가로 발행하는 경우로서 주주 등이 아닌 3자가 신주를 직접 배정받으면 그의 특수관계인인 주주 등이 얻은 이익을 증여로 본다.

② 특수관계자 및 주주의 이익 요건(30%, 3억 원 요건) 적용 여부

이익의 수여가 직접적이므로 주주의 이익 요건은 적용되지 않으나, 인수자와 포기자가 특수관계자이어야 한다.

(라) 불균등 증자

① 의의

신주를 시가보다 고가로 발행하는 경우로서 주주 등이 지분비율을 초과하여 신주를 직접 배정받음으로써 그의 특수관계인인 주주 등이 얻은 이익을 증여로 본다.

② 특수관계자 및 주주의 이익 요건(30%, 3억 원 요건) 적용 여부

이익의 수여가 직접적이므로 주주의 이익 요건은 적용되지 않으나, 인수자와 포기자가 특수관계자이어야 한다.

(3) 전환주식을 발행한 경우

(가) 전환주식을 시가보다 저가로 발행한 경우

전환주식을 시가보다 저가로 발행한 경우 교부받았거나 교부받을 주식의 가액이 전환주식 발행 당시 전환주식의 가액을 초과함으로써 그 주식을 교부받은 자가 얻은 이익을 증여로 본다. 전환권 행사시점에서 전환이익이 발생하는 경우 추가적으로 과세하기 위하여 2016. 12. 29. 상증세법 개정 시 신설하였다.

(나) 전환주식을 시가보다 고가로 발행한 경우

전환주식을 시가보다 고가로 발행한 경우 교부받았거나 교부받을 주식의 가액이 전환주식 발행 당시 전환주식의 가액보다 낮아짐으로써 그 주식을 교부받은 자의 특수관계인이 얻은 이익을 증여로 본다.

구 분		과세요건		납세의무자
		특수관계자 여부	현저한 이익 여부 (30%, 3억 원 요건)	
저가 발행	실권주 재배정	×	×	실권주 인수자
	실권주 미배정	○	○	신주인수자
	제3자 직접 배정	×	×	신주인수자
	초과배정	×	×	신주인수자
고가 발행	실권주 재배정	○	×	신주인수 포기자
	실권주 미배정	○	○	신주인수 포기자
	제3자 직접 배정	○	×	기존주식 보유자
	초과배정	○	×	기존주식 보유자

8. 감자에 따른 이익의 증여

가. 감자의 의의 및 감자의 방법

감자(減資)는 주주에게 대가를 지급하는 유상감자와 대가를 지급하지 않는 무상감자가 있다. 무상감자는 결손보전의 목적으로만 허용된다. 감자의 방법 중 증여세가 과세되는 감자는 주식수의 감소에 의한 감자 중 불균등감자에 한정된다. 법인이 감자하면서 모든 주주의 지분 비율대로 균등소각하거나 감자대가를 시가대로 지급하면 감자에 따른 이익의 증여문제는 발생하지 않으나 특정주주의 주식만을 소각하면서 감자대가를 시가보다 낮게 또는 높게 지급하면 감자에 참여하지 않은 주주의 지분율과 주식평가액이 변한다. 이와 같이 감자에 참여한 주주 또는 감자에 참여하지 않은 주주가 감자 후에 지분율의 증가 및 주식평가액의 증가로 인하여 이익을 얻은 경우 증여세를 과세한다(상증법 제39조의2 제1항).

나. 과세요건

(1) 불균등 감자

주식 지분율대로 하지 않는 불균등 감자이어야 한다. 불균등 감자의 경우 주주 사이에 이익이 이전되는 효과가 생긴다.

(2) 대주주의 존재

특수관계인에 해당하는 대주주가 있어야 한다. 대주주는 해당 주주 및 그 특수관계인의 지분을 포함하여 해당 법인의 발행주식총수 등의 1% 이상을 소유하고 있거나 소유하고 있는 주식 등의 액면가액이 3억 원 이상인 주주 등을 말한다(상증령 제28조 제2항).

(3) 주주의 이익 요건(30%, 3억 원 요건)

주주의 이익 요건(30%, 3억 원 요건)은 감자한 주식 1주당 평가액에서 주식소각 시 지급한 1주당 금액을 차감한 가액이 감자한 주식 1주당 평가액의 30% 이상이거나 그 이익의 합계가 3억 원 이상인 것을 의미한다(상증령 제29조의2 제2항).

다. 증여시기

감자의 경우 증여시기는 감자를 위한 주주총회결의일을 기준으로 한다. 이때 감자로 인한 이익이 확정되기 때문이다.

라. 종류

(1) 저가 소각

주식 등을 시가보다 저가로 소각한 경우에는 주식 등을 소각한 주주 등의 특수관계인에 해당하는 대주주 등이 얻은 이익을 증여로 본다.

(2) 고가 소각

주식 등을 시가보다 고가로 소각한 경우 대주주 등의 특수관계인에 해당하는 주식 등을 소각한 주주 등이 얻은 이익을 증여로 본다.

마. 자기주식 소각에 따른 증여세 과세제외

법인의 합병 후 존속하는 법인이 합병과정에서 소각을 목적으로 취득한 자기주식을 정상적으로 소각하는 경우에 당해 주식의 소각으로 특정주주에게만 이익을 주는 경우 외에는 감자에 따른 이익의 증여규정을 적용하지 않으며, 출자관계에 있는 법인 간 합병으로 취득한 자기주식을 상법에 따라 적정하게 소각한 경우 역시 감자에 따른 이익의 증여규정을 적용하지 않는다.[35]

| 감자에 따른 이익의 증여 |

구 분	과세요건		납세의무자
	특수관계자 여부	현저한 이익 (30%, 3억 원 요건)	
저가 소각	○	○	주식소각 주주의 특수관계인인 대주주 등
고가 소각	○	○	주식소각 주주 등

---

35) 재재산-767(2007. 6. 29.)

9. 현물출자에 따른 이익의 증여

가. 의의

현물출자에 대하여 증여세를 과세하는 것은 증자의 경우이므로 회사설립 시 현물출자에 대하여는 적용되지 않는다. 주주의 신주인수권은 주주가 가지고 있던 주식수에 비례하여 신주인수의 배정을 받을 수 있는 권리이므로 현물출자자에게 발행하는 신주에 대하여는 일반주주의 신주인수권이 미치지 않는다.[36] 이와 같이 현물출자의 경우 현물출자자 외의 기존주주에게 신주인수권이 없어서 실권주 발생을 전제로 하는 증자에 대한 증여규정을 적용할 수 없으므로 이를 해결하기 위해 별도의 규정을 두게 된 것이다.

나. 증여시기

현물출자에 따른 이익의 증여일은 현물출자 납입일이다(상증법 제39조의3 제1항). 현물출자의 이행을 완료하여야 주주의 권리를 취득하기 때문이다.

다. 종류

(1) 저가 인수

주식 등을 시가보다 저가로 인수함으로써 현물출자자가 얻은 이익을 증여로 본다. 이익의 수여가 직접적이므로 신주의 저가 인수와 같은 이치로 주주의 이익 요건(30%, 3억 원 요건)이 적용되지 않고 인수자와 포기자가 특수관계자일 필요도 없다. 증여재산가액은 감자에 따른 이익의 계산방법을 준용하여 계산한다(상증령 제29조의3 제1항 제1호).

(2) 고가 인수

주식 등을 시가보다 고가로 인수함으로써 기존주주가 얻은 이익을 증여로 본다. 신주의 고가 인수와 같이 현물출자자와 기존주주 사이의 특수관계는 필요하나 주주의 이익 요건(30%, 3억 원 요건)은 요구되지 않는다. 증여재산가액은 감자에 따른 이익의 계산방법을 준용하여 계산한다(상증령 제29조의3 제1항 제2호).

라. 최대주주 등의 할증평가 배제

현물출자에 따른 이익의 증여가액을 계산함에 있어 당해 법인의 최대주주 등에 대한 할증평가 규정은 적용하지 않는다(상증령 제53조의2 제6항 제3호). 그러나 최대주주 등이 소유하는 주식을 다른 비상장법인에 현물출자하는 경우 그 현물출자하는 주식에 대해서는 할증평가 규정을 적용한다.

---

36) 대법원 1989. 3. 14. 선고 88누889 판결

10. 전환사채 등의 주식전환 등에 따른 이익의 증여

가. 개요

(1) 전환사채 등의 의의

전환사채, 신주인수권부사채, 교환사채는 주식취득권이 부여된 사채라는 점에서 공통점이 있으나, 그 내용에는 차이가 있다.

① 전환사채(Convertible Bond, CB)는 주식으로 전환할 수 있는 권리가 부여된 채권을 의미한다(상법 제513조). 채권자는 사채를 취득한 후 일정 기간이 지난 후에 주식으로 전환할 수 있고, 주식으로 전환하면 채권은 소멸된다.

② 신주인수권부사채(Bond with warrant, BW)는 일정한 가격으로 신주를 인수할 수 있는 권리가 부여된 채권을 의미한다(상법 제516조의2). 신주인수권부사채는 분리형과 비분리형이 있다. 분리형은 채권과 신주를 분리하여 주식을 매각해도 채권이 소멸하지 않는 것이고, 비분리형은 채권과 신주를 분리할 수 없어 신주를 매각하는 경우 채권도 같이 소멸하는 것이다. 분리형은 공모형만 허용되고 사모형은 금지된다. 분리형이 신주인수권의 주식전환으로 지분확보, 경영권승계, 시세차익 등의 목적으로 악용되는 폐단이 생기자 2013년 전면적으로 분리형을 금지하였다가 2015년 공모형만 허용하였다.

③ 교환사채(Exchangeable Bonds, EB)는 기업이 보유하고 있는 다른 기업의 주식이나 자사주로 교환할 수 있는 권리가 부여된 채권이다. 교환사채는 기존에 기업이 가지고 있는 주식을 투자자에게 주기 때문에 주식 수가 증가하지 않는다는 점에서 전환사채, 신주인수권부 사채와 차이가 있다.

기업 입장에서 전환사채 등을 발행하면 일반사채보다 낮은 이자율로 자금을 조달할 수 있고, 채권이 주식으로 전환되면 채무가 감소하여 재무구조를 개선할 수 있는 장점이 있다.

(2) 전환사채 등을 이용한 이익의 이전

전환사채, 신주인수권부사채, 교환사채 등을 주식으로 전환하는 등의 거래를 하는 경우 거래조건에 따라 이익이 이전된다. 이러한 전환사채, 신주인수권부사채, 교환사채 등의 인수·취득, 주식전환, 양도 등의 거래에서 채권자가 얻은 이익을 증여로 본다(상증법 제40조).

1996. 12. 30. 입법 당시에는 특수관계자로부터 전환사채를 취득하는 경우 취득일 현재 당해 전환사채를 주식으로 전환 시 평가액과 전환사채의 인수가액만큼 증여받는 효과가 생기므로 전환사채의 취득에 대한 규정만 두었다. 전환사채를 계열회사 등 특수관계자가 매입하여 보유하다가 주가가 당초 약정된 전환가격보다 상승할 때 대주주에게 처분하는 방식으로 변칙증여하는 경우에 대응하기 위함이었다. 전환사채 발행법인의 주가가 당초 약정한 전환가격보다 높아져 주식전환 이익이 있음에도 특수관계자에게 처분한 것은 전환사채를 주식으로 전환하여 얻을 수 있는 자본이득을 증여할 의사가 있다고 볼 수 있다. 그러나 전환가격을 전환사채

취득 시의 주식가격에 비슷한 수준으로 정하면 과세의 실효성이 없어지므로 2000. 12. 29. 상증세법 개정 시 전환사채 등의 취득시점 이외에 전환사채의 전환이나 양도시점에도 증여세를 과세할 수 있도록 보완하였고,[37] 전환사채 이외에 신주인수권부 사채, 교환사채 등에 대하여도 증여세 과세규정을 두었다.

나. 종류

(1) 전환사채의 인수 · 취득

(가) 특수관계인으로부터의 저가 취득과 일정한 이익(30%, 1억 원)

특수관계인으로부터 전환사채 등을 시가보다 저가로 취득함으로써 얻은 이익은 증여로 본다. 증여재산가액은 (전환사채 등의 시가 − 전환사채 등의 취득가액)이고 그 차이가 30% 이상이거나 1억 원 이상이어야 한다.

(나) 주주의 저가 불균등 인수 · 취득과 일정한 이익(30%, 1억 원)

전환사채 등을 발행한 법인의 최대주주나 그의 특수관계인인 주주가 법인으로부터 전환사채 등을 시가보다 저가로 지분율을 초과하여 인수 · 취득함으로써 얻은 이익은 증여로 본다. 증여재산가액은 (전환사채 등의 시가 − 전환사채 등의 취득가액)이고 그 차이가 30% 이상이거나 1억 원 이상이어야 한다. 다만, 자본시장법에 따른 주권상장법인으로서 공모방법으로 모집하는 경우에는 적용을 배제한다.

법인 이외에 자본시장법상 인수인으로부터 전환사채 등을 인수 · 취득하는 경우에도 위 규정을 적용한다. 여기서 인수인은 전환사채 등의 발행법인을 위하여 제3자에게 취득의 청약을 권유하여 전환사채 등을 취득시킬 목적으로 취득하는 자를 의미하고, 이러한 목적 없이 단순한 투자목적으로 취득하는 자는 인수인에 해당하지 않는다.[38]

(다) 제3자의 저가 인수 · 취득과 일정한 이익(30%, 1억 원)

전환사채 등을 발행한 법인의 최대주주의 특수관계인으로서 주주가 아닌 제3자가 그 법인으로부터 전환사채 등을 시가보다 저가로 인수 등을 함으로써 얻은 이익은 증여로 본다. 증여재산가액은 (전환사채 등의 시가 − 전환사채 등의 취득가액)이고 그 차이가 30% 이상이거나 1억 원 이상이어야 한다.

(2) 주식 전환 등

(가) 특수관계인으로부터 취득한 자의 전환

전환사채 등을 특수관계인으로부터 취득한 자가 전환사채 등에 의하여 교부받았거나 교부

---

37) 재정경제부, 「2000 간추린 개정세법」, 2001, 315면
38) 대법원 2019. 5. 30. 선고 2017두49560 판결

받을 주식의 가액이 전환·교환 또는 인수가액을 초과함으로써 얻은 이익을 증여로 본다. 주식을 교부받은 경우 이외에 주식을 교부받지 않고 전환청구 가능기간에 전환사채 등을 양도한 경우에도 적용된다.[39] 이 경우 증여재산가액은 전환사채 등의 양도가액에서 취득가액을 차감한 금액을 초과하지 못한다(상증령 제30조 제1항 제2호 단서). 증여재산가액은 다음 산식에 따라 계산한 금액으로서 1억 원 이상이어야 한다.

> 증여재산가액 = 〔(교부받은 주식가액 − 1주당 전환가액) × 교부받은 주식수〕 − 이자손실분
> − 전환사채 등의 인수·취득에 의한 이익

위 산식에서 이자손실분을 차감하는 것은 전환사채 등은 일반적으로 발행이율이 낮은 점을 감안하여 전환사채 등의 인수자가 부담한 이자손실분을 공제하는 것이고, 전환사채 등의 인수·취득에 의한 이익을 차감하는 것은 주식전환 등 이전의 앞단계에서 과세되므로 이중과세를 조정하기 위함이다.[40] 주식 전환 등으로 인한 이익에는 주식가치 상승분에 대한 이익이 포함되어 있고, 이는 기본적으로는 소득과세의 영역에 속하나, 전환사채의 전환으로 인한 이익 중 증여부분과 소득부분을 명확히 구분하기 어려우므로 주식가치 상승분을 증여세로 과세하는 것은 입법기술의 문제이다.[41] 전환사채 등의 주식 전환이익에 대하여 증여세를 과세하는 경우 향후 동 주식을 양도하면 취득가액으로 인정한다(소득령 제163조 제10항). 증여세와 양도소득세의 이중과세를 조정하기 위한 취지이다.

(나) 저가 불균등 인수·취득한 자의 전환

전환사채 등을 발행한 법인의 최대주주나 그의 특수관계인인 주주가 그 법인으로부터 전환사채 등을 지분비율을 초과하여 인수 등을 한 경우로서 전환사채 등에 의하여 교부받았거나 교부받을 주식의 가액이 전환가액 등을 초과함으로써 얻은 이익은 증여로 본다. 증여재산가액은 앞의 "(가)"에서 살펴본 바와 같다.

(다) 저가 인수·취득한 제3자의 전환

전환사채 등을 발행한 법인의 최대주주의 특수관계인으로서 주주가 아닌 제3자가 그 법인으로부터 전환사채 등의 인수 등을 한 경우로서 전환사채 등에 의하여 교부받았거나 교부받을 주식의 가액이 전환가액 등을 초과함으로써 얻은 이익은 증여로 본다. 증여재산가액은 앞의 "(가)"에서 살펴본 바와 같다.

---

39) 전환청구 가능기간에 고가로 특수관계인에게 전환주식을 양도한 경우에는 추가로 전환사채 등의 고가양도로 인한 증여규정이 적용된다. 박훈외 2인, 상속·증여세 실무 해설(2020), 960~961면
40) 재정경제부, 『2000 간추린 개정세법』, 316면
41) 이창희, 세법강의(2021), 1208~1209면

(라) 전환사채 등에 의하여 교부받은 주식의 가액이 전환가액 등보다 낮은 경우

전환사채 등의 권리행사 시점에 주가가 인수가액보다 낮다면 인수를 포기하여야 함에도 이를 인수하면 특수관계인에게 부가 무상으로 이전되므로 그 이익을 증여로 본다. 증여재산가액은 다음과 같은 산식에 따라 계산한 금액으로서 1억 원 이상이어야 한다.

> 증여재산가액 = (1주당 전환가액 − 교부받은 주식가액) × (전환 등에 의하여 증가한 주식수)
> × (주식을 교부받은 자의 특수관계인의 전환 전 지분비율)

(3) 전환사채 등 양도

전환사채 등을 특수관계인에게 양도한 경우로서 전환사채 등의 양도가액이 전환사채 등의 시가를 초과함으로써 양도인이 얻은 이익을 증여로 본다. 증여재산가액은 (양도가액 − 전환사채 등의 시가)이고, 그 차이가 30% 이상이거나 1억 원 이상이어야 한다. 상증세법 제35조의 고저가 양도 규정과 중복되나, 전환사채 등 양도 규정의 요건이 더 엄격하므로 상증세법 제35조의 적용이 배제된다.

11. 초과배당에 대한 이익의 증여

가. 개요

(1) 초과배당의 의의

주식회사의 이익배당은 원칙적으로 주주의 지분율에 따라 균등하게 이루어져야 한다(상법 제464조). 다만, 회사가 이익의 배당에 관하여 종류주식을 발행한 경우에는 예외적으로 불균등배당을 할 수 있다(상법 제464조 단서). 회사가 이익을 배당할 때 주주들의 지분율에 따라 균등하게 배당하지 않고 주주 간 주당 배당금액 또는 배당률을 달리하는 것을 차등배당(差等配當)이라고 한다. 대주주가 배당권의 일부를 포기함으로써 소액주주로 하여금 더 많은 배당을 받도록 하는 것이 그 예이다.

차등배당은 소액주주의 권리를 보호하기 위하여 이루어지는 경우가 있는가 하면 가족법인의 경우에는 특수관계에 있는 주주에게 이익을 무상이전하기 위한 수단으로 이용되기도 한다. 상법상 차등배당의 결의는 주주평등원칙에 위반되므로 원칙적으로 무효이지만 차등배당으로 불이익을 입는 주주가 이익배당청구권을 포기하면 유효하다.

(2) 초과배당에 따른 이익의 이전

차등배당을 하는 경우 초과배당을 받은 주주가 배당을 포기한 주주로부터 이익을 증여받는 효과가 생긴다. 이에 따라 2015. 12. 15. 상증세법 개정 시 초과배당을 받은 주주가 배당을 받지 않거나 저율배당을 받은 특수관계 주주로부터 초과배당금액을 증여받은 것으로 보아 증여세를 과세하는 규정을 신설하였다(상증법 제41조의2). 소액주주인 자녀가 차등배당을 받는 경우 배당소득세가 과세되는데, 소득세가 과세되는 경우 증여세가 과세되지 않는 점을 이용하여 증여세를 회피하는 행위에 대응하기 위한 취지이다.

나. 과세요건

(1) 이익이나 잉여금의 배당

법인이 이익이나 잉여금을 배당하여야 한다. 초과배당에 대한 과세는 기본적으로 배당을 전제로 하기 때문이다.

(2) 차등배당

해당 법인의 최대주주 등이 배당금의 전부 또는 일부를 포기하거나 균등하지 않은 조건으로 배당 등을 받고, 그로 인하여 최대주주 등의 특수관계인이 지분율보다 더 많은 배당 등을 받아야 한다. 이와 같은 차등배당으로 인하여 최대주주 등에서 그 특수관계인에게 이익이 이전되는 효과가 생긴다.

다. 증여시기

법인 등이 배당금을 지급한 날을 증여시기로 한다. 종전에는 "배당 등을 한 날"이라고 규정하였으나, 2021. 12. 21. 상증세법 개정 시 "배당금 등을 지급한 날"로 명확히 규정하였다. 종전 "배당 등을 한 날"이 배당결의일을 의미하는지 또는 배당금을 실제로 지급한 날을 의미하는지 다투어진 사안에서, 조세심판원은 배당결의일이라고 판단하였고,[42] 이와 반대되는 입법이 이루어진 것이다.

라. 증여재산가액

종전에는 초과배당금액을 증여재산가액으로 하고 소득세액을 증여세산출세액에서 공제하되, 소득세액이 증여세액보다 크면 소득세만 과세하고 증여세를 과세하지 않는 것으로 규정하였다. 초과배당에 따른 소득세와 증여세를 비교하여 큰 금액을 과세하는 방식이었다.[43]

그러나 초과배당금액에 대한 증여세액이 소득세 상당액보다 적게 산정되는 범위에서 특수관계인에게 초과배당을 실시하는 방법으로 초과배당을 증여세 회피수단으로 이용하자 2020. 12. 22. 상증세법 개정 시 소득세와 증여세를 같이 부과하되, 초과배당금액에서 소득세 상당액을 공제한 금액을 증여재산가액으로 규정하였다(상증법 제41조의2 제2항). 이에 따라 초과배당을 지급받은 시점에서 증여세를 가계산(假計算)한 후 초과배당 증여이익에 대하여 소득세와

---

42) 조심 2021. 11. 15.자 2020서8533 결정
43) 소득세와 증여세 비교방식의 법령하에서 판례는 초과배당금액에 대한 증여세액은 10년 이내 재차증여 가산규정을 적용하여 산출한 증여세액을 의미하는 것으로 해석하였다(대법원 2024. 3. 12. 선고 2022두32931 판결). 그렇지 않으면 여러 차례에 걸쳐 나누어 초과배당을 실시하는 방법으로 증여세를 쉽게 회피할 수 있기 때문이다.

증여세를 모두 과세하고 소득세를 납부할 때 실제 소득세액을 반영하여 계산한 증여세에서 당초 가계산하여 납부한 증여세를 뺀 금액을 초과배당액이 발생한 다음연도 종합소득세 신고 기한까지 신고납부하여야 한다. 실제 소득세액은 초과배당금액이 분리과세된 경우에는 해당 세액이고, 초과배당금액이 종합과세된 경우에는 종합소득세액에서 해당 초과배당금액을 제외하고 계산한 종합소득세액을 공제한 세액이다.

12. 주식 등의 상장 등에 따른 이익의 증여

가. 의의

종전에 기업경영의 비공개정보를 이용할 수 있는 지위에 있는 최대주주 등의 특수관계인이 비상장주식을 증여받거나 취득한 후 그 주식이 상장되어 이익을 얻은 경우 상장주식을 양도하지 않고 계속 보유하면 상장이익에 대하여 과세할 수 없는 문제가 있었다. 이를 해결하기 위하여 1999. 12. 28. 상증세법 개정 시 비상장주식의 상장이익에 대하여 증여세를 과세하는 규정을 신설하였다(상증법 제41조의3). 최대주주 등의 특수관계인이 얻은 상장이익에 대하여 증여세를 부과함으로써 증여나 취득 당시 실현이 예견되는 이익의 무상이전에 대하여 과세하기 위한 취지이다.

나. 과세요건

(1) 최대주주 등의 존재

최대주주 등은 기업경영의 비공개정보를 이용할 수 있는 지위에 있는 자로서 최대주주와 25% 이상 지분소유자를 의미한다. 최대주주는 주주 1인과 그의 특수관계인의 보유주식을 합하여 보유주식 합계가 가장 많은 주주를 의미하며(상증법 제19조 제2항), 25% 이상 지분소유자는 주주 1인과 그의 특수관계인의 보유주식을 합하여 내국법인의 25% 이상 지분을 보유한 주주를 의미한다(상증령 제31조의3 제4항).

2010. 2. 18. 개정 전 상증세법 시행령 제19조 제2항은 "대통령령이 정하는 최대주주 또는 최대출자자"라 함은 주주 또는 출자자 1인과 시행령 규정 소정의 특수관계가 있는 자의 보유주식 등을 합하여 보유주식 등의 합계가 가장 많은 경우의 당해 주주 등이라고 규정하였고, 판례는 문언에 충실하게 "최대주주 등"이라 함은 당해 주주 등 1인을 의미하고, 그와 특수관계에 있는 자는 포함되지 않는다고 해석하였다.[44] 그 후 2012. 2. 2. 개정된 상증세법 시행령 제19조 제2항은 "대통령령으로 정하는 최대주주 또는 최대출자자"란 최대주주와 그의 특수관계인을 모두 포함하는 것으로 규정하였다. 자기주식의 경우에는 의결권이 없고 의결권이 없는 주식의 수는 발행주식총수에 산입하지 않으므로 자기주식을 보유하고 있는 법인은 최대주주 등에 해당하지 않는다.[45]

---

44) 대법원 2012. 5. 10. 선고 2010두11559 판결

(2) 최대주주 등의 특수관계인의 비상장주식 취득

특수관계인이 비상장주식을 취득하는 방법에는 ① 최대주주 등으로부터 해당 법인의 주식을 증여받거나 유상취득하는 방법, ② 증여받은 재산으로 최대주주 등이 아닌 자로부터 해당 법인의 주식을 취득하는 방법, ③ 증자로 인한 신주발행에 따라 주식을 인수·배정받는 방법 등이 있다.

위 "①"의 유상취득은 주식의 취득이 대가관계에 있는 반대급부의 이행으로서 이루어진 경우를 의미하므로 최대주주 등의 특수관계인이 최대주주 등으로부터 근로제공에 대한 대가로 주식을 취득한 경우 유상취득에 해당한다.[46] 위 "②"의 경우 특수관계인이 최대주주 등으로부터 증여받은 재산으로 최대주주 등 외의 사람으로부터 주식을 취득하는 경우에도 최대주주 등으로부터 직접 주식을 증여받거나 유상취득한 경우와 동일하게 증여세 과세대상으로 삼는 것은 순수한 상장이익만을 놓고 보면 경제적 효과가 동일하기 때문이다. 위 "③"의 증자로 취득한 주식은 최대주주 등으로부터 증여받거나 유상으로 취득한 주식에 기초하여 인수받거나 배정받은 것을 의미하므로 최대주주 등으로부터 증여받거나 유상으로 취득한 주식에 기초한 무상신주는 물론 유상신주도 포함되나, 최대주주 등으로부터 증여받거나 유상으로 취득한 주식에 기초하지 않고 증여받은 재산과 관계없이 인수하거나 배정받은 신주는 포함되지 않는다.[47]

위와 같은 3가지 방법의 주식 취득 등에 대해서만 적용되므로 그 밖에 법인 설립 전 발기인의 주식인수 등 다른 유형의 주식 취득에 대해서는 상장이익을 얻더라도 증여세를 부과할 수 없다.[48] 합병 전 피합병법인의 최대주주 등과 특수관계 있는 자가 피합병법인의 최대주주 등으로부터 취득하거나 증여받은 주식에 대한 합병대가로 교부받은 주식이 상장된 경우 피합병법인의 주식은 상장된 주식이 아니므로 주식 등의 상장에 따른 이익의 규정이 적용되지 않는다는 견해가 있으나, 조세심판원은 주식 등의 상장 등에 따른 이익의 증여 규정이 적용된다고 판시하였다.[49]

(3) 취득일부터 5년 내 상장

주식 등을 증여받거나 취득한 날로부터 5년 이내에 주식 등이 자본시장법에 따른 증권시장(유가증권시장 및 코스닥시장)에 상장되어야 한다(상증령 제31조의3 제2항). 유가증권시장 및 코스닥시장에 상장하는 것이 요건이므로 코넥스시장에 상장하는 것은 증여세 과세대상에 해당하지 않는다.[50] 코넥스시장은 코스닥시장 상장요건을 충족하지 못하는 벤처기업과 중소기업이 상장할 수 있도록 2013. 7. 1.부터 개장한 중소기업 전용 주식시장을 말한다(자본시장법

---

45) 조심 2018. 12. 6.자 2018서1878 결정
46) 대법원 2016. 10. 27. 선고 2016두39726 판결
47) 대법원 2017. 3. 30. 선고 2016두55926 판결
48) 대법원 2018. 12. 13. 선고 2015두40941 판결
49) 조심 2020. 7. 2.자 2019서1311 결정
50) 대법원 2023. 11. 9. 선고 2020두51181 판결

시행령 제11조 제2항). 상장일은 증권시장에서 최초로 주식 등의 매매거래를 시작한 날이다(상증법 제41조의3 제5항).

(4) 주주의 이익 요건(30%, 3억 원 요건)

상장일로부터 3개월이 되는 정산기준일 현재 1주당 평가액에서 주식 등을 증여받은 날 현재의 1주당 증여세 과세가액과 1주당 기업가치의 실질적인 증가로 인한 이익을 차감한 금액이 주식 등을 증여받은 날 현재의 1주당 증여세 과세가액 또는 1주당 취득가액 등의 30% 이상이거나 증여이익이 3억 원 이상이어야 한다(상증령 제31조의3 제3항, 제6항).

다. 증여재산가액

증여재산가액은 다음과 같은 산식에 의하여 계산한다. 산식에서 정산기준일 1주당 평가액은 정산기준일의 전후 2월간의 최종시세가액의 평균액이며, 이 경우 최대주주 등의 주식에 대하여는 할증평가를 하여야 한다.

$$증여재산가액 = [정산기준일\ 1주당\ 평가가액 - 증여 \cdot 취득\ 당시\ 증여세\ 1주당\ 과세(취득)가액]$$
$$\times 증여받거나\ 취득한\ 주식수 - [주당\ 기업가치\ 실질증가분 \times 증여 \cdot 취득한\ 주식수]$$

라. 증여세액 정산

상장이익을 당초의 증여세과세가액에 가산하여 과세표준과 세액을 정산한다. 정산기준일 현재의 주식가액이 당초 증여세과세가액보다 적은 경우로서 그 차액이 기준금액 이상인 경우에는 그 차액에 해당하는 증여세액을 환급한다. 상장이익을 상장일부터 3개월이 되는 날인 정산기준일을 기준으로 계산할 뿐 증여세 납세의무의 성립시기는 당초 주식 등의 증여 또는 취득 시이다.[51]

13. 금전무상대출 등에 따른 이익의 증여

가. 의의

타인으로부터 금전을 무상으로 또는 적정이자율보다 낮은 이자율로 대출받으면 적정이자율과의 차액만큼 이익을 얻게 되므로 그 이익에 대하여 증여세를 과세한다(상증법 제41조의4 제1항).

나. 증여시기

금전을 대출받은 날을 증여시기로 한다. 대출기간이 정해지지 않은 경우 1년으로 보고, 1년 이상인 경우 1년이 되는 날의 다음 날에 매년 새로 대출받은 것으로 본다(상증법 제41조의4 제2

---

51) 대법원 2017. 9. 26. 선고 2015두3096 판결

항). 대출기간이 1년 이상인 경우 그 증여시기는 금전을 대부받은 날 및 그 후 1년마다 도래하는 대부받은 날의 다음 날이다.[52] 원심은 증여시기 판단기준과 증여재산가액 산정방법을 구분하여 증여시기는 최초로 대부받은 날이고 증여재산가액은 매년 이자상당액을 합산하도록 정한 것이라고 판시하였으나, 대법원은 금전을 대부받은 날 및 그 후 1년마다 도래하는 대부받은 날의 다음 날을 증여시기로 보았다. 피상속인이 사망하기 이전 5년 또는 10년 전에 금전을 대출한 경우 원심에 따르면 사전증여재산으로서 상속세과세가액에 포함되지 않으나, 대법원 판결에 따르면 사전증여재산으로서 상속세과세가액에 포함되는 차이가 있다.

다. 증여재산가액

증여재산가액은 "대출금액 × 적정이자율 – 실제 지급한 이자상당액"의 산식에 따라 계산한다. 적정이자율은 현재 연 4.6%이고, 증여재산가액이 1,000만 원 이상인 경우에만 증여세를 과세한다(상증령 제31조의4 제1항, 제2항). 이를 기준으로 계산할 때 대출원금 217,391,304원까지는 증여재산가액에 대하여 과세하지 않는다.

라. 특수관계인이 아닌 경우

특수관계인이 아닌 자 간의 거래인 경우에는 거래의 관행상 정당한 사유가 없는 경우에 한하여 적용한다(상증법 제41조의4 제3항). 특수관계인이 아닌 자간에 금전무상대출이 이루어지는 것은 흔하지 않으므로 거래의 관행상 정당한 사유가 없는 경우에 한하여 증여세를 과세한다.

14. 합병에 따른 상장 등 이익의 증여

가. 의의

최대주주 등의 특수관계인이 최대주주 등으로부터 주식을 증여받거나 유상취득하거나 증여받은 재산으로 주식을 취득하여 5년 이내 그 법인이 특수관계 있는 상장법인과 합병하여 그 가액이 증가한 경우 해당 이익에 대하여 증여세를 과세한다(상증법 제41조의5).

위 규정은 상장에 따른 이익의 증여세 과세를 회피하기 위하여 합병을 이용한 변칙증여가 발생하자 이를 규율하기 위하여 2002. 12. 18. 신설하였다. 예를 들어, 지배주주가 경영실적이 부진한 비상장회사 주식을 자녀에게 증여하고, 그 비상장회사를 자신이 지배하는 경영실적이 양호한 상장회사와 합병하면 자녀가 보유하는 비상장회사의 주식가치가 상승한다. 이와 같이 비상장주식을 증여 등을 한 후 그 회사를 상장회사와 합병시켜 상장이익을 얻는 경우에도 주식상장에 따른 증여와 동일하게 증여세를 과세하기 위한 것이다. 이른바 우회상장이익은 직접적인 상장이익과 본질적으로 동일하므로 증여세 과세가 정당화될 수 있다.[53]

---

52) 대법원 2012. 7. 26. 선고 2011두10959 판결
53) 헌법재판소 2016. 3. 31. 선고 2013헌바372 결정

(1) 최대주주 등의 특수관계인의 비상장주식 취득

최대주주 등은 상증법 제41조의3(주식 등의 상장 등에 따른 이익의 증여 규정)의 최대주주 등과 같다. 최대주주 등의 특수관계인이 다음의 방법으로 비상장주식을 취득하여 최대주주 등과 그 특수관계인이 보유한 주식 등을 합하여 그 다른 법인의 최대주주 등에 해당하여야 한다.

① 최대주주 등으로부터 해당 법인의 주식 등을 증여받거나 유상으로 취득

② 증여받은 재산으로 최대주주 등이 아닌 자로부터 해당 법인의 주식 등을 취득

③ 증여받은 재산으로 최대주주 등이 주식 등을 보유하고 있는 다른 법인의 주식 등을 최대주주 등이 아닌 자로부터 취득

상증법 제41조의5는 상증법 제41조의3의 규정을 준용하므로 비상장법인의 주주가 특수관계인으로부터 증여받은 현금으로 신주를 인수한 뒤, 해당 비상장법인이 상장법인에 흡수합병된 경우 그 신주는 합병상장이익 증여세 과세대상이다.[54]

(2) 취득일부터 5년 내 특수관계 있는 법인과의 합병

주식 등을 증여받거나 취득한 날로부터 5년 이내에 그 주식 등을 발행한 법인이 특수관계에 있는 상장법인과 합병하여야 한다. 판례는 문언상 주식 등을 증여받거나 유상으로 취득한 후 해당 법인이 상장되는 경우를 요건으로 하고 있으므로 피합병법인의 주주가 합병구주의 대가로 합병 후 존속회사로부터 교부받은 합병신주가 상장된 경우에는 위 규정이 적용되지 않는다고 판시하였다.[55]

(3) 주주의 이익 요건(30%, 3억 원 요건)

합병등기일로부터 3개월이 되는 정산기준일 현재 1주당 평가액에서 주식 등을 증여받은 날 현재의 1주당 증여세 과세가액과 1주당 기업가치의 실질적인 증가로 인한 이익을 차감한 금액이 주식 등을 증여받은 날 현재의 1주당 증여세 과세가액 또는 1주당 취득가액 등의 30% 이상이거나 증여이익이 3억 원 이상이어야 한다(상증령 제31조의5 제2항, 제31조의3 제3항).

다. 증여재산가액

증여재산가액은 다음 산식에 의하여 계산한다. 산식에서 정산기준일 1주당 평가가액은 정산기준일의 전후 2월간의 최종시세가액의 평균액이며, 이 경우 최대주주 등의 주식은 할증평가하여야 한다.

---

54) 대법원 2023. 7. 13. 선고 2020두52405 판결
55) 대법원 2023. 4. 13.자 2022두69513 판결(심리불속행)

증여재산가액 = 〔정산기준일 1주당 평가가액 − 증여·취득 당시 증여세 1주당 과세(취득)가액〕
× 증여받거나 취득한 주식수 − 〔1주당 기업가치 실질증가분 × 증여·취득한 주
식수〕

의제배당소득이 없는 것으로 계산되어 과세되지 않은 경우에는 합병상장이익에 관하여 소득세법에 의한 소득세가 수증자에게 부과되거나 비과세 또는 감면되는 때에 해당한다고 볼 수 없고, 합병상장이익에 대하여 증여세를 과세하더라도 중복과세에 해당하지 않는다.[56]

15. 재산사용 및 용역제공 등에 따른 이익의 증여

가. 의의

재산사용 또는 용역제공에 의하여 일정 금액 이상의 이익을 얻은 경우에는 그 이익에 대하여 증여세를 과세한다(상증법 제42조). 특수관계인 간의 거래뿐 아니라 특수관계인이 아닌 자 간의 거래에 대하여도 적용한다. 다만, 특수관계인이 아닌 자 간의 거래의 경우에는 거래의 관행상 정당한 사유가 없는 경우에 한하여 적용한다(상증법 제42조 제3항).

나. 종류

(1) 재산사용

타인에게 시가보다 낮은 대가를 지급하거나 무상으로 부동산과 금전을 제외한 타인의 재산을 사용함으로써 얻은 이익, 타인으로부터 시가보다 높은 대가를 받고 재산을 사용하게 함으로써 얻은 이익에 대하여 증여세를 과세한다. 부동산과 금전에 대하여는 별도의 규정을 두고 있으므로 적용대상에서 제외하는 것이다.[57] 무상재산사용은 1,000만 원 이상인 경우, 그 외의 경우는 시가와 대가의 차이가 30% 이상인 경우에 적용한다.

(2) 용역제공

타인에게 시가보다 낮은 대가를 지급하거나 무상으로 용역을 제공받음으로써 얻은 이익, 타인으로부터 시가보다 높은 대가를 받고 용역을 제공함으로써 얻은 이익에 대하여 증여세를 과세한다. 무상용역 제공은 1,000만 원 이상인 경우, 그 외의 경우는 시가와 대가의 차이가 30% 이상인 경우 적용한다. 2013. 1. 1. 상증세법 개정 전에는 상증세법 제41조의4에서 특수관계인 사이의 금전 무상대출에 대하여만 과세하는 규정이 있었는바, 과세관청이 비특수관계인 사이의 금전의 무상대출에 대하여 용역의 무상제공으로 보아 증여세를 과세한 사안에서, 판례는 금전의 무상대여에 따른 이익은 '무상으로 용역을 제공받음으로써 얻은 이익'에 해당하

---

56) 대법원 2017. 9. 26 선고 2015두3096 판결
57) 대법원 2015. 10. 15. 선고 2014두37924 판결

지 않는다고 판시하였다.

16. 법인의 조직 변경 등에 따른 이익의 증여

가. 의의

주식의 포괄적 교환 및 이전, 사업 양수도, 사업교환, 법인의 조직변경 등에 의하여 소유지분이나 그 가액이 변동됨에 따라 이익을 얻은 경우 증여세를 과세한다(상증법 제42조의2). 예를 들어, A법인이 B법인에게 사업부를 저가로 양도하여 B법인의 주주들이 보유한 B법인의 주식가치가 증가한 경우 B법인의 주주들이 A법인으로부터 이익을 간접적으로 분여받은 것이므로 상증세법 제42조의2에 따라 증여세를 부과할 수 있다. 특수관계인 간의 거래뿐 아니라 특수관계인이 아닌 자 간의 거래에 대하여도 적용되나, 특수관계인이 아닌 자 간의 거래에 대하여는 거래의 관행상 정당한 사유가 없는 경우에 한하여 적용한다(상증법 제42조의2 제2항).

나. 구 상증세법(2015. 12. 15. 개정 전) 제42조 제1항 제3호와의 관계

(1) 주식의 포괄적 교환으로 완전자회사가 되는 회사의 주주가 얻은 이익에 대한 증여세 과세

(가) 증여세 근거규정

상증세법 제42조의2는 주식의 포괄적 교환 및 이전에 대하여 증여세를 과세할 수 있도록 규정하고 있으나, 2015. 12. 15. 개정 전 상증세법에는 주식의 포괄적 교환 및 이전에 따른 증여세 과세규정이 없었고, 그 대신 제42조 제1항 제3호에서 "출자·감자, 합병·분할, 제40조 제1항의 규정에 의한 전환사채 등에 의한 주식의 전환·인수·교환 등 법인의 자본을 증가시키거나 감소시키는 거래로 인하여 얻은 이익 또는 사업양수도·사업교환 및 법인의 조직변경 등에 의하여 소유지분 또는 그 가액이 변동됨에 따라 얻은 이익"에 대하여 증여세를 과세하는 규정이 있었다. 구 상증세법이 적용되는 사안에서 상법상 주식의 포괄적 교환으로 완전자회사가 되는 회사의 주주가 얻은 이익에 대한 과세근거규정이 어느 조항인지 다투어진 사안에서, 판례는 재산의 고가양도에 따른 이익의 증여규정(상증법 제35조), 신주의 저가발행에 따른 이익의 증여규정(상증법 제39조)이 아니라 기타이익의 증여규정(상증법 제42조 제1항 제3호)이 과세근거규정이라고 판시하였다.[58] 주식의 포괄적 교환은 ① 완전자회사가 되는 회사의 주식이 완전모회사가 되는 회사에 이전되는 거래, ② 완전자회사가 되는 회사의 주주가 완전모회사가 되는 회사로부터 신주를 배정받아 완전모회사가 되는 회사의 주주가 되는 거래가 결합하여 이루어진 자본거래라는 점을 고려한 것이다. 상증세법 제35조를 과세의 근거조항이라고 하는 견해는 위 "①"의 측면만 본 것이고, 상증세법 제39조를 과세의 근거조항이라고 하는 견해는 위 "②"의 측면만 본 것이나, 주식의 포괄적 교환은 위 "①"과 "②"가 하나로

---

58) 대법원 2014. 4. 24. 선고 2011두23047 판결, 대법원 2014. 9. 26. 선고 2012두6797 판결

결합되어 행해지는 조직법적 행위이므로 합병과 경제적 실질이 유사한 거래로서 구 상증세법 제42조 제1항 제3호를 과세근거규정으로 보아야 한다고 판시한 것이다. 현행 상증세법 제42조의2는 주식의 포괄적 교환 및 이전에 따라 소유지분이나 가액이 변동되어 이익을 얻은 경우 증여세를 과세하도록 명시적으로 규정하고 있으므로 이 규정에 따라 과세할 수 있다.

(나) 증여이익 계산

2008. 2. 22. 개정 전 상증세법 시행령 제31조의9 제2항 제5호는 구 상증세법 제42조 제1항 제3호 중 주식전환 등에 해당하지 않는 경우의 증여이익 계산에 대하여 다음과 같이 규정하였다.

① 지분이 변동된 경우에는 (변동 전 지분 - 변동 후 지분) × 지분 변동 후 1주당 가액(제28조 내지 제29조의3의 규정을 준용하여 계산한 가액)

② 평가액이 변동된 경우에는 변동 전 가액 - 변동 후 가액

대법원 2018. 3. 29. 선고 2012두27787 판결은 주식의 포괄적 교환으로 인한 증여이익에 대하여는 위 "②"가 적용된다고 보고 증여이익은 완전모회사가 되는 회사로부터 배정받은 신주에 대한 상증세법상 평가액과 완전모회사가 되는 회사에 이전한 완전자회사가 되는 회사의 주식에 대한 상증세법상 평가액의 차액이라고 판시하였다. 그러나 완전모회사가 되는 회사로부터 배정받은 신주에 대한 상증세법상 평가액과 완전모회사가 되는 회사에 이전한 완전자회사가 되는 회사의 주식에 대한 상증세법상 평가액을 어떻게 산정할 것인지에 대하여는 구체적으로 밝히지 않았다. 그 후 대법원 2022. 12. 29. 선고 2019두19 판결은 주식의 포괄적 교환으로 인한 증여이익에 대하여 위 "②"가 적용되고, 증여세 포괄주의에서는 경제적 실질이 같거나 비슷한 거래에 적용되는 평가방법을 준용할 수 있으므로 주식의 포괄적 교환과 경제적 실질이 유사하므로 합병규정을 준용하여 평가하여야 한다고 판시하였다. 이 판결은 위 "②"에 합병규정을 준용한다는 문언이 없음에도 불구하고 경제적 실질을 고려한 목적론적 해석을 한 것이다. 특히 합병법인이 상장법인일 경우 예상치못한 주가 상승으로 증여재산가액이 과대평가되는 것을 방지하기 위해 (a) "합병등기 후 2개월 간 종가 평균액", (b) "상법상 합병공시일 또는 증권거래법상 합병신고일 이전 2개월 간 종가평균액을 기준으로 계산한 합병법인 주식 가액과 피합병법인 주식 가액의 합계액을 합병법인의 주식 수로 나눈 값" 중 적은 금액을 합병법인의 1주당 평가액으로 하는 점에 주목하고 상장법인의 주식교환에서도 급격한 주가 변동이 생길 수 있으므로 이를 고려하여 합병규정을 준용한 평가가 이루어져야 한다고 판시한 것으로 보인다.

(2) 전환사채 등에 의한 주식의 전환 등으로 법인의 자본이 증가하거나 감소하여 얻은 이익에 대한 증여세 과세

구 상증세법 제42조 제1항 제3호는 전환사채 등에 의한 주식의 전환 등으로 법인의 자본을

증가시키거나 감소시키는 거래로 얻은 이익을 증여세 과세대상으로 정하였다. 판례는 특수관계 없이 전환사채를 배정받아도 특수관계인이 된 후 전환권 행사로 이익을 얻었다면 특수관계인 간 거래로서 증여세 과세대상이 된다고 판시하였다.[59] 이 판례에 따르면 전환사채의 발행 시점이 아닌 주식전환 시점을 특수관계 여부의 판단기준시점이라고 판단함으로써 전환사채 취득 이후 주가 상승분 전체에 대해 증여세가 과세되는 결과가 된다.

다. 증여이익

상증세법 제42조의2에 따라 증여세를 과세하는 경우 증여이익은 다음과 같은 방법으로 평가하되, 그 이익이 변동 전 해당 재산가액의 30% 상당액과 3억 원 중 적은 금액 이상이어야 한다(상증령 제32조의2 제1항, 제2항).

① 소유지분이 변동된 경우 (변동 후 지분 − 변동 전 지분) × 지분 변동 후 1주당 가액을 증여재산가액으로 하되, 합병규정, 증자규정, 감자규정, 현물출자 규정을 준용하여 평가한다.

② 평가액이 변동된 경우에는 (변동 후 가액 − 변동 전 가액)으로 평가한다.

위 "①"은 자본거래를 전후하여 법인이 동일한 경우에 적용되고, 위 "②"는 자본거래를 전후하여 법인이 달라지는 경우에는 적용된다. 현행 증여이익 규정은 구 상증세법 시행령 제31조의9 제2항 제5호와 동일하므로 주식의 포괄적 교환으로 인한 증여이익에 대하여 대법원 2022. 12. 29. 선고 2019두19 판결의 법리를 적용하면 합병규정을 준용하여 평가하여야 한다.

17. 재산취득 후 재산가치 증가에 따른 이익의 증여

가. 의의

미성년자 등이 재산을 취득한 후 5년 이내에 개발사업의 시행 등 재산가치 증가사유가 발생하여 이익이 생긴 경우 그 이익은 재산취득자 자신의 노력이 아닌 타인의 기여에 의한 것이므로 그 재산가치 증가에 대하여 증여세를 과세한다(상증법 제42조의3). 미성년자 등이 증여에 의하여 재산을 취득하면 일단 그 재산의 취득에 대하여 1차적으로 증여세를 과세하고, 그 재산취득일로부터 5년 이내에 개발사업의 시행 등 재산가치 증가사유가 발생하여 이익이 생기면 재산가치 증가분에 대하여 다시 증여세를 부과하게 된다. 이는 주식의 상장 등에 따른 이익의 증여(상증법 제41조의3)에서 당초의 증여에 대하여 증여세를 과세한 후 상장이라는 사유가 발생한 경우 다시 증여세를 과세하는 것과 유사한 과세구조이다.

나. 과세요건

(1) 수증자

수증자는 직업, 연령, 소득 및 재산상태로 보아 자력으로 개발사업의 시행 등 재산가치를

---

59) 대법원 2020. 11. 12. 선고 2018두65538 판결

증가시키는 행위를 할 수 없다고 인정되는 자이어야 한다(상증법 제42조의3 제1항). '자력으로' 는 행위자가 그 행위로 인한 법률효과를 자신에게 귀속시킬 수 있는 것을 의미한다. 수증자의 대표적인 예는 미성년자이나, 미성년자가 아니어도 위 요건을 충족하면 수증자에 해당한다.

(2) 재산취득방법

수증자가 다음 어느 하나의 방법으로 재산을 취득하여야 한다(상증법 제42조의3 제1항 각호).
① 특수관계인으로부터 재산을 증여받아 취득
② 특수관계인으로부터 기업의 경영 등에 관하여 공표되지 아니한 내부정보를 제공받아 그 정보와 관련된 재산을 유상으로 취득
③ 특수관계인으로부터 차입한 자금 또는 특수관계인의 재산을 담보로 차입한 자금으로 재 산을 취득

특수관계인으로부터 직접 재산을 증여받아 취득한 경우는 물론 특수관계인으로부터 돈을 빌리거나 특수관계인의 담보제공으로 돈을 빌려 그 자금으로 재산을 취득한 경우도 재산취득 사유 요건을 충족한다.

(3) 재산가치 증가사유

수증자가 해당 재산을 취득한 날부터 5년 이내에 다음과 같은 재산가치 증가사유가 발생하 여야 한다(상증법 제42조의3 제1항, 상증령 제32조의3 제1항).
① 개발사업의 시행, 형질변경, 공유물 분할, 지하수개발·이용권 등 및 기타 사업의 인허가
② 비상장주식의 한국금융투자협회에의 등록
③ 그 밖에 위 열거된 사유와 유사한 사유

재산가치 증가사유에 대하여는 몇 차례 개정이 있었다. 최초에 규정된 재산가치 증가사유 는 개발사업의 시행, 형질변경, 공유물 분할, 사업의 인허가, 주식·출자지분의 상장 및 합병, 한국증권업협회에의 등록, 생명보험 또는 손해보험의 보험사고 발생, 지하수개발·이용권 등 의 인허가 등이었다. 그 후 2013. 6. 11. 상증세법 시행령을 개정할 때 재산가치 증가사유로 직 접 열거되지 아니한 사유에 대한 과세범위를 넓히기 위하여 열거된 사유와 유사한 재산가치 증가사유에 대하여도 과세할 수 있는 유형별 포괄주의를 도입하였고, 2016. 2. 5. 상증세법 시행 령을 개정할 때 주식 등의 상장 및 합병, 생명보험 또는 손해보험의 보험사고를 삭제하였다.

위 상증법령에서 열거된 재산가치 증가사유가 예시적인 것인지 또는 한정적인 것인지 다투 어졌는데, 판례는 위 법령 조항이 변칙증여에 대응하기 위하여 입법되었다는 점 등을 고려하 여 예시적 규정이라는 입장이다.[60] 다만 개발사업의 시행을 재산가치증가사유로 규정한 것은 토지가 개발구역으로 지정·고시되면 그 자체의 경제적 효과로서 아직 개발사업의 시행이 완

---

60) 대법원 2023. 6. 1. 선고 2019두31921 판결

료되지 않았더라도 장차 개발사업이 이루어져 발생할 것으로 예상되는 기대이익이 현실화되어 그 시점에서 토지의 가치가 상승하게 된다는 전제에 있다. 따라서 개발사업이 개발이익환수법의 개념을 차용한 것이 아니라고 하더라도 적어도 행정청의 개발구역 지정·고시가 수반된 것으로서 그 대상토지를 개발하여 그 토지가치를 증가시키는 사업을 의미한다고 볼 수 있으므로 공장의 완공은 기업이 제품생산을 위하여 개별적으로 공장 건물을 신축한 것에 불과하여 개발사업의 시행에 해당한다고 볼 수 없다고 판시하였다.

다. 주주의 간접이익에 대한 과세 여부

미성년자자 특수관계인으로부터 주식을 증여받고 그 후 법인이 보유한 부동산에 대한 개발사업이 시행되어 주식의 재산가치가 증가한 경우 수증자가 취득한 주식의 가치상승분에 대하여 증여세를 부과할 수 있는지 문제된다. 판례는 상증법령이 정한 재산가치증가사유로 법인의 재산가치가 증가함에 따라 해당 법인의 주주가 주식가치 증가의 이익을 얻은 경우 재산가치증가사유와 주식가치 증가분 사이에 인과관계가 인정되면 주식가치 상승분에 대하여 증여세를 과세할 수 있다고 판시하였다.[61] 수증자의 취득재산이 반드시 재산가치증가사유의 직접적 대상 재산에 한정된다고 해석하면 그 대상 재산을 보유한 법인의 주식을 취득하는 등의 방법으로 증여세를 쉽게 회피할 수 있다는 점을 고려한 것이다.

라. 증여시기

증여시기는 재산가치 증가사유가 발생한 날이다. 각 재산가치 증가사유별로 구체적인 증여시기는 다음과 같다(상증령 제24조 제1항 제3호).
　① 개발사업 시행의 경우 개발구역으로 지정되어 고시된 날
　② 형질변경의 경우 형질변경허가일
　③ 공유물 분할의 경우 공유물 분할등기일
　④ 사업 인허가 또는 지하수개발·이용 허가의 경우 인허가일
　⑤ 비상장주식 등록의 경우 등록일

개발사업 시행의 경우 개발구역으로 지정되어 고시된 날을 증여시기로 규정한 것은 개발구역으로 지정되어 고시되면 그 효과로서 개발사업의 시행이 완료되지 않더라도 장래의 개발기대이익이 현실화되어 그 시점에서 재산가치가 증가하는 것이 일반적이기 때문이다. 그 밖에 형질변경, 공유물분할, 사업인허가 등 다른 재산가치 증가사유의 경우에도 그 사유가 발생하면 재산가치가 상승하는 것이 일반적이므로 그 사유발생을 명확히 인식할 수 있는 날을 재산시기로 규정한 것이다. 상증세법 시행령 제24조 제1항 제3호는 주식 등의 상장 및 법인의 합병, 생명보험 또는 손해보험의 보험금 지급에 대한 증여시기를 규정하고 있으나, 주식 등의

---

61) 대법원 2023. 6. 29. 선고 2018두41327 판결

상장 및 합병, 보험사고는 2016. 2. 5. 상증세법 시행령을 개정할 때 재산가치 증가사유에서 삭제되었으므로 개정 이후 증여분에 대하여는 불필요한 규정으로 보인다.

한편, 증여세 과세를 회피하기 위하여 재산가치 증가사유 발생일 직전에 재산을 양도하는 경우에 대응하기 위하여 재산가치 증가사유 발생일 전에 그 재산을 양도한 경우에는 그 양도일을 재산가치 증가사유 발생일로 간주한다(상증법 제42조의3 제2항).

마. 증여재산가액

증여재산가액은 재산가치 증가사유가 발생한 날 현재의 해당 재산가액에서 재산의 취득가액, 통상적인 가치상승분, 가치상승기여분을 공제하여 산정한다(상증법 제42조의3 제2항, 상증령 제32조의3 제3항). 이를 산식으로 표현하면 다음과 같다.

> 증여재산가액 = 해당 재산가액 − 해당 재산의 취득가액 − 통상적인 가치상승분 − 가치상승기여분

증여재산가액이 3억 원 이상이거나 해당 재산의 취득가액, 통상적인 가치상승분, 가치상승기여분을 합한 금액, 즉 (해당 재산의 취득가액 + 통상적인 가치상승분 + 가치상승기여분)의 30% 이상인 경우에만 증여세를 과세한다(상증법 제42조의3 제1항, 상증령 제32조의3 제2항).

제3절 증여세 과세특례

1. 증여규정이 둘 이상 적용되는 경우

하나의 증여에 대하여 신탁이익의 증여, 보험금의 증여, 저가양수 또는 고가양도에 따른 이익의 증여, 채무면제 등에 따른 증여, 부동산 무상사용에 따른 이익의 증여, 합병에 따른 이익의 증여, 증자에 따른 이익의 증여, 감자에 따른 이익의 증여, 현물출자에 따른 이익의 증여, 전환사채 등의 주식전환 등에 따른 이익의 증여, 초과배당에 따른 이익의 증여, 주식 등의 상장 등에 따른 이익의 증여, 금전 무상대출 등에 따른 이익의 증여, 합병에 따른 상장 등 이익의 증여, 배우자 등에게 양도한 재산의 증여추정, 재산취득자금 등의 증여추정, 특수관계법인과의 거래를 통한 이익의 증여, 특수관계법인으로부터 제공받은 사업기회로 발생한 이익의 증여의제, 특정법인과의 거래를 통한 이익의 증여의제 규정이 동시에 적용되는 경우에는 그중 이익이 가장 많은 것 하나만을 적용한다(상증법 제43조 제1항). 하나의 증여에 대하여 위 규정을 중복적용하면 납세자의 증여세 부담이 과도해지므로 이익이 가장 많은 하나의 규정만 적용하는 것이다.

2. 합산과세

　재산 또는 이익을 현저히 낮은 대가를 주고 이전하거나 현저히 높은 대가를 받고 이전한 경우, 저가양수 또는 고가양도에 따른 이익의 증여, 부동산 무상사용에 따른 이익의 증여, 합병에 따른 이익의 증여, 증자에 따른 이익의 증여, 감자에 따른 이익의 증여, 전환사채 등의 주식전환 등에 따른 이익의 증여, 초과배당에 따른 이익의 증여, 금전 무상대출 등에 따른 이익의 증여, 재산사용 및 용역제공 등에 따른 이익의 증여, 특정법인과의 거래를 통한 이익의 증여의제에 따른 이익을 계산할 때 그 증여일부터 소급하여 1년 이내에 동일거래 등이 있는 경우 각각의 거래 등에 따른 이익(시가와 대가의 차액)을 해당 이익별로 합산하여 계산한다 (상증법 제43조 제2항).

　위와 같이 합산과세할 때 상증세법 제37조 제1항의 부동산 무상사용에 따른 이익과 제37조 제2항의 부동산 담보이용에 따른 이익은 각 구분하여 계산하고, 제39조 제1항의 증자에 따른 이익은 각호의 이익별로, 제39조의2 제1항의 감자에 따른 이익은 각호의 이익별로, 제39조의3 제1항의 현물출자에 따른 이익은 각호의 이익별로, 제40조 제1항의 전환사채 등의 주식전환 등에 따른 이익은 각호의 이익별로, 제42조 제1항의 재산사용 및 용역제공 등에 따른 이익은 각호의 이익별로, 제45조의5 제1항의 특정법인과의 거래를 통한 이익의 증여의제에 따른 이익은 각호의 이익별로 합산한다(상증령 제32조의4).

제3장 증여추정 및 증여의제

제1절 증여추정[1)]

1. 배우자 등에게 양도한 재산의 증여추정

가. 의의

배우자 또는 직계존비속 사이의 양도를 가장한 증여은폐행위를 방지하기 위하여 납세자가 배우자 또는 직계존비속에게 재산을 양도하면 증여로 추정한다(상증법 제44조 제1항). 여기서 양도는 재산권을 이전했다는 정도의 의미를 가진다. 배우자나 직계존비속에게 재산이 이전되는 때에는 정상적인 대가가 지급되는 유상양도보다는 증여일 개연성이 높은데다가, 이와 같은 특수한 관계에 있는 사람들 간에는 그 거래내용을 은폐하기 쉬우므로 상당한 대가를 지급하고 정상적으로 양도받은 사실이 객관적인 증거에 의하여 명백하게 인정되는 경우 외에는 증여한 것으로 추정한다.[2)]

납세자가 배우자 또는 직계존비속에게 재산을 이전한 경우 법률상 증여로 추정되므로 과세관청은 증명이 어려운 증여 대신 그보다 증명이 쉬운 재산의 이전을 증명하면 위 증여추정 규정에 따라 증여로 추정된다. 따라서 과세관청은 재산의 소유권이 이전된 것을 증명하면 증여로 추정되고, 납세자가 증여세 과세를 면하기 위하여는 재산을 증여받은 것이 아니라 양수하였다는 점을 증명하여야 하므로 증명책임이 전환되는 효과가 발생한다. 과거에는 증여로 의제하다가 1996. 12. 30. 상증세법 개정 시 증여추정으로 바꾸었다.

---

1) 소송법상 추정은 어떤 사실(a)이 증명되면 그와 연관이 있는 다른 특정사실(A)이 존재하는 것으로 법률효과를 부여하는 것을 말한다. 특정사실(A)을 증명하여야 하는데 그보다 증명이 쉬운 어떤 사실(a)을 증명하면 특정사실(A)이 존재하는 것으로 법률효과를 부여한다. 당사자는 특정사실(A)을 직접 증명하는 대신 그보다 증명이 용이한 어떤 사실(a)을 증명하여 특정사실(A)을 증명할 수 있으므로 증명책임을 완화하는 방법으로 사용된다. ① 법률상 추정은 법률 규정에 의하여 추정의 효력을 인정하는 것을 말한다. 이 추정을 깨뜨리려면 상대방이 그 추정이 틀리다는 확신을 갖도록 본증을 하여야 한다. ② 사실상 추정은 경험칙을 이용하여 추정의 효력을 인정하는 것을 말한다. 이 추정을 깨뜨리려면 상대방이 그 추정이 틀리다는 합리적인 의심이 들도록 반증을 하여야 한다.
2) 대법원 1991. 5. 28. 선고 90누10230 판결

나. 우회양도에 대한 증여추정

납세자가 배우자 또는 직계존비속에게 직접 양도하지 않고 중간에 특수관계인을 끼워 넣어 납세자가 특수관계인에게 재산을 양도하고 그 특수관계인이 양수일부터 3년 이내에 당초 양도자의 배우자 또는 직계존비속에게 다시 양도한 경우 특수관계인이 재산을 양도한 당시의 재산가액을 그 배우자 또는 직계존비속이 증여받은 것으로 추정한다(상증법 제44조 제2항). 배우자 또는 직계존비속에 대한 추정규정을 회피하기 위하여 중간에 특수관계인을 끼워넣는 행위에 대응하기 위함이다. 당초 양도자 및 특수관계인이 부담한 소득세의 합계액이 배우자 또는 직계존비속이 부담하는 증여세액보다 큰 경우에는 위 증여추정을 적용할 이유가 없으므로 적용을 배제한다. 증여세와 소득세의 이중과세를 피하기 위하여 배우자 또는 직계존비속 등에게 증여세가 부과된 경우에는 당초 양도자와 특수관계인에게 그 재산양도에 따른 소득세를 부과하지 않는다(상증법 제44조 제4항).

다. 적용배제

법원의 결정으로 경매절차에 따라 처분된 경우, 파산선고로 인하여 처분된 경우, 국세징수법에 따라 공매된 경우, 증권시장을 통하여 유가증권이 처분된 경우, 배우자 또는 직계존비속에게 대가를 받고 양도한 사실이 명백히 인정되는 경우에는 증여추정 규정을 적용하지 않는다(상증법 제44조 제3항). 이러한 경우에는 객관적으로 양도사실이 명백하므로 증여로 추정하지 않는다.

2. 재산취득자금 등의 증여추정

가. 의의

직업, 연령, 소득 및 재산 상태 등으로 볼 때 재산을 자력으로 취득하였거나 채무를 자력으로 상환하였다고 보기 어려운 경우 그 취득자금이나 상환자금을 증여받은 것으로 추정한다(상증법 제45조 제1항, 제2항). 과세관청은 증명하기 어려운 재산취득자금이나 채무상환자금의 증여 대신 그보다 증명하기 쉬운 직업, 연령, 소득 및 재산 상태 등으로 볼 때 재산을 자력으로 취득하였거나 채무를 자력으로 상환하였다고 보기 어렵다는 사실을 증명하면 위 추정규정에 의하여 증여로 추정된다.

법문언상 증여자에게 자력이 있을 것을 요구하는 문구는 없으나, 판례는 증여자에게 자력이 있을 것을 요구한다. 증여세 과세에서는 증여자를 특정해야 하므로 재산을 취득한 자가 자력이 없다는 점만으로는 부족하다고 보는 것이다.[3] 증여자의 특정이 필요한 이유는 증여자는 수증자와 연대납세의무를 부담하게 될 수 있기 때문이다. 납세자가 증여세를 면하기 위하여는 재산취득자금이나 채무상환자금의 출처와 그 자금으로 당해 재산을 취득하였다거나 당해 채무를 상환하였다는 점을 증명하여야 한다. 증여를 추정하기 위하여는 수증자에게 일정

---

3) 임승순, 조세법(2021), 864면

한 직업이나 소득이 없다는 점 외에도 증여자에게 재산을 증여할 만한 재력이 있다는 점을 과세관청이 증명하여야 한다.[4] 자금출처의 증명만 요구하면 그 자금을 다른 증여의 출처와 중복해서 활용할 가능성이 있으므로 자금출처 이외에 그 자금으로 당해 재산을 취득하였다거나 당해 채무를 상환하였다는 점까지 증명할 것을 요구한다.[5]

나. 재산취득자금과 채무상환자금의 증여추정

직업, 연령, 소득 및 재산상태 등으로 볼 때 재산을 자력으로 취득하였다거나 채무를 자력으로 상환하였다고 인정하기 어렵고, 자금출처 미증명 금액이 취득재산가액 또는 채무상환금액의 20%와 2억 원 중 적은 금액보다 큰 경우 재산의 취득자금 또는 채무의 상환자금을 취득자가 증여받은 것으로 추정한다(상증령 제34조 제1항). 자금출처는 신고하였거나 과세받은 소득금액, 신고하였거나 과세받은 상속 또는 수증재산의 가액, 재산을 처분한 대가로 받은 금전이나 부채를 부담하고 받은 금전으로 당해 재산의 취득 또는 당해 채무의 상환에 직접 사용한 금액에 의하여 증명하여야 한다. 자금출처 미증명 금액이 위 기준금액보다 큰 경우 미증명 금액에서 기준금액을 뺀 금액을 증여받은 것으로 추정하는 것이 아니라 미증명 금액 전액을 증여받은 것으로 추정한다는 점에 유의할 필요가 있다. 예를 들어, 재산취득가액이 8억 원, 자금출처 미입증금액이 1억 원인 경우 미입증금액이 기준금액 1.6억 원(8억 원의 20%와 2억 원 중 적은 금액)보다 적어서 증여로 추정되는 금액이 없으나, 자금출처 미입증 금액이 3억 원인 경우 미입증금액이 기준금액 1.6억 원보다 커서 3억 원 전액이 증여로 추정된다.

다만 재산취득일 전 또는 채무상환일 전 10년 이내에 해당 재산 취득자금 또는 해당 채무 상환자금의 합계액이 5,000만 원 이상으로서 연령, 직업, 재산상태, 사회경제적 지위 등을 고려하여 국세청장이 정하는 금액 이하인 경우에는 증여추정 규정을 적용하지 않는다(상증법 제45조 제3항, 상증령 제34조 제2항). 국세청장이 정하는 금액은 국세청 훈령인 상속세 및 증여세 사무처리규정 제38조 제1항에서 다음과 같이 정하고 있다. 그러나 위 증여추정 배제규정과 관계없이 취득가액 또는 채무상환금액을 타인으로부터 증여받은 사실이 확인될 경우에는 증여세 과세대상이 된다(상속세 및 증여세 사무처리규정 제42조 제1항).

구 분	취득재산		채무상환	총액한도
	주택	기타재산		
30세 미만	5천만 원	5천만 원	5천만 원	1억 원
30세 이상	1.5억 원	5천만 원	5천만 원	2억 원
40세 이상	3억 원	1억 원	5천만 원	4억 원

---

4) 대법원 2010. 7. 22. 선고 2008두20598 판결
5) 이태로·한만수, 조세법강의(2020), 860~861면

다. 실명확인계좌의 증여추정

금융실명법에 따른 실명확인계좌에 보유하고 있는 재산은 명의자가 그 재산을 취득한 것으로 추정하고, 다시 직업, 연령, 소득 및 재산상태 등으로 볼 때 그 계좌에 보유하고 있는 재산을 자력으로 취득하였다고 인정하기 어려운 경우에는 그 재산을 증여받은 것으로 추정한다 (상증법 제45조 제4항). 이처럼 2회의 추정이 있는데, 차명계좌의 경우 명의자가 차명계좌임을 증명한다면 첫 번째 추정이 깨뜨려져 명의자에게 증여세를 부과할 수 없으나, 명의자는 금융실명법에 따른 형사처벌을 받는다. 다음 두 번째 추정의 경우는 재산을 취득하는 경우와 다르지 않다. 따라서 명의자가 자신 명의의 계좌에 입금된 돈에 대하여 자금출처를 증명하지 못하면 과세관청은 명의자가 그 돈을 증여받은 것으로 추정하여 증여세를 부과할 수 있다.

제2절) 증여의제

1. 명의신탁 증여의제

가. 의의

명의신탁을 통한 조세회피를 방지하기 위하여 명의신탁을 증여로 의제한다(상증법 제45조의 2). 명의신탁은 소유권이 실제 소유자인 신탁자에게 유보되어 있으므로 명의자인 수탁자에게 증여된 것으로 볼 수 없으나 명의신탁을 근절하기 위하여 증여로 의제하는 것이다.

명의신탁 증여의제는 증여의 실질이 아닌 것에 대하여 증여세를 부과한다는 점에서 일종의 제재(penalty)에 해당한다. 헌법재판소는 주식 등 명의신탁의 경우 조세회피목적이 있는 증여세를 부과하는 방식으로 제재를 하며, 부동산 명의신탁의 경우 명의신탁약정 및 그에 따른 물권변동을 무효로 하고, 명의신탁자 등에게 과징금 및 이행강제금을 부과하며, 형사처벌을 하는 방식으로 제재를 하는 것이라고 하여 명의신탁 증여의제에 의한 증여세 부과를 제재의 일종으로 보고 있다.[6]

나. 연혁

(1) 1974. 12. 31. 신설 상속세법

명의신탁한 재산은 위탁자(신탁자)가 수탁자에게 증여한 것으로 의제하는 내용으로 규정하였다. 그 후 1981. 12. 31. 개정 시 실질소유자가 명의자에게 증여한 것으로 의제한다고 표현을 바꾸었다.

---

6) 헌재 2013. 9. 26. 선고 2012헌바259 결정, 헌재 2005. 6. 30. 선고 2004헌바40 결정

(2) 1990. 12. 31. 개정 상속세법

조세회피목적 없이 명의신탁한 경우에는 증여의제 규정을 적용하지 않는 내용을 추가하였다. 1989. 7. 21. 헌법재판소가 조세회피목적 없음이 명백한 명의신탁의 경우에는 증여로 의제해서는 안된다는 취지의 한정합헌 결정을 내렸고,[7] 이를 반영하여 개정한 것이다.

(3) 1996. 12. 30. 개정 상증세법

부동산실명제 실시에 따라 부동산 명의신탁에 대한 증여세 과세를 폐지하였다. 또한 명의신탁재산은 실질소유자가 명의자에게 증여한 것으로 의제하는 것에서 추정하는 것으로 바꾸었다. 종전 조세회피목적을 증명하는 것이 어려워서 과세의 실효성을 확보하기 어려운 문제가 있었으므로 이를 해소하기 위하여 차명주식에 대하여는 조세회피목적을 추정하는 규정을 두었다.[8]

(4) 1998. 12. 28. 개정 상증세법

명의신탁재산에 대한 증여추정 규정을 다시 증여의제 규정으로 바꾸었다. 명의신탁에 대한 증여추정 규정은 조세회피목적이 있는 명의신탁의 경우에도 납세자가 증여가 아니라는 사실을 증명하면 증여세 과세대상에서 제외되어 실효성이 떨어졌으므로 명의신탁을 하면 증여로 의제하여 증여세를 과세하되, 납세자가 조세회피목적 없음을 증명하면 증여의제로 보지 않는 것으로 개정하였다.[9] 또한 "실질소유자"라고 규정하던 것을 "실제소유자"로 변경하였다. 이에 따라 명의신탁자가 되려면 재산에 대한 실질적 지배력을 행사하는 것으로는 부족하고 사법상 효과도 귀속되는 정도에 이르러야 한다.[10]

(5) 2018. 12. 31. 개정 상증세법

납세의무자를 명의수탁자에서 명의신탁자로 변경하였다. 조세회피목적이 있는 자는 명의신탁자이므로 명의수탁자를 주된 납세의무자로 하는 것은 불합리하다는 비판을 받아들인 것이다. 명의자는 개인뿐 아니라 영리법인도 가능하므로 영리법인 앞으로 명의신탁하는 경우에도 명의신탁자는 증여세 납세의무가 있다(상증법 제4조의2 제2항). 종전 규정에 의하면 영리법인이 명의신탁자가 되든 또는 명의수탁자가 되든 증여세가 부과되지 않았으나, 영리법인에 대하여만 명의신탁으로 인한 제재를 면제하는 것은 과세형평상 문제가 있으므로 영리법인에게 명의신탁한 경우에도 명의신탁자에게 증여세 납세의무를 지우는 것이다.

---

7) 헌재 1989. 7. 21. 선고 89헌마38 결정
8) 재정경제원, 「96간추린 개정세법」, 1997, 349~350면
9) 재정경제부, 「98간추린 개정세법」, 1999, 424면
10) 대법원 2020. 8. 20. 선고 2020두32227 판결

다. 위헌성

(1) 명의신탁 증여의제의 위헌성

명의신탁 증여의제에 대하여는 여러 차례 위헌소송이 제기되었다.[11] 조세회피목적을 명문화하기 이전의 규정에 대하여 조세회피목적이 없음이 명백한 명의신탁의 경우에는 증여로 보면 안된다는 취지의 한정합헌 결정이 내려진 것을 제외하고,[12] 조세회피목적을 명문화한 후의 규정에 대하여는 모두 합헌 결정이 내려졌다. 그러나 반대의견으로 위헌의견이 제기된 경우도 상당수 있었다.[13] 위헌의견의 대표적인 논거를 제시하면 다음과 같다.

① 조세회피를 의도하지 않거나 조세회피목적을 인식하지 못하고 사실상 명의를 빌려준 명의수탁자에게 일률적으로 증여세를 부과하는 것은 아무런 이익이 없는 경우에도 증여세를 부과함으로써 증여세의 본질에 반하고 명의수탁자의 재산권을 과도하게 침해한다.

② 명의수탁자는 실질적인 권리 내지 이익을 취득하지 않고 단순히 권리의 외양만을 취득하여 증여세를 부담할 수 있는 담세력이 없는 경우가 많은데, 담세력을 고려하지 않고 일률적으로 고율의 증여세를 부과하는 것은 조세평등주의와 과잉금지원칙에 위배된다.

2018. 12. 31. 개정 상증세법은 위와 같은 비판을 일부 수용하여 명의신탁자를 납세의무자로 규정하였다.

(2) 명의신탁의 당사자에게 증여세 신고의무를 부과하는 것이 위헌인지

명의신탁이 증여로 의제되는 경우 명의신탁의 당사자에게도 다른 증여세 납세의무자와 동일하게 증여세 신고의무를 부과하는 것이 위헌인지 문제되었다. 헌법재판소는 명의신탁의 당사자라고 하여 일률적으로 신고의무를 부담하는 것이 아니라 조세회피목적이 없는 경우에는 신고의무를 부담하지 않으므로 명의신탁의 당사자에게 필요 이상의 과도한 제한을 부과하는 것이라고 할 수 없다는 이유로 위헌이 아니라고 판시하였다.[14]

라. 적용대상

(1) 의의

권리의 이전이나 행사에 등기, 등록, 명의개서가 필요한 재산에 대하여 적용되므로 주식, 자동차, 선박 등이 주된 적용대상이다. 부동산은 부동산실명법 제4조에 의하여 명의신탁약정이 무효이므로 적용대상에서 제외되나, 부동산실명법에 의하여 형사처벌을 받거나 과징금, 이행강제금을 부과받는다.

---

11) 헌재 2004. 11. 25. 선고 2002헌바66 결정, 헌재 1998. 4. 30. 선고 96헌바87 등 4인의 반대의견, 헌재 2005. 6. 30. 선고 2004헌바40 등 3인의 반대의견
12) 헌재 1989. 7. 21. 선고 89헌마38 결정
13) 헌재 2004. 11. 25. 선고 2002헌바66 결정, 헌재 1998. 4. 30. 선고 96헌바87 등 4인의 반대의견, 헌재 2005. 6. 30. 선고 2004헌바40 등 3인의 반대의견
14) 헌재 2022. 2. 24. 선고 2019헌바225 결정

(2) 거주자가 외국법인의 주식을 외국법인에 명의신탁하는 경우

거주자가 외국법인의 주식을 외국법인에 명의신탁하는 경우에는 국내법상 명의개서를 할수 없으므로 명의신탁 증여의제의 적용대상이 아니다.[15] 상증세법 규정에 따라 증여의제되는 명의신탁은 구 국조법(2010. 1. 1. 개정 전) 제21조[16]의 특례규정에 따라 증여세 과세대상이되는 국외증여에 포함되지 않으므로 구 국조법 제21조 제1항을 적용하여 명의신탁에 대한 증여세를 부과할 수 없다.[17]

(3) 1인 주주가 조세피난처에 설립된 명목회사(SPC) 명의로 국내주식을 취득한 경우

1인 주주로서 조세피난처에 여러 명목회사(SPC)를 설립한 뒤 각 명목회사(SPC)의 명의로 국내주식을 취득한 사안에서, 판례는 각 명목회사(SPC)의 법인격이나 각 명목회사(SPC)가 체결한 계약의 사법상 효과 및 법률효과를 부인할 수 없으면 1인 주주를 국내주식의 실제소유자로 볼 수 없고, 1인 주주와 각 명목회사(SPC)가 명의신탁 합의를 했다고 볼 수도 없다는 이유로 명의신탁 증여의제를 부인하였다.[18] 이 판결은 명의신탁 증여의제 요건인 실제 소유자와 실질과세원칙의 적용요건인 실질귀속자를 구분하여 세법상 실질과세원칙이 적용된다하더라도 명의신탁 증여의제는 적용되지 않을 수 있음을 분명히 하였다는 점에서 의미가 있다. 즉 주식의 실제 소유자는 법인격부인 이론과 사법적 측면에서의 접근인 반면, 실질귀속은 세법상 실질과세원칙 측면에서의 접근이라는 점에서 차이가 있다.[19]

마. 종류

(1) 일반적인 명의신탁 증여의제(상증법 제45조의2 제1항 본문)

재산의 소유권을 취득한 자가 타인 명의로 명의개서 등을 하여 재산을 명의신탁한 경우 증여로 의제한다. 기명주식의 이전은 주주명부에 주식의 실제소유자가 아닌 다른 사람 앞으로 명의개서가 되어야 실제 소유자와 명의자가 다른 경우에 해당한다.[20] 주주명부나 사원명부 자체가 없어 명의개서가 이루어지지 않더라도 주식변동상황명세서 등에 주식 등의 소유자 명의를 실제소유자와 다르게 기재한 경우에는 주식변동상황명세서 등에 의하여 명의신탁 증여의제 규정을 적용할 수 있다.[21] 주식변동상황명세서 등에 의하여 명의개서 여부를 판정하는 경우 판례는 실제소유자와 명의자가 다른 주식의 변동사실이 외부에 분명하게 표시되는 주식

---

15) 임승순, 조세법(2021), 868면
16) 구 국조법 제21조 제1항은 "거주자가 비거주자에게 국외에 있는 재산을 증여(증여자의 사망으로 인하여 효력이 발생하는 증여는 제외한다)하는 경우 그 증여자는 이 법에 따라 증여세를 납부할 의무가 있다."고 규정하였다.
17) 대법원 2018. 6. 28. 선고 2018두35025 판결
18) 대법원 2020. 8. 20. 선고 2020두32227 판결
19) 이정원, "2020년 조세 분야 주요 판례", 대법원 특별소송실무연구회 발표자료(2020. 12. 28.) 45~46면
20) 대법원 2020. 6. 25. 선고 2019두36971 판결
21) 대법원 2018. 6. 28. 선고 2018두36172 판결

변동상황명세서 등의 제출일을 증여의제일로 보아야 한다고 판시하였다.[22] 그 후 2019. 12. 31. 판례의 취지와 다르게 상증세법을 개정하여 주식변동상황명세서에 기재된 거래일을 증여의제일로 보는 것으로 규정하였다. 따라서 위 상증세법 개정 이후에는 주식변동상황명세서상의 거래일을 증여의제일로 보아야 한다.

(2) 명의개서 해태 증여의제(상증법 제45조의2 제1항 괄호부분)

명의개서를 하여야 하는 재산의 소유권을 취득한 자가 소유권 취득일이 속하는 연도의 다음 연도 말일까지 실제소유자 명의로 명의개서하지 않고 종전 소유자 명의로 둔 경우에는 실제소유자가 종전 소유자에게 재산을 명의신탁한 것으로 보아 증여로 의제한다. 이 경우도 실제소유자와 명의자가 분리된다는 점에서 일반적인 명의신탁과 다르지 않기 때문에 증여로 의제하는 것이다. 그러나 주식이 명의신탁되어 명의수탁자 앞으로 명의개서가 된 후에 명의신탁자가 사망하여 주식이 상속된 경우에는 명의개서해태 증여의제 규정을 적용하지 않는다.[23] 주식의 명의신탁자가 사망한 후 일정기간 내에 상속인이 명의개서를 하지 않았다고 하여 명의개서해태 증여의제 규정에 의하여 명의수탁자에게 다시 증여세를 과세하는 것은 지나치게 가혹할 뿐만 아니라 상속인이 명의신탁한 것이 아니라는 점에서 자기책임원칙에 반하기 때문이다. 또한 명의신탁 합의가 존재하는 등 명의신탁 증여의제 규정의 과세요건이 충족되어 증여세가 과세되었거나 과세될 수 있는 주식에 대하여는 그 이후에 명의개서해태 증여의제 규정의 과세요건이 별도로 충족된다 하더라도 명의신탁 증여의제 규정만 적용되어야 하고, 명의개서해태 증여의제 규정이 다시 적용될 여지는 없다.[24]

바. 적용배제

(1) 조세회피목적이 없는 경우

재산을 명의신탁하였더라도 조세회피목적이 없는 경우에는 명의신탁 증여의제 규정을 적용하지 않는다(상증법 제45조의2 제1항 단서). 조세회피는 조세의 확정을 회피하는 행위이므로 조세의 징수를 면할 목적은 조세회피목적에 해당하지 않는다. 따라서 조세를 체납 중인 명의신탁자가 재산을 명의신탁한 경우에는 조세회피목적이 있다고 할 수 없다. 초기의 판례들은 명의신탁 증여의제제도는 증여세를 회피하기 위한 수단으로 명의신탁제도가 악용되는 것을 방지하기 위한 것이라고 하여 회피하는 조세를 증여세라고 판시하였다.[25] 과세관청이 납세자의 증여행위를 포착하여 증여세를 과세할 때 납세자가 증여가 아니라 명의신탁이라고 주장함으로써 증여세를 회피하는 것을 방지하기 위하여 명의신탁 증여의제 규정이 입법되었다고 보

---

22) 대법원 2017. 5. 11. 선고 2017두32395 판결
23) 대법원 2017. 1. 12. 선고 2014두43653 판결
24) 대법원 2023. 9. 21. 선고 2020두53378 판결
25) 대법원 1994. 8. 26. 선고 94누6789 판결

는 것이다. 그러나 1990년대 중반 이후의 판례들은 명의신탁으로 회피되는 조세를 증여세에 한정할 수 없다고 하여 증여세 이외의 조세를 회피하는 경우에도 명의신탁 증여의제 규정이 적용된다고 입장을 변경하였다.[26] 명의신탁은 단순히 증여세를 회피하기 위한 수단으로만 이용되는 것이 아니라 소득을 분산하여 소득세를 회피하거나 과점주주의 제2차 납세의무를 회피하기 위하여 이용되는 경우도 많다. 이러한 취지에서 상증세법은 명의신탁 증여의제를 통하여 회피하려는 조세에는 국세, 지방세, 관세를 의미한다고 명시하고 있다(상증법 제45조의2 제6항).

(2) 그 밖의 경우

자본시장법에 따른 신탁재산인 사실의 등기 등을 한 경우, 비거주자가 법정대리인 또는 재산관리인의 명의로 등기 등을 한 경우에는 명의신탁 증여의제를 적용하지 않는다(상증법 제45조의2 제1항 단서).

사. 과세구조

(1) 과세관청의 명의신탁 증명과 조세회피목적의 추정

당사자들 사이에 명의신탁에 관한 합의가 존재하여 해당 재산의 명의자가 실제소유자와 다르다는 점을 과세관청이 증명하여야 한다.[27] 과거의 판례 중에는 과세관청이 명의자와 실제소유자가 다르게 된 사실만 증명하면, 납세자가 명의자와 실제소유자의 합의 없이 등기, 등록, 명의개서 등이 이루어졌다는 점을 증명해야 한다고 판시한 것이 있으나,[28] 최근의 판례는 과세관청이 명의자와 실제소유자 사이에 명의신탁 합의가 존재하여 해당 자산의 명의자가 실제소유자와 다르다는 점을 증명해야 한다는 입장을 보이고 있다.[29]

과세관청이 납세자가 명의신탁한 사실을 증명하면 납세자는 조세회피목적이 있는 것으로 추정된다(상증법 제45조의2 제3항). 그러나 실제소유자 명의로 명의개서를 하지 않고 매매로 소유권을 취득한 경우로서 종전 소유자가 양도소득세 신고 또는 증권거래세 신고와 함께 소유권 변경내용을 신고하는 경우, 상속으로 소유권을 취득한 경우로서 상속인이 상속세 신고, 수정신고, 기한후 신고와 함께 해당 재산을 상속세과세가액에 포함하여 신고한 경우에는 조세회피목적이 있는 것으로 추정하지 않는다(상증법 제45조의2 제3항 단서 각호). 다만, 상속세 과세표준과 세액을 결정 또는 경정할 것을 미리 알고 수정신고하거나 기한 후 신고를 하는 경우는 조세회피목적이 있는 것으로 추정된다.

---

26) 대법원 1995. 11. 14. 선고 94누11729 판결, 대법원 1996. 8. 20. 선고 95누9174 판결
27) 대법원 2018. 10. 25. 선고 2013두13655 판결
28) 대법원 2008. 2. 14. 선고 2007두15780 판결, 대법원 2009. 9. 24. 선고 2009두5404 판결
29) 대법원 2017. 5. 30. 선고 2017두31460 판결

(2) 납세자의 조세회피목적 부존재의 증명

납세자는 조세회피목적의 추정을 깨뜨리기 위하여 조세회피목적이 없음을 증명하면 명의신탁 증여의제에 의한 증여세 과세에서 벗어날 수 있다. 명의신탁에서 조세회피목적이 없었다는 점에 관한 증명책임은 이를 주장하는 납세자에게 있다. 그러나 과거의 판례들은 조세회피목적의 부존재에 대하여 납세자에게 엄격한 증명을 요구함으로써 대부분의 사건에서 조세회피목적이 없었다는 납세자의 주장을 받아들여지지 않았다.[30] 명의신탁이 있으면 어느 정도 조세부담의 감소가능성은 존재할 수밖에 없는데, 사소한 조세경감이 있거나 장래 조세경감의 가능성이 존재한다는 이유로 조세회피목적의 부존재를 증명하지 못하였다고 하면 조세회피목적을 요구하는 입법취지는 퇴색될 수밖에 없다.

그런데 대법원 2006. 5. 12. 선고 2004두7733 판결은 조세회피목적 부존재의 증명을 완화하여 명의신탁이 조세회피목적이 아닌 다른 이유에서 이루어졌음이 인정되고 명의신탁에 부수하여 사소한 조세경감이 생기는 것에 불과하다면 조세회피목적이 있었다고 볼 수 없다고 판시하였다. 이 판결에 의하면 납세자는 ① 명의신탁이 조세회피목적이 아닌 다른 이유에서 이루어졌다는 점, ② 그 명의신탁에 부수하여 사소한 조세경감이 생기는 것에 불과하다는 점 등을 증명하면 증여세 과세에서 벗어날 수 있다.

조세회피목적의 부존재가 인정된 경우로는 상법상 요구되는 발기인 수의 충족 등을 위하여 주식을 명의신탁한 사안,[31] KBS 제작단 주식인수를 위한 자격요건인 15년 이상 방송국 경력자를 구하기 위하여 주식을 명의신탁한 사안,[32] 회사업무처리 절차상의 번거로움을 피하기 위하여 주식을 명의신탁한 사안,[33] 회사의 경영상 어려움을 타개하기 위하여 주식을 명의신탁한 사안,[34] 종전의 명의신탁을 해지하고 명의신탁자 앞으로 명의를 회복하는 데 따른 번잡한 절차를 피하기 위하여 주식을 명의신탁한 사안,[35] 유상증자 과정에서의 절차상의 번거로움을 피할 목적에서 명의신탁한 사안[36] 등이 있다. 조세회피목적의 부존재를 인정하지 않은 판례는 매우 많은데, 그중 다른 주된 목적이 인정된다 하더라도 그와 아울러 조세회피목적이 인정된다면 조세회피목적이 있는 것으로 판시한 판례를 주목할 필요가 있다. 이 판결은 1인당 주식담보대출한도를 피하여 타인 명의로 추가 대출을 받기 위하여 주식을 명의신탁하였으나, 그 과정에서 상당한 금액의 조세가 회피된 사안으로서 대법원은 조세회피목적을 인정하였다.[37]

---

30) 대법원 1998. 6. 26. 선고 97누1532 판결
31) 대법원 2006. 5. 12. 선고 2004두7733 판결
32) 대법원 2006. 6. 9. 선고 2005두14714 판결
33) 대법원 2006. 5. 25. 선고 2004두13936 판결
34) 대법원 2017. 6. 19. 선고 2016두51689 판결
35) 대법원 2011. 3. 24. 선고 2010두24104 판결
36) 대법원 2017. 12. 13. 선고 2017두39419 판결
37) 대법원 2009. 4. 9. 선고 2007두19331 판결

아. 동일인 명의로 반복된 명의신탁에 대한 증여의제

(1) 명의신탁으로 과세된 주식의 매도대금으로 다시 주식을 취득한 경우

최초로 증여의제 대상이 되어 과세되었거나 과세될 수 있는 명의신탁 주식의 매도대금으로 취득하여 다시 동일인 명의로 명의개서된 주식은 그것이 최초의 명의신탁 주식과 시기상 또는 성질상 단절되어 별개의 새로운 명의신탁 주식으로 인정되는 등의 특별한 사정이 없는 한 다시 명의신탁 증여의제로 증여세를 과세할 수 없다.[38] 이때 최초로 증여의제 대상이 된 주식의 매도대금으로 취득하여 다시 동일인 명의로 명의개서된 주식이라는 사정은 납세의무자에게 유리한 것일뿐 아니라 그 기초가 되는 사실관계도 대부분 납세의무자의 지배영역 안에 있어 과세관청으로서는 증명이 곤란한 경우가 있으므로 납세의무자로 하여금 증명하게 하는 것이 합리적인 경우에는 증명의 필요를 납세의무자에게 돌릴 수 있다.[39] 최초의 명의신탁 주식을 매도하기 전에 다른 증권계좌를 통해 매수한 주식의 경우에는 최초 명의신탁 주식의 매도대금으로 취득한 것이 아니므로 기존의 명의신탁 행위와 단절된 새로운 명의신탁 관계가 성립한 것으로 볼 수 있으나, 최초 명의신탁 주식의 매도대금을 차명계좌에서 인출한 후에 차명계좌에 현금을 추가로 입금하여 다른 주식을 추가매수한 경우에는 기존의 명의신탁 행위와의 단절이 있었다고 볼 수 없다.[40] 한편, 구 주식의 담보대출금으로 신 주식을 매수한 이후, 신 주식의 명의개서 이전에 구 주식을 처분하여 담보대출금을 변제한 경우, 이는 구 주식 처분대금으로 신 주식을 취득한 것과 실질이 같으므로 신 주식에 대하여 중복하여 증여의제 규정을 적용할 수 없다.[41] 이러한 판례들은 반복적인 명의신탁 증여의제는 납세자에게 가혹한 결과를 초래하므로 이를 제한하는 입장이다.

(2) 명의신탁된 주식의 증자로 인한 신주발행

유상증자로 인하여 신주의 명의신탁이 이루어진 경우에는 명의신탁 증여의제 과세대상으로 본다.[42] 반면, 무상증자로 인하여 신주의 명의신탁이 이루어진 경우에는 그 재원이 자본잉여금에 의한 것이든 또는 이익잉여금에 의한 것이든 실질적인 재산가치에 변동이 없으므로 명의신탁 증여의제 과세대상이 아니라고 본다.[43]

(3) 주식의 포괄적 교환에 의한 신주취득

주식의 포괄적 교환에 의한 신주취득과 관련하여 처음에는 주식의 명의신탁을 받은 자가 주

---

38) 대법원 2017. 2. 21. 선고 2011두10232 판결
39) 대법원 2020. 6. 25. 선고 2019두36971 판결
40) 대법원 2020. 4. 29. 선고 2014두2331 판결
41) 대법원 2022. 9. 15. 선고 2018두37755 판결
42) 대법원 2006. 9. 22. 선고 2004두11220 판결
43) 대법원 2009. 3. 12. 선고 2006두20600 판결(자본잉여금의 자본전입), 2011. 7. 14. 선고 2009두21352 판결(이익잉여금의 자본전입)

식의 포괄적 교환으로 인하여 그의 명의로 완전모회사의 신주를 교부받아 명의개서를 마친 경우 그 신주에 관하여는 종전의 명의신탁관계와는 다른 새로운 명의신탁관계가 형성되므로 명의신탁재산 증여의제가 적용된다고 하여 과세를 긍정하였다.[44] 그러나 대법원 2018. 3. 29. 선고 2012두27787 판결은 주식의 포괄적 교환의 경우에도 최초의 명의신탁 주식과 명의수탁자가 완전모회사가 되는 회사로부터 배정받은 신주에 대하여 각각 별도의 증여의제 규정을 적용하게 되면, 최초의 명의신탁 주식에 대한 증여의제 효과를 부정하는 모순을 초래하고 형평에 어긋나는 부당한 결과가 발생하므로 동일한 명의수탁자 명의로 명의개서를 한 완전모회사 주식에 대해서는 명의신탁 증여의제에 따른 증여세를 과세할 수 없다고 하여 과세를 부정하였다.

(4) 합병에 의한 신주취득

합병에 의한 신주취득에 대하여 명의신탁 증여의제 과세를 부정하면서 ① 명의신탁 증여의제규정은 조세회피행위를 방지하기 위하여 필요하고도 적절한 범위 내에서만 적용되어야 하는 점, ② 증여의제 대상이 되어 과세되었거나 과세될 수 있는 최초의 명의신탁 주식인 합병구주에 상응하여 명의수탁자에게 합병신주가 배정되어 명의개서가 이루어진 경우에 그와 같은 합병신주에 대하여 제한없이 별도로 증여세를 과세하는 것은 증여세 부과와 관련하여 최초의 명의신탁 주식에 대한 증여의제의 효과를 부정하는 모순을 초래할 수 있어 부당한 점, ③ 흡수합병에 따라 존속회사는 소멸회사의 권리의무를 승계하고, 이때 소멸회사의 주주는 통상 합병구주의 가치에 상응하는 합병신주를 배정·교부받게 되므로, 합병 전후로 보유한 주식의 경제적 가치에 실질적인 변동이 있다고 보기 어려운 점, ④ 최초로 명의신탁된 합병구주와 이후 합병으로 인해 취득한 합병신주에 대하여 각각 명의신탁 증여의제 규정을 적용하게 되면 애초에 주식이나 그 인수자금이 수탁자에게 증여된 경우에 비하여 지나치게 많은 증여세액이 부과될 수 있어서 형평에 어긋나는 점 등을 논거로 제시하였다.[45]

(5) 분할에 의한 신주 취득

인적분할로 신설된 분할신설법인의 주식이 실제소유자와 명의수탁자 간에 새로운 명의신탁의 약정 없이 당초 명의수탁자인 주주에게 분할전 법인의 주식보유비율에 따라 무상으로 배정되는 경우에는 명의신탁 증여의제 규정을 적용할 수 없다.[46]

2. 특수관계법인과의 거래를 통한 이익의 증여의제

가. 의의

특수관계법인과의 거래를 통한 이익의 증여의제는 특수관계법인이 수혜법인에 일감을 몰

---

44) 대법원 2013. 8. 23. 선고 2013두5791 판결
45) 대법원 2019. 1. 31. 선고 2016두30644 판결
46) 조심 2021. 7. 15.자 2016서2813 결정

아주는 방법으로 수혜법인의 기업가치를 상승시켜 그 지배주주 등의 이익을 늘리는 변칙적인 증여행위에 대하여 증여세를 과세함으로써 과세의 공평을 도모하기 위한 제도이다(상증법 제45조의3). 일감몰아주기는 기업집단의 계열사들이 다른 계열사에 일감을 몰아주어 지배주주 일가가 경제적 이익을 얻도록 하는 행위를 말한다. 다만, 특수관계법인과 수혜법인 사이의 거래를 통해 수혜법인의 지배주주 등에게 발생한 이익에는 정상적인 거래에 따른 소득, 시장상황 등에 따른 이익, 특수관계법인이 제공한 사업기회의 경제적 가치 등이 분리하기 어렵게 혼재되어 있으므로 일정한 비율을 초과하는 특수관계법인과 수혜법인 사이의 거래가 있으면 지배주주 등이 일정한 이익을 증여받은 것으로 의제한다.[47] 이때 특수관계법인이 증여자가 되고 수혜법인의 지배주주가 수증자가 되며, 수혜법인의 해당 사업연도 종료일을 증여시기로 본다.

나. 위헌성

일감몰아주기에 대한 증여의제규정은 증여이익의 산정을 세후영업이익을 기준으로 하는데, 법인세와 주주에 대한 배당소득세 이외에 증여세까지 3중으로 과세하고 있어 이중과세 금지나 헌법상 비례의 원칙에 반한다고 볼 소지가 있고, 특수관계법인과 수혜법인 사이의 정상거래까지 과세대상으로 삼고 있으므로 계약체결 자유의 원칙 위배도 문제될 수 있다는 지적이 있다.[48] 그러나 헌법재판소는 일감몰아주기로 수혜법인의 지배주주 등에게 발생한 이익에 대하여 증여세를 부과함으로써 적정한 소득의 재분배를 촉진하고, 시장의 지배와 경제력의 남용 우려가 있는 일감몰아주기를 억제하기 위한 규정으로서 합헌이라고 판시하였다.[49]

다. 요건

(1) 수혜법인의 지배주주와 특수관계 있는 법인과 수혜법인의 거래

수혜법인의 지배주주와 특수관계 있는 법인과 수혜법인 사이의 거래가 있어야 한다. 여기서 수혜법인은 지배주주와 특수관계에 있는 법인과 거래를 함으로써 이익을 얻는 법인을 말하고, 지배주주는 수혜법인의 최대주주 중에서 직접보유비율이 가장 높은 자가 개인인 경우에는 그 개인이고, 수혜법인의 최대주주 중에서 직접보유비율이 가장 높은 자가 법인인 경우에는 그 법인에 대한 직접보유비율과 간접보유비율을 모두 합하여 계산한 비율이 가장 높은 개인을 말한다(상증령 제34조의3 제1항). 최대주주는 본인과 특수관계인의 보유주식 합계가 가장 많은 경우 본인과 그 특수관계인을 말한다(상증령 제19조 제2항).

(2) 수혜법인의 세후영업이익

특수관계법인과의 거래를 통해 수혜법인에 발생한 세후영업이익을 수혜법인의 지배주주

---

47) 헌재 2018. 6. 28. 선고 2016헌바347 결정
48) 임승순, 874~875면
49) 헌재 2018. 6. 28. 선고 2016헌바347 결정

등의 담세력으로 인식하므로 수혜법인의 세후영업이익이 있어야 한다.

(3) 특수관계법인과의 거래비율의 정상거래비율 초과

수혜법인의 매출액 중 특수관계법인의 매출액이 차지하는 비율, 즉 특수관계법인 간 거래비율이 일정 비율 이하인 경우에는 과세제외하는데, 그 비율을 정상거래비율이라 한다. 특수관계법인 간 거래비율을 계산할 때 특수관계법인이 둘 이상인 경우에는 각각의 매출액을 모두 합하여 계산한다(상증령 제34조의3 제9항). 특수관계법인 간 거래비율을 계산할 때 과세제외매출액은 매출액에서 제외한다. 과세제외매출액은 중소기업인 수혜법인이 중소기업인 특수관계법인과 거래한 매출액, 수혜법인이 본인의 주식보유비율이 50% 이상인 특수관계법인과 거래한 매출액, 수혜법인이 본인의 주식보유비율이 50% 미만인 특수관계법인과 거래한 매출액에 그 특수관계법인에 대한 수혜법인의 주식보유비율을 곱한 금액 등이다(상증령 제34조의3 제8항). 2014. 2. 21. 상증세법 시행령 개정 시 법인의 부담을 완화하기 위하여 과세제외매출액을 인정하였다. 정상거래비율은 기업의 규모에 따라 중소기업은 50%, 중견기업은 40%, 대기업은 30%를 적용한다. 수혜법인의 사업연도 중에 지배주주와 특수관계에 해당하게 되었더라도 사업연도 종료일 현재 특수관계법인에 해당하는 경우에는 그 법인과의 사업연도 전체 매출액을 기준으로 계산한다.

(4) 지배주주 등의 주식보유비율의 한계보유비율 초과

지배주주와 그 친족의 주식보유비율이 일정 비율 이하인 경우에는 과세제외하는데, 그 비율을 한계보유비율이라 한다. 한계보유비율은 기업의 규모에 따라 중소기업과 중견기업은 10%, 대기업은 3%를 적용한다. 한계보유비율은 수혜법인의 지배주주 등이 직접 보유하는 주식과 간접출자법인을 통해 간접 보유하는 주식을 포함하여 계산한다. 주식을 간접 보유하는 경우에도 직접 보유하는 경우와 비교하여 수혜법인에 발생한 세후영업이익에 대한 경제적 가치에 있어서 차이가 없으므로 간접 보유하는 경우를 포함시킨다.

라. 사업부문별 구분계산

수혜법인이 사업부문별로 회계를 구분하여 관리하는 경우에는 사업부문별로 특수관계법인 거래비율 및 세후영업이익 등을 계산할 수 있다(상증법 제45조의3 제1항). 사업부문이 구분되어 있는 경우 특정 사업부문에만 일감몰아주기가 있으면 그 사업부문에만 일감몰아주기 과세를 적용하는 것이 합리적이기 때문이다.

마. 수혜법인(수증자)의 지배주주와 특수관계법인(증여법인)의 주주가 동일인인 경우

상증세법 제45조의3에 따른 증여세의 증여자는 특수관계법인이고 증여자인 특수관계법인은 그 주주와 구별되는 별개의 법적 주체이므로 수혜법인의 지배주주 등(수증자)이 특수관계법인(증여자)의 주주인 경우라도 증여자와 수증자가 같다고 할 수 없어 자기증여에 해당하지 않아 증여세를 과세할 수 있다.[50] 이는 이후 2014. 2. 21. 상증세법 시행령을 개정하여 수혜법인과 특수관계법인의 매출액 중 수혜법인의 지배주주 등의 특수관계법인에 대한 주식보유비율만큼을 과세에서 제외하였더라도 마찬가지이다.[51]

바. 증여의제이익

(1) 기업규모별 증여의제이익

(가) 중소기업

수혜법인의 세후영업이익 × 정상거래비율의 초과하는 특수관계법인거래비율 × 한계보유비율을 초과하는 주식보유비율

(나) 중견기업

수혜법인의 세후영업이익 × 정상거래비율의 100분의 50을 초과하는 특수관계법인거래비율 × 한계보유비율의 100분의 50을 초과하는 주식보유비율

(다) 대기업

수혜법인의 세후영업이익 × 100분의 5를 초과하는 특수관계법인거래비율 × 주식보유비율

(2) 지배주주 등이 수혜법인 등으로부터 배당받은 소득이 있는 경우

지배주주 등이 수혜법인의 직전 사업연도 증여세 신고기한 다음 날부터 증여세 과세표준 신고기한까지 수혜법인 또는 간접출자법인으로부터 배당받은 소득이 있는 경우에는 법령 소정의 금액을 해당 출자관계의 증여의제이익에서 공제한다(상증령 제34조의3 제13항).

(3) 일감몰아주기와 일감떼어주기가 동시에 적용되는 경우

일감몰아주기와 일감떼어주기가 동시에 적용되면 상증세법 제43조에 따라 그중 이익이 많은 것으로 계산한다.

---

50) 대법원 2022. 11. 10. 선고 2020두52214 판결
51) 수혜법인의 지배주주 등이 특수관계법인의 주주인 경우 그 특수관계법인의 지분율에 대해서는 자신에게 사업기회를 제공한 것이라는 이유 등을 들어 대법원 2022. 11. 10. 선고 2020두52214 판결에 대해 비판하는 견해로는 정기상, "상속세 및 증여세법상 자기증여의 취급에 대한 고찰", 조세법연구 제29권 제2호, 2023, 239~273면 참조

3. 특수관계법인으로부터 제공받은 사업기회로 발생한 이익의 증여의제

가. 의의

특수관계법인으로부터 제공받은 사업기회로 발생한 이익의 증여의제는 임대차계약, 입점계약, 대리점계약 등을 통한 일감떼어주기로 수혜법인의 지배주주 등에게 발생한 이익에 대하여 증여세를 부과함으로써 특수관계법인 간 사업기회 제공을 통해 세부담 없이 부를 이전하는 것을 방지하기 위한 제도이다(상증법 제45조의4). 이때 특수관계법인이 증여자가 되고 수혜법인의 지배주주가 수증자가 되며, 증여시기는 사업기회를 제공받은 날이 속하는 사업연도의 종료일이다.

나. 요건

(1) 수혜법인의 지배주주와 특수관계에 있는 법인의 수혜법인에 대한 사업기회 제공

수혜법인의 지배주주와 특수관계에 있는 법인이 수혜법인에게 사업기회를 제공하여야 한다. 수혜법인은 특수관계법인으로부터 사업기회를 제공받은 법인으로서 지배주주 등의 주식보유비율이 30% 이상인 법인이고, 지배주주는 수혜법인의 최대주주 중에서 주식보유비율이 가장 높은 개인을 말한다. 특수관계법인은 수혜법인의 지배주주와 특수관계에 있는 법인을 말하는데, 조세특에 따른 중소기업과 수혜법인이 50% 이상 출자한 법인은 제외한다(상증령 제34조의4 제7항, 제8항).

(2) 수혜법인의 세후영업이익

특수관계법인으로부터 사업기회를 제공받아 수혜법인에 발생한 세후영업이익을 수혜법인의 지배주주 등의 담세력으로 인식하므로 수혜법인의 세후영업이익이 있어야 한다.

(3) 지배주주 등의 주식보유비율의 한계보유비율 초과

지배주주와 그 친족의 주식보유비율이 일정비율 이하인 경우에는 과세제외하는데, 그 비율을 한계보유비율이라 한다. 일감떼어주기 과세의 한계보유비율은 30%이다.

다. 증여의제이익

일감몰아주기의 경우 특수관계법인과 거래가 있으면 매년 증여세를 과세하는 것과 달리 일감떼어주기의 경우 사업기회 제공은 1회적인 것이므로 한 번만 과세한다. 다만, 사업기회로 인한 효과는 계속되나, 3년 정도의 이익에 대하여 증여세를 과세하는 것으로 정하여 입법하였다. 따라서 사업기회를 제공받은 날이 속하는 사업연도의 영업이익을 기준으로 3년간의 이익을 먼저 과세하되, 2년이 경과한 날이 속하는 사업연도에 실제 손익을 바탕으로 정산하여 증여세를 추가납부하거나 환급받는 과정을 거친다. 3년간의 이익을 과세하는 것은 선험적이거나 논리적인 산물은 아니고 적정수준의 이익에 대하여 과세하기 위한 입법자의 결단이다.

라. 증여세 신고기한

증여세 과세표준의 신고기한은 개시사업연도의 법인세 과세표준 신고기한이 속하는 달의 말일부터 3개월이 되는 날이다(상증법 제45조의4 제2항). 신고기한 내 배당받은 경우에는 증여의제이익에서 공제한다.

4. 특정법인과의 거래를 통한 이익의 증여의제

가. 의의

상증세법 제45조의5는 특정법인에게 재산을 무상제공하거나 재산을 현저히 저가로 제공하는 등의 방법으로 특수관계에 있는 특정법인의 주주에게 이익을 이전하는 것에 대하여 증여세를 과세함으로써 특정법인을 이용하여 세부담 없이 부를 이전하는 것을 방지하기 위한 규정이다. 특정법인이 그 지배주주와 특수관계가 있는 자와 거래를 통하여 이익을 얻는 경우 특정법인이 얻은 이익에 특정법인의 지배주주 등의 주식보유비율을 곱하여 계산한 금액을 특정법인의 지배주주 등이 증여받은 것으로 의제한다. 이때 특정법인의 주주 등이 증여받은 이익이 1억 원 이상인 경우에 한하여 증여세를 과세한다(상증령 제34조의5 제5항).

특정법인은 당초 결손법인, 휴폐업법인 등을 의미하였으나, 2014. 1. 1. 이후 지배주주 등의 주식보유비율이 일정기준 이상인 흑자법인으로 확대하였다. 그 당시 결손법인의 경우에는 주식을 직접 보유한 최대주주 등을 과세대상으로 하였고, 흑자법인의 경우에는 주식을 직접 또는 간접보유한 지배주주 등을 과세대상으로 하였다. 그 후 2019. 12. 31. 상증세법을 개정하면서 결손법인, 휴폐업법인, 흑자법인 등을 가리지 않고 지배주주와 그 친족이 직접 또는 간접 보유하는 주식보유비율이 30% 이상인 법인으로 일원화하였다.

나. 연혁

(1) 2010. 1. 1. 상증세법 개정 전

2010. 1. 1. 개정 전 상증세법 제41조 제1항은 특정법인의 지배주주와 특수관계에 있는 자가 특정법인과 거래를 하여 특정법인의 최대주주 등이 이익을 얻은 경우 그 이익상당액을 최대주주 등의 증여재산가액으로 하여 증여세를 과세하고, 그 이익의 계산방법을 시행령에 위임하였다. 이때 특정법인은 결손금이 있거나 휴·폐업 중인 법인을 의미하였다. 이는 결손법인에 재산을 증여하여 증여가액을 결손금으로 상쇄시키는 방법으로 증여가액에 대한 법인세를 부담하지 않으면서 특정법인의 주주 등에게 이익을 주는 변칙증여에 대하여 증여세를 과세하기 위한 것이었다. 그런데 대법원 2009. 3. 19. 선고 2006두19693 전원합의체 판결은 2003. 12. 30. 개정 전 상증세법 시행령 제31조 제6항이 특정법인과의 거래로 인하여 증가된 주식 1주당 가액에 주식수를 곱하여 증여재산가액을 계산하도록 규정한 것은 주주가 실제로 이익을 얻지 않은 경우에도 특정법인이 얻은 이익이 바로 주주 등이 얻은 이익이 된다고 보는 것이므로

모법의 위임범위를 벗어나 무효라고 판단하였다.

판례는 보충적 평가방법에 따라 1주당 가액을 산정한 결과 그 가액이 증여 등 거래를 전후하여 모두 부수(負數)인 경우에는 증가된 주식 1주당 가액은 없는 것이며, 거래를 전후하여 단순히 부수의 절대치가 감소하였다는 이유로 주식 1주당 가액이 증가된 것으로 볼 수 없다고 판단한 것이다.[52] 마찬가지로 주식 1주당 가액이 부수(-)에서 양수(+)로 전환한 경우 거래 전의 1주당 가액을 0원으로 보아 양수만큼 증가한 것으로 보아야 한다고 판시하였다.[53] 예를 들어, 거래 전의 1주당 평가액이 (-)2,440원에서 거래 후 (+)674원으로 증가한 경우 그 거래로 인하여 증가한 1주당 가액을 674원으로 계산한 것이 정당하다는 것이다.

(2) 2010. 1. 1. 상증세법 개정 후

2010. 1. 1. 개정된 상증세법 제41조 제1항은 특정법인의 주주가 '대통령령으로 정하는 이익을 얻은 경우' 그 이익상당액을 특정법인의 주주의 증여재산가액으로 하도록 규정하였다. 대법원 2009. 3. 19. 선고 2006두19693 전원합의체 판결에서 상증세법상 '특정법인의 주주가 얻은 이익'에 대한 위임규정이 없다고 지적하자 특정법인의 주주가 얻은 이익에 대한 위임근거를 마련한 것이다. 그러나 대법원 2017. 4. 20. 선고 2015두45700 전원합의체 판결은 다시 특정법인과 거래를 한 후 특정법인의 주주가 보유한 주식의 가액이 증가하지 않은 경우에도 2014. 2. 21. 개정 전 상증세법 시행령 시행령 제31조 제6항은 특정법인의 이익에 주식비율을 곱하여 증여재산가액을 계산하도록 규정함으로써 특정법인에 재산의 무상제공 등이 있으면 그 자체로 주주 등이 이익을 얻은 것으로 간주하는 것은 여전히 무효라고 판단하였다.

(3) 2014. 1. 1. 상증세법 개정 후

2014. 1. 1. 개정된 상증세법 제41조는 특정법인의 범위를 기존의 결손법인과 휴·폐업법인에서 지배주주와 그 친족이 지배하는 영리법인으로 확대하였다. 그 후 상증세법이 위임한 지배주주와 그 친족이 지배하는 영리법인 및 그 주주의 특수관계인의 기준과 범위에 관한 규정은 2014. 2. 21. 상증세법 시행령 개정 시 마련하였다. 대법원 2021. 9. 9. 선고 2019두35695 전원합의체 판결은 2014. 1. 1. 개정된 상증세법 제41조는 특정법인에 대한 재산의 무상제공 등으로 주주 등이 이익을 얻었음을 전제로 하는 것이므로 주주가 얻은 이익에 관계없이 그 이익을 얻은 것으로 간주하여 계산을 규정한 2016. 2. 5. 개정 전 상증세법 시행령 제31조 제6항은 역시 무효라고 판단하였다.

(4) 2015. 12. 15. 상증세법 개정 후

2015. 12. 15. 개정된 상증세법 제45조의5는 종전에 '특정법인에 대한 이익의 증여'로 규정되

---

52) 대법원 2003. 11. 28. 선고 2003두4249 판결
53) 대법원 2006. 9. 22. 선고 2004두4734 판결

어 있던 것을 '특정법인에 대한 이익의 증여의제'로 개정하여 특정법인의 주주가 얻은 이익이 없더라도 그 주주에게 증여세를 부과할 수 있는 법률적 근거를 마련하였다. 법원이 주주가 얻은 이익이 없음에도 특정법인이 얻은 이익을 주주가 얻은 이익으로 간주하여 계산하는 것은 증여세의 법리에 어긋난다고 판시하자, 상증세법에서 특정법인이 얻은 이익을 주주가 얻은 이익으로 의제하는 규정을 두게 된 것이다.

다. 요건

(1) 특정법인의 지배주주 등이 특정법인 주식 30% 이상을 보유할 것

지배주주는 특정법인의 최대주주 중에서 그 법인에 대한 직접보유비율 또는 간접보유비율이 가장 높은 자를 의미하고, 지배주주와 친족이 특정법인의 주식을 30% 이상 보유하여야 한다. 2019. 12. 31. 상증세법 개정 시 지분비율을 50%에서 30%로 완화하였다.

(2) 특정법인이 그 지배주주의 특수관계인과 법령 소정의 거래를 할 것

특정법인이 그 지배주주의 특수관계인으로부터 재산 또는 용역을 무상으로 제공받는 거래, 재산 또는 용역을 현저히 저가로 양도·제공받는 거래, 재산 또는 용역을 현저히 고가로 양도·제공하는 거래, 해당 법인의 채무를 면제·인수 또는 변제하는 거래, 시가보다 저가로 해당 법인에 현물출자하는 거래 등을 하여야 한다. 이때 현저히 저가 또는 현저히 고가란 각각 해당 재산 및 용역의 시가와 대가와의 차액이 시가의 30% 이상이거나 그 차액이 3억 원 이상인 경우의 해당 가액을 말한다(상증령 제34조의5 제7항). 위 법령 소정의 손익거래를 한 경우에만 상증세법 제45조의5 증여의제가 적용되므로 자본거래를 한 경우에는 상증세법 제45조의5 증여의제가 적용되지 않는다.[54] 예를 들어, 특정법인(B)이 주주인 내국법인(A)이 유상감자를 실시하는데, 내국법인(A)의 주주 중 개인주주만 저가 유상감자에 참여하여 특정법인(B)이 이익을 분여받은 경우 특정법인(B)의 지배주주에 대해서는 증여세를 과세할 수 없다. 자본거래를 통한 이익 분여에 대하여 상증세법 제45조의5를 적용하기 위해서는 상증세법의 개정이 필요하다.

라. 증여의제이익

증여의제이익은 특정법인의 이익 × 특정법인의 지배주주 등의 주식보유비율의 산식에 의하여 계산한다. 이 중 특정법인의 이익은 다음 산식에 의하여 계산한다(상증령 제34조의5 제4항).

> 특정법인의 이익 = 증여재산가액 또는 면제 등으로 인하여 해당 법인이 얻는 이익 상당액 + 시가와 대가와의 차액에 상당하는 금액 - (법인세 납부세액 × 특정법인의 이익이 각 사업연도 소득금액에서 차지하는 비율)

---

54) 법규과-1475(2023. 6. 8.)

결손법인의 경우 재산을 무상제공받아도 법인세를 납부하지 않으므로 법인세와 증여세의 이중과세 문제가 없으나, 흑자법인의 경우에는 재산을 무상제공받으면 법인세를 납부함으로써 법인세와 증여세의 이중과세 문제가 있으므로 법인세 상당액을 공제하여 이중과세를 조정한다. 증여의제이익에 따른 증여세액이 지배주주 등이 직접 증여받은 경우의 증여세 상당액에서 특정법인이 부담한 법인세 상당액을 차감한 금액을 초과하는 경우 그 초과액은 없는 것으로 본다(상증법 제45조의5 제2항).

제4장 증여세과세가액과 증여세액

제1절 증여세과세가액

1. 증여세과세가액

가. 의의

증여세과세가액은 증여일 현재 증여재산가액을 합친 금액에서 증여재산에 담보된 채무, 증여재산에 관련된 채무 중 증여자가 해당 재산을 타인에게 임대한 경우의 해당 임대보증금으로서 수증자가 인수한 금액을 뺀 금액이다(상증법 제47조 제1항, 상증령 제36조 제1항). 배우자 간 또는 직계존비속 간의 부담부증여에 대해서는 수증자가 증여자의 채무를 인수한 경우에도 그 채무액은 수증자에게 인수되지 않은 것으로 추정한다(상증법 제47조 제3항).

배우자 간 또는 직계존비속 간의 양도를 증여로 추정하므로 그에 맞추어 수증자가 증여자의 채무를 인수한 경우에도 인수되지 않은 것으로 추정한다. 이 경우 수증자는 실제 채무를 인수하였음을 증명하여 채무를 인정받을 수 있다. 다만, 채무액이 국가 및 지방자치단체에 대한 채무 등 객관적으로 인정되는 것인 경우에는 채무액이 수증자에게 인수된 것으로 인정한다. 수증자가 인수한 증여자의 채무 중 수증자가 종국적으로 부담하리라는 것이 확실시 되는 채무만을 과세가액에서 공제하겠다는 취지이므로 증여자가 부담하는 채무 중 연대보증채무나 물상보증채무는 주채무자가 따로 있어 원칙으로 공제대상에 포함되지 않지만, 주채무자가 변제불능의 무자력상태에 있어 수증자가 그 채무를 변제하더라도 구상권행사가 불가능한 경우에는 공제대상에 포함된다.[1]

나. 합산배제증여재산

상증세법 제31조 제1항 제3호(재산 취득 후 해당재산의 가치가 증가하는 경우), 제40조 제1항 제2호·제3호(전환사채 등의 주식전환에 따른 이익의 증여), 제41조의3(주식상장 등에 따른 이익의 증여), 제41조의5(합병 등에 따른 이익의 증여), 제42조의3(재산취득 후 재산가치 증가에 따른 이익의 증여), 제45조(재산취득자금의 증여추정), 제45조의2(명의신탁재산의 증

---

1) 대법원 1988. 6. 28. 선고 87누518 판결

여의제), 제45조의3(특수관계법인과의 거래를 통한 이익의 증여의제), 제45조의4(특수관계법인으로부터 제공받은 사업기회로 발생한 이익의 증여의제)에 따른 증여재산은 합산배제증여재산이므로 다른 증여재산가액과 합산하지 않는다. 합산배제증여재산은 일반적인 증여와 달리 증여자를 확정하기 곤란하고 누진세율을 회피하는 수단으로 이용될 가능성도 낮기 때문에 합산을 배제한다.[2] 합산배제증여재산은 2003. 12. 30. 상증세법 개정 시 신설되었고, 그 후 대상자산을 추가하거나 제외하였다.

다. 10년 이내 증여재산가액의 합산과세

(1) 의의

해당 증여일 전 10년 이내에 동일인으로부터 받은 증여재산가액을 합친 금액이 1,000만 원 이상인 경우에는 그 가액을 증여세과세가액에 가산한다(상증법 제47조 제2항). 증여자가 직계존속인 경우에는 직계존속의 배우자로부터 받은 증여재산가액도 포함한다. 10년 이내의 증여재산가액을 합산과세하는 취지는 원래 증여세는 개개의 증여행위마다 별개의 과세요건을 구성하는 것이어서 시기를 달리하는 복수의 증여가 있을 경우 부과처분도 따로 하여야 하나, 동일인으로부터 받은 복수의 증여에 대하여는 합산과세함으로써 누진세율을 피해 수 개의 재산으로 나누어 증여하는 행위를 방지하기 위함이다.[3]

합산배제증여재산에 대하여는 10년 이내 증여재산가액의 합산과세 적용도 배제한다. 명의신탁 증여의제는 2018. 12. 31. 상증세법 개정 시 합산배제증여재산으로 추가되었으므로 그 개정 전의 사안에 대하여는 합산과세가 적용된다.[4]

(2) 종전 증여의 부과제척기간이 지난 경우 재차 증여재산에 합산과세할 수 있는지

1996. 12. 30. 개정된 상증세법 제58조 제1항은 증여세과세가액에 가산하는 증여재산에 대하여 부과제척기간의 만료로 증여세가 부과되지 않는 경우 증여세납부세액을 배제하는 것으로 규정하고 있다. 이는 종전 증여의 증여재산가액을 가산한 재차 증여의 증여세 과세가액이 종전 증여의 부과제척기간 만료에도 불구하고 영향을 받지 않음을 전제로 한 것이다. 따라서 종전 증여에 대한 증여세 부과제척기간이 만료한 경우 그 증여재산가액을 재차 증여의 증여세과세가액에 가산하고 종전 증여에 대한 증여세액을 그 산출세액에서 공제하지 않는다. 예를 들어, 자녀가 아버지로부터 20년 전에 재산을 증여받고 다시 재산을 증여받은 경우 20년 전 증여는 증여세 부과제척기간이 지났으나, 재차 증여재산에 합산하여 증여세를 과세할 수 있고 당초 증여에 대해 증여세를 납부하지 않았으므로 증여세납부세액공제는 적용하지 않는다. 다만, 위 규정이 신설되기 전에 종전 증여의 부과제척기간이 만료한 사안의 경우에 종전

---

2) 대법원 2017. 9. 26. 선고 2015두3096 판결
3) 대법원 2019. 6. 13. 선고 2018두47974 판결
4) 대법원 2019. 6. 13. 선고 2016두50792 판결

증여를 재차 증여재산에 합산하여 가산하면서 그 세액도 공제하지 않는 것은 사실상 소급과세에 해당하여 위법하다.[5]

2. 비과세되는 증여재산

가. 공익적 성격이 있는 증여재산

증여재산 중 국가나 지방자치단체로부터 증여받은 재산의 가액, 우리사주조합에 가입한 자가 해당 법인의 주식을 우리사주조합을 통하여 취득한 경우로서 그 조합원이 소액주주의 기준에 해당하는 경우 그 주식의 취득가액과 시가의 차액으로 인하여 받은 이익에 상당하는 가액, 정당이 증여받은 재산의 가액, 사내근로복지기금 등이 증여받은 재산의 가액, 사회통념상 인정되는 이재구호금품, 치료비, 피부양자의 생활비, 교육비 등, 신용보증기금 등이 증여받은 재산의 가액, 국가, 지방자치단체 또는 공공단체가 증여받은 재산의 가액, 국가유공자의 유족이나 의사자의 유족이 증여받은 성금 및 물품 등 재산의 가액, 비영리법인의 설립근거가 되는 법령의 변경으로 비영리법인이 해산되거나 업무가 변경됨에 따라 해당 비영리법인의 재산과 권리의무를 다른 비영리법인이 승계받은 경우 승계받은 해당 재산의 가액 등에 대해서는 증여세를 비과세한다(상증법 제46조 제1호부터 제7호, 제9호, 제10호).

나. 장애인을 보험금 수령인으로 하는 보험의 보험금

장애인을 수익자로 한 보험금은 연 4,000만 원을 한도로 비과세한다(상증법 제46조 제8호).

3. 공익법인 출연재산의 과세가액 불산입

가. 의의 및 취지

공익법인에 출연한 재산을 증여세과세가액에 산입하지 않는 것은 공익법인의 공익활동을 장려하기 위한 취지이다. 공익법인에 출연한 재산을 증여세과세가액에 산입하면 그 금액에 대하여 증여세가 부과되어 국가에 귀속할 것이나, 국가가 공익활동을 하는 것보다 해당 분야의 전문성이 있는 공익법인이 공익활동을 하는 것이 더 효과적이므로 공익법인에 출연한 재산에 대하여 증여세과세가액에 불산입하는 특례를 인정하는 것이다.

나. 주식 등 출연

(1) 보유한도 제한

공익법인 등이 출연받은 재산의 가액은 증여세과세가액에 불산입하나, 주식을 출연한 경우에는 법인을 3가지로 구분하여 의결권의 5%, 10%, 20%까지 증여세과세가액에 불산입한다(상증법 제48조 제2항 제2호). 5% 한도, 20% 한도, 10% 한도를 적용받는 경우, 주식보유비율의 판단은 상속세에서 설명한 바를 참고한다(제5편 제1부 제3장 제2절 5. 나.).

---

5) 대법원 2015. 6. 24. 선고 2013두23195 판결

다수의 공익법인 등이 같은 날 동일한 주식을 출연받은 경우 시간적 선후관계를 가릴 수 있으면 해당 출연으로 증여세 과세가액 불산입 한도를 초과하는 부분이 있는지는 각 출연시점을 기준으로 관련 법령에서 정한 주식을 합하여 개별적으로 판단하여야 한다.[6] 같은 날 주식을 출연받은 것으로 보는지 또는 시간적 선후관계에 따라 주식을 출연받은 것으로 보는지에 따라 각 공익법인의 주식보유한도 초과여부가 달라질 수 있다.

(2) 보유한도 제한을 받지 않는 경우

다음 어느 하나에 해당하는 경우에는 공익법인을 기업의 지배수단으로 악용할 우려가 없는 것으로 보아 보유한도의 제한을 받지 않는다(상증법 제48조 제1항, 제16조 제3항).

(가) 상증세법 제48조 제11항 각호의 요건을 충족하는 법인, 국가, 지자체가 출연하여 설립한 공익법인으로서 상호출자제한기업집단과 특수관계에 있지 않은 공익법인 등에 공익법인 등의 출연자와 특수관계에 있지 않은 내국법인의 주식 등을 출연하는 경우로서 주무관청이 공익법인 등의 목적사업을 효율적으로 수행하기 위하여 필요하다고 인정하는 경우이다. 위에서 "그 공익법인 등의 출연자와 특수관계에 있지 않은 내국법인"이란 다음 어느 하나에 해당하지 않는 내국법인을 말한다(상증령 제13조 제7항).

① 출연자 또는 그 특수관계인이 주주 등이거나 임원의 현원 5분의 1을 초과하는 내국법인(이른바 주주 요건)으로서 출연자 및 그 특수관계인이 보유하고 있는 주식 등의 합계가 가장 많은 내국법인일 것(이른바 최대주주 요건)

② 출연자 또는 그 특수관계인이 주주 등이거나 임원의 현원 중 5분의 1을 초과하는 내국법인에 대하여 출연자, 그 특수관계인 및 공익법인 등 출자법인이 보유하고 있는 주식 등의 합계가 가장 많은 경우에는 해당 공익법인 등 출자법인일 것

위 "①" 중 "주식의 합계가 가장 많은 내국법인"에 해당하는지, 즉 출연자가 최대주주에 해당하는지에 대하여 일명 수원교차로 사건에서 대법원 2017. 4. 20. 선고 2011두21447 전원합의체 판결은 주식이 출연되기 전의 시점이 아닌 출연된 후의 시점을 기준으로 하여야 한다고 판시하였다. 이 판결은 전원합의체 판결로서 다수의견과 반대의견이 대립하였다. 다수의견인 출연결과설은 위 입법취지가 내국법인 주식의 출연 전에 내국법인의 최대주주였던 자의 출연을 규제하기 위한 것이라기보다는 주식의 출연 후에 내국법인의 최대주주가 되는 자의 출연을 규제하기 위한 것이므로 최대주주 요건은 주식이 출연된 후의 시점을 기준으로 판단하여야 한다는 입장을 취하였다. 주식이 출연되기 전에 최대주주였더라도 출연에 따라 최대주주의 지위를 상실하였다면 출연자는 더 이상 내국법인에 대한 지배력을 바탕으로 공익법인에 영향을 미칠 수 없고 공익법인을 내국법인에 대한 지배수단으로 이용할 수 없다고 본 것이다.

---

6) 대법원 2023. 2. 23. 선고 2019두56418 판결

이에 비해 반대의견인 출연당시설은 위 입법취지는 공익법인을 이용한 기업의 간접적 지배구조의 형성 자체를 차단하기 위한 것이 아니라 출연자가 기존에 지배하고 있던 특정기업의 주식을 출연함으로써 공익법인을 특정기업의 간접적 승계 수단으로 이용하는 것을 방지하기 위함이므로 최대주주 요건의 판단 기준시점은 주식의 출연 당시라고 해석하여야 한다는 입장이었다. 공익법인이 출연재산을 사용하여 출연자가 지배하고 있는 기업의 주식을 취득하는 경우에는 출연자의 간접적인 기업승계에 이용되는 것이므로 증여세를 과세하고, 출연자가 지배하지 않는 기업의 주식을 취득하는 경우에는 순수하게 공익사업의 재원을 확보하기 위한 공익법인의 활동으로 볼 수 있으므로 증여세를 비과세하는 것으로 이해한 것이다.

또한 공익법인이 출연자와 특수관계에 있는지 판단하는 기준과 관련하여[7] 다수의견인 설립행위설은 구 상증세법 시행령(2003. 12. 30. 개정 전) 제19조 제2항 제4호가 "재산을 출연하여 설립한 비영리법인"이라고 규정하고 있으므로 출연행위와 설립행위가 모두 요구된다고 판단하였다. 이에 대해 반대의견인 출연행위설은 위 규정은 재산의 출연행위에 의하여 설립에 이른 비영리법인의 의미로 해석되므로 출연행위만 있으면 된다는 입장이었다. 수원교차로 사건의 사실관계를 요약하면 다음과 같다. 장학재단인 원고는 甲과 주식회사 A의 출연으로 설립된 성실공익법인이다. 甲은 주식회사 A의 지분 70%를, 甲의 6촌 동생인 乙은 주식회사 A의 지분 30%를 각 보유하였다. 그런데 甲은 A의 지분 60%를, 乙은 A의 지분 30%를 원고에 출연하였다(甲과 乙이 출연한 주식을 합하여 '이 사건 주식'이라 한다). 이에 과세관청은 지분의 5%를 초과한 부분에 대하여 증여세를 부과하였다.

먼저 甲이 주식회사 A의 최대주주인지에 대하여 반대의견에 따르면 甲과 乙이 이 사건 주식을 출연하기 전을 기준으로 주식회사 A의 지분 100%를 보유하였으므로 甲은 주식회사 A의 최대주주에 해당한다. 그러나 다수의견에 따르면 甲과 乙이 이 사건 주식을 출연한 후를 기준으로 주식회사 A의 지분 10%를 보유하고 있을 뿐이고 원고가 나머지 90%를 보유하고 있으므로 甲은 주식회사 A의 최대주주에 해당하지 않는다. 다음 원고가 甲과 특수관계에 있는지에 대하여 반대의견에 따르면 甲의 출연행위만으로 원고와 甲 사이에 특수관계가 인정되고 甲은 주식회사 A의 최대주주가 된다. 그러나 다수의견에 따르면 甲이 원고의 설립에 지배적인 영향력을 행사하지 않으면 원고와 甲 사이에 특수관계가 인정되지 않고 甲은 주식회사 A의 최대주주가 되지 않는다.

(나) 기타

위 "(가)" 이외에 다음의 경우에도 주식보유한도의 제한을 받지 않는다.

① 상호출자제한기업집단과 특수관계에 있지 않은 공익법인 등으로서 제48조 제11항 각호

---

7) 수원교차로 사건에 적용된 2003. 12. 30. 개정 전 구 상증세법 시행령 제13조 제4항 제1호에 의하면 공익법인이 특수관계인의 범위에 포함되었으나, 현행 상증세법 시행령 제13조 제7항 제1호는 공익법인을 명시적으로 제외하고 있다.

의 요건을 충족하는 공익법인 등에 발행주식총수 등의 제2항 제2호 각 목에 따른 비율을 초과하여 출연하는 경우로서 해당 공익법인 등이 초과보유일부터 3년 이내에 초과하여 출연받은 부분을 매각하는 경우이다.

② 공익법인법 및 그 밖의 법령에 따라 내국법인의 주식 등을 출연하는 경우이다. 공익법인 및 그 밖의 법령에 근거하여 내국법인의 주식 등을 출연하는 경우에는 보유한도의 적용을 배제한다.

(3) 공익법인 보유주식을 발행한 내국법인이 감자한 경우 초과보유 기준일과 평가기준일

공익법인이 보유하고 있는 주식을 발행한 내국법인이 감자한 경우 주주명부폐쇄일을 기준으로 초과부분을 계산하고, 주식평가는 감자를 위한 주주총회 결의일을 기준일로 한다.[8] 감자의 경우에는 공익법인의 의사와는 무관하게 내국법인에 대한 지분율이 증가될 수 있는 사정을 감안하여 공익법인에게 주주명부폐쇄일까지 초과보유주식을 처분할 기회를 부여하는 취지에서 주식의 초과보유 여부는 주주명부폐쇄일을 기준일로 하나, 주식의 평가는 주주총회 결의일을 기준일로 하도록 판시한 것이다.

다. 사후관리

(1) 출연재산 3년 내 직접 공익목적사용의무

(가) 의의

공익법인이 출연재산을 직접 공익목적사업 외에 사용하는 경우, 3년 내에 직접 공익목적사업에 사용하지 않는 경우, 3년 이후 직접 공익목적사업 등에 계속하여 사용하지 않는 경우에는 증여세를 추징한다(상증법 제48조 제2항 제1호). '직접 공익목적사업에 사용'의 의미는 공익법인의 정관상 고유목적사업에 사용하는 경우뿐 아니라 고유목적사업에 사용하기 위하여 수익용 또는 수익사업용으로 운용하는 경우, 출연재산을 해당 직접 공익목적사업에 효율적으로 사용하기 위하여 주무관청의 허가를 얻어 다른 공익법인에게 출연하는 경우 등을 포함한다(상증령 제38조 제2항, 상증법 기본통칙 48-38-2). 출연받은 재산을 위탁운영한 경우에도 직접 공익목적사업에 사용한 것에 해당된다.[9] 종교사업에 출연하는 헌금은 부동산 및 주식으로 출연하는 경우를 제외하고는 출연자별로 출연받은 재산가액을 산정하기 어려우므로 증여세를 부과하지 않는다(상증령 제38조 제1항). 주무부장관으로부터 3년 내 사용이 곤란하다는 인정을 받았으나 관할 세무서장에게 보고하지 않은 경우에는 증여세는 부과하지 않고 가산세만 부과한다(상증법 제78조 제3항).

공익법인이 출연받은 재산을 직접 공익목적사업 등의 용도 외에 사용하거나 출연받은 날부

---

8) 대법원 2016. 7. 27. 선고 2016두36116 판결
9) 대법원 2000. 12. 8. 선고 98두15320 판결

터 3년 이내에 직접 공익목적사업 등에 사용하지 아니하여 증여세를 부과하는 경우 증여세 과세대상은 공익법인 등이 당초 출연받은 재산 자체가 아니라 증여로 의제되는 가액이므로 증여재산가액의 평가기준일은 공익법인 등이 재산을 출연받은 이후에 위 과세사유가 발생함으로써 증여로 의제되는 시점이다.[10]

(나) 직접 공익목적사업에 사용한 것으로 보지 않는 경우

다음과 같이 지출하는 경우에는 직접 공익목적사업에 사용한 것으로 보지 않는다.

① 법인세법 시행령 제56조 제11항에 따른 과다인건비(수익사업에서 발생한 소득에 대하여 50%를 곱한 금액을 초과하여 고유목적사업준비금으로 손금산입하는 공익법인이 8,000만 원을 초과하여 지급한 금액)

② 해당 공익법인의 정관상 고유목적사업에 직접 사용하는 시설에 소요되는 수선비, 전기료 및 전화사용료 등의 관리비를 제외한 관리비는 직접 공익목적사업에 사용한 것에서 제외한다(상증령 제38조 제2항 제2호).

(다) 출연자의 연대납세의무

공익법인에게 증여세가 추징되는 경우에는 출연자에게도 증여세 연대납세의무가 있다. 다만, 증여세 부과사유 발생일부터 소급하여 재산출연일까지의 기간이 10년 이상이고, 이 기간 중 출연자 또는 그 특수관계인이 해당 공익법인의 이사 또는 임직원이 아니면서 이사의 선임 등 공익법인의 사업운영에 관한 중요사항을 결정할 권한을 가지지 않은 경우에는 연대납세의무가 면제된다(상증령 제3조의3 제2항).

(라) 법령상 등의 부득이한 사유로 3년 내에 전부 사용하지 못한 경우

법령상 또는 행정상 부득이한 사유로 인하여 3년 내에 전부 사용하는 것이 곤란한 경우로서 사유소멸일로부터 1년 이내에 해당 재산을 직접 공익목적사업에 사용하는 경우에는 증여세를 부과하지 않는다(상증법 제48조 제2항 제1호 단서). 그러나 공익법인이 출연받은 재산을 직접 공익목적사업에 사용할 수 없는 법령상의 장애사유가 있음을 알았거나, 설령 몰랐다고 하더라도 조금만 주의를 기울였더라면 그러한 장애사유의 존재를 쉽게 알 수 있었던 상황에서 재산을 출연받았고, 그 후 3년 이내에 당해 출연받은 재산을 직접 공익목적사업에 사용하지 못한 것이 동일한 사유 때문이라면 특별한 사정이 없는 한, 그 법령상의 장애사유는 증여세 추징의 제외사유가 될 수 없다.[11] 출연받은 재산을 부득이한 사유로 그 출연받은 날부터 3년 이내에 직접 공익목적사업 등에 사용하지 않은 공익법인 등은 늦어도 부득이한 사유가 소멸한 날부터 3년 이내에는 출연받은 재산을 직접 공익목적사업 등에 사용하여야 하므로 공익법

---

10) 대법원 2017. 8. 18. 선고 2015두50696 판결
11) 대법원 2014. 1. 29. 선고 2011두25807 판결

인 등이 부득이한 사유가 소멸한 날부터 다시 3년이 경과하도록 출연받은 재산을 직접 공익 목적사업 등에 사용하지 않거나 부득이한 사유가 소멸한 날부터 3년이 경과하기 전이라도 출연받은 재산을 직접 공익목적사업 등에 사용할 수 없는 것으로 확정된 때에는 증여세를 과세할 수 있다.[12]

(2) 주식 취득 시 공익법인 보유한도 준수

출연재산, 출연재산의 운용소득 및 출연재산의 매각대금 등으로 내국법인의 주식을 취득하는 경우로서 ① 해당 공익법인이 취득하는 주식, ② 취득 당시 해당 공익법인이 보유하고 있는 동일한 내국법인의 주식, ③ 해당 내국법인과 특수관계에 있는 출연자가 해당 공익법인 외의 다른 공익법인에 출연한 동일한 내국법인의 주식, ④ 해당 내국법인과 특수관계에 있는 출연자로부터 재산을 출연받은 다른 공익법인이 보유하고 있는 동일한 내국법인의 주식을 합한 지분이 내국법인의 의결권 있는 발행주식총수의 5%, 10%, 20%를 초과하면 공익법인에게 즉시 증여세를 부과한다(상증법 제48조 제2항 제2호). 주식보유한도에 제한을 둔 취지는 기업의 주주들이 공익법인을 설립하고 소유기업의 주식을 출연함으로써 기업에 대한 지배력은 유지한 채 증여세의 부담을 줄이는 것을 방지하기 위한 것이므로 법령에서 정한 사유에 해당하여 공익법인을 기업에 대한 지배수단으로 악용할 우려가 없는 경우 에는 주식보유한도에 제한을 두지 않는다.

(3) 출연재산 운용소득 직접 공익목적사용의무

(가) 의의

공익법인이 출연재산 운용소득을 직접 공익목적사업 외에 사용하거나 1년 내에 출연재산 운용소득의 70% 이상을 직접 공익목적사업에 사용하지 않으면 증여세를 부과하거나 가산세를 부과한다(상증법 제48조 제2항 제3호, 제5호). 출연재산 운용소득이란 출연재산을 수익사업이나 예금 등 수익의 원천에 사용함으로써 발생한 소득금액을 말한다. 예를 들어, 임대료, 이자, 배당 등이 이에 해당한다. 출연재산과 무관한 수익사업에서 발생한 소득금액은 포함되지 않는다.[13] '직접 공익목적사업에 사용'의 의미는 공익법인의 정관상 고유목적사업에 사용하는 경우뿐 아니라 고유목적사업에 사용하기 위하여 수익사업용으로 운용하는 경우까지 포괄하는 개념이나, 수익용 재산을 취득한 금액은 제외한다.[14]

출연재산 운용소득을 계산할 때에는 해당 과세기간의 수익사업에서 발생한 소득금액에서 출연재산을 매각한 경우 양도차익을 차감하고 고유목적사업준비금과 손금에 산입한 고유목적 사업비는 포함한다(상증령 제38조 제5항, 상증법 기본통칙 48-38-4). 고유목적사업준비금은 법인

---

12) 대법원 2013. 6. 27. 선고 2011두12580 판결
13) 대법원 2010. 5. 27. 선고 2007두26711 판결
14) 상증법 기본통칙 48-38-3

세법상 비용으로 인정하여 소득에서 제외되기 때문에 운용소득의 범위에 다시 포함시키는 것이고, 손금에 산입한 고유목적사업비를 포함시키는 것은 해당 연도에 손금산입된 고유목적사업비가 운용소득 및 사용실적에서 제외되어 사용실적이 과소계산되는 문제점을 해결하기 위한 것이다. 운용소득의 일부는 직원인건비 등 경상적 관리비로 사용될 수 있도록 사용기준비율을 70%로 설정하였다. 또한 운용소득의 지출금액이 연도별로 편차가 있을 수 있으므로 사용의무기준금액과 사용실적을 5년 평균액을 기준으로 계산할 수 있도록 한다(상증령 제38조 제6항). 5년이라는 기간은 법인세법상 비영리법인의 고유목적사업준비금 사용기한에 맞춘 것이다.

(나) 공익법인이 출연재산 운용소득을 직접 공익목적사업 외에 사용하는 경우

공익법인이 출연재산 운용소득을 직접 공익목적사업 외에 사용하는 경우 즉시 증여세를 부과한다(상증법 제48조 제2항 제3호, 상증령 제40조 제1항). 운용소득으로 수익용 재산을 취득한 금액은 직접 공익사업목적에 사용한 실적에 포함시키지 않지만, 그렇다고 하여 직접 공익목적사업 외에 사용한 것으로 보아 증여세를 부과하지는 않는다.[15]

(다) 공익법인이 출연재산 운용소득의 70% 이상을 1년 내에 직접 공익목적사업 외에 사용하지 않는 경우

공익법인은 출연재산 운용소득의 70% 이상을 소득발생일의 사업연도 말일부터 1년 내에 직접 공익목적사업에 사용하여야 한다(상증법 제48조 제2항 제5호 전단, 상증령 제38조 제5항). 운용소득 중 사용기준금액에 미달하게 사용하는 경우에는 미달금액의 10%에 해당하는 금액을 가산세로 부과한다(상증법 제48조 제2항 제5호, 제78조 제9항 제1호). 과거 미사용비율에 대하여 증여세를 추징하였지만 납세자 부담이 지나치게 크고 증여세를 추징하는 경우 미사용금액을 공익사업에 사용하도록 할 수 없기 때문에 2000. 12. 29. 상증세법을 개정하여 가산세를 부과하는 것으로 바꾸었다.

(4) 출연재산 매각대금 직접 공익목적사용의무

(가) 의의

공익법인이 출연재산을 매각하고 그 매각대금을 매각일부터 3년이 지난 날까지 공익목적사업에 사용하지 않는 경우 즉시 증여세를 부과한다(상증법 제48조 제2항 제4호). 판례는 출연재산의 매각대금은 출연받은 당해 재산의 매각대금만을 의미하고, 출연받은 재산으로 취득한 재산의 매각대금이나 출연받은 재산의 매각대금으로 취득한 재산의 매각대금, 출연받은 재산의 운용소득으로 취득한 재산의 매각대금 등은 포함되지 않는다고 판시하였다.[16] 공익법인 출연재산에 대한 사후관리의 공백을 방지하기 위해서는 출연받은 재산으로 취득한 재산의 매

---

15) 서면4팀-1478(2005. 8. 22.)
16) 대법원 2024. 9. 13. 선고 2021두54293 판결

각대금이나 출연받은 재산의 매각대금으로 취득한 재산의 매각대금, 출연받은 재산의 운용소득으로 취득한 재산의 매각대금 등을 포함한다고 해석할 여지가 있으나, 이러한 해석은 사후관리기간을 3년으로 제한한 취지에 반하므로 문언에 충실하게 출연받은 당해 재산의 매각대금만을 의미한다고 엄격하게 해석한 것이다. 공익법인이 출연재산을 매각하면 1년 이내에 매각대금의 30% 이상, 2년 이내에 60% 이상, 3년 차에는 90% 직접 공익목적사업에 사용하여야 한다(상증법 제48조 제2항 제4호, 상증령 제38조 제4항). 직접 공익목적에 사용한다는 것은 매각대금으로 직접 공익목적사업용, 수익용 또는 수익사업용 재산을 취득하는 경우를 포함한다(상증령 제38조 제4항). 출연재산 매각대금으로 일시 취득한 수익용 또는 수익사업용 재산으로 운용기간이 6월 미만인 재산을 취득하는 것은 직접 공익목적사업용, 수익용 또는 수익사업용 재산을 취득한 것으로 보지 않는다(상증칙 제11조의2).

(나) 출연재산 매각대금 직접 공익목적사용의무를 위반한 경우

출연재산 매각대금을 1년 이내에 30% 이상, 2년 이내에 60% 이상 직접 공익목적사업에 사용하지 않은 경우 그 미달분에 대하여 가산세를 부과하고, 3년 차 90%에 미달하게 사용한 경우에는 미달 사용액에 대하여 증여세를 부과한다(상증법 제48조 제2항 제4호·제5호, 제78조 제9항 제2호). 당초에는 3년 이내에 80% 이상을 직접 공익목적사업에 사용하도록 규정하였으나 1999. 12. 28. 상증세법을 개정하여 1년 이내에 30% 이상, 2년 이내에 60% 이상, 3년 이내에 90% 이상 사용하도록 하고 매 연도별 사용기준금액에 미달하는 경우 그 미달액에 대하여 증여세를 부과하도록 변경하였다. 그러나 매 연도별 사용기준금액에 미달한다고 바로 증여세를 부과하는 것은 납세자의 부담이 크고 증여세를 추징하면 미사용액을 공익사업에 계속 사용하도록 유도하기도 어려워지므로 2000. 12. 29. 상증세법을 다시 개정하여 1년 이내에 30% 이상, 2년 이내에 60% 이상 직접 공익목적사업에 사용하지 않은 경우에는 가산세를 부과하는 것으로 개정하였다.

(5) 20% 한도 공익법인의 의결권 불행사

20% 한도 공익법인은 ① 출연받은 주식의 의결권을 행사하지 않을 것, ② 자선·장학 또는 사회복지를 목적으로 할 것 등 2가지 요건을 모두 갖춘 경우에는 주식보유한도가 20%로 늘어난다. 그런데 위 요건에 위배하여 의결권을 행사하는 경우에는 출연받은 주식의 의결권을 행사한 날에 발행주식총수의 10%를 초과하여 보유하고 있는 주식의 가액에 대하여 즉시 증여세를 부과한다(상증법 제48조 제2항 제6호, 상증령 제40조 제1항 제3호의2).

(6) 공익법인의 수익용 또는 수익사업용 재산 지출의무

공익법인이 출연받은 재산 중 수익용 또는 수익사업용 재산이 있는 경우 그 재산가액의 1% 이상 직접 공익목적사업에 지출하여야 하고, 지분율 10%를 초과하면 지출비율은 3%로 높아진다(상증법 제48조 제2항 제7호). 출연재산가액은 직접 사업연도 종료일 기준 재무상태표상 자산가액을 기준으로 하되, 공익법인이 3년 이상 보유한 상장주식의 경우에는 최근 5개년 자산가액 평균액을 기준으로 한다.

과거 공익법인의 운용소득이 발생하지 않는 경우 출연재산을 보유하고 있으면서 공익목적사업을 수행하지 않는 경우가 많았으나, 이는 공익법인의 설립목적에 반하므로 수익용 또는 수익사업용 재산의 일정 비율을 지출하도록 의무화한 것이다. 종전에는 지분율 5%를 초과하는 성실공익법인을 적용대상으로 하였으나, 2020년 상증세법 개정으로 성실공익법인과 일반 공익법인이 통합됨에 따라 적용대상이 확대되었다.

공익법인이 의무지출비율에 미달하여 지출하는 경우 당초에는 지분율 5%를 초과한 공익법인은 지분율 5% 초과분에 대하여 증여세를 부과하고,[17] 그 외의 공익법인은 미달액의 10%를 가산세로 부과하였다(상증법 제78조 제9항). 그러나 지분율 5%를 초과한 공익법인에 대한 제재가 과도하다는 비판을 수용하여 2023. 12. 31. 상증세법 개정 시 미달액의 200% 가산세를 부과하는 것으로 변경하였다.

(7) 공익법인 해산시 잔여재산 국가 등 귀속

공익법인이 공익사업을 종료하고 해산하는 경우 그 잔여재산은 국가, 지방자치단체 또는 해당 공익법인 등과 동일하거나 유사한 공익법인 등에 귀속시켜야 한다. 이를 위반한 경우에는 공익법인이 해당 재산을 증여받은 것으로 보아 증여세를 부과한다(상증법 제48조 제2항 제8호, 상증령 제38조 제8항 제1호).

(8) 특정계층 혜택제공 금지

공익법인이 출연재산을 직접 공익목적사업에 사용하는 것이 사회적 지위·직업·근무처 및 출생지 등에 의하여 일부에게만 혜택을 제공하는 것인 경우에는 출연재산을 공익목적에 맞게 사용하지 않은 것으로 보아 즉시 증여세를 부과한다(상증법 제48조 제2항 제8호). 증여재산가액은 특정계층에 제공된 재산가액 또는 경제적 이익에 상당하는 가액이다(상증령 제40조 제1항 제5호). 다만 주무부장관이 기획재정부장관과 협의하여 따로 수혜자의 범위를 정하여 이를 해당 공익법인 등의 설립허가의 조건으로 붙이거나 정관상의 목적사업을 효율적으로 수행하기 위하여 또는 정관상의 목적사업에 새로운 사업을 추가하기 위하여 재산을 추가출연함에 따라 정관의 변경허가를 받는 경우로서 그 변경허가조건으로 붙인 경우에는 과세에서 제외한다(상증령 제38조 제8항 제2호).

---

17) 지분율 5%를 초과한 공익법인의 경우 세제혜택 요건 중 하나가 의무지출을 준수하는 것이므로 이를 위반하면 지분율 5% 초과분에 대하여 증여세를 부과하였다.

(9) 자기내부거래(self-dealing) 금지

상증세법상 공익법인이 출연받은 재산을 출연자 또는 그 친족 등에게 임대차, 소비대차, 사용대차 등의 방법으로 사용·수익하게 하는 자기내부거래를 하는 경우 출연재산가액에 대해 증여세를 부과한다(상증법 제48조 제3항). 당초에는 출연재산을 출연자나 그 친족이 사용수익하는 경우만 규율대상으로 하였으나, 1996. 12. 30. 상증세법을 개정하여 재산을 출연받은 공익법인의 임원, 당해 공익법인 및 그 출연자와 특별관계에 있는 법인과 그 임원도 규율대상에 추가하였다. 출연재산의 사용이익 등이 출연자 등에게 귀속되면 공익목적사업에 출연하더라도 그 목적을 달성할 수 없으므로 공익법인에게 증여세를 부과하는 것이다. 다만 ①출연받은 재산을 출연받은 날부터 3개월 이내에 내부거래금지자가 사용하는 경우, ②직접 공익목적사업과 관련하여 용역을 제공받고 정상적인 대가를 지급하는 경우, ③교육사업을 영위하는 교육기관이 연구시험용 시설 등을 출연받아 이를 해당 공익법인 등과 출연자가 공동으로 사용하는 경우, ④해당 공익법인 등이 의뢰한 연구용역 등의 대가 또는 직접 공익목적사업의 수행과 관련한 경비 등을 지급하는 경우에는 자기내부거래에서 제외된다(상증령 제39조 제2항).

(10) 기타 공익법인의 납세협력의무 등

(가) 보고서 등 제출의무

공익법인이 재산을 출연받은 경우에는 그 출연받은 재산의 사용계획 및 진도에 관한 보고서 등을 사업연도 종료일부터 4개월 이내에 관할 세무서장에게 제출하여야 한다(상증법 제48조 제5항, 상증령 제41조). 공익법인이 제출하여야 할 보고서를 제출하지 않았거나 제출된 보고서의 내용이 불분명한 경우에는 그 미제출분 또는 불분명한 부분의 금액에 상당하는 상속세액 또는 증여세액의 1%에 상당하는 금액을 가산세로 부과한다(상증법 제78조 제3항).

(나) 출연자 등의 이사취임기준 준수의무

출연자 등이 공익법인을 사적으로 지배하는 것을 방지하기 위하여 출연자 등의 이사취임 및 임직원 고용 등을 제한하고 있다(상증법 제48조 제8항). 이 제한에 위반하여 출연자 또는 그의 특수관계인이 공익법인의 현재 이사 수의 5분의 1을 초과하여 이사가 되거나 그 공익법인의 이사가 아닌 임직원이 되는 경우에는 가산세를 부과한다(상증법 제78조 제6항). 가산세액은 의무를 위반한 자와 관련하여 지출된 직접경비 또는 간접경비에 상당하는 금액으로서 해당이사 또는 임직원을 위하여 지출된 급료, 판공비, 비서실 운영경비 및 차량유지비 등을 말한다(상증령 제80조 제10항).

(다) 계열기업 주식보유한도 준수의무

공익법인을 지주회사로 활용하는 것을 방지하기 위하여 공익법인이 보유할 수 있는 특수관계에 있는 내국법인의 주식보유한도를 총재산가액의 30%로 제한하되, 외부회계감사, 전용계좌 개설·사용, 결산서류 등의 공시를 이행하는 공익법인 등은 제한을 완화하여 50%의 한도를 적용한다(상증법 제48조 제9항). 보유한도기준을 초과하는 경우 매 사업연도말 현재 그 초과분에 대한 시가의 5%에 상당하는 금액을 가산세로 부과한다(상증법 제78조 제7항, 상증령 제38조 제14항).

(라) 특수관계기업 광고·홍보 금지의무

공익법인은 그 특수관계에 있는 내국법인의 이익을 증가시키기 위하여 정당한 대가를 받지 않고 광고·홍보를 하여서는 안된다(상증법 제48조 제10항). 이를 위반한 경우에는 그 행위와 관련하여 직접 지출된 경비에 상당하는 금액을 가산세로 부과한다(상증법 제78조 제8항).

(마) 동일 내국법인 주식보유기준 준수의무

공익법인이 1996. 12. 31. 현재 의결권 있는 발행주식총수의 5%를 초과하는 동일한 내국법인의 의결권 있는 주식을 보유하고 있는 경우에는 ① 지분율이 발행주식총수의 5% 초과 20% 이하인 경우 1999. 12. 31.까지, ② 지분율이 발행주식총수의 20%를 초과하는 경우 2001. 12. 31.까지 발행주식총수의 5%를 초과하여 보유하지 않아야 한다(상증법 제49조 제1항). 공익법인이 동일 주식을 과다보유하는 것을 억제하고 주식을 분산보유하게 하여 주식투자의 위험을 낮추고 공익법인을 통한 회사지배를 방지하기 위한 것이다. 공익법인이 위 어느 하나에 규정된 기한이 지난 후에도 주식보유기준을 초과하여 보유하는 경우에는 기한의 종료일 현재 그 보유기준을 초과하는 의결권 있는 주식에 대하여 매년 말 현재 시가의 5%에 상당하는 금액을 가산세로 부과하되, 가산세 부과기간은 10년을 초과하지 못한다(상증법 제78조 제4항). 가산세를 1회만 부담하면 제도의 실효성이 떨어지므로 가산세를 10회까지 부과할 수 있도록 한 것이다.[18]

(바) 외부전문가의 세무확인 및 회계감사의무

총자산가액이 5억 원 이상 또는 사업연도 수입금액과 출연재산 합계액이 3억 원 이상인 공익법인은 운영의 투명성을 확보하기 위하여 과세기간별 또는 사업연도별로 출연재산의 공익목적사업 사용 여부 등에 대하여 2명 이상의 변호사, 공인회계사 또는 세무사를 선임하여 세무확인을 받고, 그 결과를 과세기간 또는 사업연도 종료일로부터 3월 이내에 납세지 관할 세무서장에게 보고하여야 한다(상증법 제50조 제1항, 제2항). 공익법인이 외부전문가의 세무확인에 대한 보고의무 등을 이행하지 않은 경우에는 소득세 과세기간 또는 법인세 사업연도의 수

---

18) 공익법인의 의무위반행위에 대하여 가산세를 1회만 부과하면 공익법인이 의무위반상태를 시정하려는 노력을 소홀히 할 수 있다. 이러한 공익법인 가산세제도의 교정효과 미흡 및 효과성 부족을 개선하기 위한 제도로는 미국의 규제세(Excise tax)를 들 수 있다. 미국의 규제세는 1단계의 낮은 규제세, 2단계의 높은 징벌적 규제세, 3단계의 종결세 등 단계별 과세체계로 되어 있다. 이에 대한 더 자세한 설명은 이중교, "공익법인 가산세제도의 개선방안에 대한 연구", 저스티스 통권 제189호, 2022, 370~399면 참조

입금액과 그 과세기간 또는 사업연도에 출연받은 재산가액을 합친 금액의 0.07%에 해당하는 금액을 상속세 또는 증여세로 징수한다(상증법 제78조 제5항).

(사) 전용계좌 개설·사용 의무

종교법인을 제외한 공익법인은 전용계좌를 개설하여 사용할 의무가 있다(상증법 제50조의2). 이를 위반한 경우 미사용액의 0.5%, 전용계좌의 개설·신고를 하지 않은 경우 ① 미개설·미신고한 각 사업연도 중 미개설·미신고 기간의 공익목적사업 관련 수입금액 총액의 0.5%, ② 전용계좌 사용대상 거래금액을 합친 금액의 0.5% 중 큰 금액을 가산세로 부과한다(상증법 제50조의2, 제78조 제10항). 종전에는 위 ①에서 미개설·미신고한 각 사업연도 전체에 대하여 가산세를 계산하였으나, 2021. 12. 31. 상증세법을 개정하여 미개설·미신고 기간에 대하여만 가산세를 계산함으로써 납세자의 부담을 줄여주었다.

(아) 결산서류 등 공시의무

종교법인을 제외한 공익법인은 투명성을 확보하고 이해관계자에게 회계정보를 제공하기 위하여 결산서류를 해당 공익법인의 과세기간 또는 사업연도 종료일부터 4개월 이내에 국세청의 인터넷 홈페이지에 게재하는 방법으로 공시하여야 한다(상증법 제50조의3). 다만 총자산가액이 5억 원 미만이면서 수입금액과 출연재산의 합계액이 3억 원 미만인 공익법인은 간편서식으로 공시할 수 있다. 공익법인이 결산서류 등을 공시하지 않거나 공시내용에 오류가 있는 경우로서 국세청장의 공시 또는 시정요구를 지정된 기한까지 이행하지 않은 경우에는 공시하여야 할 과세기간 또는 사업연도의 종료일 현재 그 공익법인의 자산총액의 0.5%에 상당하는 금액을 가산세로 부과한다(상증법 제78조 제11항).

(자) 공익법인의 회계기준 적용의무

직전 연도 총자산가액이 100억 원 이상, 수입금액과 출연재산 합계액이 50억 원 이상, 출연재산가액이 20억 원 이상인 공익법인은 외부회계감사보고서를 제출하여야 한다(상증법 제50조의4). 다만 의료법인, 학교법인 등은 적용대상에서 제외한다(상증령 제43조의4 제2항).

(차) 장부 작성·비치 의무

공익법인은 소득세 과세기간 또는 법인세 사업연도별로 출연받은 재산 및 공익사업 운용내용 등에 대한 장부를 작성하여야 하며 장부와 관계있는 중요한 증명서류를 갖춰 두어야 한다(상증법 제51조 제1항). 공익법인이 장부의 작성·비치 의무를 이행하지 않은 경우에는 소득세 과세기간 또는 법인세 사업연도의 수입금액과 그 과세기간 또는 사업연도에 출연받은 재산가액을 합친 금액에 0.07%를 곱하여 계산한 금액(제1호에 해당되어 계산된 금액이 100만 원 미만인 경우에는 100만 원으로 한다)을 상속세 또는 증여세로 징수한다(상증법 제78조 제5항).

4. 공익신탁재산과 장애인이 증여받은 재산의 증여세과세가액 불산입

가. 공익신탁재산에 대한 증여세과세가액 불산입

증여자가 상증세법상 공익신탁을 통하여 공익법인 등에 출연하는 재산의 가액은 증여세 과세가액에 불산입한다. 이를 적용받기 위하여는 증여재산에 대하여 증여세 과세표준 신고기한까지 신탁을 이행하여야 한다(상증령 제14조 제2항). 다만, 법령상 또는 행정상의 사유로 신탁이행이 늦어지면 그 사유가 끝나는 날이 속하는 달의 말일부터 3개월 이내에 신탁을 이행하여야 한다.

나. 장애인이 증여받은 재산의 증여세과세가액 불산입

장애인이 재산을 증여받고 본인을 수익자로 자익신탁을 설정한 경우 또는 제3자가 장애인을 수익자로 하여 타익신탁을 설정한 경우 각 일정한 요건을 갖추면 5억 원을 한도로 증여세를 면제한다(상증법 제52조의2). 과거에는 자익신탁에 대하여만 증여세를 면제하였으나, 2019. 12. 31. 상증세법 개정으로 타익신탁에 대하여도 증여세 면제를 적용한다.

5. 증여세 과세특례

가. 창업자금에 대한 증여세 과세특례(조특법 제30조의5)

(1) 의의

고령층이 젊은 세대에게 창업자금을 증여하는 경우 세제상 지원을 하여 고령층으로부터 젊은 세대로 부의 이전을 촉진하고 경제활력을 증진시키기 위한 취지로 창업자금에 대한 증여세 과세특례를 인정한다. 지원대상은 18세 이상의 거주자가 60세 이상의 부모로부터 창업중소기업 등에 대한 세액감면을 적용받는 업종, 즉 제조업, 광업, 건설업 등을 영위하는 중소기업을 창업할 목적으로 창업자금으로서 현금과 주식을 증여받는 경우 과세특례를 적용한다. 토지, 건물 등 양도소득세 과세대상자산은 과세특례에서 제외한다.

(2) 창업자금의 사용요건

(가) 증여일부터 2년 이내의 창업

수증자는 창업자금을 증여받은 날부터 2년 이내에 창업하여야 한다. 창업(創業)은 사전적 의미로는 사업을 새로 시작하는 것을 의미하나, 사업을 확장하는 경우, 사업용 자산을 취득하거나 확장한 사업장의 임차보증금 및 임차료를 지급하는 경우에는 창업으로 본다. 다만, 합병, 분할, 현물출자 또는 사업양수를 통하여 종전의 사업을 승계하거나 종전의 사업에 사용되던 자산을 인수 또는 매입하여 같은 종류의 사업을 하는 경우, 거주자가 하던 사업을 법인으로 전환하여 새로운 법인을 설립하는 경우, 폐업 후 사업을 다시 개시하여 폐업 전의 사업과 같은 종류의 사업을 하는 경우 등은 창업에서 제외한다.

(나) 증여일부터 4년까지 창업자금 사용

수증자는 창업자금을 증여받은 날부터 4년이 되는 날까지 창업자금을 모두 해당 목적에 사용하여야 한다.

(3) 지원내용

사업용 자산의 취득자금 또는 사업장 임차보증금과 임차료로 사용되는 창업자금은 증여세 과세가액에서 5억 원을 공제한 후 10%의 낮은 세율로 증여세를 과세한다. 다만, 상속이 개시되는 경우에는 정산한다. 증여재산은 50억 원을 한도로 하고 창업을 통하여 10명 이상을 신규 고용한 경우에는 한도를 100억 원까지 높인다.

나. 가업승계에 대한 증여세 과세특례(조특법 제30조의6)

(1) 의의

중소기업 및 중견기업 경영자가 생전에 자녀에게 주식을 증여하여 가업을 승계시키는 경우 세제상 지원을 하여 경제 활성화 및 기업경영의 영속성을 도모하기 위한 취지로 가업승계에 대한 증여세 과세특례를 인정한다. 중소기업 및 중견기업의 원활한 가업승계를 지원하기 위하여 2022. 12. 31. 상증세법 개정 시 가업상속공제의 수준에 준하여 세제지원을 대폭 확대하였다. 가업은 중소기업 및 매출액 5,000억 원 미만의 중견기업이어야 한다.

(2) 지원요건

(가) 증여자 요건

① 60세 이상의 부모이어야 한다. 다만, 부모가 사망하였을 경우에는 조부모가 포함된다.
② 중소법인의 최대주주로 10년 이상 계속하여 가업을 경영하여야 한다.
③ 최대주주 1인과 특수관계인의 보유주식 등을 합하여 지분율이 40%(상장법인 20%) 이상이어야 한다.

(나) 수증자 요건

① 18세 이상의 자녀 또는 그 배우자이어야 한다.
② 증여받은 달로부터 3월 이내에 가업에 종사하여야 한다.
③ 증여일로부터 5년 이내에 대표이사 등에 취임하여야 한다.

(3) 지원내용

특례대상 증여재산가액은 증여한 주식가액 × (1 – 업무무관 자산가액/총자산가액)에 해당하는 금액이다. 증여세과세가액에서 10억 원을 공제하고 120억 원까지 10%, 120억 원을 초과하는 경우 20%의 세율을 적용하며 600억 원을 한도로 한다. 가업영위기간 10년 이상이면 300

억 원, 20년 이상이면 400억 원, 30년 이상이면 600억 원이 한도이다. 증여 후 상속이 개시되는 경우 가업상속요건 충족 시 상속세 부담을 완화한다. 가업의 승계에 대한 증여세 과세특례 적용으로 상속개시일 현재 피상속인이 발행주식총수 등의 50% 이상 10년 이상 계속 보유 요건을 충족하지 못하는 경우에는 해당 주식을 상속개시일 현재까지 피상속인이 보유한 것으로 보아 상속세를 계산한다. 상장주식의 경우에는 요건을 완화하여 30%의 지분율을 적용한다.

(4) 사후관리

수증자가 가업을 승계하지 않거나 가업을 승계한 후 주식 등을 증여받은 날부터 5년 이내에 정당한 사유 없이 가업에 종사하지 않거나 가업을 휴업하거나 폐업하는 경우, 증여받은 주식 등의 지분이 줄어드는 경우에는 그 주식 등의 가액에 대하여 증여세를 부과한다.

제2절) 증여공제

1. 증여재산공제

가. 의의

증여는 일반적으로 친족 간에 이루어진다. 그런데 친족 간의 증여에 대하여 증여재산공제를 인정하지 않으면 과세관청이 친족 간의 소액의 재산이전에 대하여도 일일이 확인하여 증여세를 과세하여야 한다. 이는 납세자나 과세관청 모두에게 번거로운 일이므로 친족 간의 증여에 대하여는 적정한 수준의 증여재산공제를 적용하고 있다(상증법 제53조).

나. 증여재산공제액

(1) 배우자로부터 증여를 받은 경우

배우자로부터 증여를 받은 경우에는 증여재산공제액이 6억 원이다. 부부의 재산은 부부가 공동으로 형성한 것이고 이혼 시 재산분할을 하는 경우 증여세가 비과세되는 점 등을 감안하여 증여재산공제액을 높게 설정하였다. 2002. 12. 18. 상증세법 개정 전에는 5억 원이었으나 2002. 12. 18. 개정으로 3억 원으로 줄었다가 2007. 12. 31. 개정 시 6억 원으로 상향하였다. 2002. 12. 18. 개정 시 3억 원으로 줄인 것은 헌법재판소의 자산소득 부부합산과세제도의 위헌결정에 대응하여 부부간 사전증여를 통한 종합소득세 회피를 방지하기 위함이었고,[19] 2007. 12. 31. 개정 시 6억 원으로 상향한 것은 배우자의 재산형성 기여도, 이혼 시 재산분할에 대하여 증여세가 비과세된다는 점 등을 반영하기 위함이었다.[20]

---

19) 재정경제부, 「2002 간추린 개정세법」, 2003, 338면

(2) 직계존속과 직계존속의 배우자로부터 증여를 받은 경우

직계존속과 직계존속의 배우자로부터 증여를 받은 경우 성년자의 증여재산공제액은 5,000만 원이고, 미성년자의 증여재산공제액은 2,000만 원이다. 과거에는 성년자 3,000만 원, 미성년자 1,500만 원이었다가 2014. 1. 1. 상증세법 개정 시 성년자 5,000만 원, 미성년자 2,000만 원으로 상향하였다. 직계존속은 부모 이외에 할아버지, 할머니도 포함하므로 성년자가 아버지로부터 5,000만 원, 할아버지로부터 5,000만 원을 증여받으면 5,000만 원에 대하여만 증여재산공제를 받을 수 있다.

(3) 직계비속과 직계비속의 배우자로부터 증여를 받은 경우

직계비속과 직계비속의 배우자로부터 증여를 받은 경우 증여재산공제액은 5,000만 원이다. 과거에는 3,000만 원이었다가 2015. 12. 15. 상증세법 개정 시 5,000만 원으로 상향하였다.

(4) 6촌 이내의 혈족, 4촌 이내의 인척으로부터 증여를 받은 경우

6촌 이내의 혈족, 4촌 이내의 인척으로부터 증여를 받은 경우 증여재산공제액은 1,000만 원이다. 과거에는 500만 원이었다가 2015. 12. 15. 상증세법 개정 시 1,000만 원으로 상향하였다.

다. 둘 이상의 증여가 있는 경우

둘 이상의 증여가 증여시기를 달리하는 경우에는 둘 이상의 증여 중 최초의 증여세과세가액에서부터 순차로 공제하고, 둘 이상의 증여가 동시에 있는 경우에는 각각의 증여세과세가액에 대하여 안분하여 공제한다(상증령 제46조 제1항).

2. 혼인 및 출산 증여재산공제

가. 의의

우리나라는 1980년대 이후 출산율이 지속적으로 하락하고 있으며 최근에 그 하락률이 가파라져서 국가경쟁력의 약화를 초래하고 국가의 존립 자체마저 위협할 수 있다는 위기감이 높아지고 있다. 이러한 저출산 문제에 대응하기 위하여 2023. 12. 31. 상증세법 개정 시 혼인 및 출산 증여공제제도를 도입하였다(상증법 제53조의2).

나. 내용

(1) 혼인 증여재산공제

거주자가 직계존속으로부터 혼인신고일 이전 2년부터 혼인신고일 이후 2년까지 총 4년 내에 증여를 받는 경우에는 일반 증여재산공제와 별개로 1억 원을 증여세 과세가액에서 공제한다(상증법 제53조의2 제1항). 증여추정 및 증여의제 등에 해당하는 재산에 대하여는 혼인 증여

---

20) 기획재정부, 「2007 간추린 개정세법」, 2008, 508면

재산공제를 적용하지 않는다(상증법 제53조의2 제4항).

혼인 증여재산공제를 받은 후 약혼자의 사망 등 혼인할 수 없는 정당한 사유가 발생한 경우 그 달의 말일부터 3개월 이내에 증여자에게 반환하면 처음부터 증여가 없었던 것으로 본다(상증법 제53조의2 제5항). 혼인 전 증여받은 거주자가 증여일부터 2년 이내에 혼인하지 않은 경우로서 증여일부터 2년이 되는 날이 속하는 달의 말일부터 3개월이 되는 날까지 수정신고 또는 기한후 신고한 경우, 혼인 후 증여받은 거주자가 혼인이 무효가 된 경우로서 혼인무효 소의 확정판결일이 속하는 달의 말일부터 3개월이 되는 날까지 수정신고 또는 기한후 신고한 경우에는 무신고가산세, 과소신고·초과환급신고가산세, 납부지연가산세를 면제하고 법령 소정의 이자상당액을 부과한다(상증법 제53조의2 제6항, 제7항).

(2) 출산 증여재산공제

거주자가 직계존속으로부터 자녀의 출생일 또는 입양일부터 2년 내에 증여를 받는 경우에는 일반 증여재산공제와 별개로 1억 원을 증여세 과세가액에서 공제한다(상증법 제53조의2 제1항). 증여추정 및 증여의제 등에 해당하는 재산에 대하여는 혼인 증여재산공제를 적용하지 않는다(상증법 제53조의2 제4항).

(3) 통합 공제한도

혼인 증여재산공제와 출산 증여재산공제를 합하여 1억 원을 초과할 수 없다(상증법 제53조의2 제3항).

3. 재해손실공제

재해손실공제에 대하여는 상속세의 규정을 준용한다. 따라서 증여세 신고기한 이내에 화재, 붕괴, 자연재해 등의 재난으로 인하여 증여재산이 멸실되거나 훼손된 경우에는 그 손실가액을 증여세과세가액에서 공제한다(상증법 제54조).

1. 증여세의 계산구조

증여세의 계산과정을 흐름도로 표시하면 다음과 같다.

```
증여재산가액
( + )  사전증여재산(10년)
( + )  증여의제 및 추정증여재산
( - )  증여재산에 담보된 채무
( - )  비과세증여재산가액
( - )  공익목적출연재산 등 과세가액불산입
  =   증여세과세가액
( - )  증여재산공제
  =   과세표준
( × )  세율(10~50%)
  =   산출세액
( - )  세액공제
  =   납부세액
```

2. 과세표준

가. 계산방법(상증법 제55조)

(1) 명의신탁재산 증여의제 등으로 인한 증여세

명의신탁재산 증여의제 등으로 인한 증여세 과세표준은 명의신탁재산의 금액에서 감정평가 수수료를 뺀 금액이다. 또한 특수관계법인과의 거래를 통한 이익의 증여의제, 특수관계법인으로부터 제공받은 사업기회로 발생한 이익의 증여의제로 인한 증여세 과세표준은 증여의제이익에서 감정평가 수수료를 뺀 금액이다. 명의신탁 등에 대한 제재는 일률적 기준으로 동일하게 적용하는 것이 합리적이므로 명의신탁재산의 증여의제로 인한 증여세에 대하여는 증여재산공제를 적용하지 않는다.[21]

(2) 명의신탁재산 증여의제 등을 제외한 합산배제증여재산

위 "(1)"을 제외한 합산배제증여재산, 즉 상증세법 제31조 제1항 제3호(재산 취득 후 해당 재산의 가치가 증가하는 경우), 제40조 제1항 제2호·제3호(전환사채 등의 주식전환에 따른 이익의 증여), 제41조의3(주식상장 등에 따른 이익의 증여), 제41조의5(합병 등에 따른 이익

---

21) 헌재 2012. 11. 29. 선고 2010헌바215 결정

의 증여), 제42조의3(재산취득 후 재산가치 증가에 따른 이익의 증여) 등의 증여세 과세표준은 증여재산가액에서 3,000만 원을 공제한 후 감정평가 수수료를 뺀 금액이다. 증여재산공제를 적용하지 않는 대신 일률적으로 3,000만 원을 공제한다.

(3) 그 밖의 경우

일반적인 증여의 경우 증여세 과세표준은 증여세과세가액에서 증여재산공제와 재해손실공제를 뺀 후 감정평가 수수료를 뺀 금액이다.

나. 과세최저한

과세표준이 50만 원 미만이면 증여세를 부과하지 않는다(상증법 제55조 제2항).

3. 증여세액

가. 증여세 세율과 증여세액

증여세 세율은 상속세 세율과 동일하다(상증법 제56조). 증여세는 위 과세표준에 과세표준별로 구분된 세율을 적용하여 계산한다.*

나. 직계비속에 대한 증여의 할증과세

수증자가 증여자의 자녀가 아닌 직계비속, 예를 들어 손자녀인 경우에는 증여세산출세액에 30%를 할증과세한다. 수증자가 증여자의 자녀가 아닌 직계비속이면서 미성년자인 경우로서 증여재산가액이 20억 원을 초과하는 경우에는 40%를 할증한다(상증법 제57조). 다만, 증여자의 최근친인 직계비속이 사망하여 그 사망자의 최근친인 직계비속이 증여받은 경우에는 할증과세를 적용하지 않는다. 할증과세를 적용할 때 증여재산가액은 합산되는 증여재산을 포함하고, 증여세액을 계산할 때 종전에 납부한 할증과세액은 공제한다(상증령 제46조의3 제1항, 제2항).

4. 세액공제

가. 납부세액공제

(1) 의의

10년 이내 증여재산가액의 합산과세로 인하여 납부하였거나 납부할 증여세액은 이중과세를 조정하기 위하여 증여세산출세액에서 공제한다(상증법 제58조 제1항). 다만, 증여세 과세가액에 가산하는 증여재산에 대하여 부과제척기간 만료로 인하여 증여세가 부과되지 않는 경우에는 증여세를 납부하지 않으므로 공제하지 않는다.

(2) 한도

납부세액공제는 전체 증여세 과세표준 중 가산한 증여재산의 과세표준이 차지하는 비율을 초과하는 부분이 공제되지 않도록 다음의 한도를 적용한다(상증법 제58조 제2항).

> 증여세산출세액 × 가산한 증여재산의 과세표준/(해당 증여재산가액의 과세표준 + 가산한 증여재산의 과세표준)

나. 외국납부세액공제

타인으로부터 외국에 있는 재산을 증여받은 경우에는 이중과세를 조정하기 위하여 그 부과받은 증여세에 상당하는 금액을 증여세산출세액에서 공제한다(상증법 제59조).

다. 신고세액공제

증여세 과세표준을 신고한 경우에는 증여세산출세액에서 징수를 유예받은 금액, 산출세액에서 공제되거나 감면되는 금액을 공제한 금액의 3%에 상당하는 금액을 공제한다(상증법 제69조 제2항).

제**3**부

재산의 평가, 신고 및 납부

재산의 평가

제**1**장

제1절　총설

1. 평가의 의의 및 중요성

재산의 평가는 재산의 가치를 화폐액으로 표시하는 것이다. 상속재산이나 증여재산을 얼마로 평가할지는 납세자가 부담하는 상속세와 증여세의 크기와 직결되므로 중요하다. 그러나 상속재산이나 증여재산은 처분되지 않은 재산을 평가한다는 점에서 어려움이 있으므로 상증세법은 평가의 객관성을 확보하기 위하여 평가원칙, 평가방법 등을 상세히 규정하고 있다. 법인세법, 소득세법 등 다른 세법은 대체로 상증세법의 평가규정을 준용하므로 상증세법상 평가규정은 평가에 관한 한 일반규정으로서의 지위를 가지고 있다고 볼 수 있다.

2. 평가원칙 및 평가기준일

재산의 평가는 원칙적으로 시가에 의하여 평가하되, 시가를 알 수 없는 경우에는 보충적 평가방법에 의하여 평가한다(상증법 제60조 제1항, 제3항). 상속세는 상속개시일을 기준으로 평가하고 증여세는 증여일을 기준으로 평가한다(상증법 제60조 제1항). 상속세 신고를 하지 않거나 신고에서 누락된 상속재산의 가액에 대하여 상속세 부과 당시의 가액으로 평가하도록 규정한 1988. 12. 26. 개정 전 상속세법 제9조 제2항 본문은 재산권 침해 등으로 위헌결정을 받았다.[1] 상속재산가액에 가산되는 사전증여재산가액은 증여일 기준으로 평가한다(상증법 제60조 제1항, 제4항). 상속재산에 가산할 증여의 가액은 상속개시 당시의 현황에 의하도록 규정한 1993. 12. 31. 개정 전 상속세법 제9조 제1항은 재산권 침해 등으로 위헌결정을 받았다.[2]

---

1) 헌재 1992. 12. 24. 선고 90헌바21 결정
2) 헌재 1997. 12. 24. 선고 96헌가19 결정 등

제2절 시가주의

1. 본래 의미의 시가

가. 시가의 개념

재산은 평가기준일 현재의 시가에 따라 평가하는 것이 원칙이므로 자산의 시가를 알 수 있는 경우에는 시가에 따라 평가한다(상증법 제60조 제1항). 시가(市價)는 사전적 의미로는 시장에서 거래되는 가격을 말한다. 상증세법에서는 시가를 불특정 다수인 사이에 자유롭게 거래가 이루어지는 경우에 통상적으로 성립된다고 인정되는 가액으로 정의하고 있다(상증법 제60조 제2항).

나. 상장주식의 경우

상장주식은 주식이 자유롭게 거래되는 시장이 형성되어 있으므로 객관적인 시가를 파악하기 어렵지 않다. 다만, 주가는 수시로 변하므로 일시적 급등이나 급락에 따른 평가의 왜곡을 막기 위하여 평가기준일의 한 시점이 아닌 4개월간의 평균액으로 평가하도록 하여 평가기준일 전후 각 2개월, 총 4개월의 거래소 종가의 평균액을 시가로 간주한다(상증법 제60조 제1항 후문).

2. 시가의 확장(간주시가)

가. 의의

시가의 개념은 완전경쟁시장의 시장가격을 상정한 것이나, 현실에서는 상장주식 등 일부 자산을 제외하고는 거래시장이 제대로 형성되어 있지 아니하여 시가를 알 수 없는 경우가 많다. 특히 비상장주식, 토지, 단독주택 등은 거래가 드물어서 시가를 알 수 없는 경우가 대부분이므로 상증세법은 시가의 범위를 넓혀서 평가기준일 전후 일정기간 내의 당해 재산이나 유사재산의 매매사례가액, 공매가격, 경매가격, 감정가액, 수용가액 등 객관적인 평가가 가능한 가액을 시가로 간주한다(상증법 제60조 제2항). 다만, 유사사례가액은 당해 재산 가액보다 후순위로 적용하므로 해당 재산의 가액이 없는 경우에 한하여 적용한다(상증령 제49조 제2항).

상속재산의 경우에는 평가기준일 전후 6개월 이내, 증여재산의 경우에는 평가기준일 전 6개월부터 평가기준일 후 3개월 이내의 평가기간 중 매매사례가액 등이 확인되는 경우 시가로 간주한다(상증령 제49조 제1항). 증여세의 경우 과거에는 평가기준일 전후 3개월 이내의 기간으로 되어 있었으나, 2019. 2. 12. 상증세법 시행령을 개정하여 평가기준일 전 6개월부터 평가기준일 후 3개월까지로 평가기간을 넓혀 시가의 범위를 확대하였다. 다만, 위 평가기간에 해당하지 않은 기간으로서 평가기준일 전 2년 이내까지 범위를 넓혀서 그 기간 중에 매매 등이 있거나 평가기간이 경과한 후부터 법정결정기한[3]까지의 기간 중에 매매 등이 있는 경우에도 평가기준일부터 법령에서 정한 기준일까지 가격변동의 특별한 사정이 없다고 인정되는 경우에는 평가심의위원회의 심의를 거쳐 해당 매매 등의 가액을 시가로 간주할 수 있도록 하였다. 평가기간에 해당하지 않는 기간의 경우에도 평가기준일로부터 2년 이내에 시가에 부합하는 가액이 있으면 평가제도의 경직성을 완화하여 시가로 간주하겠다는 취지이다. 처음에는 과세관청만 평가심의위원회의 심의를 신청할 수 있었으나, 2016. 2. 5. 상증세법 시행령을 개정하여 납세자의 신청도 허용하였다. 과세관청은 위 규정에 따라 비주거용 부동산 등을 대상으로 보충적 평가방법으로 신고하여 시가와 차이가 크고, 고가인 부동산을 중심으로 감정평가를 실시하여 평가심의위원회의 심의를 거쳐 시가로 간주한 후 상속세 또는 증여세를 과세하기도 한다. 2019. 2. 12. 상증령 개정으로 평가기간이 경과한 후부터 상증세의 결정기한까지 존재하는 감정가액에 대하여도 간주시가로 활용할 수 있게 되었기 때문이다.

어느 재산이 위 평가기간 내에 있는지 여부는 매매사례가액은 매매계약일, 감정가액은 가격산정기준일과 감정가액평가서 작성일, 수용가액, 경매가격, 공매가격의 경우에는 보상가액, 경매가액, 공매가액의 결정일을 기준으로 판단한다(상증령 제49조 제2항). 시가로 보는 가액이 둘 이상인 경우에는 평가기준일을 전후하여 가장 가까운 날에 해당하는 가액을 적용한다. 과거 감정가액에 관하여 과세관청은 소급감정에 의한 평가액을 시가로 인정하지 않았으나, 판례는 소급감정에 의하여 평가액도 시가로 인정하자,[4] 2014. 2. 21. 상증세법 시행령을 개정하여 가격산정 기준일, 감정평가서 작성일 모두 평가기간 이내일 것을 요건으로 함으로써 제도적으로 평가기간이 지난 후에 소급감정에 의하여 평가한 가격을 시가로 인정하는 것을 제한하였다.

나. 확장된 시가의 종류

(1) 매매사례가액

평가기간 내의 매매사례가액은 시가로 간주되나, 다음 어느 하나에 해당하는 경우는 시가에서 제외한다(상증령 제49조 제1항 제1호).

① 특수관계인과의 거래 등으로 그 거래가액이 객관적으로 부당하다고 인정되는 경우이다. 시가로 인정받기 위해 특수관계인과의 거래를 통하여 의도적으로 매매사례가액을 만들어내는 것을 방지하기 위한 취지이다.

② 거래된 비상장주식의 가액이 해당 법인의 발행주식총액의 1%에 해당하는 금액과 3억원 중 적은 금액 미만인 경우이다. 특수관계가 없는 자와 사전에 소액의 거래를 통해 매매사례가액을 조작하는 것을 방지하기 위한 취지이다. 다만, 평가심의위원회의 심의를 거쳐 그 거

---

3) 법정결정기한은 상속세의 경우 신고기한부터 9개월이고, 증여세의 경우 신고기한부터 6개월이다(상증령 제78조 제1항).
4) 대법원 2003. 5. 30. 선고 2001두6029 판결

래가액이 거래의 관행상 정당한 사유가 있다고 확인받으면 시가로 인정한다.

위와 같이 시장성이 적은 비상장주식의 경우에도 그에 관한 객관적 교환가치가 적정하게 반영된 정상적인 거래의 실례가 있는 경우에는 그 거래가격을 시가로 보아 주식의 가액을 평가하여야 하지만 회사의 주식을 회사의 경영권과 함께 양도하는 경우 그 거래가격은 주식만을 양도하는 경우의 객관적 교환가치를 반영하는 일반적인 시가로 볼 수 없다.[5]

(2) 감정가액

(가) 주식을 제외한 재산

주식을 제외한 재산에 대하여 둘 이상의 감정기관이 평가한 감정가액이 있는 경우에는 감정가액의 평균액을 시가로 간주한다. 다만, 기준시가가 10억 원 이하의 부동산은 납세자의 부담을 줄여주기 위하여 1개 감정기관의 평가액을 시가로 할 수 있다(상증법 제60조 제5항, 상증령 제49조 제6항). 다만, 일정한 조건이 충족될 것을 전제로 재산을 평가하는 등 상속세 및 증여세의 납부목적에 적합하지 않은 경우, 평가기준일 현재 당해 재산의 원형대로 감정하지 않은 경우에는 시가에서 제외한다(상증령 제49조 제1항 제2호).

감정가액이 보충적 평가방법에 따라 평가한 가액과 유사사례가액의 90%에 해당하는 금액 중 적은 금액인 기준금액에 미달하는 경우 또는 기준금액 이상이지만 평가심의위원회의 심의에서 해당 가액이 부적정하다고 인정한 경우에는 과세관청이 다른 감정기관에 의뢰한 재감정가액에 따라 평가하여야 하나, 재감정가액이 납세자가 제시한 원감정가액보다 낮은 경우에는 원감정가액에 따라 평가한다. 다만, 대법원은 과세관청이 평가심의위원회의 자문결과에 구속되지 않는 점을 근거로 원감정가액이 기준금액 이상인 경우의 재감정 사유가 인정되는지 여부는 평가심의위원회의 자문을 거쳤는지 여부를 기준으로만 판단할 것은 아니고, 원감정가액의 감정평가목적, 납세자와 감정기관과의 관계, 통모 여부, 납세자의 조세회피 의사, 평가심의위원회의 자문내용 및 결과 등을 함께 고려하여 개별적으로 판단해야 한다고 판시하였다.[6] 이는 과세관청의 과세목적 소급감정을 제한하는 것이 법적 안정성 및 납세자의 재산보호를 위하여 필요하다는 점을 고려한 것으로 보인다. 납세자가 제시한 원감정가액이 과세관청에서 다른 감정기관에 의뢰하여 평가한 재감정가액의 80%에 미달하는 경우 평가심의위원회의 심의를 거쳐 부실감정의 고의성 및 원감정가액이 재감정가액에 미달하는 정도 등을 고려하여 1년의 범위에서 원감정기관을 시가불인정 감정기관으로 지정할 수 있다(상증법 제60조 제5항, 상증령 제49조 제7항·제8항).

(나) 주식의 경우

주식은 감정가액은 시가에서 제외한다. 비상장주식의 경우에는 감정평가방법이나 감정기

---

5) 대법원 1990. 1. 12. 선고 89누558 판결, 대법원 2004. 10. 15. 선고 2003두1073 판결
6) 대법원 2024. 4. 12. 선고 2020두54265 판결

관에 따라 서로 다른 감정가액이 산출되는 문제점이 있으므로 평가방법을 획일화하기 위하여 감정가액을 인정하지 않는 것이고,[7] 상장주식의 경우에는 평가기준일 전후 각 2개월 동안의 거래소 최종 시세가액의 평균액을 시가에 해당하는 것으로 규정하고 있으므로 감정가액을 시가로 인정할 실익이 없기 때문이다.

(3) 수용가액, 경매가액, 공매가액

해당 재산에 대하여 수용, 경매 또는 공매사실이 있는 경우에는 그 보상가액, 경매가액 또는 공매가액을 시가로 간주하나, 다음 어느 하나에 해당하는 경우는 시가에서 제외한다(상증령 제49조 제1항 제3호).

① 물납한 재산을 상속인 또는 그 특수관계인이 경매 또는 공매로 취득한 경우이다. 물납한 비상장주식을 공매에 의하여 저가로 취득하는 방법으로 변칙증여하는 것을 방지하기 위한 취지이다.

② 경매 또는 공매로 취득한 비상장주식의 가액이 해당 법인의 발행주식총액의 1%에 해당하는 금액과 3억 원 중 적은 금액 미만인 경우이다. 소액지분의 비상장주식을 경매나 공매를 통해 취득하는 경우 당해 재산의 가치를 제대로 반영한다고 보기 어렵기 때문이다.

③ 경매 또는 공매절차의 개시 후 관련 법령이 정한 바에 따라 수의계약에 의하여 취득하는 경우이다.

④ 최대주주 등의 상속인 또는 최대주주 등의 특수관계인이 최대주주 등이 보유하고 있던 비상장주식 등을 경매 또는 공매로 취득한 경우이다.

(4) 유사사례가액

해당 재산이 아닌 유사재산에 대한 매매사례가액, 감정가액, 수용가액, 경매가격, 공매가격 등이 평가기간 내에 있는 경우에는 유사사례가액을 시가로 간주한다(상증령 제49조 제4항). 유사재산은 해당 재산과 면적, 위치, 용도, 종목 및 기준시가가 동일하거나 유사한 다른 재산으로서 공동주택가격이 있는 공동주택의 경우에는 ① 평가대상 주택과 동일한 공동주택단지내에 있고, ② 평가대상 주택과 주거전용면적의 차이가 평가대상주택의 주거전용면적의 5% 이내이며, ③ 평가대상 주택과 공동주택가격의 차이가 평가대상 주택의 공동주택가격의 5% 이내이어야 하고, 그 밖의 재산의 경우에는 평가대상재산과 면적, 위치, 용도, 종목 및 기준시가가 동일하거나 유사하여야 한다(상증칙 제15조 제3항). 유사성을 판단할 때 평가기준일 당시 새로운 공동주택가격이 고시되기 전에는 직전의 공동주택가격을 의미하므로 평가기준일 이후에 공동주택가격이 새로 고시되었더라도 새로운 공동주택가격을 사용할 수 없다.[8] 유사사례가액을 적용할 때 평가대상재산과 유사한지 여부에 대하여 다툼이 많이 생기자, 2017. 3. 10.

---

7) 대법원 2011. 5. 13. 선고 2008두1849 판결
8) 대법원 2025. 2. 13. 선고 2022두55606 판결

상증세법 시행규칙을 개정하여 구체적인 기준을 마련한 것이다. 공동주택 평가 시 시가 산정의 기준이 되는 공동주택이 여러 채인 경우에는 평가대상주택과 공동주택가격 차이가 가장작은 주택의 가액을 유사사례가액으로 적용한다.

유사사례가액은 평가기준일 전 6개월부터 평가기간 이내의 신고일까지의 가액이어야 한다. 당초 유사사례가액의 기간 요건은 평가기준일 전후 일정 기간 이내로 되어 있었으나, 2010. 12. 30. 상증세법 시행령 개정 시 평가기준일 후의 기간에 대하여는 신고일까지의 가액만 시가로 인정하는 것으로 변경하였다. 납세자가 신고한 이후의 유사재산가액은 알 수 없으므로 이를 시가로 간주하는 것이 불합리하기 때문이다.

다. 확장된 시가가 한정적 열거인지 또는 예시적 열거인지

1996. 12. 30. 개정된 상증세법 제60조 제2항은 "제1항의 규정에 의한 시가는 불특정다수인 사이에 자유로이 거래가 이루어지는 경우에 통상 성립된다고 인정되는 가액으로 하고 수용·공매가격 및 감정가격등 대통령령이 정하는 바에 의하여 시가로 인정되는 것을 포함한다."라고 규정하였으므로 그 당시 판례는 매매사례가액, 공매가격, 경매가격, 감정가액, 수용가액 등 간주시가로 열거된 가격은 예시적인 것이라고 판시하였다.[9] 2000. 12. 29. 개정 전 상증세법 시행령 제49조 제1항은 "매매·감정·수용·경매 또는 공매가 있는 경우에 한하여"라고 규정하여 한정적 열거라고 해석할 여지가 있었으나, 2000. 12. 29. 개정된 상증세법 시행령 제49조 제1항은 "한하여"라는 문구를 삭제하였으므로 예시적 열거로 해석하는 것이 타당하다. 헌법재판소도 상증세법 제60조 제2항의 위임에 따라 대통령령에 정하여질 내용은 시가를 한정하는 것이 아니라 시가로 볼 수 있는 대표적인 경우를 예시하는 것이라고 하여 상증세법 시행령 제49조 제1항에 열거된 가격을 예시적인 것으로 해석하고 있다.[10]

제3절 보충적 평가방법에 의한 평가

1. 의의 및 요건

가. 의의

시가를 알 수 없거나 시가를 산정하기 어려운 경우에는 해당 재산의 종류, 규모, 거래상황 등을 고려하여 법령에서 정한 방법에 의하여 평가하여야 한다(상증법 제60조 제3항). 이를 "보충적 평가방법"이라고 한다. 시가를 알 수 없다고 세금을 부과하지 않을 수 없으므로 시가를

---

9) 대법원 2001. 8. 21. 선고 2000두5098 판결, 대법원 2010. 1. 14. 선고 2007두23200 판결
10) 헌재 2010. 10. 28. 선고 2008헌바140 결정

알 수 없는 경우에는 보충적 평가방법에 의하여 평가한 가액에 따라 과세할 수 있도록 한다는 점에서 보충적 평가방법은 시가에 관한 증명의 곤란을 구제한다는 의미가 있다. 자산의 평가를 둘러싼 다툼을 줄이기 위하여 평가방법을 획일화하고 객관화한다는 적극적 의미도 있다.

2010. 1. 1. 상증세법 개정 전에는 보충적 평가방법에 따라 평가한 가액이 시가에 해당하는지 명확히 규정되어 있지 아니하여 보충적 평가방법에 의한 평가액이 시가에 해당하는지 다툼이 있었다. 보충적 평가방법에 의한 평가액이 시가에 해당하면 상속재산이나 증여재산을 평가하는 데서 그치지 않고, 나아가 실제 거래가액과 보충적 평가방법에 따른 평가액의 차액에 대하여 저가양수 또는 고가양도에 따른 이익의 증여규정 등도 적용할 수 있게 된다. 시가를 산정하기 어려운 경우에 활용하는 보충적 평가방법에 의한 평가액을 다시 시가로 보는 것은 논리적으로 모순이나, 판례는 보충적 평가방법에 의한 평가액은 현실적으로 시가를 산정하기 어려운 경우의 대안으로서 시가를 합리적으로 추정하는 평가방법이므로 시가에 해당한다고 판시하였다.[11] 2010. 1. 1. 개정된 상증세법 제60조 제3항은 보충적 평가방법에 의한 평가액을 시가로 간주하는 규정을 두어 위와 같은 논란을 입법적으로 해결하였다. 이에 따라 보충적 평가방법에 의한 평가액은 매매사례가액, 공매가격, 경매가격, 감정가액 등보다 적용순위가 늦을 뿐 시가에 해당하는 것이 명확해졌다.

나. 요건

시가에 의하여 재산을 평가하는 것이 원칙이고 보충적 평가방법은 예외적인 것이므로 시가를 산정하기 어려워서 보충적인 평가방법을 선택할 수밖에 없었다는 점에 관한 증명책임은 과세관청에게 있다.[12] 판례는 ① 상속 또는 증여 개시 당시까지 자산이 처분된 일이 없다는 점, ② 별도로 감정가액도 존재하지 않는다는 점 등 2가지 사항을 증명하면 시가를 산정하기 어려운 경우에 해당한다는 점을 증명한 것으로 인정한다.[13]

2. 각 재산의 보충적 평가방법

가. 부동산 등

(1) 토지

(가) 개별공시지가

토지는 평가기준일 현재 공시되어 있는 개별공시지가에 의하여 평가한다(상증법 제61조 제1항 제1호, 상증령 제50조 제6항). 다만, 신규등록 토지, 분할 또는 합병된 토지, 토지의 형질변경 또는 용도변경으로 인하여 지목이 변경된 토지 등 개별공시지가가 없는 토지의 가액은 관할

---

11) 대법원 2012. 6. 14. 선고 2012두3200 판결
12) 대법원 1995. 6. 13. 선고 95누23 판결
13) 대법원 2001. 9. 14. 선고 2000두406 판결

세무서장이 해당 토지와 지목, 이용상황 등 지가형성요인이 유사한 인근 토지를 표준지로 보고 비교표에 따라 평가한다(상증령 제50조 제1항).

(나) 평가기준일 이후 당해 연도 개별공시지가가 고시된 경우

토지의 평가기준일인 증여 당시에는 당해 연도의 개별공시지가가 고시되지 않았다가 그 이후에 같은 해 1. 1. 기준의 개별공시지가가 고시되었더라도, 증여 당시 고시되어 있던 전년도 개별공시지가보다는 당해 연도의 개별공시지가가 증여 당시 토지현황을 더 적정하게 반영하여 시가에 근접하므로 개별공시지가가 납세자에게 유리하게 낮아진 경우에는 증여 이후 고시된 당해 연도의 개별공시지가를 기준으로 증여토지의 가액을 평가하여야 한다.[14] 위 판례는 법령의 문언에는 반하나 구체적 타당성을 높이기 위한 취지이므로 증여 이후 고시된 개별공시지가가 높아져서 납세자에게 불리한 경우에는 적용할 수 없다.

(다) 개발사업 등으로 지가가 급등하거나 급등할 우려가 있는 지역

개발사업 등으로 지가가 급등하거나 급등할 우려가 있는 지역으로서 국세청장이 지정한 지역의 토지가액은 배율방법을 이용하여 평가한다(상증령 제50조 제2항).

(2) 일반건물

오피스텔 및 상업용 건물, 주택을 제외한 건물은 신축가격, 구조, 용도, 위치, 신축연도 등을 고려하여 매년 1회 이상 국세청장이 고시하는 가액으로 평가한다(상증법 제61조 제1항 제2호).

(3) 오피스텔 및 상업용 건물

오피스텔 및 상업용 건물은 건물의 종류, 규모, 거래상황, 위치 등을 고려하여 매년 1회 이상 국세청장이 토지와 건물에 대하여 일괄하여 고시한 가액으로 평가한다(상증법 제61조 제1항 제3호).

(4) 주택

주택은 개별주택가격 및 공동주택가격에 의하여 평가한다(상증법 제61조 제1항 제4호). 다만, 해당 주택의 고시주택가격이 없는 경우, 주택가격 고시 후에 해당 주택을 대수선 또는 리모델링을 하여 고시주택가격으로 평가하는 것이 적절하지 않은 경우에는 관할 세무서장이 인근 유사주택의 고시주택가격을 고려하여 평가한 금액이나 시장·군수가 산정한 가액이나 2 이상의 감정평가기관에 해당 주택에 대한 감정을 의뢰하여 산정된 감정가액을 고려하여 평가한다(상증령 제50조 제4항).

---

14) 대법원 1996. 8. 23. 선고 96누4411 판결

(5) 지상권, 부동산을 취득할 수 있는 권리, 특정시설물 이용권

지상권 가액은 그 가치를 객관적으로 산정하기 어렵기 때문에 장래 수입금액의 현재가치 합계액을 지상권의 가액으로 한다(상증법 제61조 제5항, 상증령 제51조 제1항, 상증칙 제16조 제1항, 제2항).

부동산을 취득할 수 있는 권리 및 특정시설물을 이용할 수 있는 권리는 평가기준일까지 납입한 금액과 평가기준일 현재의 프리미엄 상당액을 합하여 평가한다(상증법 제61조 제5항, 상증령 제51조 제2항). 다만, 해당 권리에 대하여 지방세법에 따라 고시한 시가표준액이 있는 경우에는 시가표준액으로 평가한다. 그 밖의 시설물과 구축물은 평가기준일에 다시 건축하거나 다시 취득할 경우에 소요되는 재취득가액 등에서 그것의 설치일부터 평가기준일까지의 감가상각비 상당액을 뺀 가액으로 평가한다(상증법 제61조 제4항, 상증령 제51조 제4항). 재취득가액 등을 산정하기 어려운 경우에는 지방세법 시행령에 따른 시가표준액을 해당 시설물 및 구축물의 가액으로 할 수 있다.

(6) 사실상 임대차계약이 체결되거나 임차권이 등기된 재산

사실상 임대차계약이 체결되거나 임차권이 등기된 재산은 임대료 등을 기준으로 다음 산식에 따라 평가한 가액과 개별공시지가 등에 따라 평가한 가액 중 큰 금액으로 평가한다(상증법 제61조 제5항, 상증령 제50조 제7항, 상증칙 제15조의2).

$$(1년간의\ 임대료 \div 12\%) + 임대보증금$$

나. 주식

(1) 상장주식

(가) 원칙

유가증권시장과 코스닥시장에 상장된 주식은 평가기준일 전후 각 2개월 총 4개월 동안 공표된 최종 시세가액의 평균액으로 평가한다(상증법 제63조 제1항 제1호 가목). 평가기준일 전후 2개월 이내에 매매거래가 정지되거나 관리종목으로 지정된 기간의 일부 또는 전부가 포함된 경우에는 평가대상에서 제외하되, 공시의무 위반 및 사업보고서 제출의무 위반 등으로 인하여 관리종목으로 지정되거나 등록신청서 허위기재 등으로 인하여 일정 기간 매매거래가 정지된 경우로서 적정하게 시가를 반영하여 정상적으로 매매가 이루어지는 경우는 평가대상에 포함시킨다(상증령 제52조의2 제3항, 상증칙 제16조의2 제2항).

(나) 예외

평가기준일 전후 각 2개월 동안에 증자, 합병 등의 사유가 발생하여 4개월 동안의 평균액으로 하는 것이 부적당한 경우에는 다음과 같은 방법으로 평균액을 계산한다(상증령 제52조의2 제2항).

① 평가기준일 이전에 증자, 합병 등의 사유가 발생한 경우에는 동 사유가 발생한 날의 다음 날부터 평가기준일 이후 2월이 되는 날까지의 기간의 평균액으로 한다.

② 평가기준일 이후에 증자, 합병 등의 사유가 발생한 경우에는 평가기준일 이전 2월이 되는 날부터 동 사유가 발생한 날의 전일까지의 기간의 평균액으로 한다.

③ 평가기준일 전후에 증자, 합병 등의 사유가 발생한 경우에는 평가기준일 이전 동 사유가 발생한 날의 다음 날부터 평가기준일 이후 동 사유가 발생한 날의 전일까지의 기간의 평균액으로 한다.

위와 같이 평가기간 내에 증자, 합병 등의 사유가 발생한 경우 그로 인하여 영향을 받기 전의 기간 또는 받은 후의 기간을 제외하고 상장주식을 평가하는 것은 그러한 사유가 유가증권시장이나 코스닥시장에서 형성되는 주가에 영향을 미침으로써 평가기준일이 속한 기간의 주가와 본질적인 차이를 가져오기 때문이다. 평가기준일 이후에 주주배정 방식의 유상증자와 권리락이 있는 경우에는 권리락일을 상증세법 시행령 제52조의2 제2호에서 정한 '증자사유가 발생한 날'로 보아 평가기준일 이전 2개월이 되는 날부터 그 전날까지의 기간을 상장주식의 평가기간으로 삼고, 평가기준일 이전에 주주배정 방식의 유상증자와 권리락이 있었으나 주주의 실권으로 실권주에 대하여만 다시 같은 조건으로 제3자 배정이 이루어진 경우에는 주주배정 방식의 유상증자에 따른 권리락일을 상증세법 시행령 제52조의2 제1호에서 정한 '증자사유가 발생한 날의 다음 날'로 보아 그때부터 평가기준일 이후 2개월이 되는 날까지의 기간을 상장주식의 평가기간으로 삼는다.[15] 상증세법 제63조 제1항 제1호 가목에서 정한 '증자·합병 등의 사유'에는 주식분할도 포함된다.[16]

(2) 비상장주식

(가) 가중평균법

비상장주식은 다음과 같이 1주당 순손익가치와 1주당 순자산가치를 각각 3과 2의 비율로 가중평균하여 평가한다(상증령 제54조 제1항).

$$1주당\ 평가액 = (1주당\ 순손익가치 \times 3 + 1주당\ 순자산가치 \times 2) \div 5$$

다만 부동산과다보유법인의 경우에는 순자산가치의 가중치를 높여서 1주당 순손익가치와 순자산가치의 비율을 각각 2와 3으로 하여 평가한다. 가중평균방법에 의한 평가는 기업의 가치가 계속기업을 전제로 한 순손익가치와 청산을 전제로 한 순자산가치의 상호보완에 의하여

---

15) 대법원 2016. 6. 9. 선고 2013두23058 판결
16) 대법원 2015. 12. 10. 선고 2015두41531 판결

결정된다는 점을 고려한 것이다. 그러나 가중평균방법에 의하면 순이익이 낮은 법인의 주식이 과소평가되므로 이를 보완하기 위하여 주당 순자산가치의 80%를 하한으로 설정한다. 따라서 순손익가치와 순자산가치의 가중평균방법에 의한 평가액이 1주당 순자산가치의 80%보다 낮은 경우에는 1주당 순자산가치의 80%에 해당하는 가액으로 평가한다.

① 1주당 순손익가치

1주당 순손익가치는 1주당 최근 3년간 순손익액의 가중평균액을 순손익가치환원율로 나누어 평가한다(상증령 제54조 제1항). 비상장주식의 순손익가치는 그 주식이 갖는 미래의 기대수익을 추정한 다음 그 현재가치를 평가하여 산정하는 것이 이상적이지만 미래의 기대수익을 정확히 예측하는 것이 어려우므로 과거의 실적을 바탕으로 1주당 순손익가치를 산정하고 있다. 순손익가치환원율은 3년 만기 회사채의 유통수익률을 고려하여 정하는데, 현재 10%이다(상증칙 제17조). 1주당 순손익가치를 산정할 때 "1주당 최근 3년간의 순손익액의 가중평균액"은 다음 산식에 따라 계산하되, 그 가액이 음수인 경우에는 영(0)으로 계산한다(상증령 제56조 제1항).

〔((평가기준일 이전 1년이 되는 사업연도의 1주당 순손익액 × 3) + (평가기준일 이전 2년이 되는 사업연도의 1주당 순손익액 × 2) + (평가기준일 이전 3년이 되는 사업연도의 1주당 순손익액 × 1))〕 ÷ 6

1주당 순손익가치에서 순손익액은 법인세법 제14조의 규정에 의한 각 사업연도소득에 대하여 국세 또는 지방세의 과오납금의 환급금에 대한 이자, 지주회사 또는 일반법인의 수입배당금액의 익금불산입액, 지정기부금 및 법정기부금의 이월공제에 따라 해당 사업연도의 손금에 산입한 금액 등을 가산하고, 당해 사업연도의 법인세액 및 지방소득세액, 벌금, 과료, 과태료, 가산금 및 체납처분비, 법령에 의하여 의무적으로 납부하는 것이 아닌 공과금, 당해 법인의 업무와 관련 없는 비용, 각 세법에서 규정하는 징수불이행으로 인하여 납부하였거나 납부할 세액, 기부금, 기업업무추진비, 인건비 등의 과다경비, 지급이자 손금불산입액 등을 차감하여 계산한다(상증령 제56조 제4항). 각 사업연도소득의 계산에서 익금 또는 손금으로 보지 않지만 실제 수익과 비용에 해당하는 것이므로 평가기준일 현재의 주식가치를 보다 정확히 파악하기 위하여 순손익액 계산 시에 다시 산입하기 위한 취지이다. 이러한 취지에서 보면 '당해 사업연도의 법인세'은 평가기준일 현재의 주식가치를 더 정확하게 측정할 수 있도록 이월결손금을 공제하기 전 소득에 대한 법인세액을 의미한다고 해석하는 것이 타당하다.[17]

평가기준일이 속하는 사업연도 이전 3년 이내에 해당 법인이 유상증자하거나 유상감자한 경우 당해 사업연도와 그 이전 사업연도의 순손익액은 상증세법 시행령 제56조 제4항에 따라

---

17) 대법원 2023. 6. 29. 선고 2019두56838 판결

계산한 금액에 다음 "①"의 금액을 더하고 "②"의 금액을 뺀 금액으로 계산한다(상증령 제56조 제5항, 상증칙 제17조의3 제6항).

> ① 유상증자 주식 1주당 납입액 × 유상증자 주식수 × 순손익가치환원율
> ② 유상증자 시 지급한 1주당 금액 × 유상감자 주식수 × 순손익가치환원율

 과거의 실적을 바탕으로 1주당 순손익가치를 산정하는 것은 과거의 실적이 미래에도 계속 되리라는 것을 전제하는데, 최근 3년간의 순손익액의 가중평균액이 일시우발적이거나 비정상 적이어서 미래의 기대수익을 대신하기에 적합하지 않은 경우는 최근 3년간의 순손익액의 가 중평균액을 사용하는 것이 불합리하다.[18] 따라서 이러한 경우에는 둘 이상의 신용평가전문기 관, 회계법인 또는 세무법인이 산출한 1주당 추정이익의 평균가액으로 평가할 수 있다(상증령 제56조 제2항).[19] 1주당 추정이익을 사용하려면 ⅰ) 일시적이고 우발적인 사건으로 해당 법인 의 최근 3년간 순손익액이 증가하는 등의 사유가 있을 것,[20] ⅱ) 상속세 과세표준 신고기한 및 증여세 과세표준 신고기한까지 1주당 추정이익의 평균가액을 신고할 것, ⅲ) 1주당 추정이 익의 산정기준일과 평가서작성일이 해당 과세표준 신고기한 이내일 것, ⅳ) 1주당 추정이익 의 산정기준일과 상속개시일 또는 증여일이 같은 연도에 속할 것 등의 4가지 요건을 모두 갖 추어야 한다. 그 사유 중 하나로 평가기준일 전 3년이 되는 날이 속하는 사업연도 개시일부터 평가기준일까지의 기간 중 합병 또는 분할을 하였거나 주요 업종이 바뀐 경우가 규정되어 있 다(상증칙 제17조의3 제1항 제3호). 합병 전 회사의 과거 실적을 토대로 하여 합병 후 회사의 미 래의 기대수익을 예측하는 것이 불합리하기 때문이다. 판례는 완전모회사인 비상장회사가 자 회사를 청산하여 모든 자산·부채를 그대로 승계한 경우에는 실질적으로 자회사를 합병한 경 우와 유사한 결과가 발생하는바, 평가기준일부터 최근 3년간 이내에 이와 같은 청산이 있었다 면 비상장회사의 과거 실적을 토대로 미래의 기대수익을 예측하는 것이 불합리하다는 점에서 자회사를 합병한 경우와 다름없으므로 구 상속세법 시행규칙 제17조의3 제1항 제3호가 정한

---

18) 대법원 2012. 5. 24. 선고 2011두9140 판결, 대법원 2025. 1. 9. 선고 2021두53320 판결 등
19) 과거에는 법인이 일시우발적 사건에 의하여 최근 3년간의 순손익액이 비정상적으로 증가하는 등의 사유로 최근 3년간의 순손익액의 가중평균액에 의하는 것이 불합리한 경우 추정이익의 평균액을 적용할 수 있었으 나, 2014. 2. 21. 상증세법 시행령 제56조를 개정하여 "불합리"라는 용어를 삭제하고 추정이익의 적용요건에 해당되는 경우에는 추정이익을 적용할 수 있도록 하여 개별요건을 대등하게 유지하였다(국세청, 「개정세법 해설」, 2014, 226면).
20) 그 밖에 기업회계기준의 자산수증이익 등의 합계액에 대한 최근 3년간 가중평균액이 법인세 차감 전 손익에 서 자산수증이익 등을 뺀 금액에 대한 최근 3년간 가중평균액의 50%를 초과하는 경우, 평가기준일 전 3년이 되는 날이 속하는 사업연도 개시일부터 평가기준일까지의 기간 중 합병 또는 분할을 하였거나 주요 업종이 바뀐 경우, 최근 3개 사업연도 중 1년 이상 휴업한 사실이 있는 경우, 기업회계기준상 유가증권·유형자산의 처분손익과 자산수증이익 등의 합계액에 대한 최근 3년간 가중평균액이 법인세 차감 전 손익에 대한 최근 3년간 가중평균액의 50%를 초과하는 경우, 주요 업종에 있어서 정상적인 매출발생기간이 3년 미만인 경우 등이 있다(상증칙 제17조의3 제1항).

1주당 순손익가치의 배제사유에는 특별한 사정이 없는 한 완전모회사인 비상장회사가 자회사를 청산하여 모든 자산·부채를 그대로 승계하는 경우도 포함된다.[21]

1주당 추정이익의 요건을 갖추지 못함으로써 추정이익을 기초로 1주당 순손익가치를 산정할 수 없다면 순손익가치와 순자산가치를 가중평균한 금액으로 평가할 수 없고, 이러한 경우를 대비하여 상증세법에서 따로 평가방법을 규정하지 않았으므로 순자산가치만에 의하여 평가하도록 한 상증세법 시행령 제54조 제4항의 방법 등 상증세법이 마련한 보충적 평가방법 중에서 객관적이고 합리적인 방법을 준용하여 평가할 수 있다.[22]

② 1주당 순자산가치

1주당 순자산가치는 법인의 순자산가액을 발행주식 총수로 나누어 평가한다(상증령 제54조 제2항). 1주당 순자산가치를 산정할 때 순자산가액은 평가기준일 현재 법인의 자산에서 부채를 차감하고 영업권가액을 가산한 가액으로 평가하며, 순자산가액이 0원 이하인 경우에는 영(0)으로 계산한다(상증령 제55조 제1항, 제3항). 이 경우 당해 법인의 자산을 평가한 가액이 장부가액보다 적은 경우에는 장부가액으로 하되, 장부가액보다 적은 정당한 사유가 있는 경우에는 그 평가액으로 할 수 있다. 평가기준일 현재 지급받을 권리가 확정된 가액은 자산에 가산하고, 선급비용과 무형자산의 가액은 자산에서 차감하며, 평가기준일까지 발생된 소득에 대한 법인세액, 법인세액의 감면액 또는 과세표준에 부과되는 농어촌특별세액 및 지방소득세액, 평가기준일 현재 이익의 처분으로 확정된 배당금, 상여금 및 기타 지급의무가 확정된 금액, 평가기준일 현재 재직하는 임원 또는 사용인 전원이 퇴직할 경우에 퇴직급여로 지급되어야 할 금액의 추계액은 부채에 가산하고, 평가기준일 현재의 제충당금과 조세특례제한법 및 기타 법률에 의한 제준비금은 이를 각각 부채에서 차감하여 계산한다(상증령 제55조 제2항, 상증칙 제17조의2).[23] 영업권평가액은 해당 법인의 자산가액에 이를 합산하나, 상속세 및 증여세 과세표준신고기한 이내에 평가대상 법인의 청산절차가 진행 중이거나 사업자의 사망 등으로 인하여 사업의 계속이 곤란하다고 인정되는 법인의 주식 등 법령에서 정한 사유가 있는 경우에는 합산하지 않는다(상증령 제55조 제3항).

(나) 순자산가치에 의한 평가

평가대상법인의 청산절차가 진행 중인 경우 등 순손익가치를 반영하는 것이 불합리한 경우에는 순자산가치만으로 평가한다(상증령 제54조 제4항). 순자산가치만으로 평가하는 경우는 다

---

[21] 대법원 2017. 2. 3. 선고 2014두14228 판결
[22] 대법원 2012. 4. 26. 선고 2010두26988 판결, 대법원 2023. 5. 18. 선고 2023두32839 판결
[23] 구 상증세법 시행규칙(1991. 3. 9. 개정 전) 제5조 제3항 제3호는 상위법령의 근거나 위임 없이 비상장법인의 순자산가액을 산정함에 있어 퇴직금추계액의 50%만을 부채에 포함된다고 규정하여 공제대상범위를 축소하였다. 판례는 이 규정이 납세의무자에게 불리한 규정으로서 조세법률주의 원칙에 위배되어 무효라고 판시하였다(대법원 1996. 2. 15. 선고 94누16243 전원합의체 판결).

음과 같다.

① 상속세 및 증여세 과세표준 신고기한 이내에 평가대상 법인의 청산절차가 진행 중이거나 사업자의 사망 등으로 인하여 사업의 계속이 곤란하다고 인정되는 주식

② 사업개시 전의 법인, 사업개시 후 3년 미만의 법인 또는 휴업·폐업 중인 법인의 주식

③ 법인의 자산총액 중 부동산 관련 자산이 차지하는 비율이 80% 이상인 법인의 주식

④ 법인의 자산총액 중 주식가액 등의 비율이 80% 이상인 법인의 주식

⑤ 법인의 설립 시 정관에 존속기한이 확정된 법인으로서 평가기준일 현재 잔여 존속기한이 3년 이내인 법인의 주식

(다) 취득가액에 의한 평가

비상장주식을 발행한 법인이 다른 비상장주식의 10% 이하를 소유하고 있는 경우에는 그 다른 비상장주식은 시가에 따라 평가하되, 시가를 알지 못하는 경우 가중평균방법 대신 법인세법 시행령에 따른 취득가액에 의하여 평가할 수 있다(상증령 제54조 제3항).

(라) 평가심의위원회의 심의에 의한 평가

보충적 평가방법의 한계를 보완하기 위하여 유사상장법인 비교평가방법, 현금흐름할인법(Discounted Cash Flow, DCF), 배당할인법 등에 의한 평가액을 첨부하여 평가심의위원회에 심의를 신청하는 경우에는 납세자가 평가한 가액이 보충적 평가방법에 따른 평가액의 70%에서 130%까지인 경우에 한하여 평가심의위원회가 심의하여 제시하는 평가액에 의하거나 그 위원회가 제시하는 평가방법 등을 고려하여 계산한 평가액에 의할 수 있다(상증령 제54조 제6항). 유사상장법인 비교평가방법은 해당 법인의 자산, 매출액 규모 및 사업의 영위기간 등을 고려하여 같은 업종을 영위하고 있는 상장법인의 주식가액을 이용하여 평가하는 방법이고, 현금흐름할인법은 향후 기업에 유입될 것으로 예상되는 현금흐름에 일정한 할인율을 적용하여 평가하는 방법이며, 배당할인법은 향후 주주가 받을 것으로 예상되는 배당수익에 일정한 할인율을 적용하여 평가하는 방법이다. 2016. 2. 5. 상증세법 개정 전에는 유사상장 비교평가방법만 인정하고, 그것도 중소기업 주식으로 제한하였으나, 위 개정 시 유사상장 비교평가방법 이외에 현금흐름할인법, 배당할인법 등 평가방법을 다양화하고 평가대상도 중소기업 주식 이외의 일반법인 주식으로까지 확대하였다.

(3) 최대주주 등의 주식

(가) 의의 및 취지

일반법인의 최대주주 등의 주식은 평가액에 20%를 가산하여 할증평가한다(상증법 제63조 제3항). 종전에는 일반법인의 경우 지분율이 50%를 초과하면 30% 할증하고, 그 밖의 경우 20% 할증하였는데, 2019. 12. 31. 상증세법 개정 시 중소기업은 제외하고 일반법인의 할증율

은 20%로 통일하였다. 최대주주 등의 주식을 할증평가하는 것은 최대주주 등이 보유하는 주식은 그 주식가치에 더하여 회사의 경영권 내지 지배권을 행사할 수 있는 경영권 프리미엄(premium)을 지니고 있으므로 이를 반영하기 위한 취지이다.[24] 최대주주는 보유주식의 수가 가장 많은 1인을 말한다(상증령 제53조 제4항). 최대주주 등이 보유하는 주식의 지분을 계산할 때에는 평가기준일부터 소급하여 1년 이내에 양도하거나 증여한 주식 등을 최대주주 등이 보유하는 주식 등에 합하여 계산한다(상증령 제53조 제5항). 평가기준일 전에 양도 또는 증여에 의하여 할증평가 적용을 회피하는 것을 방지하기 위한 취지이다.

2008. 12. 26. 상증세법 개정 전에는 비상장주식을 보충적 평가방법으로 평가할 때의 할증평가 규정만 있고 시가로 평가할 때의 할증평가 규정은 없었다. 이에 대하여 판례는 비상장주식의 할증평가는 문언에 따라 보충적 평가방법으로 평가할 때만 적용된다고 해석하자,[25] 2008. 12. 26. 상증세법을 개정하여 비상장주식을 시가로 평가하는 경우에도 할증평가가 적용되도록 규정하였다.

(나) 할증배제

할증할 만한 기업가치가 아닌 경우, 경영권이 소멸한 경우, 경영권 이전 없이 가치만 증가한 경우, 모회사 경영권에 포함된 경우 등 할증평가의 전제가 되었던 경영권 프리미엄이 의미가 없는 경우에는 할증평가를 배제한다.[26] 이러한 이유로 할증평가를 배제하는 경우는 중소기업 및 직전 3개년 매출액 평균이 5천억 원 미만인 중견기업 주식의 경우, 평가기준일이 속하는 사업연도 전 3년 이내의 사업연도부터 계속하여 결손금이 있는 경우, 평가기간 이내의 기간 중 최대주주 등이 보유하는 주식 등이 전부 매각된 경우, 평가대상인 주식 등을 발행한 법인이 다른 법인이 발행한 주식 등을 보유함으로써 그 다른 법인의 최대주주 등에 해당하는 경우로서 그 다른 법인의 주식 등을 평가하는 경우, 평가기준일부터 소급하여 3년 이내에 사업을 개시한 법인으로서 사업개시일이 속하는 사업연도부터 평가기준일이 속하는 사업연도의 직전 사업연도까지 각 사업연도의 기업회계기준에 의한 영업이익이 모두 영(0) 이하인 경우 명의신탁 증여의제규정에 따라 해당 주식 등을 명의자가 실제소유자로부터 증여받은 것으로 보는 경우 등이다(상증령 제53조 제6항, 제7항). 주식 등의 상장이익 등의 증여(상증법 제41조의3)에서 할증배제가 적용되는지 여부를 판단하는 기준시점인 평가기준일은 상증세법 제60조 제1항 전단 규정에도 불구하고 상증세법 제41조의3 제2항에서의 정산기준일이다.[27] 명의신탁의 경우에는 실질적으로 경영권 또는 지배권의 가치가 이전되지 않으므로 2016. 2. 5. 상증세법 시행령 개정 시 할증평가를 배제하였다. 이 개정 전의 사안에 대하여는 할증평가가 적용

---

24) 헌재 2003. 1. 30. 선고 2002헌바65 결정
25) 대법원 2006. 12. 7. 선고 2005두7228 판결
26) 박훈외 2인, 상속·증여세 실무 해설(2020), 478~479면
27) 대법원 2016. 10. 27. 선고 2016두39726 판결

되고,[28] 그 법률이 위헌이라고 볼 수도 없다.[29]

(4) 기업공개 중인 주식 등

(가) 의의 및 취지

기업공개 중인 주식은 해당 법인의 사업성, 거래상황 등을 고려하여 평가한다(상증법 제63조 제2항). 기업공개를 목적으로 금융위원회에 유가증권 신고를 한 법인의 경우 공모가격과 상장주식의 평가방법에 따라 평가한 가액 중 큰 가액으로 평가한다(상증령 제57조 제1항). 다만, 상장주식의 평가액이 없는 경우에는 공모가격과 비상장주식의 평가방법에 따라 평가한 가액을 비교한다. 기업공개를 준비 중인 법인 주식의 경우 기업공개 전의 평가액과 기업공개 후의 평가액 간에 차이가 많아서 기업공개 전 주식을 양도하거나 증여하면 세부담을 줄일 수 있으므로 과세형평을 위하여 별도의 규정을 둔 것이다.

(나) 대상주식

평가대상 주식에는 평가기준일 현재 유가증권 신고 직전 6개월(증여세가 부과되는 주식의 경우에는 3개월)부터 거래소에 최초로 주식을 상장하기 전까지의 기간 동안 유가증권 신고를 한 경우를 포함한다. 1999. 12. 28. 상증세법 개정 이전에는 법률에서 "기업공개를 목적으로 증권관리위원회에 유가증권신고를 한 법인의 주식"이라고 규정하고, 시행령에서 평가기준일 현재 유가증권신고 직전 6월(증여세가 부과되는 주식의 경우에는 3월)부터 증권거래소에 최초로 주식을 상장하기 전까지의 기간 중의 주식까지 평가대상 주식의 범위를 확장하였는바, 이에 대하여 판례가 모법에서 정한 '유가증권신고를 한 법인의 주식' 이외에 유가증권신고 전 6월부터 신고 전까지의 기간 중의 주식도 포함하는 것으로 확장한 부분은 무효라고 판시하였다.[30] 2002. 12. 18. 개정된 상증세법 제63조 제2항은 평가대상 주식의 범위확장에 대한 근거규정을 두어 이를 해결하였다. 상장주식 중 법인의 증자로 인하여 취득한 새로운 주식으로서 평가기준일 현재 상장되지 않은 주식은 상장주식에 대하여 상장주식의 평가방법에 따라 평가한 가액에서 배당차액을 뺀 가액으로 평가한다(상증령 제57조 제3항).

다. 기타 재산

(1) 국채, 공채 등 그 밖의 유가증권

국채, 공채 등 그 밖의 유가증권의 평가는 해당 재산의 종류, 규모, 거래상황 등을 고려하여 평가한다(상증법 제63조 제1항 제2호). 거래소에서 거래되는 국채 등은 평가기준일 이전 2개월 동안 공표된 매일의 거래소 최종 시세가액의 평균액과 평가기준일 이전 최근일의 최종 시세가액 중

---

28) 대법원 2018. 2. 8. 선고 2017두48451 판결
29) 헌재 2007. 1. 17. 선고 2006헌바22 결정, 헌재 2019. 11. 28. 선고 2017헌바260 결정
30) 대법원 2007. 5. 17. 선고 2006두6758 전원합의체 판결, 대법원 2007. 5. 17. 선고 2006두8648 전원합의체 판결

큰 가액으로 평가한다(상증령 제58조 제1항 제1호). 거래소에서 거래되지 않는 국채 등의 경우 타인으로부터 매입한 국채 등은 매입가액에 평가기준일까지의 미수이자 상당액을 가산한 금액으로 평가하고, 그 밖의 국채 등은 평가기준일 현재 이를 처분하면 받을 수 있다고 예상되는 처분예상 금액으로 평가한다(상증령 제58조 제1항 제2호). 다만, 처분예상금액을 산정하기 어려운 경우에는 국채 등을 투자매매업자, 투자중개업자, 회계법인, 세무법인 중 둘 이상의 자가 상환기간, 이자율, 이자지급방법 등을 감안하여 평가한 금액의 평균액으로 한다(상증칙 제18조의2 제1항).

(2) 금전채권

(가) 5년을 초과하는 장기채권

대부금, 외상매출금 및 받을 어음 등의 채권가액과 입회금, 보증금 등의 채무가액은 원본의 회수기간이 5년을 초과하는 장기채권은 각 연도에 회수할 금액을 적정할인율에 의하여 현재 가치로 할인한 금액의 합계액으로 평가한다(상증령 제58조 제2항). 다만, 채권의 전부 또는 일부가 평가기준일 현재 회수불가능한 것으로 인정되는 경우에는 그 가액을 산입하지 않는다.

(나) 5년 이하의 단기채권

회수기간 5년 이하의 단기채권은 원본가액에 평가기준일까지의 미수이자 상당액을 가산한 금액으로 평가한다(상증칙 제18조의2 제2항). 다만, 채권의 전부 또는 일부가 평가기준일 현재 회수불가능한 것으로 인정되는 경우에는 그 가액을 산입하지 않는다. 판례는 상속재산인 금전채권의 전부 또는 일부가 상속개시일 현재 회수불가능한 것으로 인정되지는 않으나, 이미 채무자의 자금사정이 어려워 상당 기간 채권의 회수가 지연되거나 채무자의 신용상태가 급격히 악화되는 등 회수가능성을 의심할 만한 중대한 사유가 발생하여 액면금액에 상속개시일까지의 미수이자 상당액을 가산한 금액으로 채권의 가액을 평가하는 것이 현저히 불합리하다고 인정되는 경우에는 그 금액을 상속재산의 가액으로 평가할 수 없고, 다른 객관적이고 합리적인 방법에 의하여 평가하여야 한다고 판시하였다.[31] 기존의 판례들은 주로 회수불가능을 엄격하게 해석하여 채무자의 도산 등의 정도에 이르지 않는 한, 원본가액에 평가기준일까지의 미수이자 상당액을 가산한 금액으로 평가하여야 한다는 입장이었으나, 위 판결은 회수불가능에 이르지 않고 회수가능성에 의심을 가질 만한 사유가 있는 경우에도 원본가액에 평가기준일까지의 미수이자 상당액을 가산한 금액으로 평가할 수 없다는 법리를 제시하였다는 점에서 의의가 있다. 금전채권의 회수가능성에 의심을 가질 만한 중대한 사유가 발생하였음에도 불구하고 원본가액을 기준으로 평가하는 것은 금전채권의 적정한 가치를 나타낸다고 보기 어려우므로 판례의 태도는 타당하다. 다만, 회수가 불확실한 채권을 어떻게 평가할 것인지는 과제로 남아 있다.

---

31) 대법원 2014. 8. 28. 선고 2013두26989 판결

(3) 예금·적금 등

예금·적금 등의 평가는 평가기준일 현재 예입 총액과 미수이자 상당액을 합친 금액에서 원천징수세액 상당액을 뺀 가액으로 평가한다(상증법 제63조 제4항).

(4) 무체재산권

영업권, 특허권, 실용신안권, 상표권, 디자인권 및 저작권 등 무체재산권의 가액은 재산의 취득가액에서 취득일부터 평가기준일까지의 감가상각비를 뺀 금액과 다음과 같이 장래의 경제적 이익 등을 고려하여 평가한 금액 중 큰 금액으로 평가한다(상증법 제64조).

(5) 그 밖의 조건부권리 등의 평가

(가) 조건부권리

조건부권리는 본래의 권리의 가액을 기초로 하여 평가기준일 현재의 조건내용을 구성하는 사실, 조건성취의 확실성, 그 밖의 모든 사정을 고려한 적정가액으로 평가한다(상증법 제65조 제1항, 상증령 제60조 제1항 제1호). 존속기간이 확정되지 않은 권리의 가액은 평가기준일 현재의 권리의 성질, 목적물의 내용연수, 그 밖의 모든 사정을 고려한 적정가액으로 평가한다(상증법 제65조 제1항, 상증령 제60조 제1항 제2호). 소송 중인 권리의 가액은 평가기준일 현재의 분쟁관계의 진상을 조사하고 소송진행의 상황을 고려한 적정가액으로 평가한다(상증법 제65조 제1항, 상증령 제60조 제1항 제3호). 이 때 소송 중인 권리는 상속재산평가의 일반원칙에 따라 상속개시 당시의 시가에 의하여 산정할 수밖에 없는데, 상속개시 당시에는 소송 중인 권리가 그 권리의 존부나 범위를 둘러싸고 다툼이 있어 분쟁관계에 있었다고 하더라도 그 후 당해 과세처분취소소송의 변론종결 이전에 법원의 판결 등을 통하여 소송 중인 권리의 내용과 범위가 구체적으로 확정되었다면, 판결에 따라 확정된 권리의 가액을 기초로 상속개시 당시의 현황에 의하여 소송 중의 권리의 가액을 평가한다.[32]

(나) 신탁수익권(신탁의 이익을 받을 권리)

신탁의 이익을 받을 권리의 가액은 다음 어느 하나에 따라 평가한 가액으로 한다(상증법 제65조 제1항, 상증령 제61조 제1항).

① 원본을 받을 권리와 수익을 받을 권리의 수익자가 같은 경우에는 평가기준일 현재 법에 따라 평가한 신탁재산의 가액으로 평가한다.

② 원본을 받을 권리와 수익을 받을 권리의 수익자가 다른 경우에는 원본을 받을 권리를 수익하는 경우에는 평가기준일 현재 법에 따라 평가한 신탁재산의 가액에서 수익을 받을 권리의 평가액을 뺀 금액으로 평가하고, 수익을 받을 권리를 수익하는 경우에는 평가기준일 현

---

32) 대법원 2005. 5. 26. 선고 2003두6153 판결

재 신탁재산의 수익에 대한 수익률이 확정되지 않은 경우 원본의 가액에 1,000분의 30을 곱하여 계산한 금액에 대하여 수익의 이익에 대한 원천징수세액 상당액 등을 고려하여 다음 계산식에 따라 계산한 금액의 합계액으로 평가한다(상증칙 제19조의2 제2항).

$$\frac{각\ 연도에\ 받을\ 수익의\ 이익 - 원천징수세액\ 상당액}{(1 + 신탁재산의\ 평균\ 수익률\ 등을\ 고려하여\ 기획재정부령으로\ 정하는\ 이자율)^n}$$

*n: 평가기준일부터 수익시기까지의 연수

위 산식에서 수익시기가 정해지지 않은 경우 평가기준일부터 수익시기까지의 연수는 20년 또는 기대여명의 연수로 계산한다(상증령 제61조 제2항). 각 연도에 받을 수익의 이익에서 원천징수세액 상당액을 빼는 것은 수익의 이익에 대하여 소득세와 증여세가 중복과세되므로 이를 조정하기 위한 취지이다. "기획재정부령으로 정하는 이자율"이란 연간 1,000분의 30이다(상증칙 제19조의2 제3항). 평가기준일 현재 신탁계약의 철회, 해지, 취소 등을 통해 받을 수 있는 일시금이 위 평가액보다 큰 경우에는 그 일시금의 가액으로 평가한다(상증령 제61조 제1항 단서).

(다) 정기금을 받을 권리

정기금을 받을 권리의 가액은 다음 어느 하나에 따라 평가한 가액으로 한다(상증법 제65조 제1항, 상증령 제62조).

① 유기정기금은 잔존기간에 각 연도에 받을 정기금액을 기준으로 다음 계산식에 따라 계산한 금액의 합계액으로 하되, 1년분 정기금액의 20배를 초과할 수 없다.

$$\frac{각\ 연도에\ 받을\ 정기금액\ /}{(1 + 보험회사의\ 평균공시이율\ 등을\ 고려하여\ 기획재정부령으로\ 정하는\ 이자율)^n}$$

*n: 평가기준일부터의 경과연수

② 무기정기금은 1년분 정기금액의 20배에 상당하는 금액으로 평가한다.
③ 종신정기금은 정기금을 받을 권리가 있는 자의 통계표에 따른 성별, 연령별 기대여명의 연수까지의 기간 중 각 연도에 받을 정기금액을 기준으로 위 유기정기금의 계산식에 따라 계산한 금액의 합계액으로 평가한다.

(라) 가상자산

가상자산은 해당 자산의 거래규모 및 거래방식 등을 고려하여 다음과 같이 평가한다(상증법 제65조 제2항, 상증령 제60조 제2항).
① 국세청장이 고시하는 가상자산사업자의 사업장에서 거래되는 가상자산의 경우에는 평

가기준일 전후 각 1개월, 즉 2개월 동안에 해당 가상자산사업자가 공시하는 일평균가액의 평균액으로 평가한다.

② 그 밖의 가상자산의 경우에는 위 가상자산사업자 외의 가상자산사업자 및 이에 준하는 사업자의 사업장에서 공시하는 거래일의 일평균가액 또는 종료시각에 공시된 시세가액 등 합리적으로 인정되는 가액으로 평가한다.

(6) 저당권 등이 설정된 재산 평가의 특례

저당권이나 질권이 설정된 재산, 양도담보재산, 전세권이 등기된 재산, 담보신탁이 설정된 재산 등에 대하여는 그 재산이 담보하는 채권액 등과 제60조에 따라 평가한 가액 중 큰 금액으로 평가한다(상증법 제66조). 동일한 재산이 다수의 채권의 담보로 되어 있는 경우에는 그 재산이 담보하는 채권액의 합계액으로 평가한다(상증령 제63조 제2항).

위 특례규정은 시가에 보다 근접한 가액을 산정하려는 취지와 함께 재산의 피담보채권액이 보충적 평가방법에 의한 평가액보다 고액임에도 불구하고 보충적 평가방법에 의한 평가액으로 평가하면 재산평가액보다 공제되는 채무액이 더 많아지는 불합리를 방지하기 위한 취지도 있다. 당해 재산에 관하여 증여일 당일에 설정된 근저당권에 대하여도 위 특례규정이 적용된다.[33] 증여일 당일에 설정된 근저당권에 의해 담보되는 채권액은 증여 시점의 당해 재산의 시가를 가장 정확하게 반영하는 금액이므로 시가주의에 부합하고, 근저당권이 설정된 재산이라는 문언에 어긋나지도 않기 때문이다.[34] 근저당권을 설정하는 경우 피담보채권 최고액은 통상 재산의 실제가액 범위 내에서 결정되므로 예외적으로 재산의 실제가액보다 큰 금액을 피담보채권 최고액으로 하여 근저당권이 설정된 경우에는 납세의무자가 그와 같은 사정을 증명하여 위 규정의 적용에서 벗어날 수 있다.[35]

(7) 국외재산의 평가

(가) 원칙

외국에 있는 재산에 대하여는 원칙적으로 상증세법에 의한 재산종류별 평가방법에 따라 평가한다. 따라서 시가를 원칙으로 하되, 시가를 알기 어려운 경우에는 보충적 평가방법에 따라 평가한다. 다만 보충적 평가방법으로 평가하려면 법령에서 정한 보충적 평가방법을 그대로 적용하는 것이 부적당하지 않아야 한다. 보충적 평가방법을 적용하는 것이 부적당하지 않다는 점에 관한 증명책임은 과세관청에게 있다.[36]

대법원은 국외 비상장주식의 순손익가치 평가 시 국외의 경제사정을 고려하지 않고 국내

33) 대법원 2013. 6. 13. 선고 2013두1850 판결
34) 이무상, "담보로 제공된 재산에 관한 평가특례규정의 적용범위", 대법원판례해설, 제96호, 2013년상, 30면
35) 대법원 1993. 3. 23. 선고 91누2137 전원합의체 판결
36) 대법원 2010. 1. 14. 선고 2007두5646 판결

비상장주식 평가에 적용되는 10%의 순손익가치환원율을 일률적으로 적용하는 것은 부적당하다고 판시하였다.[37] 반면, 국외 비상장법인이 휴·폐업중이거나 사업개시 후 3년 미만인 사정 등이 있는 경우에 국외 비상장주식을 순자산가치만으로 평가한 것은 부적당하지 않다고 판시하였다.[38]

(나) 예외

상증세법에 의한 재산종류별 평가방법을 적용하는 것이 부적당한 경우에는 당해 재산소재지국에서 양도소득세, 상속세 또는 증여세 등의 부과목적으로 평가한 가액으로 평가한다(상증령 제58조의3 제1항). 여기서 "양도소득세·상속세 또는 증여세 등의 부과목적으로 평가한 가액"이란 당해 재산 소재지국에서 실제 양도소득세, 상속세 또는 증여세 등을 부과하기 위해 평가하였거나 적법한 평가가액으로 인정받은 가액을 말한다.[39] 외국에서의 평가액이 없는 경우에는 세무서장 등이 둘 이상의 국내 또는 외국의 감정기관에 의뢰하여 감정한 가액을 참작하여 평가한 가액에 의한다(상증령 제58조의3 제2항). 이때 국외 비상장주식에 대하여는 신용평가전문기관, 회계법인, 세무법인의 감정가액을 참작하여 평가할 수 있다.

---

37) 대법원 2017. 2. 3. 선고 2014두14228 판결
38) 대법원 2020. 12. 30. 선고 2017두62716 판결
39) 서일 46014-10872(2003. 7. 1.)

신고, 결정 등

1. 상속세 과세표준 신고와 결정

가. 신고

상속세 납부의무가 있는 상속인 또는 수유자는 상속개시일이 속하는 달의 말일부터 6개월 이내에 상속세의 과세가액 및 과세표준을 신고하여야 한다(상증법 제67조 제1항). 피상속인이나 상속인이 외국에 주소를 둔 경우에는 상속개시일이 속하는 달의 말일부터 9개월 이내에 신고하면 된다(상증법 제67조 제4항). 상속세가 부과과세방식의 세목이므로 상속인이 하는 상속세 신고는 과세표준과 세액을 확정하는 효력은 없고 협조의무 이행으로서의 의미가 있다.

나. 결정

(1) 의의

과세관청은 상속세 과세표준 신고기한부터 9개월 이내에 과세표준과 세액을 결정하여야 한다(상증법 제76조 제3항, 상증령 제78조 제1항 제1호). 다만, 상속재산 또는 증여재산의 조사, 가액의 평가 등에 장기간이 걸리는 등 부득이한 사유가 있어 그 기간 이내에 결정할 수 없는 경우에는 그 사유를 상속인, 수유자에게 알려야 한다. 과세관청은 결정한 과세표준과 세액을 상속인이나 수유자에게 통지하여야 한다(상증법 제77조).

상속인이나 수유자가 2명 이상이면 상속인이나 수유자 모두에게 통지하여야 한다. 종전에는 상속세를 신고한 자 등 대표자 1인에게 통지하면 상속인 또는 수유자 모두에게 효력이 미치는 것으로 규정하였으나, 연대납세의무자에 대한 납세고지서는 연대납세의무자 모두에게 하여야 한다는 국기법 제8조 제2항 단서와 충돌한다는 비판이 제기되자 2015. 12. 15. 상증세법을 개정하여 상속인이나 수유자 모두에게 통지하도록 변경하였다.

(2) 납세고지서와 연대납세의무자별 고지세액 명세서

납세고지서에 공동상속인이 납부할 총세액을 기재함과 아울러 공동상속인 각자가 납부할 상속세액 등을 기재한 연대납세의무자별 고지세액 명세서를 첨부하여 공동상속인 각자에게 납세고지한다.[1] 국세징수사무처리규정 제11조 제1호에 의하면 상속세 연대납세의무자에게는 상속인 모두에게 각자의 명의로 "상속세 과세표준과 세액의 계산명세서"와 "상속인별 납부세액 및 연대납세의무자 명단"을 덧붙여 각각 고지한다고 규정하고 있다. 이 경우 납세고지서에 납부할 총세액을 기재한 것은 공동상속인의 연대납부의무가 있는 총세액을 징수고지액으로 표시한 것이고, 납세고지서에 첨부되어 교부된 연대납세의무자별 고지세액명세서에 공동상속인 각자가 납부할 세액을 기재한 것은 상속인의 개별적 부과고지액을 표시한 것이다. 따라서 공동상속인이 있는 경우 상속세경정처분이 증액경정처분인지 또는 감액경정처분인지의 여부는 공동상속인 전체에 대한 총 상속세액이 아니라 각 공동상속인에게 납부하도록 고지된 개별세액을 기준으로 판단한다.[2] 과세관청이 확정된 세액에 관한 징수고지를 하면서 연대납부의무의 한도를 명시하지 않으면 위법하다.[3]

2. 증여세 과세표준 신고와 결정

가. 신고

(1) 일반적인 경우

증여세 납부의무자는 증여일이 속하는 달의 말일부터 3개월 이내에 증여세의 과세가액 및 과세표준을 신고하여야 한다(상증법 제68조 제1항). 증여세가 부과과세방식의 세목이므로 수증자의 신고는 과세표준과 세액을 확정하는 효력이 없고 협조의무를 이행하는 의미가 있다. 명의신탁의 당사자에게 부과되는 증여세는 행정상 제재의 성격이 있지만 기본적으로 조세에 해당하므로 역시 신고의무가 있다.[4]

(2) 특별한 경우

상증세법 제41조의3과 제41조의5에 따른 비상장주식의 상장 또는 법인의 합병 등에 따른 증여세 과세표준 정산신고기한은 정산기준일이 속하는 달의 말일부터 3개월이 되는 날이다. 또한 상증세법 제45조의3 및 제45조의5에 따른 일감몰아주기 또는 특정법인과의 거래를 통한 증여의 증여세 과세표준 신고기한은 수혜법인 또는 특정법인의 과세표준의 신고기한이 속하는 달의 말일부터 3개월이 되는 날이다.

나. 결정

과세관청은 증여세 과세표준 신고기한부터 6개월 이내에 과세표준과 세액을 결정하여야 한다(상증법 제76조 제3항, 상증령 제78조 제1항 제2호). 다만, 증여재산의 조사, 가액의 평가 등에 장

---

1) 대법원 1993. 12. 21. 선고 93누10316 전원합의체 판결
2) 대법원 2005. 10. 7. 선고 2003두14604 판결
3) 대법원 2016. 1. 28. 선고 2014두3471 판결
4) 헌재 2022. 2. 24. 선고 2019헌바225 결정

기간이 걸리는 등 부득이한 사유가 있어 그 기간 이내에 결정할 수 없는 경우에는 그 사유를 수증자에게 알려야 한다. 과세관청은 결정한 과세표준과 세액을 수증자에게 통지하여야 한다 (상증법 제77조).

제2절 납부

1. 금전납부

가. 의의

상속세 또는 증여세를 신고하는 자는 신고기한까지 산출세액을 원칙적으로 금전으로 납부하여야 한다(상증법 제70조 제1항).

나. 분할납부

(1) 분납(分納)

납부금액이 1,000만 원을 초과하는 경우에는 납부금액의 일부를 납부기한이 지난 후 2개월 이내에 나누어 낼 수 있다(상증법 제70조 제2항). 납부세액이 2,000만 원 이하인 때에는 1,000만 원을 초과하는 금액을 분납하고, 납부세액이 2,000만 원을 초과하는 때에는 그 세액의 50% 이하의 금액을 분납한다(상증령 제66조 제2항). 예를 들어, 납부할 상속세액이 1,500만 원이면 1,000만 원을 먼저 납부하고 2개월 이내에 500만 원을 납부하며, 납부할 상속세액이 5,000만 원이면 2,500만 원을 먼저 납부하고 2개월 이내에 2,500만 원을 납부하면 된다. 상속세 신고서의 '분납'란에 분할하여 납부할 세액을 기재하여 신고서를 제출하면 되고 별도로 신청서를 제출할 필요는 없다.

(2) 연부연납(年賦延納)

(가) 의의

연부연납은 상속세를 연단위로 나누어 납부기한을 연장해주는 것을 말한다. 분납이 2회에 나누어 내는 것이라면 연부연납은 장기간에 나누어 내는 것이다(상증법 제71조). 연부연납의 허가는 원래의 상속세 부과처분에 정하여진 납세의무와 납부기한 자체를 변경하지 않은 채 국세수입을 해하지 않는 한도에서 납세의무자에게 분할납부 및 기한유예의 이익을 주는 것이다.[5] 따라서 연부연납제도는 납세의무자의 납세자력 유무와는 직접적인 관계가 없다.[6] 연부

---

5) 대법원 2001. 11. 27. 선고 99다22311 판결
6) 대법원 1992. 4. 10. 선고 91누9374 판결

연납의 허가요건이 모두 갖추어진 경우 과세관청은 당시 이미 연부연납허가의 취소요건사실이 존재하지 않는 한 연부연납을 허가하여야 하는 기속을 받는다.[7] 다만 국세징수법에 따른 납세담보, 즉 금전, 국채증권 등의 유가증권, 납세보증보험증권, 은행 등의 납세보증서를 제공하여 연부연납 허가를 신청하는 경우에는 그 신청일에 연부연납을 허가받은 것으로 간주한다 (상증법 제71조 제1항 후문). 이 경우에는 납세담보가 확실하므로 허가를 받은 것으로 의제하여 별도의 허가통지를 생략한 것이다.

(나) 요건

가업상속공제 외의 상속재산 및 증여재산은 ① 납부금액이 2,000만 원을 초과할 것, ② 연부연납을 신청한 금액에 대하여 납세담보를 제공할 것, ③ 상속세 연부연납 신청기간 내에 연부연납허가신청서를 제출할 것 등의 요건을 충족하여야 한다.

가업상속재산은 ① 중소기업과 중견기업일 것, ② 피상속인은 최대주주이고 지분 40% 이상(상장법인 20%)을 5년 이상 계속 보유하며, 5년 이상 경영하고 대표이사 등에 재직할 것, ③ 상속인은 18세 이상이며 상속세 신고기한까지 임원에 취임하고 신고기한부터 2년 이내 대표이사에 취임할 것 등의 요건을 충족하여야 한다.

(다) 연부연납기간

① 가업상속재산 외의 상속재산에 대한 연부연납기간은 연부연납 허가일부터 10년이다. 2021. 12. 21. 상증세법을 개정하여 종전 5년에서 10년으로 연장하였다. 연부연납기간은 각 회분의 분할납부세액이 1,000만 원을 초과하도록 정하여야 한다.

② 가업상속재산에 대한 연부연납기간은 연부연납 허가일부터 20년 또는 10년 거치 후 10년이다. 종전에는 가업상속재산 비율에 따라 연부연납기간을 달리 정하였으나, 2022. 12. 31. 상증세법 개정 시 가업상속재산 비율에 상관없이 일원화하였다.

③ 증여재산에 대한 연부연납기간은 연부연납 허가일부터 5년이다.

(라) 연부연납의 취소 또는 변경

연부연납 세액을 지정된 납부기한까지 납부하지 않은 경우, 담보의 변경 또는 그 밖에 담보 보전에 필요한 세무서장의 명령에 따르지 않은 경우, 국세징수법 제9조 제1항 각호의 어느 하나에 해당되어 연부연납기한까지 연부연납과 관계되는 세액의 전액을 징수할 수 없다고 인정되는 경우, 상속받은 사업을 폐업하거나 해당 상속인이 그 사업에 종사하지 않게 된 경우, 사립유치원에 직접 사용하는 재산 등 대통령령으로 정하는 재산을 해당 사업에 직접 사용하지 않은 경우 등 대통령령으로 정하는 경우에는 연부연납을 취소하거나 변경한다(상증법 제71조 제4항).

---

7) 대법원 2000. 6. 13. 선고 98두10004 판결

(마) 연부연납가산금

상속세의 납부기한을 연기받은 납세자는 납부기한 내에 일시납부한 납세자와 비교할 때 그 유예기간 동안 상속세의 이자상당액에 따르는 금전적 이익을 누리게 된다. 따라서 상속세를 일시납부한 납세자와의 형평을 위하여 연부연납가산금을 부과한다(상증법 제72조).

처음의 분할납부 세액에 대해서는 연부연납을 허가한 총세액에 대하여 신고기한 또는 납부 고지서에 의한 납부기한의 다음 날부터 분할납부세액의 납부기한까지의 일수에 법령 소정의 이자율을 곱하여 계산한 금액을 가산한다. 처음의 분할납부 세액 외의 경우에는 연부연납을 허가한 총세액에서 직전 회까지 납부한 분할납부 세액의 합산금액을 뺀 잔액에 대하여 직전 회의 분할납부 세액 납부기한의 다음 날부터 해당 분할납부기한까지의 일수에 법령 소정의 이자율을 곱하여 계산한 금액을 가산한다. 2016. 2. 5. 상증세법 시행령 개정 전에는 연부연납 시 국세환급금 이자율(국기법 시행령 제43조의3 제2항 본문에 따른 이자율)을 적용한다는 규정만 있을 뿐 분할납부세액의 납부일 현재의 이자율을 적용할지 또는 연부연납 허가일 현재의 이자율을 적용할지 규정이 없었다. 연부연납 허가 당시의 이자율과 연부연납기간 동안 개정된 이자율 중 어느 이자율을 적용할지 문제된 사안에서, 판례는 연부연납가산금에서 적용되는 이자율은 연부연납 기간 동안 개정된 이자율을 적용하는 것이 타당하다고 판시하였다.[8] 그런데 이 판결이 선고되기 이전인 2016. 2. 5. 상증세법 시행령이 개정되어 연부연납 신청일 현재의 국세환급금 이자율을 적용하도록 규정하였고, 다시 2020. 2. 11. 개정되어 분할납부세액의 납부일 현재 국세환급금 이자율을 개정하도록 규정하였다(상증령 제69조). 다만, 연부연납 기간 중에 국세환급가산금 이자율이 변경된 경우에는 변경 전 기간(직전 납부기한 다음 날~이자율 변경일 전일)에 대한 이자율은 변경 전 이자율을 적용한다.

(바) 연부연납과 물납의 중복적용

종전에는 연부연납에 의해 분할납부하는 경우에는 물납을 허용하였다. 그러나 물납은 예외적인 상속세 납부방법인 점을 감안하여 2013년 2월 상증세법 시행령 개정 시 첫 회분(중소기업의 경우에는 5회분)의 분납세액에 한하여 물납을 허용하는 것으로 변경하였다(상증령 제70조 제2항).

다. 가업상속 시 상속세 납부유예

(1) 의의 및 적용대상

중소기업의 원활한 가업상속을 지원하기 위하여 2022. 12. 31. 상증세법 개정 시 상속세의 납부를 유예하는 제도를 도입하였다(상증법 제72조의2). 상속세 납부유예제도는 일본의 제도를 참고하여 입법되었다. 가업상속공제 요건을 충족하는 중소기업으로 가업상속공제를 받지 않

---

8) 서울중앙지방법원 2020. 10. 28. 선고 2020나44383 판결(심리불속행 기각)

은 기업을 적용대상으로 한다. 가업상속공제 대신 영농상속공제를 받은 경우에는 가업상속공제를 받은 것으로 본다. 중소기업만 적용대상으로 하기 때문에 중견기업은 가업상속공제를 적용받더라도 상속세 납부유예제도는 적용받을 수 없다. 상속인은 가업상속공제 방식과 납부유예 방식 중 선택할 수 있다.

(2) 납부유예기간 및 납부유예 세액

상속인이 상속받은 가업상속재산을 양도하거나 상속 또는 증여하는 시점까지 상속세 납부를 유예한다. 납부유예 세액은 상속세 납부세액 중 가업상속재산가액이 총상속재산가액에서 차지하는 비율에 해당하는 금액이다.

(3) 납부유예 사후관리 요건 및 상속세 납부사유

상속인은 상속개시일부터 5년간 가업에 종사하여야 하는 가업요건, 5년 통산 정규직근로자 수 70% 이상 또는 총급여액 70% 이상 유지하여야 하는 고용유지요건, 상속받은 지분을 유지하여야 하는 지분요건을 준수하여야 한다.

상속인이 정당한 사유 없이 사후관리요건을 위반하는 경우, 1년 이상 휴업하거나 폐업하는 경우, 상속인이 최대주주 등에 해당하지 않게 되는 경우 등 법령에서 정하는 사유가 발생하면 사유발생일이 속하는 달의 말일부터 6개월 이내에 상속세 및 이자상당액을 납부하여야 한다.

(4) 납부유예 신청 및 허가

납세의무자는 상속세 과세표준 신고 시 납부유예 신청서를 납세지 관할 세무서장에게 제출하며, 납세담보를 제공하여야 한다. 납세지 관할 세무서장은 신청인에게 허가 여부를 결정 통지해야 한다. 과세관청은 납부유예를 받은 자가 ① 담보의 변경 또는 담보 보전에 필요한 관할 세무서장의 명령을 따르지 않은 경우, ② 국세징수법상 납부기한 전 징수 사유에 해당하는 경우, ③ 상속세 납부사유에 해당하는데 납부기한까지 상속세 및 이자상당액을 미납한 경우 유예된 세액의 전액 또는 일부를 징수할 수 있다.

2. 물납(物納)

가. 의의

물납은 국세를 물건으로 납부하는 것을 의미한다(상증법 제73조). 국세는 금전으로 납부하는 것이 원칙이나, 납세의무자가 금전을 보유하고 있지 않거나 금전의 조달이 곤란하여 금전으로 납부하기 어렵다고 인정되는 경우에는 예외적으로 물납을 허용한다.

물납의 법률적 성질은 공법상의 대물변제적 성격을 가지는 행정처분의 일종이다.[9] 과거에는 상속세, 증여세, 소득세, 법인세, 종합부동산세 등의 세목에 대하여 일부 물납제도가 인정

---

9) 강인애, "조세의 물납제도", 조세법Ⅳ, 1991, 94면

되었으나, 2015. 12. 15. 상증세법, 소득세법, 법인세법이 각 개정되고 2016. 3. 2. 종부세법이 개정되어 상속세를 제외한 나머지 세목의 물납제도가 폐지되었다.

나. 요건

(1) 부동산과 유가증권의 가액 비중이 상속재산가액의 2분의 1을 초과할 것

상속재산 중 부동산과 유가증권의 가액이 해당 상속재산가액의 2분의 1을 초과하여야 한다. 여기서 상속재산은 상속인 및 수유자가 받은 사전증여재산을 포함한다(상증법 제73조 제1항 제1호 괄호부분). 종전에는 사전증여재산이 포함되는지 여부가 불분명하였으나, 2015. 12. 15. 상증세법 개정 시 사전증여재산을 포함시켰고, 2017. 12. 19. 상증세법 개정 시 상속인 및 수유자 이외의 자에 대한 사전증여재산은 제외하였다.

(2) 상속세 납부세액이 2,000만 원을 초과할 것

상속세 납부세액이 2,000만 원을 초과하여야 한다. 과거에는 1,000만 원이었으나 2014. 1. 1. 개정 시 2,000만 원으로 상향하였다.

(3) 상속세 납부세액이 금전과 금융재산의 가액을 초과할 것

상속세 납부세액이 상속재산가액 중 금전, 예금, 적금 등 금융재산의 가액을 초과하여야 한다. 금융재산의 가액에 사전증여재산은 제외한다(상증법 제73조 제1항 제3호 괄호부분). 상속세 납부세액이 금전과 금융재산의 가액보다 적은 경우에는 금전과 금융재산으로 상속세를 납부하면 되므로 물납을 허용할 이유가 없기 때문이다.

(4) 물납재산이 관리·처분에 적당할 것

물납하려고 하는 재산이 관리·처분에 적당하여야 한다. 부동산의 경우에는 지상권, 지역권, 전세권, 저당권 등 재산권이 설정된 경우, 물납신청한 토지와 그 지상건물의 소유자가 다른 경우, 토지의 일부에 묘지가 있는 경우 등이 관리·처분이 부적당한 경우에 해당한다(상증령 제71조 제1항 제1호). 유가증권의 경우에는 유가증권을 발행한 회사의 폐업 등으로 관할 세무서장이 사업자등록을 말소한 경우, 유가증권 발행회사가 상법에 따른 해산사유가 발생하거나 채무자회생법에 따른 회생절차 중에 있는 경우 등이 관리·처분이 부적당한 경우에 해당한다(상증령 제71조 제1항 제2호). 물납신청을 받은 재산이 관리·처분상 부적당하다고 인정하는 경우에는 그 재산에 대한 물납허가를 하지 않거나 관리·처분이 가능한 다른 물납대상재산으로의 변경을 명할 수 있다. 위 요건을 갖추면 과세관청은 원칙적으로 물납을 허가하여야 하므로 물납허가는 기속행위에 해당한다.

다. 물납허용한도 및 범위

(1) 물납허용한도

현금화가 용이한 순금융재산과 상장유가증권은 현금화하여 상속세를 납부하도록 유도하기 위하여 물납허용한도를 다음 "①"과 "②" 중 적은 금액으로 한다(상증령 제73조 제1항).

① 상속재산 중 부동산 및 유가증권의 가액에 대한 상속세 납부세액

② 상속세 납부세액에서 상속재산 중 순금융재산과 상장유가증권의 가액을 차감한 금액

예를 들어, 납부하여야 하는 상속세가 30억 원, 상속재산이 100억 원(부동산 80억 원, 금융재산 20억 원)인 경우 "①"은 24억 원(상속세 30억 원 × 80억 원/100억 원)이고, "②"는 10억 원(상속세 30억 원 - 금융재산 20억 원)이므로 10억 원까지만 물납이 허용된다. 다만, 상속재산인 부동산 및 유가증권 중 위 납부세액을 납부하기에 적합한 가액의 물건이 없을 때에는 해당 납부세액을 초과하는 납부세액에 대해서도 물납을 허가할 수 있다(상증령 제73조 제2항). 여기서 '상속재산인 부동산 및 유가증권 중 제1항의 납부세액을 납부하는데 적합한 가액의 물건이 없을 때'란 상증령 제73조 제2항의 취지가 물납이 허용되는 상속재산은 있으나 이를 같은 조 제1항에서 규정한 물납을 청구할 수 있는 납부세액에 맞추어 분할할 수 없어 그 납부세액조차도 물납할 수 없게 되는 것을 방지하려는 데에 있으므로 물납할 재산의 수납가액이 상증령 제73조 제1항에서 규정한 물납을 청구할 수 있는 납부세액의 한도인 '당해 상속재산인 부동산 및 유가증권에 대한 상속세액'을 초과하는 경우를 의미한다.[10]

(2) 비상장주식의 물납

비상장주식으로 상속세를 물납하는 경우에는 다른 상속재산이 없거나 다른 상속재산으로 상속세 물납에 충당하더라도 부족한 경우에 한하여 예외적으로 물납이 허용된다(상증령 제74조 제1항 제2호 나목). 비상장주식으로 물납할 수 있는 납부세액은 상속세 납부세액에서 상속세 과세가액 중 비상장주식과 상속개시일 현재 상속인이 거주하는 주택 및 그 부수토지의 가액을 차감한 금액을 초과할 수 없다(상증령 제73조 제4항). 다만, 부동산 등에 근저당권이 설정되어 있더라도 해당 재산의 피담보채무액을 제외한 나머지 금액에 대하여는 비상장주식에 우선하여 세금을 납부할 수 있다. 과거 부동산 등에 근저당권이 설정되어 있으면 물납이 불가능하였고, 이를 악용하여 부동산 등에 소액의 근저당권을 설정하여 비상장주식으로 물납하는 사례가 발생하자, 이에 대응하기 위하여 2018. 2. 13. 상증세법 시행령을 개정하였다. 예를 들어, 납부할 상속세가 20억 원이고, 상속부동산의 평가액이 40억 원인데, 근저당 3억 원이 설정된 경우 37억 원(40억 원 - 3억 원)으로 상속세 납부가 가능하므로 비상장주식으로 물납할 수 없다.

---

10) 대법원 2013. 4. 11. 선고 2010두19942 판결

비상장주식의 증여세 물납을 허용하지 않는 것이 위헌인지 문제된 사안에서, 헌법재판소는 비상장주식은 처분하여 현금화하기가 어렵고, 물납 이후 회사가 파산에 이르러 세금회수가 불가능하게 되어 막대한 국고손실을 초래하였으므로 비상장주식을 증여세 물납대상에서 제외한 것은 합리적인 이유가 있다고 판단하였다.[11]

라. 물납순위

물납에 충당하는 재산은 ① 국채 및 공채, ② 상장유가증권 중 자본시장법에 따라 처분이 제한된 것, ③ 국내에 소재하는 부동산 중 상속개시일 현재 상속인이 거주하는 주택 및 그 부수토지를 제외한 것, ④ 위 "①, ②" 비상장주식을 제외한 유가증권, ⑤ 비상장주식, ⑥ 상속개시일 현재 상속인이 거주하는 주택 및 그 부수토지 등의 순서에 따라 허가한다(상증령 제74조 제2항).

마. 물납재산의 수납가액

물납에 충당할 부동산 및 유가증권의 수납가액은 원칙적으로 상속재산의 가액으로 한다(상증령 제75조 제1항). 과세가액이 과세관청의 경정이나 법원의 판결에 따라 변경됨으로써 증액이나 감액경정처분 등이 이루어진 때에는 수납가액도 변경된 과세가액에 따라 변경된다.[12] 상속재산에 가산하는 증여재산의 수납가액은 상속개시일 현재의 평가액으로 한다.(상증령 제75조 제2항).

바. 문화재 및 미술품에 대한 상속세 물납 특례

종전에는 부동산과 유가증권에 한하여 물납을 허용하였으나, 2021. 12. 21. 상증세법을 개정하여 문화재 및 미술품에 대하여도 물납이 가능한 특례를 신설하였다(상증법 제73조의2). 물납할 수 있는 문화재 및 예술품은 역사적·학술적·예술적인 가치가 있어 문화체육부장관이 요청하는 문화재 및 미술품이다. 다만, 국고손실 위험이 큰 경우에는 제외한다. 상속세 납부세액이 2,000만 원을 초과하고 상속세 납부세액에 상속재산의 금융재산가액보다 큰 경우에 한하여 물납이 가능하다.

3. 상속세 징수유예

가. 의의 및 취지

문화재자료, 박물관자료, 국가지정 문화재 등에 대하여는 상속세의 징수를 유예한다. 문화재자료나 박물관자료는 보존의 필요성이 있으므로 다른 재산으로 상속세를 납부할 수 있는 기회를 부여하기 위하여 상속세의 징수를 유예하는 것이다. 국가나 시·도 지정문화재, 문화재 보호구역 내 토지에 대하여는 당초 상속세를 비과세하였으나, 2022. 12. 31. 상증세법 개정

---

11) 헌재 2015. 4. 30. 선고 2013헌바137 결정 등
12) 대법원 2012. 7. 12. 선고 2011다443 판결, 대법원 2014. 1. 16. 선고 2013두17305 판결

시 징수유예로 변경하였다. 국가나 시·도 지정문화재 등에 대하여 상속세가 비과세되는 점을 이용한 조세회피가 생겨날 수 있기 때문이다. 징수유예를 받으려는 자는 유예할 상속세액에 상당하는 담보를 제공하여야 하나, 국가지정 문화재 등에 대하여는 납세담보를 면제한다(상증법 제74조 제4항).

나. 징수유예요건(상증법 제74조 제1항)

① 문화재자료, 국가등록문화재, 문화재보호구역 토지이어야 한다. 문화재자료는 국가지정문화재, 시·도지정문화재로 지정되지 않은 문화재 중 시도지사가 향토문화보존상 필요하다고 인정하여 지정한 문화재를 의미한다(상증법 제74조 제1항 제1호, 문화재보호법 제2조 제3항 제3호). 국가등록문화재는 문화재청장이 문화재위원회의 심의를 거쳐 지정문화재가 아닌 유형문화재, 기념물 및 민속문화재 중에서 보존과 활용을 위한 조치가 특별히 필요하여 등록한 문화재를 의미한다(상증법 제74조 제1항 제1호, 문화재보호법 제53조 제1항). 문화재보호구역 토지는 문화재보호구역 안에 있는 토지를 의미한다(상증법 제74조 제1항 제1호, 문화재보호법 제27조 제1항).

② 박물관자료, 미술관자료이어야 한다. 박물관자료, 미술관자료는 박물관 또는 미술관에 전시 중이거나 보존 중이어야 한다. 전시는 공중이 관람할 수 있게 공개된 것을 말하고, 보존은 박물관 또는 미술관 내부의 수장고에 보관되어 있는 것을 말한다. 상속인이 박물관자료 또는 미술관자료를 신고기한까지 박물관 또는 미술관에 전시하거나 보존하는 경우에도 징수를 유예한다(상증법 제74조 제5항).

③ 국가지정문화재 및 시·도 지정문화재와 같은 법에 따른 보호구역에 있는 토지이어야 한다.

다. 유예한 상속세의 징수

(1) 문화재자료, 국가등록문화재, 문화재보호구역 토지, 박물관자료, 미술관자료의 양도

문화재자료, 국가등록문화재, 문화재보호구역 토지, 박물관자료, 미술관자료를 타인에게 양도하는 경우에는 유예한 상속세를 징수한다.

(2) 박물관자료, 미술관자료의 인출

박물관 또는 미술관의 등록이 취소된 경우, 박물관 또는 미술관을 폐관한 경우, 문화체육관광부에 등록된 박물관 자료 또는 미술관 자료에서 제외되는 경우 등의 사유로 박물관자료, 미술관자료를 박물관이나 미술관에서 인출하는 경우에는 유예한 상속세를 징수한다. 다만, 박물관 자료 또는 미술관 자료를 임대하는 경우는 징수사유에 해당하지 않는다.[13]

---

13) 재삼 46014-234(1999. 2. 2.)

색 인

판례색인

헌법재판소

| 저 | 자 | 소 | 개 |

■ 이 중 교

저자 약력
- 서울대학교 경제학과 및 연세대학교 행정대학원 졸업
- 제38회 사법시험(사법연수원 제28기) 및 제33회 행정고시(재경직) 합격
- 서울행정법원 판사(전)
- 조세심판원 비상임 조세심판관(전)
- 기획재정부 세제발전심의위원회 위원, 국세예규심사위원회 위원, 세무사징계위원회 위원
- 국세청 국세심사위원회 위원(전), 납세자보호위원회 위원(전), 국세정보공개심의위원회 위원(전)
- 법제처 법령해석심의위원회 위원(전), 국회입법지원위원
- 연세대학교 법학전문대학원 교수(현)
- 변호사시험 등 각종 국가고시 출제위원

주요 저서 · 논문
- 주석 국세기본법(공저), 삼일인포마인, 2023
- 부동산 공시가격의 과세상 활용과 권리구제(2022)
- 수입배당금 익금불산입제도의 개선방안 연구(2021)
- 합병 시 영업권과 합병평가차익의 과세문제(2020)
- 고유목적사업준비금에 대한 소고(2019)
- 기업회생에 대한 조세제도 합리화방안(2018)
- 법원판결을 통해 살펴본 세무조사의 절차적 통제(2017)
- 세법상 법인격 없는 단체의 고찰(2016)
- 소득금액변동통지에 대한 과세상 논점(2015)
- 채무의 출자전환에 따른 과세문제(2014)
- 부가가치세 환급세액에 대한 구제방법(2013) 외 다수

제3판　**조세법개론**

2023년 3월 22일 초판 발행
2025년 3월 20일 3판 발행

저　　　자 이　중　교
발　행　인 이　희　태
발　행　처 **삼일피더블유씨솔루션**
서울특별시 용산구 한강대로 273 용산빌딩 4층
등록번호 : 1995. 6. 26 제3 - 633호
전　　　화 : (02) 3489 - 3100
F　A　X : (02) 3489 - 3141
I S B N : 979 - 11 - 6784 - 367 - 8　93320

정가　65,000원

저자협의
인지생략